Deutsche Geschichte im Osten Europas

Schlesien
herausgegeben von Norbert Conrads

Deutsche Geschichte im Osten Europas

HARTMUT BOOCKMANN · OST- UND WESTPREUSSEN

FRIEDRICH PRINZ · BÖHMEN UND MÄHREN

GERT VON PISTOHLKORS · BALTISCHE LÄNDER

NORBERT CONRADS · SCHLESIEN

HORST GLASSL · GALIZIEN, BUKOWINA, MOLDAU

GÜNTER SCHÖDL · LAND AN DER DONAU

ARNOLD SUPPAN · ZWISCHEN ADRIA UND KARAWANKEN

JOACHIM ROGALL · WELT ZWISCHEN WARTHE UND WEICHSEL

RODERICH SCHMIDT · POMMERN

GERD STRICKER · RUSSLAND

SIEDLER VERLAG

Deutsche Geschichte im Osten Europas

BEGRÜNDET VON WERNER CONZE †

HERAUSGEGEBEN VON

HARTMUT BOOCKMANN

NORBERT CONRADS HORST GLASSL

GERT VON PISTOHLKORS

FRIEDRICH PRINZ JOACHIM ROGALL

RODERICH SCHMIDT GÜNTER SCHÖDL

GERD STRICKER ARNOLD SUPPAN

SIEDLER VERLAG

Deutsche Geschichte im Osten Europas

Schlesien

HERAUSGEGEBEN
VON NORBERT CONRADS

SIEDLER VERLAG

CIP-Titelaufnahme der Deutschen Bibliothek

Deutsche Geschichte im Osten Europas. – Berlin: Siedler.
ISBN 3-88680-200-0

Schlesien / Norbert Conrads. –
1. Aufl. – 1994
ISBN 3-88680-216-7
NE: Conrads, Norbert

Der Siedler Verlag ist ein Unternehmen
der Verlagsgruppe Bertelsmann.

Gestaltung: Brigitte und Hans Peter Willberg, Eppstein
Umschlagbild: Caspar David Friedrich, Riesengebirgslandschaft
mit aufsteigendem Nebel (Bayerische Staatsgemäldesammlung, München)

Layout: Iga Bielejec, Mainz
Satz und Zeichnungen: Ditta Ahmadi, Berlin
Reproduktionen: Haußmann Reprotechnik, Darmstadt
Druck: ARA Druck, Stuttgart
Buchbinder: Lüderitz & Bauer, Berlin
Printed in Germany 1994
ISBN 3-88680-216-7

INHALTSVERZEICHNIS

Schlesiens frühe Neuzeit (1469–1740)
Norbert Conrads

Schlesien als eigenständige Provinz im altpreußischen Staat (1740–1806)

Peter Baumgart

Vom deutschen Krieg zur deutschen Katastrophe (1866–1945)

Konrad Fuchs

Silesiographia oder Landesbeschreibung

NORBERT CONRADS

Der historische Ort Schlesiens

Die Frage nach dem historischen Ort Schlesiens ist heute vieldeutiger denn je. Das Land liegt unverkennbar noch immer dort, wo die Oder ihre wilden und trägen Nebenläufe bis hin zur Faulen Obra sammelt und mit ihnen zusammen eine natürliche geographische Einheit bildet. Diese Einheit war die Voraussetzung dafür, daß sich hier eine Geschichtslandschaft entwickeln konnte, deren äußere Grenzen lange unbestritten galten, vielleicht gerade deshalb, weil sie die meiste Zeit überaus durchlässig waren und so ein gutes nachbarschaftliches Verhältnis zuließen, mochten diese Nachbarn nun Deutsche, Böhmen, Polen oder Slowaken sein.

Daß die Umrisse des Landes an ein Eichenblatt erinnerten, hörte man in Schlesien in der Schule. Ein schönes, grünes Blatt am Stamme der knorrigen deutschen Eiche; Caspar David Friedrich hatte solche Bilder gemalt. Das erinnerte mehr an das Wappen der Eichendorffs als an das Eiserne Kreuz mit seinen Eichenblättern, wie es 1813 in Schlesien gestiftet worden war. Und wer gelernt hatte, das schlesische Eichenblatt mit seinen Rippen bedeute nichts anderes als das Flußsystem der Oder, der konnte auch den zugehörigen Merkvers skandieren, in dem die Nebenflüsse der Oder wie ein slawischer Tanz daherkamen: Oppa, Zinna, Hotzenplotz ... So ähnlich heißen sie auch noch heute in polnischer Diktion. Flüsse bewahren ihre historischen Namen besser als Dörfer und Städte. Man hätte es auch mit Karl Weinhold (1823–1901) sagen können, der das weite Land besang, »das von der Oder Quellen bis zur Mündung / des Bobers, wie ein Eichenblatt, der Schöpfer / an Deutschen Reiches Grenzen hingeworfen«. Diese Verse wirken freilich so verunglückt wie das hingeworfene Blatt, das eher an einen Fehdehandschuh erinnert. Aber wann in seiner Geschichte hätte Schlesien seine Nachbarn je mutwillig herausgefordert?

Grenzen und Landschaften

Der an das Eichenblatt erinnernde Umriß Schlesiens war das Ergebnis einer langen Entwicklung. Rings um eine stabile Grundfläche erfuhr das Land Erweiterungen und Verkleinerungen, bis zu Beginn der Neuzeit die überlegene Macht Österreichs und dann Preußens die Grenzen Schlesiens festschrieb. Denn von der natürlichen Geographie waren die Grenzen Schlesiens keineswegs so vorgegeben wie in Böhmen, noch waren sie so eindeutig wie der Rand eines Blattes. Solange das Land noch dünn besiedelt war, lagen breite Waldgürtel zwischen den Territorien. Die böhmischen Grenzwälder reichten über das Gebirge bis in die schlesische Ebene hinab. Erst mit der Erschließung dieser Waldgebiete verlagerte sich die Grenze hinauf auf die Wasserscheide von Elbe und Oder, wo der sudetische Gebirgszug mit dem Riesengebirge einen natürlichen Wall gegen Böhmen hin bildet. Dieses Gebirge ist jedoch stark gegliedert und bietet genügend Durchlässe, die früher oder später auf schlesischer Seite durch Festungen abgesichert wurden. Schweidnitz, Silberberg und Troppau, vor allem aber das nach Böhmen vorspringende Glatz mit seiner historischen Grafschaft sind zu nennen, wobei letztere nicht zum alten Schlesien gehörte.

An die Sudeten schließen im Süden die westlichen Beskiden an. Um diesen Gebirgszug zu überwinden, nutzte die alte Handelsstraße zwischen Teschen und Oberungarn den 550 Meter hohen Jablunkapaß, den man dann befestigen mußte, um die Türken von Schlesien fernzuhalten. Auf allen anderen Seiten Schlesiens fehlen natürliche Hindernisse. Wie offen die Flanke nach Nordwesten war, wo die Grenze teilweise dem Verlauf der Flüsse Queis und Bober folgte, sollte sich im Dreißigjährigen Krieg erweisen. Die im flachen Hinterland gelegene Festung Glogau konnte einen starken Gegner nicht aufhalten. Vor der langen Ostgrenze zu Polen lassen sich als befestigte Orte Namslau und Trachenberg anführen, doch sicherten sie mehr die Handelswege; ihr Ausbau war kein Zeichen der Sorge um den Bestand der schlesisch-polnischen Grenze. Keine Grenze Schlesiens blieb so lange unangefochten wie diese östliche Reichsgrenze, die hauptsächlich durch Sumpfgebiete, Wälder und entlang kleinerer Grenzflüsse verlief, wie der zu literarischem Ruhm gelangten Prosna.

Innerhalb dieser Grenzen erstreckt sich das schlesische Land. Entwicklungsmöglichkeiten und Wohlstand einzelner Teillandschaften sind abhängig von den natürlichen Bedingungen, von Klima und Höhenlage, von Bodenbeschaffenheit und Bewirtschaftungsmöglichkeiten, von Sümpfen und Wäldern, Bodenschätzen und Transportwegen. Bis in die Gegenwart hinein haben diese Faktoren die Arbeitsbedingungen der Menschen bestimmt, ihr Leben und ihre Mentalität geprägt. Das Klima Schlesiens mit seinem Wechsel von heißen Sommern und kalten Wintern ist schon eher ein kontinentales. Die Landschaften weisen keine krassen Gegensätze auf, obwohl die Höhenunterschiede immerhin zwischen 50 Metern im Odertal und 1600 Metern auf der Schneekoppe schwanken. Es lassen sich zwei Großräume unterscheiden, nämlich das Gebirgsland links der Oder zwischen Lausitzer und Glatzer Neiße und das mehr oder minder gegliederte Flachland beiderseits der Odersenke.

Die Oder als natürliche Achse des Landes war einst von breiten und überschwemmungsgefährdeten Feuchtgebieten gesäumt. Sie wurden in Jahrhunderten kultiviert, der mäandrierende Strom allmählich begradigt und schiffbar gemacht. Nur an zwei Stellen, in Oberschlesien zwischen Krappitz und Oppeln und in Niederschlesien zwischen Leubus und Köben, verengte sich das Tal. Dort sowie an Flußinseln und anderen hochwasserfreien Stellen bot es sich an, Brücken und Straßen über die Oder zu führen,

Städte und Klöster – wie Leubus – zu bauen. So entstand Breslau am Knotenpunkt uralter Handelsstraßen, aber auch andere Brückenstädte an der Oder wie Glogau, Steinau, Brieg, Oppeln und Ratibor. Breslau war nicht nur als Verkehrskreuz des Landes zur Hauptstadt prädisponiert, sondern auch dadurch begünstigt, daß es zentral inmitten der fruchtbarsten, schwarzerdigen Ackerbauebene Schlesiens liegt, die südwestlich bis zur 36 Kilometer entfernten Pyramide des 718 Meter hohen Zobten reicht, östlich bis in die Kreuzburger Gegend. Am Oderübergang Breslau hatte Schlesien sein natürliches Zentrum und bald seinen politischen, kirchlichen und wirtschaftlichen Mittelpunkt.

Unterhalb des Zuflusses der Katzbach in die Oder öffnet sich keilförmig nach Nordwesten hin die Niederschlesisch-Lausitzer Heide. Endlose Kiefernwälder zeigen bis heute an, daß hier der sandige Boden keinen ertragreichen Ackerbau zuläßt. Nach Westen hin griff in jüngerer Zeit der Abbau großer Braunkohlenvorkommen störend in das Landschaftsbild ein. Nördlich und östlich der Katzbachmündung erstreckt sich beiderseits der Oder der sogenannte Schlesische Landrücken, ein leicht gehügeltes Land, das nur in der Gegend um Trebnitz zum Katzengebirge von über 200 Metern Höhe ansteigt. In diesem Raum finden sich neben fruchtbaren Lößböden mit Getreide- und Obstkulturen auch kiefernbestandene Sandflächen. Im nordöstlichen Grenzbereich fließt in einer sumpfigen Niederung die Bartsch der Oder zu. Sie schuf ein großes artenreiches Feuchtbiotop, das ideale Bedingungen für eine ertragreiche Fischwirtschaft bietet.

Im Süden, etwa von der Einmündung der Glatzer Neiße in die Oder, fünfzehn Kilometer oberhalb von Brieg, erstreckt sich bis zur Oppa und dem Oberlauf der Weichsel das oberschlesische Flachland. Auf der linken, westlichen Oderseite bedecken es große Wälder, die näher zum Sudetengebirge hin von einer bäuerlichen Agrarlandschaft abgelöst werden. Das Flachland rechts, also östlich der Oder, wird durch das fruchtbare Hügelland des Chelm in einen nördlichen und einen südlichen Teil geschieden. Hier steigt der Annaberg nahe der Oder zur bescheidenen Höhe von 385 Metern an, hat aber gleichwohl eine weithin sichtbare zentrale Lage. Das Kloster auf seiner Höhe ließ den Berg zu einem religiösen Mittelpunkt Oberschlesiens werden; seine strategische Bedeutung machte ihn zum Schauplatz der Aufstandskämpfe nach dem Ersten Weltkrieg – für Deutsche wie für Polen ein symbolträchtiger Ort. Nördlich und südlich davon wechseln Felder und große Kiefernwälder. Nur hier, im östlichen Oberschlesien, liegen unter einem früheren Waldgebiet die gewaltigen Bodenschätze an Steinkohle, Zink, Bleierzen und Eisen, welche in den letzten 150 Jahren das oberschlesische Industrierevier zwischen Gleiwitz, Beuthen und Kattowitz entstehen ließen. Vom Krieg weitgehend verschont, sind viele der Industrieanlagen inzwischen technisch veraltet. Bei anhaltend hoher Produktivität sind daher heute die Umweltbelastungen durch die Schwerindustrie ein ernstes Problem dieser übervölkerten Region.

Das schlesische Gebirgsland nun erstreckt sich entlang des Sudetengebirgszuges, wobei die Höhenlagen der verschiedenen Gebirgsblöcke des Iser- und Riesengebirges, des Adlergebirges, des Glatzer Berglandes und des Altvatergebirges von berückender landschaftlicher Schönheit sind, doch übersteigen sie die mögliche Siedlungsgrenze. Jedes dieser Gebirge hat ein Gebirgsvorland. Zum nördlichen Lausitzer Berg- und Hügelland gehört der Basaltkegel der Landeskrone. Zwischen Queis und Katzbach folgt das 400 bis 500 Meter hohe Isergebirgsvorland, an das sich nach Südosten hin die weiträumigere mittelschlesische Vorberglandschaft anschließt, zu der noch der Zobten gehört. Es sind die Regionen der weiten frühmittelalterlichen Grenzwälder, die erst durch die deutsche Besiedlung erschlossen wurden und die später dank ihres Wald- und Wasserreichtums zu produktiven Gewerbelandschaften der Leinenweberei und der Glasveredelung wurden.

Das anschließende Gebirgsvorland zwischen Waldenburg und Neurode hat sein Gesicht seit dem 18. Jahrhundert sehr verändert, als hier das große niederschlesische Steinkohlenrevier mit seinen unübersehbaren Abraumhalden entstand. Neurode liegt schon im nördlichen Zipfel der von hohen Gebirgszügen umkesselten Grafschaft Glatz. Neben Agrar- und Forstwirtschaft sowie zahlreichen Gewerben finden sich hier einige der bekanntesten Mineralbäder Schlesiens.

Schlesische Länder

Ohne Kenntnis der naturräumlichen Lebensbedingungen ist die spätere Entwicklung einzelner Landschaften schwer verständlich. Über diesen lag ein weitmaschiges Netz verschiedener sprachlicher, kultureller, rechtlicher und politischer Binnengrenzen, das sich stetig veränderte und wenig mit den naturgegebenen Abgrenzungen übereinstimmte. Je nach Wahl des Zeitmaßes lassen sich in der frühen Neuzeit zwanzig und mehr schlesische Fürstentümer und Standesherrschaften anführen, die in ihrer Mannigfaltigkeit geradezu an die Kleinteiligkeit im Altreich erinnern. Dieser Vergleich scheint um so berechtigter, als 21 dieser Territorien zeitweilig eine eigene Ständeverfassung besaßen und ihr eigenes Regionalbewußtsein pflegten. 1742 schied das sogenannte Österreichisch-Schlesien im Süden aus und begann seine eigene Geschichte, während umgekehrt die Grafschaft Glatz hinzukam, ein geschlossenes Karree mit dauerhaften, naturgeschützten Grenzen. Die letzte bedeutende Erweiterung Schlesiens erfolgte nach den Befreiungskriegen 1815/16 durch Teile der Oberlausitz. Der verlorene Erste Weltkrieg brachte Gebietsabtretungen an die neuen slawischen Nachbarstaaten, vor allem die Abtretung Ostoberschlesiens 1921 an Polen und des Hultschiner Ländchens 1919 an die Tschechoslowakei. Die territorialen Änderungen Schlesiens zwischen 1938 und 1941 waren ebenso kurzlebig wie völkerrechtswidrig.

Es waren durchaus substantielle Verluste und Gewinne, welche die politische Landkarte und das Erscheinungsbild Schlesiens immer wieder veränderten. Am Ende prägte sich das eichenblattförmige preußische Schlesien ein. Der Historiker kann dieses politische Bild des alten Schlesien nicht für das einzige halten, vor allem dann nicht, wenn er andere, interdisziplinäre Kategorien hinzunimmt. Aus der Sicht der Sprach- und Literaturwissenschaft, der Kunstgeschichte, der Kirchengeschichte oder der Wirtschaftsgeographie ließen sich die Umrisse des Landes durchaus auch anders zeichnen. Die politischen Grenzen, vor allem nach Böhmen hin, verlören dann manches von ihrem trennenden Anschein.

Wenigstens eine schlesische Binnengrenze muß jedoch hervorgehoben werden, da sie zumindest teilweise sprachliche, rechtliche, konfessionelle und politische Räume trennte, was wiederum mehr historische als naturräumliche Gründe hatte. Es ist die Grenze zwischen Ober- und Niederschlesien. Ganz Schlesien war zur Zeit seiner politischen Herausbildung, im frühen Mittelalter, kirchlich und politisch noch ungeteilt. Die uneingeschränkte Anwendung des piastischen Erbrechtes nach dem Prinzip der Realteilung führte über mehrere Generationen hinweg zu einer Parzellierung Schlesiens, die es zugleich zur politischen Ohnmacht verurteilte. Am einschneidendsten war die Teilung von 1202, welche das gegenseitige Erbrecht zwischen den beiden wichtigsten Linien von Breslau und Ratibor/Oppeln aufhob und damit den Sonderweg des späteren Oberschlesien eröffnete. Nicht einmal dem Namen nach waren damals beide Landeshälften miteinander verbunden. Der Landesname Schlesien galt nur für den Norden, im Süden lag das Oppelner Land. Erst die politische Zusammenfassung unter der böhmischen Oberhoheit im 14. Jahrhundert ermöglichte die Ausweitung des Landesnamens Schlesien auf das Gesamtherzogtum.

Aber der schlesische Dualismus zwischen Norden und Süden blieb bestehen. Das spiegelte sich im Sprachgebrauch. Man konnte seit dem 15. Jahrhundert vom Herzogtum »beider Schlesien« sprechen oder vom Herzogtum Ober- und Niederschlesien. Noch unter habsburgischer Herrschaft gab es unerfüllte Wünsche der oberschlesischen Stände nach Separation aus dem Gesamtstaat. Die preußische Regierung trug dieser Tendenz seit 1744 verwaltungsmäßig Rechnung. Die Weimarer Republik hat schließlich 1919 aus politischen Überlegungen zum erstenmal die förmliche Zweiteilung des Landes vollzogen und die beiden selbständigen Provinzen Oberschlesien und Niederschlesien geschaffen. Zusammengehörigkeitsgefühl und Emanzipierungsdrang »beider Schlesien« standen seitdem erst recht in einem Spannungsverhältnis. Denn in beiden Landesteilen lebte jeweils ein Menschenschlag, der nach Temperament und Selbstverständnis durchaus verschieden war. In der Regel verstand sich der Oberschlesier weniger als Schlesier, sondern zuerst als Oberschlesier. Ein Niederschlesier hätte sich kaum selbst so genannt, er war ein Schlesier. Dieses Unterscheidungsbedürfnis nahmen die Oberschlesier respektive Schlesier 1945 mit in den Westen. Wer diese Vorgeschichte nicht kennt, mag es verwunderlich finden, mit welcher Lust und Konsequenz der alte schlesische Dualismus auch außerhalb Schlesiens weiterleben kann. Im heutigen Schlesien gibt es dazu eine neue Variante: Wenn ein Pole in Niederschlesien von Schlesiern spricht, so versteht er darunter die alteingesessenen Oberschlesier, von denen sich viele weiterhin mehr oder minder als Deutsche empfinden.

Schlesien galt seinen Bewohnern früher als weiblich (»die Schlesie«), was manchen barocken Lobpreisungen des Landes etwas Liebenswürdiges gibt. Der Name dieser »Mutter Schläsing« aber war rätselhaft und bot Raum zu gewagtesten Deutungen. Unbestreitbar ist seine niederschlesische Herkunft vom älteren Namen des Berges Zobten, auf dem sich in vorchristlicher Zeit ein Heiligtum befand. Von dieser zentralen Region aus sollte sich der Name Schlesien allmählich auf das ganze Land ausdehnen. Der Berg »Zlenz« (was mit weichem s gesprochen werden muß) oder lateinisch auch »mons Silencii« gab zunächst seiner Umgebung den Namen, dann auch den dortigen Menschen. Ein anonymer Chronist des 9. Jahrhunderts führte unter anderen slawischen Stämmen des schlesischen Raumes auch die Slenzane an. Bei all diesen Varianten handelt es sich also um slawische Überlieferung, von der sich sowohl der tschechische als auch der polnische und deutsche Name Schlesiens ableiten. Tschechisch »Slezsko« scheint dabei dem deutschen »Schlesien« näherzustehen als polnisch »Śląsk«. Es ist daher naheliegend, auch nach einer slawischen Wurzel des Namens zu suchen (etwa altslawisch »selo« = Wohnung; altpolnisch »ślęgnąć« = naß). Die schlesische Namensbildung hätte dann eine ähnliche Entwicklung genommen wie diejenige Pommerns (altpolnisch »pomorje« = Land am Meer) oder der Lausitz (sorbisch »luzica« = Sumpfland).

Eine solche Deutung für möglich zu halten rührte lange an das Selbstverständnis der deutschen Schlesier. Schon seit der Barockzeit bestand die Tendenz, nach einer »deutschen« Erklärung des Namens Schlesien zu suchen. Seit 1830 brachte man schließlich den Namen Schlesiens mit einem germanischen Stamm in Verbindung, der nach dem Zeugnis des Ptolemäus vor der Völkerwanderung in dieser Gegend ansässig war, den Silingen. Damit war eine Erklärung gefunden, die bis heute vielen Forschern als die wahrscheinlichste gilt, obwohl die dürftige Quellenlage keinen eindeutigen Beweis erlaubt. Die These setzt eine doppelte Weitergabe des Namens voraus, zunächst von den Silingen an den heiligen Berg und von diesem an den späteren slawischen Stamm der Slenzanen. Nicht jeder Sprachforscher war sich so sicher wie der Germanist Karl Müllenhoff (1818–1884), der das Wort Slezi »Laut für Laut und Buchstab für Buchstab« auf ein ursprünglich germanisches »Silingis« zurückführte.[1] Die Beweislage wurde auch nicht überzeugender, als man nach dem Ersten Weltkrieg den Bergnamen »Siling« rekonstruierte oder vielmehr erfand und darauf den Zobten umtaufte. Eine förmliche »Silingforschung« bemächtigte sich des geheimnisreichen Berges. Fortan wurde »Siling« zum Schibboleth für rechte Gesinnung. Man ist versucht, den Altmeister der schlesischen Geschichte, Stenzel, zu zitieren, der schon 1832 bemerkte, »schwerlich dürfte über einen Berg in Deutschland mehr geschrieben, gefabelt und gefaselt worden sein als über den schönen Zobtenberg in Schlesien«.[2]

In der Stimmungslage der nationalen Bedrohung Schlesiens nach dem Ersten Weltkrieg erhielt diese schwierige und letztlich unentscheidbare namenkundliche Frage plötzlich mehr als einen symbolischen Stellenwert. Es ging um den Nachweis des urgermanischen Charakters Schlesiens. Das nationale Besitzrecht des Landes, vielleicht gar der Verlauf seiner Geschichte schienen davon abzuhängen, welches Volk dem Land seinen Namen gegeben hatte. Wurde hier nicht eine Art von Namensmagie beschworen, genauer gesagt, politisch instrumentalisiert, wie sie sonst nur im Märchen vorkommt? Womöglich muß man sich weiterhin damit abfinden, daß der Zobten mit seinen uralten, vermutlich aus keltischer Zeit stammenden Figuren des »Bären« oder der »Jungfrau mit dem Fisch« seine Geheimnisse für sich behält. Der deutschen Geschichte Schlesiens geschähe damit kein Abbruch.

Elysium und Hades

Vor fast fünfhundert Jahren mußte ein Universitätslehrer die Erfahrung machen, daß selbst gebildete Leute keine Ahnung von Land und Geschichte seiner schlesischen Heimat hatten. Das war für Magister Barthel Stein aus Brieg, der in Krakau, Wien und Wittenberg gelehrt hatte, Veranlassung genug, die erste Geschichte Schlesiens zu verfassen. Damals schrieb man das Zeitalter des Humanismus, in dem generell die Beschäftigung mit der Geschichte Schlesiens begann. Diese neue Form der Zuwendung an die schlesische Geschichte brachte man auf einen gelehrten Begriff: »Silesiographia«, also Beschreibung Schlesiens. Was an kritischer Kenntnis fehlte, wurde durch den glänzenden Lobpreis der Vaterstadt oder des Vaterlandes überdeckt. Das Oderland war kein Jammertal irdischen Lebens, sondern schier der Himmel auf Erden, wenigstens im Patriotismus der reichen, gebildeten Patrizier in ihren stattlichen Häusern rings um das neue Rathaus von Breslau. Kein Geringerer als Philipp Melanchthon (1497–1560), der Praeceptor Germaniae, hatte die Schlesier 1558 darauf hingewiesen, daß sie, die Silesii, mit den bei Tacitus erwähnten Elysii gleichzusetzen seien,[3] womit eine weitere, aber unsolide Ableitung des schlesischen Landesnamens angeführt ist. Folglich war auch der Name des Landes identisch mit dem Elysium der griechischen Mythologie. Hier wie dort führte man ein herrliches Leben. Wer hätte einer solchen Ortsbestimmung widersprechen wollen? Seitdem vergaß kaum einer der Gelehrten oder Poeten diese Huldigung an das Land. Und da die Liebe bekanntlich durch den Magen geht, scheint noch im Nationalgericht der Schlesier, dem Schlesischen Himmelreich, bis heute etwas vom Elysium der Schlesier erhalten geblieben zu sein.

Leider kennt die schlesische Geschichte auch das Gegenbild, zuletzt den sich überstürzenden Untergang schlesischer Kultur und schlesischen Lebens Mitte des 20. Jahrhunderts. Unvergleichliches folgte in wenigen Jahren aufeinander. Zuerst das Unrechtsregime des Nationalsozialismus, dann die Kriegszeit, begleitet von den Morden an Juden, Polen und Russen in der Nachbarschaft. Der schrecklichste Ort solcher Verbrechen war das polnische Auschwitz, das von Hitler im Jahr 1941 dem schlesischen Territorium zugeschlagen wurde, wenige Monate bevor dort die Gaskammern ihr Werk begannen. Schließlich wurde auch Schlesien selbst zum Kriegsschauplatz. Mit Kriegsende bemächtigten sich die Sieger des Landes und vertrieben seine deutschen Bewohner.

Für diese Folge von Unrecht läßt sich in der schlesischen Geschichte allein keine Erklärung finden. Das Land war nur noch Objekt im Planspiel jener Machthaber und Täter, die damals im deutschen Namen Politik betrieben. Sie haben den Weltkrieg entfesselt, der dann den Gegenschlag der kleinen und großen Mächte auslöste. Niemand wird leugnen, daß der Nationalsozialismus auch im deutschen Osten einen Nährboden vorfand. In Schlesien war der Anteil an dieser Entwicklung weder größer noch kleiner als in anderen deutschen Provinzen, doch darf das Land darauf verweisen, daß sich in seinen Grenzen die mutigen Männer von Kreisau sammelten, um Widerstand zu leisten.

Spätestens damals versank die freundliche Utopie des schlesischen Elysiums. Der Spuk einer Gegenwelt war Realität geworden. Die antike Mythologie kennt sie als das Land des Hades, ein Reich des Todes, der Ruinen, des Schreckens. Der junge Journalist Robert Jungk (1913–1994) trat wenige Monate nach Kriegsende von der Schweiz aus mit einem Appell an die Öffentlichkeit: Was er im Herbst 1945 in Schlesien an Verwüstung und Vergeltung beobachtet hatte, war wie »Aus einem Totenland«.[4] Der Schriftsteller Günther Anders (1902–1992) empfand noch zwei Jahrzehnte später ähnlich, als er 1966 seine Geburtsstadt Breslau aufsuchte, um den Spuren seiner jüdischen Kindheit nachzugehen. Ihn bedrängten die Widersprüche zwischen erinnerter Jugend, erfahrener Geschichte und gegenwärtiger Anschauung. Und über allem lastete die traumatische Vorstellung, daß die Asche aus den Kaminen von Auschwitz noch immer den schlesischen Horizont verdunkelte. Anders hat diese eigene Spurensuche in einem schmalen Band beschrieben, der den Titel »Besuch im Hades« trägt.[5]

Elysium und Hades. Zwei Orte schlesischer Geschichte? Sicherlich zwei denkbar extreme Positionen, hinter deren mythischer Benennung sich gleichwohl konkrete Geschichte verbirgt. Sie zeigen die Spannweite an, die es auszumessen gilt, wenn man heute die Geschichte Schlesiens zu beschreiben hat. Es gilt, das eine zu würdigen und dem anderen offen ins Auge zu sehen. Aber obwohl beide Orte auf einer gemeinsamen Zeitskala liegen, wäre es unhistorisch, wollte man zwischen ihnen eine direkte oder gar kausale Verbindung herstellen. Schlesische Geschichte hat sich nicht auf einer schiefen Ebene ereignet, die unweigerlich von ihren Höhepunkten in die Katastrophe führte. Das hieße ja, dem Ende der deutschen Geschichte Schlesiens eine innere Berechtigung zuzusprechen, wo doch im Gegenteil Absurdität zu verzeichnen ist. Was 1945 in Schlesien endete, war eine lebendige, »zehnfach interessante« (Goethe), deutsch geprägte Kultur von unermeßlichem Reichtum, die zu beschreiben und zu erforschen noch immer verlockend ist, deren Fortbestand in dieser Prägung heute aber nur noch an wenigen Fasern hängt.

Grundbegriffe der schlesischen Geschichte

Von der wechselvollen Geschichte Schlesiens berichtet das vorliegende Buch. Welche Ereignisse und Epochen im einzelnen behandelt werden, läßt sich hier nicht vorwegnehmen. Zur Einführung mag es förderlich sein, einige ebenso grundsätzliche wie kontroverse Aussagen zur Tradition oder dem Charakter der schlesischen Geschichte anzusprechen. Dazu käme mehr in Frage, als ausgewählt wurde. Hier sind es drei Leitmotive beziehungsweise Grundbegriffe wie der Mythos von Wahlstatt, die schlesische Toleranz und das Verständnis Schlesiens als Brückenlandschaft. Es wäre aber zuwenig, diese Leitmotive nur von ihrer gefälligen Seite zu betrachten, man muß zugleich auch kritisch nach ihrer Entstehung, Wandelbarkeit und Gültigkeit fragen.

Der Mythos von Wahlstatt

Was in der legendenumwobenen Schlacht bei Liegnitz am 9. April 1241 wirklich geschah, hat kein Augenzeuge überliefert. Der kritische Historiker Stenzel meinte einmal lakonisch, man wisse davon nicht viel mehr als das Faktum und das Datum. Das war um so bedauerlicher, als man später den sicheren Eindruck gewann, daß sich damals in Schlesien, das sonst so abseits der großen Ereignisse lag, Weltgeschichte ereignet hatte. Nichts Geringeres als die Verteidigung, ja die Rettung des Abendlandes hatte hier stattgefunden, und diese Tat hatten die Schlesier vollbracht.

Für einen historischen Moment hatten damals die mongolischen Herrscher des von Dschingis Khan errichteten Weltreichs Anstalten gemacht, an den Pforten Europas zu rütteln. Der Hauptstoß der planmäßigen Offensive traf Ungarn. Die nach Polen und Schlesien entsandte mongolische Teilstreitmacht diente nur der Flankendeckung, Landnahme war nicht ihre Absicht. Aufs Ganze gesehen blieb der Vorstoß nach Westen nur ein Randereignis in der mongolischen Geschichte.

Anders war der Eindruck an der Oder. Die Katastrophe grub sich als tiefer Schock in das Gedächtnis Polens und Schlesiens ein. Vor Liegnitz, nicht unbedingt am Ort des späteren Klosters Wahlstatt, fanden Herzog Heinrich II. und viele seiner Streiter am 9. April 1241 den Tod. Gegen die berittenen mongolischen Bogenschützen waren die wenigen tausend Verteidiger in keiner Weise gerüstet gewesen. Und dennoch geschah das Mirakel des Hauses Piast: Die Mongolen verließen Schlesien, wie man bald glaubte, aufgrund des heldenhaften Widerstandes der Kämpfer.

Die politischen Folgen dieses »Mongolensturmes« waren vor allem dynastischer und struktureller Art. Was aber von der Katastrophe von 1241 bis heute in Erinnerung blieb, war die immer neu erzählte Legende, die seit dem 15. Jahrhundert unerwartet detaillierte Einzelheiten und Namen zu berichten wußte. Für viele dieser Angaben fehlen bis heute die quellenmäßigen Belege, anderes ist erwiesenermaßen unrichtig oder übertrieben. Aber es wäre nicht das erste Mal, daß eine Legende wahre Elemente enthielte. Vielleicht geschieht dem Krakauer Domherrn Jan Długosz Unrecht, wenn man seine Angabe bezweifelt, die Mongolen hätten jedem getöteten Christen ein Ohr abgeschnitten und so neun Säcke gefüllt. Eine Geschichte, die unzählige Kinder in Schlesien das Gruseln lehrte.

Wenn man wollte, und später fand man Gefallen daran, so konnte man streiten, welcher Nation der Ruhm dieser erfolgreichen Abwehrschlacht bei Liegnitz gebührte. Heinrich selbst, dessen Herrschaft über Schlesien hinausreichte und auf den polnischen Thron zielte, befehligte ein Heer aus seinem großen Machtbereich, korrekterweise also ein polnisches. Nur, in seiner Zusammensetzung war das Heer schon polnisch-deutsch gemischt, so wie der Herzog selbst mehr deutsche als polnische Vorfahren hatte, darunter seine Mutter, die heilige Hedwig. So konnten Polen und Deutsche Gründe finden, die Rettung des Abendlandes der eigenen Nation zuzuschreiben. Grünhagen nannte sie »die Bluttaufe der jungen deutschen Pflanzung hier im Osten«.[6]

Die schlesischen Territorien wuchsen erst im Laufe des Mittelalters zu einem modernen Land mit gemeinsamem Landesbewußtsein zusammen. Das schlug sich im Beschluß von 1528 nieder, das Landesaufgebot fortan unter ein gemeinsames Banner zu stellen. Auf diesem Bild des Jahres 1545 stürmt ein Landsknechtführer mit dem schlesischen Banner voran, doch hat der Meister IK nicht bedacht, daß der schlesische Adler auf den Schwingen einen aufgelegten Silbermond tragen müßte. Für die Bezeichnung Schlesiens überwog damals die weibliche Namensform »Schlesie«, wie sie abgewandelt auch über diesem Holzschnitt steht.

Interessanter ist der bemerkenswerte Wandel, dem der Mythos von Wahlstatt im Laufe der Zeiten unterlag.[7] Zunächst war es die bis 1675 in Schlesien regierende piastische Dynastie, welche die Erinnerung an Wahlstatt wachhielt. Das Bild des gefallenen Herzogs erhielt eine christliche Verklärung. Das von Andreas Gryphius geplante Drama sollte den Titel »Heinrich der Fromme oder die Schlacht der Christen und Tartaren vor Liegnitz« tragen. In den vom Piastenhaus veranlaßten Prachthandschriften wurde die Vita der Herzogin Hedwig eng mit dem Opfertod des Sohnes verknüpft. Doch weder hat die Kirche den fürstlichen Märtyrer heiliggesprochen – das blieb der Mutter vorbehalten –, noch hat das 19. Jahrhundert ihm ein deutsches Nationaldenkmal errichtet, wie Hermann es im Teutoburger Wald bekam. Nur die Dichter aller Jahrhunderte priesen den schlesischen Leonidas.

Der schlesische Adel wiederum gefiel sich in der Vorstellung, seine Vorfahren hätten vor Liegnitz mitgekämpft. Zahlreiche Familiensagen und Wappen brachten das zum Ausdruck. Schon im 14. Jahrhundert wurden in einer Handschrift die Schilde der Kämpfer mit den Wappen der damals führenden Liegnitzer Adligen versehen. Den Herren von Rothkirch gelang es sogar, sich ihren Anspruch im Text des kaiserlichen Freiherrendiploms von 1662 verbriefen zu lassen. Es ist schon bezeichnend, daß bereits ein barocker Chronist spöttisch anmerkte: »Ob endlich alle schlesischen adeligen Wappen, so eine tartarische Mütze auf dem Helm oder sonst etwas tartarisches im Schilde führen, von dieser Schlacht den Ursprung genommen, dessen muß man sich bey dem Secretär im Reiche der Todten erkundigen.«[8] Wer in dieser adligen Tradition lebte, sah dann auch in der Türkengefahr die Wiederholung der Bedrohung von 1241. Gerade die bildende Kunst verdeutlichte die Parallelisierung von Mongolen und Türken. Auf den von Cosmas Damian Asam 1733 gemalten Fresken in der Kirche von Wahlstatt erschienen die Mongolen ganz wie die Türken, mit denen Habsburg damals im Krieg lag.

Der Vergleich mit den Tataren lag also in Schlesien nahe, wann immer das Land bedroht schien. Entweder sah man die asiatische Überflutung Schlesiens kommen oder man appellierte an den Geist von Wahlstatt. Im Siebenjährigen Krieg waren es in der Sicht des Landes die »tartarischen« Russen, die sich kaum von den Tataren des 13. Jahrhunderts unterschieden. Sie hatten das schlesische Herrnstadt schrecklich verwüstet und dem großen Friedrich die bitterste Niederlage des Krieges zugefügt. In den Befreiungskriegen gegen Napoleon war man hingegen auf die gescholtenen Russen angewiesen. Nun waren die Franzosen unter ihrem »fränkischen Chan« die neuen Mongolen.[9] Und Marschall Blücher, der sie 1813 an der Katzbach nicht weit von Liegnitz geschlagen hatte, wurde in deutlicher Anspielung auf das mittelalterliche Ereignis als Fürst Blücher von Wahlstatt geadelt. 1838 entstand die preußische Kadettenanstalt Wahlstatt, an eben der Stelle, wo die blutgetränkte Erde es ermöglichte, »gleichsam aus dem Boden den tapferen, opfermutigen Geist der Vorfahren an sich [zu] saugen« (Hermann Aubin). Man vergaß nicht zu erwähnen, daß auch der junge Wahlstätter Kadett Hindenburg davon gekostet hatte, der dann 1914 die große ostpreußische Entscheidungsschlacht gewann. Es war Hindenburgs ausdrücklicher Wunsch, sie »Schlacht von Tannenberg« nennen zu dürfen, so als sei damit die alte Scharte von Tannenberg 1410 ausgewetzt worden. Eine ähnliche Analogie hatte man schon früher zwischen der gewonnenen Türkenschlacht von 1687 bei Mohács und der Niederlage von 1526 hergestellt.

Welche Anknüpfungsmöglichkeiten der Termin des siebenhundertjährigen Gedenkens 1941 bot, wenige Wochen vor Beginn der deutschen Offensive gegen Rußland, bedarf kaum des Nachweises.[10] Zahlreiche Vorträge und literarische Erzeugnisse galten dem Thema. Heldenkampf und Schlachtentod des piastischen Herzogs, mutmaßlich nun eines Nachfahren germanischer Wikinger, konnten »als Symbol für die opferbereite deutsche Wacht im Osten gegen den Einbruch kulturfremden Asiatentums« gedeutet werden.[11] Am Ende diente das Beispiel von Wahlstatt nur noch zur Mobilisierung der letzten Reserven. Das hilflose Volkssturmunternehmen von 1944 mit seinem einem Roman von 1940 entlehnten Titel »Unternehmen Bartold« spielte darauf an. Gauleiter Karl Hanke drohte in seiner Neujahrsansprache von 1945 den Russen mit dem Schicksal der Mongolen von einst. Der propagandistische Mißbrauch der Geschichte wurde bis zum Ende betrieben. Noch den Verteidigern der eingeschlossenen »Festung Breslau« wurde erklärt, sie hätten eine höhere Mission zu erfüllen, nämlich das Licht der europäischen Kultur davor zu bewahren, daß es im Sturm der asiatischen Raserei verlösche.

Fünfzig Jahre später trafen sich polnische und deutsche Historiker erstmals auf einem Kongreß in Liegnitz, um sich in wissenschaftlicher Gelassenheit mit dem Mythos von 1241 zu beschäftigen, was nicht bedeuten muß, er habe damit ein Ende gefunden.

Die schlesische Toleranz

Zu den Charaktereigenschaften des Schlesiers gehört seine Befähigung zum Ausgleich, seine »gemittliche« Wesensart. Es war womöglich ein in Jahrhunderten erworbener Grundzug, der es verdient, hervorgehoben zu werden, ohne daß dabei die Problematik und Vielschichtigkeit solcher Feststellungen unterschätzt werden soll. Im aktiven Handeln oder auch im passiven Unterlassen konnte daraus eine politische Tugend werden, die sich beschreiben läßt, auch wenn sie erst relativ spät ins allgemeine Bewußtsein gehoben wurde.

Es ist nicht ungewöhnlich, daß eine vertraute Sache in neuem Licht erscheint, sobald man sie verloren hat. Bestimmte Grundzüge der schlesischen Geschichte schienen nach 1945 deutlicher hervorzutreten, so daß sie in neuem Zusammenhang gesehen wurden. Ebenso verständlich ist, daß man nach den Erfahrungen mit Unrechtsregimen dankbar war, wieder auf die Bedeutung der christlichen und humanistischen Ideen für die schlesische Geschichte hingewiesen zu werden. Wenn dabei ein freundliches Licht auf die schlesische Geschichte fiel, war das willkommen, half es doch bei der Suche nach der eigenen schlesischen Identität. So erklärt sich die breite Zustimmung, die der evangelische Kirchenhistoriker Joachim Konrad (1903–1979) fand, als er 1953 die »schlesische Toleranz« als ein geschichtliches Erbe und eine die ganze schlesische Geschichte durchziehende politische Idee beschrieb.[12] Es war eine glückliche Begriffsschöpfung, wie die rasche Aufnahme des Wortes in die Literatur und in die historischen

Handbücher bewies. Inzwischen ist der Verweis auf die Bedeutung der schlesischen Toleranz etwas ganz Geläufiges geworden.

Die schlesische Geschichte bot Konrad manchen Anknüpfungspunkt, seine These zu untermauern. Schon im mittelalterlichen Schlesien sei das Zusammenwachsen der Altansässigen und der neuhinzukommenden Siedler weitgehend konfliktfrei verlaufen. Besonders hoch veranschlagte Konrad den »toleranten Charakter der schlesischen Reformation«, die sich als echte Volksbewegung zunächst widerstandslos durchgesetzt habe. Selbst die dann folgende Phase »radikaler Intoleranz« in der Gegenreformation habe einen tieferen Sinn enthalten. Das »Erdulden harter Unduldsamkeit« sei »der entscheidende Hintergrund für die schlesische Toleranz« geworden. Dann habe Friedrich der Große das Tor zur Glaubensfreiheit geöffnet. Er brachte den Schlesiern aller Konfessionen die aufgeklärte »preußische Toleranz«, die mit der älteren schlesischen Toleranz verschmolz. Zum Beleg dafür verwies Konrad auf verschiedene Beispiele ökumenischer Gesinnung in Schlesien. Zusammenfassend lautete seine These: »Schlesien war ein Land der Begegnung und des friedlichen Miteinander sehr verschiedener Elemente, ein Grenz- und Brückenland. Es hat seine Einheit in sehr wechselvollen Geschicken und unter besonders harten Zerreißproben sich erobern und bewahren müssen. Es hat darin seine Eigenart und seinen Charakter im Sinne einer echten, in religiöser Tiefe verwurzelten Toleranz gefunden und bisher behaupten müssen.«[13]

Inwieweit das von Konrad thesenartig entwickelte Bild Allgemeingültigkeit beanspruchen durfte, wäre längst eine fundierte ideengeschichtliche Untersuchung wert gewesen. Konrad erhob 1953 nicht den Anspruch darauf, so wie man ihm auch nicht nachsagen konnte, unparteiisch gewesen zu sein. Später korrigierte er einige kritikwürdige Bemerkungen stillschweigend selbst, indem sie nicht mehr wiederholt wurden. Denn die habsburgische Zeit Schlesiens wird man heute differenzierter sehen als 1953. Sie läßt sich nicht auf den Generalnenner der Gegenreformation reduzieren, so, als ob Toleranz vorwiegend nur auf einer konfessionellen Seite geübt worden sei. Zu bedenken ist auch der von jüdischer Seite erhobene Vorbehalt gegenüber der These einer allgemeinen Toleranzbereitschaft der Schlesier.[14] In Kenntnis solcher und anderer berechtigter Einschränkungen wird man aber auch auf den zweiten Blick hin an der Aussage festhalten können, daß es in Schlesien ein besonderes Toleranzbewußtsein gegeben habe, ja eine praktizierte schlesische Toleranz.

Den Historiker interessiert der Wandlungsprozeß des Toleranzdenkens und der Zeitpunkt, zu dem es in seinem Eigenwert erkannt und formuliert wurde. Wer diese Geschichte erforschen möchte, dem kann das bloße Wort »Toleranz« als Leitfaden nicht genügen, denn dieses wurde früher auch in anderem Zusammenhang gebraucht. Das zeigt das Beispiel des 1639 verstorbenen protestantischen Herzogs Heinrich Wenzel von Münsterberg-Oels, dem man viele Fürstentugenden nachsagte, darunter auch Toleranz. Es war aber »tolerantia in laboribus«, was heißen sollte, dieser Fürst habe sich nicht einmal vor richtiger Arbeit gescheut. In Religionsfragen bewies er jedoch Pietas gegenüber Gott und Constantia gegenüber der wahren Religion.[15] Man wird also auch nach anderen zeitgemäßen Ausdrucksformen zu suchen haben. Für die schlesische Reformationszeit beispielsweise war es ein fruchtbarer methodischer Zugriff, den Akzent auf eine »schlesische Irenik« zu setzen.[16] In Deutschland war, wie das Beispiel des Erasmus von Rotterdam gezeigt hatte, die auf konfessionellen Ausgleich bedachte irenische Strömung genauso alt wie die Reformation selbst.

Darüber hinaus muß die Frage um die vergleichende Dimension erweitert werden. Bisher war der Eindruck vermittelt worden, als sei die schlesische Toleranz ohne Beispiel gewesen. Ein Blick in die Nachbarländer zeigt aber, daß auch andere Länder für sich beanspruchen dürfen, eine besondere Toleranz entwickelt zu haben. Janusz Tazbir hat ein sehr eindrucksvolles Bild der polnischen Toleranz entworfen, an der übrigens auch das Judentum teilhatte.[17] Gab es also eine breitere Zone ostmitteleuropäischer Toleranz, beginnend im Böhmen eines Johann Amos Comenius bis hin nach Siebenbürgen?

Um noch einmal im schlesischen Zusammenhang zu bleiben, so war mit dem Paradigma der schlesischen Toleranz im Grunde eine ältere Debatte variiert und erweitert worden, die schon lange auf Austrag wartete. Es war der alte Streit um die Vor- und Nachteile der preußischen Verfassung Schlesiens gegenüber der österreichischen, in dem oft genug die Behandlung der Konfessionsfrage als das entscheidende Kriterium gegolten hatte.

Der Breslauer Schulrat Karl Adolf Menzel (1784–1855) gehörte zu jenen, die sich wunderten, daß ein halbes Jahrhundert nach der preußischen Eroberung Schlesiens es dort noch immer eifrige Verehrer der österreichischen Verfassung geben könne, sicherlich doch nur aufgrund einer schlichten »Unkenntniß der Geschichte und einer unrichtigen Ansicht des damaligen Systems«. Was habe die österreichische Herrschaft denn Schlesien gebracht, wenn nicht den »Geist des Sektenhasses, des Adelsstolzes und der Titelsucht«? Das schien dem Gedanken der Toleranz wenig Raum zu lassen und war ganz vom hohen Kothurn bürgerlicher Aufklärung herab geurteilt,[18] wie es einem Schulmeister zukam.

Wieviel differenzierter war dagegen die von Johann Adam Hensel (1689–1778), dem ersten Geschichtsschreiber der evangelischen Kirche Schlesiens, aufgestellte Bilanz ausgefallen, wobei mit ihm 1768 noch ein Zeitzeuge der österreichischen Epoche zu Wort kam. »Es ist wohl allerdings wahr, daß es der protestantischen Kirche in Schlesien unter der langen und über 200 Jahre andauernden Regierung des glorwürdigsten Erzhauses Österreich bey vielen huldreichen Kaysern gar sehr viel leidlicher ergangen, als ihren armen verfolgten und gedruckten Glaubensbrüdern in den übrigen Theilen Europas, nahmentlich aber im römischen Reiche ... Die gnädigen hohen Regenten Österreichs haben bey ihrer weit grösseren Macht und Gewalt, die sie in Händen hatten, dennoch ihrer unter Dero Schutz lebenden protestantischen Kirche gar viel mehrere Toleranz, Gnade und Schutz angedeihen lassen, als jene kleine Lichter im römischen Reiche gethan. Daher die Schlesier den Nahmen undankbarer Unterthanen verdienen würden, wenn sie dieses läugnen oder gar vergessen wollten.«[19] Man sieht, daß Hensel die Bedingungen der Möglichkeit von Toleranz berücksichtigte und sie der anderen konfessionellen Seite nicht absprach. Dieser verständnisvolle Blick zurück sollte Hensel später unter Amtsbrüdern den Vorwurf einer »fast zu weichen Toleranz« eintragen (Hellmut Eberlein), wie überhaupt der Härtegrad von Urteilen historischen Schwankungen unterliegt.

Bedeutsamer ist, quellenmäßig nachweisen zu können, daß sich in Schlesien wirklich ein Toleranzbewußtsein entwickelt hatte und gepflegt wurde, das noch über die Zeit der Aufklärung hinaus Bestand hatte. Man kann dafür die Feststellung Rahmels von 1789 anführen, »daß in Schlesien beynahe pensylvanische Verträglichkeit unter Lutheranern und Katholiken herrscht«,[20] oder das Zeugnis des katholischen Theologen Joseph Ignaz Ritter, der Breslau »als Musterstadt der Toleranz« kennengelernt hatte.[21] Wenn Denken und Handeln so übereinstimmend erscheinen wie in der schlesischen Spätaufklärung, dann ist man nicht überrascht, in dieser Epoche die schlesische Toleranz auch begrifflich als solche bezeichnet zu finden. Als überzeugender Gewährsmann kann der katholische Aufklärer Johann Joseph Kausch (1751–1825) angeführt werden, der sich zu seiner Zeit hoher Wertschätzung erfreute, denn er war Ehrenmitglied mehrerer Akademien. In seinen Schriften ist die Einforderung und Beschreibung der Toleranz ein zentrales Thema, und es erfüllt ihn mit Genugtuung, so viel davon in Schlesien verwirklicht zu sehen. So konnte er 1794 »von den Lobeerhebungen« sprechen, »welche ich der schlesischen Toleranz gegeben habe«.[22]

Entsprechend findet sich auch 1807 in einem Gutachten, das Kausch zur Neuordnung der Breslauer Universität vorzulegen hatte, das Lob »der bekannten Toleranz der Schlesier«.[23]

Was vor vier Jahrzehnten noch vorsichtig als Ideenentwurf vorgetragen wurde, läßt sich also historisch untermauern und darf sich auf eine zumindest zweihundertjährige Tradition berufen. Diese Freilegung eines bedeutsamen positiven Traditionsstranges der schlesischen Geschichte wird ihren Wert behalten, auch wenn es daneben Anzeichen gegenläufiger Tendenzen gibt, wie es für eine vielschichtige und keineswegs konfliktfreie Gesellschaft durchaus erwartet werden kann.

Schlesien als Brückenlandschaft

Das Motiv der Brückenlandschaft hat wiederum seine eigene Geschichte. Das Ende des Ersten Weltkrieges und die Regelungen von Versailles hatten nationale Ängste hervorgerufen. Schlesien sah sich über Nacht von zwei neuentstandenen slawischen Staaten eingegrenzt. Die Verbindung zu den übrigen Teilen Deutschlands schien bedroht. Es war zur »Grenzmark« geworden und entwickelte ein trotziges Festungsdenken. Das Land galt jetzt als das »deutsche Bollwerk« (Wilhelm Volz) im Osten, das, wenn man weiter zurückdachte, schon immer ein »Ausfalltor deutscher Kultur« gewesen war.[24]

Vor diesem Hintergrund entstand das Bild von Schlesien als Brücke. Das klingt einladend, offen und unproblematisch, denn die Brücke ist ein schönes altes Symbol. Doch nur wenige teilten ein solches offenes Verständnis, das auf Dialog mit den Nachbarn ausgerichtet sein mußte. Der Dichter Hermann Stehr (1864–1940) gehörte zu ihnen, für den Schlesien »im europäischen Raum die Brücke vom Süden zum Norden, vom

Osten zum Westen darstellt(e)«.[25] Auch der Breslauer Historiker Johannes Ziekursch (1876–1945) sah die Aufgaben seiner Universität darin, »geistige Brücken nach dem Osten zu schlagen, den Gedankenaustausch zwischen West- und Osteuropa zu pflegen und den Studenten aus dem Osten wie allen an den west-osteuropäischen Problemen Interessierten eine besonders geeignete Stätte des Studiums zu bieten«.[26]

Wie eine Antwort darauf wirkte die schroffe Ablehnung des Historikers Arnold Oskar Meyer (1877–1944), für den Schlesien »seit grauer Vorzeit« nur ein Kampfgebiet gewesen war, das folglich »als Brücke zwischen zwei benachbarten Kulturräumen ... keine nennenswerte Rolle gespielt« habe, vielmehr weiterhin vor der Schicksalsfrage stehe, welcher Rasse und Kultur das Land zufallen werde.[27] Seine Lage zwischen den slawischen Nachbarn habe Schlesien immer gezwungen, »zunächst an seine Selbstbehauptung als deutsches Land zu denken«. Damit war die historische Brückenfunktion Schlesiens zwischen West und Ost schlicht bestritten. Wenn man dennoch weiter von der Brücke Schlesien sprach, so verstanden jetzt viele darunter eine Art Verteidigungswerk. Dieses abweisende Brückenbild war die Folge der ethnischen Auseinandersetzungen mit den slawischen Nachbarn und wollte zunächst der isolierten Lage Schlesiens Ausdruck verleihen. Die Brücke verband keine Nachbarn und Völker mehr, sondern hatte nur noch eine auf das Deutschtum bezogene Klammerfunktion. Das Land wurde jetzt als das Mittelstück einer deutschvölkischen Brücke interpretiert, deren drei Pfeiler auf deutschem Volks- und Kulturboden gründeten.[28] Diese Brücke spannte sich vom preußenländischen Eckpfeiler zunächst nach dem schlesischen »mittleren Volkspfeiler der deutschen Ostfront« (Ernst Birke) und von da weiter nach Süden zum österreichischen Eckpfeiler. So verstand es auch der erste Band der 1938 begonnenen »Geschichte Schlesiens«. Das Vorwort bezeichnete Schlesien als Grenzmark des Deutschtums gegen den Osten und zugleich als »Brücke zwischen Norden und Süden«, die an Festigkeit gewonnen habe, seit »von den drei Grundpfeilern unserer Ostfront« auch der österreichische auf dem Boden des Großdeutschen Reiches stand.[29] Bei solchem Frontdenken lag es nahe, die Pfeiler zu verbreitern oder die Lücken zu schließen.

Der Nationalsozialismus hat dieses Modell nicht nur bereitwillig aufgegriffen, sondern in propagandistischer Absicht ausgebaut, bis hin zur psychologischen Kriegsvorbereitung. Noch das mit Ausbruch des Zweiten Weltkrieges beginnende Umsiedlungsprogramm, mit dem Deutsche von den Sprachinseln des Ostens willkürlich in die eroberten Grenzregionen verpflanzt wurden, bediente sich dieser Terminologie und sprach von der neuen »Siedlungsbrücke«.

Es ist nicht erforderlich zu beschreiben, wie diese Brückenkonstruktion zusammenstürzte und welche Trümmer sie hinterließ. Mit der Vertreibung der Schlesier sah Ludwig Petry (1908–1991) den bisherigen schlesischen »Brückenpfeiler zwischen deutschem Nord und Süd ... von Grund auf gesprengt«; man darf ergänzen, daß Gleiches für den nördlichen Pfeiler Ostpreußen galt. Aber es war Petrys Verdienst, dem untauglichen Modell einen tragfähigeren, zukunftweisenden Entwurf entgegengesetzt zu haben. In seiner Mainzer Antrittsvorlesung von 1950 knüpfte er wieder bei dem Breslauer Historiker Ziekursch an, wenn er zugestand, wie eng das alte Bild vom Brückenland gewesen sei, als man Schlesien »in verblendeter Überheblichkeit zur Ausfallbastion gegen andere Völker verfälscht habe«.[30] Die geschichtliche Brückenfunktion Schlesiens habe doch in Wahrheit in der Vermittlung und im Ausgleich der ideellen und nationalen Gegensätze bestanden. Das habe sich im friedlichen Verlauf der Ostkolonisation, in der gemeinsamen Abwehr der Mongolen, in der wechselseitigen Aufnahme von Glaubensflüchtlingen gezeigt; Erinnerungen, an die anzuknüpfen sich lohne.

Es war ein notwendiges Wort, das ebenso als Appell an die Zuhörer gerichtet war wie über die neuen Grenzen hinweg. Denn schon im selben Jahr 1950 verfestigte sich hinter dem Eisernen Vorhang die Grenze an Oder und Neiße und gab allen Brückenplänen etwas Utopisches. Was half es, dem fernen Schlesien vom Westen aus neue ostwestliche Koordinaten zu geben, wenn die Deutschen nicht zurückkehren konnten und somit für sie die Voraussetzungen zur praktischen Belebung und Verbreiterung dieser Brücke entfielen? Nur noch die Geschichte Schlesiens konnte fortan als Brücke in Anspruch genommen werden. Tatsächlich erwies sich im Laufe der Zeit, welch unerschöpflichen Fundus an gemeinsamen Themen und grenzüberschreitenden Aufgaben die schlesische Geschichte bereithält.

Der Brückengedanke ist seitdem viel im deutsch-polnischen Verhältnis bemüht worden, nicht selten auch in offiziellen Verlautbarungen von polnischer Seite. Im konkreten Bezug auf die schlesische Geschichte war er in der Botschaft der polnischen Bischöfe an die deutschen Bischöfe 1965 ebenso ausgesprochen wie in der darauf erfolgten Antwort.[31] Am deutlichsten wurde an jenem denkwürdigen 12. November 1989 darauf Bezug genommen, als im Gutshof von Kreisau, dem früheren Besitz des Widerstandskämpfers Helmuth James Graf Moltke, die Regierungschefs Polens und Deutschlands zusammenkamen. In der Predigt aus Anlaß des gemeinsamen Gottesdienstes knüpfte Bischof Nossol von Oppeln an die guten Traditionen dieses symbolträchtigen Ortes Kreisau an, in der Hoffnung, daß ganz Schlesien »eine Brückenfunktion bei der Festigung und Aussöhnung zwischen unseren beiden Völkern zukommen« werde.[32] Solche Erwartungen an die Funktion Schlesiens für das deutsch-polnische Verhältnis sind in dem Maße gewachsen, wie die Geschichte dieses Landes nicht mehr aus dem Blickwinkel nationaler Vereinnahmung gesehen wird. Die toleranten Traditionen Schlesiens lassen sich auch in die Gestaltung des Verhältnisses beider Völker einbringen. Der polnische Schriftsteller Bieniasz schrieb kürzlich: »Jahrhundertelang war Schlesien eine Brücke, auf der Polen und Deutsche sich begegneten.«[33] Das sei auch weiterhin vorstellbar. Besonders Oberschlesien habe heute die Chance, eine Brückenfunktion zwischen Polen und Deutschland, vielleicht gar zwischen Polen und Europa zu übernehmen.

Fragen an die schlesische Geschichte

Das vorliegende Buch bietet nach über achtzig Jahren die erste größere und alle Zeiträume umfassende Gesamtdarstellung der schlesischen Geschichte.[34] Die Schilderung setzt dort ein, wo die historische Überlieferung sicheren Boden gewährleistet und

Schlesien als selbständiges Territorium des piastischen Reiches hervortritt. Gegenstand wird zunächst jenes Schlesien sein, wie es sich von Epoche zu Epoche in seiner politischen Form verändert und darstellt. Später hinzukommende Gebiete wie die Grafschaft Glatz und die Oberlausitz oder Trennungsgebiete wie Österreichisch-Schlesien und Ostoberschlesien sind aber zur historischen Abrundung in allen Epochen mit berücksichtigt. Entsprechend der Gesamtkonzeption dieser Reihe reicht die Darstellung bis zur polnischen Besitznahme Schlesiens im Jahre 1945. Der begrenzte Buchumfang erfordert den Zwang zur Auswahl und zur Herausarbeitung der wesentlichen Tendenzen. Fünf Autoren haben diese Aufgabe mit einem gemeinsamen Konzept übernommen, das aber jedem Beitrag genügend Raum zu eigenen Akzentuierungen und Einschätzungen beließ. Es interessiert nicht nur die geschichtliche Individualität Schlesiens für sich, sondern ebenso ihre Einbettung in nachbarschaftliche Wechselbeziehungen und schließlich ihr bedeutsamer Anteil an der geistigen und politischen Kultur ganz Deutschlands.

Die Hinwendung zur schlesischen Geschichte bedeutet auch, sich mit ihren Problemen und Widersprüchlichkeiten auseinanderzusetzen, sie historisch-kritisch zu analysieren. Herausragende Leistungen und Besonderheiten sollen als solche genannt, negative Entwicklungen aber weder übersehen noch verschwiegen werden. Ein nostalgischer Rückblick nach dem Motto »de Silesia nil nisi bene« wäre unglaubwürdig und würde einer inneren Haltung entsprechen, die man sonst nur in Nachrufen wiederfindet.

Es macht doch gerade die Faszination dieser Provinz aus, zu beobachten, wie hier verschiedene Völker, Kulturen und Sprachen einander begegneten, Slawen und Deutsche, Piasten und herbeigerufene Siedler, und wie, allen Gegensätzen zum Trotz, daraus im Laufe der Jahrhunderte ein im Kern deutsches Land wurde. So deutsch, versteht sich, wie eben Grenzlande sind, mit gewissen Überlagerungen und mit so ungereimten Widersprüchen wie dem, daß in ganzen Landstrichen Muttersprache und nationales Zugehörigkeitsgefühl gespalten sein konnten. Dieser Prozeß der allmählichen und friedlichen »Eindeutschung« Schlesiens gehört zu den langfristigen, folgenreichen und dominierenden Grundstrukturen seiner Geschichte. Er ist kein Ausdruck planmäßiger Germanisierungsstrategien, die älteren Zeiten ohnehin ganz fremd waren, sondern eher das Nebenprodukt eines von den piastischen Herzögen eingeleiteten Modernisierungsprozesses. In ähnlicher Weise wird man in der schlesischen Geschichte immer wieder solchen Prozessen begegnen, zur Zeit des Humanismus und der Reformation oder am deutlichsten dann nach 1740, als das bis dahin habsburgische Schlesien gezwungen war, sich an Preußen zu orientieren. Das läßt sich kritisch und vorurteilsfrei beschreiben, ohne alte Feindbilder wiederzubeleben, die allenfalls ein Gegenstand der Analyse sein können. Man wird finden, welchen Bedeutungswandel das Selbstverständnis Schlesiens und der Schlesier im Laufe der Geschichte erfuhr. Vom Sonderbewußtsein des Landes wird zu erzählen sein, das einen eigenen schlesischen Patriotismus kannte, der so selbstverständlich war, daß nationale Gegensätze lange gar kein Problem waren, trotz des hohen Anteils polnischsprechender Bewohner im Süden oder auf der rechten Oderseite.

Es war die vielbesagte Randlage Schlesiens, die es in der napoleonischen Zeit zum Rückzugsgebiet Preußens machte, zur machtpolitischen Nische, aus der heraus die Befreiung Deutschlands organisiert werden konnte. Der damals in Schlesien aufflammende Patriotismus gehörte zu den reformwilligen geistigen Kräften, die ein modernes Preußen und Deutschland schaffen wollten, wie es 1848 noch einmal versucht wurde. Dieser Patriotismus war letztlich defensiv, er hatte kein anderes Ziel als die Einheit Deutschlands, so wie der in Schlesien mit viel Sympathie begleitete polnische Patriotismus die Wiederherstellung Polens erhoffte. Es entsprang solcher idealen Gesinnung, wenn die bekanntesten patriotischen Lieder Deutschlands einen schlesischen Hintergrund hatten, sogar einen sehr beziehungsreichen. Ernst Moritz Arndt hatte 1813, als er nach Breslau eilte, die Frage »Was ist des Deutschen Vaterland?« wortmächtig definiert. Nur die von Caspar David Friedrich beschworene und von Theodor Körner besungene deutsche Seelenlandschaft des Riesengebirges schien der angemessene Ort, daraus ein Lied zu machen. Auf dem Gipfel der Schneekoppe hat Gustav Reichardt dann die vaterländische Melodie dazu gefunden. Die Hoffnungen blieben, als sich die Verhältnisse änderten. Auch das Deutschlandlied verdankt seine Entstehung 1841 solchen Stimmungen. Sein Verfasser war ein politischer Flüchtling aus Breslau, Heinrich Hoffmann von Fallersleben. Patriotismus und Demokratie befanden sich damals im Einklang.

Nationale Gegensätzlichkeiten traten in der schlesischen Geschichte lange hinter den konfessionellen zurück. Es waren ideologische Strömungen von außen, politische Versäumnisse im eigenen Land und Reaktionen in den Nachbarländern sowie der Zustrom polnischer Arbeitskräfte in das oberschlesische Industriegebiet, wodurch im Laufe des 19. Jahrhunderts in Schlesien ein Nationalitätenproblem aufkam. Es betraf nur zwei Generationen in der langen Geschichte des Landes. Wie verfehlt wäre es also, wollte man die lange, reiche Geschichte Schlesiens ausschließlich von den wechselseitigen Erfahrungen von 1921 oder 1945 her interpretieren.

Schlesische Geschichte heute

Folgt man der Definition Max Webers, wonach Geschichte das soziale Handeln des individuellen Menschen im Wandel von Gesellschaft und Kultur sei, so richtet sich das historische Interesse dieses Buches zunächst auf die handelnden oder leidenden Menschen Schlesiens, im Grunde die ganze Gesellschaft, darüber hinaus auf das Land selbst mit seinen großen Zeugnissen alter Kultur, die von diesen Menschen geschaffen wurden. Beides gehörte zusammen und wurde nach dem verlorenen Krieg gewaltsam voneinander getrennt.

Inzwischen weiß man in Deutschland, wie schwer es ist, die Traditionen eines geistigen Schlesiens zu bewahren, wenn ihnen das Fundament genommen ist und die »Erlebnisgeneration« abtritt. Mit zunehmendem zeitlichem Abstand schwindet in Deutschland die Vertrautheit mit dieser Kultur, die Kenntnis der großen Traditionen und Leistungen Schlesiens für die deutsche und europäische Geschichte. Nur geistige Anspruchslosigkeit könnte es für belanglos halten, wenn so das Bild des verlorenen deutschen Ostens aus dem deutschen Geschichtsbewußtsein verschwände. Richtig verstandene Traditionspflege gehört doch wohl mit zu den kulturellen Zukunftsinvestitionen. Ganz ohne organisatorische Vorsorge wird sie nirgendwo auskommen können. Landesgeschichte erfreut sich in Deutschland einer selbstverständlichen Förderung auf hohem Niveau, wenn sie sich auf die Geschichte eines der heutigen Bundesländer bezieht. In allen diesen Ländern leben zwar Bewohner des alten Ostdeutschland, aber sie haben sich integriert und sind unter wahltaktischen Gesichtspunkten eine Quantité négligeable geworden. Lehre und Forschung sind aber verfassungsgemäß Sache der Länder. Darf es verwundern, daß bei uns die allgemeine Kenntnis der schlesischen Geschichte zurückgeht, wenn letztere an Universitäten nicht einmal den Status eines Orchideenfaches genießt? Wie soll das von allen Seiten gewünschte wissenschaftliche Gespräch mit den östlichen Nachbarn fortgeführt werden, wenn bald auf deutscher Seite die Gesprächspartner fehlen? Ohne die Verdienste einiger Bundesländer schmälern und die Abstinenz anderer kommentieren zu wollen, darf hervorgehoben werden, wieviel die Pflege der alten ostdeutschen Kultur heute dem Bund verdankt, dessen relativ begrenzte materielle Förderung seit 1971 eine gesetzliche Grundlage hat. Was heute zur Bewahrung wissenschaftlicher und kultureller Traditionen Schlesiens geleistet wird, hängt ganz wesentlich davon ab.

Wie alle Wissenschaften, so entwickelt sich auch die Geschichtswissenschaft weiter. Es genügt nicht, das früher Gewußte zu konservieren, sondern auch die ältere schlesische Geschichte bedarf einer fortwährenden Überprüfung, Neubewertung und Darstellung. Moderne Geschichtswissenschaft, auch Landesgeschichte, stellt heute andere Fragen als vor fünfzig Jahren. Sie erstrecken sich zurück auf die ganze Geschichte. Davon kann die deutsche Landesgeschichte Schlesiens nicht ausgespart bleiben, zumal neue Ergebnisse immer wieder das Bild der ganzen deutschen Geschichte verändert haben.

Die politischen Veränderungen seit dem Zusammenbruch des Kommunismus und der Vereinigung Deutschlands hatten für die Geschichte des alten Ostdeutschland einen doppelten Effekt. Einerseits erhielt der Verlust des deutschen Ostens seine letzte Bestätigung. Das war für manche ein Grund, nun erst recht einen Schlußstrich unter ein abgeschlossenes Kapitel deutscher Geschichte zu fordern. Wozu noch schlesische Geschichte? Dasselbe Ereignis brachte aber andererseits auch neue Einsichten. Hinter den niedergerissenen ideologischen und politischen Mauern eröffnete sich unerwartet neu der Blick auf ein nachbarliches Schlesien, das in seiner landschaftlichen Schönheit und der erhaltenen kulturellen Substanz so einladend wirkt, wie es früher beschrieben wurde. Und wieder beweist das Land seine prägende historische Kraft auf die neuen polnischen Bewohner, unter ihnen selbst viele Vertriebene und Umsiedler aus Polens verlorenen Ostgebieten. Das in zwei Generationen gewachsene Interesse an der Geschichte ihrer neuen Heimat erschöpft sich längst nicht mehr in der Suche nach polnischen Wurzeln in Schlesiens Vergangenheit. Solche Nachkriegsfixierungen hatten viel mit Heimatsuche und Selbstfindung der polnischen Neuschlesier zu tun, daneben auch mit verständlichen Ängsten Polens vor möglichen deutschen Ansprüchen. Inzwischen kehrt die ganze Geschichte Schlesiens in dieses Land zurück, unleugbar auch die deut-

Der Berg Zobten bildet den Nabel Schlesiens, denn hier befand sich in alten Zeiten ein zentrales Heiligtum; von hier gingen Namengebung, Christianisierung und Geschichte des Landes aus. Um den Zobten ranken sich daher Sage, Dichtung und Brauchtum. Die Breslauer schätzen an ihrem Hausberg auch, daß sich seine wechselnde Blautönung zur Wetterprognose eignet.

Bereits vierundzwanzig Jahre nach ihrem Tode wurde die schlesische Herzogin Hedwig 1267 heiliggesprochen. Die Verehrung dieser ersten Landesheiligen war besonders in Niederschlesien lebendig, dessen piastische Fürsten unmittelbar von ihr abstammten und Bilderhandschriften in Auftrag gaben, in denen das Leben der heiligen Ahnfrau dargestellt wurde. Auch der Künstler der Hedwigstafeln aus dem ersten Drittel des 15. Jahrhunderts arbeitete wohl im Auftrag der Piasten, jedenfalls nahm er sich für sein Kunstwerk den »Schlackenwerther Codex« von 1353 zum Vorbild. So übertrug er den Charakter der Buchmalerei auf das Altarbild, das – einschließlich der hier fehlenden Mitteltafel – in 32 gleichgroßen Einzelbildern Leben und Legende der Heiligen erzählt. Die Hedwigstafeln waren ursprünglich wohl für die Breslauer Hospitalkirche zum Heiligen Geist geschaffen, von wo sie in die Kirche Sankt Bernhardin übertragen wurden. Heute befinden sie sich im Warschauer Nationalmuseum.

sche, wenngleich in historisierter Form. Die Zuwendung der Neuschlesier zur vorgefundenen Geschichte, wie sie sich im Bemühen um Bewahrung der kulturellen Zeugnisse Schlesiens ablesen läßt, kann nur begrüßt werden.

Wer sich hingegen von der Bundesrepublik Deutschland aus mit schlesischer Geschichte befassen möchte, befindet sich heute in einer Außenperspektive. Sie bedeutet eine neue Erfahrung der Distanz zum Gegenstand, die einen erheblichen Verlust an Anschauung und erfahrbarer Geschichte mit sich bringt. Dem mag ein kleiner Gewinn an Überblick, Objektivierung und Bilanzierung gegenüberstehen. Die alten innerschlesischen Spannungen, die noch in vielen älteren Darstellungen durchscheinen oder zu einseitiger Parteinahme führten, sind überlebt, selbst wenn um sie noch nach 1945 einige Nachhutgefechte geführt wurden.

Zu den Hemmnissen, die sich heute einer Beschäftigung mit schlesischer Geschichte entgegenstellen, gehört die neue Sprachgrenze an Oder und Neiße. Es sind zunächst die veränderten Orts- und Landschaftsnamen, die nun in polnischer Form erscheinen. Wer mit dem alten Schlesien vertraut war, aber über keine polnischen Sprachkenntnisse verfügt, kann sich nur schwer orientieren. Aus polnischer Sicht war es selbstverständlich, daß man nach 1945 alle deutschen Orts- und Flurnamen umbenannte. Für die größeren schlesischen Städte wie Breslau, Oppeln und Brieg gab es von jeher polnische Benennungen, die nun amtlich wurden. Bei kleineren Orten bedurfte es mancher Namensarchäologie, um nach Möglichkeit die mittelalterlichen polnischen Ortsnamen wiederaufleben zu lassen. Es blieb eine Anzahl von Orten, vor allem im niederschlesischen Gebirgsvorland, die nun erstmals in ihrer Geschichte einen polnischen Namen erhielten. Für fast jeden historisch-geographischen Ort Schlesiens gibt es also heute mindestens einen deutschen und einen polnischen Namen. Eigentlich sollte es zwischen Polen und Deutschen kein Problem sein, wenn jeder – und nicht zuletzt der Geschichtskundige – die ihm vertrauten Bezeichnungen weiter benutzt und dabei die Regelungen oder Traditionen der anderen Seite respektiert, so wie es auch sonst in Europa zwischen Nachbarländern üblich ist.

Zu den Umbenennungen kamen strukturelle Veränderungen. Der moderne polnische Staat ist nicht nach historischen »Ländern« gegliedert, wie es in Deutschland Tradition ist. Deshalb gibt es im heutigen Polen kein politisches Territorium mehr, das den Namen Schlesiens trägt. An seine Stelle sind kleinere Woiwodschaften getreten, die in ihrem Zuschnitt keine Rücksicht auf die früheren Binnengrenzen nehmen. Schlesisches findet sich aber dennoch in vielen geographischen, historischen und kulturellen Bezeichnungen bis hin zur »Schlesischen Universität« in Kattowitz. Das Bemühen um Anknüpfung an Traditionen des alten Schlesien hat sogar eher zunehmende Tendenz. Archivalien und Literatur werden heute im Rahmen des Möglichen sorgfältig erschlossen und betreut. Wer als Deutscher wissenschaftlich arbeiten möchte, dem begegnen im polnischen Schlesien nicht nur recht gute Arbeitsbedingungen, sondern vielfach auch Hilfsbereitschaft und Gastfreundschaft.

Die Sprachgrenze ist nicht zuletzt auch ein Hindernis bei der Kommunikation. Das gilt weniger für die polnische Seite, auf der ein größeres Interesse an deutscher Sprache besteht als umgekehrt. Die Westorientierung beider Länder hat für die Rezeption der polnischen Wissenschaft noch immer die nachteilige Wirkung des *Polonica non leguntur*. Von der Sache her ist das völlig ungerechtfertigt. Die Ergebnisse der polnischen Wissenschaft sind für die schlesische Geschichte beachtlich und weiterführend. Man würde sich dem Vorwurf der Unwissenschaftlichkeit aussetzen, wollte man das ignorieren.

Schlesische Landesgeschichte in Deutschland unterscheidet sich somit von anderer Landesgeschichte dadurch, daß der Gegenstand ihrer Bemühungen, das Land selbst, nur noch mit einem kleinen Rest auf dem Gebiet des heutigen Deutschland liegt. Sie verliert damit das Provinzielle, Heimatkundliche, das sich sonst überall in unversehrten Landschaften antreffen läßt. Sie kann vor allem dann weiterleben, wenn sie jene Internationalität erlangt, die ihr von der Geschichte auferlegt wurde. Weil schlesische Geschichte heute von drei Ländern – Deutschland, Polen und Tschechien – als Bestandteil der eigenen Geschichte begriffen wird, ist es um so lohnender zu fragen, wie die anderen diese Geschichte sehen und erfahren. Ihre Erforschung sollte noch mehr, als es bereits der Fall ist, die Historiker zusammenführen. Nicht zu vergessen, daß diese Geschichte in ihrem historischen Prozeß nicht 1945 stehengeblieben ist, sondern seitdem weiterlebt, im Lande selbst, das heißt als Landesgeschichte im heutigen Polen, in der tschechischen Republik und im deutschseitigen Teil der Oberlausitz.

Das Mittelalter (bis 1469)

PETER MORAW

Grundfragen und Grundlagen

SCHLESIEN IN EUROPA

Jede der Landschaften, von denen in der »Deutschen Geschichte im Osten Europas« die Rede ist, hat ihr unverwechselbar eigenes Gesicht. Normalerweise sind dessen wichtigste Konturen im Mittelalter eingezeichnet worden. Fast jeder, der an eine solche Landschaft Fragen stellte, hat früher oder später Mittelalterliches angesprochen.

Dieses Interesse birgt auch Gefahren in sich. Auch der Geschichtsforscher hat mit diesen Gefahren zu tun, weil er wie jeder andere den Herausforderungen und Wechselfällen seiner Gegenwart ausgesetzt ist und seinen persönlichen Standpunkt gegenüber ihren Problemen bezieht. Davon kann seine Wissenschaft nicht unberührt bleiben. Allein wegen der Möglichkeit solcher Beeinflussung kann man kaum hoffen, Geschichtliches, selbst wenn es Weitentfernt-Mittelalterliches ist, als ein für allemal eindeutig Feststehendes darlegen zu können. Man faßt Historie am besten als fortdauernden Dialog zwischen dem einmaligen Gestern und dem immer wieder neuen Heute auf und erkennt sie damit als ein zu ständiger Veränderung bestimmtes Phänomen.

Dies ist aber erst der Anfang des Problems. Die Vergangenheit, wie sie einmal war, ist unwiederbringlich dahin. Nur was sie an Spuren oder Quellen, aus älterer Zeit meist in geringer Zahl, hinterlassen hat, ist übriggeblieben und kann in mühsamer Rekonstruktion zu einem Abbild des Gewesenen zusammengesetzt werden. Erst diese Annäherung wird man Geschichte nennen und wird Geschichte von bloßer unbearbeiteter Vergangenheit unterscheiden. Geschichte ist prinzipiell bruchstückhaft, ganz abgesehen davon, daß sich die Reste der Vergangenheit wenigstens im Mittelalter für den Osten Europas blasser und ärmlicher darstellen als etwa für die Mittelmeerwelt. Die Komposition des Abbildes der Vergangenheit liefern die Quellen nicht mit. Die meisten Überbleibsel sind sogar so kleinteilig beschaffen, daß man immer wieder unsicher sein mag, ob sie an dieser oder an jener Stelle des Abbildes einzufügen seien. So führt derjenige, der am Ende das Abbild zusammensetzt, im historischen Welttheater Regie, ob er es will oder nicht.

Diese Einsichten mahnen zur Bescheidenheit und zur Vorsicht. Sie bedeuten aber nicht, daß alle Mitteilungen über die Vergangenheit in gleichem Maße richtig und damit am Ende austauschbar sind. Es gibt vielmehr bessere und schlechtere historische Aussagen. Dies stellt sich vor allem in der Diskussion der Fachleute heraus, die ständig mit der Überprüfung alter und neuer Deutungen befaßt sind. Solange nicht ein »Paradigmenwechsel«, also ein Umsturz der wissenschaftlichen Grundauffassungen eintritt, kann man daher auf einen sich mehrenden Grundbestand gesicherter Angaben vertrauen.

Zusätzlich wird man beim Umgang mit der Geschichte bestimmte Regeln beachten. Für das schlesische Mittelalter dürften zwei Regeln besonders wichtig sein. Die erste lautet: Grundsätzlich verzichte man auf die direkte oder indirekte Legitimierung derzeitiger oder vergangener staatlicher Grenzen und politischer Systeme durch die historische Arbeit wenigstens an weit zurückliegenden Zeiten. Es ist nicht nur wissenschaftlich geboten, Distanz zu halten; es ist auch klug, so zu verfahren. Als der Band dieser Reihe über »Böhmen und Mähren« erarbeitet wurde, bestand noch die Tschechoslowakei; als er erschien, war sie schon aufgelöst. Kommunistische Regimes haben der veröffentlichten Geschichtswissenschaft des damaligen Ostblocks, auch der polnischen, bis 1989 Deutungen und Sprachregelungen auferlegt, die gerade für mittelalterliche Verhältnisse unangemessen oder sogar widersinnig waren. Geschichte ist eben nicht einfach Vorgeschichte des Heute, der man Befehle erteilen kann, ebensowenig wie unsere Gegenwart zur Vorgeschichte irgendeiner erwünschten oder unerwünschten Zukunft erniedrigt werden darf. Jede vorausgegangene Generation sollte aus ihrer Zeit und für ihr Zeitalter verstanden werden, so schwierig dies sein mag; man darf sie nicht für Tatbestände dienstbar machen, von denen sie nichts ahnen konnte. Stets gab es in den konkreten Situationen der Vergangenheit mehrere Möglichkeiten, von denen dann nur eine verwirklicht wurde. So sicher es scheint, daß es langfristige, praktisch unwiderstehliche »Basisprozesse« gegeben hat, die bestimmte Wirkungen und Folgen fast unausweichlich gemacht haben, so gewiß existierte stets die unkalkulierbare persönliche Entscheidung der Handelnden. Immer wieder ist in der Tat das Unwahrscheinliche und »Unlogische« eingetreten.

Eine zweite Regel sollte man nicht minder streng beachten, auch dann, wenn gegen sie wohl ebensooft wie gegen das erstgenannte Gebot verstoßen worden ist. Sie heißt: Der möglichst korrekte und möglichst unvoreingenommene Vergleich des historischen Objekts, mit dem man es zu tun hat, mit anderen wirklich vergleichbaren Objekten gibt am zuverlässigsten darüber Auskunft, wie die einzelnen Merkmale jenes Gegenstands zu beurteilen sind, was an ihnen wichtig und was weniger wichtig ist, was von ihnen früh ans Licht trat und was verspätet erscheint. Jede isolierte Betrachtung unterliegt der Gefahr, die Proportionen zu verfehlen und den Maßstab zu verlieren. Die Methoden des Historikers sind im Kern beinahe immer Methoden des möglichst korrekten Vergleichs. Die historischen deutschen Landschaften im Osten, von denen in dieser Buchreihe die Rede ist, rufen geradezu nach solchem Vergleich.

Ergänzt werden sollte dieser Vergleich durch die Orientierung über ganz Europa[1] hinweg, das für das Mittelalter vor allem das Europa der Papstkirche gewesen ist. Dabei tritt eine Anzahl wirtschaftlicher, sozialer, kultureller und alltäglicher Phänomene in der Weise ans Licht, daß sie sich breiten gemeineuropäischen »Basisprozessen« zuordnen lassen. Man kann also Phänomene sinnvoll gemeinsam betrachten. Erhebliche, aber nicht beliebige, sondern relativ gut erklärbare Unterschiede von Landschaft zu Landschaft bestanden hingegen in Europa, was Beginn, Dauer, Intensität und andere Eigenschaften solcher Prozesse betrifft. Die so vergleichend gemusterte Geschichte des Kontinents ist mehr und erklärt mehr als eine Addition von werdenden und gewordenen Nationalgeschichten.

Dies wirkt sich unmittelbar auf das Verständnis regionaler Vergangenheit aus. Von frühen Zeitpunkten und von Verspätungen, von größerer oder geringerer Intensität kann man auch innerhalb der Räume der deutschen, der polnischen und selbst der schlesischen Geschichte sprechen. Zahlreiche langfristige Vorgänge der älteren europäischen und deutschen Vergangenheit lassen sich als West-Ost- oder als Süd-Nord-Bewegungen verstehen; im Mittelalter war in vieler Hinsicht der Niederrhein die am besten entwickelte, »modernste« deutsche Landschaft, Mecklenburg und Pommern blieben am wenigsten modern; auch das Land westlich und östlich der Oder sowie Nieder- und Oberschlesien unterschieden sich damals deutlich voneinander.

Wir kommen zum nächsten Punkt. Es ist auch nicht zulässig, die schlesische Vergangenheit isoliert von demjenigen Bild zu betrachten, das sich die Forschung von den zeitgenössischen herrschaftlich-staatlichen Abläufen in Deutschland und Polen macht, den beiden entscheidenden Kraftfeldern der schlesischen Existenz. Man wird diese Aussage noch zuspitzen: Über schlesische Geschichte wird auch weit entfernt von Schlesien entschieden; ihr Rahmenwerk könnte vom Historiker gezimmert sein, bevor ein einziges Wort über konkrete Einzelheiten aus dem Oderland gefallen ist.

Von Polen wird im folgenden Kapitel die Rede sein. Zuerst ist gemäß dem Konzept dieser Reihe von Deutschland[2] zu sprechen. Das deutsche Nachkriegsschicksal und die intensive Selbstkritik der deutschen Historiker der Nachkriegszeit scheinen es mit sich gebracht zu haben, daß man inzwischen im Durchschnitt wenigstens über die ältere deutsche Geschichte wesentlich weniger dogmatisch oder auch national-orientiert denkt als über die ältere polnische Geschichte. Man kann sich dies mit Hilfe der Frage nach der Entstehung Deutschlands vor Augen führen. Diese Frage ist wichtig, denn je nachdem wie die Antwort ausfällt, wird zum Beispiel darüber entschieden, ob Schlesien »früh« oder »spät« ein Teil der deutschen Geschichte geworden ist. Es handelt sich dabei um eine Doppelfrage: Was bedeutete die ältere deutsche Vergangenheit für Schlesien? Aber auch: Was bedeutete Schlesien für die ältere deutsche Vergangenheit?

Die Frage nach den Daten des Gemeinwesens ist nicht abtrennbar vom Problem seiner Beschaffenheit. Die meisten deutschen Historiker hüten sich inzwischen davor, für die längste Zeit des Mittelalters von einem deutschen Staat zu sprechen. Sie nennen ihr Gemeinwesen herrschaftlich entstanden und herrschaftlich geformt und lassen es erst nach und nach, zum Ende des Mittelalters hin, eine Anzahl staatlicher Wesenszüge annehmen. Ähnlich beurteilt man die »Staaten« innerhalb Deutschlands, die Territorien, wie etwa Bayern oder die Kurpfalz. Im seinerzeit noch wesentlich moderneren Westeuropa sieht man heute den monarchischen Staat nicht vor der zweiten Hälfte des 13. Jahrhunderts ins Leben treten.[3] Unbeeindruckt von solchen Skrupeln reden hingegen die polnischen Geschichtsforscher wie selbstverständlich von ihrem Staat schon für das 10. Jahrhundert.[4] Die unbezweifelbaren Tatbestände der Entwicklungsgeschichte ganz Europas sollten uns aber im allgemeinen davor bewahren, das an der Peripherie gelegene Polen für moderner zu halten als den Westen oder die Mitte des Kontinents, und sie lassen jene Redeweise als traditionell-national erkennen. Sieht man jedoch nicht ganz genau hin, so können aus solchen Differenzen der Sprache bei zahlreichen historischen Einzeltatsachen Mißverständnisse oder noch Schlimmeres entstehen.

Die deutschen Historiker der Nachkriegszeit haben sich auch zu einer zweiten, nicht minder zurückhaltenden Aussage durchgerungen, die abermals beachtet und bedacht sein will, zumal wenn anderswo anderes in Anspruch genommen wird. Man ist sich bei uns im wesentlichen einig darüber, daß das deutsche Volk jünger ist als das deutsche Gemeinwesen. Erst das politische Handeln von ehrgeizigen Gliedern einer kleinen Adelselite des ostfränkischen Reichs, die für ihre Gegenwartsinteressen und gewiß nicht für die unbekannte Zukunft tätig wurden, hat eine Anzahl eigenständiger Völker, zuerst vor allem die Franken, Sachsen, Alemannen und Baiern, vom 10. Jahrhundert an nach und nach zu einem neuen großen Volk, dem deutschen, zusammengeführt, aber noch nicht eigentlich verschmolzen. Auch heute kann man ohne weiteres zugleich Sachse und Deutscher sein. Ein räumlich und zeitlich so ausgedehnter Prozeß wie diese Vereinigung, der in Europa wohl nicht seinesgleichen hat, mag einerseits ein faszinierendes historisches Phänomen darstellen; im konkreten Geschichtsablauf führte er indessen zu einer Fülle von Schwierigkeiten. Man wird sie akzeptieren müssen. Trotz dieser Schwierigkeiten ist der Weg zum deutschen »Staat« und dann zum Staat und zum deutschen Volk in der Tat beschritten worden und hat seine Realitäten geschaffen.

Ein dritter, für das deutsch-schlesische Selbstverständnis vielleicht etwas heikler Tatbestand ist nun anzusprechen: die räumliche Beschaffenheit der deutschen Staatswerdung und damit auch der deutschen Volkswerdung. Staatswerdung und Volkswerdung haben ganz im Westen, nahe beim Rhein und weit entfernt vom Oderland, begonnen. Das westlich-karolingische und nicht minder das südlich-kaiserliche Erbe, das heißt das Erbe des Römischen Reiches der Antike, Erbschaften vom Rand und von außerhalb des Raumes der deutschen Geschichte und damit noch weiter entfernt von Schlesien als das deutsche ethnische Erbe, waren für die vorhin erwähnte Adelselite fundamental wichtig. Diese Erbschaften erst haben den Handelnden Orientierung und Vorbild geboten. Das Beisammenbleiben der von verhältnismäßig schlichter politischer Kultur geprägten »Stämme« oder Adelsgruppen, die nach dem Wunsch ihrer ehrgeizigen Führer nicht voneinander getrennt fortbestehen sollten, wäre ohne das »Modernisierungsangebot« aus dem Mittelmeerraum und aus Westeuropa schwerlich zustande gekommen. Die allerwichtigste Voraussetzung war damals schon geschaffen: die zu einem gut Teil bereits vorkarolingische, spätestens karolingische, ebenfalls aus dem Westen und Süden gekommene Christianisierung der später deutschen »Stämme« oder Völker mit all ihren Folgeerscheinungen. Dies war der erste und grundlegende und zwar importierte Modernisierungsprozeß auf deutschem Boden. Weitere Rezeptionen auswärtiger Leistungen folgten, bis zur Verwissenschaftlichung verschiedener Sach- und Fachgebiete zum Ende des Mittelalters hin.

Man wird dies alles die »Europäisierung« und am Ende »Zivilisierung« des kommenden und des schon entstandenen Deutschland nennen. Die Frage, wann und wodurch die einzelnen Regionen Europas und Deutschlands in diesem Sinn »europäisiert« und »zivilisiert« worden sind,[5] bietet auch die grundlegende Kategorie zum Verständnis der älteren schlesischen Vergangenheit. Diesen Tatbestand kann man nicht deutlich genug betonen. Europäisierung und Zivilisierung fanden zumeist in mehr als einer Welle statt. Schlesien ist vor allem in zwei oder gar drei Hauptwellen europäisiert worden. Nachdem es im 10. und 11. Jahrhundert christianisiert worden war,[6] wurde es mit der zweiten Welle, derjenigen des Landesausbaus vor allem im 13. Jahrhundert, die fast allein aus Deutschland kam, ein deutsches Land.[7] Indem nun auch die Papstkirche – nicht nur die deutsche Kirche – nach Schlesien ausgriff und indem Schlesier in Italien und in Frankreich die antiken Wurzeln der europäischen Geisteskultur samt ihren mittelalterlichen Fortentwicklungen aufsuchten,[8] wurde man an der Oder nach und nach auch mit noch diffizileren Erbstücken aus der Ferne vertraut und schickte sich an, an der Weiterentwicklung dieses kostbaren Erbes, gleichsam eines dritten, teilzunehmen.

So ist Europa entstanden, wie wir es kennen. Die Vorgänge, die dahin führten, schufen eine Welt von immer mehr gesteigerter Komplexität und von beträchtlichem Spannungsreichtum. Man kann sich dies am Beispiel Deutschlands mit Hilfe der Tatsache vor Augen führen, daß in Trier bereits im 2. Jahrhundert eine Christengemeinde bestand, während im östlichen Ostseeraum christliche Lebensformen kaum vor dem Jahr 1200 und dem 13. Jahrhundert Fuß faßten, also mehr als tausend Jahre später. Aber der Erzbischof von Trier und der Erzbischof von Riga waren beide Reichsfürsten. Ein und dasselbe verhältnismäßig schlicht geformte Herrschaftsgefüge, Deutschland, sah sich also seit seiner Entstehung gewaltigen Qualitätsunterschieden gegenüber. Die deutsche Geschichte konnte nicht einfach beschaffen sein.

Die »staatlich«-politischen Anfänge Deutschlands wie auch Polens sind in das 10. Jahrhundert zu datieren. Die Grundlagen und Voraussetzungen der deutschen und der polnischen Geschichte reichen indessen weiter zurück. Die Fundamente der deutschen Geschichte kann man im Europa des Papstes sogar als einzigartig weit zurückreichend und als einzigartig reichhaltig bezeichnen. Ohne Parallele waren das römisch-antike Erbe von Kaisertum und Kaiserreich und die besondere Verknüpfung mit der Papstkirche; nur mit Frankreich teilte man das karolingische Vermächtnis; vermutlich ohnegleichen war die Vielfalt der ethnischen Erbschaft des deutschen Volkes aus germanischer, vorgermanischer, romanischer, slawischer und baltischer Vergangenheit. Eigene politische Formungskraft haben die germanischen, die romanischen und die slawischen Völkerschaften mitgebracht. Daraus entfaltete sich innerhalb des Ganzen des Reiches die regional wechselnde Vorherrschaft der Kaiserdynastie, und es entfalteten sich beträchtliche regionale Energien – von Fürstenfamilien, von Adelsgruppen und später auch von Städten und Städtegruppen.

In gewisser Weise kann man die Erbteile von Karolingern, Kaisertum und Papstkirche bündeln und dem Erbteil der bodenständigen Ethnien gegenüberstellen. In der Tat verlief die ältere deutsche Geschichte gleichsam in zwei Strängen. Das 10. und das 11. Jahrhundert sind dadurch charakterisiert, daß zuerst das karolingische und dann bald noch stärker das kaiserlich-papstkirchliche Erbe den politischen Zusammenhalt bestimmten; von ethnischen Tatbeständen war in nennenswertem Maß noch nicht die Rede. Besonders seit dem 12. Jahrhundert kann jedoch kein Zweifel mehr daran bestehen, daß die Zeitgenossen dieses karolingisch-antike und christlich-kirchliche Reich als Lebensform, Eigentum und Stolz des herangewachsenen und weiterhin heranwachsenden deutschen Volkes verstanden haben. Es herrschte eine ungebrochene soziale und räumliche Kontinuität der zuerst »deutschen« und dann bald deutschen Führungsgruppen während des ganzen Mittelalters und darüber hinaus; nicht minder konsequent folgten breitgelagerte Basisprozesse aufeinander. Daher kann die moderne Wissenschaft spätestens seit dem 12. Jahrhundert unbesorgt von Deutschland sprechen, so wie es in diesem Buch geschieht.

Die Deutschen hielten unbeirrt fest an der einzigartigen Legitimierung durch das römische Kaisertum und das römische Kaiserreich, der höchstrangigen in Europa. Die zweitbeste, die karolingische Legitimierung – im 10. Jahrhundert für das entstehende Gemeinwesen noch äußerst wichtig – hat nach und nach der westfränkisch-französische König an sich gezogen. Weil es extrem schwierig war, einen von urtümlichen Gesellschaften angefüllten weiten Raum mit den einfachen Herrschaftsmitteln des Zeitalters zusammenzuhalten, war das Erbe des Reiches als Bindemittel von allergrößter Bedeutung. Zudem war das Römerreich der Antike der einzige wirkliche Staat, den das Mittelalter historisch kannte, jedenfalls bis im 13. Jahrhundert aristotelische Staatsideen unter Gelehrten, kaum schon unter den Handelnden, interessant zu werden begannen. Es wäre ein grobes Mißverständnis, von der Einmaligkeit und Hervorgehobenheit, gar Abgehobenheit des Reiches auf ein geringeres Maß an politischer Selbstgewißheit oder Staatlichkeit der Deutschen zu schließen. Daß bei den Deutschen politische Selbstgewißheit und Staatlichkeit in der Tat geringer entfaltet waren als in den westlichen und südlichen Monarchien Europas, hat primär mit ganz anderen Tatbeständen zu tun: mit dem durchschnittlich nur mittleren Entwicklungsstand der Mitte des Kontinents im Vergleich zu seinem moderneren Süden und Westen, mit der großen Ausdehnung des Reichsgebiets und mit der Stärke regionaler Kräfte innerhalb desselben. Sekundär ist – unter anderem – die zeitweilige Ablenkung der Herrschergewalt durch päpstlich-italienische Fragen zu nennen. Entscheidend ist: Man blieb nicht auf eine allein ethnische Legitimierung des Gemeinwesens angewiesen, wie das außerhalb Deutschlands und Frankreichs und zumal an der Peripherie Europas der Fall war. Daß diese Art der Legitimierung von den Zeitgenossen als die bescheidenste empfunden wurde, zeigt das Bemühen einer Anzahl solcher Herrscher, sich vom Papst oder vom Kaiser zusätzlich legitimieren zu lassen. So war es auch in Polen. Ein Ansprechen der Bewohnerschaft im Titel des Gemeinwesens war dort nicht notwendig, wo man von Anfang an »richtig«, das heißt historisch legitimiert war, in Deutschland und in Frankreich.

Die ältere binnendeutsche Geschichte ist gekennzeichnet vom großen entwicklungsgeschichtlichen Vorsprung des rheinischen Westens zumal links des Stromes, in mancher Hinsicht auch vom Vorsprung des Südens in der Nähe Italiens. Alle großen alten Städte an Rhein und Donau liegen auf dem westlichen und dem südlichen Ufer. Diese Regionen gehörten wie der Westen und der Süden des Kontinents dem »Älteren Europa« mit seinen günstigen Vorgaben an, mit höherer Bevölkerungsdichte, mit größeren und älteren urbanen Zentren, mit einem dichteren kirchlichen Gefüge und mit wesentlich mehr Schriftlichkeit und anspruchsvollerem geistigen Leben, kurz, mit mehr und komplexerer antik-mittelalterlicher Vergangenheit und mit »modernerer« mittelalterlicher Gegenwart. Der größte Teil Deutschlands zählte zum »Jüngeren Europa«, das infolge des Fehlens solcher Voraussetzungen entwicklungsgeschichtlich benachteiligt in das nachkarolingische Mittelalter eintrat. In mühsamen Ausgleichsprozessen schickte man sich an, den Vorsprung des Südens und Westens aufzuholen. Das ist nie ganz gelungen. Gleichwohl sind diese Ausgleichsprozesse ebenso grundlegende Wesenszüge der mittelalterlich-neuzeitlichen Geschichte wie jener ursprünglich so eindeutige Vorsprung des »Älteren Europa«. Solche Ausgleichsprozesse erst haben Deutschland und den Kontinent gleichsam vervollständigt und damit recht eigentlich historisch geschaffen. Fürsten und Städte, Adel und Kirchen, die zur Selbstbehauptung im regionalen Wettbewerb gezwungen waren, stellen sich dabei als die jeweils für sich antreibenden Kräfte dar; die ganze große Bewegung im Zusammenhang erkennt erst der Nachlebende.

Eine besonders bemerkenswerte Spielart des mit dem Begriff »Ausgleich« ganz allgemein angesprochenen Phänomens bezeichnet das Stichwort »starke Beschleunigung«, die in bestimmten Regionen und in bestimmten Phasen des »Jüngeren Europa« zu beobachten ist. Die europäische Bedeutung Schlesiens im Mittelalter ist dadurch gekennzeichnet, daß es kaum ein besser geeignetes Beispiel für einen kraftvoll beschleunigten, umfassenden und demgemäß wirklich umwälzenden Ausgleichsprozeß gibt als das »lange 13. Jahrhundert« des Oderlandes. Dieses Jahrhundert ist nicht nur im allgemeinen als Höhe des europäischen Mittelalters zu bezeichnen. Es war auch das besonders europäische schlesische Jahrhundert, wodurch das ganze Land bis zur Katastrophe von 1945 entscheidend geprägt worden ist; erst diese Katastrophe verdient wieder – abermals als extremes, wenn auch diesmal extrem negatives Exempel – europäische Aufmerksamkeit.

Auch in Schlesien hat die maßgebliche Kraft des mittelalterlichen Kontinents, die hochadlige Dynastie, im Konkurrenzkampf mit ihresgleichen den Prozeß wesentlich ausgelöst. Er hat dann eine starke Eigendynamik entfaltet. Mit dieser Bewegung wurde Schlesien klar unterscheidbar von Polen, wo in geringerem Maß und deutlich später ungefähr Vergleichbares beobachtet werden kann. Schlesien wurde damit zugleich »strukturell« zu einem Teil der schon zuvor beschleunigten oder sich gleichzeitig beschleunigenden deutschen Geschichte, noch bevor man eine entsprechende politische Veränderung registriert. Der wichtigste unter vielen wichtigen neuen, noch nicht politischen Tatbeständen war damals, daß eine vollständige deutsche Sozialpyramide mit starker Integrationskraft importiert worden ist oder im Land neu heranwuchs. Das war auch im benachbarten Sachsen geschehen. Im benachbarten Böhmen und Mähren hingegen ist dies, was die auch dort einwandernden Deutschen betraf, nicht eingetreten. Denn die altböhmischen und – etwas weniger – die altmährischen Sozialverhältnisse waren wesentlich stabiler und »moderner« als die altschlesischen, sie bedurften solchen kompletten Imports nicht oder ließen ihn nicht zu. Jedenfalls behauptete sich das hergebrachte Gefüge. So verlief die Geschichte der eingewanderten Deutschen in Böhmen und Mähren[9] und in Schlesien bis 1945 ganz verschieden.

Als sozial schon »fertiges« oder einigermaßen »fertiges«, das heißt als inzwischen »modernes« deutsches Land ist dann Schlesien auch zu einem Teil der politischen Geschichte Deutschlands geworden. Dies vollzog sich ganz unabhängig vom Siedlungsgeschehen als Teil der Erfolgsserie der luxemburgischen Großdynastie, die etwa gleichzeitig auch das deutsche Königtum und Kaisertum an sich gebracht hat.

Damit kommen wir zur letzten Station der mittelalterlichen Geschichte Schlesiens in Europa. Dieser Haltepunkt betrifft die Situation des ganzen Deutschland im 13. und 14. Jahrhundert und am Ende des Mittelalters,[10] als jene doppelte Verwandlung Schlesiens, die ethnische und die politische, vor sich ging und als sie vollzogen war. Man orientiert sich für diese Station am besten an einer Dreiteilung der gesamten, mehr als tausendjährigen deutschen Geschichte. Am Ende des Mittelalters beobachtet man einen tiefen Einschnitt, der die Phase der Entstehung Deutschlands, die erste der drei Phasen deutscher Geschichte, erst gänzlich abschließt. Bis dahin war Deutschland geographisch gesehen immer noch im Wachsen, und vor allem war Deutschland bis dahin mit seiner »Offenen Verfassung« innenpolitisch sehr locker gefügt – infolge der schon erwähnten Grundprobleme seiner Existenz und kaum weniger auch deshalb, weil das Reich als Ganzes bisher von besonders gefährlichen Herausforderungen verschont geblieben war. Denn einen alle Kräfte mobilisierenden Konflikt auf Leben und Tod, wie ihn die französische und die englische Monarchie vom frühen 14. bis zum frühen 15. Jahrhundert im Hundertjährigen Krieg gegeneinander ausgefochten haben, hat es in der älteren deutschen Geschichte nicht gegeben. Der Hundertjährige Krieg erschütterte in der Tat die Hauptmächte Westeuropas bis in die Grundfesten. Ihn hatten Dynastien begonnen, aber Staaten oder gar Nationen haben ihn zu Ende gebracht. Das heißt, große Herausforderungen hatte man beiderseits mit sehr wesentlichen innerstaatlichen Modernisierungsschritten beantwortet.

Erst ganz am Ende des Mittelalters, etwa von 1470 an, trat eine ungefähr vergleichbare Situation in Deutschland auf, als man sich gleichzeitig der Türken und der Ungarn, Franzosen und Burgunder zu erwehren hatte, als das ehrgeizige Haus Habsburg den kräftezehrenden Weg zur Groß- oder gar Weltdynastie zu beschreiten begann und als zugleich grundlegende ökonomische, technische und bewußtseinsmäßige Modernisierungsprozesse den deutschen Raum erfaßten. Bewegungen dieser Bedeutung, und noch dazu gleichzeitige, hat es in der deutschen Geschichte bis dahin wohl nicht gegeben. Vorgänge der »Verdichtung« auf vielen Gebieten beantworteten diese Herausforderungen und gaben wichtige Modernisierungsimpulse, wenngleich sie verfassungs- und innenpolitisch nur zu kompromißhaften und unvollendeten Lösungen geführt haben – vor allem wegen der so schwierigen Rahmenbedingungen. Das Reich wurde auch damals nicht wirklich ein Staat. Weil der Kaiserhof die Aufgabe der Zentrumsbildung nur unzureichend hat bewältigen können, entstand der Reichstag. Es bildeten sich endgültig zwei politische Großräume heraus, die diesen beiden Brennpunkten zugehörten, das »habsburgische« oder »erbländische Deutschland« einerseits und »Reichstagsdeutschland« andererseits. Ein weiteres, räumlich zersplittertes »drittes Deutschland« wollte oder konnte sich diesem doppelten Konzentrationsprozeß nicht anschließen –

Hauptbeispiele dafür sind die Eidgenossenschaft und Livland. Dieses Deutschland löste sich in der frühen Neuzeit nach und nach von den beiden anderen, fortan mit- und nebeneinander bestehenden Deutschlands ab.

So ist die zweite Hauptphase der deutschen Geschichte von 1470/1500 bis in die zweite Hälfte des 19. Jahrhunderts hinein bezeichnet durch Verdichtungs- und zugleich Schrumpfungsprozesse und auch durch nachfolgende Teilungsvorgänge, alles infolge der nicht ausreichenden verfassungspolitischen Modernisierung des ganzen Reiches. Die zentrifugalen Kräfte konnten einfach nicht gebändigt werden; die Kraftentfaltung, die dafür notwendig gewesen wäre, lag angesichts der Größe des Raumes und der Vielzahl seiner Kräfte weit außerhalb der zeitgenössischen politisch-militärischen Möglichkeiten und Denkvorstellungen. Dieser Tatbestand führte mit ansehnlich hoher historischer Konsequenz über verschiedene Stationen zur Situation des Zeitalters Bismarcks. So exekutierte die Teilung von 1866 zwischen dem preußisch dominierten und dem österreichischen Deutschland jene gerade erwähnte, um 1500 schon angelegte Sonderung von »erbländischem« Deutschland und »Reichstagsdeutschland«. Als dritte und vorerst letzte Phase der deutschen Geschichte kann man dann seit dem ausgehenden 19. Jahrhundert das Zeitalter des Imperialismus und der Ideologien auffassen, als politische und territoriale Veränderungen nicht mehr den Vorgaben der eigenen Vergangenheit, sondern denen der Welt-Machtpolitik folgten.

Schlesien hat schon die erste Phase der deutschen Geschichte miterlebt und war ein Teil des Deutschlands der »Offenen Verfassung« geworden – und zwar innerhalb des erbländischen Bereichs der kaiserlichen Dynastie. Am wichtigsten wurde das Oderland jedesmal während der Krisen dieses Komplexes, und zwar als Stütze der legitimen Gewalt, jedenfalls in der luxemburgischen Ära im 14. und 15. Jahrhundert. Der Kaiserhof, nicht der werdende Reichstag war und blieb die höchstrangige Bühne für die Handelnden aus Schlesien. Als der große Umbruch vor und um 1500 eintrat, wurde Schlesien nach einigem Schwanken wiederum auf die Seite des erbländischen, nun des habsburgischen Deutschland gezogen und verblieb dort bis ins 18. Jahrhundert. So wurden die allgemein bekannten Tatbestände der Staats- und Verfassungsgeschichte »Reichstagsdeutschlands« für Schlesien bei weitem nicht so wichtig wie die entsprechenden, wohl weniger geläufigen Daten aus dem Komplex der luxemburgisch-habsburgischen Erbländer. Dies betraf jedoch allein die politische Geschichte. Im sozialen, wirtschaftlichen und kulturellen Leben wurde und blieb das Oderland ein Teil der ganzen deutschen Geschichte, die sich auf diesen Feldern ihrerseits in Gestalt langfristiger Prozesse »verdichtete«, zum Beispiel in Gestalt einer einheitlichen deutschen Schriftsprache.

Vorspiel: Schlesien in Polen (990–1202)

DAS HOCHMITTELALTERLICHE POLEN UND SEINE VORGESCHICHTE

Polen[11] liegt an der Peripherie. Das ist eine Grundtatsache, die wohl jeden der vielen Aspekte polnischer Vergangenheit geprägt hat, die etwas mit europäischen Entwicklungsprozessen zu tun hatten – geprägt in der Regel mit dem Signum der Verspätung. Die Randlage hat auch dazu geführt, daß Zeugnisse und Nachrichten, die die Rekonstruktion der älteren polnischen Geschichte möglich machen, seltener sind und aus späterer Zeit vorliegen als für besser entwickelte Regionen. Grundfragen der älteren polnischen Geschichte sind daher bis heute umstritten, wie die Frage nach der Freiheit der Bauern, nach der Beschaffenheit nichtagrarischer Siedlungen oder nach dem Heranreifen eines nationalen Bewußtseins. Polen war ein Binnenland, so daß das raumüberwindende Wirken des Meeres nicht zur Geltung kam. Vor allem wird man immer wieder neu die Frage nach den Realitäten des Miteinanders der einzelnen Landschaften stellen müssen, die traditionell als polnisch bezeichnet werden. Das ist noch viel zu wenig geschehen. Über natürliche Grenzen verfügt Polen kaum, es sei denn nach Süden hin. Allerdings bestanden »Schutzwälle« aus Wald- und Sumpfgebieten, zum Beispiel entlang der Westgrenze. Waren diese überwunden, lag das Land offen da. Vor allem war es offen gegenüber friedlichem oder kriegerischem Zustrom aus den riesigen Räumen des Ostens, die nach mittelalterlichem Brauch nicht zu Europa zählten. In seinen erfolgreichsten Zeiten am Ende des Mittelalters und danach vermochte Polen kolonisierend weit nach Osten auszugreifen, als die große Modernisierungsbewegung, die in Schlesien dem »langen 13. Jahrhundert« angehörte, auch Osteuropa voll erfaßt hatte. Ganz anders als im Fall Böhmens und Mährens, deren Grenzen sich seit karolingischer Zeit kaum verändert haben, war die räumliche Situation Polens extremen Schwankungen ausgesetzt. Polen ist schließlich das einzige große Land Europas, dessen Existenz als herrschaftlich verfaßtes Gemeinwesen lange Zeit unterbrochen gewesen ist, im 13. und im frühen 14. Jahrhundert.

Solche Schwierigkeiten konnten und können wohl bis heute nur durch die Setzung eines »Norm-Polens«, das von dieser oder jener Gegenwart aus rückwärts projiziert wird, durch die besondere Betonung der Momente des Zusammenhalts in Raum und Zeit, und überhaupt durch ein besonders intensives Leben mit der Geschichte bewältigt werden. Dieses ist viel intensiver als in Deutschland. Nicht leicht scheint es infolge dieser Ursache und kaum weniger infolge der schon genannten peripheren Lage und Verspätung möglich zu sein, dasjenige Maß an Gelassenheit und Distanz aufzubringen, das allein auf verläßliche Erträge der Geschichtsforschung hoffen läßt. Was überall etwas Schwieriges ist, auch in Deutschland oder Ungarn, die nationale Vergangenheit, tritt in Polen als Problem besonders klar hervor.[12]

Wie bei den anderen, zumal den am Rand gelegenen Gemeinwesen Europas ist das Rückwärtsschreiten in die Vorgeschichte vor dem 10. Jahrhundert mit Skepsis zu betrachten, wenn damit der Legitimierung von »Staat« und »Volk« späterer Zeiten gedient sein soll. Im Fall Polens ist auch noch für das 10. und das 11. Jahrhundert, für welche kaum gleichzeitiges schriftliches Material vorliegt, und selbst noch für das weiterhin sehr dünn bezeugte 12. Jahrhundert große Vorsicht geboten. Dieser Mangel ist seinerseits ein wichtiges Quellenzeugnis. Rückprojektionen sind nach Möglichkeit zu unterlassen. Sie setzen die Vorstellung von einer organischen Entwicklung voraus, was man eher als romantisch denn als wissenschaftlich brauchbar bezeichnen wird. Auch die Archäologen, die zusammen mit den Namenforschern in die Bresche springen sollen, verstehen inzwischen ihre Zeugnisse immer öfter als mehrdeutig und warnen vor der Gefahr willkürlicher Deutung.[13] Für viele wichtige Fragen, zumal für diejenigen der politischen, Rechts- oder auch ethnischen Geschichte, sind Ausgrabungsergebnisse kaum verwertbar.

Zuerst zur Vorgeschichte. Die Lebensform der Großsippe oder des Kleinstamms, die den einfachen agrarischen Lebensbedingungen in Waldlichtungen angepaßt war, bildete auch die ethnische Grundlage der späteren Polen. Großsippen und Kleinstämme mochten sich zu größeren Stämmen oder Völkern zusammenfinden. Die namengebenden Polanen bebauten Felder (pole = Feld) innerhalb der Waldzone im späteren Großpolen, ungefähr an der Warthe. Wie bei ihren Nachbarn handelte es sich bei ihnen um Slawen, die vor allem im 6. Jahrhundert nach Christus aus ihrer wissenschaftlich umstrittenen »Urheimat«, vielleicht an Dnjestr, Dnjepr und Pripjet, nach Westen gezogen waren. Der Begriff der »Slawen« ist wie derjenige der »Germanen« ein sprachwissenschaftliches Ordnungswort und ethnisch, politisch oder bewußtseinsgeschichtlich nicht verwertbar. Selbst bei Kleinstämmen muß man mit ethnischen Mischungen und mit Bewußtseinswandlungen rechnen. Die Sprache ist immer nur ein und gewiß nicht das wichtigste Ordnungskriterium; erhebliche Beeinflussungen ganz anderer Art sind niemals auszuschließen oder gar wahrscheinlich, wie zum Beispiel bei den Germanen aus keltischer und provinzialrömischer Richtung. Die meisten anspruchsvollen Tatbestände bleiben ungeachtet des Etiketts »slawisch« oder »germanisch« unklar und unbekannt.[14]

Zuvor sind im später polnischen Raum germanische Stämme oder Völker ansässig gewesen, die die ganze Region bis ungefähr um 400 nach Christus verlassen hatten. Beide Bewegungen, die Abwanderung von Germanen und die Zuwanderung von Slawen, kann man noch der Völkerwanderungszeit zurechnen; beide Vorgänge sind bei nüchterner Betrachtung extrem schlecht bezeugt. Soweit Stammes-, Volks- oder besser Gruppennamen genannt werden, rühren sie von weit entfernten Autoren und immer wieder aus viel späterer Zeit her. Dennoch kann man eines erkennen: Der entscheidende Wandel war derjenige von stärker personenverknüpften zu stärker raumbezogenen Gruppen. Insofern kann man auch von politischen Strukturen im weiteren Sinn sprechen. Nirgends aber waren solche Gebilde Träger eines erkennbaren Eigenbewußtseins, noch ist man sicher, daß sie ethnisch einheitlich slawisch waren. Die modernen Fragestellungen der Ethnogenese, die übrigens die Aussagekraft jener schriftlichen Nachrichten sehr kritisch beurteilen, sind auf die im später polnischen Raum auffindbaren Gruppen noch kaum angewandt worden. Diese Gruppen waren gewiß keine Polen, weil es vor dem 10./11. Jahrhundert gar keine Polen gab; sie konnten Vorfahren sehr verschiedener kommender Großvölker werden, von Polen ebensogut wie von Deutschen.

Getreidebau, soweit mit hölzernen Geräten – also nur für leichtere Böden – möglich, und Viehzucht sowie die Ausbeutung des umgebenden Waldes bildeten die wirtschaftliche Grundlage einer im Vergleich zur Größe des Gebiets äußerst dünnen Besiedlung. In den Siedlungsinseln entlang der Flüsse und Bäche mochte man indessen die obere Grenze des bescheidenen Bodenertrags leicht erreichen. Die extensive Form des Ackerbaus erlaubte am ehesten den Einzelhof oder gar nur die nach der Erschöpfung des Bodens leicht verlegbare Hütte; später traten am häufigsten Weiler, erst im Spätmittelalter auch Dörfer auf. Der Wandel von der Existenz in Siedlungsinseln inmitten der noch unbeherrschten Natur hin zum Kulturland ist erst durch die in den westlichen Zonen, vor allem in Schlesien, im 13. Jahrhundert, anderswo zumeist später stattfindende »Europäisierung« oder »Modernisierung« eingetreten. Die relativ große Zahl von mehr als zweitausend im späteren Polen bisher archäologisch nachgewiesenen Burgwällen, das heißt von Erd- oder Holzwallanlagen meist in natürlicher Schutzlage, weist auf unsichere Verhältnisse hin, soweit es sich um Fluchtburgen gehandelt hat. Allerdings vermag die Forschung die alles entscheidende Datierungsfrage bisher kaum zu beantworten, so daß wirklich überzeugende Analysen noch ausstehen.

Was Burgwälle welcher Anzahl auch immer jedoch nachweisen, ist herrschaftshistorisch betrachtet die Existenz von Befehlenden und von Gehorchenden, das heißt von größeren oder kleineren sozial geschichteten Menschengruppen. Insofern es sich nicht nur um in der Not aufgesuchte Fluchtburgen, sondern auch um dauernd bewohnte herrschaftliche Wallanlagen gehandelt hat, setzen sie an der sozialen Spitze ein beständiges Kleinherrentum voraus. Dazu gehörte offenbar eine Gefolgschaft von Kämpfern, die sich kaum anders denn als Interessengemeinschaft mit Beutehoffnung zusammengefunden haben kann – dies vielleicht auch im Hinblick auf den einen oder anderen benachbarten Fernhandelsweg. Im Kampf solcher Gefolgschaften gegeneinander vergrößerten die Erfolgreichsten ihre Macht und ihr Einflußgebiet, so daß man sie Fürsten nennen kann. Ihnen dienten dann erst recht militärisch hervorgehobene Leute, Berufskrieger, die man in einem weiteren Sinn als adlig bezeichnen mag. Darunter standen die abhängigen oder hörigen landbebauenden Leute.

Für die politische Geschichte hält man sich am besten an das relativ Dauerhafte und übergeht damit einen kurzlebigen Wislanen-»Staat« um 900 an der oberen Weichsel, im späteren Kleinpolen. So erscheint Miesko I. (um 960–992), ein Zeitgenosse der Kaiser Otto I., Otto II. und Otto III., im Gebiet der Polanen – und bereits Kujawien und Masowien mitbeherrschend – erstmals als Haupt eines Gemeinwesens von Rang im Licht der Historie. Damit tritt diese Anfangssituation deutlich später auf als in Böhmen. Mieskos Herrschaftsgebiet hatte noch keinen greifbaren Namen. Erst im 11. Jahrhundert wird der Name Polens erwähnt, und zwar bei deutschen Geschichtsschreibern, also als Fremdbezeichnung. Aufgrund von Mieskos Erfolgen mag man eine nicht bezeugte

Vorgeschichte seines Machtbereichs oder besser von dessen Kern annehmen, schwerlich aber über das 10. Jahrhundert hinaus. Miesko war schon imstande, mit sächsischen Großen um Landstriche zwischen Elbe und Oder in Wettbewerb zu treten, und ist zeitweilig in einem Bundesverhältnis zu den Ottonen erkennbar. Für einen Teil seines Landes entrichtete er einen Tribut an den Kaiser. Miesko eroberte auch Pommern und dazu Schlesien wenigstens zum großen Teil und geriet damit erst recht in unmittelbare Berührung mit der europäischen Mitte. Dies alles waren Kämpfe zwischen führenden Familien, auch zwischen verschwägerten und bald verwandten, und zwischen deren Gefolgschaften, nicht Konflikte von Staaten. Persönlicher Ehrgeiz und Beutelust waren die Triebkräfte. Das bis dahin, wie noch dargelegt wird, přemyslidische Schlesien ist erst nach dem Tod von Mieskos přemyslidischer Gemahlin Dubravka († 977) von Miesko eingenommen worden, wohl im Jahre 990.

Mieskos folgenreichste Tat, vielleicht unter dem Einfluß Dubravkas, war sein Übertritt und derjenige seiner Leute zum Christentum ein Jahr nach der Heirat von 966. Bald nach 800 war mit den Sachsen die Bekehrung der mitteleuropäischen Germanenvölker abgeschlossen worden; die erste wirklich nachwirkende Begegnung böhmischer Großer mit der westlichen Religion hatte 845 in Regensburg stattgefunden, von wo aus dann lang andauernde christliche Einwirkungen auf Böhmen ausgingen. Polen war wiederum verspätet. Nicht ganz unähnlich wie zwischen Regensburg und Böhmen dürfte es sich, wenngleich man nichts Konkretes darüber weiß, im letzten Drittel des 10. Jahrhunderts zwischen Prag und Polen verhalten haben, obwohl ein Bistum Prag erst 973/76 eingerichtet worden ist. Im dynastischen Wettbewerb hatte Miesko jedenfalls ein Stück zukunftswirksamer Stabilisierung herbeigeführt. Denn ohne Legitimierung und Stützung durch das Christentum schien damals eine Verstetigung der politischen Existenz nicht mehr möglich. Das lehrt wohl am besten das Beispiel der seinerzeit heidnisch gebliebenen und damit zum Verlust der Selbständigkeit verurteilten Slawenvölker zwischen Elbe und Oder.

Eine Alternative schien auf den ersten Blick die Unterwerfung des später polnischen Raumes unter přemyslidische Herrschaft zu sein, doch hätte und hat dieses das politische Interesse von Ottonen und Saliern nicht gestattet. Sie wollten ihren Gefolgsmann in Prag nicht zu stark werden lassen. Böhmen und Mähren waren ungeachtet einiger Schwankungen seit karolingischer Zeit Teile des Ostfränkischen und anschließend des werdenden römisch-deutschen Reiches geworden und sind es bis zu dessen Ende im Jahr 1806 geblieben. Bei einem direkten Vergleich treten die strukturelle Überlegenheit Böhmens über Polen und vielfältige Abhängigkeiten in West-Ost-Richtung klar hervor.

In Posen, in Mieskos Reich, wurde 968 ein Missionsbistum gegründet. Die beiden ersten Bischöfe waren Deutsche und kennzeichnen damit das politische Gefälle nördlich an Böhmen vorbei direkt aus dem (nieder-)sächsischen Reichsgebiet. Das kann organisatorisch am ehesten mit Magdeburger Interessen verknüpft werden. Dem Erzbischof von Magdeburg gelang es aber nicht, sich das Bistum Posen zu unterstellen; es blieb exemt. Auch der zeitweilige Wunsch eines Magdeburger Suffragans, des Bischofs

Als erstes der großen Zisterzienserklöster Schlesiens wurde Leubus 1175 von Herzog Boleslaus I. gegründet, der hierzu deutsche Mönche aus Pforte an der Saale nach Schlesien holte. Das Kloster konnte bald selbst weitere Tochtergründungen in Mogiła bei Krakau sowie Heinrichau, Grüssau und Kamenz in Schlesien vornehmen. Hinter der 223 Meter langen Schaufront des barocken Umbaus ist noch der mittelalterliche Kern des Klosters zu finden: die gotische Kirche des 14. Jahrhunderts mit der seitlichen Fürstenkapelle von 1312. Neben Boleslaus I. und zahlreichen piastischen Herzögen nach ihm ruht hier auch Michael Willmann, der berühmteste Barockmaler Schlesiens.

Die Schweinhausburg bei Bolkenhain gehört zu den ältesten Burgen Schlesiens und ist der Stammsitz des alten Geschlechts der Herren von Schweinichen, aus dem der trinkfeste Junker Hans von Schweinichen (1552–1616) stammte. Im Herbst 1624 philosophierten hier der Burgherr Johann Sigismund von Schweinichen und seine Freunde Jakob Böhme und Abraham von Franckenberg über Gott und die Welt, was Böhme zu seiner letzten Arbeit *Drei Tafeln Göttlicher Offenbarung* anregte. Die reizvolle Lage der im Siebenjährigen Krieg verwüsteten Burg veranlaßte König Friedrich Wilhelm IV. und seinen Baumeister Karl Friedrich Schinkel zu manchen Ausbauplänen, die aber wieder verworfen wurden.

von Meißen, sich nach Osten bis hinein in das spätere Schlesien auszudehnen, ist Projekt geblieben. Miesko nahm direkten Kontakt mit dem Papst auf, indem er in seinen letzten Jahren ein Gebiet ungefähr in den Grenzen des späteren Polen an den heiligen Petrus übertrug, das heißt praktisch sich zu einem Anerkennungszins an den Papst verpflichtete. Noch darf man vermuten, daß dies mehr der Legitimierung des Heidenkampfes als einem Versuch der selbständigen Legitimierung oder gar Verselbständigung gegenüber dem Reich dienen sollte. Später aber konnte man diesen Schritt derartig verstehen.

Auf jeden Fall war es ein erstes Bestreben, mit Hilfe der zweiten, viel weiter entfernten universalen Instanz Europas eine mehr als nur autochthon legitimierte politische Rolle zu spielen. Der Sohn Mieskos, Boleslaus der Kühne (992–1025), von dem an man den Nachweis der dynastischen Kontinuität der neuen Dynastie der Piasten als erbracht ansehen kann, schritt auf der gleichen Bahn nicht minder erfolgreich voran. Er vermochte sich wenigstens zeitweise für eine kaiserfeindliche Politik zu entscheiden. Er unterwarf Kleinpolen und die oberschlesischen Gaue. Im Jahr 1000 gelang ihm infolge der Zuneigung Kaiser Ottos III., der persönlich nach Gnesen gekommen war, eine beträchtliche, königsartige Aufwertung seiner Person.[15] Ebenso wichtig oder noch wichtiger war die gleichzeitige Errichtung einer eigenen, bald als polnisch zu bezeichnenden Kirchenprovinz – mit dem Sitz des Erzbischofs in Gnesen und mit Suffraganbischöfen in Krakau, in Breslau und vorübergehend in Kolberg. Kaiser und Papst hatten sich dazu verstanden, wie in Ungarn zu verfahren und anders zu handeln als in Böhmen, das erst 1344 eine eigene Kirchenprovinz erhielt.

Die Erfolge waren aber an die Person des Herzogs gebunden. Sofort nach seinem Tod traten schwere politische und rasch auch kirchenpolitische Rückschläge ein. Schlesien wurde wieder přemyslidisch; als es um 1050 an die Piasten zurückfiel, war es verkleinert worden. Das Tributverhältnis zum Reich – bald auf ganz Polen ausgedehnt – blieb auf lange Zeit bestehen, es ist nur für kurze Jahre und nur für Teile des Landes von dem höherrangigen Lehnsverhältnis ergänzt oder abgelöst worden. Erst um 1200 erloschen die Zahlungen an den Kaiser, als sich nämlich das polnische Gemeinwesen in seine Einzelbestandteile aufgelöst hatte. Wenige Jahre später ist eine legitimatorisch bald ähnlich zu beurteilende, nun auf die weiterbestehende Kirchenprovinz Gnesen gestützte geistliche Zinspflicht gegenüber dem Papst bezeugt.

Stark benachteiligt gegenüber Ungarn und nach einiger Zeit auch gegenüber Böhmen blieb Polen auch dadurch, daß der naheliegende Versuch der Herzöge, wie die Herrscher der Nachbarländer eine Königskrone zu gewinnen, trotz dreier Anläufe gescheitert ist. Erst im späten Mittelalter, dauerhaft seit dem Neuerstehen eines Gesamt»staates« mit Hilfe päpstlicher Legitimierung im Jahr 1320, hat es ein polnisches Königtum gegeben. Unter diesen Umständen bestand die wichtigste ältere Aufwertungsanstrengung darin, von Generation zu Generation möglichst hochrangig zu heiraten. Dies ist in der Tat in beachtlichem Maß gelungen. Dabei trat freilich die Nebenwirkung ein, daß die besonders wertvollen Ehen nach Westen hin eine Veränderung in den Anschauungen der Dynastie mit sich bringen mochten, vor allem Wandlungen kulturell-sprachlicher Art. Schon vor dem Ende der Herrschaftseinheit im Jahre 1202 und erst recht danach sind besonders die mit Schlesien befaßten Piasten immer stärker in diesen westlich-deutschen »Sog« geraten.

Es war für den Hof oder die Höfe der Piasten zugleich ein Mode- und Kultursog und ein Anpassungszwang im strengsten, existentiellen Sinn. Denn in allererster Linie aus westlicher Richtung kam der Anstoß, den vor allem Schlesien grundlegend verändernden zweiten Modernisierungs- und Europäisierungsprozeß einzuleiten. Auch eine andere dynastische Veränderung hatte bedeutsame, nicht geplante Folgen gerade für die schlesische Geschichte: Großpolen – um Posen und Gnesen – mit seiner direkten Nachbarschaft zum mitteldeutschen Raum verlor seit 1025 die Zentralstellung im Land für immer, zunächst auf lange Zeit zugunsten des südlich gelegenen Kleinpolens mit Krakau. Kleinpolen aber lag von Deutschland aus gesehen gleichsam hinter Schlesien, oder umgekehrt betrachtet lag Deutschland für Krakau hinter dem Oderland, in einer durch den West-Ost-Haupthandelsweg fest geknüpften Nachbarschaft. Die in Krakau erhaltenen bis 1100 entstandenen geistlichen Handschriften knüpften beispielsweise meist an Regensburg oder an Böhmen an,[16] das seinerseits aus Bayern, Niedersachsen und vom Rhein geistig genährt wurde. Die von der Geschichte nicht realisierte, aber sehr konkrete Alternative eines von Schlesien statt – wie es dann geschah – von Kleinpolen aus dominierten größeren Polens deutet die potentielle und konkrete Rivalität zwischen Kleinpolen und Schlesien an. Nur falls Schlesien nicht mehr polnisch sein würde, wie es dann wirklich eintrat, war die Rolle Kleinpolens als Zentrallandschaft stabilisiert.

Das 12. Jahrhundert hat an den sich im Säkulum zuvor durchsetzenden oder gar schon konsolidierten Rahmenbedingungen nicht viel geändert, um so mehr aber am politischen »Überbau«. Das agrarische Gefüge blieb offenbar ziemlich statisch, jedoch nahm der Anteil des kirchlichen und des adligen Landbesitzes zu Lasten des piastischen Gutes zu. Am wichtigsten war der Aufstieg eines größeren, den heranwachsenden deutschen Territorialgewalten nicht ganz unähnlichen Adels. Er schien sich auseinanderstrebender piastischer Brüder oder anderer piastischer Verwandter zu bedienen, um seine regionalen Interessen zu verwirklichen. Die polnische Forschung hat verständlicherweise wenig darauf geachtet, ob das Polen des 11. und 12. Jahrhunderts überhaupt, wie man das rückblickend am liebsten einfach voraussetzt, in der politischen Praxis zusammenhaltbar gewesen ist – sobald einmal die allerschlichtesten extensiven Verhältnisse zugunsten der sich überall in Europa regenden, nun auch in Polen feststellbaren regionalen Intensivierungsprozesse überwunden sein würden. Es scheint so gewesen zu sein, daß der unvermeidbare Weg hin zu jener schon erwähnten »zweiten Modernisierung« die Bestandskrise der alten piastischen Lebensform mit sich gebracht hat – als immer problematischer gewordene altmodische Herrschaft in einem sehr ausgedehnten, aus Landschaften ganz unterschiedlichen Interesses zusammengesetzten Gebiet.

Der erste Schritt in diese neue Richtung war die Einführung des Senioratsprinzips anstelle der direkten Erbfolge vom Vater auf einen Sohn. Das war eine beträchtliche

Schwächung der zentralen Gewalt insofern, als der jeweils an Jahren Älteste des Gesamthauses – ohne Rücksicht auf den dynastisch-verwandtschaftlichen oder gar »staatlichen« Zusammenhalt – die Landeseinheit als *maximus dux* gegenüber drei anderen regional regierenden Verwandten praktizieren oder eben nur noch darstellen sollte. Dieser Schritt geschah 1138, an einem Markstein der polnischen Geschichte. Der Senior sollte Kleinpolen mit Krakau vorweg erhalten, das übrige Polen wurde viergeteilt. Einer der vier Teile war Schlesien. Bis zum Jahr 1202, als die politische Einheit Alt-Polens gänzlich zerfiel, sind die Folgen dieses Prinzips vor dem Hintergrund jenes Intensitätswandels immer offenkundiger hervorgetreten. Nach dem Stand der Forschung ist nicht ganz leicht zu sagen, welcher der relativ »modernste« Landesteil während dieser beiden Generationen gewesen ist: vermutlich Kleinpolen. Dahinter folgte anscheinend Schlesien. Jedenfalls war der Abstand Schlesiens zu dem sich schon modernisierenden ostthüringisch-sächsischem Raum, der nun bald in erster Linie die »Folie« für die Erneuerung des Oderlandes abgeben sollte, sehr beträchtlich.

Gegenüber allen diesen Tatbeständen bleibt abschließend die Frage nach dem polnischen und damit auch schlesischen Selbst- oder Volksbewußtsein am Ende des 12. Jahrhunderts zu stellen und vielleicht zu beantworten. Auch das polnische Volk war jünger als der polnische »Staat«. Es hatte unter den von der Peripherie der europäischen Entwicklung geprägten einfachen Lebensbedingungen in einem weiten Raum nicht eben günstige Voraussetzungen dafür, sich innerhalb der gegebenen politischen Formation zu entfalten und sich dann noch seiner selbst bewußt zu werden. Bald nach 1200 setzte auch die neue Phase einer vorerst nur noch »polnischen« Geschichte ein. Den Schlesiern, die an diesem Gemeinwesen, aber konkurrierend auch an přemyslidischen Herrschaftsjahrzehnten teilgehabt hatten, verblieben für das Schaffen eines Selbstverständnisses weniger als zweihundert Jahre Zeit. Dies war unter hochmittelalterlichen Bedingungen eine kurze Spanne.

Es handelt sich um eine derjenigen Fragen, bei denen von der deutschen Forschung für Deutschland und Europa und von der polnischen für Polen offenkundig verschiedene Maßstäbe angelegt werden. Als Protagonist der deutschen Deutung mag diesmal der des deutschen Nationalismus kaum verdächtige Exiltscheche František Graus gelten. Er hat sich mit größter Skepsis geäußert. »Der Quellenlage nach bleiben diese Vermutungen [über ein nationales polnisches Bewußtsein vor dem 13. Jahrhundert] Hypothesen, die kaum abgestützt werden können.« Die polnische Forschung hingegen meint, daß ein alle Schichten durchdringendes (polnisches) Volksbewußtsein bereits vorhanden gewesen sei.[17]

Auch angesichts des Forschungsstandes für ganz Europa kann kein Zweifel daran bestehen, daß man in dieser Diskussion eine höchst skeptische Position einzunehmen hat. Sie fordert exakte schriftliche Nachweise – die es im polnischen Fall nicht gibt – anstelle von bloßen Annahmen, sie beachtet die sehr problematischen Kommunikationsbedingungen und die Beschränkung jedes möglichen Bewußtseins jener Art auf winzige führende und gebildete Gruppen. Gemäß dieser Situation führt kein Weg an der Feststellung vorbei: Um 1200, als der eigene Weg Schlesiens begann, wird nirgendwo an der

Peripherie Europas ein irgendwie mit der Moderne vergleichbares »nationales« Selbstbewußtsein bestanden haben.

Wirklich beobachtbar ist in Polen nur die dynastische Tradition. Für jegliche Bewußtseinsbildung wichtig war die politisch-dynastische Formierung, die sich nun aber in Polen seit dem 12. Jahrhundert geradezu gegenläufig zu dem von heute her Gewünschten und Erhofften vollzog. Gemeinsame historische Erfahrungen und konkrete Interessen, die besonders prägend auf die Einstellungen jedenfalls der Informierten und Handelnden wirkten, konnten angesichts der Realitäten kaum anders als regional und damit bald speziell schlesisch beschaffen sein. Davon bleibt der Tatbestand unberührt, daß sich Polen, wenn auch ohne Pommern und ohne Schlesien, trotz der lange währenden Unterbrechung der herrschaftlichen Einheit wieder zusammengefunden hat. Dafür sprachen bei den entscheidenden Führungsgruppen klar erkennbare Interessen; andere Mitbewohner wurden, wie in vormoderner Zeit üblich, nicht gefragt.

DAS HOCHMITTELALTERLICHE SCHLESIEN UND SEINE VORGESCHICHTE

Schlesien[18] ist heute kein politischer Begriff mehr. Man hat es 1945 zwischen Polen und Sachsen aufgeteilt und administrativ zu verwischen getrachtet. Gleichwohl ist es nicht im mindesten gelungen, das Schlesien-Bewußtsein auszulöschen. Es bezieht sich weiterhin auf die preußische Provinz dieses Namens in den Grenzen von 1914 und weiß von der Existenz von Österreichisch- beziehungsweise Mährisch-Schlesien jenseits der im 18. Jahrhundert gezogenen Teilungsgrenze. Österreichisch-Schlesien umfaßt ungefähr ein Achtel des ungeteilten Landes, im Jahr 1914 maß die bis dahin etwas vergrößerte preußische Provinz 40 300 Quadratkilometer. Sie bildet ein ungefähr dreihundert Kilometer langes und gut hundert Kilometer breites Gebiet entlang der oberen und mittleren Oder, das sich an die sudetischen Grenzgebirge im Südwesten anlehnt und nach Norden hin in die norddeutsche Tiefebene öffnet. Es besteht aus Flachland, Gebirgsvorland und Mittelgebirgsland und ist nicht mit eindeutigen Grenzen ausgestattet. So läßt es sich am besten von der Mittelachse her, vom Oderlauf, bestimmen. Früh wies es auch ein unbestrittenes Zentrum auf, Breslau.

Das erste etwas ausführlichere Schriftzeugnis über den späteren schlesischen Raum stammt von dem sogenannten Bayerischen Geographen, vermutlich einem Mönch des Regensburger Klosters St. Emmeram aus der zweiten Hälfte des 9. Jahrhunderts. Demnach waren damals an der Oder vier slawische Stämme oder Völker ansässig, zu denen später noch zwei weitere hinzutraten: Von Norden nach Süden die Dedosizen an der mittleren Oder, die Boboranen am Bober, die Trebowanen östlich davon an der Oder, die Slensanen mitten in Schlesien um das spätere Breslau, die Opolanen im nördlichen und die Golensizen im südlichen Oberschlesien sowie in Österreichisch-Schlesien. Boboranen und Trebowanen sind erstmals in einer Urkunde Kaiser Heinrichs IV. von 1086 erwähnt.[19]

Von den überlegenen (oder schon zentral wohnenden?) Slensanen rührt der Name »Schlesien« her, der sich ähnlich wie im Falle Polens nach und nach auf das ganze Land ausgedehnt hat. Dies war wohl um die Mitte des 12. Jahrhunderts oder im 13. Jahrhundert abgeschlossen. Damals hat sich zeitweilig eine dynastische Absonderung Oberschlesiens unter dem Namen Oppelns vollzogen. Ausdrücklich von »Oberschlesien« spricht man erst seit dem endenden 14. Jahrhundert. Jedenfalls ist die Vorstellung von Schlesien nach und nach herangewachsen. Die politische Zusammenfassung durch die Piasten und wohl noch mehr die Existenz des Bistums Breslau haben dafür das meiste getan. Die Herkunft des Namens der Slensanen ist umstritten. Polnische Philologen leiten ihn vom slawischen »sleg« (Nässe) her, die deutsche Forschung verweist auf das germanische Volk der Silingen. Die Silingen haben als Teil der Wandalen bis zu ihrer mehrheitlichen Abwanderung um 500 nach Christus wohl seit einem Zeitpunkt schon vor Christi Geburt in Schlesien gesessen. Vorher wohnten dort Kelten und davor wieder solche Völker, deren Namen man nicht oder nicht sicher kennt. Von den Silingen weiß man, daß sie zeitweise einen König besessen haben; ihre Funde verraten – wie häufig – gotische und römische Einflüsse. Der Namen der Silingen ist über die alte Bezeichnung der zentralen mittelschlesischen Erhebung, den Zobtenberg, und über den alten Namen des Flusses Lohe in die slawische Zeit überliefert worden. In der Tat kann für die Silingen schriftlich nachgewiesen werden, was sonst nur sehr selten bezeugt ist: das Zurückbleiben eines Teils des Volkes im Oderland. Diese Leute dürften in irgendeiner Weise in den seit der Mitte des 6. Jahrhunderts einwandernden Slawenvölkern aufgegangen sein.[20]

Man kann sich nur ein vages Bild von der Existenz der schlesischen Slawen bis in das 12. Jahrhundert hinein machen, als sich schon die große Wende abzuzeichnen begann. Bis zum 11. Jahrhundert weiß man über Schlesien extrem wenig, und auch aus dem folgenden Säkulum sind die Nachrichten sehr bruchstückhaft.

Die Siedlungsinsel der Golensizen[21] mag als Beispiel dienen. Sie saßen in einer mit Lößboden ausgestatteten waldfreien Blöße zwischen dem Odertal im Osten und der Gebirgszone des Gesenkes im Westen, zwischen der Glatzer Neiße im Norden und den bewaldeten Altmoränen im Süden. Das slawische »goly« (kahl) beschreibt die Siedlungssituation im rings umgebenden Waldland. Die Golensizen sollen nach dem Bayerischen Geographen fünf »civitates« besessen haben: Einzelsiedlungen, die wohl mit einem Erdwall befestigt gewesen sind. Es waren wenige Plätze im Vergleich zu den zwanzig »civitates« der Opolanen und Dedosizen und den fünfzehn der Slensanen. Indessen dürfte es sich um schematisch-symbolische Zahlen handeln. Eine sichere Identifizierung jener fünf Sitze ist nicht möglich, doch kommen einige ergrabene Burgwälle durchaus überzeugend dafür in Frage, vor allem Grätz (nach slawisch gradec beziehungsweise hradec = Burg), das vielleicht zeitweise der Hauptplatz war. Daß der Siedelgruppe eine politische Einheit entsprochen haben wird, bringt nicht nur der zusammenfassende Volksname zum Ausdruck, sondern im Fall der Opolanen noch viel deutlicher die Zentralisierung auf einen führenden Punkt, eben auf Oppeln. Dazu paßt am besten ein adlig-fürstliches Sozial- und Verfassungsgefüge.

Es ist schwierig, sich in solchen Fällen, wie sie die Golensizen darstellen, des zeitlichen Ablaufs zu vergewissern, also wirklich Geschichte statt bloßer zeitlich kaum fixierbarer, daher fast stummer Befunde zu bieten. Für viertausend Quadratkilometer in eben jenem oberschlesisch-mährischschlesischen Grenzgebiet, also für ungefähr ein Zehntel der Gesamtfläche des Landes, hat eine moderne archäologische Untersuchung stattgefunden.[22] Demnach hat dort von der Mitte des 5. bis zum Anfang des 7. Jahrhunderts überhaupt keine nennenswerte Besiedlung bestanden. Deren Anfänge liegen erst in der Mitte des 7. Jahrhunderts. Besiedlung meint auch hier eine ganz kleine bewohnte Insel inmitten weitgedehnter menschenleerer Gebiete. Sodann wurde eine Krise dieser Besiedlung vom 11. bis zur Mitte des 12. Jahrhunderts konstatiert, die mit den piastisch-přemyslidischen Kämpfen um Schlesien zusammenhängen mag. Danach kam es zu einer Erholung, die in die neue, nicht mehr untersuchte Periode der »Europäisierung« einmünden mochte. Überregionale Bedeutung gewannen solche Siedlungsinseln ohne aktive Führungsgruppe nur dann, wenn in großer Nähe ein alter Fernhandelsweg vorbei- oder gar hindurchgeführt hat. Dieser wies zwar gewiß bei weitem nicht eine Verkehrsdichte wie in der Moderne auf, verfehlte aber seine positive oder – bei militärischen Konflikten – negative Wirkung kaum. Bei den Golensizen war dies der Handelsweg von Prag nach Krakau, eine politische und eine ökonomische Route von Wert.

Es mag sein, daß die »schlesischen« Stämme dieser Jahrhunderte oder einige von ihnen religiöse Gemeinsamkeiten aufwiesen, die über eine solche Siedlungsinsel hinauswiesen. Dafür käme nach den Bodenfunden der Mons Silencii, der spätere Zobtenberg, im Gebiet der Slensanen in Frage. Schriftlich bezeugt ist aber davon nichts. Auf jeden Fall ging von diesen Völkern oder von einem von ihnen niemals eine größere Reichsbildung aus. Es hat sich um einen politisch passiven Raum gehandelt. Was kräftigere oder rücksichtslosere Gewalten, die Awaren und das auf sie folgende sogenannte Großmährische Reich, speziell dem Oderraum bis in das 9. Jahrhundert hinein eingeprägt haben mögen, bleibt ungewiß. Beide Reiche waren jedenfalls für die spätere mittelalterlich-neuzeitliche Herrschafts- und Staatsbildung Europas ohne Belang.

Wirkungsvoll im Sinn dieser Zukunft und der kommenden schlesischen Geschichte war erst die Auseinandersetzung zwischen den Přemysliden aus Böhmen und Mähren und den Piasten aus Großpolen. Dabei hatten gemäß der europäischen Entwicklungsgeschichte die weiter westlich sitzenden Přemysliden einen Vorsprung. Bevor die Herrschaft Mieskos, von der schon gesprochen wurde, ins Leben getreten war, hat Herzog Wratislaus I. von Böhmen (etwa 905–921) die Slawen an der Oder in ein Gebilde mit langer Zukunft, in sein Přemyslidenreich, einbezogen, wie bald darauf sein Sohn Boleslaus I. (935–967) noch dazu das spätere Kleinpolen. Es spricht manches dafür, daß Breslau durch Wratislaus, das jedenfalls diesen seinen Namen trägt, als Burganlage gegründet worden ist. Ebenso scheint Boleslaus durch Bunzlau bezeugt. Der spanisch-jüdische Kaufmann Ibrahim ibn Jakub benennt für die Zeit um 965 eine politische Einheit von Prag bis Krakau in přemyslidischer Hand, also dem Ottonenreich – in lockerer Form – zugehörig. Schlesien war davon mitumfaßt. Zehn Jahre zuvor hatten tausend přemyslidische Krieger im Heer König Ottos beim großen Sieg über die Ungarn auf

Das niederschlesische Nimptsch ist, wie die Archäologie nachgewiesen hat, seit dreitausend Jahren besiedelt. Die im sechsten nachchristlichen Jahrhundert einwandernden Slawen fanden hier germanische Bewohner vor, die sie »Nemci«, Stumme, nannten, weil sie deren Sprache nicht verstanden. Bischof Thietmar von Merseburg (975–1018) wußte, daß Nimptsch seinen Namen daher führte, weil es einst »von den Unsern« erbaut worden war. Unter den Piasten wurde Nimptsch Sitz einer Kastellanei.
Als Theodor Blätterbauer die Stadt um 1886 zeichnete, war sie ein verträumter Flecken mit gut zweitausend Einwohnern.

dem Lechfeld mitgekämpft. Man muß auch daran erinnern, daß das von den polnischen Historikern gern gewählte heimische Erfolgsstichjahr 1000, das auf der Geschichtskarte den Umrissen der politischen Gegenwart in der Tat ähnelt, ein recht zufälliges Bild bietet; dieses Bild war wenige Jahre zuvor und kurze Zeit danach ganz anders beschaffen.

Dadurch daß der Polenfürst Miesko I. wohl im Jahr 990 Schlesien erobert und sein Sohn mit dem Přemyslidennamen Boleslaus noch Kleinpolen hinzugewonnen hatte, setzte ein rund 150 Jahre währender Dauerkonflikt zwischen den beiden Fürstenhäusern ein. Er ist besonders um Schlesien ausgefochten worden. Ein piastisches Signal war die Gründung des Bistums Breslau im Jahr 1000, von der noch gesprochen werden wird. In Breslau hatte sich nicht nur Wratislaus von Böhmen festsetzen wollen; auch der piastische Statthalter, ein »Graf« (comes), hat dort von einem unbekannten Zeitpunkt an gewirkt. Das Vorhandensein einer Anzahl von Wallanlagen auch in Schlesien hat zu der Annahme geführt, sie seien von Přemysliden oder Piasten zur jeweiligen Grenzsicherung errichtet worden: sie mögen danach dem Feind zum gleichen Zweck gedient haben, nur in umgekehrter Richtung.

An dieser Stelle sei auch an den das Land bis ins 13. Jahrhundert umgebenden Grenzsaum aus schwer passierbaren Wäldern und an den noch zusätzlich verstärkten Verhau (nach dem slawischen Begriff »Preseka« genannt) erinnert. Er umgab Mittelschlesien nach Westen und Süden hin zur Sicherung gegen Böhmen; nach Norden zu gegenüber der Oberlausitz befand sich das Schutzsystem der »Dreigräben«. Dessenungeachtet haben die so oft wiederholten Kämpfe offenbar zu schlimmen Verwüstungen geführt, die die Entwicklung Schlesiens deutlich behinderten. Eine besonders schwere Krise trat nicht lange nach der Jahrtausendwende ein, als auch die gerade begonnene Breslauer Bistumsgeschichte wieder unterbrochen wurde; sie konnte erst 1051 erneut aufgenommen werden. In der Zwischenzeit dürfte der Prager Bischof Rechte beansprucht haben.

Neuartig war, soweit man sieht, ein Aufstand des Kastellans von Breslau, Graf Magnus, gegen den Herzog von Polen im Jahr 1090, weil dieser landfremde Amtsträger in Schlesien eingesetzt hatte. Unterstützung von Böhmen her scheint für diesen Widerstand gegeben worden zu sein, der – wenn auch gescheitert – zum erstenmal eine Regung aus dem Land heraus sichtbar macht. Leider weiß man bis zum Ende der polnischen Zeit und darüber hinaus über die adligen Familien Schlesiens und den Willen ihrer Häupter extrem wenig, so vor allem auch nicht, ob sie aus dem Land selbst hervorgegangen waren oder ihren Weg an die Oder mit Hilfe eines auswärtigen Herzogs genommen hatten. Jedenfalls kann man seit dem ausgehenden 11. Jahrhundert zwei oder gar drei Generationen der Familie des Palatins und Breslauer Grafen Peter Wlast († wahrscheinlich 1151/53), Sohn des Grafen Wlast und vielleicht Enkel von Magnus, unterscheiden. Peter Wlast verhielt sich im Hinblick auf kirchliche Stiftungen nicht anders als ein Herzog. So zeichnet sich in schwachen Umrissen der Tatbestand ab, daß in der Region nun schon kontinuierliche Träger eines eigenen Willens zwischen Piasten und Přemysliden zur Geltung kamen.

Ein anderer Höhepunkt war der erneut hell aufgeflammte Krieg der beiden Herzogsfamilien in Schlesien in den dreißiger Jahren des 12. Jahrhunderts gewesen. Er ließ auch den Kaiserhof nicht gleichgültig, nachdem schon 1109 König Heinrich V. für seinen böhmischen Vasallen nach Schlesien gezogen war. Kaiser Lothar setzte sich dann 1136 gegen Herzog Boleslaus III. durch.

Zu Pfingsten 1137 kam es in Glatz durch Vermittlung des Kaisers zu einem fortan dauerhaften Frieden. Er führte zur Teilung des sich kaum schon seiner selbst bewußt gewordenen Schlesiens zugunsten der polnischen Seite, gemäß der damaligen militärischen Lage. Nur den Hauptteil des Golensizenlandes und Glatz hat der Přemyslide behaupten können. Siedlungstechnisch entstand dadurch die seinerzeit sehr ungewöhnliche Situation, daß die Grenze der beiden Machtbereiche fortan quer durch offenes Land verlief, während der nun mährisch gewordene Teil Schlesiens von diesem seinem neuen »Mutterland« durch eine Waldzone getrennt war. Die kirchliche Grenze wurde mit einer Verspätung von fast hundert Jahren der politischen angepaßt: Das abgetrennte Stück Schlesiens ist 1229 von Breslau gelöst und dem mährischen Bistum Olmütz zugeteilt worden. Schließlich ist das Handeln von 1137 ein schönes Beispiel dafür, wie ein ziemlich willkürliches Geschick des Augenblicks angeblich naturgegebene Phänomene wie die Sprache ohne weiteres zu regulieren vermochte. In der Moderne haben sich die einheimischen Dialekte nach und nach so entwickelt, daß abgesehen vom Deutschen einerseits polnisch, andererseits tschechisch gesprochen wurde – als ob es von jeher so gewesen wäre.

Die politisch-militärische Geschichte wie auch Äußerungen von Zeitgenossen legen dar, daß die Hauptfeinde der Polen und Böhmen die jeweils andere Slawenherrschaft, bei weitem nicht die Deutschen gewesen sind. Diese waren zwar an einem Gleichgewicht der beiden Dynastien, vor allem aber am Frieden am Übergang vom Reichs- zum Tributärgebiet interessiert.

Der erste Piastenherzog insbesondere von Schlesien, wenn auch noch zusammen mit Kleinpolen, war aufgrund einer Teilung von 1138 Wladislaus II. (1138–1159), ein Gegner Peter Wlasts. Wladislaus hatte die Babenbergerin Agnes, Tochter Herzog Leopolds III. von Österreich und Kaiserenkelin, also äußerst vornehm geheiratet. Zugleich war er gemäß der 1138 anstelle der fürstlichen Einherrschaft errichteten neuen Verfassung der Senior der Piastenfürsten und damit ein Garant oder auch die Symbolfigur der Einheit Polens geworden. Das bewahrte ihn aber nicht im mindesten vor der Niederlage gegen seine Halbbrüder aus der zweiten Ehe des Vaters, so daß er im Jahr 1146 mit den Söhnen hatte ins Exil nach Deutschland gehen müssen, wo er verstarb. Er war der Stammvater der schlesischen Piasten, die 1675, viel später als in Polen (1370) und in Masowien (1526), ausgestorben sind. Erst 1163 kehrten die Söhne auf Druck Kaiser Friedrich Barbarossas aus dem pleißenländischen, heute thüringischen Altenburg nach Hause zurück; 1172 mußte der Kaiser abermals helfen. Siebzehn Jahre in Deutschland, während der dynamischen Anfangsphase der mitteldeutschen Ostsiedlung, scheinen eine hochwichtige Lehrzeit gewesen zu sein. Sie dürfte zur besonderen schlesischen Individualisierung innerhalb des damals nach wie vor wesentlichsten Faktors der europäischen und damit auch polnischen Geschichte, der hochadligen Dynastie, ansehnlich beigetragen haben. Im nächsten Kapitel wird davon die Rede sein.

Die Einsicht in die neue Dynamik ist wichtiger als die, wenn man schon so sagen darf, staatsrechtliche Tatsache, daß im Jahr 1163 erstmals die direkte Tributabhängigkeit Schlesiens vom Kaiser fixiert worden ist. Blickt man voraus auf die sich seitdem nahezu konsequent vollziehende Positionsveränderung Schlesiens im ostmitteleuropäischen politischen System, so hätte dies ein erster Schritt sein können – aber zurückgelegt wurde er natürlich in Unkenntnis der folgenden Schritte. Bei weitem nicht jede der zahlreichen Tribut- und Lehnsabhängigkeiten, die das römisch-deutsche Reich in verschiedenen Himmelsrichtungen hat herbeiführen können, veränderte die politische Geographie wirklich. Im Fall von Schlesien handelte es sich wahrscheinlich nur um die regionale Bekräftigung der ohnehin bestehenden gesamtpolnischen Tributärabhängigkeit, nicht um eine spezielle territoriale Absicht oder gar Zuwachsperspektive.

Boleslaus I., der Lange (1163–1201), und Miesko (1163–1211) teilten Schlesien, jener zuerst offenbar auch im Namen des für eine geistliche Karriere bestimmten und daher in Fulda zurückbleibenden, bald auch verstorbenen Bruders Konrad. Die Teilung fiel zugunsten des Erstgenannten aus. Für Miesko verblieb nur das Gebiet um Ratibor und Teschen. Erst nach dem Tod des Älteren erweiterte er seine Herrschaft gewaltsam um Oppeln und das Umland. Da nicht viel später, nämlich 1220, das Erbrecht zwischen beiden Linien vertraglich ausgeschlossen wurde, war die kommende politische Zweiteilung Schlesiens fixiert. Währenddessen hatte die Zeit, die der Senioratsverfassung zugemessen war, ihr Ende gefunden, wie im vorausgegangenen Abschnitt erwähnt. Im Jahr 1202 zerfiel Polen in eigenständige Fürstentümer, von denen eines das nun schon »brüderlich« geteilte Schlesien gewesen ist.

Eine neue Phase in der Geschichte des Oderlandes, diejenige der Unabhängigkeit freilich im Angesicht starker Nachbarn, hatte begonnen. Als 1320 eine polnische Monarchie mit Zukunft errichtet wurde, war Schlesien nicht dabei. Bis dahin hat es sich zeigen müssen, ob die nun erstmals gebotene Chance wahrgenommen worden ist, eine neuartige Dynamik aus sich selbst heraus zu entfalten und zugleich die ererbten materiellen Schwächen des Landes, von denen noch zu sprechen sein wird, zu beseitigen.

Das ländliche Milieu der slawischen Zeit Schlesiens unterschied sich, soweit man sieht, nicht wesentlich von den schon skizzierten Lebensbedingungen der Polen im engeren Sinn aus derselben Periode. Es bestand wohl ungeregelte Feldgraswirtschaft. Das heißt, daß der Acker – gewöhnlich den ungleichmäßig im Gelände angelegten Blockfluren zugehörig – eine Anzahl von Jahren für den Getreidebau herangezogen wurde. Der gesunkene Ertrag gab dann dazu Anlaß, das Feld längere Zeit als Grasland oder Brache zu belassen. Gemarkungen, überhaupt systematisch vermessenes Land, existierten nicht. Die vornehmlich bewohnten Weiler lassen sich im Landschaftsbild – im Vergleich zu den kommenden deutschen Siedlungen – als sehr klein erkennen. Die Verbreitung des Waldes sieht man in Schlesien bis in das 13. Jahrhundert hinein als beträchtlich an. Im Extremfall handelte es sich, wie zwischen den Kernräumen des Oderlandes und denjenigen von Böhmen und Mähren, um eine Zone von siebzig bis achtzig Kilometern Breite.

Die bäuerliche Produktion entsprach dem akuten Bedarf der landbebauenden Familien und den Abgaben und war nicht für einen Markt bestimmt. Die lokalen Gesellschaften genügten sich selbst, überregionaler Austausch bestand nur für Luxuswaren der ganz kleinen gehobenen Gruppen aus Adel und Kirche. Die Bauern waren unfrei; »liberi« waren wohl kleine Adlige und Kämpfer, nicht Landleute. Ein Besitzrecht von diesen am Boden gab es nicht und schon gar nicht irgendeine Spur von einem genossenschaftlichen Mitgestalten der bäuerlichen oder nichtbäuerlichen Belange, wie es in den altdeutschen Landschaften herangewachsen war.

Ein Kreis hervorgehobener Familien scheint die fürstlichen Ämter bekleidet zu haben. Die alte Gauorganisation ist nach dem 11. Jahrhundert nicht mehr bezeugt. Die neuen Kastellaneien als militärische, gerichtliche und abgabentechnische Bezirke sind die Hauptzeugnisse für den Erfolg der piastischen Durchdringung des Landes. Vermutlich wurden sie nach dem Vorbild der Burgwardverfassung der mitteldeutschen Markengebiete geformt. Nachgewiesen sind Kastellaneien seit dem 12. Jahrhundert, sie dürften in das 11. zurückreichen. Eine Liste freilich erst von 1255 nennt in Schlesien 22 Kastellaneien, dazu kamen noch die beiden zum Bistum Krakau zählenden Bezirke von Beuthen und Auschwitz. Den Mittelpunkt bildete jeweils eine Burganlage. Es waren Bereiche von etwa tausend bis zweitausend Quadratkilometern, die zunächst noch vielfach durch unbebautes Land voneinander getrennt waren. Für die bewohnten Gebiete handelte es sich um räumlich geschlossene »Verwaltungs«gebilde, das heißt, daß Kirchen- und Adelsgut nicht immun waren. Die Fürsten ernannten die Kastellane als ihre Vertreter und beriefen sie gegebenenfalls ab, gewiß war ihre Loyalität durch das adlige Familieninteresse begrenzt. Ein Drittel der Abgaben verblieb ihnen. Die deutsche Siedlung wird die Kastellaneibezirke, wie noch zu erörtern sein wird, rasch durch die neue, von den künftigen Städten ausgehende Weichbildverfassung ersetzen.

Die Frage nach den nichtagrarischen Siedlungen in Polen und Schlesien, also nach den »Städten« vor dem Beginn des Städtewesens europäischen Typs auch in diesen Landschaften, gehörte zu den zwischen polnischen und deutschen Historikern leidenschaftlich umstrittenen Themen.[23] Heute zeichnet sich eine Annäherung ab. Sie bestätigt im wesentlichen die deutsch-westeuropäische Grundauffassung von der nicht evolutionär, sondern revolutionär entstandenen, das heißt als Import aus dem Westen neu eingepflanzten dynamischen Bürgerstadt. Dies ist schon sprachlich dadurch klargelegt, daß dem alten Zustand das Wort *gorod, hrad* (Burg), dem neuen scharf getrennt davon das Wort *miasto, město* (Stadt) entspricht. Es gab keine direkte topographische, demographische, soziale, verfassungstechnisch-rechtliche und nur teilweise eine wirtschaftliche Kontinuität. Spricht man daher wie hier vom Zustand vor dem 13. Jahrhundert, so ist von nichtagrarischen Mittelpunkten zu reden.

Diese Punkte hat es wie überall in urtümlichen Gebieten auch in Schlesien gegeben. Weil sie verständlicherweise günstig gelegene Plätze bevorzugten, die nicht in beliebig großer Zahl verfügbar sind, liegen alte nichtagrarische Siedlung und neue Stadt nicht selten nahe beieinander. Das heißt, sie konnten praktisch aufeinander folgen, ohne daß die eine die andere, wie im nächsten Kapitel dargelegt wird, im Sinne der gerade erwähnten Eigenschaften fortsetzte. Es gab natürlich auch ganz neue Standorte »aus wilder Wurzel« für die Städte und es gab solche nichtagrarischen Siedlungen, die ohne Nachfolge geblieben sind.

Breslau und Oppeln können als Hauptbeispiele der Abfolge von Alt und Neu gelten – mit ihrer hervorragenden Lage an Oderübergängen und zugleich an Kreuzungen wichtiger Fernwege; anderswo, wie in Schweidnitz, bleibt der Tatbestand einer slawischen Vorgängersiedlung ungewiß oder umstritten.[24] Hervorzuheben ist, daß in der Vor- und Nachkriegszeit ein Stück der Vorsiedlung von Oppeln ausgegraben wurde, ohne daß man alle Rätsel dieses Platzes hätte lösen können. Auf fünfhundert bis tausend Menschen beläuft sich hier die Schätzung für 0,5 bis 0,7 Hektar Fläche, wohl als Kriegersiedlung zu deuten. Die Struktur solcher Plätze kann man als prinzipiell zweiteilig beschreiben. Einer Herrenburg, die in Oppeln nicht ausgegraben wurde, stand ein abermals befestigtes, eben das freigelegte »Suburbium« für Adlige, Kämpfer, Diener und Hörige, manchmal auch für fremde Händler gegenüber, mit fließendem Übergang zur dörflichen Lebensführung in offenen Siedlungsformen. Hier waren unfreie Dienstleute für den Bedarf des Herrn und seiner Kämpfer verfügbar. Diese Dienstleute unterschieden sich sozial nicht von jenen, die Weiler oder Einzelhöfe bewohnten, und hatten keinen Einfluß auf die Gestaltung ihres Wohnplatzes. Falls es einen Markt gegeben hat, so führte von der erst spät belegten Marktfreiheit kein Weg zur kommenden Stadtfreiheit. Herrschaftliche Intensivierung, die nicht selten mit Hilfe einer recht unzeitgemäßen Vorstellung von »Staats«gewalt überschätzt worden ist, hat sich auf die Burg, nicht auf ihre Nachbarschaft bezogen.

Gegenüber mancherlei Einzelheiten solcher nichtagrarischen Siedlungen der Slawenzeit gibt es weiterhin offene Fragen oder Meinungsunterschiede. Es besteht die Gefahr, daß sie unklar machen könnten, worin das Wesentliche der kommenden Neuerung bestand. Man mag sich dies am Beispiel des Handwerks kurz verdeutlichen. Handwerk in der entwickelten dynamischen Bürgerstadt meint die hauptberufliche Tätigkeit in einem mehr oder weniger spezialisierten manuellen Bereich, für den man längere Zeit ausgebildet und dann geprüft worden ist, meint das Arbeiten nach eigenem Urteil, auf eigene Rechnung und Gefahr für einen geregelten städtischen Markt, meint das Eigentum des Handwerkers an seinem Haus und an den wesentlichen Produktionsmitteln, meint das nötige Produktionskapital, zünftische Organisationsform und Anteil an der Stadtregierung. In den älteren Verhältnissen hat es all dies nicht im mindesten gegeben. Man hat dort, in der Regel »nebenberuflich«, den handwerklichen Bedürfnissen im Hause abzuhelfen gesucht. Das war in ganz Europa im agrarischen Bereich gang und gäbe; solche Hauswirtschaft ist aber – wie die Funde auch technisch aussehen mögen – im »modernen« Sinn kein Handwerk. Zum anderen hat man in der Vorburg und in umliegenden offenen Siedlungen ein »Diensthandwerk« unfreier Leute für den Bedarf von Herrschaft und Gefolge, jedenfalls an Herrensitzen, nach den Funden mit Recht vertreten gesehen. Mögen die technischen Qualitäten abermals ansehnlich sein – auch von hier führte kein Weg zum freien städtischen Handwerk, wie es gerade beschrieben wurde. Man wird also gegenüber den Bodenfunden, durch welche eine nichtagrarische

Siedlung beinahe allein nachgewiesen wird, die aber eben sozialgeschichtlich »neutral« sind, die sozialen Bedingungen bei der Entstehung der ergrabenen Produkte in ihrer fundamentalen Verschiedenheit zwischen West und Ost beachten müssen.

In der nichtagrarischen Siedlung lebte man unter einfachen wirtschaftlichen Verhältnissen. Bis in das 11. und 12. Jahrhundert ist die Ökonomie jener »Städte« nicht auf der Basis von Münzgeld, sondern gemäß der sogenannten Gewichtsgeldwirtschaft abgewickelt worden, wenn nicht ohnehin Naturalientauschverkehr bestand. Gewichtsgeldwirtschaft heißt, daß Münzen nur nach ihrem Silbergewicht und damit neben Hacksilber und neben Silberbarren in gleicher Weise wie diese mit der Waage zur Kenntnis genommen worden sind, also nicht als Geld im strengen Sinn. So hätte es dem Brauch entwickelter Gesellschaften entsprochen. Auch über die Quantitäten des Handels, erst recht wenn es um weite Entfernungen ging, sollte man skeptisch denken.

Die erste Welle der Europäisierung und Modernisierung ist auch nach Schlesien von Christentum und Kirche[25] gebracht worden. Es handelte sich hierbei schon am Anfang, wie dann das ganze Mittelalter hindurch, um Tatbestände von besonderer Bedeutung. Es ging um das geistliche und das geistige Leben, aber nicht weniger um Wirkungen auf fast alle anderen wesentlichen Lebensbereiche, auch auf diejenigen von Herrschaft und Politik.

Schlesien gehört zu den Ländern Europas, über deren Missionsgeschichte sehr wenig bekannt ist. Über Vermutungen im Gefolge der politischen Konstellation des 10. Jahrhunderts zwischen dem Ottonischen Reich, dem přemyslidischen Böhmen, dem – damals sehr schwachen – Papsttum und den heimischen Gewalten kommt man kaum hinaus. Sehr bezeichnend ist, daß der erste Breslauer Bischof vom Jahr 1000, als wie erwähnt die Diözese eingerichtet wurde, der schlesischen Kirche des Mittelalters unbekannt geblieben ist. Mehr als den Namen, Johannes, kennen wir auch heute nicht. Daß es sich um einen Schlesier gehandelt hat, ist am wenigsten wahrscheinlich. Zuvor war das Bistum Prag wenigstens links der Oder zuständig gewesen. Seit 1051 wußten die Fachleute von damals über die Breslauer Bischofsreihe Bescheid, nachdem ein neuer böhmischer oder gar heidnischer Zugriff bei wohl unbesetztem Hirtenamt vorüber war. Aber auch fortan erfährt man nur die Namen (bis zum Jahr 1111 Hieronymus, Johannes II. und Petrus), an die sich schwerlich weitreichende Kombinationen knüpfen lassen. Gemäß der polnischen Kirchenverfassung der Frühzeit dürften die Bischöfe vom Herzog eingesetzt worden sein. Einigermaßen selbständige Grundherrschaften der Kirche kann man sich vor dem 12. Jahrhundert nicht vorstellen. Wie das Bistum und wie die Christlichkeit innerhalb von diesem im einzelnen beschaffen waren – im allgemeinen zweifellos lange Zeit problematisch, kaum geordnet und von heidnischen Bräuchen durchsetzt –, bleibt der Vorstellungskraft überlassen.

Erst im 12. Jahrhundert bietet sich ein klareres Bild. Man kann ihm rückschauend entnehmen, daß die wenigen Kirchen im Land als sogenannte Großpfarreien dem herrschaftlichen Gefüge zugeordnet worden sind. Man darf sie zuerst in und bei Burgen annehmen. So wird die Kirche in Grätz die älteste des Golensizenlandes sein. Man beobachtet auch eine gewisse kirchliche Konzentration am Hauptsitz Breslau. Auf dem

Die Anfänge Breslaus lagen auf der späteren Dominsel, wo im 10. Jahrhundert eine Burganlage und der erste Dom entstanden. Unter dem aus dem Lütticher Bistum stammenden Bischof Walter (reg. 1149 bis 1169) wurde ein romanischer Dombau begonnen, der seit dem 13. Jahrhundert einem größeren Neubau in gotischem Stil weichen mußte. Man vermutet, daß die große Sandsteinfigur des Kirchenpatrons Johannes des Täufers einst das westliche Hauptportal des romanischen Doms geschmückt hat. Im 15. Jahrhundert wurde die Figur in die Domnordfassade eingefügt. Die heute dort befindliche Figur ist nur noch eine Replik dieses 1945 zerstörten Hauptwerkes schlesischer Romanik.

Land muß man sich die Gotteshäuser als Eigenkirchen des Grundherrn und die Kleriker als dessen Eigenleute vorstellen. Ihre Anzahl war gering. Der Protest dagegen, daß man bis zum Jahr 1200 nur 24 schlesische Kirchorte hat auffinden können[26] – es hätten eben viel mehr sein sollen –, ist nicht berechtigt. Vor 1203 wird kein Pfarrer erwähnt. In Breslau befand sich in der Herzogsburg auf der heutigen Dominsel im 10. Jahrhundert eine kleine Martinskirche aus Holz. Im Bereich der ebenfalls wallgeschirmten Vorburg wurde der erste, ebenfalls hölzerne Dom erbaut. Der Kirchenpatron Johannes der Täufer ist offenbar ein geschätzter Missionsheiliger gewesen, wie auch in Merseburg und Kammin. Zur ältesten Pfarrkirche Breslaus wurde die vom Bruder Peter Wlasts erbaute und von Bischof Siroslaus (1112–1120) geweihte St. Adalbertskirche. Die Kastellanei Ottmachau war von einem unbekannten Datum an die wirtschaftliche Grundlage des Bistums; dazu kam Streubesitz, etwa solcher um Militsch.[27]

Bischof Walter (1149–1169) scheint derjenige gewesen zu sein, der das recht abgelegene Bistum mit den Ergebnissen der im Westen längst erfolgreichen kirchlichen Freiheitsbewegung gegenüber der weltlichen Gewalt, mit der Notwendigkeit innerer Reformen, etwa im Hinblick auf die Priesterehe, und mit den Vorteilen organisatorischer Modernisierung bekannt gemacht hat. Die Erfahrung scheint zu lehren, daß die Peripherie sehr häufig verhältnismäßig »konservative« Gesamtsituationen hervorbringt. Walter hingegen stammte aus dem »modernen« Bistum Lüttich. Er wird daher gern als »Franzose« eingeordnet und von den Deutschen unterschieden, ungefähr in Parallele zum Breslauer »Wallonenviertel«, von dem noch die Rede sein wird. Zum Bistum Lüttich zählte aber Aachen, ein Mittelpunkt des Reiches und des »Staats«denkens Ottos des Großen und Friedrich Barbarossas, des Zeitgenossen Bischof Walters. Im Vergleich zur Herkunft vom Niederrhein, aus der am besten entfalteten Landschaft des nordalpinen Reiches, war die Beschaffenheit der Muttersprache, ob französisch oder deutsch, von geringem Belang. Statt dessen kommt es darauf an zu würdigen, daß endlich auch für Schlesien eine direkte Brücke vom »Älteren« zum »Jüngeren Europa« geschlagen wurde. Tatsächlich ist um 1150 das Breslauer Domkapitel erstmals nachweisbar, wenn auch in genauerer Untergliederung erst kurz vor der Jahrhundertwende. Man mag auch aus der damals ebenfalls verwirklichten Bindung des Bischofs an das Kapitel und aus dem Schrumpfen des herzoglichen Eigenkirchenrechts schließen, daß die Jahre Walters einen Modernisierungsschub erbracht haben.

Will man den Zustand eines mittelalterlichen Bistums beurteilen, so ist der Blick auf dessen Klosterwesen besonders hilfreich.[28] Die extreme Unterentwicklung Schlesiens in diesem Bereich bis zum Stichjahr 1200, wie sie etwa beim Vergleich mit Böhmen hervortritt, wird abgesehen von der europäischen Randlage vor allem zwei Ursachen haben: das problematische 11. Jahrhundert, das vom folgenden glücklicheren Säkulum nicht oder noch nicht hat ausgeglichen werden können, und die lang dauernde Herrscher- und Hofferne des Oderlandes. Klostergründung hat viel mit zwei Faktoren zu tun, die im Umkreis des Hofes am besten verfügbar waren, mit materiellen Ressourcen und mit aktuellen Informationen. Es war auch der hochmittelalterliche Normalfall, daß Klöster von den mächtigsten Herren im Land gegründet wurden, die sich auf diese

Weise überzeugend darstellten. Nicht normal und ebenfalls bedenklich war es im Hinblick auf das Ausmaß der verfügbaren Mittel, wenn man Ordenshäuser wie in Schlesien fast ebensooft »umwidmete«, wie man neue ins Leben rief.

Die beiden ältesten Klöster Schlesiens verdanken ihre Existenz beziehungsweise ihren Erfolg demselben Magnaten, dem schon erwähnten Peter Wlast. Wohl als erstes entstand die Benediktinerabtei St. Vinzenz auf dem Elbing vor Breslau am rechten Oderufer. Das Stiftungsdatum liegt vor 1138, vielleicht schon in den zwanziger Jahren. Die Mönche kamen aus Tyniec in Kleinpolen, das von Brauweiler bei Köln besiedelt worden war. In den Jahren 1181/93 wurden sie durch Prämonstratenser aus St. Lorenz bei Kalisch (Großpolen) ersetzt, einer Gründung von Steinfeld westlich von Bonn. Es meldet sich beide Male der linke Niederrhein zu Wort. Das Augustinerchorherrenstift am Zobtenberg, ebenfalls vor 1138 gegründet und mehr oder weniger vollendet, ist kurz vor 1149/50 auf die Breslauer Sandinsel verlegt worden (»Sandstift«). Um 1150 wurde in Leubus an der Oder von Herzog Boleslaus IV. ein zweites Benediktinerkloster geschaffen, dessen Mönche abermals dem Bistum Lüttich entstammten – wohl im Zusammenhang mit Bischof Walter. Die Gründung fiel nach der Rückkehr der vertriebenen Söhne von Herzog Wladislaus II. dem innerpiastischen Konflikt zum Opfer. Herzog Boleslaus der Lange setzte nämlich, nach Vorbereitungen wohl seit 1163, im Jahr 1175 Zisterzienser aus dem thüringischen Pforte ein, das ihm gewiß aus seinem deutschen Exil vertraut war. Das erste Nonnenkloster Schlesiens, Trebnitz, entstand erst nach der Jahrhundertwende, nämlich 1202, das erste Kollegiatstift, in Glogau errichtet, ist 1218 als bestehend bezeugt; es wird schwerlich in das 12. Jahrhundert zurückreichen.

Diese Bilanz – drei Konvente bis zum Jahr 1200 – scheint erstaunlich ärmlich und verspätet. Gegenüber Böhmen bedeutet sie ein Zurückbleiben von ungefähr anderthalb Jahrhunderten bei Mönchsklöstern und Stiftskirchen und von knapp 250 Jahren bei Nonnenkonventen. Dies war jedesmal ein Vielfaches der Verspätung bei der Bistumsgründung. Außerordentlich ist auch der quantitative Abstand beim ältesten Orden, dem der Benediktiner – zum Stichjahr 1150 gab es in Böhmen und Mähren mit 78 000 Quadratkilometern zehn Abteien und im Raum des heutigen Bayern mit 70 000 Quadratkilometern 56 –, aber ebenfalls bei Zisterziensern und Prämonstratensern, wenngleich sich bei den letzteren an der verringerten Zeitdistanz schon ein zaghaftes Aufholen andeutet. Den großen Anteil der »strukturellen« Benachteiligung infolge des Fehlens eines Hofes ersieht man zum Beispiel daran, daß die erste böhmische Adels-, also nicht Přemyslidengründung nur ungefähr ein Jahrzehnt früher liegt als die erste schlesische. Auch ist der Abstand Schlesiens zum přemyslidischen Nebenland Mähren deutlich geringer, obwohl dieses jedenfalls beim Klosterwesen von der »Vorkonjunktur« des 12. Jahrhunderts intensiver und früher erfaßt worden ist als das Oderland. Was hier anklingt, ist das allgemeinhistorisch Wichtigste, was die Klostergeschichte dieses Zeitalters bezeugt: Auch in Schlesien ging es schon am Ende der slawischen Zeit ein Stück weit aufwärts; das kommende große Jahrhundert kam nicht ganz unvorbereitet und weist demnach wohl auch heimische Wurzeln auf.

Das Kloster St. Vinzenz auf dem Breslauer Elbing rechts der Oder war eine Stiftung des Kastellans Peter Wlast etwa von 1100. Im Jahre 1529 ließ der zur Reformation übergegangene Breslauer Rat das Kloster aus Sorge vor einer türkischen Belagerung abreißen. Als einziges größeres Architekturelement der alten Vinzenzkirche blieb dieses fünf Meter hohe Säulenportal erhalten, das der Rat 1546 in die Stadtkirche zu Maria Magdalena einfügen ließ.

Noch zu Lebzeiten Peter Wlasts († 1153) wurde das von ihm auf dem Zobtenberg gegründete Augustinerchorherrenstift 1149/50 auf die Breslauer Sandinsel verlegt. Bald danach begann man hier mit dem Bau einer Marienkirche, wobei die Gemahlin Wlasts und sein Sohn Swentoslaus als Stifter hervortraten. Durch das wohl aus dem Jahre 1170 stammende Stiftertympanon mit einer Weiheinschrift an die Jungfrau Maria kann man einen Eindruck von der ersten, zweitürmigen Marienkirche »auf dem Sand« gewinnen. Aus Pietät gegenüber den Stiftern übernahmen die Mönche im 14. Jahrhundert dieses Kunstwerk auch in den gotischen Neubau der Sandkirche. Das Bild zeigt die thronende Gottesmutter zwischen der Gräfin Maria Wlast links und dem betenden Grafen Swentoslaus rechts.

In dieselbe Richtung deuten die Ergebnisse der kunsthistorischen Forschung. Der romanische Kirchenbau in Stein begann, abgesehen von der Rundkirche in Teschen, die im 10. Jahrhundert wohl nach Prager Vorbild entstanden war, ziemlich genau in der Mitte des 12. Jahrhunderts. Er war wesentlich teurer und künstlerisch anspruchsvoller als die vorausgegangenen Holzkonstruktionen. Rasch hintereinander betraf dies in und bei Breslau St. Vinzenz, die Sandkirche und den neuen, vermutlich dritten Dombau.[29]

Will man nicht annehmen, daß außergewöhnlich viel an schriftlichen Zeugnissen des schlesischen Hochmittelalters unglücklich verlorengegangen ist, was man ohne sehr gute Begründung nicht vermuten sollte, so bezeugt der Mangel an Quellen historischer Selbstvergewisserung aus dem 11. und 12. Jahrhundert ein letztes Mal die Lage des Landes an der Peripherie, bevor sich eine neue Zeit einstellte. Seltene, bescheidene und wissenschaftlich umstrittene Spuren von Aufzeichnungen allein über die ältere Vergangenheit der Kirche lassen sich indirekt aus Texten der zweiten Hälfte des 13. Jahrhunderts erschließen. Erst aus dem Jahr 1149 stammt die älteste in Schlesien ausgestellte Urkunde, bis Jahresende 1201 sind nur insgesamt neun solcher Urkunden erhalten.[30]

DEUTSCHE IN POLEN UND SCHLESIEN IM HOCHMITTELALTER

Die Geschichte der Deutschen in Schlesien vor dem 13. Jahrhundert oder besser vor dem Beginn dieses »langen« Jahrhunderts schon in den letzten Jahren des vorhergehenden ist die Geschichte der Ankunft sehr kleiner Gruppen und des Verbleibens von noch kleineren; es ist keine ausführliche Geschichte.[31] Man erkennt dies auch daran, daß der umgekehrten Bewegungsrichtung, der Reise von Schlesiern nach Deutschland, sei es unfreiwillig ins Exil oder aus freien Stücken zur Ausbildung, kaum geringere Bedeutung zukommt. Schließlich war ganz Polen, insoweit es mit dem Oderland verflochten war, eine dritte Bühne der Begegnung von Schlesiern und Deutschen. Betroffen waren vor allem die kleinen Führungsgruppen. Verhältnismäßig urtümliche Gesellschaften, wie sie zunächst beiderseits des Grenzsaums und dann weiterhin beim östlichen Partner bestanden, genügten für die große Mehrheit der Beteiligten sich selbst und bedurften kaum des Kontakts mit dem Nachbarn. Es ging also um einzelne Personen, noch nicht um ein ganzes Land. Sicherlich sind die Kontakte der Deutschen mit Böhmen und Mähren infolge der geographischen Lage und der Reichszugehörigkeit der beiden Länder wesentlich enger und vielfältiger gewesen. Bevor Anlaß besteht, auf Siedlungsvorgänge zu sprechen zu kommen, gab es im wesentlichen drei Orte der Begegnung: den Fürstenhof, die Kirche sowie die Kaufmannschaft und das Gewerbe.

Weil die überlieferten Zeugnisse durchaus zufälligen Charakter tragen, ist hier das Nachdenken über Proportionen besonders wichtig. Gewiß kann man dabei nur eines Tatbestandes sein: Der Vorsprung des »Älteren Europa«, der im »Jüngeren Europa« Ausgleichsprozesse zunächst nur in der unmittelbaren Nachbarschaft ausgelöst hatte, brachte die Überlegenheit des westlichen Partners gegenüber dem entfernten östlichen in den allermeisten wichtigen Belangen jener drei Begegnungsfelder mit sich: das Moderne kam aus dem Westen. Als ein anderes Motiv von allgemeiner Bedeutung kann der auch im Umkreis der schlesischen Geschichte schon mehrfach beobachtete Wettbewerb der großen Dynastien gelten. Wollte man konkurrenzfähig bleiben, mußte man sich auf jeden Fall nach Westen orientieren, ob am Heiratsmarkt oder in der Adelsmode. Diese Orientierung war an der Oder noch eine weithin unproblematische Angelegenheit, denn der in Prag aus dem sich bedroht fühlenden kirchlichen Milieu schon im frühen 12. Jahrhundert formulierte Protest gegen »Überfremdung« fehlte in Schlesien bis weit über das Jahrhundertende hinaus gänzlich.

Solange in Breslau, Oppeln und anderswo noch keine Fürstenhöfe bestanden oder solange sie, wie kurz vor 1200, nur undeutlich in Erscheinung treten, darf man diese später so wichtige »Plattform« vorläufig außer acht lassen; davon wird für die Folgezeit ausführlich die Rede sein. Sehr schwache Spuren deutscher Adelseinwanderung, sicherlich ganz vereinzelter, kann man nach der Mitte des 12. Jahrhunderts erkennen.[32] Normalerweise war die Kirche eine der beiden frühen Haupteintrittspforten in das östliche Mitteleuropa. Dies betraf am wenigsten die Landgeistlichen und kaum auch jene Adligen, die sich in den Domkapiteln sammelten. Bischöfe hingegen und vor allem Klosterkonvente sind die klassischen Fälle des Imports. Ein Kirchenführer von weither, aus welchem Grund auch immer vom einheimischen Fürsten berufen, konnte nur dann hoffen, sich im Amt durchzusetzen, wenn er eine »familia«, ein Gefolge aus Getreuen, normalerweise von Verwandten und Landsleuten, mit sich führte, die das schwache Autoritätsgefüge durch ihren persönlichen Einsatz stützten. Um solches zu erkennen, braucht man freilich ein Mindestmaß von Einblick in die kirchliche Organisation, das die schlesische Überlieferung noch verweigert. Jüngere, reformfreudige Orden, wie sie auch im Osten beliebt wurden, waren in der Regel durch die straffe Leitung des auswärtigen, also westlichen Mutterklosters gekennzeichnet. Dies bot eine oft generationenlang genutzte Eingangstür für den »Personaltransfer« aus dem Mutterland. Solches mag man auch für die schlesischen Klöster des 12. Jahrhunderts annehmen, doch kann man es abermals nicht nachweisen.

Zwangsläufig genauso »frühe«, vielleicht etwas aufschlußreichere Verhältnisse trifft man im Bereich der Wirtschaft an. Noch bevor es die Stadt Breslau gab, als jedoch längst die bedeutende nichtagrarische Siedlung dieses Namens bestand, kann man die Niederlassung einer Gruppe wallonischer Weber vielleicht unter vornehmer Führung, wieder in der zweiten Hälfte des 12. Jahrhunderts, beobachten: in der späteren Walgasse (Platea Gallica).[33] Man ersieht daraus etwas recht Wichtiges: Die Deutschen, die so viel mit der zweiten Europäisierung Schlesiens zu tun hatten, waren bei dieser Entwicklung nicht unbedingt die ersten, wenn auch bald die zahlenmäßig weitaus wichtigsten. Angesichts des oben schon Erwähnten kann man hinzusetzen: politisch Deutsche konnten ohne weiteres auch französisch (»welsch«) sprechen. Ob es diese oder jene Sprache war, hat für die Zukunft Schlesiens keine Rolle gespielt. In Breslau wird jedenfalls wie in Brünn und anderswo ein entwicklungsgeschichtlich bemerkenswerter Tatbestand vor Augen geführt: die »Reichromanen« oder auch solche, die in dem zwischen dem Kaiser und dem französischen König geteilten Flandern zufällig auf der westlichen Seite geboren waren, haben einen klar erkennbaren, wenn auch nicht auf Dauer behaupteten zeitlichen Vorsprung vor den deutschsprachigen Deutschen besessen. Kenner beziffern zum Beispiel das Gefälle zwischen Flandern und seinem östlichen Nachbarn Brabant im späteren Mittelalter für den einen oder anderen wichtigen Sachbereich auf etwa ein halbes Jahrhundert. Solche Unterschiede haben sich verständlicherweise auch weit im Osten ausgewirkt, jedenfalls für eine bestimmte Zeit.

Ehe noch von der großen Siedlungswelle, von der tiefgreifenden Verwandlung Schlesiens und damit von je einem nach nationalem Standpunkt verschieden bewerteten Phänomen weit höherer Brisanz die Rede ist, mag die Einsicht in die sehr weite Verbreitung von derartigen Entwicklungsunterschieden entspannend wirken. Vermutlich hat es sie überall in Europa gegeben. Es verflochten sich offenbar auch hier fast Unwiderstehliches, für die Zeitgenossen geradezu Schicksalhaftes, wofür man niemanden verantwortlich machen kann, und die Folgen persönlicher Entscheidungen, die auch ganz anders hätten ausfallen können. Die Verflechtung von beidem macht die Geschichte aus.

Verwandlung und Europäisierung: Das selbständige Schlesien (1202–1327/39)

POLITISCHE VERHÄLTNISSE

Das Jahr 1202 brachte mit dem Erlöschen der Senioratsverfassung das vorläufige Ende des polnischen Herrschaftsverbandes mit sich, dem sich innenpolitisch zu viele Kräfte in den Weg gestellt hatten. Damit ist das Abbrechen jener Art von Staatlichkeit bezeichnet, auf die sich heute die europäischen Nationen mit langer Geschichte für das Hochmittelalter zu berufen pflegen. Was weiterhin hätte zusammenhalten können – ein gemeinschaftliches Handeln der piastischen Teilherrscher aufgrund ihrer nahen Verwandtschaft, der hierarchische Verband der Kirchenprovinz Gnesen, Adelsgruppen mit übergreifenden Interessen –, kann weder nach Qualität noch nach Quantität als Äquivalent von Staatlichkeit gelten. Erst recht hat kein Ersatzmittel Bestand, wenn man den europäischen Vergleich heranzieht: Eine so katastrophale Krise war ein Unikum auf dem Kontinent.

Es ist schon erwähnt worden, daß man ein »staatliches« Zusammengehörigkeitsbewußtsein der Polen bis zum Ende des 12. Jahrhunderts nicht auffindet. Dies schließt nicht aus, daß sich Derartiges bei entsprechend Interessierten in der Zukunft entwickeln mochte, selbst in einem Zeitalter ohne herrschaftliche Einheit. Doch bestehen auch hier Schwierigkeiten. Der weiterhin gebrauchte Polonia-Begriff mit seinen unterschiedlichen Bedeutungen, von der quasiantiken Regionsbezeichnung – ähnlich geographisch akzentuiert wie Gallia oder Germania – bis zum auswärtigen Anspruchstitel bei den Königen von Böhmen, genügt als Beleg nicht. Man wird allein eindeutig bezeugte dauerhafte Institutionen als beweiskräftig ansehen.[34]

Das 13. Jahrhundert hat in der Überlieferung wesentlich schärfere Konturen als seine Vorgänger.[35] Dieses Faktum zeugt schon für sich allein davon, daß ein Zeitalter begonnen hatte, das sich von den vorausgegangenen Perioden abhebt. Die Hauptursachen und Hauptinhalte jenes fundamentalen Umschwungs im schlesischen »langen 13. Jahrhundert«, wovon der Zuwachs an Nachrichten als ein erstes Moment kündet, waren nichtpolitischer Art. Oder präziser formuliert: Das Neue ist zwar durch Entscheidungen von Landesherren, die man politisch nennen wird, auf den Weg gebracht worden. Dann aber hat es sehr rasch eine unwiderstehliche Eigengesetzlichkeit entfaltet, die von langfristig wirkenden und breitgelagerten Kräften europäischen Maßstabs getragen worden ist. Dieses Thema ist gewiß das wichtigste. Gleichwohl hat man wegen jenes Anstoßes der Landesherren zuerst die politischen Verhältnisse darzulegen, die auch weiterhin den äußeren Rahmen und die maßgebliche Legitimierung des nichtpolitischen Geschehens angeboten haben. Kern und Fülle jener »Verwandlung und Europäisierung«, wie es in der Kapitelüberschrift heißt, in dem Jahrhundert, das man das wichtigste der schlesischen Vergangenheit nennen wird, gehören aber der Bevölkerungsgeschichte und der Sozial- und Wirtschaftsgeschichte an, wovon in den folgenden Abschnitten berichtet werden wird.

Wodurch haben sich die schlesischen Piasten[36] am deutlichsten von ihren Verwandten im Norden und Osten und von dem seit 1320 wieder – nun ohne Schlesien – staatlich vereinten Polen eines piastischen Königs unterschieden? Zum ersten haben sie sich familienrechtlich extremer verhalten als ihre Nachbarn. Sie haben am intensivsten geteilt. Weil bei einer herrschenden Familie von damals privates und öffentliches Recht nicht unterscheidbar sind, traten gewichtige Folgen für die politische Landkarte Schlesiens ein. Diese sah bald noch viel kleinteiliger aus als die gleichzeitigen Landkarten Großpolens oder Kujawiens. Durch die neue Vielgliedrigkeit sind Landesstruktur und Kultur Schlesiens für lange Zeit geprägt worden.

Zum zweiten vermochten sich die schlesischen Piasten nun gegenüber ihren Nachbarn in größerer Variationsbreite zu orientieren und zu verhalten. An die Stelle des einseitigen, entwicklungsgeschichtlich wenig fruchtbaren Eingespanntseins in die Konfrontation von Herzog oder Senior von Groß- oder Kleinpolen einerseits und dem Herzog von Böhmen andererseits trat ein mehrteiliges System. Dies galt besonders für die Siedlungs- und Entwicklungsgeschichte. Immer wichtiger wurde für diese die vor allem durch die Mark Meißen und andere Wettiner Lande vermittelte Begegnung mit dem Westen, das heißt mit den deutsch gewordenen Räumen des mittleren Neusiedellandes nördlich der böhmischen Grenze und durch dieses hindurch mit dem Altsiedelland. Der Niederrhein, die modernste deutsche Landschaft mit ihrer Offenheit hin zur noch moderneren Romania, entfaltete trotz der großen Entfernung die stärkste Anziehungskraft. Daß diese Kraft schon ein halbes Jahrhundert zuvor für Schlesien eine Rolle hatte spielen können, ist am Schicksal der Breslauer Bischofskirche und der ältesten Klöster gezeigt worden. Es sprach alles dafür, daß die schlesischen Piasten in ähnlicher Weise nach Westen blicken würden, aus persönlichen Gründen der Verschwägerung und Verwandtschaft und aus persönlicher Landeskenntnis sowie noch mehr aus überpersönlichen Motiven. Auch in das sich hinter Böhmen erstreckende, recht gut entwickelte südliche und südwestliche Deutschland mochte man versuchen, vorerst dynastische Brücken zu schlagen.

Damit sich die Anfänge des breitgelagerten Phänomens der deutschen Ostsiedlung zutreffend beurteilen lassen, muß man dieses im konkreten Handeln der Zeitgenossen verankern. Die Ostsiedlung, das wichtigste allgemeinhistorische Geschehen des Jahrhunderts in der Mitte Europas, war verankert in der Existenzfrage der wichtigsten politischen Kräfte des Zeitalters im Osten Europas, der Dynastien. Das erste Motiv dynastischen Handelns war auch im 13. Jahrhundert die Selbstbehauptung, das heißt das Streben nach Konkurrenzfähigkeit im Vergleich zu den Dynastien der Nachbarschaft mit Hilfe der jeweils besten zeitgenössischen Mittel und Wege.

Im 13. Jahrhundert meinten Selbstbehauptung und Konkurrenzfähigkeit vor allem das Erkennen und Übernehmen jener explosiven Neuerung, die die Landesherrschaft und ihre Einkünfte radikal zu modernisieren versprach. Es war die explosive Ausweitung von Landesentwicklung und Landesentfaltung. Sie hatte zwischen Elbe und Oder

Das piastische Herrscherhaus teilte sich früh in zahlreiche konkurrierende schlesische Linien und verlor dadurch an politischer Macht. Diese Entwicklung verhinderte auch, daß es in Schlesien zur Tradition einer gemeinsamen Grablege aller Piasten kommen konnte. Ihre Gräber finden sich daher in verschiedenen Residenzorten und Kirchen des Landes. Erst nach dem Erlöschen der Piasten in Schlesien und lange nach dem Aussterben der Schweidnitzer »Bolkonen« im 14. Jahrhundert errichteten die Grüssauer Zisterzienser seit 1738 über den Gräbern ihrer piastischen Stifter eine Fürstengruft. Sie wurde der prunkvollste »Ruhmestempel« der Piasten in Schlesien.

etwa in der Mitte des 12. Jahrhunderts nach älteren Vorbildern eingesetzt. Was im Süden und Westen des Kontinents, auch im Rheinland, besonders im früheren 12. Jahrhundert und schon davor vorgefallen war: der »Aufbruch Europas«, das sollte an der Oder wie auch in Böhmen und Mähren zu einer Sache vor allem des 13. Jahrhunderts werden. Es gab hier einige Vorläufer im 12. und einen lange nachwirkenden Ausklang im 14. Jahrhundert, bis 1350 oder gar noch länger. Im Westen hingegen hatte die große Krise, die überall auf die große Konjunktur folgte, bald nach 1300 begonnen, in Spanien sogar schon vor 1300.[37]

Es war ein Zufall, daß diese Summe von Prozessen so außerordentlichen Gewichts, die nur mit der Christianisierung und mit der Industrialisierung Europas verglichen werden können, zeitlich zusammenfiel mit jener kurzen Periode der politischen Selbständigkeit Schlesiens zwischen Polen und Deutschland, die nun zu beschreiben ist. Dieser Zufall hat neben anderen speziellen Momenten des großen Jahrhunderts die schlesische Geschichte individualisiert. So ist diese Geschichte Ausdruck, sogar – wie wir noch sehen werden – beispielhafter Ausdruck von allgemeinen Bewegungen kontinentalen Ausmaßes und zugleich geprägt von solchen Vorgängen, die das besondere, unverwechselbare Gesicht des Landes kennzeichnen. Man mag bemängeln, daß das Zeitalter der Selbständigkeit machtpolitisch und »außenpolitisch« beurteilt eine problematische Phase gewesen ist. Denn bald waren fast alle Nachbarn stärker als die schlesischen Piasten. Aber immerhin bot sich etwas mehr Vielfalt in der Wahl der Partner als zuvor. Davon hat man auch Gebrauch gemacht.

Boleslaus I. von Breslau und Miesko von Ratibor standen, wie erwähnt, seit 1172 am Anfang der dynastischen, im Jahr 1202 befestigten Teilung des Landes in »Niederschlesien« einerseits und »Oberschlesien« andererseits. Beide Landschaften sind damals noch nicht so bezeichnet worden. Politisch zu beachten ist in erster Linie das »niedere« Schlesien. In das erste Halbjahrhundert seiner eigenständigen Geschichte gehören die drei wichtigsten Einzelereignisse des ganzen Zeitalters der schlesischen Selbständigkeit: die Regierung Herzog Heinrichs I. von Breslau, des »Bärtigen« (1201 bis 1238), der bedeutendsten Herrschergestalt, die das Land im Mittelalter hervorgebracht hat, sodann das Wirken und die Nachwirkung seiner Gemahlin, der heiligen Hedwig († 1243), und schließlich im Jahr 1241 der Einfall der Mongolen; er hat in der Schlacht von Wahlstatt bei Liegnitz seinen katastrophalen Höhepunkt gefunden.

Herzog Heinrich[38] verkörpert zwei bedeutungsvolle Themenbereiche des schlesischen Mittelalters in exemplarischer Weise. Er hat nach dem Vorbild des Vaters die Modernisierung einer Landesherrschaft des Oderlandes durch Siedlung und Entwicklung so intensiv auf den Weg gebracht, daß diese zum Schicksal ganz Schlesiens geworden sind. Das Breslauer Land war immer die entscheidende Mitte. Von diesem Tatbestand wird oft die Rede sein. Kaum minder bemerkenswert ist Heinrich aufgrund seiner »Außenpolitik«. Sie zielte nachdrücklich ab auf die Vorherrschaft im polnischen Raum und hätte wohl bei dauerhafter Nachwirkung das Schicksal Schlesiens verändert. Schlesien wäre nämlich im polnischen Raum verblieben oder gar, bei entsprechender ökonomischer Überlegenheit, zu dessen Mitte, möglicherweise zu einer später wieder institutionalisierten Mitte, geworden. So widmete Heinrich dem Kampf um Krakau, dem seit kurzem herkömmlich gewordenen »Vorort« des Landes, zehn Jahre seines Lebens (1227–1238) und konnte die Stadt tatsächlich dem Sohn übereignen. Auch hat Heinrich Großpolen bis zur Warthe samt dem Land Lebus und sogar Teile Brandenburgs an sich gebracht und in Oppeln und Sandomir vormundschaftlich geherrscht. Irgendeine gesamtpolnische Institution hat er aber nicht geschaffen, es ging ihm offenkundig um Machtpolitik gegenüber konkurrierenden Machtträgern in der erreichbaren Nachbarschaft.

Am interessantesten ist es, beide großen Ziele Heinrichs gemeinsam zu betrachten. Dies führt zu dem Ergebnis, daß sein Einleiten und Durchsetzen der neuen Siedlung und Entwicklung mitnichten darauf abzielten, Schlesien in die deutsche Geschichte hineinzuführen, obwohl sein Hof wohl schon bald als doppelsprachig charakterisiert werden kann. Zu Unrecht hat der Autor der schlesischen Chronik am Hofe Herzog Heinrichs IV. (1270–1290) den Sohn Heinrichs I. († 1241) als pointierten Deutschen stilisiert. Es ging lange Zeit allein um Rang und Ehre der Dynastie. Ihnen zuliebe sollte Schlesien für den Konkurrenzkampf unter benachbarten Herren im polnischen Raum und darüber hinaus stark gemacht werden. Schlesien ist in der Tat langfristig stark gemacht worden – und damit ganz anders als bisher geworden, wenn auch stark gemacht in einem Milieu unterhalb der sich bald zum Partikular-Machtlosen hinwendenden politischen Lebensformen des Landes. Eben deshalb glitt Schlesien – gleichsam als Nebenwirkung – immer mehr an den Rand des vorerst im wesentlichen im alten Zustand verharrenden polnischen Raumes und schließlich über diesen Rand hinaus. Weder kann man dafür den Herzog im strengen Sinn und langfristig verantwortlich machen, noch sollte man ihm ein entsprechendes Verdienst zuschreiben. Er kannte die Zukunft nicht. Auch die politische Geographie führte sein Land nicht zwangsläufig dahin, wohin es wirklich geriet, wenngleich sie die entsprechende Möglichkeit stets offengehalten hat.

Die Herzogin Hedwig († 1243),[39] die Gemahlin Heinrichs I., gehört nach wie vor zu den populären deutschen und polnischen Heiligen und übt ihre Funktion als Patronin Schlesiens bis auf den heutigen Tag aus. Fromme Verehrung hat ihre spezifischen Wirkungen über Jahrhunderte hinweg und kann sich vom historischen Ausgangspunkt entfernen, den man in eher nüchterne Worte fassen wird. Die Beschreibung muß man mit der Feststellung beginnen, daß die Polen unter den jung christianisierten Völkern eine Sonderstellung einnahmen. Anders als die Böhmen oder Ungarn wiesen sie keinen Heiligen aus der Herrscherdynastie auf, der der Familie und dem Land hätte unmittelbar und einleuchtend beistehen können. Nur annähernd auf diesem Platz befanden sich seit 999 zugunsten Gnesens der heilige Adalbert, ein vornehmer Böhme, der bei den Prußen den Märtyrertod erlitten hatte, und zum Ruhm Krakaus seit 1253 der heilige Bischof Stanislaus. So war wie in der Politik eine Doppelpoligkeit auf vergleichsweise mittlerem sozialem und daher auch mittlerem politischen Niveau entstanden.

St. Hedwig, kanonisiert 1267, legte demgegenüber, als es notwendig wurde, auf sozial ranghöherer Ebene die Eigenständigkeit Schlesiens dar. Sie entstammte dem angesehenen bayerischen Adelsgeschlecht der Grafen von Andechs (südlich von München) und der Herzöge von Meranien (Land am Meer, etwa Istrien), den gleichrangigen Konkurrenten der Wittelsbacher bis zum frühen Aussterben im Mannesstamm im Jahre 1251. An Vornehmheit übertraf Hedwig die Piasten bei weitem. Abgesehen von der Stauferverwandtschaft und politischen Staufernähe der Familie waren ihre Schwestern Königinnen von Frankreich und von Ungarn, letztere die Mutter der heiligen Elisabeth. Hedwigs Mutter entstammte dem Haus Wettin. Es war also eine äußerst erfolgreiche Heirat Heinrichs, lange bevor die Andechser das Unglück traf, schuldlos der Mittäterschaft an der Ermordung des Stauferkönigs Philipp bezichtigt zu werden. Hedwig gebar ihrem Gemahl sieben Kinder. Am Lebensabend zog sie sich in das 1202 gegründete Zisterzienserinnenkloster Trebnitz bei Breslau zurück.

Hedwig gehörte der jüngeren Generation jener religiösen Frauenbewegung an, die bezeichnend ist für die neuen vertieften Frömmigkeitsformen des 13. Jahrhunderts. Ihr Urbild fand diese Bewegung, abgesehen von der Franziskusverehrung, in der heiligen Elisabeth von Marburg († 1231, kanonisiert 1235). Radikale Nachfolge Christi zum Wohl der Armen und Kranken, streng asketisches Leben, extreme Frömmigkeitsübungen und fehlende Rücksichtnahme auf höfische Regeln waren bezeichnende Eigenschaften. Zwar konnte der Hedwigskult Rang und Ausdehnung der Verehrung Elisabeths nicht erreichen, der der Kaiser selbst, Friedrich II., die Ehre gegeben hatte. Doch zeugen siebzig mittelalterliche Hedwigspatrozinien allein im Bistum Breslau und rege Wallfahrten aus dem Umland von ihrer Popularität, nicht zuletzt auch das Reliquieninteresse Kaiser Karls IV. Spätestens im 15. Jahrhundert war die Verehrung über das dynastische und klösterliche Milieu hinaus im schlesischen Bürgertum verankert.

Die meisten Nachrichten von St. Hedwig übermittelt die *Legenda maior* eines unbekannten Franziskaners von vor 1300, der allerdings über politische Aspekte nicht das mindeste mitteilt. Eine der kostbarsten deutschen Handschriften, der sogenannte Schlackenwerther Codex von 1353, heute im Getty-Museum in Malibu, Kalifornien, den der Nachfahre Herzog Ludwig von Brieg in Auftrag gegeben hatte, sammelte fast die ganze Überlieferung und schmückte sie mit 65 kostbaren Miniaturen. Es bot sich hier das offizöse Bild von der Hedwigsverehrung mehr als hundert Jahre nach ihrem Tod. Vier deutsche Übersetzungen der Legenda des 14. und 15. Jahrhunderts aus dem lateinischen Urtext in Österreich, Thüringen, Schwaben und schließlich Schlesien, dazu eine alttschechische Übertragung für Böhmen kennzeichnen den weiteren Umkreis des Interesses.

Mitten in das Zeitalter der Vormacht der Breslauer Herzöge in den piastischen Herrschaftsbereichen brach der Angriff der Mongolen im Jahr 1241.[40] Das um 1200 in Innerasien erstandene Reich des Steppenvolkes hatte wegen der militärischen Unwiderstehlichkeit seiner Reiterheere einen erstaunlichen Aufstieg genommen. Dschingis Khan hatte Teile Chinas, Turkestan und Persien erobert und drang seit 1222 in die Weiten des östlichsten Europa vor. Bis 1240 war Rußland unterworfen. Der nun sogleich folgende Angriff auf Ungarn sollte durch eine nördliche Flankenbewegung nach Polen, Mähren und Schlesien gedeckt werden. So traf eine Teilstreitmacht auf dem Weg über

Auschwitz, Ratibor und Breslau unweit von Liegnitz auf das um Groß- und wohl Kleinpolen sowie um Oberschlesier verstärkte Heer Herzog Heinrichs II. Der Kampf, über den glaubhafte Einzelheiten nicht vorliegen, endete in einer Katastrophe. Heinrich und viele mit ihm fielen in der Schlacht. Niemand mehr hätte standhalten können, wenn der militärische Auftrag anders gelautet hätte. So aber zogen sich die Mongolen auf einer zweiten Spur von Mord und Brand nach Südosten zurück.

Der Tod Herzog Heinrichs bezeichnet viel weniger einen Einschnitt in der Siedlungs- und Entwicklungsgeschichte Schlesiens – trotz aller Verwüstung – als einen Umschwung in seinem politischen Schicksal. Denn es gab fortan keine dauerhafte schlesische Vormachtstellung im polnischen Raum mehr. Herzog Heinrich IV. (1270–1290) hat zwar einen letzten Versuch unternommen, von dem noch zu sprechen sein wird, doch stand dieser schon ganz im Schatten Böhmens. Seit 1248/51 nämlich hatten die Söhne das Land in die neuen Herzogtümer Liegnitz, Glogau und das verkleinerte Breslau geteilt. Die darauf folgende Generation gliederte weiter auf, von Liegnitz stammten die Herzogtümer Löwenberg und Jauer her, von Glogau Sagan und Steinau. Die dritte Generation trennte Brieg von Breslau, Schweidnitz und Münsterberg von Löwenberg-Jauer und Oels von Glogau ab. Im Jahr 1281 wurde auch Oberschlesien zerlegt, und zwar in die Herzogtümer Oppeln, Cosel-Beuthen, Ratibor und Teschen. In der nächsten Generation entstanden aus Oppeln zusätzlich Falkenberg und Groß Strehlitz, aus Cosel-Beuthen erwuchsen Cosel, Beuthen und Tost, von Teschen sonderte sich Auschwitz ab. Als die Zeit weiter fortschritt, wurden die Veränderungen noch ein gutes Stück komplizierter, insofern auch Vereinigungen von Herzogtümern stattfanden und auswärtige Fürsten ebenso Anteile zu erwerben suchten wie schlesische Herzöge sich auswärts betätigten.[41] Hierbei gab es allerdings einen charakteristischen Unterschied: Im Hinblick auf Kleinpolen und Großpolen waren es gleichsam Zugriffe auf Gegenseitigkeit, gegenüber Böhmen gab es beinahe nur Einseitiges zu Lasten Schlesiens. So entsprach es der zeitgenössischen Kräftedifferenz und dem Entwicklungsunterschied. Dabei spielte es keine Rolle, ob es sich in Böhmen noch um die Dynastie der Přemysliden, die 1306 ausstarb, oder schon um das 1310 nachfolgende linksrheinische Haus Luxemburg gehandelt hat.

Der Punkt, an dem wir nun stehen, bezeichnet den Beginn jener Phase, in der die schlesische Selbständigkeit zugunsten Böhmens und des Reiches nach und nach beendet wurde. Hier sei kurz innegehalten, um Verwaltung und Kirchenpolitik der Herzöge des 13. Jahrhunderts zu charakterisieren. In der Hauptsache sind dabei zwei gegenläufige Tendenzen zu verzeichnen: Zum einen entsprach ganz deutlich, beinahe von Jahrzehnt zu Jahrzehnt, die Fortentwicklung des »Regierungsapparats« und der »Regierungstechnik« dem Weiterschreiten der Landesentfaltung im klaren Unterschied zur Stagnation des 12. Jahrhunderts. Bevölkerungsvermehrung, die Ausbreitung des Städtewesens, vermehrte Schriftlichkeit und andere Momente traten fördernd hervor. Demgegenüber stand die Zergliederung des Landes, die zum Bespiel für das Jahr 1327 sechzehn Einzelfürstentümer mit zum Teil ganz kleinen Territorien und sehr bescheidenen Antriebskräften hervorgebracht hat. Deutlich sind bei alledem die Führungsrolle des

Die Schlacht von Wahlstatt wurde in jedem Jahrhundert anders gesehen und interpretiert. Dieser vermutlich von Matthäus Merian geschaffene Stich aus einer Chronik von 1630 zeigt die siegreichen Tataren von 1241 als turbantragende Türken. Während ihr Anführer den Kopf des erschlagenen Herzogs Heinrich II. auf eine Lanze gespießt hat, schneiden die Sieger den getöteten Christen die Ohren ab. Der Künstler läßt die Schlacht von 1241 nicht etwa vor Liegnitz stattfinden, sondern verlegt sie vor das Panorama des brennenden Breslau. Die Stadtansicht und die davor mit Spießen kämpfenden Truppen entsprechen der Zeit des Dreißigjährigen Krieges. Vermutlich ist diese Parallelisierung des Mongolenkampfes von 1241 mit dem Glaubenskrieg der Gegenwart vom Künstler durchaus beabsichtigt.

Herzogtums Breslau, solange es bestand, nämlich bis 1335, und das Zurückbleiben Oberschlesiens, des etwas abseits gelegenen und von der deutschen Siedlung später und weniger gründlich erfaßten Raumes.[42]

Die schlesischen Herzöge haben wie andere Landesherren Europas zu regieren begonnen, indem sie von Burg zu Burg zogen, sich als Herren darstellten, persönlich nach dem Rechten sahen, mit dem Adel ins Gespräch kamen und die hier und dort gesammelten Vorräte aufzehrten. Nach und nach wird die Konzentration auf bevorzugte Plätze erkennbar, die schließlich den Namen »Residenz« verdienen. Der Weg zur Residenz[43] ist in Schlesien recht aufschlußreich. So tritt die Oder als entscheidende Kraftlinie hervor. In Glogau, Breslau, Oppeln und Ratibor hat man auf Flußinseln Sicherheit gesucht. Die älteste Breslauer Residenz liegt auf der heutigen Dominsel, bis dann im 12. Jahrhundert ein Neubau an die nichtagrarische Siedlung auf dem linken Ufer angelehnt wurde. Die ersten Steinbauten auf der Dominsel stammen von Heinrich I., wohl aus den zwanziger Jahren des 13. Jahrhunderts; ein Palas von 24 Metern Länge und zehn Metern Breite mit wohl zwei Obergeschossen ist ausgegraben. Die erste Burgkapelle, ein zweigeschossiger Zentralbau, dürfte von Heinrich II. herrühren. Der Palas der Residenz in Liegnitz, auf dem Boden der alten Kastellaneiburg, war noch großzügiger als der Breslauer. Unter Heinrich IV. hat man dann in Breslau neue Steinbauten errichtet, von denen die Burgkapelle in veränderter Form erhalten ist. In den herzoglichen Urkunden Niederschlesiens, deren Ausstellungsort angegeben ist, ist der Vorsprung Breslaus vor Glogau und Liegnitz gewaltig. Nach und nach wurden die schlesischen Residenzen wie überall durch Kollegiatstifte bereichert, in denen kleine Kollegien von Weltgeistlichen als »Beamtenreservoir« zur Verfügung stehen mochten, so in Glogau, Oppeln, Brieg und Breslau. Weniger an Residenzorten konzentriert als anderswo waren die piastischen Grablegen. Vielmehr wurden sie je nach individueller Vorliebe relativ weit verstreut, beginnend mit den angesehensten Klöstern wie Leubus, Trebnitz, Grüssau, Heinrichau und Rauden, aber auch in städtischen Stiften und in Bettelordenskirchen.

Das Zentrum der herzoglichen Regierung war der Hof, dessen Funktionieren leider wie üblich so gut wie unbekannt ist, weil er sich in der Reichweite mündlicher Befehle befand. Nur in schwachen Umrissen sind diejenigen herzoglichen Amtsträger erkennbar, die nicht im Zusammenhang mit schriftlichen Anweisungen tätig geworden sind: zeitweise Palatin, dann Oberkämmerer mit Kämmerern, Hofrichter, Münzmeister, Bannerträger, Schwertträger, Truchseß, Schenk und deren Untergebene. Auf Begegnungen mit den Baronen, später auch mit Rittern und Städtevertretern, die der Herzog einberief, sind offenbar die wichtigsten Landesangelegenheiten beraten worden. Schwerlich hat dabei ein gesichertes Mitspracherecht bestanden. Vielmehr muß man je nach der innenpolitischen Lage, die nachträglich kaum mehr rekonstruierbar ist, mit der unbestrittenen Exekution des herrscherlichen Willens oder eben auch mit dem kräftigen Einfluß außerhöfischer Kräfte rechnen.[44]

Am deutlichsten erkennbar ist die Kanzlei,[45] also die Schreibstube oder auch der Konzentrationspunkt schriftführender oder gar fachlich-juristisch ausgebildeter Perso-

Neben Breslau war Liegnitz die wichtigste und auch am längsten beanspruchte Residenz der schlesischen Piasten. Vieles spricht dafür, daß die Anfänge der steinernen Herzogsburg mit ihren Wehrtürmen, dem Palas und der Burgkapelle in die Zeit Herzog Heinrichs des Bärtigen (1201–1238) zurückreichen. Mit welchem Anspruch und in welcher Qualität hier gebaut wurde, haben die archäologischen Untersuchungen von 1963 ergeben: Der Zentralbau der zwölfeckigen Burgkapelle mit ihrem zweigeschossigen Umgang scheint auf Vorbilder wie die Templerkirche von Paris oder gar die Pfalzkapelle Karls des Großen in Aachen zu verweisen. Das um 1535 entstandene Aquarell mit der ältesten Ansicht der Residenzstadt vermittelt noch einen Eindruck vom spätmittelalterlichen Liegnitz.

nen, von denen die teilweise erhaltenen herzoglichen Urkunden und Briefe herrühren. Der Kanzler, der mit dem täglichen Kanzleibetrieb nur wenig zu tun gehabt zu haben scheint, war der erste Berater des Herzogs in den Fragen, die der üblichen, nichtschriftlichen Adelsbildung verschlossen waren und ihr mit wachsender Komplexität der Welt nicht vertrauter wurden. Der Kanzler, oft von ansehnlicher Geburt, konnte in der kirchlichen Hierarchie weiter aufsteigen. In der Kanzlei arbeiteten ein Protonotar und einige Notare. Gewißheit über eine anspruchsvolle Ausbildung, die bis nach der Mitte des 14. Jahrhunderts nur an ausländischen Universitäten, in Italien oder Frankreich, hätte genossen werden können, hat man für das 13. Jahrhundert nur in geringem Maß.

Die beste, wenn auch recht einseitige Auskunft gibt die Analyse der erhaltenen Urkunden.[46] Auf Urkunden gründet sich zum Beispiel die Feststellung vom Aufstieg des schlesischen 13. Jahrhunderts nahezu von Jahrzehnt zu Jahrzehnt, vom weiten Abstand zum 12. Jahrhundert und die Aussage vom großen Vorsprung des Fürstentums Breslau und vom beträchtlichen Rückstand Oberschlesiens, das noch am wenigsten von Siedlung und Entwicklung erfaßt war. Es ist beachtenswert, daß ein kursorischer Vergleich der Breslauer Urkundenausstellung nach 1200 mit derjenigen Böhmens oder westdeutscher Territorien von Rang quantitativ gesehen, was vorerst allein meßbar ist, keinen so großen Abstand aufweist, wie man eigentlich erwarten müßte. Die zweite Hälfte des 13. Jahrhunderts war ohnehin wesentlich moderner als die erste. So nahm der Anteil nicht nur von »Ausstellerausfertigungen«, sondern auch von weltlichen Empfängern, auch aus dem kraftvoll aufstrebenden deutschen Bürgertum, beträchtlich zu. Das 12. Jahrhundert hatte in Schlesien allein sogenannte Empfängerausfertigungen gekannt, so daß der Aussteller selbst als schriftführende Behörde gar nicht in Erscheinung trat – ein ziemlich schlichter Zustand. Ein Breslauer Bürger war am Ende des 13. Jahrhunderts, obwohl Laie, Kanzleimitglied, was als durchaus »modern« zu klassifizieren ist.

In etwa demselben Rhythmus wie dem gerade angeführten kann man während des 13. Jahrhunderts die hergebrachten slawischen Personalstrukturen in nahezu allen Lebensbereichen allmählich um deutsche Namensträger ergänzt sehen. Heinrich I. war noch in erdrückender Mehrheit von Amtsträgern mit polnischen Namen umgeben. Bei Herzog Heinrich IV.[47] kann man den Wandel als weitgediehen erkennen. Die deutschen Adligen waren, soweit man sieht, häufig lausitzischer und meißnischer Herkunft, gelegentlich kamen sie auch von weiter her. Herzoglicher Kanzler Heinrichs IV., der die meisten Urkunden aller schlesischen Herzöge des Jahrhunderts hervorgebracht hat, war ein Meißner Kirchenmann hoher Abkunft und hohen Ranges, der dann am Lebensende dort auch Bischof wurde.

Die Breslauer Domkirche hingegen zeigte sich gleichsam als Hort polnischer Gesinnung, schwerlich in erster Linie aus sozusagen grundsätzlichen politischen Erwägungen, sondern weil die Kapitelpfründen und das Bischofsamt wie überall hergebrachte Besitzstände des heimischen Adels, eines verwandtschaftlich eng verbundenen Familienkreises darstellten, die man mit gutem Grund verteidigte. Zeitweise hat es in Breslau geradezu ein Gegenüber von deutsch gewordenem Herzogshof und polnischer Domkirche gegeben, das sich politisch polarisierend ausgewirkt hat.

Die schönsten unpolitischen Denkmäler der neuen Gesinnung sind die in der kostbaren Manessischen Handschrift, der großen Heidelberger Liedersammlung, aufbewahrten zwei deutschen Minnelieder eines Herzogs Heinrich von Breslau, der sehr wahrscheinlich mit Heinrich IV. gleichzusetzen ist. Die Mundart legt nahe, daß er für sich hat dichten lassen. Die großen Lyriker Tannhäuser und Frauenlob haben um 1256 und rückblickend um 1311 die Gastfreundschaft des Breslauer Hofes gerühmt. Die Richtung war westlich: Die erste Strophe des ersten Liedes Heinrichs ist kaum zufällig identisch mit derjenigen eines Liedes Markgraf Heinrichs V. von Meißen.[48]

Es genügt, ein einziges innenpolitisches Problem des 13. Jahrhunderts anzusprechen, das wichtigste: den Konflikt zwischen weltlicher und geistlicher Gewalt.[49] Sehr verspätet trat im Oderland ein, was eigentlich in das klassische Hochmittelalter gehörte und im Reich im weltgeschichtlichen Gegenüber von Papst und Kaiser, im sogenannten Investiturstreit seit 1075, ausgekämpft worden ist. Verspätung hieß aber nicht geringere Heftigkeit, denn exakt wie hundert und zweihundert Jahre zuvor waren wieder beide Parteien im Recht – in ihrem Recht. Dem begeisternden, ja unwiderstehlichen Gedanken von der Freiheit der Kirche, den die großen Reformer des 11. Jahrhunderts gedacht hatten, stand das nüchterne Bewußtsein gegenüber, daß aller Kirchenbesitz aus Laienhand herrührte, auch in Schlesien, und schon deshalb wie jeglicher Besitz mit Lasten zugunsten der – vom Fürsten vertretenen – Allgemeinheit beladen sei. Diese Lasten, eine Selbstverständlichkeit für das »staatliche« Denken, konnten aber die Reformer als Einmischung in Kirchensachen um keinen Preis akzeptieren. Fast das ganze 13. Jahrhundert hindurch währte das Ringen. Mehrfach kam es zu scharfer Zuspitzung, so daß nicht einmal bei Heinrich I., dem Gemahl der großen Heiligen, gewiß ist, ob er nicht im Kirchenbann verstarb. In den achtziger Jahren, unter Herzog Heinrich IV., schlugen die Wogen am höchsten. Erst 1290 kam es zu einer Art Vergleich, der im Kern die Kirche siegreich sah. Ihr Besitz blieb lastenfrei, während sie selbst Abgaben erheben konnte. So stand in der Konsequenz der Weg offen zum Aufstieg des Bischofs zur eigenen Landesherrschaft, faktisch zur herzogsgleichen Stellung, zumal in der Besitzkonzentration um Neisse und Ottmachau. Nur ein sogenanntes Prinzipalpatronat verblieb als dünnes Band in der Hand des Fürsten von Breslau. Das Faktum freilich, daß bald der König von Böhmen und Kaiser Prinzipalpatron wurde, hat das Bistumsland in Schlesien und beim Reich festgehalten.

Bei dieser Gelegenheit, die auch die Federn in Bewegung setzte, lassen sich die ersten Spuren eines Gegenübers von Deutsch- und Slawischsprechenden auffinden. Sie gruppierten sich einerseits um den Hof, andererseits um die Domkirche. Dies entsprach den sozialen Verhältnissen und den sozialen Veränderungen und stellt insofern nichts überraschend Neues dar. Zu beachten ist vor allem, daß es sich bei dieser »nationalen Frage« nicht um etwas Selbsttragendes, sondern um propagandistisches Beiwerk zu einem Konflikt handelte, der um ganz andere konkrete, um materielle Positionen ausgefochten wurde. Daß der Herzog unterlag, hat am Erfolg der Deutschen in Schle-

Die Aufnahme des Herzogs »Heinrich von Pressela« – vermutlich Herzog Heinrich IV. von Breslau – mit einigen Gedichten in die bedeutendste Liedersammlung des deutschen Mittelalters bezeugt die kulturelle Hinwendung der schlesischen Piasten zur deutschen Kultur. Das Bild zeigt den Herzog nicht als Minnesänger, sondern als Sieger im ritterlichen Turnier. Die Anfang des 14. Jahrhunderts in Zürich entstandene berühmte Manessische Handschrift befindet sich heute in der Universitätsbibliothek Heidelberg.

sien nicht das mindeste geändert. Die kirchliche Seite war auch nicht einheitlich, denn die Waffe des Bannes blieb stumpf gegenüber jenen Geistlichen und Mönchen, die zum Herzog hielten. Die niederschlesischen Franziskanerkonvente lösten sich von der böhmisch(-polnischen) Provinz und gingen zur sächsischen über, um bei der Partei des Herzogs zu bleiben.

Damit ist auch die Herkunftszone des neuen herzoglichen Adels und die Haltung der Städte beschrieben, denn die Franziskaner waren der besonders stadtverbundene Orden. Der Bischof seinerseits fand sein Echo beim einheimischen, pfründeninteressierten Adel. Der Autor der schlesischen Chronik aus der Umgebung Herzog Heinrichs IV., ein Deutscher, suchte zwar eine auf Krakau hinzielende »Ideologie« für seinen Herrn aufzubauen, um dem Bischof die polnische Resonanz zu nehmen. Doch war dies kaum vereinbar mit dem engen Bündnis Heinrichs mit dem Erzfeind vieler Polen, dem König von Böhmen. Heinrich fühlte sich stärker zu Prag als zu Krakau hingezogen. So ist das in der Stauferzeit angedeutete und später wieder von Karl IV. ins Auge gefaßte Ziel, ein Reichsfürst solle König von Polen werden, durch Wenzel II. von Böhmen im Jahr 1300 erreicht worden und nicht schon durch Herzog Heinrich.

Das politische Schicksal Schlesiens wurde also letztlich von außen, von stärkeren Nachbarn entschieden. Politische Passivität auf langen Wegstrecken ist wohl ein Kennzeichen der Geschichte des Oderlandes. Wandlungen seines politischen Geschicks waren primär Wandlungen in der Konstellation des größeren umgebenden Raumes, nicht so sehr Wandlungen im Land selbst.

Das galt auch für Neige und Ende des Zeitalters der Selbständigkeit Schlesiens.[50] Da immer noch keine polnische Zentralgewalt bestand, waren unter den Nachbarn des Landes am stärksten der König von Böhmen und hinter ihm sein Herr, der deutsche König. Entscheidendes Motiv für das übliche Verhalten hoher Herren blieb das Streben nach Ruhm und Ehre der Dynastie im Konkurrenzkampf mit anderen Familien. Der deutsche König, der bekanntlich ein Wahlkönig war, handelte dabei quasidynastisch: Oft übernahm er Interessen und Ziele des Vorgängers, auch wenn dieser anderer Herkunft gewesen war, und gab sie an den Nachfolger weiter.

In Schlesien führte das alles dazu, daß sich der Weg des politischen Schicksals und der Weg des Schicksals der neuen Siedlung und Entwicklung, die bisher getrennt verlaufen waren, vereinten. Beabsichtigt war dies gewiß nicht, erst von heute aus gesehen erscheint der Vorgang konsequent. Seinerzeit hätte es auch erfolgreiche deutsche Bürger und Bauern in Schlesien unter selbständiger schlesischer oder unter polnischer Herrschaft geben können. Am besten fundiert war freilich der gemeinsame Weg. Er öffnete sich zur weitaus längsten, stabilsten und glücklichsten Phase der schlesischen Geschichte.

Die Fortdauer der schlesischen Selbständigkeit ist als die unwahrscheinlichste Variante anzusehen. In einem prinzipiell monarchischen Europa wird man aus zeitgenössischer Sicht das Fürsichstehen als problematisch, als Dasein ohne königlichen Herrn bewerten, was als krisenhaft und strenggenommen unzulässig galt. So hätte schon das polnisch-schlesische Geschehen von 1202 den Tributärherrn, den deutschen König, auf den Plan rufen müssen. Aber dessen Herrschaftsgewalt ist damals kaum weniger erschüttert worden als die polnische. Ein überraschender Tod in jungen Jahren hatte Kaiser Heinrich VI. (1190–1197), eine der erstaunlichsten Gestalten des Mittelalters, ohne regierungsfähigen Sohn ereilt. Dieser Tod hat nach allgemeinem Urteil der Historiker das Reich dem verhängnisvollsten Umschwung der Stauferzeit oder gar des ganzen Hochmittelalters ausgesetzt. So ist die Selbständigkeit Schlesiens auf das gleich zweifache Versagen einer stets gefährdet gewesenen Herrschaftsform zurückzuführen, die personenfixiert und arm an Institutionen gewesen ist.

Nur unter diesen Voraussetzungen konnte sich ein schreiender Widerspruch einstellen: Einerseits wurde Schlesien zum Musterland der Ostsiedlung oder auch, europäisch formuliert, zum klassischen Fall der »modernen« Landesentfaltung durch Siedlung und Entwicklung. Nirgends auf dem Kontinent – außer im Ordensland Preußen mit seinen besonderen Bedingungen – scheint in so großzügiger und zugleich zeitlich und organisatorisch so kompakter Weise Menschenschicksal mit den besten zeitgenössischen Mitteln zum Besseren gewendet worden zu sein. Zum anderen schuf ungebremste dynastische Regelungsmacht durch maßlose Zersplitterung ein politisches Vakuum und führte sich selbst ad absurdum.

Die dynastische Verflechtung der Herzöge von Breslau mit der Führungsfigur des damaligen Ostmitteleuropa, mit dem Böhmenkönig Přemysl Ottokar II. (1253–1278),[51] machte den Anfang vom Ende der Selbständigkeit, wenngleich mehr als Signal oder Symptom denn als breitgelagerte Tatsache. Herzog Heinrich II. hatte eine Tochter Ottokars geheiratet. Im Jahr 1270 hat dessen Vormundschaft über den jungen Heinrich IV. kurze Zeit zur Hegemonie im Herzogtum geführt. Bevor sich diese aber erdrückend auswirken konnte, ging Ottokar, zugleich ungehorsamer Vasall des deutschen Königs Rudolf von Habsburg (1273–1291),[52] im Jahre 1278 auf dem Schlachtfeld von Dürnkrut zugrunde. Auch in der Zukunft sollte es kein Böhmen ohne Oberherrn geben, sofern nicht der Prager König selbst die Reichskrone trug. Erwartungsgemäß hatte sich die deutsche Monarchie viel schneller erholt, als man ein polnisches Königtum konstituieren konnte. Der Sieg Rudolfs machte ihn zum Miterben der Hegemonie Ottokars, auch gegenüber Schlesien.

Inzwischen war Herzog Heinrich IV. herangereift und hatte andere schlesische Fürsten in eine Art Lehnsabhängigkeit nach westlichem Muster versetzt. Gleichsam als Ersatz für die von ihm mit einigem Recht angestrebte Statthalterschaft in Böhmen nach Ottokars Tod, die nun Gegenstand höherrangiger Politik geworden war, verlieh ihm Rudolf 1280 das böhmische Glatz, wie es in einem přemyslidisch-breslauischen Erbvertrag vorgesehen worden war. Ferner nahm der König Heinrichs Herzogtum in ein Lehnsverhältnis zum Reich auf. Das wurde, vielleicht 1280 in Wien, durch formgerechte Huldigung vollzogen. Gemäß der Struktur mittelalterlicher Reiche in der Nachfolge karolingischer Rechtsvorstellungen führte dieser Akt die Eingliederung des weitaus wichtigsten Teils Schlesiens in das Reich herbei. Das ganze Reich war ein Lehnsreich, abgesehen von partiellen direkten Untertanenschaften und von dem im 13. Jahrhundert noch undiskutierten, später analog zum Lehnsgut aufgefaßten Allodialbesitz.

Das Territorium folgte stets der Rechtslage seines Herrn. Ein Jahrzehnt später hätte der Přemyslidenkönig Wenzel II. Heinrichs testamentarischer Erbe werden und sich damit im Sinne Ottokars in den Besitz des Herzogtums Breslau setzen sollen. Schon ließ er sich das Land als Reichslehen übertragen. Am Ende blieb jedoch der Nachlaß piastisch, nur Glatz kam wieder an Böhmen.

Ein Jahr zuvor hatte Wenzel gleichwohl in Schlesien Erfolg, wenn auch nur im abseits gelegenen oberschlesischen Beuthen. Diesmal ging es um böhmische Lehnsherrschaft, die nicht in den Reichsfürstenrang, sondern in die böhmische Fürstenwürde einmündete. Auch dieser Schritt meinte juristisch, wenn auch zu diesem frühen Zeitpunkt schwerlich schon sehr praktisch, die Angliederung an das Reich, nun aber als mittelbares Lehnsfürstentum des Reichsfürstentums Böhmen.

Das Aussterben der Přemysliden in männlicher Linie im Jahre 1306 und die Anfangsschwierigkeiten der luxemburgischen Nachfolgedynastie brachten beim böhmischen Ausdehnungsdrang eine Unterbrechung mit sich, so daß die Daten von 1280 und 1289 realpolitisch geurteilt nur als Vorspiele zu bewerten sind. Der erste der beiden wirklich entscheidenden Zeitpunkte waren die Jahre 1327/29. Damals wurden die schlesischen Herzöge in ihrer Mehrheit böhmische Fürsten als Ergebnis der sehr energisch gewordenen Ostpolitik König Johanns von Böhmen (1310/11–1346), des oft unterschätzten Sohnes Kaiser Heinrichs VII. und Vaters Kaiser Karls IV. Johann erwarb dann 1331 noch die Herzogtümer Glogau durch Annexion und 1336 Münsterberg lehnsrechtlich und sicherte sich 1342 die Zuordnung des Territoriums des Bischofs von Breslau im Rahmen des damals rechtlich Zulässigen, darüber hinaus hegemonial. Seitdem es keinen aktiven, sondern nur noch einen »pensionierten« Herzog von Breslau gab (1327), wurde aus der Lehnsherrschaft direkte Herrschaft, ausgeübt durch einen Landeshauptmann.

Man versteht dieses ganze Handeln nur dann und kann sich auch nur dann von grob anachronistischer Bewertung lösen, wenn man die Schlesienpolitik König Johanns und bald auch Kaiser Karls IV. als Teil einer umfassenden hegemonialen Ostpolitik begreift – im Gegen- und Zusammenspiel mit Ungarn, dem Deutschen Orden in Preußen und mit den kujawischen Anstrengungen zur Aufrichtung eines Königreichs Polen. Abgesehen von weit zurückliegenden, fast folgenlos gebliebenen Anläufen zu einer Monarchie im Hochmittelalter, zuletzt 1076 bis 1079 im Investiturstreit, die insgesamt nur ein Dutzend Jahre gedauert hatten, waren allein Wenzel II. und Wenzel III. von Böhmen zwischen 1300 und 1306 in nennenswerter Weise polnische Könige gewesen. Ihre Rolle wird heute wohl unterschätzt. Selbstverständlich führte das mit den Přemysliden verschwägerte Haus Luxemburg deren Anfang und Anspruch mit Nachdruck fort. Eine piastisch-einheimische Lösung der Königsfrage konnte daher nur in Auseinandersetzung mit Böhmen, militärisch oder vertraglich, erreicht werden.

Nach dem Ende der Kämpfe kam es in der Tat zur klärenden Vertragsphase wieder mit Rücksicht auf Ungarn und den deutschen Orden in Trentschin und Vischegrad 1335, schließlich 1339 in Krakau. Der 1320 gekrönte Piastenkönig Wladislaus »Ellenlang« erkaufte Johanns Königsrechte mit einer hohen Geldsumme und dem Verzicht auf eine aktive Schlesienpolitik. Es handelte sich hierbei nicht um einen Landverzicht oder um begründete Ansprüche; denn Schlesien hat dem neuen Königreich nie angehört, schlesische Herzöge waren als Thronanwärter nicht diskutiert worden. Es war die Kenntnisnahme vom Ende der Selbständigkeit Schlesiens. Vermutlich wird heute in diesem Handel die Wichtigkeit von Thronanspruch und Thronbehauptung stark unterschätzt und das Gewicht Schlesiens stark überschätzt. In demselben Jahr 1339 belehnte Kaiser Ludwig der Bayer (1314–1346), der mit der schlesischen Prinzessin Beatrix von Schweidnitz († 1322) verheiratet gewesen war, seinen böhmischen Vasallen mit allen bis dahin erworbenen Herzogtümern von Reichs wegen. Damit war Schlesien mit Ausnahme des noch selbständigen Schweidnitz-Jauer und abgesehen von der besonderen Lage des Bistumslandes unmittelbarer Teil des Reiches geworden.

Dieser Status hatte freilich in präziser Form nur kurze Zeit Bestand. Ludwigs Nachfolger Karl IV. aus dem Haus Luxemburg, auch König von Böhmen, hat im Jahr 1348 die Reichsmittelbarkeit Schlesiens durch die Inkorporation der Herzogtümer in die Krone Böhmen wiederhergestellt, wie sie von 1327, beziehungsweise für Beuthen schon seit 1289, bis 1339 bestanden hatte. Dabei ist es dann auch unter habsburgischer Herrschaft vierhundert oder fünfhundert Jahre geblieben, bis der Großteil Schlesiens 1742 preußisch wurde; für den Rest erhielt sich der alte Zustand bis 1806 beziehungsweise in der Form des Deutschen Bundes bis 1866. Im Jahr 1368/69 hat Kaiser Karl die Herzogtümer Schweidnitz-Jauer nach dem Tod des letzten Fürsten zugunsten seines Sohnes Wenzel böhmisch, also wiederum reichsmittelbar gemacht. Wenzel war Karls Sohn, aber auch der Sohn der Erbprinzessin von Schweidnitz-Jauer, der dritten Gemahlin Karls und einzigen schlesischen Kaiserin, der am Hof durchaus nicht einflußlosen Anna († 1362).

Daß keine der beiden ostmitteleuropäischen Dynastien die andere aus dem Auge verlieren durfte und daß Schlesien weiterhin nur einer der Steine auf dem großen Spielbrett war, zeigt sowohl die ungestrafte Eroberung des Fraustädter Ländchens durch den König von Polen im Jahr 1343 als auch vor allem die von Kaiser Karl in seinen letzten Lebensjahren energisch betriebene Absicht, die polnische Krone doch noch luxemburgisch zu machen. Angesichts des bevorstehenden und dann 1384 eingetretenen Aussterbens auch der Anjou, der Nachfolger der kurzlebigen Piasten königlicher Linie, die 1370 ausgestorben waren, schien die Lage günstig. Polen sollte dem zweiten Sohn Sigismund, dem späteren Kaiser (1410–1437), zugewendet werden. Durch ein zufälliges Mißgeschick, den frühen Tod einer der polnischen Erbtöchter, wurde das Vorhaben zunichte. Statt Polen erwarb Sigismund 1387 von den Anjou Ungarn und vereinigte es 1410 in der Art einer Personalunion mit dem Reich. So blieb es bis 1439 und von 1526 bis 1806 beziehungsweise im Hinblick auf Österreich bis 1918.[53]

Die Landschaften Europas machen von Epoche zu Epoche in verschiedenem Maß auf sich aufmerksam. Einige sind lange Zeit auf vielen Gebieten führend gewesen, wie es in der vormodernen Geschichte bei Oberitalien oder bei dem weiteren Umkreis der Rheinmündung der Fall war. Von zahlreichen Regionen vernimmt man niemals etwas Außergewöhnliches. Andere wieder sind einmal hervorgetreten. Zu dieser Gruppe wird man Schlesien zählen und auf sein 13. Jahrhundert verweisen. Damals war Schlesien, zumal Niederschlesien, gleichsam das Musterland der deutschen Ostsiedlung[54] oder gar der europäischen Siedlung[55] als besonders charakteristische Landschaft »moderner« Entfaltung. Dies verhielt sich so nicht in dem Sinn, daß das Oderland für viele andere Gebiete repräsentativ gewesen wäre, sondern dergestalt, daß es so gründlich neu geformt worden ist wie wohl keine andere Region gleicher Größe. Nicht minder nimmt Schlesien eine Schlüsselstellung ein, wenn man die wesentlichen Zusammenhänge und das Funktionieren von Siedlung und Entwicklung verstehen möchte.

Zwei Eigenschaften vor allem waren dafür ausschlaggebend. Die erste ist die geographische Lage im Zentrum Ostmitteleuropas, etwa gleichweit von der Ostsee und dem Hochgebirge entfernt. Zum zweiten hat die slawische Zeit bis zum ausgehenden 12. Jahrhundert das Land zumeist sehr dünn besiedelt und bescheiden entwickelt hinterlassen. So wenig Präzises man darüber auch eben wegen dieser geringen Entfaltung aus dem Früh- und Hochmittelalter erfährt, so gewiß ist das rückblickende Zeugnis des 13. Jahrhunderts. In Böhmen,[56] mit dem man Schlesien am besten vergleichen kann, traf der ungefähr gleichzeitige, ebenfalls von der Dynastie angestoßene Siedlungs- und Entwicklungsprozeß auf eine schon recht ansehnlich ausgestaltete slawische Welt. Daher hat er sich – jedenfalls in der Mitte des Landes – eher zwischen schon bestehende Lebenswelten gelagert als diese grundlegend neu geformt. Die Neuformung ist vor allem in den kaum schon oder noch gar nicht besiedelten Randbezirken und überall im Bereich des Städtewesens erfolgt. In großen Teilen Ordenspreußens[57] mit seinen besonderen Bedingungen und in Niederschlesien hingegen war das ganze Land am Ende des »langen 13. Jahrhunderts« völlig anders beschaffen als um 1200. Aus einer naturbestimmten war eine kulturbestimmte Region geworden.

Dieser Wandel ist es, der auf dem ganzen Kontinent die Situation vor dem »Aufbruch Europas« und die Situation währenddessen und danach prinzipiell unterscheidet und der die Zeit dieses »Aufbruchs« mit unserer Gegenwart verbindet. Seitdem leben wir in einer kulturbestimmten Umwelt. Eine ungefähr vergleichbare, doch weniger tiefgreifende Veränderung hat erst wieder die Industrialisierung mit sich gebracht, nicht in einer neuen, sondern in der durch den »Aufbruch« vorgegebenen Richtung.

Mit vollem Recht spricht man in diesem Zusammenhang von ganz Europa. Denn die deutsche Ostsiedlung war nur ein Teil, und zwar gemäß der Entwicklungsgeschichte des Kontinents bei weitem kein früh zu datierender Teil, gemäß der Größe Deutschlands jedoch der umfänglichste Teil eines umfassenden Phänomens. Dieses hat sich wie üblich von Westen nach Osten bewegt. Das Phänomen der Siedlung folgte dabei dem

Zum Weichbildrecht gehörte die Festsetzung genauer Maße und Gewichte. Das demonstrieren hier drei rechtskundige Männer, die ein Hohlmaß, eine Waage und eine Elle vorweisen. Die Miniatur, wohl aus dem Jahre 1386, stammt aus der Werkstatt des Schreibers Nikolaus Wurm, der in Liegnitz für Herzog Ruprecht arbeitete. Sie befindet sich heute in der Milichschen Sammlung der Universitätsbibliothek zu Breslau.

Schicksal der Bevölkerung, denn das Ausweiten von Siedlung ist normalerweise die Folge eines Bevölkerungszuwachses. Davon wird man zuerst für das 8. und 9. und nach einer Phase der Stagnation wieder vom 10./11. Jahrhundert an sprechen, diesmal in einigermaßen geschlossenem Zusammenhang bis in das 14. Jahrhundert hinein. Blickt man hinüber zum westlichen Rand Europas, so findet man eine solche »jüngere« Bevölkerungsvermehrung nach heutiger Kenntnis zuerst in Katalonien in der Mitte des 10. Jahrhunderts vor. Im räumlichen Zusammenhang mit dem ostmitteleuropäischen Geschehen, wenn auch in weitem zeitlichem Abstand, setzte der Zuwachs anscheinend im ausgehenden 10. Jahrhundert in Flandern, ein Jahrhundert später in Lothringen und um 1100 am Rhein und auch schon östlich davon ein. Gemäß dem frühen Beginn kam ganz im Westen das Ende schon seit 1250, als in Schlesien der Höhepunkt noch bevorstand, dem dann ein langes Ausklingen folgte.

Wesentlich ist, daß man nicht nur sehr abstrakt vom Wandern der Zuwachsspitzen sprechen muß, sondern daß man konkrete Einzelphänomene in derselben Weise zu beobachten vermag. Die freie Erbleihe zum Beispiel, ein Hauptausweis für den fundamentalen Wandel der agrarischen Welt von der unfreien Untertänigkeit der landbebauenden Leute zur relativen Freiheit, ist zuerst 1063 am Rhein nachweisbar.[58] Ähnliches kann man beim Siedlungsunternehmer, dem Lokator,[59] und bei technischen Einzelheiten der agrarischen Entwicklung erkennen. Ganz entsprechend verhält es sich auch mit dem für die moderne Zukunft Europas noch wichtigeren Phänomen der dynamischen Bürgerstadt. Allerdings ist die neue Siedlung im westlichen »Älteren Europa« etwas Ergänzendes gewesen. Sie war hier kleinteilig, fand wenn möglich unweit schon bestehender Plätze statt und ist somit nicht leicht zu erkennen. Gleichwohl war sie ein Geschehen, an dem viele Leute teilhatten, die in harter Arbeit ein höheres Maß von Freiheit gewannen. Hier entwickelte man und übte ein, was dann weiter östlich im unberührten Raum seine schönste Ausführung fand.

Franzosen waren die ersten, die in größerer Zahl auch weiter entfernt von ihrer Heimat siedelten, zuerst in Spanien, dann auch in östlicher Richtung. Ihnen folgten Untertanen des Kaisers französischer Zunge und Flamen, Untertanen des französischen Königs, aber anderer Sprache, und reichsangehörige Flamen und Niederländer. Die besondere Herausforderung durch das Meer und durch unruhige große Flußläufe scheint sehr wichtig gewesen zu sein. Hier tritt die später Schlesien mitprägende, im Osten gänzlich konkurrenzlose, die »moderne« Welt mitverkörpernde Figur des Technikers oder gar des Experten ans Licht, etwas Neues wie die Figur des Unternehmers oder Lokators. Überhaupt waren das Messen und Vermessen, das die slawische Welt nicht kannte – im bäuerlichen Bereich mit agrartechnisch-fiskalischer Zielsetzung, in der Stadt auch als Teil der »kapitalistischen« Verwertung des Grundstücks –, grundlegende, auch mentalitätsverändernde Merkmale der neuen Zeit. Sie waren ebenso wichtig wie die neue Freiheit, wie das neue Recht oder wie die neue Selbstverwaltung, die zusammen das neue Menschenbild formten.

Ganz im allgemeinen wird man sagen, daß die weiterdauernde oder auch die neue aktive Teilhabe des Ostens an der europäischen Geschichte durch den Vorgang der

Siedlung und Entwicklung erst möglich gemacht worden ist, daß man also – unter welchen »nationalen Opfern« auch immer – durch dieses »Joch« hindurchmußte, um politisch existenzfähig zu bleiben. Es mag sein, daß ähnliche oder gar dieselben Fertigkeiten in sehr langen Zeiträumen auch autochthon entwickelt worden wären. Aber es gehört zu den grundlegenden Faktoren der europäischen Geschichte wie heute der europäisch bestimmten Weltgeschichte, daß solche Pausen nach »privatem Geschmack« in der Regel nicht gewährt wurden und werden. Hier hat der Jenaer Geschichtsprofessor Schiller wirklich recht: »Die Weltgeschichte ist das Weltgericht.« Daher geht man auch in die Irre, wenn man mit dem einen oder anderen modernen (falls richtig datierten) Pflug argumentiert, der schon in slawischer Zeit importiert oder gar, was technikgeschichtlich sehr unwahrscheinlich ist, in genau derselben Form wie im Westen unabhängig von diesem im Osten entwickelt worden sei. Denn es geht um viel mehr als zehntausend Pflüge, um mehr als tausend Dörfer und um mehr als hundert Städte, die alle fast zur gleichen Zeit in Schlesien ans Licht traten, und um das entsprechende Mehrfache in ganz Ostmitteleuropa. Das macht das »moderne« Europa aus: die große Zahl zur gleichen Zeit in abgemessener Ordnung – aber auch in Eile und Dynamik. Je explosiver, um so europäischer.

Die Frage nach den Bevölkerungszahlen und besonders nach der Bevölkerungsdichte gehört zu den Grundfragen des Themas »Siedlung und Entwicklung«. Bevölkerungsdichte und Entwicklungsstand einer Region gehörten eng zusammen. Stark bewohnte Landschaften waren fast regelmäßig »moderne« Landschaften, von sehr dünn besiedelten Gegenden wird man normalerweise das Gegenteil annehmen. Im vorstatistischen Zeitalter ist leider mangels guter Quellen von Bevölkerungszahlen nur mühsam zu reden. Hinzu tritt bis heute für Ostmitteleuropa eine auffällige Politisierung des Themas, die den nationalen Wettbewerb der Gegenwart auf die Vergangenheit zu übertragen scheint. Im allgemeinen gibt man für das eigene Land hohe Zahlen an, um mit den Nachbarn oder gar mit dem westlichen Europa besser konkurrieren zu können. Demgegenüber empfiehlt sich Vorsicht und Bescheidenheit.

Einen ersten Anhaltspunkt bietet die einzige moderne innerdeutsche, von jenem wissenschaftlichen Wettstreit unberührte Bevölkerungsanalyse, diejenige für den Bereich des alten Königreichs Sachsen und für die heute sächsisch-schlesischen Gebiete westlich der Lausitzer Neiße (18 300 Quadratkilometer).[60] Der Autor billigt den slawischen Wohngauen vor dem Zeitalter der Ostsiedlung, zum Stichjahr 1100, insgesamt 40 000 Einwohner zu. Nach dieser neuen Phase, die gemäß der Entwicklungsgeschichte Europas in Sachsen früher anzusetzen ist als in Schlesien, nämlich von 1150 bis 1250, rechnet der Autor zum Jahr 1300 mit 400 000 Einwohnern, das heißt mit einer Bevölkerungsdichte von nun 23 Personen je Quadratkilometer, demnach mit einem Anstieg auf das Zehnfache. Für Polen und für Schlesien stehen die Daten des sogenannten Peterspfennigs von 1350, der Abgabe der Kirchenprovinz Gnesen an den Papst, zur Verfügung.[61] Sie ergeben für das Bistum Breslau, also für ganz Schlesien mit geringen Ausnahmen im Süden, elf Personen je Quadratkilometer, das heißt ziemlich genau dieselbe Bevölkerungszahl wie für Sachsen um 1300 bei doppelt so großer Fläche. Für das Erzbistum Gnesen lassen sich 3,4 Personen, für das Bistum Posen ohne seine brandenburgischen Gebiete 2,1, für das Bistum Płock 2,2, für das Bistum Krakau (Kleinpolen) 6,3 und für die nicht dem Ordensland Preußen angehörenden Teile des Bistums Leslau immerhin 8,9 Personen je Quadratkilometer angeben. Das in dieser Weise insgesamt greifbare Gebiet Polens wies eine durchschnittliche Bevölkerungsdichte von 4,5 Einwohnern je Quadratkilometer auf.

Zum Vergleich kann man derselben Quelle für das dem Ordensland Preußen angehörende Bistum Kulm die Zahl von 25 entnehmen. Für die Zeit vor dem Beginn der Ostsiedlung rechnet Walter Kuhn für den gesamten Raum Ostmitteleuropas jenseits der damaligen deutschen Grenze mit einer durchschnittlichen slawischen Bevölkerung von ein bis zwei Personen je Quadratkilometer. Es wird noch davon zu sprechen sein, daß in Schlesien ein einheimischer Modernisierungsprozeß seit etwa 1150 zu vermuten ist, der nicht anders als im »Älteren Europa« mit einer Bevölkerungszunahme verbunden gewesen sein dürfte. Man sollte daher sicherheitshalber die Durchschnittszahl für Schlesien auf zwei bis vier Personen verdoppeln. Anzunehmen ist somit, daß die Phase der Ostsiedlung die Einwohnerschaft Schlesiens im Durchschnitt ungefähr vervierfacht hat. So ist auch schon am Ende dieses Zeitalters ein durchschnittliches Übergewicht der Menschen deutscher Herkunft anzusetzen. Aber selbst wenn die Zuwanderer, wie in Böhmen und Mähren, in der Minderheit geblieben wären, hätte es sich bei ihnen in diesem Zeitalter um die »bewegende Gruppe«, um die Träger des Neuen und »Modernen« gehandelt, die der Aufmerksamkeit der Historiker in besonderer Weise gewiß sein können.

Diese demographischen Annäherungsversuche sind um eine weitere wichtige Einsicht zu ergänzen. Sie lautet kurzgefaßt so: Bei der Neubesiedlung der ostdeutschen Länder, besonders auch Schlesiens, ist die Anzahl der Zuwanderer im strengen Sinn, also der ersten, der mobilen Generation, erheblich geringer gewesen, als man wohl im allgemeinen vermutet. Für den ganzen nördlichen Bereich der Siedlung schätzt Kuhn nicht mehr als je 200000 Personen im 12. und im 13. Jahrhundert. Dies sind Zahlen, die sich innerhalb des Rahmens der ohnehin bestehenden Mobilität bewegten. Sie liegen zweifellos deutlich niedriger als die Zahl derjenigen Personen, die durch die Erschließung westlich-heimischer Ressourcen ihre Lage zu verbessern suchten und daheim blieben. Nur unter dieser Voraussetzung versteht man auch, warum die Bewegung nach Osten in der zeitgenössischen Überlieferung des Westens so wenig, ja nahezu keine Aufmerksamkeit gefunden hat – abgesehen unter anderem von der Sage vom Rattenfänger von Hameln. Nichts ist weniger zutreffend als die Vorstellung von einem dauernden gewaltigen Menschenstrom von Westen nach Osten oder in anderer Richtung über weite Entfernungen. Hochentwickelte »ältere« Gebiete blieben stets die am dichtesten besiedelten und vermochten weiterhin die meisten Menschen zu ernähren. Die These von einer schwerwiegenden Übervölkerung Deutschlands, das sich deshalb planvoll ein Ventil nach Osten hin habe suchen müssen, entbehrt der Grundlage.

Entscheidend für den demographischen Erfolg der Neusiedlung war vielmehr die der ersten »Welle« auf dem Fuße folgende Bevölkerungsvermehrung in Schlesien selbst wie in den anderen Gebieten gleicher Struktur. Die jungen Leute, die zuwanderten, zumeist wohl jüngere Söhne und jüngere Töchter, hätten daheim in der Regel keine Familie gründen können. Für die Existenz im Neusiedelland jedoch, ob im Dorf oder in der Stadt, war das Familienleben mit zahlreichen Kindern konstitutiv und ökonomisch sinnvoll und notwendig. Hier setzte nun, in einer sozial »offenen« Situation, ein außerordentlicher Zuwachs ein. Er dürfte die gleichsam natürliche Vermehrungsrate des Menschen, die sehr hoch liegt, nahezu erreicht haben. Die ersten Schlesier deutscher Herkunft füllten also die neuen Städte und Dörfer mit ihrer eigenen Nachkommenschaft in den zweiten, dritten und folgenden Generationen. Man rechnet jeweils mit einer Verdoppelung der Menschenzahl in etwas mehr als 25 Jahren. Dies vollzog sich so lange, bis das Land gemäß den neuen mitgebrachten wirtschaftlichen Erfolgschancen »gefüllt« war, bis also eine der überwiegend agrarisch bleibenden Gesellschaft angemessene Bevölkerungsdichte erreicht war, also bis etwa 1350. Dann setzten dieselben beschränkenden Mechanismen ein, wie sie im Altsiedelland und bei den slawischen Schlesiern während derselben Zeit fortbestanden hatten, vor allem soziale und ökonomische Ehehindernisse. Oder man ließ sich für einen Platz weiter im Osten oder Süden anwerben. Schlesier haben in der Fortsetzung der Ostsiedlung innerhalb Schlesiens und über Schlesien hinaus eine sehr große Rolle gespielt.

Die stabilisierte Bevölkerungsdichte des neuen Schlesiens lag zwar beträchtlich höher als in den nicht oder nur wenig von der Neusiedlung erfaßten, im wesentlichen slawisch bleibenden Gebieten weiter östlich, blieb aber stets deutlich niedriger als in den voll entfalteten »modernsten«, stärker verstädterten Altsiedelländern. Das Herzogtum Brabant beispielsweise, der wohl höchstentwickelte Flächenstaat des nordalpinen Reiches an der flandrischen Grenze, dürfte im 15. Jahrhundert das Dreifache, wenn nicht fast das Vierfache der schlesischen Bevölkerungsdichte aufgewiesen haben.

Das Interesse des Landesherrn und der ihn nachahmenden Kräfte im Land war das auslösende Moment der Ostsiedlung. Es stellten sich Mittelsmänner, Unternehmer oder Lokatoren, zur Verfügung, die an der Werbung für den Herrn verdienten. Es handelte sich also um Sog aus dem Osten, nicht um Druck aus dem Westen. Man würde die Möglichkeiten der Kommunikation und des Verkehrs von damals gänzlich verkennen, wollte man an einen Druck glauben. Wie hätte man das organisieren und vor den Geschichtsquellen, die davon nichts wissen, verbergen sollen? Der zweite, kaum weniger wichtige Kernsatz, der sogleich aus dem ersten folgt, lautet: Es mußte etwas geboten werden, damit die Werbung Erfolg hatte. Ganz einfach war das nicht. Denn das 12. und das 13. Jahrhundert waren in Altdeutschland Zeiten guter Konjunktur.

Landesherren und Grundherren warben mit dem, wovon sie genügend besaßen: mit unbewohntem Land und mit Privilegien.[62] Es waren Rechte, die weitaus günstiger gestaltet wurden als diejenigen der traditionell gedrückten heimischen Bevölkerung des Ostens. Formen der Beschränkung obrigkeitlicher Willkür, der Mitbestimmung im größeren Rahmen oder gar der Selbstbestimmung im Kleinen haben die Slawenländer nicht gekannt, auch nicht in der fortgeschrittensten ihrer Lebensformen, in der nichtagrarischen Siedlung. Leichter war es offenkundig, zumindest vorerst, Fremden bessere Rechte zu geben als den eigenen Untertanen, weil sonst zu viele bestehende Interessen verletzt worden wären.

Zudem mußte man, wenigstens vorübergehend, den Umworbenen mehr bieten, als in der alten Heimat geboten wurde: neben der Ausstattung mit Bauernland oder mit einem städtischem Grundstück zeitweilige Steuerfreiheit, auf Dauer geringere Abgabenlast und Rechte der Selbstverwaltung, zuletzt die Aussicht auf wirtschaftlichen Aufstieg aus eigener Kraft. Denn der Weg in die Fremde war natürlich ein Risiko, hieß Abschiednehmen vom Gewohnten und Begegnung mit dem Ungewissen. Die durchschnittlichen Sozialstrukturen des Westens waren bis dahin wesentlich moderner als diejenigen des Ostens. Im Altsiedelland hatte man die alte Grundherrschaft zumeist längst aufgelöst, der selbständig wirtschaftende Einzelbauer mit mehr oder weniger drückenden Abgaben war zur Regel geworden, ganz abgesehen vom urbanen Leben im westlichen Sinn, das es bis zum Export der Bürgerstadt in den Osten dort überhaupt nicht gegeben hat.

Mehr bieten hieß einen zweiten Schritt nach jenem ersten tun und damit eine der wichtigsten Neuerungen des »Aufbruchs Europas« gerade in den Ländern der Neusiedlung zu Ende bringen: den kräftigen sozialen Aufstieg der Aktiven, der »bewegenden Gruppe« und ihrer Erben, vielfach das höchste Maß an Freiheit, das den nicht Hochgeborenen in einer prinzipiell aristokratisch verbleibenden Gesellschaft in größerer Zahl zu erreichen vergönnt war, ja es ging auf Dauer um den sozialen Aufstieg des ganzen Landes. Im einzelnen handelte es sich um ein vielfältiges Phänomen, von dem noch verschiedentlich die Rede sein wird. Im ganzen war es, bedenkt man den Ausgangspunkt des Slawenlandes und die Schnelligkeit der Realisierung, wie eine Revolution.

Die wertvollste Leistung der Ankömmlinge bestand nicht so sehr aus deren oder ihres Lokators Ausstattung mit Geräten, Vieh und Geld, damit die ersten harten Jahre überbrückt werden konnten. Es war vielmehr das »menschliche Kapital«, das heißt Leistungsfähigkeit und Leistungswilligkeit einer ansehnlichen Menschenzahl, wenigstens im Vergleich zur Anzahl der heimischen Bevölkerung. Wesentlicher wohl als der so oft diskutierte sprachliche Wandel, der sich ungewollt als Nebenwirkung einstellte, war der soziale und der Mentalitätswandel. Es war am Ende konsequent, daß das Land auch das Eigentum derer wurde, die diesen Wandel herbeigeführt hatten.

Zweifellos sind aber auch die sprachlichen Verhältnisse[63] sorgfältiger Aufmerksamkeit wert. Seinerzeit gab es keine Möglichkeit, diese Situation in angemessener Form zu durchschauen, damit umzugehen oder sie gar analog zur Moderne in dieser oder jener Richtung zu bewerten. Es war wie ein Naturereignis. Gewiß hat keiner der Piasten des entscheidenden 13. Jahrhunderts den Wechsel der Landessprache beabsichtigt. Man hat wahrscheinlich überhaupt nicht darüber nachgedacht. Es bestand ja auch kein Zusammenhang zwischen der Frage der Landessprache und dem Problem, zu wessen Gunsten die Selbständigkeit Schlesiens auslaufen würde. Am wenigsten hatte der Anfang dieser Selbständigkeit etwas mit der Sprache zu tun gehabt. Allein nachträglich wird man, auch im Sinn jenes Mentalitätswandels, sagen dürfen, daß das Zusammenführen der neuen politischen und der neuen sprachlichen Situation eine harmonische und glückliche Lösung darstellte.

Es handelte sich in der Tat um keine von den Zeitgenossen in der Breite beachtete Frage. Die Annahme, es hätten sich zwei Völker oder auch nur zwei sprachnational organisierte Parteien gegenübergestanden, geht an der Sache vorbei. Auch jene »nationalen« Beimischungen im schlesischen Konflikt zwischen Kirche und »Staat« vor dem Ende des 13. Jahrhunderts wird man nicht so verstehen dürfen. Mißverständnisse könnten allein dann entstehen, wenn man einzelne zeitgenössische Stimmen zu Unrecht verallgemeinert. Diese Stimmen meinten, selbst wenn sie sich genereller Formulierung bedienten, ganz spezielle, gern auf winzige Gruppen des Klerus bezogene Probleme, die viel mehr mit materieller Versorgung oder mit Predigterfolg als mit Grundsatzdifferenzen zu tun hatten. Diejenigen Aussagen, die im damals weitaus modernsten slawischen Milieu, in der größten slawischen und zugleich großen deutschen Stadt Prag gemacht worden sind, sind als Meinungen dieses Typs erkannt.

Es genüge hier die allgemeine Feststellung, daß der Übergang praktisch ganz Niederschlesiens zur deutschen Verkehrssprache durch Angleichung der zur Minderheit gewordenen slawischen Bevölkerung normalerweise schon im Mittelalter stattgefunden hat. So sind Slawen zu Vorfahren von Deutschen geworden, wie vielfach auch anderswo. Die Existenz des schlesischen Neustamms deutscher Sprache entsprechend den Neustämmen der Mecklenburger, Pommern, Brandenburger oder anderer ist im späteren Mittelalter eine offenkundige Tatsache.[64] Sprachgeschichtlich interessanter als das deutsch-slawische Gegenüber ist daher von nun an die Frage nach der Rolle der schlesischen Mundart in den großen Prozessen der deutschen Sprachgeschichte.

In Oberschlesien gab es verschieden gerichtete Entwicklungen auf kleinem Raum, darunter als bemerkenswerte diese, daß sich die slawische Mundart nicht nur gut behauptete, sondern im 15. Jahrhundert auch Deutschsprechende wie sonst nur in Polen in großer Zahl zu sich hinüberzog. So wurde Oberschlesien, um mit Wolfgang Fritze[65] zu sprechen, am Ende des Mittelalters ein Teil der »Slavia Germanica«, also des deutsch geprägten Bereichs Ostmitteleuropas, der auch dort so geprägt war, wo nicht deutsch gesprochen wurde. Die Sprache ist eben nur ein Teil der kulturellen Existenz. Phänomene dieser Art hat es mehrfach gegeben, besonders großräumig in Böhmen und Mähren. Dafür, daß man sich als Deutscher verstehen konnte, ohne an erster Stelle deutsch zu sprechen, ist Kaiser Heinrich VII. (1308–1313) wohl das prominenteste Beispiel. Seine französische Mutter- und Umgangssprache hat ihn nicht im mindesten zur Illoyalität gegenüber den deutschen Dingen oder auch nur zur politischen Zuneigung zum Pariser Hof veranlaßt; das Gegenteil war der Fall. Bei alledem handelt es sich um Spezialfälle der allgemeinen Aussage, daß alle großen Völker, das deutsche wie das polnische, Mischvölker waren und sind. Selbstverständlich sind auch Slawen wie Angehörige anderer Völker ganz unterschiedlicher Herkunft und Sprache Vorfahren der Deutschen. Manches Unheil angerichtet hat die weitverbreitete Überschätzung sprachlicher Kriterien zu Lasten der Frage, zu wem man sich bekannte oder bekennt. Auch sollte von sprachlichen Tatbeständen nicht ohne ihre Verankerung in sozialen Tatbeständen und auch nicht ohne Bestimmung der zeitgenössischen Kommunikationsbedingungen die Rede sein.

Daß dynastische Selbstbehauptung, das erste Ziel jedes Regenten, zum Gegenteil »nationaler« Selbstbehauptung hat führen können und im Fall Schlesiens sogar hat führen müssen, läßt sich leicht zeigen. Damit die Piasten bleiben konnten, was sie waren, Herren ihres Landes, mußten sie sich der überlegenen Umwelt anpassen. Anders denn als deutsche Fürsten hätten sie spätestens vom 14. Jahrhundert an nicht überdauern können. Wir werden davon sprechen, daß sie in der Zeit Kaiser Karls IV. mit Selbstverständlichkeit in binnendeutsche Zusammenhänge einbezogen worden sind, selbstverständlicher als böhmische oder mährische Große. Die Piasten galten – ebenso wie die schlesischen Studenten an den Prager Universitäten – als Deutsche, zumindest als die »deutschesten« unter den erbländischen Fürsten und wurden in dieser Rolle von ihren binnendeutschen Kollegen angenommen.

Entscheidend war dafür die generationenlange Rücksichtnahme der Piasten darauf, was man zu leichtgewichtig Mode nennt, obwohl es damals ein Politikum hohen Ranges war: nämlich auf die äußeren Bedingungen des Akzeptiertwerdens in der aristokratisch-höfischen Welt, die die Politik machte. Dies konnte schon in staufischer Zeit, wie etwa bei König Ottokar von Böhmen, nicht anders als durch Anpassung an Lebenswelt und Sprache des führenden deutschen Hofes oder der führenden deutschen Höfe vonstatten gehen. Interessanter wiederum als die Frage, welche Anteile das Polnische unter solchen Umständen noch eine Zeitlang an den Piastenhöfen hat behaupten können, ist die Frage, welche deutsche Mundart jedesmal verwendet worden ist – beim Minneliederdichten offenbar eher eine vornehme oberdeutsche und nicht die schlesisch-mitteldeutsche.

Von oben nach unten hat sich jedenfalls im Oderland, je mehr Höfe es gab und je besser die Verwaltung organisiert wurde, je mehr sich auch die Kommunikationsbedingungen verbesserten, das Schlesische als ein selbstverständlich gewordener Teil der deutschen Sprache dargestellt. Was man territoriale Integration[66] nennt, ein weiterer notwendiger das Überleben sichernder Prozeß wie der oft erwähnte des 13. Jahrhunderts, hat im 15. Jahrhundert im größeren Teil Schlesiens die sprachliche Vereinheitlichung zugunsten des Deutschen abgeschlossen. Auch der übliche Wunsch, sich von den Nachbarn zu unterscheiden, und die Folgen verstärkter kirchlicher Durchdringung des Landes bis hin zu den humanistischen Anstrengungen zu Ehren des heimischen Selbstverständnisses haben in dieselbe Richtung gewirkt.

Primär war bei alledem die gelungene Selbstintegration des sozialen Gefüges an der Oder. Regional organisierte Sozialpyramiden bilden die Grundlage der ganzen deutschen Geschichte. Was man, sozialwissenschaftlich geurteilt, als gesamtdeutsch bezeichnet, hat sich erst sekundär aus dem wachsenden Zusammenhang zahlreicher derartiger, in Sprache und Kultur herangewachsener und sozial stabilisierter Einheiten jeweils eigener Art herausgebildet.

Auch die Reliktsituationen des Slawischen sind eher sozialen denn anders zu verankernden Tatbeständen zuzuschreiben. So hat ein Teil des Adels, auch im Zusammenhang mit dem zum Besitzstand gewordenen Interesse an guten Kirchenpfründen, noch lange Zeit an der alten Sprache, ob Tschechisch oder Polnisch, in Böhmen und in Schlesien festgehalten. Auf diese Weise ist die abgehobene Existenz der Gruppe jedermann dargelegt worden.

Stellt man zum Schluß die zusammenfassende Frage, warum gerade in Schlesien ein so tiefgreifender ethnisch-sprachlich-sozialer Wandel auf dem in ganz verschiedener Form begangenen Weg eines Landes aus dem archaischen Zeitalter zum vollgültigen Glied einer »modernen« Kultur hat stattfinden können, während das anderswo nicht oder nicht so eingetreten ist, lautet die Antwort: Im Lauf des entscheidenden 13. Jahrhunderts hat sich in Niederschlesien eine vollständige Sozialpyramide der Ankömmlinge etablieren können, dasselbe schien in Oberschlesien vor sich zu gehen. An ihrer Spitze stand ein bald deutsch gewordenes Fürstenhaus. Adel, Klerus, Bürger und Bauern deutscher Sprache und Kultur schlossen sich gleichsam fugenlos und komplett und in den richtigen Proportionen an. Und vor allem: Es war die einzige moderne Sozialpyramide des Landes. Eine derartige slawische Sozialpyramide hat es in Schlesien nie gegeben, für die dafür notwendige soziale Modernität fehlten wohl viele quantitative Voraussetzungen in dem Sinn, daß der entwicklungsgeschichtliche Rückstand der Sozialverhältnisse zu groß gewesen ist. Hier liegt der fundamentale Unterschied zur Lage in Böhmen und Mähren, die etwa gleichzeitig mit Schlesien zur neuen Siedlung und Entwicklung gerufen hatten. Die deutsche Zuwanderung hat dort keine vollständige neue Sozialpyramide errichten können. Der Entwicklungsabstand zwischen Deutschen und Tschechen war wesentlich geringer als in Schlesien, das Beharrungsvermögen der zudem gleichzeitig teilmodernisierten tschechischen Sozialstruktur war deutlich größer, die Landesmitte war besetzt. Zuwandernde Bürger und Bauern, wenige Mönche und kaum Adlige und Kleriker haben sich inselhaft oder in Randbereichen durchaus respektabel und zumeist nicht auf kürzere Zeit als in Schlesien konsolidiert. Aber dies genügte nicht zur Neuformung des ganzen Landes. Im 13. Jahrhundert war nicht abzusehen, daß Oberschlesien zweihundert Jahre später in eine ähnliche Richtung aufbrechen würde.

STÄDTISCHE SIEDLUNG

Betrachtet man das schlesische »lange 13. Jahrhundert« ganz allgemein in entwicklungsgeschichtlicher Sicht, so wird man es zum einen ein Zeitalter kraftvoller Neuerungen und zum anderen eine Periode der Beschleunigung nennen. Man findet kaum ein Stück Lebenswelt vor, bei dem nicht beide Merkmale eine Rolle gespielt hätten. Gleichwohl kann man drei Bereiche als die wichtigsten hervorheben: die bisher unbekannte Existenzform der voll ausgebildeten Stadt als Konzentrationspunkt sozialer und ökonomischer Energien, den Wandel in der ländlichen Sphäre in Gestalt der Erschließung der unberührten Natur und der Einführung neuer Techniken und die Neuerungen im kirchlich-kulturellen Milieu. Es gäbe gute Gründe, von jedem dieser Felder an erster

Stelle zu sprechen. Mit der Betonung des Themas der Innovation hängt es vor allem zusammen, daß von der Stadt[67] zunächst gehandelt wird. Denn Altes und Neues trafen hier in besonders aufschlußreicher Form aufeinander. In sehr kurzer Zeit ist ein Wandel eingetreten, wie man ihn sich gründlicher kaum vorstellen kann. Man wird dies aus der Ferne und aus der Nähe verschieden formulieren. Entweder so: Schlesien rückte von der Peripherie, an welcher es sich bisher befunden hatte, in die Mitte Europas oder nahe an diese Mitte heran. Oder so: In Schlesien vermochte man auszubrechen aus der ziemlich hoffnungslosen Lage eines überholten und arg ertragsschwach[68] gewordenen Herrschaftssystems.

Das 13. Jahrhundert bildete aus der Nähe betrachtet keine Einheit. Bei genauem Hinsehen kann man gerade beim Städtewesen Absichten und Anfänge von der Vollendung und schließlich von der Verselbständigung des Vollendeten unterscheiden. Am Beginn stand das Fürstlich-Fiskalische, die Bergbaustadt zur Erschließung des Münzmetalls, das unmittelbar in politische Kraft umgeformt werden sollte, und die politisch-militärische Defensive, die Stadt als Schutzburg an der Grenze. Früh kam auch der Anstoß zur Steigerung des großen vorstädtischen Wirtschafts- und Politikzentrums zur »modernen« Metropole, was dann sehr rasch von den Bürgern selbst in die Hand genommen wurde. Erst danach trat das auf Dauer wesentlichste Thema hervor, die Erschließung des ganzen Landes durch Städte in Gestalt eines Städtenetzes.

Das alles geschah im Prinzip wie zuvor in Sachsen oder wie ziemlich gleichzeitig in Böhmen und Mähren, aber mit charakteristischen individuellen Abwandlungen. Greift man noch weiter aus bis zu den Anfängen der Gründungsstädte in ganz Europa, so gehört Schlesien in einen Zusammenhang, der etwa seit 1020 in Nordspanien, in Flandern vor 1100, rechts des Rheins zuerst 1120 mit Freiburg im Breisgau und im Neusiedelgebiet frühestens 1158/59 mit Lübeck beobachtet werden kann. Ältere, »gewachsene« Städte gab es allein im »Älteren Europa«; man kann sie nur annähernd und durch Vereinbarung der Fachleute mit einem Anfangsdatum im mittelalterlich-»modernen« Sinn versehen, so Köln mit dem Datum »um 950«. Zuletzt verlangt die europageschichtliche Perspektive auch über das vielgestaltigste, das 13. Jahrhundert ein Gesamturteil. Es kann für den Bereich der Städte, die Knotenpunkte der Modernisierung auf dem ganzen Kontinent, nur so lauten: Schlesien ist radikal verwandelt und dadurch im Sinn der Zeit europäisiert worden.[69]

Spricht man von der Stadt, muß man sich allerdings vor Selbsttäuschungen durch Gleichmacherei hüten, so als ob um 1300 oder irgendwann sonst Florenz und Steinau in Schlesien sehr viel Gemeinsames aufgewiesen hätten. Ebenso hätte man besser die Inflationierung des Begriffs der Stadt während ihrer Vorgeschichte im »Jüngeren Europa« in Gestalt der Aufwertung der nichtagrarischen Siedlung vermieden.[70] Man wird nicht klüger, wenn man nur zählt, ohne zu wägen und zu vergleichen. Stets muß man unterscheiden, wie viele Eigenschaften aus dem dicken Bündel, das die voll ausgebildete Stadt definiert, von Ort zu Ort nachweislich realisiert worden sind. Selbst das deutsche Städtewesen insgesamt, auf das man so stolz ist, ließ im Vergleich zu Süd- und Westeuropa schwerwiegende Defizite zutage treten, um von dem nördlich und östlich an die

Mitte anschließenden zu schweigen. Diese Defizite betrafen vor allem die Bevölkerungszahl und die davon abhängige Urbanität mit allen ihren so gewichtigen Folgen. Ein deutsches Paris hat es nie gegeben. Die städtische Universität in Köln ist zweihundert Jahre jünger als ihr Gegenstück in Bologna. Dabei war Köln, gerade noch Teil des »Älteren Europa« auf antikem Mutterboden, die weitaus bedeutendste Stadt des Mittelalters in nördlicher und östlicher Richtung bis an die Grenzen unserer Zivilisation.

Die ältesten gegründeten schlesischen Städte sind die Bergbauplätze Goldberg von 1211 und Löwenberg von 1217. Dazwischen wird man möglicherweise die noch eigens zu behandelnde Gründung Breslaus als Stadt des neuen Typs datieren. Die Grenzsiedlung wurde von Mähren her herausgefordert, dessen älteste Städte, die älter sind als die ersten böhmischen, aus eben dieser Konkurrenzsituation, nur auf der anderen Seite, hervorgegangen sind. Bis zum Mongoleneinfall von 1241 gegründet worden sind etwa auch Neumarkt, Zobten und Ohlau und vor allem die siedlungserschließende Städtereihe am linken Gebirgsrand vom gerade erwähnten Goldberg über Jauer, Striegau, Schweidnitz, Reichenbach, Münsterberg und Neisse bis Steinau. Wenn man sich Schlesien vereinfacht als ein parallel zur Oder dreistreifig gegliedertes Land vorstellt, so lag der Streifen mit den ältesten slawischen Siedlungsinseln am Fluß und zwei bisher wenig oder gar nicht besiedelte Streifen links und rechts davon bis zum Rand des Gebirges oder der Grenzwildnis. Im allgemeinen kann man sich eine Bewegung vor Augen führen, die sich von Görlitz im Nordwesten bis Oppeln im Südosten vollzogen hat und danach fortsetzte, unter anderem in Richtung auf Krakau.

Am raschesten, fast explosiv, entfaltete sich das Städtewesen seit 1241. Bis 1290 ist jener bedeutungsvolle Schritt getan worden, der von nun an von einem Netz von Städten statt von ihrer linearen Anordnung zu sprechen gestattet und das Land als verwandelt zu begreifen erlaubt. Die Städte waren in fast gleichmäßigem Abstand angeordnet. Im Jahr 1280 war die parallele Städtekette längs der polnischen Grenzwälder vollendet: Trachenberg, Trebnitz, Schawoine, Oels, Bernstadt, Namslau, Konstadt und Kreuzburg. Nun unterschied sich das Land ganz deutlich von den weniger urbanisierten Nachbarn, mit Ausnahme des besonders städtereichen Sachsen, das um 1300 schon 103 Städte auf ungefähr der Hälfte der Fläche Schlesiens zählte. Böhmen und Mähren, im allgemeinen gut entwickelte Regionen, wiesen ein weniger dichtes Städtenetz als Schlesien auf,[71] vom Osten und Süden, wohin die moderne Siedlung vorerst nur spärlich vorrückte, ganz abgesehen.

Die Periode bis 1350 ließ Platz nur für wenige Nachzügler, die kaum noch ins Gewicht fielen, besonders in den verspäteten Gebieten südlich von Oppeln, um Beuthen oder vor den Beskiden. Insgesamt gab es bis 1300 im alten Herzogtum Breslau 88 Städte, im alten Herzogtum Oppeln 46. Von allen diesen waren 119 dauerhaft erfolgreich. Auf eine Stadt entfielen im Durchschnitt 343 Quadratkilometer, ein Dorf war höchstens zwölf Kilometer von der nächsten Stadt entfernt. Im 14. Jahrhundert folgten dann noch dreizehn beziehungsweise sechs Städte in Nieder- und Oberschlesien.

Nach dem Ende des Gründungszeitalters ist auf das Wachstum der Gründungen zu achten. Die führenden Plätze haben sich bald um Neustadtbildungen vergrößert, so

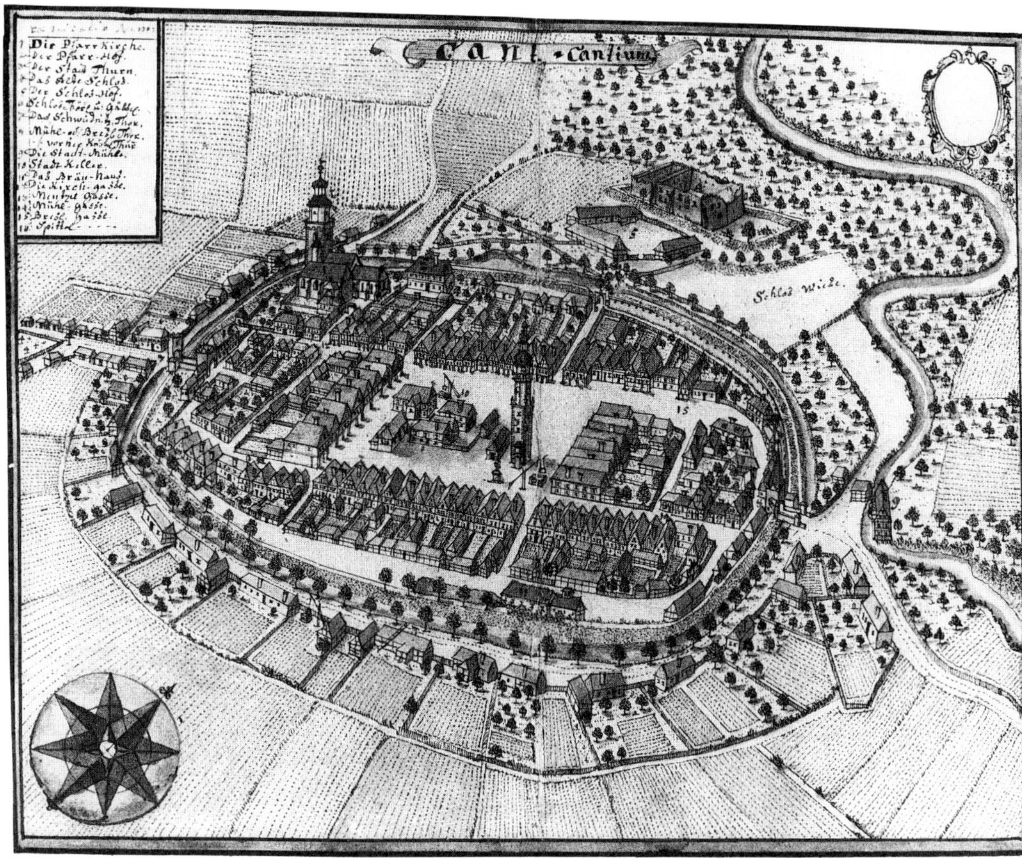

Die 1298 nach deutschem Recht gegründete Stadt Kanth südwestlich von Breslau zeigt in ihrem Grundriß die Merkmale der ostdeutschen Kolonialgründung: einen großzügig bemessenen Marktplatz (»Ring«) mit rechtwinklig darauf zulaufenden Straßen und einer runden Ummauerung. Die Pfarrkirche liegt abseits an der Stadtmauer. Die herzogliche Stadt gehörte seit dem 15. Jahrhundert dem Breslauer Bistum. Die Zeichnung Friedrich Bernhard Werners aus der Mitte des 18. Jahrhunderts belegt noch die Zerstörungen durch den Stadtbrand von 1624, als das Rathaus auf dem Ring bis auf den Turm und das vor der Stadtmauer gelegene Schloß vernichtet wurden.

natürlich Breslau, aber auch Glogau, Leobschütz, Liegnitz, Oberglogau, Oppeln, Ratibor und Sagan, später auch Löwenberg, Neisse und Oels. Der Vorsprung Niederschlesiens verringerte sich nicht, seine Städte waren die im Durchschnitt früheren und blieben die größeren. Der erste Kräfteüberschuß Niederschlesiens hatte sich häufig nach Oberschlesien gewandt. Einwohnerzahlen kann man für die hier behandelte Periode noch nicht angeben, doch mag als Anhaltspunkt dienen, daß um 1400 hinter der »Großstadt« Breslau mit wohl 13 000/14 000 Menschen Liegnitz, Glogau und Schweidnitz mehr als fünftausend Einwohner gezählt haben dürften. Je später die Gründung stattfand, um so kleiner fiel sie gewöhnlich aus. So kann man für Schlesien erkennen, daß im großen und ganzen auf ein Zeitalter der Mittelstädte, zum Beispiel Reichenbach von 1238 mit 21 Hektar Fläche, eine Periode der Kleinstädte, zum Beispiel Steinau an der Oder von 1243 mit acht Hektar, und dann der Zwergstädte gefolgt ist.

Es ist lehrreich zu sehen, daß im westlichen Streifen angesichts der Gründung von 29 herzoglichen Städten nur bei zweien von ihnen nichtherzogliches Land hat herangezogen werden müssen; ähnlich verhielt es sich auch im östlichen Streifen. Hier war fast alles frei gestaltbar. Im Mittelstreifen hingegen, wo differenziertere Rechtsverhältnisse vorlagen, sind von 31 herzoglichen Städten nur vier ohne Flächen»manipulation« ausgekommen. Die Städte sind eben auch dann in möglichst günstige Lagen hineingerückt worden, wenn es schwierig war.

Von den 134 schlesischen Städten bis 1300 waren 107 landesherrlich. Neun stammten vom Bischof von Breslau, zwölf von Klöstern und Ritterorden und sechs von Adligen. Alle größeren Städte waren herzoglich. Allein dem bischöflichen Neisse wird man mittleren Rang zusprechen. Im ausgehenden 15. Jahrhundert rechnet man[72] mit einem Anteil der Stadtbewohner an der Gesamtbevölkerung Schlesiens von einem Fünftel. Das ist ein für den deutschen Osten beachtlicher Wert. Im Altsiedelland waren die Verhältnisse »moderner«; für Westfalen, Thüringen oder Schwaben nennt man ein Viertel, für das linksrheinische »Ältere Europa« Werte bis fast zu einem Drittel in Flandern, aber für Polen weniger als ein Sechstel.

Die schlesische Stadt griff wesentlich intensiver – oder sollte man eher sagen: wesentlich besser sichtbar? – in das Land hinein, als man dies von binnendeutschen Kommunen gewöhnt ist. Sie zehrte die altslawischen Verfassungsformen geradezu auf. Hier handelt es sich um eine der zuverlässigsten Aussagen darüber, wie überwältigend das Neue war. Daß die alten Kastellaneien genauso ohne jedes Aufsehen in den Quellen noch vor 1300 erloschen wie schon davor die meisten nichtagrarischen Siedlungen und daß zuletzt das – freilich inzwischen verkleinerte – piastische Herzogtum Breslau von der Stadt Breslau, man muß es wiederholen, ebenfalls ausgezehrt wurde und daß der Stadtrat faktisch an die Stelle des Herzogs trat, das alles hat dieselbe Ursache: die Unwiderstehlichkeit des Erfolgs der Städte.

An die Stelle der Kastellaneien traten Weichbilder.[73] Diese neue Gerichtsverfassung machte die städtischen Erbvögte, die Nachkommen der Lokatoren und nunmehrige Stadtrichter, auch zu Richtern für zugehörige Dörfer. Das Wort »Weichbild« meint also etwas anderes als im deutschen Norden, nämlich einen Gerichtsbezirk. Das ganze

Land war bald in Weichbilder aufgeteilt. Dahinter stand im Kern der Gedanke von der Arbeitsteilung zwischen Stadt und Land unter eindeutiger Priorität der Stadt. Die höchstentwickelte Form der Weichbildverfassung war die von Anfang an gemeinsam entworfene und durchgeführte Besiedlung eines bisher unbewohnten oder kaum bewohnten Landstrichs in Gestalt einer Stadt und einer Anzahl von dazugehörigen Dörfern – ein bis heute nicht überbotener Höhepunkt der Landesplanung. Naumburg am Queis erhielt 1233 elf Dörfer zugemessen, Guhrau dann 1310 nicht weniger als 33. Das extrem schnell verwandelte und europäisierte Schlesien muß man sich aus solchen Wirtschafts- und Gerichtseinheiten zusammengesetzt vorstellen. Sie waren in den Grundgegebenheiten des Lebens autark; mit komplexeren Dingen wurden sie von Oberzentren, wie man heute sagen würde, versorgt, für die feinsten Dinge von Breslau. Der Abstand von Weichbildstadt zu Weichbildstadt betrug fünfzehn bis zwanzig Kilometer. So war die unentrinnbare Abhängigkeit des Landes von der Stadt mit günstigen Verkehrs- und »Lobby«-Bedingungen zur Stadt verbunden – eine der Höchstleistungen mittelalterlichen Zweckmäßigkeitshandelns im größten Jahrhundert des europäischen Mittelalters.

Im engeren Umkreis sorgten die Städte für sich mit derselben Absicht, diesmal allein auf das Ökonomische und »Polizeiliche« bezogen, mit Hilfe des Bannmeilenrechts.[74] Innerhalb einer unterschiedlich weit gedehnten »Meile« von mehreren Kilometern um die Kommune behauptete diese eine unterschiedliche Anzahl von Monopolen. Ein Markt, bestimmte Handwerke und die Gasthäuser durften nur in der Stadt betrieben werden. Besonders wichtig war das Monopol des Bierbrauens. Anscheinend hat es nicht selten beträchtlichen Widerstand gegeben, so daß man wohl nur von einer kompromißhaften Realisierung von Ansprüchen wird reden dürfen. Im Kern war auch das Bannmeilenrecht ein Triumph der neuen Welt über die alte. Denn in slawischen Gasthäusern, die nun zumeist untersagt waren, scheint man im Kleinen marktähnliche Wirtschaftsfunktionen ausgeübt zu haben. Das Gesamturteil lautet so: Städtische Vorrechte, die sich im Westen in langer Frist gewohnheitsmäßig und unauffällig ausgebildet haben mögen, sind in Schlesien unter dem Druck der Beschleunigung des 13. Jahrhunderts in die Privilegiensphäre geraten. Sie sind kompakter und rationaler als anderswo gehandhabt worden, für die Städte ein Vorteil »späterer Geburt«. So hat sich auch vom Kerngebiet Mähren-Schlesien aus, zuerst belegt in Troppau 1224, das Bannmeilenrecht über benachbarte Territorien in alle Richtungen ausgebreitet, diesmal auch zurück in »ältere« Regionen.

Überhaupt ist die Stadtverfassung, von der man nun innerhalb Schlesiens zum ersten Mal reden kann, in vielen Details ein interessantes Spiegelbild der Komplexität entwicklungsgeschichtlicher Situationen im Einzelfall bei voller Einheitlichkeit im Grundsätzlichen. Wie überall im Jahrhundert war das grundlegende Neue Import. Dort, wo es auf Legitimität besonders ankam, wie in der »Landeshauptstadt«, kümmerte sich der Landesherr in eigener Person um die bestmögliche und höchstrangige stadtrechtliche Lösung, auch wenn er die Einzelheiten nicht verstanden hat, da doch schon seine Kanzlei mit dem schwierigen Text nicht fertig wurde. Diese Lösung kam im Fall

Breslaus im Jahre 1261 aus Magdeburg, dem Zentrum des Städtewesens im mitteldeutschen Raum.[75]

So braucht man die aus Binnendeutschland wohlbekannten Fundamente nur kurz anzusprechen. Dort, wo der unüberbrückbare Unterschied der »modernen« Stadt zur nichtagrarischen Siedlung am klarsten hervortritt, dort auch, wo Verfassung in das nicht minder wichtige Gebiet des sozialen Lebens übergeht, steht als neuer Grundpfeiler das bisher in Ostmitteleuropa gänzlich unbekannte Prinzip der Genossenschaft oder Gemeinde. Genossenschaft oder Gemeinde meint die eidliche Verbindung gleichberechtigt handelnder Personen, die einem Herrn gegenübertreten. Da von den beiden Hauptprinzipien öffentlicher Existenz, vom herrschaftlichen und vom genossenschaftlich-gemeindlichen, im Osten nur eines existierte, ein unbeschränkt herrschaftliches, hat es auch kaum Sinn, bis zum Import dieses Prinzips nach westlicher Art von Freiheit zu sprechen. Denn man kannte den Zusammenschluß der Beherrschten, der allein Freiheit zu behaupten vermag, nicht. Es ging also im europäischen 13. Jahrhundert nicht »nur«, wie man manchmal unzureichend sagt, um den Import der Rechtsstadt als Ort des Stadtrechts auch nach Schlesien. Es ging um den Import des freiheitsichernden Zusammenschlusses in allen möglichen Verbänden, im Dorf, in der Stadt, der politischen Standesvertretung und der Zunft. Die historische Erfahrung zeigt, daß diese Verbände in der Regel, jedenfalls auf Dauer, unüberwindlich waren. Auf der Gemeinde oder Genossenschaft ruhte auch die freiheitliche Eigenständigkeit beim gesamtstädtischen, beim innerstädtischen und beim persönlichen Handeln und die Freiheit des wirtschaftenden Menschen, der das »moderne« ökonomische Europa und das »moderne« Schlesien geschaffen hat.

Einige Einzelheiten der Stadtverfassung werden noch am Beispiel Breslaus dargelegt werden. Im allgemeinen gilt, daß heute gern abstrakt ausgesprochene Prinzipien sich in der Praxis des Mittelalters durchaus konkret entfaltet haben. Das Stadtrecht war keine systematische Grundordnung, sondern regelte neben der Gemeindeverfassung vor allem Grundbesitz- und Erbfragen und das Kaufmännische, also etwa das Recht des Gläubigers und Schuldners. Mutterrechtsstädte übertrugen ihr Recht auf Tochterstädte, oft durch Verleihung des Landesherrn.[76] Die »Töchter« wandten sich in Zweifelsfällen weiterhin an die »Mutter«, was Breslau gegenüber Magdeburg hunderte Male getan hat; die Aufzeichnungen sind glücklicherweise erhalten geblieben. Demgemäß verfuhren zahlreiche kleinere schlesische Städte, deren »Mutter« Breslau geworden war oder auch Neumarkt oder Leobschütz. Die Rechtskreise wiesen aktiv und passiv über Schlesien hinaus, schon weil die landesherrlichen Einheiten für den innerstädtischen Regelungsbedarf wenig Sinn besaßen und ohnehin fachlich inkompetent gewesen wären. Denn herrscherliche Stadtprivilegien boten immer nur Kurzformeln und öfter nicht einmal diese; überhaupt wären schriftliche Formulierungen im 13. Jahrhundert noch nicht imstande gewesen, die ganze Breite des sich gewohnheitsrechtlich-mündlich abwickelnden Rechtslebens der Stadt in Worte zu fassen. Es waren alles Regelungen im Rahmen der vorgegebenen Sozialverfassung, das heißt der Unter- und Zuordnung des Stadtbürgers gegenüber der aristokratischen Lebensform des Territorialstaats. Gleich-

Ein Gradmesser für die Unabhängigkeit der schlesischen Städte war das Maß ihrer Stadtgerichtsbarkeit. Der Breslauer Rat erlangte bis 1329 die uneingeschränkte Gerichtsbarkeit über die Stadt, ihr Schöffenstuhl wurde aus dem ganzen Land um Rechtsweisung gebeten. Die Staupsäule vor dem Breslauer Rathaus war nicht nur ein Rechtswahrzeichen, sondern der Schauplatz für den Vollzug vieler Urteile. Hier fanden bis 1681 die »besseren« Hinrichtungen statt, soweit sie nicht vor den Mauern der Stadt am Rabenstein vollzogen wurden. Die Zurschaustellung am Pranger oder die öffentliche Auspeitschung, die oft gegen Frauen zur Anwendung kam, waren entehrend.

Das Leobschützer Recht orientierte sich am Sachsenspiegel und am Magdeburger Recht, aber mit kleineren Abweichungen, die nur hier und in einem Umkreis mährischer Städte galten. Der Rat der Stadt Leobschütz beauftragte den in Breslau tätigen Buchmaler Johannes von Zittau mit einer Prachthandschrift des Stadtrechtes, die 1421 vollendet wurde. Die miniaturisierten Initialen beziehen sich auf den deutschsprachigen Text, ebenso auch der elegante Bordürenschmuck im böhmischen Stil. Auf der Beispielseite beginnt oben ein neuer Abschnitt: »Hy hebit sich an daz dritte buch und leert wer von rechte eyn richter geseyn möge …«, weiter unten zeigt die Initiale E einen Richter in der Beratung. Auch die beiden männlichen Figuren in der Schmuckranke lassen sich als Richter deuten.

wohl wies das städtische Recht weit in die Zukunft, wie dies als erste die norditalienischen Kommunen schon im 11. Jahrhundert so beeindruckend vorführen. Allein die neuartige Möglichkeit, Grundbesitz zu kapitalisieren, eröffnete wirtschaftliche Reserven, an die zuvor auch nicht von ferne hat gedacht werden können.

Zum grundlegend Neuen in Stadt und Dorf der Siedlungszeit gehört das Messen und Vermessen, zuletzt eine antike Kunst und Lebenshaltung. Die exakt vermessenen Grund- und Flurstücke waren die Bausteine der neuen städtischen und ländlichen Existenz, aus denen sich alles Weitere ergab – zuletzt auch, was wir Landesplanung und sogar lineare Außengrenze eines Landes nennen. Die Neuanlagen der deutschen Städte, Dörfer und Fluren und später auch, nach diesem Vorbild, slawischer Dörfer und Fluren, waren nicht nur von der einheimischen Siedlung, falls sie vorausgegangen war, topographisch ein Stück abgerückt. Sie bedeuteten der Mentalität nach etwas ganz anderes. Planende Voraussicht und vernünftiges Handeln, die Arbeit der Landvermesser nach den Anweisungen der Lokatoren, symbolisieren das Neue insgesamt. Vermessener Grund und Boden eröffnete, wie auch das herrschaftliche Obereigentum beschaffen sein mochte, sehr rasch den Weg zum privaten Besitz, der frei besessen, vererbt, verkauft, gekauft und belastet werden konnte.

Wie mit den kleinen konnte man mit den großen Einheiten umgehen. Das völlig regelmäßige Gitterschema der Stadt mit den sich rechtwinklig kreuzenden Straßen, dem großen viereckigen Marktplatz und der etwas seitlich versetzten Kirche beherrscht Schlesien bis heute. Die Umbauung der vier Seiten eines Marktplatzes ergab normalerweise vierzig Grundstücke. Das Doppelte bot sich dar, wenn an jeder Marktecke zwei rechtwinklig aneinanderstoßende Straßen angesetzt wurden. Das Vierfache stellte sich ein für den Fall, daß ein Quadrat von Parallelstraßen zu den Marktseiten angelegt wurde. Das Herzogtum Oppeln mit seinen etwas späteren Stadtgründungen wird von diesen drei Typen bezeichnet. Das sehr bald geläufig gewordene, sehr »moderne« Zusammendenken von Stadt- und Dorfvermessung kann man etwa daran ablesen, daß die Stadt Neumarkt, eine der ältesten Gründungen, ein völlig präzises Quadrat von der Größe einer flämischen Bauernhufe einnahm.

Um das grundsätzlich andere der »modernen« Stadt in Schlesien am besten zu verstehen, sollte man sich zuletzt die neue soziale Formation des Bürgertums vor Augen führen. Das Vorhandensein oder das Fehlen eines Bürgertums unterscheidet wohl am deutlichsten Länder im Zustand der archaischen Zeit von denen in einem darauffolgenden »modernisierten« Zeitalter der europäischen Geschichte. Länder ohne breites Bürgertum, wie noch das frühneuzeitliche Polen, wird man weiterhin als verspätet und peripher klassifizieren. Daß in Schlesien ein zahlenmäßig starkes, so gründlich mit dem ganzen Land verflochtenes Bürgertum verhältnismäßig früh entstanden ist, hat vielfältige positive Folgen gehabt, zum Beispiel schon für die Existenz einer ansehnlichen Gruppe schlesischer Universitätsgebildeter im ausgehenden Mittelalter, und hat das Land, solange dieses Bürgertum bestand, in der Mitte Europas oder sehr nahe bei ihr verankert. Die Rückwirkungen auf alle anderen sozialen Gruppen des Landes waren beträchtlich, beginnend mit der Anverwandlung von Teilen der Landbevölkerung an das

Selbstbewußtsein und Reichtum der Stadt Breslau kommen in dem prächtigen gotischen Rathaus zum Ausdruck. Durch An- und Ausbauten wurde der im frühen 14. Jahrhundert begonnene Bau bis in die Jahre um 1500 erweitert und so zum bedeutendsten älteren Profanbau Schlesiens. In diesem Haus wurde nicht nur Stadtgeschichte gemacht. Auch das schlesische Landesparlament tagte in habsburgischer Zeit im Fürstensaal des Rathauses, und Friedrich von Preußen empfing hier 1741 die erste schlesische Landeshuldigung. Das Foto vom Ende des 19. Jahrhunderts zeigt die dreigieblige Schaufront.

städtische Milieu; denn ohne dauernde Zuwanderung vom Land konnten mittelalterliche Städte in der Regel demographisch nicht bestehen. Stadt- und Landadel standen sich auch in Schlesien, jedenfalls bis zum 14. Jahrhundert, nahe. Auch der gehobene Klerus wandelte sich nach und nach von stark landadliger Zusammensetzung zu einer immer deutlicher bürgerlichen. Der Übergang zur Markt- und Geldwirtschaft ist ohne die führende Rolle des Bürgertums undenkbar; im Vergleich zu den urtümlichen Wirtschaftsformen des 12. Jahrhunderts war dieser Fortschritt sehr beträchtlich.

Die Dynamik des Wandels, die sich als Haupteindruck vom schlesischen 13. Jahrhundert aufdrängt, war in erster Linie eine Angelegenheit des Bürgertums. Rechtsgleichheit, Rechtssicherheit und freies Eigentum, ungeachtet fortbestehender sozialer und politischer Ungleichheit, schufen ein Klima der Leistung. Sie versprach sich für den Hausvater, die Familie und für die Erben zu lohnen, war also auch von bemerkenswerter Offenheit zur Zukunft hin. Man kann von freier Lebensgestaltung im Rahmen der christlichen und städtischen Lebensordnung sprechen. Dies alles hatte es zuvor in Schlesien nicht geben können. Soweit man überhaupt für das Mittelalter derlei formulieren darf, handelte es sich nun um ein Klima des Wettbewerbs freier Individuen, um die nach der historischen Erfahrung Europas günstigste Konstellation, wenn Wohlstand und Fortschritt für möglichst viele Beteiligte herbeigeführt werden sollen.

Über die ethnische Zusammensetzung dieses Bürgertums[77] erfährt man im Lauf des 13. Jahrhunderts allmählich mehr. Man kann mit entsprechender methodischer Vorsicht vom überlieferten städtischen Namengut auf die Sprache der Stadtbewohner schließen, man kann die Lokationsurkunden analysieren und die allgemeinen sozialen Voraussetzungen in Schlesien selbst und in seinem Umkreis studieren. Aus Niederschlesien sind bis zum Jahr 1326 aus 35 Städten 1949 Einwohnernamen bekannt, von denen 1403 bestimmbar sind. 21 Namen aus dieser Zahl oder 1,4 Prozent waren slawisch, die übrigen deutsch. In Oberschlesien kennt man bis zum selben Endpunkt aus sechs Städten 125 Namen, von denen neunzig bestimmbar sind. Es waren 88 deutsche, der slawische Anteil betrug diesmal 2,2 Prozent. Es handelt sich übrigens bei weitem nicht nur um Namen aus Führungsfamilien, sondern in ansehnlicher Zahl auch um solche von Handwerkern. Bezeugt sind ebenfalls Namen aus kleinen Städten, die keine vornehme Oberschicht hervorgebracht haben. Wo in sehr seltenen Fällen in Steuer- oder Strafsachen die ganze Bevölkerung im Querschnitt greifbar wird, ergibt sich dasselbe Bild. So verlangt es auch die Gesamtkonstellation der Sozialgeschichte des Jahrhunderts, die mit der Baugeschichte der vermessenen Stadt einen so konsequenten Anfang genommen hat. Grund- und Hausbesitz und Bürgereigenschaft, das heißt Teilhabe an der importierten Gemeindeverfassung, waren sehr eng miteinander verbunden.

Die Geschichte Breslaus,[78] des Mittelpunktes Schlesiens, verdient besondere Aufmerksamkeit. Die Vorgeschichte der Stadt bildet eine jahrhundertelang zurückreichende Konstellation von zuletzt mehr als einem halben Dutzend Ansiedlungen. Verschiedene soziale Gruppen hatten sich jeweils für sich auf einem zuletzt mehr als vierhundert Hektar großen, locker besetzten Gebiet am Oderübergang niedergelassen. Die Plätze waren größtenteils nichtagrarischer Natur, an der Spitze herzoglich mit der

Burg – und dem Namen Breslau –, mit einem zuletzt sehr ansehnlichen Suburbium von 2 000 bis 2 500 Menschen und bischöflich mit der Domkirche. Außerhalb der Dominsel bestanden im späteren 12. Jahrhundert zwei Klöster und zwei Kirchen sowie ein Markt. Seit etwa 1150 gab es außer den heimischen Handwerkern eine Ansiedlung wallonischer Weber und ungefähr seit 1200 einen Wohnbereich deutscher Kaufleute. Man kann dies mit den Prager, allerdings älteren Verhältnissen vor der Gründung der Altstadt 1234/35 ganz gut vergleichen. Es war jedenfalls die größte Menschenansammlung in Schlesien vor dem Zeitalter des Städtewesens.

Ein Vorsteher (Schulze) der Deutschen wird zum Jahr 1214 erwähnt, was nicht unbestritten als Zeugnis für die Existenz der ersten Gründungsstadt Breslau verstanden wird. Spätestens bestand diese in den dreißiger Jahren. Ihr Ort – früher am Neumarkt lokalisiert – wird heute anderswo gesucht. Gewißheit hat man erst nach dem Brand beim Mongoleneinfall von 1241. Unmittelbar darauf folgte vor dem 10. März 1242 die zweite Stadtgründung mit der heute bestehenden Topographie. Den Mittelpunkt bildete von Anfang an der riesige Markt, der Große Ring mit 3,64 Hektar Fläche. Die Straßen folgten dem klassischen Gitterschema der Siedlungszeit.

Die Stadt entwickelte sich nahezu explosiv, sie wuchs gleichsam durch die piastische Herzogsverfassung hindurch zum wahren Zentrum Schlesiens heran. Gemäß dem Magdeburger Vorbild stand an der Spitze zunächst ein Erbvogt mit elf Schöffen, was erstmals 1254 bezeugt ist. Ein Rat ist 1266 nachgewiesen, seit 1287 kennt man alle Ratsherren mit Namen. Der Rat, mit zumeist acht Personen ungewöhnlich klein, war wie üblich das erfolgreichere Organ. Er wurde im Lauf der Zeit zur politischen Obrigkeit der Stadt und des Umlandes, obwohl er eigentlich nicht mehr war als ein Ausschuß der geschworenen Gemeinde der Bürger, also der Hausväter. Die Schöffen sahen sich auf gerichtliche Aufgaben verwiesen. Wie dann auch die Schöffen wählte man den Rat jährlich neu, und zwar tat dies jeweils am Aschermittwoch der abtretende Rat.

So wurden Ratsherren nur Mitglieder eines verhältnismäßig kleinen Kreises von Familien, zuerst der Stillevogt, von Görlitz, von Lübeck, Ruthenus, von Banz und von Bunzlau. Sie hießen in Breslau »Geschlechter«. Doch war diese Gruppe bei weitem nicht so gefestigt oder auch erstarrt wie in anderen großen deutschen Städten. Die Aufsteiger mit Erfolg kamen allerdings praktisch allein aus Kaufmannsfamilien, Handwerker waren stets sehr wenige im Rat. Spätere Bürgerkämpfe, das übliche Ventil für die Unzufriedenheit jüngst Reichgewordener mit der Führungsgruppe, haben daran nichts Wesentliches geändert. Bürgermeister sind seit 1333 bekannt, ein Stadtschreiber seit 1287, das Siegel der Bürger seit 1262. Das Rathaus erbaute man auf dem Ring, zuletzt ein Bau, der in der älteren deutschen Stadtgeschichte seinesgleichen sucht. In der Krise des Herzogtums kaufte die Stadt die Erbvogtei (1326–1329), und 1327 schloß sich die im Jahre 1263 als selbständige Einheit gegründete Neustadt an. Der Rat schwor seit diesem Jahr nicht mehr einem Herzog, sondern seinem Vorgänger. In Binnendeutschland hätte man daraus geschlossen, daß der Weg zur Freien Stadt nur noch kurz war.

Die Stadtmauer, 1261 bis 1272 erbaut, umfaßte ein Gebiet von 60 Hektar, die Mauer von 1290 bis 1350 dann 120 Hektar. Nach dem Anschluß der Neustadt, wohl samt Vorstädten, nennt man 150 Hektar. Die Prager Altstadt mit einer höheren Bevölkerungszahl maß 80 Hektar. Köln war schon 1106 auf 223 Hektar angewachsen, seit 1180 zählte die Stadt 405 ummauerte Hektar. Schätzungen der Einwohnerzahl sind für das 13. Jahrhundert nicht möglich. Im 14. Jahrhundert bestanden fünf Vorstädte, die Bannmeile dehnte sich sieben bis 12,5 Kilometer aus.

Den Rang Breslaus weist auch aus, daß spätestens um 1200 eine Siedlung von Juden[79] bestanden hat, deren erstes Zeugnis ein Grabstein von 1203 ist. Jüdische Siedlungen gab es später im 13. Jahrhundert auch anderswo in Schlesien, die Zuwanderung erfolgte offensichtlich vom Westen. Auch nachdem die päpstlichen Abgrenzungsmaßnahmen 1267 auf der Synode von Breslau bekanntgemacht, aber schwerlich schon befolgt worden waren, konnten sich die Juden wohl in größerer Breite als weiter westlich beruflich betätigen, selbst im Warenhandel. Gemeinden gab es außer in Breslau vor 1350 in Brieg, Glogau, Liegnitz und Schweidnitz. Den Herzögen war die Verbreiterung des schmalen Kapitalmarkts willkommen, wie Schutzbriefe des ausgehenden 13. Jahrhunderts zeigen. Wohl eine Generation danach, vielleicht auch aus Konkurrenzfurcht, setzte der Umschwung ein. Er fand in den Verfolgungen der Jahrhundertmitte den traurigen Höhepunkt. Von 66 oder 68 Familienoberhäuptern überlebten fünf oder acht den Pogrom von 1349.

Die »moderne« Wirtschaftsgeschichte[80] Schlesiens ist wie anderswo auch zuerst ein Stück Stadtgeschichte. Im Hinblick auf die Existenz, wenn auch bestimmt nicht auf die Quantität des Warenhandels setzte das 13. Jahrhundert aber auch Bestehendes fort, allerdings mit Abwandlungen. Man kann dies an der Rolle der Fernstraßen ermessen, die sich in Breslau kreuzten. Die West-Ost-Straße, die »Hohe Straße«, die Frankfurt am Main und damit das Rheinland über Leipzig mit Breslau verband und weiter nach Krakau und Kiew führte, gewann an Gewicht. Im Vergleich dazu verminderte sich die Bedeutung der gleichsam vorgeschichtlichen Nord-Süd-Verbindung, der »Bernsteinstraße«. Die Oder war als Verkehrsweg fast ohne Gewicht. Der West-Ost- und Ost-West-Verkehr hatte wesentlichen Anteil an der »Europäisierung Europas«, indem der Austausch von westlichen Fertigwaren und östlichen Rohstoffen offensichtlich stark zunahm. Der Edelmetallbergbau des Landes zeigte sich im Vergleich zu Sachsen und Böhmen/Mähren eher etwas enttäuschend, und das Tuchgewerbe zumal Breslaus blieb mehr eine regionale Angelegenheit. Noch weniger ging es um Getreideexport.

Das Geld brachte offenbar die Zwischenhandelsposition. Der Große Ring mit dem Kaufhaus war mit 208 mal 175 Metern der weitaus größte Marktplatz Schlesiens. Westliches Importtuch nebst anderen Fertigprodukten, Salz und Blei aus Polen, Wein aus Ungarn und Österreich kreuzten sich hier. Ein wichtiges Datum war der Erwerb des Stapelrechts im Jahr 1274, des einzigen in Schlesien. Es zwang die passierenden Kaufleute dazu, ihre Waren für eine bestimmte Frist auch in Breslau zum Verkauf anzubieten. Acht Jahre zuvor hatte die Stadt den Marktzoll und alle Zölle im Umkreis von zwei Meilen vom Herzog gegen einmalige Zahlungen erworben. Ohne daß man ausreichend über Einzelheiten Bescheid weiß, beeindruckt die Höhe der Summen, die am Ende des 13. Jahrhunderts in Breslau auf einem Schlag aufgebracht und bewegt wurden, bis hinauf zu tausend Mark Silber, wobei eine Mark etwa 230 Gramm wog. Um 1300 sahen die großen Städte in Böhmen, Polen und Schlesien die Chance gekommen, in das politische Leben der Fürsten nach ihren Interessen einzugreifen. Auf Dauer ist dies nirgends gelungen, das mittlere und das östliche Europa blieben aristokratisch bestimmt. Doch war Breslau jedenfalls im Vergleich mit Prag oder gar mit Krakau am dauerhaftesten erfolgreich, ganz sicher auch aufgrund der Schwäche seines Partners.

Der Anschluß Breslaus an den »Welthandel«, das heißt an den Mittelmeerraum und an den flandrisch-hansischen Nord- und Ostseeraum, und die Stärkung der eigenen Produktion wird im Verlauf des 14. Jahrhunderts noch besser gelingen. Breslau war und blieb jedenfalls die erste Stadt zwischen Danzig und Thorn einerseits und Wien andererseits am Rand nicht des deutschen Wirtschaftsgebiets, aber des geschlossenen Sprachgebiets und zog daraus seinen Gewinn.

LÄNDLICHE SIEDLUNG

Die Zuwanderung deutscher Bauern[81] nach Schlesien hat weniger Aufsehen erregt als das Gründen von mehr als hundert Städten. Jenes war ein langgedehnter, nicht »explosiver« Vorgang. Er war kleinteilig und erforderte nicht soviel Planung und Kapital wie das Umgehen mit einer Stadt – solange man nicht zur kombinierten Stadt-Land-Siedlung übergegangen war. Der Abstand der Aristokratie zu den landbebauenden Leuten war größer als zu den Stadtbürgern. Nach Bauern vermochten auch nichthochherrschaftliche Kräfte Ausschau zu halten; bei diesen hat in Schlesien, soviel man weiß, die ländliche Siedlung begonnen. Sie verlief genauso friedlich wie die Entstehung des modernen Städtewesens und war ebensosehr vom Sog des Ostens bestimmt, nicht vom Druck des Westens. Auf lange Sicht ist Schlesien durch seine deutschen Bauern nicht weniger gründlich umgestaltet und europäisiert worden als durch seine deutschen Bürger. Durch der Hände Arbeit wurde aus vielfach bis dahin unberührter Natur, was wir Kultur nennen.

Unter dem Gesichtspunkt der deutschen Sprachgeschichte ist die ländliche Siedlung die wichtigste. Städte nämlich, die in Mittelalter und Neuzeit schnell emporwachsen konnten, vermochten Sprache und Kultur ihrer Gründergeneration angesichts des Bedarfs an ständiger Zuwanderung nur dann zu behaupten, wenn rundum sprachlich und kulturell verwandte Dörfer bestanden.

Inzwischen hat man Gewißheit über das hohe Maß von Gleichartigkeit oder Vergleichbarkeit agrarischer Siedlungsvorhaben überall auf dem Kontinent, vor allem seitdem man vom »Aufbruch Europas« seit dem 11. Jahrhundert sprechen kann.[82] So gesehen mag es ein »Zufall« gewesen sein, daß zu der Stunde, als Schlesiens Dynastie »staatlich«-politisch konkurrenzfähig gemacht werden wollte, dafür aus der üblichen europäischen Himmelsrichtung des Westens praktisch nur Deutsche zur Verfügung standen. Einige Zeit später wurde es demgemäß möglich, daß slawische Schlesier die neuen Agrartechniken übernahmen und ihrerseits praktizierten; dadurch wurden auch künftige sprachliche Ausgleichsvorgänge auf dem Land wahrscheinlicher. Das Hauptproblem ist die Ausgangslage der Slawen in Schlesien um 1200 in quantitativer und qualitativer Hinsicht.

Gut bekannt in der schlesischen Geschichte ist jene Urkunde Herzog Boleslaus' I. aus dem Jahr 1175,[83] in welcher er das von ihm gegründete Zisterzienserkloster Leubus in Schutz nimmt und dessen Rechte und Besitzungen bestätigt. Die Mönche von Leubus sind aus Pforte im heutigen Sachsen-Anhalt berufen worden. In der Urkunde wird zum ersten Mal die deutsche Bauernsiedlung in Schlesien erwähnt. Es heißt da: »Alle Deutschen, die künftig die Güter des Klosters bebauen oder – durch den Abt auf ihnen angesiedelt – dort Wohnung nehmen werden, sollen für immer ohne jede Ausnahme vom polnischen Recht befreit sein.« Wann präzise die Besiedlung eingesetzt hat, kann man der Urkunde nicht entnehmen. Im Jahr 1202 jedenfalls saßen schon deutsche Bauern auf Leubuser Grund. Etwa gleichzeitig, wohl auch vor 1200, hat die deutsche Siedlung auf herzoglichem Gut begonnen und anscheinend rasch beträchtliche Ausmaße erreicht. Denn um 1215 kam es über der Frage nach den Zehntabgaben der deutschen Bauern zu einem Konflikt des Herzogs mit dem Bischof von Breslau.[84]

Schon vor diesen Erschließungsvorhaben hat es in Schlesien wohl seit einem halben Jahrhundert Siedlungsvorgänge mit Hilfe heimischen Landvolks gegeben; diese haben auch die Anfänge der deutschen Kolonisation begleitet.[85] Damit ist nicht die sogenannte Umsetzung slawischer Bauern zu deutschem Siedlerrecht gemeint, die in Schlesien erstmals im Jahr 1248 nachweisbar ist. Vielmehr ging es wohl infolge eines Bevölkerungswachstums um die Ausdehnung der Nutzfläche gemäß einheimischer Tradition und mit einheimischen Methoden. Man erkennt dieses Geschehen an bestimmten Ortsnamen und kann es anhand der unverändert bleibenden Wohn- und Anbauformen, mit Hilfe also der Weilerstruktur und des kleinformatigen und unregelmäßigen Flurgefüges beurteilen. Alles spricht dafür, daß solche Bemühungen rasch an Konkurrenzfähigkeit verloren haben und aufgegeben worden sind. Von der Jahrhundertmitte an wurden Importmethoden auch in diesem Bereich angewandt. Wenn agrarische Modernisierungsversuche nahezu überall in Europa stattgefunden haben, so heißt dies eben noch lange nicht, daß jeder von ihnen erfolgreich gewesen ist. Der auch in Schlesien sogleich eröffnete Wettbewerb zwischen den einzelnen Herrschaftsträgern sorgte für das Streben nach dem Modernsten.

Von der Gegenwart her geurteilt ist der Zugewinn an bäuerlicher Freiheit für diejenigen vier Fünftel aller Schlesier, die auf dem Land wohnten, und damit am Ende für Hunderttausende das aufregendste Moment der ländlichen Siedlung. Dieser Zuwachs vollzog sich für die Deutschen im Licht zahlreicher Schriftzeugnisse des 13. Jahrhunderts. Ungefähr vierhundert seit 1221 ausgestellte und erhaltene Lokationsurkunden, das sind Gründungsdokumente für Städte und Dörfer,[86] ein einmaliger Schatz im ganzen deutschen Neusiedlungsgebiet, legen allerdings mehr das gute Neue dar und schweigen meist vom schlechten Alten. Dieses war dem anderen Teil der Schlesier, den slawischsprechenden, bis dahin auferlegt und blieb es zunächst auch: Unfreiheit, Gebundenheit an die Scholle, Wahl des Ehegatten womöglich nur aus dem eigenen

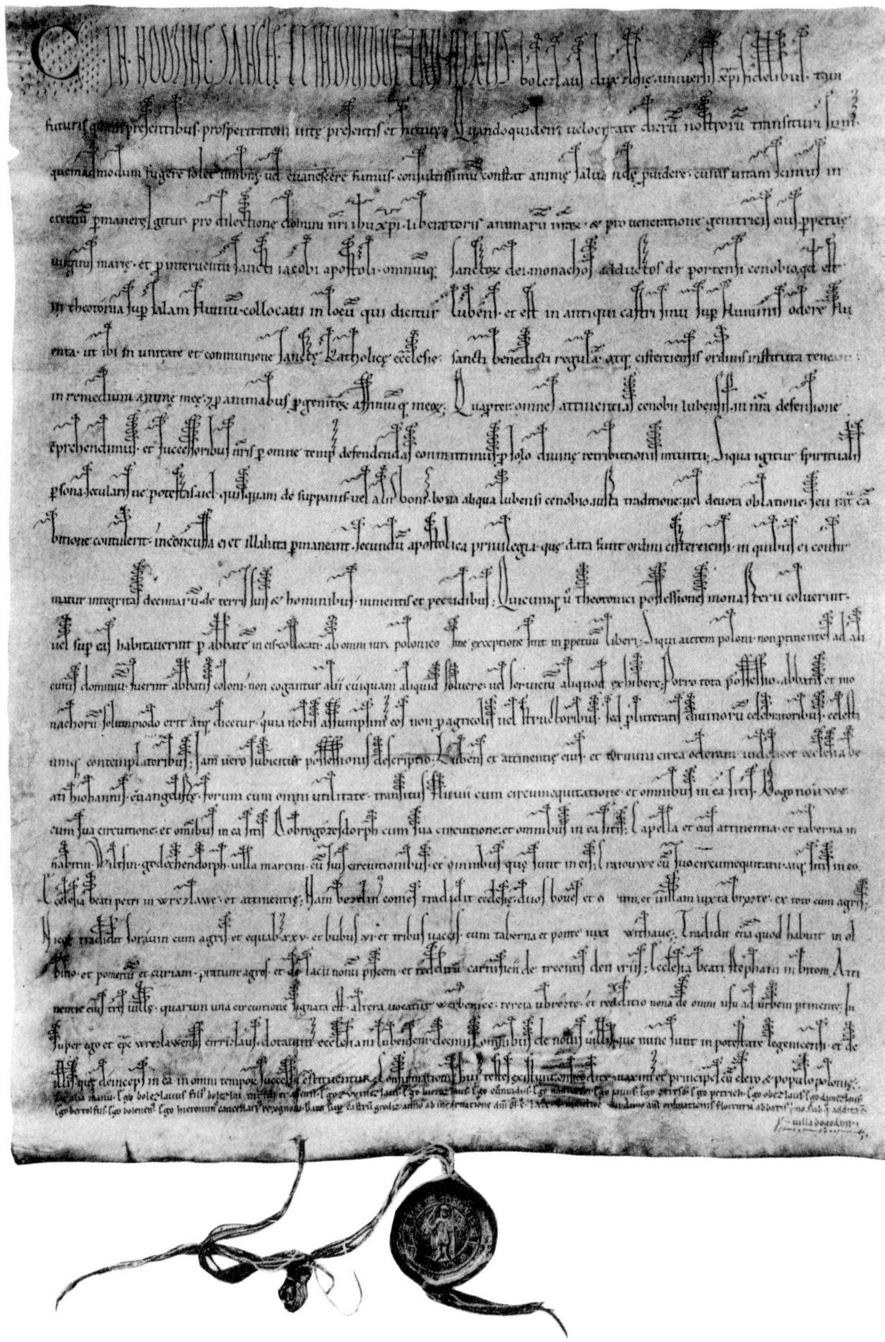

Die Stiftungsurkunde des Herzogs Boleslaus I. von Schlesien vom Jahre 1175 für das in Leubus geplante Kloster steht am Anfang der das ganze Land verändernden Erschließung durch deutsche Siedler.

Dorf, unbeschränkte willkürlich befohlene Dienstleistungen für den Herrn unter schlimmen Lebensumständen.[87]

Das neue Recht meinte nicht, ebensowenig wie in der Stadt, Freiheit an und für sich im heutigen individuellen Sinn, die man seinerzeit als Bindungs- oder Wurzellosigkeit negativ verstanden hätte. Es meinte auch nicht den heute eng mit der Freiheit verbundenen ausgedehnten Gleichheitsanspruch. Es handelte sich vielmehr um weitreichende Einzelfreiheiten, die den Freiheiten des Stadtbürgers eng verwandt waren und eine große neue Mittelschicht schufen. Sie bestanden innerhalb der fortdauernden, wenn auch durch die Regeln der ökonomischen Vernunft und durch genossenschaftliche Selbstbehauptung gedämpften Ständegesellschaft. Diese Freiheiten waren allerdings nicht für alle Zeiten fixiert, sondern mochten nach Generationen dem Wandel unterliegen.

Das (Ober-)Eigentum des Grundherrn am ländlichen Besitz bestand fort, aber es gab keine Belastung mehr der Person, der Familie oder des Gesindes des Bauern, also keine Frondienste oder verwandte Lasten. Das neue aus dem Westen importierte Rechtsverhältnis der Erbzinsleihe meint, daß nach einer Reihe von abgabefreien Jahren während der Rodungs- und Aufbauzeit, in Schlesien zumeist sechzehn Jahre, eine jährliche, nicht allzu belastende Geldleistung je Hufe zu erbringen war. Diese Leistung kam einer Besteuerung sehr nahe. Der Hof des Bauern konnte wie das Haus des Bürgers von diesen vererbt, verkauft und gekauft werden. So blieb die Eigenverantwortlichkeit des wirtschaftenden Menschen in Hof und Dorfgemeinde unbehindert, und die Leistung wurde belohnt.

Dies war das »deutsche Recht«, das *ius teutonicum*, wie es in Schlesien zum erstenmal 1221 bezeugt ist, oder, wie man mit frühen Formulierungen besser sagen sollte, das »Recht der Deutschen«, *ius Teutonicorum*.[88] Denn es handelte sich keineswegs um ein allgemeines deutsches Recht, das es wie in allen großen Ländern in Zeiten geringer staatlicher Verdichtung gar nicht hat geben können, sondern um ein Recht, das man den angeworbenen Deutschen in Schlesien zubilligte. Damit suchte man zweierlei Tatbeständen gerecht zu werden: Das neue Recht durfte nicht schlechter sein als das regionale heimische Recht der Ankömmlinge, sondern wenn möglich besser, und es mußte ganz anders sein als das Recht oder die Rechtlosigkeit der slawischen Landbevölkerung. Es handelt sich also um eine »Fremdbezeichnung«, wie dies in älterer Zeit vielfach üblich war, auch im staatlichen Leben. Erst die im 15./16. Jahrhundert kommende Integration der Territorien sollte Vereinheitlichungsvorgänge im Rechtsleben mit sich bringen, die vielleicht nicht einmal positiv zu bewerten sind. Denn so wünschenswert es war, daß möglichst bald auch die slawischsprechenden Landsleute bei annähernd gleicher Leistung in den Genuß annähernd gleichen Rechtes kamen, so nahe mochte es für den Grundherrn liegen, denjenigen, die am Ort blieben, etwas weniger zu gewähren als den Ankömmlingen von weither. Dadurch konnte sich auf die Dauer die Rechtslage im allgemeinen verschlechtern. So ist es dann auch gekommen, und nicht nur in Schlesien.

Die Übertragung des Rechtes der Deutschen auf Einheimische, wenn sich der einheimische Grundherr dazu entschloß, war der zweite Teil der Revolution, als welche man die gesamte schlesische Bauernbefreiung des 13. Jahrhunderts bezeichnen sollte. Diese Aktionen haben nach einer Inkubationszeit von einem halben Jahrhundert begonnen und sind zum erstenmal 1248 bezeugt. Sie waren abermals mit wirtschaftlichen Veränderungen verbunden, wenn auch oft, wie man an den Flurformen feststellen kann, mit kompromißhaften und oft mit topographischen Veränderungen des Wohnplatzes. Die slawischen Hufen neuen Stils waren in Schlesien weithin kleiner als die deutschen und ebenso die neuen slawischen Dörfer. Der slawische Weiler war als brauchbare Wirtschaftseinheit der Zukunft zu winzig und hatte sich auch bisher, anders als das mitteleuropäische Dorf, keineswegs so ortsfest gezeigt, wie man meinen könnte. Verlegungen von Weilern waren schon lange üblich. Sie drohen sogar die »Statistiken« der Archäologen zu verfälschen, weil der Zeitpunkt der Veränderung schwer festzustellen ist und weil beim Verzicht auf Datierungen leicht eine zu hohe Bevölkerungsdichte vorgespiegelt wird, während doch immer nur ein Teil der Weiler zur gleichen Zeit bestanden hat. Die neuen größeren Dörfer wurden ortsfest, weil damit die neue intensive Landwirtschaft verbunden war.[89]

Dieser Wandel war eine wichtige Voraussetzung für die sprachlichen Ausgleichsvorgänge des ausgehenden Mittelalters und noch der frühen Neuzeit: die Anpassung in Niederschlesien so gut wie ausschließlich an das Deutsche und die Anpassung in beiderlei Richtungen in Oberschlesien. Dies kann man allerdings meist nur an den späten Ergebnissen, kaum je wie manchmal in den Städten aus zeitgenössischen Nachrichten ablesen. Denn die Schriftlichkeit innerhalb des Dorfes und über das Dorf war gering. Jedenfalls löste sich allmählich das »Recht der Deutschen« von den Deutschen, vor allem dann außerhalb Schlesiens in Polen, so daß die deutsche Rechtsgeschichte wesentlich weiter ausgreift als die deutsche Volksgeschichte, nämlich bis in die Ukraine hinein.

Über ganz Schlesien hinweg ist es nach dem Wissen von heute unmöglich, diese allgemeinen Aussagen mit konkreten Zahlen zu verbinden. Aus der modernen Untersuchung einer Region, die später österreichisch-schlesisch war, des Troppauer Landes,[90] können Daten geboten werden, ohne daß man angeben könnte, wie repräsentativ sie für ganz Schlesien sein mögen. Zwischen 1200 und 1320 ist die »moderne Welt« in Gestalt von Siedlung und Entwicklung in die Region eingezogen. Am Anfang des Zeitalters waren neun Prozent des Gebiets, der fruchtbarste Teil, besiedelt, am Ende fast neunzig Prozent. Um 1200 haben auf 836 Quadratkilometern oder auf 18 Prozent der Gesamtfläche 190 meist sehr kleine Ansiedlungen bestanden, der frühe slawische Landesausbau erbrachte weitere 120 Quadratkilometer, was 2,5 Prozent entspricht. In der ersten »modernen« Ausbauphase bis 1240 erschloß man weitere 19 Prozent, in der zweiten bedeutsamsten 43 Prozent, und in der letzten Periode bis 1320 erreichte man fast 90 Prozent. Das Troppauer Land besaß am Ende des Vorgangs knapp 14 000 bäuerliche Besitzeinheiten. Während am Anfang bei einer Bevölkerungsdichte von 1,2 Personen je Quadratkilometer mit 5 500 Einwohnern gerechnet wird, waren es am Ende mehr als 61 000 Menschen bei einer Dichte von 13,4 Personen je Quadratkilometer. Davon lebten etwa 10 000 Menschen in den Städten. Die Einwohnerzahl der Region hatte sich mehr als verzehnfacht, eine Revolution war eingetreten.

Im Neisser Bistumsland,[91] das dem Bischof von Breslau gehörte und gleichbedeutend war mit der ehemaligen Kastellanei Ottmachau, zeigt sich das Mittelstück altbesiedelt. Dieses stellt sich noch 1425 als kompaktes Gebilde aus Orten polnischen Rechts dar, wo slawische Adlige, Krieger des Bischofs, in Weilern mit kleinen Gemarkungen saßen. Ringsum hatten die Bischöfe mit Deutschen gesiedelt, zuerst in Straßendörfern auf flämischen Hufen, dann in Waldhufendörfern auf fränkischen Hufen. Eine Liste schon von 1284 enthält 66 große deutsche Dörfer (villis maximis theutonicalibus), die der Bischof auf dem Boden des anstoßenden Grenzwaldes hatte anlegen lassen. Sie wurden zum Gegenstand heftigen Streites mit dem Herzog von Breslau, aber der Bischof hat sie behauptet. Für das Fürstentum Neisse rechnet man zum Jahr 1370 nach der Peterspfennigliste mit 28 700 Einwohnern oder nach einer anderen Berechnung mit 27 000 Personen bei einem städtischen Anteil von zwanzig Prozent.

Wir blicken in das Dorf hinein. Freiheit meinte auch, daß die Bauern das Dorf als Gemeinde – 1295 in Schlesien erstmals belegt[92] – oder als Genossenschaft, als eine Art Rechtssubjekt verstehen durften, wie man es im Altsiedelland gewöhnt gewesen war. Zwar war die Stellung des Erbschulzen (schlesisch: Scholz), des Nachkommen des Lokators, wenigstens im 13. und 14. Jahrhundert sehr stark, da er das Niedergericht leitete, mehrere zinsfreie Hufen innehatte, gewöhnlich ein Sechstel der Gesamtzahl, und das eine oder andere Dorfmonopol ausübte mit dem Gasthaus, der Mühle oder gegenüber den Dorfhandwerkern. Im Gericht jedoch sprachen Schöffen aus der Bauernschaft Recht, gewöhnlich sieben an der Zahl, und man regelte gemeinsam, was im Lauf des Wirtschaftsjahres anfiel. Gedämpft wurde die Regsamkeit des Dorfes durch die Weichbildverfassung, die aus der Perspektive der Stadt schon beschrieben worden ist. In die Stadt konnte der Bauer fahren, um seine Ernte zu verkaufen, ohne dort übernachten zu müssen. Eine unterbäuerliche Schicht, die sich aus »Gärtnern«, zu kurz gekommenen Verwandten der Bauern, Nachkommen des Gesindes oder nicht erfolgreichen Handwerkern zusammensetzte, wird sich erst später in den Quellen zu Wort melden. Dorfhandwerker waren weit verbreitet.[93]

Das ideale Dorf der Neusiedlung war das Waldhufendorf,[94] wie es in Schlesien hunderte Male im bisher kaum oder nicht besiedelten Gelände, oft im lockeren Waldgebiet, manchmal im schwer durchdringbaren Urwald, vermessen worden ist. Die korrekte Fläche einer fränkischen Hufe, wie sie der Durchschnittsbauer erhalten sollte, wies längs der Dorfstraße oder des Weges eine Breite von zwölf Doppelruten, das sind 104 Meter, und rechtwinklig dazu eine Länge von 270 Doppelruten, das sind 2 330 Meter, auf. Der Hof lag an der Straße, alle Höfe bildeten eine Reihe im gleich großen Abstand. Häufig lagen sich an Weg oder Straße, wo auch ein Bach parallel fließen mochte, die Höfe gegenüber. Fünfzig Hufen war eine verbreitete Idealgröße des Dorfes. Es handelte sich also um vergleichsweise große Siedlungen, die auch in dieser Hinsicht unvergleichbar waren mit den Weilern der Einheimischen. An die eine Gemarkung konnten, wenn die Bodenverhältnisse es zuließen, ringsum die nächsten Gemarkungen anschließen. Mehrmals sind in Schlesien Gruppierungen von insgesamt fünfhundert Hufen bezeugt.

Über Jahrhunderte hinweg blieb in vielen schlesischen Dörfern die Planmäßigkeit der Dorfanlage und die Aufteilung der Feldfluren aus der Zeit der kolonialen Besiedlung erkennbar, sei es als langgestrecktes Waldhufendorf oder als um einen Anger gruppiertes Dorf. Die Luftaufnahme vom Februar 1945 zeigt das Dorf Brostau bei Glogau als Beispiel eines kolonialen Angerdorfes.

Von der Siedlungs- und Flurforschung kann in günstig gelagerten Fällen noch heute die exakte Vermessung des 13. Jahrhunderts nachgewiesen werden. Sie markiert die faktische und geistige Unterwerfung der Natur unter den Menschen, und zwar in einer durchaus fach- und sachgerechten Weise. Die größte Leistung des Vermessers bestand darin, ohne nennenswerten Rest Dorf an Dorf zu vermessen und dabei den künftigen agrarischen Erfolg zu berücksichtigen. Es müssen Spezialisten mit großer Erfahrung gewesen sein. Die für das Waldhufendorf gewohnte fränkische Hufe betrug 24,2 Hektar und entsprach damit ganz genau den gerade beschriebenen Maßen. Von der kleineren flämischen Hufe mit 16,8 Hektar ist gewöhnlich beim Angerdorf die Rede, das eher in das offene Land gehört. Im Waldhufendorf mochte der Bauer nach und nach, beim Hof beginnend, sein Land erschließen und besaß für immer den Vorteil extrem kurzer Arbeitswege, allerdings auf Kosten der Kommunikation im Dorf. Das technische Ziel dabei war, das schwierige und zeitraubende Wendemanöver mit dem Pfluggespann so selten wie möglich auszuführen. So entstand eine Dorfform, die arbeitstechnisch nicht mehr zu überbieten war. Man kann nicht anders als dieses System »modern« nennen.

Hier und im allgemeinen trat das Wort »Hufe« in dreierlei Bedeutung auf: als die vermessene Einheit des Anfangs, als Abgabeneinheit und als die den Veränderungen der kommenden Besitzgeschichte unterliegende konkrete Besitzgröße je Bauerngut. Schlesien ist ein klassisches Land des Waldhufendorfes, klassischer als etwa Böhmen und Mähren, wo nicht mehr soviel freier Raum zur Verfügung stand.

War die Bodenqualität sehr unterschiedlich oder gab es topographische und besitztechnische Schwierigkeiten, so bestand die Möglichkeit des Gewannsystems. Dieses sah für den Fall der häufig betriebenen Dreifelderwirtschaft je Dorf im Idealzustand drei Gewanne vor, an denen jeder Vollbauer den gleichen Anteil hatte. Die Gewanne wurden unter Flurzwang abwechselnd mit Sommer- oder Wintergetreide bestellt oder brach gelassen. Daneben gab es wie üblich Weidefläche für das Vieh. Die Technik des Reihendorfes war unter solchen Umständen nicht vonnöten. Es konnte sich auch um ein kürzeres Straßendorf, ein Platzdorf oder ein Angerdorf handeln. Gewannfluren waren günstig für nach deutschem Recht umgelegte Slawendörfer, weil die topographischen und flurtechnischen Veränderungen nicht so radikal sein mußten. Auch Zweifelderwirtschaft und Feldgraswirtschaft waren je nach der Bodenbeschaffenheit möglich und durchaus sinnvoll.

Beide Hufenformen waren importiert, wie schon der Name sagt, und zwar zunächst aus dem obersächsischen Raum. Auch beim Waldhufendorf denkt man an das Erzgebirge, doch darf hierfür nicht aus dem Auge verloren werden, daß weite Wege aus dem Westen durchaus vorstellbar sind, einerseits vom Niederrhein und andererseits vom Mittel- und Oberrhein. Das Kloster Lorsch an der heute hessischen Bergstraße hat zum Beispiel seit dem 8. und 9. Jahrhundert im Odenwald Waldhufensiedlungen angelegt, die nachweislich zum Vorbild für weiterabliegende Gegenden geworden sind. Bauern, die die flämische Hufe mitbrachten, sind vor 1241 in Neumarkt, Neisse und am Zobten nachweisbar. Die zu deutschem Recht angesiedelten Slawen haben häufig diese Hufe als die kleinere erhalten.

So sicher wie bei den Flurformen ist man bei der Frage nach den bäuerlichen Arbeitsgeräten schon aus überlieferungstechnischen Gründen nicht. Der eiserne Räderpflug mit asymmetrischer Pflugschar, der den Boden wendet und nicht nur ritzt wie der hölzerne Haken, war Import. Der eiserne Pflug ist zwar das weit überlegene Gerät, jedoch nicht für alle Böden gleich gut geeignet. Schwere Böden freilich kamen erst durch den Pflug zu ihrer Wirkung. Als Symbol des Neuen ist der eiserne Pflug ein Zeichen von Siedlung und Entwicklung wie die Schachbrettstadt oder die Meßleine. Überhaupt brachte die neuartige Verwendung des Eisens in der Landwirtschaft, auch für die Egge, die Sense und für Teile des Zuggeschirrs, eine tiefgreifende Wende mit sich. Ein relativ gleichmäßiger Getreideanbau, der den Ertrag des Bodens erheblich steigert, war erst jetzt möglich. Die ältere Vorherrschaft der Viehzucht sah sich zurückgedrängt. Viehzucht nutzt den Boden erheblich weniger intensiv aus als Getreideanbau. Jedoch ist es wichtig, das ganze Ensemble aus Menschen, Vieh, Geräten, Fluren und Praktiken zusammen zu sehen und als Ganzes der Bodenqualität und den Verkehrsbedingungen gegenüberzustellen.[95]

Über das Wohnhaus des Bauern gibt die mährische Archäologie bislang bessere Auskunft als die schlesische. Auch hier war der Niveausprung beträchtlich. Das mährische Bauernhaus blieb bis ins 13. Jahrhundert ein einräumiges Grubenhaus, dessen Dachkonstruktion auf der Erde ruhte. Für Vorräte gab es weitere Gruben. Mit der neuen Siedlung kam das mehrräumige Bauernhaus im neueren Sinn, zumindest bestehend aus Flur, Stube und Kammer, und die Bautengruppe des Hofes mit Scheune, Ställen und Schuppen.[96]

Eine letzte fundamentale Veränderung, die nach dem Forschungsstand nur summarisch dargelegt werden kann, war diese, daß das ganze neue agrarische System gemäß der individuellen Leistung des einzelnen Bauern schon im 13. Jahrhundert auf eine Geld-Markt-Wirtschaft abzielte. Das betraf immer mehr die Abgaben und den mehr oder weniger regelmäßigen Besuch des Nahmarktes. Und das betraf vor allem den Reingewinn. Das Land war der Stadt, präzise der Bauer dem Bürger, auch ökonomisch nähergerückt.

Faßt man alle diese Wandlungen der agrarischen Welt gemeinsam ins Auge, so darf man zweifellos nicht von quantitativer Veränderung im Sinne eines Evolutionsmodells sprechen. Es handelt sich vielmehr wie beim Städtewesen um etwas Revolutionäres, um eine wirkliche Verwandlung und Europäisierung, auch wenn man das Ziel nicht so klar ins Auge gefaßt haben dürfte wie beim Weg zur Stadt im modernen Sinn. Der Abstand zu den weiter westlich gelegenen und entwicklungsgeschichtlich bevorzugten Landschaften hatte sich jedenfalls am Jahrhundertende, auch was das Entfalten des ländlichen Raumes anging, wesentlich verringert, der Abstand nach Osten hin war größer geworden.

Als ländlich ist schließlich auch das kleinadlige Milieu[97] zu bezeichnen, in dem Bewegungen stattgefunden haben, die für eine Geschichte der Deutschen im Osten Europas durchaus wesentlich sind. Slawisch-adliges Interesse an deutscher Bauernsiedlung, das heißt ein »moderner« Behauptungswille im innenpolitischen Wettbewerb,

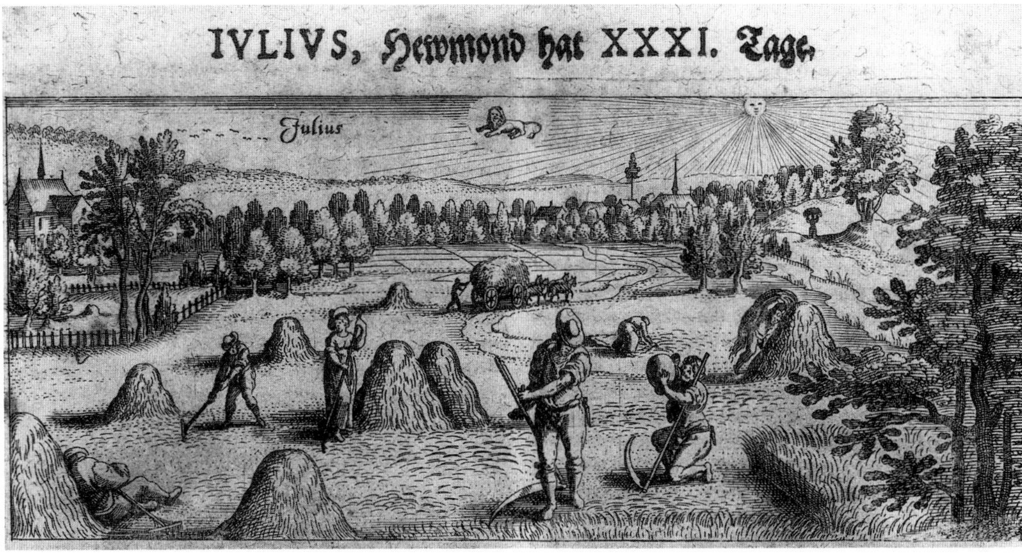

Über achtzig Prozent der schlesischen Bevölkerung lebten auf dem Land und vorwiegend von der Landwirtschaft, wie es allgemein den Verhältnissen im alten Europa entsprach. Bis in die kleinen Städte hinein orientierte sich das Leben am bäuerlichen Lebensrhythmus von Saat und Ernte. Im 16. Jahrhundert begannen einige schlesische Pfarrer die Kenntnisse und Erfahrungen aus diesem Leben zu sammeln. Es entstanden die in ganz Deutschland verbreiteten Standardwerke der »Hausväterliteratur«. Die beiden Monatsbilder stammen aus dem Hausbuch des 1566 in Adelsdorf bei Goldberg geborenen evangelischen Pfarrers Johannes Coler. Spätere Auflagen seines Werkes, wie diese von 1645, sind mit Stichen geschmückt, die vermutlich Matthäus Merian geschaffen hat.

ist übrigens frühzeitig bezeugt, schon im Jahr 1210 bei der wichtigen Familie der Pogarell. Interessanter aber ist für die Geschichte der Deutschen die adlige Mobilität selbst. Denn zu einer vollständigen Sozialpyramide gehören die adlige Umgebung des Fürsten und nicht minder eine ansehnliche Gruppe von Rittern mit Gütern auf dem flachen Land.

Das Phänomen der Auswanderung adliger Personen von Deutschland besonders nach Niederschlesien war alt, galt jedoch für sehr geringe Zahlen, für ganz unterschiedliche Zeiträume und erwuchs aus recht verschiedenen Motiven, die sich vom ungewollten Exil über Zufallsbegegnungen bis zu bloßer Abenteuerlust erstreckt haben dürften. Das Jahr 1200 wird kein nennenswerter Einschnitt gewesen sein. Denn man stellt fest, daß eine zahlenmäßig ansehnliche Zuwanderung auf Dauer, die quellentechnisch am Fürstenhof sichtbar wird, in die zweite Jahrhunderthälfte gehört. Sie kann zusätzlich auf Herrschaftsprobleme der Herzöge hinweisen. In den Urkunden des Herzogs Boleslaus II. von Liegnitz erscheinen 27 verschiedene deutsche Adelsfamilien zwischen 1251 und 1260 mit 34 Personen, denen in demselben Jahrzehnt 27 slawischnamige Adlige, meist in höherrangigen Positionen, gegenüberstanden. Schon relativ früh scheint demnach ein Gleichstand der Zahlen, wenn auch nicht des Ranges bestanden zu haben.

Ungeachtet der »konservativen« Position zahlreicher Glieder des slawischen Adels ist im Gefolge höfischer Wandlungen dessen Annäherung an deutsche Lebensformen vorangegangen. Mögen Turniere in Schlesien selten und spät abgehalten worden sein, 1243 oder 1284, bei den damals so wesentlichen Wappenzeichen und bei den Personennamen kann man die Abkehr von polnischen und die Hinwendung zu deutschen Formen gut erkennen. Die Ankömmlinge, zumeist Ministerialen, dürften wegen ihrer Vertrautheit mit der modernen Militärtechnik und ritterlichen Kultur erwünscht gewesen sein. Auf der unentbehrlichen »Etage« des sozialen Lebens oberhalb von Städtern und Bauern personifizierten sie neben den Zuwanderern aus dem gehobenen Klerus das Neue. Sie kamen, was ihren Besitz betraf, gewiß nicht mit vollen Händen, sondern wollten für ihr fachliches Tun belohnt werden, wie dies überall in Europa im Herrendienst üblich war. Nur »zufällig« war ihre Funktion in diesem Fall wesentlich umfassender. Sie hieß Teilhabe an der für den Fall erfolgreicher fürstlicher Selbstbehauptung notwendig gewordenen kulturellen und dann ethnischen Transformation.

Die lehensförmige Bindung von solchen Landfremden, die in viel höherem Maß abhängig waren als der einheimische Adel, erwies sich als politisch zweckmäßig und erwünscht, für den Herzog von Breslau vor allem in der schwierigen Zeit des Streites gegen den Bischof mit seinen Verbündeten. Im Fürstentum Glogau sind deutsche Ritter seit 1273 von den Herzögen im Kampf gegen die alte Machtelite eingesetzt und dafür mit Ämtern und Landbesitz ausgestattet worden. Sie traten dauernd in der Umgebung der Fürsten auf. Herkunftslandschaften der Ankömmlinge waren vor allem die Wettiner Lande östlich der Saale. So zerfiel um und nach 1300 der schlesische Adel idealtypisch in zwei Gruppen, die sich später in Niederschlesien unter der Präponderanz des Deutschen vereinigen sollten.

Auf dem Lande lebten gegen vier Fünftel der Schlesier beider Sprachen. So ist hier der beste Platz zu fragen, woher die neuen Siedler des 13. Jahrhunderts gekommen sind und wie ihre Sprache beschaffen war.[98] Die Analyse der Sprache selbst ist dafür das erste Hilfsmittel, so schwierig es auch sein mag, durch die allein überlieferte geschriebene Sprache zur gesprochenen Sprache, die beide ihre eigenen Gesetze haben, durchzustoßen; Bauern und Ritter und viele Städter von damals haben nicht lesen und schreiben können. So fällt die Deutung dieser komplizierten Tatbestände nicht ganz einheitlich aus. Einig ist man darüber, daß sich ein kleinerer Teil des Zuflusses nördlich der böhmischen Randgebirge durch Thüringen und Obersachsen bewegt hat, das gilt besonders für hessische Siedler, und daß sein deutlich größter Teil aus Thüringen und Sachsen selbst stammt. Ostthüringen und Sachsen sind selbst Ostsiedelgebiet und waren daher Begegnungsräume von Zuwanderern, die dort so etwas wie eine Ausgleichssprache hervorgebracht haben. Auch Schlesien gehört dem dadurch mitgeschaffenen ostmitteldeutschen Sprachraum an. Ein niederdeutscher Einfluß hat sich bestenfalls im äußersten Norden bemerkbar gemacht. Am schwierigsten ist das Problem, wie viele und welche Siedler den Weg durch die böhmischen Länder genommen haben, gewiß die wesentlich geringere Zahl, und ob sie eher aus Ostfranken – um Bamberg – oder aus Baiern im weiteren Sinn – samt Niederösterreich, Südböhmen und Südmähren – kamen. Die sprachlichen Merkmale sind nicht eindeutig, weil Ostfränkisches und Bayerisches ihrerseits verwandt sind; wahrscheinlicher ist die erstgenannte Variante.

Nicht minder wichtig ist die Frage nach der sprachlichen Situation in Schlesien selbst. Seit wann gab es das Schlesische als kompakten, klar abgrenzbaren Teil des Ostmitteldeutschen, und wie wichtig waren die Teilmundarten? Auch das ist noch Sache der Diskussion, doch werden genügend übergreifende Merkmale angeführt, die bis zum 14. Jahrhundert das Schlesische als identifizierbare Groß-Mundart darlegen. Sie erfaßte ganz Schlesien, reichte aber deutlich über die Grenze hinaus. Auch die Deutschen in Kleinpolen und anderswo in ungefähr östlicher Richtung sprachen schlesisch; südschlesisch nennen viele die deutsche Mundart auf der anderen Seite der schlesisch-böhmisch-mährischen Grenze. Bemerkenswert ist, daß die Stadt Breslau einen viel geringeren sprachlichen Einfluß ausgeübt hat, als man vermuten könnte. Großzügige Mobilität im ganzen Land war eben immer noch eine Sache von wenigen, die meisten blieben ihrer engsten Heimat verpflichtet.

Gleichwohl kann man die Hypothese vom Schlesischen als Ausgleichsmundart wagen und dieses damit als Produkt des Sichbegegnens und des Zusammenhaltens verstehen, daher auch als Ergebnis des Ringens der einzelnen mitgebrachten Mundartelemente miteinander. Die entscheidende Kraft war die schlesische Binnenwanderung oder Binnenkolonisation vor allem in der Richtung von Niederschlesien nach Oberschlesien, aber auch in Gestalt vieler Bewegungen im Nahbereich. Die Spezialuntersuchung des Troppauer Landes hat ergeben, daß die meisten Zuwanderer aus Niederschlesien gekommen sind, nachdem Pioniergruppen von weither den Anfang gemacht hatten. So entstand der Neustamm der Schlesier und seine Sprache. Die sich ihm anschließenden Slawen haben wohl schon ein stärker ausgeglichenes Schlesisch gelernt

Kloster Trebnitz, 1202 von Herzog Heinrich I. auf Bitten seiner Gemahlin Hedwig gegründet, war das älteste schlesische Frauenkloster. Die ersten Nonnen stammten aus dem fränkischen Bamberg, die Architekten mögen aus Sachsen gekommen sein. Im Jahr der Weihe dieser ersten großen Backsteinbasilika Schlesiens, 1219, war der Ostteil der Kirche fertiggestellt. Kurz zuvor hatte sich das Kloster dem Zisterzienserorden unterstellt. Die Zisterzienser vermittelten dann jene burgundischen Anregungen, von denen das um 1230 entstandene seitliche Westportal Kunde gibt. Es war nach neuerer Erkenntnis das Hauptportal der Kirche, durch das Herrscher und Pilger zum Grab der 1267 heiliggesprochenen Herzogin Hedwig zogen. Das 1938 wiederentdeckte Tympanon zeigt König David beim Harfenspiel vor seiner Gemahlin Bathseba, dahinter eine Dienerin. Der Holzschnitt rechts ist der gedruckten Hedwigslegende von 1504 entnommen.

oder gar an solchem Ausgleich teilgehabt. Aus gesamtdeutscher Sicht wies das Schlesische gewisse Merkmale der Lage abseits vom großen Strom der Sprache auf, insofern als mancherlei »moderne« Bewegungen des Deutschen nicht oder nur teilweise mitausgeführt worden sind.

KIRCHE UND KULTUR

Die zum letzten Mal gestellte Frage nach der Verwandlung und Europäisierung Schlesiens im 13. Jahrhundert richtet sich an Kirche und Kultur. Im Osten Mitteleuropas war die Kirche immer noch nahezu alleinige Trägerin von Kultur im anspruchsvollen Sinn und auch noch von ihrer Voraussetzung, der Schriftlichkeit. Gewiß hat es im 13. Jahrhundert auch eine schriftlose Adelskultur gegeben, gerade im deutschen Raum und in seinem Umland, sie aber sollte keine produktive Fortsetzung finden.

Kirchen des Mittelalters waren normalerweise regionale Kirchen. Schriftlichkeit und Kultur waren nicht minder regionalisiert. Von Kirchen- und Kulturregionen darf man aber ernsthaft nur sprechen, wenn man die Beschaffenheit des europäischen Zivilisationsgefüges zur Grundlage macht. Es war ein Gefüge extremer Ungleichheit abermals zugunsten des Mittelmeerraums und Westeuropas und zu Lasten der Peripherie im Norden und Osten; Deutschland befand sich in der Mitte. An diesen Feststellungen führt kein Weg vorbei, so ungern sie von Nachfolgern und Fürsprechern der einst negativ Betroffenen akzeptiert werden mögen. Im einzelnen kam aber vieles auf die Personen an, die mit solchen Vorgaben umgingen. So findet auch die Frage nach der schlesischen Kirche, insoweit sie eine Gemeinschaft von Personen war, eine recht widersprüchliche Antwort. Die Kirche Schlesiens – zuerst Teil der Kirche Polens – war als Vereinigung von Interessenten an Besitzverhältnissen etwas Beharrendes und wehrte sich gegen Veränderungen. Dennoch erscheint sie zugleich als ein Organismus, der sich neuen Anstößen von außen zu öffnen vermochte.

Die einst als herzogliches Eigentum entstandene Kirche Polens hat den europäischen Weg zur Freiheit der religiösen Reformer sehr spät eingeschlagen, Verspätung blieb ein maßgeblicher Wesenszug. Aber man kämpfte diesen Kampf dann doch, hundert oder zweihundrt Jahre im Rückstand. Zugleich wurde man im langsam wachsenden Maß Teil der päpstlichen Gesamtkirche. Diese hatte inzwischen auf Neues reagiert, vor allem auf das höchstentwickelte mittelmeerische Städtewesen, und reichte diese Erfahrungen überallhin weiter, auch dorthin, wo es noch kaum Städte gab. Die Gleichzeitigkeit des Ungleichzeitigen schuf eine unübersichtliche Lage, aber auch eine Situation des Aufbruchs, selbst wenn man nicht ganz genau wußte, wohin. Jedenfalls war das geistliche und geistige 13. Jahrhundert in Schlesien nicht weniger beschleunigt als das städtische und ländliche. Sehr deutlich verringerte sich auch hier der Abstand nach Westen hin und vergrößerte sich zum Osten. Es war wieder, als ob sich Schlesien auf der Landkarte Europas bewegt hätte. Personen und Gedanken waren dabei mobiler und elastischer als Güter und kollektive Gewohnheiten.[99]

Alles aber wurde bei weitem nicht ausgeglichen. Niemals konnte auch nur der Vorsprung Sachsens, der bei der Neusiedlung im Durchschnitt gut ein halbes Jahrhundert betragen hatte, eingeholt werden. Erst recht blieb die »kurze« und »einfache« Geschichte des Ostens als Erbe erhalten im Unterschied zur langen und differenzierten Geschichte des Westens. So war zum Beispiel die Auswahl an Kirchenpatronen im schlesischen Mittelalter mit etwa achtzig verschiedenen Heiligen nur ungefähr halb so groß wie in Westfalen und entsprach etwa einem Viertel der Variationsbreite im Linksrheinischen.[100] Aus deutscher Perspektive wird man Schlesien fortan am besten »jung« nennen, nicht mehr wie bisher »urtümlich«.

Die Geschichte der Bischöfe und des mitregierenden Domkapitels von Breslau bietet den besten Leitfaden.[101] Die Hirten des 13. und 14. Jahrhunderts waren Schlesier, die in der Regel dem höheren heimischen Adel entstammten und, soweit man sieht, verwandtschaftlich miteinander und mit einer kleinen Gruppe führender Familien verbunden waren. Weitere Angehörige brachte man wie üblich in anderen Kirchenämtern unter, vor allem im Domkapitel. Aus sozialen und politischen, vielleicht auch nach und nach aus »nationalen« Gründen, die man vorerst als sekundär bezeichnen wird, waren die allermeisten Bischöfe »altpiastisch« orientiert. Sie blieben Gegner des böhmischen Einflusses und lehnten Piastenfürsten ab, die Böhmen nahestanden. Diese Haltung verflocht sich mit dem schon erwähnten Kampf um die Freiheit der Kirche, das hieß in Schlesien vor allem um die Herzogsgleichheit des Bischofs. Der Einfluß des Gnesener Metropoliten, der erst recht alle jene »klassischen« Positionen vertrat, war dabei beträchtlich.

Die Öffnung zur Gesamtkirche wird in erster Linie durch die Fortschritte bei der Kirchenorganisation und hin und wieder durch ein Fachstudium in Italien bezeugt. Bei Bischöfen und anderen Führungskräften war es nicht ein Studium der Theologie, sondern – wie es sich für die Herrschaftskirche der staufischen und nachstaufischen Zeit gebührte – ein Studium des Kirchenrechts. Bischof Thomas I. (1232–1268) war der zweite überhaupt, von dessen Doktortitel man aus Schlesien erfährt. Der erste war der kirchlich in Krakau großgewordene, aber in Breslau begrabene Domherr Jakob,[102] Sohn eines »Gastes« (hospes), also eines Deutschen, vielleicht auch eines »Welschen«, und daher wohl im höheren Maß ein intellektueller Aufsteiger als der familiär gut abgesicherte Thomas. Bischof Thomas II. (1270–1292), der Kämpfer gegen Herzog Heinrich IV., war ein Neffe von Thomas I.

Die kirchenpolitische Lage in Schlesien war auch polarisiert durch den fortdauernden Streit um den Peterspfennig,[103] den an den Papst aus der Kirchenprovinz Gnesen abzuliefernden Anerkennungszins. Dieser wurde von Thronanwärtern altpiastischer Haltung als politisch legitimierend empfunden und daher positiv beurteilt, auch förderte er die Metropolitanrechte. Der harte Widerstand, der sich im Bistum Breslau gegen den Peterspfennig erhob, war ein deutliches Zeichen der Emanzipation des Oderlandes von den alten Verhältnissen. Vor allem wehrte man sich gegen die neue, den Deutschen als freiheitsschädigend geltende Form des Kopfzinses statt der bisherigen Pauschalsumme, die der Landesherr gezahlt hatte. Als der Papst 1318 befahl, den

Peterspfennig als Kopfzins einzuziehen, und der Bischof von Breslau gehorchen wollte, sträubten sich neun schlesische Fürsten. Von 1319 bis 1321 galt das Interdikt. Auch eine starke Partei im Klerus lehnte die Haltung des Bischofs ab. Als sich der Konflikt in den Jahren 1339 und 1340 wiederholte, gab es sogar im Domkapitel eine Mehrheit gegen ein Nachgeben, das hieß wohl auch eine luxemburgische oder gar »deutsche« Mehrheit. Markgraf Karl von Mähren, der spätere König und Kaiser, samt seinem Vater König Johann an einem guten Verhältnis zum Papst und zugleich zu den Schlesiern interessiert, vermittelte 1343 einen Kompromiß, faktisch doch zugunsten des Papstes. Gegen die Lösung vom abermaligen Interdikt und den Verzicht auf große Rückstände wurde fortan die Kopfsteuer gezahlt, »von jedem lebenden Haupt ein Denar (Pfennig) jährlich«. Da Schlesien inzwischen böhmisch-reichisch geworden war, hatte der Peterspfennig wenigstens seine außenpolitische Dimension verloren.

Ein Organisator des Bistums war Bischof Lorenz I. (1207–1232). Die bischöfliche Kanzlei war die in Schlesien am meisten beschäftigte. Seit dieser Regierung bestand die Archidiakonatsverfassung, etwas älter war teilweise die Einteilung in die kleineren Archipresbyterate. Seit wann es Diözesansynoden gab, die abermals demselben Zweck, der besseren Ordnung des Klerus, dienten sollten, ist unsicher; sie könnten auch erst der Zeit von Bischof Thomas I. angehören.[104] Die genannten Organisationsformen waren direkt oder indirekt aus dem Westen importiert, sie sind am Rhein wesentlich früher aufzufinden als an der Oder. Nicht minder kamen diejenigen schlesischen Kirchenpatrone, von deren »Wanderung« man sinnvoll sprechen kann, in erster Linie aus dem Westen, aus »Kultzentren« wie Magdeburg und Bamberg, aber auch Regensburg und Hildesheim.[105]

Von den Mitgliedern des Breslauer Domkapitels – 314 bekannte Personen zwischen 1200 und 1341 – kann nur eine kleine Minderheit sozial, geographisch oder gar »national« bestimmt werden. Soweit man Einblick hat, ist die Position des slawischen Landesadels sehr stark gewesen. Adlige aus Familien deutscher Herkunft und Breslauer Bürgersöhne rückten in zuerst geringer Zahl kaum vor dem 14. Jahrhundert ein. Eine Mehrheit, die sich den luxemburgisch-»deutschen« Verhältnissen zuneigte, hat bis nahe an die Mitte des 14. Jahrhunderts schwerlich bestanden.[106]

Man muß also unterscheiden: Während die Städte als unzweifelhaft deutsch geprägte politische Größen und allmählich auch die sich ethnisch-sprachlich zum Deutschen wandelnden Fürstenhöfe religiös-kirchliche Positionen ihres Interesses schon früh nachdrücklich vertraten – nicht nur finanziell-mentalitätsbezogene wie beim Peterspfennig, sondern auch innerkirchliche wie beim deutschen Fastenbrauch –, ist der personelle Wandel in den Führungsstellen der schlesischen Kirche viel später eingetreten. Einzelnen böhmisch-deutschen Parteigängern wie dem Bischof Heinrich von Würben (1302–1319) oder dem Bistumsverweser in der folgenden langen Sedisvakanz, Nikolaus von Banz, standen pointierte Vertreter der Gegenseite gegenüber, wie sehr spät noch der vom Papst aus Krakau transferierte polnische Bischof Nanker (1326 bis 1341). Es scheint klar, warum dies so war: Der slawisch-polnische Klerus hatte sich viel überzeugender modernisiert als etwa der slawische Adel.

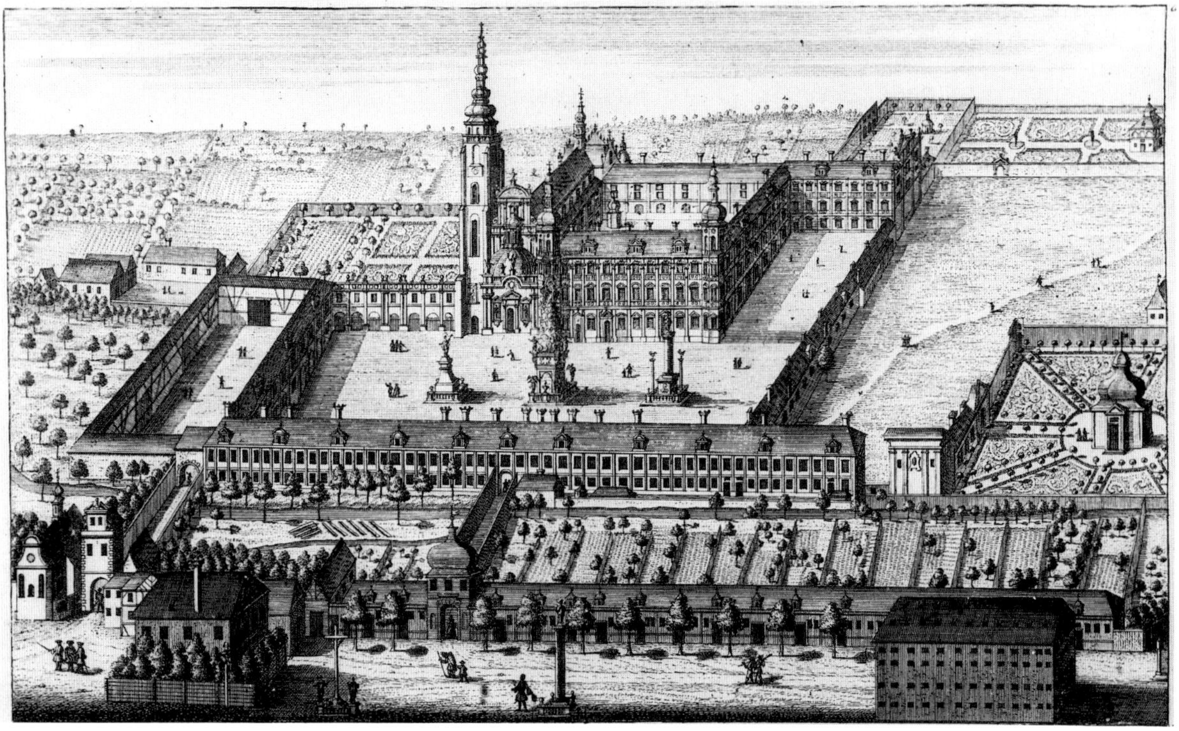

Die stattliche Klosteranlage von Heinrichau, wie sie der Stich von Johann Georg Merz nach einer Zeichnung von F. B. Werner um das Jahr 1750 festhält, läßt nichts von den 1227 beginnenden mühsamen Anfängen des zweiten schlesischen Zisterzienserklosters ahnen. Die aus Leubus gerufenen Mönche hatten zunächst 1241 die Zerstörung durch die Mongolen zu überstehen. Von der anschließenden Zeit berichtet das bis 1310 entstandene »Heinrichauer Gründungsbuch«, eine der wichtigsten Quellen für die schlesischen Siedlungs- und Rechtsverhältnisse. Erst nach dem Dreißigjährigen Krieg wurde das mittelalterliche Kloster weitgehend umgebaut.

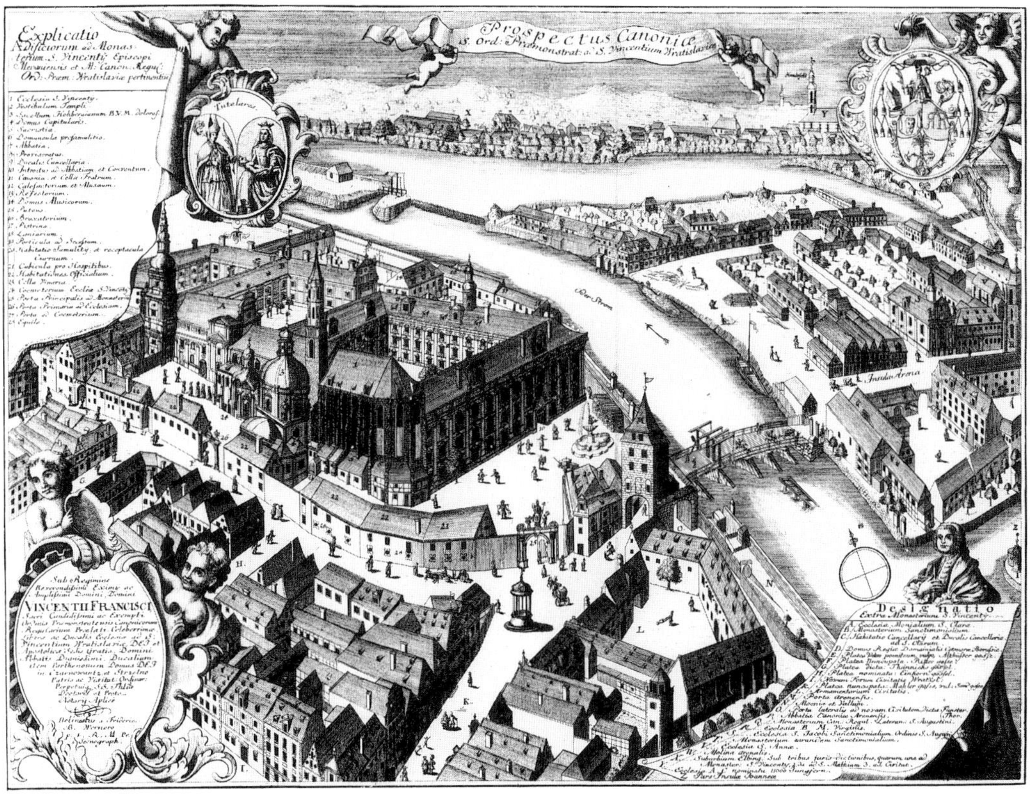

In Breslau lag zwischen der 1242 nach deutschem Recht neugegründeten Stadt und der Oder um diese Zeit eine herzogliche Burg, der Vorgängerbau der späteren Kaiserburg. Auch das anschließende linke Oderufer unterstand dem Herzog. Hier entwickelte sich aus landesherrlichen Stiftungen im 13. Jahrhundert ein eigenes geistliches Stadtviertel. Anders als die Oderinseln wurde es bald in die Breslauer Stadtbefestigung einbezogen. 1240 hat Heinrich II. das dem heiligen Jakobus geweihte Franziskanerkloster begründet, in dem der Stifter nach seinem Tode in Wahlstatt beigesetzt wurde. Durch Kirchentausch kamen 1529 die Prämonstratenser vom Vinzenzkloster »auf dem Elbing« hierher. Das alte Jakobskloster wurde nunmehr zum neuen Vinzenzstift und gehörte nach der Reformation zum Kern des katholisch bleibenden Breslau.
Der Einblattdruck von F. B. Werner zeigt das Kloster um 1750 nach erfolgter Barockisierung. Die im Zweiten Weltkrieg schwer zerstörte Kirche wurde zum 750. Todestag Heinrichs II. im Jahre 1991 eindrucksvoll wiederaufgebaut.

Im 13. Jahrhundert hat sich die Zahl der ländlichen Kirchenorte stark vermehrt, da die neuen großen Dörfer bald in ansehnlichem Maß Pfarreien zu tragen vermochten. Die ältere Kirchenstruktur war wie erwähnt gemäß den slawischen Siedlungsverhältnissen durch wenige ausgedehnte Pfarrbezirke gekennzeichnet. Im Jahr 1270 sind 146, im Jahr 1300 schon 311 Kirchorte nachweisbar. Der Siedlungschronologie folgte nicht nur die Kirchenchronologie, sondern auch die Kirchengeographie. Rechts der Oder nämlich, wohin die neue Siedlung nicht so intensiv vordrang, so daß – nichtstatistische – Aussagen späterer Zeitgenossen im Fluß geradezu eine Sprachgrenze erblickten, gab es deutlich weniger Kirchorte als auf der linken Seite. Die vorerst hölzernen Kirchen, von denen Exemplare aus späterer Zeit in Oberschlesien erhalten sind, waren die ersten und einzigen »öffentlichen« Bauten der Siedler außerhalb des städtisch-klösterlich-adligen Milieus.[107]

Klöster bildeten wie fast überall im Mittelalter nicht nur Zentren spirituellen, sondern auch politisch-wirtschaftlich-literarischen Lebens und sind damit Konzentrationspunkte des Interesses für die Frage nach den Deutschen. In welch hohem Maß mittelalterliche Kirchengeschichte Geschichte von Besitztum ist, wird nirgends besser sichtbar. Klostergründung war, jedenfalls am Anfang, in erster Linie Herrensache; schwachen Herren mit geringen Ressourcen entsprach die äußerst geringe Zahl schlesischer Konvente bis 1200. Der vergleichsweise steile Aufstieg des Klosterwesens, der nun folgte, ist einer der besten Indikatoren für den fundamentalen Wandel des 13. Jahrhunderts.

Das erste Zeitalter der europäischen Klostergeschichte, das benediktinische oder auch quasibenediktinische, spielte für Schlesien nur eine ganz geringe Rolle. Der grundlegende Orden war ein fast 600 Jahre später entstandener, derjenige der Zisterzienser. Die grauen oder weißen Mönche wirkten zuerst 1175 in Leubus, das dann 1227 Heinrichau gründete, von welchem 1292 wieder Grüssau ausging. Im Jahr 1247 wurde Kamenz ebenfalls von Leubus besiedelt. Rauden in Oberschlesien erwuchs 1258, Himmelwitz 1280. Das wichtigste Frauenkloster Schlesiens war Trebnitz, das 1202 von Herzog Heinrich I. seiner Gemahlin Hedwig zuliebe gestiftet worden ist.

Die Zisterzienser waren der Orden der Piasten. Der deutsche Charakter der Klöster oder ihrer großen Mehrheit ist schon angesichts ihrer westlichen Mutterkonvente unzweifelhaft, jedenfalls in der hier behandelten Zeit. Umstritten ist die kolonisatorische Leistung. Sie kann aber bei vernünftiger Unterscheidung von Theorie und Realität nicht geleugnet werden. Immerhin hat zum Beispiel Leubus rund dreißig Dörfer und Trebnitz 25 geschaffen. Die Heinrichauer Siedlung mit slawischen Bauern in der zweiten Hälfte des 13. Jahrhunderts, wohl auch aus der Notlage des 1241 zerstörten Konvents geboren, ist im sogenannten Gründungsbuch von etwa 1300 anschaulich dokumentiert. Bei den Zisterziensern hat sich ähnlich wie in Böhmen und Mähren spätestens um 1350 der Übergang zur an sich regelfremden Zinsleihe vollzogen, anstelle eigener Bewirtschaftung der Güter durch Konversen. In Schlesien wie im Binnenreich und in Böhmen kann man um und nach 1300 von einer letzten großen Generation »politischer« Zisterzienser(äbte) sprechen, die Vornehmheit und Wirtschaftskraft ihrer Klöster im Territorium zur Geltung brachten. Die Vorsteher von Leubus, Heinrichau und Kamenz beobachtet man im Jahr 1290 als Vermittler im schlesischen Kirchenkampf.[108]

Einer der bemerkenswerten, in der Randlage und Verspätung Schlesiens wurzelnden Tatbestände seiner Klostergeschichte ist das geringe Gewicht von Prämonstratensern und Augustinerchorherren, von deren Reformdiskussion weiter westlich das 12. Jahrhundert erfüllt gewesen ist. Über Breslau sind sie im Oderland kaum hinausgediehen, hier waren Vinzenzstift und »Sandstift«, das heißt St. Marien auf dem Sand, allerdings angesehene und wohlhabende Konvente.[109]

Dominikaner und Franziskaner, die beiden wichtigsten stadtnahen Bettelorden und geistige Träger oder Mitträger der heißen innerkirchlichen Debatten des 13. und frühen 14. Jahrhunderts, Erzrivalen untereinander, sind die wohl interessantesten Gemeinschaften der mittelalterlichen Kirchengeschichte Schlesiens.[110] Ökonomisch gesehen »Leichtgewichte«, haben sie sich sehr rasch ausbreiten können. Die Dominikaner waren wohl zuerst 1225/26 in Breslau und Schlesien, vermutlich vor 1232 die Franziskaner, das heißt beide Male nicht einmal zehn Jahre nach der Ordensgründung. Im 13. Jahrhundert bestanden zwölf Niederlassungen dieses und sieben jenes Ordens im Oderland. Wenn die »Investitionsmasse« nicht gar so gering gewesen wäre, könnte man angesichts solcher Daten sagen: Schlesien hat in Europa gewaltig aufgeholt. Immerhin ist das Interesse dieser zentralisiert und rational handelnden Korporationen bemerkenswert, spricht für die schlesischen Städte und macht im Vergleich der Anzahl der Niederlassungen auch den »Dichte«-Abstand zu Polen deutlich.

Die Dominikaner waren eher bischofsnah, die Franziskaner mehr den Herzögen verbunden. Die Haltung der Franziskaner zeigt, daß sie ein deutscher Orden waren, schon gemäß ihrer ganz besonderen Verknüpfung mit dem Städtewesen. Von den Dominikanern wird bis zur Mitte des 14. Jahrhunderts, in Oberschlesien für noch viel längere Zeit, ein polnisches Selbstverständnis behauptet. Doch wird dies zumindest von den Namen ihrer Provinzialen und von der allgemeinen Sozialsituation von Orden und Umwelt nicht bestätigt. Hingegen hat gewiß die stärker hierarchieverbundene Grunddisposition der Dominikaner sie den Laieninteressen gegenüber distanzierter bleiben lassen. Spannungen in den sehr weit gedehnten östlichen Provinzorganisationen beider Orden waren üblich und beschäftigten immer wieder die Spitzeninstanzen. Es handelte sich nicht nur um regionale Rivalitäten zwischen Prag, Breslau und Krakau, sondern wohl auch schon um »nationale«. Im Jahr 1274 gingen wie erwähnt die niederschlesischen Franziskaner von Goldberg, Löwenberg, Breslau, Schweidnitz, Neisse und Brieg zur sächsischen Provinz über, um ihrer Breslau-piastischen oder, wenn man will, »deutschen« Haltung Ausdruck zu geben.

Die Frage nach dem schlesischen Schulwesen[111] bis 1300/1350 ist in der Hauptsache eine Frage an die Kirche. Erst nach und nach haben überall im mittleren Europa die Städte größeren Einfluß gewonnen. Gemäß der Schulhierarchie auch in Schlesien, die das Haupt der Domschule als für das ganze Bildungswesen des Bistums verantwortlich erachtete, wird diese die älteste gewesen sein; sie ist 1202 nachgewiesen. Klosterschulen wie zuerst 1204 an St. Vinzenz in Breslau, Stiftsschulen wie zuerst 1233 in Glogau und dann auch Pfarrschulen sind im 13. Jahrhundert bezeugt, im Vergleich zu binnendeutschen Landschaften in durchaus ansehnlicher Zahl. Nach Konflikten zwischen Kirche und Stadt traten Pfarrschulen zuerst an St. Maria Magdalena (1267) und St. Elisabeth (1293) in Breslau ans Licht, bei denen man analog zu anderen deutschen Städten ein speziell bürgerliches Interesse vermuten darf. Im 14. Jahrhundert breitete sich dieses dann aus. Zum Jahr 1270 werden in Schlesien acht Kloster-, neun Stifts- und 81 Stadtpfarrschulen angenommen. Vor dem 15. Jahrhundert gab es Dorfschulen offenbar noch nicht.

Lesen und Schreiben zu lernen ließ sich vorerst allein auf der Basis der lateinischen Sprache möglich machen. Es handelte sich daher um »elitäre« Befähigungen, die im Kern nur für eine Kirchenkarriere und – als Nebenwirkung – für besonders gehobene Kaufleute sinnvoll waren. Das änderte sich erst allmählich. Das Deutsche kann man noch nicht in der Rolle einer tragenden Schulsprache vorfinden, das Polnische war überhaupt noch nicht nennenswert schriftsprachlich geworden.

Geographisch geurteilt, aber nicht nur geographisch war der Weg weit von Schlesien zu den höchstrangigen Bildungszentren des papstchristlichen Europa, zu den vor und um 1200 in Italien und Frankreich herangewachsenen Universitäten.[112] Der teure Aufenthalt und überhaupt der Gedanke an ein solches Unternehmen gehörten im nordalpinen Europa sozial gesehen zunächst meist in die Schicht des Adels, wenigstens soweit das Studium des Rechts in Bologna gemeint war. Philosophie und Theologie in Paris zu studieren war weniger aufwendig, aber auch in viel geringerem Maß sozial hilfreich. Ein ernsthaftes Studium von Mitteleuropäern mit einer Graduierung im Kirchenrecht war vor 1250 extrem ungewöhnlich, bis 1300 eine Rarität und selbst bis 1350 und darüber hinaus etwas Seltenes. Selbstverständlich sammelten sich Personen dieses Lebenswegs an den Domkapiteln als den feinsten Gremien mit weiterer Aufstiegschance – nicht einmal so sehr angesichts der dadurch dokumentierten geistigen Leistung, sondern weil ein solcher Entschluß normalerweise einer Familie entstammte, die führenden Kirchenämtern ohnehin nahestand. Das Studium war fast im ganzen nordalpinen Mittelalter eine Zusatzqualifikation, gewichtiger waren Geburt und Besitz von Rang.

Unter diesen Voraussetzungen ist es beachtenswert, daß es von 1200 bis 1341 neunzehn sichere Studiennachweise für Breslauer Domherren zumeist aus Italien, darunter elf Doktortitel, gibt. Ferner bestehen vierzig Magistertitel von der Art, daß man sie als universitätsbezogen ansehen und damit in erster Linie der »zweiten Etage« des Studienerfolgs, derjenigen in Paris, zurechnen darf. Daß demnach gegen zwanzig Prozent aller Kanoniker studiert haben, ist ein hoher Anteil. In den bischöflichen Urkunden des 13. Jahrhunderts sind Spuren juristischer Ausbildung von Kanzleiangehörigen greifbar. Die Zusammenstellung und Analyse der gelehrten Juristen aller deutschen Territorialherren von 1250 bis 1440 zeigt,[113] daß zwar die schlesischen Piasten weit zurückgeblieben sind, der Bischof von Breslau jedoch mit 25 Personen dieser Ausbildung in seiner Umgebung (seit 1278) sich »modern« verhalten hat. Es waren wie in Böhmen viel eher süddeutsche als ostdeutsche Proportionen. Allerdings kann man über die ethnische Zuordnung dieser Leute zunächst ebensowenig Zuverlässiges sagen wie bei der Gruppe der öffentlichen Notare. Diese begannen als »Rechtspraktiker« Urkundengeschäfte für dritte Personen abzuwickeln, in Schlesien zuerst durch Italiener 1282 und einheimisch sechzehn Jahre später. Im Westen gab es das öffentliche Notariat seit den dreißiger Jahren des 13. Jahrhunderts, hier aus Frankreich statt wie in Schlesien aus Italien importiert. Spuren der Ketzerei, ein Indiz für frühe soziale Differenzierung und »modernes Leben«, so zuerst im 12. Jahrhundert am Rhein und im deutschen Südwesten, in Böhmen seit 1300 und zwar nur bei Deutschen nachgewiesen, zeigten sich in Schlesien sehr schwach im beginnenden und deutlich im ausgehenden 14. Jahrhundert.

Die früher sehr beliebte Suche nach bedeutenden Persönlichkeiten des Geisteslebens, die man der einen oder der anderen Herkunft und Sprache hat zuweisen wollen, ist jedenfalls für das 13. und 14. Jahrhundert viel weniger aussagekräftig, als man sich das dachte. Denn selten sind für den heimischen Bereich mehr als zusammenhanglose und dürftige Nachrichten erhalten, die eine sinnvolle Zuordnung schwermachen. Das gilt für den in Frankreich und Padua ausgebildeten Naturphilosophen, »Physiker« und »Mathematiker« Witelo, über dessen Zugehörigkeit zum Breslauer Domkapitel man inzwischen nahezu Gewißheit hat († nach 1277). Der Dominikaner Peregrinus (Pilgrim) von Oppeln († nach 1333) hat weitverbreitete gesammelte Predigten hinterlassen, deren Analyse eine theologisch »konservative« Haltung ergeben hat. Seinen Ordensbruder Martin von Troppau († 1278), den Autor des am weitesten verbreiteten historischen Kurz»handbuchs« für Juristen und Theologen, wird man nach seiner Biographie und staufischen Gesinnung eindeutig dem Prager Lebenskreis zuweisen. Überhaupt muß man die Rolle Prags, das seinerseits auf mehrfache Weise von Westen her gefördert worden ist, für die schlesische Geisteskultur des Zeitalters sehr hoch veranschlagen. Darüber hinaus ist es charakteristisch für das 13. Jahrhundert, daß seine besten Köpfe unter dem Eindruck und Einfluß des zentralisierenden Papsttums aufgewachsen sind und sich zu diesem hingezogen gefühlt haben, Witelo wie Martin. Sie gehörten daher in weit höherem Maß einer »internationalen« geistigen Welt an als irgendeiner Region, die sie möglicherweise materiell, nicht aber geistig hätte ernähren können.[114]

Jeglicher geistige Zusammenhang, der überregional war und nicht in der Region mündlich bewältigt worden ist, ruhte für die damalige Vergangenheit wie für die damalige Gegenwart auf der lateinischen Sprache auf. Einen solchen Zusammenhang hat man bisher für Schlesien, auch wegen der wohl überdurchschnittlich hohen Handschriftenverluste, nicht überzeugend rekonstruieren können. Die lateinische Literatur war gemäß der Schwerpunktsetzung und der Sozialgeschichte dieser Generationen vor allem Fachliteratur, nicht Belletristik. Gerade konventionelle Texte haben Zusammenhänge getragen; das Besondere, das heute interessieren mag, war oft isoliert, rasch vergessen oder ist seinerzeit fast unbekannt geblieben. Auch diejenige Gattung, die ihrer Natur nach auf Zusammenhang verwiesen ist, die Geschichtsschreibung,[115] war im schlesischen 13. Jahrhundert vergleichsweise bescheiden entwickelt, jedenfalls wenn

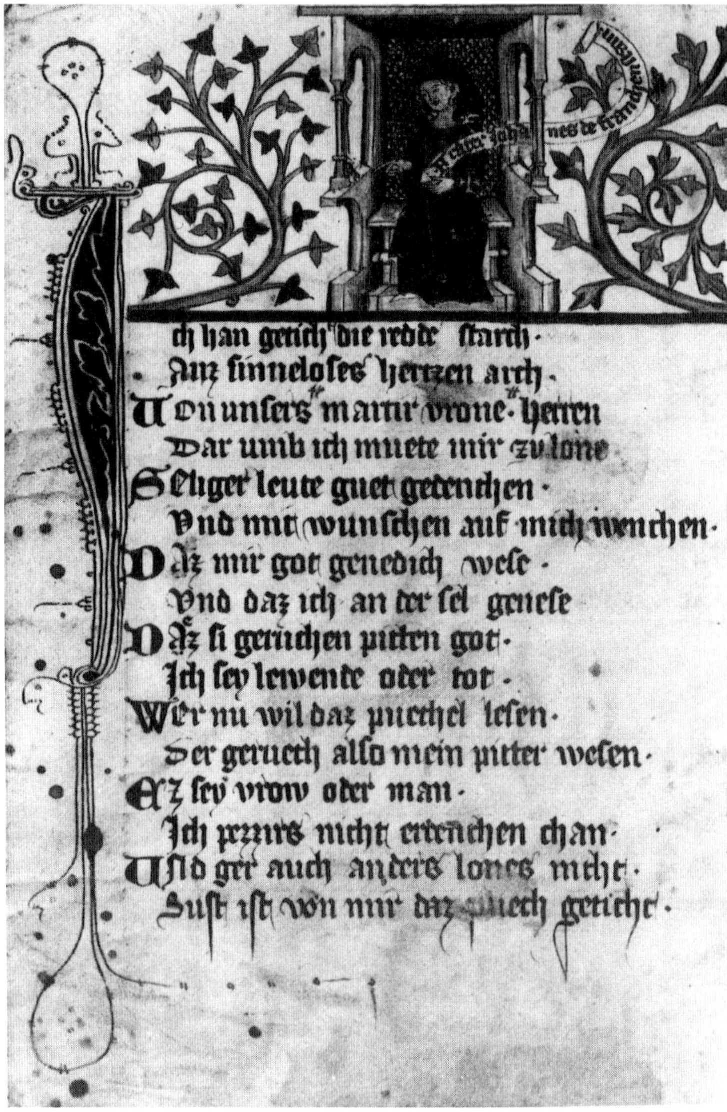
Ich han getich die rede starch ·
Auz sinneloses herzen arch ·
Von unsers marter vrone · herren
Dar umb ich muete mir zu lone
Seliger leute guet gedenchen ·
Und mit wunschen auf mich wenchen ·
Daz mir got genedich wese ·
Und daz ich an der sel genese
Daz si geruchen pitten got ·
Ich sey lewente oder tot ·
Wer nu wil daz puechel lesen ·
Der geruech also mein pitter wesen ·
Ez sey vrow oder man ·
Ich pezzers nicht erdenchen chan ·
Und ger auch anders lones nicht ·
Sust ist von mir daz puech getichte ·

Bildung und Literaturkenntnis ließen sich im Mittelalter vor allem im geistlichen Stand finden, und es waren geistliche Autoren, die über religiöse Themen schrieben. Der aus dem schlesischen Frankenstein stammende und im Wiener Johanniterkonvent lebende Johannes von Frankenstein unterzog sich im Jahr 1300 der »swêren arbeit«, die Leidensgeschichte Christi in 11 476 deutsche Verse zu bringen. Der Titel seines Werkes *krûzigêre* (Kreuzträger) ist doppeldeutig und meint sowohl den kreuztragenden Heiland als auch den Autor selbst in seinem Ordenskleid. Dem Dichter fehlte es nicht an Selbstbewußtsein. In Codex 2691 der Österreichischen Nationalbibliothek beginnt sein Werk mit einem Porträt des »Frater Johanes de Franchenstain«, und auch am Ende berichtet »des bûches tichtêre« von sich und seiner Herkunft.

man sie mit westlichen Maßstäben mißt; von Polen aus hält man sie für bedeutend. Einen ersten Akzent setzte die sogenannte polnisch-schlesische Chronik, entstanden um 1285. Die 1384/85 beendete Chronik der Fürsten Polens bildete wohl den Höhepunkt. Die *Legenda maior* der heiligen Hedwig und das Heinrichauer Gründungsbuch um 1300 sind schon genannt worden. Das ersterwähnte Werk hat ein Leubuser Zisterzienser geschrieben, um Herzog Heinrich IV. mit politischen Argumenten zu versehen. Der Verfasser war gewiß ein Deutscher, nur einen allerdings hypothetischen zweiten Autor wollte man für einen Polen halten.

Erst recht kaum einen inneren Zusammenhang wies die damalige deutschsprachige Literatur der meisten Regionen unseres Kulturkreises auf. Das gilt auch für Schlesien.[116] Wieviel von der binnendeutschen klassischen und nachklassischen Dichtung importiert worden ist, bleibt gänzlich ungewiß. Ohne Zweifel waren die heimischen Anfänge zögernd und unsicher, wie das erste einschlägige Denkmal, die Trebnitzer Psalmen vielleicht schon aus der Mitte des 13. Jahrhunderts, sehr deutlich darlegt. Es handelt sich um eine wörtlich-ängstliche Übersetzung aus diesem beliebtesten Buch des Alten Testaments in Gestalt der sogenannten Interlinearversion, wie man sie aus althochdeutscher Zeit kennt. Bedeutsamer als dieser Versuch und seine Nachfolger war auf die Dauer wieder das Fachschrifttum. Es kann anders als der schmale klösterliche Beginn mit der breiteren und immer breiter werdenden Trägergruppe des gehobenen Bürgertums verbunden werden. Die frühesten Texte vor und um 1300 befaßten sich mit der Heilkunde, genauer mit Arzneimitteln. Das Polnische ist Literatursprache noch nicht gewesen.

Das architektonische Erbe Schlesiens aus dem 13. Jahrhundert,[117] die heute auf den ersten Blick am deutlichsten sichtbare, jedoch stumme Hinterlassenschaft der Vergangenheit, ist längere Zeit umstritten gewesen. Größere Gelassenheit kann einziehen, wenn zweierlei akzeptiert wird: die großen Wirkungslinien der europäischen Kunst von West nach Ost und Süd nach Nord als unvermeidliches, nicht speziell schlesisches Schicksal und der Charakter zumindest der ansehnlichen Baukunst als Auftragskunst der Mächtigen, die sich damit repräsentativ darstellen wollten. Von Architektur als Offenbarung irgendeiner Volksseele sollte man nicht sprechen. Zugleich ist das weitverbreitete Heranwachsen ansehnlicher oder gar sehr ansehnlicher Kunstdenkmäler im schlesischen 13. Jahrhundert unabtrennbar vom allgemeinen, besonders vom wirtschaftlichen Aufbruch des Landes. So sollte die Baugeschichte so nahe wie möglich an die schon dargelegte allgemeine Geschichte des Landes herangeführt werden.

Dabei wird man unterscheiden: Je anspruchsvoller und »moderner« schlesische Architektur war, um so deutlicher erscheint sie zumindest im genetisch-formalen Sinn als deutsche Kunst, ebenso wie anspruchsvolle und »moderne« deutsche Kunst auf dem Gipfel des Mittelalters ohne französische und italienische Anregung nicht gedacht werden kann. Aus der Nahperspektive war schlesische Architektur die Baukunst der Piasten, der Bischöfe und Äbte und der Ratsversammlungen der Städte. Ob alle Merkmale der Peripherie – abgesehen von der unvermeidlichen Verspätung – haben abgelegt werden können, erkennt man nur im Einzelfall. Je mehr und je selbstverständlicher jedenfalls ganz Schlesien in den deutschen Kulturkreis einrückte, um so deutlicher

Der Besitz der schlesischen Klöster lag weit im Lande verstreut und manchmal sogar jenseits der Grenzen. So gehörte das Dorf Mollwitz westlich von Brieg zum Breslauer Klosterbesitz. Das Stufenportal und die Ausmalung der Mollwitzer Dorfkirche aus dem 14. Jahrhundert sind ein beachtliches Zeugnis der kulturellen Bedeutung des in der Reformationszeit zerstörten Breslauer Vinzenzstiftes. Wie eine mittelalterliche Armenbibel schildern die alle Wände überziehenden Bilder die Geschehnisse des Alten und Neuen Testaments. Der Höhepunkt ist die Darstellung des Weltgerichtes an der Triumphbogenwand. Bekannt wurde Mollwitz durch die Schlacht, die 1741 auf den Feldern des Dorfes ausgetragen wurde. Damals errrangen die Preußen ihren ersten Sieg in Schlesien.

wurde schlesische Architektur deutsche Architektur mit besonderen schlesischen Wesenszügen.

Schlesien ist entsprechend seiner geographischen Lage ein Mischgebiet von Haustein und Backstein. Leider hat sich wie schon erwähnt vom ältesten Profanbau außer sehr stark Umgestaltetem, wie dem Palas des 13. Jahrhunderts im Liegnitzer Schloß, kaum etwas erhalten. Keine Piastenburg besteht mehr, anders als im přemyslidischen Böhmen mit Klingenberg. Die großen Kirchenbauten, die überlebten, beginnen ungeachtet der barocken Umgestaltung mit der Klosterkirche von Trebnitz (unterschiedlich datiert, zuletzt: erste Phase 1203 bis 1214, zweite Phase bis 1219). Man denkt als Vorbilder an Ebrach und Riddaghausen. Der neue, seit 1244 erbaute Breslauer Dom, streng und karg, ist das andere erhaltene Hauptwerk dieser zisterziensischen Periode, entworfen wohl gemäß Walkenried. Langhaus und Westtürme gehören allerdings erst in das 14. Jahrhundert. Mit der Weihe des Chors der Breslauer Kreuzkirche im Jahre 1295 wurde dasjenige Bauwerk dem gottesdienstlichen Gebrauch übergeben, das als das schönste der Hochgotik Schlesiens gilt. Herzog Heinrich IV. hatte es zum Ausgleich mit dem Bischof, zum Andenken seines Hauses und wohl primär als Entgelt für eine gelobte, aber nicht unternommene Jerusalem-Wallfahrt gestiftet. Man hat auf das Vorbild der Marburger Elisabethkirche hingewiesen. Damals stand auf dem Breslauer Alten Markt schon das bald durch mehrfache Anbauten erweiterte Kauf-Rat-Haus, und die Bürger waren zum Bau steinerner Häuser angehalten worden; Mauerwerk des 13. Jahrhunderts ist in Gebäuden am Markt enthalten. Um 1300 errichtete man in der Mitte der Kreuzkirche das Hauptwerk der schlesischen gotischen Plastik, das Grabmal Heinrichs IV. Die Wappen auf der Tumba sind allerdings wesentlich jünger und dürfen nicht als politisches Programm der Herzogszeit mißverstanden werden.

Im klösterlichen und stadtpfarrlichen Kirchenbau des 14. Jahrhunderts bildete Breslau denjenigen Schwerpunkt, den die Wirtschaftsgeschichte erwarten läßt: St. Ägidii, St. Adalbert, Sandkirche; die Neubauten der Pfarrkirchen St. Elisabeth seit 1330 und St. Maria Magdalena seit 1359. Den üblichen mitteldeutschen Weg von der Basilika zur Hallenkirche legte auch Schlesien zurück. Diese Gotteshäuser und Hunderte von bescheideneren Stadt- und Dorfpfarrkirchen, dann Stadtbefestigungen und Rathäuser können unter den öffentlichen Bauten am unmittelbarsten mit der deutschen Neusiedlung in Verbindung gebracht werden. Zur Zeit des Landesausbaus war Holz das klassische Material des ländlichen Kirchenbaus.

Konsolidierung und Krise: Schlesien in Deutschland (1327/39–1469)

POLITISCHE VERHÄLTNISSE

Auf das Zeitalter der Urtümlichkeit und das Zeitalter des Aufbruchs folgte als dritte Periode der älteren schlesischen Geschichte ein Zeitalter der Konsolidierung und der Krise. Würde der hier zu behandelnde Zeitraum länger währen, könnte man von einem Zeitalter der Konsolidierung, der Krise und der Wiederkonsolidierung sprechen. Konsolidierung und Krise griffen ineinander, so daß man sie gemeinsam betrachten muß. Die Konsolidierung war das wichtigere Moment. Ihr ist zuzuschreiben, daß das Zeitalter des Aufbruchs nicht vergeblich war, sondern die Grundlage für alles Kommende, zumindest bis zum Jahr 1945, hat bilden können. Im politischen und im außerpolitischen Milieu wurde die Konsolidierung jedoch von der Krise abgewandelt. Daher brachte die Zukunft nicht einfach ein geradliniges Weiterschreiten auf dem einmal betretenen Weg mit sich. So sind auch Niederschlesien und Oberschlesien durch die Krise weiter auseinandergerückt, als das Zeitalter des Aufbruchs hätte annehmen lassen.

Indem wir zunächst die politische Geschichte Schlesiens im Mittelalter weiterverfolgen, überschreiten wir einen tiefen Graben. Schlesien gehörte seit 1327/39, für das Fürstentum Schweidnitz-Jauer seit 1368, dem deutschen Staatsverband an. Das hatte nach und nach für immer mehr Zeitgenossen bedeutsame Konsequenzen und wurde in der Geschichtsschreibung registriert.[118] Für den Historiker ergeben sich neue Fragen. Notwendig ist vor allem die präzise Bestimmung der Gestalt des damaligen Deutschland, um Schlesien zutreffend einzuordnen. Andere, ältere Aufgaben verlieren hingegen an Bedeutung.

Weniger wichtig wird das Sprachenproblem. Es war weiterhin kein politisch-staatliches, schon gar nicht ein außenpolitisches Thema. Vielmehr wird im Zusammenhang mit dem sozialen und dem kulturellen Leben davon zu sprechen sein. Die Geschichte der deutschen Sprache Niederschlesiens nahm nun ihren ruhigen, seinerzeit nur von wenigen Personen und punktuell registrierten Gang im selbstverständlich gewordenen Eingebettetsein im deutschen Sprachraum bei verbleibenden regional-lokalen Besonderheiten. Spätestens um 1350 war der für das »nationale« Bewußtsein Niederschlesiens wesentliche Wandel vollzogen. Mit der Wahl des Luxemburger Kandidaten Preczlaus von Pogarell zum Bischof von Breslau im Jahr 1341 ist die letzte politisch-polnische Position dahingeschwunden. An den meisten Piastenhöfen werden parallele Vorgänge schon früher eingetreten sein. Daß es einzelne Verbündete des polnischen Königs unter den schlesischen Herzögen auch noch im 15. Jahrhundert gegeben hat, wird eine kurzfristige politische und keine langzeitige sprachliche Tatsache gewesen sein. In den Städten Niederschlesiens war das deutsche Element von Anfang an führend und wird bald imstande sein, sich als pointiert deutsch zu erkennen. Diese drei maßgeblichen Gruppierungen gehörten am Kaiserhof Karls IV. in Prag in jeder Hinsicht zum deutschen Milieu. Bedürfte man noch eines ausdrücklichen Bekenntnisses, so kann man es während der Krise der Prager Universitäten in der folgenden Generation den schlesischen Lehrern und Studenten abverlangen. Sie kamen zumeist aus Niederschlesien. Sie sahen sich und wurden gesehen als eine der drei deutschen Universitätsnationen und schließlich zusammen mit den beiden anderen als *die* deutsche Universitätsnation.

In Oberschlesien hingegen hat die Krise einen weitverbreiteten Sprachwandel zugunsten des Slawischen mit sich gebracht oder verstärkt, beim Adel, in den Städten und auf dem Land. Der weitaus größere Teil Oberschlesiens gehörte nun nur noch politisch und in vielen Aspekten der materiellen Kultur, als Slavia germanica, aber nicht mehr sprachlich zum deutschen Geschichtsraum.

Ziemlich exakt bis zum Ende des hier behandelten Zeitraums wird man die staatliche Geschichte des ganzen deutschen Mittelalters[119] als »offen« oder als »unverdichtet« bezeichnen, anders als im Westen und Süden Europas. Die entscheidende Formkraft im Reich war die Herrscherdynastie, bis 1437 das Haus Luxemburg und von da an das Haus Habsburg. Doch vermochte auch die stärkste Dynastie über die erbländischen Territorien hinaus nur einen kleinen Teil des Reiches intensiv zu erfassen. Im übrigen war sie wesentlich mehr auf Politik als auf Regierung angewiesen. Der Zusammenhalt des Gesamtreiches war gerade für die weiter entfernten Regionen viel weniger Sache der Monarchie, als daß er auf hergebrachten Selbstverständlichkeiten, auf einem nach und nach national verstandenen Grundkonsens und darauf beruhte, daß niemand diesen Zusammenhalt ernstlich in Frage stellte. Gesamtdeutsches Denken und Handeln beschränkte sich auf kleine, wenngleich einflußreiche und informierte Gruppen. Die Dichte des Zusammenhalts in den Milieus außerhalb dieser Gruppen wird man sich im 14. und 15. Jahrhundert zwar als wachsend, jedoch insgesamt als noch recht bescheiden vorstellen. Das Leben in der Region war das normale Leben.

Die Dynastie war auch beim politischen Handeln der höchste Wert. Sie machte sich Tatbestände, die wir heute staatlich nennen, radikal untertan. Das Umkehren dieser Abfolge der Werte zugunsten des Staates, wozu man immer wieder geneigt hat, ist anachronistisch. Die wichtigste Binnengliederung Deutschlands war demnach, gerade auch was Schlesien betraf, diejenige in ein erbländisches und ein nichterbländisches Deutschland, wenn man für einen Augenblick diejenigen Gebiete vernachlässigt, die keinem der beiden Gebilde angehören wollten oder konnten. Das nichterbländische Deutschland kann man von etwa 1470 an Reichstagsdeutschland nennen. Eine der wichtigsten historischen Teilungen Deutschlands hat im Jahr 1866 genau entlang der Grenzlinie des erbländischen und des nichterbländischen Deutschland stattgefunden.

Somit ist vor allem beachtenswert, was der Eintritt Schlesiens in das erbländische Deutschland, zuerst in dasjenige der Luxemburger, bedeutet hat. Es war, um das Wichtigste an erster Stelle zu nennen, der Eintritt nicht in ein zweitrangiges Deutschland, sondern in das erstrangige. Denn an oberster Position der politisch-sozialen Hierarchie im alten Reich stand immer der Kaiserhof. Je näher man ihm zu treten vermochte, um so angesehener war die eigene Stellung. Wenn sich Karls IV. hegemoniales Herrschertum, die »französische« Lösung des Verfassungsproblems, durchgesetzt hätte, wäre ganz oder fast ganz Deutschland erbländisch geworden und wäre aus dem schlesischen »Sonderfall« ein Normalfall entstanden. Die Geschichte hat anders entschieden. Doch darf Reichstagsdeutschland nicht deshalb, weil es im wesentlichen vom heutigen Deutschland fortgesetzt wird, naiv höher veranschlagt werden als die Erbländer. Es war auch – jedenfalls im Mittelalter – nichts Negatives, am Reichstag nicht vertreten zu sein. Weil die Erbländer unmittelbar beim Kaiser zu Hause waren, wäre es widersinnig gewesen, sie zugleich zum Reichstag, der Versammlung der Fernerstehenden, zu berufen. Die Skepsis des Kaisers gegenüber dem Reichstag ist lange Zeit groß gewesen und mit Grund. Noch skeptischer sollte man nur noch sein, wenn der alte Reichstag in eine Reihe mit modernen Parlamenten gestellt wird.

Viel mehr kam es auf die Legitimität der Dynastien an. Vor allem in der Zeit der Unruhe am Ende der hier behandelten Periode erwies sich, daß Legitimität etwas absolut Unersetzliches war, das auch nicht durch hektisches Agieren oder durch besonderes Modernseinwollen ausgeglichen werden konnte. Schlecht legitimierte Emporkömmlinge, die viel Aufsehen erregten und auch für Schlesien sehr wichtig schienen, waren König Georg von Böhmen und König Matthias von Ungarn. Aber ihre Herrschaftsgebilde brachen wie dasjenige des Herzogs von Burgund im Westen nach kurzer Zeit wie Kartenhäuser zusammen. Am Ende hatten alle drei der weitaus am besten legitimierten Dynastie des Zeitalters in die Hände gearbeitet: Was sie für sich aufgebaut zu haben meinten, ist habsburgisch geworden.

Die Verfassung der Erbländer[120] in Deutschland ist ebenso wichtig und interessant wie die Verfassung Reichstagsdeutschlands. Entscheidend war der Tatbestand, daß der große Dynast stets einen Territorienkomplex, also mehrere oder gar viele Erbländer vereinigte. Der Hauptgesichtspunkt ist dabei das Gegenüber von Hauptland und Nebenländern. Das Hauptland war oft durch einen Vorsprung an Größe und Macht, vor allem aber durch die Hauptresidenz des Herrn ausgezeichnet. Der Hof war auch diesmal das maßgebliche Zentrum. In der fast alles entscheidenden höfischen Personalpolitik schien das Hauptland sehr bevorzugt, die Nebenländer fühlten sich stark benachteiligt. Bei Herrscherkrisen mochte die Führungsgruppe des Hauptlandes sogar danach streben, in die verlassene Position des Herrn gegenüber den Nebenländern einzutreten. Dieses und jenes wurde in den Nebenländern eifersüchtig beobachtet und stieß gegebenenfalls auf harten Widerstand. Anspruch und Abwehr wurden von den Hochadligen getragen. Große Städte und höherer Klerus trachteten hingegen gemäß ihren Interessen eher territorienübergreifend zu handeln und waren darin natürliche Verbündete des Herrn. Der kleine Adel war wie die kleinen Städte zumeist nur regional interessiert, für ihn lag die große Bühne zu weit in der Ferne.

Damit ist die politische Rolle des Nebenlandes Schlesien angesichts des Hauptlandes Böhmen und sind politische Chancen und Schwierigkeiten des schlesischen 14. und 15. Jahrhunderts in den Grundzügen beschrieben.

Das Mitwirken eines Nebenlandes wie Schlesien am Gesamtreich war, was die klassischen, nicht ganz zu Recht stets von Reichstagsdeutschland aus beurteilten Teilhabemechanismen betrifft, in doppelter Weise etwas Indirektes: zunächst als Glied der Gruppe der Erbländer und dann noch als ein Nebenland des erbländischen Komplexes. Doch wäre es falsch, diese Rolle als diejenige von schlecht Weggekommenen und Vereinzelten zu bewerten. Quantitativ gesehen war der Platz eines Nebenlandes und eines nur indirekt am Gesamtreich Mitwirkenden etwas durchaus Übliches. Es gab nur wenige Hauptländer, aber viele Nebenländer. Auch in Reichstagsdeutschland war durch ein nicht sehr häufig verändertes Hegemonialgefüge eindeutig festgelegt, wer im ganzen etwas zu sagen hatte und wer nicht. Die weitaus meisten Reichsfürsten waren politische Statisten, wenige große Herren führten.

Genauso gelassen ist die umgekehrte Frage nach den Wirkungsmöglichkeiten des Gesamtreiches im spätmittelalterlichen Schlesien zu beurteilen. Die Erbländer waren, wie wir schon wissen, direkter Handlungsraum des Kaisers, der jegliches Mitbestimmen anderer Kräfte selbstverständlich ausschloß. Deshalb ging Schlesien den Reichstag nichts an. Schlesien als Nebenland besaß Anteil an den meisten Sonderrechten der Krone Böhmen, die vor allem Kaiser Karl IV. diesem seinem Haupterbland in der Goldenen Bulle von 1356 zugesprochen hatte. Doch hatten der eine und der andere Tatbestand nicht das mindeste mit einem geringeren Maß an Reichszugehörigkeit zu tun. Wenn man der Vergangenheit gerecht werden will, muß man sich auch hier daran gewöhnen, geradezu dem entgegenzudenken, was das funktionale Handeln der Moderne nahezulegen scheint. Richtig ist statt dessen, daß ein besonders privilegiertes Glied wie Böhmen ein besonders vornehmes Glied des Reiches war – so hat es Karl IV. selbst formuliert – und daher ein besonders wesentliches Glied. An die Lockerung der Bindungen Böhmens und mit ihm Schlesiens an das Reich, die heute als eine letzte Konsequenz von Sonderrechten gelten mag, hat seinerzeit niemand gedacht. Denn ein solcher Schritt hätte einen Abstieg bedeutet. So hat auch der Zeitgenosse Herzog Rudolf von Österreich, als er 1358/59 mit Hilfe intensiven Fälschens den Vorsprung der durch die Goldene Bulle Privilegierten aufholen wollte, sich nicht im geringsten aus dem Reich heraus-, sondern sich im Reich hinaufgefälscht. Auf diesen Aufstieg kam es an.

Wie alle deutschen Territorialgebilde hat demnach auch Schlesien eine ganz bestimmte staatsrechtliche Ausstattung zugewiesen erhalten, als es ein Glied des Reiches wurde. Der Ablauf der Zeit mußte zeigen, wie man damit umgegangen ist.

Das Haus Luxemburg,[121] das Schlesien erwarb, war innerhalb der Trias der Stärksten, im Vergleich zu Habsburgern und Wittelsbachern, die modernste, städtefreundlichste und im höchsten Maß international erfahrene Dynastie, wenn auch schließlich die vom biologischen Zufall am wenigsten begünstigte. Schon König Johann von Böhmen (1310–1346), der Sohn Kaiser Heinrichs VII. (1308–1313), war eine ansehnliche Figur, der die Forschung oft zu wenig gerecht geworden ist. Johanns Sohn, Kaiser Karl IV. (1346/47–1378), gilt als die bedeutendste Herrschergestalt des deutschen Spätmittelalters und als wohl bemerkenswerteste Gestalt einer Reihe bemerkenswerter europäischer Monarchen seiner Generation. Ihm folgten die Söhne König Wenzel (1378–1400/1419), der weitaus schwächste der Reihe, und Kaiser Sigismund (1410 bis 1437), eine in ihrer Art wiederum eindrucksvolle Persönlichkeit. Sigismund hatte wie Wenzel keinen Sohn. So fiel das Wahlreich samt den Erbländern über die Hand der Tochter Sigismunds an den Schwiegersohn, den Habsburgerherzog Albrecht V., der sich als König Albrecht II. nannte (1438–1439).

In einem feierlichen Rechtsakt hatte Karl IV. im Jahr 1348 die schlesischen Lehnsherzogtümer, und was ihm als unmittelbar beherrschtes Land in Schlesien zustand, samt allen anderen damaligen Nebenländern der Krone Böhmen inkorporiert. Dies war die Rechtsform, die auch für die neuzeitliche Zukunft bis in das 18. Jahrhundert Bestand hatte. Im Hinblick auf die beteiligten Länder meinte die Inkorporation eine Nebenordnung, nicht in irgendeiner Weise eine Verschmelzung. Auch wenn man abstrakt von einer Krone sprach, wohl nach ungarischem Vorbild, handelte es sich ausschließlich um eine dynastisch-personenbezogene Einheit. So haben jedenfalls die Schlesier die Inkorporation verstanden. Sie fragten regelmäßig nach ihrem rechtmäßigen Erbherrn, nicht nach dem Land Böhmen. Ein böhmischer »Imperialismus«, den man punktuell und in besonderer Krisenzeit verspürt, blieb schon gegenüber Mähren erfolglos, erst recht gegenüber den anderen Partnern.

Im hochpolitischen Milieu der luxemburgischen Erbländer und des Reiches waren zwei Themen von besonderer Bedeutung: die Anwesenheit von Herrscher und Hof in Schlesien und die Anwesenheit von Schlesiern am Hof, wo er auch immer weilen mochte. Der Kaiserhof war die ranghöchste politische Bühne im Reich; außerdem lag er von Schlesien aus gesehen auf dem kürzesten Weg ins Binnenreich. Am besten vermochte man am Hof etwas vom vielgliedrigen politischen Spiel im weiten Reich der Kurfürsten, der weltlichen und geistlichen Fürsten, der Grafen und Herren, der Freien Städte und Reichsstädte wahrzunehmen. Schlesien geographisch benachbart waren davon nur das erst wittelsbachische, dann seit 1365/73 luxemburgische und zuletzt seit 1415 hohenzollerische Kurfürstentum Brandenburg und die fürstlichen Lande der Wettiner, die im Jahr 1423 zusammen mit dem Herzogtum Sachsen ebenfalls eine Kurwürde zu erwerben vermochten. Im Süden rückte die habsburgische Macht näher, als Herzog Albrecht im Verlauf der Hussitenkämpfe 1423 Herr von Mähren wurde.

Angesichts dieser geographischen Lage und des erst so kurze Zeit zurückliegenden Erwerbs des Landes ist es erstaunlich, welch bedeutende Rolle Schlesien für den Reiseweg des Hofes Karls IV. und noch mehr, welche Rolle schlesische Amtsträger am Kaiserhof gespielt haben. Für die deutsche Verwaltungsgeschichte und für die Integrationsgeschichte irgendeines vom Reich neuerworbenen Landes sind diese drei schlesischen Jahrzehnte kaum weniger bemerkenswert als für die Aufbruchszeit Europas jenes außerordentliche 13. Jahrhundert Schlesiens, von dem ausführlich die Rede war. Der Tatbestand muß mehrere Ursachen gehabt haben: der dringende Bedarf Karls an Amtsträgern deutscher Muttersprache, denen er voll vertrauen konnte, der Wunsch der Schlesier nach Teilhabe an den Karrieremöglichkeiten und am Glanz des Hofes, zuletzt oder gar zuerst die besonderen Mechanismen alteuropäischer Personalrekrutierung.

Mit deren Hilfe konnten unter günstigen Umständen kleine Anfänge große Wirkungen hervorbringen. Auch mag die Konkurrenz aus dem an sich klar überlegenen Westen des Reiches geschwächt gewesen sein. Denn die schlesische Gipfelzeit gehört akkurat in jene Jahre, in denen die große Krise des 14. Jahrhunderts den Westen Deutschlands schon und seinen Osten noch nicht erfaßt hatte. Jedenfalls handelt es sich um den zweiten und letzten Höhepunkt der mittelalterlichen Geschichte Schlesiens.

Jeder aktive Herrscher des späteren Mittelalters unternahm neben der kraftvollen Akzentuierung bestimmter Residenzorte weite Reisen durch sein Reich, um sich darzustellen und um hier und dort nach dem Rechten zu sehen. Das wurde von ihm erwartet. Die Hauptbewegungsrichtung Karls IV. war eine von Ost nach West gestreckte »Querachse«. Ihre Hauptpositionen waren Prag und Nürnberg, die Außenpunkte hießen Breslau und Frankfurt am Main. Neben den beiden in der Verfassung besonders hervorgehobenen Reichsstädten handelte es sich um die beiden größten Städte der Erbländer. Es war übrigens die für den Zugriff auf das ganze Reich weitaus günstigste Konstellation, die im späteren Mittelalter je realisiert worden ist. Ein knappes Drittel seiner Regierungszeit, neun bis zehn Jahre, hat der Vielbeschäftigte in Prag zugebracht, zweieinhalb bis drei Jahre in Nürnberg. Ungefähr ein Zehntel der Prager betrug die Breslauer Aufenthaltsdauer, etwa ein Zehntel der Nürnberger die in Frankfurt. Anders ausgedrückt: Auf Karls Reiseweg war Breslau der drittwichtigste Platz. Weder Johann noch Wenzel, noch Sigismund haben im allgemeinen und im Hinblick auf Schlesien in vergleichbarer Form gehandelt. Jedesmal blieb es bei vereinzelten Aufenthalten in Breslau, die kein klares System erkennen lassen.[122]

An erster Stelle der Schlesier am Hofe ist gemäß der sozialen Hierarchie Karls dritte Gemahlin Anna von Schweidnitz und Jauer[123] zu nennen, die im Mai 1353 gut drei Monate nach dem Tod Annas von der Pfalz als Vierzehnjährige geheiratet wurde und neun Jahre später im Kindbett verstarb. Sie wurde 1361 Mutter des heißersehnten Thronfolgers Wenzel. Obwohl so jung und offenkundig aus politischen Gründen – als Erbin der Herzogtümer – geehelicht, blieb sie nicht einflußlos am Hof. Peter von Jauer trat in die Hofkanzlei ein und hat sich in dieser als Amtsträger von Einfluß gut behauptet. Er ragt in der langen deutschen Kanzleigeschichte dadurch hervor, daß er der erste ist, von dem man sicher weiß, daß er kein Kleriker war. Damit steht er am Anfang eines langen Prozesses der Säkularisierung, der sich bei uns erst im 15. Jahrhundert immer mehr verbreitete; in Frankreich und England kann man dergleichen schon im 13. Jahrhundert beobachten.

Die vornehmste Aufgabe, die Schlesier am Kaiserhof übernahmen, war das Amt des Königlichen beziehungsweise Kaiserlichen Hofrichters und seines Vertreters.[124] Besonders vornehm war dieses Amt insofern, als der Herrscher selbst, der oberste Richter, vertreten wurde; den Kanzler kann man beispielsweise nicht so verstehen. Das Richteramt schien für Piastenfürsten wie geschaffen, die hochgeboren, den Erbländern ohne allzuviel Macht fest zugeordnet und daher vertrauenswürdig waren. Diese Situation ähnelte derjenigen anderer vom Kaiser bevorzugter hochadliger Amtsträger, die beiderseits der böhmischen oder mährischen Grenze begütert waren und daher zugleich erbländi-

Unter den böhmischen Königen Johann und Karl IV. von Luxemburg wurde Schlesien der Krone Böhmen und damit dem deutschen Reich inkorporiert. Aber erst durch seine 1353 mit Anna von Schweidnitz geschlossene Ehe sicherte sich Karl IV. das letzte der schlesischen Fürstentümer, Schweidnitz. Anna sollte die einzige Schlesierin bleiben, die je die Kaiserkrone trug. Sie nahm 1356 an der Verkündung des grundlegenden Reichgesetzes, der Goldenen Bulle, teil. Von diesem Gesetzeswerk gab der Sohn des Kaiserpaares im Jahr 1400 eine Prachthandschrift in Auftrag. Die Bilderhandschrift König Wenzels, die hier das Königspaar beim Krönungsmahl zeigt, liegt heute in der Österreichischen Nationalbibliothek Wien.

sches Indigenat genossen und nicht zu fest an die innerböhmische Aristokratie gebunden schienen. Diese stellte während der ganzen luxemburgischen Ära den harten Kern der Opposition dar. Die Rolle der Schlesier ist bemerkenswert oder besser gesagt erstaunlich. Denn das Hofgericht war ausschließlich für außererbländische Fälle zuständig. Ein überzeugenderer Beweis für die enorm rasche und bei weitem nicht nur sprachliche Integration Schlesiens in das Reich läßt sich kaum denken. Es war, wie in älterer Zeit üblich, eine Integration von oben. Typische »Beamten«heiraten, gewiß am Hof vermittelt, mit binnendeutschen königsnahen Familien wie den Oettingen oder den Leuchtenberg waren die Folge. Man sieht, wie sehr der rasche Zusammenbruch des karolinischen Systems im Jahre 1384/85 zu bedauern ist.

Zwanzig Hofrichter und zeitweilige Vorsteher des Hofgerichts sind bekannt. Zu den vier wichtigsten mit fünf bis zehn Jahren Dienstzeit gehörten Herzog Primislaus I. von Teschen († 1409) und Herzog Bolko I. von Falkenberg oder dessen kaum von ihm unterscheidbarer gleichnamiger Sohn († 1362/65 beziehungsweise 1367/68). Zu der Gruppe mit zwei bis vier Jahren Richterdienst zählten neben drei Nichtschlesiern die Herzöge Heinrich VIII. von Brieg († 1396/1400), Heinrich VII. und Ruprecht von Liegnitz († 1399 beziehungsweise 1409) und Wladislaus von Teschen († 1355). Bei den sechs Personen mit kürzester Dienstzeit war Herzog Bolko III. von Oppeln († 1382). Dieses schlesische, vor allem oberschlesische Übergewicht wirkte in die Regierungszeit König Wenzels weiter, insofern unter insgesamt 21 Amtsträgern fünf Piasten auftraten. Weitaus am wichtigsten war weiterhin Herzog Primislaus, der insgesamt eine als durchaus einmalig zu bezeichnende Wirksamkeit von mindestens neunzehn »Dienstjahren« innerhalb von 32 Kalenderjahren aufwies. Im Gefolge Kaiser Sigismunds ragte Herzog Ludwig II. von Liegnitz-Brieg hervor († 1436). Auch er hat – in Konstanz 1418 – königsnah und zugleich territorialpolitisch zweckmäßig geheiratet, eine Tochter des Kurfürsten Friedrich I. von Brandenburg.

Von den 182 Räten und Sekretären Karls IV. stammten 99 aus den Erbländern. Unter diesen waren 22 Schlesier. Die Räte und Sekretäre zweiten Ranges, insgesamt fast achtzig Personen, die man weniger der hohen Politik als der Amtsroutine zuweisen wird, gehörten zu sechzig Prozent den Erbländern an; die Schlesier führten hier knapp vor den Böhmen. Wohl wegen König Wenzels innenpolitischer Schwierigkeiten, die ihn am Ende nahezu lähmten, sank der Anteil der Schlesier unter den diesmal 75 Prozent Räten und Sekretären erbländischer Herkunft (Gesamtzahl 140) in seiner Regierungszeit etwas ab, auf ein Fünftel.[125]

Die Hofkanzlei[126] war nahezu allein für die schriftlichen, also für die beständigsten Hervorbringungen eines mittelalterlichen Kaiserhofs zuständig. Nicht umsonst wird der Titel ihres Vorstehers, des Kanzlers, von den Regierungschefs Deutschlands und Österreichs bis heute geführt. Die Kanzleigeschichte Karls IV. war ein großes Zeitalter der Schlesier. Weil die Kirchen- und Bürgertumsgeschichte des Landes vernachlässigt ist, verstehen wir nicht alle Zusammenhänge, die zu diesem abermals erstaunlichen Tatbestand geführt haben. Doch dürften die Grundzüge feststehen. Der wichtigste Grundzug ist allgemeiner Art. Den Hof und besonders die Kanzlei beherrschten Personenverbände, das heißt verwandtschaftlich, landsmannschaftlich oder durch Studienfreundschaft begründete Gruppen mit festem, oft generationenlangem Zusammenhalt. Wer einmal an entscheidender Stelle Fuß gefaßt hatte, zog seinesgleichen nach und wurde deren Patron, sie waren seine Klienten.

Die Anfänge der schlesischen Vorherrschaft in der Kanzlei sind nicht ganz klar. Sie verweisen auf das große Bürgertum von Brünn und auf bürgerliche Kreise Prags und Schlesiens, jedoch vorerst nicht auf Führungsfamilien aus Breslau, sondern eher auf den Klerus des mit der Stadt konkurrierenden Bischofs. Es handelte sich noch nicht um die Welt gelehrter Juristen, sondern um Verwaltungspraktiker. Johann von Neumarkt († 1380), eine der großen Figuren der älteren deutschen Verwaltungsgeschichte und auch der deutschen Kanzlergeschichte, gehört nach Namen, Pfründenkarriere und angesichts des zeitweiligen Patronats der Familie Pannwitz nach Schlesien, gemäß Verwandtschaft nach Glatz und Brünn, dahin auch durch Patronat, wieder durch Patronat auch nach Prag. Die Vorgeschichte kennt man nicht. Johann, sicher aus deutscher Familie, hat im Dienst des Herzogs von Münsterberg und König Johanns von Böhmen gestanden, ehe er 1347 in der karolinischen Kanzlei sichtbar wird.

Deren Geschichte, eine der bedeutsamsten im deutschen und europäischen Mittelalter, hat er wie kein zweiter geprägt. Gerade deshalb ist er als Individuum nur schwer erkennbar. Man sieht aber, welchem Stil er gefolgt ist, demjenigen seines Amtsvorgängers und Patrons aus Brünn, Nikolaus (Kanzler 1345–1350), und dem Stil eines am liebsten Verwaltenden. Er war sicher mehr ein Mann des Papiers als der Politik von ganz oben, trotz seines hohen Ranges als Bischof von Naumburg, Leitomischl, Olmütz und ganz zuletzt von Breslau. Kanzler war er von 1353/54 bis 1371/74 mit einer Unterbrechung im Jahr 1364. Aus dem Amt geschieden ist er als Gescheiterter, wohl auch als Kranker infolge eines Augenleidens. Er mußte noch den Triumph einer neuen »Mannschaft« in der Kanzlei erleben, die aus den preußischen Hansestädten gekommen war. Gleichwohl hat sein Personenverband das Kanzleramt mit Unterbrechungen bis 1396 und damit länger als ein halbes Jahrhundert behauptet, ein enormer und erstmaliger Erfolg des geldstarken Bürgertums am Herrscherhof.

Noch vor Johann von Neumarkt ist ein anderer Schlesier kurze Zeit Hofkanzler Karls gewesen, der Breslauer Bischof Preczlaus von Pogarell (1351–1353/54). Er war ein anderer Typ, ein eher politischer als verwaltender Amtsträger. Offenbar mußte er seinen Platz räumen, als sich Karl für die Schweidnitzer Heirat und damit für Herzog Bolko entschloß, der anscheinend ein Gegner des Bischofs gewesen ist. Gleichwohl ist die Personalpolitik der Kanzlei, oft ununterscheidbar, von Preczlaus und Johann führend geprägt worden, und zwar in Gestalt der Berufung einer Anzahl von Schlesiern in die Ämter von Protonotaren und Notaren. Dies ist allein deshalb beachtenswert, weil auch ganz andere Parteien mit kaum geringerer Durchschlagskraft und zum Teil mit deutlich besserer gelehrt-juristischer Ausbildung in die Kanzlei drängten. Mächtig war vor allem das Patronat Erzbischof Balduins von Trier, des Großonkels König Karls († 1354), und damit der Einfluß aus der traditionell königsnahen Landschaft des Mittelrheins, die für die ältere deutsche Verfassungsgeschichte so wichtig gewesen ist. Nicht

Schlesien im Reich Karls IV.
Fern von ihrem Stammland Luxemburg gelang es den Luxemburgern, um das böhmische Zentrum herum einen zusammenhängenden Territorialstaat aufzubauen. Als Karl IV. 1346 die deutsche Krone und 1355 die Kaiserwürde erlangte, wurden die böhmischen Kronländer zum politischen und geistigen Zentrum des Reiches. Die Beteiligung Schlesiens an seiner Verwaltung und seine Nähe zum Kaisertum waren nie größer als zu dieser Zeit.

viel geringer war das Interesse der Nürnberger Großfirmen als damalige Hauptvertreter der königsnahen Landschaft Franken, gehörten doch Böhmen und Mähren und im Grunde auch Schlesien zum Nürnberger Wirtschaftsgebiet. Wie gut sich die Schlesier behauptet haben, kann man den Kanzleivermerken der karolinischen Urkunden entnehmen, die den Namen des verantwortlichen Amtsträgers nennen. Ein Drittel der Kanzleivermerke bezeugt Notare erbländischer Herkunft. Es handelte sich um 24 Prozent Schlesier, acht Prozent Mährer und gerade zwei Prozent Böhmen. Im »Verdrängungswettbewerb« war man also gegenüber der heimischen Konkurrenz am erfolgreichsten.

In der Kanzlei König Wenzels[127] wandelten sich die Verhältnisse, auf die Dauer zuungunsten der Schlesier. Von den insgesamt zehn leitenden Amtsträgern kamen zwei aus dem Oderland. Peter von Jauer – sehr bezeichnend für die altertümliche »Mutterbindung« – hat die eigene Kanzlei des unter väterlicher Hut Heranwachsenden aufgebaut. Der letzte schlesische Kanzler der mittelalterlichen Geschichte war Hanko (Johannes) Brunonis (1384/85–1396, † 1406/09), mit dem erstmals ein Angehöriger des Breslauer Großbürgertums in die Kanzlei kam. Es handelte sich dabei wohl um eine besonders feine Familie, die unter anderem mit den Pogarell verschwägert war. Seine Karriere hatte Hanko in karolinischer Zeit gänzlich außerhalb der Kanzlei gemacht, in der ebenfalls großbürgerlich, von Prag her bestimmten Hofkammer, dem »Finanzministerium« des Kaisers. Unter Wenzel ist er zuerst »Minister für die königlichen Städte Böhmens«, das heißt Unterkämmerer geworden. Als Patron war er bei weitem nicht so erfolgreich wie die Vorgänger.

Zieht man etwa um 1400 eine Zwischenbilanz, so blickt man auf ein halbes Jahrhundert großer, ja aufsehenerregender Leistungen zurück, die Schlesier außerhalb des Heimatlandes, auf der wichtigsten Bühne der Reichspolitik, erbracht haben. Aber man wird demgegenüber zweierlei beachten. An den bemerkenswerten Innovationen des Kaisers, mögen sie die Hussitenzeit überlebt haben oder in ihr untergegangen sein, hatte das Oderland selbst keinen Anteil. Zum anderen waren viele jener Leistungen an die unverwechselbare Person Karls IV. gebunden und begannen in einer zum Negativen veränderten politischen Lage des Königtums rasch zu welken.

Auch Karl hatte nicht immer Erfolg gehabt. So war es ihm nicht gelungen, das Bistum Breslau von der Kirchenprovinz Gnesen loszutrennen und der neugeschaffenen Kirchenprovinz Prag zuzuschlagen, obwohl er sich jahrzehntelang darum beim Papst bemüht hat. Die Furcht der Kurie vor dem Verlust des Peterspfennigs blieb zu gewichtig. Immerhin sind alle anderen Abgaben an den Papst von Steuereinnehmern eingezogen worden, die speziell für Böhmen, Mähren und Schlesien tätig gewesen sind, und ist dem Erzbischof von Prag der Ehrenrang eines dauernd für das Bistum Breslau zuständigen päpstlichen Legaten zuerkannt worden.

Manche schwierigen innerschlesischen Probleme erwiesen sich nach dem Tod des Kaisers nur als aufgestaut und nicht als beseitigt, vor allem das Gegeneinander des Bischofs und der Stadt Breslau und die Konflikte einzelner Herzöge mit der Stadt. Breslau war reich und mächtig, aber seine Handelswege waren empfindlich. In der Stadt war der patrizische Rat gegenüber neuen aufstrebenden Kräften, die mitreden wollten, in die Defensive geraten. Wie auch in Schweidnitz und anderswo trat man damit, bei den großen Konflikten etwas später als im Westen, in ein Zeitalter allgemeiner städtischer Unruhe ein, gewiß auch infolge des Abflauens der Wirtschaftskonjunktur. Diese Wandlungen bezeichneten mehr oder weniger das Ende der großen Zeit autonomer und halbautonomer Städte in Deutschland.

Auf der anderen Seite verhielt sich Schlesien viel normaler als Böhmen, das sich in die Katastrophe der Hussitenzeit stürzte, und hatte auch ein besseres Schicksal als Mähren, das zum Teil hussitisch wurde und von inneren Kämpfen gezeichnet war, bis es sich an Österreich anlehnte. Die Isolation Böhmens brachte einen unglücklichen generationenlangen Entwicklungsrückstand mit sich; nach 1500 wird beinahe nur noch Joachimsthal am äußersten Rand wirklich »modern« sein. Der Schatten Böhmens mochte aber auch auf Schlesiens Zukunft fallen.

Das 15. Jahrhundert[128] war tatsächlich, und zwar im politischen Bereich in erster Linie infolge auswärtigen Einwirkens, in der Geschichte Schlesiens eine dunkle Zeit. Man wird bis zum Ende der hier dargestellten Periode drei Abschnitte unterscheiden, die sich nach dem Schicksal Böhmens richten: die letzten Jahre König Wenzels bis 1419, die Hussitenzeit bis 1435 und die Generation der dynastischen Ungewißheit nach dem Ende des Hauses Luxemburg.

Bis zum Tode Wenzels ist als besonders bezeichnend hervorzuheben eine gegenläufige Entwicklung: das weiterbestehende Treueverhältnis zum Königtum in Prag und die quasinationale oder schon nationale Entfremdung zumindest der Bürger und der Intellektuellen von Böhmen, insoweit es mehrheitlich tschechisch war. Wie widersprüchlich man sich im konkreten Fall verhielt, wird wohl erst dem Nachlebenden bewußt. So folgte man getreulich der Umorientierung des Königs hin zum Pisaner Konzil im Jahr 1409, die vom königlichen Rat und Chefjuristen Dr. Hieronymus Seidenberg aus Breslau maßgeblich betrieben wurde, und erteilte zur gleichen Zeit die denkbar schärfste Absage an die aus demselben Anlaß veränderte Universitätspolitik in Prag.

Die hussitischen Bewegungen,[129] die nach dem Ende Wenzels in Innerböhmen zur Macht kamen, waren alles andere als einheitlich. Sie führten nicht einmal einen gemeinsamen Namen; der ist ihnen erst von den Feinden aufgedrückt worden. Der für Schlesien entscheidende Gesichtspunkt war zunächst dieser, daß sich der rechtmäßige Erbe, König Sigismund, in Prag nicht hat durchsetzen können. Konsequent griff er auf die zweitgrößte Stadt der Erbländer, auf Breslau, zurück und hielt dort im Jahr 1420 einen ansehnlichen Tag ab. Der Ernst der Lage wird dadurch bezeichnet, daß sich nicht nur der in solchen Fällen übliche Teilnehmerkreis, die benachbarten Fürsten und die königliche Gefolgschaft, zusammenfand. Trotz der großen Entfernung kamen auch zwei geistliche Kurfürsten vom Rhein und die Gesandten von 32 Freien und Reichsstädten. Ein von den päpstlichen Legaten in Breslau verkündeter Kreuzzug leitete die erste Phase des Hussitenzeitalters ein, die Jahre aktiven Handelns gegen die Ketzer seit 1421. Wie anderswo sind auch die Militäraktionen aus Schlesien kläglich gescheitert. Wichtig ist dabei, daß sich das rechtgläubige und das deutsche Bewußtsein der Schlesier zu einer

Die hussitischen Bewegungen zerstörten vieles von dem, was Karl IV. in den böhmischen Ländern geschaffen hatte. Nachdem der aus Prag gewichene König Sigismund 1420 von Breslau aus den Widerstand des Reiches organisiert hatte, erlebte Schlesien zwischen 1425 und 1434 die Schrecken des Hussitenkrieges. Der Ausschnitt aus einem Kupferstich des Jahres 1655 will den Tod des letzten piastischen Herzogs Johann von Münsterberg am 27. Dezember 1428 bei Altwilmsdorf nahe Glatz darstellen. Die siegreichen Hussiten sind an ihrem Symbol, dem Kelch, zu erkennen, den sie auf ihren Fahnen führten. In Altwilmsdorf erinnert noch heute eine Kapelle an das Ereignis.

sich als äußerst kraftvoll erweisenden Verbindung zusammenzuschließen begannen. Kein Schlesier hat über die Hinrichtung von Johannes Hus geklagt, wie viele wichtige Leute aus Böhmen, Mähren und selbst Polen. Eine »konservative Wendung« scheint in der schlesischen Kunstgeschichte erkennbar zu sein.

Von 1425 an begannen die schweren Jahre, da nun die Hussiten ihrerseits zur Offensive übergingen. Die Landesverteidigung erwies sich angesichts der unterschiedlichen Interessenlage der heimischen Kräfte als schwierig. So überwogen die Mißerfolge auch in der Defensive bei weitem. Ein besonders schlimmes Jahr war 1428. Die Einheit im Glauben begann zu wanken, wenn man sich vor die Alternative »Sonderabkommen« oder »Verwüstung des Landes« gestellt sah. In Oberschlesien samt Troppau, wo man am schwächsten war, sah man sich zum Nachgeben genötigt. Dies galt zuerst im Jahre 1428 für den Herzog von Oppeln. Primislaus und Wenzel von Troppau bekannten sich sogar 1431 wenigstens auf dem Papier zu den Vier Artikeln der Hussiten. Gewiß hat es auch schlesische ebenso wie fränkische oder rheinische Hussiten aus Überzeugung gegeben, aber man darf trotz des Interesses der Historiker an Minderheiten und Einzelgängern die Proportionen nicht aus dem Auge verlieren: Es handelte sich um eine extrem kleine Zahl.

In jenen Monaten und Jahren setzten sich die Hussiten in einigen Städten, in Gleiwitz, Kreuzburg, Nimptsch und Ottmachau, wie es schien, langfristig fest. Man weiß heute, daß dies eher verzweifelte Versuche waren, die würgende Isolierung zu durchbrechen und sich entgegen der Blockade Nahrungsmittel zu beschaffen. Denn niemals hatten die böhmischen Neuerer eine Chance, sich gegen das erdrückende Übergewicht der Nachbarschaft auf Dauer zu behaupten, so viele Gefechte oder Schlachten sie vorerst auch gewinnen mochten. Aber aus der Nähe gesehen waren die neuen Kriegstechniken und die lange Liste der Siege der Hussiten ungemein beängstigend. So wandte sich das Blatt entschieden erst 1434, als die inneren Spannungen in Böhmen nicht mehr gebändigt werden konnten und die Gemäßigten die Radikalen bei Lipan vernichtend schlugen. Mit dem Basler Konzil gelangte man zu einem Abkommen, den Basler oder Prager Kompaktaten, die wenigstens eine Zeitlang auf ein religiöses Nebeneinander hoffen ließen.

Innerhalb Schlesiens kam es – ziemlich gleichzeitig mit dem außererbländischen Reich – zu politisch-militärischen Zusammenschlüssen. Sie gehörten hier und dort viel weniger der Geschichte militärischen Erfolges an als der Geschichte allmählichen Zusammenwachsens. Druck von außen, der die Existenzfrage stellte, führte wie etwa auch in Frankreich und England während des gleichzeitigen Hundertjährigen Krieges der beiden Könige und Nationen zu ungewohnten Anstrengungen der Selbstorganisation. Vorausgegangen sind in Schlesien seit 1347/82 Landfriedensbemühungen im üblichen deutschen Stil des 14. Jahrhunderts. Die Suche nach Ständen, wie sie nach 1500 genannt werden, also nach der Repräsentation des Adels und der Städte zunächst in den einzelnen Fürstentümern oder gar für ganz Schlesien, hat bis zu Wurzeln im Jahr 1337 beziehungsweise 1402 zurückgegriffen. In der Tat haben sich Fürsten, Adel und Städte, vor allem Adel und Städte in den unmittelbar böhmischen, das hieß oft sich selbst überlassenen Fürstentümern versammelt. Bis 1469 hat man insgesamt 107 Treffen gezählt. Man darf sich aber auch hier nicht von dem Wunsch fortreißen lassen, Schlesien fast um jeden Preis als »modern« erscheinen zu lassen. Die institutionelle Kontinuität der Begegnungen ist sehr problematisch, und neben dem »demokratisch«-repräsentativen ist das dynastisch-herrschaftliche Moment sehr hoch zu veranschlagen.

Am Anfang der zwanziger Jahre des 15. Jahrhunderts war das Land als Ganzes, abgesehen von der Bistumsorganisation, immer noch nicht viel mehr als ein Begriff der Fachleute des Urkundenwesens und der dynastischen Politik. Nun erst, unter dem Problemdruck der Hussitenfrage, begann sich eine Solidargemeinschaft zu formen. Nachdem der Bund von Grottkau im Jahre 1421 vorausgegangen war, ernannte König Sigismund im folgenden Jahr den Breslauer Bischof Konrad von Oels zum Oberhauptmann. Die Strehlener Einung von 1427 mit zentralen militärischen und gerichtlichen Kompetenzen war ein weiterer Schritt, 1435 folgte ein wieder von Sigismund angeregter Landfriedensbund. Weder über die Dauer noch über den Ertrag solcher Bemühungen läßt sich viel Rühmliches sagen, doch kam es wie im Gesamtreich darauf an, das Miteinander überhaupt erst einzuüben und das seit vielen Generationen selbstverständliche Handeln in der kleinen Region im Hinblick auf ganz Schlesien als partikular zu begreifen. Das konnte nur langsam geschehen. Doch war eine Grundlage gelegt, als neue Anstöße und Notwendigkeiten von etwa 1470 an den Weg zu einem umfassenden Schlesien-Verständnis bahnten.[130]

Die Phase der dynastischen Desorientierung und Zergliederung[131] begann nach dem überraschenden Tod des Habsburgerkönigs Albrecht II. im Jahre 1439, der als rechter Erbe die Huldigung der Schlesier in Breslau entgegengenommen hatte. Erst nach seinem Hinscheiden wurde ihm ein Erbe, Ladislaus (Postumus) geboren, der bis zu seinem abermals sehr frühen Tod im Jahre 1457 ein Werkzeug sich selbst aufdrängender Helfer geblieben ist. Auch Ladislaus erkannten die Schlesier an, aber er war kein Faktor der Politik. Im Jahr 1448 riß Georg von Podiebrad aus hohem böhmischem Adel, aber ohne jede großdynastische Legitimation, gestützt nur auf seine Standesgenossen, in Prag die Macht an sich, bald als Landesverweser (1452), zuletzt als König (1458–1471). Aus persönlichen und politischen Gründen wurde seine Rechtgläubigkeit angezweifelt, wiewohl er lange Zeit die Treue zum Papst beteuerte. Gegenüber der habsburgisch-böhmischen Partei erhoben König Wladislaus III. von Polen (1434–1444) und für ihn und nach ihm sein Bruder Kasimir (König 1447–1492) Ansprüche auf den böhmischen Thron. Kriegsunternehmer wie der niederbayerische Ritter Leonhard Asenheimer verdienten an den dynastischen Kämpfen; dieser wurde wegen seiner Verbrechen verurteilt und 1446 in Neumarkt hingerichtet. In den Herzogtümern Auschwitz, Ratibor, Oppeln und Brieg ist die Jagellonenherrschaft zeitweise anerkannt worden. Frieden und Zukunft Schlesiens waren bedroht, die Solidaritätsübungen schienen vergessen. Nachdem schon 1441 das Herzogtum Zator dem polnischen König die Lehnshuldigung geleistet hatte und 1442 das östlichste Teilstück des Herzogtums Beuthen, Sewerien, an den Bischof von Krakau verkauft worden war, fiel im Jahr 1457 das Fürstentum Auschwitz durch Kauf an den König von Polen.

Am stärksten im Kampf um das luxemburgische Erbe war zunächst Georg, dem Schlesien 1455 huldigte. Er belehnte seine Söhne mit den Herzogtümern Münsterberg-Oels und Troppau und setzte in den Gebieten unmittelbarer Königsherrschaft, den Fürstentümern Breslau und Schweidnitz-Jauer, seine landfremden Amtsleute ein. Die Herzöge von Münsterberg-Oels wurden durch die Gunst des Kaisers sogar Reichsfürsten, wenn auch nur für ihre Person und nicht für ihr Land. Die Breslauer jedoch hielten Georg weiterhin für hussitisch und zögerten bis 1460 mit der Huldigung, selbst als der habsburgische Kaiser Friedrich III. auf seiner Seite stand. Auch an der Kurie wuchsen die Zweifel, so daß die beiden Hauptgegner Georgs schließlich 1466 zusammenfanden. Breslau wurde geradezu, wie im Ansatz schon 1420, zu einem päpstlichen Zentrum. Päpstlicher Legat war Rudolf Hecker von Rüdesheim, seit 1467 Bischof von Breslau. Im Jahr 1469 ließ sich König Matthias Corvinus von Ungarn von der katholischen Partei in Olmütz zum König von Böhmen wählen. Er errang sehr rasch die Herrschaft in den Nebenländern, auch in Schlesien, und ging angesichts der ständigen böhmischen Gefahr daran, die schlesische Staatlichkeit zu festigen.

LAND UND STADT

Daß Schlesien ein Stück des entwickelten Europa geworden ist, zeigt seine regelrechte und immer pünktlicher werdende Teilhabe an den Konjunkturzyklen des Kontinents. Die von West nach Ost wandernde große Krise, die schon vor 1300 in Spanien greifbar geworden war, hat die Mitte des Reiches um 1350 betroffen. In Schlesien verspürt man sie wie in Ordenspreußen vor und um 1400. Demgemäß ist die Erholung der Konjunktur, die im Binnenreich um 1450 bis 1470 datiert wird, an der Oder um 1500 anzusetzen. Diese Aussagen sind Vereinfachungen, zu denen Quellenlage und Forschungsstand heute nötigen. Im einzelnen sind ökonomische Situationen immer komplex und differenziert.

Es handelte sich primär um eine Krise der Bevölkerungsentwicklung. Nicht nur fanden die im Zeitalter des Aufbruchs üblich gewordenen starken Zuwachsraten ein Ende, auch die Gewalt des Schwarzen Todes hat zu erheblichen Menschenverlusten geführt. Schon 1348/50 kam die Pest entlang der Nord-Süd-Straße parallel zur Oder nach Schlesien, aber gravierend wohl zuerst 1361, und kehrte dann wie überall in Europa in immer neuen Schüben unterschiedlicher Stärke fast Jahrzehnt um Jahrzehnt wieder. Zehn Seuchenjahre sind für Breslau im 15. Jahrhundert bezeugt. Leider besitzt man für Schlesien noch keine brauchbare Übersicht über die Konsequenzen. Die sichersten Aussagen aus der Nachbarschaft betreffen Sachsen. Dessen Bevölkerung ist zwischen dem Abschluß des Aufbruchszeitalters, der dort schon um 1300 anzusetzen ist, und einem Höhepunkt der Neukonjunktur um 1550 – auch dies dürfte in Schlesien später liegen – nur um vierzig Prozent angestiegen. Um 1400 und um 1450 muß der sächsische Bevölkerungsstand sehr deutlich unter demjenigen von 1300 gelegen haben, damit die neuerlichen steilen Zuwachsraten seit etwa 1500 eingeordnet werden können.[132] So ähnlich wird man sich den Ablauf der Dinge auch in Schlesien vorstellen.

Unter solchen Umständen lautet die Hauptfrage an die innere Entwicklung Schlesiens im 14. und 15. Jahrhundert: Hat das Land den außerordentlichen Beschleunigungsprozeß und Umbruch des 13. Jahrhunderts zu konsolidieren vermocht? Ungeachtet der zuletzt unruhig gewordenen Ereignisgeschichte und ungeachtet des einen oder anderen problematischen innenpolitischen Wandels wird man die Frage für Niederschlesien eindeutig bejahen. Insbesondere ist die vollständige deutsche Sozialpyramide, die erste und einzige der niederschlesischen Geschichte nach »modernem« europäischem Stil, stabil und in den Grundlinien unverändert geblieben. Das Gewicht dieser Tatsache läßt sich ermessen, wenn man sie mit den schweren Rückschlägen vergleicht, die die Deutschen in Böhmen im 15. Jahrhundert haben hinnehmen müssen. Herrschaftskrise und Konfessionskrieg haben dort katastrophale, vielfach nie mehr geschlossene Lücken aufgerissen. Davon kann in Niederschlesien trotz einzelner im Hussitenkampf niedergebrannter Städte und Klöster keine Rede sein.[133]

Dieselbe Frage nach der Konsolidierung erhält für Oberschlesien[134] eine andere Antwort. Damit trat qualitativ auseinander, was sich im 13. Jahrhundert nur quantitativ unterschieden zu haben schien. Damals war Oberschlesien weniger ausgiebig von der Neusiedlung erfaßt worden und war in vieler Hinsicht zeitlich zurückgeblieben. Gleichwohl hatte eine Verwandlung genauso wie in Niederschlesien begonnen. Doch war sie bei weitem nicht vollendet, als die Krise einsetzte. Geographisch gesehen hatte man die deutschen Bauern in Bändern und Inseln zwischen der slawischen Bevölkerung angesiedelt. Inseln waren auch die deutschen Städte. Als die Land-Stadt-Mobilität, die innerländliche Mobilität und die rechtliche Angleichung beider Sprachgruppen von der Krise gesteigert wurden, wirkte sich dies nach und nach, zuerst punktuell und am Ende womöglich erdrutschartig, zu Lasten der Deutschen aus. Ihnen war inzwischen, wie im ganzen Bereich der Ostsiedlung, längst kein Zuwachs mehr von außerhalb zugeleitet worden.

Man kennt die Ergebnisse besser als die Vorgänge, die dahin geführt haben. Der sprachliche Ausgleich schlug jedenfalls im wesentlichen die umgekehrte Richtung ein als in Niederschlesien. Die Deutschen nahmen bis in das frühe 16. Jahrhundert, als Gegenbewegungen einsetzten, weit überwiegend die slawische Sprache an. Fast vollständig geschah dies im Herzogtum Oppeln. Selbst in den größeren Städten, in Oppeln selbst, in Ratibor und in Teschen, gerieten die Deutschen in die Minderheit, weil die Zuwanderer aus den Dörfern slawisch sprachen. Troppau und Oberglogau bewahrten ihre Sprache. Nur ein kleines geschlossenes ländliches Sprachgebiet erhielt sich. Aus einer breiten Mischzone war wie in ganz Schlesien eine Sprachgrenze, beiderseits mit Inseln der anderen Sprache, entstanden. Den städtischen Wandel kann man einigermaßen datieren. Im kleinen Kreuzburg waren die Bürgernamen wie üblich von 1292, dem Zeitpunkt der ersten Nachricht, bis 1350 zu hundert Prozent deutsch, von 1401 bis 1450 noch zu 84 Prozent. Seit 1480 zeigte sich im Stadtbuch ein Überwiegen slawischer Familiennamen. Im Jahr 1494 setzte erstmals das Tschechische als amtliche Schriftsprache ein und wurde seit 1512 alleinherrschend; eine polnische Schriftsprache gab es noch nicht. Auch die nicht sehr zahlreichen deutschen Adelsfamilien Oberschlesiens nahmen slawische Namen an. Die Fürstenhöfe hatten sich, wie erwähnt, geneigter als in Niederschlesien gezeigt, hussitische oder polnische Positionen wenigstens zeitweilig zu übernehmen.

Es handelte sich abermals um eine Konsolidierung, wenn auch um eine weniger weit als in Niederschlesien gediehene und nie wirklich abgeschlossene, und es handelte sich wieder um eine Sozialpyramide, die sich aber erst der Vollständigkeit näherte. Die Pyramide unterschied sich von den benachbarten und wies mit ihnen Gemeinsamkeiten auf. Ihre wichtigste Eigenschaft war, daß sie schlesisch gewesen und geblieben ist und nicht polnisch oder böhmisch-mährisch wurde. Was angesichts schlechter Überlieferung erst spät in der Neuzeit erkennbar wird, galt gewiß auch schon für das endende Mittelalter: Es entstand in Oberschlesien eine besondere slawische Mundart, schon dadurch, daß sie stark mit deutschen Lehnwörtern durchsetzt war. Vor allem ließen die ethnische Zumischung der Deutschen und fortgesetzte Übernahmen aus der Nachbarschaft die importierte materielle und, soweit sie nicht sprachlich gebunden war, auch immaterielle Kultur des Aufbruchszeitalters bestehen – von den neuen Agrartechniken über den neuen Hausbau bis zur neuen städtischen Existenzweise. Denn die privaten Lebensformen an und für sich zu ändern, bestand kein Anlaß. Den Sprachenwechsel hat man als seinerzeit wenig wichtiges, ja vielfach kaum beachtetes Teilphänomen anzusehen. Erst die Moderne hat darüber ganz anders gedacht. Eine moralische Verpflichtung gegenüber einem der beiden Ethnika hat niemand empfinden können, dies fordern hieße gänzlich anachronistisch denken.

Das Weiterbestehen jener Innovationen des Aufbruchszeitalters war die Stärke der oberschlesischen Sozialpyramide im Vergleich zu vielen Teilen Polens. Ihre Schwäche bestand darin, daß sie entwicklungsgeschichtlich geurteilt deutlich jünger war als ihr deutsches Gegenstück in Niederschlesien, mitnichten älter, wie ein ethnisch-slawisches Urteil zu Unrecht annehmen könnte. Zahlreiche seit dem 13. Jahrhundert noch vermehrte Merkmale der Unreife und Verspätung liegen vor, im immer wichtiger werdenden geistigen Milieu zum Beispiel in Gestalt des Fehlens der muttersprachlichen Schriftsprache oder der geringen Zahl der Studierenden. Die deutsche Sprache und der deutsche Kulturraum waren eben moderner. Neue Anstöße, die man nun weniger gut aufnehmen konnte als zuvor, kamen im wesentlichen aus dem deutschen Sprachgebiet; nach dem Ende der hier behandelten Periode erschienen auch wieder deutsche Einwanderer. Alles dies sind Kennzeichen der Slavia germanica, wie sie – mit zum Teil anderen Wesenszügen – auch in den slawisch gebliebenen Teilen Böhmens und Mährens zu beobachten ist.

Der Neustamm der Schlesier, dem auch diese zweite oberschlesische Sozialpyramide zuzurechnen ist, war somit am Ende des Mittelalters ungeachtet der geographischen Geschlossenheit des Oderlandes ethnisch, sozial und entwicklungsgeschichtlich weniger einheitlich als andere Neustämme. Keines der Sachprobleme des damaligen Schlesien hat man aber mit dem Unterschied der beiden Volkssprachen zur Deckung gebracht. Auch das Zurückbleiben Oberschlesiens ist nicht erkannt und bewertet worden, noch gibt es ein Zeugnis dafür, daß man wenigstens jene – ziemlich unwichtige – Frage diskutiert hätte, über die man sich im benachbarten Böhmen erhitzt hatte: über die wirkliche oder angebliche Bevorzugung der Anderssprachigen bei der Vergabe der Kirchenpfründen.

In der inneren Geschichte Schlesiens beobachtet man im 14. und vor allem im 15. Jahrhundert die Sammlung der Kräfte in den engsten Milieus, in den adligen Grundherrschaften.[135] Die alten Einheiten der Herzogtümer zeigten sich geschwächt. Das Hoch- und Blutgericht und gewisse fiskalische Rechte, den Hauptinhalt der alten »Iura ducalia«, begannen adlige Grundherren an sich zu ziehen. Dies geschah durch Kauf, Erpfändung oder Belehnung, auch durch Usurpation. Natürlich blieb ein Mindestmaß landesherrlicher Befugnis bestehen, besonders bei den immer wieder eingeforderten außerordentlichen Leistungen; auf dem Dorf aber war der Landesherr kaum mehr gegenwärtig. Der Grundherr wurde zur Obrigkeit. Er ließ sich vom Scholzen und von den Bauern huldigen. Das Hauptproblem Schlesiens in seiner Selbstbehauptung nach außen und im Hinblick auf die eine oder andere innere Modernisierung, nämlich das Fehlen der Fähigkeit, die Kräfte des Landes effektiv zu bündeln, wurde damit verschärft. Eine Adelsschicht, die seit dem 14. Jahrhundert immer kräftiger geworden war, blieb nach innen gewandt und vor allem partikular interessiert. Nicht minder schwerwiegend waren die sozialen Folgen. Die Siedlerfreiheit des 13. Jahrhunderts wurde zunächst potentiell und im Fortschreiten des 15. und 16. Jahrhunderts real bedroht und zuletzt zu einem gut Teil ausgelöscht. Vielfach führte die Entwicklung hin zur frühneuzeitlichen Gutsherrschaft und zur Erbuntertänigkeit der Landbewohner.

Auch hier gab es Unterschiede zwischen Niederschlesien und Oberschlesien, ja zwischen Bistumsland, Herzogsland und Adelsland. Große niederschlesische Dörfer haben sich weit über den hier behandelten Zeitraum hinaus in ihrer Siedlerfreiheit und Gemeindeverfassung und mit ihrem Scholzenamt behauptet. In Oberschlesien mit den im Aufbruchszeitalter viel schwächer eingeprägten sozialen Neuerungen wuchs vom ausgehenden 15. Jahrhundert an das sogenannte lassitische Recht heran. Es rückte inhaltlich dem schlechteren Rechtszustand der slawischen Zeit näher. Dem Bauern stand nicht mehr der erbliche Besitz seines Hofes zu, sondern nur ein widerrufliches Nutzungsrecht. Im Troppauer Gebiet wenigstens blieb die Siedlerfreiheit im wesentlichen erhalten.

Der ökonomische Hintergrund, vor welchem sich derartige fundamentale Wandlungen für große Teile Schlesiens abzuzeichnen begannen, war die Wirtschaftskrise. Der Bevölkerungsrückgang in ganz Mitteleuropa ist am Phänomen der Wüstungen, das heißt der verlassenen Siedlungen und Fluren, am besten wenn auch nicht eindeutig ablesbar. In Schlesien war, wie zumeist in den Bereichen der Ostsiedlung, die Anzahl der Wüstungen deutlich geringer als in zahlreichen altdeutschen Landschaften mit durchschnittlich schlechteren Böden, wie etwa im nördlichen Hessen. Wirklich hohe Wüstungsanteile, von fünfzig Prozent oder mehr, finden sich nur in Gebirgslagen über 500 Meter Meereshöhe, so auf der Hochfläche des westlichen Niederen Gesenkes. Von

95 Dörfern der Aufbruchszeit überlebten hier nur 34. Ferner gibt es Anzeichen dafür, daß auch innerhalb von weiterbestehenden Siedlungen und Fluren die Zahl der besetzten Höfe im 15. Jahrhundert sank. Die individuellen Ursachen dafür sind kaum noch feststellbar. Im Stichjahr 1443 blieb jedenfalls in zahlreichen Dörfern der Weichbilder Breslau und Neumarkt auf guten Böden jede fünfte Hufe leer. Zwei Dörfer waren ganz und zwölf zu mehr als der Hälfte aufgegeben worden. Für den Kreis Ratibor hat man Ähnliches festgestellt. Herzog Ladislaus von Oppeln suchte schon 1393 zu verhindern, daß Bauern ihre Höfe verließen, um von den günstigeren Steuerbedingungen auf wüst gewordenen Hufen zu profitieren.[136]

Daß der Getreidebau eine schwere Rentabilitätskrise durchmachte, kann man auch an gleichzeitigen Extensivierungs- und Intensivierungserscheinungen der schlesischen Agrarwirtschaft des 15. Jahrhunderts beobachten. Die Schafzucht wurde ausgeweitet. Die Teichwirtschaft zum Zwecke der Karpfenzucht, wohl aus Böhmen importiert, vermehrte sich rasch. Mit den Getreidebauern ist die Rentengrundherrschaft in Schwierigkeiten geraten. Die neue Konjunktur des 16. Jahrhunderts wird als Antwort die rationellere Getreidewirtschaft des Gutsbetriebs heraufführen.

Auch die schlesischen Städte[137] des 14. und 15. Jahrhunderts geben brauchbare Antworten auf die weiterhin wesentliche Frage nach der Position des Landes in Europa, nach seinem Platz in der Mitte oder an der Peripherie. Von 1301 bis 1400 erhöhte sich die Anzahl um 25 auf insgesamt 160. In den nächsten fünfzig Jahren der Krise gab es keinen einzigen Zuwachs. Seit etwa 1470 entstanden wieder einige neue Kommunen, aber nur noch unter besonderen Bedingungen, zumal Bergbauorte. Das bewegt sich im Rahmen der deutschen Verhältnisse: die guten Plätze hatte man längst besetzt.

Die Tatsachen und Daten der Breslauer Geschichte[138] waren Tatsachen und Daten einer großen deutschen Stadt. Der prächtige Umbau des Rathauses begann 1471 zum Zeichen, daß es wieder aufwärtsging; im Zentrum des Reiches hätte man geringfügig früher einsetzen können. Etwas Übliches waren die innerstädtischen Unruhen, die häufig ausbrachen, kurz nachdem die große Krise die vorausgegangene Konjunktur des Aufbruchszeitalters abgelöst hatte. Weit besser als im deutschen Durchschnitt ist die Dokumentation der Stadtregierung durch zahlreiche bis in die Moderne erhalten gebliebene Amtsbücher, die seit dem ausgehenden 13. Jahrhundert entstanden waren. So wundert man sich auch nicht, daß Breslau als das wichtigste Tochterzentrum der magdeburgisch-sächsischen Stadtrechtsfamilie hervortritt. Das Stadtrechtsbuch, in einer Vorfassung 1352/63, in systematisierter Form nach 1370 niedergeschrieben, ist das bedeutendste des deutschen Ostens im Mittelalter.

Normal ist auch der Tatbestand, daß die führenden Familien, die dem kommunalen Regiment soviel Sorgfalt zuwandten, ihr soziales Ideal gleichwohl im landadligen Dasein verwirklicht sahen. Sie erwarben, wie es in Nürnberg, der Prager Altstadt und in zahlreichen anderen Städten üblich war, wenn möglich Landgüter, um »feudaler« Lebensweise huldigen zu können. Auch die ganze Stadt vermochte »adlig« und »feudal« zu werden. Breslau schuf zwar kein eigenes Territorium wie die Reichsstädte Nürnberg, Ulm oder Bern, eignete sich aber in der Praxis ein bestehendes an. Seit

1357/61 übte der Rat die Hauptmannschaft im Fürstentum Breslau mit allen Rechten bis hin zur Belehnung des Adels aus, formal durch Verleihung der Luxemburger, faktisch durch Kauf.

Den führenden Kaufmannsfamilien stand ein überraschend vielfältiges Gewerbe gegenüber. Zum Jahr 1403 zählt man 1613 Handwerker und kleinere Händler, die insgesamt 92 verschiedene Berufe ausübten, auch seltene und anspruchsvolle wie Glocken- und Erzgießer, Glasmaler, Büchsenmeister und Uhrmacher. In der größeren Prager Altstadt gab es 1429, nachdem der Hussitensturm über sie hinweggegangen war, nur noch 65 verschiedene Handwerksberufe, im kleineren, entwicklungsgeschichtlich begünstigten Frankfurt am Main 106 im Jahre 1440. Was mit Bekleidung und Textilien zu tun hatte, führte in Breslau ganz klar, und so war es auch mit solchen Professionen, die dem Eigenverbrauch und demjenigen der nächsten Umgebung dienten. Eine große Exportstadt wurde das alte Breslau nicht. Es wirkte sich hier und anderswo zum Nachteil aus, daß keine große dynastische Residenz bestand; doch ist immerhin die Zentralität des ansässigen Bistums beachtenswert. Im Zeitalter Karls IV. präsentiert sich sein Verkehr mit dem Papsttum ebenso intensiv und differenziert wie die Kurienkontakte des Erzbistums Gnesen und des Bistums Krakau zusammengenommen. Das kennzeichnet auch, anstelle zahlreicher weiterer Indizien, den Abstand in Richtung Osten.[139]

In der Handelsgeschichte[140] Breslaus brachte das Zeitalter der Luxemburger eine neue Ära mit sich. Man kann nicht von einem kompakten erbländischen Wirtschaftsgebiet sprechen, das sich nun erschlossen hätte; jedoch ist die Förderung der Stadt durch immer neue Privilegien seit König Johann sehr hilfreich gewesen. Breslau wuchs gegenüber Prag zur ersten luxemburgischen Wirtschaftsmetropole heran, erst recht während der auch ökonomisch für die Moldaustadt verhängnisvollen Hussitenjahre und der Folgezeit. Noch viel wichtiger war – nun auf die gesamtdeutsche Geschichte bezogen – die Integrationskraft des großen Handels und kaum minder des Gewerbes, sofern es mehr als die Grundbedürfnisse abdeckte. Die sich hier entfaltenden Personenbeziehungen waren nicht so hochrangig wie die höfischen, dafür aber dauerhafter und zahlenmäßig breiter, offenbar auch kaum konjunkturabhängig. Schon das handwerkliche Milieu kann man sich nicht ohne die Einbeziehung Schlesiens in den gesamtdeutschen Brauch des Gesellenwanderns vorstellen. Familienbeziehungen und Kapitalverflechtung waren ein und dasselbe. Hier und dort wurde modernes Wissen und Können nach Osten vermittelt. Die Metropole, auf die sich der wesentlichste Teil solcher Verknüpfungen bezog, war Nürnberg. Eine wichtige Stufe bildete der Übergang zu festen Niederlassungen großer auswärtiger Firmen in der Oderstadt um 1400. Man könnte vor allem eine Anzahl Nürnberger Namen nennen, vom Drahtzieher und »Nadler« Hans Scheuenpflug (1385) bis zu Albrecht III. Scheurl, dem »großen Bürger und berühmten Kaufherrn« († 1462).

Breslau war nicht einfach eine Stadt an der Grenze, sondern weiterhin ein Zentrum des großräumigen Wirtschaftsverkehrs. Dabei blieb, solange das Mittelalter andauerte, der Anteil der eigenen Produktion gering; erst recht in Richtung Westen wird man nicht vor dem 16. Jahrhundert den Export, und zwar mit Leinewebererzeugnissen, beginnen. Statt dessen kaufte und verkaufte man Gebrauchsgegenstände aus Tuch und Metall und Luxuswaren aus dem Westen und Rohstoffe aus dem Osten und lebte vom Transit. Dabei wurde der nördliche Weg über Dresden und Görlitz um so wichtiger, je unsicherer sich die Verhältnisse in Böhmen darstellten. Auf jener »Hohen Straße« reiste man auch nach Frankfurt am Main und ein gutes Stück nach Köln und Brügge, zu besonders großen Wirtschaftszentren. Nach der Überwindung des Widerstands der Stadt Wien vermochte man seit dem endenden 14. Jahrhundert auch in größerem Maß mit Venedig, dem Tor zum Süden, in Verbindung zu treten. Gewürze, kostbare Tuche, auch Wein wurden von dort importiert. Der Geldverkehr mit Italien, dem monetären Zentrum der Welt, blieb schon wegen des Fehlens einer Residenz in Breslau gering; hier stand man ausnahmsweise hinter Krakau zurück. Überhaupt sind in Schlesien frühkapitalistische Merkmale im wesentlichen erst nach dem Ende der hier behandelten Periode auffindbar.

Die Alternative zu Oberdeutschland, die sich rein geographisch geurteilt für die schlesische Wirtschaft darbot, die Zuwendung zum hansischen Wirtschaftsbereich an Ost- und Nordsee, hat Breslau stets ökonomisch und zeitweilig auch organisatorisch wahrgenommen. Vor 1387 ist die Stadt ähnlich wie Krakau ein Glied der Hanse geworden, 1477 ist sie wieder ausgeschieden. Wenigstens damals scheint es um den privilegierten Zugang zum Handel mit Brügge gegangen zu sein. Der maßgebliche Partner Breslaus auf dem Weg zur Ostsee, mit oder ohne Teilhabe der Oderstadt an der Hanse, blieb stets Thorn. Der Fluß, der nach Stettin geführt hätte, war weiterhin keine geeignete Straße.[141]

Wie überall stehen auch in der Stadtgeschichte den helleren Seiten die dunklen gegenüber. Steuerrechtlich bemessen war fast jeder zweite Breslauer besitzlos, was dem Ausmaß der realen Armut mehr oder weniger entsprochen haben mag. Die Zahl der Mieter (»Inmänner«) war größer als die Zahl der Hausbesitzer. Für Kranke und Hilflose wurde auch in Hospitälern gesorgt, die gemäß dem Üblichen zunächst in kirchlicher Hand waren, was schon 1214 beim Sandstift gilt, und im späteren Mittelalter als kommunalisiert erscheinen. Zuletzt bestanden in Breslau acht Hospitäler nebst drei Häusern für »Schüler«, ungeachtet der Fürsorge für die Aussätzigen, deren sich seit 1264 das Lazarus-Hospital annahm.[142]

Vor allem Konflikte zwischen etablierten und aufsteigenden Führungsgruppen, zwischen altem Handelspatriziat und jüngst erfolgreichen Gewerbetreibenden, kennzeichnen die Bürgerkämpfe[143] in Breslau und in der einen oder anderen weiteren schlesischen Stadt, beispielsweise in Schweidnitz. So war es in Deutschland damals üblich. Bürgerkämpfe brachen oft plötzlich hervor, vor allem wenn sich der Steuerdruck radikal steigerte. Es ging dabei um latente langfristige innerkommunale Probleme. Doch wirkte sich auch jene vorstaatlich-»feudale« Unbedenklichkeit der Könige aus, die nur das auszuwertende Steuerobjekt »Stadt« vor sich sahen, ohne daß man irgendein volkswirtschaftliches Gesamtkonzept hätte bedenken können. Es blieb nichts anderes übrig, als solche Willkür zu erdulden. Denn sosehr man sich innerhalb der Stadt auch gewaltsam auseinandersetzte – Widerstand gegen den rechten Herrn, wie ihn die allerstolzesten der Reichsstädte, die schwäbischen, sogar gegen Karl IV. gewagt haben, ist aus Schlesien nicht überliefert. Abgesehen von einem wenig deutlichen Tuchmacheraufstand von 1333 begannen die Schwierigkeiten, als von 1390 an die Bürgschaft der Stadt für den zahlungsunwilligen König gegenüber dem Herzog von Oppeln beansprucht wurde – und zwar gemäß den harten Bräuchen des Zeitalters durch Haftbarmachung der Breslauer Warenzüge, wo man ihrer habhaft werden konnte. Fünfzehn Jahre dauerte dieser Zustand an und dann wieder nach kurzer Pause seit 1409, gewiß mit schweren Schäden für das Gemeinwohl. Diese Krise vermischte sich mit dem seit 1389 hervortretenden Bestreben der führenden Zünfte mitzuregieren, wenn man schon die Lasten mittrug. Die nun folgenden kurzatmigen Verfassungsänderungen handhabte der König in seiner eigenen großen Not ganz fiskalisch.

Kurz vor dem Tod Wenzels, als die erbländische Herrschaftskrise offenkundig war, brach der Aufstand los. Am 18. Juli 1418 wurde das Rathaus erstürmt und einige Ratsherren samt dem Bürgermeister ermordet, beinahe ein Vorspiel zum ersten Prager Fenstersturz wenige Monate danach. König Sigismund sühnte das Verbrechen 1420 mit einem ebenso summarischen wie abermals fiskalischen Verfahren. Es gab 23 Hinrichtungen, den Zünften wurden die meisten Freiheiten genommen. Von Dauer war erst die Regelung, die König Albrecht unter Hinweis auf das Vorbild Nürnbergs im Jahre 1439 traf. Mit je zwei Ratsherren und zwei Schöffen waren von nun an die Handwerker an der Spitze vertreten, blieben aber in der Praxis einflußlos.

Das Schwärzeste, was aus der schlesischen und Breslauer Stadtgeschichte des ausgehenden Mittelalters zu berichten ist, betrifft die Verleumdung, Vertreibung und Ermordung von Juden.[144] Der Pogrom von 1349, einer von vielen im »modernen« Europa, dezimierte und zersprengte eine Gemeinde von wohl 300 Seelen. Schon 1360 kam es aus Anlaß eines Großbrandes ein zweites Mal zum Mord an wieder- und neuaufgenommenen Juden. Am deutlichsten im Licht der Geschichte steht das Geschehen von 1453 unter dem Eindruck der Haßpredigten des wandernden italienischen Franziskaners Johannes de Capestrano. Außer Türken und Hussiten, die freilich viel schwerer zu bekämpfen waren, sollten wieder die Breslauer Juden das Opfer des rechtgläubigen Eifers werden. Mit Ausnahme des Bischofs Peter II., der für die Verfolgten eintrat, beteiligten sich alle politischen Kräfte an einem Scheinprozeß wegen angeblicher Hostienschändung; das war eine der beiden Standardanklagen dieser Jahrhunderte. Von abermals ungefähr 300 Juden wurden 41 verurteilt und verbrannt, die übrigen vertrieben. Nach einem bald erteilten Privileg des Königs Ladislaus sollte Breslau auf ewig judenfrei sein.

KIRCHE, BILDUNG UND KULTUR

Auch die Geschichte der schlesischen Kirche des 14. und 15. Jahrhunderts ist die Geschichte einer konsolidierten und einer von Krisen geschüttelten Institution. Was man von dieser vor allem aussagen kann, klingt nicht sensationell und ist gerade deshalb wichtig: Es handelte sich inzwischen um die ziemlich normale Konsolidiertheit und

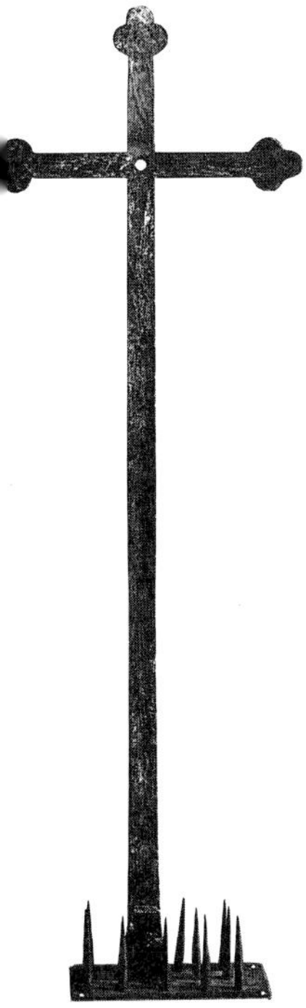

Der italienische Franziskanerprediger Johannes de Capestrano kam 1453 auch nach Breslau, um hier wie überall zur Buße, zur Bekehrung der Hussiten und zum Kampf gegen die Türken aufzurufen. Obwohl seine lateinischen Predigten dem Volk erst übersetzt werden mußten, löste die prophetische Erscheinung des Mönchs ungeheure Erregung aus. Eine unmittelbare Folge war die Errichtung des neuen Franziskanerklosters der strengen Richtung, Sankt Bernhardin in der Breslauer Neustadt. Bereitwillig trugen die Breslauer alle Gegenstände des Luxus und der Spielsucht auf dem Breslauer Salzring zusammen. Es blieb aber nicht bei der »Verbrennung der Eitelkeiten«, wie sie der naive Stich von 1810 schildert. Capestrano ließ es zu, daß sich die Suche nach einem Sündenbock gegen die schlesischen Juden wandte und in Breslau 41 von ihnen aufgrund haltloser Beschuldigung verbrannt wurden. Ein gleiches Schicksal widerfuhr siebzehn Juden in Schweidnitz. Auf dem Breslauer Salzring bezeichnete das abgebildete Kreuz lange die Stelle des Scheiterhaufens. Nach der Errichtung des Blücherdenkmals im Jahre 1827 befand sich das »schwarze Kreuz« noch einige Jahrzehnte an einem gegenüberliegenden Haus und gelangte Ende des 19. Jahrhunderts ins Museum. Heute ist es verschollen.

ziemlich normale Krisenbefindlichkeit eines der fünfzig Bistümer des Reiches. Überall blieb die Angelegenheit des rechten Christenglaubens die wichtigste, sie war weitaus wichtiger als Fragen der Sprache und der Nation. Die Freiheit und Reform der Kirche freilich, für die man sich noch ein Jahrhundert zuvor eingesetzt hatte, war längst von deren »Selbst-Feudalisierung« abgelöst worden, gerade auch in Schlesien. Statt dieses Standardthemas tritt ein ganz anderes, spezielles hervor. Es sagt Wertvolles aus über zwei der Hauptfragen, die den Bericht über die ältere schlesische Vergangenheit begleiten, über die alte Frage nach Ausmaß und Geschwindigkeit der Entfaltung des Landes und über die neue Frage nach der Integration Schlesiens in Deutschland. Dieses Thema heißt: Wie stellt sich die – immer noch der Kirche verbundene – geistige Elite des Landes im überregionalen Vergleich dar, und wie hat sie sich angesichts der »nationalen« Situation verhalten? Beide Male sprechen diese Leute anstelle vieler Landesbewohner, die für uns stumm sind und größtenteils noch lange Zeit stumm bleiben werden.

Die äußere Geschichte des Bistums Breslau[145] ist durch dieselben politischen Umstände gekennzeichnet wie der laikale Bereich. Auf die – relative – Friedenszeit von Bischof Preczlaus von Pogarell (1341–1376) während der Regierung Kaiser Karls IV. folgten schwierige und sehr schwierige Phasen. Bischöfe aus Piastenhäusern wie Wenzel von Liegnitz und Konrad von Oels (1382–1447) verstrickten die Diözese noch stärker in innerdynastische Sorgen und Rivalitäten. Der Einfluß aus Böhmen wirkte sich nun indirekt und direkt unvergleichlich stärker aus als Bindungen oder Erinnerungen an Gnesen und Polen, so mit Bischof Jodok von Rosenberg (1456–1467) und mit einem Anteil von neunzehn Prozent böhmischer Kanoniker von 1341 bis 1417. Bischof Wenzel und das Domkapitel wurden Lehnsleute König Wenzels, der damit eine letzte Rechtslücke in der Herrschaft über Schlesien schloß. Das Domkapitel, weiterhin Domäne des kleineren Adels, in das nun auch Großbürgersöhne einzutreten begannen, verfolgte gegenüber dem Bischof eine kräftige Separatpolitik im Interesse von wenigen. Bischof Peter Nowag (1447–1456), nicht von vornehmer Geburt, mußte sich als erster Hirte zu einer Wahlkapitulation bequemen, die seine Rechte gegenüber dem Kapitel zu begrenzen trachtete.

So wurden die langfristigen Grundprobleme der deutschen Bischofskirchen des ausgehenden Mittelalters, die Seelsorge für die vielen, die Verinnerlichung der Frömmigkeit, der Ausgleich von Konflikten und die bessere Ausbildung des Klerus, in Breslau ebensowenig gelöst wie in Straßburg oder Münster. Durchgreifende Kritik an der Amtskirche durch reformerische Kleriker, in der Art Böhmens, gab es aber an der Oder nicht und offenbar ebensowenig ein Klerikerproletariat wie in Ansätzen in Prag. Weiterhin wuchs die Zahl der nachgewiesenen Kirchorte, 770 im Jahre 1350, im Jahre 1400 dann 1185 und 1338 im Jahre 1450, und weiterhin wurden geistliche Anstalten neu gegründet, wie im Jahr 1386 das Kollegiatstift St. Nikolaus im bischöflichen Ottmachau. Wieder wurde darin, wie überall üblich, zunächst das Interesse einflußreicher Familien, hier der Stifter Füllschüssel, realisiert. Indessen verloren Klöster und Stifte stark an Bedeutung. Die Zeit des einst führenden Ordens, der Zisterzienser, war abgelaufen. Der Nachwuchs verminderte sich so sehr, daß das Ideal der Eigenbewirtschaftung der Güter zugunsten der Zinsgütervergabe aufgegeben werden mußte. Alle Klöster des Ordens sind dann von den Hussiten zerstört worden. Die mönchische Disziplin verfiel, zum Teil in krasser Weise.[146]

Das Auftreten von Ketzern,[147] diesmal von Waldensern, sicheres Zeichen einer »modernen« Gesellschaft, ist in Schlesien zuerst in Schweidnitz durch eine Verfolgung von 1315 bezeugt. Die Sekte reicht gewiß in die Zeit um oder vor 1300 zurück und stand in Verbindung mit Brandenburg und vielleicht auch Pommern. Man war sozial im mittleren und oberen Bürgertum zu Hause, in typischer Weise – wie in Böhmen – nur unter den Deutschen als dem offeneren und beweglicheren Volksteil. Am Ende des Jahrhunderts, 1398, ist ein waldensischer Wanderprediger in Breslau hingerichtet worden.

Im Jahr 1348 ist als erste Hohe Schule nördlich der Alpen und rechts des Rheins das »Generalstudium« in Prag ins Leben gerufen worden. Wirklich funktioniert hat es seit den späten sechziger Jahren. Wohl von Anfang an bestand es aus zwei Universitäten, aus einer bescheideneren der Philosophen (damals »Artisten«), Theologen und Mediziner nach dem Vorbild von Paris und aus einer vornehmeren der Juristen, nach dem Muster Bolognas. Die Blütezeit der Carolina war kurz, schon 1384 verzeichnet man die erste Krise, der weitere bald folgten. Die Katastrophe kam mit dem Kuttenberger Dekret König Wenzels von 1409, als er seinen papstpolitischen Kurs gegen den Widerstand des Prager Erzbischofs änderte und dafür eine kirchliche Legitimationsinstanz benötigte, eben die Universitäten. Bereitwillig war aber nur ein Teil der Philosophen und Theologen, diejenigen aus der Böhmischen Universitätsnation, der kleinsten der vier »Nationen«, gemäß denen die Universitäten organisiert waren. Universitätsnationen waren nicht politische, aber zeitweilig politisierbare Einheiten; ihre Namen gaben abgesehen von der heimischen Nation die Richtung an, aus der die betreffende Gruppe vor allem kam. Als das Dekret nicht zurückgenommen wurde, zogen die Bayerische, eigentlich rheinisch-bayerische Nation, die (nieder-)Sächsische, das heißt norddeutsche Nation, und die Polnische, richtiger schlesisch-polnische Nation – die drei deutschen Nationen, wie sie zeitgenössisch hießen – aus Prag ab. Sie ließen sich vorwiegend in Leipzig nieder. Seitdem besteht dort eine Universität. In Prag hörte das Studium an den drei höheren Fakultäten auf. Als das Konstanzer Konzil im Jahr 1417 die Prager Universitätsprivilegien wegen Ketzerei aufhob, blieb nur eine künftig hussitische philosophische Fakultät als »Lehrerbildungsanstalt« bestehen, deren Graduierungen außerhalb Böhmens nicht anerkannt wurden. Die im Jahr 1365 gegründete Universität in Wien hatte 1384 mit Erfolg zu arbeiten begonnen. Seit dem Jahr 1400 wirkte eine Universität in Krakau, in der nach wie vor weit überwiegend von Deutschen, vor allem von Schlesiern bewohnten Stadt.

Mit den Plätzen Paris, Bologna, Prag, Leipzig, Wien und Krakau ist im wesentlichen der Rahmen abgesteckt, innerhalb dessen die schlesische Intelligenzschicht des Zeitalters ihre Welterfahrungen machte und zu aktuellen Fragen Stellung nahm.[148] Man kann diese Schicht oder besser Gruppe, die auf eine Universität im eigenen Land vergeblich warten sollte, gemäß dem fast alles entscheidenden sozialen Geschichtspunkt gleichsam in zwei Stockwerken ansässig sehen. In der »Beletage« befanden sich die Juristen, im »Erdgeschoß« die drei anderen Fakultäten. Die adlige Breslauer Domkirche und die besten Familien blickten in erster Linie in das juristische Italien, das Bürgertum sah vor allem auf Paris und seine Töchter. Seit dem Jahr 1411 verlangte das Domkapitel von neuen Kanonikern einen dreijährigen Universitätsbesuch.

Das summarische Urteil lautet: Die Schlesier verhielten sich wie Mitteleuropäer, nicht wie Osteuropäer. Ein besseres Zeugnis für den Erfolg des 13. Jahrhunderts dürfte es kaum geben. Es war allerdings eher ein »defensives« als ein weit ausstrahlendes Verhalten, und Schlesien stellte sich nicht einheitlich dar.

Besonders lehrreich ist die Rolle der Schlesier an den Prager Universitäten. An der »Artisten«-Fakultät haben bis 1417 ungefähr 18 000 bis 20 000 Personen studiert. Etwa sechs Prozent davon dürften Schlesier gewesen sein. An der Polnischen Nation, der drittgrößten, hatten sie einen Anteil von fast 35 Prozent. Die dem Umfang nach folgende Gruppe dieser Nation waren die Alt-Preußen, die Untertanen der Wettiner und des Königs von Polen hielten weiten Abstand. Die Schlesier dürften nach den Böhmen und den Rheinländern die größte geschlossene Gruppierung der Fakultät gewesen sein, ja waren angesichts der größeren Kompaktheit ihrer Heimat im Vergleich zum Rheinland möglicherweise der am festesten gefügte Block von außerhalb Böhmens. Benachteiligt waren die Schlesier allerdings infolge des Fehlens einer einheimischen Dynastie von Rang, was womöglich im Jahr 1409 ungeachtet der Führungsrolle schlesischer Magister zum Zielpunkt Leipzig und nicht zum Zielpunkt Breslau geführt hat. Einige mögen von Breslau geträumt haben. Auch in der Juristenuniversität läßt sich der Anteil der Schlesier an der Polnischen Nation mit einem Drittel angeben und damit diesmal wohl mit fast neun Prozent aller Jurastudenten. So käme man insgesamt auf etwa 1 100 Landsleute im »Artisten«milieu und auf gut 300 Juristenimmatrikulationen, die zum kleineren Teil dieselben Personen wie in der philosophischen Fakultät betrafen.

Am Anfang hatten es die Studenten von der Oder, wie es der Lage eines »jungen« Landes entsprach, in Prag am schwersten. Denn ehe sich Patronate schlesischer Magister für schlesische Scholaren, wie allgemein üblich, einspielten, waren diese von Führungspersonen der (nieder-)Sächsischen Nation abhängig. Wenn man die Leipziger Daten von 1409 an, woran nicht zu zweifeln ist, auch schon für die Prager Zeit verwerten darf, wies die Polnische Nation eine im Vergleich zur Bayerischen(-rheinischen) deutlich geringere Zahl von Herkunftsorten auf, was praktisch zu Lasten des Ursprungs aus kleineren Plätzen ging. Dies deutet ebenso auf eine im Vergleich zum deutschen Westen konservativere Sozialstruktur hin wie der doppelt so hohe Adelsanteil der beiden östlichen Nationen gegenüber den beiden westlichen.

Das Bemerkenswerteste ist, daß sich die Schlesier in der Endkrise der Carolina nicht haben dadurch korrumpieren lassen, daß der schwindende Anteil der westlichen Nationen auch ihnen – im Bündnis mit der dazugewinnenden Böhmischen Nation – hätte Vorteile bringen können. Die bestehende dynastisch-luxemburgische Gemeinsamkeit von Schlesien und Böhmen spielte als Motiv überhaupt keine Rolle gegenüber dem national-deutschen Beweggrund, also gegenüber der solidarischen Handlungsgemeinschaft mit den beiden anderen deutschen Nationen. Zwei Punkte sind dabei besonders wichtig: Erstens ist eine Opposition von Polen oder von slawischsprechenden Schlesiern gegen diese Haltung nicht erkennbar, so eindeutig war die Lage. Zweitens gehörte zum Bekenntnis konstitutiv die Herausforderung. Diese gab es nur in Prag; sie fehlte in der schlesischen Heimat angesichts der Selbstverständlichkeit der Tatsachen, so daß eben dieses Fehlen einer heimischen Diskussion die neuen Tatsachen des 13. Jahrhunderts abermals bekräftigt.

Die Universitätsprofessoren waren sehr ungleiche Leute, ebenso wie die Studenten. Wiederum gemäß der kurzen Geschichte des »modernen« Schlesien waren Landsleute in Prag praktisch nur unter den Lehrern der weniger vornehmen »Artisten«-Universität zu finden. Andererseits und recht folgerichtig war die Dominanz der Schlesier innerhalb der Polnischen Nation eindeutig. Insgesamt gesehen standen die schlesischen Magister gleichsam zwischen zwei Feuern, den überlegenen Bildungsstrukturen des Westens und dem »Heimvorteil« der Böhmen. So waren Einzelpersonen wichtiger als die ganze Gruppe. Nennen wird man auf jeden Fall Nikolaus Groß (Magni) von Jauer († 1435) und dessen Lehrer, den noch bekannteren Theologen Matthäus von Krakau († 1410).

In dem sich immer mehr zuspitzenden Kampf um gemäßigte oder radikale Positionen in der Frage der Kirchenreform in Prag findet man die Schlesier vollzählig auf der Seite der erstgenannten, das heißt auf deutscher Seite. Vielleicht waren sie so aktiv, weil sie bis zur Krakauer Universitätsgründung von 1400 gleichsam mit dem Rücken zur Wand standen. Wohin hätten sie sich alternativ wenden sollen, da doch der mittelalterliche Universitätsbetrieb so stark regional geprägt war? In diesem Zusammenhang ist es als Ausnahme und als ein weiterer gesamtdeutscher Tatbestand zu werten, daß relativ viele schlesische Professoren aus Prag weit in den Westen gingen, vor allem nach Heidelberg. Matthäus von Krakau und Nikolaus Groß standen an der Spitze. Knapp fünfzig schlesische Magister und Lizentiaten haben vor 1409 und an diesem Datum Prag im Unfrieden verlassen. Demgegenüber sei daran erinnert, daß sich beim Kuttenberger Dekret dieses Jahres auf der Seite des Königs der Breslauer Großbürger und Jurist Seidenberg führend betätigt hat. Der Doktor aus Bologna gehörte zur »Etage der Macht« oberhalb des Gewimmels der »leichtgewichtigen« Philosophen und Theologen.

An der Universität in Leipzig, der Erbin der Carolina, traten Schlesier bedeutend hervor. Der erste Rektor war Johannes Ottonis von Münsterberg. Aus Breslau kamen bis 1430 ebenso viele Scholaren wie aus Leipzig selbst. Das für Prag bestimmt gewesene Kolleg der Polnischen Nation wurde in Leipzig für schlesische Lehrer der »Artisten« und einen Magister aus Preußen errichtet. An der Wiener Rudolfina kann man bis 1470 knapp 700 schlesische Studenten zählen. Die wichtigsten Jahre begannen erwartungsgemäß 1411, sie dauerten bis 1453. Nikolaus von Gleiwitz, Wiener Student und später Breslauer Domherr, vermachte 1416 sein Vermögen zur Förderung armer schlesischer Scholaren. Im Jahr 1420 wurde unter anderem davon ein Haus in Wien gekauft, das nach einer Neuregelung von 1433 von der juristischen Fakultät, wohl zugunsten schlesischer Rechtsstudenten, verwaltet werden sollte – ein schmaler Ersatz für die einstigen Chancen an der untergegangenen Prager Juristenuniversität.

Der Prager Tochter in Polen waren durch die Katastrophe der Mutter unerwartete Chancen zugefallen. Trotzdem verblieb Krakau an der Peripherie. Selbst die Prager Krisenjahre von 1399 bis 1409 wiesen noch das Vierfache der Gesamtbesucherzahl der Weichseluniversität in derselben Zeit auf. Bis 1432 maß die Gruppe der deutschen Studenden in Krakau, das heißt der Schlesier, der Deutschen aus den in Polen liegenden Städten und einiger Landsleute aus Preußen, den Lausitzen und Ungarn, zwischen siebzehn und 22 Prozent der Gesamtzahl; die Schlesier machten davon etwa die Hälfte aus. Die große Mehrheit der Studenten war stets polnischer Herkunft. Die Abstammung der Universität von der Carolina wird besser durch die Lehrer dargelegt. Denn es bestand, wenn auch wegen des kommenden »Heimvorteils« nur relativ kurze Zeit, am Anfang eine quantitativ klar vorherrschende schlesisch-deutsche Magistergruppe. Das Krakauer Lehrangebot hat sich allerdings lange Zeit faktisch auf die philosophische Fakultät beschränkt, an der, wie damals üblich, zumeist ganz junge Leute ungefähr mit dem Ziel eines heutigen Abiturs studierten. Den Magistern dieser Fakultät, die anderswo normalerweise zugleich Studenten einer höheren Fakultät waren, haben sich nur geringe Aufstiegschancen geboten. Die Zukunft des »modernen« 15. Jahrhunderts und der Folgezeit lag bei den höheren Fakultäten; daran hat der Humanismus nichts geändert.

An allen Universitäten, beginnend mit Bologna und Prag, tritt die Benachteiligung der Oberschlesier[149] oder besser die fortbestehende Unterentwicklung ihrer Heimat klar oder gar kraß hervor. Viel geringer war ihre Zahl an den süd- und westeuropäischen und an den deutschen Hohen Schulen, gering selbst in Krakau, immer im Vergleich zu den Niederschlesiern; so stellten sie in Leipzig 31 von 519 Schlesiern, in Krakau 600 von 3 500. Da Krakau für Oberschlesien am günstigsten lag, war die Landschaft den Problemen dieses Studienplatzes am stärksten ausgeliefert.

Im 14. und 15. Jahrhundert dehnte sich das schlesische Schrifttum[150] in lateinischer und deutscher Sprache kraftvoll aus und gewann wie in fast allen deutschen Landschaften den Charakter des Selbstverständlichen. Im großen und ganzen wuchs das Deutsche zur beinahe gleichberechtigten Schriftsprache heran. Jedoch konnte wie überall in Mitteleuropa nur eine kleine Minderheit lesen und schreiben, kaum jemand auf dem Land. Daran hat auch die wachsende Zahl der schlesischen Schulen nicht prinzipiell etwas geändert. Die städtischen Pfarrschulen waren quantitativ weiterhin am wichtigsten. Zuverlässige Daten zur Frage, ob eine Landschaft im Vergleich zu anderen viele oder wenige ihrer Söhne zum Studium entsandt habe, sind noch kaum verfügbar. Setzt man als vagen Anhaltspunkt den Anteil der Schlesier, gleichgültig welcher Zunge, an den Deutschen mit zwei bis drei Prozent an, so müßte das Oderland bis 1500, um im Durchschnitt zu bleiben, 4 000 bis 6 000 Studenten hervorgebracht haben. Das mag ganz knapp erreicht worden sein. Vergleichszahlen für Bibliotheken sind nicht vorhanden, sondern nur Einzelangaben von der ansehnlichen Pfarrbücherei, wie in Lüben, bis zur größeren Klosterbibliothek, zum Beispiel derjenigen der Dominikaner oder der Johanniter in Breslau, von der noch 104 Handschriften erhalten sind.[151] Kaum weniger dürftig ist bisher die Statistik der überlieferten Codices. Von den Anfängen bis zum Ende des 16. Jahrhunderts liegen aus dem Bistum Breslau insgesamt 209 liturgi-

Der Prager Erzbischof Ernst von Pardubitz (um 1300–1364), ein enger Vertrauter Kaiser Karls IV., hatte persönliche Beziehungen zu Glatz, in dessen Pfarrkirche er auch begraben sein wollte. Auf ihn ging dort das Kloster der Augustinerchorherren zurück, für dessen Hochaltar er um 1350 bei dem namentlich nicht bekannten »Meister von Hohenfurth« ein Triptychon in Auftrag gab, vielleicht das schönste der karolinischen Tafelmalerei überhaupt. Es hängt heute im Staatlichen Museum zu Berlin-Dahlem.

sche Handschriften vor, die in der Hand des Diözesanklerus gewesen sind. Für ganz Polen zählt man unter denselben Bedingungen 156 Codices, darunter 89 aus dem Bistum Krakau.[152]

Die Einheit der Literatur wurde, sofern sie überhaupt bestand, im religiösen, wissenschaftlichen und schönen Schrifttum wie üblich von der lateinischen Sprache getragen. Deutsche Texte sind hier, anders als bei der fachlichen Literatur, als Einsprengsel zu verstehen. In Schlesien zeigte man weiterhin Zurückhaltung gegenüber der Belletristik und eine Vorliebe für praktisch Anwendbares. Die erste deutschsprachige Urkunde oder eine der ersten entstammte der Kanzlei des Fürstentums Breslau unter dem Kanzler Dietrich Maul von Meckbach aus Hessen. Dieser hochrangige Kleriker aus der Klientel Erzbischof Balduins von Trier, zuvor Amtsträger in der Hofkanzlei Karls IV., hat jenes Kanzleramt im Jahr 1351 angetreten. Am wichtigsten wohl ist die Feststellung, daß die deutsche Prosa wenigstens zum Ende des Zeitraums hin die Individualität des Gegenwarts- und Geschichtsverständnisses ihres Autors angemessen auszusprechen vermochte.[153]

Demgegenüber kam der wohl gravierendste Rückstand der slawischsprechenden Schlesier darin zum Ausdruck, daß ihnen eine polnische Schriftsprache weiterhin bestenfalls in winzig kleinen Bruchstücken und in sehr unentwickelter Form zur Verfügung stand.[154] Man kann nicht im mindesten von einer dreisprachigen Schriftlichkeit reden. Es klingt paradox, kennzeichnet aber den entwicklungsgeschichtlichen Abstand, daß gleichwohl sehr wesentliche Zeugen des Schrifttums in polnischer Sprache aus Schlesien stammen, wie die ersten gedruckten polnischen Worte im Zusammenhang der Synodalstatuten aus Breslau im Jahr 1475. Was von Böhmen oder häufig über Böhmen herüberwirkte, war in friedlich-vorhussitischer Zeit lateinisch und deutsch; sofern es in der Phase der Kämpfe zeitweilig tschechisch wurde, blieb es mit dem Odium der Ketzerei behaftet. Das Prag Kaiser Karls IV. war der wichtigste kulturelle Angelpunkt des spätmittelalterlichen Schlesien. Als dieses alte Prag den Untergang gefunden hatte, gab es angesichts der großen Entfernung zu anderen Zentren, zuerst nach Nürnberg, wohl nur unzureichenden Ersatz.

Das Hauptbetätigungsfeld der Intellektuellen war weiterhin Religion und Kirche. Wie stets kann man die Einfacheren, die sich mit dem christlichen Volk befaßten, und die Überragenden unterscheiden. Für jene mag der Franziskaner Nikolaus von Cosel († nach 1443) oder der Augustinerchorherr Bernhard Fabri aus Sagan (1. Hälfte des 15. Jahrhunderts) stehen. Nikolaus hat aus der praktischen Seelsorge Texte in den drei oberschlesischen Schriftsprachen des 15. Jahrhunderts, Lateinisch, Deutsch und Tschechisch, hinterlassen. In deutscher Sprache waren es Predigten, Gebete, Kirchenlieder und Teile einer schlesischen Bibelübersetzung, der ältesten bekannten. Von ähnlicher Art gibt es, zumeist anonym und aus dem 15. Jahrhundert, ein Fastnachts- und ein Osterspiel, historische Volkslieder, sangbare »Marienklagen«, Arzneibücher und manches andere.[155] Die Herkunftsbeziehungen der Texte zeigen Schlesien vor allem auf Böhmen und Süddeutschland verwiesen, während die schlesischen Rechtsbücher des Zeitalters auf den mitteldeutschen Raum hindeuten.

Die Breslauer Barbarakirche, eine Filialkirche von St. Elisabeth, erhielt 1447 von der Hand eines in Oberdeutschland geschulten Breslauer Meisters einen großen Altar mit beiderseitigen Doppelflügeln. Er gilt als das Meisterwerk der spätmittelalterlichen Malerei Schlesiens, vergleichbar mit zeitgenössischen Werken Stefan Lochners in Köln. Als Beschützerin vor jähem Tod, Pest und anderen Gefahren genoß die heilige Barbara in Schlesien große Verehrung. Das Symbol der Heiligen ist der Turm, in den sie der Legende nach eingesperrt war. Kennzeichnend ist die große Detailfreude, die der Meister des Altars für die Dinge des Alltags bewies, etwa bei dem Steinmetzen und seinem Werkzeug.
Nach der Auslagerung im Zweiten Weltkrieg gelangte nur die mittlere Tafel in das Warschauer Nationalmuseum, alle Seitentafeln, darunter auch die hier gezeigte, sind verschollen.

Die Errichtung des gotischen Neubaus der Augustinerchorherrenkirche auf dem Sand zu Breslau währte von 1334 bis 1395. Der Backsteinbau gehört zu den klassischen schlesischen Hallenkirchen mit ausgesprochener Betonung der Tiefenwirkung. Die künstlerischen Anregungen verweisen auf die Bauhütten der Parler in Prag und in Wien. Die Überwölbung der Seitenschiffe mit ihren eleganten Springgewölben gehört der letzten Bauphase an. Untersuchungen der polnischen Denkmalpflege ergaben nach dem Zweiten Weltkrieg neue Einsichten über einen 7,5 Meter hohen mittelalterlichen Chorlettner. Da der letzte Krieg die Kirche ihrer barocken Ausstattung beraubt hatte, entschied man sich beim Wiederaufbau für die alte gotische Fassung. Die neue Sandkirche gehört zu den hervorragenden Leistungen der polnischen Denkmalpflege in Breslau.

Als besonders hervorragende Geister wird man den schon erwähnten Hofkanzler Johann von Neumarkt († 1380 als Bischof von Breslau) und Ludolf, seit 1394 Abt des Augustinerchorherrenstifts Sagan, nennen. Neben dem Verwaltungsfachmann und Politiker steht der Autor und Kunstkenner Johann.[156] Sein guterhaltener Briefwechsel zeigt nicht nur den gewandten lateinischen Stilisten, sondern den mit Partnern in fast ganz Europa verkehrenden – beinahe möchte man sagen – Humanisten. In die deutsche Sprache hat er Religiöses übersetzt (*Buch der Liebkosung*, sogenannte Hieronymusbriefe, *Stachel der Liebe*) und hat Gebete verfaßt oder auch übertragen, die sich verbreiteten. Viel mehr als nüchterner Analytiker denn als Schöngeist präsentiert sich Ludolf († 1422),[157] ein graduierter Prager Jurist aus dem niedersächsischen Einbeck. Er war Angehöriger jenes präzis faßbaren Kreises aus einer weniger modernen deutschen Landschaft, der seine Hoffnung auf das nahe Prag statt auf das ferne Italien gesetzt hatte und in der ersten Generation an der Carolina führte. Ludolf trat mit Seidenberg für das Pisaner Konzil ein, auch in Pisa selbst, war aber ein unerbittlicher Gegner der böhmischen Radikalisierung. Er formulierte ein klares Nationalbewußtsein. Die deutschböhmische und die deutschschlesische Haltung nach 1400 kann man in ihm personifiziert sehen. Ludolf war Autor exegetischer Schriften, von Texten zur Ordensreform, von Predigten, juristischen Gutachten und der Geschichte seines Klosters und seiner eigenen Zeit. In seinen theologisch-historischen Hauptwerken stellte er sich hinter die Konzilien von Pisa und Konstanz und argumentierte gegen die hussitischen Lehren.

Kerne schlesischen Selbstbewußtseins erkennt man in der dynastischen Orientierung auf die Landesheilige Hedwig und im bürgerlichen Stolz auf die Kraftentfaltung Breslaus. Ein Protagonist der politischen Hedwigsverehrung, die auch auf den Hof Karls IV. ausgriff, war Herzog Ludwig I. von Brieg († 1398). Er veranlaßte 1353 die Herstellung des prunkvollen Schlackenwerther Codex, 1371 die Gründung des Hedwigstifts in Brieg und beauftragte Peter von Pitschen mit der 1384/85 abgeschlossenen *Chronik der polnischen Fürsten*. In dieser Darlegung von den Anfängen bis zur damaligen Gegenwart zeigt sich, daß das politische Selbstverständnis auch noch dieser Generation der alten Begrifflichkeit, als »Freiheit der polnischen Fürsten«, nicht entraten konnte. Ziemlich wirklichkeitsfremd dachte man an die Thronnachfolge in Krakau nach dem Aussterben der polnischen Piasten.[158]

Die große Stadt, die in Binnendeutschland längst in zahlreichen volkssprachlichen Chroniken zum Objekt oder auch Subjekt zeitgeschichtlicher Darlegung geworden war, gelangte in Schlesien im 15. Jahrhundert in diese Phase. Nachdem der Kaufmann Martin von Bolkenhain 1444 mit einem kenntnisreichen Bericht über die Hussiteneinfälle eingesetzt hatte, schilderte ein Breslauer Anonymus Krönung und Kriegszug König Albrechts II. 1438/39. Das Hauptwerk ist Peter Eschenloers († 1481) Geschichte der Stadt Breslau von 1440 bis 1479; zuerst hatte er eine lateinische Fassung vorgelegt. Der Autor war Nürnberger Kaufmannssohn, Magister und lange Zeit Schulrektor in Görlitz. Im Jahr 1455 erreichte Peter die einflußreiche Endposition des Breslauer Stadtschreibers, die ihn zur Mitte des weit ausgreifenden schriftlichen und persönlichen diplomatischen Verkehrs der großen Stadt machte. Die gewandte und lebendige Darstellung der Breslauer Zeitgeschichte dürfte der bedeutendste deutschsprachige schlesische Text des Zeitalters sein, der auch die deutsche Haltung des Landes betont. Für den Rat übersetzte er die Böhmische Geschichte des Enea Silvio Piccolomini ins Deutsche.[159]

Die künstlerische Entfaltung Schlesiens im 14. und 15. Jahrhundert[160] war abermals zuerst ein Phänomen wachsender Quantitäten und sich differenzierender Gattungen und Ausdrucksformen. Was sich von Polen her gesehen als großer Reichtum darstellt,[161] mag vom westlichen Deutschland aus etwas unterschiedlicher beurteilt werden. Man erkennt eine gewisse Verspätung und ein Festhalten an anderswo schon veraltenden Elementen, so die beharrliche Vorliebe für die Bauform der Basilika und für eher strenge und flächige Ausdrucksweisen. Man beobachtet auch ein wechselnd großes Maß von Selbständigkeit und Originalität. Die Formen künstlerischer Betätigung lassen sich besser gemäß politisch-geographischen und ökonomisch-geographischen Vorgaben ordnen als nach Mentalität oder Geschmack. Denn die Kunst war weiterhin nicht autonom, sondern blieb Auftragswerk und sah sich von dem nach Westen orientierten Selbstverständnis und Prestigeinteresse der geistlichen und weltlichen Geldgeber abhängig. Selten zeichnen sich die dem Leser schon geläufig gewordenen Entwicklungsrichtungen so klar ab wie bei diesem Thema. Man sieht, woher Schlesien geistig genährt wurde und wohin es demnach gehörte, selbst wenn nur ein Minimum der Beziehungen von einst bekannt ist und man kaum schon von Künstlernamen und -biographien weiß.

Residenzen und Kirchen ordneten sich in Schlesien weit überwiegend den Städten zu, kaum jemals galt das Umgekehrte. Daher blieben die Plananlagen des Aufbruchszeitalters mit dem großen »Ring« das prägende Raster und die Grundlage des Bauens und Formens. So war auch der spätgotische Umbau des Breslauer Rathauses, der, was das von außen Sichtbare betraf, nahezu ein Neubau war, das Hauptdenkmal der schlesischen Baukunst, auch wenn dieses in seiner Üppigkeit nicht detailtypisch erscheint. Der Breslauer Hans Bertold († 1480) mag für die Anfangsphase verantwortlich gewesen sein, auch Jost Tauchen (bezeugt 1451–1495) und Peter Franz(ke) werden genannt. Der Ausbau der Stadtbefestigung in mehreren Anläufen des 15. Jahrhunderts und die Errichtung des Kornhauses, mit der 1459 begonnen worden ist, gehören in diesen Zusammenhang.

Der Kirchenbau, der bis zum Ende des hier erörterten Zeitalters und darüber hinaus die gewohnten Formen der Gotik aufwies, läßt sich am besten datieren. Auf einen »Bauboom« bis etwa 1400 folgten eine Flaute und eine Wiedererholung, diese in der zweiten Hälfte des Jahrhunderts. Bischof Preczlaus vollendete Hauptschiff und Seitenschiffe des Doms und ließ die Marienkapelle errichten, in der seine Grabtumba steht. Die beiden Westtürme wurden um 1420 und 1430 zu Ende geführt. Schon weil von der gotischen Innenausstattung so wenig erhalten ist, sind die vier Bronzegrabplatten für Bischöfe des 14. und 15. Jahrhunderts hervorzuheben. Man hat sie nach westlichen Vorbildern angefertigt. Die beiden spätesten Monumente, für Peter Nowag und Rudolf von Rüdesheim, werden dem schon erwähnten Breslauer Jost Tauchen zugeschrieben. Die kirchliche Baugeographie des Zeitalters läßt das Überwiegen der westlichen Oderseite

Die Madonna auf dem Löwenthron aus der zweiten Hälfte des 14. Jahrhunderts steht ikonographisch dem Tafelbild der »Glatzer Madonna« nahe, denn bei beiden ist das Thema Maria als Thron Salomonis oder als Sedes Sapientiae. Zu diesem Motiv gehören die Herrschaftszeichen Marias, die beiden Thronlöwen und die assistierenden Engel. Schöpfungen wie diese Madonna sind für Schlesien weit charakteristischer als die böhmischen »schönen Madonnen«, deren schönste, einstmals im Breslauer Dom, heute im Nationalmuseum in Warschau steht. Die »Löwenmadonna« aus Rengersdorf in der Grafschaft Glatz war ursprünglich mit einer silbernen oder geschnitzten Krone versehen. Die Figur konnte 1952 vom Germanischen Nationalmuseum in Nürnberg erworben werden.

und Ausdünnungen in Ostoberschlesien und im Nordosten erkennen. Breslau jedenfalls besaß am Vorabend der Reformation 27 Kirchen und Kapellen. Die seit 1463 erbaute Bernhardinkirche, für das Kloster der 1453 von Johannes de Capestrano angeregten Franziskaner-Observanten bestimmt, war eine der allerspätesten. Angesichts der Verarbeitung ganz unterschiedlicher Einflüsse glaubt man im Kirchenbau das Höchstmaß schlesischer künstlerischer Selbständigkeit zu erkennen. Es gab Rückwirkungen nach Westen in die Backsteininseln Böhmens und Mährens und wie üblich die Ausstrahlung nach Krakau. Andererseits wurde Oberschlesien besonders stark von Mähren beeindruckt.

Plastik und Malerei sowie die Illumination der Handschriften waren böhmisch geprägt. Böhmen seinerseits war Transitland und trat um der Dynastie willen, nicht so sehr an und für sich hervor. Denn Peter Parler († 1399), der epochemachende Architekt und Bildhauer, kam – von Karl IV. verpflichtet – aus Schwäbisch Gmünd; die Familie war kölnisch. Nikolaus Wurmser, den Maler, warb der Kaiser aus Straßburg. Auf diese Städte, die ihrerseits dem »Älteren Europa« angehörten, wirkten Frankreich, Flandern und Italien. Der »Schöne Stil«, die deutsche Spielart des »Internationalen Stils« um 1400, gelangte mit seinen höfisch-eleganten Formen auch nach Schlesien, und zwar am überzeugendsten in der Plastik. Einen Parlerbau hat man sich nicht geleistet. Die Breslauer Schöne Madonna, vielleicht die schönste von allen, mag um 1395/1400 in Wien, auch einer Parlerstadt, entstanden sein. Tafelbilder und Handschriftminiaturen zeigen Schlesien und Böhmen geradezu verflochten. Zu Johann von Neumarkt, dem Liebhaber und Mäzen, gehörte der Illuminator Johann von Troppau. Der Künstler der Miniaturen des Schlackenwerther Codex wird Schüler des Meisters des böhmischen Hohenfurther Altars gewesen sein. Als die Blüte des großen Zeitalters verwelkt war oder gar zertreten wurde, erwiesen sich neue Anknüpfungen als schwierig. Künstlerisch überzeugend sind diese wohl erst wieder nach 1450 in Richtung auf Nürnberg gelungen.

Schlesiens frühe Neuzeit (1469–1740)

NORBERT CONRADS

Aufbruch in die Moderne (1469–1526)

DIE EINHEIT DER EPOCHE

Der Übergang vom Mittelalter zur Neuzeit war den Zeitgenossen kaum bewußt, er wurde erst im Rückblick erkennbar. Das galt sowohl für Schlesien als auch für das übrige Deutschland, ja Europa. Die großen Veränderungen der deutschen Geschichte, die mit diesem Epochenwechsel zusammenhingen, ereigneten sich zunächst auf alteuropäischem Boden, weit entfernt von Schlesien, das keine aktive Mitwirkungsmöglichkeit besaß. In Burgund hatte das Mittelalter seinen schönsten Herbst erlebt und brachte seine Ernte in das aufsteigende habsburgische Imperium ein.[1] Das Kaisertum war nach langer Zeit in das Reich zurückgekehrt und gab diesem wieder neue Zukunftsentwürfe. Kaiser und Reich fanden auf dem Wormser Reformreichstag von 1495 zu Modellen einer künftigen Verfassung, aus der vor allem ein Reichstag von neuer Struktur entstand.[2] Mit Humanismus und Reformation, mit Frühkapitalismus und Sozialkonflikten wie dem Bauernkrieg sollten zugleich Entwicklungen angestoßen werden, deren Tempo sich zunehmend erhöhte. Die verrinnende Zeit, die den Menschen des Mittelalters und früherer Zeiten dem Anschein nach so unbeschränkt zur Verfügung stand, schien kostbarer geworden zu sein, mußte gemessen und zugewiesen werden. Große Uhren wurden an den Rathäusern Deutschlands angebracht. Selbst die von Papst Gregor XIII. veranlaßte Kalenderreform von 1582 darf als Ausdruck des neuen Zeitempfindens verstanden werden. Verdichtung der Strukturen und Beschleunigung der Geschichte waren im Grunde nur zwei verschiedene Aggregatzustände desselben Vorganges.

Epochenwechsel sind vielschichtige, längere Prozesse, die sich allenfalls in Knotenpunkten konzentrieren. Unsere Jahrhundertzählung ist zwar eine sehr einprägsame, aber willkürliche Zeitmessung. Wenn sich eine so runde Jahreszahl wie 1500 einstellt und in diese Zeit außerdem noch eine Epochenwende fällt, so ist hier der blanke Zufall im Spiel. Veränderungen sind längerfristig und werden heute sozialgeschichtlich interpretiert. Auf das späte Mittelalter folgte in Europa das »lange 16. Jahrhundert«, dessen Einheitlichkeit damit begründet wird, daß zwischen 1470 und 1618 eine Phase des Bevölkerungsanstiegs lag, wirtschaftlich gesehen eine Zeit langer und zuletzt abflachender Konjunktur verbunden mit einer »Preisrevolution«. Mit dem Blick auf die schlesischen Verhältnisse darf man hinzufügen, daß diese Entwicklung hier so bedeutende Veränderungen mit sich brachte wie die Entstehung des Rittergutes oder den neuen Boom der Montanindustrie, der zur Neugründung von zwanzig Bergstädten führte. Dann änderten sich die äußeren Bedingungen, zunächst für die Landwirtschaft, schließlich auch für andere Wirtschaftsbereiche. Am Ende lag eine Krisenzeit, die auch politisch eine solche wurde.

Wie in einem System kommunizierender Röhren war Schlesien von den allgemeinen Veränderungen mit erfaßt, allerdings unter den Vorzeichen des östlichen Europas. Der Epochenwechsel geschah mithin ohne west-östliche Phasenverschiebung, ja erst die

Gleichzeitigkeit der Veränderungen vom Mittelalter zur Neuzeit in West und Ost berechtigt, vom Anfang der Neuzeit Europas zu sprechen. Was dem Westen die Spätkultur Burgunds bedeutet hatte, das sollte für den Osten der kometengleiche Aufstieg Ungarns sein, dessen Kultur unter Matthias Corvinus ebenso Herbst des Mittelalters wie schon Frühling der Neuzeit war.[3] Nur mit dem Unterschied, daß Burgund auch nach der Katastrophe von Nancy 1477 weiterwirkte, während die Katastrophe Ungarns 1526 eine islamische Überlagerung seiner Kultur nach sich zog. Wie im westlichen Kernreich wurden aber auch in Schlesien bisher offene Strukturen zu geschlosseneren, stagnierende Verhältnisse erhielten eine prozessuale Beschleunigung. Die schlesische Geschichte begann an der Wende zum 16. Jahrhundert in einem Maße Landesgeschichte zu werden, wie es zuvor nicht der Fall war.

Viele Darstellungen lassen die neuere Geschichte Schlesiens mit dem Jahr 1526 beginnen, als die Herrschaft über das Doppelherzogtum dem Hause Habsburg zufiel. Das war unbestreitbar ein bedeutsames Datum der schlesischen Geschichte, vor allem unter dynastiegeschichtlichen Gesichtspunkten, wie sie früheren Zeiten vertraut waren. Ein solcher Ansatz ist aber aus europäischer und strukturgeschichtlicher Sicht nicht überzeugend, selbst wenn manche der signifikanten Veränderungen in Westeuropa erst verspätet auf Schlesien wirkten. Mittelalter und Neuzeit überlagerten sich noch geraume Zeit. Im selben Jahr, als Kolumbus Amerika entdeckte, wurde vor dem Breslauer Rathaus die gotische Prangersäule aufgestellt. Das Eingreifen Frankreichs in Italien 1494 kümmerte die Schlesier wenig. Aus schlesischer Sicht war der Fall Konstantinopels 1453 die größere Zäsur, nicht weil damit das Oströmische Reich unterging, sondern weil seitdem die türkische Eroberung von Ländern und Märkten voranschritt, die 1526 bei Mohács und 1529 vor Wien in bedrohliche Nähe rückte. Auch die mit der Reformation einhergehende bedeutende Veränderung der kirchlichen und geistigen Landschaft Schlesiens vollzog sich unabhängig vom Dynastiewechsel. Das vieldiskutierte Ereignis der Thesenveröffentlichung 1517 in Wittenberg lag schon ein Jahrzehnt zurück. Seitdem strömte das lutherische Gedankengut fast ungehindert ins Land. Schlesien war 1526 zwar noch nicht protestantisch, aber die Wendemarke zugunsten der Reformation war bereits überschritten. Und wenn es richtig ist, daß sich der Übergang vom altkirchlichen zum protestantischen Bekenntnis in Schlesien fließend vollzog, so stellt sich die Frage, wann man in diesem Land genau das Zerbrechen der einheitlichen Christianitas konstatieren muß.

Veränderungen von epochalem Charakter vollzogen sich noch in anderen Bereichen. Das Ausgreifen der Fugger nach Schlesien zeigte die Einbeziehung des Landes in die frühkapitalistischen Wirtschaftsformen des Westens. Eine geistige Elite brachte die humanistischen Anregungen in die Städte und schuf neue Formen der Öffentlichkeit, insbesondere durch die Einführung des Buchdruckes. Vor allem aber konstituierte sich Schlesien selbst als ein frühmodernes Staatswesen mit einer gemeinsamen Repräsentation, mit zentralen Verfassungsorganen, einem eigenen Landesbewußtsein über allen weiterlebenden regionalen Sonderformen. Diese Entwicklungen setzen schon im letzten Drittel des 15. Jahrhunderts ein. Da es sich um prozessuale Vorgänge handelte, kann man dafür keinen präzisen Wendepunkt bezeichnen. Aber die frühe Neuzeit Schlesiens hatte schon vor dem Jahr 1500 begonnen, etwa mit der Regierung des Königs Matthias Corvinus.

BEVÖLKERUNG UND SPRACHE

Schlesien war zu Beginn der frühen Neuzeit ein zweisprachiges Land. Innerhalb seiner Grenzen lagen mehr oder minder deutsch- und polnischsprachige Gebiete, dazwischen auch Schnittzonen mit paritätischen Sprachverhältnissen. Insgesamt lagen die Dinge sicherlich anders als in Böhmen, wo sich deutsche und tschechische Bevölkerungs- und Sprachgebiete voneinander scheiden lassen. In Schlesien war der Prozeß der politischen und ethnischen Sozialisation von polnischer und deutscher Bevölkerung schon so weit fortgeschritten, daß man – ungeachtet der zwei Landessprachen – bereits von einem schlesischen Volk sprechen kann. Über die Angleichung der bäuerlichen Sozialverhältnisse und eine recht einheitliche Stadtkultur begann die Herausbildung eines gemeinsamen Landesbewußtseins. Für all diese Feststellungen gelten frühmoderne Bedingungen.

Die damit einhergehenden kulturellen und sprachlichen Ausgleichsvorgänge waren in den verschiedenen Teilen des Landes abweichend verlaufen, entweder zugunsten der deutschen oder der polnischen, im Südwesten auch der mährischen Sprache, ja sie waren zu Beginn der frühen Neuzeit nicht einmal abgeschlossen. Im Prozeß der Zivilisation Schlesiens war das deutsche Element in den innovativen Bereichen führend, somit war das zunehmende Übergewicht der deutschen Sprache auch ein Ausdruck gesellschaftlicher Veränderungen. Ganz verfehlt wäre die Vorstellung von einem national gefärbten Ringen um sprachliche Vorherrschaft, selbst wenn vereinzelt bereits nationale Töne angeschlagen wurden. Ein solcher Befund kann als Zwischenbilanz auf dem Wege vom slawischen Frühmittelalter zur deutschen Neuzeit nicht verwundern.

Für gesicherte Aussagen ist die Quellenlage für ein Zeitalter, in dem es weder eine Verwaltung gab, um Daten zu ermitteln, noch überhaupt ein Interesse, es genauer wissen zu wollen, denkbar schlecht. Als der erste Geschichtsschreiber Schlesiens, Barthel Stein, 1512 glaubte, eine exakte Grenze zwischen dem polnischen und deutschen Sprachgebiet Schlesiens feststellen zu können, bediente er sich einer didaktischen Vereinfachung, die jedenfalls nicht als Beschreibung verschiedener Ethnien gedeutet werden darf. Wenn er in diesem Zusammenhang von »nacio« sprach, so kannte er noch nicht das moderne Verständnis von Nation, sondern wollte eher zum Ausdruck bringen, daß in Schlesien Menschen deutscher und polnischer »Zunge« lebten: »Den nach Westen und Süden gelegenen besser angebauten Teil nehmen die Deutschen ein, den waldreicheren und weniger angebauten, auch schlechteren Teil nach Osten und Norden zu die Polen; beide trennt als eine ganz sichere Grenze (certissimus limes) die Oder von der Neißemündung an abwärts, so daß auch in den Städten diesseits die deutsche, jenseits die polnische Sprache vorherrscht.«[4]

Gerade die letzte Bemerkung zeigt, daß hier Mehrheitsverhältnisse beschrieben wurden. Und besonders aufschlußreich ist die Erwähnung der Städte. Mit ihrer deutschen Kultur und Administration hatten sie die sprachliche Durchdringung ihrer Umgebung mitbewirkt, so daß sich die deutsche Sprache dort durchgesetzt hatte, wo die Vernetzung der Städte am dichtesten war, im Schlesien links der Oder. Dabei waren die politischen Binnengrenzen zwischen piastischen und anderen Fürstentümern für die sprachliche Entwicklung ziemlich bedeutungslos. Vielmehr sollten die an der höfischen Kultur Deutschlands orientierten zahlreichen Residenzen Schlesiens mit ihrer Leitbildfunktion auf Adel und Hofgesellschaft den Trend zur Eindeutschung nur verstärken. Die sprachlichen Gegebenheiten Schlesiens waren also etwas komplizierter, als man es bei Stein herauslesen könnte. Das gibt Gelegenheit zu einigen allgemeineren und vorausgreifenden Feststellungen.

Für Oberschlesien galt Steins Beschreibung schon eher. Unter Einbeziehung späterer Quellen erscheint Oberschlesien südlich der Neiße in der frühen Neuzeit als polnischsprachig. Das bedeutete für das platte Land, daß hier die deutsche Ansiedlung des Mittelalters ihre Sprache zugunsten der polnischen aufgegeben hatte. Nur in wenigen Rodungslagen erhielten sich deutsche Sprachinseln bis in jüngere Zeit, beispielsweise in den Dörfern um Schönwald bei Gleiwitz, um Kostenthal bei Leobschütz oder bei Bielitz.

Natürlich besaßen alle oberschlesischen Städte einen deutschen Bevölkerungsanteil, einige wenige sogar eine deutsche Mehrheit. Echte Zweisprachigkeit war weit verbreitet und ebenso wohl auch ihr situativer Gebrauch. Nur so ist eine Beobachtung von 1656 aus der Gegend von Oberglogau verständlich: »Man gebraucht hier die polnische Sprache und es herrschen hier fast dieselben Sitten wie in Polen. Die Männer sprechen fast alle deutsch, aber alle Frauen polnisch, denn diese Sprache ist weicher.«[5] Das war eine sprachpsychologisch interessante Beobachtung, die man in Oberschlesien noch lange anstellen konnte. Sie galt dort auch in ganz anderem Zusammenhang. Aus religionsgeschichtlicher Sicht hat man später festgestellt, daß während der Gegenreformation hier die Frauen länger lutherisch blieben als ihre Männer, denn letztere standen stärker in der Öffentlichkeit und waren folglich einem größeren Druck ausgesetzt.[6] Nicht zu vergessen, daß es beim Adel immer ein kulturelles Interesse gab, das sich dem Deutschen zuwandte. Mit diesen Einschränkungen also war und blieb Oberschlesien polnisch geprägt.

Die Verbreitung der deutschen Sprache endete aber nicht an den oberschlesischen Grenzen. Jenseits der Sudeten setzte sie sich in den deutschen Sprachgebieten Mährens und Böhmens fort, nach Polen hinein vor allem in den Städten. Als Veit Stoß seinen großen Altar für die Krakauer Marienkirche schuf, wurde in dieser Kirche noch deutsch gepredigt, bis der polnische Reichstag daran Anstoß nahm und König Sigismund I., sicherlich auch zur Abwehr der deutschen Reformation, im Jahre 1537 die polnische Predigt einführte.[7] Die Funktion als Verkehrssprache, als die Lingua franca Ostmitteleuropas, teilte die deutsche Sprache nur noch mit zwei anderen, dem Latein der Gebildeten und dem Jiddisch der handeltreibenden Juden.

In Mittel- und Niederschlesien wurde links der Oder weitgehend deutsch gesprochen, denn das wendische Sprachgebiet begann erst in der Lausitz. Soweit Pest und Hussitenkriege zu Bevölkerungsverlusten und Wüstungen geführt hatten, waren deutsche Bauern in die fruchtbareren Ackergebiete nachgerückt, hatten die Lücken zwischen polnischen Nachbarn gefüllt oder die unbestellten Äcker wüst gewordener Dörfer übernommen. Die polnischen Sprachinseln südlich von Breslau zwischen Lohe und Ohle befanden sich dadurch in Auflösung. Rechts der Oder, auf der »polnischen Seite«, war der Sprachausgleich zugunsten des Deutschen noch im Fluß. Bis an die Stadtmauern Breslaus heran reichten verschiedene polnische Sprachinseln, die größeren lagen um Trebnitz, Groß Wartenberg oder Namslau. Der von wallonischen und deutschen Siedlern erschlossene Reichthaler Halt im Osten war sprachlich schon wieder polonisiert.[8]

Breslau war um 1500 eine deutsche Stadt. Natürlich besuchten polnische Händler die wichtigen Märkte. Zur Erntezeit fanden sich Hunderte von polnischen Saisonarbeitern ein.[9] Wenn man die fremden Polen »Polacken« nannte, so war das die allgemeine deutsche Übernahme der polnischen Selbstbezeichnung, also nichts Negatives. Für sie und andere polnische Besucher wurde in der kleinen Christophorikirche polnischer Gottesdienst angeboten, nach der Reformation auch in der katholischen Adalbert- und Kreuzkirche. Wenn im heutigen Breslau dieselbe kleine Christophorikirche den wenigen Deutschen für den evangelischen Gottesdienst zur Verfügung steht, so mag bei dieser Nachkriegsentscheidung eine geschichtskundige Absicht mitgespielt haben. So sehr hatten sich die Verhältnisse umgekehrt.

Für die frühe Neuzeit können die Sprachverhältnisse vom 16. Jahrhundert an aufgrund kirchlicher Quellen besser überprüft werden. Als die Reformation nach Schlesien übergriff, fand der neue Glaube unter Polen die gleiche Aufnahmebereitschaft wie unter Deutschen. Der Wunsch, das Wort Gottes und die Beichte in der Muttersprache vermittelt zu bekommen, erforderte also auch Theologen mit polnischen Sprachkenntnissen. Die schlesische evangelische Kirche versuchte dem gerecht zu werden, auch wenn die mitteldeutschen Universitäten keine Theologenausbildung für eine polnische Glaubensvermittlung anboten. Seitdem fand sich in vielen evangelischen Kirchen die Einrichtung des Pastor polonicus.[10] Umgekehrt zeigt das allmähliche Erlöschen dieser Institution an, wann in den niederschlesischen Gemeinden das Polnische außer Gebrauch kam. Dahinter stand in der frühen Neuzeit kein Germanisierungsdruck. Eine größere Rolle spielte wohl der soziale Aspekt des an die deutsche Sprache gebundenen gesellschaftlichen Aufstiegs.

Die piastischen Landesherren, die gelegentlich ihre polnischen Traditionen hervorhoben, nahmen an dem unmerklichen Erlöschen der polnischen Sprache in ihren Landen keinen Anstand, sie bedienten sich selbst des Deutschen, sowohl privat als auch als Hof- und Gottesdienstsprache. Hierin unterschied sich nur die 1532 erloschene Oppelner Piastenlinie. Der 1497 in Neisse hingerichtete Herzog Nikolaus von Oppeln hatte der Urteilsfindung seiner deutschen Schöffen nicht folgen können, weil er kein Deutsch verstand.[11] Aber als 1605 in der piastischen Residenzstadt Brieg ein neuer evangelischer Pastor bestellt werden sollte, trug der Magistrat der Herzogin vor, daß seit sechzehn Jahren in Brieg keine polnische Predigt mehr gehalten, viel weniger ein polnischer Prediger hier begehrt worden sei.[12] Erst im 17. Jahrhundert kamen wegen der polnischen Wirren wieder Flüchtlinge in nennenswerter Zahl aus Polen.

Für den katholischen Bereich geben später die kirchlichen Visitationsberichte Auskunft über sprachliche Zustände. Zu den Standardfragen der Visitatoren gehörte in allen Pfarreien die Frage, in welcher Sprache die Taufe vollzogen beziehungsweise welche Sprache überhaupt verwendet werde. Die Antworten ergeben für die Herzogtümer Sagan und Glogau ein Überwiegen der deutschen Sprache, wohingegen im Archidiakonat Oppeln die polnische Sprache vorherrschte, mit manchen deutschen Einsprengseln. Im einzelnen war das Bild sehr buntscheckig.[13]

Klischeehafte Vorstellungen wie »katholisch gleich polnisch« oder »protestantisch gleich deutsch« sind für die schlesischen Verhältnisse gänzlich ungeeignet. Solche Projektionen, die gelegentlich auch als Feindbilder dienlich waren, kamen vor allem im Kulturkampf des 19. Jahrhunderts zum Vorschein. Es ist kein Widerspruch zu dieser Zurückweisung, wenn anzunehmen ist, daß die Erschließung der gesamten katholischen Visitationsberichte vermutlich einen höheren polnischen Sprachanteil nachweisen dürfte, als man es aus nationaler Perspektive erwartet hätte. Aber ganz so groß, wie Tadeusz Ładogórski das polnische Sprachgebiet Schlesiens für die Mitte des 17. Jahrhunderts dargestellt hat, war es nun doch nicht.[14] Visitationsberichte oder andere kirchliche Quellen dürfen jedoch Glaubwürdigkeit beanspruchen, weil ihre Auskünfte über Sprachverhältnisse nur aus dem Bemühen um eine volksnahe Seelsorge zustande kamen.

Der Humanist Barthel Stein, der die Grenzen des polnischen und deutschen Schlesien absteckte, schrieb selbst Lateinisch. Über die Art seiner beiden Heimatsprachen Deutsch und Polnisch äußerte er sich nicht. Für das Deutsche hätte er nämlich zwischen der gebräuchlichen Amtssprache und der schlesischen Umgangssprache unterscheiden müssen. Damals gab es in Deutschland nur ansatzweise eine allgemeinverbindliche deutsche Hochsprache. Vor allem die kaiserliche Kanzlei bemühte sich um einen sprachlichen Kompromiß zwischen den deutschen Dialekten. Erst mit der 1534 abgeschlossenen Bibelübersetzung Luthers sollte dann die Entwicklung zur deutschen Hochsprache beschleunigt werden. Die schlesische deutsche Amtssprache orientierte sich an reichsdeutschen Gepflogenheiten, besonders an den Wiener und Prager Kanzleien. Umgangssprachlich hatte sich als Ergebnis der Ostsiedlung ein eigener Dialekt des schlesischen Neustammes mit mehreren regionalen Abweichungen gebildet, die schlesische Mundart.

Anders war die Entwicklung in Oberschlesien verlaufen. Hier galt weder eine deutsche noch eine polnische Kanzleisprache. Vielmehr waren im 15. Jahrhundert die politischen Bindungen der oberschlesischen Fürstentümer an Böhmen so verfestigt worden, daß in diesem Raum das Tschechische als Amts- und Urkundensprache maßgeblich wurde, obwohl Tschechisch, oder genauer gesagt Mährisch, nur in Teilen der Fürstentümer Troppau und Jägerndorf gebräuchlich war.[15] Erst 1570 erlangte hier die deutsche neben der tschechischen Amtssprache die Gleichberechtigung.[16] Das Mährische hat im frühneuzeitlichen Schlesien sicher eine größere Rolle gespielt als später. Vor allem die Grenzziehung von 1742 durchschnitt hier eine Sprachlandschaft und beließ im preußischen Schlesien nur noch eine größere mährische Sprachinsel südlich von Ratibor. Nimmt man noch hinzu, daß in der Zeit der Gegenreformation eine Abwanderung deutscher Protestanten stattfand und der Friedensschluß von 1742 noch einmal deutsche Sprachgebiete von Schlesien abtrennte, so ergibt sich, daß das bei Preußen verbleibende Oberschlesien nunmehr polnischer geworden war als noch wenige Zeit zuvor.

In Oberschlesien scheint die fehlende Orientierung des Landes an einer polnischen Amtssprache und die politische Eigenentwicklung bewirkt zu haben, daß dort die polnische Sprache in den Jahrzehnten um 1500 den Anschluß an die Sprachentwicklung Polens verlor. Sie nahm nicht mehr an der Entfaltung des Polnischen zur Literatursprache teil, sondern blieb ein Verständigungsmittel der bäuerlichen Bevölkerung. So entstand das für Oberschlesien so charakteristische »Wasserpolnisch« mit seinen morphologischen Besonderheiten und der starken Anlehnung an die deutsche Umgebung in Wortschatz und Grammatik.[17] Eine nennenswerte Schriftlichkeit hat dieser Dialekt bis zum 19. Jahrhundert nicht hervorgebracht, aber jene oberschlesische Bevölkerung, die mit dieser Sprache aufwuchs, betrachtet diese bis heute als Teil ihrer Identität.[18]

Erforschung und Verteidigung des schlesischen Wasserpolnischen sind eine Sache für Kenner. Seit dem 18. Jahrhundert verstand man dieses Idiom nur noch als ein »verwässertes« Polnisch, dessen sich ungebildete »Wasserpolacken« bedienten. Damit war dem kulturell oder politisch motivierten Vorurteil des 19. Jahrhunderts der Weg gebahnt, wobei das Wasserpolnisch in das Kreuzfeuer zwischen hochpolnischer Kulturkritik und germanisierender Volkspädagogik geriet. Solches hier weiterzuverfolgen würde den Ereignissen weit vorgreifen.

Beachtenswert ist nur, daß am Anfang des politischen Schlagwortes der Wasserpolacken eine ganz wertfreie Begriffsschöpfung stand. Der Kreuzburger evangelische Geistliche polnischer Zunge, Adam Gdacius, benutzte 1644 das Wort »Wasserpolowie« als geographische Bezeichnung des oberschlesischen Gebietes rechts der Oder.[19] Sein polnisch-deutsches Mischwort charakterisiert zugleich die schlesisch-polnische Dialektform. Ob nun die so bezeichnete Landschaft den Menschen ihren Namen gab oder umgekehrt, muß vielleicht noch offenbleiben, denn die Wasserpolen fielen anfangs nicht durch ihre Sprache, sondern durch ihr Gewerbe auf. Wasserpolen waren die polnischsprechenden Holzhändler, welche ihr Holz auf dem Wasserweg von Oberschlesien nach Breslau flößten, um es hier zu verkaufen. Folglich konnte Friedrich Lucae 1689 vom Breslauer Neumarkt sagen, dieser Platz sei »den Wasser-Pohlen zu ihrem Holtz-Handel« zugewiesen worden.[20]

In Breslau mag rasch aufgefallen sein, wie sehr sich die polnische Sprache der Holzhändler vom Neumarkt von jener der Krakauer Salzhändler am Salzmarkt unterschied. Die Heimat dieser »Wasserpolacken« war die Oppelner Gegend, wie man einer zeitgleichen Schrift entnehmen kann.[21] Das besondere Idiom der Wasserpolen wurde dann erstmals 1705 in einer kleinen, in jeder Hinsicht bemerkenswerten Wittenberger Dissertation von Christian Meisner hervorgehoben. Meisner beschrieb hier neben dem deutschen auch den polnischen Dialekt Schlesiens. Letzterer habe vieles aus den deutschen Sprachgewohnheiten übernommen, zum Beispiel Formen und Wendungen, wie sie der polnischen Sprache ganz fremd seien, weshalb man gemeinhin von einem „dialectus aquatico polonica« spreche.[22] Damit war das Wasserpolnische als eine sprachliche Eigenheit der Wasserpolen beschrieben, hatte gewissermaßen eine soziale Konnotation erhalten. Irgendwann danach begann der schimpfliche Niedergang des Wortes (mit allem, was eingeschlossen war). Dem Zeitalter der Aufklärung und Erziehung war das Verständnis für diese Sprache abhanden gekommen. Der Breslauer Pädagoge Schummel hatte sich schon 1792 mit dem »allbekannten Eckelworte Wasserpole oder Wasserpolack« auseinanderzusetzen.[23] Seitdem verkam es zum politischen Schlagwort, das auch im wilhelminischen Berliner Reichstag verstanden wurde und dort heftige Emotionen auslösen konnte.

DIE UNGARISCHE ÄRA

Der Verlauf des 15. Jahrhunderts hatte Schlesien vor immer neue Zerreißproben gestellt, denn die Auseinandersetzungen um die Legitimität und Rechtgläubigkeit des böhmischen Königs Georg von Podiebrad (1420–1471) verlangten von den schlesischen Ständen eine klare Stellungnahme. Am entschiedensten hatte sich die Stadt Breslau am Kampf gegen den 1466 von Rom geächteten und abgesetzten König beteiligt und dabei ihre Kräfte überspannt.[24] Eine Entscheidung in diesem mitteleuropäischen Machtkampf konnte nur von außen kommen, nach Lage der Dinge nicht von dem in mehrere Linien gespaltenen Haus Habsburg, sondern am ehesten vom Königreich Ungarn. Dieser Staat war damals in einem staunenswerten politischen und kulturellen Aufstieg begriffen, an dem der 1458 zur Regierung gelangte König Matthias Corvinus (1440–1490) einen bedeutenden Anteil hatte.[25] Matthias Corvinus erhielt folglich den förmlichen Auftrag zur Vollstreckung des päpstlichen Bannes und eröffnete 1468 den Krieg gegen seinen einstigen Schwiegervater Georg.

Für Matthias ging es nicht nur um die Unterwerfung eines hussitischen Ketzerkönigs, sondern auch um dessen Krone und Land. Bereitwillig nahm er 1469 in Olmütz seine Wahl zum König von Böhmen durch die katholischen Stände an, ohne daß dieser Wahl die übliche Krönung in Prag folgen konnte. In Breslau war die Entscheidung begeistert gefeiert worden. Entsprechend prachtvoll verlief die anschließende Landeshuldigung in der schlesischen Hauptstadt, bei welcher Gelegenheit Matthias seine Rechtgläubigkeit durch eine Wallfahrt nach Trebnitz demonstrierte.[26]

Fortan hatte Böhmen zwei Könige, die mit allen diplomatischen und militärischen Mitteln eine Entscheidung zu ihren Gunsten suchten. Georg von Podiebrad verstand es, durch das Angebot der böhmischen Krone an die Jagellonen den polnischen König Kasimir IV. (1427–1492) auf seine Seite zu ziehen, so daß Georgs Tod 1471 nur bedeutete, daß ihm mit dem jungen Wladislaw II. Jagiello (1456–1516) ein neuer und auch rechtgläubiger Böhmenkönig folgte, der überdies eine Habsburgerin zur Mutter hatte. Der unentschiedene Ausgang der Belagerung Breslaus 1474 brachte das Treffen der drei Könige Böhmens, Ungarns und Polens auf dem Hügel von Groß-Mochbern bei Breslau zuwege, wo Matthias und Wladislaw sich mit abgewandtem Gesicht begrüßten. Die Begegnung war der erste Schritt zur vorläufigen Teilung des böhmischen Königreiches. Die Machtverhältnisse erzwangen eine Klärung, ohne daß einer der beiden böhmischen Könige bereit war, seine Ansprüche auf Titel und Königreich aufzugeben. Nach dem Frieden von Olmütz 1479 erstreckte sich die Herrschaft Wladislaws II. nur noch auf Böhmen, während die Nebenländer Schlesien, Mähren und die Lausitzen zum Herrschaftsbereich des Corvinen gehörten. Schlesien befand sich seitdem im Pfandbesitz der Krone Ungarns, blieb aber formal ein Nebenland der Krone Böhmens und seines in Ofen (Buda) regierenden böhmischen Königs.[27] Eine Wiedervereinigung der böhmischen Länder war erst für den Fall des Todes eines der beiden Herrscher vorgesehen.

Trotz des vorläufigen Charakters dieser Vereinbarungen waren die politischen Konsequenzen einschneidend. Nicht die relativ wenigen Jahre der Trennung Schlesiens und der anderen Nebenländer vom böhmischen Hauptland gaben den Ausschlag, sondern der politische Gestaltungswille, der in dieser Zeit zur Wirkung kam. Getrennt vom argwöhnisch betrachteten Böhmen, zugleich aber noch ohne gewachsene Bindungen an Ungarn, sah Schlesien sich mehr denn je auf sich allein gestellt. Zwar begann keine Magyarisierung der Nebenländer, aber die Trennung von Prag ermöglichte und beschleunigte den Prozeß der Ablösung und Verselbständigung Schlesiens innerhalb der böhmischen Kronlande. Wenn man nach einem Vergleich für die Bedeutung der inneren Umgestaltung und verfassungsmäßigen Formung Schlesiens unter Matthias Corvinus sucht, so könnte man an die modernisierenden Wirkungen der napoleonischen Reformen in den Rheinbundstaaten zu Beginn des 19. Jahrhunderts denken. Auch dort waren in einer vorübergehenden Herrschaft einschneidende Verfassungsreformen durchgeführt worden, die sich unter anderen politischen Vorzeichen nicht mehr rückgängig machen ließen.

Kaiser Friedrich III. hatte vor Jahren den aufstrebenden Ungarnkönig durch eine förmliche Adoption an sich zu binden gesucht. Jetzt wurde der Adoptivsohn dem Kaiser selbst gefährlich.[28] Matthias begann, seinen Machtbereich nach Österreich hinein auszudehnen, eroberte 1485 Wien und erklärte die Kaiserburg zu seiner Residenz. Zu seinen Titeln fügte er den eines »Dux Austriae« hinzu und meldete seinen Anspruch auf die deutsche Königs- und Kaiserwürde an. Es war die Zeit, in der sein schlesischer Statthalter am Tor der Ortenburg von Bautzen das majestätische Bildnis des ungarischen Königs anbringen ließ. Kaiser und Reich reagierten auf diese Herausforderung mit der raschen Wahl des Kaisersohnes Maximilian I. zum römischen König. Schon bei dieser Gelegenheit wurde der spätere Kaiser Maximilian vom Glück des dynastischen Zufalls verwöhnt. Der frühe Tod des Matthias Corvinus 1490 ohne legitimen Erben erleichterte ihm die Wiedereroberung seiner österreichischen Stammlande und die Rückkehr des Hauses Habsburg in das Ringen um die ostmitteleuropäische Vorherrschaft.[29]

Bis heute bewahrt Görlitz eine Fülle von baulichen und künstlerischen Kostbarkeiten aus der Zeit der Renaissance, die seine glanzvollste war. Das Ensemble um das Rathausportal wuchs über viele Jahre. Als erstes entstand 1488 das in Stein gehauene Wappen des ungarischen Königs Matthias Corvinus, dessen Herrschaft bis in die Lausitz reichte. Ein halbes Jahrhundert später schuf Wendel Roskopf die elegante Freitreppe mit der Verkündigungskanzel. In dieses südlich wirkende Arrangement wurde 1591 die Säule mit der Figur der Justitia hineingestellt, die man sich heute gar nicht mehr wegdenken kann.

Wie im Olmützer Frieden vorgesehen, erlangte nun Wladislaw II. nicht nur die Herrschaft im ganzen Königreich Böhmen, sondern wurde auch von den Ungarn zum König gewählt. Damit lag Schlesien unvermittelt im Zentrum einer jagellonischen Ländergruppe der Kronen Böhmen, Ungarn und Polen. Der äußere Anschein der jagellonischen Machtbündelung aber war trügerisch. Die jagellonische Dynastie lag mit sich im Bruderzwist. Die mittleren Länder waren erleichtert, nicht mehr das strenge Joch eines Matthias zu spüren. Das Königtum Wladislaws II. erwies sich als so abhängig von den Ständen Böhmens und Ungarns, daß es ihnen alle Wünsche nach ständischen Privilegien erfüllen mußte, auch die schlesischen.

Je ungehinderter sich die Stände in Böhmen und Ungarn auf Kosten des Königtums verselbständigten, um so deutlicher wuchsen Einfluß und Macht des Hauses Habsburg. Maximilian hatte seine prinzipielle Anwartschaft auf die Stephanskrone schon in den Text des Friedens von Preßburg 1491 hineinschreiben können. Erst nachdem die großen Fragen der Reichsreform und Westpolitik geklärt waren, wandte sich der Kaiser auch der Ostpolitik zu. Am Ende eines sorgfältig vorbereiteten Fürstenkongresses in Wien im Jahre 1515 stand ein kunstvoll geknüpftes Familienbündnis zwischen Wien und Ofen.[30] Kaiser Maximilian adoptierte den neunjährigen Ludwig II. von Ungarn (1506 bis 1526), wobei der Adoptivsohn zugleich die Hand der Kaiserenkelin Maria (1505 bis 1558) erhielt, während einer der Brüder, Karl oder Ferdinand, die ungarische Prinzessin Anna heiraten sollte. Erst 1521/22 waren die Königskinder alt genug, um diese beiden habsburgisch-jagellonischen Hochzeiten feiern zu können. Vier Jahre später schon trat »eines der überraschendsten und zugleich folgenschwersten Ereignisse des Jahrhunderts« ein (Karl Brandi), der Tod des zwanzigjährigen Ludwig II. bei Mohács. Ludwig hinterließ 1526 zwei Königreiche ohne eigenen Erben. Von allen Anwärtern war Erzherzog Ferdinand von Österreich, der spätere Kaiser Ferdinand I., am entschlossensten, diese doppelte Erbschaft dem Hause Habsburg zu sichern. Für Schlesien sollte damit die habsburgische Epoche beginnen.

DIE UMGESTALTUNG DER LANDESVERFASSUNG

Als die Schlesier sich 1469 vor die Wahl zwischen Georg von Podiebrad und Matthias Corvinus gestellt sahen, schlossen sie sich dem Beispiel der Stadt Breslau an und wechselten auf die Seite des Ungarn. Seine Rechtgläubigkeit war wichtiger als seine Nationalität, und überdies residierte er in Ofen fast doppelt so fern wie der böhmische König in Prag. Man konnte hoffen, ein solcher Landesherr werde sich dann auch nur halb so häufig in die Landespolitik einmischen. Aber gerade darin lag eine Unterschätzung dieses Renaissancefürsten, dessen politischer Blick auf das Reich und Italien gerichtet war, und mochte dabei auch die Türkenabwehr vernachlässigt werden. In seiner Westpolitik mußte die Sicherung der böhmischen Nebenländer als Basis weiterer Pläne großes Gewicht haben. Die im Umbruch befindliche politische Landschaft Schlesiens bot dazu den leichtesten Zugang.

Kaiser Maximilian I. war unter seinesgleichen der geschickteste und erfolgreichste Heiratsvermittler aller Zeiten. Bei Gelegenheit des Wiener Friedens von 1515 verabredete er die Heirat seiner Enkel mit den Erben der ungarischen Krone. Das Verlöbnisbild des Malers Bernhard Strigel von 1515 vermittelt den Eindruck eines Familienfestes, das aber in dieser Form gar nicht stattfand. Von den Dargestellten waren nur Kaiser Maximilian I. und Ludwig II. von Ungarn in Wien dabei. Die im Hintergrund stehende Gemahlin des Kaisers, Maria von Burgund, und ihr gemeinsamer Sohn Philipp der Schöne waren 1515 schon nicht mehr am Leben. Der junge Ferdinand, der sich an die Brust des Großvaters Maximilian schmiegt, lebte in Spanien, und sein Bruder Karl weilte in Brüssel. Der mädchenhaft wirkende junge Ludwig II. von Ungarn gehörte von nun an doppelt zur Familie, denn der Kaiser hatte ihn auch noch als Sohn adoptiert.
Im Jahre 1526 fielen tatsächlich die Kronen Ungarns und Böhmens an Österreich. Das Gemälde ist eine Kopie aus der zweiten Hälfte des 16. Jahrhunderts. Das erklärt auch, warum die Personen bereits mit ihren später erworbenen Titeln bezeichnet werden. Wenn es schon nicht möglich war, alle zusammenzurufen, wollte der Kaiser die wichtigsten Mitglieder seiner Großfamilie wenigstens im Bild um sich versammeln. Diese Auffassung macht das Kunstwerk zu einem bemerkenswerten Dokument für das dynastische Bewußtsein des Hauses Habsburg.

Als man sich in Breslau für Matthias entschied, wußte man wohl von seiner Aufgeschlossenheit für städtisches Handeln und Wirtschaften, weniger vielleicht vom ständigen Kapitalbedarf des Herrschers. Seine Städtepolitik kam den Deutschen entgegen, denn vor allem sie stellten die Stadtbevölkerung. Im übrigen war das Reich des Corvinen durchaus weltoffen. Wichtige Führungspositionen Ungarns befanden sich in den Händen von Ausländern, unter denen es der Breslauer Patriziersohn Johann Beckensloer bis zum Kanzler und Primas von Ungarn brachte.[31]

Der Schritt von der Förderung zur Bevormundung war jedoch kurz. Die seit Generationen gültige Breslauer Ratsverfassung wurde 1475 so reformiert, daß der König auf die Besetzung des Ratsältestenamtes und damit der Landeshauptmannschaft im Fürstentum Breslau Einfluß erhielt. Der letzte Ratsälteste unter Matthias, Heinz Dompnig aus einer alten Ratsfamilie, setzte ganz auf den König und machte sich binnen kurzem so verhaßt, daß er bei erster Gelegenheit gestürzt und die alte Verfassung restauriert wurde. Genau drei Monate nach dem Tod des Königs sahen zweitausend Breslauer der öffentlichen Hinrichtung ihres Stadtoberhauptes vor dem neuen Rathaus zu.[32] Die Glocken der Stadtkirchen übertönten Dompnigs Unschuldsbeteuerungen und den Sang seiner Marienlieder.

Neben der Finanzkraft der Städte waren die Steuerbewilligungen der Stände für Matthias unentbehrlich, denn seine aggressive Sicherungspolitik war kostspielig. Bei seiner überlegenen Militärorganisation verließ er sich nicht auf das übliche Lehnsaufgebot, sondern setzte das modernere Instrument kampferprobter Söldnertruppen ein, die erforderlichenfalls auch gegen unbotmäßige Untertanen gebraucht wurden. Nach Jahren des Faustrechtes und des Raubrittertums in Schlesien war die Proklamation eines allgemeinen Landfriedens 1474 dringend geboten.[33] Seine allmähliche Durchsetzung diente der politischen und wirtschaftlichen Sicherheit und hatte zugleich eine disziplinierende Wirkung auf das ganze Land.

Auch die schlesischen Herzöge bekamen mit einem Mal zu spüren, daß es über ihnen noch einen Oberherrn gab, der ihr Treiben kritisch beobachtete und nur auf die Gelegenheit zum Eingreifen wartete. Anfangs mußte Matthias noch zulassen, daß sein gefährlichster Lehnsfürst, Herzog Johann II. von Sagan (1435–1504), 1472 das eigene Herzogtum Sagan an Sachsen veräußerte und damit längere Zeit Schlesien entfremdete, auch daß in der Folge 1482 Crossen mit Bobersberg, Züllichau und Sommerfeld an Brandenburg verlorenging. Als aber Herzog Johann sich skrupellos in den Besitz des Fürstentums Glogau setzte, geschlossene Verträge brach und zuletzt drei seiner Töchter an die feindlichen Podiebrads verheiratete, war der Bogen überspannt.[34] Die nun endlich durchgeführte Strafexpedition des Königs kostete den Herzog sein letztes Fürstentum und unterwarf bei dieser Gelegenheit die in Schlesien regierenden Söhne Georgs von Podiebrad. Noch kurz vor seinem Abgang von der Bühne der Geschichte sorgte der Saganer Herzog dafür, daß er als »Hans der Grausame« in Erinnerung blieb. 1488 hatte er sieben Glogauer Ratsherren dem Hungertod überantwortet, weil sie nicht bereit waren, ihren Eid auf Matthias Corvinus zu brechen.

Der Fall war ein Musterbeispiel dafür, wie König Matthias seine oberherrlichen Rechte mit den Mitteln des Lehnsrechtes Zug um Zug auszubauen verstand, bis sich gegen Ende seiner Herrschaft fast alle schlesischen Teilfürstentümer und deren fürstliche Dynasten in Abhängigkeit von ihm befanden. Nur noch eine Handvoll schlesischer Fürsten hatte ihre äußere Unabhängigkeit bewahren können, doch schienen die Tage dieser Autonomie gezählt. Der bereits weit gediehene Landesumbau sollte aber schon unter dem Nachfolger des Corvinen wenig Bestand haben und blieb jedenfalls unvollendet. Matthias hatte mit seiner schlesischen Territorialpolitik in erster Linie den Ausbau der eigenen Hausmacht betrieben, also fiel der staatspolitische Gewinn für die Krone gering aus. Das System war in einem Maße auf die Person des Königs zugeschnitten, daß bei seinem unerwartet frühen Tod niemand bereitstand oder über die Macht verfügte, die Zügel ähnlich straff weiterzuführen. Das vermochte weder sein einziger, aber illegitimer Sohn Johann Corvinus, dem größere Teile Schlesiens zugedacht waren,[35] noch sein ungleicher Nachfolger Wladislaw II., trotz seiner beiden Kronen.

Bei seinem Herrschaftsantritt hatte König Matthias bereits mehr als Rudimente einer Landesverfassung vorgefunden. Die verbliebenen schlesischen Lehnsfürsten waren noch immer im Besitz ihrer alten Iura Ducalia, aber auch die der Krone anheimgefallenen Fürstentümer hüteten weiter ihre eigenen Landesinteressen. Die Dauerhaftigkeit der ständischen Strukturen Schlesiens beruhte auf einem für Schlesien typischen ständischen Unterbau, nämlich einem halben Hundert von Weichbildern oder Kreisen. Sie bildeten jeweils ständische Grundeinheiten, hatten ihre eigene Verfassung mit Weichbildversammlung, Gericht und Kasse. Jedes Fürstentum setzte sich aus einer Anzahl von Weichbildern zusammen. Ebenso wurden die Fürstentumslandtage hauptsächlich von den Weichbildern beschickt, obwohl man hier nicht nach Weichbildern, sondern nach Ständen zusammensaß. Wie überall im ständisch organisierten Alteuropa verhandelten also auf diesen Landtagen Prälaten, Herren, Ritter und Städte über ihre und des Fürstentums Anliegen. Nur waren, solange Schlesien eine ständische Verfassung behielt, die Rechte und Landesgewohnheiten in jedem Territorium so verschieden, daß es sich nicht in wenigen Worten beschreiben läßt.[36]

Bei soviel ständischem Pluralismus bedurfte es schon äußerer Anstöße, daß die Stände über ihren Weichbild- oder Fürstentumshorizont hinausblickten und die Bedürfnisse des ganzen Landes auch als ihre eigenen erkannten. Die bis dahin von Fall zu Fall geschlossenen Landfriedensbünde und Einungen hatten bereits unter dem Druck der Hussitenkriege ganz Schlesien umfaßt und ihm 1422 erstmals eine zentrale Instanz zuerkannt, den obersten Hauptmann. Insofern ist Kazimierz Orzechowski zuzustimmen, daß alle Elemente der frühneuzeitlichen Ständeverfassung Schlesiens schon vor der ungarischen Ära angelegt waren.[37]

König Matthias war auf europäischer Bühne ein Emporkömmling, der deshalb großen Wert auf den legitimen, christlichen Charakter seines Königtums legte und doch manches von der despotischen Staatskunst italienischer Renaissancefürsten übernommen hatte. Den bereits vorhandenen Verfassungsansätzen Schlesiens gab er eine nach eigenem Verständnis konzipierte gesamtstaatliche Form. Die bislang nur gelegentlich vereinigten Stände des Gesamtherzogtums wurden nun zu einer Art »Zwangsgenossenschaft« (Felix Rachfahl) zusammengeführt, seit 1474 regelmäßig zu »Fürstentagen« nach Breslau einberufen und hier mit den politischen Fragen des Landes und den Steuerwünschen des Königs konfrontiert.[38] Hatte er 1474 seine erste Steuerforderung noch als einmalig hingestellt, so verschaffte er sich durch ein Hufenverzeichnis eine annähernde Kenntnis der Leistungsfähigkeit des Landes und konnte 1489 schon die neunte Steuerumlage eintreiben. Ein weiterer Verlust an ständischer Souveränität war das Verbot eigenmächtiger Kriegführung, ja sogar des Befestigungsbaus. Als keiner der schlesischen Fürsten 1474 das angebotene Amt des Oberlandeshauptmanns übernehmen wollte, setzte Matthias ihnen für einige Jahre einen Landfremden als Statthalter vor, den Grafen Stefan Zapolya von der Zips. Unter und neben ihm fungierten Landeshauptleute, von denen der als »Anwalt« des Königs hervortretende Politiker schwäbischer Herkunft, Georg von Stein (um 1425–1497), ebenso befähigt wie verrufen war.[39] Stein und der Oberschlesier Johann Bielik von Kornitz teilten sich von 1481 an als Hauptleute Nieder- und Oberschlesiens die Landesverwaltung. Überhaupt erforderte das ganze System eine Landesverwaltung, wie Schlesien sie bis dahin nicht gekannt hatte.

Zwei Jahrzehnte mußten die Schlesier das harte Regiment des Ungarn ertragen, bis der Tod des Königs sie von diesem Joch befreite. Eine angestaute Empörung fegte alle corvinischen Parteigänger hinweg. Die Wiederkehr der anarchischen Zustände wünschte aber niemand, so daß die wichtigsten Errungenschaften beibehalten wurden: die gesamtständische Verfassung und Verwaltung mit einem Oberlandeshauptmann an der Spitze. Beide sollten aber fortan dem Einfluß des Königs möglichst entzogen bleiben beziehungsweise die Rechte und Freiheiten der Stände sollten klar geregelt sein.[40]

Nun war Schlesien kein Kronland wie Böhmen oder Ungarn, das dem König Wahlbedingungen stellen konnte. Aber die Schlesier lehnten es 1497 ab, sich zur Huldigung ins ausländische Brünn zu begeben. So kam das von Oberlandeshauptmann Kasimir von Teschen bei König Wladislaw II. ausgehandelte große Landesprivileg Schlesiens vom 28. November 1498 doch einer Wahlkapitulation sehr nahe, auch inhaltlich, wie der Vergleich mit der 1490 entstandenen ungarischen Wahlkapitulation zeigt.[41] Den schlesischen Ständen war das Privileg fortan eine Art »Magna Charta« (Heinrich Wuttke), jedenfalls das Fundamentalgesetz der zukünftigen ständischen Verfassung. Die erwartete Gegenleistung blieben die Schlesier aber schuldig. Als Wladislaw sich endlich 1511 mit seinen Kindern nach Breslau zur schlesischen Huldigung begab, war eine politische Kernfrage offengeblieben, nämlich ob Schlesien ihm als König von Ungarn oder als König von Böhmen huldigen solle. In dieser Frage waren nicht nur die beiden Huldigungspartner, sondern vor allem die ungarischen und böhmischen Stände so gegensätzlicher Ansicht, daß die Schlesier die geforderte Huldigung fast drei Monate hinausschoben, bis der König unverrichteter Dinge wieder davonzog.[42]

Das »Privilegium Wladislai« von 1498 hatte den schlesischen Ständen zunächst einmal alle Freiheiten, Briefe, Privilegien, Begnadigungen, Gerechtigkeiten, Schenkungen und althergebrachten Gewohnheiten bestätigt, darunter ausdrücklich auch die von

König Matthias gewährten. Anders als noch unter Matthias, erhielten die Stände jetzt eine schriftliche Bestätigung ihrer Steuerfreiheit oder, genauer ausgedrückt, ein konditioniertes Steuerbewilligungsrecht. Von den Einzelregelungen war am wichtigsten, daß fortan nur noch ein schlesischer Fürst zum Oberlandeshauptmann berufen werden durfte. Vor allem erhielten die »Fürsten und Stände« ein zentrales unabhängiges Landesgericht in Breslau (das Ober- und Fürstenrecht) mit regelmäßigen Sitzungen und weitgehenden Kompetenzen. Das Privileg unterschied noch nicht zwischen Landesgericht und Landesparlament (Fürstentag), weil Zusammensetzung und Funktionen wohl anfangs noch als eines betrachtet wurden. Im Laufe der Verfassungsentwicklung sollte es hier bald eine klare Zweiteilung und später eine funktionale Ausdifferenzierung geben.

Das zeitliche Zusammentreffen wichtiger Verfassungsentwicklungen sowohl im Heiligen Römischen Reich – auf dem Wormser Reformreichstag von 1495 – als auch in Schlesien – mit dem Landesprivileg von 1498 – könnte auf einen Zusammenhang schließen lassen. Er war nur insofern gegeben, als es das Zeitalter ständischer Verträge war. Eher ist eine Zusammenhanglosigkeit beider Ereignisse festzustellen. Auf dem Wormser Reichstag konstituierte sich das Reich in der Form, die es bis zum Ende behalten sollte. Damals erst entstand der frühneuzeitliche Reichstag in seiner endgültigen Zusammensetzung. Auch von der Kreiseinteilung des Reiches, die zwischen 1500 und 1512 getroffen wurde, blieben die böhmischen Territorien und mit ihnen auch Schlesien ausgeschlossen.[43] Das Königreich Böhmen und Schlesien waren seit Karl IV. Glieder des Reiches und hätten im Prinzip dazugehören können. Aber gerade in dieser historischen Stunde befanden sie sich in größerer Ferne vom Reich als sonst. Seit Matthias Corvinus waren die Schlesier auf Ungarn hin orientiert, dort residierte bis 1526 ihr Landesherr. Als Schlesien und ganz Böhmen mit dem Übergang an das Haus Habsburg gewissermaßen in das Reich zurückkehrten, waren in der Reichsverfassung alle wichtigen Entscheidungen gefallen, auch die hinsichtlich der Zusammensetzung von Reichstag und Reichskreisen. Wenn Schlesien in Zukunft ein Anliegen an das Alte Reich hatte, so blieb ihm nur noch der Weg über den habsburgischen Kaiser, es sei denn, man fand einen Fürsprecher in der Antichambre des Reichstages.

WIRTSCHAFT UND GESELLSCHAFT

Bevölkerungsdichte ist eine relative und pulsierende Größe. Die schlesische Bevölkerung lag zahlenmäßig um 1500 sicher unter 800 000 Seelen, denn nach dem Ende der Siedlungszeit waren Rückschläge eingetreten, die aufzuholen waren. Das bedeutete bei einem Landesumfang von 40 955 Quadratkilometern eine Besiedlungsdichte von etwa zwanzig Einwohnern je Quadratkilometer. Generell muß man in niedrigeren Größenordnungen denken. Am Ende des Mittelalters gab es in Europa nur wenige nach heutigem Verständnis große Städte oder gar städtische Regionen, und wenn, so lagen sie in Italien, am Rhein oder in Flandern. Schlesien war dennoch zu Beginn der Neuzeit vergleichsweise dicht besiedelt. Die Bevölkerung lebte zu achtzig Prozent auf dem Lande, relativ zahlreich in den fruchtbaren Ackerbaugebieten Niederschlesiens, breiter gestreut in den großen Waldgebieten Oberschlesiens oder der niederschlesischen Heide. Die demographischen Rückschläge des Schwarzen Todes und der Hussitenkämpfe waren bis 1500 wieder ausgeglichen.

Schlesien war damals ein Agrarland und weitgehend auf seine ländliche Eigenwirtschaft angewiesen. Die Sorgen um Wetter, Schädlinge und Mißernten bewegten die Menschen. In sozialer Hinsicht war die Landbevölkerung unterschiedlich gestellt. Je nachdem, wie weit das bessere bäuerliche Recht der mittelalterlichen Besiedlung erhalten war, gab es untertänige und freie Bauern mit ausreichendem Ackerland, daneben aber auch solche mit wenig oder keinem eigenen Land. Diese Gärtner und Häusler waren auf Lohnarbeit angewiesen und standen in weitgehender Abhängigkeit größerer Grundherren, mochten es nun Adlige, Klöster oder andere sein. Auch regional waren die Verhältnisse unterschiedlich. Die Ausbildung bäuerlicher Leibeigenschaft und die damit verbundenen Dienstpflichten waren in Oberschlesien größer. Diese Verhältnisse lassen sich nur andeuten, da sie sich bis in das 18. Jahrhundert wandelten, meist zuungunsten des gemeinen Mannes. Noch mehr veränderte sich das Erscheinungsbild des Adels, der sich in seinen Lebensverhältnissen oft nicht allzusehr von den Bauern unterschied und in der Mehrheit auf einfachen Höfen saß. Mit der Bezeichnung Schloß für einen Adelssitz ging man in Schlesien verschwenderisch um. Seit dem 16. Jahrhundert und vor allem seit der Barockzeit sollte freilich eine Adelsschicht entstehen, die ihre Häuser mit Fug Schlösser nennen konnte. Lesen und schreiben konnte die bäuerliche Bevölkerungsmehrheit kaum, weshalb auch so wenige Quellen über sie vorliegen, im Unterschied zur städtischen und gebildeteren Minderheit.

Die Zahl der Dörfer Schlesiens lag um 1500 etwa bei 4 000, aber die erste sichere Zahl von 4 771 Dörfern stammt erst aus dem Jahre 1650.[44] Im Bistum Breslau, das nicht ganz mit dem Herzogtum Schlesien übereinstimmte, gab es um 1500 etwa 1 400 Kirchorte, von denen etwa 850 Orte Pfarreirechte besaßen.[45] Die schlesische Städtelandschaft war ansehnlich. In relativ geringem Abstand verteilten sich etwa 160 Städte über das Land des Jahres 1500.[46] Diese Städtchen waren in der Regel klein, ländlich und oft unbefestigt, hatten aber vor anderen Orten den Vorzug der Markt- und Stadtrechte. Am geringsten war die Stadtdichte auf der rechten Oderseite, wo eigentlich nur Oels mit seinen etwa 2 500 Einwohnern mehr als ein Städtel war. Auf der linken Oderseite lagen etwa zwanzig Städte von mehr als 2 000 Einwohnern, darunter mittlere mit wenig mehr als 5 000 wie Schweidnitz, Liegnitz, Glogau, in der Lausitz noch Görlitz.

Sie alle übertraf Breslau bei weitem, neben Danzig überhaupt die größte europäische Stadt östlich von Prag. In seinen Mauern mochten um 1500 etwa 18 000 bis 20 000 Einwohner leben, mehr als damals in Krakau und Wien, Frankfurt am Main oder Basel, etwas weniger als in Nürnberg.[47] Man erkennt daraus, wie überschaubar und eng die Verhältnisse noch überall waren. König Ferdinand wollte es später genauer wissen. 1538 bestieg er den Turm der Breslauer Elisabethkirche, um sich einen Eindruck von der Stadt zu verschaffen. 1561 ordnete er eine förmliche Vermessung an, mit dem Ergebnis,

In den Glashütten des Riesengebirges wurden seit der frühen Neuzeit kunstvoll geschliffene Pokale hergestellt, die zunächst nur für die Oberschicht oder für den Export bestimmt waren. Erst mit steigendem Wohlstand der bäuerlichen Bevölkerung kamen neue Käuferschichten hinzu. Glasarbeiten wie diese finden daher das besondere Interesse der Volkskunde. Der gläserne Henkelkrug aus dem 18. Jahrhundert war zweifellos die Liebesgabe einer Frau für einen Bauern. Das beweisen die beiden flammenden Herzen neben einer blühenden Blume sowie der eingravierte Spruch »Was die Vorsicht übt, stedts mein Hertze liebt«. Das Bild des pflügenden Bauern könnte fast aus dem Mittelalter stammen, denn die hier gezeigte Technik des hölzernen Hakenpflugs mit Radvorgestell war alt. Die im späten 18. Jahrhundert aufkommenden Wendepflüge mit Schar und Sech aus Eisen oder Stahl benötigten weniger Zugkraft und bearbeiteten den Boden ergiebiger. Der Glaskrug mit Mattschliffdekor befindet sich im Germanischen Nationalmuseum Nürnberg.

daß der Stadtumfang Breslaus 6500 Wiener Ellen betrug, also 468 Ellen mehr als Wien, und das noch ohne die Dom- und Sandinsel.[48] Die Stadtfläche Breslaus betrug damit 120 Hektar. Um wieviel Breslau die anderen Städte des Landes übertraf, geht aus dem Vergleich mit den anderen schlesischen Städten hervor, deren Fläche selten zwanzig Hektar überstieg.

Die ungarische Ära Schlesiens war für die Städte eine Phase des Aufbruchs. Unübersehbar bekundeten zahlreiche Wappen im neuen Breslauer Rathaus die Zustimmung der Stadt zur ungarischen Herrschaft, ähnlich wie es das große Corvinuswappen am Görlitzer Rathaus zum Ausdruck brachte. König Matthias Corvinus sorgte für den Ausbau der Straßen nach Ungarn und förderte fremdes Unternehmertum. Der schlesische Markt war insbesondere für die größeren oberdeutschen Handelsfirmen interessant geworden. Viele dieser Kaufmannsfamilien entsandten Familienangehörige oder Vertraute nach Breslau, die hier nicht nur rasch Ansehen und Wohlstand erwarben, sondern oft genug auch in den Rat aufstiegen und den Adel erlangten.[49] Zu ihnen gehörten die Familien Eben aus Memmingen, Fürst aus Bamberg, Heugel und Pfintzing aus Nürnberg, Oelhafen aus Nördlingen, Sauermann aus Franken, Scheurl aus Lauingen beziehungsweise Nürnberg, Venediger aus Salzburg, Vogt aus Augsburg, Wolff aus Isny und andere mehr.

Keiner dieser Kaufherren konnte sich in seiner unternehmerischen Leistungsfähigkeit mit den Augsburger Fuggern vergleichen, die in diesen Jahren ihr europäisches Handelsnetz knüpften, in dem Breslau und Schlesien wichtige Knotenpunkte waren. Als die Fugger 1487 ihre Breslauer Niederlassung begründeten, geschah das nicht, um einen Breslauer Ratssessel zu erobern, sondern um von hier aus den Fernhandel zu intensivieren, Investitionsmöglichkeiten zu erkunden und neue Kontakte zu knüpfen. Seitdem das politische Zentrum in Ofen lag, suchte ein Teil des Orienthandels den Weg über Ofen, Krakau nach Breslau und weiter. So schalteten sich die Fugger in diesen Breslauer Fernhandel ein, bezogen orientalischen Pfeffer oder östliche Produkte wie Pelze, Honig, Wachs und handelten ihrerseits mit Leinwand, Seide, Goldbrokat oder Augsburger Silberwaren und Juwelen für den königlichen Hof.

Nur die Fugger hatten auch die erforderlichen Investitionsmittel, um neben dem Fernhandel einen ertrag- und risikoreichen Montankonzern von europäischen Dimensionen aufzubauen. Zusammen mit der ungarischen Unternehmerfamilie Thurzo übernahmen sie 1495 die Kupferbergwerke in den ungarischen Karpaten. Ein gewinnbringender Bergbau erforderte damals den Einsatz moderner »Wasserkünste« und die Anlage von Hütten nach dem neuentwickelten Seigerverfahren. Es waren in erster Linie deutsche Fachleute, welche diese Wasserpumpen bauen oder die Erze unter Zugabe von Blei ausschmelzen konnten. Für den Abtransport des Garkupfers war wiederum das Transportnetz des Fernhandels wichtig. Der größere Teil des ungarischen Kupfers wurde über Venedig exportiert, ein beachtlicher Teil kam über die neuausgebaute Straße des Jablunkapasses in das Breslauer Kontor am Ring Nr. 20/21.

Durch Jakob Fugger, der 1512 die Leitung des Familienunternehmens übernommen hatte, war 1517 die Breslauer Niederlassung zum Kontor aufgewertet worden. So

Die meisten schlesischen Städte lagen links der Oder und übten als Residenzen oder Weichbildmittelpunkte eine prägende Wirkung auf die Umgebung aus. Unter ihnen nahm Neisse als Hauptstadt des bischöflichen Fürstentums und Residenz des Breslauer Bischofs eine besondere Stellung ein. In der Schedelschen Weltchronik von 1493 ist Schlesien mit den Veduten von Breslau und Neisse vertreten, den beiden ersten Stadtansichten des Landes überhaupt. Das Neisser Bild verdient dabei in der Zuverlässigkeit seiner Beobachtungen den Vorzug. Die Aufnahme Neisses in diese Nürnberger Chronik geht zweifellos auf den aus Süddeutschland stammenden Bischof Johannes Roth zurück, der über gute Beziehungen nach Nürnberg verfügte und im Begleittext des Bildes gerühmt wird. Das Wappen des Bischofs findet sich links am Breslauer Torturm. Die linke Bildmitte wird vom hohen Dach der bischöflichen Jakobskirche beherrscht, wo ein Baukran die Arbeiten am Glockenturm anzeigt. Der Kran rechts davon steht am Bauplatz des Rathausturmes. Neisse mußte seine Rolle als bischöfliche Residenz oft mit Breslau teilen. Seine Hoffnung, Sitz einer schlesischen Universität zu werden, blieb unerfüllt.

blieb es bis 1568. Der Einstieg in den schlesischen Bergbau lag im Konzept einer weiträumigen Monopolstrategie, die bis nach Tirol reichte. Mit Hilfe der neuen Techniken war auch der Gold- und Silberbergbau der deutschen Mittelgebirge wieder möglich und ertragreich geworden. In Schlesien setzte sich die im Erzgebirge begonnene Gründungswelle von Bergwerken und Bergstädten fort.[50] Zu den schlesischen Silberbergwerken gehörte die freie Bergstadt Reichenstein, wo die Fugger bald die anderen Interessenten wie die Thurzo, Welser und Imhof majorisierten. So flossen aus allen Quellen, auch den schlesischen, die Geldströme nach Augsburg, wo Jakob Fugger »der Reiche« nicht zögerte, seine Finanzmacht politisch auszuspielen. Mehr als eine halbe Million Gulden konnte Fugger 1519 für die Kaiserwahl Karls V. einsetzen. Wie man sieht, war Schlesien bereits ein Teil des Fuggerschen Finanzimperiums, ehe es 1526 ein Teil des kaiserlichen Imperiums wurde.

KUNST UND FRÖMMIGKEIT

Bis Ende des 15. Jahrhunderts wurde in Baukunst, Plastik und Malerei noch die Formensprache der Gotik variiert, daneben aber begann bereits die Renaissance, und manche Künstler setzten ihren Ehrgeiz darein zu zeigen, wie bewandert sie in beiden Stilformen waren. Nicht nur formale Anregungen und importierte Werke kamen nach Schlesien, sondern auch die Künstler selbst, wobei die besten von ihnen sich nicht an einen Ort binden ließen, sondern mehr dem Prinzip von Angebot und Nachfrage folgten.

Nichts brachte das Selbstbewußtsein der Kaufleute und Kommunen mehr zum Ausdruck als der Bau beziehungsweise die Erweiterung zahlreicher Rathäuser in den schlesischen Städten. Das Neisser Rathaus erhielt 1488 bis 1499 seinen eleganten Turm. Er ist in der bekannten Stadtansicht der Schedelschen Weltchronik von 1493 noch im Bau befindlich. Bei der Erweiterung des Rathauses in Löwenberg orientierte man sich an der weitgespannten Einwölbung des Wladislawsaales auf dem Prager Hradschin. An beiden Arbeiten war ein Künstler beteiligt, der einen vorzüglichen Ruf als »Meister in Görlitz und in der Schlesy« genoß, Wendel Roskopf, ein Schüler des Prager Schloßbaumeisters Benedikt Laun. In Görlitz schuf Roskopf 1526 die schöne Treppenanlage des Rathauses samt dem gegenüberliegenden Juwel des Schönhofes.

Alle diese Rathausbauten wurden in Qualität und Bauvolumen von dem bedeutendsten Profanbau Schlesiens in dieser Zeit übertroffen, dem Breslauer Rathaus. In den Jahren von 1471 bis 1504 wurde der schon vorhandene Bau durch Anbauten und Neugestaltung der Fassaden zu großartiger Symmetrie und einheitlicher Wirkung erweitert. Gotische Stilmittel, die ihr Vorbild in der Meißener Albrechtsburg hatten, korrespondierten mit renaissancehaftem Raumempfinden. Im Inneren entstand damals der dreischiffige Remter. Den zentralen Bezugspunkt des Baus bildete aber die Ratskapelle, in deren Erker ein Meisterwerk schlesischer Goldschmiedekunst Platz fand, das neugestaltete Büstenreliquiar der Stadtheiligen Dorothea. Gerade zwei Jahrzehnte diente die Ratskapelle ihrer sakralen Bestimmung, dann ließ sie der zur Reformation

Die heilige Dorothea zählt zu den Breslauer Stadtpatronen, denn ihr war die Kapelle des Breslauer Rathauses geweiht. Dort stand vor der Reformation ihre in Silber getriebene vergoldete Büste, ein Meisterwerk der Goldschmiedekunst aus dem ersten Drittel des 15. Jahrhunderts. Ob es in Schlesien entstand oder vielleicht in Ungarn, läßt sich nicht entscheiden. Das feingeschnittene Gesicht der Heiligen ist leicht geneigt wie bei den schönen Madonnen. Der Sockel mit seinen Reliquienfenstern und die Krone wurden Ende des 15. Jahrhunderts hinzugefügt, als das Rathaus vollendet wurde. Für Barthel Stein war das Heiligenbild der Mittelpunkt der Ratskapelle. Noch der Humanist Fagilucus verehrte die Heilige in seiner Dichtung. Heute bemüht sich die Stadt, das Dorotheenreliquiar aus dem Warschauer Nationalmuseum an seinen angestammten Platz zurückzuführen.

übergetretene Rat ungenutzt, bis sie im 17. Jahrhundert eine neue zentrale Funktion erhielt. Sie wurde der Parlamentsraum der schlesischen Stände und erhielt als solcher den Namen Fürstensaal. Friedrich von Preußen ließ sich daher hier huldigen. Die modernen Restaurierungen haben den alten Zustand des Breslauer Rathauses weitgehend wiederhergestellt. Wenn man schon nicht seinen Architekten kennt, so doch die vielen künstlerischen Zitate und Anregungen. Unwiederbringlich verloren ist nur die farbige Fassadenmalerei der Ostseite, die dem vielgesichtigen Bau auch ein südliches Flair verliehen haben mochte.

Die oberdeutschen Kaufleute brachten gleichfalls ihren künstlerischen Geschmack nach Schlesien und nutzten dafür ihre weitreichenden Beziehungen. Für die Breslauer Elisabethkirche konnte bei Hans Pleydenwurff in Nürnberg 1462 ein großartiger Altar bestellt werden. Bischof Roth gab 1496 den Guß seiner Grabplatte bei Peter Vischer in Nürnberg in Auftrag. Der kunstverständige Bischof Thurzo erwarb für die Ausstattung der Breslauer Dominsel Gemälde bei Albrecht Dürer und Lucas Cranach, die heute zu den schlesischen Kunstverlusten zählen.[51] Oberdeutsche Kunst war im Osten modern. Die polnische Krönungsstadt Krakau hatte den süddeutschen Bildhauer Veit Stoß gewonnen, der hier eine Schule von weiter Ausstrahlung begründete. Sie wirkte auf Schlesien zurück, unübersehbar im Marientodaltar von 1492 in der Pfarrkirche zu Schweidnitz. Während seiner Arbeiten am Löwenberger Rathaus betreute der bereits genannte Wendel Roskopf vor allem den Bau des Schlosses Gröditzburg. Als Reverenz an den ungarischen Hof war der Schloßbau in Frankenstein gedacht, den Herzog Karl I. von Münsterberg-Oels 1524 nach dem Vorbild des Königsschlosses von Ofen begann. So schön der Bau auch wurde, seine politische Widmung war seit 1526 verfehlt, weil Schlesien sich auf Wien umzustellen begann.

Die Kirchenbauten des Mittelalters wurden weiter ausgeschmückt und ausgebaut. Von Neubauten konnte man aufgrund des Bevölkerungsrückganges weitgehend absehen. In Breslau wurde in den Jahren 1463 bis 1502 für die Franziskanerobservanten die versprochene Klosterkirche von St. Bernhardin errichtet, aus der sie der Rat schon 1522 wieder vertrieb. Nur im benachbarten Umfeld Schlesiens leistete man sich damals einen großartigen Kirchenneubau. Über viele Jahrzehnte entstand bis 1497 die spätgotische, fünfschiffige Peter-und-Paul-Kirche von Görlitz. Ihr Chor reichte bis an das hohe Ufer der Neiße, eine städtebauliche Situation von ähnlichem Reiz wie die des Kölner Domes am Rheinufer. Die Breslauer Kirchtürme wuchsen derweilen in den Himmel, zunächst die Doppelturmfassade von St. Maria Magdalena. 1486 erhielt auch die andere Stadtpfarrkirche St. Elisabeth einen der höchsten Türme Deutschlands, nur 23 Fuß niedriger als der Wiener Stephansdom, andererseits aber nicht so stabil wie dieser. Seine steile Spitze hielt einem Sturm im Jahre 1529 nicht stand und mußte dann auf die bekannte Form reduziert werden. Diese turmreiche Silhouette Breslaus ist schon im Panorama der Schedelschen Weltchronik von 1493 festgehalten.

In der Bereitschaft zum Ausbau und der Verschönerung der Kirchen mit Altären und Epitaphien kam ein ungebrochenes, wenn nicht sogar gesteigertes Frömmigkeitsbedürfnis zum Ausdruck, das auch noch zu den Schubkräften der Reformation gehören

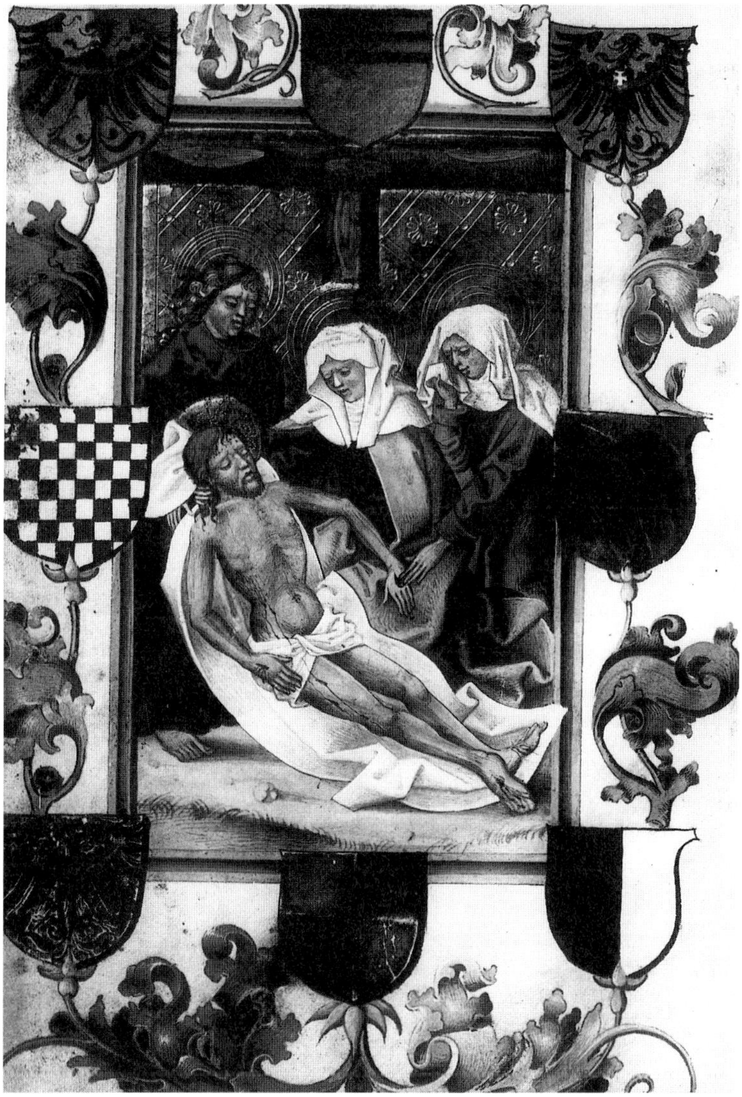

Das Bedürfnis nach einem eigenen Gebetbuch war kennzeichnend für die Entwicklung zur individuellen Frömmigkeit in der Zeit vor der Reformation. Herzog Georg von Münsterberg-Oels (1470–1502) ließ sich um 1500 von einem schlesischen Künstler ein solches Gebetbuch ausmalen, das in seinen Motiven niederländischen Beispielen folgte, in seinem Stil dagegen der böhmischen Tradition verpflichtet war. Die kleinformatigen Bilder umgibt ein breiter Randschmuck mit Familienwappen und anderen Anspielungen auf den Auftraggeber. Das kostbare Werk befindet sich heute in der Österreichischen Nationalbibliothek zu Wien.

sollte. Nichts deutete bei den Bürgern auf eine nachlassende Kirchenbindung. Das Fronleichnamsfest etwa gehörte jedesmal zu den festlichen Höhepunkten des städtischen Kirchenjahres. Von den beiden Stadtpfarrkirchen Breslaus, St. Maria Magdalena und St. Elisabeth, zogen dann zwei getrennte Prozessionen mit Monstranzen durch die Stadt bis zur Kathedrale der Dominsel. Dort vereinigten sie sich mit dem wartenden Klerus und Volk, zogen wieder zurück zum Ring und hielten die Liturgie an vier dort errichteten Altären. Dann geleiteten alle die Dommonstranz zurück in die Kathedrale. Am Nachmittag wurden mit weiteren Prozessionen die Monstranzen der beiden Stadtpfarrkirchen aus dem Dom abgeholt. So wurde es bis zum Jahr 1523 gehalten, denn von dem darauffolgenden Jahr an entfiel der fromme Brauch, der nun ein Unterscheidungsmerkmal zwischen der alten und der neuen Kirche wurde.[52] Die Gründung oder Erneuerung von Stiftungen und Bruderschaften hielt an. Besonders geschätzt waren Altardienststiftungen, die sich allein an den beiden Breslauer Hauptkirchen auf 234 summierten. Die damit zusammenhängenden Meßopfer-Pflichten wurden aber von weit weniger Altaristen wahrgenommen, als man lange gemeint hat und für problematisch hielt.

Die Probleme der alten Kirche lagen im vorreformatorischen Schlesien ähnlich wie auch sonst in Deutschland. Ein wirtschaftlicher und geistiger Umbruch schuf neue kritische Eliten, die unbefangener als ihre Vorgänger die Traditionen in Frage stellten. Die Wiederentdeckung des antiken Bildungsgutes relativierte die christlichen Überlieferungen. Entdeckungen aller Art erweiterten den Horizont. Der frühmoderne Staat mit seinen finanziellen und organisatorischen Anforderungen erfaßte die ganze Gesellschaft, auch die durch Privilegien geschützte Kirche. Daraus folgte eine zunächst noch latente Säkularisierungstendenz, obwohl das Bedürfnis nach Heilsgewißheit und Unterrichtung in der wahren Religion immer breitere Kreise erfaßte. Weniger die unbestreitbaren Gebrechen der alten Kirche als vielmehr das neue Denken der Renaissance und des Humanismus sollten auch für Schlesien das Zeitalter der Reformation heraufführen.

VOM HUMANISMUS ZUR REFORMATION

Das vorreformatorische Breslau war nicht nur eine Stadt des Handels und der Kunst, sondern ebenso ein beachtliches Zentrum des ostdeutschen Humanismus geworden. Vielfach unterschätzt man die Mobilität der damaligen geistigen Elite, die mit Selbstverständlichkeit zum Studium nach Italien aufbrach, um dann nach ihrer Rückkehr an Universitäten und Domkapiteln, in Freundeskreisen oder durch Korrespondenzen die empfangenen Anregungen zu kultivieren und ein Stück Italien in die nördliche Heimat zu holen. Wer sich die Reise nach Italien nicht leisten konnte, suchte wenigstens an geistesverwandten Universitäten diese Bildung. Von Breslau aus war Krakau der nächste humanistische Brennpunkt, des weiteren das Wien des Konrad Celtis. Man suchte den Erfurter Humanistenkreis, später den Baseler Umkreis des Erasmus von Rotterdam.

In der noch ungeteilten Breslauer Kirche repräsentierte das Domkapitel den exklusivsten Zirkel theologisch und vor allem juristisch geschulter Gelehrter, die alle gemäß den seit 1411 geltenden Statuten drei Jahre an einer Universität studiert haben mußten.[53] Das wurde genau geprüft. Akademische Grade, die an so obskuren Universitäten wie Arezzo erworben wurden, wollte man in Breslau nicht gelten lassen. Zur praktischen Seelsorge waren die Domherren nicht verpflichtet, aber an ihrem Einsatz für die Kirche hat es, wie die Kapitelsprotokolle ausweisen, nicht gefehlt.[54] Vielmehr sollte gerade die Breslauer Dominsel inmitten aller Veränderungen ein Fixstern der alten Kirche bleiben, an dem sich später die Erneuerung der katholischen Kirche orientieren konnte.

Unter den Kapitularen befanden sich Persönlichkeiten mit Befähigung zum Bischofsamt, doch wurden ihnen wiederholt Landfremde als Bischöfe aufgezwungen, 1482 der Niederbayer Johannes IV. Roth, 1506 der Krakauer Johannes V. Thurzo und schließlich 1521 der Lausitzer Jakob von Salza aus dem Bistum Meißen. Alle waren im Verständnis der Zeit recht gute Bischöfe, die den Fragen der Kirche zugewandt waren, ihrer Residenzpflicht nachkamen und hinsichtlich der Zölibatsverpflichtung kein Ärgernis gaben. Zugleich waren sie als schlesische Landesfürsten auch weltliche Herren mit fürstlichem Selbstverständnis und mäzenatischen Ambitionen, was sie verleitete, über ihre Verhältnisse zu leben. Daraus resultierten interne Konflikte zwischen Bischof und Domkapitel, und beide hatten ihren Verdruß mit der Kurie in Rom, die manchmal rücksichtslos in Breslauer Kirchenbelange eingriff. Bischof Thurzo hätte dann am liebsten seinen Hirtenstab zurückgegeben, um ihn dann doch weiter zu führen. Die vier von ihm gehaltenen Diözesansynoden ließen erkennen, daß er dem Verlangen nach kirchlichen Reformen nicht ablehnend gegenüberstand.

Schon seit 1492 gehörte Thurzo dem Breslauer Domkapitel an, aber »die Sonne des schlesischen Humanismus« (Gustav Bauch) leuchtete erst nach seiner umstrittenen Wahl zum Breslauer Bischof in vollem Glanz. Schon als Krakauer Magister hatte Thurzo Vorlesungen über die Metamorphosen des Ovid gehalten, ehe er nach Italien ging, Verse schmiedete und die Gunst des Papstes Alexander VI. erwarb. In Breslau wurde er der Mäzen eines Kreises schöngeistiger Freunde, der seinen Gönner verehrte. Die wichtigsten der von ihm Geförderten waren der vom Kaiser gekrönte Poet Caspar Ursinus Velius, der Lyriker Georg von Logau, der Topograph Barthel Stein und der spätere Reformator Johannes Heß, der dann Thurzos Sammlung antiker Inschriften erbte.

Wenn Philipp Melanchthon später rühmen konnte,[55] er kenne keinen Stamm in Deutschland, der mehr gelehrte Männer der Wissenschaft aufzuweisen habe als die Schlesier und kaum eine Stadt mit so fleißigen Handwerkern und durch Reisen Gebildeten wie Breslau, das überdies einen großzügigen Senat besitze, der sich der Förderung von Wissenschaft und Künsten annehme, so traf dieses Lob aus berufenem Munde bereits auf die hier beschriebenen Jahre zu. Zugleich beweist es, wie ungerecht es ist, wenn hier nur wenige Namen genannt werden können. Neben der beherrschenden Rolle Breslaus wäre auch auf andere Städte zu verweisen. Die Pfarrschule in Neisse genoß unter ihrem Rektor Valentin Krautwald einen vorzüglichen Ruf. Die Kollegiatstifte von Brieg, Glogau oder Ratibor versuchten mit der Breslauer Entwicklung Schritt zu halten.

Zu den vielen humanistischen Klerikern gesellten sich bereits Laien, wie sie besonders unter den Rektoren der großen Gymnasien zu finden waren. Aus der älteren Generation wäre der Stadtschreiber Peter Eschenloer, ein gebürtiger Nürnberger, zu nennen, der auch schon in deutscher Sprache schrieb. Von umfassender Bildung waren seine Amtsnachfolger Laurentius Corvinus und Gregor Morenberg. Corvinus entfaltete seine größte Wirkung als Rektor der Breslauer Elisabethschule. Er war es, der in der oberen Halle des neuen Breslauer Rathauses jeweils zu Fastnacht 1500 und 1502 Komödien des Terenz und des Plautus zur Aufführung brachte, einige Jahre bevor Konrad Celtis in der Wiener Universität mit seinen berühmten Theateraufführungen begann. Derselbe Corvinus ließ sich von Celtis aus Wien die *Germania* des Tacitus schicken und schöpfte aus ihr die Anregungen zum Lob seiner schlesischen Heimat.

Als Beispiel seiner Dichtkunst verdient sein liebenswürdiges lateinisches Werk über Apoll und die neun Musen[56] genannt zu werden, denen der Poet nicht in einem fernen Arkadien, sondern am Breslauer Oderstrand begegnete: Vor der Hitze des Tages und der Stadt hatte sich Corvinus in ein Wäldchen am Gestade der Oder zurückgezogen. Aus süßem Schlummer weckte ihn dort ein Wettergrollen, und vor sich erblickte er die lichtumflutete Gestalt des lorbeergeschmückten Gottes Apoll samt einer lieblichen Schar blumengeschmückter, verführerisch duftender Gefährtinnen, die sich bald als die neun Musen zu erkennen gaben. Die goldene Leier in der Hand, offenbarte Apoll sodann dem entzückt-erschrockenen Dichter die Harmonie der Welt und gab im Anschluß jeder der Musen Gelegenheit, sich dem Dichter vorzustellen. Den Anfang machte Klio, die Muse der Geschichte, zuletzt kam die schönstimmige Kalliope an die Reihe. Als die Erscheinung Abschied nahm, ermahnte sie den Dichter, den Musen auf dem steilen Weg zum Helikon zu folgen und dabei keine Mühe zu scheuen. Wenig später sollte Laurentius Corvinus diese Aufforderung befolgen, denn es war wohl sein Entwurf, den der Breslauer Rat 1505 dem ungarischen König zur Unterschrift vorlegte: die Stiftungsurkunde einer neu zu gründenden Breslauer Universität, das ehrgeizigste Dokument des Breslauer Humanismus schlechthin.[57]

Für einen solchen Plan bedurfte man sonst in Deutschland jeweils eines Privilegs des Kaisers und des Papstes. Es war bezeichnend für die damalige Abtrennung Schlesiens vom Reich, daß man in Breslau ein kaiserliches Privileg erst gar nicht erwog, sondern statt dessen eine Stiftungsurkunde des ungarischen Landesherrn für ausreichend hielt. Sie war ein Meisterwerk der Rhetorik und beschrieb Breslau in seiner Schönheit und geistigen Kultur als Stadt ohnegleichen. An alles Erforderliche war gedacht, zumindest auf dem geduldigen Pergament. Es fehlte nur noch die Zustimmung des Papstes, von der Breslau hoffen durfte, es habe sich diese im Kampf gegen das hussitische Ketzertum verdient. Angesichts der engen Beziehungen zwischen den Breslauer und Krakauer Humanistenkreisen konnte es aber nicht ausbleiben, daß man dort von den Breslauer Plänen erfuhr und alles tat, eine solche Konkurrenz nicht aufkommen zu lassen. Der Einfluß der Universität Krakau und ihrer Lobbyisten in Rom reichte aus, um

Apoll und seine Musen erscheinen dem schlesischen Dichter Laurentius Corvinus am Breslauer Oderufer. Kaum ein Bild könnte eindrucksvoller kundtun, wie sich in der Zeit des Humanismus der geistige Horizont Schlesiens weitet. Der antike Götterhimmel spannt sich längst auch über Schlesien. Apoll genießt Breslauer Gastrecht. Für die Elite des Landes war es um 1500 beinahe selbstverständlich, in Italien studiert zu haben und die erworbenen Kenntnisse zu Hause in Literatur, Kunst, Wissenschaft und Religion weiterzuentwickeln. Der Holzschnitt von 1503 illustriert das lateinische Gedicht des Laurentius Corvinus »De Apolline et novem Musis«. Die Schrift gehört zu den frühen Beispielen des Breslauer Buchdrucks. In diesem Fall stammt sie aus der Offizin des in Rottenburg am Neckar geborenen Konrad Baumgarten.

das notwendige Privileg bei Papst Julius II. zu hintertreiben. Für alle bildungsuchenden Schlesier blieb es eine nur langsam heilende Wunde, daß »die Polen« sie um das herrliche Kleinod einer Hohen Schule gebracht hatten.[58]

Die Ablehnung traf auch den Breslauer Bischof, der als Kanzler der Universität vorgesehen war. Aber die Breslauer Stifte, die das geistige und finanzielle Fundament der Universität hatten stellen sollen, mögen erleichtert gewesen sein. Sie mochten in der Begründung, die Universität werde ein heilsames Mittel werden, daß niemand die Glaubensartikel und die Autorität des Papstes in Zweifel ziehe, verbotene Bücher lese oder gefährlichen Lehren anheimfalle, wie es einst an der Prager Universität geschehen war, nur ein Täuschungsmanöver erkennen. Vielleicht ahnte man in Rom, wieviel kirchenkritisches Potential der Humanismus enthielt und wie sehr die Kirche in Schlesien in die Defensive geriet. Das Verhalten der kritischen Laien und weltlichen Stände gegenüber der Kirche wurde ständig fordernder. Die weltliche Obrigkeit fühlte sich nicht nur zum Schutz, sondern auch zur Ordnung des Kirchenwesens berechtigt.

Die Auseinandersetzungen zwischen geistlicher und weltlicher Macht hatten sich zugespitzt, als Bischof Roth im Jahre 1502 eine Nachfolgeregelung für sein Bistum vorbereitete, dabei alte Absprachen zugunsten eines Piastenprinzen überging und statt dessen den in Krakau geborenen ungarischen Prälaten Thurzo zum Koadjutor wählen ließ. Die schlesischen Stände sahen darin eine Zurücksetzung der Landesinteressen. Es brach eine Art Investiturstreit aus, der erst 1504 durch den sogenannten Kolowratschen Vertrag geschlichtet werden konnte.[59] Für die Anerkennung der Wahl Thurzos mußte die Breslauer Kirche eine Reihe wesentlicher Zugeständnisse an das Land leisten. Sie unterlag fortan den allgemeinen Landessteuern, die weltliche Gerichtsbarkeit wurde auf Geistliche ausgedehnt, die Anwendung kirchlicher Strafen gegen Schuldner eingeschränkt und das Aufnahmerecht in die Breslauer Kapitel sowie die Wahl zum Bischof auf Schlesier oder in den böhmischen Kronlanden geborene Personen beschränkt. Es half der Kirche nichts, daß der Papst den Vertrag 1516 für ungültig erklärte. Vielmehr bestätigte ihn Ferdinand I. 1528 als Errungenschaft des schlesischen Landfriedens, und dabei sollte es bleiben.

Die damit sichtbar gewordenen Spannungen zwischen Bischof und Land waren noch am Breslauer Stadtbild ablesbar. Auf der Oderbrücke zwischen der zur Stadt gehörenden Sandinsel und der bischöflichen Dominsel bezeichnete fortan ein Pfahl mit dem eisernen W (für Breslau) die Schranke zwischen städtischer und bischöflicher Jurisdiktion. Innerhalb des städtischen Bereiches suchte der Rat seine Rechte auf Pfarrkirchen und Klöster auszudehnen, was Domherr Stanislaus Sauer als eigentlichen Zweck des gescheiterten Universitätsprojektes von 1505 ansah.[60] Einige Jahre später zwang die von den Türken drohende Gefahr den Rat zum Ausbau einer starken städtischen Befestigung. Nun führte das Beharren des Bischofs auf seiner kirchlichen Immunität zu der Folge, daß die Oderinsel mit der Breslauer Domkirche außerhalb der schützenden Stadtmauern zu liegen kam. Die Dominsel war folglich in den Kriegen des 17. und 18. Jahrhunderts allen Plünderungen und Verheerungen preisgegeben.

Was man für Deutschland allgemein festgestellt hat, gilt auch für Schlesien in hohem Maße: Der Humanismus war die Voraussetzung der Reformation.[61] In dieser Aussage liegt keine Schmälerung der großen persönlichen Leistung Luthers, der selbst sein Wirken als katholischer Humanist begann. Ebensowenig soll damit eine monokausale Deutung gegeben werden, denn weitere Ursachen kamen hinzu, die aber vielfach humanistisch beeinflußt waren. Der Humanismus war in erster Linie eine bürgerliche Bewegung und fand also in den Reichsstädten des Kernreiches rasch Eingang.[62] Breslau war die Kapitale des schlesischen Humanismus und konnte sich, ohne Reichsstadt zu sein, mit einer solchen vergleichen. Hier waren ähnliche Bedingungen gegeben. Der Breslauer Humanismus hat Geschichte und Verlauf der schlesischen Reformation maßgeblich geprägt. Er hatte die alte Kirche nicht nur miterfaßt, sondern ihre Repräsentanten trugen die geistigen Reformansätze mit, ohne allerdings die kirchenpolitischen Konsequenzen abschätzen zu können. Der relativ breite Konsens war jedenfalls eine Voraussetzung des toleranten Charakters der schlesischen Reformation.

In seiner politischen Durchführung begann die kirchliche Umgestaltung Schlesiens in Breslau als »Ratsreformation«, was der humanistischen Prägung des Rates entsprach. Für die Einschätzung der reformatorischen Anfänge Schlesiens ist weniger wichtig, wo sich die ersten Belege finden, als vielmehr, welche Bedeutung ihnen zukommt. Es kann kein Zweifel darüber bestehen, daß die vorsichtige Breslauer Reformation von allergrößtem Einfluß auf die weitere Entwicklung in ganz Schlesien gewesen ist. Im Ablauf der schlesischen Reformation trat neben die »Ratsreformation« fast gleichzeitig eine »Fürstenreformation« in den schlesischen Territorien. Sie fand ihre Fortsetzung in einer »landständischen Reformation«, da dem Adel als Inhaber der dörflichen Patronatsrechte eine Schlüsselstellung für den personellen Vollzug der Reformation zukam. Auf allen drei Ebenen hatte der Humanismus diese Entwicklung vorbereitet, wie eine Analyse der personellen und geistigen Wechselbeziehungen zeigen kann. Dazu gehörten dann auch die vorreformatorischen Ansätze des Landeskirchentums, die wachsende Kritik an der Verweltlichung der Kirche, die latenten Spuren des Hussitismus in Schlesien. Alles zusammen gab der schlesischen Reformation einen eigenen Charakter.

Es ist bekannt, daß der Hussitismus in Schlesien nicht nur Gegner, sondern auch Anhänger gehabt hatte. Aus Furcht vor dem Häresieverdikt und seinen Folgen hielten sie sich bedeckt, doch konnte Luthers Lehre von ihnen um so mehr als Bestätigung des Hussitismus verstanden werden, als Luther selbst den böhmischen Reformator als seinen Wegbereiter bezeichnet hatte. So verwundert es nicht, wenn 1520 in Breslau die Schriften von Hus kursierten, wogegen das Domkapitel sofort einschritt.[63] Für den Übergang vom Hussitismus zum Luthertum wird häufig auf das Beispiel der Adelsfamilie von Zedlitz verwiesen, die einer älteren Tradition zufolge dem Hussitismus anhing. Sigismund von Zedlitz-Neukirch soll 1414 Hus nach Konstanz begleitet und Augenzeuge seiner Verbrennung gewesen sein.[64] Sein Nachkomme ließ nun zu Luther schikken und fragen, ob er der Schwan sei, den Hus prophezeit habe.[65] Die Tradition mag einen wahren Kern haben, nur läßt sich der andere Teil der Legende schwerlich halten, daß noch im selben Jahr 1518 in der Patronatskirche der Herren von Zedlitz zu

Neukirch die erste lutherische Predigt auf schlesischem Boden stattgefunden habe. Das eindrucksvolle um 1575 entstandene Neukircher Widmungsbild aus der Cranach-Schule, das die schöne Illusion vermittelt, als hätten Luther und Melanchthon persönlich in Neukirch gewirkt, mag zu dieser Traditionsbildung beigetragen haben.[66]

Daß die Reformationszeit auch krisenhafte Symptome trug, die sozialrevolutionäre Spannungen auslösten, wurde in Unruhen des gemeinen Mannes sichtbar, wie sie 1516 in Jauer ausbrachen oder auch die Breslauer Bettelmönche erfaßten.[67] Die reformatorische Bewegung sollte in Schlesien bald vor dem Risiko schwärmerischer und sozialrevolutionärer Ausuferung stehen, dem gegenüber die Obrigkeiten einen ausgleichenden Mittelkurs steuerten, dem mitunter auch polizeilicher Nachdruck verliehen werden mußte. Vom »linken Flügel« der Reformation kamen Parolen, die das humanistische Fundament der Reformation in Frage stellten. In Wittenberg wie in Breslau bezweifelten »Fanatiker« die Notwendigkeit wissenschaftlicher Theologie. Mit welchen Prädikanten Breslau bald zu tun hatte, die »sich nicht entblödeten, offen von den heiligen Kanzeln dem Volke zuzuschreien, die Schulen müßten ganz und gar beseitigt werden«, hat später Ambrosius Moibanus geschildert.[68]

Von solchen Dissonanzen und Konsequenzen der Reformation ist schließlich die humanistische Bewegung in einen reformatorischen und einen altkirchlichen Flügel gesprengt worden. Dem Bruch zwischen Luther und Erasmus entsprach in Schlesien die Gegnerschaft zwischen Heß und Cochläus. Die Reformation bezog ihre Kraft und ihren Erfolg aus der Glaubwürdigkeit des neuverkündeten Evangeliums. Insgesamt aber war sie ein vielschichtiger Vorgang, für den die schlichte Erklärung einer einmütigen Volksbewegung ebensowenig ausreicht wie die konträre Annahme einer gewaltsamen Durchsetzung.[69] Der Breslauer Domherr Stanislaus Sauer, wie Johannes Heß ein Gegner der »Dunkelmänner«, war über die Entwicklung in Breslau zutiefst bestürzt, wie sein nach Rom adressierter Brief vom 3. Mai 1521 belegt: »Ich habe mich nicht sehr gewundert, daß die Deutschen so sehr frech werden, da sie von Natur ein herausforderndes und anmaßendes Volk sind, aber darüber, daß diese unsere (schlesische) Nation so plötzlich umgewandelt ist, daß sie von der alten Einfalt und Gottesverehrung so weit abgeht ... Luther hat mehr Junge seiner Ketzerei hervorgebracht, als es jemand hätte glauben können, die noch schlimmer als ihr Meister überall gegen die kirchliche Gewalt anbellen und durch die Rede, Disputationen, Schriften, bisweilen auch mit den Fäusten die Lehre Luthers einführen ... Jeder legt sich das Heilige nach seinem Belieben zurecht, indem sich alle für Lutheraner ausgeben, ist der Christenname aus der Mode gekommen. Keine Pflege der Religiosität gibt es mehr, keine Ehrfurcht vor dem Priestertum, keine Angst vor Kirchenstrafe; öffentlich werden Vorwürfe und Schmähungen, nicht bloß gegen den niederen und unbedeutenden Klerus, sondern gegen die Pfarrer, Bischöfe und selbst gegen die Autorität des heiligen römischen Stuhles ausgestoßen ... Daher glaube ich ganz und gar, daß für uns der Tag des Unterganges da ist.«[70]

Die schlesische Reformation hat keinen eigenständigen Reformator von ähnlicher überregionaler Bedeutung hervorgebracht wie Pommern seinen Johannes Bugenhagen oder Württemberg seinen Johannes Brenz. Auch der niederschlesische Adlige Kaspar von Schwenckfeld (1489–1561), der bei der Einführung der Reformation in Liegnitz eine bedeutende Rolle spielte, kann schwerlich als solcher gelten. Er war ein theologischer Autodidakt mit urkirchlichen Utopien, die ihn bald zum reformatorischen Außenseiter werden ließen. Zwischen Schwenckfeld und Luther kam es bereits 1525 über grundsätzliche Differenzen des Abendmahlverständnisses zum Bruch. Luthers Schrift *Wider die Schwarmgeister* macht dies 1527 öffentlich. Schwenckfeld mußte 1529 Schlesien verlassen, wurde überall nur noch geduldet und verdankte seinen Lebensunterhalt nicht zuletzt der Solidarität seiner süddeutschen Standesgenossen. Das spiritualistische Schwenckfeldertum erhielt sich freilich in Schwaben wie in Schlesien als eine verdeckte religiöse Strömung, die offenbar in beiden Fällen einer ähnlichen religiösen Mentalität entgegenkam. Die Schwenckfeldergemeinden rund um den Probsthainer Spitzberg in Schlesien lebten zweihundert Jahre mit diesem Häresievorwurf, bis sie sich unter dem Druck der Jesuitenmission Anfang des 18. Jahrhunderts zur Auswanderung nach Amerika entschlossen. Die ersten erreichten 1734 Pennsylvania, wo sich seitdem das Zentrum der kleinen, aber aktiven »Schwenkfelder Church« von Pennsburg befindet. Dort sammelt man das theologische Erbe Schwenckfelds und pflegt dessen schlesische Traditionen.

Jene Männer, die als die Väter der schlesischen Reformation gelten dürfen, wie Johannes Heß, Ambrosius Moibanus und andere, waren gebildete, fromme Theologen ohne eigene Programmatik. Von ihnen war Heß lange die führende evangelische Autorität Schlesiens. Aber er schrieb kein theologisches Werk, in dem man seine Glaubensüberzeugung niedergelegt fände. »Er war ein still arbeitender Gelehrter und Sammler und zugleich ein tatkräftiger Organisator, ein überzeugungsgewisser Theologe und Prediger und zugleich ein Mann des Maßes und des Ausgleichs.«[71] Heß wie Moibanus wollten ihre alte Kirche mit Behutsamkeit und Verantwortung modernisieren, ohne dabei einen Bruch mit der Kirche zu provozieren. Ebenso sah auch der Bischof keine Veranlassung, die von ihm geschätzten humanistischen Theologen aus seiner Verantwortung zu entlassen oder gar zu verstoßen. Als die Spaltung der Kirche in Schlesien bereits Realität war, hielt man hier bis in die zweite Hälfte des 16. Jahrhunderts an der Fiktion ihrer Einheit fest.

Den vielfältigen Verbindungen zwischen Nürnberg und Breslau war es zu danken, daß Bischof Thurzo 1513 auf den jungen Nürnberger Humanisten Johannes Heß aufmerksam wurde und ihn in seine Neisser Kanzlei berief. Dieser hatte zuletzt in Wittenberg studiert und dort Freundschaft mit Georg Spalatin geschlossen. In Neisse ließen ihm seine Kanzleipflichten genügend Muße für weitere Studien, zum Beispiel für eine *Silesia Magna*. Herzog Karl von Münsterberg erbat sich Heß zeitweilig als Prinzenerzieher. Mit den anderen Freunden in Breslau fühlte sich Heß zur großen Sodalität der deutschen Humanisten gehörig, die sich, wie er 1517 an Willibald Pirckheimer schrieb, im Kampf gegen die Dunkelmänner an der Seite Reuchlins befanden.[72] Dann war es wieder Bischof Thurzo, der Heß zur weiteren Ausbildung in die Zentren des Humanismus entsandte. In Bologna erwarb Heß den theologischen Doktorgrad, in Rom genoß er die Gastfreundschaft des schlesischen Humanisten Georg Sauermann. Den Heimweg wählte er Ende 1519 wieder über Wittenberg, wo er diesmal Luther und Melanchthon kennenlernte, ohne sich ihnen gleich bedingungslos anzuschließen. Vielmehr folgten zunächst 1520 die Priesterweihe in Breslau und die Übernahme eines Kanonikats. Drei Jahre nach Luthers Ablaßthesen, die auch nach Schlesien gelangten,[73] gab es noch keine Kirchenspaltung. Luther betrauerte aufrichtig den Tod des Breslauer Bischofs Thurzo, »des besten aller Bischöfe dieses Jahrhunderts«.[74]

Die im Breslauer Rat vorhandene vorsichtige Reformbereitschaft führte im Jahre 1523 zu dessen erster reformatorischer Personalentscheidung. Der Rat trug dem Schützling des letzten Bischofs, Johannes Heß, die Kanzel der Stadtkirche von St. Maria Magdalena an. Die dagegen von kirchlicher Seite erhobenen Einwände galten nicht der Person, sondern den Umständen der Berufung durch Gemeindewahl und Ratsbestallung. Der neue Bischof Jakob von Salza bestätigte die Einsetzung. Die Stadt Breslau sah sich aber veranlaßt, ihre Vorgehensweise auf dem Januar-Fürstentag 1524 offensiv zu verteidigen, so daß sie grundsätzlichen Charakter erhielt: »Diwail wir die pfarrkirchen und schulen selbst bawen, sey unsers bedenckens nicht unpillich, das wir auch pfarrer und schulmeister, die unß und den unsern das wort Gottes trewlich und klar verkundigen ... selbst kysen.«[75]

Mit der Berufung von Heß, dessen Predigtamt nur der erste Schritt zum Pfarramt an derselben Kirche war, gewann die Reformation an Boden. Vor allem eine von Heß sehr überlegt nach Züricher Vorbild organisierte dreitägige Disputation über strittige theologische Fragen gab dem Rat bald eine Legitimationsbasis für weitere Entscheidungen. Die Disputation fand aber nicht vor dem Forum des Rates oder gar des Bischofs statt, sondern wurde in der Kirche der Augustinereremiten von St. Dorothea als private Einladung des Doktors der Theologie Heß ausgerichtet. Das Ergebnis der Disputation wurde dann nicht wie üblich sachverständigen Richtern oder der Obrigkeit überlassen, sondern der versammelten Gemeinde beziehungsweise der Breslauer Öffentlichkeit anheimgestellt.[76] Die Einbeziehung der Gemeinde wiederum machte erforderlich, die Disputation nicht nur auf lateinisch, sondern auch in deutscher Sprache zu führen. Das in doppeltem Sinne offene Verfahren mag einerseits von der politischen Vorsicht bestimmt gewesen sein, andererseits konnte niemand wissen, daß man sich bereits in einem Prozeß der Kirchenspaltung befand, an dessen Ende zwei christliche Konfessionen stehen sollten.

Es gab in Breslau ebensowenig eine trotzige Absage an die alte Kirche, wie es eine solche auch nicht in Wittenberg in der ersten Stunde der Reformation gegeben hatte. Auch Luther hatte seine Thesen, wie wir heute annehmen müssen, nicht demonstrativ an der Wittenberger Schloßkirche ausgehängt.[77] Von daher läßt sich schwerlich eine Stunde bestimmen, die als »Einführung der Reformation« in Breslau gelten kann. Grünhagen sah diesen Augenblick im September 1524 gekommen, als der Rat die Breslauer Prediger zu sich bestellte, um ihnen aufzutragen, nur noch das zu predigen, was in der Schrift stehe, und zwar ohne die Zusätze der Tradition und der Kirchenväter.[78] Schon im Frühjahr war erstmals die Fronleichnamsprozession entfallen. Es folgte die

Schlesien schloß sich der lutherischen Reformation so eng an, daß die schlesischen Reformatoren wie Johannes Heß (Mitte) sich vor allem als Interpreten Luthers verstanden. Davon abweichende Lehrmeinungen, wie sie der schlesische Adlige Kaspar von Schwenckfeld (links) vertrat, gerieten ins Abseits. Zu den bedeutenden Gegnern der Reformation gehörte der katholische Theologe Johannes Cochläus (rechts), der seine Tätigkeit zuletzt nach Breslau verlegt hatte, wo er auch begraben liegt.
Die Bilder von der Verkündigung der Augsburger Konfession (unten) auf dem Reichstag von 1530 haben fast alle einen programmatischen und damit politischen Charakter und sind folglich für Schlesien etwas ganz Seltenes. Das um 1680 geschaffene Bild war seinerzeit an versteckter Stelle angebracht, in der Herrschaftsloge der Kirche von Mühlrädlitz, die nur der Familie von Mohl zugänglich war.

Abschaffung einiger kirchlicher Bräuche und die Erlaubnis zur Priesterehe. Die beiden anderen Stadtkirchen wurden neu besetzt: St. Elisabeth mit Ambrosius Moibanus, Heilig Geist mit Petrus Fontinus. Die bisher in kirchlicher Hand liegende Armenfürsorge wurde nun vom Rat übernommen, der eine Ordnung des »Gemeinen Kastens« erließ, womit eine neue Entwicklung städtischer Sozialpolitik begann. Viele der neuen Maßnahmen konnten bei einer undoktrinären Auslegung der kirchlichen Lehre noch als katholisch toleriert werden, der Laienkelch zum Beispiel, ja sogar die Priesterehe.[79] Erst das Konzil von Trient (1545–1563) hat die trennenden Definitionen für Lehre und Ritus erlassen oder ausgelöst, die einen Kompromißkatholizismus fortan unmöglich machten.

Das dynamische erste Jahrzehnt der Reformation, in dem fast alle grundsätzlichen Entscheidungen bereits gefallen waren, lag somit schon vor dem Herrschaftsantritt der Habsburger in Schlesien. In dieser Zeit waren die gelegentlichen antireformatorischen Mandate des ungarischen Königs wirkungslos verhallt. Vollendet war die Reformation in Schlesien wie überall in Deutschland noch lange nicht. Dazu bedurfte es eines ganzen konfessionellen Zeitalters. Selbst wenn der neue König es gewollt hätte, so ließen sich die großen religiösen und sozialen Strömungen nicht mehr in ihr mittelalterliches Bett zurückführen. Ein neues Land mitten in einem Epochenumbruch zu übernehmen war jedenfalls eine gewaltige geistige und politische Herausforderung. Schlesien erhielt zu seinem Glück einen Herrscher, der dieser Aufgabe gewachsen war.

Habsburg, Böhmen und das Reich (1526–1618)

DAS ERBE VON MOHACS

In einer Zeit, in der den Menschen der Himmel noch näherstand als heute, wurden gerade dort die wenigsten Ehen geschlossen. Kaiser, König, Edelmann und alle weiteren rechneten nüchtern die Vor- und Nachteile von Eheverbindungen durch, wobei die Heiratskandidaten selten gefragt wurden. Wenn mit der Hand der Braut zugleich ein ganzes Land zu gewinnen war, wie man solches von der Erbin der Bretagne im Jahre 1491 sagen konnte, so mußte darüber notfalls auf dem Schlachtfeld entschieden werden. Die habsburgische Heiratspolitik stand an der Wende zur Neuzeit ganz unter diesem Kalkül. Es bedurfte nur einer Reihe von Zufällen, daß binnen weniger Jahre so bedeutende Länder wie Burgund, Spanien, Ungarn und Böhmen in die Hand der Habsburger gelangen konnten, denn deren Macht war bis dahin in Linien geteilt und im Reich zur Randerscheinung herabgesunken. Aber das Glück des dynastischen Zufalls stellte sich nicht von allein ein. Friedrich III. und Maximilian I. hatten mit Bauernschläue und Risikobereitschaft hoch gesetzt und hoch gewonnen. Ein Jahr nach dem Tod Maximilians I. 1519 konnte sein Enkel Karl V. von Spanien nach Aachen aufbrechen, um sich dort die Krone des Heiligen Römischen Reiches auf das jugendliche Haupt drücken zu lassen. Das Haus Habsburg war zur Weltmacht geworden.

Der Weg der beiden königlichen Brüder Karl und Ferdinand war bis zum Jahre 1517, als sie sich zum erstenmal sahen, so verschieden verlaufen, daß die zeitlebens bezeigte Loyalität des Jüngeren auf einen hochentwickelten und politisch klugen Familiensinn der Habsburger schließen läßt. Karl war der Gesamterbe mehrerer Reiche. Mit ihm war das habsburgische Imperium so groß geworden, daß an eine Aufgabenteilung zwischen den beiden Brüdern gedacht werden konnte, auf die Ferdinand hinarbeitete. Schon die Wahl der zukünftigen Ehepartner erhielt den Charakter einer politischen Vorentscheidung. Wie sollten die von Maximilian I. 1515 in Wien arrangierten Verlobungen zugeordnet werden? Man einigte sich darauf, daß nicht Karl, sondern Ferdinand 1521 die ungarische Prinzessin Anna heiratete, während sich der Kaiser erst 1526 für eine andere entschied. Die Schwester der beiden Brüder, Maria, heiratete 1522 den ungarischen Schwager Ludwig, für den sie schon vor dessen Geburt bestimmt worden war.

In ungarischen Augen mochte Erzherzog Ferdinand als der arme Bruder des Kaisers erscheinen. Aber der Jüngere beanspruchte seinen Anteil an der kaiserlichen Macht. Ein erster 1521 in Worms ausgehandelter geheimer Teilungsvertrag sicherte ihm fünf österreichische Territorien zu. Mit dieser Abfindung wäre Ferdinand an den Rand des Reiches gedrängt worden. Nicht zuletzt zerriß diese Teilung erneut die österreichischen Erblande und schuf rechtliche Probleme. Ferdinand verhandelte also nach, bis 1522 in Brüssel, immer noch im geheimen, die abschließende Teilung mit dem Bruder durchgesetzt werden konnte. Sie übertrug Ferdinand die ganze »Herrschaft zu

Die Schlacht von Mohács am 29. August 1526 entschied über weit mehr als über das Schicksal Ungarns und seines Königs Ludwig II., der hier den Tod fand. Für Schlesien war die wichtigste Folge, daß es für mehr als zweihundert Jahre österreichisch wurde. Der Sieger Sultan Suleiman ließ seinen größten Triumph 1558 in einer Bilderhandschrift beschreiben, die möglicherweise ein ungarischer Künstler illustrierte. Wie man sieht, verfügte das türkische Heer schon damals über Musketen und Kanonen.

Österreich«, nämlich vom Elsaß bis an die Grenzen Ungarns, auf dessen Erbe er durch seine Heirat eine vage Anwartschaft besaß. Den beiden Brüdern mag damals noch nicht bewußt gewesen sein, welche dynastische und europäische Bedeutung diesem Brüsseler Vertrag einmal zukommen sollte. Bereits hier wurde die Teilung des Hauses Habsburg in eine österreichische und eine spanische Linie vorgezeichnet, eine Entscheidung, die Kaiser Karl später vergeblich zu korrigieren versuchte. Keiner der beiden Brüder sollte einmal bereit sein, die Erbansprüche der eigenen Kinder zugunsten der Bruderlinie zurückzustellen. Erzherzog Ferdinand erhielt hier in Brüssel jene Machtgrundlage, die ihn bald in die Lage versetzte, seine Ansprüche auf die Kronen Ungarns und Böhmens kraftvoll zu vertreten. Die Brüder hatten sich als ebenbürtig anerkannt. Ferdinand war fortan bereit, als erster Diener seines Bruders alle ihm übertragenen Aufgaben im Reich zu übernehmen. Dazu sollte von 1531 an die deutsche Königswürde gehören, von 1558 an sogar noch die Kaiserwürde.

Als der zwanzigjährige König Ludwig II. von Ungarn 1526 ein Opfer des Türkenkrieges wurde und die Kronen Ungarns und Böhmens ohne Erben hinterließ, kamen die politischen Gewichte Europas noch einmal ins Gleiten. Für die »felix Austria« war der nun greifbare Gewinn Ungarns und Böhmens der letzte Haupttreffer in einer atemberaubenden Erfolgsserie. Während in Italien gerade Staatstheoretiker die Konzepte eines europäischen Gleichgewichts entwickelten, wurden jenseits der Alpen gleich zwei europäische Reiche mit einem dritten vereinigt. Das Unglück Ungarns wurde die Geburtsstunde des modernen Österreich. Von diesem Moment an sollte Österreich bis in unser Jahrhundert hinein die dominierende Macht dieses Raumes sein.

Seit den Zeiten Heinrichs des Bärtigen und Kaiser Karls IV. war keine Veränderung der Oberherrschaft Schlesiens bedeutsamer als der Beginn der habsburgischen Herrschaft. Nie zuvor war die herrschende Dynastie mächtiger und europäischer gewesen als nun. Der als spanischer Infant erzogene Ferdinand mußte sich das Deutsche erst aneignen, seine Vorfahren waren bis auf die väterliche Linie ganz international. Aber Ferdinand wurde rasch ein gelernter Österreicher und damit ein Deutscher. Was Schlesien anging, fand so die außerordentliche Verdichtung der kulturellen Beziehungen zum Reich, wie sie mit der Reformation eingesetzt hatte, auch von seiten des Landesherrn eine Ergänzung. Von Ferdinand kam zwar keine Förderung – übrigens auch keine gewaltsame Unterdrückung – der Reformation, aber auf dem Weg über Österreich sollten die süddeutschen Einflüsse auf Schlesien zunehmen, des weiteren auch die romanischen aus dem ganzen habsburgischen Herrschaftsbereich.

Die unabweisbaren Erbansprüche Ferdinands auf Ungarn und Böhmen waren aus der Sicht der Stände beider Länder noch kein zwingender Grund, auf ihr freies Königswahlrecht zu verzichten. An Kandidaten für beide Kronen mangelte es nicht. Im Vergleich zu ihnen konnte jedoch nur Ferdinand die Schulden der Vorgänger übernehmen und ein starkes Königtum garantieren. Nicht zuletzt schien Ferdinand auch in konfessionellen Fragen am ehesten entgegenkommend zu sein. Im Januar 1522 hatte Paul Speratus im Wiener Stephansdom die Rechtfertigung aus dem Glauben gepredigt und die Priesterehe empfohlen. Die Habsburger standen zwar aus Überzeugung hinter dem

Wormser Edikt gegen Luther, aber sie waren Erasmianer wie dieser. Zögernd hatte Ferdinand die böhmischen Privilegien bestätigt, unter denen sich auch die Prager Kompaktaten von 1433 befanden. Damit war der Weg zur böhmischen Königswahl am 22. Oktober 1526 und zur Krönung in Prag am 24. Februar 1527 frei. Unter der Führung zweier Rabbiner huldigten auch 600 Prager Juden dem neuen böhmischen König.[80] In Ungarn waren die Wahlvorgänge ungleich strittiger, bis Ferdinand sich auch hier durchsetzte.

Schlesien war somit nach Jahren der Separation wieder unter die böhmische Krone zurückgekehrt. Soweit es noch eine Frage war, ob Schlesien zu Ungarn oder zu Böhmen gehörte, so erledigte sich diese nun von selbst zugunsten Böhmens, da die politische Zukunft Schlesiens bei Österreich lag.[81] Deshalb stieß das eigenmächtige Vorgehen der böhmischen Stände bei der Wahl König Ferdinands in Schlesien auf Unverständnis. Das von den schlesischen Ständen beanspruchte Mitwirkungsrecht an der Wahl war von den Böhmen einfach ignoriert worden. Die schlesischen Stände versuchten wenigstens ihr Gesicht zu wahren, indem sie eine solche Mitwirkung als entbehrlich darstellten und den Standpunkt Ferdinands übernahmen, daß ihm die Königswürde auch ohne Wahl aus Gründen des Erbrechtes zukomme. Auf dem Fürstentag von Leobschütz erkannten sie Ferdinand am 5. Dezember 1526 als ihren »Erbkönig« an, sofern er eine Reihe von Forderungen des Landes erfülle. Dazu gehörte die übliche Bestätigung der Privilegien, die Klärung der schlesischen »Gerechtigkeit« bei der Königswahl und die Abwehr der ungarischen Ansprüche auf Schlesien.

Eine im Januar 1527 nach Wien abgeschickte Delegation unter Führung des Bischofs Jakob von Salza sollte weitere zwölf Punkte vortragen, allen voran die Bitte um »eine Christliche Ordnung dem heiligen Evangelio gemes«, nachdem »zwischen Geistlichen und Weltlichen« allerlei Irrungen in Religionsfragen geschehen seien.[82] Die am 14. Januar 1527 in Wien erteilte Antwort fiel beruhigend aus. In der Religionsfrage versprach Ferdinand, selbst aktiv zu werden, sofern nicht zuvor Geistliche und Weltliche von sich aus zu einem Vergleich fänden. In der Wahlfrage übersandte er den Fürsten und Ständen ein besonderes Schreiben, das allen entgegenkam. Da die Schlesier im Prinzip bereit gewesen seien, ihn zum König zu wählen, betrachte er sich auch von ihnen als König und Erbherr »erkoren, erwehlet und angenommen«. Ein Vierteljahr später traf der vierundzwanzigjährige König schon in Schlesien ein, um am 11. Mai 1527 die Huldigung auf dem Breslauer Ring entgegenzunehmen. Neben den schlesischen Fürsten leistete auch Herzog Georg von Sachsen den Treueid wegen Sagan und Kurfürst Joachim von Brandenburg wegen Crossen und Züllichau.[83] Die leidige Religionsfrage stand bei dieser Huldigung nicht im Vordergrund, doch klangen die Verurteilungen der »lutherischen Ketzerei« durch den König jetzt weniger verbindlich als zuvor, auch wenn sie vorerst folgenlos blieben.[84]

König Ferdinand stand damals vor drei großen Aufgaben. In Ungarn war die Vormauer des christlichen Europa gegenüber dem Islam eingestürzt. Mit der ungarischen Krone hatte er zugleich die Nachbarschaft des osmanischen Großreiches erworben. In Zukunft mußte Österreich die Hauptlast dieses Abwehrkampfes gegen die Türken tragen. Auf der Landkarte schienen die von Wien aus regierten Staaten zwar eine imposante Größe zu sein, aber der König hatte seine Macht mit einer Vielzahl selbstbewußter Stände und Landtage zu teilen. Die zweite Aufgabe war also die innere Konsolidierung der Herrschaft. Und schließlich war die Religionsfrage das große europäische Thema geworden, das vor allem den Kaiser als Schutzvogt der Kirche herausforderte und vom Bruder des Kaisers eine rückhaltlose Unterstützung erwartete. Ferdinand ließ es daran nicht fehlen. Das hinderte ihn aber nicht, auch in der Religionsfrage nach eigenen Lösungen zu suchen. Anders als sein Bruder sollte er 1555 bereit sein, den Augsburger Religionsfrieden zu schließen. Ferdinand wurde eine hohe staatsmännische Kunst abverlangt, sich diesen und anderen Problemen zu stellen, ohne den Überblick über das Ganze zu verlieren. Schlesien war nur eines unter seinen Territorien, doch wurde das Land selten zuvor energischer regiert.

Alle drei Aufgaben waren miteinander verflochten. Die Türkenabwehr erforderte gemeinsame und größere Anstrengungen der Länder. Ungeachtet ihrer religiösen Differenzen standen alle Christen in der Abwehr des »Erbfeindes christlichen Namens« zusammen. Diese Gemeinsamkeit erhielt geradezu eine integrierende politische Funktion für den Gesamtstaat: Die finanziellen und militärischen Zusagen der Länder führten zu Ermittlungen des Leistungsvermögens der Stände, zur Aufteilung der Lasten, mit anderen Worten zur Schaffung entsprechender Behörden.

1521 hatte man auf dem Reichstag zu Worms eine militärische und finanzielle Einschätzung der Reichsstände vorgenommen, um mit Hilfe dieser »Wormser Matrikel« den auf einen Monat veranschlagten Heerzug des Kaisers nach Rom zu ermöglichen. Im Grunde war es eine Steuer, die wegen ihres Anlasses »Römermonat« genannt wurde. Für den gedachten Zweck ist diese Steuer nie verwendet worden, aber das Reich hatte seitdem viele Römermonate aufzubringen, die meisten zur Finanzierung der Türkenkriege.[85] Dieses Modell ließ sich auch auf Schlesien übertragen. Die 1527 zum erstenmal verlangten 100 000 ungarischen Gulden, die 150 000 schlesischen Talern entsprachen, waren angesichts der türkischen Bedrohung aufzubringen und konnten auch 1529 nicht abgeschlagen werden, als die Türken bereits vor Wien standen.

Bei allen Steuerbewilligungen dieser Art bestand das Problem, daß der König kein eigenes Recht auf Steuerforderung besaß, sondern nach den soeben wieder bestätigten Landesprivilegien auf die Einsicht und Zahlungsbereitschaft der Stände angewiesen war. So erklärt sich auch das Verfahren. Statt eine Umlage zu erheben, nannte der König eine feste hohe Summe und überließ es den Schlesiern, wie sie diese erste Landessteuer seit 1479 aufbrachten. Dem König mag es recht gewesen sein, das unbeliebte Geschäft des Eintreibens der Gelder den Ständen überlassen zu können. Ihm war der

New zeyttung
wie der Turck
ischen Keyser mit dem König
von Ungern dye schlacht ge
than hat/auff den tag
Johannis ent
hauptūg.

Im Jar.
M.D.xxvi.

Der Buchdruck kam gerade zur rechten Zeit, als der allgemeine Wunsch nach Information über die historischen Veränderungen Europas zu Beginn der Neuzeit wuchs. Die 1526 in Erfurt bei Wolfgang Stürmer erschienene *New zeyttung* befriedigte dieses Bedürfnis. Sie berichtete von den dramatischen Vorgängen in Ungarn, wo auch schlesische Kontingente an der Seite ihres Landesherrn gekämpft hatten, und konnte bereits eine Liste der bei Mohács Gefallenen veröffentlichen. Solange die Türkenkriege währten, bildeten solche Türkendrucke eine eigene Flugschriften- oder Zeitungsgattung, die auch in Schlesien Verleger und Leser fand.

pünktliche und möglichst häufige Zahlungseingang das wichtigste. Die Stände wiederum vertrauten listig oder naiv auf die Steuerehrlichkeit ihrer Mitglieder und wählten den Weg der steuerlichen Selbsteinschätzung aller Landstände und städtischen Einwohner. Daher sprach man in Schlesien von der »Ansage« beziehungsweise »Indiktion« oder auch von der »Schatzungssteuer«. Die vorgesehene Schatzung wurde noch dadurch kompliziert, daß es sich um eine kombinierte Einkommens- und Vermögenssteuer handeln sollte. Die Partikularschatzungen der einzelnen Stände ergaben insgesamt eine Art Landeskataster, aus dem sich ein schlesisches Gesamtvermögen von 11,5 Millionen Talern errechnete.[86]

Steuerliche Selbsteinschätzung ist eine höchst subjektive Angelegenheit. Die meisten unterschätzten ihr Vermögen, andere wollten reicher erscheinen, als sie waren. Der König gewann 1558 den Eindruck, daß in der Regel nur ein Fünftel des wahren Vermögenswertes angezeigt worden war.[87] Da die Türkengefahr nahezu jährlich drohte, wiederholten sich die Anforderungen des Königs, bis daraus 1552 eine ermäßigte, jährliche Steuer wurde.

Eigentlich hätte bei jeder weiteren Steuererhebung das Verfahren der Steuerschatzung wiederholt werden müssen, zumal sich die Regionen Schlesiens unterschiedlich entwickelten. Es blieb aber bei dem Verteilungsschlüssel von 1527, den der König und alle Benachteiligten als eine große Ungerechtigkeit betrachteten, die nach Reform verlangt. Viele Stände erbaten und erhielten Ermäßigungen. Dem individuellen Mißbrauch war weiter Raum gelassen. Oft genug kam es vor, daß Grundherren ihre eigenen Güter von der Besteuerung ausnahmen und die Lasten an die bäuerlichen Untertanen weitergaben. Andere verlangten mehr, als sie selbst abführen mußten, und steckten die Differenz in die eigene Tasche. Die Stände wollten und konnten den Forderungen nach Reform der Steuerschatzung nicht nachkommen, erst recht nicht, seit sie mit ihrem Generalsteueramt von 1552 die Steuerverwaltung ganz in eigene Regie genommen hatten.

Das Steuerbewilligungsrecht war in Schlesien wie in allen ständisch verfaßten Ländern das wichtigste Vorrecht der Stände, und nur dieses Mittel garantierte den gewünschten Einfluß auf die Landespolitik. Jede Änderung konnte eine Grundsatzdiskussion zum Nachteil der Stände heraufbeschwören. So scheiterten allgemeine Reformen wie die im Jahr 1576 geplante. Mit Hilfe des Generalsteueramtes konnte aber die Erfassung der Steuerpflichtigen verbessert werden. Am Anfang galten nur die politischen Territorien als Steuersubjekte. Allmählich wurden auch die Weichbildstädte, Herrschaften und Burglehen katastermäßig erfaßt, bis der Staat im 17. Jahrhundert die faktische Steuerhoheit erlangte und nun ein umfassendes Steuerberichtigungswerk begann.[88]

Die Steuerlisten aus dem letzten habsburgischen Jahrhundert Schlesiens mögen im einzelnen zwar die Lasten ungerecht verteilt haben, aber sie zeigen den Fortschritt des österreichischen Verwaltungsstaates, der die Vermögensverhältnisse immer genauer erfaßte und besteuerte. Die seit kurzem vorliegenden Breslauer Steuerlisten von 1628, 1671 und 1726 sind eine sozialgeschichtlich sehr beachtliche Quelle.[89] Darüber hinaus kann man sie auch als Adreßbuch der Breslauer Hausbesitzer lesen. Man erfährt, wo der Dichter Christian Hoffmann von Hoffmannswaldau (1617–1679), der Buchdrucker Esaias Fellgiebel oder der Maler Johann Jakob Eybelwieser (1678–1744) gewohnt haben. Das Breslau des 17. Jahrhunderts war, wie die Namen zeigen, eine völlig deutsche Stadt.

Sultan Suleiman »der Prächtige«, der Sieger von Mohács, war ein Herrscher, der sich hinsichtlich seiner Macht und Persönlichkeit mit Karl V. vergleichen konnte. Auch sein Staatswesen war übergroß und hatte an allen Enden seine eigenen Konflikte. Daher war vom Osmanischen Reich in den letzten Jahrzehnten eine eher defensive Politik gegenüber Europa betrieben worden. Für die Osmanen wäre es im Vierteljahrhundert der schwachen Regierung König Wladislaws von Ungarn ein leichtes gewesen, einen militärischen Konflikt heraufzubeschwören, um territoriale Gewinne zu erzielen, aber das unterblieb. Die politische Kursänderung, die zur Schlacht von Mohács führte, kam folglich überraschend und steht am Anfang eines negativen Türkenbildes, das fortan Europa bestimmte. Es konnte in den kommenden konfessionspolitischen Auseinandersetzungen eine willkommene Folie abgeben, um die Einheit des Christentums unter Beweis zu stellen, oder es lieferte den Landesherren, die mit den Ständen stritten, die politischen Argumente für den Aufbau des frühmodernen Staates.

Aus der Perspektive eines größeren europäischen Zusammenhanges darf man im türkischen Angriff eine Reaktion auf das Erstarken der habsburgischen Weltmacht sehen. 1525 hatte Karl V. in der Schlacht von Pavia seinen größten militärischen Triumph gefeiert. Der mit dem Sultan insgeheim verbündete französische König Franz I. befand sich in den Händen des Kaisers. Nur ein Entlastungsangriff aus dem Osten, der indirekt oder direkt Habsburg treffen mußte, konnte auch Frankreich helfen. Es war folglich logisch, daß der 1526 von Suleiman eröffnete Feldzug mit dem Sieg bei Mohács nicht beendet war.

Von September bis Oktober 1529 ließ der Sultan mit einem gut gerüsteten Heer die Stadt Wien belagern, wenn auch vergeblich. Die Schlesier, die noch 1528 ein Ersuchen König Ferdinands um Beistand abgewiegelt hatten, begriffen nun, daß »der türkische Wüthrich die ganze Christenheit mit grausamer Gewalt und erschröcklicher Grausamkeit zu überziehen, an sich zu bringen und auszureuten vermeinte« und daß es jetzt galt, eine Ordnung zu schaffen, bei der »jeder Stand dem andern sich hilfreich beweisen solle, im Falle er angegriffen würde«.[90] Die innerösterreichischen Länder waren schon seit längerem mit der Gefahr vertraut. Sie hatten ein ständisches Landesdefensionswesen begründet, das auf Wehrbezirken oder Vierteln aufgebaut war.[91] Mit dem Innsbrucker Libell von 1518 hatten sie sich sogar überregional zusammengeschlossen. Selbst die aufständischen Bauern Tirols hatten diese militärische Struktur 1525 übernommen.

Das Modell kam nun auch in Schlesien zur Anwendung. Während der Belagerung Wiens beschloß der Fürstentag ein schlesisches Landesdefensionswesen, das alle früheren Ansätze hinter sich ließ. Das Land wurde zu Verteidigungszwecken in vier »Orte« oder Quartiere gegliedert, unter denen Oberschlesien ein eigenes Quartier bildete. Die Organisation lag wieder bei den Ständen, die auch die Kosten trugen. Das Glogauer

Quartier umfaßte vier Herzogtümer und unterstand dem Herzog von Liegnitz. Das Breslauer Quartier wurde vom Ratspräses der Stadt geführt und umfaßte vier mittelschlesische Fürstentümer und drei Standesherrschaften. Das Schweidnitzer Quartier mit drei Fürstentümern befehligte der Breslauer Bischof und das Oppelner Quartier damals noch der Herzog von Oppeln. Ein System von Musterungen und Waffenübungen wurde verabredet. Auf mögliche Gefahren konnte man abgestuft reagieren, indem quartierweise der zwanzigste oder zehnte oder fünfte Mann aufgeboten werden konnte, im schlimmsten Fall auch das Generalaufgebot.

Die Befestigungsmaßnahmen der Städte, die schon 1510 mit dem Abbruch des Observantenklosters vor Oppeln begonnen hatten, wurden nun intensiviert. Im Vorfeld der ausgebauten Stadtbefestigungen sollten alle größeren Bauwerke beseitigt werden, die einem Belagerer Deckung bieten konnten. Diesen Vorsichtsmaßnahmen wurde 1529 die älteste Breslauer Klosteranlage, St. Vinzenz auf dem Elbing, geopfert.[92] Praktisch, wie die Breslauer waren, pflasterten sie mit den Steinen der romanischen Basilika den großen Neumarkt der Stadt. In einem frühen Akt von Denkmalspflege hat der Rat allerdings ein besonders schönes, fünf Meter hohes Säulenportal der abgebrochenen Vinzenzkirche sichern und in die Südseite der Maria-Magdalenen-Kirche einfügen lassen. Was dabei sonst noch an großartiger Kunst des 12. Jahrhunderts beseitigt wurde, läßt sich am 1962 wiederaufgefundenen Jaxa-Tympanon abschätzen.

Bewußt sprach man von Landesdefension, denn die Stände wollten ein bloßes Verteidigungswesen für das eigene Land. Dem entsprach auch die Neuerung, die Defensionstruppen unter ein gemeinsames Landessymbol zu stellen. Es wurden einheitliche Heerfahnen mit dem schlesischen Adler geschaffen. Unabhängig davon stand dem Landesherrn auch das lehnsherrliche Recht zu, die Ritterdienste des Adels in Anspruch zu nehmen. Unter den Verteidigern des belagerten Wien befanden sich daher auch Schlesier. Der Ritter Christoph von Zedlitz erwarb sich mit seinem furchtlosen Verhalten den Respekt des Sultans und die Bewunderung seines Vaterlandes. Der Görlitzer Humanist Tobias Kober machte ihn später zum Helden einer Tragödie, die schon in ihrem Titel auf das erasmische Ideal des christlichen Ritters anspielte.[93] Die Zedlitzgasse in der Wiener Innenstadt ist noch heute nach ihm benannt.

Zwischen den beiden Türkenbelagerungen Wiens von 1529 und 1683 konnte sich auch Schlesien vor dieser Bedrohung nie sicher fühlen. Tatsächlich blieb dem Land die Feuerprobe erspart. Aber Flugschriften beschrieben entsetzliche Greuel und schürten die Angst. Aus der Gefangenschaft entronnene oder freigekaufte Schlesier berichteten mündlich oder schrieben ihre Lebenserinnerungen auf. Seit 1532 wurde es üblich, durch Glockengeläut zum Türkengebet aufzurufen. Die Länder der Krone Böhmen besannen sich auf ihre Pflicht zu gegenseitiger Hilfe. In der Not von 1541 beschloß man, alle Lustbarkeiten abzusagen und nach Möglichkeit das Saufen und Fluchen zu unterlassen. Unter den kaiserlichen Fahnen gab es Generäle, die sich legendärer Berühmtheit erfreuten, so ein Sohn des schlesischen Kammerpräsidenten, der spätere Hofkriegsratspräsident Melchior von Redern (1555–1600). Mit einer kleinen Truppe schlug er zwölf Angriffe auf Großwardein zurück, dann resignierten die Türken.

Das Verteidigungswesen Schlesiens ist mehrfach den Erfordernissen der Zeit angepaßt worden. Einige Neuerungen lassen sich am besten vor dem Hintergrund einer größeren militärtheoretischen Debatte verstehen, die hier nur angedeutet werden kann. Die für das Heilige Römische Reich vorgelegten Reformvorschläge des führenden kaiserlichen Generals Lazarus von Schwendi schlugen sich in den neuen Defensionsordnungen der österreichischen Länder nieder. Diese wiederum wirkten auf Schlesien. Bis in Formulierungen hinein wurde die Neufassung der Landesdefensionsordnung Schlesiens im Jahre 1578 von einer niederösterreichischen Ordnung von 1571 beeinflußt. Ehe es in Schlesien zur Beschlußfassung kam, bestanden die weltlichen Stände aber auf der Klärung einer Grundsatzfrage. Traf es zu, wie die Kirche behauptete, daß der Kolowratsche Vertrag die Geistlichkeit von der Pflicht des »Mitleidens« für die Landesverteidigung befreite? Erst als Rudolf II. diese Frage verneint hatte, konnten die seit 1572 stagnierenden Beratungen der Stände 1578 zur Verabschiedung einer neuen Ordnung führen.

Die Geschichte der miteinander verbundenen Finanz- und Wehrverfassung Schlesiens gleicht mehr einem Sieg der schlesischen Stände denn einer habsburgischen Machtergreifung. Bei der Finanzverfassung lagen Selbsteinschätzung, Aufbringung und Verwaltung in der Hand der Steuerzahler. Bei der Wehrverfassung galt Gleiches für Rekrutierung, Musterung, Ausrüstung, Finanzierung bis hin zu den entscheidenden Fragen der Truppenführung und des Oberbefehls. Daß dahinter die formende Kraft des Königs stand, welche diese Neuerungen auf Landesebene vorantrieb und den politischen Nutzen daraus zog, trat wenig in Erscheinung. Im Prinzip entsprach das der Gewaltenteilung des frühmodernen Ständestaates. Der König gewann dadurch eine hohe Akzeptanz und Autorität, die er bei anderer Gelegenheit noch ausspielen sollte. Diese Stunde kam für Ferdinand 1547 im Schmalkaldischen Krieg. Seine Nachfolger haben später die »ständische Revolution« des Dreißigjährigen Krieges zum Anlaß genommen, die Militärhoheit den Ständen gänzlich zu entziehen und an ihre Stelle das österreichische Militär zu stellen.

Auch wenn von der preußischen Machtergreifung Schlesiens erst noch zu sprechen sein wird, so läßt sich nach den letzten Ausführungen bereits ein Vergleich zwischen der preußischen und der habsburgischen Besitznahme anstellen, denn beidemal handelte es sich um eine für Schlesien auswärtige Dynastie. Beiden Situationen gemeinsam war die gestaltende Rolle des Herrschers, der eine Art politischer Erziehung seines Staates vornahm und ihn dabei nach seinen Vorstellungen formte. Die Vorgehensweise aber war unterschiedlich. Ferdinand begann als legitimer Herrscher, der die vorhandenen Verfassungsbedingungen bestätigte, um sie zu verändern. Der preußische König Friedrich sollte als Eroberer kommen, der sich an keine vorgefundene Verfassung binden lassen wollte, die ihn nur hindern mußte. Abgesehen von den Unterschieden des Temperamentes darf man dabei den allgemeinen Wandel im Verhältnis von Herrscher und Staat nicht übersehen. Dem Abstand zweier Jahrhunderte entspricht auch die Dynamik des Geschehens, von der schon im ersten Kapitel gesprochen wurde. Ferdinand konnte noch geduldig abwarten, bis für ihn die Zeit zum Handeln kam. Friedrich wollte die Erfolge seines politischen und militärischen Handels möglichst rasch erleben und setzte dafür sich selbst und seine Untertanen unter ständigen Druck. Im Ergebnis waren beide für ihre Zeit sehr erfolgreich.

LANDESHERRSCHAFT UND KIRCHENREGIMENT

Eine Bestandsaufnahme Schlesiens bei Antritt der habsburgischen Regierung mußte ergeben, daß dieses Land in viele Territorien gegliedert war, die nicht nur nach ihrem politischen Gewicht, sondern auch nach dem Maß ihrer Untertänigkeit näher und ferner zum König standen. Das Ergebnis war ernüchternd. Einige Teile Schlesiens waren in den letzten Jahrzehnten unwiederbringlich verlorengegangen: 1482 Crossen an die brandenburgischen Hohenzollern, 1494/1513 Zator an die polnischen Jagellonen. Ganz fraglich war, ob das 1472 an die Wettiner verkaufte Fürstentum Sagan nicht auch dem Land auf Dauer entfremdet bleiben würde. Nicht einmal in den wenigen Territorien, die dem König 1526 als Erbfürstentümer direkt zufielen, konnte er frei regieren, weil einige Krongebiete verpfändet waren. Solche Erbfürstentümer waren Schweidnitz-Jauer, Breslau, das an den Rat der Stadt verpfändet war, Glogau und Troppau, das manchmal noch schwankte, ob es nicht besser zu Mähren gehöre.

Über alle anderen Territorien erwarb der König nur eine beschränkte Oberhoheit, weil sie als Teilherzogtümer oder Standesherrschaften eigenen Herren unterstanden, die eine Vielzahl von Souveränitätsrechten ausübten. Das galt 1526 für die oberschlesischen Fürstentümer Teschen, Oppeln-Ratibor und Jägerndorf. Im damaligen Niederschlesien betraf es das mächtige Liegnitz mit Wohlau, ferner Brieg, Neisse, das im Besitz des Bischofs war, Münsterberg und Oels. Hinzu kamen die Standesherrschaften Wartenberg, Militsch, Pleß und Trachenberg.

Große Grundherren und Magnaten gab es in allen habsburgischen Ländern. Aber nur in Schlesien traf Ferdinand auf die Besonderheit, daß er es nicht nur mit Ständen, sondern mit »Fürsten und Ständen« zu tun hatte. Mit ihnen hatte er sich zu arrangieren und sie nach Möglichkeit zu disziplinieren. Jeder der schlesischen Herzöge war ein kleiner Souverän, der mit fürstlicher Erhabenheit auf den böhmischen Herrenstand des Nachbarlandes herabblickte. Die Böhmen aber sträubten sich, die schlesischen Fürsten als etwas Besseres anzuerkennen. Der Chef des böhmischen Hauses Rosenberg galt ihnen als ranghöher, und im übrigen war der Herrenstand nicht bereit, den schlesischen Fürsten auch nur eines der hohen böhmischen Staatsämter abzutreten.

Ein anderer Gradmesser für standesmäßige Höhenbestimmung war die Einschätzung der Ebenbürtigkeit durch andere Standesgenossen. Man heiratete in der Regel nur unter seinesgleichen. Seit dem 16. Jahrhundert war das zunächst der schlesische Fürstenstand selbst, daneben aber schon immer auch der deutsche Reichsfürstenstand. Dazu gehörten die benachbarten Familien der Hohenzollern und Wettiner, des weiteren aber auch die Häuser Württemberg, Pfalz, Anhalt und andere. Für Eheverbindungen zum regierenden Haus Habsburg war der Standesabstand schon zu groß geworden, ebenso auch zu den europäischen Königshäusern. Unter den schlesischen Fürsten erlangten nur die Liegnitzer Piasten in vorhabsburgischer Zeit kurzfristig eine königliche Akzeptanz. Friedrich I. von Liegnitz verband sich 1474 mit Ludmilla von Podiebrad und Friedrich II. von Liegnitz 1515 mit Elisabeth von Polen.[94] Nur ein Phantast wie Heinrich XI. von Liegnitz konnte einen Augenblick daran glauben, Elisabeth I. von England ehelichen zu können.[95]

Aber auch nach unten gab es für den schlesischen Fürstenstand Heiratsschranken. Das Konnubium mit dem schlesischen oder böhmischen Landadel war kirchenrechtlich natürlich möglich, kam aber wegen seiner standesmindernden Folgen nicht in Betracht. Noch viel weniger war an eine Heirat zwischen einem schlesischen Fürsten und einer Frau bürgerlicher Herkunft zu denken. Schon im ersteren Fall verloren Kinder aus solchen Verbindungen den fürstlichen Status und waren von der Erbfolge ausgeschlossen. Das bekannteste Beispiel dafür wurde die Liebesheirat Herzog Johann Christians von Brieg 1626 mit der fünfzehnjährigen schlesischen Adligen Anna Hedwig von Sitsch.[96] Die Kinder dieser Ehe stiegen zu Freiherren »von der Liegnitz« ab und wurden auch finanziell nur bescheiden abgefunden.

Fürstliche Hochzeiten, Taufen und Beerdigungen wurden auch in Schlesien prunkvoll gefeiert, besonders, wenn die Verwandtschaft oder die geladenen Gäste diesen Aufwand erheischten. Die Finanzlage konnte freilich zur Sparsamkeit zwingen, und dazu bestand eigentlich immer Anlaß. Zu den großen höfischen Festen Schlesiens, über die es insgesamt noch keine Untersuchung gibt, gehörten 1563 die Heirat Herzog Friedrich Kasimirs von Teschen mit Katharina von Liegnitz in Anwesenheit Kaiser Maximilians II. oder die Heirat Markgraf Johann Georgs von Jägerndorf 1610 mit Eva Christina von Württemberg.

Eine Beschreibung des höfischen Lebens in Schlesien würde sehr rasch die wenigen bedeutenden Residenzen des Landes herausstellen müssen: Brieg, Liegnitz, Neisse, Frankenstein, Oels, Teschen, die alle im 16. Jahrhundert durch neue Schloßbauten bereichert wurden und um sich herum eine nicht unbedeutende Residenzkultur entfalteten. Jeder Hof hatte seine Hofhaltung mit eigenen Bediensteten, Hofmeistern, Trabanten, Leibärzten, Musikern, Malern, Predigern, Richtern, Dichtern und Historikern. Schlesische Kultur konnte sich entweder in den großen Städten oder in diesen kleinen Residenzen ausbilden. Wieder drängt sich der Vergleich mit dem übrigen Deutschland auf, in dem gleichfalls die Vielzahl der Residenzen und Reichsstädte wesentlich zum Reichtum der deutschen Kultur beigetragen hat, nur daß in Schlesien die Möglichkeiten und Leistungen, vielleicht auch die Ansprüche, etwas provinzieller waren.

Man kann nicht umhin, feststellen zu müssen, daß die frommen Fürsten der Reformationszeit mitunter ganz unsolide und wenig kultivierte Nachkömmlinge hinterließen, die dem Land und dem König ein Ärgernis waren. Zu ihnen gehörten Friedrich III. von Liegnitz (1520–1570) und dessen Sohn Heinrich XI. (1539–1588). Beide zeigten wenig an landesväterlicher Sorge für ihre Untertanen. Der erste begab sich auf militärische und politische Abwege, ließ sein Land vorübergehend im Stich und fand es dann in Zwangsverwaltung vor. Sein Leben endete im Sicherheitsgewahrsam der eige-

Oels besitzt das am besten erhaltene Residenzschloß Schlesiens. Am Rande der Stadt liegend, überdauerte es sowohl den katastrophalen Stadtbrand von 1730 als auch den Zweiten Weltkrieg. Nach dem Erlöschen der Oelser Piasten kam das Fürstentum für die Jahre 1495 bis 1647 an die Nachfahren des böhmischen Königs Georg von Podiebrad. Das bedeutendste Mitglied dieser Familie war Karl II. von Münsterberg, der in den Jahren von 1560 bis 1603 dieses Renaissanceschloß errichtete, das mit seinem Turm und den vielen Giebeln an dänische Schloßbauten wie Frederiksborg erinnert. Oels behielt bis ins 20. Jahrhundert den Charakter einer Residenz. Auf die Podiebrads folgten die Häuser Württemberg und Braunschweig, und nach der Abdankung des Kaisers 1918 nahm hier bis 1945 der preußische Kronprinz seinen Sitz.

nen Residenz. Sein Sohn, der sich 1559 die Gunst des Kaisers verscherzte, erwies sich als wenig anders, nur noch verschwenderischer, überspannter und grobianischer. Sein getreuer Hans von Schweinichen (1552–1616), der den pikaresken Roman seines Lebens niederschrieb, war ihm ein ebenbürtiger Zechgeselle. Aber erst Gustav Freytag bemerkte den kleinen Unterschied zwischen beiden, daß Schweinichen nämlich, anders als sein Herr, »nicht wie ein Slave, sondern als ein Deutscher getrunken, vielleicht noch stärker als sein Herr«.[97] Auch Heinrich XI. endete kläglich.

Solche Gestalten, bei denen man an der Berechtigung des Wortes Residenzkultur für Liegnitz zweifeln möchte, haben ersichtlich auf das allgemeine Urteil über den damaligen schlesischen Fürstenstand abgefärbt. Sogar mit Blick auf die Brieger Piasten heißt es: Diese schlesischen Fürsten »haben weder einen großen Staatsmann noch einen nennenswerten Feldherrn hervorgebracht. Sie sind weder im Guten noch im Schlechten hervorragend, im Gegenteil, um es gerade herauszusagen, von erschreckender Mittelmäßigkeit gewesen; es fehlt den Brieger Piasten, wie den meisten Fürsten des Gesamthauses überhaupt, an jenem Schwung des Gemüts, an jener Tiefe der Leidenschaft, welche zu allen Zeiten die Mutter großer Dinge gewesen ist.«[98] Eine gewisse Einschränkung verdient dieses Urteil durchaus, wenn man an die Spitzengruppe schlesischer Fürsten denkt, mit der sich Ferdinand I. auseinanderzusetzen hatte: Friedrich II. von Liegnitz und sein Sohn Georg II. von Brieg, Karl von Münsterberg-Oels und nicht zuletzt Markgraf Georg von Brandenburg-Jägerndorf.

Der Markgraf war in Schlesien ein Fremdling. Da ihm als jüngerem Sohn des Markgrafen von Ansbach-Bayreuth eine ungewisse Zukunft bevorstand, hatte er sich von Ansbach an den Hof seines Onkels König Wladislaw von Ungarn begeben, der ihn als Adoptivsohn annahm. Eine kurze Ehe mit der Witwe des Johann Corvinus im Jahre 1509 machte Markgraf Georg rascher als gedacht zum Alleinerben des riesigen Vermögens aus dem Erbe des Königs Matthias Corvinus mit zahlreichen Besitzungen in Ungarn, Kroatien und Österreich. Sein Reichtum übertraf jetzt den seines ungarischen Adoptivvaters, der ihm 1516 auf dem Sterbebett die Erziehung des zehnjährigen Kronprinzen Ludwig anvertraute.

Das war die Basis, von der aus Markgraf Georg eine eigene schlesische Territorialpolitik beginnen konnte. Sie wurde 1512 durch Erbverträge mit den letzten Herzögen von Oppeln und Ratibor eröffnet. Freilich waren Anwartschaften eines Ausländers auf schlesische Fürstentümer rechtlich zweifelhaft, weshalb Markgraf Georg 1523 seinen Einsatz erhöhte. Er verkaufte seinen ungarischen Besitz, um für 58 900 ungarische Gulden das Herzogtum Jägerndorf-Leobschütz von dem böhmischen Magnaten Georg von Schellenberg zu erwerben und damit Sitz und Stimme auf dem schlesischen Fürstentag zu erlangen. Der böhmisch-ungarische Landesherr sanktionierte den Besitzwechsel mit allen Rechten und stellte auch noch die Weichen für weitere Anwartschaften auf das oberschlesische Beuthen und Oderberg. 1518 hatte Georg schon zwei Schwestern nach Liegnitz und Teschen verheiraten können, 1525 wurde er selbst Schwiegersohn des damaligen schlesischen Oberlandeshauptmanns, Herzog Karl von Münsterberg. Damit war er endgültig in den Kreis der schlesischen Fürsten aufgenommen.

Markgraf Georg der Fromme von Ansbach-Jägerndorf pendelte zwischen seinen Besitztümern und Interessen im Alten Reich und in Schlesien. Diese einzigartige Doppelstellung machte ihn zum unangreifbaren Widerpart Kaiser Ferdinands I. in Schlesien. Den Beinamen »der Fromme« erwarb er sich durch sein entschiedenes Eintreten für den Protestantismus. Seine Ehe mit Hedwig von Münsterberg brachte Georg in verwandtschaftliche Beziehungen zum gesamten schlesischen Fürstenstand.
Die älteste Tochter aus dieser Ehe verheiratete der Markgraf an Herzog Christoph von Württemberg. Dank dieser Verwandtschaft zum Hause Württemberg geriet das Jägerndorfer Fürstenpaar mit seinen Vorfahren in die Ahnengalerie des 1593 eingeweihten Stuttgarter »Lusthauses«. Von hier stammen die beiden Fürstenbildnisse, die heute im romantischen Schloß Lichtenstein bei Reutlingen zu finden sind.

Falls es Anfang des 16. Jahrhunderts einen heimlichen Wettstreit zwischen Hohenzollern und Habsburg um Schlesien gegeben haben sollte, wie manche Historiker meinen,[99] so war die schlesische Territorialpolitik des Hauses Hohenzollern vor 1526 überaus erfolgreich. Mit Markgraf Georg hatte sich ein ambitionierter Reichsfürst kurz vor Beginn der habsburgischen Ära in den schlesischen Fürstenstand hineingedrängt. Das sollte sich noch als folgenschwer erweisen. Jene Rechtstitel, die Markgraf Georg hier begründete und vererbte, gaben einmal Friedrich dem Großen den Vorwand zur Besitzergreifung Schlesiens.

Dank seiner politischen Stellung war Georg den Habsburgern kein Unbekannter. Als Vertreter Böhmens hatte er 1519 seine Stimme bei der Kaiserwahl Karls V. abgegeben. Bei der Hochzeit Ferdinands in Wien 1521 gehörte er zu den Trauzeugen. Im selben Jahr übernahm er zusammen mit seinem Bruder, den er auch noch beerben sollte, die Regierung seines fränkischen Stammlandes. Seitdem wurde für ihn auch das deutsche Reich eine politische Bühne und die fränkische Markgrafschaft das Kernland der Reformation in Süddeutschland.[100] Er begann eine Korrespondenz mit Luther, den er seiner Sympathie versicherte.[101] Zugleich unterstützte er seinen anderen Bruder, den Hochmeister des Deutschen Ordens Albrecht von Brandenburg, bei der Säkularisierung des Ordenslandes Preußen. Der Markgraf schloß sich der Handvoll lutherischer Reichsfürsten an, die auf dem Reichstag zu Speyer 1529 als »Protestanten« hervortraten. Sowohl hier als auch 1530 in Augsburg erschien er mit großem schlesischem Gefolge, war es doch seine Absicht, den Reichstag zum Forum für seine schlesischen Forderungen zu erheben, was am entschiedenen Widerspruch König Ferdinands scheiterte.[102]

Auf dem Reichstag zu Augsburg trafen sich noch einmal alle politischen Kräfte mit dem Vorsatz, den gestörten Religionsfrieden wiederherzustellen. Auch der Kaiser, der auf dem Wege nach Augsburg gerade die Kaiserkrone empfangen hatte, gedachte als unparteiischer Schiedsrichter jenen Ausgleich zu schaffen, den die Mehrheit der Protestanten von ihm erwartete. Sie hofften, die reformatorischen Errungenschaften könnten den Auftakt zu einer allgemeinen Kirchenreform bilden. Statt dessen wurde dieser Reichstag zum Wendepunkt der Reformation. Die als Dokument des Ausgleichs konzipierte Confessio Augustana wurde, je länger das Disputieren anhielt, zur programmatischen Bekenntnisschrift. Mit ihrer öffentlichen Verkündigung vor Kaiser und Volk wurde die Spaltung des Reiches größer denn zuvor. Unter den bekennenden Reichsständen der ersten Stunde befand sich wieder Markgraf Georg von Ansbach-Jägerndorf, der sich wohl hier den Beinamen »der Fromme« verdiente.

Eine Atmosphäre der Spannung war entstanden, die sich in einem bezeichnenden Mißverständnis äußerte. Karl V. beherrschte die deutsche Sprache so unvollkommen, daß ein direktes Gespräch mit den Fürsten gar nicht möglich war. Hier in Augsburg verlief eine vertrauliche Unterredung mit Philipp von Hessen so, daß der Kaiser französisch sprach, jener deutsch, und König Ferdinand dolmetschte zwischen ihnen. Markgraf Georg hatte vielleicht Luthers Auftritt in Worms vor Augen, als er an den Kaiser gewandt äußerte, er würde sich lieber den Kopf abschlagen lassen, ehe er das Evangelium verleugnete. Karl V. aber, der in Brüssel allenfalls etwas Flämisch gelernt hatte, verstand nur »Kopf ab« und meinte, sein Gegenüber fürchte schon um sein Leben. Daher wehrte der Kaiser erschrocken ab: »Nit Kopp ab, löwer Fürst, nit Kopp ab!«[103] Für das Selbstverständnis des schlesischen Protestantismus hat es schon immer viel bedeutet, daß dieses Land, zwar nicht aus eigenem Recht, aber durch die Person Georgs des Frommen und noch dazu durch einen Hohenzollern an der Verkündung der Augsburger Konfession beteiligt war.

Das Beispiel des Markgrafen Georg ist geeignet zu zeigen, auf welch unterschiedlichen Wegen und Ebenen die Reformation nach Schlesien gelangte. In diesem Falle wurde sie eher von oben nach unten vermittelt, wiederum nur schrittweise vorgehend, damit der katholische Oberlandesherr nicht herausgefordert werde. Von Jägerndorf aus erfaßte die Reformation in den kommenden Jahrzehnten fast ganz Oberschlesien.[104] Das blieb Episode. Denn in diesem Raum wurde später die Konfessionsausrichtung noch einmal so umgekehrt, daß der Katholizismus wie selbstverständlich in das Sonderbewußtsein der Oberschlesier einging. Nur in der Gegend um Teschen galt dann noch die bekräftigende Redewendung: »Fest wie der evangelische Glaube bei Teschen.«

Anders war es in Niederschlesien, dessen Fürsten und Standesherren sich allmählich alle der reformatorischen Richtung Luthers anschlossen. In den Erbfürstentümern folgten Landstände und Städte diesem Vorbild. Eine große Säkularisierung des katholischen Kirchengutes, wie sie im protestantischen Deutschland begann, war in Schlesien nicht möglich. Das verhinderte der katholische Oberlandesherr, der damit Bischof und Kirche politisch auf seine Seite zog. Deshalb blieben die großen Klöster und Stifte Schlesiens katholisch, selbst wenn sie mitten in evangelisches Land zu liegen kamen. Um 1550 war etwa die Hälfte der 850 schlesischen Pfarreien evangelisch geworden, am Ende des Jahrhunderts waren es drei Viertel.[105] Das Land konnte sich aber als Ganzes keine evangelische Kirchenverfassung geben, so daß die Ausbildung einer gemeinsamen Landeskirche unterblieb. Nur in den von evangelischen Fürsten regierten Territorien entstand ein Kirchenregiment mit evangelischen Konsistorien und eigenen Traditionen.

Das gleiche galt auch für die Stadt Breslau, deren Rat einem ganzen Fürstentum vorstand. Was man früher als gotteslästerliche Anmaßung betrachtet hätte, wurde nun zum Ausdruck des neuen Kirchenverständnisses. Der Rat selbst hatte die Nachfolge der Apostel angetreten und stellte sich damit auf eine Ebene mit dem Breslauer Bischof. So mußte man ein Ölgemälde von 1537 verstehen, das die damals amtierenden Ratsherren in der Szene des letzten Abendmahles zeigte. Da saßen die würdigen Patrizier mit ihren Schnauzbärten zusammen mit Christus, der gleichfalls von einem Breslauer Ratsherrn dargestellt wurde, bei Brot und Wein, wobei dem Anschein nach der ungeliebte Stadtkämmerer für die Gestalt des Judas herhalten mußte.[106]

Von den niederschlesischen Fürsten war Herzog Friedrich II. von Liegnitz schon allein deshalb der wichtigste, weil er seit 1523 die Fürstentümer Liegnitz, Brieg und Wohlau in seiner Hand vereinigte und später dazu noch Glogau in Pfandbesitz nahm.

In jungen Jahren war er von altkirchlicher Frömmigkeit erfüllt, wie er mit seiner beschwerlichen Wallfahrt in das Heilige Land im Jahre 1507 erwiesen hatte. Für die Reformation mußte er erst gewonnen werden. Damals ließ er sich noch von seinem mit Luther befreundeten Hofrat Kaspar von Schwenckfeld beeinflussen. An Pfingsten 1522 wurde in Liegnitz die erste evangelische Predigt gehalten, 1523 berief der Herzog den gelehrten Valentin Trozendorf als Schulleiter nach Goldberg, womit eine neue Ära des schlesischen Schulwesens begann.

In Liegnitz wie auch anderen Ortes zeigte es sich, daß in dieser Frühphase der Reformation noch die geeigneten Prediger zur Verbreitung der neuen Lehre fehlten. Um dem abzuhelfen, griff man in Liegnitz den zwei Jahrzehnte zurückliegenden Plan der Breslauer wieder auf und ging an die Gründung einer Universität. Wäre die Absicht gelungen, Liegnitz wäre die erste reformatorische Universitätsgründung in Deutschland geworden, noch vor dem hessischen Marburg, das 1527 erfolgreicher war. Nur stand in Marburg dafür aus säkularisiertem Kirchenbesitz eine hervorragende finanzielle Grundausstattung zur Verfügung, während in Schlesien ein solches Fundament nicht bereitzustellen war. Die ältere Überlieferung bringt das Scheitern eher mit den schwenckfeldischen Wirren zusammen.[107] Im übrigen hätte sich für diese Universität über kurz oder lang die Frage der Privilegierung gestellt, das heißt, es hätte zumindest die Einwilligung Kaiser Karls V. erreicht werden müssen. An Michaelis 1526 begannen die ersten Vorlesungen in Liegnitz. Zu diesem Zeitpunkt aber beschlossen die schlesischen Fürsten und Stände gerade die Annahme Ferdinands I. als neuen Landesherrn, und er war der Bruder des Kaisers. Angesichts solcher Schwierigkeiten erlag die Gründung, noch ehe sie recht zum Leben erweckt war.

Herzog Karl von Münsterberg-Oels (1476–1536) bezeigte für Luthers Lehre zunächst ein sehr persönliches Interesse. Ihm ging es weniger um eigene Gewissensnot als um die Familienehre. Sein Großvater Georg von Podiebrad war vom Papst als Anhänger des Utraquismus in den Bann geworfen worden, womit nicht nur dieser, sondern die ganze Familie »von päpstlichen Stuhel bis in die vierte Generation vermaledeiet« worden waren. Obwohl Herzog Karl längst zum Katholizismus zurückgekehrt und 1507 absolviert worden war, saß diese Verletzung der Familienehre noch tief. Daher empfand er das lutherische Abendmahlsverständnis als geradezu befreiend und als Rechtfertigung seines Ahnherrn. In diesem Sinn schrieb er 1522 heimlich an Luther und bat ihn um eine evangelische Rechtfertigung des Abendmahls unter beiderlei Gestalt. Dann wäre der Papst in seinem Irrtum widerlegt und die Ehre des Hauses Münsterberg wie auch seine eigene fürstliche Würde wiederhergestellt.[108] Es blieb aber bei diesem zögernden Kontakt zu Luther. Herzog Karl verließ die alte Kirche nicht, zumal er von 1527 an als Oberlandeshauptmann Schlesiens in königliche Pflicht genommen war. Erst nach seinem Tode 1536 legten die von Johannes Heß erzogenen Söhne solche Rücksichten ab. Mit Herzog Heinrich begann 1537 die Reformation im Herzogtum Münsterberg, mit Herzog Johannes 1539 im Fürstentum Oels.

Welche Bedeutung einmal das Judentum in Schlesien erlangen sollte, war in der frühen Neuzeit kaum abzusehen. Die große Zeit des mittelalterlichen Judentums, als in Schlesien über fünfzig teilweise bedeutende Gemeinden bestanden, war spätestens mit den von Johannes Capestrano (1386–1456) ausgelösten Judenverfolgungen vorüber. Sozialneid und Religionseifer gingen in ihrer Ablehnung des Judentums eine unselige Verbindung ein. Es waren insbesondere Handelsstädte wie Breslau (1455) und Schweidnitz (1457), die es als schätzbares Privileg erachteten, fortan keine Juden mehr in ihren Mauern dulden zu müssen. Dieser Antijudaismus sollte dreihundert Jahre und länger währen. Als der amerikanische Diplomat John Quincy Adams im Jahre 1800 Schlesien bereiste, konnte er es nicht fassen, daß Schweidnitz sein *Privilegium de non tolerandis Judaeis* noch immer für eine Errungenschaft hielt und ein Gemälde in der dortigen Pfarrkirche den angeblichen Hostienfrevel von 1453 zeigte.[109] Nur vorübergehend hatte die Hoffnung bestanden, daß die vom Humanismus geförderte Beschäftigung mit der hebräischen Sprache auch dem Judentum zugute kommen könnte, zumal sich einige schlesische Humanisten mit Reuchlin solidarisiert hatten. Ebensowenig partizipierte das Judentum an der konfliktarmen Einführung der Reformation. Die Abgrenzung gegenüber abweichenden Lehrmeinungen kam jetzt um so schärfer zum Ausdruck. Die meisten der zum Luthertum übergehenden schlesischen Städte und Territorien vollendeten die von Capistrano begonnene Vertreibung der Juden, so daß im 16. Jahrhundert auf der linken Oderseite bald keine Juden mehr wohnten, während die Verhältnisse rechts der Oder weniger eindeutig waren.[110]

Wenn Abscheu vor den »Verrätern Christi«, volkstümlicher Aberglaube und wirtschaftlicher Egoismus zusammenkamen, war es nicht schwer, eine Stimmung zu erzeugen, die zu den abstrusesten Anschuldigungen gegen Juden führen konnte. Zwei solcher Vorkommnisse haben in den dreißiger Jahren des 16. Jahrhunderts in Deutschland Aufsehen erregt: der Jägerndorfer Prozeß und das Oelser Unwetter. Der erste Fall war wohl nur vordergründig ein Zaubereiprozeß, denn in der Hauptsache ging es den Leobschützer Kaufleuten um die Wiedergewinnung ihres Monopols im Gewürzhandel, an dem seit 1534 auch die Juden beteiligt waren.[111] Der Jägerndorfer Landeshauptmann Hans von Jordan und Alt-Patschkau lieh dazu seine Hand. Eine der Zauberei verdächtigte und dann hingerichtete Frau hatte unter der Folter auch den Ältesten der Leobschützer Judenschaft, Abraham Hirsch, der Zauberei bezichtigt. Der Jude habe unter dem Galgen der Stadt einen Zauber mit Frauenmilch vornehmen wollen, um alle Christenweiber des Landes zu vernichten. Nur dank einer Täuschung war der Schaden auf die Schweine des Landes umgelenkt worden. Der Vorwurf war geradezu ein Kondensat uralter antijüdischer Vorurteile. Es half dem Judenältesten nichts, daß er über diesen Unsinn lachte, denn der Landeshauptmann machte ihm gleich den peinlichen Prozeß. Hirsch wurde gefoltert, bis er gestand, was man ihm unterstellt hatte. Als er nach der Folter widerrief, wurden zwei Rechtsgutachten der bekannten Breslauer Juristen Heinrich Rybisch und Vipert Schwab gegen ihn aufgeboten. Einen Tag nach Wiederholung der Folter starb Abraham Hirsch auf dem Scheiterhaufen. Für seine Glaubensgenossen galt er als »der Heilige« von Leobschütz, der zuletzt seinen Tod »als Sühne für ganz Israel« auf sich genommen hatte.

In Verfahren und Urteil entsprach der Zaubereiprozeß von 1535 formal geltendem Recht, aber unter den Juden Schlesiens verbreitete dieser Justizmord Entsetzen. Es war fraglich, ob der Landesherr, Markgraf Georg der Fromme in Ansbach, dieses Urteil mitgetragen hatte. Da die Stimmung sich inzwischen gegen alle Juden seines oberschlesischen Herrschaftsgebietes gewandt hatte, baten die schlesischen Juden ihren anerkannten politischen Sprecher in Deutschland, den im Elsaß lebenden »Obersten über alle Juden deutscher Nation«, Josel von Rosheim, um Hilfe.[112] Dieser reiste persönlich zum Markgrafen nach Ansbach, konnte aber nicht mehr erreichen als die Freilassung der anderen verhafteten Juden gegen entsprechendes Lösegeld. Im übrigen deckte der Markgraf das Vorgehen. Alle Juden wurden aus dem Fürstentum Jägerndorf vertrieben, und 1543 erhielt die Stadt Leobschütz ihr begehrtes *Privilegium de non tolerandis Judaeis.*[113] Im nachhinein erfuhr König Ferdinand I. mit »Mißfallen« von diesen Vorgängen, aber politisch griff er nicht ein.

Fürstentum und Stadt Oels hatten seit 1495 eine aus Böhmen stammende und den Juden gewogene Landesherrschaft, das Haus Podiebrad. In ihrem Hauptfürstentum Münsterberg verbot eine Landesordnung die Ansiedlung von Juden, aber in Oels konnte sich eine Judengemeinde bilden, die offenkundig unter Prager Einfluß stand. In Nachbarschaft des Oelser Schlosses wohnten vermögende Hofjuden, denen wohl die Errichtung des ältesten erhaltenen jüdischen Bauwerks Schlesiens zu verdanken war, der Oelser Synagoge nach dem Vorbild der Prager Altneusynagoge.[114] In einem Nebenraum des Gotteshauses hatte sich der 1527 aus Prag verdrängte Buchdrucker Chaim Schwarz niedergelassen, um hier mit Unterstützung des Herzogs den Prager Kollegen Konkurrenz zu machen. Seine Offizin hat zumindest ein großartiges Werk hervorgebracht, dessen Qualität man mit den besten Erzeugnissen der venezianischen Druckkunst verglichen hat.[115] Es war der berühmte, 1530 erschienene Oelser Pentateuch, der älteste hebräische Bibeldruck Deutschlands. Als Schwarz seine Offizin 1533 nach Augsburg verlagerte, folgte ihm in Oels der Drucker Samuel Helicz, der eine umfangreiche Verlagstätigkeit entfaltete.[116]

Kurz nachdem sich Oelser Juden vermittelnd in die Jägerndorfer Judenverfolgung eingeschaltet hatten, wurde Oels von einem Unwetter heimgesucht, das bei den Christen wie der Anbruch des Jüngsten Tages, bei den Juden wie die Ankunft des Messias empfunden wurde.[117] Einer jener Wirbelstürme, die auch in unseren Breiten zur Trombenbildung führen können, hatte am Tag nach Rosch Ha-Schana 1535 über der Stadt gewütet, Dächer abgedeckt und sogar Menschen in die Luft gerissen. Es war eine Katastrophe, die noch lange im Gedächtnis der Stadt haftenblieb, weil die Oelser sogleich ein Gelöbnis ablegten, in Zukunft an jedem 1. September durch Vortrag und Gebet dieses Tages zu gedenken. Flugschriften machten das Ereignis überregional bekannt. Sogar Luther in Wittenberg schrieb ein Vorwort zu der hierüber verfaßten Psalmenauslegung. Diese 1536 erschienene Schrift Ambrosius Moibanus' war noch dem im Mai 1536

Oels war um 1500 auf dem Wege, die bedeutendste jüdische Gemeinde Schlesiens zu werden. Mit welchen Hoffnungen sich damals manche vermögende und tatkräftige Juden hier niederließen, beweist der Bau der Synagoge nach dem Vorbild der Prager Altneusynagoge. Wie in Prag handelte es sich um einen zweischiffigen Bau von sechs Jochen mit einem seitlichen Eingang. Auf der Westseite war der Synagoge ein Raum vorgelagert, von dem man vermutet, daß sich dort die berühmte hebräische Druckerei befand. Die Synagoge wurde nach der Vertreibung der Juden aus Oels 1535 profaniert, 1695 zur evangelischen Kirche St. Salvator umgebaut und mit einem Turm versehen. Dadurch blieb diese älteste Synagoge Schlesiens wenigstens in ihrem Äußeren bis heute erhalten.

Der älteste hebräische Druck Deutschlands erschien im schlesischen Oels. Dieses 1530 vollendete Buch darf sich wegen der Güte seiner hebräischen Drucktypen und der sonstigen Ausstattung mit den besten hebräischen Druckwerken Venedigs vergleichen. Der »Oelser Pentateuch« ist eine hebräische Bibel im Folioformat und enthält, wie der Name schon sagt, die fünf Bücher Mose. Das Titelblatt trägt das Wappen des Herzogs Karl vonMünsterberg-Oels sowie einen frommen Segensspruch für dessen Regierung. Das Buch entstand in der Oelser Offizin des 1529 aus Prag übergesiedelten Buchdruckers Chaim Schwarz. Schwarz überließ die Oelser Druckerei bald einem Kollegen und wechselte 1533 nach Augsburg. Heute lassen sich nur noch zwei Exemplare des Oelser Pentateuchs nachweisen, von denen eines in der Bodleian Library in Oxford aufbewahrt wird.

verstorbenen Herzog Karl von Münsterberg-Oels gewidmet. Ihm folgte in Oels Herzog Johann und mit ihm die lutherische Reformation seines Landes. Hatte schon in Jägerndorf ein angeblicher Schadenszauber zur Vertreibung der Juden geführt, so konnte auch das Oelser Unwetter auf einen Schadenszauber oder eine Strafe Gottes zurückgeführt werden, was im einen wie im anderen Fall von den Juden verschuldet worden war. Es war für sie keine Entlastung, daß sie selbst, ihre Synagoge und die Druckerei mit am meisten vom Sturm beschädigt und die bedruckten hebräischen Bögen meilenweit vom Wind davongetragen worden waren. In zeitlichem Zusammenhang mit der Jägerndorfer Vertreibung, aber auch in zeitlicher Nähe zur Einführung der Reformation in Oels (1538) wurden alle Juden ausgewiesen, ihre Synagoge als Zeughaus säkularisiert und 1695 zur evangelischen Kirche umgebaut. Als Kirche blieb der Bau bis heute erhalten.

Jede Ausweisung von Juden aus einem schlesischen Territorium erhöhte den Vertreibungsdruck in den verbleibenden Refugien. Im Jahrhundert der Reformation verloren sie überall in Schlesien das gesicherte Bleiberecht. Damals galt für Juden keine schlesische Toleranz. Seit 1551 hatten sie auch hier einen gelben Ring auf der Kleidung zu tragen, wie es die Reichspolizeiordnung von 1548 vorschrieb.[118] Dennoch gab es keine koordinierte antijüdische Politik, sondern nur eine allgemeine Judenfeindlichkeit, die von Fall zu Fall auch Ausnahmen zuließ.[119]

Das von König Ferdinand I. 1557 erlassene Vertreibungsdekret für die böhmischen Länder markierte in Schlesien den Abschluß einer ein Jahrhundert zuvor begonnenen Entwicklung. Nicht einmal der König selbst beachtete es völlig. Als oberster Landesherr mußte er oder sein schlesischer Stellvertreter, also der Breslauer Bischof, den Juden aus wirtschaftspolitischen Rücksichten entgegenkommen. Fürsten und Adlige waren mitunter auf Darlehen jüdischer Geldverleiher angewiesen, ein Teil des Außenhandels lag in der Hand polnischer Juden, in bestimmten Bereichen wie dem Münzwesen oder der Medizin wollte man auf jüdische Spezialisten nicht verzichten. Von 1546 an leitete der Prager Jude Isaak Meyer die königliche Münze in Breslau. Herzog Georg II. von Brieg ließ sich von seinem jüdischen Leibarzt Abraham behandeln, der wohl 1568 auch vom Teschener Herzog Wenzel Adam konsultiert wurde.[120] Der schlesische Kammerpräsident ließ 1558 zwei jüdische Prager Wundärzte an sein Krankenbett rufen, und in den piastischen Residenzen erfreute man sich an den Darbietungen jüdischer Musikanten.[121]

Aber 1582 mußte Kaiser Rudolf II. dem Drängen des schlesischen Fürstentages nachgeben und noch einmal allen Juden den dauernden Aufenthalt in Schlesien verbieten. Rudolfs Verbot gehörte zu den Widersprüchlichkeiten seiner Politik, denn zur selben Zeit erlebte das Prager Ghetto mit seinen 9000 Bewohnern die höchste kulturelle Blüte, und der wißbegierige Kaiser suchte persönlich Rat und Belehrung bei dem berühmten Prager Rabbi Löw.[122]

Nach dem Verbot blieben nur noch zwei Plätze in Schlesien, an denen sich jüdische Gemeinden halten konnten: das oberschlesische Städtchen Zülz und die niederschlesische Fürstentumshauptstadt Glogau. Hier lebten die letzten 120 Juden ganz Schlesiens. Diese beiden Freiplätze des schlesischen Judentums erlangten einen ähnlichen

Ausnahmestatus wie ein Jahrhundert später die privilegierten evangelischen Kirchorte inmitten katholischer Territorien.[123] Die Bedeutung beider Städte reichte bei weitem nicht an das jüdische Prag heran, das zeigt schon der Zahlenvergleich. Anfang des 18. Jahrhunderts haben in Zülz etwa 600 und in Glogau 1500 Juden gelebt.[124] Aber inmitten der jüdischen Diaspora galt Zülz als das »Makom zaddik«, als Ort der Gerechten.

Das kleine Landstädtchen gehörte zwischen 1565 und 1747 den katholischen Freiherren und späteren Grafen Proskowsky von Proskau, zunächst als Pfandbesitz, seit 1606 erblich. Gegen alle Beschwerden des Landes stellten sie sich nicht nur schützend vor ihre Untertanen, sondern duldeten auch größeren jüdischen Zuzug nach Zülz. Mit dieser über mehrere Generationen hinweg bewiesenen toleranten Einstellung waren die Herren von Proskau eine rühmliche Ausnahme. Die damit verbundenen fiskalischen Vorteile verschmähten sie freilich nicht. Die Proskaus stützten sich in ihrer Sonderpolitik auf die Gunst des Kaisers. Schon der erste Pfandbesitzer von Zülz war das »Delicium« Rudolfs II.,[125] sein Nachfolger diente dem Kaiser lange als Landeshauptmann. Zwar konnte die Rechtsstellung der Juden in Zülz nie befriedigend geklärt werden, aber sie genossen seit 1601 allgemeinen Schutz. Als sie 1699 gar die Privilegien der Prager Juden erhielten, waren sie den christlichen Kaufleuten gleichgestellt. Die Gemeinde wuchs nun rasch. Zülz mag in Schlesien so etwas wie ein östliches jüdisches Schtetl gewesen sein. Im 18. Jahrhundert wurde es die einzige deutsche Stadt, in der mehr Juden als Christen lebten. Viele gingen im Zülzer Judenviertel, zu dem damals eine Schrotholzsynagoge und abseits davon ein großer Friedhof gehörten, den verschiedensten hier erlaubten Handwerken nach. In der Mehrheit aber waren sie kleinere Handelsjuden, die als Trödler über Land und zu den Markttagen zogen.[126] Auch der heute verlorene Silberschatz der Zülzer Gemeinde läßt nur auf einen bescheidenen Wohlstand schließen.[127]

Nach dem Mandat Rudolfs II. von 1582 waren von der jüdischen Gemeinde in Glogau nur noch wenige Juden verblieben, welche die Stadt nicht eher verlassen wollten, bis der Landadel ihnen die alten Schuldbriefe beglichen hätte. Der wohlhabendste unter den jüdischen Kaufleuten war Benedikt Israel, der auch über politische Beziehungen zum geistig vielseitig interessierten Freiherrn Georg von Schönaich-Carolath und dem Glogauer Landeshauptmann Karl von Biberstein verfügte. Durch deren Vermittlung erlangte Benedikt Israel 1598 bei Rudolf II. ein persönliches Sonderprivileg für sich und seine »Familie«, was zur Folge haben sollte, daß neben der Gemeinde Zülz auch in Glogau eine privilegierte Gemeinde entstehen konnte.[128] Das Privileg verbürgte, daß Benedikt Israel »im Fürstenthumb Glogau … nach Erforderung seiner gelegenheit wohnen, Darinnen sicher Handeln und Wandeln und seine hin und wieder aussgeliehenen Gelder und Schulden unverhindert einbringen und bei seiner Nahrung erhalten werden möge«.[129] Alle späteren Kaiser haben diesen Schutzbrief nicht nur bestätigt, sondern teilweise erweitert, womit schon Kaiser Matthias 1615 begann, als er die Ausdehnung der Gerechtsame auf ganz Schlesien bewilligte.

»Familie« bedeutete um 1600 nicht die heutige Kernfamilie, sondern eine Großfamilie, die nach jüdischem Verständnis alle angeheirateten und sonstwie zum Haus gehörigen Mitglieder umfaßte. Schon in der zweiten Generation bezifferte sich die Sippe der »Benediktiner« in Glogau auf 22 Familien mit ihren Handlungsgehilfen, Dienstboten, Lehrern, Vorsängern und Schächtern, also rund 200 Personen.[130] So war es möglich, daß sich ihre Zahl von Generation zu Generation verdoppelte, wobei sie sich jedoch gegen den Zuzug fremder Juden sperrten. Die Glogauer Juden lebten anfangs dichtgedrängt im Schutz der dortigen Schloßfreiheit. Das Gelände wurde zwar durch den Ausbau der Festung Glogau im Dreißigjährigen Krieg beschnitten, konnte aber durch Ankauf von Grundstücken beträchtlich erweitert werden. Mit ihrer wirtschaftlichen Leistungsfähigkeit waren diese Juden der dortigen Kaufmannschaft eine Konkurrenz. Benedikt Israel und die Seinen standen aber unter höchstem Schutz. 1623 konnte er den Glogauer Salzzoll pachten. Als 1627 den Juden im Königreich Böhmen, die sich alle nicht am Aufstand von 1618 beteiligt hatten, ein weitreichendes Generalprivileg erteilt wurde, beanspruchten die Glogauer Juden mit zunehmendem Erfolg, darin eingeschlossen zu sein. 1636 durften sie ihr erstes Bethaus erbauen. Der Krieg verschlang damals riesige Summen, was die schlesischen Stände auf den Gedanken brachte, von den Glogauer Juden Beiträge einzutreiben, die weit über deren Leistungsvermögen gingen. Diesmal war es der mitfühlende Landeshauptmann Georg von Oppersdorff, der angesichts maßloser ständischer Forderungen an »Liebe, Gerechtigkeit und Gewissen« appellierte und eher sein Amt zur Verfügung stellen wollte, als die Juden zugrunde zu richten, woran weder er noch der Kaiser interessiert sein konnten.[131]

Glogau und Zülz wurden die Keimzellen des neueren schlesischen Judentums, das seit Mitte des 17. Jahrhunderts auch den polnischen und Wiener Juden eine Zuflucht bot. Die Erweiterung der Privilegien für Glogau und Zülz hatte die Möglichkeit von Nebenwohnsitzen in ganz Schlesien geschaffen, und der begehrteste Platz dafür war die Handelsmetropole Breslau. Bislang hatten dort vor allem polnische Juden ein eingeschränktes Aufenthaltsrecht zu den Meßtagen, was bereits die Einrichtung privater Betstuben und Landschulen erforderlich machte. Seit Ende des 17. Jahrhunderts wuchs in Breslau aus kleinen Anfängen eine seßhafte Judenschaft, die an Zahl bald Zülz überflügelte.[132] Die Glogauer Juden suchten sich wieder nach dem »Familienprinzip« niederzulassen, über dessen extensive Auslegung der Breslauer Rat Klage führte. Hirschel Benedikt von den Glogauer »Benediktinern« gebot 1725 über einen Breslauer Hausstand von 31 Personen.[133] Der zwischen Ausweisung und Duldung schwankenden Ratspolitik bereitete die erste Judenordnung von 1702 ein Ende. Sie regelte Aufenthalt und Organisation der Juden in Breslau und bestätigte damit indirekt auch deren Berechtigung. Die Anerkennung als Kultusgemeinde mit Rabbiner, Synagoge und Friedhof sollte erst in preußischer Zeit folgen. Beerdigungen konnten nur auf den fernen Judenfriedhöfen von Dyhernfurth, Glogau und Zülz erfolgen oder im polnischen Krotoschin. Diese Aufgabe übernahm die 1724 in Breslau gegründete »Fromme Brüderschaft« (Chewra Kadischa).

Das eben erwähnte Städtchen Dyhernfurth war seit 1686 im Besitz des Breslauer Landeshauptmanns Julius Ferdinand Graf Jaroschin und lag gute dreißig Kilometer oderabwärts von Breslau. Der in Amsterdam ausgebildete Buchdrucker Sabbathai Baß

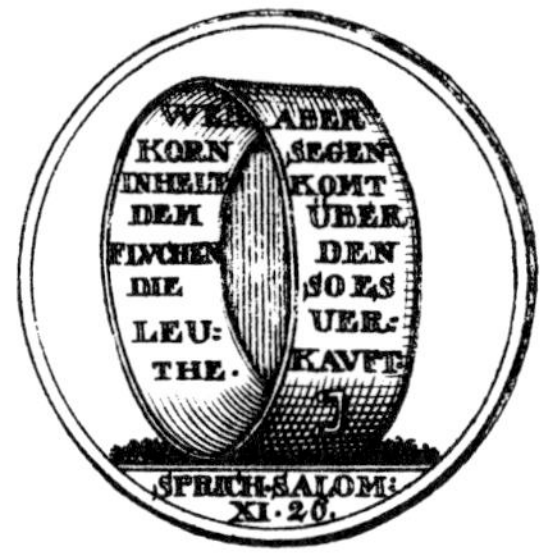

Wenn das Volk Hunger litt, fanden antijüdische Vorurteile Nahrung. Man fragt sich nur, wer wohl in Schlesien ein Interesse daran haben konnte, die Schuld an der Teuerung des Jahres 1694 auf die Juden zu münzen und dieses gestanzte Gerücht unter das Volk zu streuen. Die auf 1694 datierte Medaille zeigt einen jüdischen Kornspekulanten, dem der Teufel im Nacken sitzt. Der Kornscheffel ist umgekippt und mit einem Spruch Salomons versehen: »Wer Korn inhelt, dem fluchen die Leuthe ... «. Dazu gehört das Gegenstück des folgenden Jahres 1695, als die angebliche Kornwucherei wider Erwarten nach einer guten Ernte zusammengebrochen war. Der jüdische Kornwucherer hat sich verspekuliert und aus Ärger erhängt, vielleicht zur Freude des Teufels, der über ihm schwebt. Der Kornscheffel steht wieder aufrecht, und der Bibelspruch erhält seine Ergänzung »... aber Seegen kompt uber den, so es verkauft«. Der Breslauer Numismatiker J. Chr. Kundmann beschrieb 1742 beide Medaillen, als er eine Geschichte der »Heimsuchungen« Schlesiens verfaßte.

aus Kalisch durfte hier seit 1688 eine hebräische Druckerei betreiben und im folgenden Jahr das erwähnte Friedhofsgelände erwerben. Für beides bestand durch die Nähe Breslaus ein großer Bedarf. Fast 150 Jahre sollte die Druckerei bestehen. Ihr 1718 verstorbener Gründer gilt heute als ein Mann, »der in der wissenschaftlichen Welt großes Ansehen genoß, der die jüdische Bibliographie begründet und den Namen des Städtchens Dyhernfurth in der jüdischen Welt weit über die Grenzen Deutschlands hinaus bekannt und berühmt gemacht hat«.[134]

Man darf vermuten, daß sich die jüdische Geschichte Schlesiens auch ohne den preußischen Besitzwechsel in Richtung einer allmählichen Emanzipation weiterentwickelt hätte. Im Rahmen der merkantilistischen Politik Kaiser Karls VI. erging 1713 ein Toleranzedikt, das possessionierte und nicht possessionierte Juden in Schlesien gleichstellte.[135] Ihre Zahl war in Schlesien bis 1737 auf etwa 4 000 angewachsen. Landesweit wurden zwanzig Toleranzämter eingerichtet, deren Aufgabe freilich nicht in der Pflege einer modernen Toleranz, sondern in der Einnahme von Toleranzabgaben bestand. Dennoch wurden hiermit auch staatliche Grundlagen zur Entwicklung einer gesamtschlesischen Judenschaft gelegt, auf denen dann in preußischer Zeit aufgebaut werden konnte.

DIE DISZIPLINIERUNG DER FÜRSTEN

Schlesien, das in seiner politischen Kleinteiligkeit und Isolierung lange mit sich selbst beschäftigt schien, wurde seit dem 16. Jahrhundert durch den Sog der Reformation und die von Habsburg ausgehende vorsichtige Anspannung der staatlichen Zugkräfte immer stärker an das Heilige Römische Reich herangeführt. In Umkehrung einer Entwicklung, die vor 1526 für wenige Jahrzehnte in den Bereich des Möglichen gerückt war, wurden nun die Ereignisse im Reich, in Böhmen und Österreich für Schlesien viel bedeutsamer als das, was beispielsweise im benachbarten Polen geschah.

Politik und Religion bestimmten in dieser Reihenfolge das Handeln Ferdinands I. Die Lösung der ungarischen Frage hatte länger gebraucht als erwartet. Aber seit dem Frieden von Großwardein 1538 stabilisierte sich hier ein Status quo zwischen dem Osmanischen Reich, Siebenbürgen und Österreich. Wenigstens die Herrschaft über West- und Oberungarn sowie Kroatien war fortan dem Haus Habsburg garantiert. Relativ frei von dieser rückwärtigen Bedrohung, konnte sich Ferdinand nun verstärkt den Aufgaben im Westen zuwenden. Denn im Reich bahnten sich kritische Entwicklungen an, die ihre Rückwirkungen auf die Erbländer haben konnten. Protestantische Reichsstände hatten 1531 in Schmalkalden ein Bündnis geschlossen, das 1534 zum erstenmal militärische Macht demonstrierte. Hessische Truppen waren in das von König Ferdinand verwaltete Herzogtum Württemberg einmarschiert, um dort den vertriebenen Herzog Ulrich von Württemberg wieder in seine Herrschaft einzusetzen. König Ferdinand wurde im nordböhmischen Kaaden dazu genötigt, dieses Fait accompli anzuerkennen. Eine Reihe altkirchlich gesinnter Reichsstände reagierte auf diese Kräfteverschiebung mit einem 1538 geschlossenen Gegenbündnis.

Für den Willen des Königs, sich wieder stärker der schlesischen Innenpolitik anzunehmen, spricht seine Reise von 1538. Insgesamt dreimal kam Ferdinand nach Breslau, 1527, 1538 und 1546, während seine Nachfolger sich entweder mit einer einzigen Huldigungsreise begnügten oder seit dem Dreißigjährigen Krieg sogar diesen Aufwand für unnötig hielten.

Allerdings erforderten solche Königsreisen damals einen zeitraubenden, strapaziösen Aufwand. Der König war das Zentrum der Macht, und wenn dieses sich in Bewegung setzte, durften die Nachrichtenstränge von allen Enden seiner Herrschaft nicht abreißen. Solche Reisen in die Provinz dauerten Wochen, da der Reisetroß nur mit einer Durchschnittsgeschwindigkeit von dreißig bis vierzig Kilometern am Tag vorankam. Allein deshalb konnte weder Karl V. in seinem Reich allgegenwärtig sein noch Ferdinand in dem seinem, das sich immerhin auch von Westen nach Osten und von Norden nach Süden jeweils über tausend Straßenkilometer erstreckte.

Die Einforderung neuer Türkengelder bei den schlesischen Ständen war eher ein vorgeschobener Grund, für den es einer solchen Reise kaum bedurft hätte. Aber der politische und konfessionelle Kurs Schlesiens sollte noch einmal verdeutlicht werden. Die Reformation hatte überall an Boden gewonnen. Es gab inzwischen mehrere protestantische Fraktionen im Reich, nicht nur die zum Kampf bereite der Schmalkaldener, sondern auch eine »Mittelpartei« (Heinrich Lutz), die ihre Brücken zur katholischen Kirche nicht abbrechen wollte.[136] Genau diese Haltung war auch die schlesische, nicht nur weil der König allein diese Mittelposition tolerierte, sondern weil sie auch der inneren Überzeugung der meisten entsprach. Weit über diese Zeit hinaus sollte man dem schlesischen Protestantismus die katholischen Wurzeln noch ansehen. Bis 1811 trugen die evangelischen Geistlichen Schlesiens beim Gottesdienst die gleichen Meßgewänder wie die katholischen. Noch als es in preußischer Zeit zur Neugründung evangelischer Pfarreien kam, legte man Wert auf die Anfertigung der traditionellen Meßgewänder.[137]

Ein weiteres kam hinzu. In vielen Fürstenhäusern stand gerade ein Generationswechsel an, bei dem die jüngere Generation leichter bereit war, mit der altkirchlichen Tradition ihrer Väter zu brechen. Brandenburg war bis zum Tode des Kurfürsten Joachim I. 1535 noch eine Stütze des Katholizismus gewesen. Die Söhne des Kurfürsten standen innerlich bereits auf der Seite Luthers, zögerten aber bis 1538 und 1540, diesen Wechsel auf ihre Länder zu übertragen. Eine in ihrer Wirkung auf Schlesien nicht zu unterschätzende Folge war, daß damit bis zum Jahre 1540 auch die nächstgelegene Universität in Frankfurt an der Oder lutherisch wurde. Kurfürst Joachim II. zeigte sich jedoch insofern seinem Vater verpflichtet, als er bis 1555 der wichtigste Exponent eben jener konfessionellen Mittelpartei in Deutschland blieb. Die enge Bindung der Liegnitzer Piasten an Brandenburg in den kommenden Jahren kann als Suche nach Anschluß an die Mittelpartei gesehen werden. Der gleiche Wechsel von Generation und Konfession vollzog sich 1536/38 in Münsterberg-Oels. Luther und Melanchthon schrieben gemeinsam eine Widmung in die für Oels bestimmte Bibel. 1539 wiederholte sich der Wechsel im albertinischen Sachsen mit dem zugehörigen schlesischen Fürstentum Sagan.

Der von den Hohenzollern beabsichtigte Übertritt zum Luthertum war wohl der Hauptanlaß, 1536 einen Familientag in das unweit der schlesischen Grenze gelegene Frankfurt einzuberufen. Auch der verschwägerte Herzog Friedrich II. von Liegnitz folgte der Einladung. Es mag dahingestellt sein, wer dort als erster davon angefangen hatte, ob Friedrich selbst oder der gemeinsame Vetter Georg der Fromme von Jägerndorf. Jedenfalls wurde damals der Plan einer piastisch-hohenzollernschen Doppelhochzeit gefaßt. Aus der Sicht des kurfürstlichen Hofes mußte die Absicht den Beigeschmack des Unebenbürtigen haben, weshalb eine hohe Morgengabe verlangt wurde, eine Erbverbrüderung nämlich, deren mögliche Vorteile auf seiten des Kurfürsten lagen.[138]

Als man in Frankfurt diese gegenseitige Morgengabe verpackte und im Jahr darauf besiegelte, ahnte wohl niemand, daß sie vergiftet war und welche Langzeitwirkung von diesem Gift ausging. Zunächst handelte es sich um bloße Pläne. Die Heiratskandidaten waren noch Kinder und sollten erst 1545 eingesegnet werden. Ein Ende beider Familien war noch nicht zu befürchten. Die gegenseitige präsumtive Erbeinsetzung war aber sowohl ungleich als auch juristisch anfechtbar. Herzog Friedrich von Liegnitz vermachte seine Länder an Kurbrandenburg, so als gäbe es kein Heimfallrecht an den Landesherrn beziehungsweise die böhmische Krone. Und im Gegenzug bot Brandenburg nicht etwa sein ganzes Territorium an, sondern nur die brandenburgischen Gebiete, soweit sie unter der Lehenshoheit der böhmischen Krone standen, also Crossen, Züllichau und Cottbus. Aber die gehörten erstens dem Bruder des Kurfürsten und zweitens bestand für sie ein Rückkaufsrecht des böhmischen Königs, so daß diese Erbaussicht bei Vertragsabschluß kaum bestand. Nicht nur vom Wert der Länder, sondern auch von der Chancengleichheit her lagen die Vorteile einseitig auf der brandenburgischen Seite. Wie interessiert Brandenburg an einer denkbaren Ausdehnung nach Schlesien war, bekundete Kurfürst Joachim II. von Brandenburg gleich mit zwei Besuchen in Liegnitz, wobei er letzteren zur vorsorglichen Huldigung durch die Liegnitzer Stände am 19. Oktober 1537 nutzte.

Wenn Liegnitz diese Eheverbindung dennoch als Erfolg betrachtete, dann lag dieser nur in der politischen Anbindung an das zum mittleren Protestantismus tendierende Kurfürstenhaus, war aber gleichwohl eine Brüskierung Habsburgs. Die Eheabredung war eine Sache fürstlichen Privatrechtes, aber die Erbverbrüderung betraf auch den obersten Landesherrn. Der ließ sich Zeit und äußerte, bereits auf dem Wege nach Breslau, man müsse zunächst einmal klären, aufgrund welcher Privilegien ein so weitreichender Vertrag möglich sei. Als Zustimmung durfte man das nicht deuten.

Im Grunde lag der Fall ähnlich wie bei der 1512 geschlossenen Erbverbrüderung der Oppelner Piasten mit Markgraf Georg von Ansbach. Schon damals waren politische Optionen entstanden, deren zukünftige Entwicklungen für die böhmische Krone nur nachteilig sein mußten. Als der letzte Oppelner Herzog Johann dann 1532 starb, wußte der König die böhmischen Stände auf seiner Seite, als er den vor seiner Krönung geschlossenen Erbvertrag nicht akzeptierte. Der König kam aber dem Markgrafen insoweit entgegen, als er ihm 1533 gegen 200 000 ungarische Gulden die pfandweise Inbesitznahme des Doppelfürstentums Oppeln-Ratibor zugestand, was in ähnlicher Weise auch für dessen oberschlesische Herrschaften Oderberg und Beuthen mit Tarnowitz galt. In allen Fällen ging es dem König um die Wahrung der unmittelbaren Kronrechte über diese Gebiete. Auch hinsichtlich der Liegnitzer Gebiete konnte die Haltung der Böhmen nicht anders sein, und Ferdinand war in dieser Frage mit ihnen einig. Einzig die Rücksichtnahme auf die konfessionelle Schlüsselstellung des brandenburgischen Kurfürsten im Reich hielt Ferdinand noch zurück, denn er war nicht nur böhmischer, sondern zugleich auch deutscher König.

Der Besuch Ferdinands in Schlesien 1538 verfolgte vor allem die Absicht, die Schlesier von unkontrollierten Festlegungen zurückzuhalten, die Dinge in der Schwebe zu halten. Wenn selbst im Reich die konfessionellen Fragen noch nicht abschließend geklärt waren und neue Religionsgespräche angekündigt wurden, so konnte damit auch in Schlesien noch abgewartet werden. Aber das letzte Wort gebührte dem König. In diesem Sinn verlief auch sein Gespräch mit den Breslauer Ratsherren in der dortigen Kaiserburg. Seine Vorwürfe, was der Rat alles an Religionsänderungen in der Stadt zugelassen habe, klangen ernst und verbindlich zugleich.[139] Es war wie eine Suche nach Gemeinsamkeiten, wenn er das Thema auf die schrecklichen Irrtümer der Wiedertäufer und Schwärmer lenkte. Die Ratmannen konnten für solch väterliche Ermahnung nur danken und versichern, daß sie es mit der Religion weiter nur so halten wollten wie schon seit König Ludwigs Zeiten. So wahrte jeder sein Gesicht. Der König aber hatte die Ratsherren ganz für sich eingenommen, weil er ihnen ohne jedes spanische Hofzeremoniell die Hand reichte und sie mit dem Wunsch »Seid fromme und gute Christen!« entließ.

König Ferdinand hatte jedoch begonnen, ähnlich wie es gleichzeitig der Kaiser im Reich tat, seine schlesischen Rechte einzusammeln, wo immer es möglich war. Den Tod des Herzogs Karl von Münsterberg-Oels hatte er benutzt, um erstmals das Amt des Oberlandeshauptmanns auf den Breslauer Bischof zu übertragen, 1536 war es noch Jakob von Salza. Das war der Beginn eines langen kirchlich-politischen Bündnisses zwischen Königtum und Bischof, in dem die von der Reformation bedrängte Breslauer Kirche gar nicht anders konnte, als loyal auf seiten des Herrschers zu stehen. Ebenso weittragend war die Verfügung desselben Jahres, die Fürstentage nur noch mit Erlaubnis des Königs einzuberufen. Das bedeutete nichts anderes als die Abschaffung des ständischen Selbstversammlungsrechtes. Der Tod des Markgrafen Georg 1543 befreite Ferdinand von Rücksichten auf diesen gefährlichen Widersacher, rief andererseits aber die möglichen Komplikationen der Erbfolge in Erinnerung. Es traf sich gut, daß der einzige Sohn des Markgrafen noch keine vier Jahre alt war, so daß Ferdinand die verpfändeten Fürstentümer Oppeln-Ratibor wieder an sich ziehen konnte. Auch das 1540 an Friedrich II. von Liegnitz verpfändete Glogau wurde 1544 wieder eingezogen, wobei die dortigen Landstände die Pfandsumme aufzubringen hatten. Mit der wider Erwarten doch noch 1545 in Cölln an der Spree gefeierten Doppelhochzeit zwischen dem brandenburgischen Kurprinzen Johann Georg und der Liegnitzerin Sophia sowie zwischen dem später zu Brieg regierenden Prinzen Georg II. mit der Brandenburgerin Barbara konnte aber die Klärung der strittigen Erbverbrüderung nicht länger aufgeschoben werden.

Den politischen Plänen Ferdinands kam es sehr entgegen, daß die böhmischen Stände schon lange die immer eigenständiger werdende Politik der schlesischen Fürsten und Stände als Separatismus von der böhmischen Krone bewerteten. Tatsächlich waren die Böhmen von der Mitwirkung an der schlesischen Landespolitik, vor allem von der Besetzung der höchsten schlesischen Ämter praktisch ausgeschlossen. Böhmen wie Schlesier verfügten aber über Privilegien desselben Königs Wladislaw, die in politischen Kernfragen einander glatt widersprachen. Das Projekt der piastisch-brandenburgischen Erbverbrüderung bot nun endlich den Ansatzpunkt, die Schlesier wieder zur böhmischen Staatsräson zu rufen. Der Streit eskalierte zur Grundsatzfrage, welches der sich gegenseitig ausschließenden Privilegien nun gelte, mit anderen Worten: es ging um die Aufhebung des den Schlesiern 1498 gewährten Privilegium Wladislai. Ein großer »Privilegienstreit« schien unvermeidlich.

Nach Lage der Dinge konnte ihn nur der König schlichten. Wie von selbst rückte Ferdinand in die Rolle, die er am liebsten spielte: die des unparteiischen Schiedsrichters über seinen streitenden Ständen.[140] Ferdinand lud die Parteien nicht nach Prag, sondern auf seine Breslauer Kaiserburg ein. Die vierwöchige Auseinandersetzung im April und Mai 1546 zwischen den Böhmen, den kaiserlichen Räten und den Schlesiern bezeichnet einen politischen Höhe- und Wendepunkt in der schlesischen Geschichte dieses Jahrhunderts. Es war das einzige Mal, daß eine solche Grundsatzdebatte zwischen hochrangigen Vertretern der drei wichtigsten innenpolitischen Kräfte – König, Krone, Land – auf schlesischem Boden geführt wurde. Dem Liegnitzer Kanzler Wolf von Bock, der sich hier den Ehrentitel eines schlesischen Perikles verdiente, fiel es zu, das Landesprivileg Wladislaws, »dieses armen Vaterlandes höchsten Schatz und Kleinodt« zu verteidigen.[141] Der drohende Verlust des »Schlesischen Palladiums« ließ für die Schlesier den Anlaß des Streites in den Hintergrund treten. Niemand außer dem Liegnitzer Herzog rührte noch einen Finger für die Erbverbrüderung. Sie wurde vom König am 18. Mai 1546 kassiert. Die Schlesier atmeten erleichtert auf, daß es gelungen war, den Angriff der Böhmen abzuschlagen.

Der Ausgang des Privilegienstreites war von weitreichenden Folgen. Das gespannte Verhältnis zwischen Böhmen und Schlesien war durch die öffentliche Auseinandersetzung zwischen ihnen und die erneute Behauptung der schlesischen Rechte auf Dauer gestört. Der Sonderweg Schlesiens als eigenständiges Territorium innerhalb der böhmischen Ländergruppe war damit gefestigt worden. Das schloß für absehbare Zeit jede gemeinsame Opposition der beiden Länder gegen den König aus. Die Böhmen hatten die Erfahrung gemacht, daß sie vom König mehr benutzt als unterstützt worden waren. Es war der Beginn einer raschen Entfremdung. Schlesien hatte obsiegt, wenngleich auf Kosten einer Demütigung seines mächtigsten Fürsten. Den größten Erfolg verzeichnete der König, der seine Stände gegeneinander ausgespielt hatte und am Ende als Richter in einer Sache erschien, in der er durchaus selbst Partei war. Er hatte sich geradezu die Dankbarkeit der Schlesier, auf jeden Fall eine unbezweifelbare Autorität erworben. Die Liegnitzer Erbverbrüderung war in rechtlich korrekter Form aufgehoben. Die unmittelbar Betroffenen fanden sich mit dem Ausgang ab, Friedrich II. nur mit der Verbitterung, die ihn schon ein Jahr später sterben ließ. Beide Söhne bestätigten 1549 anläßlich ihrer Huldigung den vom König verlangten Verzicht. Niemand konnte damit rechnen, daß es zweihundert Jahre später einen preußischen König geben würde, der diesen Fall noch einmal politisch ausspielen würde.

Von Breslau aus begab sich Ferdinand auf kürzestem Wege nach Regensburg, wohin Kaiser und Reich zu einem letzten großen Religionsgespräch geladen hatten. Für den aus Breslau anreisenden Streittheologen Johannes Cochläus zu spät, denn seiner Ansicht nach hatte man versäumt, die Füchse zu fangen, solange sie noch klein waren.[142] Für den Fall des Scheiterns war Karl V. zum Krieg entschlossen, den er hinter der heiteren Fassade jener Regensburger Tage bereits vorbereitete. Nicht als Religionskrieg, der den Zwiespalt vergrößern würde, sondern als eine Strafexpedition gegen unbotmäßige Fürsten. So begann 1546 der Schmalkaldische Krieg. Auch in Breslau, nicht aber in Prag, wurden am Rathaus und den Kirchentüren die kaiserlichen Achterklärungen gegen Kurfürst Johann Friedrich von Sachsen und Landgraf Philipp von Hessen angeschlagen. Dieser »deutsche Krieg«, wie ihn die Zeitgenossen nannten, war ein knappes Jahr später in der Schlacht bei Mühlberg am 24. April 1547 entschieden. Der Ritter Fabian von Schönaich erwarb sich dort als erster Schlesier den kaiserlichen Orden vom Goldenen Vlies. Als Trophäe brachte er zudem das silberbeschlagene Schwert des Herzogs von Braunschweig nach Carolath mit. Im Triumph zog derweilen Kaiser Karl mit den gefangenen Gegnern nach Augsburg, um hier sein Friedensdiktat zu verkünden.

Es war unvermeidlich, daß Schlesien in diese das ganze Reich erschütternden Auseinandersetzungen hineingezogen wurde. Das hatte sich zum erstenmal schon 1528 angekündigt, als sich der sächsische Adlige Georg von Pack mit der Behauptung wichtig machte, König Ferdinand habe 1527 in Breslau eine Verschwörung gegen die evangelischen Reichsfürsten angezettelt. Schon damals hatte Landgraf Philipp von Hessen militärische Gegenmaßnahmen getroffen.[143]

Seit dem ersten Bündnis von 1531 waren die »Schmalkaldener« auf der Suche nach Bundesgenossen. Markgraf Georg von Ansbach-Jägerndorf war ihnen damals nicht beigetreten. Aber 1537 nahmen er und sein Schwiegersohn Friedrich II. von Liegnitz die Einladung Sachsens und Hessens zu einem Treffen in Schmalkalden an, ebenso wie 1541 die Breslauer nach Naumburg.[144] 1546 nun war es Johannes Bugenhagen, das geistliche Haupt des Protestantismus seit Luthers Tod, der im Oktober eine »Christliche Vermanung« zum Widerstand »an die löbliche Nachbarschaft Behemen, Slesier und Lusatier« richtete, die Schlesier daran erinnernd, welchen Dank sie ihrer tödlich bedrohten »Mutterkirch« in Wittenberg schuldeten.[145]

Die Stunde der Entscheidung mußte kommen, als König Ferdinand im Januar 1547 das Lehnsaufgebot der böhmischen Länder gegen die Schmalkaldener anforderte. In Böhmen selbst hatte sich unter einer scheinbar ruhigen Oberfläche eine aus hussitischen, evangelischen und ständischen Quellen gespeiste Widerstandsbereitschaft gesammelt, die nun als offene Rebellion gegen Kaiser und König hervorbrach.[146] In Schlesien war die Reaktion vorsichtiger. Die katholischen Stifte leisteten die geforderten Zwangsanleihen. Viele Stände aber schützten vor, sie brauchten ihre Truppen dringen-

Hirschberg am Fuße des Riesengebirges erlebte sein größtes Jahrhundert nach dem Dreißigjährigen Krieg, als die Spezialisierung der Leinenweberei auf dünne »Schleier« das Gebiet um Hirschberg, Greiffenberg, Schmiedeberg und Landeshut zu einer bedeutenden Wirtschaftsregion machte. Der Weite des habsburgischen Herrschaftsraumes entsprach die Internationalität der Geschäftsbeziehungen. Mit großbürgerlichem Selbstverständnis verschönerten die Hirschberger »Schleierherren« die Laubenhäuser, Kirchen und Gruftkapellen ihrer Stadt im Stile des »Hirschberger Barock«. Das machte die Stadt zu einem städtebaulichen Juwel von großer Geschlossenheit. Die Nachkriegsentwicklung zeigte, wie rasch eine unversehrt gebliebene Stadt ohne ihr ansässiges traditionsbewußtes Bürgertum verfallen kann. Die polnische Denkmalpflege, die sich zunächst den kunsthistorisch bedeutenden Bauten zuwandte, ist um die Erhaltung des städtebaulichen Ensembles der Altstadt bemüht. Der Marktplatz hat sein Rathaus mit dem umgebenden Viereck der alten Laubenhäuser zurückerhalten, in deren Schatten wieder Touristen und Wanderer Erholung suchen.

Der älteste Stadtplan von Breslau ist der schönste und aufwendigste: eine sorgfältige, kolorierte Federzeichnung des Jahres 1562 in den monumentalen Maßen von etwa 186 Zentimetern im Quadrat. Straßen und Plätze sind genau beschriftet, was von großem Aufschluß für die älteren Verhältnisse ist. Die ganze Entwicklungsgeschichte der Stadt liegt hier offen. Sie begann auf den Oderinseln, die noch vom Fluß umspült werden. Links der Oder, wo Breslau 1242 nach deutschem Recht begründet wurde, weisen die Straßen das typische Schachbrettmuster auf. Die Stadterweiterungen lassen sich nicht mehr dem gleichen Prinzip unterwerfen. Heinrich III. vergrößerte die Stadt 1263 um das Gebiet vom Neumarkt an. Diese Neustadt wurde 1327 mit der Altstadt vereinigt. Rund um die halbkreisförmige Ummauerung wuchs im Süden eine kragenförmige Erweiterung, die bis Ende des 14. Jahrhunderts durch eine zweite äußere Stadtmauer befestigt wurde. Zwischen den etwa fünfzig runden und eckigen Mauertürmen führten sieben Tore in die Stadt.
Der Kartograph Barthel Weyhner zeichnete den Plan im Auftrage des Kaufmanns Georg Uber. Er trägt eine Widmung an Kaiser Ferdinand I. und dessen Sohn Maximilian II., auf dessen Prager Krönung in diesem Jahr Bezug genommen wird. Den politischen Rahmen bilden daher die in den Ecken plazierten Wappen des Kaisers, Böhmens, des Bischofs Kaspar von Logau und der Stadt Breslau.

der gegen die drohenden Türken. Herzog Friedrich II. von Liegnitz hingegen lavierte am Rande der Rebellion. Das von ihm versprochene Landesaufgebot zögerte er so lange hinaus, bis die Entscheidung von Mühlberg schon gefallen war.[147] Zugleich aber bot er den aufständischen Böhmen seine Unterstützung an, wenn diese nur zuvor die schlesischen und seine persönlichen Privilegien anerkennen wollten.[148] Die Demütigung von Ostern 1546 hatte er nicht vergessen. Die Böhmen versprachen, noch einmal darüber nachzudenken. Doch auch hier kam der Sieg des Kaisers allem Weiteren zuvor.

Die Folgen der ersten massiven Gehorsamsverweigerung seit Regierungsbeginn des Königs bekamen nun im Sommer 1547 alle böhmischen Länder zu spüren, am schärfsten Böhmen selbst. Wieder spielte der König die Stände gegeneinander aus, denn das Strafgericht, dem er zusammen mit seinem Sohn beiwohnte, war zur Hälfte aus schlesischen Fürsten und Landeshauptleuten zusammengesetzt, darunter Bischof Balthasar von Promnitz und Herzog Wenzel III. von Teschen. Die Liste von Todesstrafen für die böhmischen Oppositionsführer sowie der Konfiskationen von Gütern und Rechten liest sich wie ein Vorspiel des größeren böhmischen Konfliktes von 1618 bis 1623.[149]

Schlesien kam zwar ohne Prozeß, aber nicht ungestraft davon. Wieder war dem König der abschließende Herrschaftsausbau wichtiger als der Primat des Katholizismus. Vor allem die Städte Breslau, Schweidnitz ebenso wie Görlitz bekamen zu spüren, daß der König sie als Kammergut betrachtete. Es gab Amtsenthebungen, Strafgelder und vor allem eine »ewige« Biersteuer. Der neuen Münzordnung folgte die Einrichtung der kaiserlichen Münze in Breslau. 1556 wurde ein neuer Grenzzoll eingeführt und 1562 das Boisalzmonopol. Bei gleicher Gelegenheit gewann Ferdinand das schon halb verlorene Sagan zurück. Diese Einlösung von 1548 war in dem Bündel an Abmachungen enthalten, das den sächsischen Herzog Moritz zum wichtigsten Verbündeten des Kaisers gemacht und ihm die Kurwürde des geschlagenen sächsischen Vetters eingebracht hatte. Der neue Kurfürst blieb auch weiter ein frommer Machiavellist. Aber die von ihm geschaffene »Achse« Sachsen-Böhmen-Wien blieb seitdem eine wichtige Konstante der Reichspolitik, an der sich auch Schlesien orientieren mußte.

Noch wichtiger wurden Veränderungen der Landesverwaltung. Die Reichsstadt Magdeburg, seit dem Mittelalter dem gesamten deutschen Osten als Oberhof nahestehend, hatte ihre Unterwerfung unter den Kaiser verweigert. Erneut verhängte der Kaiser 1548 die Reichsacht und entzog der Stadt die richterliche Zuständigkeit als Oberhof. Nichts war Ferdinand willkommener, als damit den böhmischen Ländern 1548 ein gemeinsames, allein dem König unterstehendes, oberstes Appellationsgericht in Prag vorschreiben zu können, das fortan die letzte Instanz aller böhmischen Länder war. Schlesien hat sich nur schwer an dieses böhmische Gericht gewöhnen können, weshalb bis Ende des 17. Jahrhunderts der Breslauer Schöppenstuhl eine Ersatzfunktion behielt.[150]

1552 wurden die Stände aller böhmischen Länder nach Prag gerufen, damit sie das Finanzwesen neu regelten. Damals kam es zur Festlegung der jährlichen Steuerquote Schlesiens und zur Schaffung des ständischen Generalsteueramtes. Die dem König jetzt in Schlesien zufließenden Einkünfte aus dem gewachsenen Kammergut und den neuen

Steuern machten aber auch die selbständige Einrichtung einer königlichen Finanzbehörde neben der ständischen erforderlich. Gegen den Protest der Stände, die sich an die Zeiten eines Georg von Stein erinnert fühlten, bestellte der König 1554 Friedrich von Redern als seinen Viztum. Dessen erste Aufgabe war 1558 die Einrichtung einer schlesischen Kammer in der Breslauer Burg. Sie wurde die erste vom Landesherrn geschaffene und nur ihm beziehungsweise der Wiener Hofkammer unterstehende Landesbehörde Schlesiens. Wie immer bei solchen Neuerungen, die als Bedrohung städtischer und finanzpolitischer Autonomie empfunden werden konnten, gab es zumindest verdeckten Widerstand. Das großartigste Zeugnis der intellektuellen Opposition in Breslau kursierte damals nur handschriftlich. Es war das über tausend Verse lange Poem »Sabothus sive Silesia« des Breslauer Stadtschreibers Franz Faber, vulgo Köckritz (1497 bis 1565), das mit humanistisch gespitzter Feder auf den neuen Kammerpräsidenten einstach und dabei den König mittreffen wollte. Dem König aber waren die administrativen Reformen wieder vorrangiger als eine konfessionelle Personalpolitik. Der Kammerpräsident, wie er in Zukunft genannt wurde, hatte stets aus dem schlesischen Herrenstand zu kommen, zwei seiner zunächst drei Räte aus dem Adel. Die Kammerordnung verlangte von ihnen nur, daß es Schlesier sein sollten, die loyal und vermögend sein mußten.[151] Solche fand Ferdinand beinahe bevorzugt unter den Protestanten des Landes. Es waren Beamte mit Zuständigkeiten für die verschiedenen Steuerarten und Behördenfunktionen.

Auch damals schon folgten Behörden dem Gesetz der personellen und ressortmäßigen Ausweitung. Große Bedeutung erhielten bald die Fiskale, die neben den steuerlichen auch staatsanwaltliche Aufgaben erhielten. Mit der Errichtung der Schlesischen Kammer war die administrative Unterwerfung des Landes jedenfalls vollendet. Entsprechend der dualistischen Struktur des ständisch verfaßten Herzogtums hatte der König nun eine doppelte Stellvertretung in Schlesien. Es war auf der einen Ebene der Oberlandeshauptmann, von 1536 bis 1608 repräsentiert durch den vom Königtum abhängigen fürstlichen Bischof, und auf der anderen Ebene der Kammerpräsident, der durch seinen Eid auf den König verpflichtet war.

Mehr noch als es der Kaiser im Reich tat, hat Ferdinand die Durchsetzung seines Supremats in Schlesien nicht als konfessionellen Konflikt gehandhabt. Auch betrachteten jene vom König zu Breslauer Bischöfen lancierten Politiker, die zugleich Oberlandeshauptleute waren, nicht die Erzwingung der Gegenreformation als ihre Hauptaufgabe. Dem widerspricht nicht, daß auch in Schlesien das Vordringen der Reformation noch vor Ende des 16. Jahrhunderts zum Stillstand kam und die Reformen des 1563 beendeten Trienter Konzils zu wirken begannen.[152]

Der Kaiser hatte trotz seines Sieges bei Mühlberg die Religionsfragen des Reiches nicht lösen können und am Ende auch nicht mehr lösen wollen. Sein Bruder Ferdinand war es, der 1555 den Augsburger Religionsfrieden schloß. Erst mit ihm erhielt das evangelisch-lutherische Bekenntnis im Reich seine Anerkennung. Die bald dazu gefundene Formel des *cuius regio, eius religio* hatte Ferdinand aber von Anfang an nur so verstehen wollen, daß er allein in seinen Erbländern die Religionshoheit besitze, nicht aber seine

Untertanen, auch nicht die schlesischen Fürsten.[153] In einer Szene, die sich 1559 auf dem Augsburger Reichstag ereignete, demonstrierte Kaiser Ferdinand seine neue Entschlossenheit zur politischen und konfessionellen Disziplinierung der schlesischen Fürsten.[154] Bei den Exequien, die dort für den verstorbenen Kaiser Karl V. gehalten wurden, gehörte der junge Heinrich XI. von Liegnitz zu seinem Hofstaat. Anläßlich des Fronleichnamsfestes wurde der Prinz als einer der Träger des Himmels über der Monstranz bestimmt, für Katholiken eine Auszeichnung, für Protestanten eine Gewissensfrage. Heinrich XI. zog es vor zu fehlen, was man in Schlesien bald als »ein herrliches gutes Bekentnüs wegen der reinen Lehr des heiligen Evangelii« (Jacob Schickfus) lobte. Aber noch am selben Tag bekam der Prinz die kaiserliche Ungnade zu spüren. Als Heinrich dem Kaiser das Wasserbecken reichte, riß dieser es ihm aus der Hand und herrschte ihn vor der versammelten Öffentlichkeit des Reichstages an: »Wer mir in der Kirchen nicht dienen will, des Dienstes bedarf ich auch allhier nicht. Gehet hin und wartet des Euern.« Erst nach vielen Fürsprachen evangelischer Fürsten gelang es wohl, den Kaiser wieder versöhnlicher zu stimmen.

Die bis 1555 schon evangelisch gewordenen Territorien Schlesiens haben dennoch den Augsburger Religionsfrieden als Rechtfertigung ihres Bekenntnisses betrachtet und dafür das stillschweigende Einverständnis des Königs gehabt. Die Breslauer benutzten den Huldigungsbesuch König Maximilians II. 1563 in Breslau geradezu als Test für diese Toleranz. Kurz vor der Abreise des Königs bat auch die evangelische Geistlichkeit der Stadt um die Ehre eines Besuches. Bei dieser Gelegenheit umschrieb Kircheninspektor Adam Cureus das konfessionelle Bekenntnis der Stadtgemeinde als »jene Summe der Lehren, die in dem Augsburgischen Bekenntnis begriffen ist«.[155] Weder der König noch der Kanzler nahmen daran Anstand. Die Schlesier sollten erst 1604 von Kaiser Rudolf II. wieder zu hören bekommen, ihm sei unbekannt, daß die Fürsten und Stände Schlesiens im Augsburger Religionsfrieden inbegriffen seien.

LANDESBEWUSSTSEIN UND PATRIOTISMUS

Daß Schlesien sich als ein gemeinsames Ganzes begriff und seine Fürsten, Stände und Bewohner sich mit dem größeren Schlesien identifizieren konnten, war erst die Folge einer längeren Entwicklung. Der Widerstreit zwischen Zusammengehörigkeitsgefühl und Partikularismus, wie er heute im föderalistischen Gegenüber von Bund und Ländern, Europa und seinen Vaterländern wiederkehrt, hatte schon im Heiligen Römischen Reich Deutscher Nation seine Vorgeschichte und läßt sich, wenn man will, bis in die schlesische Geschichte hinein zurückverfolgen. Diese Wende vollzog sich in der frühen Neuzeit Schlesiens.

Am Anfang war Matthias Corvinus. Mit ihm begann die politische Zusammenfassung der schlesischen Länder zu einer gemeinsamen verfassungsmäßigen Form, ein Zwang, der bald zur anerkannten Normalität wurde. Dazu trug die zeitweilige Herauslösung Schlesiens aus der böhmischen Ländergruppe bei. Fürsten und Stände begannen, sich zunehmend als Interessengemeinschaft zu verstehen, gerade auch gegenüber dem König und den Nachbarländern. Es gab Abgrenzungen und Selbstbestätigungen, die Ausdruck für die neue gesamtschlesische Identität wurden. Hierin lag eine qualitative Steigerung gegenüber den mittelalterlichen Vorstufen, die natürlich auch schon den Begriff Schlesien kannten, das kirchliche Band des Breslauer Bistums oder auch die integrierende Symbolfigur der einzigen Landesheiligen Hedwig. Weder der Breslauer Bischof noch einer der führenden Landesfürsten besaß von sich aus die Vollmacht, für das ganze Land zu handeln, so wie es seit Matthias Corvinus dem Oberlandeshauptmann zukam, der in einer Doppelstellung sowohl das Land als auch den König vertrat. Er war es, der »als ein Vater des Vaterlandes/die Gesetze und Privilegia verwahrete/ und beschützte« (Friedrich Lucae). Das 1498 errungene Große Landesprivileg hatte zur Voraussetzung, daß es ganz Schlesien als ein geschlossenes Rechtsgebiet anerkannte. Es verbriefte, daß nur noch schlesische Fürsten zu Oberlandeshauptleuten bestellt wurden, daß es einen zentralen Ort, nämlich Breslau (und kraft alten Privilegs Schweidnitz), für die Huldigungen des Landes an den König gab und daß dieses zur Heerfolge »ober die grentzen der Slesien« hinaus nicht verpflichtet sei. Die Beispiele lassen sich in habsburgischer Zeit durch eine lange Reihe von gesetzlichen Regelungen vermehren, die seit 1528 den Landfrieden, das Landesdefensionswesen oder die Landespolizei ganz Schlesiens betrafen. Seit 1529 fochten die Schlesier unter einem gemeinsamen Landesbanner.

Daß es einen »Staat von Schlesien« gab, formulierte erst das frühe 18. Jahrhundert.[156] Es wäre aber zu modern gedacht, daraus auf die Vorstellung von einer schlesischen Staatsangehörigkeit zu schließen. Die frühe Neuzeit kannte nur den Begriff der Landsmannschaft, der Inländer und Ausländer, der Eingeborenen oder der Fremdgeborenen. Darauf wiesen die Statuten des Breslauer Domkapitels seit dem 15. Jahrhundert hin, nach denen dort nur noch Schlesier aufgenommen werden sollten.[157] Das Domkapitel unterschied zwischen im Lande geborenen (indigenis) und Ausländern (alienigenis), nicht aus Fremdenfeindlichkeit, sondern aufgrund negativer Erfahrungen.

Die Zurückweisung von Ausländern für kirchliche Ämter in Schlesien blieb auch in der Folge ein unerschöpfliches Thema. Das galt vor allem dann, wenn solche Fremde nur an schlesischen Benefizien interessiert waren und sich gar nicht persönlich im Lande aufzuhalten gedachten. Später konnte diese Argumentation von den Fürsten und Ständen dazu benutzt werden, gegen die Absicht der römischen Kurie vorzugehen, ihre am Collegium Germanicum in Rom ausgebildeten Theologen in Schlesien einzusetzen, damit sich dort der Katholizismus regenerieren könne. Frühformen nationaler Abgrenzungen finden sich seit dem Mittelalter in allen europäischen Ländern. Sie beginnen beim gegenseitigen Spott der Nachbarn und enden in nationalen Stereotypen. So auch zwischen Schlesien und seinen Nachbarn. Es ärgerte die Schlesier mächtig, daß die Nachbarn sie als Eselsfresser verspotteten,[158] aber empört waren sie, daß der berühmte Humanist Joseph Justus Scaliger sie Barbaren genannt hatte.

In der Regel war damals für solches Landesbewußtsein nicht die volkmäßige Zugehörigkeit, sondern einfach das Heimatland die Bezugsgröße. Ein Beispiel: Der Niederschlesier Anselmus Ephorinus aus Friedeberg am Queis korrespondierte 1531 mit Erasmus von Rotterdam, der ihn, vielleicht aufgrund seines Studiums in Krakau, einen Polen nannte. In seiner Antwort stellte Ephorinus richtig, er sei ein »Silesius, non Polonus«. Der aus deutscher Familie stammende Ephorinus beanstandete offenbar weniger, daß sein Deutschtum verkannt worden war, vielmehr störte ihn, daß Erasmus sein Vaterland verwechseln konnte.[159]

Zu den Paradoxien des europäischen Humanismus, der doch sonst die Universalität des Lateinischen so genoß, gehörte, daß er nahezu überall die nationalen Tendenzen gefördert hat. In zahlreichen Ländern schuf er das Bedürfnis, eine der römischen Antike vergleichbare kulturelle und staatliche Identität nachzuweisen oder erforderlichenfalls zu konstruieren.

Das Lob des eigenen Vaterlandes war zunächst ein humanistischer Topos. Zu ihm gehörte die Aufzählung der Schönheiten des Landes und der Tugenden seiner Bewohner. Es ist gar keine Frage, daß beides für Schlesien überaus schmeichelhaft ausfiel. Überall priesen Humanisten ihre Heimat in idealisierender Weise, so daß es schwerfällt, die Versatzstücke jener Literatur von der trefflichen Beobachtung zu scheiden. Wieviel glaubhafter wäre es ausgefallen, würde sich zwischendurch auch eine kritische Anmerkung finden. Aber unzweifelhaft wurde der Vaterlandsbegriff dabei gefühlsmäßig aufgeladen. Aus solchem Antrieb entstanden überall Gedichte und Bücher, die dem durch Konrad Celtis bekanntgemachten Vorbild der *Germania* des Tacitus nacheifern wollten. Die Antike lieferte Modelle für die Gegenwart. Damals begannen die Deutschen zu glauben, daß sie noch immer dasselbe Volk seien, wie die von Tacitus beschriebenen Germanen. Im fernen Padua ergriff die Vaterlandsliebe den Hirschberger Pankraz Geyer (Pancratius Vulturinus), der hier 1506 seinen *Panegyricus Slesiacus* niederschrieb. Sein Beispiel fand in Schlesien viele Nachfolger. Der spätere Breslauer Domherr Johannes Cochläus (1479–1552), einer der bedeutendsten des 16. Jahrhunderts in Breslau,[160] schrieb 1512 eine *Brevis Germaniae descriptio*, Johannes Heß eine leider verlorene *Silesia magna*.

Um wenigstens einen nachweislichen Anteil an der Antike zu haben, zog man die Karte des antiken Geographen Claudius Ptolemäus heran, um dort die eigene Heimat wiederzufinden. Der Breslauer Humanist Sigismund Buchwald (Sigismundus Fagilucus) identifizierte 1503 die bei Ptolemäus genannte Stadt Budorgis mit Breslau. Seitdem begannen die Humanisten, Schlesien mit antiken Namen zu überziehen. Man könnte von der Erfindung einer schlesischen Antike sprechen, deren Ziel die Verherrlichung des Landes war. Das Land Silesia hieß eigentlich Elisia oder noch genauer Elysium. Es war ein himmlisches Gefilde. Die Oder mußte mit dem antiken Viadrus gleichgesetzt werden. Bei Ptolemäus stand auch der Gebirgsname »Sudetes«, mit dem eigentlich nur das Grenzgebirge zu Böhmen gemeint sein konnte. Als der ptolemäische Vorrat ausging, begann man die schlesischen Städtenamen zu übersetzen, entweder ins Lateinische wie Ziegenhals (Civitas Capricollis) oder gar ins Griechische wie Grünberg (Prasia Elysiorum oder Thalloris). Gerne benutzten Studenten diese gelehrten Formen bei ihrer Immatrikulation. Das Lob der Stadt Budorgis ertönte das ganze 16. Jahrhundert, aber die Stadtväter zogen die lateinische Form Wratislavia vor, die 1529 beziehungsweise 1530 amtlich wurde, als Breslau von Kaiser Karl V. sein neues Stadtwappen erhielt. Hier stand im dritten Feld ein W und kein B.

Bis ins 18. Jahrhundert hinein war der Vergleich Schlesiens mit den antiken Vorbildern beliebt: Wer nämlich die Regierungsform, die Landesbeschaffenheit, die Sitten der Einwohner und das Verhängnis des Landes betrachtete, dem kam unwillkürlich der Vergleich mit dem antiken Griechenland in den Sinn. Dann sah man in Schlesien die Schafherden des alten Arkadien weiden. Wo Griechenland seinen rauhen Helikon und den delphischen Apoll besaß, da verwies Schlesien auf sein Riesengebirge mit dem »kunstlichen Rubenzahl«. Breslau übertraf noch das alte Athen, und am Jablunkapaß lagen die schlesischen Thermopylen. Am Ende war Martin Opitz der teutsche Homer, und Dichter wie Hoffmannswaldau und Lohenstein führten den tragischen Kothurn so gut wie Euripides und Sophokles.[161]

In den Nachbarländern handelten die Humanisten ähnlich. In Polen entdeckte man die Übereinstimmung des bei Herodot genannten Landes Sarmatia mit der eigenen Heimat. »Sarmatia« hatte für Humanisten einen weiteren Horizont als das an die Sprache gebundene »Polonia«. Es war ein kultureller Begriff, den einige Autoren für alle slawischen Länder beanspruchten. Gehörte also Schlesien zu Sarmatien? Ältere polnische Autoren bejahten es. Schlesier sahen es sehr bald anders. Schon Celtis unterschied in seinem berühmten Neckvers zwischen Schlesiern und Sarmaten, amüsierte sich aber auf beider Kosten:

Quam bene vicinus Slesitae Sarmata fertur!
Ederat hic asinum, dum vorat alter equum.
Wie nahe benachbart ist doch der Sarmate dem Schlesier!
Dieser ißt Esel so gern, jener verschlingt gar sein Pferd.

Die Gleichsetzung Polens mit Sarmatien hat in diesem Land noch eine politische Nachwirkung gehabt. Kam dem Begriff anfangs eine eher integrative Funktion zu, so wurde er seit dem 17. Jahrhundert zur defensiven, konservativen Ideologie der polnischen Adelsnation.[162] Dieses gewandelte Verständnis von »sarmatyzm« beschränkte sich auf den bodenständigen polnischen Adel, wie er in der Szlachta versammelt war, so daß selbst das polnischsprachige Schlesien darin nicht mehr eingeschlossen war.

Was in der Zeit des Humanismus als Distanzierung von Polen begonnen hatte, nahm in Schlesien mit dem Herrschaftsantritt der deutschen Habsburger zu. Das hatte seine Parallele in der wachsenden Verbreitung der deutschen Sprache gegenüber der polnischen. Antipolnische Stimmen meldeten sich auf dem Fürstentag, als einzelne Klöster der alten Kirche, wie die Breslauer Dominikaner oder die Czarnowanzer Prämonstratenserinnen, den reformationsbedingten Nachwuchsmangel durch Anwerbung polnischer Novizen auszugleichen suchten. Am bekanntesten wurde die von Zufälligkeiten begleitete Polonisierung der berühmten Zisterzienserinnenabtei Trebnitz, deren dezimierter Konvent sich 1589 erstmals eine polnische Äbtissin wählte. Damit erhielt Trebnitz für 150 Jahre nahezu den Charakter eines Damenstiftes für den polnischen Adel, der diesen schlesischen Stützpunkt geschickt zu halten wußte.[163] Um diese Zeit konnte es auch vorkommen, daß die Scholaren der Goldberger Schule ihre ausländischen Mitschüler zu hänseln begannen und dann das Wort »Schelm Pollack« fiel, was damals weit schimpflicher klang, als es sich heute anhört. Da fehlte nicht mehr viel zu dem pubertären Nationalismus, der solche Ausfälle begründete: »Denn die Polen sind von Natur der Deutschen Feind.«[164]

Mit besseren historischen Rechten wurde von Böhmen gegenüber Schlesien eine Kronenideologie vertreten, die man einen Bohemismus nennen kann. Dahinter standen ständische beziehungsweise politische Interessen, die gelegentlich massiv durchgesetzt wurden. In dem nach ihm benannten Vertrag von 1504 hatte der böhmische Kanzler Albert von Kolowrat den böhmischen Rechtsstandpunkt durchsetzen können. Danach wurde das passive Wahlrecht für das Breslauer Bischofsamt auf Inländer aus den böhmischen Kronländern festgelegt. Das war der Anspruch auf ein gemeinsames Indigenat der böhmischen Krone. In dem berühmten schlesisch-böhmischen Streit von 1546 befanden sich die schlesischen Fürsten noch tiefer in der Defensive und mußten um ihre Anerkennung kämpfen. Kanzler Bock wies vor dem König den Anspruch der böhmischen Stände zurück, die so taten, »als weren sie alleine die Cron/und die Herren Fürsten und Stände dieses Landes sampt andern incorporirten Landen/wehren ihre Vasallen und Manne«. Bock verwahrte sich dagegen mit der Feststellung, die schlesischen Fürsten und Stände seien ebenso wie die Böhmen gleichberechtigte »mitglieder der Cron Böheimb/ja der höchste Standt derselbigen nach den Praelaten«, schließlich huldigten doch die Schlesier nicht den böhmischen Ständen, sondern dem König![165] In der Ständerevolte von 1547 kamen zu solchen Rivalitäten auch noch nationale Töne aus hussitischer Tradition hinzu. Wenn die böhmischen Stände nun ihr Vaterland als das Gebiet der böhmischen Zunge (jazyk český) definierten, so schlossen sie damit das deutsche Schlesien oder die Lausitz aus.[166] Es waren solche Spannungen, die den ständische Parlamentarismus der böhmischen Kronländer unvollendet ließen. Zwar gab es Generallandtage in Prag, auf denen die Stände aller böhmischen Länder zusammentrafen, aber sie endeten vielfach im Streit über Vorrangfragen, die zugleich politische Fragen waren. So geschah es zehnmal in der Regierungszeit Ferdinands I., ohne daß es zu einer Hegemonie des Prager Generallandtages gegenüber dem schlesischen Landesparlament, dem Fürstentag, kam.

Das Ganze hatte seine Parallele im hartnäckig verteidigten Adelsindigenat der böhmischen Krone. Es gab keine Verleihung eigenen schlesischen Adels. Auch der schlesische Adel gehörte zur großen Gemeinschaft des böhmischen Adels, den nur der böhmische König verleihen konnte.[167] Aber innerhalb Schlesiens erkannte der König ein eigenes schlesisches Adelsindigenat oder Inkolat an. Böhmische Adelsverleihungen traten in Schlesien erst in Kraft, nachdem sie vom schlesischen Oberamt publiziert worden waren. Allein dieser Adelsstand berechtigte zum Erwerb ritterlichen Landbesitzes. Zudem mußte man in die Adelsmatrikel des betreffenden Fürstentums eingeschrieben sein, um dort die damit verbundenen Rechte ausüben zu dürfen. Landeshauptmann konnte man zum Beispiel nur in einem Fürstentum werden, in dem man dessen Land-

Die Lage des Landes zwischen Riesengebirge und Oder kommt auf der ersten zuverlässigen Landkarte Schlesiens recht gut zum Ausdruck, da sie noch ganz bildhaft aufgefaßt ist. Im Jahre 1561 veröffentlichte der Rektor der Maria-Magdalenen-Schule zu Breslau, Martin Helwig, das Ergebnis seiner Landesaufnahme. Die Karte ist aus pädagogischen Erwägungen gesüdet, damit das Wasser der Oder von links oben nach rechts unten fließen kann. Etwa dreihundert Städte, Klöster, Schlösser und Dörfer sind durch symbolische Ansichten wiedergegeben. Mitten in den blauen Bergen des Riesengebirges erhebt sich der »Risenberg«, unterhalb dessen der »Rubenczal« sein Wesen treibt. Der kleine Ort Schmograu erfreut sich noch immer humanistischer Verehrung, weil dort angeblich im Jahre 966 die erste Schule Schlesiens begründet wurde.
Die Kosten für diesen aufwendigen Holzschnitt trug der Breslauer Patrizier Nikolaus Rehdiger, dem die Karte gewidmet ist und dessen Wappen eine Grazie hält. Die beiden großen Wappen Böhmens und Polens füllen nur leeren Raum der angrenzenden Länder. In der Schmuckleiste rund um das Blatt finden sich die Wappen der schlesischen Fürstentümer und ihrer Hauptstädte. Fast zwei Jahrhunderte lang diente diese Landkarte als Vorlage für andere.

standschaft besaß. Deshalb wurde der von Rudolf II. in Glogau eingesetzte Landeshauptmann Freiherr Wenzel von Berka, ein Sohn des böhmischen Oberstkämmerers, von den Glogauer Ständen als Landfremder abgelehnt. Andere Probleme hatten die reichen Breslauer Patrizierfamilien, die sich den Adelstitel verschafft hatten. Der Rat besaß seinen eigenen Stolz und ließ bis 1656 für Ratsmitglieder die Führung des Adelsprädikates nicht zu. Erst nach Aufhebung dieser Beschränkung wurde der ganze Rat bis auf seine zünftischen Mitglieder adlig. Der schlesische Landadel wehrte sich lange dagegen, diese Kaufleute und Juristen als seinesgleichen anzuerkennen. Er machte ihnen Auflagen, sich den Ritterstand oder eine Wappenverbesserung zu verschaffen, ehe man sie als Landstand zulassen wollte. Wer sich hingegen als ausländischer Adliger in Schlesien niederlassen wollte, bedurfte gleichfalls der Anerkennung seines Standes. Sogar der vom Kaiser verliehene Reichsadel galt nur, wenn er zuvor für Böhmen bestätigt wurde, selbst wenn Kaiser und König identisch waren.

Das gewachsene Landesbewußtsein äußerte sich auch auf einer ganz anderen Ebene. Schlesien wurde nicht nur ein Objekt der Vaterlandsliebe, sondern Thema der Wissenschaften. Schon 1544 hatte der Geograph Sebastian Münster die erste selbständige Schlesienkarte herausgebracht, zwar fehlerhaft, aber das Wesentliche schon gut erfassend. Demgegenüber war die vom Breslauer Rektor der Maria-Magdalenen-Schule, Martin Helwig, 1561 veröffentlichte Schlesienkarte dank eigener Beobachtungen und Vermessungen weit genauer gelungen und dazu noch ein künstlerisches Meisterwerk des Holzschneiders H. Kron.[168] Eine Bordüre aus Ranken und Landeswappen faßte das malerisch aufgefaßte Kartenbild ein. Helwig hatte die Karte gesüdet, damit die Oder auch im Bild von oben nach unten fließen konnte, wie er es für didaktisch richtig hielt. Parallel zum Flußlauf zeigte die Karte die blauen Hügel des sudetischen Gebirges mit dem hervorgehobenen »Risenberg«, also der Schneekoppe, zu deren Füßen ein bocksbeiniges, geweihtragendes Fabelwesen eingezeichnet war, das als »Rubenczal« erklärt wurde. Dieses Kartenwerk des 16. Jahrhunderts vermittelt das früheste Bild Rübezahls, der bekannten Sagengestalt Schlesiens. Die von Helwig erlangten kaiserlichen und königlichen Privilegien gegen den Nachdruck haben nicht verhindert, daß die Karte immer wieder als Vorlage für andere Kartographen diente, bis gegen Ende der habsburgischen Zeit die erste staatliche Landesvermessung Schlesiens begann und ihr Ergebnis, der Homannsche Atlas, alle früheren Landkarten Schlesiens übertraf.

So wie mit Helwig die schlesische Kartographie begann, läßt sich gleiches für die schlesische Landesgeschichtsschreibung sagen, die 1571 mit den *Gentis Silesiae Annales* des Glogauer Stadtphysikus Joachim Cureus (1532–1573) einsetzte. Die im Frühhumanismus entstandenen Werke eines Barthel Stein oder Johannes Heß waren ungedruckt und fast unbekannt geblieben. Diese erste gedruckte Landesgeschichte Schlesiens war erfüllt vom Stolz auf die historische Entwicklung und die Behauptung des evangelischen Bekenntnisses im Heimatland. Cureus war kein Historiker, noch weniger ein Diplomat, denn seine unbekümmerten Urteile über die alte Kirche oder seine unfreundlichen Äußerungen über die Polen veranlaßten den Bischof von Ermland gleich zu einer

Replik. Das Erstlingswerk der schlesischen Historiographie war Kaiser Maximilian II. gewidmet. Aber der Bürgermeister von Sagan, Heinrich Rättel, fand, daß das Geschichtswerk »zu förderst … das gantze liebe Vaterlandt Schlesien« angehe, übertrug es »dem gemeinen Mann zu gut in Deutsche Sprach« und widmete es 1585 allen Fürsten und Ständen Schlesiens.

Damit war das Verlangen nach schlesischer Geschichte vollends geweckt. Noch im selben Jahr 1585 stiftete der Breslauer Bischof Martin Gerstmann testamentarisch eine namhafte Summe für eine Landesgeschichte aus katholischer Sicht. Doch blieb diese Materie zunächst eine Domäne der Protestanten. Dem angehenden Juristen Nikolaus Henel (1582–1656) stand die Bibliothek der Breslauer Patrizierfamilie Rehdiger offen, so daß er 1613 gleich zwei schmale, in elegantem Latein geschriebene Werke herausbringen konnte, eine schlesische Landesgeschichte und eine Breslauer Stadtgeschichte. Erstere nannte er *Silesiographia* und widmete sie den Fürsten und Ständen, letztere hieß *Breslographia* und war dem Rat gewidmet. Damit waren die wichtigsten späthumanistischen Entwürfe ausgebreitet, die dann im 17. Jahrhundert zu dickleibigen Folianten ausgewalzt wurden. Von diesen kann nur die 1624 erschienene materialreiche *Schlesische Chronica*« des Brieger Gymnasialrektors Jacob Schickfus (1574–1636) genannt werden, auch sie den Fürsten und Ständen gewidmet, oder das bedeutendste der Werke Friedrich Lucaes (1644–1708), seine *Denckwürdigkeiten* von 1689, die der calvinistische Emigrant dem brandenburgischen Kurfürsten widmete.

Auf mehreren Ebenen ist somit die Entwicklung des schlesischen Landesbewußtseins in den Blick genommen worden. Abschließend sollte sich der Blick auf die Schlesier selbst richten. Berührte der Patriotismus die Bevölkerung auch mentalitätsmäßig, oder wurde dort nicht zunächst in engeren Horizonten gedacht? Hatte man überall das gleiche Verständnis vom lieben Vaterland Schlesien, wie Heinrich Rättel es voraussetzte? In der frühen Neuzeit gab es die erstaunlich mobilen Scholaren und Handwerker, daneben auch vagierende und entwurzelte Gruppen, die als »fahrendes Volk« durch die Lande zogen. Sie waren die Ausnahme, denn das Gros der Bevölkerung, vor allem auf dem Lande, war durch Dienstpflichten und Not an jenen Fleck gebunden, der ihm durch Geburt, Stand, Familie und Obrigkeit bestimmt war. In diesem überschaubaren Umkreis hatte man sein Vaterland. Das galt im ganzen alten Deutschland wie auch in Schlesien.

Heimatgefühl beschränkte sich zunächst auf den Kirchturmshorizont des vertrauten Dorfes oder Städtchens. Das läßt sich bei all jenen beobachten, die aus solchen Verhältnissen stammten und diesen Gefühlen Ausdruck zu geben vermochten. Zahllos sind die Beispiele für diesen heimatlichen Weichbildpatriotismus, für das Lob und Bekenntnis zur eigenen Heimatstadt. Selbst ein Buch wie jenes von Martin Opitz über die Deutsche Poeterey, das in seinem Titel einen Anflug von Nationalstolz erkennen läßt, war weder dem deutschen noch dem schlesischen Vaterland gewidmet, sondern ausdrücklich dem »Vaterland« Bunzlau und dessen Stadtrat. Derselbe Martin Opitz konnte aber bei anderer Gelegenheit wie ein humanistischer Weltbürger auftreten und war bereit, jedem ehrenvollen Ruf nach Siebenbürgen oder Polen zu folgen.

Das Beispiel zeigt, daß frühneuzeitlicher Patriotismus offenbar etwas Vielschichtiges war. Man lebte in einer hierarchisch geordneten Welt mit entsprechend vielen Horizonten, dem des Dorfes, des Weichbildes, des Fürstentums, des ganzen Landes, der böhmischen Krone, des Heiligen Römischen Reiches und manchmal auch im universalen Horizont der Kirche oder einer Gelehrtenrepublik. Das wurde je nach ständischer Herkunft und Gelegenheit anders gesehen. Der Adel dachte in größeren Zusammenhängen. Bei ihm erstreckte sich der Patriotismus auf das Fürstentum, zu dessen Landständen er gehörte, um so mehr dann, wenn es dort noch eigene Landesfürsten gab. Die berühmte Stiftung, mit der Joachim vom Berge 1598 sein Vermächtnis niederlegte, war unter anderem zum Wohle des Fürstentums Glogau als seines Vaterlandes bestimmt. Erst dann kam die nächsthöhere Ebene des schlesischen Landespatriotismus in das Blickfeld. Ein solcher läßt sich sowohl im Lande selbst als auch in der Betrachtung von außen wiederfinden. Um bei letzterem zu beginnen: Wenn ein Schlesier wie Abraham Scultetus aus seinem »lieben Vatterland« Grünberg im Fürstentum Glogau in die Pfalz verschlagen wurde, die ihm dann wohl oder übel zu einem »andern Vatterland« wurde, so wurde ihm aus der Ferne ganz Schlesien zur Heimat, und er freute sich, wenn er in der Fremde einem Landsmann wie dem Herzog Georg Rudolf von Liegnitz begegnete, der »ein Fürst in Schlesien in meinem Vatterland war«.[169] In der Ferne rückten die Schlesier zusammen, bekannten sich bei ihrer Eintragung in Universitätsmatrikeln zu ihrem Herkunftsland Schlesien und schlossen sich oft zu Landsmannschaften zusammen.

Die Einteilung Schlesiens in Fürstentümer und Standesherrschaften war jenseits von Stadt und Weichbild die wichtigste patriotische Orientierung. Zweierlei läßt sich feststellen: In der Betrachtung von außen war das Gemeinschaftsbewußtsein der Schlesier besonders ausgeprägt, wobei es im Laufe der Zeit wuchs. In der Fremde fand auch derjenige Rückhalt bei seinen Landsleuten, der sich aus seinem Vaterland verstoßen fühlte, wie Johann Christian Günther aus Striegau. Einen modernen weltläufigen Patriotismus findet man nur bei wenigen Gebildeten. Der Dichter Daniel von Czepko gehörte zu ihnen, der sich als Jurist und Ständepolitiker für seine Schweidnitzer Heimat einsetzte und zugleich von einem Rechtsstaat träumte, in dem jedermann Heimatrecht haben sollte. Nur so kam er zu der Feststellung: »... wo Freiheit ist und Recht, da ist mein Vaterland«. Czepko kannte offenkundig seinen Justus Lipsius ganz genau.

Zwischen Barock und Aufklärung (1618–1740)

DIE KONFESSIONALISIERUNG DES LANDES

Im ersten Drittel der habsburgischen Zeit Schlesiens war es gelungen, zwischen den verschiedenen politischen und geistigen Kräften einen Ausgleich zu finden, so daß das Land mit sich und seinem obersten Landesherrn im Einklang lebte. Danach wurde auch Schlesien in den Strudel der das ganze Reich aufwirbelnden Konflikte hineingezogen, aus dem es mit einer oktroyierten neuen Ordnung der politischen und gesellschaftlichen Kräfte hervorging. Nach äußeren und inneren Kämpfen konnte es seinen bikonfessionellen Charakter und sogar seine ständische Verfassung bewahren, wurde aber zum habsburgischen Teilstaat umgeformt, dem jede Möglichkeit zu eigenständiger Politik genommen war. Im letzten Drittel der habsburgischen Herrschaft war Schlesien auf dem Wege, sich mit den veränderten Verhältnissen zu arrangieren, sein wirtschaftliches Leistungsvermögen und sein geistiges Potential in den auf Wien orientierten Kaiserstaat einzubringen.

Mit dem Tod Kaiser Ferdinands I. im Jahre 1564 hatten unmerkliche Verschiebungen eingesetzt, die sich auch auf Schlesien auswirken sollten. Eine davon war die Teilung der habsburgischen Erblande unter die drei Söhne des Kaisers, so daß eine selbständige Tiroler sowie eine steiermärkische Nebenlinie gebildet wurden. Dem ältesten Sohn Maximilian fielen Österreich, Böhmen, Ungarn und das Kaisertum zu. Die Abtrennung der südlichen Gebiete Österreichs verlagerte somit den Schwerpunkt seiner Herrschaft nach Norden. Der folgende Kaiser Rudolf II. sollte daraus die Konsequenz ziehen und seine Residenz 1583 auf den Prager Hradschin verlegen. Mit ihm zog auch die neugegründete päpstliche Nuntiatur nach Prag, so daß Schlesien seitdem nicht nur verstärkt in das Blickfeld der römischen Kurie geriet, sondern dieses inzwischen weitgehend protestantisch gewordene Land in die Planungen Roms zur konfessionellen Rückgewinnung aufgenommen wurde.[170]

Zu den unmerklichen Veränderungen gehörte auch der Reformwille der katholischen Kirche, wie er vom 1563 beendeten Trienter Konzil ausging. Wollte man seine Umsetzung nur »Gegenreformation« nennen, wäre lediglich eine Seite eines imposanten Reformwerkes beschrieben; unberücksichtigt bliebe, was an älteren katholischen Reformtraditionen wieder aufgenommen wurde. Evangelische Reformation und katholische Gegenreformation bezeichnen, von heute aus betrachtet, keine unvereinbaren Gegensätze mehr, sondern standen einander näher, als es die Begriffsbildung zum Ausdruck bringt. Das galt zunächst für das geistige Fundament, das noch immer von der vorreformatorischen Kirche und dem Humanismus gelegt war und deshalb so viele Gemeinsamkeiten des Bildungswesens und der Elitenrekrutierung aufwies. Das macht auch die aktuelle Diskussion um die »Modernität« nicht nur der Reformation, sondern auch der Gegenreformation verständlich. Wenn man die Binnenperspektive eines konfessionellen Standpunktes verläßt, werden solche strukturellen Gemeinsamkeiten deutlicher. Im Zeitalter einer alles durchdringenden, vom Staat ausgehenden Konfessionalisierung waren Reformation und Gegenreformation regionale oder konkurrierende Strategien eines fast parallelen Vorganges, der in allen lutherischen, calvinistischen und katholischen Staaten die Disziplinierung der gesellschaftlichen Kräfte, die Kontrolle des Staates über die Kirche und das oft gewalttätige Bemühen um konfessionelle Homogenität zum Ziel hatte.

Konfessionalisierung der Staaten war gleichbedeutend mit Politisierung der Konfession. Die Entstehung der Konfessionen fiel in die Zeit der Ausbildung des frühmodernen Staates, der in der Konfessionalisierung ein wirksames Instrument zum Ausbau seiner Souveränität, seiner Zuständigkeiten und Institutionen erkannte. Diese Art von Konfessionalisierung war »eine mit beachtlicher Regelmäßigkeit durchlaufende Frühphase moderner europäischer Staatenbildung«.[171] Unter solchen Aspekten lassen sich die staatlichen Entwicklungen Spaniens, Englands, der Niederlande oder Frankreichs beschreiben. In Deutschland galt Gleiches für die lutherischen Territorialstaaten Sachsen und Brandenburg, die calvinistische Kurpfalz und Hessen-Kassel, das katholische Bayern und Innerösterreich. Gerade in letzteren fand das Prinzip des geschlossenen katholischen Konfessionsstaates früher und entschiedener als in den kaiserlichen Erblanden Verwirklichung. Es war als Konzept gegen den »weichen« Katholizismus eines Kaisers wie Maximilian II. gedacht.

Schließlich ist unter den neuen Kräften der zweiten Hälfte des 16. Jahrhunderts die Lehre des Genfer Reformators Calvin zu nennen, die theologisch und organisatorisch geschlossener war als der lutherische Protestantismus. Die Prädestinationslehre von der göttlichen Vorherbestimmung eines jeden einzelnen und die Föderaltheologie vom Bund Gottes mit seinem Volk wirkten nicht nur auf die synodale Kirchenorganisation des Calvinismus. Vielmehr machten die sekundären Folgen im weltlichen und politischen Verhalten den Calvinismus historisch so erfolgreich. Nur der bereits in diesem irdischen Leben sichtbare Erfolg verschaffte dem Calvinisten die Sicherheit, zu den Erwählten Gottes zu gehören. Der Wunsch nach solcher Heilsbestätigung setzte in allen Bereichen des öffentlichen, politischen und wirtschaftlichen Lebens Energien frei. Theologische Positionen führten zu politischen Einstellungen. Die lutherische Lehre erlaubte nur unter besonderen Umständen den Widerstand gegen eine ungerechte Obrigkeit, sie verpflichtete vielmehr seine Gläubigen auf die Notwendigkeit zum »leidenden Gehorsam«. Der Calvinismus entwickelte demgegenüber eine Widerstandslehre, die unter besonderen Umständen bis zur Rechtfertigung des Tyrannenmordes reichen konnte. Solche Radikalität hat der Calvinismus in Deutschland nicht erlangt. Im politischen Verhalten unterschieden sich die dem Konservatismus zuneigenden lutherischen Staaten jedoch sehr von denen der oppositionellen, zum Widerstand bereiten calvinistischen Fürsten. In einigen wenigen Territorien aber wie Böhmen, wo der Calvinismus zur legitimierenden Konfession einer Ständefronde wurde, lagen Republikanismus und Revolution in der Luft.

Bei Abschluß des Augsburger Religionsfriedens im Jahre 1555 hatte der Calvinismus in Deutschland bereits Fuß gefaßt. Aber er galt noch als häretische Abweichung

Die evangelische Kirche Schlesiens folgte der lutherischen Orthodoxie sächsischer Richtung und bekämpfte den Calvinismus. Der innerprotestantische Konflikt erregte Anfang des 17. Jahrhunderts besonders die piastischen Fürstentümer Schlesiens. Die Kirchenväter der lutherischen Nikolaikirche von Brieg gaben dieser Sorge 1612 offen Ausdruck, als sie über ein altes Tafelgemälde ihrer Kirche aus dem Jahre 1443 eine zusätzliche Inschrift setzten. Sie enthielt die Bitte an Christus, er möge von der Kirche die Wiederholung einer solchen Zerstörung und Gefährdung abwenden, wie sie einst der Hussitismus gebracht habe. Deutlicher konnte die Anspielung auf den Calvinismus nicht formuliert werden, da das Brieger Fürstenhaus selbst mit dem Calvinismus sympathisierte. Die Aufnahme zeigt den Vorkriegszustand, denn das Tafelgemälde von 1443 hängt heute im Nationalmuseum in Posen; die Inschrift von 1612 ist seit 1945 verschollen.

und als des Reichsfriedens weder fähig noch würdig. Obwohl Luthertum und Calvinismus reformatorischen Ursprungs waren, betonten beide im konfessionellen Zeitalter vor allem das gegenseitig Trennende. Am Ende des 16. Jahrhunderts gab es in Deutschland drei Konfessionen, von denen nur der Katholizismus und das Luthertum reichsrechtlich anerkannt waren. Im Zweifelsfalle hielten die beiden anerkannten Konfessionen gegen den politisch virulenteren Calvinismus zusammen.

Die beschriebenen Veränderungen wirkten alle auf Schlesien, aber mit einer Verzögerung, wie sie oft in der schlesischen Geschichte zu beobachten ist. Auch war es so, daß die Kräfte ihre eigene Dynamik entwickelten und sich zusammen mit anderen Faktoren gegenseitig aufschaukelten und radikalisierten. Am Anfang des 17. Jahrhunderts waren aus miteinander streitenden religiösen Überzeugungen auch in Schlesien einander bekämpfende Lager geworden. Die Hemmschwelle, den eigenen Standpunkt notfalls gewaltsam durchzusetzen, wurde immer niedriger.

Das habsburgische Kaisertum hat dem Protestantismus nie nähergestanden als unter Maximilian II. (1564–1576). Noch ehe dieser zur Regierung gelangte, waren schon der Vater und die katholischen Mächte über die Unabhängigkeit des religiösen und politischen Urteils Maximilians beunruhigt. Man war besorgt über den Einfluß der Protestanten am Hof des Kronprinzen und die möglichen Folgen für die Kontinuität der Reichs- und Kirchenpolitik. Maximilian hatte sich, beraten von seinem schlesischen Vertrauten Nikolaus von Warnsdorf, 1560 sogar mit Fluchtplänen an einen protestantischen Hof getragen, dann aber 1562 aus Staatsräson ein äußeres Bekenntnis zum Katholizismus abgelegt. Seine innere Einstellung blieb bis in die Todesstunde unverändert, als er die Sterbesakramente zurückwies. Von diesem Herrscher, der einen zwischen den Konfessionen stehenden Kompromißkatholizismus verkörperte, war nicht zu erwarten, daß er sich eine militante Auslegung des Konzils von Trient zu eigen machen würde. Vielmehr war eine der ersten Amtshandlungen des Kaisers 1564 die Übersendung der päpstlichen Ausnahmegenehmigung des Laienkelches an den Breslauer Bischof Kaspar von Logau, damit diese im ganzen katholischen Bistum Breslau zur Geltung komme.

Die Frage des Laienkelches war ja nicht theologisch strittig, sondern sie war ein Problem der katholischen Kirchendisziplin. Strittig war der Laienkelch nur deshalb, weil er seit hussitischer Zeit zum Unterscheidungsmerkmal der Konfessionen geworden war. Bis 1596 wurde im Breslauer Dom die Kommunion sub utraque specie an Katholiken gespendet, in manchen Orten wohl noch länger.[172] Die katholische Kirche zog die Erlaubnis wieder zurück, weil sie viele Gläubige verunsicherte und letztlich den Protestantismus mehr förderte als aufhielt. Die Freigabe des Laienkelches war vom Konzil in die Entscheidung des Papstes gestellt worden, folglich auch seine Rücknahme. Auch andere Reformansätze des Konzils sollten erst unter dem Einfluß der Kurie trennender werden, als sie gemeint waren. Dadurch, daß die römische Kirche alle Bereiche der Liturgie und Kirchenordnung neu zu regeln begann, verloren sich bis dahin vorhandene Gemeinsamkeiten mit der evangelischen Kirche. Die katholische Kirche wurde römischer, als sie je gewesen war, und setzte diese Romanisierung bis in die Diözesen und Pfarreien durch.

So konnten die ökumenischen Elemente des tridentinischen Konzils vom barocken Triumphalismus der Kirche oder dem Äußeren der Ecclesia militans überdeckt werden. Es war nicht verwunderlich, daß bis in die Geschichtswerke hinein auf beiden Seiten das militärische Vokabular vom »Glaubenskrieg« vorherrschte, daß man von konfessionellen Geländegewinnen und -verlusten sprach und noch die preußische Eroberung Schlesiens als konfessionelle Befreiung interpretierte.[173] Vor allem im 19. Jahrhundert wurden Gegensätze in das 16. und 17. Jahrhundert hineingesehen, während der konfessionelle Alltag in Schlesien lange von seiner Fähigkeit der Kompromißfindung geprägt war. Das verdient stärker beachtet zu werden, ohne daß eine künstliche Harmonisierung vorhandener Gegensätze erzeugt werden soll. Heute müßte es möglich sein, das Gemeinsame der schlesischen Kirchengeschichte zum Gegenstand einer ökumenischen Kirchengeschichte zu machen.

Unter den Konsensfindungen, die man heute ökumenisch nennen würde, darf die Verständigung zwischen dem evangelischen Rat der Stadt Sprottau und dem katholischen Bischof über die gemeinsame Nutzung der einzigen Stadtpfarrkirche nicht fehlen. »Wir Catholici«, so hieß es in der Vereinbarung von 1565, »wollen euch in der Stadt, die ihr unseren alten catholischen Lehren nicht verwandt und zugethan, gar in nichts bereden noch darzu zwingen, darzu ihr keinen Glauben habt; deßgleichen bitten wir wiederumb von euch, wollet uns in unserem Glauben auch ungeirret lassen.«[174] Das Sprottauer Simultaneum währte von 1565 bis 1628. Es war nicht das einzige in Schlesien.

Anders als etwa in Bayern, wo Staat und katholische Kirche eine abgestimmte Kirchenpolitik in Gang brachten, hatten die vom Breslauer Domkapitel und dem neuen Bischof Martin Gerstmann (reg. 1574–1585) in die Wege geleiteten Reformmaßnahmen zunächst die Erneuerung der eigenen Kirche zum Ziel, nicht aber eine offensive Bekämpfung der Reformation. Ersteres war der Geist der Breslauer Diözesansynoden von 1580 und 1592. Nicht alle groß gedachten Pläne erfüllten sich. Bischof Andreas Jerin bemühte sich 1592 vergeblich, den gerade zum Katholizismus zurückgekehrten berühmten Philosophen des Neustoizismus, Justus Lipsius, aus Löwen nach Neisse zu holen.[175] Statt dessen brachte dann die kleine Elite schlesischer Theologen den römischen Geist ins Land, Theologen, die ihre Ausbildung am Germanikum in Rom erhalten hatten. Zwischen 1554 und 1620 hatten dort 38 Schlesier studiert.[176] Weitere 26 Germaniker anderer Herkunft wurden nach Schlesien beordert. Auch der Schwabe Andreas Jerin gehörte dazu, von 1585 bis 1696 Bischof von Breslau und Exponent einer »Schwabenpartei« an der Breslauer Kurie.

Der Calvinismus beziehungsweise das reformierte Bekenntnis sollte in Schlesien nie eine Massenbewegung werden, das verhinderten schon die politischen Verhältnisse und die schroffe Ablehnung dieses Glaubens durch Lutheraner wie Katholiken.[177] Solche Vorbehalte äußerten sich auf lutherischer Seite schon 1574 im Fürstentum Brieg mit der Heidersdorfer Formula Concordiae. Vor allem entbehrte der Calvinismus anfangs in Schlesien einer politischen Protektion, wie sie die anderen Konfessionen genossen. Damit fehlten auch die Voraussetzungen für eine calvinistische Missionierung

Manche Chronik berichtet vom Aufenthalt schlesischer Fürsten am Kaiserhof, aber bisher fehlte es an Bildern, wie man sich dort den gesellschaftlichen Umgang vorzustellen hat. Zwei Jahre nach der Verlegung der kaiserlichen Residenz nach Prag feierte Kaiser Rudolf II. hier 1585 ein Fest des Ordens vom Goldenen Vlies. Fünf Ordensritter wurden neu aufgenommen, darunter der Kaiser selbst. Aus diesem Anlaß entstand eine Bildrolle von dreizehn kolorierten Federzeichnungen. Nur auf dem hier gezeigten Bild sind alle Personen mit Namen bezeichnet. Die beiden evangelischen Fürsten Georg II. von Liegnitz-Brieg und Karl II. von Münsterberg-Oels erfreuten sich offenbar hoher Wertschätzung beim Kaiser, denn sie führen in dieser Szene eine zwanglos wirkende Prozession an, die von einem gemeinsamen Kirchgang zurückkehrt. Direkt hinter den beiden Schlesiern folgen Mitglieder der kaiserlichen Familie, dann die an ihren Ketten erkennbaren neuen Ordensmitglieder. An zwölfter Stelle schreitet der Kaiser in Begleitung seines Onkels Erzherzog Ferdinand von Tirol, der dem Orden schon länger angehörte. Damals war der spanische König Philipp II. der Ordenssouverän dieses habsburgischen Hausordens. Die originale Bildrolle ist in der Kunstkammer von Schloß Ambras in Tirol zu sehen.

Von allen Grenzkirchen des evangelischen Schlesien ist die von Kriegheide vielleicht die eindrucksvollste. Hier wurde 1656 eine Scheune zu einer großen Predigtkirche umgebaut, die mit ihren eingezogenen Emporen möglichst vielen Gottesdienstbesuchern Platz bot. Eine Stütze in Form einer Palme trug die Kirchendecke, über der weitere Besucher der Verkündigung des Wortes durch offene Schalllöcher folgen konnten. Der ganze Bau ist ein Dokument evangelischer Glaubensnot und Überzeugungstreue. Solche Grenzkirchen entstanden als Folge des Westfälischen Friedens, als den Protestanten 656 Kirchen entzogen wurden, ihnen andererseits aber der Zugang zum Gottesdienst in den evangelisch bleibenden Gebieten gestattet war. Von weit her pilgerten die Gläubigen nun zu den Kirchen und fanden darin Trost, daß sie sich in der Nachfolge der Jünger von Emmaus sahen. So ist auch das Bild auf der Sakristeitür der Kirche von Kriegheide zu verstehen. Wie Pilger gekleidet befinden sich die Emmausjünger – und mit ihnen unerkannt Christus selbst – auf dem Weg zur Grenzkirche von Kriegheide, die im Hintergrund des Bildes zu sehen ist.

breiterer Schichten. Eine »zweite Reformation« wie andere deutsche Territorien hat Schlesien nicht erlebt. Aber während ihres Studiums in Heidelberg oder Genf beziehungsweise auf ihren Kavaliersreisen machten sich nicht wenige religiös und intellektuell aufgeschlossene Schlesier diese Lehre zu eigen. Das geschah in drei erkennbaren Schüben, zuerst bei Theologen und Intellektuellen, dann beim Landadel und schließlich auch im Fürstenstand. Ziemlich am Anfang steht der Fall des Breslauer Theologen Zacharias Ursinus (1534–1583), der als Kryptocalvinist 1560 sein Breslauer Amt verlor, nach Heidelberg ging und dort als Mitverfasser des Heidelberger Katechismus berühmt wurde.[178]

In den siebziger Jahren vergrößerte sich der Breslauer Kreis reformierter Intellektueller, zu dem Ratsherren, Ärzte oder Emigranten gehörten, darunter der Konvertit Andreas Dudith (1533–1589), der einst noch als ungarischer Prälat am Konzil von Trient teilgenommen hatte. Mittelpunkt war das Haus des gelehrten Arztes Johann Crato von Kraftheim (1519–1585), der als Reformierter dreimal von Kaisern zum Leibarzt berufen wurde.[179] Crato stand sowohl Kaiser Ferdinand wie Kaiser Maximilian in ihren letzten Stunden bei. Sein Ruf verschaffte ihm Ansehen und Vermögen, nämlich den Adel und das Landgut Rückers in der Grafschaft Glatz. Dort verbrachte er inmitten seiner Bücher und Kunstschätze die letzten Jahre, ließ 1583 eine Kirche bauen und berief für sie einen reformierten Prediger.

Gegen Ende des 16. Jahrhunderts gab es fast überall in Schlesien Adlige reformierter Konfession.[180] Darunter waren hochangesehene Persönlichkeiten mit öffentlichen Ämtern und Verdiensten um das schlesische Bildungswesen, so der Freiherr Georg von Schönaich-Carolath, Freiherr Andreas von Kochtitzky zu Lublinitz, Reichshofrat Joachim vom Berge und Herrendorf. Andere Reformierte bekleideten als Landeshauptleute in Liegnitz, Brieg, Wohlau und Jägerndorf ständische Ämter. Zu einem politischen Zusammenschluß dieser Landstände oder gar einer Frondebildung kam es nicht, das verhinderte wohl auch die Ständeverfassung. Im Gegensatz zu Böhmen, wo die Energien des Calvinismus in politische Dynamik umgesetzt wurden, stellten die schlesischen Reformierten aus Bürgertum und Adel eine elitäre Schicht, die dem kulturellen Leben des Landes entscheidende Impulse gab. Ohne die im reformierten Ausland gewonnenen Anregungen und ohne die reformierten Träger dieser Kultur in Schlesien ließe sich die führende Stellung Schlesiens in der deutschen Literatur des 17. Jahrhunderts weder beschreiben noch erklären.

Als letztes erreichte der Calvinismus auch den schlesischen Fürstenstand. Das heißt, seit Ende des 16. Jahrhunderts hatte das piastische Haus Liegnitz in der reformierten Konfession kein Ehehindernis mehr gesehen und reformierte Frauen aus den Häusern Anhalt, Pfalz und Brandenburg nach Schlesien geholt, die alle einen kleinen reformierten Hofstaat mitbrachten. Herzog Joachim Friedrich von Liegnitz soll schon um 1602 zum Übertritt bereit gewesen sein. Aber der Anstoß zum tatsächlichen Konfessionswechsel der Piasten kam von außen. Aus politischen Erwägungen war 1613 das brandenburgische Kurhaus zum Calvinismus übergetreten und mit ihm als erster schlesischer Fürst Markgraf Johann Georg von Jägerndorf. Herzog Johann Christian von Brieg, der schon als Fünfzehnjähriger in Berlin auf den Heidelberger Katechismus konfirmiert worden war, schloß sich nun 1614 dem brandenburgischen Beispiel an. Ihm folgte in Liegnitz sein Bruder Georg Rudolf. Den letzten Schritt, den öffentlichen Empfang des Abendmahles nach reformiertem Ritus, wagte Johann Christian aber erst Weihnachten 1619, als Böhmen bereits seinen reformierten König gekrönt hatte. So wichtig diese konfessionelle Entwicklung für den Anschluß an die böhmische Revolution wurde, so bedenklich war sie in politischer Hinsicht. Wenn der Calvinismus schon nicht im Reich anerkannt war, wieviel weniger dann erst in Schlesien. Der Übertritt der piastischen Fürsten von Liegnitz, Brieg und Wohlau bewirkte außerdem eine konfessionelle Entfremdung gegenüber der Mehrheit der lutherischen Geistlichkeit und Bevölkerung, selbst wenn der Schritt einen eher privaten Charakter hatte und auf Familie und Hof beschränkt blieb.

Der Calvinismus in Schlesien hatte schließlich 1620 seinen erfolgreichsten Sommer, als König Friedrich eine Gleichstellungsverfügung erließ und sie dann unter dem Druck der lutherischen Stände wieder zurücknahm. Das Ende des Winterkönigtums riß den schlesischen Calvinismus und seine prominentesten Anhänger mit sich. Er blieb hier bis zur preußischen Zeit ein Bekenntnis am Rande der Häresie.

Für die politische Entwicklung seit Anfang des 17. Jahrhunderts wurde die Neukonzeption der katholischen Religionspolitik entscheidend, sowohl im ganzen Reich als auch in Schlesien. Der in Spanien erzogene neue Kaiser Rudolf II. hatte sein Amt mit dem Vorsatz angetreten, eine konfessionspolitische Wende herbeizuführen und den Katholizismus zu restaurieren. Er ließ sich in entscheidenden, oft auch personalpolitischen Fragen von den mit römischen Instruktionen versehenen Nuntien beraten. Das sollte in allen seinen Ländern rasch zu einer Verschärfung des Verhältnisses zwischen Landesherrn und Ständen führen, die im Gegenzug einen Ausbau ihrer ständischen Rechte betrieben. Die katholische Seite begann, mit Hilfe des weltlichen Armes überall dort wieder nach alten Rechten zu greifen, wo es möglich war. Die evangelische Seite zeigte sich entschlossen, solches nicht hinzunehmen.

Das massivste Beispiel solcher Konflikte ereignete sich in Troppau, das kirchlich zu Olmütz gehörte. Bischof Kardinal Dietrichstein, ein »Germaniker«, hatte das Besetzungsrecht der Troppauer Pfarrkirche höchstpersönlich durchsetzen wollen und war dabei in einen wüsten Tumult geraten. Die Entwicklung eskalierte, bis der Kaiser 1604 zur schärfsten Maßnahme gegen die Stadt griff, zur Verkündung der Acht, die 1607 militärisch exekutiert wurde und die entscheidenden Positionen der Stadt in katholische Hände gab.

Solche Szenen spielten schon in einer Zeit, in der sich am Kaiserhof in Prag ein gefährliches Machtvakuum auftat, das allen aktiven Parteien, vor allem den Ständen, politische Möglichkeiten an die Hand gab wie nie zuvor. Die Fenster zum Sturz von Prag wurden geöffnet. Das äußerlich so glänzende Kaisertum eines Rudolf II. stand damals unter einer doppelten Belastung. Einerseits war es die psychisch labile Gesundheit des Kaisers, die etwa seit dem Jahre 1600 sein Interesse an den politischen Geschäften einschränkte, was eine Korruption seiner Umgebung und Herrschaft zur Folge hatte. Zum

Als Kaiser Rudolf II. im Jahre 1577 nach Breslau kam, um hier die Huldigung des Landes entgegenzunehmen, errichtete die Stadt an der Einmündung der Albrechtsstraße in den Ring eine haushohe Ehrenpforte. Sie war dem Triumphbogen Kaiser Konstantins in Rom nachgebildet, mit dem Unterschied, daß alle Inschriften und Allegorien sich auf Rudolf II. bezogen. In den Nischen über den Seitendurchlässen figurierten vier Herrschertugenden, hier auf der linken Seite die Gerechtigkeit (Iustitia) mit Waage und Schwert sowie rechts die Weisheit (Prudentia) mit Spiegel und Schlange. Darüber die allegorischen Reliefs der Religion und der Staatsklugheit und über diesen zwei römisch gerüstete Giganten mit dem böhmischen beziehungsweise schlesischen Banner. Vom kleinen Tempelaufsatz herab wurde musiziert. Manche Figuren bis hinauf zum Doppeladler waren beweglich. Wenn der Kaiser das Tor passierte, schwebte ein Genius mit der Kaiserkrone herab, und die Giganten beugten die Knie.

anderen hatte sich Rudolf II. nicht zur Ehe entschließen können, was seine ehrgeizigeren Geschwister und Verwandten auf eine frühzeitige Nachfolgeregelung drängen ließ. Die treibende Kraft in dem sich entwickelnden »Bruderzwist« im Hause Habsburg wurde der mit Rudolf zerstrittene Erzherzog Matthias. Bei diesem jüngeren Bruder des Kaisers wetteiferten Machtstreben und Rücksichtslosigkeit miteinander, so daß ihm fast jeder Platz in Europa recht war, der beides befriedigen konnte. Zu seinen kleineren Wünschen hatte in den Jahren 1583 bis 1585 das Ansinnen gehört, der Kaiser möge dem Breslauer Bischof Martin Gerstmann die schlesische Oberlandeshauptmannschaft entziehen, um sie Erzherzog Matthias zu überlassen sowie noch ein Erbfürstentum dazu.[181] Solche Wünsche konnte Rudolf noch abbiegen. Matthias wurde 1593 Statthalter von Österreich und setzte dort gegen den Widerstand der Stände die Gegenreformation durch, war aber sogleich zu den größten Konzessionen bereit, als es darum ging, mit Hilfe der österreichischen, ungarischen und mährischen Stände 1611 Rudolf II. soweit zu entmachten, daß ihm nur noch der bloße Kaisertitel blieb. Der Tod des Kaisers 1612 bedeutete für Rudolf eine Erlösung, für Matthias die Krönung seiner Ziele.

Während die Regierung des Reiches und der kaiserlichen Länder in eine Führungskrise geriet, bedurfte es gerade in Schlesien einer sicheren Hand für ein grundsätzliches Problem. Zum wiederholten Male war der Status der schlesischen Hohenzollern strittig geworden. Der Tod des letzten Herzogs zu Jägerndorf, Beuthen und Oderberg im Jahre 1603, Georg Friedrich von Ansbach, hatte die Frage aufgeworfen, ob damit seine Territorien erledigte Lehen waren, die an den böhmischen König zurückfielen, oder ob die testamentarische Weitergabe des Landes an den Kurfürsten von Brandenburg statthaft war. Sie bedeutete für den Kaiser erneut die Gefahr der Unterwanderung des schlesischen Fürstenstandes durch einen Reichsfürsten, der sich kaum mit einem Untertanenstatus begnügen würde. Da Rudolf II. es an der Entschiedenheit seines Großvaters fehlen ließ, setzte sich Kurfürst Joachim Friedrich in den Besitz der Lande und gab sie 1606 an seinen zweiten Sohn Johann Georg (1577–1624) weiter, der sich 1607 in Jägerndorf huldigen ließ.

Mit ihm betrat ein von Ehrgeiz getriebener Politiker die schlesische Bühne, der sich bereits im Straßburger »Bischofskrieg« den Plänen des Kaisers entgegengestellt hatte.[182] Kaiser Rudolf war weit davon entfernt, diese Machtergreifung anzuerkennen, übergab die Angelegenheit der Justiz und verwehrte dem Markgrafen die Zulassung zu den Fürstentagen. Den Ausgang des Streites erlebte Rudolf nicht mehr. Der Hohenzoller aber wußte sich von den schlesischen Fürsten und Ständen 1609 das Amt ihres Generalfeldobristen zu verschaffen. Seitdem handhabte er wie später Wallenstein dieses Generalat als politisches Instrument, das er bald darauf den aufständischen Böhmen und ihrem König Friedrich zur Verfügung stellte. Kein schlesischer Fürst sollte sich feindlicher gegen Habsburg exponieren. Als »Rädelsführer« der böhmischen Revolution verfiel Johann Georg dann 1621 der Reichsacht. Mit Waffengewalt nahm sich der Kaiser die strittigen Lande. So endete bald ein knappes Jahrhundert Hohenzollernpräsenz in Schlesien, weil inzwischen ein großer Krieg begonnen hatte. Berlin aber notierte erneut eine Verletzung seiner Rechte durch Habsburg und vergaß sie nicht. Der Große Kurfürst sollte zuletzt 1686 auf alle Ansprüche seines Hauses in Schlesien zurückkommen und sich von Kaiser Leopold dafür die Abtretung des schlesischen Kreises Schwiebus zusichern lassen, eine Abmachung, der es an Ernsthaftigkeit fehlte, worüber der Kurfürst vom eigenen Sohn und vom Kaiser getäuscht wurde.

STÄNDISCHER WIDERSTAND UND KRIEG

Das Jahr 1618 – nach der Troppauer Exekution und der Machtergreifung Johann Georgs in Jägerndorf – wurde eine Wendemarke der schlesischen Innenpolitik. Der Oberlandeshauptmann Bischof Johannes von Sitsch war 1608 gestorben, und der Kaiser schlug dem Domkapitel die Wahl zwischen dem Urheber der Exekution von Troppau, Dietrichstein, und dem österreichischen Erzherzog Karl vor. Der jüngere Bruder des späteren Kaisers Ferdinand II. war der geheime Favorit des Papstes, ob auch des Kaisers, sei angesichts des Bruderzwistes dahingestellt.[183] Der knapp achtzehn Jahre alte Karl wurde also gewählt, und mit ihm nahm zum erstenmal ein Mann den Breslauer Bischofsstuhl ein, der weder Priester- noch Bischofsweihe empfing. Mit anderen Worten, er entsprach »in keiner Weise dem tridentinischen Bischofsideal«, sollte aber gleichwohl ein politisch erfolgreicher Kirchenfürst im Sinne der Gegenreformation werden.[184]

Für die schlesischen Stände war die Wahl des Steiermärkers eine Kampfansage. Sie gingen zum Widerstand über. Unter Hinweis auf den Kolowratschen Vertrag verweigerten sie zum erstenmal seit 1536 die vom Kaiser gewünschte Bestätigung eines Bischofs als Oberlandeshauptmann, ebenso beispiellos war die folgende Steuerverweigerung und der Abschluß eines Verteidigungsbündnisses zwischen den böhmischen und den schlesischen Ständen. Der habsburgische Bruderzwist eskalierte damals bis zur Konfrontation der Heere. Dem isolierten Kaiser Rudolf war die Macht entglitten. Sein politisches Überleben hing von den Ständen Böhmens und Schlesiens ab, nicht anders als bei seinem Gegenspieler Matthias, der gleichfalls in die Abhängigkeit seiner Stände geraten war. Rudolf wie Matthias sahen den einzigen Ausweg aus ihrem Dilemma im Notverkauf bisheriger Herrschaftsrechte und Prinzipien an ihre Stände.

So kam es zu den Majestätsbriefen Rudolfs II. für Böhmen und Schlesien. Sie waren nicht das Ergebnis eines erschöpfenden Ringens oder einer beiderseitigen ernsthaften Gewissensprüfung. Deshalb wurden sie auch nicht der versöhnliche Abschluß aller Konfessionsstreitigkeiten, sondern die Quelle neuen Haders und für Schlesien ein Anlaß zur Beteiligung an der böhmischen Revolution. Der speziell für Schlesien ergangene Majestätsbrief Rudolfs II. vom 20. August 1609 war das erste offizielle Dokument der Einbeziehung Schlesiens in den Augsburger Religionsfrieden von 1555, ging aber mit seiner gleichberechtigten Anerkennung des katholischen und lutherischen Bekenntnisses für jedermann in allen schlesischen Territorien weit über die Bestimmungen des Religionsfriedens hinaus. Insofern war er ein Schritt in Richtung auf eine allgemeine Toleranz oder das Menschenrecht der Glaubensfreiheit. Doch fällt es schwer, ihn als

»Regelung der Glaubensfrage im Geiste vollkommener Toleranz« (Ludwig Petry) zu bezeichnen, wenn weiterhin Reformierte und alle dissentierenden christlichen Gruppen strikt ausgenommen waren. Das Prinzip der Gleichheit galt auch schon nicht mehr für das Begleitdokument, das den Breslauer Bischof zu einem Fürsten minderen Rechtes erklärte, da er fortan von der Führung der Oberlandeshauptmannschaft ausgeschlossen wurde.

Dieses Führungsamt übernahm der lutherische Herzog Karl II. von Oels. Er war es dann, der 1611 in Breslau die Huldigung an den neuen böhmischen König Matthias anführte, der hier wider Willen die Privilegien Rudolfs bestätigen mußte. Die Erfüllung weiterer politischer Forderungen, wie der nach einer eigenen Kanzlei in Prag oder einem Mitwirkungsrecht in den dortigen Behörden, wurde zugesichert, doch bald wieder zurückgenommen. Während die Stände dem König noch einmal solche Konzessionen abrangen, war dieser in Gedanken schon beim nächsten Krönungsfest: Noch während der Huldigungsfeierlichkeiten war die Nachricht vom Tode Kaiser Rudolfs nach Breslau gelangt. Das Tor zum Kaisertum stand Matthias offen.

Schlesien schien in diesen Jahren auf dem Weg zu einer konstitutionellen Ständemonarchie, oder anders gesagt: »... zusammen mit den Bestimmungen des Majestätsbriefes über die Besetzung der Oberlandeshauptmannsstelle wurde durch diese Zugeständnisse Matthias' die Lebensarbeit Ferdinands I. zunichte gemacht.«[185] Auch Erzherzog Ferdinand hatte diese Fakten anzuerkennen, als er 1617 zu seiner Huldigung nach Breslau kam. Diese ganze Entwicklung mußte noch nicht in jenen Krieg führen, der sich im übrigen fern von Schlesien zusammenbraute.

Eine Flut von Flugschriften überschwemmte damals Deutschland. Das in feindliche Lager gespaltene Reich und das ebenso unruhige Böhmen sahen am Horizont eine von Spanien unterstützte habsburgische Tyrannei heraufziehen, als deren Vollstrecker man den steiermärkischen Erzherzog Ferdinand fürchtete, wenn er einmal seinem Vetter Matthias folgen würde. Dagegen gab es inzwischen Konzepte eines theoretisch legitimierten Widerstandsrechtes, wie es im Aufstand der Niederlande entwickelt und praktiziert worden war. Aus solchem Geist eines ständischen Widerstandsbewußtseins handelte auch die kleine radikale Gruppe böhmischer Adliger, die am 23. Mai 1618 unter Anführung des deutsch-böhmischen Adligen Heinrich Matthias Graf Thurn in einer genau geplanten Aktion die kaiserlichen Statthalter aus dem Fenster der Prager Kanzlei warf.

Der »Prager Fenstersturz« war der symbolische Auftakt zum Sturz des bisher nur »angenommenen« Königs Ferdinand, dessen Absetzung ein Generallandtag unter Beteiligung der Schlesier am 19. August 1619 aussprach. Eine Woche später wählten die Generalstände den Kurfürsten Friedrich V. von der Pfalz zum neuen böhmischen König. Die in Prag anwesenden schlesischen Deputierten unter Führung des Markgrafen von Jägerndorf stimmten wieder zu.[186] Mit beiden Maßnahmen hatten die zum Umsturz entschlossenen »Hurra-Calvinisten« (Heinz Schilling) Böhmens aber die kriegerische Auseinandersetzung mit dem abgewählten Habsburger in Kauf genommen in der Annahme, die leichten Erfolge des letzten Jahrzehnts ließen sich fortsetzen. Der neugewählte König Friedrich erlag der gleichen Fehleinschätzung. Wie gegenläufig sich die Dinge aber längst entwickelten, zeigte die Gleichzeitigkeit der Königswahl Friedrichs in Prag am 27. August und die einstimmige Kaiserwahl Ferdinands II. in Frankfurt am 28. August 1619. Bereits dieses Ergebnis hätte dem Pfälzer verdeutlichen müssen, daß seine Krönung in Prag am 4. November 1619 und seine anschließende Huldigungsreise durch die böhmischen Länder nur ein Wintermärchen sein konnte.

Schlesien hat sich in das ganze böhmische Abenteuer mehr hineinziehen lassen, als daß es mit fliegenden Fahnen gefolgt wäre. Nur wenige standen so rückhaltlos auf seiten der Revolution wie Markgraf Johann Georg von Jägerndorf. Auch der noch von Kaiser Matthias eingesetzte Oberlandeshauptmann Johann Christian von Brieg gehörte zu den Halbentschlossenen. Kein Schlesier war an der »Defenestration« vom Mai 1618 beteiligt gewesen. Aber als nach dem Tode des Kaisers Matthias am 20. März 1619 noch einmal alle Optionen offen schienen und die böhmischen Stände den übrigen Kronländern die Vision einer gemeinsamen, fast alle Wünsche nach ständischer Autonomie und Selbstregierung erfüllenden Verfassung vorlegten, unterzeichneten alle die Konföderationsakte vom 31. Juli 1619. In der Theorie waren die böhmischen Länder zu diesem Zeitpunkt ohne König, ein Bund freier Stände, als dessen gemeinsame Überzeugung vor allem der Protestantismus herausgestellt wurde.

Nur so geschlossen, wie die Stände jetzt auftraten, war ihr Protestantismus nicht. Doch ließen sich die innerprotestantischen Spannungen am besten überspielen, wenn man die drohende Gefahr eines mächtigen, mit dem habsburgischen Königtum verbundenen Katholizismus beschwor. Damit wurde einem im Grunde politischen Konflikt zusätzliche konfessionelle Dynamik verliehen. Ständisches und monarchisches Staatsmodell standen einander als zwei antagonistische Modelle des Konfessionalismus gegenüber. Schon hier wurde der konfessionelle Konsens des Majestätsbriefes aufgekündigt. Die führenden Landesämter Schlesiens wurden allein den Protestanten zuerkannt. Wer nicht bereit war zuzustimmen, dem drohten Landesverweisung und Güterentzug.[187]

Die Troppauer Landstände ahmten bald das Prager Beispiel nach, stürzten ihren katholischen Fürsten Karl von Liechtenstein und wählten an seiner Statt den Jägerndorfer Markgrafen. Unter dem Eindruck all dessen hatte die Minorität katholischer Stände in der schlesischen Fürstenkurie das Land bereits verlassen, als Friedrich V. am 23. Februar 1620 in Breslau seinen Einzug hielt, der so glänzend verlief wie zu Habsburgs Zeiten. Aber Schlesien befand sich unversehens im politischen Lager eines neuen böhmischen Königs, der als Kurfürst von der Pfalz nicht nur das Haupt eines protestantischen Militärbündnisses war, sondern dazu noch der prominenteste Calvinist Deutschlands. Alles zusammen machte ihn zum Erzfeind des Kaisers.

Noch im selben Jahr überstürzten sich die Ereignisse. Am 8. November 1620 brach in der Schlacht am Weißen Berge bei Prag die Herrschaft König Friedrichs und der rebellierenden Stände zusammen. Als der flüchtende König Friedrich neun Tage später noch einmal nach Breslau kam, befanden sich sein Hofstaat in Auflösung und die Schlesier waren in peinlicher Verlegenheit. Einen Monat verzögerten sie alle Entscheidungen, dann unterwarfen sie sich den kaiserlichen Bedingungen. Voraussetzung für die

Erlangung kaiserlicher Gnade war die kompromißlose Distanzierung der Schlesier von allen »Rädelsführern« der Revolution, die selbstverständlich ihre Rechte und Besitzungen verloren, allen voran Markgraf Johann Georg von Jägerndorf, der, wie erwähnt, der Acht verfiel. Sogar die Erbansprüche seiner Nachkommen wurden aberkannt. Mit ihm war der letzte Reichsfürst aus Schlesien vertrieben.

Dank der Vermittlung des sächsischen Kurfürsten blieb den Schlesiern ein Strafgericht erspart, wie es nun über Böhmen niederging. Weder ereigneten sich in Schlesien Hinrichtungsszenen wie 1621 in Prag, noch kam es zu Güterkonfiskationen solch gewaltigen Ausmaßes wie in Böhmen und Mähren. Vielmehr glich der am 28. Februar 1621 unter Vermittlung des sächsischen Kurfürsten Johann Georg ausgehandelte »Dresdner Akkord« einer weitgehenden Amnestie, die sogar den Majestätsbrief weiter gelten ließ und zuletzt auch noch den stark belasteten Oberlandeshauptmann Johann Christian von Brieg mit einschloß. Die Troppauer Stände bekannten sich bereitwillig zu Schlesien, damit es ihnen nicht erging wie der Grafschaft Glatz, die als Teil Böhmens die ganze Härte des Strafgerichtes ertragen mußte.

Der 1618 in Böhmen begonnene Dreißigjährige Krieg verlagerte sich für einige Zeit in das Reich, bis er 1626 auch nach Schlesien getragen wurde. Dazwischen lagen die Jahre, in denen Kaiser Ferdinand II. mit weniger Rücksichtnahme als seine Vorgänger die habsburgische Herrschaft wieder befestigte. In dieser Absicht bestärkte ihn eine Denkschrift, die vermutlich 1625 von dem Neisser Jesuiten Christoph Weller verfaßt wurde, der hier dem Kaiser ein umfassendes Programm zur Rekatholisierung Schlesiens entwickelte.[188] Unter den veränderten Gegebenheiten hieß das: unbedingte Förderung aller katholischen Stände und Kräfte, wo immer die Landesverfassung es ermöglichte. Dazu gehörte die Vergabe schlesischer Territorien und Rittergüter an eigene Parteigänger, um sich so auf allen Ebenen der Ständehierarchie eine loyale Gefolgschaft zu sichern. Die gleiche habsburgische Personalpolitik begünstigte Katholiken in allen leitenden Ämtern der Erbfürstentümer, Städte und Behörden.

Der Kaiser war sich seiner Sache so sicher, daß er 1621 den Herzog Georg Rudolf von Liegnitz als Oberlandeshauptmann bestätigen konnte, der im übrigen kurz darauf aus privaten Gründen vom Calvinismus zum Luthertum zurückkehrte. Der maßgebliche Politiker seines Vertrauens aber wurde zur selben Zeit der mit weitreichenden Vollmachten ausgestattete schlesische Kammerpräsident und katholische Standesherr Karl Hannibal von Dohna, bis heute die umstrittenste Figur jener Jahre. Dem Kaiser diente Dohna mit größter Loyalität. Am sächsischen Hof in Dresden handelte er den Dresdner Akkord mit aus. Das 1623 übernommene Amt des Kammerpräsidenten trug ihm fast unvermeidlich den Ruf eines Fronvogtes ein. Erst die brutalen, von Wien veranlaßten Missionierungsmethoden machten ihn als »Seligmacher« verhaßt. Aber im Widerspruch zu der Schurkenrolle, die ihm vor allem die Polemik der »Loci communes« zuweist, steht das anerkennende Urteil Christians II. von Anhalt, der nach einem Besuch Breslaus im Oktober 1629 schreiben konnte, Dohna sei »un seigneur, qui est en grand credit et reputation par toute la Silesie«.[189] Die Katholisierung seiner eigenen Untertanen hat er jedenfalls nicht so entschieden betrieben, wie es ihm möglich gewesen wäre.

Innerhalb des schlesischen Adels repräsentierten die Inhaber der wenigen großen Standesherrschaften eine herausgehobene Gruppe. Sie verdankten ihren Aufstieg dem Hause Habsburg und übernahmen oft hohe Landesämter. Zu diesen Standesherren gehörten die schlesischen Grafen und Burggrafen zu Dohna auf Wartenberg. Als Katholiken standen sie in der politischen Krise Anfang des 17. Jahrhunderts unbeirrbar und zuweilen rücksichtslos auf seiten des Kaiserhauses. Besonders Karl Hannibal Burggraf zu Dohna, der Landvogt der Oberlausitz und schlesische Kammerpräsident, galt als ein neuer Politikertyp im Sinne des habsburgischen Absolutismus. Das Selbstbewußtsein dieser Familie spricht noch aus diesem Stich, der den jüngeren Bruder des Kammerpräsidenten, Heinrich Burggraf zu Dohna, als Feldherrn des Dreißigjährigen Krieges zeigt. Im Hintergrund liegt die siegreich eingenommene Stadt Mainz, am Himmel erscheint Fortuna auf dem Glücksrad. In manchen Einzelheiten folgt dieser Stich dem bekannten Reiterbildnis Kaiser Rudolfs II. von Egidius Sadeler.

Er förderte den politisch belasteten Dichter Martin Opitz, den er in seine Kanzlei holte und zum Mentor seiner Söhne machte. Und schließlich war es Dohna, der 1624 dafür sorgte, daß der tote Jakob Böhme ein kirchliches Grabgeleit erhielt.[190] Vielleicht findet dieser schillernde Politiker noch seinen Biographen, der diese Widersprüche klärt.

Was Dohna nicht erreichte, den Aufstieg in den Fürstenstand, gelang damals dem mährischen Adligen Karl von Liechtenstein doppelt. Ende 1613 hatte er für 125 000 Reichstaler das schlesische Fürstentum Troppau erworben, das ihm dann 1620 von seinen Gegnern in einem politischen Verfahren des schlesischen Oberrechtes abgesprochen wurde. Jetzt nahm er es wieder in Besitz und erhielt dazu noch 1623 das dem Markgrafen Johann Georg entzogene Fürstentum Jägerndorf zu Lehen. Liechtensteins wichtigstes Tätigkeitsfeld wurde Böhmen, wo ihn der Kaiser als Statthalter einsetzte. Mit einer Vergrößerung des Territoriums belohnte der Kaiser auch die Treue seines Bruders, Bischof Erzherzog Karl. Er erhielt 1621 die Grafschaft Glatz als Geschenk auf Lebenszeit. Karls Position als Hochmeister des Deutschen Ordens wurde durch die Überlassung der konfiszierten Herrschaft Freudenthal an den Orden abgesichert.[191] 1623 wurde Karls Stellung durch die Überlassung der Fürstentümer Oppeln und Ratibor weiter gehoben. Nach dem frühen Tod des Bischofs setzte der Kaiser diese habsburgische Territorialpolitik fort, indem er seinem eigenen Sohn Ferdinand III. Oppeln-Ratibor, Schweidnitz-Jauer und Glatz überließ. Karl von Liechtenstein und Erzherzog Karl hatten ferner als Vormunde des jungen Herzogs Friedrich Wilhelm von Teschen für dessen katholische Erziehung bei den Jesuiten in München gesorgt. Als nun auch dieser 1623 nach Schlesien zurückkehrte, war ein politisches Hauptziel des Kaisers erreicht: die Majorität der prohabsburgischen und katholischen Stimmen im Fürstentag einschließlich der obersten Fürstenkurie.

Die spätere Entwicklung erlaubte es den Habsburgern, auf diesem Wege voranzuschreiten. Die Herrschaften Beuthen und Oderberg gelangten 1629 in den Erbbesitz der Familie des kaiserlichen Bankiers Lazarus Henckel von Donnersmarck, eines Lutheraners. Der kaiserliche Generalissimus Albrecht von Wallenstein erhielt 1628 Sagan und 1632 Glogau. Sein Sturz und seine Ermordung im Jahre 1634 ließen die bereits begonnenen großartigen Vorhaben für die Saganer Residenz in sich zusammenfallen, zumal der Kaiser diese schlesischen Fürstentümer wieder an sich zog. Das zweite prominente Opfer der Wallensteinaffäre wurde der dem Generalissimus treu ergebene schlesische Standesherr und General Hans Ulrich Freiherr von Schaffgotsch (1595–1635). Er gehörte nicht nur zu den ersten Unterzeichnern des berühmten Pilsener Reverses von 1634, sondern mehr noch wurde ihm das wenige Tage zuvor mit Wallenstein besprochene »Memorial, den Status Silesiae betreffend« zum Verhängnis, das man bei Schaffgotschs Verhaftung fand. Es überzeugte den Kaiser von der Absicht des Hochverrates und löste jenes Kriegsgericht über Schaffgotsch aus, das zu dessen Hinrichtung auf der Heide bei Regensburg führte.[192] Die Schaffgotschsche Standesherrschaft Trachenberg wurde 1641 an den kaiserlichen Feldmarschall Melchior Graf von Hatzfeld vergeben. Später erlangten Wiener Minister, im Jahre 1646 Fürst Wenzel Eusebius von Lobkowitz und 1654 Fürst Johann Weikhard von Auersperg, die Territorien von Sagan be-

Der schlesische Standesherr Hans Ulrich Freiherr von Schaffgotsch gehörte unbeschadet seines evangelischen Glaubens zu den tüchtigsten Generälen des Kaisers. Als enger Vertrauter des Generalissimus Wallenstein war er in dessen verräterische Pläne eingeweiht und hatte mit diesem zusammen Überlegungen zu einer Neuordnung Schlesiens angestellt. Besonders letzteres wurde Schaffgotsch zum Verhängnis. Nach der Ermordung Wallensteins in Eger ließ ihn Kaiser Ferdinand II. verhaften und vor ein Kriegsgericht stellen. Sieben Wochen vor seiner Hinrichtung am 23. Juli 1635 in Regensburg wurde der Angeklagte im Keller des dortigen Rathauses der Tortur unterworfen. Drei Stunden lang wurde er mit der »Wippe« gefoltert. Als man ihn in sein Gemach zurückbrachte, begrüßte er seinen Diener: »Sieh, wie die henkermäßigen Schelme mich armen Wurm für meine dem Kaiser treu geleisteten Dienste zugerichtet haben!« Die lavierte Tuschzeichnung des Jahres 1861 gibt die Tortur zutreffend wieder, nicht aber die Situation und das Personal des Verhörs. Auch muß man sich das Opfer als einen kräftigen Vierzigjährigen mit stattlichem Knebelbart vorstellen.

ziehungsweise Münsterberg. Die Fürstentümer Oppeln und Ratibor befanden sich von 1645 bis 1666 in polnischem Pfandbesitz.

Schlesien war ein Randgebiet des Dreißigjährigen Krieges. Keine der großen Schlachten wurde hier geschlagen. Weder Gustav Adolf von Schweden noch der bayerische General Tilly haben es betreten. Zugleich aber war Schlesien die Achillesferse Habsburgs. Nirgendwo bot sich das kaiserliche Territorium den protestantischen Heeren günstiger und ungeschützter dar als hier. Und entlang der Odersenke konnten protestantische Heere tief nach Süden vordringen, vielleicht gar Wien bedrohen. Das war die Überlegung des im Sold einer antihabsburgischen Allianz stehenden Heerführers Ernst von Mansfeld, als er im Sommer 1626 binnen vier Wochen durch Schlesien nach Süden vordrang, von Glogau bis Teschen, immer östlich der Oder, und von dort plötzlich nach Mähren schwenkte. Der kaiserliche Generalissimus Wallenstein sah kein anderes Mittel, als die Verfolgung dieses Heeres aufzunehmen, gleichfalls mit 20 000 Mann, aber auf dem kürzeren Weg westlich der Oder über Sagan, Schweidnitz und Neisse. Beide Heere fraßen sich wie Heuschreckenschwärme durch das Land. Am Ende dieses parallelen Gewaltmarsches waren sie durch die Strapazen auf ein Viertel zusammengeschmolzen, ohne daß es zu Kampfhandlungen kam. Ein demoralisierter Mansfeld schlug sich weiter bis Bosnien durch, wo er den Tod fand.

Die eigentliche Gefahr war damit gebannt, aber einige tausend Mann des protestantischen Heeres reichten aus, Oberschlesien noch monatelang zu brandschatzen, während das Wallensteinsche Heer in Niederschlesien Quartier bezog. Die dem habsburgischen Thronfolger gehörenden Erbfürstentümer wurden dabei von den eigenen Truppen nicht weniger ausgesaugt als andere Landstriche.[193] Der plötzliche Einbruch des Krieges in Schlesien infizierte aber das Land mit dem Haß des Religionskrieges. In Oberschlesien wurden Prozesse gegen 251 adlige und bürgerliche Personen angezettelt, die man der Kollaboration mit dem Feind verdächtigte.[194] Damals verlor der Freiherr Andreas von Kochtitzky seinen Besitz Lublinitz und Cosel, was ihn bald zum Parteigänger der Schweden machte. Nicht einmal sein Tod beendete die über ihn verhängte Acht. Jahrzehntelang sollte sein Sarg unbeerdigt in der katholisch gewordenen Kirche des oberschlesischen Cosel stehen.

In den niederschlesischen Erbfürstentümern Glogau, Sagan, Schweidnitz-Jauer und Münsterberg begann die gewaltsame Katholisierung der Stadtbevölkerung. Die Städte der Erbfürstentümer betrachtete der Kaiser als sein Kammergut. Um so mehr glaubte er, hier sein Recht des *cuius regio, eius est religio* erzwingen zu dürfen. Diese Maßnahme wurde schon aus der Siegesstimmung heraus getroffen, die wenige Monate später auch das Restitutionsedikt im Reich kennzeichnete. Die Rücksichtslosigkeit freilich, mit der Kammerpräsident von Dohna das Bekehrungswerk mittels militärischer Einquartierung durchzusetzen gedachte, war eine Vergewaltigung der Gewissen und wirkte auch auf die Glogauer Jesuiten abstoßend. Ihr Sprecher, Pater Nerlich, übermittelte dem Wiener Hof seinen Protest, denn »solch procedere« führe nur zum Gegenteil und mache »die heilige catholische Religion verhaßt«.[195] Wieviel mehr mußten diese Maßnahmen den protestantischen Sekretär des Kammerpräsidenten, Martin Opitz, berühren. Seine Kritik kleidete er in das »Trostgedicht in Widerwertigkeit des Krieges«, das der vorsichtige Dichter aber erst 1633 drucken ließ.[196]

... Gezwungen Werck zerbricht:
Gewalt macht keinen fromm / macht keinen Christen nicht.
Es ist ja nichts so frey / nichts also ungetrungen /
Als wol der Gottesdienst: so bald er wird erzwungen /
So ist er nur ein Schein / ein holer falscher Thon:
Gut von sich selber thun das heißt Religion ...

Konfessionszwang und Kriegsterror bewogen jetzt und später Tausende zur Flucht über die Landesgrenzen. Die seelische Not war vielen zum Verzweifeln groß. Anderen war ihre bürgerliche Karriere eine Messe wert. Drei Viertel der gerade 4 000 Einwohner zählenden Stadt Guhrau sollen 1629 in das benachbarte Polen geflohen sein, viele auch aus Herrnstadt und Tschirnau. Der breite Zustrom an gewerbefleißigen protestantischen Exulanten aus Niederschlesien ließ die polnischen Grenzstädte Lissa, Fraustadt, Reisen, Jutroschin, Schlichtingsheim und Meseritsch wirtschaftlich und kulturell aufleben.[197] Die polnischen Grundherren warben regelrecht durch gedruckte, deutschsprachige Flugblätter um Zuwanderung schlesischer Handwerker und Tuchmacher. Der Erfolg war beträchtlich. Während später der Krieg das schlesische Land verödete, kam es im grenznahen Polen zur Neugründung einer Reihe von Städten, nämlich 1638 der Städte Bojanowo und Rawitsch oder 1644 von Zaborowo und Zduny.

Mit dem Eingreifen Schwedens 1630 nahm der Große Krieg eine für den Kaiser ungünstige und für Schlesien bedrohliche Wende. Zum erstenmal wurde das Land ein Kriegsziel der Invasoren. Wie ernst es die Schweden mit ihren Absichten auf Schlesien meinten, konnte man einem in Frankfurt erscheinenden *Inventarium Sveciae* entnehmen, in dessen Anhang Schlesien so abgehandelt wurde, als gehöre es bereits zu Schweden.[198] Später als sie beabsichtigt hatten, rückten schwedische Truppen 1632 tatsächlich in Schlesien ein und mit ihnen die verbündeten Sachsen und Brandenburger. Die Stadt Breslau erklärte sich rasch und eigenmächtig zur neutralen Schutzzone, aber Dom und Sandinsel vor Breslau waren den Plünderungen schutzlos ausgeliefert. Mit diplomatischen Angeboten und militärischen Pressionen wurden nun die protestantischen Fürsten von Liegnitz, Brieg und Oels, aber auch die Stadt Breslau zum Anschluß an die protestantischen Verbündeten gedrängt. Zugleich heizte ein Demagoge mit seinen *Loci communes* die Erregung an. Auf die Frage, wem die Herrschaft über Schlesien zukomme, lautete seine Antwort: »... in solchen Casibus, da der Herr in Tyrannum sich verwandelt, gebühret dieselbe der untern Obrigkeit.«[199] So gaben die Stände am 9. August 1633 noch einmal der Versuchung nach und gingen mit den sächsisch-schwedisch-brandenburgischen Besatzern ein Bündnis ein, das man verharmlosend eine »Konjunktion« nannte. Aber auf dem neu geprägten schlesischen Geld fehlte das Bildnis des Kaisers. Es war nur noch ein Schritt bis zum förmlichen Abfall des Landes.

Wallenstein war von dieser Entwicklung nicht nur als leitender General, sondern auch als zwiefacher schlesischer Fürst betroffen. Er reagierte mit einer Mischung aus

Verhandlungen und militärischer Gewalt. Das im Sturm eroberte liegnitzische Goldberg durchlitt damals seine schlimmsten Tage. Den entscheidenden Schlag aber führte Wallensteins protestantischer General Hans Ulrich Freiherr von Schaffgotsch am 11. Oktober 1633 gegen die Schweden. In dieser Schlacht bei Steinau wurde der schwedische Oberbefehlshaber Heinrich Matthias Graf Thurn gefangengenommen, derselbe Thurn, der 1618 den Prager Fenstersturz geplant hatte und 1621 nur knapp der Hinrichtung entgangen war. Jetzt lieferte der Böhme, um sein Leben zu retten, ganz Schlesien an Wallenstein aus.[200]

Mit einem Mal standen die konjugierten schlesischen Stände wehrlos dem Kaiser gegenüber. Zweimal in fünfzehn Jahren hatten sie sich zu einem Widerstand verleiten lassen, zu dem sie aus eigener Kraft nicht imstande waren. Zurück blieben Ohnmacht und Demütigung, so daß der Protestantismus in Schlesien dergleichen nie wieder versuchte. Die politisch verantwortlichen Fürsten aus Liegnitz und Brieg flohen außer Landes, der Herzog von Oels wurde unter Aufsicht gestellt. Nach Lage der Dinge hätte der Kaiser noch härter mit Schlesien verfahren können, als es der am 30. Mai 1635 in Prag geschlossene Sonderfrieden zwischen ihm und Sachsen regelte. Sachsen zog sich als Schutzmacht der protestantischen Schlesier sehr zurück. Es widersprach nicht länger, wenn der Kaiser nun den schlesischen Majestätsbrief und den Dresdner Akkord beiseite schob. In einem Nebenrezeß zum Friedensvertrag wurde die Katholisierung der Erbfürstentümer Schlesiens bestätigt. Die Stadt Breslau verlor entschädigungslos die Landeshauptmannschaft des von ihr verwalteten Fürstentums Breslau. Aber es blieb bei der Ausübung des Augsburger Bekenntnisses in den Fürstentümern Liegnitz, Brieg und Oels sowie in der Stadt Breslau, vorausgesetzt, die Stände unterwarfen sich dem Ultimatum des Kaisers, und das geschah.

Der Kaiser hatte bei seinem Friedensschluß mit Sachsen gezeigt, daß er zu territorialen Zugeständnissen bereit war. Sachsen durfte für sein Entgegenkommen die Lausitz behalten, was man »eine ungeheuerliche Bestechung« genannt hat (Cecily Veronica Wedgwood). Aber der Kaiser opferte sie in der Hoffnung auf allgemeinen Frieden. Die Spekulationen auf territoriale Gewinne in Schlesien wurden dadurch bei anderen Mächten nur genährt und bestimmten den weiteren Gang des Krieges von 1639 an. Schwedische und brandenburgische Heere besetzten und verwüsteten das Land, und es gab keinen Wallenstein mehr, sie zu hindern. In diesen Jahren taten die Diplomaten Schwedens und Brandenburgs, wohl auch die des interessierten Polens so, als gäbe es eine »schlesische Frage« und als könne man das Land unter sich aufteilen.[201] Aber bei den zähen Verhandlungen von Münster und Osnabrück, in denen es um weit mehr ging als nur um Schlesien, erklärte der kaiserliche Unterhändler Schlesien zur »Pupille in des Kaisers Auge«. Es war und blieb für ihn keine Verhandlungsmasse.[202]

Unterdessen hatten das Land und seine Menschen die Folgen des Krieges zu tragen, das hieß nicht nur seelische Not, sondern Kampf ums bloße Überleben. Auch Protestanten litten unter der schwedischen »Schutzmacht« wie alle anderen. Ein evangelischer Geistlicher schrieb: »Ihr Evangelium, das sie den Bedrängten hilfreich vermeinen zu bringen, ist sehr unevangelisch und so hart und streng als türkisch und teuflisch mit

Schänden, Morden, Rauben, Brandschatzen, daß nicht zu beschreiben.«[203] Alle hofften am Ende, daß die jahrelangen Verhandlungen in Münster und Osnabrück endlich auch Schlesien den Frieden brächten. Vom kaiserlichen Oberamt waren regelrecht Bußtage angeordnet, an denen um diesen Erfolg gebetet wurde. Die in Gießmannsdorf gehaltene lange Andacht ist im Wortlaut erhalten. Dort flehte man: »Ach Herr, erbarme dich unser, sey uns gnädig, hilff und errette uns! Wir hören nicht auff zu schreien und zu ruffen, du erhörest uns denn; wir lassen dich nicht, du segnest und hilffest uns denn; du wirst doch noch zuletzt uns erretten und Friede schaffen.«[204]

DIE KRISE DES ZEITALTERS

Der Krieg hatte alle Not verschärft, Verunsicherung alle Lebensbereiche erfaßt. Wer Augen hatte zu sehen, hatte schon lange die Vorzeichen des Unglücks erkannt. Sie standen als Kometen am Himmel oder verfinsterten ihn mit unersättlichen Heuschreckenschwärmen. Wenn sich solche Zeichen häuften, lag für die Frommen im Lande die Erklärung nahe, daß nun die letzten Zeiten gekommen waren. Gott selbst schrieb dieses Menetekel an den Himmel und warnte noch einmal die in Sünde verfallene Welt, so stand es schon bei Lukas 21, 25 in der Bibel. Der Breslauer Diakon Nikolaus Pol (1564 bis 1632) von St. Maria Magdalena notierte Jahr für Jahr diese Botschaften. 1603 erschienen »gar schreckliche blutige Feuerzeichen am Himmel, von vielen Menschen mit großem Entsetzen ... auch in etlichen folgenden Nächten vermerket«.[205] Auch den Ausbruch des Großen Krieges von dreißig Jahren hatten Kometen angezeigt.[206] Der Pfarrer der freien Bergstadt Engelsberg bei Freudenthal deutete so den »erschrecklichen Cometen und Straußsterne, der sich vorschienes 1618. Jahr ... hat sehen lassen«. Allein die Kometenkonstellation zwischen den anderen Gestirnen verhieß danach Furchtbares für Obrigkeiten und Untertanen: Gefahren für die Religionsfreiheit, Seuchen und Teuerungen. Die »kurtze und einfeltige Erinnerung« erschien 1619 in einem Breslauer Druck.[207] Heute werden die so abergläubisch erscheinenden »Kometendrucke« als eine Quellengattung von eigenem Aussagewert gesehen.[208]

Das Krisenbewußtsein der damaligen Menschen war begründet. Die sozialhistorische Forschung hat inzwischen eine ganze Reihe von ökonomischen, geistigen, politischen, demographischen, ja klimatologischen Faktoren zusammengetragen, deren Kumulation die Menschen in Existenznot und Angst versetzte und sie vielfach überforderte. Man spricht daher heute von einer Jahrhundertkrise, die etwa von 1560 bis 1660 reichte.[209] Die verbreitete Endzeiterwartung löste einen Wandel des Frömmigkeitsverhaltens aus, der Volk und Geistlichkeit ergriff, wenn auch in verschiedener Weise. Im schlesischen Gebirge herrschte 1584 unter dem Volk eine »babilonische Confusion«, weil sich dort nach dem Zeugnis des Glatzer Augustinerpropstes Sekten ausbreiteten, denen »alles frei ist zu glauben, zu predigen, zu lehren und schreien nach ihrem eigenen Willen und Gutdünken«. Es gab sogar Pfarrer und Lehrer, von denen man nur sagen konnte, daß sie »weder der Römischen weder der Augsburgischen Confession zugethan sein, sondern ganz frembde, gottlose, eigensinnige Leer und Meinung je lenger je weiter ärgerlich unter das gemeine Volk thuen ausbreiten«.[210] In den kommenden Jahren traten bäuerliche Propheten in Schlesien auf und predigten Buße und Umkehr.[211] Die Posaune des Jüngsten Gerichtes sei durch die Fürsprache eines Engels nur für wenige Wochen aufgehalten worden. Gottes Engel zögen jetzt durch Schlesien und wüßten, wer für den Himmel oder die Hölle bestimmt sei. Mancher von Adel müsse zur Hölle fahren, wo schon Pfaffen, Herrschaften, Schreiber, Spielleute dicht zusammengekoppelt lägen wie des Teufels Leithunde. Wer jetzt den Predigern folge, könne noch gerettet werden. Solche Botschaften versetzten Tausende in chiliastische Panik.[212]

Im schlesischen Mittelgebirge bestand seit je eine gewisse Empfänglichkeit für religiöses Schwärmertum, Täufer und Schwenckfelder. Aus dieser Strömung wurden mitunter Propheten, wie beispielsweise der Sprottauer Weißgerber Christoph Kotter (1595 bis 1647), weit nach oben getragen. Seine Visionen über das bevorstehende Strafgericht Gottes wurden nicht nur von Theologen ernst genommen. Selbst Fürsten hofften, er könne ihnen die Geheimnisse der Welt entschleiern. Friedrich V. lud ihn 1620 zweimal nach Breslau ein,[213] ebenso empfingen ihn die Kurfürsten von Sachsen und Brandenburg in ihren Residenzen. Dieser Prophet verunsicherte alle seine Skeptiker, denn niemand wollte ausschließen, daß er die Wahrheit künde. Der berühmte Johann Amos Comenius (1592–1670) sah in Kotters Visionen ein Licht in der Finsternis, das nicht verborgen bleiben dürfe. Seine Veröffentlichung der *Göttlichen Offenbarungen* aus den Jahren 1616 bis 1624 erhob Kotter in den Rang eines deutschen Propheten, der nun vielerorts gelesen, übersetzt und nachgedruckt wurde. Noch ein halbes Jahrhundert später war er für Quirinus Kuhlmann ein Prophet vom Range eines Jakob Böhme oder Johannes Arnd.[214] Kotter selbst dürfte von dieser Wirkung kaum etwas erfahren haben. Der Kaiser ließ ihn 1627 aus dem Land jagen, nachdem seine Weissagungen immer politischer wurden, den Untergang des Hauses Habsburg vorhersagten und die Bauern rebellisch machten. Aber Kotters Abgang aus Schlesien war spektakulär. Er kam glimpflich davon, weil der Kammerfiskal, der ihn hatte hängen wollen, einem Herzschlag erlag. So bemerkenswert es auch ist, daß drei Kurfürsten die Geheimnisse der Welt von einem schlesischen Analphabeten zu erfahren suchten, eignet sich der Fall noch mehr als Indikator für die allgemeine Verunsicherung jener Zeit, die insbesondere Schlesien erfaßt hatte.

Mehr als vier Fünftel der Menschen lebten auf dem Land, nicht weniger waren auch die Bewohner der Städte in existentieller Weise von Natur und Wetter abhängig. Für sie gab es keine andere Wettervorhersage als das kollektive Gedächtnis der Landbevölkerung, das sich in Bauernregeln niederschlug, die Ende des 17. Jahrhunderts in den sogenannten Hundertjährigen Kalender Eingang fanden. Größere meteorologische Anomalien wie übermäßige Hitze und Kälte, Dürre und Fluten konnten in einem labilen Sozialgefüge eine Kettenreaktion von Nöten auslösen: Mißernten ergaben Nahrungsmangel für Mensch und Vieh, aus denen Verteuerung und Hunger resultierten, was zu Verelendung, höherer Sterblichkeit oder Epidemien führen konnte. Hier begann ein fataler Kreislauf.

Wie die Zeichen am Firmament, so war auch das Wetter von Gott geschickt, selbst wenn er zuließ, daß Teufel und Hexen darauf Einfluß nahmen. Das alte evangelische Kirchengesangbuch Schlesiens handelt in zahlreichen Liedern von den Ängsten der bäuerlichen Gesellschaft, von der ständigen Sorge um das richtige Wetter für Saat und Ernte. Es sind bezeichnenderweise die Liederdichter jener Krisenzeit wie Martin Böhme (1557–1622) in Lauban oder Johannes Heermann (1585–1647) in Köben,[215] von denen die Wetterlieder stammen. Ein typisches Beispiel aus einem vielstrophigen Lied Heermanns lautet: »Das ganze Land steht jämmerlich, fürs Vieh kein Futter findet sich, die lieben Feldfrücht dorren ein, verwelkt sind alle Blümelein; weil so dürr worden ist die Erd, als wenns in Eisen wär verkehrt ... Mit Regen unser Feld erweich, wäßre das Land und mach es reich, sein Furchen und Gepflügtes tränk, ein voll und reichlich Erndt uns schenk, vor Hagel das Getreid bewahr und krön mit deinem Gut das Jahr.« Wenn Gottes Zorn dennoch strafte, so vermittelten die Kirchenlieder, könne es auch an den Lastern und der Faulheit des Gesindes liegen, und das war auch die Ansicht der Gutsherren.

Es mag sein, daß Bauern immer über das Wetter klagen, aber in jenem Krisenjahrhundert waren sie nachweislich im Recht. Historisch gesehen begann nach einer ausgesprochenen Warmzeit mit den sechziger Jahren eine langfristige Klimaverschlechterung. Die englische Forschung hat dafür 1939 etwas pointiert den Begriff »Kleine Eiszeit« geprägt.[216] In Abständen wiederholten sich extrem kalte Winter. Für Süddeutschland ist dafür stets ein Gradmesser, ob der Bodensee ganz oder teilweise zufriert, was 1586/87, 1602/03, 1607/08, 1654/55 und 1659/60 geschah. Dieselben Jahre werden auch für Schlesien als Kältejahre genannt. Im Sommer 1587 mußten in Schlesien »die Schnitter in der Ernte Pelze anziehen«, und die kommenden Jahre wurden Notzeiten.[217] Die arktische Kälte des Winters 1607/08, als alle Flüsse zwischen Schelde und Oder zufroren, hat Nikolaus Pol notiert.[218] Das Tauwetter setzte in jenem Jahr erst spät ein. Wenige Wochen darauf kamen Wolkenbrüche hinzu, die im fast hundert Kilometer langen Katzbachtal eine Überschwemmungskatastrophe von sintflutartigem Ausmaß herbeiführten, viele Menschenleben forderten und unermeßlichen Schaden anrichteten. Pol, der sie ausführlich schilderte, sah auch in ihr die Zuchtrute Gottes, der »in die Hölle und wiederum heraus führen« könne.[219]

In der »Kleinen Eiszeit« hatten geringfügige Absenkungen der durchschnittlichen Sommer- und Wintertemperatur zunächst einen beträchtlichen Anstieg der sommerlichen Niederschlagsmenge zur Folge. Beides reichte aus, um die Ernteaussichten doppelt zu beeinträchtigen: durch kürzere Sommer und übermäßige Nässe. Der noch im Spätmittelalter an zahlreichen Orten Schlesiens kultivierte Weinanbau wurde bis auf wenige Reste an der unteren Oder aufgegeben. Wirtschaftspolitisch schlug sich die Krisenzeit in Einkommensverlusten des Landes nieder. Der Fürstentag bat zum Beispiel 1571 den Landesherrn um Steuerermäßigung unter Hinweis darauf, wie sehr »diß Land mit grossem Mißwachs/Wassernöthen und anderen Beschwerungen/als Hunger/Armut/Absterbung der Schaff/Rindt und allerley Viehes beladen/die newen Früchte hewer sich gar übel anlassen/und ... dem Lande auch alle Nahrung und Gewerb entfellet«.[220] Die sich nun wiederholenden Hungersnöte gehörten zu den »grossen Land-Straffen, oder Plagen, womit Gott der Herr sein sündiges Land heimzusuchen pfleget«.

Wegen dieses theologischen Hintergrundes und des sozialen Empfindens waren es immer wieder evangelische Pfarrer, die sich schriftstellerisch diesen Problemen näherten. Ein Breslauer verfaßte die historische Beschreibung der großen Teuerungen, Hunger- und Kummerjahre, notierte die Kornpreise und erzählte von individueller Not.[221] Sein Buch hebt zugleich die vorbildliche Sozialpolitik seiner Vaterstadt Breslau hervor, die stets für Notzeiten Getreidevorräte bereithielt, um im Bedarfsfall die Getreidepreise regulieren oder die Not lindern zu können. Die Stadt hatte dafür schon 1453 beziehungsweise 1519 die beiden Kornhäuser auf dem Burgfeld und am Sandtor eingerichtet.[222] Getreide war in einer Zeit, in der die Kartoffel noch unbekannt und Gemüse wenig verbreitet war, das Hauptnahrungsmittel. Die Stadt konnte auch durch Ausrufung eines »freien Brotmarktes« die Versorgungslage entspannen, weil dadurch alle Einfuhrbeschränkungen außer Kraft gesetzt wurden und das Lebensmittelangebot erhöht wurde.

Einige schlesische Landpfarrer fingen damals an, sich geradezu wissenschaftlich mit Landwirtschaft zu befassen. Vermutlich auf Anregung seines Patronatsherrn, des Breslauer Handelsherrn und Landeshauptmanns Nikolaus Rehdiger, der »ein sonder Herzgefallen am Feldbau und seligem Erdwucher« bezeigte, begann der Schebitzer Pfarrer Martin Grosser seine Bauern über ihr Fachwissen zu befragen und alles über Ackerbau, Aussaat, Ernte und Viehhaltung aufzuschreiben. Seine 1590 in Görlitz erschienene *Anleitung zu der Landwirtschaft* war nicht nur für die damalige Praxis, sondern auch volkskundlich überaus wertvoll.[223] Sie enthielt beispielsweise Angaben zur bäuerlichen Fachsprache im schlesischen Dialekt. Nur eine Tagesreise entfernt und vermutlich angeregt durch seinen Amtsbruder, nahm sich der Pfarrer Jakob Coler (1537–1612) eine gleiche Thematik vor. Als humanistisch gebildeter Mann ging er zunächst von den antiken und französischen Autoritäten der Landbaukunde aus, um bald feststellen zu müssen, wie weit Theorie und Praxis auseinanderklafften. So befragte auch er schließlich die einfachen Leute und regte seinen Sohn Johann Coler (1567–1639) an, das Werk zum Abschluß zu bringen.

1592 erschien zum erstenmal Johann Colers *Calendarium oeconomicum et perpetuum*, das dann Jahr für Jahr um neue agrarische Wirtschaftsbereiche erweitert wurde, bis 1604 ein vielbändiges Werk von enzyklopädischer Vollständigkeit vorlag, die *Oeconomia oder Hausbuch*.[224] Grosser und insbesondere Coler stehen damit am Anfang einer für die frühe Neuzeit besonders wirksamen und typischen Literaturgattung, der sogenannten Hausväterliteratur.[225] In zwanzig und mehr Auflagen war »der Coler« in ganz Deutschland verbreitet und übte einen normativen Einfluß auf das tradierte Bild vom christlichen Hausvater aus, der über das ihm unterstellte »ganze Haus« regierte.[226] Was für den bäuerlichen Hausvater galt, mußte erst recht für den adligen Gutspatron gelten. Oft genug handelte es sich hier um Adlige mit europäischem Bildungshintergrund, die ihr adliges Landleben zu pflegen und zu stilisieren wußten. Zu ihnen gehörte der aus schlesischem Adel stammende Niederösterreicher Wolf Helmhard von Hohberg (1612

Nach der großen Pest des Jahres 1680 gelobte die Stadt Glatz die Errichtung einer Mariensäule auf dem Oberring und beauftragte damit den Bildhauer Adam Beyerhoffer. Mariensäulen dieser Art bezeichneten überall im katholischen Deutschland den Sieg über Pest und Unglauben. Am Anfang dieser Tradition steht die Münchner Mariensäule von 1635 oder die 1918 gestürzte Mariensäule vom Altstädter Ring in Prag, die das unmittelbare Vorbild für Glatz abgab. Das Glatzer Denkmal erhebt sich über einem siebenstufigen Podest. Rund um die fünf Meter hohe Säule gruppieren sich die Schutzengel der Stadt, Erzengel Gabriel, die Heiligen Josef und Florian. Auf den Ecken des steinernen Geländers halten die Pestheiligen Franz Xaver, Karl Borromäus, Rochus und Sebastian Wacht.

bis 1688), der 1682 das Gegenstück zu Colers Werk verfaßte, die zwölfbändige *Georgica curiosa oder adeliges Land- und Feldleben.* Otto Brunner hat aus diesem Werk das kulturelle Selbstverständnis des habsburgischen Landadels jener Zeit herausgearbeitet. Sein Buch *Adeliges Landleben und europäischer Geist* galt lange als epochemachend, war aber nicht frei von ideologischem und patriarchalischem Vorverständnis.[227]

Die bisher beschriebenen Krisenerscheinungen waren auf höhere Gewalt zurückzuführen. Es kann nur angedeutet werden, was es bedeutete, wenn in Kriegszeiten eine hungrige und rücksichtslose Soldateska durch das Land zog, es ausplünderte und viele Ressourcen mutwillig zerstörte. Verglichen mit dem übrigen Deutschland zwischen der Pfalz und Mecklenburg, das im Dreißigjährigen Krieg Bevölkerungsverluste bis zu fünfzig und mehr Prozent zu beklagen hatte,[228] war das Schicksal der Schlesier noch nicht das schlimmste. Das heißt, solche Angaben sind von Zählungen oder zumindest Schätzungen abhängig, und diese sind noch immer umstritten.[229] Aber hinter der Zahl von etwa 200 000 Menschen, um die Schlesien bis 1670 ärmer wurde, standen individuelle Schicksale, standen Mord, Tod und Emigration.

Der Bevölkerungsverlust Schlesiens läßt sich aus der Gegenüberstellung der Zahlen von 1618 und 1670 ersehen. Unsicher ist an der Ausgangszahl nur, ob man die Zählung von 159 888 »Haushaltungen« im Jahr 1618 auf insgesamt etwa eine Million Einwohner hochrechnen darf. Man hat gemeint, aufgrund einiger Ungenauigkeiten die Zahl der Haushaltungen beziehungsweise Familien um 40 000 erhöhen zu dürfen, so daß man bei einer durchschnittlichen Familiengröße von fünf Personen auf die besagte eine Million Einwohner kam. Diese Schätzung von 1790 für das Jahr 1600 stimmt recht gut mit modernen demographischen Erhebungen über historische Bevölkerungszahlen überein. Danach betrug die durchschnittliche Familiengröße im damaligen Europa zwischen vier und 5,5 Personen.[230] Schon in der frühen Neuzeit bestand die Familie im wesentlichen nur aus einer kleinen Kernfamilie. Die romantische Vorstellung, in der guten alten Zeit habe es normalerweise die Großfamilie gegeben, in der mehrere Generationen mit vielen Kindern zusammenlebten, hat der historischen Überprüfung nicht standgehalten. Der Verlust von etwa einem Fünftel der Bevölkerung liegt hoch, aber er schließt den zahlenmäßig überschätzten wirtschaftlichen und konfessionellen Abwanderungsverlust ein. Letzterer wog vor allem deshalb schwer, weil es die Fähigsten und Besten waren, die das Land verließen. Es sollte gut einhundert Jahre dauern, bis dieser Bevölkerungsrückschlag wieder aufgeholt war.

Das Militär mit seinem Troß an fahrendem Volk schleppte die verschiedensten Krankheiten und Seuchen mit, auch die Pest. Gerade im Dreißigjährigen Krieg haben

Einwohnerzahlen Schlesiens und Breslaus von 1600 bis 1750[231]

	1618	1633	1670	1710	1736	1748	1749
Schlesien	1 000 000		833 684		999 216	1 135 801	
Breslau	30 000	15 000	28 000	40 890			49 986

weit mehr Menschen ihr Leben durch indirekte Folgen des Krieges als infolge kriegerischer Handlungen verloren. Wie alle Länder Europas, so hat auch Schlesien sich nicht vor den immer wiederkehrenden Pestwellen schützen können, die wiederum als eine der von Gott verhängten Plagen angesehen wurden. Man wußte nur, daß die Krankheit durch Ansteckung übertragen wurde, und konnte dagegen wenigstens vorbeugende Maßnahmen ergreifen. Dafür sorgten besondere Pestordnungen, Pestärzte und Pestinspektoren. In der medizinischen Prophylaxe war Breslau zeitweilig führend, weil zu seinen Bürgern der berühmte Arzt Johann Crato von Kraftheim (1519–1585) zählte, der als erster in Deutschland den ansteckenden Charakter der Pest nachgewiesen hatte.[232]

Nicht alle Epidemien waren von gleicher Heftigkeit. Aber die Hungerkrisen seit dem ausgehenden 16. Jahrhundert hatten offensichtlich auch die Widerstandsfähigkeit der Menschen geschwächt. Zwischen 1570 und 1709 zog der seit dem Mittelalter gefürchtete Schwarze Tod mindestens achtmal durch das Land.[233] Die größten Opferzahlen forderten die Jahre 1585 und 1633/34. Im erstgenannten Jahr starben allein in Breslau 8 931 Menschen, etwa ein Fünftel der Bevölkerung.[234] Die fürchterliche Pestepidemie von 1633/34 erreichte wohl deshalb ein solches Ausmaß, weil der Krieg ihre Verbreitung begünstigte und das allgemeine Elend der Seuche reiche Nahrung gab. Betroffen war vor allem das Schlesien links der Oder einschließlich der Hauptstadt Breslau. Die Zentren der schlesischen Leinenweberei am Hang des Riesengebirges verloren den größten Teil ihrer Bewohner. In Schweidnitz starben an die 17 000 Einwohner, manche Dörfer wurden wüst. Die Stände des Fürstentums Münsterberg mußten 1634 dem Breslauer Oberamt berichten, daß in ihrem Fürstentum gegenüber dem Jahr 1629 die Einwohnerzahl um sechzig Prozent zurückgegangen sei und sie wegen des Verlustes von 80 Prozent des Viehbestandes und 85 Prozent der Produktionsmittel kaum noch zur Zahlung der Landessteuer fähig seien.[235] Am genauesten ist man über die Breslauer Verluste informiert, weil die Stadt darüber Buch führte und 1633 eine Gedenkmedaille prägen ließ, welche die Zahl der Opfer mit 13 231 angab.[236] Die in der zeitgenössischen Literatur genannte Zahl von 26 000 Pesttoten in Schlesien für das Jahr 1633 scheint keinesfalls zu hoch gegriffen.[237] Noch heute erinnern zahlreiche Pestkapellen und Pestsäulen in Schlesien an diese Zeit.[238]

Die Schlesier litten nicht nur unter der Furie des Krieges und seiner unmittelbaren Folgen. Das eigene Schicksal und der tägliche Umgang mit der Gewalt hatten manche Menschen entwurzelt. Räuberbanden lebten in scheinbar rechtsfreien Räumen und betrieben von dort aus ihr Handwerk, das fernab von jeglicher Räuberromantik lag. Seit 1642 versetzte der Schütze Melchior Hedeloff Niederschlesien in Schrecken, bis er nach Abzug der schwedischen Truppen 1653 gefaßt wurde. Unter der Folter gestand er 251 Morde und andere Kapitalverbrechen, darunter auch abergläubischen Kannibalismus. Sein Fall erregte in ganz Deutschland Aufsehen und wurde mehrfach publizistisch aufbereitet. Seine Hinrichtung in Oels 1654 entsprach in ihrer Grausamkeit einerseits den begangenen Verbrechen, aber auch dem möglichen Strafmaß der peinlichen Halsgerichtsordnung.

Öffentliche Exekutionen, die wie in diesem Falle vor dem Rathaus begannen, dann an den vier Ecken der Stadt fortgesetzt wurden, um schließlich am Richtplatz vor den Toren ein quälendes Ende zu finden, waren große Spektakel für ein nervenstarkes Publikum.[239] Nicht immer war der Verurteilte ein solches Scheusal wie dieser. Andere Opfer erregten Mitleid. In solchen Fällen entstand am Richtplatz eine Art Volkstribunal, das den Ausgang der Sache entschied. Es kam vor, wenn auch selten, daß dann ein Opfer mit dem Leben davonkam, zum Beispiel, weil eine Jungfer sich zur Ehe mit dem Verurteilten bereit fand. Der Zorn des Volkes konnte sich aber auch unversehens gegen den Henker wenden, falls dieser seine »Kunst« nicht perfekt beherrschte. Als am 5. November 1626 auf dem Rabenstein bei Breslau eine Kindsmörderin hinzurichten war, gelang dem Scharfrichter die Enthauptung erst im dritten Versuch. Der ungeschickte Henker floh vor der wütenden Menge in das Gemäuer des Rabensteins und von dort in die Stadt. Aber er wurde aufgespürt und schließlich ums Leben gebracht. Das forderte Sühne. 1628 durfte der neue Henker den Mörder seines Vorgängers hinrichten.[240]

Ein Kennzeichen von Krisenzeiten ist die Zunahme bestimmter krimineller Delikte. Raub, Wildfrevel und Holzdiebstahl standen in erkennbarem Zusammenhang zur sozialen Not der armen Bevölkerung. Die Obrigkeit konnte darauf antworten, indem sie soziale Spannungen durch Entgegenkommen abzubauen oder durch eine disziplinierende Strafjustiz zu unterdrücken suchte. Beides geschah. Die historische Erfahrung lehrt aber auch, daß in Krisenzeiten die Obrigkeit selbst nicht dagegen gefeit ist, Tatbestände ihrerseits zu kriminalisieren, die weniger ein Delikt als das Symptom einer Krise darstellten. Zu dieser Reaktion kam es, wenn irrationale Triebkräfte einer vormodernen Zeit mit dem frühmodernen Staat kollidierten.

Ein Delikt hat die schlesischen Gerichte in diesem Zeitraum oft beschäftigt, das Verbrechen der Zauberei oder genauer der Hexerei. Es gehört unzweifelhaft zu den wichtigsten indirekten Belegen für die Krise jener Zeit. In der Hauptsache lag das Zeitalter der Hexenverfolgungen in Schlesien zwischen den Jahren 1580 und 1671 und wies zwei größere Verfolgungswellen auf, von denen die eine zwischen 1639 und 1641 noch in den Dreißigjährigen Krieg, die verfolgungsintensivste Zeit aber auf das Vierteljahrhundert nach Kriegsende fiel. Es handelte sich um kein marginales Problem, denn in Schlesien gab es in der frühen Neuzeit nachweislich 444 Hexenprozesse, die zu mindestens 593 Hinrichtungen führten. Über neunzig Prozent der Opfer waren Frauen.[241] Diese gesicherten Zahlen sind erschreckend hoch, liegen aber unter mancher älteren Spekulation. Im Vergleich zu anderen deutschen Territorien war Schlesien damit kein Schwerpunktgebiet der Hexenverfolgung. Vielmehr scheint das »klassische« Hexenbild, zu dessen Vollständigkeit Teufelspakt, Teufelsbuhlschaft, Hexenflug, Hexensabbat und Schadenszauber gehörten, erst durch die Hexenliteratur und juristische Kommentare aus dem westlichen Deutschland importiert worden zu sein. So erklärt sich das etwas verspätete Einsetzen der schlesischen Hexenprozesse. Hexenverfolgungen geschahen in der Hauptsache im dörflichen und kleinbürgerlichen Umfeld des deutschsprachigen Schlesien. In den großen Städten fehlte offenbar das soziale Milieu, in dem Hexereivorwürfe gedeihen konnten. Der Breslauer Schöppenstuhl, der oft von auswär-

Das Räuberunwesen in Schlesien war ebenso Ausdruck der sozialen Not wie der kriegsbedingten sittlichen Verwilderung. Erst nach dem Dreißigjährigen Krieg konnte die Obrigkeit die schlimmsten Übeltäter ergreifen und an ihnen ein abschreckendes Exempel statuieren. Der Fall des Räubers Melchior Hedeloff und seiner Bande wurde durch die »warhafftige und erschreckliche newe Zeitung von dem großen Mörder Melcher Hedloff« in ganz Deutschland bekannt. Ein sensationsgieriges Publikum konnte nicht nur die Liste seiner Grausamkeiten nachlesen, sondern auch, auf welch quälende Weise ihm diese bei seiner Hinrichtung in Oels vergolten wurden. Im Gefängnis ist Hedeloff offenbar porträtiert worden. Wenn man es nicht besser wüßte, könnte man diesen aufrecht stehenden und ernst dreinblickenden Mann für einen braven schlesischen Bauern halten. Alle Phasen seiner Hinrichtung sind im Bild festgehalten.

tigen Gerichten angerufen wurde, hielt Hexerei zwar prinzipiell für möglich, handelte aber nach damaligen Maßstäben verantwortungsbewußt und mäßigend.

Die Hexerei und ihre Verfolgung hatten in Schlesien deutliche Schwerpunkte. Sie lagen im Neisser Bischofsland und in den Fürstentümern Jägerndorf und Glogau, die wie alle schlesischen Territorien auch eigene Rechtsgebiete waren. Neisse erscheint aber schlechthin als das Epizentrum der schlesischen Hexereiprozesse, in dessen Umkreis weitere Prozeßorte wie Ratibor, Jägerndorf, Münsterberg, Glatz und Olmütz lagen. Obwohl sich auch das evangelische Schlesien an der Verfolgung beteiligte, ist die Konzentrierung im katholischen Bischofsland auffallend. Die Aktenlage erlaubt aber keine einfachen Erklärungen, so daß vornehmlich nur Feststellungen getroffen werden können, was diese Prozesse offenbar *nicht* waren. Es gibt bei aller Gleichartigkeit der Vorwürfe keine einheitliche Verfolgungsstrategie gegen klar erkennbare soziale oder konfessionelle Zielgruppen. Zeitweilig rückt eine von oben gesteuerte Inquisition gegen eine vermutete Teufelssekte in den Vordergrund, dann wieder erscheinen die Prozesse als Vehikel sozialer und kommunalpolitischer Konflikte, etwa wenn die Verfolgung auch Ratsfrauen erreichte. Die auffallendste Besonderheit bleibt, daß sich die Verfolgung gegen Frauen richtete. Jene Zeit glaubte an die Realität der Teufelsbuhlschaft. Die Sozialgeschichte kann solche sexualen Fixierungen eher unter Heranziehung der modernen Sexualpsychologie deuten.[242]

Zu den treibenden politischen Kräften der Neisser Hexenprozesse gehörte die mittlere Hierarchie mit dem Weihbischof in Breslau beziehungsweise dem Landeshauptmann in Neisse. Ersterer veranlaßte 1639 in Neisse den Bau eines Hexenofens. Zu beachten bleibt auch, daß Prozeßwellen regelmäßig nach Kirchenvisitationen einsetzten. Zu den retardierenden oder gar verbietenden Kräften gehörten aber Bischof und Kaiser. Hexenverfolgungen waren wohl kaum ein Ausfluß der gleichzeitig stattfindenden Gegenreformation. Diese hätte doch Männern und Frauen gleichermaßen gelten müssen. Die Konfession der Beklagten findet in den Prozessen kaum Erwähnung. Auf der 1653 zu Neisse abgehaltenen Diözesansynode war die Hexerei kein Thema. Auch Jesuiten traten nur am Rande in Erscheinung, nämlich als Bittsteller für Angeklagte oder weil man ihnen die Erziehung freigesprochener Kinder übertrug.

Bei solch nüchterner Analyse kommt zu kurz, was Folter und Feuertod für die Opfer und die mehr oder minder beteiligten Zuschauer bedeutet haben müssen. Einen erschütternden Einblick vermittelt das seitenlange, wörtliche, sogar die Schmerzensrufe festhaltende Verhörprotokoll der neunundsiebzigjährigen Ursula Decker 1680 in der Scharfrichterei zu Glatz. Die Frau war bis zu ihrer »Besagung« als gottesfürchtig und gutsituiert bekannt. Ihr Fall schließt einen gegenreformatorischen Hintergrund geradezu aus, denn 1669 hatte sie noch einen Altar des katholischen Bernhardinerklosters vergolden lassen. Nun kämpfte sie verzweifelt und bei steigender Folter um ihr Leben und ihre Ehre: »Mit nichten, ich kann nicht mehr, wollt Ihr meines Leibes Euch nicht erbarmen, so erbarmet Euch doch über meine Seele, daß ich nicht in Verzweiflung falle!«[243] Ob diese tapfere Frau die Peiniger von ihrer Unschuld überzeugen konnte oder doch noch dem Scheiterhaufen verfiel, ist nicht überliefert.

Schlesien nach dem Dreißigjährigen Krieg

DURCH FRIEDENSKIRCHEN ZUM KIRCHENFRIEDEN?

Der Krieg, um dessen Ende seit 1644 in Münster und Osnabrück gerungen wurde, war zuletzt ein europäischer Konflikt gewesen, so daß auch der Frieden nur ein europäischer sein konnte. Frankreich, Schweden, Kaiser und Reich sowie fast alle übrigen europäischen Mächte verhandelten um einen Ausgleich unzähliger Ansprüche und Interessen. Viele davon überschnitten sich so, daß sie miteinander unvereinbar waren. Unmöglich konnte daraus ein Konsens erwachsen, in dem sich alle Gegensätze harmonisch auflösen ließen. Dazu waren auch die Wunden, die man einander zugefügt hatte, noch zu frisch. Am Ende konnte nur eine politische Lösung stehen, ein von allen wohl oder übel getragener Kompromiß, der die widerstreitenden Rechte gegeneinander abwog, neues Recht schuf und Rechtssicherheit zu stiften vermochte. Das führte zu Kompensationsgeschäften, wie sie ähnlich aus aktuellen Konflikten bekannt sind: Land gegen Frieden, Autonomie gegen Staatseinheit, Kirchen gegen persönliche Glaubensfreiheit. Der mit einem dreißigjährigen Krieg erkaufte Frieden sollte nicht wieder in Frage gestellt werden können. Seine Bestimmungen wurden zu einem Grundgesetz der Reichsverfassung erklärt und so vom nächsten Reichstag bestätigt.

Die Regelungen des am 24. Oktober 1648 unterzeichneten Westfälischen Friedens entsprachen den Kräfteverhältnissen. Frankreich und Schweden erreichten die meisten ihrer Kriegsziele. Das westliche Vorfeld des Reiches gelangte in französischen Zugriff. Frankreich drängte sich auch erfolgreich zwischen die beiden habsburgischen Linien Österreichs und Spaniens. Schweden aber wurde durch seine norddeutschen Landgewinne die dritte große protestantische Macht im Reich neben Sachsen und Brandenburg. Von beiden Siegermächten profitierten viele der mit ihnen verbündeten Reichsstände. Was die größeren von ihnen an Souveränität hinzugewannen, verlor das Reich im ganzen an moderner Staatlichkeit. Ihm blieb ein eher repräsentierendes Kaisertum an der Spitze und eine im europäischen Vergleich bereits archaisch wirkende Verfassung, die nur noch zur Defensive befähigte.

Aus österreichischer Sicht war das Ergebnis des Westfälischen Friedens ambivalent. Sicherlich hatte die Kaiserwürde an Glanz verloren, aber sie blieb ein wichtiges politisches Kapital. Mit dem Sundgau und Breisach waren traditionsreiche Außenposten aufgegeben worden und Einfluß verlorengegangen, aber im übrigen konnte der territoriale Status quo von 1635 behauptet werden. Das für Schlesien wichtigste Ergebnis des Westfälischen Friedens wurde im Vertragstext gar nicht hervorgehoben: Es war gelungen, die territoriale Integrität des Landes zu erhalten. Alle Kompensationsansprüche auf ganz Schlesien oder seine nördlichen Teile waren abgewiesen worden. Gleiches galt für den Komplex der österreichischen Erblande, der seit 1648 noch geschlossener wirkte als zuvor. Da der Westfälische Frieden allen deutschen Teilstaaten den Weg zu ihrer Einzelsouveränität eröffnet hatte, galt solches auch für Österreich. Habsburg konnte sich jetzt seinem inneren Landesausbau zuwenden. Die strittigen Konfessionsfragen gehörten seit dem Friedensschluß im wesentlichen zu den inneren Angelegenheiten der Staaten. Es lag bei Österreich, wie sie geregelt wurden.

Bis zuletzt hatte die schwedische Armee weite Teile Böhmens und Schlesiens besetzt gehalten, und sie gab diese Faustpfänder nur widerstrebend bis 1650 frei. Das hatte nichts mehr mit protestantischer Solidarität zu tun, mit deren Hilfe etwa die Wiederherstellung der Zustände und Besitzverhältnisse von 1618 in Böhmen oder Schlesien erreicht werden sollte. Der zentrale Gedanke des Friedens, das »Vergeben und Vergessen«, bezog sich in der Hauptsache nur auf die Verhandlungspartner von Münster und Osnabrück. Schlesien hatte ebensowenig wie andere habsburgische Territorien an den Verhandlungen in Münster und Osnabrück teilnehmen dürfen. Wenn die piastischen Fürsten von Liegnitz und Brieg oder die evangelischen Stände Schlesiens etwas bewirken wollten, so konnten sie sich nur inoffiziell an ihre alten Schutzmächte wenden, vor allem an Sachsen und Schweden.[244] Schlesien durfte, ähnlich wie schon beim Augsburger Religionsfrieden von 1555, nicht einmal sicher sein, in einem Frieden auch nur erwähnt zu werden, dessen Regelungen vor allem das Alte Reich betrafen.

Wenn Schlesien dennoch unter allen habsburgischen Erblanden eine konfessionelle Sonderregelung erhielt, so war das in doppelter Hinsicht bemerkenswert. Es war ein Beleg für die wachsende Annäherung des Landes an die Reichsverfassung und eine wenigstens teilweise, aber erstmals reichsrechtlich verankerte Privilegierung des schlesischen Protestantismus. In vier Paragraphen des Artikels 5 war folgendes festgelegt: Den schlesischen Fürsten Augsburgischer Konfession in Brieg, Liegnitz, Münsterberg und Oels sowie der Stadt Breslau wurde das Augsburger Bekenntnis im Rahmen der Vorkriegsprivilegien gestattet. Nur indirekt war damit ausgesprochen, daß der Kaiser in allen übrigen Erbfürstentümern und Standesherrschaften Schlesiens das Recht zur Katholisierung erhielt, was auch aus der Schutzbestimmung hervorging, der zufolge die Landstände und Untertanen Augsburgischer Konfession weder zur Auswanderung noch zur Veräußerung ihrer Güter gedrängt werden durften. Vielmehr sollten sie den evangelischen Gottesdienst in benachbarten Orten außerhalb der Erbfürstentümer besuchen dürfen, vorausgesetzt, daß sie ansonsten ruhig und friedfertig lebten und sich ihrem Oberlandesherrn gegenüber gebührend verhielten. Das reformierte Bekenntnis erhielt in Schlesien weiterhin keine offizielle Anerkennung. In den Erbfürstentümern wurde den Lutheranern der Bau von drei Kirchen vor den Toren der Städte Schweidnitz, Jauer und Glogau gestattet, die man bald Friedenskirchen nannte. Der Kaiser legte dabei Wert auf die Feststellung, daß er zu all diesen Konzessionen eigentlich nicht verpflichtet sei, sie aber aus Gnade bewillige. Im übrigen wurde auf den bevorstehenden Reichstag verwiesen und darauf, daß es Schweden und den Reichsständen Augsburgischer Konfession unbenommen sei, sich auch in Zukunft friedlich und freundschaftlich zugunsten der Protestanten in den österreichischen Ländern zu verwenden.

Die Bewertung des Westfälischen Friedens insgesamt hat in der deutschen Geschichtsschreibung extreme Schwankungen erfahren. Erst in den letzten Jahrzehnten wurde seine konstruktive Leistung neu und voll gewürdigt.[245] Auch aus schlesischer Sicht sollten die scheinbaren Selbstverständlichkeiten zuerst genannt werden: die Bewahrung der äußeren Grenzen, die Wiederherstellung der inneren Sicherheit, die politische Neutralität angesichts der Kämpfe, die bald in Polen ausbrechen sollten und vor denen seit 1655 viele Polen als Flüchtlinge nach Schlesien strömten.

Sobald aber die konfessionspolitischen Entscheidungen des Westfälischen Friedens berührt werden, scheint rückblickend wenig Spielraum für eine positive Neubewertung. War es nicht selbstverständlich, daß die piastischen Territorien und Breslau protestantisch bleiben durften? Was besagte die Gewährung von drei Friedenskirchen, wenn der Kaiser im Gegenzug 656 evangelische Kirchen in seinen Erbfürstentümern schließen durfte? Hatte nicht die katholische Konfessionalisierung Schlesiens, die sich der österreichische Staat nun zum Ziel setzte, nach dem Ende des großen Glaubenskrieges bereits etwas Anachronistisches? Zumindest war sie ein Beleg für die öfter in der schlesischen Geschichte zu beobachtende »Verspätung«. Die Regierung versäumte es auch, die Konzession der drei Friedenskirchen als bewußte Geste der Toleranz zu vermitteln, was vielleicht die Empörung vieler Protestanten über den Verlust von Hunderten von Kirchen hätte mildern können. Er wirkte, wie der Historiker Eberlein es später genannt hat,[246] auf viele wie der »Generalangriff der Gegenreformation«, mit anderen Worten als verdeckte Fortsetzung des Dreißigjährigen Krieges.

Wenn man davon ausgeht, daß diese Politik auf eine vollständige Katholisierung Schlesiens abzielte, so sollte sie scheitern. Auf jeden Fall erhielt die emotionale Bindung der protestantischen Bevölkerung an den Landesherrn damals einen Riß, der sich nur mühsam wieder schloß. In Schlesien sollte das konfessionelle Zeitalter länger dauern als in anderen Landschaften. Es band viele staatliche Energien, die sinnvoller in Reformen investiert worden wären. Es gab dem protestantischen Selbstbehauptungswillen immer neue Kraft und weckte zugleich auch in der katholischen Kirche die schöpferischen Kräfte des schlesischen Barock. Nur wenige Bauwerke haben für den schlesischen Protestantismus eine ähnliche Symbolkraft erlangt wie die drei Friedenskirchen von 1648. Weil sie nur vor den Stadtmauern errichtet werden durften, lagen sie im militärischen Vorfeld und durften also nicht aus Stein sein. In Schweidnitz zum Beispiel beaufsichtigte der katholische Festungskommandant die Absteckung des Bauplatzes und zeigte sich dabei nicht kleinlich. Mit Spenden aus ganz Deutschland wurde hier in den Jahren von 1656 bis 1657 der imposante Fachwerkständerbau nach einem Plan des Breslauer Festungsbaumeisters Albrecht von Sebisch (1610–1688) errichtet. Er wurde in den folgenden Jahrzehnten durch eine zentrale Kanzel, einen barocken Hochaltar und eine berühmte Orgel weiter ausgestaltet.[247] Mit Allegorien bemalte Emporenwände und eine mit biblischen Szenen bemalte Holzdecke umschlossen den auf kreuzförmigem Grundriß errichteten Kirchenraum. Er verfügte über 3 000 Sitzplätze und 4 500 Stehplätze und übertraf damit die beiden anderen Sebischbauten von Glogau und Jauer, von denen letzterer immerhin auch 6 000 Kirchgängern Platz bot. Sosehr die Schweidnitzer Friedenskirche ein Denkmal des schlesischen Protestantismus darstellt, sowenig zeigt sie sich als monumental. Sie wirkt vielmehr trotz ihrer Größe eher anheimelnd intim und festlich. Und sie konnte bis heute ihre evangelische Bestimmung bewahren.

Der Bau der Friedenskirchen wurde davon überschattet, daß gleichzeitig kaiserliche Reduktionskommissionen durch das Land zogen und die evangelischen Kirchen

Nach dem Westfälischen Frieden erhielten die Protestanten drei religiöse Asylplätze in Niederschlesien. In Jauer, Glogau und Schweidnitz durften sie sogenannte Friedenskirchen errichten. Die Friedenskirche zum Heiligen Geist in Jauer wurde der Prototyp für die weiteren protestantischen Kirchenbauten Schlesiens. Nach dem Entwurf des Breslauer Festungsbaumeisters Albrecht von Sebisch entstand ein dreischiffiger Holzständerbau, dessen Seitenschiffe vier übereinanderliegende Emporen aufnahmen, wodurch 6000 Besuchern Platz geboten wurde. Obwohl nur als Holzbauten vor den Mauern der Städte zugelassen, haben sich die Friedenskirchen von Jauer und Schweidnitz in ihrer anheimelnden Schönheit bis heute erhalten und sind evangelische Gotteshäuser geblieben.

der Erbfürstentümer und Standesherrschaften schlossen, wie schon erwähnt 656 an der Zahl,[248] was über 500 evangelische Geistliche zu Exulanten machte. Einer von ihnen, der für den Friedensschluß noch Worte tiefen Dankes gefunden hatte, notierte nach dem Verlust seiner Kirche: »Dieses ist der traurige Außgang der Tragoedi, so mit den Evangelischen Kirchen in Schlesien nach geschloßenem Frieden ist gespielet und dadurch wir Prediger ins Exilium gejaget, den armen Innwohnern aber der rechte Gottesdienst geraubet worden, daß also die arme Evangelische Kirche in Schlesien wohl Ursach bekommen zu klagen ex Jerem. 14,19: Wir hoffeten, es solte Friede werden, so kompt nichts gutts; wir hoffeten, wir solten heil werden, aber siehe, so ist mehr Schadens da.«[249]

Die katholische Kirche hatte gar nicht Priester genug, um die vertriebenen evangelischen Geistlichen zu ersetzen, desgleichen fehlte es an Katholiken, um diese Kirchen zu füllen. Ganz Oberschlesien war von 1660 an ohne jede evangelische Kirche. Aber die protestantische Bevölkerung aller betroffenen Gebiete machte fortan um so intensiver von ihrem Kirchgangsprivileg Gebrauch, dafür lagen die evangelisch gebliebenen Territorien Schlesiens günstig. Etwa hundert Kirchen wurden fortan entlang schlesischen Binnengrenzen zu Zufluchtskirchen der Protestanten und mußten baulich erweitert werden.[250] Ihre Kirchenbücher belegen, aus welch entfernten Orten die Täuflinge dorthin gebracht wurden. Weitere zwanzig evangelische Kirchen wurden unmittelbar hinter den Landesgrenzen neu erbaut, zwei davon auf polnischem, zehn auf brandenburgischem und acht auf sächsisch-lausitzischem Gebiet. So geriet unweigerlich jeder sonntägliche Auszug der Protestanten in ihre fernen Kirchen zu einer Art Demonstration, was örtliche katholische Machthaber schon einmal zu Schikanen verleiten konnte, etwa wenn der Kommandant von Glogau 1669 den Weg zur dortigen Friedenskirche versperrte, indem er das betreffende Stadttor schließen ließ. Die bezeigte Treue zum evangelischen Glauben dämpfte alle Erwartungen auf rasche Katholisierung des Landes.

Auch die katholischen Klöster hatten protestantische Untertanen. Letztere standen unter dem Schutz des Westfälischen Friedens und blieben wohl auch aus wirtschaftlichen Gründen zunächst so unbehelligt, wie sie es seit Jahrzehnten gewohnt waren. Die mitten im Land gelegenen Klöster waren über den Verwüstungen und Plünderungen des Krieges verarmt. Der Abt des Zisterzienserklosters Heinrichau sah sich gegen Kriegsende gezwungen, den Lebensunterhalt zu erbetteln. Bei der Fronleichnamsprozession des Jahres 1656 wurde er gar von seinen Gläubigern überfallen, die ihn in Schuldhaft nehmen ließen.[251]

Die Einziehung der evangelischen Kirchen war eine staatliche Sofortmaßnahme gewesen. Die Bekehrung des Volkes zum Katholizismus war weitaus schwieriger. Die Prälaten repräsentierten nicht nur die geistige Erneuerung der alten Kirche, sondern waren alle auch mächtige Grundherren und Politiker. Ihnen schien es schwer erträglich, protestantische Untertanen zu haben, die weiterhin von der katholischen Kirche nichts wissen wollten. In den Jahrzehnten nach 1648 lassen sich aus dem ganzen Land Beispiele für direkten oder subtilen Katholisierungsdruck finden, auch unter geistlichen Herrschaften. Wer zugleich als Landeshauptmann und geistlicher Stand fungierte, wie Abt

Melchior Welzel von Heinrichau, sah sich geradezu doppelt zur Missionierung verpflichtet. Dann kam auch das Mittel der sozialen Nötigung gegenüber einem bekehrungsunwilligen Untertanen zum Einsatz, wie aus dem furchtlosen Schreiben eines kleinen Wiesenmüllers hervorgeht, das aus dem Jahre 1671 stammt:[252]

»Ewer Hochwürden und Gnaden entsinnen sich gnädigst, waß gestallten selbte verwichene Woche, allß ich in dero Clostergestifft zu vorrichten gehabt, mir vorgebracht, daß ich meine Religion ändern, undt die catholische annehmen solle, darbey mir, waß ich thun wolle, in bedencken gegeben worden. Gebe auff dieses Ewer Hochwürden undt Genaden gehorsambist undt demütigst nachrichtlichen zu vernehmen, daß ich in der Augßpurgischen Confession in meiner jugent, allß ich noch ein knabe gewesen, unterrichtet undt in solcher erzogen worden, undt allweil ziemliche Jahre darinnen gelebet undt mich derer gehaltten habe, solche aber anitzo angemutteter maßen wiederumb zu verlaßen undt zu einer anderen, derer ich keinen Bericht, mich zu bequemen, ich ohne Verletzung meines gewißens nicht eingehen, noch thun kan, sondern gemeinet bin, mit hülffe und Beystandt Gottes, bis an mein ende, vollents beständig darbey zu verharren.« Wir wissen nur, daß der Müller seine Mühle verlor, das heißt, er opferte seine soziale Sicherheit, weil ihm sein Glaube mehr bedeutete.

In größerem Stil scheint sich Ähnliches im Riesengebirgskloster Grüssau wiederholt zu haben, das im übrigen unter seinem bedeutenden Abt Bernhard Rosa (1624 bis 1696) in den Jahren 1660 bis 1695 eine Stätte des modernen barocken Katholizismus wurde. In diese Zeit fiel auch Rosas Freundschaft mit dem Dichter Angelus Silesius und dem bedeutendsten der hier versammelten Künstler, Michael Willmann, beides Konvertiten. Die von letzterem für die Grüssauer Josephskirche geschaffenen Fresken wurden ein Bilderzyklus von europäischem Rang.

Es mag sein, daß Abt Rosa keine offene Verletzung des 1648 erlassenen Vertreibungsverbotes beging. Aber die Einkerkerung von »Widerspenstigen«, »um sie zur Umkehr zu bewegen«, war weder rechtens noch christlich.[253] Über zwei Jahrzehnte zogen sich die Auseinandersetzungen mit einem Kern lutherischer Untertanen hin, bis diese resignierten. Eine geschlossene Gruppe von 140 Familien oder etwa 760 Personen brach 1687 aus den Stiftsdörfern Reichhennersdorf und Oberzieder nach Sachsen auf und gründete dort den Ort Neugersdorf.[254] Abt Rosa konnte den Verlust an Arbeitskräften bald durch Ansiedlung böhmischer Neusiedler ausgleichen.

Der katholische Bevölkerungsanteil Schlesiens stieg stetig. Die Gründe dafür waren ganz unterschiedlich. Wo die katholische Kirche sich frei entfalten konnte, übte sie ihre Anziehungskraft aus. Auch dort, wo am Anfang ein obrigkeitlicher Druck ausgeübt worden war, stellte sich konfessionelle Akzeptanz oder Gewöhnung ein. Konversionen waren häufig, doch mögen die Motive in jedem Einzelfall verschieden gewesen sein. Nicht wenige Konversionen erfolgten aus innerster Glaubensentscheidung, wie beispielsweise der Übertritt des Dichters Johann Scheffler im Jahre 1653 oder jener der letzten Piastenfürstin Charlotte von Liegnitz im Jahre 1687. Andererseits gab es zahlreiche Beispiele konfessioneller Abwerbung verbunden mit dem Versprechen auf eine berufliche Karriere in einer der Landesbehörden oder auf Standeserhöhung. Nur so glaubte die habsburgische Verwaltung, ihrem Ziel näher zu kommen, alle wichtigeren Beamtenstellen des Landes mit Katholiken zu besetzen. Der Historiker Gottfried Ferdinand Buckisch scheint ein solcher konfessioneller Wendehals gewesen zu sein, der je nach beruflicher Möglichkeit dreimal seine Konfession wechselte.[255] Wenn es dennoch an geeigneten Schlesiern fehlte, konnte der Landesherr stets auf Anwärter aus seinen übrigen Ländern zurückgreifen.

Die konfessionelle Gewichtsverlagerung betraf auch den Adel. Der katholische Offiziersadel des Dreißigjährigen Krieges oder auch mancher erbländische Adlige ohne eigenen Landbesitz nutzte die Chance zum Erwerb eines schlesischen Rittersitzes. So wurden neue katholische Familien aus dem ganzen österreichischen Herrschaftsbereich in Schlesien heimisch, abgesehen von den vielen Beamtenkarrieren, die mit einer Nobilitierung belohnt wurden. Der evangelische Adel der Erbfürstentümer geriet dadurch in Bedrängnis, denn der Landesherr war in der Lage, die Vergabe ständischer Ämter nach konfessionellen Gesichtspunkten zu steuern. Für das Amt des Landeshauptmanns oder Landesältesten bedurfte es einer landesherrlichen Bestätigung. Folglich gab es auch beim Adel manche Konversionen, vielleicht aus nüchternem Kalkül, um den Einfluß der Familie zu mehren oder wenigstens nicht zu gefährden. Ein Beispiel dafür ist die Familie Henckel von Donnersmarck in Oberschlesien, die sich damals in eine evangelische und eine katholische Linie teilte. Im oberschlesischen Beuthen entschied sich Graf Leo Ferdinand Henckel für den Konfessionswechsel, was der Kaiser im Jahre 1697 durch die Erhebung seines Territoriums zur Freien Standesherrschaft würdigte. Oderberg mit seinem evangelisch bleibenden Familienzweig wahrte aber seinen Ruf als den eines »frommen Grafenhofes«, wie es deren viele bis hin ins Sächsische gab.[256] So wie in diesem Fall entstanden um diese Zeit in zahlreichen schlesischen Adelsfamilien evangelische und katholische Familienteile, die sich später oft durch eine unterschiedliche politische Orientierung an Preußen beziehungsweise an Österreich unterschieden.

Das Recht der Garantiemächte des Friedens und der Reichsstände zum friedlichen Intervenieren und Interzedieren in schlesischen Religionsfragen, wie es in Artikel 5, Paragraph 41, des Westfälischen Friedens niedergelegt war, blieb ein Stachel im Souveränitätsverständnis Österreichs. Obwohl die Religionshoheit Österreichs bis auf wenige protestantische Enklaven in Schlesien bestätigt worden war, stand das schlesische Religionswesen insgesamt unter internationaler Beobachtung. Alles, was als Verletzung der Bestimmungen von 1648 ausgelegt werden konnte, durfte von den Beteiligten des Westfälischen Friedens beanstandet werden. Die schlesischen Protestanten sorgten schon im stillen für alle Informationen. Im benachbarten Deutschland diskutierten Fürstenhöfe und Kreistage die ihnen aus Schlesien zugespielten Beschwerden, die sogenannten Gravamina. Seit 1648 gab es für solche Problemfälle ein neues Forum, das seine Hauptaufgabe in der Wahrung evangelischer Belange sah: das Corpus Evangelicorum auf dem Reichstag in Regensburg.[257] Seinen Vorsitz hatte der sächsische Kurfürst.

Obwohl den Schlesiern jede offizielle Mitsprache im Reichstag verboten war, hatten die evangelischen Stände Schlesiens schon zum 1654 einberufenen Reichstag mehrere Unterhändler gesandt. Das Dilemma ihrer Mission bestand darin, daß sie die Un-

Mit der Ausmalung der Grüssauer Josephskirche krönte der Maler Michael Willmann in den Jahren 1692 bis 1695 sein umfangreiches Lebenswerk. Nach einem einheitlichen Programm wurde ein großer lichter Kirchenraum mit Bildern in leuchtend warmen Farben ausgestattet. An der Decke die Schöpfungsgeschichte, an den Wänden und Altären Szenen aus dem Leben des heiligen Joseph. So entstand ein künstlerisches und geistiges Gesamtkunstwerk, das bei allen Unterschieden an Michelangelos Sixtinische Kapelle denken läßt. Hans Tintelnot hat Willmanns Fresken der Josephskirche »das Bedeutendste« genannt, »was die deutsche Freskomalerei in ihrer ersten barocken Entwicklungsstufe überhaupt geleistet hat«. Willmann stammte aus dem preußischen Königsberg, hatte in den Niederlanden seine Kunst erlernt und fand schließlich im aufblühenden barocken Schlesien seine Lebensaufgabe. Das Altarfresko »Flucht nach Ägypten« gehört in den Grüssauer Zyklus. Mit impressionistisch leichter Pinselführung erzeugt der Maler ein Bild voller Stimmung, wobei der Weg die Fliehenden nicht durch eine ägyptische Wüstenei führt, sondern dem Anschein nach durch die rauschenden Wälder des Riesengebirges.

terstützung evangelischer Reichsstände gewinnen sollten, ohne die kaiserliche Gnade zu verspielen. Deshalb fanden manche Kontaktgespräche unter konspirativen Bedingungen statt, im Morgennebel auf den Feldern vor Regensburg.[258] Wenn Österreich gehofft haben sollte, das Engagement der Reichsstände werde bald nachlassen, so sah es sich getäuscht. Seitdem der Reichstag in Regensburg permanent tagte, ab 1663 also, wurden dort offenbar ständig schlesische Religionsfragen behandelt, sicherlich mehr, als es die zwei Dutzend gedruckten Interzessionen aus den nächsten Jahrzehnten erkennen lassen.[259] Im Vordergrund stand zunächst die korrekte Einhaltung der Friedensbestimmungen, der freie Zugang zu den evangelischen Kirchen, Differenzen in Fragen des Kirchenpatronats. Als tiefen Eingriff in die Persönlichkeitsrechte empfand man die Neuregelung des Vormundschafts- und Eherechtes, nach der Waisenkinder, besonders adlige, nur noch katholisch erzogen werden sollten und »Mischehen« untersagt waren. Da der Übertritt zum Protestantismus als »Crimen Apostasiae« verboten war, konnte es nur Konversionen zugunsten des Katholizismus geben. Dieser anhaltende Druck auf den schlesischen Protestantismus störte alle Ansätze zu einem überkonfessionellen Kirchenfrieden in Schlesien.

Obwohl die Wirkung vieler dieser Interventionen etwa ebenso groß war wie die heutiger Uno-Resolutionen gegen Menschenrechtsverstöße, blieben sie nicht ganz bedeutungslos. Das Corpus Evangelicorum erwirkte zum Beispiel eine kaiserliche Interpretation des Artikels 5, Paragraph 38, im protestantischen Sinn.[260] Sie wurde bedeutsam, als 1675 das protestantische Fürstenhaus der Piasten in Schlesien erlosch. Damals wurden die Fürstentümer Liegnitz, Brieg und Wohlau zu Erbfürstentümern, doch zu einer allgemeinen Kirchenreduktion wie 1653 kam es nicht. Der Kaiser verzichtete zwar nicht auf sein Reformationsrecht, aber er beschränkte es auf seine Kammergüter und die Fürstentumsstädte, die in seinem Verständnis ebenfalls Kammergut waren.[261] Damit wurden noch einmal 109 von 241 bisher evangelischen Kirchen katholisch, ein letzter schwerer Verlust für die Protestanten, die zahlenmäßig noch immer die Mehrheit der Bevölkerung stellten.

Ende des 17. Jahrhunderts wurde das Corpus Evangelicorum von einer Glaubwürdigkeitskrise betroffen. Damals trat der sächsische Kurfürst Friedrich August I. (1670 bis 1733) selbst zum Katholizismus über, weil ihm dieser Schritt für die Erlangung der polnischen Königswürde erforderlich schien. Für die öffentliche Kundmachung dieses Übertritts im Jahre 1697 wählte er den schlesischen Marienwallfahrtsort Deutsch-Piekar an der polnischen Grenze. Seitdem verlagerten sich im Corpus Evangelicorum Vertrauen und Einfluß auf die Seite Brandenburgs und Schwedens, was für die kommenden Jahre bedeutungsvoll wurde. Europa stand damals vor einer Krise des politischen Staatensystems. In Westeuropa brach der lange erwartete Krieg um das Erbe Spaniens aus (1701–1714), in Osteuropa stand zum wiederholten Male ein Nordischer Krieg (1700–1721) bevor. Wie schon kurz zuvor bei den Türkenkriegen überlagerten große und existenzbedrohliche Konflikte die inneren Gegensätze. Darüber konnte leicht übersehen werden, welche geistigen Veränderungen der Thronwechsel des Jahres 1705 von Kaiser Leopold I. auf Joseph I. mit sich gebracht hatte. Für Österreich bedeutete er

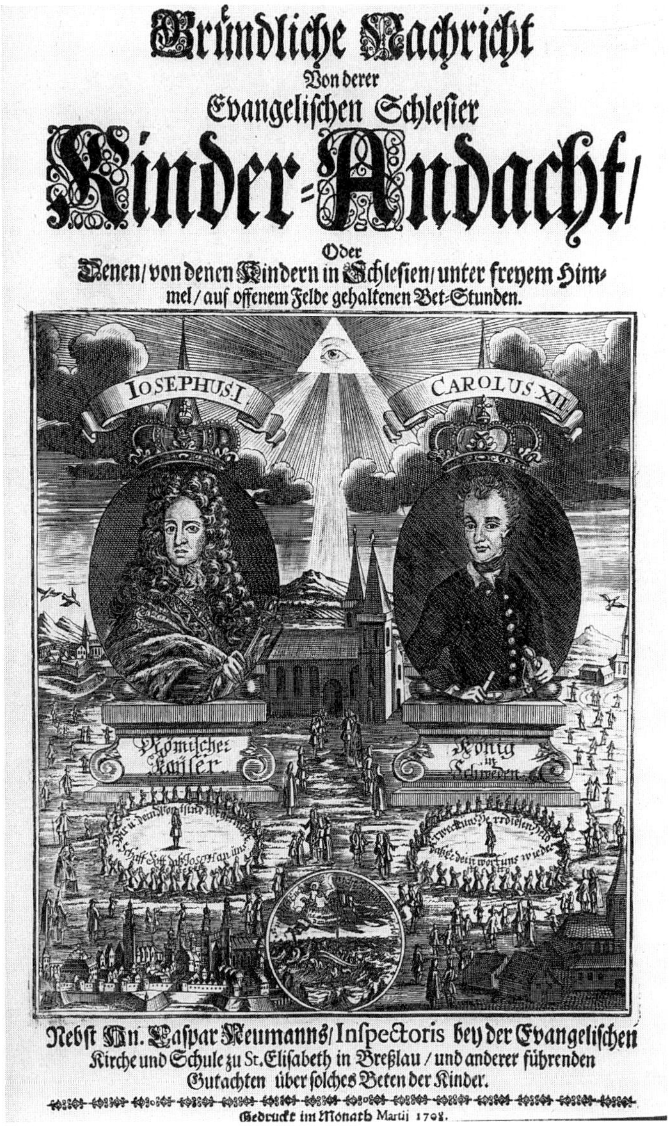

Gründliche Nachricht
Von derer
Evangelischen Schlesier
Kinder-Andacht/
Oder
Denen/ von denen Kindern in Schlesien/ unter freyem Him-
mel/ auf offenem Felde gehaltenen Bet-Stunden.

Nebst Hn. Caspar Neumanns/ Inspectoris bey der Evangelischen
Kirche und Schule zu St. Elisabeth in Breßlau / und anderer führenden
Gutachten über solches Beten der Kinder.

Gedruckt im Monath Martii 1708.

Die Altranstädter Krise von 1707 bewies, daß das Zeitalter der Religionskriege überwunden war. Kaiser Joseph I. und König Karl XII. von Schweden einigten sich ohne Blutvergießen auf eine abschließende Interpretation des Westfälischen Friedens zugunsten des schlesischen Protestantismus. Die religiöse Begeisterung löste in Schlesien eine spontane Jugendbewegung aus. Evangelische Kinder zogen betend durch das Land, besetzten Kirchen und erprobten eigene pietistisch gefärbte Frömmigkeitsformen. Unter den »betenden Kindern« von 1708 befand sich der dreizehnjährige Johann Christian Günther, der seine Erinnerung an dieses Ereignis später in ein Gedicht faßte.

den Anbruch einer katholischen Frühaufklärung. Ein reformkatholisch orientierter Kreis von Mitarbeitern und Ministern teilte die Ansichten des jungen Herrschers.[262]

In Schlesien war diese Veränderung noch kaum wahrgenommen worden, als sich dort die Konfessionsfrage unvermittelt zu einer außenpolitischen Krise entwickelte. Der schwedische König Karl XII. hatte bei seinem Krieg gegen Sachsen-Polen im Jahr 1706 mit seinem Heer, ohne erst um Erlaubnis zu fragen, das kaiserliche Schlesien durchquert. Hier war er von vielen Protestanten wie ein neuer Gustav Adolf begrüßt worden. In seiner spontanen und religiös kompromißlosen Art machte er das Anliegen der schlesischen Protestanten zu seinem eigenen. Von seinem Hauptquartier in Altranstädt bei Leipzig aus forderte er von Joseph I. ultimativ die Abstellung der schlesischen Religionsgravamina, anderenfalls drohte er mit unabsehbaren Konsequenzen. Schwedens damalige strategische Stellung zwischen zwei europäischen Kriegsschauplätzen verlieh dieser Drohung und damit dem schlesischen Problem eine europaweite Bedeutung.

Unter diesem äußeren Druck entschloß sich der Wiener Hof zu einer Korrektur seiner Religionspolitik in Schlesien. Man war dazu um so eher bereit, als man sich intern eingestand, den Bogen überspannt zu haben. Bei einer Güterabwägung zwischen politischem Schaden und eigenen Prinzipien mußte man sich fragen, ob man gut beraten sei, wenn man den schlesischen Protestanten »per desperationem anlas gebe, das universum über ein hauffen zu werffen«. Besser nachgeben, als einen Konflikt zu riskieren, »der da unser allein seeligmachenden Religion ... weit schädlicher fallen wirdt, alß wan man auch denen Protestirenden ... einige kirchen zuruckh zu geben gemüssiget wirdt«.[263] Die am 1. September 1707 unterzeichnete »Altranstädter Konvention« berief sich auf das Interzessionsrecht des Westfälischen Friedens und hatte die Abstellung aller seitdem angesammelten Gravamina zum Ziel. Das Hauptergebnis war die Rückgabe von 125 Kirchen an die Evangelischen in den Territorien von Liegnitz, Brieg, Wohlau, Münsterberg, Oels und am Stadtrand von Breslau, die Zulassung von drei Konsistorien und die Abstellung der gröbsten konfessionellen Diskriminierungen.

Karl XII. wartete die Ausführung der Konvention nicht ab. Experten führten noch zwei Jahre lang Verhandlungen und Nachverhandlungen, was die Wogen der öffentlichen Meinung und der religiösen Begeisterung Schlesiens aufwühlte. Am Ende gab es noch einmal einen Kompromiß wie schon 1648: Der Kaiser bewilligte den Protestanten zusätzlich sechs neue Toleranzkirchen in seinen alten Erbfürstentümern, die bald den Namen »Gnadenkirchen« erhielten. Für dieses Entgegenkommen erhandelte der Wiener Hof dringend benötigte Darlehen, so wie auch die Standortwahl der Kirchen zum Teil von merkantilistischen Erwägungen bestimmt war. Fünf dieser Kirchen lagen in Niederschlesien, nämlich in Hirschberg, Landeshut, Sagan, Freystadt und Militsch. Oberschlesien erhielt eine einzige Gnadenkirche im südlichen Teschen.

Damit war nicht nur der Altranstädter Konvention Genüge getan, sondern verbindlicher denn je waren die Religionsbestimmungen des Westfälischen Friedens ein Bestandteil des Völkerrechts geworden und wurden von den Generalstaaten, England und Preußen garantiert. Karl XII. konnte daher auf sein Interzessionsrecht aus dem Westfälischen Frieden verzichten.

Die Bewilligung von sechs zusätzlichen Gnadenkirchen für die schlesischen Protestanten war der sichtbare Ausdruck für die Kurskorrektur der kaiserlichen Konfessionspolitik, die sich von diesem Zugeständnis auch eine Wirkung auf die öffentliche Meinung erhoffte. Bei der Anweisung der sechs Bauplätze benutzte der kaiserliche Sonderbotschafter Ludwig Graf Zinzendorff von Wiener Goldschmieden gefertigte »Gnadenstäbe«, die dann als Zeichen der Gnade am Ort verblieben. Die Bekrönung des Gnadenstabes aus Teschen (im Format 36,5 × 14 cm) besteht aus vergoldetem Silber mit einer gehämmerten Stahlspitze zur Befestigung. Der Doppeladler trägt auf der Brust das kaiserliche Wappen. Über den Adlerköpfen ist ein in Öl gemaltes Bildnismedaillon des Kaisers angebracht, darüber eine Krone.
Die Gnadenstäbe erhielten nach Fertigstellung der Kirchen einen besonderen Platz.

Der Wiener Hof hatte aus früheren Versäumnissen gelernt und nutzte die »Aussteckung« der Gnadenkirchen im Jahre 1709 zur öffentlichkeitswirksamen Demonstration der kaiserlichen Gnade. Wieder durften die Kirchen nur vor den Stadtmauern errichtet werden, aber weitere Bauauflagen gab es nicht. Daher konnten die reichen Handelsstädte Hirschberg und Landeshut den Architekten Martin Frantz mit der Planung großzügiger Barockkirchen beauftragen, deren prachtvolle Innenausstattung jedem Vergleich mit katholischen Bauten standhielt.[264] Der Entwurf der Hirschberger Gnadenkirche war eine Reverenz an den schwedischen König, denn er war dem Äußeren der Stockholmer Katharinenkirche nachempfunden.[265] In seinem künstlerischen Rang wurde der Bau noch von der Landeshuter Gnadenkirche übertroffen, zu deren Einzugsgebiet hundert Dörfer und Städte zählten. Um so bedauerlicher ist, wie gerade dieses Juwel protestantischer Kirchenbaukunst nach dem letzten Krieg baulich entstellt wurde. Zur Teschener Gnadenkirchengemeinde rechneten sich 40 000 Gläubige, von denen drei Viertel das Polnische zur Muttersprache hatten. Im übrigen machte die vorgeschobene Lage Teschens im Grenzgebiet zu Polen, Ungarn und Mähren die Gemeinde zur »Mutterkirche vieler Länder«.[266] Entsprechend geräumig wurde der Kirchenbau nach einem Entwurf von Hans Georg Hausrucker disponiert. Der durch seine Troppauer Jesuitenkirche bekannte katholische Architekt schuf hier mit 8 000 Plätzen die größte aller schlesischen Friedens- und Gnadenkirchen. Spenden der oberschlesischen Standesherren und von Protestanten aus dem ganzen Reich und der Schweiz ermöglichten bis 1730 den Bau des Kirchengebäudes, bis 1751 die Errichtung des 72 Meter hohen Barockturmes.

Die kirchengeschichtliche Bedeutung der Teschener Gnadenkirche mit ihrer zugehörigen Schule kann nicht hoch genug eingeschätzt werden. Sie erwies sich zunächst als ein Zentrum des von August Hermann Francke in Halle geförderten schlesischen Pietismus.[267] Die preußische Eroberung Schlesiens brachte die Abtrennung Österreichisch-Schlesiens im Jahr 1742. Im bleibenden Schutz der Altranstädter Konvention wurde die Teschener Jesuskirche nun zur einzigen offiziellen evangelischen Kirche der österreichischen Erbländer, ihr k.k. Staatsgymnasium das einzige evangelische der ganzen Monarchie. Als das josephinische Toleranzpatent von 1781 den Protestanten die freie Religionsübung gewährte, wurde Teschen zur Keimzelle der evangelischen Kirchenorganisation ganz Österreichs. Das Teschener Konsistorium wurde im Jahr 1785 als oberste evangelische Kirchenbehörde Österreichs nach Wien verlegt. Dank dieser Voraussetzung konnte hier 1821 eine »Protestantisch-theologische Lehranstalt« eröffnet werden, die Vorstufe zur evangelisch-theologischen Fakultät der Universität Wien.[268] Der katholische Staat war auch nach Abschluß der Altranstädter Konvention noch fern von einer paritätischen Behandlung der Konfessionen. Der Katholizismus blieb die »dominante Religion«. Schwenckfelder, Pietisten und Reformierte wurden weiterhin nicht geduldet. Aber die Phase der Gegenreformation war mit dem Jahr 1707 beendet, trotz einzelner Störungen des Religionsfriedens. Das evangelische Schlesien verlor keine Kirche mehr. Die letzte geheime kaiserliche Instruktion zu schlesischen Religionsfragen vom 22. November 1737 war um Mäßigung bemüht.[269]

Ist es möglich, daß die Poeterei in Blüte stehen kann, obwohl das Vaterland daniederliegt? Diese rhetorische Frage hat die deutsche Literaturgeschichte einige Male überzeugend bejahen können. Das Problem wurde zuletzt in einem Kabinettstück deutscher Literatur behandelt, einer Erzählung von Günter Grass nämlich, in der fast das ganze Personal der schlesischen und ostdeutschen Barockdichtung keck und einfühlsam herbeizitiert wird.[270] Das deutsche Vaterland lag Mitte des 17. Jahrhunderts allerorten danieder, aber das Wunder einer großen, bedeutsamen Literaturschöpfung ereignete sich damals hauptsächlich in Schlesien. Einige Jahrzehnte später, als die Wunden des Krieges bereits verheilt waren, konnte ein weitgereister Kaufmann feststellen: »Breslau ist eine der grösten, volckreichsten und prächtigsten Städte in ganz Teutschland und der wichtigste Handels-Ort von allen Österreichischen Ländern. Die Künste und Wissenschaften sind hier eben so wohl zu Haus. Hier werden insonderheit die trefflichste teutschen Poeten gezeugt.«[271] Letztere Anmerkung war schon spöttisch auf das inzwischen epidemische Ausmaß der allgemeinen Poesieanfälligkeit in Breslau gemünzt. Dabei kamen nicht alle Poeten aus der schlesischen Hauptstadt, auch Opitz und Lohenstein nicht, die hier lediglich die Schule besucht hatten.

Im Jahre 1716, als diese Bemerkung fiel, ließ sich gerade der letzte der großen Barockdichter Schlesiens, Johann Christian Günther, im Kreise seiner Kommilitonen als Dichter krönen. Die große Zeit der schlesischen Barockdichtung war schon nahezu vorüber. Sie war in mehrfacher Hinsicht schulbildend gewesen, weshalb mit einer gewissen Berechtigung von den beiden schlesischen Dichterschulen gesprochen werden konnte, für die Opitz beziehungsweise Hoffmannswaldau als repräsentativ angesehen wurden. Mit Schule und Bildung hatte nämlich der unvermutete Aufstieg Schlesiens zur deutschen Literaturlandschaft sehr viel zu tun. Ehe sich literarisches Leben entwickelte, mußte ein kulturelles Klima bereitet sein, in dem sich Talente entfalten und zur Reife kommen konnten. Hier trugen die humanistischen Traditionen Schlesiens Frucht, die über die Reformation hinweg weitergeführt wurden, auch wenn solches zunächst nur der lateinischen Dichtung zugute kam. Als Voraussetzungen jener Glanzzeit müssen also zunächst das hochentwickelte Schulwesen Schlesiens, das soziale und geistige Umfeld und die Weltläufigkeit der schlesischen Intelligenz benannt werden.

Das moderne Schulwesen Schlesiens war eine Folge der Reformation und nicht zuletzt das persönliche Verdienst eines der großen deutschen Pädagogen, Valentin Trozendorf (1490–1556), dessen organisatorische Leistung und pädagogische Wirkung im östlichen Deutschland überragend waren. Neben ihm lassen sich zu seiner Zeit nur noch Johannes Sturm in Straßburg oder Michael Neander in Ilfeld nennen.[272] Trozendorf stammte aus der schlesischen Zunft humanistischer Begabungen, hatte in Wittenberg bei Melanchthon studiert und nebenbei auch bei einem Juden Hebräisch erlernt, bevor er 1531 an der Schule in Goldberg seine Lebensaufgabe fand. Melanchthons Einfluß auf Trozendorf im besonderen und die schlesische Reformation im allgemeinen wurden in ihrem humanistischem Charakter und der ausgleichenden Wirkung schon immer besonders hoch veranschlagt.[273] In der von den Liegnitzer Herzögen materiell und personell gut ausgestatteten Goldberger Schule wurde neben den alten Sprachen besonders die lutherische Religion vermittelt. Zu den didaktischen Methoden Trozendorfs gehörte, Schüler der Oberklassen als Tutoren für die unteren einzusetzen und eine Art Schülermitverwaltung einzurichten. Diese erste Modellschule ging im Goldberger Stadtbrand von 1554 unter, den Trozendorf nur um zwei Jahre überlebte. Aber ihre Wirkung war durch die vielen auswärtigen Schüler und das praktizierte Modell außerordentlich. Ein trojanisches Pferd wurde sie bald genannt, so viele Talente waren aus ihr hervorgegangen.[274] Die Goldberger Schule bestand auch nach 1554 weiter fort, wie von Wallensteins Aufenthalt im Jahr 1597 bekannt ist.

Goldberg wurde das Vorbild für ein halbes Dutzend anderer protestantischer Schulen in Schlesien. Die besten von ihnen durften sich Gymnasium nennen, so daß an ihrer Spitze nicht ein Moderator, sondern ein Rektor stand. Auch die Goldberger Schule trug jene Bezeichnung seit 1540. Die neuen Gymnasien Schlesiens blickten als Schulen meist alle auf eine lange, ältere Tradition zurück. Das gilt für das Breslauer Elisabethgymnasium von 1562,[275] aber auch für das Gymnasium Illustre zu Brieg von 1564/69,[276] das Gymnasium zu Oels von 1594 und das Maria-Magdalenen-Gymnasium zu Breslau von 1643. Auch das 1565 im lausitzischen Görlitz gegründete Gymnasium, das spätere Gymnasium Augustum, orientierte sich an Goldberg. Seinen ersten Rektor Petrus Vincentius (1519–1581) zog es aber schon nach wenigen Jahren an das Breslauer Elisabethanum. Zu den ehrgeizigsten Neugründungen gehörte die des reformierten Magnaten Georg von Schönaich (1557–1619) in seiner Residenzstadt Beuthen an der Oder. Schönaichs Gründung von 1616 nannte sich ein Gymnasium academicum, glich aber dem Typ der reformierten Akademien, wie sie im französischen Saumur oder Sedan bestanden. Martin Opitz gehörte zu den ersten Schülern. Zwölf Professuren versprachen dort ein breites Lehrangebot in Theologie, Sittenlehre, Physik, Rechtswissenschaften und Medizin.[277] Die Schule wurde 1628 vom Kaiser aus politischen Gründen aufgehoben.

Seit die katholische Kirche erkannt hatte, daß die Erfolge der Reformation nicht zuletzt auf deren überlegenem Bildungswesen beruhten und wie weit die alte Kirche dahinter zurückgeblieben war, sah sie in der Aufholung dieses Rückstandes einen wesentlichen Teil ihrer eigenen Reformanstrengungen. Sie setzte aber nicht mehr auf ihre alten Orden, unter denen der Benediktinerorden auf die längsten kulturellen Traditionen zurückblicken konnte, sondern auf den neuen 1540 päpstlich anerkannten Reformorden der Jesuiten. Dieser entwickelte sich unter dem zweiten Ordensgeneral, dem aus jüdischer Familie stammenden Diego Lainez, zum großen Schulorden der Gegenreformation. Unter dessen späterem Nachfolger Claudio Acquaviva konnte 1599 nach jahrelangen Kommissionsberatungen die »Ratio Studiorum« beschlossen werden, ein Bildungskonzept, das alle Anregungen humanistischer Curricula und Pädagogik verarbeitete. Es war das modernste seiner Zeit. Jesuitische Schulen waren jedermann zugänglich, kostenlos, anspruchsvoll, humanistisch, musisch und streng katholisch. Dabei erhob es der Orden zum Prinzip, nur dann eine neue Niederlassung zu gründen, wenn zuvor alle Voraussetzungen ihrer materiellen Mindestausstattung geklärt waren, andernfalls war er entschlossen, sich wieder zurückzuziehen.

In Schlesien war dem neuen Orden von Anfang an eine Welle des Mißtrauens entgegengeschlagen, manchmal auch von katholischer Seite. Allzusehr schien er bereits mit dem politischen Katholizismus bayerischer und steiermärkischer Prägung verquickt. Daran waren seine ersten Bemühungen, in Breslau, Neisse und Glogau Fuß zu fassen, gescheitert.[278] Nur im böhmischen Glatz war 1597 ein Jesuitenkonvikt mit Gymnasium eröffnet worden, das in der böhmischen Revolution schließen mußte.

Nach der Schlacht am Weißen Berg und der Gründung der für Schlesien zuständigen böhmischen Jesuitenprovinz in Prag 1622 konnte der Orden seine schlesischen Ziele Zug um Zug mit bischöflicher und staatlicher Rückendeckung durchsetzen. Für die Initialgründung in Neisse kam der durch die Mitentdeckung der Sonnenflecken bekannte Mathematiker und Astronom Pater Christoph Scheiner (1575–1650) als Gründungsrektor nach Neisse. Bischof Karl von Österreich wollte hier sofort ein komplettes Bildungszentrum mit Gymnasium und Universität errichten. Die Stiftungsbriefe für diese katholische Universität waren schon unterzeichnet,[279] doch blieb es dann beim 1624 eröffneten Gymnasium.

Eine Folge der schlesischen Gegenreformation war, daß die Einziehung der protestantischen Kirchen stets auch die zugehörigen Schulen betraf. An den größeren Orten waren es Jesuiten, die diese weiterführten, andere Lehrkräfte standen der Kirche auch kaum zur Verfügung. Das betraf 1625 Glogau, 1627 Troppau, 1629 Sagan und Schweidnitz, aber auch Hirschberg, 1649 Deutsch Wartenberg, 1668 Oppeln, 1670 Teschen, 1681 Brieg und 1689 Liegnitz. Ebenso erstaunlich wie umstritten war die Bereitschaft des Herzogs Georg Rudolf von Liegnitz, die berühmte Goldberger Schule samt ihren Einkünften den Jesuiten zu übertragen.[280] So spannte sich allmählich ein Netz von Jesuitenniederlassungen aller Art über das Land. Sie waren mit Bildungsanstalten gekoppelt, deren Gründungsdaten vielerorts den Anfang einer katholischen Gymnasialtradition bedeuteten.

Alle schulischen Reformanstrengungen wären aber aus katholischer Sicht ohne die Einbeziehung der Schulmetropole Breslau nur Stückwerk gewesen. Aber die Macht des Kaisers war so groß nicht, daß er den Jesuiten im Jurisdiktionsbereich der Stadt ein Kolleg mit Schule hätte anweisen können. In diese protestantische Zitadelle wären Jesuiten nicht einmal zu den Stadttoren eingelassen worden. Aber 1638 befanden sich plötzlich doch die ersten zwei Jesuiten mitten in Breslau, vom Kammerpräsidenten in dessen Kutsche heimlich eingeschleust und im Kloster der »Kreuzherren mit dem roten Stern« dem Zugriff der Stadt entzogen. Damit war ein Fait accompli geschaffen, das die Stadt nicht mehr rückgängig machen konnte. Noch während des Großen Krieges begann der Aufstieg der Jesuitenniederlassung Breslau von der Mission des Jahres 1638 zur Residenz des Jahres 1639 und zum Kollegium des Jahres 1646. Das gleich zu Beginn begründete Gymnasium war 1642 schon auf sechs Klassen erweitert, nahm damals Philosophiekurse auf und hatte rasch Zulauf und Erfolg. Aber alle Bemühungen, dem Jesuitenorden in Breslau eine gesicherte Bleibe zu verschaffen, scheiterten, bis der Kaiser sich entschloß, dem Orden sein eigenes Stadtschloß, die »Burg«, zu schenken, was 1670 urkundlich bestätigt wurde. Bald konnte der Orden an noch größere Pläne in Breslau denken.

Wo sonst in Deutschland gab es damals die gleiche Konstellation wie in Breslau: zwei protestantische und ein katholisches Gymnasium in ein und derselben Stadt, ein katholischer Bischof neben einem evangelischen Magistrat, nicht zu vergessen auch die benachbarten protestantischen und katholischen Kanzeln, von denen herab sonntags und öfter gepredigt wurde, kontrovers, aber ohne Herabsetzung der anderen? Das Stadtregiment achtete darauf, daß es bei einer geistigen Auseinandersetzung blieb. Das Einmalige und Exemplarische der Bikonfessionalität Breslaus würde sich zeigen, wenn für diese Stadt eine ähnlich gründliche Untersuchung vorgenommen werden würde, wie sie jüngst für Augsburg geleistet wurde.[281]

Das altansässige Bürgertum mochte sich davon in seiner Glaubensfestigkeit nicht beirren lassen, aber die Jugend genoß die einmalige Konkurrenzsituation der Konfessionen und zog Vergleiche. Der Fall des Schülers Andreas Scultetus, der 1644 auf das Jesuitengymnasium wechselte und seinen alten evangelischen Religionslehrer zur theologischen Disputation herausforderte, war ein unerhörtes Beispiel für »Frechheit, Hochmut und ruhmrätigen Vorwitz«, das zur Verbannung des jungen Mannes aus der Stadt führte.[282] Lessing war später von den Gedichten jenes Aufmüpfigen so angetan, daß er sie neu herausgab. Der Theologe Adam Bernd berichtete von ähnlichen Versuchungen: »Damit wir Primaner desto besser mit den katholischen Studenten disputiren könnten, so besuchten wir auch oft der Papisten ihre Predigten … Ich glaube aber, wir hätten besser daran getan, wir hätten solches bleiben lassen. Denn wir bekamen öfters solche Dubia und Skrupel in der Religion, die wir hernach aufzulösen selbst nicht fähig waren.«[283]

Mit solchen Erfahrungen schwärmte die zum Studium entschlossene Jugend Schlesiens an die fremden Universitäten aus. Das »Auslandsstudium« war für sie obligatorisch, denn Schlesien besaß bis 1702 gar keine Universität, ein Defizit, das kein anderes deutsches Territorium dieser Bedeutung aufwies. Es betraf Protestanten wie Katholiken gleichermaßen. Die bekannte politische und konfessionelle Pattsituation hatte alle Gründungsansätze immer wieder vereitelt.

Wenn man vergleicht, welche Bedeutung in vielen deutschen Territorien der eigenen Landesuniversität zukam, so steht das Fehlen eines solchen geistigen Zentrums in Schlesien für den unvollendeten Ausbau des schlesischen Staatswesens schlechthin. Weder war es möglich, die eigenen Landeskinder, soweit sie eine Universitätskarriere anstrebten, im Land zu halten, noch konnte man Koryphäen von auswärts hierher gewinnen. Schlesien leistete sich über Jahrhunderte einen Export, man könnte auch sagen eine Verschwendung seiner Eliten, die in der Fremde Karriere machten. Viele schlesische Namen ließen sich dafür nennen, im 17. Jahrhundert etwa der Mediziner Johann von Jessen (1566–1621) in Prag, der Naturtheoretiker Daniel Sennert (1572–1637) in Wittenberg, der Architekturtheoretiker Nikolaus Goldmann (1623–1665) in Leiden, der Theologe Valentin Alberti (1635–1697) in Leipzig, der Politologe Gottlieb Stolle (1673–1744) in Jena, der Philosoph Christian Wolff (1679–1754) in Halle.

Die Mehrheit der Studenten kehrte freilich nach Schlesien zurück, oft nach jahrelangem Studium an den besten Universitäten des Reiches und Europas. Auf ihrer Peregrinatio academica lernten sie ganz Europa kennen, die verschiedensten Länder und Sitten, Religionen, Wissenschaften und Künste. Jede Universitätsmatrikel der frühen Neuzeit belegt den überdurchschnittlich hohen Anteil der Schlesier unter ihren Studenten. Die konfessionelle Herkunft und die persönliche Berufsentscheidung beeinflußten den Studienweg. Für Protestanten lag die Universität Frankfurt/Oder am nächsten und kostengünstigsten.[284] Für die vielen angehenden Juristen war Leipzig wichtig, zeitweilig auch Jena, für die Theologen Wittenberg, bis das pietistisch geprägte Halle gegründet wurde. Die Anspruchsvolleren studierten im calvinistischen Heidelberg, im vornehmen Straßburg und zogen dann vor allem in die Gelehrtenrepublik der Niederlande, wo die calvinistische Universität Leiden das Zentrum der europäischen Wissenschaft war.[285]

Rund achthundert Schlesier haben zwischen 1597 und 1740 in Leiden studiert, eine Zahl, die vor allem dadurch Gewicht erhält, daß sich hier jene geistige Elite lutherischer Herkunft traf, die dann das literarische Schlesien repräsentierte. Mit dem Pathos eines Hohenpriesters hat Herbert Schöffler »die schlesische Einmaligkeit« des Zusammenfließens aller Bildungsanregungen beschrieben: »Das protestantische Schlesien erlebte Luther durch Muttergebet und Schule, erlebte Rom durch Straße, Kloster- und Kirchennähe und durch katholisches Denken im gesamten öffentlichen Leben, erlebte Genf durch Leyden. Über dieser einen begnadeten Landschaft unsres Vaterlandes bogen sich alle Möglichkeiten des geistigen Universums der Stunde wieder zusammen und befruchteten sie in unerhörtem Maße. Das ist Schlesiens Größe gewesen.«[286] Heute würde man von einer umfassenden geistigen Vernetzung Schlesiens mit allen Bildungszentren Europas sprechen. Aus ihr resultierte die zu beobachtende Modernität des Landes auf vielen Gebieten.

Das katholische Schlesien hingegen entsandte seine Scholaren kaum noch ins polnische Krakau wie im Spätmittelalter, sondern zunächst ins nahe Olmütz und von dort weiter nach Wien. Zwischen 1526 und 1740 haben etwa 1 500 Schlesier in Wien studiert, die Nähe zum Kaiserhof gesucht oder den Weg nach Italien.[287] In Italien trafen sich die Schlesier aller Konfessionen, sei es um den medizinischen Doktorgrad in Padua zu erwerben oder die Wunder Roms zu bestaunen. Rom war der »Begriff der Welt«, der auch protestantische Besucher in Bann schlug, wie in den ersten Zeilen des Gryphiusschen Abschiedssonetts zu lesen ist:

Ade, Begriff der Welt, Stadt, der nichts gleich gewesen
Und nichts zu gleichen ist, in der man alles sieht,
Was zwischen Ost und West und Nord und Süden blüht,
Was die Natur erdacht, was je ein Mensch gelesen.

Das Massenphänomen der schlesischen Auslandsreisen bedarf einer sozialgeschichtlichen Anmerkung. Die Scholaren waren unterschiedlichster sozialer Herkunft. Im 17. Jahrhundert gehörten dazu die schlesischen Prinzen, der vermögende Adel und

Zwischen Bürgertum und Adel lagen in der frühen Neuzeit oft unüberwindliche Standesschranken, aber in Grundfragen der Erziehung gab es viele Gemeinsamkeiten. Kinder wurden überall als kleine Erwachsene betrachtet und auch entsprechend gekleidet. Daß Kinder einen Anspruch auf Kindheit haben, mußte erst noch entdeckt werden. Standesunterschiede ließen sich an der Kleidung ablesen, denn die Kleiderordnungen legten genau fest, was jedem nach Gesellschafts- und Familienstand zukam. Wer sich »über Stand« mit silbernen Bordüren oder kostbarem Schmuck versah, machte sich strafbar. Diese schlesische Bürgersfrau »mittleren Standes« darf nur ein relativ schmuckloses Kleid tragen, darüber jedoch einen pelzgefütterten Mantel und einen Pelzhut. Der Wohlstand von Bürgern und Adel ermöglichte es beiden Ständen, ihre Kinder im Ausland studieren zu lassen. Der Adel leistete sich besonders vor dem Dreißigjährigen Krieg kostspielige Kavalierstouren, wofür das Reiterbild steht, das laut Unterschrift den schlesischen Adligen Joachim von Waldau bei Übungen der »Hohen Schule« an einer Pariser Reitakademie zeigt.

das reiche Patriziat. Es sprach für den Wohlstand des schlesischen Adels, daß man sich solche Investition in Bildung leisten konnte. In Heidelberg erzählte ein Kavalier dem staunenden Lucae, die sechshundert Taler, die er jährlich »auf Universitäten verzehrete«, täten seinem Vater nicht weh, allein die Fischereien brächten ihm jährlich mehr ein.[288] Die weniger Bemittelten schlossen sich in der Regel den Vornehmeren auf deren Kosten an, übernahmen bei ihnen Dienste als Reisemarschälle, Hofmeister und Präzeptoren. Im Jahr 1633, als in Schlesien die Pest wütete, weilten die Prinzen Georg und Ludwig von Liegnitz mit großem Gefolge in Leiden, wo ihnen Abraham Gölnitz seinen berühmten Reiseführer »Ulysses Belgico-Gallicus« widmete. Mancher Schlesier machte aus seinen Reiseerfahrungen einen Beruf und führte immer wieder adlige Kavaliere durch Europa.

Die eigentümliche Verbindung von Provinzialität und Weltläufigkeit der Schlesier ist damit zur Genüge dargetan. Sie läßt sich in manchen Konsequenzen dieser Bildungsanstrengungen wiederfinden, zunächst im Bücherbesitz der schlesischen Bibliotheken. Schlesien war im 17. Jahrhundert zum Bücherland geworden, weniger durch die steigende Zahl seiner eigenen Buchdrucker und Verleger als durch seine Bücherliebhaber und Sammler. Der Reichtum schlesischer Bibliotheken in der Barockzeit ist bisher unterschätzt worden. Er läßt sich erst im nachhinein erahnen, wenn man die heute in der Breslauer Universitätsbibliothek wieder zusammengetragenen Bestände an Barockliteratur betrachtet und sich vor Augen führt, daß sie nur ein Rest dessen sind, was die Katastrophen der schlesischen Bibliotheksgeschichte bis 1945 überdauert hat. Noch wenige Tage nach der Kapitulation der »Festung Breslau« waren die Bücher der Universitätsbibliothek ein Raub der Flammen geworden.[289] Dennoch verfügt Breslau heute über die größten Buchbestände zur deutschen Barockliteratur überhaupt.[290]

Von der Buchkultur des Mittelalters in den Augustiner-Chorherrenstiften von Sagan und Glatz, am Domstift und bei den Dominikanern in Breslau wurde schon berichtet.[291] Was im Mittelalter begonnen hatte und sich im ganzen humanistischen Zeitalter fortsetzte, wurde mit barocker Bücherlust ausgebaut. Von den katholischen Bibliotheken Breslaus war die Dombibliothek am bedeutendsten. Raub und Plünderung durch die Schweden im Jahr 1632 hatten ihre Bestände zwar dezimiert,[292] doch wuchsen sie bis 1737 wieder auf 7 000 Bände an. Die großen schlesischen Klöster betonten durch neue Bibliothekssäle ihre geistigen Traditionen, am schönsten wohl in Leubus, dessen ruinöser Zustand von heute die Vergänglichkeit alles Irdischen illustriert, wie es ein Leitmotiv des Barock war.

Die Bibliotheken der schlesischen Fürstenhöfe waren erst im Späthumanismus bedeutsam geworden. Für das neue Gymnasium Illustre entstand in Brieg seit 1569 die »Piastenbibliothek«, die immer wieder durch herzogliche und private Schenkungen bereichert wurde. In Liegnitz förderte Herzog Georg Rudolf seine Bibliotheca Rudolphina, die bis heute wegen ihrer Musikalien geschätzt wird.[293] Ihre Bestände wurden bald von den exquisiten Sammlungen mancher schlesischer Magnaten übertroffen, besonders der Hochbergschen Bibliothek zu Fürstenstein[294] und der Schaffgotschschen Bibliothek zu Warmbrunn.

Als der schwäbische Rechtsgelehrte Johann Matthäus Wacker von Wackenfels (1550–1619) nach ausgedehnten Studien Breslau kennenlernte und hier hohe Ämter übernahm, war er vom geistigen Leben dieser Stadt überrascht. In Österreich, so äußerte er sich gegenüber Crato von Kraftheim, scheine er unter Barbaren geweilt zu haben, hier in Breslau erst habe er wahrhaft gebildete Menschen kennengelernt.[295] Der Arzt Crato gehörte selbst zu den Breslauer Privatsammlern, seine Bibliothek erwarb im 17. Jahrhundert der Kurfürst von Brandenburg. Eine andere bekannte Privatbibliothek, die Breslau verlorenging, war die des Reformators Johannes Heß. Teile dieser Bibliothek gelangten nach Dresden und Ottobeuren, Heß jedoch erwarb sich durch die Gründung der Bibliothek bei St. Maria Magdalena im Jahre 1547 bleibende Verdienste. Sie wurde 1641 um die Bibliothek des im Breslauer Exil lebenden mährischen Ständepolitikers Karl von Zierotin (1564–1636) erweitert.

Den bibliothekarischen Ruhm Breslaus machte aber die 6 000 Bände umfassende Privatbibliothek des Patriziers Thomas Rehdiger (1540–1575) aus. Er hatte auf seinen Reisen durch die Niederlande, Frankreich, Italien und Deutschland die Bücher, Handschriften und Kunstschätze zusammengetragen. Dazu gehörten Zimelien wie der berühmte »Breslauer Froissart«, eine der schönsten Bilderchroniken, die Burgund geschaffen hat.[296] Eine andere heute im Original verschollene Kostbarkeit war das mittelhochdeutsche Epos des Annoliedes, das wenigstens in der von Opitz besorgten Ausgabe erhalten blieb.[297] Als Thomas Rehdiger 1575 in Köln verstarb, ordnete er an, daß seine auf 17 000 Goldgulden geschätzte Sammlung nach Breslau verbracht und dort allen Gelehrten unbeschränkt zugänglich gemacht werde. Der Historiker Henel von Hennenfeld sorgte dafür, daß die Stadt Breslau inmitten der Agonie des Dreißigjährigen Krieges diese Bibliothek 1645 in Obhut nahm, eigens einen Bibliothekar anstellte und die Bestände 1661 bei der Elisabethkirche öffentlich zugänglich machte. Diese Sammlung wurde der Grundstock der »Von Rehdigerschen Stadtbibliothek Breslau«, wie sie später genannt wurde, und da sie den Zweiten Weltkrieg überstand, die Grundlage der heutigen Universitätsbibliothek Breslaus.

Somit ist einiges von jener geistigen Welt sichtbar geworden, die ungeachtet oder gerade trotz des Krieges und der tiefen Zerrissenheit des Landes vorhanden war und Schlesien einen festen Rang in der deutschen Literatur- und Kulturgeschichte sichern sollte. Wenn davon gleich ausführlicher die Rede sein wird, dann nicht ohne wenigstens die wichtigsten Persönlichkeiten und ihre Werke anzusprechen, eine Auslese, die sich leicht vermehren ließe, wenn man will bis hin zu Rochus von Liliencrons ironischer Größenordnung von 666 schlesischen Dichtern.[298]

Der in Bunzlau geborene Martin Opitz (1597–1639) hat wie kein anderer alle an seinem Bildungsweg liegenden Anregungen und Möglichkeiten aufgenommen.[299] Das lutherische Elternhaus schickte ihn auf das Breslauer Maria-Magdalenen-Gymnasium. Als er im Anschluß den Calvinismus auf dem Schönaichianum in Beuthen und dann an den Universitäten von Heidelberg und Leiden kennenlernte, trat er zu diesem über und engagierte sich auch politisch. Wieder in Breslau, nahm der gelernte Jurist katholische Dienste an und übersetzte das *Manuale controversiarum* des Jesuiten Martin Becanus. In ähnlicher Weise rezipierte er überall die literarischen Anregungen. Die vergleichende Literaturbetrachtung zeigte ihm die Rückständigkeit Deutschlands und mit welchen Vorbildern und Regeln ihr abzuhelfen wäre. Das Ergebnis war sein schmales, 1624 in Breslau erschienenes *Buch von der deutschen Poeterey*.[300] Es wirkte so befreiend, als sei die deutsche Poesie aus einem langen Schlummer wachgeküßt worden. Opitz bewies, wie man »deutsch schreiben, deutsch dichten, deutsche Reime bilden« konnte (Werner Milch) und daß es dafür eine ganz weltliche Thematik gab. Später hat Opitz den hier gewonnenen Anspruch eines Präzeptors der deutschen Dichtkunst durch virtuose Beiträge in allen Gattungen der Literatur, der Poesie, des Dramas, der Oper, des Romans gefestigt, und mochten es auch nur kunstvolle Übertragungen ausländischer Vorbilder sein. Kaiser Ferdinand II. lohnte es ihm mit dem Adelsbrief. Opitz war auch der erste, der den kaiserlichen Dichterlorbeer für ein deutschsprachiges Werk erhielt, ein Grund mehr dafür, daß ihm die »Fruchtbringende Gesellschaft« bei seiner Aufnahme 1627 den Beinamen »der Gekrönte« zuerkannte. So hoch auch sein Ansehen im literarischen Deutschland gestiegen war, so unsicher stand es für ihn, der mehrfach die politischen Fronten gewechselt hatte, um seine berufliche Zukunft. Nach dem Prager Frieden schien es ihm ratsam, Schlesien zu verlassen und die angebotene Stelle eines königlich polnischen Hofhistoriographen anzunehmen. Er starb in Danzig, wo ihn die Pest ereilte, die ihn zu Breslau noch verschont hatte.

Im selben Jahr 1624, in dem Martin Opitz Literaturgeschichte machte, verstarb in Görlitz, noch nicht fünfzigjährig, Jakob Böhme (1575–1624), den man später als den »ersten deutschen Philosophen« (Hegel) gewürdigt hat. Sein Lebenslauf stand in starkem Kontrast zu dem des hofmännischen Opitz.[301] Während letzterer jene Schlesier repräsentierte, die den europäischen Geist nach Schlesien trugen, umschloß Böhmes Philosophieren eine eigene Welt, deren geheimnisvolle Morgenröte erst nach seinem Tode zu leuchten begann, um dann Weltwirkung zu erlangen. Ein Böhmescher Gedanke mochte in jener Krisenzeit viele umtreiben: wie Gott, der Ungrund allen Seins, auch das Böse zulassen konnte, ja im Guten wie im Bösen aufzufinden war. An Böhme fasziniert die Kraft und Tiefe seiner Persönlichkeit, sein Selbstbildungsprozeß, der kein Geheimnis unerforscht lassen wollte. Dabei hatte er nur die Schule seines Geburtsortes Alt-Seidenberg besucht, dann aber während seiner handwerklichen Lehr- und Meisterjahre die mystischen Traditionen der Schwenckfelder in sich aufgenommen, die Schriften der Paracelsisten und Alchemisten studiert und sich für die Kabbala interessiert. Am Ende war er der von vielen verehrte oder auch verketzerte »Philosophus teutonicus« geworden. Er war ein protestantischer Denker jenseits aller Konfessionen, was der lutherischen Orthodoxie seiner Heimatstadt Görlitz ebenso zuwider war wie seine theosophische Eigenständigkeit. Im Revolutionsjahr 1618 schüttelte er das gegen ihn verhängte Schreibverbot ab und begann mit seinen Fahrten nach Schlesien, wo er das meiste Verständnis fand und Anhänger wie seinen Biographen Abraham von Franckenberg (1593–1652), den Mentor des Dichters Johannes Scheffler. Böhmes wichtigste Werke, *Die Beschreibung der drei Prinzipien göttlichen Wesens* (1619) oder sein *Mysterium magnum* kursierten nur handschriftlich. Einzig sein *Weg zu Christo* konnte bereits zu Lebzeiten ge-

Jakob Böhme, den dieser Kupferstich einen »Teutonicus Theo-Philosophus« nennt, war von äußerer Unscheinbarkeit. Eher war es sein Blick, der alle beeindruckte, die ihn kennenlernten. Nach dem Bericht seines Freundes Abraham von Franckenberg waren seine »grau und fast himmelbläulich blinzenden Augen sonsten wie die Fenster am Tempel Salomonis«.
Von Böhme tief beeinflußt war das dichterische Werk Johannes Schefflers, dessen Veröffentlichungen unter dem Namen Angelus Silesius erschienen. Nach seinem Übertritt zum Katholizismus wurde Scheffler als jesuitischer Marktschreier karikiert, der die Welt nur noch durch die Brille seiner polemischen Schriften betrachtet.

MARTINI
OPITII
Buch von der Deutschen
Poeterey.
In welchem alle jhre eigen-
schafft vnd zugehör gründt-
lich erzehlet/ vnd mit exem-
peln außgeführet wird.

Gedruckt in der Fürstlichen
Stadt Brieg/ bey Augustino
Gründern.
In Verlegung David Müllers Buch-
händlers in Breßlaw. 1624.

Martin Opitz gab sich mit dem Erfolg seiner ersten Gedichte nicht zufrieden, sondern schickte ihnen 1624 zu seiner eigenen Rechtfertigung eine theoretische Schrift hinterher. Sein *Buch von der Deutschen Poeterey* ließ ihn zum »Vater der deutschen Dichtung« werden. Die in diesem Werk zusammengestellten Regeln waren nicht direkt neu, aber zum erstenmal in überzeugender Weise vorgetragen. An Opitz orientierte sich bald ganz Deutschland.

Die beiden altersgleichen Freunde Andreas Gryphius (rechts) und Christian Hoffmann von Hoffmannswaldau (Mitte) sind die bekanntesten Vertreter des schlesischen Literaturbarocks. Gryphius schuf nicht nur das deutsche Trauerspiel, sondern war zugleich der wichtigste deutsche Lustspieldichter vor Lessing. Hoffmannswaldaus Lyrik, vor allem seine galante Poesie, gab einer ganzen Epoche ihr Gepräge. Etwas jünger war Daniel Casper von Lohenstein (links), der in seinen Dramen dem Vorbild des Gryphius folgte. Alle Dichter waren zugleich auch an politisch verantwortlicher Stelle tätig, Gryphius als Syndikus der Glogauer Stände, Hoffmannswaldau zuletzt als Ratspräses seiner Heimatstadt Breslau und Lohenstein als Syndikus des Breslauer Rates und Berater des Liegnitzer Herzogshauses.

druckt werden. So erschienen seine Werke erst postum in Holland und England und entfalteten von hier aus ihre Rückwirkung auf Deutschland.

Die Nachwirkungen Böhmes wie Opitz' lassen sich bei vielen Schlesiern finden. Dabei hatte jeder der Folgenden sein eigenes Profil. Ihr dichterisches Werk entstand immer neben ausfüllenden beruflichen Tätigkeiten. Der Liegnitzer Adlige Daniel Czepko von Reigersfeld (1605–1660), der in Leipzig und Straßburg studiert und ein Praktikum am Reichskammergericht absolviert hatte, gehörte zu den vielseitigen Talenten.[302] Er formulierte ebenso geschliffene Epigramme wie sein Standesgenosse Friedrich von Logau (1604–1655),[303] daneben aber auch tief religiöse Sinngedichte und nicht zuletzt kluge politische Denkschriften. Ein Kompendium adligen Lebensgefühls wurde Czepkos Epos *Corydon und Phyllis*, das in manchem schon einen Goetheschen Ton traf und eine sichtliche Nachwirkung auf Wolfgang Helmhard von Hohbergs *Georgica Curiosa oder adeliges Land- und Feldleben* (1682) ausübte.

Bezeichnenderweise stieß der angehende Mediziner Johannes Scheffler (1624 bis 1677) aus Breslau erst während seines Studiums in Holland auf die dort veröffentlichten Schriften Jakob Böhmes.[304] Er zog nach Padua weiter, wo er im Jahr des Westfälischen Friedens promovierte, um schließlich eine Stelle als Leibarzt des Herzogs von Oels anzutreten. Im Umkreis des Oelser Adligen Franckenberg[305] und anderer mystisch begeisterter Freunde wie Johann Theodor von Tschesch (1595–1649) und Czepko lebte auch Scheffler in jenem Element, das er unter einem Bildnis Jakob Böhmes in Verse zu fassen suchte:

Im Wasser lebt der Fisch / die Pflanze in der Erden /
Der Vogel in der Luft / die Sonn am Firmament /
Der Salamander muß im Feur erhalten werden /
Und Gottes Herz ist Jakob Böhmes Element.

Ein Jahr nach Franckenbergs Tod, dessen literarischen Nachlaß er übernahm, trat Scheffler zum Katholizismus über und veröffentlichte als »Angelus Silesius« seine Hauptwerke: den *Cherubinischen Wandersmann* und die *Heilige Seelenlust*. In denkbar knappster Form fand Scheffler hier immer neue Definitionen und Parabeln für die Gegensätze von Zeit und Ewigkeit, Gott und Seele, Mensch und Gott. Scheffler brachte dabei nicht nur seine Kenntnis der mystischen Traditionen beider Kirchen ein, sondern ebenso seine brillante und anrührende Formulierungskunst. Diese Teile seines Werkes haben noch Pietismus und Romantik beeinflußt. Einige seiner gefühlvollen Kirchenlieder, wie »Ich will dich lieben, meine Stärke«, fanden in die Gesangbücher beider Konfessionen Eingang. Nach seiner aufsehenerregenden Konversion zum Katholizismus richtete Scheffler die gleiche Leidenschaftlichkeit, die bisher sein Dichten ausgezeichnet hatte, gegen seinen bisherigen Glauben. Vielleicht benutzte er solche polemische Schärfe auch als Schutz für das dichterische Werk, das aus seiner protestantischen Zeit stammte und deshalb leicht den Verdacht theologischer Irrtümer auf sich ziehen konnte. Es erschien sowohl in katholischen als auch in evangelischen Verlagen.[306]

Die Reihe der von Böhme und Scheffler beeinflußten schlesischen Dichter ließe sich bis in unser Jahrhundert fortsetzen. Von seinen Zeitgenossen wären wenigstens der kabbalistisch orientierte Christian Knorr von Rosenroth (1636–1689)[307] zu nennen oder der chiliastische Quirinus Kuhlmann (1651–1689),[308] dessen überspanntes Leben auf einem Moskauer Scheiterhaufen endete.

Auf dem schlesischen »Höhenweg der deutschen Literatur« (Richard Newald) sah das 17. Jahrhundert ferner die beiden altersgleichen Freunde Andreas Gryphius (1616 bis 1664) aus Glogau und Christian Hoffmann von Hoffmannswaldau (1616–1679) aus Breslau. Des einen Jugend war vom Exulantenschicksal der Familie und den Katastrophen des Krieges verdüstert, was dem anderen Protestanten hinter den Stadtmauern von Breslau erspart blieb. Beide vertieften ihr Studium am akademischen Gymnasium in Danzig und studierten von 1638 an gemeinsam im holländischen Leiden. Ganze neun Jahre verwandte Gryphius auf Studien in Holland, Frankreich und Italien. Von dort brachte er nicht nur reiche Erfahrungen, sondern schon einen Großteil seines dichterischen Werkes mit.[309] Der zum angesehenen Gelehrten und Dichter gereifte Jurist schlug die von mehreren Universitäten an ihn ergangenen Rufe aus, um das Amt des Syndikus der Glogauer Stände zu übernehmen. Er spürte die Verpflichtung, am Wiederaufbau seines kriegszerstörten Heimatlandes mitzuwirken, ähnlich wie seine Freunde Czepko und Hoffmannswaldau. Letzterer hatte gleichfalls im Anschluß an sein Leidener Studium England, Frankreich und Italien bereist, um nach der 1642 erfolgten Rückkehr seine Karriere beim Breslauer Rat zu betreiben. Sie trug ihn zuletzt bis in das höchste Amt der Stadt.

Das Werk beider Dichter steht für die Spannweite des schlesischen Barock. Der in Shakespeares Todesjahr geborene Gryphius brachte mit seiner schwerklingenden, metaphernreichen Rhetorik sowohl christliche Märtyrertragödien als auch zeitgeschichtliche Themen auf die Bühne. Sein Trauerspiel über den Tod König Karls I. von England auf dem Schafott (*Carolus Stuardus*) lag in seiner ersten Fassung schon ein Jahr nach dem Ereignis vor. Aber damals fehlte noch das große theaterbegeisterte bürgerliche Publikum. Die Stücke wurden zur Hauptsache vom Schul- und Wandertheater übernommen und wirkten dort nachhaltig auf die Entwicklung des deutschen Schauspiels.[310] Für die Fruchtbringende Gesellschaft war Gryphius »der Unsterbliche«. Mehr noch sind es seine Lyrik, seine Sonette auf das Sterbliche und Vergängliche der Welt, die vom Werk des »Unsterblichen« am lebendigsten blieben, zeitlos gültige Bilder, die nach 1648 ebensooft zitiert wurden wie nach 1945:

Du siehst, wohin du siehst, nur Eitelkeit auf Erden.
Was dieser heute baut, reißt jener morgen ein,
Wo itzund Städte stehn, wird eine Wiesen sein,
Auf der ein Schäferskind wird spielen mit den Herden.

Von Schäferskindern konnte auch Hoffmannswaldau sprechen, aber dann handelte es sich um die koketten Geschöpfe seiner galanten Poesie. Hoffmannswaldau schrieb eine leichtere Feder als Gryphius und folgte mit müheloser Brillanz dem Elegantia-Ideal des Opitz oder der Nürnberger Pegnitz-Schäfer.[311] Wenn er die »Vergänglichkeit der Schönheit« beklagte, so war es mehr die Wehmut über den entschwindenden Genuß, von dem viele seiner erotischen Gedichte handelten. Natürlich stand ihm die ganze Tradition abendländischer Liebeslyrik und Gelehrsamkeit zur Verfügung, dazu ein hochentwickeltes Sprachgefühl, das ihn reizte, immer neue Bilder und Strophenformen zu erproben. Sein Werk, das auf Lyrik und Prosa konzentriert blieb, entstand in den Mußestunden eines vielbeanspruchten Kommunalpolitikers. Erst nach dem Tode des »großen Pan« erreichte es weite Verbreitung und Nachwirkung.[312] Für die erste große Lyrikanthologie deutscher Sprache, die siebenbändige sogenannte Neukirchsche Sammlung (1695–1727) des Schlesiers Benjamin Neukirch (1665 bis 1729), war Hoffmannswaldau das titelgebende Vorbild.[313]

Es war sein Freund und Ratskollege Daniel Casper von Lohenstein (1635–1683), der an der Bahre des Breslauer Ratspräses seine berühmte Wehklage auf den Tod des großen Pan erhoben hatte.[314] Daniel Casper aus Nimptsch, der 1670, kurz nach seiner Ernennung zum Syndikus des Breslauer Rates, vom Kaiser unter Anspielung auf seine Herkunft den Adelsnamen »von Lohenstein« erhielt, folgte im Genre dem Gryphiusschen Vorbild, in der Gelehrsamkeit seines »Kunstdramas« aber eher Hoffmannswaldau.[315] Viel zitiert und kaum gelesen wurde sein Dreitausendseitenroman *Arminius*, der vordergründig das Leben des germanischen Cheruskerfürsten Hermann behandelt, für jedermann aber als Schlüssel- und »Zeitroman« erkennbar war: eine höfische Huldigung an das Haus Habsburg.[316] Welche große Rezeptionswirkung von Lohenstein ausging, wird uns heute wieder deutlich.[317] Überhaupt harrt die Landschaft des schlesischen Literaturbarocks noch weiterer Erforschung. Erst in jüngster Zeit zeichnet sich die Neuentdeckung des schlesischen Dramatikers Johann Christian Hallmann (1640 bis 1704) ab,[318] dessen Biographie und Lebensdaten bisher nur in Umrissen bekannt sind.

Weniger auffallend ist, wie in der Barockzeit die Beteiligung von Frauen an fast allen Künsten und Wissenschaften zunahm, obwohl sie aufgrund des herrschenden Rollenverständnisses selten die Bildungschancen erhielten wie Männer. An Universitätsbesuch oder gar Bildungsreise war für sie nicht zu denken. Ebenso mußten »gelehrte Frauenzimmer« mit einem Schwall von Vorurteilen leben. Es war noch nicht lange her, daß der Rektor der Lateinschule zu Neisse 1595 die ach so geistreiche Erörterung drucken ließ, ob Frauen überhaupt Menschen seien,[319] was zahlreichen anderen Männern die Gelegenheit zur Verteidigung des weiblichen Geschlechts gab. Wie mögen wohl die schlesischen Fürstinnen über jenen Scherz gedacht haben, die im 17. Jahrhundert tatkräftig die Regentschaft ihrer Territorien führten, etwa Elisabeth Lukretia von Teschen, Luise von Anhalt-Brieg oder Prinzessin Eleonora Maria Rosalia von Liechtenstein, die Autorin des höchst bekömmlichen *Granat-Apffels* von 1697?[320]

In den Städten Schlesiens gab es in der Regel durchweg Schulbildung für Mädchen, nicht zuletzt weil Kaufmannsfrauen lesen und rechnen können mußten. Schon 1544 war in Breslau bei der Kirche Corpus Christi eine gutbesuchte private Mädchenschule entstanden, der später andere folgten.[321] Vor allem dort, wo in adligen oder bürgerlichen Familien ein Bildungsinteresse samt einer kleinen Familienbibliothek vorhanden war, konnten alle Familienangehörigen davon profitieren. Vielfach war es zunächst die religiöse Thematik, die von Frauen literarisch behandelt wurde, nach und nach kamen andere Felder dazu. Am Ende der Barockzeit konnte 1727 Johann Kaspar Eberti ein ganzes Album schlesischer gelehrter Frauenzimmer vorführen,[322] 45 an der Zahl, von denen die meisten adliger Herkunft waren. Wohl wurde hier meist auf bescheidenem literarischem Niveau agiert, doch gab es unter ihnen auch herausragende Beispiele.

Die aus einer niederschlesischen Medizinerfamilie stammende Maria Cunitia (1604–1664) war hochbegabt.[323] Mit fünf Jahren konnte sie lesen und erlernte, wohl bei ihrem Vater, sieben Sprachen, darunter auch Hebräisch. Vermutlich war sie schon in jungen Jahren eine Berühmtheit, und das mag Wallenstein bewogen haben, 1626 in ihrem Schweidnitzer Elternhaus Quartier zu nehmen. Nach ihrer zweiten Heirat unterhielt die Cunitia vom kleinen oberschlesischen Pitschen aus eine Korrespondenz mit Gelehrten wie Ismael Bullialdus in Holland und Johannes Hevelius in Danzig. Ihr Hauptinteresse galt der Astronomie, in der sie Tycho de Brahe und Johannes Kepler als ihre geistigen Lehrer ansah. Ihre eigenen Ergebnisse faßte sie 1650 in dem lateinisch-deutsch geschriebenen Buch *Urania propitia* zusammen. Selbstbewußt veröffentlichte sie es in Oels auf eigene Kosten nicht unter ihrem damaligen Familiennamen, sondern unter ihrem Geburtsnamen. Sie war so frei, ein Exemplar des Werkes mit einer langen handschriftlichen Widmung an Kaiser Ferdinand III. zu senden. Es ist verständlich, daß diese bemerkenswerte Frau heute die Aufmerksamkeit der Forschung auf sich zieht.

Es gab weit mehr Breslauer Ratsherren, als eben geschildert werden konnte, die ihren Pegasus ritten oder andere geistige Interessen pflegten. Das galt für das ganze damalige Breslauer Bürgertum, für Pfarrer, Schuldirektoren und Patrizier. Auch der mit Ämtern überhäufte Ratsherr Ferdinand Ludwig von Breßler und Aschenburg (1681 bis 1722), der in seiner Jugend bei Christian Thomasius in Halle studiert und dann eine Bildungsreise durch halb Europa unternommen hatte, fand noch Zeit für ernsthafte Wissenschaft und gelegentliche Poesie.[324] Seine Frau Marianne Elisabeth geborene von Wirth (1693–1726), Tochter eines Wiener Handelsherrn, teilte seine Neigungen und sorgte für jene kultivierte Atmosphäre, für die ihr Breslauer Haus berühmt war. Es hat den Anschein, als ob die junge »Frau Räthin« der Mittelpunkt eines literarischen Salons in Breslau gewesen sei. Nicht nur Gelehrte, sondern auch junge Talente wie der genialische Dichter Johann Christian Günther (1695–1723) genossen hier Gastfreundschaft und Förderung. Günthers Dank findet sich in zahlreichen seiner Gedichte[325] und richtete sich bevorzugt an die fast gleichaltrige Hausherrin, die »Sappho Schlesiens und Laura unserer Zeit«. Angesichts der leichten Eleganz des Güntherschen Tons und seines Selbstbewußtseins klingt es erstaunlich, wie sehr ihm am »Geschmack und Urtheil« der »klugen Breßlerin« gelegen war, ja daß er sie bitten konnte: »... und lehre mich anjetzt ... die Kunst, das, was man denckt, natürlich auszudrücken«. Es wäre zu wünschen, daß man mehr über die literarische Bedeutung und die Gedichte dieser Frau ermitteln könnte.[326] Ihre Freunde lasen sie »mit Vergnügen«, und noch Gottsched hat sie geschätzt.

Seit dem Regierungsantritt Ferdinands II. war die Kaiserstadt Wien wieder das Zentrum der österreichischen Lande geworden. Prag verlor damit nicht nur seine Bedeutung als Residenz des Reiches, auch die für die Verwaltung der böhmischen Länder zuständige böhmische Hofkanzlei wurde 1624 von Prag nach Wien verlegt. Diese allgemeine Zentralisierung der österreichischen Behörden in der Residenz des Landesherrn in Wien bedeutete für Schlesien eine bleibende Neuorientierung auf die Kaiserstadt. Selbst die Bedeutung des in Prag verbleibenden Appellationsgerichtes wurde für Schlesien im Laufe der Zeit geringer. Entsprechendes galt für die Stände der böhmischen Länder, die nach ihrer gescheiterten Revolution nicht mehr zu Generallandtagen zusammentraten.

Dazu kam die unterschiedliche Behandlung Böhmens und Schlesiens nach dem böhmischen Aufstand, welche dazu beitrug, daß die beiden Territorien sich auseinanderentwickelten. In Böhmen, Mähren und der Grafschaft Glatz hatte der Kaiser den Sieg über die Revolution zu einer rücksichtslosen Umgestaltung von Staat und Gesellschaft genutzt. Sie fand ihren äußeren Höhepunkt in der »Verneuerten Landesordnung« von 1627, die den westlichen böhmischen Ländern eine neue Landesverfassung verlieh. In Schlesien blieb die alte Landesverfassung durch den Generalpardon des Dresdner Akkords weiterhin bestehen.

Schon vor dem Dresdner Akkord hatte dem Kaiser eine Denkschrift vorgelegen, die man dem böhmischen Kanzler Otto von Nostitz zuschrieb. Sie hatte auch für Schlesien ein rigoroses Vorgehen empfohlen. Ihre Programmpunkte sollten in den nächsten Jahren immer wieder aufgegriffen werden. Dazu gehörte die Umgestaltung des schlesischen Oberamtes. Bisher war der schlesische Oberlandeshauptmann entsprechend dem alten Privileg des Königs Wladislaw mehr der Repräsentant der Stände gegenüber dem König gewesen als dessen Stellvertreter im Land. Vor allem war das Amt so an die Person dieses Oberlandeshauptmannes geknüpft, daß dieser selbst als das Oberamt bezeichnet wurde. Die Nostitzsche Denkschrift von 1621 hatte überdies vorgeschlagen, »mehrgedachtes Amt also zu verfassen, daß es allein von Euer Majestät und keinem andern dependieren könnte«.[327] Des weiteren hatte die Denkschrift empfohlen, dem neuen Oberlandeshauptmann einen Oberamtskanzler und Räte an die Seite zu stellen, die gleichfalls allein vom Kaiser bestellt und auf ihn vereidigt sein sollten. Dieser Empfehlung folgte Kaiser Ferdinand II., als er 1629 solch ein neues Oberamt als kollegiale Verwaltungsbehörde schuf. Das Amt des Oberlandeshauptmannes blieb, aber der ihm unterstellte Oberamtskanzler und seine Oberamtsräte waren kaiserliche Beamte. Auch wenn die Leitung dieser Behörde weiterhin von einem schlesischen Fürsten ausgeübt wurde, so durfte dieser sich fortan weniger als Ständepolitiker, sondern eher als kaiserlicher Minister verstehen.

Das läßt sich auch aus der Personalpolitik bei der Besetzung dieses Amtes ersehen. 1629 übertrug es Ferdinand II. dem loyalen Herzog Heinrich Wenzel von Münsterberg-Oels. Nach dem Dreißigjährigen Krieg kehrte Kaiser Leopold zu der Tradition zurück, einen Breslauer Bischof mit diesem Amt zu beauftragen, so daß bei Sebastian von Rostock (1664–1671), Kardinal Friedrich von Hessen (1675–1682) und Franz Ludwig von Pfalz-Neuburg (1685–1719) das höchste weltliche und geistliche Amt jeweils in einer Hand lag. Die Vorschrift der Landesverfassung, daß dieses Amt nur ein schlesischer Fürst ausüben könne, wurde von jedem Breslauer Bischof erfüllt, denn er regierte über das Bistumsland. Den Deutschordensmeister Johann Kaspar von Ampringen (1682 bis 1684) versetzte Kaiser Leopold aus diesem Grund einfach in den persönlichen Fürstenstand. Aber gegen Ende der habsburgischen Zeit stand nur noch ein Oberamtsdirektor aus dem schlesischen Grafenstand an der Spitze der obersten kaiserlichen Behörde in Schlesien, der wegen seiner toleranten Haltung geschätzte Johann Anton Graf von Schaffgotsch.

Die Ämterfülle der schlesischen Oberlandeshauptleute machte es diesen oft unmöglich, die Verpflichtung zum dauernden Aufenthalt in Breslau einzuhalten. Das erhöhte die Bedeutung des Oberamtskanzlers als Leiter der Behörde. Die schon beim Reichskammergericht vorhandene Tradition, daß es einerseits Räte von Adel und studierte Räte geben solle, galt auch für das schlesische Oberamt. Aber diese Unterschiede verwischten sich im Laufe der Zeit, nicht nur weil studierte Räte auf die Ritter- oder Herrenbank aufrückten, sondern weil der Kaiser auch auf die Herrenbank nur noch studierte Adlige berief.

Von 1629 bis 1740 wuchs diese Behörde in ihrem Rang, ihrer Aufgabenzuweisung und ihrem personellen Umfang beständig an, so daß ihr die größte Bedeutung für die administrative Durchdringung des Landes und eine geordnete Verwaltung zukam. Diese Entwicklung ging zu Lasten der 1558 begründeten schlesischen Kammer, die bis dahin die einzige Verwaltungsbehörde des Landesherrn darstellte. Nach der 1640 vorgenommenen Klärung der Zuständigkeiten lagen alle entscheidenden politischen und gerichtlichen Kompetenzen beim Oberamt, während die Kammer auf das Finanzwesen und die Rechtsprechung beschränkt wurde. Zur Erledigung übergreifender Aufgaben wurden regelmäßig gemeinsame Kommissionen gebildet.

Die schlesische Kammer hatte ihren Sitz in der kaiserlichen Burg von Breslau. Deren verschachtelte Anlage am Oderufer hatte den Kaisern bei ihren letzten Aufenthalten bereits nicht mehr genügt, so daß es ihnen nicht schwerfiel, die gesamte Burg im Jahre 1653 dem Jesuitenorden als Bauplatz für ihr zukünftiges Kollegium zu versprechen, falls sich keine andere Lösung finden ließe. Erst 1658 räumte die kaiserliche Verwaltung die Burg. Kammer und Oberamt bezogen zwei verschiedene Gebäude im Zentrum der Stadt. Im Vergleich zu den großzügigen Verwaltungsbauten Habsburgs in Wien und in Prag ist das Fehlen eines repräsentativen Verwaltungsgebäudes in Breslau geradezu auffallend. Anders als Kirche und Adel zeigte der Staat in seinen baulichen Ansprüchen eine Bescheidenheit, die man unter anderen Umständen preußisch nennen würde.

So wie die schlesische Kammer der Wiener Hofkammer unterstand, läßt sich Gleiches auch vom schlesischen Oberamt gegenüber der böhmischen Hofkanzlei in Wien sagen. Alle wichtigen Entscheidungen wurden mit der Wiener Behörde abgestimmt,

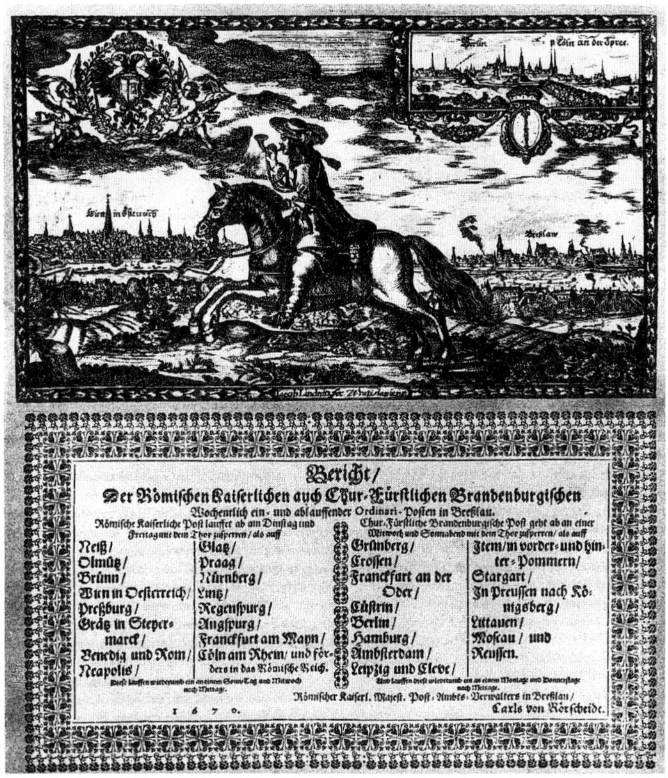

Die Einrichtung einer ständigen Postverbindung über die Landesgrenzen hinweg stieß auf viele organisatorische Schwierigkeiten. Erst seit 1625 konnte die zuständige schlesische Kammer eine regelmäßige Pferdepost zwischen Breslau und Wien organisieren. Sie war für die bald folgende Änderung der Behördenorganisation mit ihrem amtlichen Schriftverkehr zwischen Wien und Breslau unerläßlich. Auf Drängen des brandenburgischen Kurfürsten wurde 1662 eine zweite Postverbindung zwischen Berlin und Breslau eingerichtet. Diese beiden Fernverbindungen schufen den Anschluß an ein internationales Netz, das bis Moskau und über Hamburg bis Übersee reichte. Im Jahre 1663 benötigte die Post für die 38 Meilen von Breslau nach Berlin 51 Stunden, von dort nach Leipzig weitere 30 Stunden. Von Breslau bis Hamburg dauerte die Beförderung eines Briefes sechs Tage. Die schlesische Post war ein gewinnorientiertes Unternehmen und machte mit Plakaten wie diesem von 1670 Reklame.

Obwohl Schlesien nicht unmittelbar zum Alten Reich gehörte, waren in habsburgischer Zeit die Bindungen dorthin immer dichter geworden. Das konnte man schon im Straßenbild bemerken. 1672 hatte ein Kaufmann das Haus Ring Nr. 8 in Breslau erworben, in dem früher die Könige bei ihren landesherrlichen Besuchen abstiegen und vor dessen Fenstern manche Landeshuldigung stattgefunden hatte. Der neue Besitzer ließ die Fassade mit den Bildern Kaiser Leopolds und der sieben Kurfürsten freskieren. Seitdem hieß diese Ringseite im Volksmund die »Sieben-Kurfürsten-Seite«. Infolge von Kriegsschäden und der Freilegung älterer Fresken war die barocke Bemalung zuletzt verschwunden. Im Zuge der Restaurierung der ganzen Ringseite präsentiert sich das Sieben-Kurfürsten-Haus seit 1993 wieder in alter Schönheit. Das Foto stammt aus der denkmalpflegerischen Dokumentation der Vorkriegszeit.

was einen regelmäßigen Schriftverkehr erforderte. Das Oberamt selbst war wiederum die vorgesetzte Behörde der zahlreichen königlichen Ämter in den schlesischen Erbfürstentümern, die dort von Landeshauptleuten geleitet wurden. Der personelle Zusammenhang aller dieser Behörden war eng. Es läßt sich eine Fülle von Beispielen für Amtsversippung oder Ämtertausch belegen. Besonders begehrt war der Wechsel von einer schlecht besoldeten Stelle im Oberamt auf das Amt eines Landeshauptmanns in einem schlesischen Fürstentum.

Unter den annähernd hundert wichtigeren Beamten des Oberamtes zwischen 1629 und 1740 waren zahlreiche Konvertiten und viele durch juristische Studien qualifizierte Personen. Einige von ihnen waren zugleich im diplomatischen Dienst des Kaisers tätig. Unter ihnen gab es eigenwillige Persönlichkeiten wie den Grafen Philipp von Arco, einen konvertierten Calvinisten. Er gestattete Pfingsten 1734, daß in seinem Haus heimlich ein calvinistischer Gottesdienst abgehalten wurde; und es war wohl kein Zufall, daß König Friedrich II. gerade dort 1741 die preußische Kriegskasse verwahren ließ.

Besonderen Einfluß erlangte der aus Warburg im Hochstift Paderborn stammende Johann Adrian Freiherr von Plencken. Seine mehr als fünfzigjährige Tätigkeit in der Behörde deckte sich weitgehend mit der Amtszeit des Oberlandeshauptmanns Franz Ludwig von Pfalz-Neuburg, dessen besonderes Vertrauen er genoß. Da letzterer wegen seiner anderen Verpflichtungen häufig außerhalb Schlesiens weilte, lag die Verantwortung der Landesgeschäfte oft in den Händen des langjährigen Oberamtskanzlers Plencken, der es aus ärmlichen bürgerlichen Verhältnissen bis zu dieser respektablen Beamtenstellung gebracht hatte.

In den letzten Jahren der habsburgischen Zeit rückte bereits ein kaiserlicher Beamter in den Vordergrund, der zu den großen politischen Begabungen Schlesiens zählte, die dann der österreichischen Staatsreform zugute kamen: Friedrich Wilhelm von Haugwitz. 1702 in Niederschlesien geboren, vermutlich in Brauchitschdorf, hatte er nach dem Besuch der Ritterakademie Liegnitz und der Universität Frankfurt seine Kavaliersreise in den Westen angetreten. 1723 immatrikulierte er sich an der Académie de Lorraine in Nancy, wo er die Bekanntschaft des lothringischen Herzogs Leopold machte, der selber seit 1722 dem schlesischen Fürstenstand angehörte. In Nancy dürfte Haugwitz zum Katholizismus übergetreten sein, denn ohne diesen Schritt hätte ihn Herzog Leopold kaum zu seinem Kammerherrn ernannt.[328]

Lothringen und wohl auch Frankreich mögen für Haugwitz Gelegenheit geboten haben, jene moderne westliche Verwaltungserfahrung zu sammeln, die er nach Hause mitbrachte. Wieder in Schlesien, trat Haugwitz 1728 in das Amt des Fürstentums Breslau ein, das von Landeshauptmann Otto Wenzel Graf Nostitz geleitet wurde. Drei Jahre später vermählte sich Haugwitz mit der Nichte des Landeshauptmanns, womit der Weg in das Oberamt geebnet war, in dem er von 1735 an so wichtige Aufgaben wie die Leitung des schlesischen Kontributionssystems übernahm. Zur entscheidenden Weichenstellung seiner Laufbahn wurde die preußische Besetzung Schlesiens, bei der sich Haugwitz sofort Maria Theresia zur Verfügung stellte. Zu der Herrscherin hatte er eine doppelte Verbindung, nämlich als lothringischer Kammerherr ihres Gemahls und durch eine angeheiratete Verwandte, die berühmte Vertraute Maria Theresias, die »Füchsin«. Alle Bemühungen Friedrichs von Preußen, Haugwitz in das preußisch gewordene Schlesien zurückzuholen, sollten bekanntlich scheitern.

Von seiten der Landesverwaltung fehlte es nicht an Einsicht in die Reformbedürftigkeit des Staates und an Entschlossenheit, die notwendigen Maßnahmen zu ergreifen. Ob die Reformansätze der letzten Jahrzehnte erfolgreicher gewesen wären als die früheren, bleibt ungewiß, denn der preußische Einmarsch bereitete den meisten ein Ende. Gleich bei Regierungsantritt Josephs I. war der Versuch zu einer Änderung der Steuerverfassung unternommen worden. Nach 1721 begann ein neuerlicher Anlauf dazu.[329] Er lag in der Linie der neuen Kommerzpolitik Österreichs, die Schlesien als einem der leistungsfähigsten Länder Habsburgs eine Schlüsselstellung zugedacht hatte. Der Kameralist Philipp Wilhelm von Hörnigk hatte schon 1684 bemerkt, »das einige Breslau könnte, wie in der guten Polizei, also im Handel und in Manufakturen die Ehre der Erblande im Notfall für alle behaupten«.[330]

Mit dem Versuch der Neubestimmung des schlesischen Katasters hing die kartographische Vermessung der schlesischen Fürstentümer zusammen. Unter Leitung des Ingenieurs Johann Wolfgang Wieland und seit 1736 seines Nachfolgers Matthäus von Schuberth begann man damit 1722 im Fürstentum Münsterberg und bearbeitete nacheinander alle Territorien. Schuberth geriet 1741 bei Mollwitz in Gefangenschaft und mit ihm gelangten seine Pläne in preußische Hand. König Friedrich konnte schließlich dafür gewonnen werden, die in österreichischer Zeit begonnene erste wissenschaftliche Landesaufnahme 1752 im Nürnberger Verlag Homann als *Atlas Silesiae* erscheinen zu lassen.

Die Intensivierung der Verwaltung machte es erforderlich, allen Behörden einen Überblick über bereits ergangene Verfügungen zu verschaffen. In Böhmen publizierte zwischen 1669, dem Jahr der *Vindemia iudicialis*, und 1720, dem Jahr des *Codex Ferdinandeo-Leopoldino-Josephino-Carolinus*, ein Beamter des Prager Appellationsgerichts, der Jurist Johann Jakob von Weingarten, die Entscheidungen und Verlautbarungen, die oft auch Schlesien betrafen. Im Jahr der Pragmatischen Sanktion 1713 begann dann die Veröffentlichung einer ersten sechsbändigen Privilegiensammlung Schlesiens, aus der zu ersehen war, daß ihr Breslauer Verleger Christian Brachvogel in offiziellem Auftrag handelte. Sie erlebte bis 1737 drei Auflagen. Eine andere zweibändige Privilegiensammlung von 1736/39 wurde außerhalb Schlesiens gedruckt und gab sich schon im Vorwort als Konkurrenzunternehmen zur »Brachvogelschen Sammlung« zu erkennen. Abgesehen davon, daß sie die offiziöse Publikation ergänzte, verbarg sich hinter diesem zweiten Unternehmen ein Stück protestantisch-ständischer Kritik, denn es druckte auch solche offiziellen Texte ab, die normalerweise von der Zensur unterdrückt worden wären. Der anonyme Herausgeber dieser Sammlung war der Amtsverweser der Schönaichschen Standesherrschaft Carolath-Beuthen, Johann Theodor von Arnold. Es verwundert nicht, ihm 1741 als eifrigem Parteigänger Preußens wiederzubegegnen.

Aus Sicht der habsburgischen Innenpolitik ragten im letzten Drittel der habsburgischen Zeit drei Ereignisse besonders hervor, die ganz unterschiedliche Gründe und

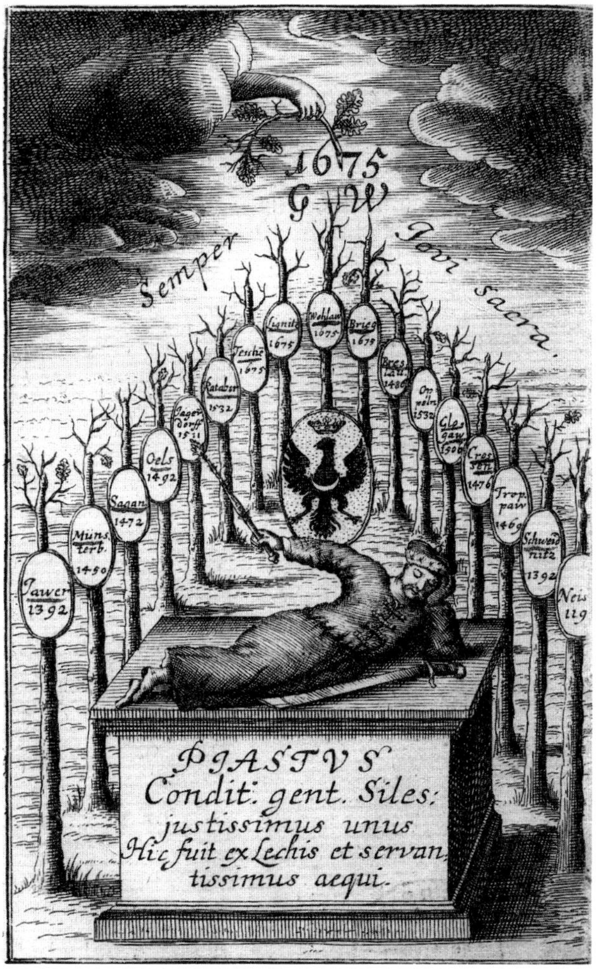

Im Laufe der Jahrhunderte erlosch das in viele Nebenlinien zersplitterte piastische Fürstengeschlecht Schlesiens. Als letzter starb unerwartet im Jahre 1675 der jugendliche Herzog Georg Wilhelm von Liegnitz, Brieg und Wohlau. Auch wenn die alten schlesischen Fürsten ihre frühere politische Macht schon weitgehend an den Landesherrn verloren hatten, so riß doch mit ihrem Ende eine große Tradition ab, die viel für die politische, kulturelle und religiöse Prägung des Landes bedeutet hatte. Der alte Ahnherr des Geschlechtes scheint im Traum dieses piastische Waldsterben zu erleben. Aus den Wolken greift eine Hand nach dem letzten Reis seines Stammes und bricht auch dieses.

Folgen hatten: das Erlöschen des Piastenhauses 1675, die erfolgreiche Abwehr der türkischen Bedrohung und die Einbeziehung des Landes in das Geflecht der Pragmatischen Sanktion.

Der überraschende Tod des mit seinen fünfzehn Lenzen gerade erst vorzeitig zur Regierung gelangten letzten Piasten, Herzog Georg Wilhelm von Liegnitz, Brieg und Wohlau, am 21. November 1675 war eine tiefe Zäsur für das Land. Damit endete nicht nur das vornehmste schlesische Fürstenhaus, das die Geschichte des Landes von Anfang an mit geprägt hatte, sondern die beiden großen, protestantischen Freiräume zwischen den kaiserlichen Erbfürstentümern verschmolzen nun mit den übrigen kaiserlichen Gebieten. Erst nachträglich machte sich der brandenburgische Kurfürst Gedanken, ob er nicht ein möglicher Erbe der Piasten gewesen wäre. Für Habsburg lösten sich mit diesem Erbfall mehrere Probleme wie von allein. Mit dem Wegfall des schlesischen Stammhauses entfiel der traditionelle Kristallisationskern der ständischen Opposition. Keines der verbleibenden Fürstenhäuser Schlesiens war noch im Besitz vergleichbarer Souveränitätsrechte. Ein nicht zu verachtender Gewinn war das Kammergut der drei Fürstentümer, das nun in die Verfügung der Krone geriet und bald an den vermögenden Landesadel weiterveräußert wurde. Schwieriger war das konfessionelle Erbe des durch den Westfälischen Frieden privilegierten Protestantismus.[331] Daß der Kaiser diese Frage nicht allein interpretieren durfte, sollte die Altranstädter Konvention erweisen.

Die durch den Erbfall verbesserte wirtschaftliche Basis der Landesverwaltung kam dem Kaiser besonders gelegen, da er im letzten Drittel des 17. Jahrhunderts die entscheidenden Auseinandersetzungen mit dem Osmanischen Reich auszutragen hatte. Besonders die zweite Belagerung Wiens im Jahr 1683 weckte in Schlesien längst verdrängte Sorgen und bezog das Land wirtschaftlich, militärisch und emotional in alle Abwehranstrengungen mit ein.[332] Der schlesische Diplomat Johann Christoph Freiherr von Zierowsky führte die wichtigen Verhandlungen mit dem polnischen König Jan Sobieski, die diesen an die Seite des Kaisers führten. Von der Dramatik der anstehenden Entscheidung erhielt Schlesien einen Eindruck, als das polnische Entsatzheer im August des Jahres 1683 in mehreren Säulen Oberschlesien durchquerte, um zusammen mit allen aus dem Reich heranziehenden Truppen an der Verteidigung des christlichen Abendlandes teilzuhaben. Die polnischen Truppen König Sobieskis waren es, die am 12. September 1683 als erste das osmanische Heerlager erreichten und dann in das befreite Wien einzogen.

Kurz nach Amtsantritt hatte Oberamtsdirektor Schaffgotsch 1720 die Verabschiedung der Pragmatischen Sanktion für Schlesien zu leiten. Sie sollte die enge verfassungsmäßige Anbindung des Landes an Österreich besiegeln und lag in der Konsequenz einer 1526 begonnenen Entwicklung. Die schlesischen Stände folgten einmütig der Aufforderung des Kaisers, das 1713 erlassene Hausgesetz mit seiner weiblichen Erbfolgeregelung auch für Schlesien anzuerkennen. Das geschah in aller Form am 25. Oktober 1720 im Fürstensaal des Breslauer Rathauses.[333]

Kaiser Karl VI. hat nicht mehr erleben müssen, daß die von ihm mit vielen Konzessionen an alle europäischen Staaten erkauften Anerkennungen seines Hausgesetzes

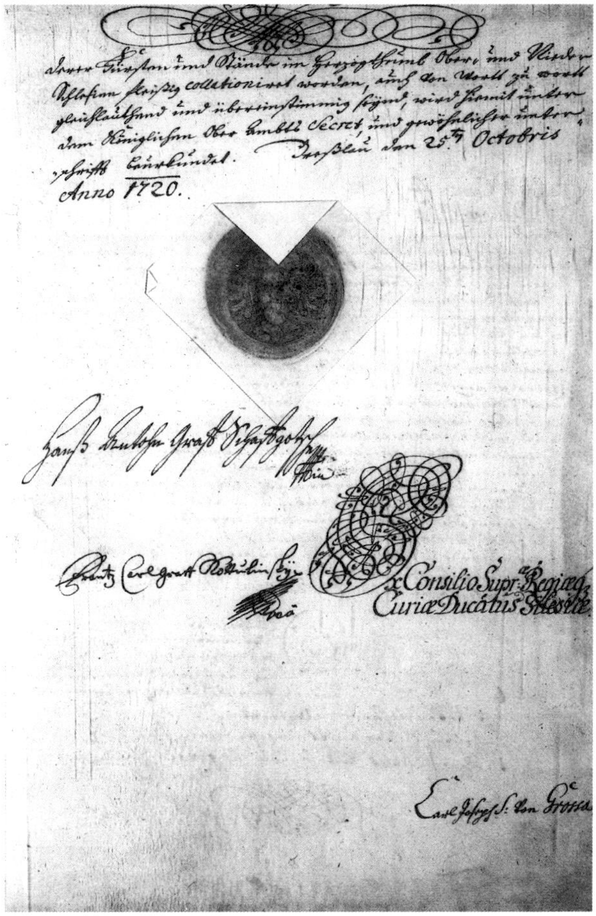

Die Pragmatische Sanktion von 1713 war ein österreichisches Hausgesetz, das die Einheit aller habsburgischen Länder und eine umfassende Erbfolgeregelung beabsichtigte. Die schlesischen »Fürsten und Stände« stimmten ihr im Jahre 1720 einmütig zu, als bereits abzusehen war, daß die Kaisertochter Maria Theresia nur durch dieses Gesetz zur Erbfolge berechtigt sein würde. Das Dokument dieses am 25. Oktober 1720 im Breslauer Rathaus begangenen Staatsaktes liegt noch im Wiener Archiv. Auf der letzten Seite der umfangreichen Verfassungsurkunde beglaubigten der Oberamtsdirektor Hans Anton Graf Schaffgotsch, der Oberamtskanzler Franz Carl Graf Kottulinsky und der Oberamtssekretär Carl Joseph Sala von Grossa die 41 Vollmachten der in Breslau versammelten Ständevertreter.

In der barocken Sakrallandschaft Schlesiens war das Zisterzienserkloster Grüssau unter seinem Abt Bernhard Rosa ein kultureller und geistiger Mittelpunkt des Landes geworden. Die Klosteranlage liegt stimmungsvoll hingebreitet zu Füßen des Riesengebirges. Ihr ist kaum anzumerken, daß die barocken Baupläne unvollendet blieben. In habsburgischer Zeit entstanden das zweitürmige Marienmünster und rechts davon die Josephskirche. In der Ära des preußischen Provinzialministers Hoym konnte im Jahr 1774 der lange verschobene Plan für ein Konventsgebäude wiederaufgenommen werden. Nur ein Teil davon wurde verwirklicht.

nicht das Pergament wert waren, auf dem sie besiegelt wurden. Der Österreichische Erbfolgekrieg sollte als Schlesischer Krieg beginnen. Der preußische Staat freilich oder vielmehr sein König, der ihn auslösen sollte, hatte sogar die Kühnheit, den Überfall auf das ahnungslose Schlesien als Verteidigung der Pragmatischen Sanktion auszugeben. Die 1728 von Friedrich Wilhelm I. gegebene Anerkennung der Pragmatischen Sanktion wurde von Friedrich nie widerrufen. Folgerichtig ließ der preußische König am 3. Januar 1741 das Breslauer Oberamt mit dem Siegel Maria Theresias verschließen und verwies im gleichen Atemzug die habsburgischen Beamten aus der Stadt. Am Ende konnte kein Zweifel mehr daran bestehen, daß Schlesien neue Siegel erhalten werde.

BAROCKKULTUR UND FRÜHAUFKLÄRUNG

Die letzten Jahrzehnte der habsburgischen Zeit Schlesiens fielen in das Zeitalter des Barock oder umgekehrt: das Barock in seinen vielfältigsten Ausprägungen breitete sich über Städte, Dörfer, Rittergüter und Fluren, bis Schlesien zu einer der mitteleuropäischen Barocklandschaften geworden war.[334] Noch für den heutigen Betrachter bleibt das Barock einer der anziehenden, einprägsamen Eindrücke Schlesiens. Das beweist, mit welcher Konsequenz die katholischen Kräfte – und im schöpferischen Wettstreit auch die evangelischen – den neuen Stil und seine künstlerischen Mittel zur Demonstration ihrer Ideologie eingesetzt haben. Mehr als in jedem Zeitalter zuvor waren Kirche und Orden, Kongregationen und einzelne Stifter darauf bedacht, »Zeichen« zu setzen, deren künstlerische Signifikanz sie oft zu Wahrzeichen ihrer Umgebung werden ließ. In oder direkt neben den verwinkelten Vierteln der alten Städte Schlesiens wurden die triumphalen Barockbauten errichtet. Sie dominierten mit ihren damals modernen römischen Fassaden und langen Fronten die Nachbarschaft. Geschweifte Turmspitzen mit grünpatinierten Bekrönungen traten in optischen Wettstreit zu den protestantischen Renaissancehauben. Alte Kirchen wurden im Inneren barock umgestaltet. Auf Plätzen und Brücken nahmen Mariensäulen und Heiligenfiguren die Blickpunkte ein.

Ähnlich überwältigend war die Unterwerfung der Landschaft. Vielfach wurden markante Punkte auf Bergen und an Flußufern mit Kirchen und Wallfahrtszielen besetzt, zu denen Kreuzwegstationen und Bildstöcke den Weg wiesen. So wie schon in den Städten der Eindruck durch eine bewußt arrangierte Ensemblewirkung gesteigert wurde, war ein Gleiches auch in der Landschaft angestrebt. Großartig ruht die vielgestaltige Anlage des Zisterzienserklosters Grüssau vor dem Panorama des Riesengebirges. Wenn die ganze Grafschaft Glatz später ein »Herrgottswinkel« genannt wurde, so ist das für den Ensemblecharakter der schlesischen barocken Kulturlandschaft ein trefflicher Vergleich. In diesem Falle könnte man ebensogut von einer Sakrallandschaft sprechen, während der gewaltige Eindruck des Klosters Leubus eher an eine Herrschaftslandschaft denken läßt. Tatsächlich repräsentierte der zwischen 1672 und 1729 erbaute Leubuser Klosterpalast auch den politischen Anspruch seines Abtes. Das läßt sich im

Fürstensaal des Klosters begreifen, der mit seinen Figuren und Gemälden als Apotheose auf das Haus Habsburg gestaltet ist.

Die barocke Durchdringung des Landes ist vor allem auch deshalb hervorhebenswert, weil sie eine überaus produktive Epoche der Kunst heraufführte. Künstler von europäischem Rang kamen nach Schlesien, so wie auch im Lande selbst Baumeister, Bildhauer, Zeichner, Goldschmiede, Musiker heranwuchsen,[335] nicht zu vergessen die Dichter, deren Bedeutung schon hervorgehoben wurde.

Die im Dreißigjährigen Krieg verwüsteten Klöster wetteiferten jetzt mit großzügigen Neubauten. Neben Leubus waren es Heinrichau, Kamenz, Grüssau und Trebnitz, die über ihre aus dem Mittelalter stammenden Bauten ein barockes Prachtgewand warfen und auch im Innern reiche Barockaltäre, Chorgestühle, Orgeln und Fresken hinzufügten. Für den Neubau der Grüssauer Marienkirche (1728–1734) wird als planender Architekt Kilian Ignaz Dientzenhofer in Anspruch genommen, denn die übereck gestellten Pfeiler, die das weite Kirchengewölbe tragen, verweisen ganz auf seine Prager Vorbilder. Von dort kamen auch die Bildhauer Ferdinand Maximilian Brokoff und Matthias Braun, die den Schmuck der formschweren Doppelturmfassade von Grüssau schufen.

Den hervorragendsten Beweis seiner Meisterschaft hatte Dientzenhofer bereits zwischen 1723 und 1731 im Auftrag des böhmischen Benediktinerklosters Braunau erbracht, für das er in Wahlstatt bei Liegnitz eine neue Propstei errichtete. Unbehindert durch Vorgängerbauten konnte Dientzenhofer hier eine ideale Klosteranlage von 112 zu 72 Metern im Geviert anlegen, in deren Mittelachse die zweitürmige Kirche liegt, deren beide Turmkuppeln von Herzogshüten bekrönt sind. Das lichtdurchflutete Kircheninnere zeigt einen gestreckten Zentralraum, der 1733 von dem Münchner Freskanten Cosmas Damian Asam großartig ausgemalt wurde, wobei an diesem Ort die Motive der Schlacht von 1241 selbstverständlich waren.

Schon ein halbes Jahrhundert zuvor war in der nahen Residenzstadt des 1675 erloschenen Piastenhauses, genauer im Chor der Liegnitzer Johanniskirche, das Pantheon der letzten Piasten entstanden, in dessen Freskenschmuck gleichfalls der Schlacht von Wahlstatt gedacht wurde. Das künstlerische Programm hatte dort der Dichter Daniel Casper von Lohenstein entworfen. Auf den Pfeilerkonsolen oberhalb der Sarkophage stehen die von dem Wiener Bildhauer Matthias Rauchmiller geschaffenen vier Piastenfiguren, nachdenklich in ein letztes Gespräch vertieft.

In Breslau hielt die barocke Kunst vor allem dort Einzug, wo die Stadt katholisch war. Die barocke Innenausstattung der Kirchen fiel großenteils erst dem letzten Krieg zum Opfer, so daß die in gotischer Klarheit wiedererstandenen Bauten heute einen ganz neuen Eindruck vermitteln. In der Hochphase der Barockkultur hatte Breslau Bischöfe von künstlerischer Kennerschaft und weitreichenden Beziehungen. Bischof Friedrich von Hessen hatte lange Jahre in Rom verbracht und ließ daher die von ihm gestiftete Elisabethkapelle am Breslauer Dom von italienischen Künstlern erbauen und ausgestalten. Die Büste des Kardinals über dem Portal zur Kapelle wird Bernini oder doch seiner Schule zugeschrieben. Gegenüber der Elisabethkapelle ließ der bis zum Kurfürsten von Mainz aufgestiegene Bischof Franz Ludwig von Pfalz-Neuburg seine

Landgraf Friedrich von Hessen-Darmstadt hatte schon ein wechselhaftes Leben als Admiral beziehungsweise als Großprior des Malteserordens und römischer Kardinal hinter sich, ehe er 1671 Bischof von Breslau und 1675 schlesischer Oberlandeshauptmann wurde. Sein Einsatz für Kirche und Land verschaffte ihm Anerkennung, aber mit der seit 1680 am Breslauer Dom erbauten Elisabethkapelle hinterließ er ein bewundernswertes Beispiel römischen Barocks in Schlesien. Über dem Eingang zu seiner Grabkapelle befindet sich die Bernini zugeschriebene Porträtbüste des Kardinalbischofs.

Kapelle errichten, die dann auch seine Grablege wurde. Sie bietet ein erlesenes Beispiel der Wiener Barockarchitektur nach dem Entwurf Bernhard Fischers von Erlach. Entsprechend qualitätvoll sind das Kuppelfresko mit dem Engelssturz von Carlo Carlone, die Altarfiguren von Ferdinand Maximilian Brokoff und die übrige Ausstattung.

In einem weiteren Verständnis von Barockkultur gehören zu ihr nicht nur die künstlerischen, sondern auch die übrigen geistigen, vor allem wissenschaftlichen Zeugnisse der Epoche. So wie sich schon in der zeitgenössischen Kunst Tendenzen vom Hochbarock zu klassizistischen Formen finden, läßt sich auch in der geistigen Entwicklung ein Wandel vom Barockdenken zur Frühaufklärung nachweisen. Die bisherige Dominanz protestantischer Gelehrsamkeit wurde dabei unter dem Einfluß der jesuitischen Bildungsarbeit allmählich aufgeholt. Auch wenn Breslau keine Universitätsstadt war, präsentierte sich die schlesische Hauptstadt in der Zeit von Barock und Frühaufklärung doch als eine Dependance der europäischen Gelehrtenrepublik.

Neben den Universitäten entwickelten sich auch die in ganz Europa entstehenden wissenschaftlichen Akademien zu Trägern der modernen Wissenschaften und der Aufklärung. Die älteste naturwissenschaftlich orientierte Gesellschaft dieser Art war die »Deutsche Akademie der Naturforscher, Leopoldina«, die 1652 im fränkischen Schweinfurt begründet wurde, mithin einige Jahre vor der englischen Royal Society (1660) oder der französischen Académie des Sciences (1666). Heute hat die »Leopoldina« ihren Sitz in Halle an der Saale.[336] Ohne den 1658 hinzugewählten Breslauer Physikus Philipp Jakob Sachs von Löwenheim (1627–1672), einen Mann von europäischem Bildungshintergrund, hätte die Gesellschaft jedoch kaum den Aufstieg zu ihrer heutigen internationalen Bedeutung erlangt. Neben seinen eigenen wissenschaftlichen Beiträgen bestanden Sachs von Löwenheims Verdienste um diese Akademie im wesentlichen darin, daß er ihr 1670 eine wissenschaftliche Zeitschrift schuf und diese selbst betreute, die *Miscellanea Curiosa Medico-Physica oder Ephemerides Academiae Naturae Curiosorum*, deren Redaktion bis 1713 und vielleicht noch länger in Breslau lag. Sie erlangte »als älteste, noch heute erscheinende wissenschaftliche Fachzeitschrift der Welt große Bedeutung«,[337] nur änderte sie verschiedentlich ihren Namen und erscheint heute als *Nova Acta Leopoldina*.

Zum anderen verstand es Sachs von Löwenheim, der aus einer Privatinitiative entstandenen Gesellschaft die notwendige öffentliche Reputation zu verschaffen. Von Breslau aus konnte er seine guten Beziehungen zum Kaiserhof in Wien einsetzen, insbesondere zum Grafen Raimondo Montecuccoli, den er als Protektor der Akademie gewinnen konnte. Mit dessen Hilfe erreichte Sachs im Jahre 1672 für seine Gesellschaft die kaiserliche Privilegierung. Die förmliche Veröffentlichung des Privilegs und die amtliche Benennung der Gesellschaft als »Academia Caesarea-Leopoldina Naturae Curiosorum« in den Jahren 1687/88 erlebte Sachs aber nicht mehr. Die Breslauer Sektion dieser Reichsakademie war überhaupt die bedeutendste. Bis zum Ende der habsburgischen Zeit gehörten ihr insgesamt 35 schlesische Mitglieder an, darunter bekannte Persönlichkeiten wie der Pestarzt Johann Kanold (1679–1729) oder der Numismatiker Johann Christian Kundmann (1684–1751).[338]

Der Akademiegedanke hatte damals in Deutschland bedeutende Befürworter. Zu ihnen gehörte Ehrenfried Walther von Tschirnhaus (1651–1708) aus Kieslingswalde bei Görlitz, der mit dem ganzen gelehrten Europa in Kontakt stand und durch sein 1687 erschienenes Werk *Medicina mentis* einer der Begründer der deutschen Frühaufklärung wurde.[339] Mit ihm befreundet war der ihn nicht nur an Jahren, sondern auch sonst in jeder Hinsicht überragende Philosoph Leibniz, gleichfalls ein unermüdlicher Verfechter des Akademiegedankens in Deutschland. Leibniz sah in der deutschen Academia Naturae Curiosorum ein wichtiges Vorbild für die 1700 von ihm in Berlin begründete Brandenburgische Sozietät der Wissenschaften. Auch diese nahm bis zum Ende der habsburgischen Zeit etwa ein Dutzend schlesische Mitglieder auf.[340] Unter den noch von Leibniz selbst Berufenen sind in chronologischer Folge drei Mitglieder hervorzuheben, der Breslauer Orientalist Andreas Acoluth (1654–1704), der evangelische Kircheninspektor Kaspar Neumann (1648–1715) und schließlich dessen Schüler, der bedeutende Philosoph Christian Wolff (1679–1754).

Die Nähe Breslaus zu den Schauplätzen der damaligen türkischen Kriege und die damit verbundene Möglichkeit zum Erwerb orientalischer Handschriften gaben Andreas Acoluth, der am Breslauer Elisabethan eine Professur für hebräische Sprache bekleidete, Gelegenheit zum Selbststudium aller dieser Sprachen.[341] So machte er sich mit dem Syrischen, Arabischen, Persischen und Äthiopischen vertraut, später unter anderem mit dem Türkischen, Armenischen, ja sogar dem Chinesischen. Zusammen mit einem armenischen Priester gründete er in Leipzig eine Druckerei, in der er 1680 den ersten armenischen Druck Deutschlands herausbrachte. In der Sammlung seiner Koranhandschriften war die Kriegsbeute einer arabisch-persisch-türkischen Triglotte die bedeutendste. Unter Hinzufügung einer lateinischen Übertragung plante Acoluth eine viersprachige Parallelausgabe, von der aber nur sein *Specimen Alcorani quadrilinguis* erscheinen konnte. Die Biographie dieses international anerkannten Gelehrten darf als Beispiel für die kulturellen Anregungen gelten, die ein Nebengewinn der türkischen Kriege waren.

Einer seiner Amtskollegen war der einflußreiche Kircheninspektor der Stadt, Kaspar Neumann (1648–1715), zu dessen barocker Gelehrsamkeit es sich gut schickte, daß er als erster evangelischer Geistlicher in Breslau eine Perücke trug. Sein Interesse an alten Sprachen war eher theologisch motiviert.[342] Aus den gleichen Gründen beschäftigte er sich mit verschiedenen Naturwissenschaften, schrieb Kirchenlieder und hielt seine berühmten »Kasualpredigten« über Kometen, Heuschrecken und Türkensiege. Der Komet, über den Neumann 1681 predigte, wurde bald der Halleysche Komet genannt, weil er ein bevorzugtes Forschungsobjekt des englischen Astronomen Edmond Halley wurde.

Meteorologie, Leben und Sterben standen nach Neumanns Überzeugung aber nicht in den Sternen, sondern folgten verborgenen Gesetzen Gottes, um deren Erforschung er sich bemühte. Deshalb begann er 1687 ganz genaue, nach verschiedenen Kriterien differenzierte Statistiken über Geburt und Tod in Breslau anzulegen, wovon er Leibniz Mitteilung machte, der davon weitererzählte. Als wenig später die Royal Society in London eine statistische Erhebung über die Lebenserwartung der Menschen in Europa plante, stellte Neumann seine Breslauer Daten zur Verfügung.[343] Sie enthielten alle gewünschten Informationen. Edmond Halley in London konnte daher 1693/94 in den Philosophical Transactions der Royal Society seine berühmte Untersuchung »An Estimate of the Degrees of the Mortality of Mankind, drawn from curious Tables of the Births and Funerals at the City of Breslaw« vorlegen.[344] Hier lobte er die Neumannschen Zahlen wegen ihrer »Exactness and Sincerety« und errechnete aus ihnen eine Zahl von 34 000 protestantischen Einwohnern Breslaus.[345] Hatte Neumann sich früher gefragt, ob seine Zahlen einmal von Nutzen sein könnten, so sahen die Engländer in ihnen die wissenschaftliche Grundlage einer allgemeinen Sterblichkeitsstatistik mit hohem volkswirtschaftlichem Erkenntniswert. Mit Neumanns Zahlen ließ sich die Rentabilität von Lebensversicherungen errechnen, über die man erstmals nachdachte und schließlich 1706 in England einführte.[346] Kaspar Neumann war somit unbeabsichtigt der »Vater der Lebensversicherung« geworden. Eben diese »Theologico-Politischen Vorschläge«, wie Leibniz Neumanns Bevölkerungsstatistik genannt hat, trugen ihm 1706 die Mitgliedschaft in der Berliner Akademie ein.

Neumann befand sich in seinem Denken und Forschen noch an der Grenze von Barockgelehrsamkeit und Aufklärung, aber in seinem Unterricht vermittelte er den Interessierten, was er von Descartes und Tschirnhaus wußte. Damit beeinflußte er seinen bedeutendsten Schüler am Maria-Magdalenen-Gymnasium, den späteren deutschen Aufklärungsphilosophen Christian Wolff. Dieser Sohn eines Breslauer Lohgerbers erinnerte sich dankbar seines Lehrers: »Der selige Inspektor Neumann in Breslau ist derjenige, von dem ich am meisten gelernt und dessen Rat und Exempel mir den größten Nutzen geschafft, ob er zwar öfter mehr dem Ingenio als dem Verstande Raum gab.«[347] Seine Heimatstadt Breslau, die in seiner Studentenzeit noch immer nicht über eine Universität verfügte, wurde für Wolff bald zu eng. Erst an den Universitäten von Jena, Halle und Marburg wurde er der anerkannte Nachfolger eines Leibniz und der Philosoph der deutschen Aufklärung.[348] Ihn zu würdigen, ist hier nicht der Ort. Aber ein schlesisches Erbe brachte er in die deutsche Philosophie mit ein: So wie Opitz das Dichten in deutscher Sprache gelehrt hatte, erbrachte Wolff den Beweis, daß man auch deutsch vortragen und philosophieren könne, ja welche Möglichkeiten philosophischer Begriffsbildung die deutsche Sprache bereithielt. Wolff ergänzte in der deutschen Philosophie die bisher nur lateinische Terminologie durch eine deutsche Fachsprache.

Zu den wichtigsten Ereignissen des letzten halben Jahrhunderts der habsburgischen Herrschaft in Schlesien sollten einige bildungspolitische Entscheidungen zählen. Dazu gehörte ganz vorrangig die schlesische Universitätsfrage, deren permanente Vertagung einen solchen Erwartungsdruck aufgestaut hatte, daß jeder neuerliche Lösungsversuch zu einem Politikum ersten Ranges werden mußte. Es bedurfte keiner Untersuchung, daß für Schlesien eigentlich eine protestantisch-katholische Simultanuniversität oder zwei konfessionell getrennte Hochschulen sinnvoll gewesen wären. Ein solches Konzept war unter Kaiser Leopold I. noch nicht möglich, obwohl die Universitäten

Das Studium im »Ausland« war für die schlesischen Scholaren zwingend, denn es fehlte die eigene Landesuniversität. Die Bildungsschicht des Landes konnte auf diese Weise alle geistigen Entwicklungen Europas kennenlernen und stand mit ihren führenden Persönlichkeiten in Kontakt. Ein Forum des geistigen Austausches wurden die damals entstehenden gelehrten Akademien. Unter den Akademiemitgliedern, die man als Vertreter der schlesischen Frühaufklärung nennen muß, befanden sich der Breslauer Arzt Philipp Jakob Sachs von Löwenheim und der Theologe Kaspar Neumann. Der eine begründete die älteste bestehende naturwissenschaftliche Fachzeitschrift, der andere erwarb sich Verdienste um die moderne Bevölkerungsstatistik.

Erfurt und Heidelberg schon konfessionelle Kompromisse kannten. Eine Universität für Schlesien, die sowohl die bildungspolitischen Wünsche der Stände und Protestanten als auch die kontroversen Vorstellungen des Landesherrn und der Katholiken erfüllte, schien entweder ein Widerspruch in sich selbst zu sein oder, noch schlimmer, ein indifferentistisches Zwitterding.

Der Historiker Friedrich Lucae hatte 1685 die Frage der fehlenden Landesuniversität zum Diskursthema zweier Freunde gemacht. Den einen wunderte, daß eine so vortreffliche Stadt wie Breslau »nicht vor längsten eine Universität aufgerichtet hat; oder daß nicht die sämtlichen Evangelischen Fürsten und Stände / vorlängsten dahin sind bedacht gewesen / wie sie ihr Land mit einem solchen nützlichen Zierath veransehnlichen möchten«. Der andere reagierte darauf diplomatisch wie ein Breslauer Ratsherr, der ja nicht daran rühren wollte: Natürlich sei es bedauerlich und teuer, in der Ferne studieren zu müssen, aber um so helleres Licht falle auf die Schlesier, denn es »machet den Schlesiern die Liebe zu den Studiis alle beschwerligkeit süsse; Also / daß sie jährlich mit hunderten nicht nur die nächsten / sondern die entferntesten hohe Schulen / keine Unkosten sparende / begrüssen / und bin versichert / es wird niemand in Teutschland / oder Niederland / auf eine Universität kommen / da er nicht zu jeden Zeiten / solte Schlesier antreffen«.[349] Mit anderen Worten: Die eigene Universität brächte die Schlesier nur um den Genuß, ihre alte Liebe zu den Studien mittels Reisen zu versüßen.

Nachdem das Breslauer Jesuitenkolleg mit seinem Gymnasium einen anhaltenden Erfolg verzeichnete, sprachen immer mehr Argumente für eine Universitätsgründung in Breslau, die nach Lage der Dinge nur eine katholische unter jesuitischer Leitung sein konnte. Für den evangelischen Rat der Stadt, dem der Westfälische Frieden die Religions- und Kulturhoheit bestätigt hatte, war dieser Gedanke ein Alptraum. Ohne Zustimmung Breslaus mochte der Kaiser aber an keine Universitätsgründung gehen, und damit billigte er dem Rat eine Art Vetorecht in dieser Sache zu.

Im Frühjahr 1695 ergriff der Rektor des Breslauer Jesuitenkollegs, Friedrich Wolff von Lüdinghausen (1645–1708), die Initiative, indem er das Gerücht einer bevorstehenden Erhebung seines Kollegs zur Universität ausstreute, was den Rat der Stadt in »unbeschreibliche Furcht« versetzte und zu einer voreiligen Intervention in Wien veranlaßte.[350] Der weltgewandte und hochangesehene Jesuit[351] hatte damit eine jahrelange Universitätsdiskussion ausgelöst, die ihm jetzt erst die Möglichkeit bot, seine eigenen Vorstellungen einer auch für Protestanten offenen, vollausgebauten Universität mit vier Fakultäten vorzustellen.[352]

Nicht weil der Jesuitenorden beschränkte Ziele verfolgt hätte, sondern weil eine katholisch geprägte Volluniversität angesichts der massiven Proteste des Breslauer Rates nicht durchsetzbar war, kam es 1702 nur zur Gründung einer »Minderuniversität« in Breslau mit lediglich zwei Fakultäten für Philosophie und Theologie. Das Beispiel belegt, wo die Grenzen des habsburgischen Absolutismus lagen. Ebenso war der Jesuitenorden nur eine unter verschiedenen einander widerstreitenden katholischen Richtungen. Der beabsichtigte Ausbau auf vier Fakultäten sollte nie über Ansätze hinaus gedeihen. Die später äußerlich so glänzende »Leopoldina« begann also mit einem doppelten

Die im Jahre 1702 begründete katholische Universität Breslau war als Hochschule und Bauwerk umfassender geplant, als sie tatsächlich realisiert werden konnte. Bis auf den nie gebauten hohen Turm über dem Kaisertor entspricht der Stich von 1741 etwa dem damals erreichten Baufortschritt, der nun durch den preußischen Einmarsch unterbrochen wurde. Das untere Bild aus dem Jahr 1668 vermittelt einen Eindruck von der zum Abriß bestimmten Kaiserburg, auf deren unregelmäßigem Grundstück bereits Ende des 17. Jahrhunderts die zur Universität gehörende Namen-Jesu-Kirche erbaut worden war.

Handikap. Als »Minderuniversität« hatte sie zwar alle förmlichen Universitätsrechte, doch fehlten ihr zwei wichtige »höhere« Fakultäten, Jura und Medizin. Gerade diese fehlenden Fakultäten hätten sie auch für Protestanten attraktiv machen können. Folglich war die halbe Universität nur für die katholische Hälfte der Bevölkerung eine wirkliche Bereicherung.

Neben der Halbierung des Vorhabens offenbarten weitere Umstände das Ringen hinter den Kulissen und die Nachgiebigkeit des Kaisers. Das Schweigen des Breslauer Bischofs und Oberlandeshauptmanns von Schlesien, Franz Ludwig von Pfalz-Neuburg, zur Breslauer Universitätsgründung war beredt. Das von ihm verwaltete Land gewährte außer gelegentlichen Zuschüssen keinen jährlichen Unterhalt aus Steuer- oder Landesmitteln, wie man es für eine Landesuniversität erwarten konnte. Ohnehin mochten Bischof und Prälatenstand ein zwiespältiges Verhältnis zu einem Orden haben, der die Spendenbereitschaft des Adels abschöpfte und überall seine Hand nach Kirchenbesitz ausstreckte. Der Orden bekam auch zu spüren, daß er dem Bischof nicht das Kanzleramt der Universität überlassen oder die Universität nicht wie gewünscht in Neisse errichtet hatte. Wohl deshalb überging der Oberlandeshauptmann das wichtigste bildungspolitische Ereignis seiner Amtszeit. Er nahm weder an der Eröffnung der Universität am 15. November 1702, dem Namenstag des Kaisers, teil noch Jahre später, am 6. Dezember 1728, an der feierlichen Grundsteinlegung des barocken Universitätsbaus.

Für das katholische Schlesien war die neue Jesuitenuniversität gleichwohl ein wichtiger Anschluß an die Entwicklung ringsum. Die ersten vier Jahrzehnte der Breslauer »Leopoldina« waren ihre bedeutendsten, auf jeden Fall ihre glanzvollsten. Neben ihrem Konvikt hatten die Jesuiten schon in den Jahren 1689 bis 1698 die prachtvolle Namen-Jesu-Kirche im Stile ihrer römischen Mutterkirche Il Gesù errichtet, deren bedeutendster Schmuck das die ganze Decke einnehmende Fresko des bayerischen Malers Johann Michael Rottmayr war. Dahinter, auf einem der exponiertesten Bauplätze der Stadt, dem Gelände der abgerissenen kaiserlichen Burg, erhob sich seit 1728 der Neubau der Barockuniversität. Er sollte laut Plan eine zweihundert Meter lange Oderfront haben und einen hohen Turm in der Mitte. Wieviel belebter hätte die türmereiche Silhouette Breslaus ausgesehen, wenn nicht der preußische Einmarsch die Bauarbeiten gestoppt hätte. Ricarda Huch hatte den Bauplan vor Augen: »Gewaltig wäre die Universität gewesen, wenn sie so hätte ausgeführt werden können, wie sie geplant war; man stelle sich vor, daß der einzige Turm, den sie erhalten hat, und auch diesen nicht vollendet, einer von zweien gewesen wäre, die einen viel höheren, mittleren umgeben sollten, wozu dann eine entsprechende Länge der Front gehörte«.[353]

Die fertig gewordene Hälfte der Universität geriet immer noch großartig genug, um als eines der schönsten Universitätsgebäude Mitteleuropas zu gelten, zumal sich auch innen der künstlerische Gestaltungswille fortsetzt. Bis heute hält die Diskussion um den oder die Schöpfer des Bauwerks an. Der erste große Entwurf wird dem Italiener Domenico Martinelli vom Wiener Hofbauamt zugeschrieben, die spätere Ausführung dem Jesuitenarchitekten Christoph Tausch, einem Schüler Andrea Pozzos.[354] Mit guten stilistischen Argumenten läßt sich aber auch die Beteiligung fast aller namhaften Künstler Breslaus an diesem Großvorhaben wahrscheinlich machen, etwa die Christoph Hackners oder Johann Blasius Peindtners.[355] Von dem der Stadt zugewandten Mittelportal gelangt man über ein zweiläufiges Stiegenhaus mit den Ansichten aller Fürstentumshauptstädte Schlesiens in den festlichen Hauptraum der Universität, die Aula Leopoldina. Hier richtet sich der Blick auf den kaiserlichen Stifter Leopold, dessen von Franz Joseph Mangold geschaffene Figur das Gewölbe des Saales zu stützen scheint. Dort öffnet sich der von Christoph Handke freskierte Himmel, aus dem sich die göttliche Weisheit über alle Wissenschaften und Künste ergießt. Blickt man zurück, so deutet die Büste des späteren Oberamtsdirektors Johann Anton Graf Schaffgotsch auf die Bedeutung des Ortes für das ganze Land. Bis heute behielt diese Aula ihre alte Funktion als bewunderter Festraum der Breslauer Universität.

Die Planung war offensichtlich auf Ausbau angelegt. Der Unterrichtsbetrieb von Gymnasium und Universität mit über tausend anwesenden Scholaren ging neben der Großbaustelle weiter. An der Leopoldina waren zwischen 1702 und 1756 genau 11 095 Studenten immatrikuliert. Wie bei Jesuitenuniversitäten üblich, waren knapp die Hälfte davon, nämlich 5 257, Gymnasiasten oder Humanisten, die andere Hälfte, also 5 444, studierte fast ausschließlich an der philosophischen Fakultät. Der Anteil der Theologen blieb mit nur 287 Studenten gering, weitere 106 waren Juristen, für die es ein spezielles Lehrangebot gab. Das Einzugsgebiet beschränkte sich zu über neunzig Prozent auf Schlesien. Aus Polen kamen im ersten Jahrhundert der Leopoldina lediglich dreihundert Studenten.[356]

Die geistige Bedeutung der frühen Leopoldina ist noch kaum erforscht. Es scheint zweifelhaft, daß sie sich weit über das vorherige Kollegium erhoben hat, das aber einen guten Ruf genoß. Die Zahl der Lehrstühle in der philosophischen Fakultät blieb nach 1702 unverändert. Folglich fehlten weiterhin eigene Lehrstühle für Griechisch, Kirchen- und Profangeschichte, Geographie und moderne Sprachen, ganz abgesehen davon, daß der Usus der lateinischen Unterrichtssprache einer Beschäftigung mit deutscher Sprache und Literatur entgegenstand. Das intensiv gepflegte Theater bediente sich der lateinischen Sprache, nur in Ausnahmefällen auch der deutschen. Einen Historiker von Rang, wie Prag ihn mit Bohuslav Balbin besaß, hatte Breslau bis 1811 nicht aufzuweisen.

Die Naturwissenschaften, insbesondere die sogenannte »Mathesis«, hatten einige bedeutsame Vertreter. Gleich der erste Mathematiker Christoph Heinrich (1663–1715) aus Freudenthal machte auf sich aufmerksam, als er annähernd genau die Höhe des Zobtens bestimmte – nach Heinrich 764 Meter, korrekt 719 Meter – und damit die fabulöse Angabe des Hirschberger Rektors Christoph Schilling von 6 000 Metern über dem Meeresspiegel berichtigte. Heinrich beteiligte sich auch an der internationalen Fachdiskussion. Seine astronomischen Beobachtungen veröffentlichte er in den Leipziger Acta eruditorum. Dadurch wurde Leibniz auf den Breslauer Jesuiten aufmerksam und suchte den Kontakt zu ihm. Leibniz hielt damals nach potentiellen Mitgliedern für die von ihm in Wien geplante Akademie der Wissenschaften Ausschau. In diesen Zusammenhang gehört sein Urteil über Heinrich aus dem Jahr 1713: »Des Herrn Pater Henrichs Solidität kan man auß den überschickten Speciminibus tanquam ex ungue

Leonem erkennen; und zweifle ich nicht, er werde annoch viel guthes leisten, so dermahleinst zu Kayserlicher Majestät Vergnügen gereichen möchte, deren ihr mit gebührendem Lob zu nennen ich bereits die Ehre gehabt.«[357]

An der theologischen Fakultät waren mit Gründung der Universität zu den sechs vorhandenen Lehrstühlen noch solche für Hebräisch und kanonisches Recht hinzugekommen. Alle Zahlen belegen, daß die Leopoldina ihrer Aufgabe, Landesuniversität für das katholische Schlesien zu sein, durchaus entsprach. Im Vergleich mit anderen Universitäten lag sie noch im Rückstand und in ihrer geistigen Haltung oft quer zur Frühaufklärung, die damals auch in Schlesien einsetzte. Zur selben Zeit, als an der Reformuniversität Halle der Jurist Christian Thomasius seine Schriften gegen die Hexenverfolgung herausbrachte (1701), predigte der Kanzler Pater Wolff noch bei der Hinrichtung von fünf Hexen in Schweidnitz (1703). Der Dekan der theologischen Fakultät Franz Herzig schloß sich in mehreren Schriften der päpstlichen Verurteilung des Jansenismus an, sei es, daß er Jansenius mit Calvin verglich oder 101 Lehrsätze Quesnels widerlegte.

Die reformkatholischen Ansätze im übrigen Schlesien waren aber unübersehbar. Der neugewählte Abt des Zisterzienserklosters Heinrichau, Dr. Anton Niklas, war Jansenist und mußte deshalb 1724 sein Kloster verlassen. Der mit dem Jansenisten Sporck befreundete Generallandesbestallte des schlesischen Fürstentags, Christian Anton Knorr von Rosenroth, veröffentlichte 1714 anonym in den Deutschen Acta eruditorum seine religiösen Reflexionen. Und ganz am Ende der Habsburgerzeit formierte sich eine aufgeklärte Gruppe prominenter Katholiken als Freimaurer, die freilich erst nach der preußischen Besitzergreifung die Logengründung in Breslau wagte und 1742 von Breslau aus die erste Freimaurerloge in Wien gründete. Die zuletzt genannten Daten überschreiten bereits das schlesische Schicksalsjahr 1740, machen aber deutlich, welche Kontinuitäten über diese Schwelle hinwegreichen.

Schlesien, das so lange auf seine Universität warten mußte und sie dann in zweifacher Hinsicht nur halb erhielt, erlangte aber wenige Jahre später eine exklusive Bildungseinrichtung, die den Erwartungen des Landes weit mehr entsprach: die Liegnitzer Ritterakademie. Zwischen dem Inaugurationsdatum der Breslauer Leopoldina vom 15. November 1702 und dem der Liegnitzer Josephina vom 11. November 1708 lag der Wechsel von Kaiser Leopold I. zu dessen Sohn Joseph I. und die mit ihm einhergehende vorsichtige Neubestimmung der geistigen Orientierung Österreichs. Die Liegnitzer Ritterakademie war eine typische Ausprägung der barocken Frühaufklärung. Als Produkt der ständischen Gesellschaft war sie in erster Linie für den schlesischen Adel reserviert, aber ihre geistige Ausrichtung wies in die Zukunft der Aufklärung. Ihre Entstehung hatte einen nur losen Zusammenhang mit den Folgeverhandlungen der schon erörterten Altranstädter Konvention, denn vorrangiger war die Absicht des Kaisers, den schlesischen Adel politisch an Österreich zu binden. Das war nur erreichbar, wenn man auf die konfessionelle Struktur und die bildungspolitischen Wünsche des Adels Rücksicht nahm. Die Liegnitzer Ritterakademie wurde also, was die Leopoldina nicht sein konnte, eine katholisch-protestantische Simultanhochschule unter Berücksichtigung standesgemäßer moderner Fachgebiete.

Adelshochschulen wie in Liegnitz geplant gab es damals verschiedentlich in Europa.[358] Die fahrenden Kavaliere Schlesiens waren dort überall anzutreffen, ob an der 1692 in Wien gegründeten Niederösterreichischen Landschaftsakademie oder der 1705 eröffneten Fürsten- und Ritterakademie zu Berlin. Diese beiden Einrichtungen wurden als Muster genommen. Die Liegnitzer Statuten folgten teilweise wörtlich denen zu Berlin. Die Standortentscheidung fiel zugunsten von Liegnitz, weil es die Stände der ehemals piastischen Fürstentümer waren, die sich besonders für eine Akademie eingesetzt hatten und hierfür noch aus fürstlicher Zeit das Stiftungsvermögen der Johannes-Stiftung Liegnitz vorhanden war. Am ersten Entwurf der Statuten war vermutlich der Liegnitzer protestantische Adlige Wolff Aßmann Freiherr von Abschatz maßgeblich beteiligt, der anfangs als Gründungsdirektor vorgesehen war.

Die Liegnitzer Statuten lösten die schwierige Konfessionsfrage ganz pragmatisch. Hier waren Adlige »ohne Unterscheid der Religion« willkommen, die zwölf Stipendienplätze wurden im Verhältnis sieben zu fünf zwischen Protestanten Augsburgischer Konfession und Katholiken aufgeteilt. Die Direktoren sollten je nach Konfession alternieren, die Lehrkräfte ebenfalls konfessionell gemischt sein. Die Akademie hatte weder einen Geistlichen, noch wurde hier Theologisches unterrichtet. Hier sollten vielmehr Katholiken und Protestanten »sich eines stillen/ ehrbahren und Gottesfürchtigen Wandels befleißigen/dem Gebete/ohne jemals aussen zu bleiben/beywohnen/auch Sonn- und Feyertags die Kirche und den Gottesdienst/jeder nach seiner Religion, fleißig besuchen; Und sollen absonderlich die Gebete in der Academie also eingerichtet werden/daß solche von beyderley Religionen gebetet werden können«.[359] Die berühmte Formel des »Jeder-nach-seiner-Religion« und der ausdrückliche Wunsch nach Verwendung ökumenischer Gebete findet sich also bereits im habsburgischen Schlesien, in den von Joseph I. approbierten Liegnitzer Akademiestatuten.

Das Lehrpersonal der Akademie war klein und nach zwei Gesichtspunkten unterteilt. Ganz im Sinne der Frühaufklärung hatten drei, später vier Professoren die Lehrgebiete des Natur- und Völkerrechts, der Geschichte und Politik und der angewandten Mathematik wahrzunehmen. Fünf Exerzitienmeister standen für Reitkunst, Fechten, Tanzen und moderne Sprachen bereit. Das genügte für den Anfang dieser Akademie, die in habsburgischer Zeit bis August 1741 von 415 adligen Akademisten besucht wurde. Im Schnitt waren jährlich zwischen zwanzig und dreißig Akademisten mit ihren Bediensteten in Liegnitz immatrikuliert. Ein halbes Jahr bevor in Breslau der Grundstein zum Neubau der Leopoldina gelegt werden konnte, wurde am 24. Juni 1728 auch in Liegnitz der Grundstein für das von Anton Erhard Martinelli entworfene Palais gelegt.

Unter den ersten Liegnitzer Professoren war der protestantische Jurist August Bohse aus Halle an der Saale am angesehensten, der literarischen Welt besser unter seinem Pseudonym »Talander« bekannt.[360] Den Ruf der Akademie als einer Stätte der Frühaufklärung in habsburgischer Zeit[361] kann man anhand der Karrieren mancher Professoren und Akademisten nachvollziehen. Der aus Irland stammende katholische Historiker Michael O'Lynch wurde, nachdem er 1741 den Treueid auf Preußen verweigert hatte, zum ersten Inhaber einer historischen Professur in Prag beziehungsweise

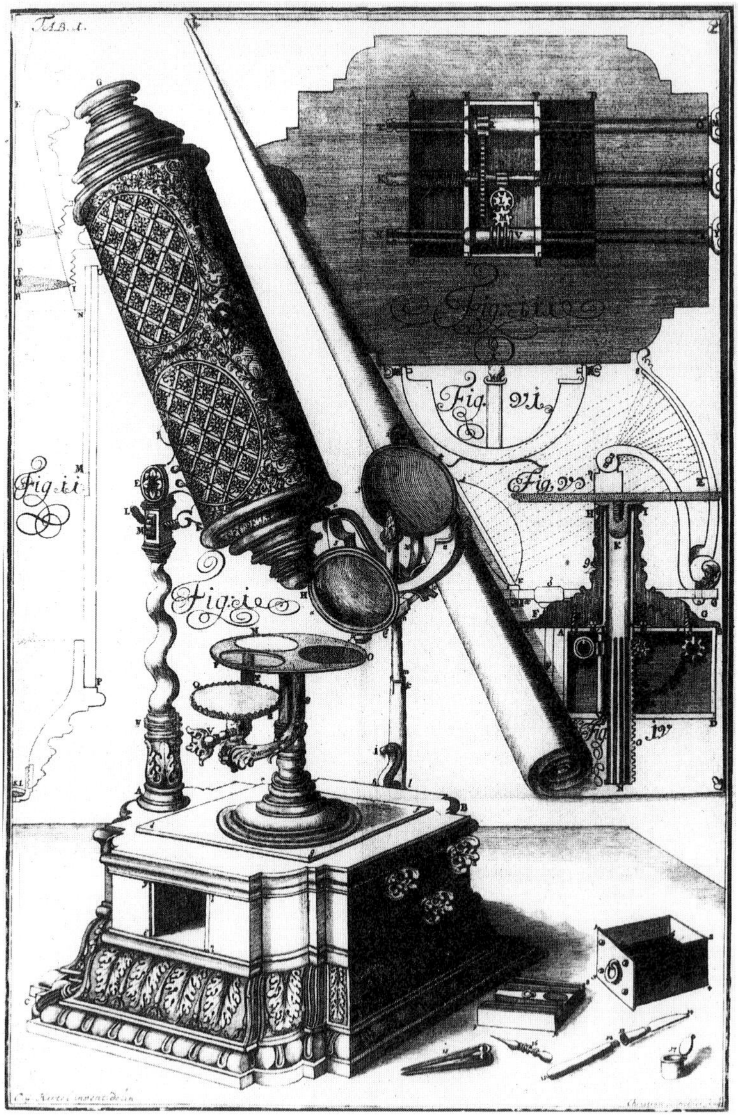

An der Ritterakademie in Liegnitz gelang dem Professor der Mathematik Christian Gottlieb Hertel durch die Entwicklung des reflektierenden Beleuchtungsspiegels eine bedeutende Verbesserung des Mikroskops und der Mikroskopie. Er beschrieb seine Erfindung 1716 in einem Buch, zu dem der Philosoph Christian Wolff die Vorrede verfaßte. Der vielseitige Hertel schuf auch den Kupferstich. Die geistige Orientierung der Ritterakademie Liegnitz war moderner, als man es von einer Standesschule vermuten würde.

Wien bestellt. Aus der Liegnitzer Akademie kam ein Teil der Träger der österreichischen Staatsreform unter Maria Theresia, allen voran der Minister Friedrich Wilhelm Graf Haugwitz und seine Mitstreiter Maximilian Heinrich Freiherr von Sobeck und Karl Joseph von Troilo. In Liegnitz hatte auch Karl Kressl Freiherr von Qualtenberg studiert, der als Präsident der Geistlichen und Stiftungskommission zum Klub der sogenannten »Großen« im josephinischen Österreich gehörte.

Es wäre spannend gewesen zu erfahren, wie sich die vielfältigen hier angesprochenen kulturellen und gesellschaftlichen Entwicklungen über das Jahr 1740 hinaus fortgesetzt hätten, wäre nicht der gewaltsame Dynastie- und Verfassungswechsel von Habsburg auf Hohenzollern dazwischengetreten. Vieles deutet darauf hin, daß die schlesische Geschichte ohne diesen Bruch einen gedeihlichen, friedlichen Verlauf genommen hätte, dessen Modernisierungserfolge vielleicht langsamer erreicht worden wären, dann aber auch nicht den Tribut dreier schlesischer Kriege gekostet hätten.

Es spricht nicht gegen das Land und seine Politik, wenn die Jahrzehnte vor 1740 halkyonische waren. Die inneren Konflikte hatten sich so weit abgeschwächt, daß ein Zustand politischer, wirtschaftlicher und gesellschaftlicher Stabilität erreicht war. Landespatriotismus und Kaisertreue überlagerten die offenen, vor allem konfessionellen Probleme. Aber auch die Protestanten hingen an ihrem Landesvater, der sie oft wie Stiefkinder behandelt hatte. Alle verband der Stolz auf das Haus Habsburg, unter dessen Fahnen Schlesien seinen Anteil an den Erfolgen gegen den gemeinsamen türkischen »Erbfeind« hatte. An der Rechtmäßigkeit dieser Obrigkeit zweifelte niemand, nicht einmal die kritischen Studenten Schlesiens, die auf den Universitäten des Reiches die Festtage des Herrscherhauses begingen. Schlesien hatte damals weder eine erkennbar organisierte politische Opposition, noch lief alles auf »eine gewisse Geneigtheit hinaus, sich erobern zu lassen« (Colmar Grünhagen) und den Landesherrn auszutauschen.

Die fehlende Präsenz des Souveräns in Schlesien haben weder die Untertanen noch die Herrscher als die »Vernachlässigung« des Landes empfunden, als die sie später hingestellt wurde. Der Glanz der Kaiserwürde glich solches wieder aus. Daß der Souverän ein Politiker »zum Anfassen« sein müsse, entspricht erst modernem Politikverständnis. Auch der Reichstag in Regensburg wurde vom Kaiser nicht vernachlässigt, und doch hat ihn seit 1664 kein habsburgischer Herrscher mehr persönlich besucht.

Das lange Zeitalter Schlesiens unter dem habsburgischen Doppeladler läßt sich schwerlich auf einen einzigen Begriff bringen. Seine Erträge waren von so unterschiedlichem Gewicht wie Persönlichkeit und Politik der verschiedenen Herrscher und Oberlandeshauptleute. Die mit und ohne Zutun des Hauses Österreich erfolgte Einebnung der souveränen Teilfürstentümer hatte aus Schlesien ein geschlossenes Territorium mit besonderem Landesbewußtsein gemacht. Unter Österreich war es durch Reformation, Gegenreformation und weltoffenen Bildungserwerb ein integraler Teil der deutschen Kulturnation geworden. Dadurch hatte es erstmals eine Kernlandschaft deutscher Literatur sein können. Eine ungelöschte Hypothek war lediglich die Konfessionspolitik des Hauses Österreich. Im 16. Jahrhundert hatte sie toleriert, was sie im 17. Jahrhundert wieder gewaltsam rückgängig machen wollte. Das war widersprüchlich, unzeitgemäß und zum Scheitern verurteilt. Oder um es positiv zu sagen: Die historische Erfahrung der Toleranz des 16. Jahrhunderts überdauerte die Intoleranz des 17. Jahrhunderts und wurde zum Fundament der schlesischen Toleranz des 18. Jahrhunderts.

Kunst, Kultur und Wissenschaft, ebenso Wirtschaft und Verwaltung befanden sich, bis auf die Beobachtung der Verspätung, auf der Höhe ihrer Zeit. Wären nicht unverschuldete Krisen und Kriege gewesen, die das Land in seiner Entwicklung zurückwarfen, und läge nicht über der Barockaureole Schlesiens der Schatten einer verfehlten Konfessionspolitik, so könnte man die habsburgische Bilanz glänzend nennen. Nicht, daß hier ein goldenes Zeitalter endete; ein solches hat Schlesien nie erlebt. Gewiß aber war es kein eisernes von der Art, wie es ihm nach 1740 bevorstand.

Für die schlesische Geschichte sind mehrfach »Verspätungen« angemerkt worden, was besagen soll, daß hier alte Strukturen länger erhalten blieben und epochaltypische Prozesse später einsetzten als im westlichen Europa. Das betraf die Strukturen der Ständehierarchie, der Landesverfassung und des Bildungswesens, es galt für den Verlauf der Konfessionalisierung, der Gegenreformation und der Aufklärung. Verspätungen und Antizipationen sind immer relativ, denn es gibt keinen »normalen« Gang der Geschichte. Ganz unzulässig wäre es, auf diese Beobachtung das leichtfertige Wort vom Kulturgefälle oder einer Rückschrittlichkeit anzuwenden. Die deutsche und europäische Geschichte kennt überall Phasenverschiebungen und Ungleichzeitigkeiten. Helmuth Plessner hat bekanntlich der ganzen nationalen Entwicklung Deutschlands eine solche Verspätung attestiert.[362]

Beharrungsvermögen, Festhalten an alterworbenen Rechten und Skepsis gegenüber einem blinden Fortschrittsoptimismus entsprachen der Zeit und der Lebenserfahrung und hatten mitunter auch ihr Gutes. Vielleicht verdankte es Schlesien seiner Verspätung, daß es hier keine erfolgreiche Ständerevolution gab. Vielleicht konnte und wollte die habsburgische Regierung gerade deshalb nicht die ganze ihr zur Verfügung stehende Macht aufbieten, um hier das Postulat der Religionseinheit zu erzwingen. So war es eine List der heraufziehenden Vernunft, wenn manche Verspätung dazu beitrug, den Fortschritt zu befördern. Ohne defizitäre Bildungsstruktur kein europäischer Bildungsimport. Ohne die verzögerte Konfessionalisierung vielleicht nicht der schlesische Weg zur Toleranz. Im übrigen hat auch die preußische Annexion nicht alle Verspätungen aufgeholt. Für die geistige Entwicklung des Landes war es ein fraglicher Gewinn, wenn fortan der Besuch der westlichen Universitäten unterbunden wurde, man den europäischen gegen den preußischen Horizont eintauschte, ohne daß Breslau dafür eine moderne Universität erhielt. Dazu kam es erst, als im 19. Jahrhundert die verspätete Säkularisation Schlesiens die notwendigen Mittel bereitstellte.

Schlesien als eigenständige Provinz im altpreußischen Staat (1740–1806)

PETER BAUMGART

Zäsur, Neubeginn und Konsolidierung (1740–1745)

Im Verlauf ihrer wechselhaften Geschichte hat die historische Landschaft »Schlesien« viele territoriale und politische Veränderungen erfahren. Keine davon dürfte so einschneidend gewesen sein wie die Zäsur des Jahres 1740/41, als König Friedrich II. das Land an der oberen und mittleren Oder zunächst okkupierte und dann größtenteils annektierte. Der geschichtlich so überaus folgenreiche Vorgang, der letztlich auf einer einsamen Entscheidung des dritten Preußenkönigs in einer für ihn denkbar günstigen außenpolitischen Konstellation beruhte, führte zu jener historischen Zweiteilung Schlesiens, die im wesentlichen bis 1918 Bestand hatte; er brachte dem Oderland ungeachtet mancher offener oder verdeckter Kontinuitäten über den Umbruch hinweg einen tiefgreifenden inneren Systemwandel, der nahezu alle Bereiche von der Verfassung und Verwaltung über die Wirtschaft und Gesellschaftsstruktur, das Militär und die Finanzen bis hin zur Religion und Kunst erfaßte. Ein eher peripheres, wenngleich wirtschaftlich wie strategisch wichtiges Nebenland der Krone Böhmen rückte unversehens in den Mittelpunkt europäischer Politik, wurde zum Hauptobjekt dreier Kriege, an deren Ende Preußens Stellung als deutsche und europäische Macht neben Österreich nicht mehr zweifelhaft sein konnte. Die Annexion des Hauptteils von Schlesien, das fortan zu einer Schlüsselprovinz des friderizianischen Preußen wurde, sicherte diesem bisher eher zweitrangigen Staatswesen erst die territoriale und materielle Basis für einen derartigen Anspruch, während Österreichisch-Restschlesien ungeachtet bedeutsamer Reformanstöße, die für die Gesamtmonarchie von dort anfangs ausgingen, sehr bald seine politisch-administrative Eigenständigkeit verlor.

KÖNIG FRIEDRICH II., DER URSPUNG DES ERSTEN SCHLESISCHEN KRIEGES UND SEINE EUROPÄISCHEN IMPLIKATIONEN

Der überraschende Tod Karls VI. am 20. Oktober 1740 stellte mit der österreichischen Erbfolge die für den Kaiser und letzten männlichen Habsburger über Jahrzehnte zentrale Politik der Anerkennung der »Pragmatischen Sanktion« durch die europäischen Mächte auf eine Bewährungsprobe.[1] Auch für den erst vor wenigen Monaten zur Regierung gelangten Preußenkönig Friedrich II. eröffneten sich in diesem »Augenblick der völligen Umwandlung des alten politischen Systems«[2] in Europa wie im Reich weite politische Handlungsspielräume, die er sofort und rücksichtslos auf Kosten des österreichischen Erbes zur Arrondierung Preußens zu nutzen gedachte. Ihn leitete dabei seine schon während der Kronprinzenzeit formulierte außenpolitische Grundmaxime, daß Staaten sich vergrößern müßten, wenn sie sich im Konkurrenzsystem der europäischen Mächte behaupten wollten. Ihn beflügelte der Wunsch, Preußen den Status einer Großmacht zu verschaffen, ihm die Natur eines »Zwitterwesens (Hermaphroditen) zwischen

Kurfürstentum und Königreich« zu nehmen,[3] mochten daneben auch andere Motive für den jungen und nicht immer zweckrational handelnden Monarchen von Bedeutung gewesen sein,[4] Motive, zu denen er sich im übrigen freimütig bekannte. Seine Handlungsweise unterschied sich angesichts der Kabinetts-, Gleichgewichts- und Teilungspolitik seines Zeitalters nicht prinzipiell von der seiner europäischen und deutschen Konkurrenten, die nur darauf warteten, aus dem Scheitern der »Pragmatischen Sanktion« territorialen Gewinn zu ziehen und die Habsburgermonarchie unter sich aufzuteilen. Friedrich II. kam den dynastisch begründeten Ansprüchen der Wittelsbacher und Wettiner zuvor und zwang ihnen sein Gesetz des Handelns auf. Ehrgeiziger und risikofreudiger als diese Mitfürsten, kalkulierte er die militärische Aktion bewußt in seine Außenpolitik ein.

Seit Beginn seiner Regierung steuerte der Preußenkönig einen antiösterreichischen Kurs in der Außen- und Reichspolitik. Er knüpfte dabei an die Positionen an, die bereits sein im Grunde reichstreuer Vorgänger Friedrich Wilhelm I. am Ende seiner Regierung eher widerstrebend eingenommen hatte, als er sich von Kaiser Karl VI. in der für ihn zentralen Frage der Jülich-Bergschen Erbfolge hintergangen fühlte.

Ohne Zweifel hatte sich bereits der Kronprinz von dem Ableben der kaiserlichen Majestät und der für diesen Fall vorhersehbaren europäischen Krise eine große Chance für Preußen erhofft.[5] Aber er ließ nicht erkennen, daß sich seine Expansionsbestrebungen gerade auf das habsburgische Schlesien richteten. Die Quellen enthalten keinen Hinweis, daß das Land an der Oder im politischen Zukunftskalkül Friedrichs eine zentrale Rolle spielte. Erst im »Rheinsberger Protokoll«,[6] das der Minister Heinrich von Podewils über die Beratungen des Königs mit ihm und dem Feldmarschall Graf Schwerin sofort nach dem Eintreffen der Todesnachricht aus Wien am 26. Oktober 1740 aufzeichnete, findet sich diese Zielsetzung Friedrichs klar und unmißverständlich formuliert.

Dies lag sicherlich nicht an mangelnder Information Friedrichs über die alten Erbansprüche, die das Haus Hohenzollern auf einige schlesische Teilfürstentümer geltend machte.[7] Schon der Kronprinz war davon unterrichtet worden. Diese Ansprüche richteten sich bekanntlich einerseits auf die Mediatfürstentümer Liegnitz, Brieg und Wohlau aus einer 1537 geschlossenen, aber durch Spruch Ferdinands I. als König von Böhmen bereits 1546 für nichtig erklärten Erbverbrüderung mit den dortigen Piasten. Sie ließen sich andererseits aus dem Übergang des bereits 1523 von der fränkischen Linie der Hohenzollern gekauften südostoberschlesischen Fürstentums Jägerndorf an den Markgrafen Johann Georg aus der Kurlinie im Jahre 1603 herleiten, den der böhmische Oberlehnsherr jedoch nicht bestätigen wollte. Vielmehr ächtete Kaiser Ferdinand II. Johann Georg als Parteigänger des pfälzischen Winterkönigs im böhmischen Aufstand und übertrug Jägerndorf 1622 dem Fürsten Liechtenstein. Eine Pfandschaft der Hohenzollern über die Herrschaften Oderberg und Beuthen war bereits 1617 eingelöst worden; eine weitere Pfandschaft über die großen oberschlesischen Herzogtümer Oppeln und Ratibor konnten sie nur bis 1551 behaupten.

Wiederholten Bemühungen des Kurfürsten Friedrich Wilhelm, diese unsicheren dynastischen Ansprüche zu reaktivieren, blieb der Erfolg versagt. Auf dem Westfälischen Friedenskongreß, wo Franzosen und Schweden schlesische Territorien als Kompensationsobjekte für Pommern zur Diskussion stellten, wehrte der Kaiser eine solche Einbeziehung habsburgischer Kronländer in den Territorialausgleich vehement ab.[8] Ein um 1670 eigens vom Großen Kurfürsten entworfener Plan zum Erwerb Schlesiens, der 1731 wiederaufgefunden wurde, zeugt wohl weniger von weitreichenden Annexionsabsichten der Hohenzollerndynastie[9] im Oderland als von der Absicht des Kurfürsten, Kurbrandenburg an den Konjunkturen bei einem möglichen Aussterben der männlichen Habsburger teilhaben zu lassen. Jedenfalls versäumte es der Kurfürst, beim Erlöschen der Piastendynastie 1675 die eigenen Ansprüche auf die Herzogtümer Liegnitz, Brieg und Wohlau erneut energisch vorzubringen. Erst aus Anlaß von Bündnisverhandlungen mit Kaiser Leopold I. griff er 1685/86 die Forderungen wieder auf. Das magere Ergebnis war, daß ihm der kleine schlesische Kreis Schwiebus zur Abgeltung seiner Ansprüche überlassen wurde; jedoch versprach Kurprinz Friedrich (III.) in einem geheimen Revers dem Kaiser die Rückgabe der Exklave, die dann 1695 tatsächlich erfolgte, so daß dieser politische Winkelzug im nachhinein als eine Bestätigung des Wiederauflebens der preußischen Ansprüche auf die schlesischen Territorien dienen konnte. Friedrich III. (I.), der dem Kaiser wegen der Anerkennung der preußischen Königswürde von 1701 verpflichtet blieb, unternahm jedoch keine ernsthaften Vorstöße, um schlesisches Gebiet zu erlangen. Vollends gehörten für den »Soldatenkönig« Friedrich Wilhelm I. die Gebietsansprüche in Schlesien nicht mehr zu den »legitimen Prätentionen« des Hauses Brandenburg.[10]

Als daher nach Karls VI. Tod König Friedrich von seinen Beratern erneut auf die strittigen Rechtstitel seines Hauses hingewiesen wurde, zeigte die Reaktion des Monarchen, daß es ihm in Schlesien nicht um eine Rechtsfrage, sondern um eine Machtfrage ging. Erbansprüche spielten in diesem Augenblick für ihn eine gänzlich untergeordnete Rolle. Er bediente sich ihrer nur hilfsweise, zur nachträglichen Rechtfertigung seines riskanten Handelns vor der Öffentlichkeit. Zwar verwendete er die Rechtsgutachten seiner Juristen, insbesondere auch die umfangreichen Ausarbeitungen des Hallenser Universitätskanzlers Johann Peter Ludewig, aber insgeheim spottete er darüber, wie er über die vorsichtigen Bedenken seiner außenpolitischen und militärischen Berater hinwegging, die von einem Gewaltstreich ohne den vorherigen Versuch von Verhandlungen mit dem Wiener Hof abrieten.[11] Später sollte der Preußenkönig den Rechtsfragen größere Beachtung schenken. Offenbar bestand das Spektakuläre und Anstößige seines Vorgehens in Schlesien, woran sich die Kritik der Zeitgenossen wie der Nachwelt bis auf den heutigen Tag entzündet,[12] gerade darin, daß er im Unterschied zu anderen Machtpolitikern auf europäischen Thronen, namentlich auch zu König Ludwig XIV. von Frankreich, es bewußt verschmähte, seine Expansionsbestrebungen auf vorgeschobene Rechtsansprüche zu stützen.

Die neue politische Konstellation hatte nach des Königs eigenen Worten den Stein des Nebukadnezar ins Rollen gebracht. Anstatt zu verhandeln, entschloß sich Friedrich zu einer Politik der Faustpfänder. In einer Denkschrift vom 6. November 1740 faßte er seine Position mit aller wünschenswerten Deutlichkeit zusammen:[13] »Schlesien ist das-

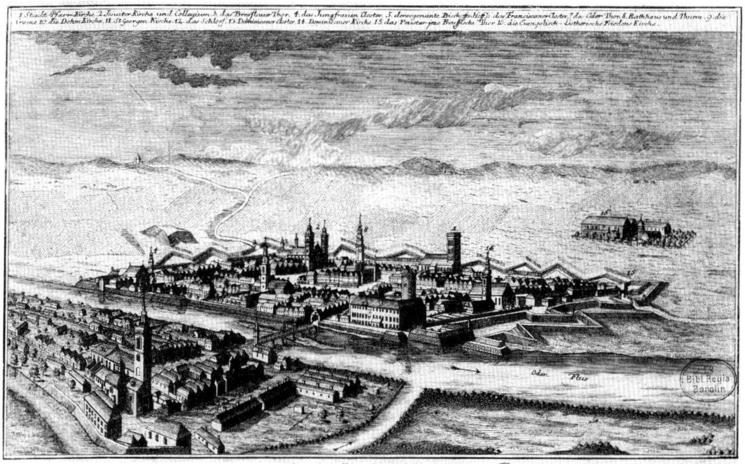

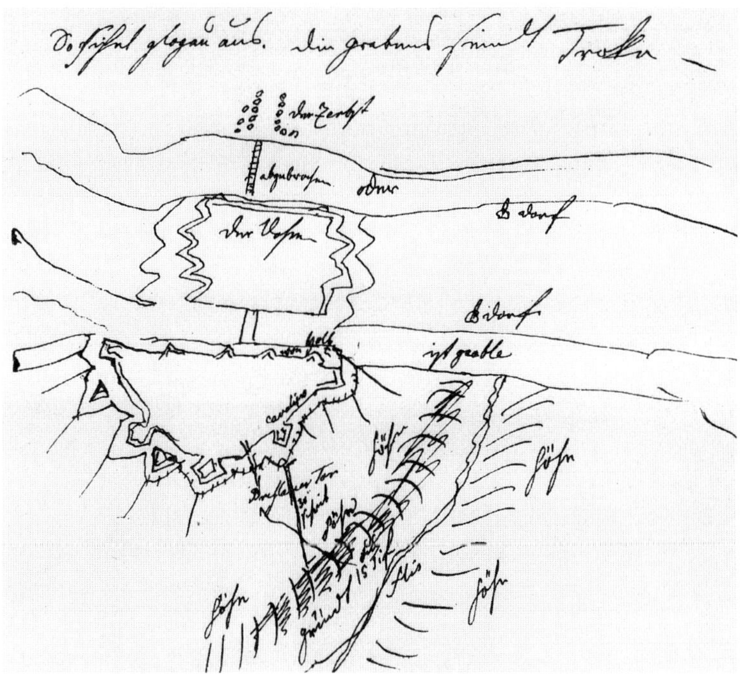

Nach Norden hin war die zur Festung ausgebaute Stadt Glogau das einzige Hindernis, das dem preußischen Einmarsch nach Schlesien entgegenstand. König Friedrich überließ die Belagerung und die zwei Monate später gelungene Eroberung der Festung dem Erbprinzen Leopold von Anhalt-Dessau, wobei er ihm eigenhändig die Geländelage skizzierte. Unbehelligt konnten die preußischen Truppen tief nach Schlesien vordringen.

jenige Stück des kaiserlichen Erbes, auf das wir das größte Anrecht haben und das für das Haus Brandenburg auch am günstigsten liegt. Es ist nur gerecht, seine Rechte zu wahren und die Gelegenheit des Todes des Kaisers wahrzunehmen, um sich in den Besitz dieser Rechte zu setzen. Die Überlegenheit unserer Truppen, die Schnelligkeit, mit der wir sie in Bewegung setzen können, insgesamt der klare Vorteil, den wir über unsere Nachbarn haben, gibt uns in dieser unerwarteten Glückslage eine ungeheuere Überlegenheit über alle anderen europäischen Mächte ... Haben wir erst einmal Besitz ergriffen, dann können wir mit Erfolg verhandeln ...«

Nach dieser Devise handelte Friedrich II. in den folgenden Wochen und Monaten, um die Okkupation und Annexion des Oderlandes einzuleiten.[14] Der preußische Truppenaufmarsch an der Oder bei Crossen ließ sich natürlich nicht verbergen, aber an eine militärische Abwehr der Invasion war mit den schwachen in Schlesien stationierten Kräften der Österreicher ernsthaft nicht zu denken. Die Wiener Hofburg beschränkte sich daher darauf, die Festungen des Landes in Verteidigungszustand zu versetzen und im übrigen die Rückeroberung durch eine Entsatzarmee im Frühjahr des nächsten Jahres anzustreben, während sie auf diplomatischer Ebene noch sondierte, welche Absichten der Preußenkönig mit seinem Einmarsch verfolgte.

Im Morgengrauen des 16. Dezember überschritt Friedrich II. von Crossen aus mit seinen Truppen den »Rubikon«[15] und eröffnete damit den Ersten Schlesischen Krieg. Eine königliche Proklamation kündigte den Bewohnern eine friedliche Besetzung zur Sicherung der eigenen Ansprüche gegenüber anderen Prätendenten an. Die Inbesitznahme großer Teile des Oderlandes während der Wintermonate 1740/41 erfolgte zügig und ohne nennenswerte Kampfhandlungen. Die preußische Armee von zunächst nur 22 000 Mann drang rasch weit nach Südosten bis zum Jablunka-Paß vor; die Oderfestung Glogau im Rücken wurde einstweilen eingeschlossen und konnte erst Anfang März 1741 eingenommen werden; auch die Festungen Brieg und Neisse hielten sich vorerst, während die schlesische Hauptstadt Breslau, die auf ihr Selbstverteidigungsrecht (ius praesidii) pochte und weder österreichische noch preußische Truppen in ihren Mauern dulden wollte, am 3. Januar einen »Neutralitätsvertrag« mit dem Preußenkönig abschloß.[16] Dieser erwies sich jedoch in der Folge als wenig praktikabel, so daß Friedrich ihn am 10. August, dem Laurentiustage, durch ein Überrumpelungsmanöver seiner Truppen kurzerhand beendete. Breslaus Rat und Bürger mußten den Huldigungseid ebenso leisten wie die zögernde katholische Geistlichkeit, während die Breslauer Garnison in die preußische Armee eingegliedert wurde. Die Odermetropole war damit unter preußische Herrschaft gestellt.

Indessen stand eine militärische Entscheidung, die infolge der für die damalige Kriegführung ungünstigen Jahreszeit und der mangelnden Vorbereitungen des überraschten Gegners zunächst auf das Frühjahr 1741 vertagt worden war, vorläufig noch aus, ebenso eine politische, die in hohem Maße von der Haltung der europäischen Mächte abhing. Einen ersten Anhaltspunkt über den Ausgang des riskanten Unternehmens bot am 10. April 1741 die Schlacht bei Mollwitz[17] unweit der belagerten Festung Brieg, die der militärisch unerfahrene Friedrich II. selbst nach einer gefährlichen

Seit Brandenburg-Preußen zu den Schutzmächten des schlesischen Protestantismus zählte und der aufstrebende Nachbar zum wichtigen Wirtschaftspartner wurde, blickte das protestantische Niederschlesien nach Preußen. Noch in habsburgischer Zeit entstand dieses schlesische Leinen, das den preußischen König Friedrich Wilhelm I. über einer Reihe von Kirchtürmen zeigt. Die Anspielung auf die Glaubensfreiheit der Protestanten in Preußen ist unverkennbar.

österreichischen Kavallerieattacke auf Anraten seiner Generalität zwar vorzeitig verlassen hatte, die aber sein Feldmarschall Schwerin mit Hilfe der preußischen Infanterie für ihn entschied. Zugleich veränderte sich dadurch die außenpolitische Konstellation zu Friedrichs Gunsten: Frankreich sah sich nunmehr zur Aufgabe der Garantie für die Pragmatische Sanktion veranlaßt; Versailles unterstützte jetzt die sächsischen wie die bayerischen Erbfolgeansprüche und die Kaiserambitionen Karl Albrechts gegenüber den Habsburgern nachdrücklich; am 3. Juni schloß der französische Unterhändler ein langjährig angelegtes Defensivbündnis mit Preußen, das damit seine anfängliche Isolierung durchbrach. Der Schlesische Krieg ging in den Österreichischen Erbfolgekrieg über.

Friedrich II. war jedoch kaum an einer derartigen Ausweitung und Verlängerung eines Krieges gelegen, der Bündnispartner mit erheblich divergierenden Zielen zusammenführte. Für ihn besaß die Sicherung seines durch einen Überraschungsschlag gewonnenen Territorialzuwachses in Schlesien durchaus Vorrang. Er nutzte deshalb die erste Gelegenheit, um unter englischer Vermittlung mit Maria Theresia zu einer Sonderübereinkunft zu gelangen. Die umstrittene Geheimkonvention zu Klein-Schnellendorf vom 9. Oktober,[18] die nach einer Scheinbelagerung der Feste Neisse den freien Abzug des damals einzigen österreichischen Heeres unter Neipperg aus Oberschlesien ermöglichte und dem König die Aussicht auf eine Abtretung Niederschlesiens eröffnete, blieb jedoch Episode, weil Friedrich, dem fortan der Vorwurf mangelnder Bündnistreue anhaftete, sich aus Gründen der »Balance« zwischen den Kriegsgegnern alsbald veranlaßt sah, abermals an der Seite Frankreichs und Kurbayerns in den Konflikt einzugreifen. Sein in schwieriger Kooperation mit den Sachsen geführter Entlastungsfeldzug in Mähren für den gerade in Frankfurt zum Kaiser gewählten Wittelsbacher Karl VII. erwies sich zwar bald als ein Fehlschlag, der ihn zum Rückzug nach Böhmen zwang. Aber sein zweiter Sieg über die Österreicher in der Schlacht bei Chotusitz am 17. Mai brachte ihn dem angestrebten Separatfrieden mit der Königin von Ungarn rasch näher.

Durch energische englische Vermittlung kam es am 11. Juni 1742 zum Breslauer Präliminarfrieden, den der Berliner Definitivfrieden vom 28. Juli dann nur noch bestätigte.[19] Damals wurde jene Zweiteilung Schlesiens ausgehandelt, die im wesentlichen bis ins 20. Jahrhundert Bestand hatte. Maria Theresia weigerte sich zwar entschieden, nach Friedrichs Wünschen die böhmischen Kreise Königgrätz und Pardubitz abzutreten, fand sich aber bereit, ihm neben ganz Niederschlesien und Oberschlesien einschließlich der mährischen Exklave Katscher auch die strategisch wichtige böhmische Grafschaft Glatz zu überlassen, deren Festung Glatz einer Belagerung lange standgehalten hatte. Insgesamt fielen damit mehr als 37 000 Quadratkilometer mit einer knappen Million Einwohner an Preußen, während die Krone Österreich lediglich die südöstlichen Randgebiete Schlesiens im Umfang von 5 100 Quadratkilometern behielt, namentlich das Fürstentum Teschen, die südlichen Teile der Fürstentümer Troppau und Jägerndorf sowie ein Drittel des alten Bistumslandes Neisse samt den verbleibenden mährischen Exklaven.[20] Im Gegenzug verzichtete Friedrich II. auf weitere Gebietsansprüche, übernahm zum größten Teil die erheblichen schlesischen Landesschulden und verpflichtete sich in Artikel VI des Friedensinstruments ausdrücklich dazu, »die katholische Religion in Schlesien im Status quo« zu erhalten, »unbeschadet jedoch der vollkommenen Gewissensfreiheit der protestantischen Religion und der Souveränitätsrechte«. Für letztere erreichten die österreichischen Unterhändler im Berliner Frieden noch eine einschränkende Interpretation, die den hohen Bedeutungsgrad gerade des Konfessionsstatus für die österreichische Monarchin unterstreicht.

Durch den Verzicht Maria Theresias auf die böhmische Lehnshoheit, den die böhmischen Stände nachträglich bekräftigen mußten, erlangte der Preußenkönig als »souveräner oberster Herzog von Schlesien und Graf von Glatz«, wie sein offizieller Titel künftig lautete, die Souveränität über seinen Anteil am Oderland. Preußisch-Schlesien erhielt damit einen Status, der dem des 1660 aus der polnischen Lehnshoheit entlassenen Herzogtums Preußen glich; ob es allerdings mit dem Berliner Frieden staatsrechtlich aus dem Verband des Römischen Reiches ausschied,[21] mußte in der Schwebe bleiben, denn darüber konnten die Königin von Böhmen und der Preußenkönig nicht allein entscheiden. Unzweifelhaft gehörte aber Österreichisch-Restschlesien als Teil der Krone Böhmen weiterhin mittelbar zum Reich.

UMSTURZ DER LANDESVERFASSUNG UND ADMINISTRATIVE NEUORDNUNG

Nachdem es ihm gelungen war, die Annexion Schlesiens, jedenfalls vorerst, vertraglich abzusichern, erblickte Friedrich II. seine vordringliche außenpolitische Aufgabe darin, »die Kabinette Europas daran zu gewöhnen, uns in der Stellung zu sehen, die uns dieser Krieg gegeben hat«. Er hoffte, »daß viel Mäßigung und viel Gleichmut gegen alle Nachbarn uns dahin führen wird«, Preußen »mit Würde auf der Höhe des Machtaufschwungs« zu behaupten,[22] den ihm der Erwerb eines der wirtschaftlich am weitesten entwickelten österreichischen Kronländer in einer geopolitischen wie strategischen Schlüsselstellung unversehens beschert hatte.

Der Preußenkönig hat jedoch die friedensvertraglichen Regelungen des Sommers 1742 keineswegs abgewartet, ehe er mit tiefgreifenden Veränderungen der inneren Strukturen Schlesiens begann.[23] Die Interimsorgane, die an die Stelle der alsbald suspendierten Einrichtungen und Behörden aus habsburgischer Zeit traten, bildeten personell wie institutionell zugleich den Nukleus für die geplante Neuordnung noch vor der förmlichen Sanktionierung der Annexion. Mit der raschen Reorganisation der schlesischen Verwaltung nach dem Muster der preußischen Kernprovinzen sowie mit den finanziellen, militärischen und wirtschaftspolitischen Maßnahmen entsprechend den Erfordernissen der Gesamtmonarchie begann zugleich eine erste Phase der Integration Schlesiens in den preußischen Staatsverband. Okkupation, Annexion und Integration[24] gingen so teilweise unvermittelt ineinander über oder überlagerten sich. Sie führten zudem binnen kürzester Frist zu einer Umwandlung des schlesischen Ständestaates alteuropäischer Prägung in eine Provinz des straff absolutistisch regier-

Der bei Mollwitz errungene Sieg über Österreich und die anschließend abgeschlossene Konvention von Klein-Schnellendorf waren für König Friedrich nur die außenpolitische Seite seines Erfolges. Zur Befestigung und Legitimierung seiner Herrschaft in Schlesien verlangte er auch die traditionelle Huldigung durch die Fürsten und Stände des Landes. Die erste Huldigung für Niederschlesien erfolgte am 7. November 1741 im Fürstensaal des Breslauer Rathauses. Später kamen ergänzende Huldigungen in anderen Landesteilen hinzu. Mit dem großformatigen Stich empfahl sich der Illustrator Friedrich Bernhard Werner dem preußischen König als Szenograph.

ten Preußen. Verbunden war damit für Schlesien zugleich ein deutlicher Modernisierungsschub[25] im Sinne jener frühneuzeitlichen Modernisierungsprozesse, die der Absolutismus zumal in seiner aufgeklärten Variante der zeitgenössischen Staatenwelt vermittelte.

Zur Umgestaltung der Landesverfassung sowie der Verwaltungs- und Finanzeinrichtungen Schlesiens bediente sich der Monarch des Instruments einer Intendanturbehörde für die Heeresversorgung, des General-Feldkriegskommissariats.[26] Dieses trat interimistisch an die Stelle der von Friedrich bereits Anfang Januar 1741 aus Breslau verwiesenen habsburgischen Behörden, des Oberamtes und der Kammer, und griff daher sehr rasch auf den Bereich der allgemeinen Verwaltung über. Dabei stellte sich bald heraus, daß eine Eingliederung der neuen Gebiete in den Gesamtstaat auf der Grundlage der bestehenden Landesverfassung schwerlich möglich war. Denn in den schlesischen Nebenländern der Krone Böhmen hatten sich die Formen des alteuropäischen Ständewesens länger und intensiver erhalten als in den preußischen Territorien.

Das Herzogtum Schlesien, für das sich König Friedrich II. bereits am 7. November 1741 zunächst von den Ständen Niederschlesiens im repräsentativen Fürstensaal des Breslauer Rathauses, am 29. Januar 1742 in der Grafschaft Glatz, am 6. Mai 1742 für das Gebiet südlich der Neiße und schließlich am 18. März 1743 für das eigentliche Oberschlesien huldigen ließ,[27] war unter habsburgischer Herrschaft auf allen Ebenen ein ständisch verfaßtes und geprägtes Staatswesen geblieben,[28] eine Art Union von Ständestaaten in Miniaturform. Eine Vielzahl partikularer Gewalten besaß dort nach wie vor bedeutende Eigenrechte, die sie sowohl als Generalstände gegenüber der Krone Böhmen wie als »Fürstentumsstände« in den 1740 noch sechs Mediat- und neun Erbfürstentümern, dazu sechs freien Standesherrschaften nichtfürstlichen Ranges zur Geltung brachten, ganz abgesehen von dem Sonderstatus der Stadt Breslau und den Sonderrechten der königlichen Städte sowie der übrigen, der Reichsritterschaft vergleichbaren 24 Herrschaften.

Diese historisch gewordene, aber schwer überschaubare, von den Habsburgern bisher nur sehr unvollkommen einer »Verstaatlichung« im Sinne der Gesamtmonarchie unterworfene Vielfalt entsprach nicht der Staats- und Herrschaftsauffassung des Preußenkönigs und seinen Vorstellungen von einer funktionsfähigen und effektiven Staatsverwaltung. Sie stand ganz offensichtlich einer stärkeren Integration Schlesiens in den Gesamtstaat im Wege. Deshalb zeigte sich der Monarch entschlossen, die alten Partikulargewalten dort entschieden zurückzudrängen oder gänzlich auszuschalten wie selbstverständlich auch die bisherigen habsburgischen Behörden aufzuheben. Er stellte die neue Provinz binnen einer Frist von knapp zwei Jahren auf »preußischen Fuß«, das heißt, er reorganisierte das Land nach dem Modell der älteren Kernprovinzen, jedoch unter Wahrung gewisser Eigentümlichkeiten Schlesiens und unter Respektierung der friedensvertraglichen Regelungen, insbesondere des Konfessionsstatus.

Es war nur konsequent, wenn der König die schlesische Gesamtständevertretung, den Conventus Publicus in Breslau, der auf sein Steuerbewilligungsrecht pochte und sich den preußischen Geldforderungen anfangs mutig widersetzte, noch im Spätherbst

1741 auflöste. Mit Schreiben vom 25. Oktober ließ er den Deputierten eröffnen,[29] daß er »des bisherigen in Schlesien üblichen Conventus Publici und damit verknüpft gewesenen Generalsteuer-Amtes derer löblichen Herren Fürsten und Stände nicht mehr bedürffe«. Vielmehr wolle er »eine gantz andere Verfassung« schaffen. Damit war die Landesrepräsentation der schlesischen Stände aufgehoben; ähnlich wurde in den übrigen Erbfürstentümern verfahren; allerdings blieben die Rechte und Privilegien der Stände als Einzelpersonen, insbesondere des Adels, dadurch unangetastet. Gleichwohl handelte es sich um einen Umsturz der bestehenden Landesverfassung mit weitreichenden Folgen.

Die Konsequenzen wurden zuerst im administrativen Bereich deutlich: Friedrich II. ließ zügig einen neuen Verwaltungsapparat aufbauen.[30] Schlesien wurde in zwei große Kammerbezirke eingeteilt, die ihren Amtssitz in Breslau und für Niederschlesien in der Oderfestung Glogau hatten, hinter der das zunächst vorgesehene Liegnitz zurückstehen mußte. Auffällig blieb, daß an die Errichtung einer eigenständigen Behörde für die ausgedehnten oberschlesischen Landesteile offenbar nicht gedacht war, so daß die Gebiete östlich der Glatzer Neiße und der Stoberlinie mit ihrer spezifischen Problematik über Jahrzehnte zu ihrem Nachteil vom mittelschlesischen Breslau aus mitverwaltet wurden.[31] Die beiden kollegial organisierten »Kriegs- und Domänenkammern« nahmen ihre Tätigkeit bereits Anfang Januar 1742 als zivile Nachfolgebehörden des Feldkriegskommissariats auf. Die bisherigen Chefs dieser Behörde, die aus dem Berliner Generaldirektorium abgeordneten Geheimen Finanzräte Reinhard und von Münchow, wurden zu interimistischen Kammerpräsidenten in Breslau und Glogau bestellt. Die Beamtenschaft rekrutierte sich entsprechend den friderizianischen Grundsätzen, aber auch wegen des Mangels an qualifizierten Einheimischen vielfach aus anderen preußischen Provinzen.[32] Dort wurden die Beamten von den Verwaltungen abgezogen und kurzerhand nach Schlesien versetzt, erhielten allerdings wegen der höheren Lebenshaltungskosten Gehaltssteigerungen.

Die breite Zuständigkeit der Kammern erstreckte sich hinfort auch in Schlesien auf alle Bereiche der steuerförmigen Einkünfte sowie auf die landesherrlichen Domänen, Forsten, Zölle und sonstigen Regalien, infolgedessen auch auf die Wirtschaftsförderung und Wirtschaftskontrolle, die der merkantilistisch orientierte Staat über Manufakturen und Handel, indirekt auch in der Landwirtschaft ausübte. Hinzu kamen die Kommunalaufsicht und das ländliche Vermessungswesen, ferner die allgemein unter einem Sonderrecht stehenden Judensachen und nicht zuletzt die Heeresangelegenheiten der Provinz, das Nachschub- und Magazinwesen sowie die Einquartierungen; die den Kammern nachträglich angegliederten Medizinalkollegien übten gesundheitspolizeiliche Funktionen aus.

Auf lokaler Ebene wurde das für die preußische Monarchie des 18. Jahrhunderts so charakteristische System der getrennten Administration von Stadt und Land durch Steuerräte und Landräte entsprechend den beiden wichtigsten Steuerarten, der Akzise und der Kontribution, auf Schlesien sukzessive übertragen. Die steuerrätliche Verfassung mit anfangs nur drei, schließlich zehn Steuerratsdepartements diente vorrangig der Kontrolle der städtischen Finanzverwaltung und zugleich der Wirtschaftsförderung; außerdem hatte die Einführung dieser staatlichen Aufsichtsorgane aber auch eine weitgehende Einschränkung der städtischen Selbstverwaltung zur Folge, die vorher allerdings kaum intakt war, sondern auf der häufig korrupten Herrschaft einer geschlossenen Ratsoligarchie beruhte. Zahlreiche »unakzisbare« Kleinstädte, bei denen sich die Akziseerhebung nicht lohnte, verloren überdies ihren Stadtcharakter. Bei allen »akzisbaren« Städten unterstand das oft stark überschuldete Kämmereiwesen künftig einer rigorosen Aufsicht durch den Steuerrat,[33] nur die kommunalen Überschüsse mußten an die Provinzkassen abgeführt werden. Lediglich die Metropole Breslau, deren autonome Ratsverfassung nur geringfügig beschnitten wurde, unterstand unmittelbar der dortigen Kammer.

Nicht von außen oktroyiert wurde im Oderland das seit dem Spätherbst 1741 eingeführte Institut der Landräte.[34] Es knüpfte vielmehr ausdrücklich an das den Schlesiern vertraute Vorbild der »Landesältesten« in den »Weichbildern« an. Zum »Landrat« sollten nur im Kreise »Ansässige von Adel« bestellt werden, und zwar in der Weise, daß die Kreisversammlung der Ritterbürtigen den Kandidaten ihrer Wahl dem König zur Bestätigung in seinem Amt präsentierte. Sie besaß mithin lediglich ein Präsentationsrecht, jedenfalls in Nieder- und Mittelschlesien, während Friedrich II. für Oberschlesien aus Mißtrauen gegen den dort eingesessenen katholischen Adel, der noch lange österreichfreundlich eingestellt blieb, ortsfremde Landräte bevorzugte, die er selbst ernannte; diese Regelung blieb bis zum Ende der alten Monarchie in Kraft. Eine schonende Neueinteilung der Kreise modifizierte die bestehenden Weichbilder durch Anpassung an die neuen Kammerbezirke.[35] Unter Respektierung der Grenzen der bisherigen Fürstentümer und Standesherrschaften entstanden so von 1741 an im Breslauer Departement neunzehn, im Glogauer sechzehn Kreise, zu denen alsbald noch die Kreise Glatz und Falkenberg kamen; die erst 1743 gebildeten elf oberschlesischen Kreise wurden sämtlich der Breslauer Kammer zugewiesen, so daß die Größenverhältnisse zwischen den beiden Kammerbezirken erheblich auseinanderklafften. Das Glogauer Departement war nur etwa halb so groß wie das Breslauer.

Obwohl der Aufgabenbereich des den Kammern nachgeordneten Landratsamtes sich vorrangig auf die Steuerrepartition und Militärsachen erstreckte, wurde der besoldete Landrat doch keineswegs nur ein gefügiger Arm der Zentralgewalt auf dem platten Lande, sondern bewahrte seinen halbständischen Charakter. Er fand häufig einen starken Rückhalt an den lokalen adligen Familienverbänden, denen er selbst zumeist entstammte, und außerdem an den Inhabern der Gutsherrschaft, in deren Händen auch die Patrimonialgerichtsbarkeit, die Polizeigewalt und häufig auch die kirchlichen Patronatsrechte lagen. Gegen diese lokalen Adelsgewalten ließen sich Eingriffe in die bestehende ländliche Sozialverfassung zugunsten der Landesbewohner oder durchgreifende Reformmaßnahmen der Landesherrschaft nur sehr schwer durchsetzen, wie spätere Provinzialminister erfahren mußten.

Mit der Einrichtung dieser Institutionen auf Provinzialebene nebst dem dazugehörigen Unterbau in Stadt und Land war binnen relativ kurzer Frist ein wesentlicher

Schritt zur administrativen Eingliederung in den preußischen Staatsverband getan. Allerdings hob sich das Oderland in charakteristischer Weise von den älteren Provinzen dadurch ab, daß es nicht dem Berliner Generaldirektorium als der obersten Innen-, Finanz- und Wirtschaftsbehörde des Gesamtstaates unterstellt wurde, sondern ein eigenes Sonderministerium erhielt, das von einem Provinzialminister geleitet wurde, der in Breslau residierte. Da er beide Kammerbezirke in einer Hand vereinte und nur dem Monarchen persönlich verantwortlich blieb, besaß er in Schlesien großen Handlungsspielraum und eine erhebliche Machtfülle. König Friedrich selbst charakterisierte dieses Amt 1755 als die beste Position, die er überhaupt im Zivildienst zu vergeben habe,[36] und unterstrich damit zugleich ihre Bedeutung wie die Sonderstellung Schlesiens im preußischen Staatsverband. Es läßt sich quellenmäßig nicht mehr mit Sicherheit ausmachen, welche Motive den Monarchen bei seiner Entscheidung leiteten. Wahrscheinlich geschah dies anfangs aus militärisch-außenpolitischen Rücksichten, mit Blick auf die habsburgischen Rückeroberungspläne, ehe aus dem später auch in Westpreußen praktizierten Provisorium ein Dauerzustand wurde, weil wirtschaftliche und finanzpolitische Gründe für eine derartige Lösung sprachen und die ersten Amtsinhaber sich bewährten.

Dies galt aus der Sicht des Preußenkönigs jedenfalls für den ersten schlesischen Provinzialminister Ludwig Wilhelm von Münchow[37] (1712–1753), den Friedrich schon aus Anlaß der niederschlesischen Landeshuldigung durch Erhebung in den Grafenstand sichtbar auszeichnete. Der gerade dreißigjährige, weitläufig gebildete und geschmeidige Münchow genoß Friedrichs volles Vertrauen, als er nach der Zurückversetzung seines vom König kritisierten bisherigen Amtskollegen Reinhard in die Berliner Zentrale am 19. März 1742 zum Präsidenten beider schlesischen Kammern mit dem Titel eines »Wirklichen Geheimen Etat-Ministers« berufen wurde.[38] In seinem schwierigen Amt erwies er sich bald als der geeignete Repräsentant der anfangs ungeliebten neuen Landesherrschaft, gerade auch gegenüber dem in seiner Loyalität noch vielfach schwankenden Adel und dem mißtrauisch ablehnenden katholischen Klerus. Durch sein in der Sache bestimmtes, aber in der Form verbindliches Regiment verstand er es, den schlesischen Untertanen ihr Joch sanft zu machen. Zugleich stellte er jedoch hohe Ansprüche an sich selbst wie an die Beamten seiner Kammern, denen er bei seiner Eröffnungsansprache in Glogau[39] das Programm mit auf den Weg gab, »nicht allein die Vermehrung der königlichen Einkünfte, sondern vornehmlich das wahre Beste des Landes, dessen Glückseligkeit« anzustreben. Münchows Amtsführung, die mit dem frühen Tode des Ministers 1753 jäh endete, fand die uneingeschränkte Anerkennung des ansonsten eher hyperkritischen und gegenüber seinen Beamten oft ungerechten Monarchen. Münchows Grundsätze blieben daher auch für die Instruktionen[40] der Nachfolger richtungweisend, nach dem nur kurzen Zwischenspiel Joachim Ewald von Massows (1697–1769), von 1755 an dann für den zweiten bedeutenden Provinzialminister Ernst Wilhelm von Schlabrendorff (1719–1769).

Der erste folgenreiche Beschluß seiner Regierung, die Angliederung Schlesiens an den preußischen Staat, sollte den preußischen König zeitlebens eng mit der neuen Provinz verbinden. Von der Behauptung dieses Erfolges hingen das politische Gewicht Preußens in Europa und das persönliche Schicksal des Königs ab. Das Gemälde Friedrichs II. von Johann Georg Ziesenis befindet sich im Freien Deutschen Hochstift in Frankfurt am Main.

MODERNISIERUNG DES FINANZWESENS UND OKTROYIERUNG DES PREUSSISCHEN MILITÄRSYSTEMS

Unter den zahlreichen Aufgaben, die auf das Provinzialministerium zukamen, besaß die Sanierung des Finanzwesens hohe Priorität. Der König, der seine neue Provinz von vornherein in eine gesamtstaatliche Finanz- und Steuerpolitik einbeziehen wollte, hatte schon von der Interimsbehörde die alsbaldige Aufstellung »eines ordentlichen und spezifizierten Etats« gefordert;[41] er erwartete von der Kammerverwaltung eine deutliche Erhöhung der Einnahmen zugunsten der landesherrlichen Kassen. Eine derartige, auf Ertragssteigerung ausgerichtete Finanzpolitik ließ sich auf der Grundlage der aus habsburgischer Zeit überkommenen Steuerverfassung[42] des Landes nicht verwirklichen. Sie beruhte auf einer seit 1527 nur geringfügig modifizierten und daher höchst ungleichmäßigen und ungerechten Indiktions- oder Schätzsteuer, einer Art von Ertragssteuer vom Grundbesitz, sowie auf einer seit den sechziger Jahren des 17. Jahrhunderts ergänzend in Stadt und Land eingeführten Akzise, die dem Bewilligungsrecht der schlesischen Generalstände und der gemeinsamen Verwaltung wie Kontrolle von ständischem Generalsteueramt und landesherrlichem Oberamt unterlagen.

Zwar hatten sich bereits die Habsburger in wiederholten Anläufen bemüht, dieses im Laufe der Zeit stark verzerrte Steuersystem zu reformieren; durch die langwierigen Verhandlungen mit den Ständen war die ständische Position aber eher gestärkt als geschwächt worden. Demgegenüber negierte die neue preußische Administration in absolutistischer Manier den anfangs erhobenen Mitwirkungsanspruch der Stände bei der Steuererhebung, beseitigte mit der Auflösung der Gesamtständevertretung zugleich deren Steuerhoheit und stellte in der Folge das schlesische Steuerwesen nach dem Vorbild der preußischen Kernprovinzen auf die dortige nach Stadt und Land getrennte Akzise- und Kontributionsverfassung um.

Die Akzise als städtische Hauptsteuerquelle wurde bereits Ende 1741 zu einer rein staatlichen, im wesentlichen indirekten Steuer mit einheitlichen Tarifen umgestaltet und auf insgesamt 131 Städte angewendet.[43] Zur Einführung der Kontribution auf dem Lande sowie in den »unakzisbaren« Kleinstädten bedurfte es jedoch einer langwierigen Katastererhebung. Nach Probeläufen in den Kreisen Schwiebus und Frankenstein ließ eine eigens eingesetzte »Haupt-Klassifikationskommission« unter Münchows Oberleitung,[44] die im Sommer 1742 ihre Tätigkeit aufnahm, mit Hilfe von Subkommissionen das ganze Land systematisch vermessen und nach Bodengüteklassen einteilen. Dabei konnte sie auf erhebliche, bereits 1721 eingeleitete, aber eben niemals abgeschlossene Vorarbeiten in habsburgischer Zeit zurückgreifen[45] und das schwierige Unternehmen unter stetem Drängen des Königs bis Ende Mai 1743 vorerst abschließen. Mit Wirkung vom 1. Juni 1743 trat dann die neue, auch auf Oberschlesien und die Grafschaft Glatz ausgedehnte ländliche Steuerordnung in Kraft. Im Interesse der Steuerzahler setzte der Provinzialminister durch, daß »Rektifikationskommissionen« bei den Kammern in Breslau und Glogau den mannigfachen Beschwerden und Einsprüchen nachgingen, die in der Folge gegen die Ergebnisse des Klassifikationswerkes vorgebracht wurden. Es diente der Beruhigung der Gemüter wie der Konsolidierung der preußischen Herrschaft, wenn zum Abschluß dieser sich lange hinziehenden Prozedur auf Vorschlag Münchows 1748 ein königliches Edikt bestimmte,[46] daß die Kontribution weder durch Veränderung der Kataster noch durch Anhebung der Steuersätze »jemalen gesteigert oder erhöht werden soll«.

Von der Besteuerung wurden alle Bevölkerungsteile gleichermaßen, wenn schon nicht gleichmäßig erfaßt: Adel und Klerus mußten ihren Grundbesitz ebenso versteuern wie die Bauern und sogar die landesherrlichen Domänen. Die adligen Stände, die zunächst für sich Steuerfreiheit nach dem Vorbild der preußischen Kernprovinzen angestrebt hatten, konnten sich, ähnlich wie in Ostpreußen, nicht auf eine grundsätzliche Abgabenfreiheit berufen, aber sie wehrten sich mit Erfolg dagegen, mit den Bauerngütern gleichgestellt zu werden. So kamen sie schließlich mit einem Hebesatz von 28 1/3 Prozent des Nettoreinertrags davon, während das Bauernland mit 34 Prozent besteuert wurde. Die Steuersätze orientierten sich jedoch nicht allein an der unterschiedlichen Leistungsfähigkeit oder an der Standeszugehörigkeit. Der Monarch wollte vor allem auch die Parteigänger Österreichs, die »fremden und übelgesinnten Stände«, mit Abgaben belegen,[47] wozu er namentlich diejenigen rechnete, die »ihre Güter zwar hier im Lande haben, aber in Wien, Mähren und in Böhmen wohnen«. Zu den Anhängern der Königin von Böhmen zählte er selbstverständlich auch den katholischen Welt- und Ordensklerus in Schlesien, dem er daher ganz besonders hohe Steuersätze zumutete, die für Stiftsgüter auf 45 Prozent, dann schließlich auf 50 Prozent, für die geistlichen Ritterorden etwas reduziert auf 40 Prozent, für die »nützlichen« Pfarr- und Schuläcker, übrigens beider Hauptkonfessionen, auf 28 1/3 Prozent festgesetzt wurden, während der Breslauer Fürstbischof wegen seiner zahlreichen öffentlichen Verpflichtungen für seine Güter den auf 33 1/3 Prozent ermäßigten Satz der Reinerträge zahlen mußte.

Der schlesische Landesetat[48] ging von einem Grundsteueraufkommen von rund 1,7 Millionen Talern aus, während die städtischen Akziseeinnahmen anfangs mit etwa 600 000 Talern angesetzt wurden, wozu noch Einnahmen von rund 125 000 Talern aus der »Nahrungssteuer«, einer Gewerbesteuer für das expandierende Landhandwerk außerhalb der Städte, kamen. Das Gesamtvolumen von Einnahmen und Ausgaben belief sich auf runde 3,5 Millionen Taler. Davon entfielen bei den Einnahmen knapp 800 000 auf den Domänenetat und die sonstigen nichtsteuerförmigen Einkünfte aus Pacht, Forsten, Zöllen und Regalien. Auf der Ausgabenseite standen Personalkosten von lediglich 225 000 Talern neben veranschlagten »Remissionsgeldern«, Rücklagen für Steuerausfälle bei Katastrophen, Viehseuchen, Mißernten, von 200 000 Talern; der Löwenanteil der Mittel entfiel demgegenüber auf den Unterhalt der in Schlesien stationierten Truppen. Eine Summe von rund 800 000 Talern beanspruchte die Dispositionskasse des Monarchen, aus der sowohl die schlesischen Landesschulden abgetragen als auch Festungsbauten und andere außergewöhnliche Infrastrukturmaßnahmen finanziert wurden; vor allem aber sollte der preußische Staatsschatz damit aufgefüllt werden. Der schlesische Provinzialetat unterlag nicht der Finanzkontrolle durch das Berliner Generaldirektorium; die Provinzialkassen führten ihre Überschüsse nicht an die dortigen Generalkassen, sondern an den königlichen Dispositionsfonds ab. Dieser speiste sich zu einem nicht unwesentlichen Anteil aus schlesischen Einkünften und diente damit der Finanzierung des Gesamtstaates.[49]

Das Bruttosteueraufkommen[50] während der habsburgischen Ära in Schlesien mochte sich nach den Größenordnungen nicht nennenswert von dem unter preußischer Herrschaft unterscheiden, tatsächlich aber war der Besteuerungsmodus jetzt wesentlich durchgreifender und effektiver, zugleich auch transparenter und damit gerechter als unter dem alten System, das für den einzelnen Steuerzahler vielfach undurchsichtig und unberechenbar bleiben mußte, ganz abgesehen davon, daß die Krone Böhmen häufig nur einen Bruchteil der von den Fürstentums- und Generalständen bewilligten, dann aber durch Gegenrechnungen erheblich reduzierten Steuersummen erhielt.[51] Demgegenüber blieben die Steuern unter preußischer Regie genau fixiert, mußten aber auch in voller Höhe tatsächlich abgeführt werden, wofür die Kammern in Glogau und Breslau wie eine scharfe Rechnungskontrolle sorgten.

Dieses binnen kurzer Frist und ohne nennenswerte Schwierigkeiten oder Widerstände aus der Bevölkerung aufgebaute Verwaltungs- und Steuersystem in Schlesien diente zweifellos vorrangig gesamt- und machtstaatlichen Interessen und erst in zweiter Linie dem Wohl der Provinz und ihrer Einwohner. Jedoch fiel diese friderizianische Politik nicht aus dem Rahmen des zeitgenössischen Staatsverständnisses unter absolutistischem Vorzeichen. Es ist sehr bemerkenswert, daß Maria Theresia in ihrem beharrlichen Streben nach einer Rückgewinnung des Oderlandes sich eben jene friderizianische Verwaltungs- und Finanzorganisation zum Vorbild für ihre eigene durchgreifende Reform des österreichischen Gesamtstaates nahm, die sie 1749 mit Hilfe des Grafen Haugwitz einleitete,[52] der als Präsident des Königlichen Amtes für Österreichisch-Restschlesien in Troppau amtierte.

Der enge Zusammenhang zwischen der Konsolidierung des schlesischen Finanzwesens und einer dauerhaften militärischen Absicherung gegen die habsburgischen Wiedereroberungspläne war dem Preußenkönig voll bewußt. Im Jahre 1742 schrieb Friedrich,[53] daß er die »künftige Sicherheit« seiner Erwerbungen »auf eine gute, zahlreiche Armee, einen gut gefüllten Schatz, furchterregende Festungen und stattliche Alliancen« gründen wolle. Seine Absicht, die preußische Militärverfassung auf Schlesien zu übertragen,[54] stieß bei der Bevölkerung jedoch länger und heftiger auf Opposition, als er wohl erwartet hatte. Die enorme Steigerung des militärischen Faktors im Leben der Provinz durch die dauerhafte Stationierung und den Unterhalt starker Truppenverbände selbst in Friedenszeiten, durch die Errichtung von städtischen Garnisonen in einer Größenordnung von über 35 000 Mann sowie der rasche Ausbau der bisher eher vernachlässigten Landesfestungen war für die Schlesier eine ziemlich ungewohnte Erfahrung, mit der sie sich nur schwer abfinden konnten. Sie waren in habsburgischer Zeit aus unterschiedlichen Gründen von Truppenstationierungen fast ganz verschont geblieben, während sie sich nun, einmal abgesehen von den unvermeidbaren direkten und indirekten Folgen der Kriegführung auf schlesischem Boden, mit Einquartierungen oder ersatzweise mit zusätzlichen Belastungen durch Servisgeldzahlungen konfrontiert sahen, deren gerechte Umlage zwischen den beteiligten Städten auch längerfristig erhebliche Probleme bereitete.

Nicht minder abstoßend war für die Bevölkerung die aggressive Form der preußischen Werbung, die zwar nach dem Willen des Königs zunächst ausschließlich auf freiwilliger Basis stattfinden sollte, aber doch zu häufigen Exzessen führte, so daß der Monarch sich wiederholt gezwungen sah, beschwichtigende Mandate[55] zu erlassen. Zunächst versuchte er, die Werbung durch Zuweisung fester Rekrutierungsbezirke an die einzelnen Regimenter in geregelte Bahnen zu lenken; erst als auch dieses Verfahren nicht befriedigend funktionierte, wurde das in den Kernprovinzen geltende Kantonsystem auf Schlesien übertragen.

Die Einführung der Kantonpflicht durch das Reglement vom 16. August 1743 empfanden die betroffenen Bevölkerungsschichten als besonders einschneidend. Gleichwohl handelte es sich dabei keineswegs um die Durchsetzung des Prinzips einer allgemeinen Wehrpflicht auch in Schlesien,[56] sondern lediglich um die Abgrenzung von festen Rekrutierungsbezirken für die im Land stationierten Regimenter, die sicherstellen sollte, daß sich etwa die Hälfte der Mannschaft aus dem Lande rekrutierte. Bei der Erfassung von Rekruten galten im übrigen zahlreiche Ausnahmen: Befreit von der »Enrollierung« blieben »alle wirklichen Bürger, Handwerksleute und Professionisten, insbesondere aber alle Kaufleute, Capitalisten, Manufacturiers, Weber und Bleicher, endlich auch alle diejenigen, die mit Haus und Hof auf dem Lande angesessen sind, wie auch deren einzelne Söhne ...«; hinzu kamen die Beamten, Gelehrten und Geistlichen, außerdem privilegierte Neusiedler. Die Kantonregelung sparte ferner ganze Regionen aus: neben der Landeshauptstadt Breslau insbesondere die sechs sudetenschlesischen Gebirgskreise Hirschberg, Landeshut-Bolkenhain, Reichenbach, Schweidnitz, Jauer, Löwenberg-Bunzlau, wo sich die schlesische Leinenindustrie konzentrierte. Sie mußten gemeinsam jährlich sechzig Rekruten stellen, während die Aushebungsquote in der ganzen Provinz bei etwa 1400 Mann lag, also keine übermäßigen Dimensionen annahm, die es rechtfertigen könnten, von einer Militarisierung des ganzen Landes zu sprechen. Betroffen waren von den Aushebungen im wesentlichen die ländlichen und städtischen Unterschichten.

Der rasche Aufbau des preußischen Militärwesens in Schlesien kostete den Monarchen nicht nur manche Sympathien, die er anfänglich gerade bei dem protestantischen Bevölkerungsteil besaß, sie führten auch zu anhaltender Unruhe zumal unter der von der Rekrutierung bedrohten jungen Mannschaft, der Friedrich II. im Frühjahr 1744 »unanständige Zaghaftigkeit oder auch Bosheit und Ungehorsam gegen ihren souveränen Landesherrn« vorwarf.[57] Jedenfalls nahm die Flucht von Militärpflichtigen über die sächsischen und böhmischen Landesgrenzen bisweilen erheblichen Umfang an, und es kam zu einem überdurchschnittlichen Anstieg der Desertionen bei den in Schlesien stationierten Truppen, die alljährlich zu mehrtägigen Übungen zusammengezogen wurden, an die sich zumeist eine vom König selbst abgehaltene Revue anschloß. Unterdessen wurden auch die Landesfestungen[58] alsbald nach der Übernahme zügig und mit großem Aufwand ausgebaut, neben Glogau, Breslau und Brieg vor allem Neisse und

Glatz; als Neubauten kamen hinzu Schweidnitz zur Deckung der Pässe im Riesengebirge, ferner Cosel als einziger fester Platz im südöstlichen Oberschlesien, später noch Silberberg. Die veränderte Frontstellung Preußens gegen die Habsburger in Böhmen und Mähren führte mithin zu einer Umgestaltung des schlesischen Festungssystems.

Die Militärverfassung bot ohne Zweifel den Hauptansatz zur Kritik an der preußischen Herrschaft in Schlesien. Diese Schwachstelle des Systems wollte Friedrichs Gegenspielerin in Wien ausnutzen, um die Schlesier durch entsprechende Kampagnen[59] zum Abfall von Preußen zu bewegen, ohne daß ihr dies allerdings in nennenswertem Umfang gelang, nicht einmal während des Siebenjährigen Krieges. In einem Immediatbericht[60] an den König vom August 1744 schilderte der Provinzialminister die Stimmung im Lande als völlig ruhig, unterschied allerdings zwischen Ober- und Niederschlesien: Während er in Breslau wie den niederschlesischen Dörfern und Städten »keinen Einwohner finden könne, der nicht eher sein Gut und Leben verlieren wolle als unter eine andere Herrschaft zu wechseln«, habe er in Oberschlesien alle Vorsichtsmaßnahmen ergriffen, um sich der dortigen Bewohner zu versichern. Es bedurfte erst eines langen und beharrlichen Gewöhnungs- und Erziehungsprozesses, um die Mehrheit der Schlesier mit dem nüchternen preußischen Militär-, Verwaltungs- und Wirtschaftsstaat zu versöhnen, so daß sie sich mit ihm identifizieren mochten.

REORGANISATION DES JUSTIZWESENS

Ein Bereich, in dem die neue Landesherrschaft schonender und zurückhaltender mit den in Schlesien vorgefundenen Traditionen verfuhr und der deshalb manche Kontinuitätslinien über das Jahr 1740 hinweg aufweist, war die Rechtspflege.[61] Gerade dort vermochten die Stände und der Adel einen Teil ihrer alten Privilegien zu behaupten. Der Monarch ließ im Justizsektor größere Rücksichtnahme walten als in der allgemeinen Verwaltung oder beim Steuerwesen, wohl weil er das übergeordnete Staatsinteresse durch die eigenen weitreichenden Jurisdiktionsbefugnisse der Kammern hinreichend gewahrt sah. Im Ergebnis der Beratungen über eine Neuordnung des Justizwesens, in die gleich nach der Landeshuldigung auch die niederschlesischen Stände einbezogen wurden,[62] sollte zwar die Vielzahl der ständischen Gerichte reduziert und eine wesentliche Vereinheitlichung des gemäß den regionalen Gegebenheiten stark zersplitterten Rechtes angestrebt werden, aber vor der Fixierung eines »allgemeinen, durchgängigen schlesischen Landrechts« mußte einstweilen weiter nach den »hergebrachten Rechten und Gewohnheiten« verfahren werden.

Die bisherigen Patrimonialgerichte des Adels und die Stadtgerichte der Magistrate blieben deshalb ebenso bestehen wie die Gerichte der Mediatfürstentümer und Standesherrschaften, während zahlreiche Sondergerichte kassiert wurden. Aber über diesen erstinstanzlichen Gerichten für die Zivil- wie die Kriminalsachen standen nunmehr in zweiter Instanz die »Oberamtsregierungen« in Breslau und Glogau, die in der Namengebung wohl bewußt an das kaiserliche »Oberamt« aus habsburgischer Zeit anknüpften.[63] Vor ihnen hatte der eximierte Adel seinen Gerichtsstand, während das »Fürstenrecht« auf ständisches Bitten als Austragsgericht der schlesischen Fürsten und Standesherren untereinander bestehenblieb. Von diesen Obergerichten konnte hinfort nicht mehr nach Prag oder Wien, sondern nur noch an das Obertribunal in Berlin appelliert werden; als letzte Möglichkeit blieb noch die direkte Supplik an den König. Die Umgestaltung der Gerichtsverfassung war weiterhin verbunden mit einer Reform der Advokatur sowie einer Neuordnung des Sportelwesens, an der die Richterbesoldung hing. Auf diese Weise sollten die vielfach schleppenden Verfahren beschleunigt und die Rechtssicherheit im Lande verbessert werden.

Das Justizpersonal rekrutierte sich anders als die Kammerbeamten, die in der Regel von auswärts kamen, nahezu gänzlich aus Einheimischen, und zwar bevorzugt aus dem Adel; dabei sollte ausdrücklich »ohne Ansehung des Glaubens«, aber nach Qualifikation verfahren werden, die überprüft wurde. Zum ersten Präsidenten der Breslauer Oberamtsregierung ernannte der Monarch den gerade von ihm gefürsteten Reichsgrafen Schönaich zu Carolath-Beuthen, einen der wenigen eingesessenen Calvinisten, während er zum Präsidenten in Glogau den Grafen Karl Albrecht von Reder auf Malnitz bestellte. Unter ihnen dienten ein Vizepräsident, ein Direktor und sechs Oberamtsregierungsräte, mehrere Fiskale und Subalternpersonal.

Der Berliner Justizminister Samuel von Cocceji führte die neuen Kollegien am 1. Februar 1742 in ihr Amt ein und instruierte sie über ihre künftigen Aufgaben.[64] Gemeinsam mit dem Minister Georg Dietloff von Arnim oblag ihm die Reorganisation der schlesischen Justiz; im März 1742 wurde er auch förmlich zum Justizminister für Schlesien ernannt, allerdings Ende des folgenden Jahres von seinem Ministerkollegen Arnim abgelöst,[65] »damit er so viel besser seine übrige Function besorgen könne«, wohl aber deswegen, weil sein kirchenpolitischer Kurs gegenüber dem Breslauer Fürstbischof Anstoß erregte. Denn auch die geistlichen Angelegenheiten ressortierten im friderizianischen Preußen vom Justizminister. Deshalb wurden den schlesischen Oberamtsregierungen auch die mit der Kirchen- und Schulaufsicht sowie Ehesachen befaßten, ebenfalls neu konstituierten zwei Oberkonsistorien zugeordnet,[66] die außer mit wechselnden Mitgliedern der Oberamtsregierungen mit je einem katholischen Prälaten und einem evangelischen Geistlichen sowie zwei weltlichen Räten als ständigen Konsistorialräten periodisch tagten. Das Amt des schlesischen Justizministers unterstrich einmal mehr die Sonderstellung dieser Provinz in der Monarchie; es konnte aber auch als Gegengewicht zu dem im Lande selbst mit großen Vollmachten ausgestatteten Provinzialminister wirken, wie der »Bauernprotektor« Schlabrendorff gegen Ende seiner Amtszeit erfahren mußte.[67]

Die zunächst auf Niederschlesien beschränkte neue Justizverfassung wurde nach dem Berliner Friedensschluß auf die inzwischen angefallenen Gebiete Oberschlesiens ausgeweitet. Dank der Initiative der adligen oberschlesischen Stände, die ein erstrangiges Interesse an der Errichtung einer Appellationsinstanz in ihrem näheren Einflußbereich haben mußten, erhielt das Land an der oberen Oder wenigstens eine eigene oberste Justizbehörde. Die Wahl des Sitzes fiel auf Oppeln, wo die dritte schlesische Oberamtsregierung im März 1744 ihre Geschäfte aufnahm,[68] und zwar unter der Präsidentschaft des Grafen Henckel-Donnersmarck, Standesherrn zu Beuthen, der jedoch schon sehr bald wegen seiner hohen Verschuldung abgelöst werden mußte. Auch sonst standen die Anfänge der ebenfalls mit einem Oberkonsistorium verbundenen Oberamtsregierung zu Oppeln, die sich zwar der deutschen Geschäftssprache bediente, aber häufig mit Dolmetschern arbeitete, unter ungünstigen Vorzeichen: Besetzungsschwierigkeiten, die sich nicht zuletzt aus Problemen des Konfessionsproporzes in dem gänzlich von Katholiken besetzten Gremium ergaben – ein zweiter Präsident evangelischer Konfession konnte nur mühsam von außen gewonnen werden –, dazu Korruptionsfälle und erhebliche Kriegseinwirkungen während des Zweiten Schlesischen Krieges beeinträchtigten die Arbeit und schädigten das Ansehen der Oppelner Behörde beträchtlich, so daß erst die große Justizvisitation des Großkanzlers Cocceji 1750 wirklich Abhilfe brachte.

Der Standort Oppeln wurde wiederholt in Frage gestellt, bis zu Beginn des Siebenjährigen Krieges eine Verlegung in die mittelschlesische Stadt Brieg erfolgte, wo die Oberamtsregierung dann bis 1817 blieb, weil alle Pläne zur Übersiedlung in eine oberschlesische Stadt scheiterten. In Brieg war auch eines der beiden schlesischen »Zucht- und Arbeitshäuser« angesiedelt, die in friderizianischer Zeit eingerichtet wurden; das zweite entstand 1746 im ehemaligen Schloßbau zu Jauer.[69]

STAAT, KIRCHE UND MINORITÄTEN IN EINER BIKONFESSIONELLEN PROVINZ

Im Verhältnis der Schlesier zur preußischen Herrschaft und ihren Repräsentanten besaß die konfessionelle Komponente von Anfang an zentrale Bedeutung.[70] Zwar neigte das vom Barockkatholizismus und der lutherischen Orthodoxie geprägte konfessionelle Zeitalter sich nunmehr auch in Schlesien seinem Ende zu, um einer zunehmend von der Aufklärung und rationellem Vernunftdenken bestimmten Geisteshaltung zu weichen, aber bis zur Veränderung der noch fest in älteren Anschauungsweisen verwurzelten religiösen Mentalität breiter Bevölkerungsschichten blieb ein weiter Weg. Deshalb verwundert es nicht, wenn die machtstaatlich kalkulierte Einverleibung des Oderlandes durch Preußen von den schlesischen Konfessionsparteien wie von der habsburgischen Propaganda zum »Religionskrieg«[71] stilisiert werden konnte, sei es zur Befreiung oder zum Schutz der dortigen Protestanten, sei es zur Unterdrückung der Katholiken und Schwächung ihrer Vormacht Österreich. Gegenüber derartigen Argumenten, die während der drei schlesischen Kriege immer wieder einmal auftauchten, mußte die friderizianische Religionspolitik in Schlesien von Anfang an einen Kurs der konfessionellen Befriedung und des Ausgleichs steuern. Sie mußte schon aus außenpolitischen Gründen sowie im Interesse einer raschen Konsolidierung der eigenen Stellung im Innern die friedensvertraglichen Regelungen strikt einzuhalten und beide Hauptkonfessionen im Lande möglichst für sich zu gewinnen suchen.

Eine derartige Politik entsprach Friedrichs II. eigenen Überzeugungen, seiner bei Regierungsbeginn nicht nur proklamierten, sondern auch praktizierten sprichwörtlichen Toleranz gegenüber den verschiedenen Bekenntnissen,[72] die der religiöse Skeptiker mit einer distanzierten Haltung zu den verfaßten Kirchen verband, wobei er sie jedoch fest in sein System der natur- und staatskirchenrechtlich begründeten Kirchenhoheit des Landesherrn einzubinden wußte. Eine derartige Politik der religiösen Toleranz wie der Rücksichtnahme auf reichs- oder völkerrechtliche Garantien hatte in Brandenburg-Preußen bereits eine lange Tradition, an die der König nur anzuknüpfen brauchte.[73]

Um 1740 lebten in der preußischen Monarchie rund 2,3 Millionen Einwohner, von denen die überwältigende Mehrheit Lutheraner waren, wo es daneben aber, regional sehr unterschiedlich verteilt, drei Prozent Reformierte und sieben Prozent Katholiken gab.[74] Mit dem Anfall von Schlesien wuchs die Bevölkerung nicht nur um rund eine Million, sondern zugleich stieg der Katholikenanteil prozentual massiv an. Der protestantisch geprägte Staat sah sich vor die schwierige Aufgabe gestellt, diese erhebliche katholische Minderheit zu integrieren. Zwar läßt sich für die Zeit vor und unmittelbar nach 1740 aus verständlichen Gründen der Anteil der Konfessionen an der schlesischen Gesamtbevölkerung statistisch exakt nicht ermitteln, aber die erste genauere Volkszählung des Provinzialministers Schlabrendorff nach 1755 erbrachte bei einer Einwohnerzahl von etwa 1,2 Millionen ein leichtes Übergewicht der Evangelischen über die Katholiken, das auch noch 1796 fortbestand.[75] Sicherlich lag jedoch der protestantische Bevölkerungsanteil vor 1740 wesentlich höher, als die gerade unter Karl VI. bei restriktiver Auslegung und teilweiser Umgehung der Altranstädter Konvention von 1707 noch konsequent gegenreformatorische Kirchenpolitik der Habsburger vermuten ließ. Es kann als sicher gelten, daß jedenfalls etwa die Hälfte der Schlesier sich vor der Wende zum Luthertum bekannte, von denen wiederum die Majorität in Niederschlesien lebte.[76] Diesen offenen oder geheimen Protestanten mußte der unter dem Schleier einer strikten Zensur betriebene religionspolitische Kurs des Kaisers die Option für Preußen als protestantische Schutzmacht im Reich sehr erleichtern. Friedrich II. konnte daher bei seinem Einmarsch in Schlesien auf weitgehende Zustimmung und auf fortdauernde Loyalität bei der protestantischen Bevölkerungshälfte rechnen, während er bei dem katholischen Teil auf Vorbehalte stieß und das Mißtrauen beiderseits groß war.

Es galt der rasch aufkommenden religiösen Propaganda zu begegnen und eine offene Konfrontation mit dem in der Regel habsburgfreundlichen Klerus unter Führung des Breslauer Fürstbischofs und des Domkapitels zu verhindern. Friedrich II. mußte nach dem Friedensschluß jeden Anschein einer nachhaltigen Veränderung des kirchenpolitischen Status quo im Oderland vermeiden; zugleich aber mußte er den berechtigten Vorstellungen und Bitten der schlesischen Protestanten auf Herstellung der ihnen zugesicherten »Gewissensfreiheit« nachkommen. Diesen schwierigen Balanceakt zwischen widerstreitenden Prinzipien hat der Preußenkönig in Schlesien von Anfang an mit Gespür für das Mögliche zu meistern gewußt, ohne daß seine kirchenpolitischen Berater ihn dabei immer klug beraten hätten.[77] Auf längere Sicht strebte Friedrich II. für das Oderland die Durchsetzung einer vollständigen konfessionellen Parität nach den Regeln des territorialistischen Staatskirchenrechts an, wie es an den preußischen Universitäten Halle und Frankfurt gelehrt wurde. Diese Zielsetzung verlangte von der dominierenden katholischen Amtskirche die Aufgabe zahlreicher bisher selbstverständlicher Positionen, wie sie den Protestanten manchen Verzicht auf ihre berechtigten Wiedergutmachungsforderungen auferlegte; sie führte in der Folge zu einseitigen Interpretationen der Status-quo-Klausel des Berliner Friedens, die genauer zu definieren die österreichische Seite seinerzeit versäumt hatte; schon deswegen bestand Anlaß zu wiederholten Protesten und Konflikten im Verhältnis zwischen dem preußischen Staat und der Kirche des Breslauer Bistums. Sehr viel hing daher von den beteiligten Personen und der Art und Weise ab, mit der sie die anstehenden Probleme zu lösen versuchten.

An der Spitze des Breslauer Bistums stand seit 1732 Philipp Ludwig Graf Sinzendorf (1699–1747), der Sohn des kaiserlichen Hofkanzlers, ein gebildeter und gewandter, dabei anpassungsfähiger »Hofbischof«,[78] der nur gegen starke Opposition des Breslauer Domkapitels auf Intervention des Kaisers in sein gut dotiertes Bistum gelangt war. Wegen Zusammenarbeit mit den Österreichern war er bei der preußischen Besetzung zunächst kurz verhaftet worden, durfte dann aber nach Wien ausreisen. Jedoch unterwarf er sich im Oktober 1741 dem neuen Landesherrn und kehrte freiwillig nach Breslau zurück, wo er sich zusammen mit dem widerstrebenden Domkapitel der Huldigung der niederschlesischen Stände anschloß. Durch diesen Schritt hatte er den Preußenkönig ausdrücklich als Landesherrn anerkannt. Er wurde von Friedrich daher fortan mit ausgesuchter Zuvorkommenheit behandelt. In einem fast freundschaftlichen persönlichen Handschreiben[79] erläuterte dieser dem Kardinal-Fürstbischof sein kirchenpolitisches Programm: »Da ruhige Freiheit der Religionsausübung in der Vorstellung der Menschen einen Teil ihres Glückes ausmacht, so werde ich niemals von dem festen Vorsatz abgehen, jede Religion in ihren Rechten und Freiheiten zu schützen. Die Streitigkeiten der Priester gehören nicht in die Zuständigkeit der Fürsten, und unnütze Dispute um leere Begriffe … werden mich niemals verführen, mich für oder gegen die verschiedenen Parteien zu erklären … Die Humanität muß die erste Tugend eines jeden Ehrenmannes sein und, wie ich glaube, eines jeden Christen.« Solche im Widerspruch zu den durchschnittlichen Zeitvorstellungen erklärte Distanz gegenüber den Konfessionen mochte selbst einem tendenziell aufgeklärten und weltzugewandten Kirchenfürsten von der Art Sinzendorfs unakzeptabel bleiben, aber er verstand sich zu arrangieren; der König hingegen versuchte, sich nach Möglichkeit des bischöflichen Einverständnisses in kirchenpolitischen Fragen zu versichern.

Bei der Neuorganisation des katholischen Kirchenwesens wollte Friedrich die bischöflichen religiösen Rechte zwar respektieren, aber gleichzeitig die protestantischen Interessen und vor allem seine eigenen Souveränitätsrechte wahren. Das Notifikationspatent[80] vom Januar 1742 für die Einrichtung der Oberamtsregierungen regelte auch die Grundsätze für die Handhabung der geistlichen Gerichtsbarkeit: Ausdrücklich räumte es dem katholischen Bevölkerungsteil »völlige Religionsfreiheit, wie solche in dem Instrumento pacis etabliert ist«, ein. Den Oberamtsregierungen wurde bei ihrem

Eid befohlen, »unsere katholische Untertanen bei ihren Religions-Principiis zu schützen«. Das bestehende bischöfliche Konsistorium wurde bestätigt, jedoch in seiner Zuständigkeit auf genuin innerkirchliche Fälle beschränkt, während Zivilstreitigkeiten, auch wenn sie Geistliche betrafen, vor die regulären Gerichte gehörten. Dies mußte in der Praxis zu einer erheblichen Einschränkung der bisherigen geistlichen Gerichtsbarkeit führen. Die evangelischen Untertanen verwies dasselbe Patent entweder an die bei den Oberamtsregierungen errichteten Oberkonsistorien oder in erster Instanz an die bestehenden Konsistorien im Mediatfürstentum Oels und in Breslau. Die Oberkonsistorien sollten auch für Mischehen zuständig sein; in Dispensangelegenheiten wurden die Katholiken an die Oberamtsregierungen verwiesen. Als Appellationsinstanz für Entscheidungen des bischöflichen Konsistoriums war das Obertribunal in Berlin vorgesehen.

Derartige Bestimmungen faßte Kardinal Sinzendorf als Gewissensbeschwerung auf und erhob entschiedenen Widerspruch,[81] mußte sich jedoch vom Justizminister Cocceji belehren lassen, daß sie mit dem Verfahren unter der habsburgischen Herrschaft durchaus in Einklang stünden. Cocceji als entschiedener Verfechter des Territorialprinzips in den Beziehungen von Staat und Kirche wollte Appellationen an kirchliche Instanzen außerhalb der Landesgrenzen nicht zulassen; im Einklang mit verbreiteten, die Konfessionsgrenzen übergreifenden Zeittendenzen, die in Österreich in Gestalt des »Frühjosephinismus«[82] schon während der Regierung Maria Theresias zum Durchbruch gelangten, wollte er den Einfluß auswärtiger Diözesen, Ordensoberer, Nuntien und selbst der römischen Kurie auf die Katholiken in Schlesien und anderswo möglichst ausschalten. Er plädierte deshalb auch, indem er ältere Vorschläge wieder aufgriff, dafür, ein Generalvikariat[83] für sämtliche preußischen Lande zu schaffen, das seinen Sitz in Berlin haben und dem Breslauer Fürstbischof unterstellt werden sollte. Sein Plan fand anfangs die Billigung des Königs und schließlich auch die Zustimmung Kardinal Sinzendorfs; dieser forderte jedoch das Einverständnis des Papstes, das wiederum Benedikt XIV. dem protestantischen Ketzerkönig schwerlich zugestehen wollte, obwohl sich die Beziehungen zwischen Berlin und Rom gerade unter diesem Papst nicht ungünstig gestalteten; die Verhandlungen über das Projekt wurden daher an der Kurie verschleppt. Obgleich ein derartiger Generalvikariatsplan schon deshalb heikel war, weil er den Status quo der schlesischen Kirchenverfassung änderte, wurde er zeitweilig noch weiter verfolgt, bis dann seit 1743 das Problem der Koadjutorwahl alle anderen Fragen überlagerte und die Beziehungen zwischen der Krone und dem Fürstbischof über Jahre schwer belastete.

Die Ernennung eines Koadjutors mit Nachfolgerecht für den zwar kränklichen, aber noch keineswegs amtsmüden, gerade vierundvierzigjährigen Breslauer Kirchenfürsten gestaltete sich für Friedrich II. immer mehr zu einer Prestigeangelegenheit, mit der er den Vorrang des Staates auch vor der römischen Kirche statuieren wollte. Zwar ist es ihm gelungen, das landesherrliche Nominationsrecht für das Breslauer Bischofsamt und alsbald sogar für die Weihbischöfe durchzusetzen, aber die erzwungene Einsetzung des Philipp Gotthard Graf Schaffgotsch[84] (1716–1795) erwies sich bald als ein Pyrrhus-

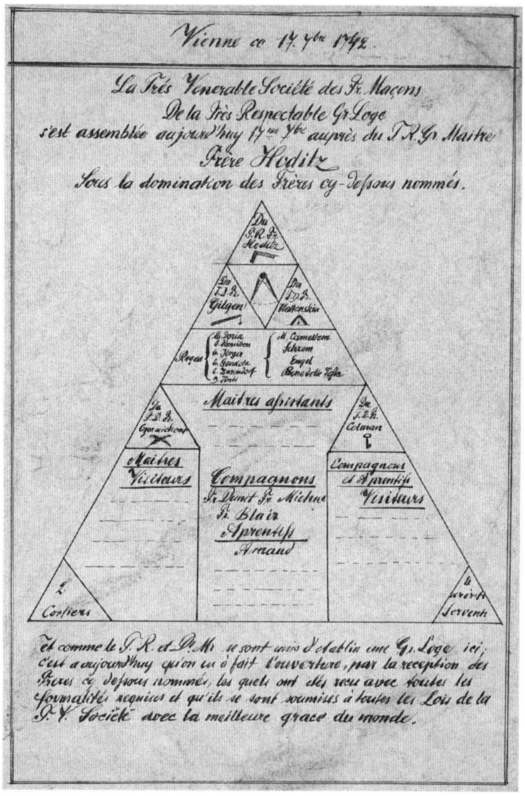

Vienne ce 17. 7bre 1742.

La Très Venerable Société des Fr. Maçons
De la Très Respectable Gr. Loge
s'est assemblée aujourd'huy 17me 7bre auprès du T. R. Gr. Maitre
Frère Hoditz
Sous la domination des Frères cy-dessous nommés.

Du T. R. Gr. Hoditz

Maitres assistants

Maitres Visiteurs

Compagnons

Apprentifs

Armand

Compagnons et Aprentifs Visiteurs

2. Cortiers

Servents

Et comme le T. R. et G. Mr se sont unis d'etablir une Gr. Loge ici, c'est aujourd'huy qu'on en à fait l'ouverture, par la reception des Frères cy dessous nommés, les quels ont étés recu avec toutes les formalités requises et qu'ils se sont soumises à toutes les Lois de la T. V. Société avec la meilleure grace du monde.

Die schlesischen Protestanten ließen sich rasch für Preußen gewinnen, schwieriger war es, auch die Loyalität der Katholiken zu erreichen. Friedrich II. begünstigte die kirchliche Karriere des ihm verbundenen Breslauer Domherrn Philipp Gotthard Graf Schaffgotsch, der bei erster Gelegenheit den Breslauer Bischofsthron bestieg. Schaffgotsch gehörte neben anderen Katholiken der ersten Breslauer Freimaurerloge von 1741 an. Die neuen Freimaurerlogen verstanden sich als überkonfessionelle Zirkel der Aufklärung. Von Breslau aus wurde 1742 die erste Wiener Freimaurerloge gegründet, an deren Spitze der schlesische Graf Albert Josef von Hoditz stand. Weniger aus theologischen als aus politischen Gründen stieß die Freimaurerei auf den entschiedenen Widerstand der römischen Kirche. Schaffgotsch mußte der Freimaurerei abschwören. Neben seinem Porträt das Gründungsprotokoll der ersten Wiener Loge.

sieg. Der Domherr, ein Sohn des letzten österreichischen Oberamtsdirektors in Breslau und Inhaber von Dompfründen in Olmütz und Breslau, hatte sich als angenehmer Gesellschafter in Friedrichs Tafelrunde, als Freimaurer und vermeintlicher Befürworter der friderizianischen Kirchenpolitik rasch die Gunst des Königs erwerben können und diesen dazu überredet, ihm die Koadjutorie in Breslau zu verschaffen. Gegen den erbitterten Widerstand des Domkapitels, das Anstoß an der bisherigen Lebensführung des Kandidaten nahm, gegen die Kurie, die den notwendigen Dispens verweigerte, und zunächst auch gegen den enttäuschten Fürstbischof selbst konnte der Preußenkönig seinen Günstling durchsetzen. Friedrich rechtfertigte sein Vorgehen mit dem Hinweis auf die habsburgische Praxis unter Karl VI.[85] Als Kardinal Sinzendorf dann tatsächlich bereits im September 1747 starb, betraute der König Schaffgotsch zunächst mit der weltlichen Verwaltung des Bistums Breslau; schließlich wurde dieser aber doch von Papst Benedikt XIV. im März 1748 zum Bischof ernannt. Der Kirchenfürst hatte zuvor einen deutlichen Gesinnungswandel vollzogen, der ihn dem Kapitel wie dem Papst jetzt annehmbarer erscheinen ließ. Aber auf längere Sicht entzweite er sich mit seinem königlichen Gönner in kirchenpolitischen Fragen so sehr, daß es schließlich zum offenen Bruch zwischen ihnen kommen mußte.

Unterdessen gestaltete sich das Verhältnis der preußischen Landesherrschaft zu ihren evangelischen Untertanen[86] nicht unbedingt nach den Erwartungen der letzteren. Der als Protektor der Protestanten begrüßte Preußenkönig wollte ihnen zwar die Bekenntnisfreiheit garantieren und ihnen zur Wiedererlangung ihrer verlorenen Rechte verhelfen, dabei aber die schlesische Religionsverfassung aufrechterhalten und die »konfessionelle Befriedung« der Provinz erreichen. Deshalb reagierte er eher zurückhaltend auf die breite Petitionsbewegung, die noch in den Wintermonaten 1740/41, während der Okkupationsphase, einsetzte. Sie erbat die Rückgabe aller seit 1621 enteigneten Kirchen und Schulen ebenso wie die Genehmigung zum Bau neuer Gottes- und Schulhäuser, die Anstellung zusätzlicher Pfarrer und eigener Lehrer sowie die Aufhebung der bisherigen Abgaben- und Stolgebührenpflicht gegenüber der katholischen Geistlichkeit. Friedrich lehnte eine umfassende Restitution der Kirchen ab. Statt dessen erteilte er den Lutheranern Konzessionen zum Bau eigener »Bethäuser«; allerdings mußten die Gemeinden und Patrone für die Finanzierung dieser zumeist bescheidenen Fachwerk- und Schrotholzkirchen, von denen bis 1756 dann 212 errichtet wurden,[87] selbst aufkommen, wie sie auch den vielfach kärglichen Unterhalt für die Pfarrer zu tragen hatten. Ebenso verweigerte der König die Aufhebung des gegenseitigen Parochialzwangs, der wegen der damit verbundenen Abgabenpflicht überwiegend die Protestanten benachteiligte und bisweilen zu grotesken Auswüchsen führte, jedoch die Bestattung der Evangelischen auf dem katholischen Ortsfriedhof fortan nicht mehr ausschloß. Der Pfarrernachwuchs rekrutierte sich anfangs, so durch die Entsendung märkischer Predigerkandidaten, der »zwölf Apostel«, zumeist aus den preußischen Kernprovinzen, sollte dann aber zunehmend aus Schlesien selbst kommen, vereinzelt auch aus den protestantischen Reichsteilen. Kurzerhand verbot der Preußenkönig den Konfessionen die Kanzelpolemik untereinander; er verpflichtete die zum Kirchenregiment bestellten Konsistorien bei den Oberamtsregierungen,[88] für »gute Harmonie zwischen den Evangelischen und Katholischen« zu sorgen, damit »keiner von dem andern gelästert, angefeindet und gedrukket werde«. Der führende Repräsentant des schlesischen Luthertums im Konsistorium war der Primarius an der Breslauer Elisabethkirche und Schulinspektor Johann Friedrich Burg (1689–1766), dessen schlesisches Gesangbuch von 1742 auf die evangelischen Gemeinden nachhaltigen Einfluß ausübte.

Wichtig erschien dem Monarchen, die rechtliche Gleichstellung auch im bürgerlichen Leben und auf kommunaler Ebene durchzusetzen. Diesem Zweck diente die Verfügung,[89] die bisher ausschließlich von Katholiken besetzten Ratskollegien durch evangelische Mitglieder zu ergänzen sowie ihnen vakante erste Bürgermeister-, Kämmerer- und Syndikusstellen vorzubehalten, so daß sich die Konfessionsstruktur der Kommunalverwaltungen allmählich umkehren konnte.

Selbstverständlich gewährte der Monarch den Reformierten die ihnen in Schlesien seit dem Aussterben der letzten Piasten verwehrte Kultusfreiheit. Obwohl die Hohenzollerndynastie selbst reformiert war, bevorzugte Friedrich II. die Reformierten nicht gegenüber den anderen Konfessionsparteien. Der zunächst in Breslau aus Angehörigen der dortigen Garnison und der zugezogenen Beamtenschaft, aber auch aus Kaufleuten gebildeten ersten reformierten Gemeinde des Oderlandes folgte alsbald 1742 eine zweite in der Beamten- und Festungsstadt Glogau;[90] sie benutzte anfangs für ihre Gottesdienste Säle in Privat- und Amtshäusern, ehe sie die mit Hilfe von Geldspenden aus der reformierten Ökumene finanzierte und nach den Entwürfen des Architekten Johann Friedrich Arnold erst 1750 fertiggestellte Hofkirche beziehen konnte.[91]

Obwohl das Oderland in seinem protestantischen Bevölkerungsteil lutherisch dominiert blieb, hatten doch die Nebenströmungen der Reformation dort von jeher eine Heimat gefunden. Ihnen gegenüber wollte der neue Landesherr Toleranz aus Staatsräson üben, indem er wirtschaftlichen Nutzen mit religiöser Gewissensfreiheit verband. Dies gelang nicht mehr bei den letzten Schwenckfeldern. Das Edikt vom März 1742,[92] worin er den bereits »aus unbesonnenem Religionseifer zum unersetzlichen Schaden des Commercii und des Landes« unter Karl VI. vertriebenen Anhängern der Sekte die völlige Rückerstattung ihres Besitzes bei Rückkehr in Aussicht stellte, fand keine nennenswerte Resonanz.

Anders stand es bei den Anhängern Zinzendorfs und der Herrnhuter Brüdergemeine, die ähnlich wie die Halleschen Pietisten schon vor 1740 Verbindungen zu Schlesien und dem dortigen frommen evangelischen Adel pflegten; ihnen erteilte der Monarch zu Weihnachten 1742 eine Generalkonzession,[93] im Oderland Brüdersiedlungen zu errichten. Diese unterstanden lediglich der landesherrlichen, nicht der konsistorialen Aufsicht und konnten daher ihre eigentümliche Kirchenverfassung und die Gottesdienstformen in ihren Bethäusern frei gestalten. Ungeachtet wiederholter Anfeindungen durch die lutherische Amtskirche, die ihre Zugehörigkeit zur Augsburgischen Konfession bestritt und ihnen »Proselytenmacherei« vorwarf, erhielten die Herrnhuter ihre Generalprivilegien vom König 1746 und nochmals 1763 bestätigt. Die wirtschaftlich stabilen Siedlungen der Brüder, die sie sukzessive in Gnadenfrei (Peilau), Gnaden-

Im Friedensvertrag mit Österreich hatte Preußen die Bewahrung des konfessionellen Besitzstandes zugesagt. Katholische Kirchen blieben auch dort katholisch, wo die Bevölkerung überwiegend evangelisch war. Zum Ausgleich durften an solchen Orten evangelische Bethäuser ohne Turm erbaut werden. Die Grenzkirchen wurden damit entbehrlich. Am Ende der Entwicklung stand das typische schlesische Dorf mit zwei Kirchen verschiedener Konfession.

berg bei Bunzlau, Neusalz und Gnadenfeld anlegten, übten in der Folge eine weit über Schlesien hinausreichende starke Anziehung auf ihre evangelische Umgebung aus, vor allem in der Seelsorge und Erziehung.

Eine enge Verbindung zwischen Wirtschaftsförderung und Gewissensfreiheit galt schließlich auch für die böhmischen Exulantensiedlungen,[94] die der Monarch im Zuge seiner Peuplierungs- und Siedlungspolitik auf schlesischem Boden privilegierte, namentlich für die tschechischsprachigen »Hussitendörfer« wie Hussinetz bei Strehlen mit Tochterkolonien oder Friedrichstabor bei Groß Wartenberg, deren religiös-kulturelle und ethnische Eigenart ihnen zu einer markanten Sonderstellung verhalf.

Für Minderheiten unterschiedlicher Herkunft und Glaubensüberzeugungen erhielt die friderizianische Toleranz in Schlesien also eine sehr konkrete Bedeutung. Bedingung allerdings war, daß sie wirtschaftlichen Nutzen für den preußischen Staat brachten und sich den Landesgesetzen unterwarfen, oder, wie Friedrich dem Grafen Sinzendorf 1743 schreiben ließ:[95] »Ich halte, daß ein jeder seines Glaubens lebe und daß es hart und unbillig sei, dem Gewissen des Menschen einigen Zwang aufzulegen, solange er sich in der bürgerlichen Gesellschaft ruhig und still beträgt, keine Neuerung einführt und den Mitbürgern keinen Anstoß gibt«.

Diese Devise galt in eingeschränktem Sinne selbst für die kleine jüdische Minorität,[96] die sich ungeachtet fortdauernder, religiös wie ökonomisch motivierter Anfeindungen und eines noch im November 1740 von Maria Theresia erneuerten Ausweisungsbefehls[97] für alle nicht speziell privilegierten Juden in ihren traditionellen Zentren, in der Handelsmetropole Breslau samt einigen Vorstädten, im niederschlesischen Groß-Glogau und oberschlesischen Zülz, daneben als verstreute Landjuden halten konnten. Denn sie blieben als Wirtschaftsfaktor vorrangig für den Polenhandel, für das Geld- und Kreditgeschäft, das Münzwesen, außerdem für das zumal in Oberschlesien sehr verbreitete Hausiergewerbe wie als Pächter und Verwalter des Landadels unentbehrlich. Ungeachtet der hohen Erwartungen, die der erste schlesische »Landrabbiner« Bendix Ruben Gumpertz an den Regierungswechsel knüpfte,[98] änderte sich ihr überkommener Sonderstatus nicht einschneidend, denn der aufgeklärte Preußenkönig persönlich hegte wie die Habsburger starke Ressentiments, die eine konsequent humanitär-aufgeklärte Politik verhinderten. Indessen siegte der Staatsutilitarismus über derartige Antipathien, so daß die Praxis der Judenpolitik sehr viel flexibler und pragmatischer ausfiel, als manche Äußerungen und Anordnungen Friedrichs II. vermuten lassen. Daran hatten die Provinzialminister, die sich vorurteilsfreier und gerechter zeigten als der Monarch, gerade in Schlesien einen hohen Anteil.[99]

Dort beanspruchte die Krone das bisher von den Ständen weitgehend usurpierte Judenregal als landesherrliches Reservatrecht für sich und übertrug die Verwaltung der jüdischen Angelegenheiten den Kammern in Breslau und Glogau. Das Edikt vom 6. Mai 1744[100] begrenzte zwar wiederum rigoros die Zahl der zu privilegierenden Juden, räumte ihnen jedoch nunmehr Gemeindeautonomie und Kultfreiheit ein. Allerdings führte die Sonderstellung Schlesiens und speziell Breslaus zu Unterschieden in der jüdischen Verfassung gegenüber den anderen preußischen Provinzen.[101] Innerhalb der nun staatlich anerkannten Breslauer Gemeinde behielten die polnischen Handelsjuden, die »Schammesse«, die den wichtigen Osthandel abwickelten, gesonderte Privilegien, die ihnen eigene, wiederum als »Meßsynagogen« in ihren großen Handelshöfen genutzte Privatsynagogen gestatteten, während die deutschen Juden für den innerjüdischen Rechtsbereich dem nunmehrigen Landesrabbiner in Breslau unterstellt wurden, der meist Großkaufmann und Talmudgelehrter zugleich war. Erst der zweite, sehr energische und weltgewandte Amtsinhaber, Jonas Joseph Fraenckel, erlangte tatsächlich von 1755 an derartige Jurisdiktionsbefugnisse; zivil- und strafrechtlich blieben die einzelnen Juden den ordentlichen Gerichten unterworfen. Nunmehr durfte die Breslauer Gemeinde auch eine gemeinschaftliche Synagoge errichten und die typischen Gemeindeeinrichtungen bis zum Spital ausbauen; erst 1761 konnte sie die Konzession zum Erwerb eines eigenen Friedhofes vor der Stadtmauer realisieren, nachdem sie ihre Toten bisher zumeist im nahen Dyhernfurth bestattet hatte. Die Kammer setzte die Breslauer Ältesten und Vorsteher ein, und zwar ausschließlich aus den wenigen privilegierten Familien, die in der seit 1754 in sechs Kategorien eingeteilten Gemeinde dominierten. Es gab dort neben den erblichen Generalprivilegierten unerbliche Privilegierte, Tolerierte, »Fix-Entristen« mit nur vorübergehenden Handels- und Aufenthaltsrechten, schließlich noch Schutzgenossen, zu denen das umfangreiche Personal der Gemeinde wie der Privilegierten gehörte.

Auch die übrigen jüdischen Gemeinden konnten sich unter eigenen Vorstehern und Ältesten als selbständige Korporation konstituieren. Fortan bildeten sie vier Gemeindeverbände, zu denen neben der Breslauer, Glogauer und Zülzer Judenschaft die vereinigte nieder- und oberschlesische Landjudenschaft gehörte. Diese Organisationsform wurde in erster Linie wegen der besseren fiskalischen Erfassung und Kontrolle durch die Verwaltung geschaffen. Die einzelnen Gemeinden mußten die Steuern in Eigenregie aufbringen und an die »Toleranzämter« abführen, in den Städten neben dem seit 1713 geltenden »Toleranzimpost« die nach Vermögensklassen gestaffelte Personalakzise, auf dem Lande außerdem eine »Nahrungssteuer«. Hinzu kamen für die nichtansässigen Juden Entreegelder zum Besuch der Breslauer Messe und der Jahrmärkte. Das Steueraufkommen aus diesen mit hohem Verwaltungsaufwand eingetriebenen Abgaben belief sich auf einige tausend Taler jährlich. Einwände seiner hohen Beamten gegen die Berechtigung, derartige Sonderabgaben aus »Zeiten des Religionshasses« weiterzuerheben, für die sich »ein billiges und in der Vernunft gegründetes Prinzipium« jetzt nicht mehr finden lasse, ließ der Monarch nicht gelten.[102] Hingegen zeigte er sich aus wirtschaftspolitischen Erwägungen bereit, wohlhabende Juden in Schlesien zu privilegieren, die dort Manufakturen und damit neue Industriezweige begründeten oder kriegsverwüstete Siedlerstellen in Oberschlesien wiederbesetzten.

Das erklärte Ziel der friderizianischen Politik, die jüdische Bevölkerung in Schlesien numerisch zu begrenzen, dabei aber den größtmöglichen wirtschaftlichen Nutzen aus ihrer Anwesenheit zu ziehen, ließ sich nur teilweise verwirklichen. Die Zahl der jüdischen Familien, die durch restriktive Heiratserlaubnis und Privilegienübertragung auf die Kinder eingeschränkt werden sollte, blieb seit 1737, als rund 4 000 Juden in Schlesien ermittelt wurden, zunächst offenbar ziemlich stabil, stieg dann aber kontinuierlich an. Die Erhebung der Haushalte und Gewerbe vom März 1751 im ganzen Land[103] ergab 1062, nach anderer Lesart 1133 privilegierte und tolerierte Familien, die sich wiederum mit charakteristischen regionalen Unterschieden über die Provinz verteilten: Von den Landjuden waren 268 Familien in Oberschlesien, nur 43 in Niederschlesien ansässig. Alle übrigen konzentrierten sich auf die Städte, davon allein 190 »Wirte« auf Zülz. Eine gleichzeitige Zählung aller Juden im Glogauer Departement addierte insgesamt 634 Personen, von denen allein 607 in der Stadt Groß-Glogau lebten.[104] Im Spiegel dieser Zahlen, die sich bis zum Ende der Regierung Friedrichs nahezu verdoppelten, und angesichts der mit den Jahren wohlwollenderen Haltung einer aufgeklärten Beamtenschaft, die als antiquiert empfundene königliche Verordnungen häufig ignorierte, wurde die Provinz Schlesien für die Juden zunehmend attraktiver und ihr Anteil am dortigen Wirtschaftsleben bedeutsamer. Obschon sich ihr Rechtsstatus vorerst ebensowenig verbesserte wie die Existenzbedingungen für die Mehrheit der einzelnen Gemeindeglieder und Landjuden, begann für die Juden in Schlesien die Phase der Präemanzipation.

ERNEUTE AUSEINANDERSETZUNG UM SCHLESIEN

Unterdessen nahm der Österreichische Erbfolgekrieg, aus dem sich Friedrich II. durch den Sonderfriedensschluß mit Maria Theresia 1742 verabschiedet hatte, seinen Fortgang.[105] Dieser war inzwischen längst über den ostmitteleuropäischen Bereich und über das Schlesienproblem hinausgewachsen, aber nach wie vor ging es um den Erhalt des von Frankreich und Preußen gemeinsam begründeten wittelsbachischen Kaisertums unter Karl VII. Deshalb suchte der Preußenkönig der Absicht der Königin von Böhmen entgegenzuwirken, sich für den Verlust Schlesiens durch Annexion des den österreichischen Kernlanden benachbarten bayerischen Kurfürstentums zu entschädigen. Die militärische Konstellation seit dem Herbst 1742 hatte der von ihrem gefährlichsten Feind befreiten Habsburgerin die Möglichkeit gegeben, sich um so entschiedener gegen den alten »Reichserbfeind« Frankreich und dessen bayerischen Satelliten zu wenden. Durch das direkte Eingreifen der britischen Krone in das deutsche Kriegsgeschehen zur Erhaltung des »alten Systems« hatte sich die militärische Lage der antipragmatischen Koalition derart verschlechtert, daß dem Preußenkönig eine Intervention zugunsten des ohnmächtigen Reichsoberhauptes erforderlich schien; denn dieses war zugleich auf der Reichsebene der Garant des Erwerbs Schlesiens. Als dazu die Mittel der Reichs- und Unionspolitik 1743/44 nicht greifen wollten,[106] suchte Friedrich II. das abermalige Bündnis mit Frankreich und griff im Sommer 1744 erneut in den Krieg ein. Der offizielle Grund war, Böhmen für Kaiser Karl VII. zurückzuerobern und dessen Ansehen im Reich wiederherzustellen, zugleich aber erschien ihm eine zweite militärische Auseinandersetzung um das Oderland mit der wieder erstarkenden Großmacht Österreich unvermeidlich. Friedrich trat nicht unvorbereitet in diesen Zweiten Schlesischen Krieg ein:

Seine Armee hatte er auf rund 140 000 Mann verstärkt, den Ausbau der schlesischen Festungen vorangetrieben, die Kavallerie umgeschult und den Staatsschatz aufgefüllt.

Es fiel dem König nicht schwer, den ersten Teil seines Kriegsplans zu verwirklichen: Mit drei Heeresgruppen rückte er in Böhmen ein, um dort nach kurzer Belagerung am 16. September die Hauptstadt Prag einzunehmen. Aber der zweite Teil des böhmischen Unternehmens geriet Friedrich und seinem Heer beinahe zur Katastrophe: Während der fortgeschrittenen Jahreszeit und inmitten einer feindseligen Bevölkerung drang er ohne viel Rücksicht auf seine Nachschubverbindungen moldauaufwärts tief nach Südböhmen in Richtung auf die Erblande vor. Als jedoch eine Entlastung durch die Alliierten ausblieb und sein österreichischer Gegner ihn in einen zermürbenden Kleinkrieg verwickelte, blieb Friedrich mit seinem durch Hunger, Krankheiten und massenweise Desertionen geschwächten Heer nur der stufenweise Rückzug aus Böhmen über die Sudetenpässe nach Schlesien. Er mußte die erste größere militärische Krise seiner Regierung zu meistern und den Schaden für Schlesien zu begrenzen suchen, wohin die österreichische Armee unter dem Prinzen Karl von Lothringen, unterstützt von den sächsischen Bundesgenossen, alsbald nachdrängte; bereits vorher hatten irreguläre ungarische Verbände große Teile Oberschlesiens unsicher zu machen begonnen, gegen die ein detachiertes preußisches Korps, das in Südostoberschlesien operierte, insgesamt ziemlich machtlos war. Der »kleine Krieg« in dieser Region rechts der Oder ließ sich nicht gewinnen, so daß der Monarch Oberschlesien weitgehend preisgab und seine Formationen auf eine Linie westlich der Glatzer Neiße zurücknahm.

Während der Wintermonate 1744/45 gestaltete sich seine Situation politisch wie militärisch alles andere als günstig. Entsprechend sank auch die Stimmung sowohl unter den Offizieren und den hohen Beamten als auch in der Bevölkerung.[107] Sogar der Provinzialminister Münchow riet zu Konzessionen an die Habsburgerin. Allerdings folgte selbst das am meisten von den Kriegshandlungen in Mitleidenschaft gezogene Oberschlesien nicht den Versprechungen und Parolen, die Maria Theresia in der Hoffnung auf eine Rückgewinnung des Oderlandes ausgab. Ihr Patent vom 1. Dezember 1744 wider den »friedbrüchigen König«, worin sie die schlesische Bevölkerung vom Treueid auf ihn entband,[108] fand keine nennenswerte Resonanz im Lande: von Einzelfällen abgesehen, nicht einmal in der katholischen Geistlichkeit oder beim Adel Oberschlesiens; dessen Repräsentanten im Landratsamt verhielten sich vielmehr während der Streifzüge und Besetzungen durchweg loyal und mußten dafür oft büßen. Der Provinzialminister konnte sogar von der besonderen Treue ganzer Ortschaften und einfacher Untertanen in der durchgehend katholischen Grafschaft Glatz berichten, die vom König dann belobigt wurden. Es gelang also nicht, das Konfessionsargument gegen die preußische Herrschaft signifikant zu mobilisieren, zumal die von Maria Theresia verheißene Rückkehr zum Status quo von Altranstädt zumindest den protestantischen Schlesiern wenig verheißungsvoll schien und die »barbarische« Art der Kriegführung durch ihre völlig undisziplinierten ungarischen Hilfsvölker entschieden kontraproduktiv wirkte. Die These von der »Rückkehr zu einer glücklichen Regierung« fand angesichts der harten Realität des Kriegsgeschehens in Oberschlesien kaum Glauben.

Friedrich II. sah sich Anfang 1745 einer Quadrupelallianz aus Österreich, den Seemächten und Kursachsen gegenüber; er mußte mit einem baldigen Eingreifen Rußlands in den Krieg unter Elisabeth Petrowna rechnen und war nach dem Tode des glücklosen Kaisers Karl VII. und dem Vertrag von Füssen am 22. April, worin dessen Sohn Max III. Joseph den bisherigen Widerstand der Wittelsbacher gegen die Pragmatische Sanktion aufgab, allein auf Frankreich als Verbündeten angewiesen. Er setzte in dieser prekären Situation einzig auf einen durchschlagenden militärischen Erfolg, war sich jedoch bewußt, daß die Entscheidung darüber nicht allein von ihm abhing, sondern von den »Konjunkturen«, die es zu nutzen gelte.[109] Die Chance kam, als Friedrich II. das über die absichtlich ungedeckten Gebirgspässe bei Landeshut nach Niederschlesien eingedrungene, durch sächsische Kontingente verstärkte österreichische Hauptheer unter dem Oberbefehl des Prinzen Karl beim Abstieg in die Ebene überlisten und in der Schlacht[110] bei Hohenfriedberg-Striegau am 4. Juni 1745 entscheidend schlagen konnte. Die von Friedrich persönlich konzipierte und bravourös gelenkte Schlacht erneuerte die angeschlagene militärische Geltung Preußens, wie sie den Feldherrnruhm des Königs endgültig festigte, aber sie blieb unter den Zwängen der damaligen Strategie und politischen Konstellation relativ folgenlos. Friedrich mußte die besiegte gegnerische Armee über die Grenzgebirge nach Böhmen ziehen lassen, wohin er ihr nur zögernd nachsetzte. Die Kämpfe am Oberlauf der Elbe erschöpften sich in Manöverbewegungen und Überfällen der leichten Truppen, bis der König dann, bereits auf dem Rückmarsch in die schlesischen Winterquartiere, einen Überrumpelungsversuch des Lothringers auf sein verbliebenes Heer am Fuße des Riesengebirges nahe Trautenau bei Soor am 30. September 1745 durch einen überraschenden Flankenangriff doch noch in einen Sieg umwandeln konnte.[111] Inzwischen hatte ein kleines preußisches Korps mit der Rückeroberung Oberschlesiens begonnen und dabei die Festung Cosel zurückgewonnen, aber die südöstlichen Gebiete doch nicht völlig unter Kontrolle bringen können.

In Wien blieb indessen Maria Theresia zur Fortsetzung des Krieges und zur Reduzierung Preußens fest entschlossen, zumal sie mit der Wahl ihres Gemahls Franz Stephan zum römisch-deutschen Kaiser durch die Mehrheit der Kurfürsten am 13. September die österreichische Stellung im Reich erheblich gefestigt sah; britische Friedensvermittlungen zwischen den Kontrahenten seit der englisch-preußischen Konvention von Hannover waren daher ergebnislos. Dem österreichischen Plan, den Krieg im Bündnis mit Sachsen und womöglich Rußland während eines Winterfeldzuges in die preußischen Kerngebiete hineinzutragen, konnte Friedrich II. nur durch einen Angriff auf Kursachsen zuvorkommen. Nicht in Schlesien, sondern auf sächsischem Boden wurde der Konflikt militärisch entschieden: In den benachbarten Lausitzen konnte der Reitergeneral Zieten ein sächsisches Hilfskorps für den Prinzen Karl bei Katholisch-Hennersdorf am 23. November aufreiben und anschließend die großen Magazine der Alliierten in Görlitz einnehmen, so daß sich die Österreicher zum Rückzug nach Böhmen gezwungen sahen. Sie konnten so der sächsischen Hauptarmee nicht mehr rechtzeitig zu Hilfe kommen, die in der kurzen und verlustreichen Schlacht bei Kesselsdorf nahe Dresden von einer preußischen Armee unter Fürst Leopold von Anhalt-Dessau am 15. Dezember frontal angegriffen und geschlagen wurde. Nunmehr fand sich auch die Habsburgerin zu den von Friedrich II. seit langem erstrebten österreichisch-preußischen Friedensverhandlungen in der besetzten sächsischen Hauptstadt bereit.

Der am Weihnachtstage 1745 in Dresden unterzeichnete Frieden[112] bestätigte in der Hauptsache den Status quo ante auf der Basis des Berliner Friedens. Der Preußenkönig behauptete also Schlesien in den 1742 gezogenen Grenzen, erkannte dafür aber das Kaisertum Franz' I. sowie die böhmische Kurstimme Maria Theresias an. Der Friedensschluß bewahrte ihn vor einem Eingreifen Rußlands wie vor dem finanziellen Zusammenbruch; er schrieb zugleich den Antagonismus zwischen Österreich und Preußen im Reich dauerhaft fest. Friedrich II. blieb sich dessen voll bewußt und suchte sich deshalb alsbald für die nächste Auseinandersetzung mit seiner »unversöhnlichen Feindin«, der er gleichwohl hohen Respekt und Anerkennung zollte, zu wappnen. Da die Königin von Böhmen »siegreich im Kaisertum, doch ohne Sieg für ihr Land« blieb,[113] wandte sie sich nun jenen großen von Österreichisch-Restschlesien her initiierten inneren Reformen zu, die erklärtermaßen einen erneuten Konflikt mit ihrem Gegenspieler vorbereiten und ermöglichen sollten. Allerdings mußte sie dazu erst den Ausgang des Österreichischen Erbfolgekrieges abwarten, der sich nun auf andere Kriegsschauplätze verlagerte, ehe er schließlich durch den Frieden zu Aachen im Oktober 1748 beendet wurde. Dort garantierten die europäischen Mächte sowohl die österreichische Erbfolgeordnung wie die preußischen Annexionen in Schlesien.

ÖSTERREICHISCH-RESTSCHLESIEN IM UMBRUCH

Die 1742 vollzogene und 1745 abermals bestätigte Zweiteilung Schlesiens im Verhältnis sieben zu eins zugunsten Preußens war aus österreichischer Perspektive[114] nicht nur ein unersetzlicher Verlust, den die Erbin der großen Habsburgermonarchie unbedingt rückgängig machen wollte; sie war, bei der Suche nach den Ursachen des eigenen Versagens zu Beginn des Österreichischen Erbfolgekrieges, nicht zuletzt das Ergebnis der inneren Strukturschwäche und der veralteten Organisationsformen dieser Monarchie unter Karl VI. Niemand wußte das besser als Maria Theresia selbst, die in ihrem »Politischen Testament«[115] nicht nur ihre eigene beklagenswerte Ausgangssituation 1740 zutreffend charakterisierte, sondern ebenso die historisch gewachsenen Mängel des habsburgischen Regierungssystems und der Verwaltung schonungslos aufdeckte.

Eine umfassende Staats- und Verwaltungsreform sollte hier Abhilfe schaffen, die jedoch erst nach dem Abschluß des Zweiten Schlesischen Krieges, vollends dann nach dem Aachener Frieden für die Gesamtmonarchie realisiert werden konnte. Diese gegen den Partikularismus der Kronländer und die Steuerhoheit ihrer mächtigen Stände gerichteten theresianischen Reformen,[116] die ganz konkret der Sanierung der desolaten Staatsfinanzen und damit dem Unterhalt eines ständigen Heeres dienen sollten, zielten auf die Rückgewinnung Schlesiens, sie standen unter dem Primat der auswärtigen Politik. Um sie zu verwirklichen, bedurfte es aber neben der Einsicht der Monarchin in die Reformbedürftigkeit ihres Staatswesens einer umfassenden Konzeption, eines einheitlichen Planes, der die voraussehbaren großen Widerstände zumal der Stände und ihrer Repräsentanten in den obersten Regierungskollegien brechen konnte. Eine derartige Konzeption bot ihr Graf Friedrich Wilhelm von Haugwitz (1702–1765), dessen Karriere etwa 1725 in Habsburgisch-Gesamtschlesien beim Breslauer Oberamt begonnen hatte und den die Monarchin 1742 als Präsidenten des königlichen Amtes in Troppau an die Spitze der Verwaltung der ihr verbliebenen Landesteile stellte.

Haugwitz, der aus einem verzweigten sächsisch-lausitzschen, auch in Schlesien begüterten Adelsgeschlecht[117] stammte, hatte sich durch seine Konversion, Heirat und Karriere in österreichischen Diensten mit seinem protestantischen Vater, der als Landesältester im Fürstentum Glogau fungierte und nach der Wende von 1742 vehement für den Preußenkönig optierte, überworfen. Er repräsentierte so die Gespaltenheit des schlesischen Adels zwischen Preußen und Österreich und verlor deshalb auch das zu einem Fideikommiß zusammengefaßte väterliche Erbe, wurde aber dafür von Maria Theresia reich entschädigt. Sie wertete die von Haugwitz 1743 gekaufte Minderherrschaft Bielitz 1751 zur freien Standesherrschaft auf und konnte ihn als »ein Werkzeug der göttlichen Providenz« bezeichnen, »just um durchbrechen zu können«.[118] Haugwitz nutzte die Chance, die mit dem Zusammenbruch der alten schlesischen Landesverfassung infolge der preußischen Annexion gegeben war, um in dem drastisch verkleinerten Kronland, das nunmehr neben dem ganzen Fürstentum Teschen Teile der Liechtensteinischen Fürstentümer Troppau und Jägerndorf, des Bistumslandes Neisse sowie elf Minderstandesherrschaften umfaßte und rund 237 000 Einwohner zählte, die ständische Mitwirkung bei den Finanzen und in der Landesverwaltung weitgehend auszuschalten. Er vereinte in seiner Hand das »Provinciale, contributionale und alle andere publica«, also die politische und die Finanzverwaltung.

Das königliche Amt oder Gubernium, dessen Kompetenzen weit über die des früheren Breslauer Oberamtes hinausreichten, kontrollierte auch die den Fürsten, Ständen und Städten in erster Instanz verbliebene Gerichtsbarkeit über deren Untertanen oder fungierte selbst als Gericht, während die Berufung von Troppau weiterhin an die Prager Appellationskammer ging. Die ständische Verfassung blieb zwar in Gestalt des jährlich zu drei Sitzungstagen zusammentretenden Fürsten- und Ständetages unangetastet, verlor aber weitgehend ihre frühere Bedeutung. Der aus je einem juristisch geschulten adligen Deputierten des Herzogs von Teschen, des Fürsten von Liechtenstein sowie der Stände von Troppau-Jägerndorf, auf Drängen Maria Theresias auch des Breslauer Bischofs und seit 1751 der Standesherrschaft Bielitz zusammengesetzte »Konvent« als ständiges ständisches Organ unterstand der Aufsicht des Guberniums.

Die Teilung Oberschlesiens bedingte außerdem eine Neuordnung der Verwaltung in den einzelnen verbliebenen Teilfürstentümern. Sie führte für Troppau und Jägerndorf schließlich 1746 zur Schaffung einer gemeinsamen Landeshauptmannschaft, während Fürst Josef Wenzel von Liechtenstein für die nunmehr preußischen Teile seiner Herrschaft in Leobschütz eine gesonderte Administration einrichtete. Für die

Maria Theresia zählte den schlesischen Grafen Friedrich Wilhelm von Haugwitz zu den wenigen, die »mit Recht mein ganzes Vertrauen besaßen«. Haugwitz konnte seine am preußischen Vorbild entwickelte Staatsreform zuerst in Österreichisch-Schlesien erproben, ehe sie in der ganzen Monarchie zur Geltung kam. Er wurde nach dem Urteil Friedrich Walters so zum »Baumeister eines neuen Österreich«. In seinem mährischen Schloß zu Namiest hängt noch heute dieses Porträt, auf dem der Minister die Ordenscollane vom Goldenen Vlies trägt.

verbliebenen Bereiche des Bischofslandes Neisse setzte der Breslauer Fürstbischof auf Wunsch der Monarchin in Weiden 1743 eine eigene fürstliche Regierung ein, die 1767 dann nach Johannesberg verlegt wurde. Während sich an der Stellung der Minderherrschaften wenig änderte, gerieten die von ihrem Hinterland abgeschnittenen Städte vielfach in wirtschaftliche Schwierigkeiten und in eine Finanzkrise. Die 1744 zunächst für Troppau und Jägerndorf verstärkte Kommunalaufsicht durch königliche Administratoren sollte hier Abhilfe schaffen, bewirkte jedoch nicht viel.

Die prekäre Finanzsituation wählte Graf Haugwitz zum Ausgangspunkt seiner Reformvorschläge zunächst für Restschlesien und dann für die Gesamtmonarchie, die durch den Rückgang der Bruttosteuereinnahmen in Schlesien von rund 2,08 Millionen Gulden im Jahre 1739 auf nur noch 180000 Gulden im Jahre 1743 eine Reduktion der dortigen Einkünfte auf ein Zehntel verkraften mußte.[119] Seine unter Umgehung der für Restschlesien eigentlich zuständigen Böhmischen Hofkanzlei der Monarchin direkt in Wien überreichten Reformdenkschriften[120] von Ende 1743 zielten auf eine Zusammenlegung der zentralen politischen und der Finanzverwaltung, der »politica et cameralia«, in einer obersten Zentralbehörde. Dabei ging es keineswegs nur um eine Verwaltungs-, sondern um eine Verfassungsreform, in deren Konsequenz nach preußischem Muster die Länder und Stände der Monarchie mit der politischen und Steuerverwaltung auch ihr »brachium«, die ausführende Gewalt, verlieren sollten.

Haugwitz, der in dem Gegensatz zwischen dem gesamtstaatlichen Interesse der Landesherrschaft und dem privilegierten Partikularismus der Stände den entscheidenden Schwachpunkt der Habsburgermonarchie gegenüber Preußen sah, erwies sich als ein grundsätzlicher Kritiker des Ständetums und konsequenter Verfechter des landesherrlichen Absolutismus. Für seine Argumentation berief er sich einerseits auf die Lehren der alten österreichischen Kameralisten, namentlich eines Wilhelm von Schröder, andererseits aber ganz explizit und direkt auf das preußische Beispiel in unmittelbarer Nachbarschaft. Indem er die Steuermehreinnahmen des Preußenkönigs in seinem Landesteil mit den Einkünften der Krone in habsburgischer Zeit verglich, demonstrierte er seiner Monarchin die Effizienz und Überlegenheit des preußischen Steuersystems. Früher sei in Schlesien »alles in größter unordnung und confusion tractiret worden« und »des Ausschreibens und Gebens nie kein Ende gewesen«;[121] demgegenüber stünden sich die schlesischen Untertanen Friedrichs jetzt viel besser, selbst wenn sie höher belastet würden. Haugwitz plädierte dafür, das preußische Steuersystem bei der angestrebten Rückgewinnung Schlesiens ungeachtet der ständischen Steuerprivilegien beizubehalten und womöglich gar die preußischen Beamten zu übernehmen.

Zwar ließen sich die weitgespannten Pläne des Grafen Haugwitz 1744 noch nicht realisieren, dafür gelangte aber sein in einer zweiten Denkschrift enthaltenes Minimalprogramm, für Österreichisch-Schlesien das »Contributionssystema auf einen besseren fuß zu setzen«, durch Patent der Königin vom 12. März zur Verwirklichung.[122] Die heftig kritisierten Stände mit dem von ihnen zu verantwortenden »verderblichen Unwesen« wurden dadurch von der politischen und Finanzverwaltung ausgeschlossen. Gegen die Durchsetzung der mit dieser Neuordnung verbundenen Neuveranlagung und Repartition der Steuern leisteten die Stände zwar hinhaltenden Widerstand, fügten sich dann aber doch der Auflage, jährlich 200 000 Gulden bewilligen zu müssen, wobei 1747 in zähen Verhandlungen mit den ständischen Deputierten der Modus der Lastenverteilung ausgehandelt wurde. Auf die adligen Herrschaften entfiel demnach eine Quote von 25 Prozent des Reinertrages gegenüber 33 Prozent der Untertanen.

Die in Schlesien eingeleiteten Maßnahmen konnten als Vorreiter der Gesamtstaatsreform gelten, mit der Maria Theresia den von ihr so hoch geschätzten Troppauer Präsidenten beauftragte. Er hat sie, gestützt auf ihre monarchische Autorität, gegen alle Obstruktion dann mit der Errichtung des »Directorium in publicis et cameralibus« 1749 krönen können. Es ging dabei nicht lediglich um eine Verwaltungsreform, sondern um eine Staatsreform, die nach dem berechtigten Urteil seiner Kritiker eine »Abänderung der Grundverfassung der Monarchie« beinhaltete. Haugwitz betrachtete das »kleine Landel Schlesien« als ein »sicheres und gutes Modell« für »sämtliche Lande« der großen Habsburgermonarchie.[123] Aber dieser Modellcharakter konnte die marginale Randprovinz nicht vor dem Schicksal bewahren, im Zuge der Spar- und Rationalisierungspolitik Kaiser Josephs II. 1782 mit dem Troppauer Amt seine Eigenständigkeit zu verlieren und verwaltungsmäßig nach Mähren eingegliedert zu werden.[124]

Auch kirchenpolitisch lag die Zäsur im Jahre 1782, als nach der vorherigen Auflösung der gegenreformatorischen Religionskommission das Toleranzpatent Kaiser Josephs II. die Dominanz der katholischen Religion gegenüber den »akatholischen« Bekenntnissen zwar bewahrte, aber den evangelischen Untertanen, die bisher lediglich auf die Gnadenkirche in Teschen als rechtlich anerkanntes Zentrum angewiesen waren, nunmehr begrenzte Religionsfreiheit einräumte; diese schloß eine genuin evangelische Konsistorialorganisation ein, die jedoch alsbald nach Wien verlegt wurde.[125]

Wirtschaftliche und gesellschaftliche Grundlagen der preußischen Herrschaft

Die entschlossene und rasche Veränderung der inneren Strukturen des Landes und ihre abermalige, wenngleich unsichere völkerrechtliche Absicherung durch den Dresdner Frieden waren Ausdruck einer zielstrebigen Politik der Eingliederung Schlesiens in den friderizianischen Staat, die sich in der Friedenszeit bewähren mußte und längerfristig zur vollen Integration der neuen Provinz führen sollte. Die Voraussetzung dafür war die innere Konsolidierung auf der Basis einer stetigen Bevölkerungsentwicklung und des wirtschaftlichen Ausbaus, die in der Tat schon das Jahrzehnt vor dem Ausbruch des Dritten Schlesischen Krieges bestimmten.

TENDENZEN DER BEVÖLKERUNGS- UND WIRTSCHAFTSENTWICKLUNG

Wie überall sonst in Mitteleuropa verzeichnete die zwar noch keineswegs durchweg exakte, aber in der Tendenz sicherlich zutreffende Statistik[126] auch für das Land an der Oder ein kontinuierliches Bevölkerungswachstum während des 18. Jahrhunderts.[127] Dabei wurde die friderizianische Zeit durch die Zäsur des Siebenjährigen Krieges deutlich in zwei Abschnitte geteilt: In der Periode bis 1756 blieb der Bevölkerungsanstieg schwach ausgeprägt; er wuchs von rund 1,136 Millionen im Jahre 1748 auf 1,162 Millionen nur geringfügig an; durch den Krieg erfuhr der Aufwärtstrend dann eine nachhaltige Unterbrechung, so daß 1763 in Schlesien nur 1,116 Millionen Einwohner gezählt wurden; anschließend stieg die Bevölkerung jedoch bis 1787 rasch auf 1,716 Millionen an.

Der langsamen Bevölkerungsentwicklung vor 1756, die auf dem Lande sogar rückläufig war, und der raschen Vermehrung nach 1763 entsprach im allgemeinen die wirtschaftliche Entwicklung des Landes, die selbstverständlich, wie im übrigen Preußen, von der Landwirtschaft dominiert wurde. Der Agrarsektor beschäftigte nicht nur die meisten Menschen und lieferte den höchsten, wenngleich nicht quantifizierbaren Anteil am Sozialprodukt Schlesiens, er bestimmte auch weitgehend die Existenzbedingungen der Bewohner, wie ihnen vor allem in Krisen- und Hungerzeiten nach Mißernten oder Kriegsverwüstungen bewußt wurde. Dennoch stand er nicht im Zentrum der staatlichen Wirtschaftspolitik oder auch nur der zeitgenössischen Wirtschaftslehre, die sich unter dem Eindruck der kameralistisch-merkantilistischen Theorien vorrangig auf Handel und Gewerbe konzentrierten.

Gleichwohl hat im Zuge der »agrarischen Bewegung« während der zweiten Jahrhunderthälfte auch die Diskussion um die Steigerung der landwirtschaftlichen Produktion und der Produktivität erheblich zugenommen, allerdings nur begrenzte Erfolge erbracht. Dem stand vor allem die überkommene Agrarverfassung im Wege, die der Preußenkönig jedenfalls in ihrem Kern nicht antasten konnte oder wollte, weil sie zugleich die Fundamente der Gesellschaftsverfassung berührte, auf denen die friderizianische Monarchie ruhte. Dies wiederum mußte zu einer Agrarpolitik führen, die einerseits auf Steigerung der landwirtschaftlichen Produktion und Produktivität wie auf Erhöhung der staatlichen Einnahmen aus diesem Sektor, sei es direkt aus der Domänenwirtschaft, sei es indirekt durch die Besteuerung des adlig-bäuerlichen Grundbesitzes, bedacht war, die andererseits aber ein gesellschaftspolitisches Gleichgewicht zwischen Adel und Bauern als gleichermaßen staatstragenden Ständen aufrechtzuerhalten suchte, und zwar durch »Bauernschutzpolitik« wie durch »Adelskonservation«.

Diese Grundsätze leiteten den preußischen Monarchen auch in Schlesien. Dort blieb die Wirtschaftsstruktur während der gesamten friderizianischen Zeit und noch darüber hinaus agrarisch bestimmt mit Schwerpunkten auf dem Getreideanbau und der Viehwirtschaft, mochten auch einzelne wichtige gewerbliche Wirtschaftszweige, wie die Leinwand- und Garnproduktion der Gebirgsregionen mit ihren wechselnden Konjunkturphasen oder in zunehmendem Maße dann das Bergbau- und Hüttenwesen, die Aufmerksamkeit stärker beanspruchen.

AGRARSTRUKTUREN, LÄNDLICHE SOZIALVERFASSUNG UND SITUATION DER STÄDTE

Gemäß der bestehenden Agrarverfassung[128] gehörte Schlesien zu dem im gesamten Siedlungsraum östlich von Elbe und fränkischer Saale vorherrschenden Typus der »Gutsherrschaft« und »Gutswirtschaft« mit hohem Anteil adliger Eigenbewirtschaftung der Güter unter Heranziehung von dienstpflichtigen Bauern; allerdings gab es daneben auch einen beträchtlichen Anteil von traditioneller, durch Zinsen und Abgaben bestimmter »Grundherrschaft«. Diese »gemischte Agrarverfassung«[129] blieb unter preußischer Herrschaft erhalten. In der schlesischen Agrarlandschaft dominierte weiterhin der adlige Privatbesitz, von dem nach einschlägigen Berechnungen[130] noch gegen Ende des Jahrhunderts rund 70 Prozent aller in grundherrlichen Bindungen stehenden 4 968 Dörfer abhingen; die Geistlichkeit kontrollierte weitere 17,1 Prozent, der Staat und der König hingegen nur 6,8 Prozent; von den damals existierenden 3 800 Herrenhöfen besaßen adlige Privatleute sogar 79,9 Prozent, die Geistlichkeit nur 7,9 Prozent, bürgerliche Privatleute 6,4 Prozent, der Staat lediglich 3,4 Prozent.

Dieser dominierende Adel umfaßte nach den Schätzungen des Provinzialministers Hoym von 1796 »ongefehr« 8 000 Personen,[131] von denen etwa 1 300 nicht im Lande lebten und teils in österreichischen Diensten standen; zumal galt dies für Oberschlesien und die Grafschaft Glatz, wo sich der adlige Grundbesitz mit sechs Herrenhöfen in einer Hand gegenüber nur drei im Landesdurchschnitt besonders konzentrierte. Weitere etwa 2 700 Adlige mit Familie waren als Offiziere oder Beamte teils ohne Grundbesitz, teils außerhalb der Provinz begütert. So blieben rund 4 000 Adelspersonen, 931 Edelleute mit ihren Angehörigen, übrig, die 1785/86 tatsächlich auf ihren Gütern saßen. Ihr Lebensstil scheint, zumindest vor dem Siebenjährigen Krieg, eher bescheiden, nicht besonders aufwendig gewesen zu sein; eine Kultivierung und Verfeinerung des adligen Landlebens setzte erst während der letzten Jahrzehnte des Jahrhunderts ein.

Demgegenüber war die Landbevölkerung sowohl in rechtlicher Hinsicht wie nach ihrer wirtschaftlichen Stellung in sich selbst erheblich differenziert:[132] Eine Unterscheidung lediglich nach den Schichten der Landbesitzer (»Bauern«) und Landlosen reicht nicht aus; vielmehr schieden sich die Besitzenden ihrerseits wiederum grob nach den »Bauern« mit Höfen von unterschiedlicher Größe und mehreren Gespannen, Gärtnern mit Ackerland in kleinem Umfang und etwas Viehhaltung, den »Robot- oder Dreschgärtnern«, Häuslern mit eigenem Haus und Garten, bisweilen mit etwas Vieh. Zu den Landlosen gehörten die »Einlieger«, die zur Miete wohnten, die ehemaligen Besitzer als »Auszügler«, die meist bei ihren Kindern lebten, und schließlich die große Gruppe des Gesindes, die neben den bis 1810 zum Gesindezwangsdienst verpflichteten Kindern der Landbevölkerung auch freie Knechte und Mägde umfaßte. Abgesehen von fließenden Übergängen zwischen den einzelnen Gruppen gab es erhebliche regionale Abweichungen der Bevölkerungsschichtung, die auch ethnisch-sprachliche Unterscheidungen einschlossen, ohne daß die Gliederung des Landes in »Deutschschlesien« und »Polnischschlesien«[133] mit einer Grenzziehung entlang der nordsüdlichen Linie vom Eintritt der Bartsch in schlesisches Gebiet über die Mündung der Glatzer Neiße in die Oder auf Troppau zu damals bereits nationale Implikationen besaß.

Diese Unterscheidung blieb indessen bedeutsam für die besitzrechtlichen Verhältnisse auf dem Lande, wo in den ganz überwiegend deutsch besiedelten niederschlesischen Regionen zumeist ein günstiges Besitzrecht galt, das den Bauern ihre Höfe erblich überließ, während in den oberschlesischen Gebieten, vor allem rechts der Oder, ein unerbliches, »lassitisches« Recht bestand, das dem Gutsherrn weitreichende Verfügungsfreiheit über die Stelle einräumte, ihn aber zugleich zu Bauhilfen und Unterstützungen im Notfall verpflichtete. Die Belastungen durch Dienste und Abgaben, die aus der Grund- und Gutsherrschaft für die Landbevölkerung erwuchsen, fielen von Ort zu Ort sehr unterschiedlich aus; jedoch gehörte Schlesien,[134] ausgenommen wieder die Geltungsbereiche lassitischen Rechts in Oberschlesien, in beiderlei Hinsicht offenbar zu den weniger belasteten Gebieten der ostmitteleuropäischen Agrarlandschaft. Wo sich die Grundherren selbst als Unternehmer gewerblich betätigten, sei es im Bergbau- und Hüttenwesen oder durch Glashütten und Manufakturen, wuchs für die Untertanen die Belastung durch Fuhrdienste oft beträchtlich an, während die Bauern auf geistlicher Grundherrschaft günstiger dastanden.

In der Verteilung der Bevölkerung nach Stadt und Land spiegelte sich der agrarische Charakter der Provinz noch einmal nachdrücklich wider: Nach der »neuen exakten Aufnahme« von 1787 unterschied der Provinzialminister[135] zwischen nur 130 »akzisbaren Städten« und 5500 »Dörfern und unakzisbaren Städten«, wobei er in jenen 39471, hingegen auf dem Lande 259643 Feuerstellen zählte. Dabei nahm der Anteil der städtischen Bevölkerung während des 18. Jahrhunderts sogar ab.[136] Sie umfaßte 1756 rund 22 Prozent der Gesamtbevölkerung, 1777 hingegen nur 19 Prozent, 1807 noch 17 Prozent. Beim Übergang zur preußischen Herrschaft befanden sich die schlesi-

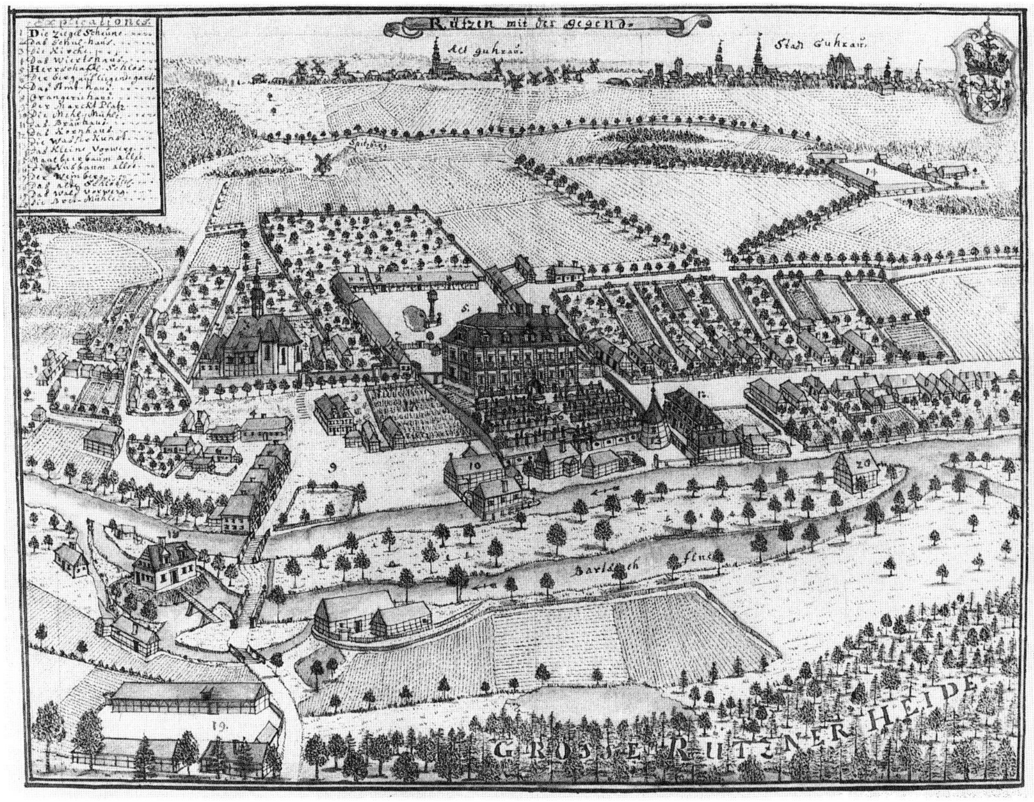

Der kleine Ort Rützen an der Bartsch unweit von Guhrau besaß wie viele seiner Art ein »Schlössel«, in dem auch die Kreisstände des zugehörigen Kreises zusammenkamen. Seine evangelische Kirche verlor in preußischer Zeit ihre Bedeutung als Zufluchtskirche. Der Ort gelangte durch Heirat in den Besitz des preußischen Justizministers und Großkanzlers Johann Heinrich Kasimir von Carmer. Die Zeichnung stammt aus der großen »Topographia Silesiae« Friedrich Bernhard Werners.

schen Städte vielfach in einem ungünstigen Zustand. Die Unterscheidung nach der Steuerkraft ließ zahlreiche »unakzisbare« Kleinstädte ihren Stadtcharakter verlieren und veränderte so die Bilanz zuungunsten der Städte. Allerdings hatten sich die Grenzen zwischen Stadt und Land schon vorher verschoben, nämlich durch die Verlagerung von Gewerben auf das Land. Dort breitete sich das von geringeren Steuerlasten beschwerte und nicht zunftpflichtige Landhandwerk aus, von den Gutsherrschaften oft gefördert, während die Garnspinnerei und Leinweberei sich in den sudetenschlesischen Gebieten angesiedelt hatten. Von den über 78 000 Handwerkern und »Künstlern«, die während der achtziger Jahre in Schlesien gezählt wurden, lebten weit mehr als die Hälfte, nämlich über 46 000, in Dörfern; auch die meisten Gewerbe und »Künste« waren auf dem Lande vertreten; vollends die Industrialisierung begann außerhalb der Städte, auf den Ländereien der oberschlesischen Grundherren.

Für die Gründung neuer Städte[137] blieb unter derartigen Bedingungen wenig Anreiz. Neben den Stadterweiterungen, die aus militärischen Überlegungen als Festungsbau, namentlich in Neisse und später in Silberberg am Paß über das Eulengebirge, erfolgten, gab es in friderizianischer Zeit überhaupt nur eine königliche Neugründung: Neusalz in verkehrsgünstiger Lage an der schiffbaren Oder erhielt 1743 Stadtrechte, um im salzarmen Schlesien anknüpfend an ältere Anlagen als Faktorei und Umschlaghafen für das neuerdings aus Magdeburg und Halle über das brandenburgische Fluß- und Kanalsystem oderaufwärts importierte Salinensalz zu dienen. Gleichzeitig erhielten die Herrnhuter die Konzession zur Errichtung einer Neusalzer Brüdergemeine, die in der Folge ein reges Gewerbeleben entfaltete. Unter den adligen Herrschaftssitzen, die während dieser Periode als »Marktflecken« stadtähnlichen Charakter erlangten, ragte Warmbrunn am Fuß des Riesengebirges mit seinen heißen Quellen heraus, das die Familie Schaffgotsch als Heilbad und zugleich als Gewerbezentrum ausbaute.

FRIDERIZIANISCHE »PEUPLIERUNGS-« UND SIEDLUNGSPOLITIK

Ein zentraler Aspekt der merkantilistisch-kameralistisch orientierten Wirtschaftspolitik Friedrichs II. war die »Peuplierung« seiner dünn besiedelten Monarchie;[138] durch Vermehrung der Einwohnerzahl und zugleich durch Hebung der Landeskultur mit Hilfe von im Ausland angeworbenen qualifizierten Siedlern sollte so das staatliche Potential gesteigert werden. Diese gezielte Siedlungs- und Kultivierungspolitik des Monarchen konzentrierte sich zwar auf die Landschaften des Oder-, Netze- und Warthebruches, erlangte aber auch für Schlesien große Bedeutung. Rund ein Fünftel der von ihm angesetzten Kolonisten siedelte dort, etwa 60 000 Menschen, die nach Angaben des Ministers Hertzberg einen finanziellen Aufwand von rund 6,2 Millionen Talern und damit höhere Aufwendungen erforderten als die bevorzugte Kurmark. Das Kolonisationswerk im Oderland, das während der vierziger Jahre einsetzte, umfaßte insgesamt 446 neue Siedlungen, von denen mehr als die Hälfte (52,5 Prozent) auf Oberschlesien entfielen. Die Voraussetzungen für derartige staatliche Maßnahmen waren ungünstiger als in den alten Provinzen, weil die Habsburger ihre Staatsgüter größtenteils verkauft oder verpachtet hatten. Deshalb mußte sich die Siedlung in Oberschlesien auf den Kreis Oppeln beschränken, wo auf den königlichen Domänen in den ausgedehnten Wäldern und auf armen Sandböden 56 Siedlungen entstanden. Weitere Siedlungsschwerpunkte lagen im südlichen Oberschlesien, während in Niederschlesien die Grafschaft Glatz und die nordöstlich anschließenden Kreise als Siedlungsraum bevorzugt wurden.

Neben landwirtschaftlich geprägten Kolonien gab es bei fließenden Übergängen zumal in Oberschlesien im Zuge des Auf- und Ausbaus der Eisenindustrie auch Berg- und Hüttengründungen, so durch die Anlage zweier Hochöfen in Malapane schon 1754, außerdem zahlreiche Forst- oder Holzfällerkolonien zur Versorgung der Hütten mit Holzkohle in den staatseigenen Wäldern bei Oppeln; ferner wurden gewerbliche Kolonien mit landwirtschaftlichem Nebenerwerb, namentlich die elf evangelisch-böhmischen Hussitendörfer, darunter das 1752 errichtete Friedrichgrätz im Kreis Oppeln, gegründet. Der überwiegende Teil der Kolonien ging allerdings nicht auf staatliche, sondern auf private Initiative zurück, wurde aber durch den König gefördert, namentlich durch die Vergünstigungen der Deklaration von 1773.[139] Er diente daher häufig den Bedürfnissen der Gutswirtschaft, die Kleinstellen für Gärtner und Häusler anstelle der eigentlich wünschenswerten Bauernstellen einrichtete, um Arbeitskräfte zur Bewirtschaftung der Vorwerke zu gewinnen. Die Privatkolonisten besaßen zumeist einen ungünstigeren Rechtsstatus als die Siedler auf Staatsgrund, die neben der Exemtion vom Militärdienst nicht nur Freijahre und Steuernachlaß für ihr Land genossen, sondern auch persönlich frei blieben und ihre Stellen vererben konnten. Haus und Hofausstattung wurden ihnen gestellt, während sie das Land durch Rodung oder Trockenlegung selbst gewinnen mußten.

Trotz solcher Vergünstigungen verlief der Siedlungsvorgang, der zumal nach Friedrichs II. Tod deutlich nachließ, nicht nur erfolgreich; es kam zu wiederholten Fehlschlägen, vor allem infolge der geringen Bodenqualität des ausgegebenen Landes, aber auch wegen der Unzuverlässigkeit oder gar Betrugsabsicht der geworbenen Siedler, die sich zu dem sehr hohen Anteil von 40,6 Prozent aus der Habsburgermonarchie, vor allem aus Böhmen, daneben aus Polen und Sachsen, erst in zweiter Linie aus dem übrigen Reich rekrutierten. Selbst wenn die Namen der Kolonien fast sämtlich deutsch waren, diese oft nach dem königlichen oder den adligen Gründern oder deren Frauen benannt wurden, Königswille, Anhalt, Schöneich, Charlottenberg oder Sophiental hießen, spielten doch nationale Gesichtspunkte[140] dabei keine Rolle; von einer »Germanisierung« konnte in Oberschlesien keine Rede sein, zu den Zuwanderern gehörten sicher auch zahlreiche Polen. Der Siedlungsgewinn in Schlesien insgesamt, der bereits in habsburgischer Zeit begonnen hatte, lag nach dem »Kolonistenregister«[141] bei 10 000 Kolonistenstellen, von denen rund 3000 mit direkter staatlicher Hilfe entstanden. Dies dokumentiert eine beachtliche Aufbauleistung der friderizianischen Epoche.

PROVINZ IM RAHMEN DES PREUSSISCHEN MERKANTILSYSTEMS

Ungeachtet der außerordentlichen Bedeutung, die der agrarische Sektor und die Erhaltung des labilen Gleichgewichts zwischen Adel und Bauern in der ländlichen Gesellschaft für den Preußenkönig besaßen, akzentuierte seine merkantilistisch-kameralistisch orientierte Wirtschaftspolitik doch vorrangig den gewerblich-industriellen Bereich. Dabei hatte sie die Bedürfnisse des Gesamtstaates im Auge, zu der die einzelnen Landesteile der Monarchie in unterschiedlicher Weise beitragen sollten. In diesem System erhielt die neue, aufgrund ihrer Größe, ihrer Bodenschätze und ihres fortgeschrittenen ökonomischen Entwicklungsstandes besonders wichtige östliche Provinz ihren Platz zugewiesen. Schlesien mußte sich den gesamtstaatlichen Zielen und dem Vorrang der preußischen Kernlandschaft, speziell der kurmärkischen Region um die Residenzstädte Berlin und Potsdam, auch in wirtschaftlicher Hinsicht unterordnen. Von dort her ergeben sich die ambivalenten und daher in der Historiographie[142] bis heute kontrovers diskutierten Auswirkungen der friderizianischen Wirtschaftspolitik auf Schlesien: Das Oderland mußte hohe steuerliche Belastungen tragen; es wurde teils als Rohstoffbasis für die Industrien anderer Provinzen genutzt; es verlor handelspolitisch seine Rolle als Transitland und mußte sich neue Absatzmärkte für seine traditionelle Produktion suchen, was nur partiell gelang; aber es wurde gleichzeitig in anderen Wirtschaftsbereichen wie bei der Entwicklung der Landeskultur nachhaltig gefördert, wirkte zumal beim Aufbau des Berg- und Hüttenwesens innovatorisch; sein wirtschaftlich-kulturelles Gewicht im Gesamtstaat nahm, vom Monarchen durch hohe Investitionen und Subventionen unterstützt, kräftig zu.

Der Protektionismus und die damit verbundene Abschließung nach außen zugunsten der Förderung neuer einheimischer Industrien ging zu Lasten des Handels. Die Gründung und die Absicherung von anfangs kaum konkurrenzfähigen Manufakturen[143] namentlich im Textilsektor, daneben bei der gegen die böhmische Konkurrenz gerichteten Glasherstellung sowie bei der Tabak- und Eisenverarbeitung und Papierherstellung in Schlesien wurden von der Provinzialverwaltung in beträchtlichem Umfang, aber mit unterschiedlichem Erfolg durch Privilegien, Monopole oder Subventionen gestützt; sie schadeten wegen der damit meist verbundenen Exportverbote oder Hochzölle dem Außen- und Transithandel, der vorrangig in Breslau konzentriert war.

Dies wiederum mußte auf Dauer negative Auswirkungen auf die traditionelle schlesische »Leitindustrie« haben: Das in den Sudetenrandzonen der Gebirgskreise heimische Leinengewerbe auf der Basis von Flachsanbau und Garngewinnung war auf den Export angelegt, der erheblichen Konjunkturschwankungen unterlag und langfristig, über den Zeitraum von 1740 bis 1806, tatsächlich einen Rückschlag erlitt,[144] vor 1756 wie in der spätfriderizianischen Zeit indessen noch große Exporterfolge erzielte. Über hundert Handlungshäuser in den Gebirgsgegenden, zumal in Hirschberg und Landeshut, waren an der Ausfuhr der schlesischen Leinwandprodukte bis hin zu den feinsten Schleiern in viele europäische Länder wie nach Übersee beteiligt. Das zweite Standbein der schlesischen Textilindustrie, die Tuchfabrikation auf der Basis einheimischer oder

Handel und Gewerbe hatten auf den Breslauer Märkten ihren festen Platz. Auf der »Sieben-Kurfürsten-Seite« des Ringes, in dessen Mitte die Waage stand, fand der Wollmarkt statt. In fast allen Kaufmannshäusern auf der linken Ringseite, angefangen beim Sieben-Kurfürsten-Haus bis zum Greifenhaus, hat sich Breslauer Stadtgeschichte zugetragen. Vom Fenster der »Goldenen Sonne« herab (viertes Haus von links) war 1742 der Breslauer Frieden verkündet worden.

importierter Wolle, erwies sich als weniger konjunktur- und exportabhängig: Die Produktion von feinen und groben Tuchen und erst recht die zunehmende Herstellung von Baumwollfabrikaten expandierten unabhängig von kriegs- oder handelsbedingten Einbrüchen sogar kräftig.

Diese Produktionszweige stellten die weitaus größte, im übrigen einkommensmäßig und nach ihren materiellen Lebensbedingungen nicht erst seit Beginn des Maschinenzeitalters schlecht situierte Zahl der gewerblichen Beschäftigten, das große Heer der armen Weber und Spinner. Ihnen gegenüber fielen alle alten oder neu eingerichteten etwa dreißig Zweige der »Industrie« nicht nennenswert ins Gewicht.[145] Selbst der Bergbau und das mit ihm verbundene Hüttenwesen spielten sowohl der Produktion wie dem Wert nach während der ersten Jahrzehnte der friderizianischen Herrschaft volkswirtschaftlich noch eine untergeordnete Rolle. Dies sollte sich erst etwa seit 1780 unter der tatkräftigen Regie des Ministers Friedrich Anton von Heynitz nachhaltig ändern.[146]

Durch die Veränderung der politischen Konstellation seit 1742 wurden für die schlesische Wirtschaft und ihre Kaufmannschaft die traditionellen Wirtschaftsbeziehungen zu den habsburgischen Ländern abrupt unterbrochen;[147] eine vertragliche Neuordnung des zwischenstaatlichen Handels und der Zölle, wie sie in Artikel 8 des Berliner Friedens vorgesehen war, kam nicht zustande; ebensowenig half die Bestimmung des Dresdner Friedens, daß beide Vertragspartner den Handel zwischen ihren Staaten begünstigen statt erschweren sollten. Eine Wiederherstellung des Status quo ante im Handel, über den lange zwischen den Höfen in Berlin und Wien diskutiert wurde, erwies sich als unmöglich. Mit dem Erlaß einer prohibitiven Zollordnung für Böhmen, Mähren und Österreichisch-Schlesien 1753, die die Tarife für schlesische Waren auf dreißig Prozent und höher ansetzte und die Friedrich II. dann seit 1754 durch Repressalien beantwortete, kam der Handelsaustausch zwischen Schlesien und der Habsburgermonarchie vollends zum Erliegen. Auch nach dem Siebenjährigen Krieg hat sich an dieser handelspolitisch unbefriedigenden Situation nichts geändert. Dies gilt nicht weniger für Kursachsen, mit dem ein förmlicher Handelskrieg geführt wurde, ferner für Ungarn und für die polnische Adelsmonarchie, wo wichtige Absatz- und Bezugsgebiete unversehens ausfielen, zumal die Teilungen Polens seit 1772 neue Barrieren aufrichteten, etwa für den Galizienhandel.

Offenbar ist es der schlesischen Wirtschaft und insbesondere dem in Breslau konzentrierten Handel nicht rasch genug gelungen, sich auf die veränderten Bedingungen des Warenverkehrs und Güteraustauschs, der durch die weiten Entfernungen auf schlecht ausgebauten Straßen erheblich verteuert wurde, umzustellen. Dies erwies sich auch bei dem Versuch des Königs, Breslau seit 1742 neben Frankfurt/Oder zu einem zweiten Messeplatz[148] in der Monarchie für den Handel mit Osteuropa zu machen und so mit Leipzig konkurrieren zu lassen. Die hohen Erwartungen Friedrichs erfüllten sich nicht, die Breslauer Kaufleute ergriffen die ihnen gebotene Chance nicht. Die Neuorientierung der schlesischen Wirtschaft und insbesondere ihres Handels auf den großen expandierenden Binnenmarkt der Monarchie lief nur zögernd an. Allerdings ist dabei zu bedenken, daß in friderizianischer Zeit von einem einheitlichen preußischen Wirtschaftsraum schon mit Blick auf die isolierten Westprovinzen und die noch fehlenden einheitlichen Zollvorschriften kaum gesprochen werden kann. Dennoch wies die schlesische Handelsbilanz für das Jahr 1750 nach zeitgenössischen Angaben[149] einen Ausfuhrüberschuß von mehr als 2 Millionen Talern aus und gleichzeitig betrug ihr Anteil an der Gesamtausfuhr aller Landesteile nahezu fünfzig Prozent. Dies zeigt die Wirtschaftskraft und ökonomische Bedeutung des Oderlandes im preußischen Staatsverband bereits zehn Jahre nach der Eingliederung mit hinreichender Deutlichkeit.

Im Dritten Schlesischen Krieg (1756–1763)

SCHLESIEN UND DER AUSBRUCH DES SIEBENJÄHRIGEN KRIEGES

Im mächtepolitischen Ringen um Schlesien betrachteten die Kontrahenten Österreich und Preußen die Periode seit dem Dresdner Frieden lediglich als einen »Waffenstillstand«; unterdessen suchten sie sich auf die endgültige politisch-militärische Auseinandersetzung[150] vorzubereiten und den geeigneten Zeitpunkt dafür abzupassen. Für beide Seiten ging es um sehr viel mehr als um den Besitz Schlesiens: In dem Bestreben, sich als weitere europäische Macht einzuführen, stieß Friedrich II. auf den anhaltenden Widerstand der etablierten Großmächte, die durch das rücksichtslose Vorgehen des Aufsteigers das gesamte System der europäischen Hegemonialmächte seit Utrecht und Nystad gefährdet sahen. Insbesondere die österreichische Außenpolitik unter der tatkräftigen Leitung des Staatskanzlers Wenzel Anton Graf Kaunitz seit 1753 wollte unbedingt verhindern, daß »Preußen zu einer neuen Macht vom ersten Rang in Europa« aufstieg und durch die »Vergrößerungs- und Übermachtsbegierde« seines Monarchen »die Ruhe und das Gleichgewicht von Europa und besonders von Teutschland« gefährdete.[151]

Kaunitz wollte mit Hilfe einer weit überlegenen großen Koalition unter Einschluß Frankreichs und Rußlands Preußen wenn nicht gänzlich auslöschen, so doch auf den Status einer zweitrangigen Macht zurückstufen und die Großmachtambitionen Friedrichs ein für allemal zerstören.[152] Von daher erklärt sich die Hartnäckigkeit, mit der die Alliierten des Siebenjährigen Krieges unter Führung Österreichs nicht nur die Rückgewinnung Schlesiens erstrebten, sondern die Reduktion Preußens »in die alte Mittelmäßigkeit« betrieben, wie umgekehrt Friedrich alles daransetzen mußte, die einmal errungene Position zu behaupten.

Als sich im Verlauf des Jahres 1756 die antipreußische Koalition, der sich ungeachtet äußerer Neutralität auch Sachsen-Polen angeschlossen hatte, immer deutlicher formierte und es nach den Informationen Friedrichs durch seine Agenten nur noch um den günstigsten Zeitpunkt zum Losschlagen gegen ihn ging, griff der König zum Mittel des Präventivschlages.[153] Die Nachrichten von russischen Truppenbewegungen seit Juni und von österreichischen Truppenkonzentrationen in Böhmen und Mähren veranlaßten ihn Ende August 1756 zum Einmarsch in Sachsen. Friedrich huldigte der Maxime, daß *praevenire* besser sei als *praeveniri*, suchte indessen das Odium des Friedensbrechers durch drei dramatische Interventionen seines Wiener Gesandten bei Maria Theresia abzuwehren und sein Vorgehen durch Denkschriften und diplomatische Aktivitäten zu rechtfertigen. Nicht die Aussicht auf territorialen Gewinn, sondern die Einschätzung der eigenen existentiellen Bedrohung durch die Übermacht der Gegner leitete ihn dabei.[154]

Der Preußenkönig wollte sich des reichen und wirtschaftlich prosperierenden Landes mit seinen großen materiellen Ressourcen als Operationsbasis im Kampf gegen die Koalition bedienen, der sich neben Rußland unter dem Eindruck des Vorgehens gegen Sachsen Frankreich durch den zweiten Versailler Vertrag vom Mai 1757 definitiv anschloß, ferner Schweden und das Reich; dessen Reichstagsmehrheit beschloß Anfang 1757 die Reichsbewaffnung und Exekution gegen Preußen als Friedensbrecher, sah von einer Achterklärung allerdings wegen des Einspruchs des Corpus Evangelicorum ab. Auf seiten Preußens verblieben neben England-Hannover, das sich anfangs bei der Unterstützung seines kontinentalen Bundesgenossen eher zurückhielt, lediglich Hessen-Kassel, Braunschweig und Sachsen-Gotha.

Dem preußischen Heer von anfangs 126 000 Mann im Felde[155] stand rein numerisch eine dreifache Übermacht gegenüber; indessen war sie infolge der divergierenden Interessen der beteiligten Mächte und der komplizierten Befehlsstrukturen der gegnerischen Armeen weit unbeweglicher und entscheidungsschwächer als der Preußenkönig, der in seiner Person die Einheit von Politik und Kriegführung verkörperte[156] und entschieden durchzusetzen wußte, selbst wenn auch er aus der methodischen Kriegführung der Zeit mit ihrer schwerfälligen Manöverstrategie und komplizierten Logistik kaum ausbrechen konnte.

PROVINZ IN DEN WECHSELFÄLLEN DES GROSSEN KRIEGES

Von dem ersten Feldzug des Spätjahres 1756, der nach der Abwehr eines österreichischen Entlastungsangriffs bei Lobositz in Böhmen zur Kapitulation des eingeschlossenen sächsischen Heeres im Lager von Pirna führte, aber Nordböhmen in der Hand der Österreicher lassen mußte, blieb Schlesien noch weitgehend unberührt.[157] Die Verteidigung des Oderlandes, dessen kürzeste Verbindungslinien nach Berlin über gute Heerstraßen durch die strategisch so bedeutsame geschlossene Bastion Sachsen führten, übertrug der König dem Feldmarschall Schwerin; dieser unternahm mit seiner Armee von knapp 30 000 Mann nur einen kurzen Vorstoß von Neisse über Glatz nach Böhmen, um seine Truppen dann in die Winterquartiere zu führen und die gebirgige Grenzlandschaft mit den Sudetenpässen weiträumig vor Einfällen zu schützen. Maßnahmen zur Mobilisierung des Landes waren erst relativ spät, im August, angelaufen. Sie führten ungeachtet der vorsorglichen Verlegung der oberschlesischen Oberamtsregierung aus Oppeln nach Brieg[158] und trotz verbreiteter Gerüchte zu keiner nennenswerten Unruhe, zumal Fürstbischof Schaffgotsch seinen Diözesanklerus zur Loyalität und zum Gebet für den Preußenkönig aufrief,[159] so daß latente Konfessionsängste und -spannungen zunächst unterdrückt werden konnten.

Im Jahre 1757 griff das Kriegsgeschehen zum ersten Mal intensiv auf Schlesien über und zog das Oderland nachhaltig in Mitleidenschaft. Zwar nahm die preußische Frühjahrsoffensive gegen Böhmen, an deren Planung die in Schlesien befehlenden Militärs Winterfeldt und Schwerin beteiligt waren, teils von dort ihren Ausgang: Die Preußen drangen in vier Heeressäulen im April bis vor die Tore von Prag, wo sie das Heer Karls von Lothringen in einer verlustreichen Schlacht, die auch Schwerin das Leben kostete, am 5. Mai besiegten; aber der König selbst erlitt, bevor es zu einer Kapitulation der eingeschlossenen böhmischen Hauptstadt kommen konnte, am 18. Juni mit einem Teil seiner Armee eine empfindliche Niederlage bei Kolin, die ihm der österreichische Befehlshaber Leopold Graf Daun bereitete. In der Konsequenz dieser Niederlage, die Friedrichs Feldherrnruhm beschädigte, lag die Räumung ganz Böhmens und Mährens, auf längere Sicht auch der von ihm nur notgedrungen akzeptierte Verzicht auf weiträumige Operationen. An die Stelle des Prinzips, daß »unsere Kriege kurz und vives sein müssen«,[160] trat der lange Zermürbungskrieg; er lief darauf hinaus, Sachsen und Schlesien als Operationsbasis auf der inneren Linie gegen die von den verschiedensten Seiten anrückenden Feinde nach Möglichkeit zu behaupten und deren Vereinigung zu verhindern, wobei die Hauptgefahr in einer Kooperation zwischen den österreichischen und russischen Heeren in den Lausitzen und in Schlesien lag.

In der Tat nutzten die Österreicher den preußischen Abzug aus Böhmen nun dazu, an mehreren Stellen in die Oderprovinz einzudringen und das zunächst nur von schwachen Kräften verteidigte Land durch Überfälle, Requirierungen, kleinere Scharmützel und vorübergehende Besetzungen zu verunsichern. Unterdessen war es die Aufgabe des seit 1755 amtierenden schlesischen Provinzialministers Ernst Wilhelm von Schlabrendorff (1719–1769),[161] eines zuletzt als Kammerdirektor im Fürstentum Magdeburg tätigen Märkers, der bereits mit 36 Jahren das verantwortungsvolle Amt übernommen hatte, die Heeresversorgung und -finanzierung im Lande zu organisieren, und zwar an der Spitze eines eigens eingerichteten Feldkriegskommissariats, das für die Dauer des Krieges die schlesische Zivilverwaltung auf Routineangelegenheiten beschränkte. Während der König mit seinem Kabinett fern von der Residenzstadt in wechselnden Feldlagern oder Winterquartieren sich ganz auf die Kriegführung konzentrierte, mußten seine Berliner Ministerien wie die Provinzialbehörden ungewohnterweise weitgehend selbständig handeln.[162]

Die Devise in Schlesien und anderen kriegsbetroffenen Regionen, möglichst schonend mit den eigenen Untertanen umzugehen und sie vor unrechtmäßiger Bedrükkung zu schützen, erwies sich alsbald als Illusion. In dem Maße wie die militärische Lage sich verschlechterte, mußte auch die Zivilbevölkerung zu zusätzlichen Anleihen, Abgaben, Einquartierungen und Diensten herangezogen werden. Die Staatsbediensteten mußten seit September 1757 vorübergehend sogar auf ihre Gehälter und Pensionen verzichten. Sie wurden mit später einzulösenden Kassenscheinen abgespeist, so daß mancher Beamte der unteren Chargen dadurch in wirtschaftliche Not geriet.

Die Problematik spitzte sich noch zu durch die zeitweilige Besetzung und Herrschaft der Österreicher in einzelnen Landesteilen, zumal in Oberschlesien, die nicht nur zu bisweilen massiven Repressalien, Zwangsmaßnahmen und Plünderungen, sondern auch zu Loyalitätskonflikten für die Beamten, die Geistlichkeit und die gesamte Bevölkerung führen mußten, da beide Seiten die Herrschaft im Lande für sich beanspruchten und dabei ihre Parteigänger zu mobilisieren suchten. Maria Theresias Patent vom 21. September[163] forderte ausdrücklich die Rückkehr unter österreichische Herrschaft und verlangte Treueerklärungen der verbliebenen Beamten. Allerdings erwies sich bei den im nachhinein angestellten Untersuchungen, daß das Ausmaß der Illoyalität in der Beamtenschaft, zumal bei der Oberamtsregierung und weiteren Behörden in Breslau, die dem kurzfristig im Herbst 1757 dort residierenden österreichischen »Landeskriegskommissar« Graf Kolowrat eine derartige Verpflichtung abgegeben hatten, doch geringer war, als der Monarch und sein Provinzialminister, der mit einem Teil der Beamtenschaft und der Kasse in die Feste Glogau flüchtete, fürchteten. Immerhin wurden einige Beamte kassiert und zu Festungsarrest verurteilt, der Breslauer Magistrat hingegen in corpore absolviert.[164]

Diffiziler blieb die konfessionelle Problematik, die jetzt neue Aktualität erhielt. Der »Religionshaß« schien in Schlesien zurückzukehren: Während die Protestanten nicht ohne große Besorgnis die ausweichenden Aussagen Maria Theresias und ihrer Repräsentanten zur künftigen Religionsfreiheit im Lande vernahmen, sahen sich die katholischen Schlesier, zumal der oberschlesische Adel und der Klerus, mit dem grundsätzlichen Mißtrauen des Provinzialministers Schlabrendorff konfrontiert; dieser berichtete entsprechend an den Monarchen, so daß Friedrich nach der Wiederherstellung der preußischen Herrschaft in Breslau scharfe Untersuchungen gegen die dortige Geistlichkeit und die Klosteroberen einleitete, ohne daß diese den Nachweis strafbarer Handlungen erbrachten.[165] Die wiederholte Beschuldigung, Deserteure ermutigt, begünstigt oder versteckt zu haben, führte im Falle des Glatzer Kaplans Andreas Faulhaber Ende 1757 zur Verurteilung und sogar zu einer spektakulären Exekution, die auf eine Empfehlung des kommandierenden Generals in der Grafschaft Glatz, de la Motte-Fouqué, zurückzugehen scheint und wohl abschreckend wirken sollte.[166]

Die Zuspitzung der konfessionellen Lage ergab sich auch aus dem Verhalten des Breslauer Fürstbischofs Schaffgotsch. Dieser hatte noch zu Beginn des Krieges in einem Hirtenbrief für die preußische Sache Partei ergriffen,[167] wurde im weiteren Verlauf allerdings vom Provinzialminister der Zusammenarbeit mit Österreich beschuldigt, ohne daß der Monarch dies sonderlich ernst nahm,[168] bis der Oberhirte dann am 5. Dezember, von Maria Theresia dazu aufgefordert, aus Breslau auf sein in Österreichisch-Schlesien gelegenes Schloß Johannesberg auswich, offenbar weil er die preußische Position in Schlesien nicht mehr für sicher hielt oder sich selbst gefährdet sah. Diese Flucht seines ehemaligen Günstlings traf den Preußenkönig sichtlich schwer. Jedenfalls datiert seit Ende 1757 ein verschärftes Mißtrauen gegen den katholischen Klerus. Es schlug sich vor allem in der Kabinettsordre an die schlesischen Justizkollegien und Konsistorien vom 31. Dezember nieder,[169] die Stolgebührenzahlung der Evangelischen an den jeweiligen katholischen Parochialgeistlichen abzuschaffen. Diese spontane Entscheidung Friedrichs II. »auf das flehentliche Ansuchen der schlesischen Stände« hin widersprach den bisherigen Grundsätzen der friderizianischen Religionspolitik und stieß deshalb auch auf die Kritik der Breslauer Oberamtsregierung; auch nach Kriegsende wurde sie nicht rückgängig gemacht, sondern durch die Aufhebung des Parochialzwanges für beide großen Konfessionen noch verstärkt.[170]

Unterdessen hatten das unglückliche Gefecht bei Moys nahe Görlitz am 31. August, in dem General Winterfeldt fiel, und die unentschlossene Kriegführung des nunmehrigen Oberbefehlshabers in Schlesien, des Herzogs von Braunschweig-Bevern, den Österreichern eine Chance eröffnet, das Oderland von Norden und Süden her weiträumig unter Kontrolle zu nehmen. Es kam im November zur Belagerung und Kapitulation der stark ausgebauten Festung Schweidnitz und bald darauf nach einem Sieg über das preußische Deckungsheer sogar zur Einschließung und Übergabe der weniger gut befestigten schlesischen Landeshauptstadt Breslau. Der Stadtkommandant, General Lestwitz, zog mit den wenigen ihm verbliebenen Truppen nach hohen Desertionsverlusten am 24. November ab, während sich nun die Österreicher dort festsetzten, um von der Kapitale aus die Wiedererrichtung der Herrschaft Maria Theresias einzuleiten.

Der Preußenkönig konnte dem bedrängten Schlesien erst nach seinem populären Sieg über die Reichsarmee und die Franzosen am 5. November bei Roßbach in Thüringen, der ihn vor Überraschungsangriffen aus dem Westen vorläufig sicherte, zu Hilfe eilen; er kam zu spät, vereinigte sich dann aber mit den Resten der dortigen, nunmehr dem Husarengeneral Hans Joachim von Zieten unterstellten Armee im Lager zu Parchwitz, wo er in einer bemerkenswerten Rede seine Offiziere zur Entschlossenheit und Tapferkeit in der von ihm erstrebten Schlacht aufforderte, ihnen aber zugleich freistellte, ihren Abschied zu nehmen:[171] »Ich werde gegen alle Regeln der Kunst die beinahe dreimal stärkere Armee des Prinzen Karl angreifen, wo ich sie finde ... Ich muß diesen Schritt wagen, oder es ist alles verloren ...« Zwei Tage darauf, am 5. Dezember, erfocht er dann mit diesem Heer bei Leuthen unweit von Breslau einen der bedeutendsten Siege dieses Krieges überhaupt, und zwar nach dem Prinzip der »schiefen Schlachtordnung«.[172]

Der Sieg von Leuthen änderte zwar an der strategischen Gesamtlage des Königs in diesem Mehrfrontenkrieg wenig, aber er verhalf ihm zur Rückgewinnung ganz Schlesiens einschließlich der Hauptstadt Breslau; am 21. Dezember konnte Friedrich nach der Kapitulation der großen Besatzung in seine schlesische Kapitale feierlich einziehen, um während des Winters dort zu residieren und die Regierungsgeschäfte zu führen. Damals wurden von den Breslauer Kaufleuten wie von den schlesischen Stiften und Klöstern zur Kriegsfinanzierung hohe Zwangsanleihen erhoben.

Während des Jahres 1758, das im April die Rückeroberung der einzigen von den Österreichern noch besetzten schlesischen Festung Schweidnitz brachte, verlagerte sich das Kampfgeschehen deutlich auf andere Kriegsschauplätze; namentlich scheiterte die letzte größere Frühjahrsoffensive des Hauptheeres vor der mährischen Festung Olmütz. Der Monarch mußte sich nunmehr erstmals den Russen entgegenstellen, die sich mit der Besetzung Ostpreußens nicht begnügen wollten und bei Zorndorf am 25. August in einer blutigen Schlacht nur zurückgeschlagen wurden, so daß die Bedrohung der Kurmark anhielt; später wurde Friedrichs Heer im sächsischen Lager bei Hochkirch am 14. Oktober des Nachts von Marschall Daun überfallen und arg dezimiert. Infolgedessen stand Schlesien für österreichische Einfälle, Streifzüge und Belagerungsaktionen, so der Festungen Cosel und Neisse, weitgehend offen; die kleine schlesische Armee vermochte das gesamte Territorium nicht wirksam zu verteidigen. Auch russische Streifkorps tauchten jetzt an der schlesischen Ostgrenze bei Guhrau und Trachenberg auf.

Bis auf einige Grenzstreifen fand der Monarch Schlesien dann aber doch von gegnerischen Truppen frei, als er Mitte Dezember abermals in eher gedrückter Stimmung sein Winterquartier in Breslau nahm. Damals bestimmte er seine strategische Position in diesem Krieg neu: In seinen »Betrachtungen über einige Veränderungen in der Art der Kriegführung« gestand er schonungslos selbstkritisch ein, daß seine Kräfte zu großen militärischen Schlägen nicht mehr hinreichten, so daß er den Feind nur noch in kleinem Maßstab treffen könne:[173] »Das Gewicht von ganz Europa lastet auf uns. Wir müssen mit unsern Armeen stets unterwegs sein, um bald eine Grenze zu verteidigen, bald einer anderen Provinz zu Hilfe zu eilen. Wir sind gezwungen, das Gesetz unserer Feinde anzunehmen, anstatt das unsere ihnen aufzuerlegen ...« Es blieb nur noch die Rundum-Verteidigung bei ständig reduziertem Aktionsradius, der taktische Vorteil in der strategischen Defensive.

Mit diesen Maximen zog er in das Kriegsjahr 1759, das den erwarteten großen Vorstoß der Österreicher nach Schlesien nicht brachte. Dafür kam es aber erstmals zur Vereinigung der russischen Armee mit einem österreichischen Korps unter Gideon von Laudon, dem entscheidungsfreudigeren Rivalen und Unterheerführer des Marschalls Daun; sie riß Friedrich mit seinem Heer in Odernähe bei Kunersdorf am 12. August beinahe in eine ausweglose Katastrophe, wenn ihn nicht ein »Mirakel oder die göttliche Eselei der Feinde« vor dem sicheren Untergang bewahrt hätten.[174] Es traten noch weitere militärische wie persönliche Schläge hinzu, die den Preußenkönig in diesem für ihn besonders schwierigen Jahre trafen und die Lage Preußens ziemlich aussichtslos erscheinen ließen, zumal vorsichtige Friedenssondierungen über England keine Resonanz fanden.

Erst 1760 wurde Schlesien wiederum zum bevorzugten Kriegstheater. Erst jetzt traf die volle Wucht des Kriegsgeschehens das militärisch unzureichend geschützte Land und seine Zivilbevölkerung. Während der König mit seiner Hauptarmee auf Sachsen und die Rückeroberung Dresdens fixiert blieb, konnte Schlesien zum hauptsächlichen Operationsgebiet der österreichischen Teilarmee des Feldmarschalls Laudon, später sogar dreier österreichischer Armeen werden, und gleichzeitig bedrohten russische Einheiten von Nordosten her das Oderland. Laudon überwand zunächst den hartnäckigen Widerstand des kleinen Korps Fouqué in dessen Gebirgsstellungen bei Landeshut, ließ anschließend die Stadt plündern und verwüsten, um sich danach gegen die bereits eingeschlossene Festung Glatz zu wenden, die am 24. Juli fiel und fortan wie die ganze Grafschaft bis zum Kriegsende in österreichischer Hand blieb.

Das nächste Ziel Laudons war die abermalige Einnahme der Landeshauptstadt Breslau, die indessen von dem neuen Festungskommandanten, dem General Tauentzien, sehr viel entschlossener und wirksamer verteidigt wurde als knapp drei Jahre zuvor; Tauentzien lehnte selbst die günstigsten Kapitulationsangebote ab und nahm dafür die massive Beschießung der Stadt in Kauf, der auch das repräsentative Hatzfeldsche Barockpalais zum Opfer fiel; der General behauptete auf diese Weise aber Breslau, bis zur

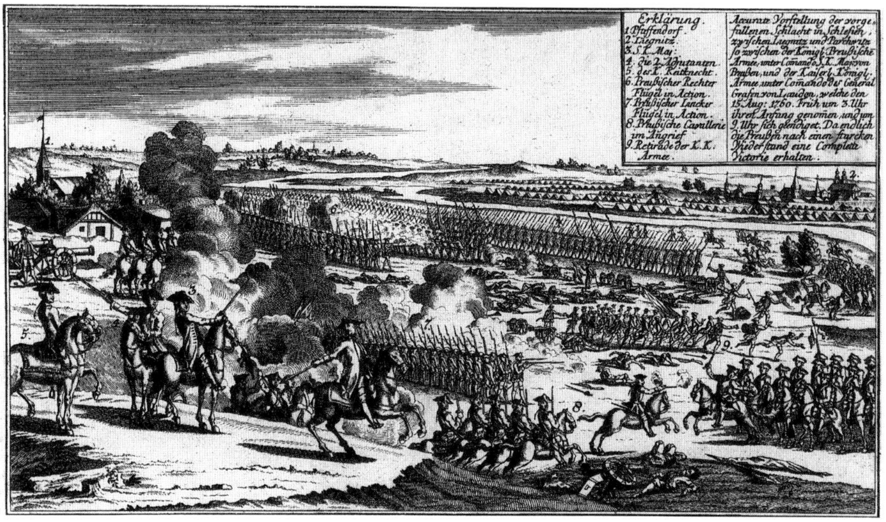

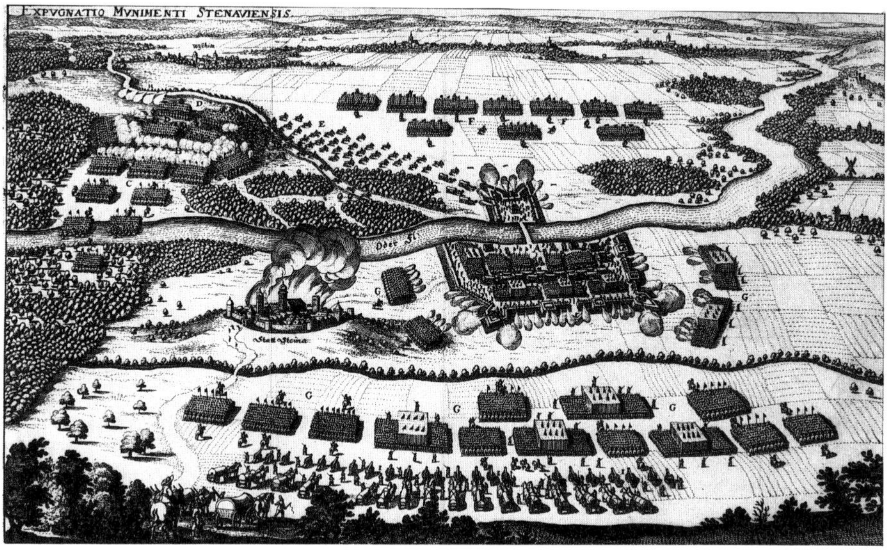

Zwei Ansichten verdeutlichen die großen Veränderungen im Militärwesen zwischen dem Dreißigjährigen und dem Siebenjährigen Krieg. Im Jahre 1633 waren die bei Steinau aufmarschierten Gevierthaufen teilweise noch mit Spießen bewaffnet. Die preußische Armee verdankte knapp anderthalb Jahrhunderte später ihre Erfolge – wie hier 1760 bei Liegnitz – ihrer modernen Ausrüstung und disziplinierten Lineartaktik.

Entlastung ein Armeekorps des Prinzen Heinrich und schließlich König Friedrich selbst aus Sachsen heranrückten, um bei Liegnitz am 15. August Laudon zu schlagen, ohne daß diesem die beiden in seiner Nähe operierenden österreichischen Armeen Dauns und Lacys zu Hilfe kamen. Die Folge war ein Abzug der bereits bedrohlich über die Oder gelangten Russen, die das besetzte Land verheerten, sowie eine Rückkehr zum Manöverkrieg, der diesmal neben Oberschlesien besonders die industrialisierten Gebirgskreise in Mitleidenschaft zog. Ein österreichisch-russischer Vorstoß auf die eigene Hauptstadt Berlin zwang Friedrich, Breslau und Schlesien wieder zu verlassen, um der Armee des ihn verfolgenden Marschalls Daun bei Torgau entgegenzutreten und sie unter hohem Blutzoll zu besiegen.

Die Jahreswende 1760/61 sah den Preußenkönig zwar in einer nach wie vor äußerst kritischen Situation, jedoch zeigten sich nunmehr auch auf der Gegenseite Zeichen von Kriegsmüdigkeit, besonders in Versailles, aber auch am Wiener Hof, wo die steigende Finanzkalamität Österreichs Heeresreduktionen auslösen sollte, während sich in England mit dem Thronwechsel zu Georg III. am 25. Oktober ein Umschwung in den Beziehungen zu Preußen vorbereitete. Er führte nach dem Sturz William Pitts zum Verlust der erheblichen britischen Subsidien für Friedrich II. und zu einer britisch-französischen Annäherung über die Interessen ihrer bisherigen Verbündeten hinweg. Das große numerische Übergewicht der österreichischen und russischen Armeen, die sich jetzt in Schlesien während des Sommers vereinigen konnten, zwang den Monarchen zu einer rein defensiven Manöver-Kriegführung, die sich am deutlichsten in der Errichtung des ausgedehnten befestigten Lagers von Bunzelwitz[175] nahe der Festung Schweidnitz zeigte; dort stand der König mit seinen Truppen von etwa 55 000 Mann wieder einer beinahe dreifachen Übermacht gegenüber, ohne daß diese zum Sturm anzusetzen wagte; während das russische Kontingent am 10. September abzog, gelang es Laudon aber doch am 1. Oktober, die schwach besetzte Festung Schweidnitz mit erprobten Truppenteilen zu erstürmen und einen breiten Gebirgsstreifen unter österreichische Kontrolle zu bringen; Friedrich bezog inzwischen bei Strehlen ein weiteres befestigtes Lager, um von dort aus Breslau wie Neisse zu decken.

Beinahe wäre er dort durch Verrat eines protestantischen Adligen in seinem unzureichend bewachten Hauptquartier Woiselwitz von österreichischen leichten Truppen ausgehoben worden, wenn der sorgfältig ausgeklügelte nächtliche Anschlag nicht dank der Mithilfe des katholischen Dieners gerade noch rechtzeitig entdeckt worden wäre. Allerdings konnten Baron Warkotsch und ein beteiligter katholischer Geistlicher entkommen. Sie wurden in Abwesenheit wegen Hochverrats verurteilt und »in effigie« auf dem Salzring zu Breslau hingerichtet, genossen jedoch über den Friedensschluß hinweg die Protektion der Monarchin.[176] Die auf das äußerste zugespitzte Situation während der Winterquartiere, die sich Preußen und Österreich in Schlesien diesmal teilten, führte beiderseits zu rigorosen Rekrutierungskampagnen und Fouragerequirierungen im Lande und steigerte damit die Not und Furcht der Zivilbevölkerung weiter.

Waren die bisherigen zaghaften Friedensbemühungen ungeachtet der allseits erkennbaren Ermattungserscheinungen gescheitert, so mußte der Tod der Zarin Elisabeth am 5. Januar 1762 die politische Konstellation entscheidend ändern. Der russische Thronfolger Peter III. vollzog in seiner Bewunderung für den Preußenkönig einen raschen und extremen Stellungswechsel. Auf den Friedensschluß am 5. Mai folgte sogar wenig später ein russisch-preußisches Bündnis vom 19. Juni, das zwar infolge der Ermordung des Zaren unter Mitwirkung Katharinas (II.) von Anhalt-Zerbst keinen Bestand hatte; es genügte aber, Friedrichs Position in Schlesien gegenüber den Österreichern zu stabilisieren, indem er die Anwesenheit des bereits zum Abzug bereiten russischen Korps zu einem Schlag gegen Daun bei Burkersdorf am 21. Juli nutzte. Danach wurde auch die Rückeroberung der Festung Schweidnitz am 9. Oktober möglich, während Friedrichs Bruder Heinrich auf dem sächsischen Kriegsschauplatz die durch österreichische Truppen verstärkte Reichsarmee in der letzten größeren Schlacht des Krieges bei Freiberg niederringen konnte und so der Wiener Hofburg die Aussichtslosigkeit einer Fortsetzung des Krieges demonstrierte. Die Reichsstände schlossen nunmehr nacheinander Neutralitätskonventionen ab, während Schweden bereits vorher im Gefolge Rußlands aus der antifriderizianischen Koalition ausgeschieden war; die Großmächte England und Frankreich hatten im Verbund mit Spanien schon seit 1761 Separatverhandlungen aufgenommen, die im November 1762 zum Vorfrieden von Fontainebleau führten.

DER FRIEDEN ZU HUBERTUSBURG

Bei der allein noch ausstehenden Regelung des Konflikts[177] zwischen Preußen und den verbliebenen mitteleuropäischen Koalitionsparteien besaß König Friedrich II., der lange am Rande der Katastrophe operiert und dabei sogar auf die Hilfe durch Türken und Tataren gehofft hatte, eine relativ günstigere Ausgangssituation als während der vorangegangenen Kriegsjahre. Er hat sie entschieden zu nutzen verstanden.

Die Vermittlung zwischen den Kontrahenten übernahm das von dem Kriegsgeschehen am meisten betroffene Sachsen, und zwar durch den kurprinzlichen Hof in Dresden, der den bei Friedrich wohlgelittenen Freiherrn von Fritsch ins preußische Hauptquartier nach Leipzig sandte; dabei erwies sich rasch, daß nur ein Frieden auf der Grundlage des strikten Status quo ante aussichtsreich war. Die eigentlichen Verhandlungen, die seit dem 30. Dezember im sächsischen Jagdschloß Hubertusburg von den drei Diplomaten Hertzberg, Collenbach und Fritsch geführt wurden, konzentrierten sich auf die strittigen schlesischen Probleme: Es gelang dem österreichischen Unterhändler nicht, die nach wie vor von österreichischen Truppen besetzte Festung und Grafschaft Glatz für Maria Theresia zu behaupten, weder gegen eine Geldentschädigung noch gegen die Abtretung des bischöflichen Teilfürstentums Neisse oder gar von Jägerndorf und Troppau; der Preußenkönig wollte dieses Gebiet aus strategischen Gründen um keinen Preis abtreten; andererseits mußte Hertzberg in der Frage der Sicherung der schlesischen Handelsinteressen zurückstecken: Österreich behielt bis zum Abschluß eines neuen Handelsvertrages freie Hand, während die ebenfalls kontrover-

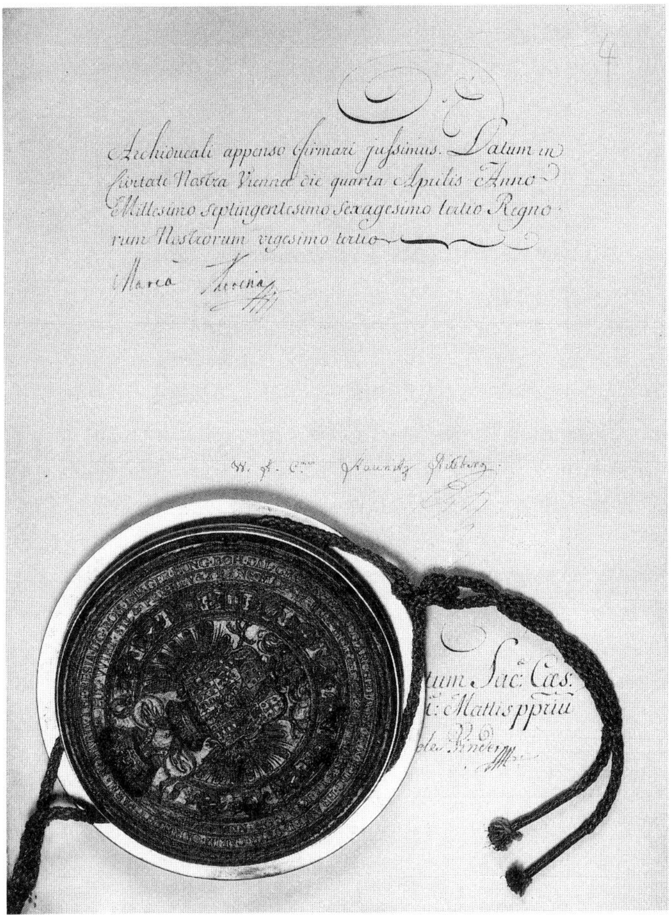
Archiducali appenso firmari jussimus. Datum in
Civitate Nostra Viennæ die quarta Aprilis Anno
Millesimo Septingentesimo Sexagesimo tertio Regno-
rum Nostrorum vigesimo tertio

Maria Theresia

In drei Kriegen hatte Preußen seinen schlesischen Besitz gegen eine Übermacht behauptet. Die großen Opfer an Menschenleben und Wirtschaftskraft hatten keiner Seite den Sieg gebracht. Der 1763 im sächsischen Schloß Hubertusburg ausgehandelte Frieden beendete den verlustreichen Siebenjährigen Krieg und mußte doch alles beim Vorkriegsstand belassen. In einem Zusatzdokument stimmte Maria Theresia in Wien der Einbeziehung aller Verbündeten in diesen Frieden zu.

Schlesien nach dem Siebenjährigen Krieg (1763)

sen Religionsbestimmungen der früheren Verträge nicht im Sinne der Monarchin präzisiert, sondern in Artikel 14 des Friedensinstruments weitgehend so beibehalten wurden, wie seinerzeit formuliert, so daß Friedrich sich berechtigt fand, sie entsprechend den dort vorbehaltenen »Souveränitätsrechten« zu interpretieren. Unter die Amnestieklausel (Artikel 2) des am 15. Februar 1763 schließlich paraphierten Friedensvertrages[178] fiel auch Fürstbischof Schaffgotsch, der jedoch schon 1766 abermals in den österreichischen Teil seines Bistums auswich und die Bistumsverwaltung dem Weihbischof Strachwitz als apostolischem Administrator überlassen mußte, während der König seine Einkünfte konfiszierte.

Abgesehen von der Zustimmung zur Kaiserwahl des Erzherzogs Joseph in einem separaten Geheimartikel hatte der Preußenkönig seiner unerbittlichen Gegnerin in Schlesien wie anderswo keine nennenswerten Konzessionen machen müssen, sondern sich in dem Stand behaupten können, in dem er in den Krieg eingetreten war. Dies blieb erstaunlich genug angesichts der Prämissen, unter denen er begonnen hatte. Friedrich II. wußte dies nur zu gut, als er seinen Unterhändler Hertzberg nach Abschluß der Verhandlungen begrüßte:[179] » Es ist doch ein gutes Ding um den Frieden, den wir abgeschlossen haben, aber man muß sich das nicht merken lassen.« Der Monarch versäumte nicht, seiner nunmehr definitiv gesicherten Provinz Schlesien noch von seinem sächsischen Heerlager aus einen längeren Besuch abzustatten, bevor er in seine Residenzstadt Berlin zurückkehrte.[180] Von der Lausitz fuhr er über Löwenberg, Goldberg und verschiedene niederschlesische Städte bis in die erst wenige Tage vor seiner Ankunft geräumte Feste Glatz, um dann am 24. März in seiner schlesischen Residenz Breslau festlich empfangen zu werden, wo wie überall sonst im Oderland bereits am 13. März die offizielle Friedensfeier stattgefunden hatte.

Retablissement und Integration (1763–1786)

KRIEGSFOLGEN UND MASSNAHMEN ZU IHRER ÜBERWINDUNG

Ohne Zweifel gehörte das Oderland zu den vom Siebenjährigen Kriege in hohem Maße betroffenen Gebieten; es bedurfte großer Anstrengungen, um diese Schäden zu heilen. Gleichwohl war die Situation in Schlesien wie im preußischen Gesamtstaat 1763 keinesfalls mit der des Jahres 1648 zu vergleichen, wie Friedrich II. als sein eigener Geschichtsschreiber in den »Denkwürdigkeiten« einräumte.[181] Nicht nur die Bevölkerungsverluste, das Ausmaß der Zerstörungen und die wirtschaftlichen Einbußen blieben weitaus geringer als während des Dreißigjährigen Krieges, auch die finanziellen Ressourcen der Monarchie erlaubten dem König wesentlich raschere und wirksamere Hilfe als damals, so daß die unmittelbaren Kriegsfolgen in verhältnismäßig kurzer Zeit behoben werden konnten; diese Wiederaufbaumaßnahmen im engeren Sinne mündeten allerdings in einen umfassenden Prozeß des Ausbaus und der Förderung der Landeskultur und Landeswohlfahrt, den der Monarch unter dem Begriff des »Retablissement« zum eigentlichen innenpolitischen Programm für seine ganze verbleibende Regierungszeit gemacht hat. Und es waren diese Anstrengungen, die eine weitgehende Integration Schlesiens in den Gesamtstaat schließlich erst bewirkten.

Ungeachtet der vielfachen direkten Kriegseinwirkungen ging die Einwohnerzahl Schlesiens gegenüber einem Vorkriegsstand von 1,162 Millionen eher um fünf Prozent als um zehn Prozent zurück,[182] nämlich um knapp 50 000 Menschen; die Verlustquote war damit wesentlich niedriger als in den stärker betroffenen nördlichen Nachbarprovinzen Neumark (mit 25 Prozent Verlusten) oder Pommern. Immerhin veranlaßte dieser Bevölkerungsschwund den Merkantilisten Friedrich zu intensiven Bemühungen, die Zuwanderung von außen durch weitere Siedlungsmaßnahmen zu fördern. Indessen war bereits 1766 der Bevölkerungsausgleich durch natürlichen Zuwachs wieder erreicht, und in der Folge stiegen die Einwohnerzahlen kontinuierlich an, so daß sie am Ende der friderizianischen Ära 1,716 Millionen erreichten.[183]

Um die unmittelbare Kriegsnot in Schlesien zu lindern und die materiellen Folgen, deren tatsächliches Ausmaß im Detail wie insgesamt erst mühsam ermittelt werden mußte, wenigstens teilweise auszugleichen, zog der Monarch zum einen seinen erstaunlich schnell wieder auf über 29 Millionen Taler angefüllten Dispositionsfonds heran, konnte aber außerdem alsbald auf Überschüsse aus der laufenden Verwaltung in den einzelnen Provinzen selbst zurückgreifen, die wiederum eine rasche Konsolidierung dort dokumentierten. Die direkte Soforthilfe für die Oderprovinz betrug nach amtlichen Angaben bare 2,08, nach anderen Quellen sogar 3 Millionen Taler.[184] Davon entfielen wiederum 1,1 Millionen auf die am stärksten in Mitleidenschaft gezogenen

Städte: So erhielt Schweidnitz 40 000 Taler, Striegau 30 000 Taler und so weiter, während knapp eine Million Taler für Hilfsmaßnahmen auf dem platten Lande zur Verfügung gestellt wurden; hinzu kam ein halbjähriger Steuernachlaß, während 17 000 Pferde aus Beständen der Kavallerie die Landbestellung verbessern und die Öffnung der Getreidemagazine die Ernährung sichern helfen sollten. Eine Heeresreduktion um rund 30 000 Mann sorgte hauptsächlich für die Vermehrung der ländlichen Arbeitskräfte. Die direkten Geldzuwendungen aus den königlichen Kassen an Schlesien summierten sich dann in der Folge bis 1777 auf den stattlichen Betrag von 5,123 Millionen Talern, womit das Oderland etwa ein Viertel der insgesamt in der Monarchie seit 1763 bereitgestellten Mittel für das Retablissement erhielt.[185]

Der Wiederaufbau der zerstörten Bauten in Stadt und Land wurde zügig eingeleitet und entsprechend dem unterschiedlichen Zerstörungsgrad vorangetrieben: Während die Russen in ihrem Operationsgebiet zahlreiche Dörfer und einige Städte, darunter Guhrau, gänzlich niedergebrannt hatten, waren im übrigen Schlesien hauptsächlich die Festungsstädte durch Artilleriebeschuß beschädigt und teilweise abgebrannt: In Breslau allein sollen über 1 700 Häuser dabei zerstört worden sein; aber auch in den offenen Städten waren viele Gebäude demoliert und verbrannt, zumal der von den Provinzialbehörden in Friedenszeiten eifrig kontrollierte Brandschutz weitgehend versagte. Obschon verläßliche Gesamtzahlen nicht vorliegen, dürften die Angaben Friedrichs, daß bis 1766 rund 8 000 Häuser in Schlesien wiederaufgebaut worden seien, die Größenordnungen richtig bezeichnen.[186] Der Grundsatz, daß die Bauten wegen der ständigen Feuergefahr massiv errichtet und zumindest die Dächer überall mit Ziegeln statt mit Schindeln oder gar mit Stroh gedeckt werden sollten, ließ sich trotz der Einschaltung von örtlichen Baukassen und der jetzt reaktivierten Feuersozietäten, ungeachtet auch zusätzlicher königlicher Stützungsaktionen, nicht überall wirklich durchführen; namentlich rechts der Oder und in Oberschlesien hat sich das Stadtpanorama nicht nachhaltig verbessert.

Auch die intensiv betriebene Wiederbesetzung wüst gewordener oder verlassener Bauernstellen auf dem Lande, die für 1763 mit 2 943 angegeben wurden,[187] machte zwar einige Fortschritte, zog sich aber hin. Immerhin konnte der Regierungsrat und Geschichtsschreiber Klöber vierzehn Jahre später konstatieren, daß es keine wüsten Bauerngüter und nur noch ganz wenige verlassene Feuerstellen in den Städten gebe. Selbst der kritische König zeigte sich von der raschen Erholung beeindruckt, die Schlesien beim Wiederaufbau machte. Seine regelmäßigen jährlichen »Revuereisen« in das Oderland gaben ihm Gelegenheit, sich von den Fortschritten zu überzeugen.[188]

Dennoch hatten die Provinz, ihre Gemeinden und verschiedenen Gesellschaftsschichten in der Folgezeit mit erheblichen Strukturproblemen zu kämpfen, die zumindest teilweise kriegsbedingt waren. Dazu gehörte die Abtragung der erheblichen »Invasionsschulden«, die auf den schlesischen Städten als Kriegsfolgen lasteten. Für einige Städte wuchsen die daraus resultierenden Belastungen zusammen mit den in Kriegszeiten entstandenen Defiziten doch zu beängstigender Höhe an. Eine generelle Umlage auf die ohnehin verarmte Bürgerschaft erwies sich als ebenso unmöglich wie eine Tilgung aus dem vielfach nicht mehr vorhandenen Kämmereivermögen, und auch der Vorschlag, die schlesischen Juden zu einer weiteren Sonderabgabe heranzuziehen, wurde schließlich doch als ungerecht verworfen. So blieb nur die individuelle Ablösung durch die einzelnen Kommunen, die meist auf der Grundlage einer Erhöhung des Servisgeldes entsprechend den örtlichen Gegebenheiten unterschiedlich rasch erfolgte. Es zeigte sich aber, daß zahlreiche Städte durchaus in der Lage waren, ihre Schulden schneller abzutragen als erwartet,[189] so daß im Breslauer Departement nach zehn Jahren nahezu alle Invasionsschulden getilgt waren, während niederschlesische Städte wie Greiffenberg oder Jauer noch wesentlich länger belastet blieben.

Dabei hatten die Städte wie alle Schuldner noch die zusätzlichen Verluste zu tragen, die sich aus der ziemlich abrupten Rückführung der während der Kriegsjahre inflationär entwerteten Münze auf ihren Vorkriegswert von vierzehn Talern auf die Mark Silber nach dem Graumannschen Münzfuß ergaben.[190] Zu den großen Verlierern gehörten vor allem die Beamten aller Kategorien, die seit 1757 bis Kriegsende ihre Besoldung statt in barem Gelde nur in häufig weit unter ihrem Wert akzeptierten Kassenscheinen erhalten hatten und nun bei der Einlösung von Februar 1763 an hohe Verluste erlitten.[191] Für sie galt das geflügelte Wort vom »Travailler pour le roi de Prusse« durchaus wörtlich, ohne daß dies indessen erkennbar zu einer Vernachlässigung ihrer Dienstpflichten geführt hatte, wie auch Korruptionsfälle über das zeitübliche Maß hinaus von dem notorisch argwöhnischen Monarchen nicht aufgedeckt wurden.

ADELSPROTEKTION UND BAUERNSCHUTZPOLITIK IM WIDERSTREIT – UMSTRUKTURIERUNG IN DER SCHLESISCHEN WIRTSCHAFT

Von den Auswirkungen des langen Krieges teils direkt, teils indirekt betroffen war in besonderer Weise die adlige Führungsschicht in Schlesien, der nicht nur der Löwenanteil des Grundbesitzes gehörte, sondern die auch sonst in jeder Weise privilegiert und vom Preußenkönig von Anfang an umworben wurde. Zwar bestand nach Ausweis seines zweiten »Politischen Testaments« von 1768[192] noch immer ein beträchtliches Mißtrauen gegenüber dem katholischen Adel Oberschlesiens, der nach wie vor Besitzungen in und Verwandtschaftsbeziehungen nach Böhmen und Mähren besaß, aber insgesamt hatte sich der schlesische Adel während des Krieges durchaus als loyal erwiesen.

Für Friedrich II. stand die Aufrechterhaltung der ständisch gegliederten Sozialverfassung und Rechtsordnung der Monarchie im Zentrum seines Adelsverständnisses. Er modifizierte zwar die tradierte ständische Ordnung nach aufgeklärten Maximen und stellte sie dabei bewußt in den Dienst des Staates, aber er behielt doch die ständische Gliederung im Sinne der strikten Arbeitsteilung nach militärischen, administrativen und wirtschaftlichen Aufgaben bei. In diesem »System« der ständischen Arbeitsteilung behauptete der Adel für ihn einen bevorzugten Platz. Von daher erklären sich seine Äußerungen zur Adelsproblematik und seine Adelspolitik,[193] wie gerade das schlesische Beispiel zeigt.

Der Portalbau des Brieger Schlosses ist ein Abbild der schlesischen Geschichte. Mit dem Stolz, der einem Renaissancefürsten zukam, hatte Herzog Georg II. von Brieg die Eingangsfront seines Schlosses als Ahnengalerie gestaltet und auch sich und seine Gemahlin Barbara von Brandenburg in Stein gehauen den Ahnen zugesellt. Die Eheverbindung zwischen dem Herzog und der Brandenburgerin war eben jene, die bei der Erbverbrüderung von 1537 verabredet worden war und mit der – unter anderem – König Friedrich II. zweihundert Jahre später den preußischen Anspruch auf Schlesien begründen sollte. Wie wenig dieser Rechtstitel dem König bedeutete, bewies das Schicksal des von den Preußen im Ersten Schlesischen Krieg in Brand geschossenen Baus. Er blieb Ruine bis vor zwanzig Jahren, als ihn die polnische Denkmalpflege sorgfältig wieder aufbaute.

Auf den Feldern von Leuthen entschied Friedrich II. am 5. Dezember 1757 eine der gefährlichsten Situationen des Siebenjährigen Krieges zu seinen Gunsten. Gegen eine doppelte Übermacht der Österreicher siegte seine Taktik der schiefen Schlachtordnung. Am Abend stimmten die Sieger den »Choral von Leuthen« an, das alte Kirchenlied »Nun danket alle Gott«. 131 Geschütze und 54 Fahnen waren erbeutet. Das von den Österreichern eingenommene Breslau mußte kurz darauf kapitulieren.

Der schlesische Adel sollte in seinen Rechten nicht beeinträchtigt, seine wirtschaftliche Position nicht geschwächt werden. Ausdruck dieser Haltung war zunächst die rasche Rückkehr zu der 1762 aufgegebenen Politik der Vorkriegszeit, möglichst keine adligen Güter an Bürgerliche zu verkaufen oder diese gegen Geldzahlung zu nobilitieren, denn der Adelsstand könne nur »durch den Degen oder Bravoure oder andere vorzügliche Conduite und Verdienste acquirirt werden«.[194] Wenngleich diese Linie sich ebensowenig streng durchhalten ließ wie die strikten Anforderungen und die Vorschriften für das Heiratsverhalten des Adels, der nicht standesgemäße Ehen nur im Ausnahmefall, zum Zwecke der wirtschaftlichen Sanierung der eigenen Familie, eingehen sollte,[195] so trug sie doch wesentlich dazu bei, die Zahl der Güter in bürgerlichem Besitz einzuschränken. Im Jahre 1773 besaßen Bürgerliche lediglich etwa 120, nach 1783 jedenfalls 172 Rittergüter in Schlesien;[196] die Rechte als Kreisstände, Gutsobrigkeiten oder Patronatsherren blieben ihnen überdies vorenthalten. In dieselbe Richtung zielte die Abschließung des preußischen Offizierkorps, das während des Krieges angesichts der hohen Verlustquoten durch Bürgerliche aufgefüllt werden mußte, die nun in der Nachkriegszeit kaum noch Aufstiegschancen hatten. Der König rekrutierte seine Offiziere ausschließlich aus dem Adel, wie er auch die Minister- und Präsidentenposten der Verwaltungsbehörden und Gerichte bis auf ganz verschwindende Ausnahmen für die Aristokratie reservierte.

Indessen reichten solche Maßnahmen nicht aus, um die wirtschaftliche Vorrangstellung des Adels in seinen Landen aufrechtzuerhalten. Der Siebenjährige Krieg stürzte den schlesischen Adel, nicht ohne eigenes Verschulden, aber doch mit einer gewissen Zwangsläufigkeit, in eine tiefe Verschuldung und in derartige Zahlungsschwierigkeiten,[197] daß bereits von Juli 1758 an in Oberschlesien und seit Januar 1759 auch im übrigen Oderland gerichtliche Zwangsversteigerungen von Rittergütern bis zum Friedensschluß ausgesetzt werden mußten. Danach erließ der Staat zur Rettung seines Adels von August 1765 an ein dreijähriges Moratorium als Schutz vor den drängenden Gläubigern. Inzwischen stieg die hypothekarische Belastung der Güter über die bis dahin eingehaltene Verschuldungsgrenze der Hälfte des Gutswertes, und zugleich stieg der Zinsfuß. In dieser prekären Situation, die den Adelskredit eher schwächte, sollte ein »Gnadengeschenk« des Königs zugunsten des notleidenden schlesischen Adels Linderung verschaffen. Friedrich wollte unter den »im Kriege besonders verunglückten adligen Gutsbesitzern« einen Betrag von 300 000 Reichstalern verteilen und beauftragte den damaligen Präsidenten der Oberamtsregierung in Breslau, Johann Heinrich von Carmer (1721–1801),[198] mit der Ausarbeitung der Modalitäten dieser Schenkung, die auch nach der Vorstellung Friedrichs nur ein Tropfen auf den heißen Stein sein konnte. Auf den mit rund 60 Millionen Talern taxierten Wert des Grundbesitzes entfielen etwa 25 Millionen Schulden. Im Ergebnis[199] wurden 83 nieder- und mittelschlesische Familien aus dem Fonds bedacht; als Auswahlkriterien aus der großen Zahl der Bewerber für eine derartige Zahlung galten Bedürftigkeit und Würdigkeit. Ein weiterer Fonds von 400 000 Talern diente zur Bereitstellung von verbilligten Darlehen an verarmte Adlige.

Die Tatsache, daß mit der Durchführung dieser Aktion nicht der amtierende Provinzialminister Schlabrendorff, sondern der Anfang 1768 zum schlesischen Justizminister ernannte Carmer betraut wurde,[200] deutet darauf hin, daß der Monarch offenbar schon damals und in der Folge verstärkt mit der Adelspolitik seines obersten Repräsentanten in Schlesien unzufrieden war, mochte er ihn als glänzenden Organisator und Administrator während der Kriegszeit auch geschätzt und wiederholt belobigt haben. Auch jene Institution, die in Schlesien mit Signalwirkung für die gesamte Monarchie zu einer grundlegenden Reform und Sanierung des Bodenkredits führte, gründete nicht der konfliktfreudige »Bauernprotektor« Schlabrendorff, sondern der Adelsfreund Carmer, der selbst inzwischen mit dem schlesischen Adel durch Heirat und Gütererwerb eng verbunden war.

Anknüpfend an den Plan des Berliner Kaufmanns Diederich Ernst Bühring und die Vorarbeiten seines damaligen Referendars Carl Gottlieb Svarez aus Schweidnitz hat Carmer die Gründung der »Schlesischen Landschaft« als Kreditanstalt des schlesischen Adels seit 1768 mit Nachdruck betrieben, den Monarchen selbst dafür gewonnen und sie 1770 erfolgreich verwirklicht.[201] Der Grundgedanke, auf dem das Institut basierte, war der Zusammenschluß aller Rittergutsbesitzer in einem solidarisch haftenden Kreditverband, der auf den Namen des Inhabers lautende, anfangs mit fünf Prozent verzinste Pfandbriefe ausgab, die frei gehandelt werden konnten, aber eben durch die Haftung der Landschaft Sicherheit und Stetigkeit für Gläubiger wie Schuldner boten. Fortan konnte jeder schlesische Rittergutsbesitzer sein Gut theoretisch bis zur Hälfte, tatsächlich aber bis zu zwei Dritteln des Wertes belasten. Er genoß also Kredit, solange er seine Zinsen pünktlich an die Landschaftskasse zahlte. Der Monarch stellte das Gründungskapital in Höhe von 200 000 Talern für diese Selbsthilfeorganisation des Adels zur Verfügung, und die Landschaft als genossenschaftlich organisiertes Kreditinstitut begann noch 1770 mit der Ausgabe von Pfandbriefen. Die Summe stieg von 1,462 Millionen Talern zu Weihnachten 1770 bis auf 14,5 Millionen 1787 und 24 Millionen 1806 an.

Mit der Errichtung der »Landschaft« verband sich eher unabsichtlich als gewollt eine Wiederbelebung quasiständischer Organisationsformen[202] in Gestalt der Generallandschaftsversammlung zu Breslau, die sich aus gewählten Deputierten der Kreise beziehungsweise der acht fürstentumsübergreifenden Landschaftsverbände rekrutierte und so zugleich als Organ adliger Interessenpolitik fungieren konnte. Das Kreditproblem des schlesischen Adels war auf diese Weise im Prinzip gelöst und die dortigen Einrichtungen erlangten eine Pilotfunktion für die gesamte Monarchie sowie darüber hinaus im übrigen Deutschland, so daß es kaum zu hoch gegriffen erscheint, wenn von der »größten volkswirtschaftlichen Tat des friderizianischen Staates« gesprochen worden ist.[203]

Die Einbindung des schlesischen Grundbesitzes in ein Kreditsystem auf kapitalistischer Grundlage hatte nun allerdings durchaus ambivalente Auswirkungen: Die Möglichkeiten zur kontrollierten Verschuldung lockerten die bisherige Unbeweglichkeit des Immobilienbesitzes beträchtlich, so daß mit der Realisierung des Pfandbriefsystems

In alter Gewohnheit errichteten die Breslauer nach Ende des Siebenjährigen Krieges ihrem Herrscher einen Triumphbogen, der alle Siege des Königs aufzählte. Der Verleger der führenden *Schlesischen Zeitung* übernahm jetzt die schon 1745 vom preußischen Oberhofmeister propagierte Devise von »Friedrich dem Großen«. Dem König blieb noch ein Vierteljahrhundert, das Land völlig in seinen Staat zu integrieren.

auch der Güterhandel auf der Basis relativ niedriger Preise wegen der starken Verschuldung des Adels erheblich zunahm. Die Erschütterung der alten Besitzverhältnisse aber mußte sich auf die Beziehungen zwischen den Gutsherren und der bäuerlichen Bevölkerung eher negativ auswirken, deren patriarchalischer Zuschnitt durch raschen Besitzwechsel oder durch die in Oberschlesien verbreitete Konzentration großer Latifundien in der Hand weniger Magnaten nachhaltig verändert wurde. Eher rechenhaft-unpersönliche Arbeitsverhältnisse zwischen Agrarunternehmern und zu Dienstleistungen aller Art verpflichteten erbuntertänigen Landbewohnern lösten die traditionellen Beziehungen ab. Die Verschuldung zwang zur Ertragssteigerung, zur Verbesserung und Erweiterung der eigenen Gutswirtschaft, während die wachsende Nachfrage nach Agrarprodukten, vor allem aus England, bei steigenden Preisen zusätzliche Anreize schuf. Unter der Einwirkung der aufsteigenden Agrarkonjunktur und des Siebenjährigen Krieges erwachte die Neigung des Adels zum verstärkten Ausbau und zur Intensivierung des eigenen Wirtschaftsbetriebes, wie sich zugleich die Lebensbedingungen für ihn nachhaltig veränderten.[204]

Diese Tendenzwende konnte auf die Dauer nicht ohne Auswirkungen auf das gesellschaftspolitische Gleichgewicht zwischen Adel und Bauern bleiben, das der Preußenkönig auch in Schlesien aufrechtzuerhalten sich bemühte.[205] »Adelskonservation« und Bauernschutz kollidierten miteinander. Dies bekam vor allem der schlesische Provinzialminister, Graf Schlabrendorff, zu spüren, als er nach dem Friedensschluß die bereits früher eingeleitete, aber durch das Kriegsgeschehen unterbrochene Bauernschutzpolitik unter Berufung auf den Monarchen entschlossen wiederaufnahm.[206] Nachdem eine 1749 erlassene Verordnung den Expansionsbestrebungen der Grundherren durch „Bauernlegen« Schranken gesetzt hatte, aber in der Folge zumindest vereinzelt umgangen wurde, ordnete ein königliches Edikt vom Juli 1764 die Wiederherstellung aller inzwischen wüst gewordenen und eingezogenen Bauernstellen an. Schlabrendorff oblag die Durchführung dieser Aufgabe; er stieß dabei auf den erbitterten Widerstand des eingesessenen Adels, aber ebenso der aus eben diesem Adel rekrutierten Landräte, auf die er angewiesen blieb. Sein Ehrgeiz ging so weit, nicht nur die während des letzten Krieges eingegangenen Bauernstellen zu restituieren, sondern auch alle seit 1723 mit dem Beginn des Katasters erfaßten, um damit die in den letzten Jahrzehnten eingetretenen Besitzverschiebungen möglichst rückgängig zu machen. Mit diesem Auftrag hatte er sich ungeachtet aller Energie und Rücksichtslosigkeit, die ihm eigen waren, übernommen. Er scheiterte an der Opposition der Betroffenen, die sich teils selbst in einer kritischen wirtschaftlichen Lage befanden, wie an der mangelnden Durchsetzungskraft seiner eigenen Verwaltung, die eben nicht mit modernen Maßstäben gemessen werden darf,[207] die aber auch ihren eigenen Minister hinterging.

Ebenso scheiterte Schlabrendorffs abermaliger, mit ausdrücklicher königlicher Rückendeckung unternommener Versuch, das in weiten Teilen Oberschlesiens geltende unerblich-lassitische Besitzrecht der Bauern in das wesentlich günstigere erbliche Eigentumsrecht Niederschlesiens umzuwandeln, um damit ihre Motivation und Leistungskraft zu steigern. Eine derartige Umwandlung ließ sich jedoch ohne eine angemessene Gesamtregelung der komplizierten wirtschaftlichen Verflechtungen zwischen Grundherren und Bauern nicht realisieren; sie gelangte daher über bloße Ansätze nicht hinaus und blieb nach dem Tode des Ministers vollends stecken. Schlabrendorffs bauernfreundliche Politik, die von den schlecht unterrichteten Untertanen zum Teil mißverstanden, vom Adel indessen entschieden bekämpft wurde, führte zu einer Fülle von Untertanenprozessen gegen die Gutsherrschaften, die in der zweiten und dritten Instanz bisweilen erfolgreich waren; sie löste aber auch Frondienstverweigerungen großen Stils aus, die vereinzelt in regelrechte Aufstände mündeten, so 1766 in Südostoberschlesien, wo vierzig Dörfer revoltierten, bis die in der Nähe stationierte Kavallerie eingriff.[208]

Wohl nur der Tod konnte den erst Fünfzigjährigen Ende 1769 vor dem Sturz bewahren. »Die Potenten in Schlesien haben mir Euer Königlichen Majestät Ungnade zugezogen«, schrieb er kurz zuvor.[209] Sein Nachfolger wurde der Pommer Karl Georg Heinrich von Hoym (1739–1807),[210] der seine steile Verwaltungskarriere als Auskultator bei der Breslauer Kammer 1761 begonnen hatte und unter seinem Protektor Schlabrendorff bereits 1767 Kammerdirektor daselbst geworden war, ehe er sich durch die Heirat mit einer Freiin von Dyhrn mit dem schlesischen Adel verschwägerte. Anfang 1769 wurde er als Kammerpräsident in die preußischen Westprovinzen Kleve und Mark versetzt. Gerade dreißigjährig kehrte er nun als Provinzialminister nach Schlesien zurück, um das Oderland fast vierzig Jahre lang zu verwalten, und zwar in einem ganz anderen Stil als der Vorgänger: anpassungsfähig und kompromißbereit gegenüber Adel und Kirche, dabei gewandt und liebenswürdig, sehr auf Repräsentation bedacht, so daß er allmählich in die Rolle eines »Vizekönigs« hineinwuchs, der die Interessen der Provinz gegenüber der Zentrale zu verteidigen wußte, ohne deshalb das Vertrauen des Monarchen zu verlieren.

Hoym, der durchaus ein Verfechter des aufgeklärten Absolutismus war, erbte von seinem Amtsvorgänger die Hypothek der zunehmend gespannteren und schwierigeren Beziehungen zwischen Gutsherren und Untertanen, die durch die günstige Agrarkonjunktur seit den siebziger Jahren sich ständig verschärfte. Er sollte gemäß seiner Instruktion[211] den Bauernschutz in Schlesien aufrechterhalten und womöglich die Lage der abhängigen, dienstpflichtigen Landbevölkerung verbessern, dabei allerdings »mit dem Adel im Lande auf eine ganz bescheidene Art … verfahren«. In diesem Dilemma, das in Schlesien wie anderswo das Feudalsystem schließlich in die Krise stürzte, aus der es erst die großangelegten Agrarreformen des beginnenden 19. Jahrhunderts befreien konnten, mußte der Minister zwischen den Wünschen und Forderungen des Königs, dem hinhaltenden Widerstand des Adels und der wachsenden Aufsässigkeit der Landleute lavieren.

Im Ergebnis blieben auch diesmal die eher bescheidenen Reformversuche auf der Strecke. Insbesondere gelang es nicht mehr, die von Friedrich II. wohl mit Blick auf das josephinische Vorbild in den benachbarten Erbländern im November 1783 den schlesischen Justizbehörden befohlene Anlage von Urbaren[212] in nennenswertem Umfang durchzusetzen. Darin sollten die bäuerlichen Rechte und Pflichten genau verzeichnet und ihre Dienstleistungen nach dem Normaljahr 1748 festgelegt werden. Die dabei

Maria Theresia und Friedrich II. haben einander nie gesehen, aber Kaiser Joseph II., der für den preußischen König Bewunderung empfand, suchte die persönliche Begegnung. Ein erstes Treffen wurde für den 25. August 1769 in Neisse vereinbart, der Gegenbesuch des Königs erfolgte am 3. September 1770 in Mährisch-Neustadt. Das Gemälde aus dem Schloß Charlottenburg zeigt beide Monarchen bei ihrem Gespräch im bischöflichen Schloß zu Neisse. Der im Hintergrund stehende General Robert Scipio Lentulus hatte das Gemälde in Auftrag gegeben. Die öffentliche Meinung wertete beide Treffen als Zeichen der Aussöhnung.

intendierte Umwandlung der zunehmend ungemessenen in gemessene Dienste mißlang, und zwar nicht zuletzt deshalb, weil die verantwortlichen Minister, Hoym und sein Kollege Danckelman im Justizressort, die mit einem gewaltigen Arbeitsaufwand verbundene Aktion verschleppten, bis der Auftrag beim Thronwechsel im August 1786 vollends seinen sozialpolitischen Impetus verlor. Die in Schlesien tätigen Urbarienkommissionen hatten gründliche Arbeit geleistet, aber bis zum Oktober 1786 lediglich 195 Urbare fertiggestellt; unterdessen dauerten die Unruhen unter der Landbevölkerung an und entluden sich bisweilen in regionalen Agrarrevolten.

Über diesen zur Jahrhundertwende hin wachsenden Schwierigkeiten der Agrarpolitik in Schlesien sollten indessen die Fortschritte und Reformmaßnahmen auf diesem nach wie vor dominierenden Sektor nicht vergessen werden: Als eine Art Gegentendenz zum adligen Bauernlegen und zur Verschärfung der Untertanendienste kann die von Friedrich ausdrücklich gebilligte, von der schlesischen Aristokratie aber mehrheitlich gefürchtete Bewegung zur »Dismembration« von Adelsgütern gelten.[213] Dabei ging es um die Aufteilung von Rittergütern an kaufwillige Bauern, die dem Besitzer die Äcker und Waldstücke, die Hofausstattung und den Viehbestand zu Marktpreisen ablösten. Ein derartiges Projekt hatte der hauptsächlich in Österreichisch-Schlesien begüterte Fürst Liechtenstein bereits vor dem Kriege im Leobschützer Kreis auf einem seiner Dörfer (Hratschein) realisiert. Nunmehr fand dieses lukrative Aufteilungsgeschäft manche Nachahmer; allerdings erschwerte eine von Hoym 1787 erwirkte Deklaration Friedrich Wilhelms II., der auch in der Agrarpolitik mit den Grundsätzen seines Onkels brach, die Fortsetzung beträchtlich.

Nicht unbedingt als Reform wirkte die Forcierung der Siedlungspolitik durch Hoym entsprechend den königlichen Wünschen während der siebziger Jahre. Im Unterschied zu dem »Bauernfreund« Schlabrendorff nahm der Minister keinen Anstoß daran, daß die eher unfruchtbaren Waldböden Oberschlesiens zur Neugründung von Dörfern sowie zur Vermehrung der Bevölkerung genutzt und die Nachfrage der Großgrundbesitzer nach zusätzlichen Arbeitskräften durch Schaffung von erblichen Freigärtnerstellen mit staatlichen Subventionen gefördert wurden.[214] Im Sinne des Ausbaus der Landeskultur und der Steigerung der landwirtschaftlichen Erträge zählten aber als Verbesserung die mit dem Edikt vom 14. April 1771[215] eher vorsichtig eingeleiteten Maßnahmen zur Aufteilung der »Gemeinheiten«, das heißt der von den Gemeinden und Herrschaften gemeinsam genutzten Weide- und Brachflächen, unter den Nutzungsberechtigten entsprechend ihrem Anteil an der Flur. Allerdings gingen die Verfahren zur »Gemeinheitsteilung« vielfach nur schleppend voran, weil die Bauern aus Mißtrauen und »Vorurteilen« am Fortbestand der Gemeindeweiden wie des herrschenden Flurzwanges zäh festhielten, während die Gutsbesitzer die Separation bevorzugten.

Der Hebung der Landeskultur dienten außerdem zahlreiche Einzelmaßnahmen,[216] die teils aus der agrarischen Bewegung hervorgingen, die mit ihren ökonomischen Sozietäten ziemlich spät, etwa seit 1770/72, auch Schlesien erfaßte, teils aber auf direkten Anregungen oder Verordnungen des Preußenkönigs beruhten, der auch in diesem Bereich unermüdlich wirkte. Dazu gehörten die Einführung der Stallfütterung, des Anbaus von Klee und Ölfrüchten, nicht zuletzt der Kartoffelanbau, dessen Bedeutung Friedrich erkannt hatte und den er nun gegen manche Widerstände durchsetzte, wobei ihm die große Hungerkrise der Jahre 1771/72 zu Hilfe kam. Ebenso sollte die Agrikultur in Schlesien durch die Propagierung des intensiven Obstanbaus und der Bienenzucht, durch die mehr oder weniger freiwillige Anlage von Maulbeeranpflanzungen für die wenig erfolgreiche Seidenraupenzucht, durch den Ausbau der Weinberge bei den Stiften über den Grünberger Raum hinaus gefördert werden. Eine Steigerung der Ernteerträge konnte durch verbesserte Flurnutzung erzielt werden, wobei in Mittel- und Niederschlesien gelegentlich bereits die Fruchtwechselwirtschaft sowie intensivere Dreifelderwirtschaft eingeführt wurden, während im polnisch geprägten Oberschlesien letztere gerade erst die Zweifelderwirtschaft ablöste.

Erfolg oder Mißerfolg aller dieser Einzelmaßnahmen wie der Grad ihrer tatsächlichen Verwirklichung lassen sich im einzelnen nur schwer und in der Summe kaum ermitteln. Es dürfte aber feststehen, daß sie insgesamt bei allen Rückschlägen und Widerständen dazu beigetragen haben, die Landwirtschaft als eine der Hauptstützen des schlesischen Wirtschaftssystems gegenüber den älteren Zuständen nachhaltig zu verändern, sie zu »modernisieren«.

DIE SITUATION DER SCHLESISCHEN WIRTSCHAFT UND DIE ANFÄNGE DER MODERNEN MONTANINDUSTRIE IN OBERSCHLESIEN

Die weitreichenden wirtschaftlichen und sozialen Veränderungsprozesse im letzten Drittel des 18. Jahrhunderts blieben nicht auf den Agrarbereich und die Landwirtschaft beschränkt, sondern erfaßten partiell auch den Gewerbe-, Handels- und Industriesektor Schlesiens, der bisher außer von der Landeshauptstadt Breslau vor allem von den sudetenschlesischen Gebirgsrandregionen mit ihrer Textilproduktion geprägt wurde. Nun erreichten sie durch das schrittweise Ausgreifen der industriellen Revolution auf den Kontinent und auf Preußen das bis dahin eher abseitige und zurückgebliebene Oberschlesien. Dadurch vollzog sich innerhalb der Oderregion eine Schwerpunktverlagerung, deren ganze Bedeutung erst zu Beginn des 19. Jahrhunderts deutlich wurde, deren Anfänge indessen bereits in spätfriderizianischer Zeit zu suchen sind. Zugleich erhielt damit Schlesien insgesamt eine neue Qualität im Rahmen des preußischen Gesamtstaates.

Die schlesische Städtelandschaft,[217] die zwar nach dem Siebenjährigen Krieg äußerlich großenteils rasch wiederhergestellt war, aber durch die zahlreichen Brände immer wieder viel kostspielige Bausubstanz verlor, veränderte auch in spätfriderizianischer Zeit ihren eher bescheidenen Charakter nicht nachhaltig, wie ihre Bevölkerung nicht wuchs, sondern teilweise sogar zurückging: Abgesehen von der Handels-, Verwaltungs-, Kirchen- und Kulturmetropole Breslau mit ihren rund 51 000 Einwohnern gab es im gesamten Oderland noch 1787 keine wirklich große Stadt. Die nächstgrößeren Kommunen Glogau, Grünberg, Schweidnitz, Hirschberg und Liegnitz hatten zwischen 6 000 und 7 000 Bewohner; unter 5 000 lag die Zahl in Neisse, Brieg und Glatz sowie in Goldberg und Jauer; alle übrigen Städte waren bevölkerungsmäßig noch kleiner; von den 86 Städten des Breslauer Kammerbezirks hatten 32 sogar unter 1 000 Einwohner, im Glogauer Bezirk von 44 hingegen nur zwölf. Darin spiegelte sich die insgesamt größere Wohlhabenheit der niederschlesischen Städte. Kümmerlichkeit und Armut sowie nach zahlreichen Berichten beträchtliche Unsauberkeit charakterisierten hingegen besonders die kleinen oberschlesischen Kommunen, die großenteils bloße Ackerbürgerstädte waren, allenfalls Brauereien und Branntweinbrennereien besaßen und vielfach einen adligen Stadtherrn hatten, der sie zur Mediatstadt machte; der Arm der Landesherrschaft reichte dort kaum hin, und die Bürger wurden wie auf dem platten Lande zu Diensten für ihre Grundherren verpflichtet, ohne daß es den Provinzialministern offenbar gelang, dies abzustellen.

Die »Nahrung« vieler Städte, bestand im Handel mit dem Umland und im Brauwesen; hinzu kamen die zahlreichen Garnisonen, während als administrative Unterzentren neben Breslau nur Glogau und Brieg bedeutsam waren. Jauer hatte einen recht bedeutenden Getreidemarkt; hingegen lebten zahlreiche andere Städte von der Tuch- und Leinwandfabrikation wie besonders vom Handel mit diesen wichtigsten Produkten des schlesischen Gewerbes. Dabei ragten heraus die Gebirgsrandstädte Landeshut, Löwenberg, Greiffenberg, Waldenburg, namentlich aber Hirschberg als nach wie vor wichtiges Zentrum des Leinen- und Schleierexports.

Wie die Situation der Städte, so änderte sich auch die Gewerbestruktur des Oderlandes in den späteren Jahrzehnten der friderizianischen Regierung nicht nachhaltig. Da die Wirtschaftspolitik des Monarchen nach wie vor und eher noch starrer merkantilistisch-kameralistischen Grundsätzen folgte,[218] bevorzugte sie weiterhin den Aufbau und Ausbau der »Industrie« und des eingesessenen Gewerbes zu Lasten des Handels; dieser litt nicht nur unter dem eigenen Protektionismus zugunsten zahlreicher neuer Manufakturen, vor allem unter dem Exportverbot für eine Reihe von Rohstoffen, unter denen Wolle, Flachs und Garn die wichtigsten waren, sondern zunehmend auch unter der Politik der Hochzölle der Nachbarstaaten, namentlich Sachsens und Österreichs; der dortige Exportmarkt ging im übrigen durch den raschen Ausbau der böhmischen Textilindustrie für die schlesischen Produkte weitgehend verloren, während der früher so bedeutsame Transithandel wegen der Zölle fast zum Erliegen kam.[219]

Dennoch blieben die Leinenproduktion der Sudetenzone und die schwerpunktmäßig in Niederschlesien, in Grünberg, aber auch in der Grafschaft Glatz konzentrierte Wollmanufaktur die bei weitem wichtigsten Gewerbezweige und Exportfaktoren. Der Monarch selbst bezeichnete die Fabrikation der Leinwand als »die Seele von Schlesien«,[220] über die er sich allmonatlich berichten ließ und für die er wiederholt eigene Verbesserungsvorschläge unterbreitete; sie waren jedoch nicht sonderlich erfolgreich; ebenso stießen Anregungen aus der Kaufmannschaft selbst, das Leinwandgeschäft zu reorganisieren und dadurch effektiver zu gestalten, wie die des in Landeshut und Schmiedeberg ansässigen Unternehmers Peter Hasenclever, der seine Geschäfte mit

Die Stadt Schömberg war Grüssauer Klosterbesitz. Ihr Wohlstand beruhte auf der Leinenweberei, zu deren Beförderung das Kloster Webersiedlungen angelegt hatte wie diese Reihenhauszeile der »Zwölf Apostel« von 1707. Die neuen preußisch-österreichischen Grenzen zerschnitten die alten Handelsverbindungen. Allmählich setzte ein Niedergang ein, der schon im 18. Jahrhundert zu Weberunruhen führte.

Spanien und Spanisch-Amerika über eine Niederlassung in Cadiz abwickelte, auf taube Ohren. Es gelang nicht, den Garnhandel zu magazinieren und dadurch qualitätsmäßig besser zu kontrollieren. Dennoch stieg der Wert des Leinwandexports, der nach dem Kriege nur vorübergehend zurückging, seit den siebziger Jahren wieder auf über 4 Millionen Taler pro Jahr an, um 1785/86 sogar einen Höchststand von rund 7,5 Millionen zu erreichen, allerdings bei starkem Preisanstieg.[221]

Die Wollindustrie Schlesiens,[222] die als zweiter Pfeiler des dortigen Handels galt, konnte, durch wiederholte staatliche Maßnahmen, namentlich durch die Intensivierung der Spinnerei und die Ansetzung ausländischer Fachkräfte gefördert, einen stetigen Aufschwung verzeichnen. Sie belieferte bei steigender Tendenz vorrangig den Inlandsmarkt, während der Export nach Polen und Rußland durch Zölle und wachsende Eigenproduktion behindert wurde; Österreich beeinträchtigte durch seine Einfuhrverbote zumal die grenznahe schlesische Herstellung von Wollzeug, namentlich im Raum Reichenbach. Unter der restriktiven Zollpolitik, die der grenzüberschreitende Schleichhandel zu umgehen suchte, litt vor allem auch der Viehhandel mit Osteuropa. Insgesamt aber bot die schlesische Handelsstatistik keineswegs ein so trübes Bild, wie die ständigen Klagen und Beschwerden besonders der Breslauer Kaufleute es vermitteln.[223] Sie wies abgesehen von den Jahren 1763 bis 1766 durchgehend einen Überschuß aus mit einem Maximum wiederum 1785/86. Gleichwohl dürfte das Handelsvolumen kaum beträchtlich gewachsen sein, zumal alsbald außenpolitische Veränderungen großen Stils, die Revolutionskriege und die Entwicklung in Amerika, die Rahmenbedingungen des Außenhandels auch für Schlesien gründlich veränderten.

Es läßt sich nicht nachweisen, daß das von der entfernten Breslauer Kammer eher stiefmütterlich verwaltete Oberschlesien wirtschaftspolitisch etwa gänzlich vernachlässigt wurde. Aber die Struktur des wald- und latifundienreichen, relativ städtearmen Landes am Oberlauf der Oder lud kaum zu derartigen Anstrengungen ein. Immerhin gab es auch dort in spätfriderizianischer Zeit einige Anläufe,[224] die bodenständige bescheidene Kleinindustrie zu fördern und womöglich durch Neugründungen auszubauen. Aufgrund eines Berichtes des 1780 dorthin entsandten Fabrikenkommissars Hartmann erhielten die oberschlesischen Städte tatsächlich Sondermittel vom Monarchen für den Aufbau von Fabriken, die sich in drei Jahren auf rund 50 000 Taler beliefen. Der Erfolg dieser Aktion blieb freilich nach dem Verwendungsausweis von 1785 mehr als bescheiden: Von den zwölf mit Subventionen bedachten Städten hatte lediglich Oppeln sein Soll mit fünfzehn angesetzten Fabrikanten erfüllt. Es zeigten sich mithin die großen Schwierigkeiten, die einer staatlich geförderten Industrialisierungspolitik in dieser unattraktiven, verkehrsabgelegenen Region mit wenig qualifizierten Arbeitskräften entgegenstanden.

Demgegenüber intensivierte jedoch der einheimische Adel auf seinen ausgedehnten Gütern die Landwirtschaft und begann mit der Ausbeutung der jetzt vermehrt (wieder)entdeckten Bodenschätze eine rege Tätigkeit auch im industriell-gewerblichen Bereich sowie im Handel.[225] Die scharfe Trennung zwischen Stadt und Land in den zentralen preußischen Provinzen verlor in Oberschlesien, das viele kleine adlige Mediatstädte, aber nur wenige von den Steuerräten kontrollierte »akzisbare« Städte besaß, wobei Neustadt und Ratibor mit weniger als 4 000 Einwohnern 1809 noch die größten Kommunen waren,[226] sehr an Gewicht. Der Adel, dessen »stolze Indolenz« noch dreißig Jahre zuvor inzwischen einer »regen und verständigen Industrie« gewichen war, verkaufte das Holz aus den eigenen Waldungen, legte Papiermühlen, Glashütten, Ziegeleien und Kalköfen, schließlich Gruben, Schmelzöfen und Hüttenbetriebe an, um seine Bodenschätze zu verwerten. Für diese unstandesgemäßen Betätigungen konnte er sich der dienstpflichtigen Untertanen und ihrer Familien bedienen, die auf seinem Grund und Boden saßen und billige Arbeitskräfte stellten. Hingegen paßten freie Bergleute nicht in die Vorstellungswelt dieser adligen Unternehmer.

Es war jedoch nicht das private Unternehmertum, sondern der friderizianische Staat, der diese neu-alten Industriezweige durch weitsichtige Gesetzgebung, exemplarische Vorbilder und systematische Erziehungsarbeit zu einem erstrangigen Wirtschaftsfaktor machte und das abgelegene Oberschlesien zu einem zweiten Wirtschaftszentrum Preußens werden ließ. Als Friedrich II. Schlesien annektierte, hatte der dortige Bergbau[227] bereits zwei Blütezeiten, während des Hochmittelalters und um 1500, hinter sich, existierte aber jetzt nur noch in rudimentärer Form unter privater Regie fort, vor allem im gebirgigen Grenzstreifen Mittel- und Niederschlesiens, namentlich im Waldenburger Gebirge und im Glatzer Bergland; die enormen Bodenschätze Oberschlesiens hingegen, darunter die Steinkohle, waren noch kaum bekannt, geschweige denn erschlossen.

An der Erschließung der mineralischen Schätze der Provinz zeigte der Monarch zunächst nur ein fiskalisches Interesse; eigene Mittel wollte er in den Bergbau nicht investieren; allerdings suchte er frühzeitig den hohen Holzverbrauch wo möglich durch Steinkohlenfeuerung ersetzen zu lassen, um den Waldbestand zu schonen; hinzu kam vor und nach dem Siebenjährigen Krieg der militärische Aspekt, durch die Suche nach Eisenerzlagern und Anlage von Hüttenwerken in Malapane und Kreuzburg 1753/54 die eigenen Rüstungskapazitäten auszubauen. Erst als 1768 durch die Gründung des Departements für das Berg- und Hüttenwesen im Berliner Generaldirektorium faktisch ein für die gesamte Monarchie zuständiges Fachministerium eingerichtet und dann 1777 an die Spitze der sächsische Adlige und Bergbauspezialist Friedrich Anton von Heynitz (1725–1802) berufen wurde,[228] gewann das schlesische Montanwesen eine neue Bedeutung und Dynamik. Im Jahre 1769 wurde unter Hinzuziehung des Justizministers Carmer für Schlesien eine revidierte Bergordnung entworfen. Der Provinzialminister Schlabrendorff mußte so erneut eine Kompetenzeinbuße hinnehmen, die auch sein Nachfolger Hoym nicht wettmachen konnte. Kurz darauf erfolgte die Einrichtung eines schlesischen Oberbergamtes, das seinen Sitz anfangs in dem grenznahen Reichenstein, seit 1779 aber in Breslau hatte. Ihm ordnete Heynitz je zwei »Bergbaudeputationen« für Mittel- und Niederschlesien zu, und zwar in Waldenburg, Reichenstein, Gieren und Kupferberg; alsbald kam noch eine weitere im oberschlesischen Tarnowitz hinzu. Diese 1793 in Bergämter umgetauften Behörden sollten als regionale Aufsichtsorgane den Betrieb der Bergwerke überwachen.

Gegen Ende der Regierungszeit Friedrichs II. begann die Erschließung der oberschlesischen Erz- und Kohlevorkommen. Hier gelangte modernste Technik zum Einsatz. In der Friedrichshütte von Tarnowitz wurde 1788 die erste Dampfmaschine auf dem europäischen Festland installiert, zu deren Besichtigung auch Goethe im Jahre 1790 nach Tarnowitz kam. Mit Dampfmaschinen ließ sich das Problem der Grubenentwässerung lösen. Die im Bild gezeigte Tarnowitzer Dampfmaschine ist bereits das verbesserte Modell von 1799.

Um den Bergbau in Schlesien überhaupt vorantreiben zu können, bedurfte es einer geschulten Bergarbeiterschaft, die zumal in Oberschlesien nicht in ausreichender Zahl vorhanden war, wo im übrigen die bestehende Agrarverfassung und die Interessen der Grundbesitzer der Entstehung eines selbständigen Bergmannsstandes entgegenwirkten. Dem sollte ein 1769 erlassenes »Privilegium für die Bergleute« in Schlesien und der Grafschaft Glatz abhelfen. Darin wurden den Knappen weitgehende Freiheiten eingeräumt, vor allem Freizügigkeit, Freiheit von Erbuntertänigkeit, grundherrlicher Gerichtsbarkeit und Militärdienst, während die Einrichtung einer Knappschaftskasse für ihren Unterhalt in Krankheits-, Invaliditäts- und Notfällen sorgte. Die Gründung der »Bergakademie« zu Berlin 1770 diente der Heranbildung eines bergtechnisch qualifizierten Personals. Als Konsequenz der deutlichen Besserstellung gegenüber der gutsuntertänigen Bevölkerung mußte die Bergverwaltung für die Unterbringung eigene Berg- und Hüttenkolonien auf staatlichem Grund anlegen, da die Patronatsherren sich häufig weigerten, den fremden privilegierten Bergleuten in ihren Dörfern Unterkunft zu gewähren. Insbesondere der Übertritt aus dem Untertanenverhältnis in den freien Bergmannsstand, den adlige Grubenbesitzer 1773 möglichst verhindern wollten, blieb umstritten.

Gleich nach der ersten Bereisung der schlesischen Bergbaugebiete durch den Minister Heynitz im Sommer 1779, die sich durch den Ausbruch des die Oderprovinz erneut berührenden Bayerischen Erbfolgekrieges[229] verzögert hatte, wurden die Weichen für den dortigen Bergbau neu gestellt. Auf dieser von Bergbausachverständigen sorgfältig vorbereiteten Reise, die ihn zuletzt nach Oberschlesien führte, erkannte Heynitz den Reichtum des Gebietes an Eisenerzen, Galmei (Zinkerz) und Steinkohle wie die Möglichkeiten zur Wiederaufnahme des dortigen Blei- und Silberbergbaus. In seinem Bericht an den König schrieb er:[230] »Ich habe sehr große Vorräte davon (von Steinkohle) gefunden, die mit geringen Kosten gewonnen werden, und die Natur hat sich in dieser Provinz wirklich so übertroffen, daß, wenn nur erst mehrere geschickte Berg- und Hüttenleute angestellt sein werden, dieselbe in Ansehung der Bergprodukte eine der wichtigsten Provinzen in E. M. Staaten werden kann.« Es ist Heynitz und seinen Mitarbeitern in Schlesien zu verdanken, daß sich diese Prophezeiung alsbald bewahrheitete und die bisher dominierenden Bergbaugebiete in Nieder- und Mittelschlesien hinter dem nunmehr erschlossenen oberschlesischen Revier deutlich zurücktraten.

Die Schlüsselfigur dafür wurde der junge Oberbergrat Friedrich Wilhelm von Reden (1752–1815), ein Neffe des Ministers, der auf dessen Vorstellung 1779 zum Leiter des schlesischen Berg- und Hüttenwesens bestellt wurde, das er bis 1802 lenkte, um dann seinen Onkel im Berliner Ministeramt abzulösen.[231] Es gelang den beiden, den vorsichtigen Monarchen zur Bewilligung der anfangs erforderlichen Kapitalinvestitionen zu bewegen. Reden konnte den Tarnowitzer Bleierzbergbau seit 1784 wiederbeleben; er wußte den Schwierigkeiten des damaligen Bergbaus durch Wassereinbrüche mit neuen technischen Mitteln zu begegnen, indem er nach englischem Muster dampfmaschinengetriebene Pumpen auf der Friedrichsgrube einführte (1786/88); er begründete gegen den Willen von Heynitz staatliche Steinkohlengruben bei Zabrze und Königshütte, baute dort außerdem ein staatseigenes Hüttenwerk, während er die älteren Hüttenwerke in Gleiwitz und Malapane modernisierte. Um das neu erschlossene Kohlenrevier verkehrsmäßig besser anzubinden, setzte er die Kanalisierung der Klodnitz zwischen Gleiwitz und der Oder bei Cosel durch. Er veranlaßte die Eisenschmelze mit Koks anstelle von Holzkohle im Kokshochofenbetrieb, wie er die Steinkohlenfeuerung für Gewerbe wie Private entschieden propagierte und anfangs subventionierte.

Zwar blieb die Steinkohlenförderung zunächst noch auf sehr niedrigem Niveau;[232] sie erreichte 1791 erst 78 000 preußische Tonnen, 1800 waren es dann 106 000 Tonnen. Aber die zukunftweisende Bedeutung dieser neuen Energiequelle, die nun die traditionelle wälderverzehrende Holzfeuerung und Holzkohlengewinnung ablöste und zugleich die Wichtigkeit Oberschlesiens als Basis einer modernen Grundstoffindustrie dokumentierte, war absehbar, wie selbst Redens Rivale, der Provinzialminister Hoym, 1787 anerkannte.

Zwar besaß der Staat nur einen sehr geringen Anteil an den oberschlesischen Gruben und der Hüttenindustrie, die sich dort auf privater Basis, auf den ausgedehnten Besitzungen[233] der Familie Henckel von Donnersmarck, der Majoratsherrschaft des Grafen Colonna oder der Standesherrschaft Pleß, während der nächsten Jahrzehnte entfaltete; aber die staatlichen Gründungen hatten sichtlich eine Pilot- und Erziehungsfunktion, an der sich die Privatbetriebe orientieren mußten, wenn sie im einsetzenden Industrialisierungsprozeß Erfolg haben wollten. Darüber hinaus setzte der preußische Staat durch seine Bergordnungen den rechtlichen Rahmen für die Entfaltung der neuen kapitalistischen Wirtschaftsmächte; er mußte allerdings unter dem Eindruck der veränderten Wirtschaftsauffassung des beginnenden 19. Jahrhunderts vom »Dirigismus« Abschied nehmen und seine die grundherrlichen Besitzrechte im Bergbau bisher stark einschränkende Gesetzgebung 1806 ändern.

IM SPANNUNGSFELD VON STAAT, KIRCHE UND PATRONAT: DAS SCHULWESEN UND DIE JESUITENUNIVERSITÄT ZU BRESLAU

Einen direkten Zugriff auf das ländliche und städtische Elementarschulwesen wie auf die Latein- und Gelehrtenschulen hatte der preußische Staat in Schlesien sowenig wie anderswo.[234] Davor standen die überkommenen Rechte der städtischen, adligen oder kirchlichen Patrone, die ihre Kontrolle über die von ihnen errichteten und unterhaltenen Schulen zu bewahren suchten. Demgegenüber gab es den theoretisch schon früher, in der Praxis jedoch erst während des 18. Jahrhunderts erhobenen Anspruch des Staates, eine generelle und spezielle Aufsicht über die Schulen auszuüben, die Erziehung als Aufgabe des »Polizeiwesens« zu deklarieren und daraus weitreichende Eingriffsmöglichkeiten abzuleiten; dabei sollte jedoch im bikonfessionellen Schlesien die traditionelle Anbindung an die katholische und evangelische Kirchenorganisation vorerst nicht angetastet werden. Indessen war die Landesherrschaft weder willens noch in der Lage, den Ausbau und Aufbau des Schulwesens umfassend zu finanzieren, eine hinreichende Lehrerbildung und -besoldung zu gewährleisten sowie den wiederholt proklamierten Schulzwang gegen die Widerstände der Beteiligten auch wirklich durchzusetzen. Deshalb mußten alle Ansprüche auf die Schule als »Veranstaltung des Staates«, die das *Allgemeine Landrecht für die Preußischen Staaten* von 1794 verkündete, in der Schulwirklichkeit vorerst problematisch bleiben oder gar scheitern.[235]

Vor diesem Dilemma standen der aufgeklärte Monarch Friedrich II. und seine nicht minder aufgeklärten schulpolitischen Berater in Breslau wie in Berlin. Sie erkannten zwar die Notwendigkeit einer umfassenden und durchgreifenden Reform zumal der Elementarschule im Interesse einer Hebung des Bildungsstandes der breiten Bevölkerung, nicht zuletzt aus staatsutilitaristischen Erwägungen, aber die ständische Gliederung und Arbeitsteilung der Gesellschaft sollte dabei nicht angetastet werden. »Den Unterricht der jungen Leute« soll man »so einrichten, daß sie das Notwendige, was zu ihrem Wissen nötig ist, lernen, aber auch in der Art, daß die Leute nicht aus den Dörfern weglaufen«, schrieb Friedrich 1779 an seinen für das Universitäts- und Schulwesen der Monarchie größtenteils zuständigen Justizminister Karl Abraham von Zedlitz und Leipe (1731–1793),[236] der selbst aus schlesischem Adel stammte und über die dortige Justizverwaltung als Rat in Breslau und als Präsident der Oberamtsregierung in Brieg vierzigjährig 1771 zum Chef des lutherischen Geistlichen Departements aufgestiegen war.

Der Minister, der mehr noch als sein eher skeptischer Monarch von der tatsächlichen Reformierbarkeit des in seiner regionalen Vielgestaltigkeit sehr uneinheitlichen preußischen Schulwesens überzeugt war, beschränkte sich in kluger Vorhersicht des Machbaren, aber auch aus Mangel an Kompetenzen auf Einzelmaßnahmen; er plädierte für eine Gliederung des Schulwesens in Bauern-, Bürger- und Gelehrtenschulen; er warnte gleichzeitig vor einem zu großen Andrang zu den Gymnasien wie zu den Universitäten. Praxisnahe »Realschulen« hielt er für nötiger als den Ausbau der Lateinschulen. In Übereinstimmung mit Friedrich II. blieb sein aufgeklärtes Postulat die Erziehung zum Selbstdenken und Selbsturteil, das er didaktisch durch bessere pädagogische Methoden, durch andere Lehrer und eine neue Lehrerbildung zu realisieren sich bemühte.

Vor einem derartigen Hintergrund müssen die schulpolitischen Anstrengungen in Schlesien gesehen und beurteilt werden. Sie wurden dort in der Hauptsache erst nach dem Siebenjährigen Krieg eingeleitet, und zwar im Zusammenwirken von Staat und Kirche, vom schlesischen Provinzial- oder Justizminister einerseits und dem Abt Johann Ignaz Felbiger, dem Breslauer fürstbischöflichen Generalvikariat und den evangelischen Konsistorien andererseits. Sie führten immerhin zu begrenzten Erfolgen.

Neue Rahmenbedingungen für das Schulwesen setzte der Monarch durch Erlaß des Generallandschulreglements vom August 1763.[237] Der Entwurf stammte von dem Berliner Oberkonsistorialrat und Schulreformer Johann Julius Hecker (1707–1768), einem Francke-Schüler aus dem Pädagogium zu Halle, der bereits in der Vorkriegsperiode mit seinem Berliner Realschulprojekt innovatorisch hervorgetreten war. Das für die gesamte Monarchie subsidiär geltende Edikt erneuerte den bereits früher, 1717

Neben dem Rathaus war der Dom das Wahrzeichen der Stadt Breslau. Aber das Bild seiner Türme wechselte im Lauf der Jahrhunderte. Seit 1992 trägt er wieder schlanke gotisierende Spitzen, ähnlich dem Turmabschluß der benachbarten Kreuzkirche. Von der Breslauer Dominsel aus wurde seit der Neuregelung der Diözesangrenzen 1821 ein ungewöhnlich großes Kirchengebiet verwaltet. Über das eigentliche Bistum Breslau hinaus gehörten dazu auch die Delegaturbezirke Brandenburg mit Berlin und Pommern. Seiner Bedeutung entsprechend wurde Breslau 1930 Erzbistum.

In den Jahren vor Ausbruch der Revolution von 1848 traten die bis dahin verdeckten sozialen Spannungen immer offener zutage. Selbst in Breslau kam es zu Hungerkrawallen, bei denen das Volk die Bäckerläden stürmte. Manche Künstler erklärten sich mit der Not und den Anliegen der Hungernden solidarisch. Unter ihnen befand sich der Maler Philipp Hoyoll, der im Bild festhielt, wie die preußische Infanterie 1846 am Neumarkt auf das Volk vor dem Backhaus schoß. Hoyoll gehörte politisch den Demokraten an und mußte nach der Revolution emigrieren.

und 1736, proklamierten Schulzwang auf dem Lande, regelte die Schulgeldzahlung und die Lehrerbestellung.

Um diesen weitreichenden Anspruch auch in Schlesien für den Bereich der katholischen Elementarschulen realisieren zu können, bemühte sich der dortige Provinzialminister Schlabrendorff um die Mitwirkung des Abtes Johann Ignaz Felbiger[238] (1724 bis 1788), der ihm wiederum von Hecker empfohlen wurde. Die Schulaktivitäten, die Felbiger im Bereich der Klosterherrschaft des mit reichem Grundbesitz ausgestatteten Augustinerchorherren-Stifts zu Sagan entfaltet und 1763 für die dortige Stadtschule wie die Schulen in den Stiftsdörfern in eine Ordnung gefaßt hatte, sollten als Vorbild und Ausgangspunkt für die Erneuerung und Verbesserung des gesamten katholischen Schulwesens in Schlesien dienen.

Der Sohn eines kaiserlichen Beamten aus (Groß-)Glogau und Absolvent des dortigen Jesuitengymnasiums, danach der Jesuitenuniversität in Breslau, schloß sich 1745 dem Konvent in Sagan an; dort wurde er als Abt auf einem Dreiervorschlag bereits 1758 dem Landesherrn präsentiert und von diesem bestätigt. Felbiger pflegte neben seinem Amt ausgeprägte wissenschaftliche Interessen; er war dabei zu einem überzeugten Anhänger der katholischen Aufklärung geworden, die sich seit der Jahrhundertmitte auch im Alten Reich eher zögernd durchzusetzen begann. Neben biblischen betrieb er auch philosophisch-historische und naturwissenschaftliche Studien, propagierte dabei die Verwendung des Deutschen im Unterricht wie in der Katechese und stand der von den Jesuiten vertretenen vorherrschenden Neuscholastik wie aller bloß formalen Bildung, zumal in der Form des damaligen Lateinunterrichts, kritisch gegenüber; er konnte daher als der ideale Repräsentant einer Schulreform unter den Bedingungen des konfessionell gemischten Schlesien gelten. Seine Bemühungen als Bildungsreformer entzündeten sich an den Schulproblemen im Einzugsgebiet seiner Abtei, wo die Augustinerchorherren als Schulträger mit den Schulen der Lutheraner im Herzogtum Sagan konkurrieren mußten.

Als »Pädagoge« ging der Abt wie die meisten Zeitgenossen durchaus eklektisch vor, das heißt, er suchte die Anregungen für eine Verbesserung der Schulen, wo er sie finden konnte, nämlich bei den protestantisch-norddeutschen Schulreformern in Berlin, bei Hecker und seiner Berliner Realschule, die er selbst 1762 incognito besuchte. Er übernahm die dortige Unterrichtsmethodik in sein eigenes Reformprogramm und wandte sie nun modifiziert auf die schlesischen Verhältnisse an. Dabei setzte er bei der notorischen Schwachstelle des damaligen Systems, bei der unzulänglichen Lehrerausbildung, an; mit den nach der neuen Methode der »Saganschen Lehrart« ausgebildeten Lehrern erzielte er einen großen Multiplikationseffekt, vorerst im Raum Sagan, später in ganz Schlesien.

Im Frühjahr 1764 alarmierten den Provinzialminister nach einer Inspektionsreise die desolaten Verhältnisse des Schulwesens im oberschlesischen Teil des Breslauer Kammerbezirks[239] mit seinem sehr hohen Anteil an polnischsprachiger Bevölkerung; er bemühte sich deshalb, den Abt aus Sagan für den gemeinsamen Aufbau und Ausbau des katholischen Schulwesens der Provinz zu gewinnen; unter Einbeziehung des Bres-

Schulwesen und Bildung bedurften einer dringenden Anpassung an die allgemeine Entwicklung der Pädagogik. Da beides in der Zuständigkeit der Kirchen lag, verliefen die Reformbemühungen parallel zueinander. Im katholischen Bereich machte sich der Augustinerabt Johann Ignaz von Felbiger (links) darum verdient, im protestantischen Bereich der Staatsminister Karl Abraham von Zedlitz (rechts). Im letzten Viertel des 18. Jahrhunderts trug der in Breslau lebende Philosoph Christian Garve (Mitte) maßgeblich zur Popularisierung der Aufklärung bei.

lauer Weihbischofs Strachwitz in seine Maßnahmen hoffte er diesmal erfolgreicher zu sein als bei früheren Versuchen. Im Ergebnis der außerordentlich engen und vertrauensvollen Kooperation zwischen Provinzialminister und Abt wurde das schlesische »Generallandschulreglement für die Römisch-Katholischen in Städten und Dörfern« vom 3. November 1765 erlassen.[240] Die Kirche akzeptierte damit den Anspruch des Staates auf eine Oberaufsicht über die Schule, sie begnügte sich mit der Ausübung der unteren Schulaufsicht durch die Ortsgeistlichen und der Absicherung des Religionsunterrichts. Felbiger vertraute wie die meisten deutschen Aufklärer auf den Staat als Institution, von dessen Mitwirkung und Zwangsmitteln er sich die schulpolitischen Fortschritte erhoffte.

Allerdings stellten sich einer auch nur annäherungsweisen Verwirklichung des neuen Reglements in der Provinz noch große Schwierigkeiten entgegen, so daß selbst der optimistische Felbiger an dem Erfolg zweifelte. Bei seinen Visitationsreisen durch das Land im Auftrage des Ministers stieß er 1768 auf Opposition und Obstruktion von allen Seiten: bei den Lehrern, Geistlichen, unteren Landesbehörden, Patronatsherren und nicht zuletzt den Eltern, ganz abgesehen von den finanziellen Engpässen, die sich durch Kollekten oder die Einbehaltung der Pfarreinkünfte von frisch bestellten Geistlichen nicht dauerhaft beheben ließen. Im Rückblick[241] auf seine bisherigen Anstrengungen schien es Felbiger daher »beinahe unbegreiflich«, wie wenig er trotz aller staatlichen Unterstützung binnen fünf Jahren erreichen konnte. Angesichts der Schulwirklichkeit in Schlesien zeigte sich, daß der Durchsetzungskraft des aufgeklärt-absolutistischen Staates, der auf anderer Ebene so beeindruckend effektiv war, enge Grenzen gesetzt blieben. Seine Organe reichten noch nicht auf jene untere Ebene, wo die von ihm intendierte Schulreform und Schulaufsicht realisiert werden mußte. Es erwies sich zugleich, daß die Schule in der Staatsvorstellung wie in der praktischen Politik König Friedrichs II. doch nur einen untergeordneten Platz einnahm. Dies bekam Felbiger zu spüren.

Immerhin konnte die Breslauer Kammer bereits 1765 aufgrund der von dem Minister rasch eingeleiteten Maßnahmen berichten,[242] daß von 174 katholischen und 77 evangelischen im Kammerbezirk neu einzurichtenden Schulen 62 katholische und 29 evangelische inzwischen tatsächlich errichtet seien, gleichzeitig aber noch 263 »brauchbare Schulmeister« fehlten. Von 272 erforderlichen Schulneubauten konnten insgesamt 114 fertiggestellt werden. Kurzfristig, wie der Minister hoffte und drängte, ließ sich Abhilfe nicht schaffen; dies bestätigte eine Konferenz in Breslau unter Teilnahme des Weihbischofs im März 1765 erneut. Insgesamt wurden bis 1769 außer in Sagan selbst zusätzlich etwa 400 neue Schulen beider Konfessionen zu den im Kammerbezirk bereits vorhandenen 629 katholischen und 596 evangelischen Landschulen eingerichtet. Auch die Seminare, die zur Verbesserung der Lehrerausbildung auf der Grundlage der »Saganschen Methode« in Breslau, bei den niederschlesischen Stiftsschulen in Leubus und Grüssau, für Oberschlesien in der Klosterschule Rauden sowie bei der Stadtschule in Ratibor, für die Grafschaft Glatz in Habelschwerdt eröffnet wurden, brauchten ihre Zeit, bis sie einsatzfähig waren. Speziell für Oberschlesien[243] kam dem Problem der Verbreitung der deutschen Sprache im Verständnis der Beteiligten als Amts- und auch als Kultursprache eine besondere Bedeutung zu: Die dortigen Lehrer sollten zweisprachig sein, wie dies auch von den Geistlichen seit 1764 obligatorisch verlangt wurde, während gleichzeitig Heiratswilligen auferlegt wurde, deutsche Sprachkenntnisse nachzuweisen. Derartige Erlasse besaßen jedoch angesichts des akuten Mangels an qualifizierten Lehrern und mit Rücksicht auf die Siedlungspolitik nur geringe Erfolgsaussichten; sie führten zu keinen nennenswerten Veränderungen der Sprachlandschaft, zumal in den polnisch dominierten neun oberschlesischen Kreisen rechts der Oder; in den sechs Kreisen auf dem linken Oderufer waren die Verhältnisse weniger eindeutig; nur der Kreis Neisse konnte als überwältigend deutschsprachig gelten.[244]

Unterdessen war für die kaum minder dringliche Reform der evangelischen Elementarschulen, die unter der Aufsicht der Konsistorien bei den Oberamtsregierungen in Glogau, Breslau und Brieg standen, nur wenig geschehen, zumal ein zweiter Felbiger nicht zur Verfügung stand. Auch dort erwies sich die Finanznot als das größte Hemmnis für eine Verbesserung. Immerhin konnte auf Initiative des Oberkonsistorialrats F. Eberhard Rambach, der Burg als erster Breslauer Geistlicher nachfolgte, in der Landeshauptstadt 1765 ein Lehrerseminar eingerichtet werden, das feste Kurse jedoch erst seit 1780 abhielt.[245]

In der Summe stand es um die teilweise traditionsreichen städtischen Latein- und Gelehrtenschulen[246] im protestantischen Teil Schlesiens, die vorrangig auf den Universitätsbesuch vorbereiteten, nicht wesentlich günstiger als um die Elementarschulen. Nicht nur, daß ihre Unterbringung und Ausstattung vielfach zu wünschen übrigließ oder sie teils unter den Kriegsfolgen beträchtlich gelitten hatten, sondern auch der ganz einseitig auf die klassischen Sprachen orientierte Unterrichtskanon und die Didaktik boten häufig Anlaß zu Kritik und verlangten nach Reformen, die wiederum, meist aus Mangel an Mitteln, nur zögernd realisiert wurden. Die Gymnasien in Liegnitz, Brieg, Schweidnitz, Hirschberg, Bunzlau und Grünberg standen dabei günstiger da als die vorübergehend geschlossenen Lateinschulen in Landeshut und Glogau. Die Schülerzahlen gingen selbst in den beiden konkurrierenden Breslauer Gymnasien zu St. Elisabeth und Maria-Magdalena stark zurück, während die von seiten des Monarchen und seines »Unterrichtsministers« Zedlitz propagierte Realschulbewegung nach dem Berliner Beispiel Heckers auch in der Odermetropole Fuß faßte in Gestalt der dort 1764 gegründeten Realschule der reformierten Gemeinde. 1767 folgte dann die Gründung einer besonderen Mädchenschule.

Der Breslauer Magistrat, der sein Schulpatronat gegenüber der Berliner Zentrale eifersüchtig verteidigte, konnte sich nicht dazu entschließen, eines der beiden Gymnasien dem Realschultyp mit seiner Akzentuierung der modernen Sprachen, der Naturwissenschaften und überhaupt der »Realien« oder »nützlichen Wissenschaften« ganz anzupassen, sondern experimentierte an der Magdalenenschule zeitweilig mit Parallelklassen, für die es jedoch an Lehrern wie an Geld fehlte. Der Versuch des Ministers Zedlitz, im Rahmen einer königlichen Initiative vom September 1779 zur Erneuerung wenigstens einiger Musteranstalten in der Monarchie das Breslauer Elisabethgymnasium zu reformieren, erbrachte nach langen, für beide Seiten unerfreulichen Auseinandersetzungen nur bescheidene Ergebnisse. Der Staat, der nach den Worten von Zedlitz »das Recht der Ober-Aufsicht auf alle Schulen unserer Lande sowie das Recht, Lehr-Methoden einzuführen«, unbeschadet der Patronatsrechte beanspruchte,[247] vermochte sich in Breslau wie anderswo nur begrenzt durchzusetzen.

Günstiger sah die Bilanz für den Minister hinsichtlich der Ritterakademie zu Liegnitz[248] aus, deren Reorganisation ihm nach einer Periode der Stagnation 1774 von Friedrich II. als Spezialauftrag übertragen wurde, den der schlesische Adelige seitdem bis zum Ende seiner Amtszeit als Oberkurator im Jahre 1790 mit besonderem Engagement wahrnahm. Die 1708 bezeichnenderweise im Zeichen der konfessionellen Parität wiederbegründete Anstalt zur Erziehung des einheimischen Adels, die unter den Habsburgern gleichwohl katholisch, seit 1742 dann aber zunehmend protestantisch geprägt war, sollte wieder mehr als bisher den spezifischen Ansprüchen der Adelserziehung dienen, das heißt, sie sollte nicht länger, wie in den Jahrzehnten zuvor, lediglich auf ein juristisches Universitätsstudium vorbereiten oder dieses gar ersetzen, sondern stärker die Praxis des adligen Landlebens sowie den Offiziersberuf der jungen schlesischen Adligen berücksichtigen, denen es nach Ansicht des Königs noch 1782 häufig wegen fehlender Erziehung an »anständiger Conduite« mangelte.[249]

Entsprechend fiel das vom Monarchen genehmigte neue Reglement für die Liegnitzer Ritterakademie aus, das anstelle des bisher zuständigen Provinzialministers Hoym nunmehr Zedlitz nach gründlicher Inspektion der Anstalt ausarbeitete. Es postulierte als Erziehungsziel gleichermaßen die körperliche wie geistige Ausbildung der jungen Edelleute, außerdem aber ihres »Herzens« und »Geschmacks« zu »dem gemeinen Wesen brauchbaren Männern«. Die Aufnahme war an ein Mindestalter von vierzehn Jahren und an ein Examen geknüpft, bei dem es vorrangig auf die deutschen wie die lateinischen Sprachkenntnisse ankam; danach sollten die Absolventen drei Jahre lang nach einem festen Lektionsplan hauptsächlich Geographie und Historie, Philosophie, Mathematik und Physik, Französisch, Rhetorik und Naturrecht studieren, während die ritterlichen Übungen des Reitens, Fechtens und Tanzens beträchtlich reduziert wurden. Methodisch-didaktisch sollte die »sokratische Lehrart« statt des bisherigen reinen Lehrvortrags praktiziert werden; die Absolventen mußten regelmäßig schriftliche Hausarbeiten anfertigen, die von ihren Professoren zu korrigieren waren, während diese selbst dem Kurator monatlich über die Lernfortschritte der Zöglinge zu berichten hatten. Eine strenge Disziplinarordnung regelte den Tagesablauf und das Verhalten der Studierenden; sie erhielten außerdem wieder lutherischen oder katholischen Religionsunterricht, dessen Bedeutung für die Erziehung der Aufklärer Zedlitz hervorhob. Mit den Ergebnissen der Reorganisation der Liegnitzer Ritterakademie, zu der auch eine Erneuerung des Lehrkörpers gehörte, konnte der Oberkurator, der auch zwölf Freiplätze an bedürftige Adlige ohne Rücksicht auf die Konfession vergab, zufrieden sein, wenngleich in der Folge der Reformelan allmählich wieder nachließ.

Während die protestantischen Gelehrtenschulen Schlesiens im wesentlichen kommunale Einrichtungen waren, die zunehmend staatliche Eingriffe durch den Minister des Geistlichen Departements gewärtigen mußten, lag das katholische Gymnasialwesen in der Hand der Orden und unterstand der Aufsicht des schlesischen Justizministers. Zwar gab es Lateinschulen bei den Traditionsklöstern Heinrichau, Grüssau (seit 1669) sowie Groß-Rauden (seit 1744), die von den Zisterziensern oder in Leobschütz (seit 1752) von den Franziskanern betrieben wurden, aber dominierend und richtungweisend blieben selbstverständlich die Jesuiten mit ihren Gymnasien bei den Jesuitenkollegien in der Landeshauptstadt, in Glogau, Liegnitz, Sagan, Schweidnitz, Neisse, Glatz und Oppeln, ferner noch in der »Residenz« Hirschberg.[250]

Zu einem Gutachten über die Situation der Jesuitengymnasien im Lande sowie über die Breslauer Jesuitenuniversität aufgefordert, äußerte sich Abt Felbiger, selbst ein Absolvent der Jesuitenerziehung und sicherlich einer der besten Kenner des Schulwesens schlechthin, 1769 sehr kritisch und distanziert.[251] Er zögerte sogar, überhaupt dazu Stellung zu nehmen, weil er »Haß, Verfolgung, hundert Widrigkeiten von seiten solcher Personen« befürchtete, »die den Schlendrian verehren«; jedenfalls wollte er nicht als Verfasser genannt werden. Der Abt bemängelte die geringe Effektivität des Unterrichts, der von sechs Jahren allein vier auf die Grammatik des Lateinischen verwende, ohne daß deshalb die Schüler die »Sprache der Römer« oder aber die klassischen Autoren wirklich verstehen lernten, sondern lediglich »ein Deutsch-Latein, darinne nichts von dem zu finden ist, was die lateinische Sprache Eigenes und Schönes hat«. Überdies hätten sie weder akzeptablen Geschichts- noch Geographieunterricht, und ihre Griechischkenntnisse gingen nicht über das Alphabet und die Deklinationen hinaus. Das Universitätsstudium bei den Jesuiten in Breslau beschränke sich auf die theologische und die philosophische Fakultät; in letzterer seien zwar inzwischen das zeitraubende Diktieren abgeschafft und die Vorherrschaft der »unnutzen und abgeschmackten« scholastischen Philosophie unter dem Einfluß französischer Patres zurückgedrängt, aber noch immer sei die Lehre in den Naturwissenschaften unzulänglich und das Lateinische statt des Deutschen alleinige Unterrichtssprache. Dennoch gebe es angesichts fehlender Mittel und Lehrkräfte keine Alternative zu den Jesuiten, die den Unterricht kostenlos erteilten. Allerdings müßte die Aufsicht über die Schulen den Ordensoberen entzogen und einem unabhängigen »Kurator« übertragen werden, der die notwendigen Reformen durchführen könne.

Ein derartiger »Kurator« wollte der Abt aus Sagan angesichts seiner bitteren Erfahrungen nicht sein, zumal er 1774 als Reformer der österreichischen Elementarschulen mit Einverständnis des Preußenkönigs in die Dienste Maria Theresias überwechselte. Die Rolle des auf inhaltliche Erneuerung drängenden Kontrolleurs über die Jesuitenschulen übernahm nunmehr der schlesische Justizminister Carmer. Allerdings dauerte es nahezu fünf Jahre, ehe unter seiner Regie die Reformansätze ernsthaft wiederaufgenommen und in dem vom Monarchen am 11. Dezember 1774 vollzogenen »Schul-Reglement für die Universität in Breslau und die katholischen Gymnasien in Schlesien« fixiert wurden.[252] Die Neuordnung wurde erst möglich, nachdem durch ein Breve Papst

Clemens' XIV. (1769–1774) der Jesuitenorden aufgehoben und damit dem höheren Erziehungswesen in den katholischen Ländern Europas weitgehend die Grundlage entzogen war.

Diese Konsequenz wollte der an Entscheidungen Roms nicht gebundene »Ketzerkönig« Friedrich II. für seine Länder vermeiden. Er konnte es sich leisten, die Veröffentlichung des päpstlichen Breves vom 16. August 1773 zu unterbinden und die schlesischen Jesuiten, die ihre Loyalität und sogar »fritzische Gesinnung« inzwischen wiederholt bewiesen hatten,[253] in ihren Rechten und Besitzungen einstweilen zu schützen. Der Monarch hatte aus seiner grundsätzlichen Abneigung gegen den lange als »gefährlich« eingestuften Orden kein Hehl gemacht. Wenn er jetzt diesen spektakulären Schritt tat, so veranlaßte ihn dazu weniger die von ihm mehrfach betonte Sorge um den Erhalt des religiösen Status quo in der Oderprovinz als vielmehr die Rücksicht auf das höhere Schulwesen für seine katholischen Untertanen, für das die Jesuiten praktisch ein Monopol besaßen. Da es ihm letztlich um den Erhalt seiner Gymnasial- und Universitätslehrer, nicht um die Fortexistenz des Jesuitenordens ging, konnte Friedrich in den verschlungenen diplomatischen Verhandlungen mit der Kurie auch damit zufrieden sein, wenn die Jesuiten unter anderem Namen und in anderer Kleidung den Gymnasialunterricht aufrechterhielten. Statt einen Dispens für die schlesischen und westpreußischen Jesuiten durchzusetzen, begnügte er sich mit dem ihm von Papst Pius VI. (1775–1799) angebotenen Kompromiß, sie als Weltpriester an ein »Königliches Schul-Institut in Schlesien« zu versetzen; eine Instruktion vom August 1776 regelte ihr künftiges Wirken.[254]

Der Orden war damit auch in Schlesien aufgehoben; die Güter der Exjesuiten, die damals noch 129 Mitglieder zählten, wurden einer vom Provinzialminister beaufsichtigten »General-Schulen-Administration« unterstellt und von 1777 an verpachtet, später jedoch zugunsten des Schulfonds veräußert; aus den Einkünften erhielten die Angehörigen des »Schul-Instituts«, das wiederum dem Justizminister unterstand, ihre Besoldung oder Pension. Diese Lösung des Problems unterwarf zwar die Exjesuiten als Priester der Jurisdiktion des Breslauer Bischofs, die Weihbischof Johann Moritz von Strachwitz als apostolischer Vikar im preußischen Anteil durchsetzen wollte, aber sie entzog das Schulwesen weitgehend dem kirchlichen Einfluß. Die Neuordnung der Universität wie der Gymnasien und die Bestellung ihrer Lehrer lag in den Händen einer »Schul-Kommission« unter Leitung des Justizministers, der zwar Repräsentanten der Breslauer Universität angehörten, nicht jedoch der Ortsbischof. So hatte die verspätete Aufhebung des Jesuitenordens in Schlesien eine »Verstaatlichung des höheren Schulwesens« zur Folge.[255]

Das Reformprogramm des Schulreglements erstreckte sich gleichermaßen auf die von den nunmehrigen Exjesuiten betriebenen Gymnasien wie auf die Breslauer Universität, zwischen denen ohnehin fließende Übergänge bestanden. Die Eingriffe in die Lehrinhalte der Gelehrtenschulen waren kaum weniger einschneidend als die in die Organisation.[256] Neben der Reduktion der Klassen von sechs auf fünf erhielt jetzt das Deutsche den Vorrang als Unterrichtssprache, die Geschichte wurde als eigenständiges

Fach eingeführt, während im Latein- und Griechischunterricht die Lektüre der antiken Schriftsteller kräftig an Bedeutung gewann.

Auch die Universitätslehre wurde inhaltlich wie »methodisch« stark reglementiert: So sollten in der Metaphysik »alle scholastischen Grillen und Spitzfindigkeiten« entfallen, das Naturrecht auf Pufendorf und Grotius aufbauen, der theologische Unterricht ganz auf seinen Endzweck, nämlich die »Ausbildung rechtschaffener Klerisei«, hin ausgerichtet werden. Priesterkandidaten mußten sowohl einen philosophischen Magistergrad als auch ein theologisches Bakkalaureat erwerben. Die Aufsicht über sämtliche Gelehrtenschulen oblag nicht länger den Ordensoberen, sondern einem Direktor aus dem Orden, zu dem der aufgeklärte Breslauer Mathematikprofessor Zeplichal (1736 bis 1806) aus Mähren bestellt wurde, der das Vertrauen Carmers genoß und an dem Entwurf des Reglements mitgewirkt hatte. Er sollte alle Einrichtungen regelmäßig visitieren und darüber dem Justizminister Bericht erstatten. Gleichwohl blieben zahlreiche Elemente der alten jesuitischen Studienordnung in Kraft, die die »Ignazianer« seit 1743 gegen wiederholte Interventionen der Breslauer Fürstbischöfe Sinzendorf und Schaffgotsch verteidigt hatten und die auch das zeitweilige Wirken von auf Wunsch des Königs aus Frankreich nach Breslau abgeordneten französischen Patres nur wenig modifizierte.[257]

Der Charakter der 1702 gegen heftigen Widerstand des Breslauer Magistrats mit kaiserlichem Privileg gegründeten »Leopoldina«[258] als ein Zweifakultätenstudium, mithin als »Minderuniversität«, wurde durch die Neuordnung von 1774 nicht nachhaltig verändert. Es blieb dabei, daß die Lehre von der mit den obersten Gymnasialklassen verbundenen philosophischen Fakultät nach wie vor eher propädeutisch orientiert war, während die theologische Fakultät hauptsächlich den Priesternachwuchs der Diözese Breslau ausbildete. Wiederholte Anläufe zu einem Ausbau als Volluniversität durch Einrichtung einer juristischen und medizinischen Fakultät scheiterten auch in preußischer Zeit an dem Desinteresse der Jesuiten selbst wie an dem Monarchen, der eine Konkurrenz für die preußischen Hochschulen, zumal in Halle und Frankfurt an der Oder, verhindern wollte, zugleich aber den Besuch nichtpreußischer Universitäten für einheimische Amtsanwärter untersagte. Ungeachtet derartiger Beschränkungen sollte die Ausstrahlungskraft der Leopoldina nicht unterschätzt werden. Sie war mit ihrer prächtigen Barockarchitektur schon rein äußerlich imposant, wenngleich der Gebäudekomplex aus Kirche, Schul- und Wohnbauten, zu dem noch ein erst 1753 fertiggestellter, auf fünfzig bis sechzig Studenten zugeschnittener dreiflügeliger Konviktsbau mit innerem Pfeilerarkadenhof sowie eine eigene Apotheke gehörten, bekanntlich ein Torso blieb.[259] Bis zum Ausbruch des Siebenjährigen Krieges erreichte die Zahl der seit der Gründung Immatrikulierten rund 11 000; die Oberklassen des Kollegs und die der Universität besuchten 1756 zusammen etwa achthundert Schüler und Studenten; dann erfolgte ein deutlicher Einbruch, von dem die Leopoldina sich nur langsam erholte, obschon sie als Institution bis zu ihrer Fusion mit der Frankfurter Viadrina im Jahre 1811 bestehenblieb.

SCHLESIENS GEISTESLEBEN ZWISCHEN TRADITION UND AUFKLÄRUNG – SCHLESISCHE KUNST UND ARCHITEKTUR ZWISCHEN BAROCK UND KLASSIZISMUS

Der politische Herrschaftswechsel blieb nicht ohne nachhaltige Wirkung auf das geistig-kulturelle Leben im Oderland. Erst das zentralisierende Regiment des friderizianischen Absolutismus faßte die zwar gegenüber der fernen Landesherrschaft meist solidarischen, aber dennoch ziemlich eigenständigen schlesischen Fürstentümer und Standesherrschaften zu einem straffer organisierten Provinzialverband zusammen, in dem Breslau als einzige große Stadt nunmehr die Funktionen einer echten Landeshauptstadt auch in kultureller Hinsicht übernehmen konnte. Während die übrigen Städte und kleinen Residenzen über die Rolle von regionalen Unterzentren nicht hinauswuchsen, konnte sich die Odermetropole zum intellektuellen wie künstlerischen Mittelpunkt entfalten.

Mit dem friderizianischen Staat und seinen Repräsentanten setzte sich zugleich die maßgebliche Geistesbewegung der Zeit, die Aufklärung, in dem bisher wesentlich von der habsburgischen Barockkultur und Barockfrömmigkeit geprägten Schlesien durch, und zwar stufenweise in den eher gemäßigten Formen, die der deutschen Aufklärungsbewegung mit ihrer theologisch-pädagogischen Akzentuierung gegenüber den radikaleren Ausprägungen in Westeuropa eigen war.[260] Ungeachtet anhaltender konfessioneller Auseinandersetzungen hatte die Bikonfessionalität des Landes, die vollends nach der Verkündung der friderizianischen Religionsfreiheit zu einer Relativierung der religiösen Standpunkte führen mußte, den Boden dafür bereitet, zumal sie mit einer generellen Säkularisierungstendenz korrespondierte, die mehr oder minder alle Lebensbereiche erfaßte.

Obschon nicht ohne autochthone Wurzeln, wie vorrangig der Name des in Breslau geborenen, aber auswärts wirkenden, vielleicht wirkungsmächtigsten deutschen Aufklärungsphilosophen Christian Wolff (1679–1754) bezeugen kann, wurde die Aufklärung wesentlich von außen nach Schlesien gebracht und dort durch preußische Beamte und Pfarrer, durch einschlägige Literatur und Zeitschriften, durch den Universitätsbesuch in Halle und Frankfurt, durch die Gründung von Freimaurerlogen, gelehrten Gesellschaften, moralischen Wochenschriften, Lesegesellschaften im städtischen Bürgertum und Teilen des Adels wirkunsvoll verbreitet, während das platte Land zumal in den Randregionen Oberschlesiens davon fast unberührt blieb, so daß Erscheinungsformen selbst des krassen Aberglaubens, der Magie und des Hexenwahns dort nach wie vor anzutreffen waren.[261] Die Diskrepanz zwischen den schmalen aufgeklärten Schichten und der breiten »Volkskultur« kann kaum hoch genug veranschlagt werden. Sie zu verändern, galt ein gut Teil der bildungspolitischen Anstrengungen der preußischen Behörden, die sich im übrigen nicht scheuten, den frommen Brauch des Wetterläutens zu verbieten oder die Zahl der kirchlichen Feiertage 1754, nochmals 1773 zu reduzieren.

Die Auswirkungen einer aufgeklärten Politik in Verwaltung, Kirche und Bildungswesen, wie sie die Provinzialminister Münchow, Schlabrendorff und Hoym, der schlesi-

1742 erschien zum erstenmal das von Oberkonsistorialrat Johann Friedrich Burg herausgegebene *Evangelische Gesangbuch für die Königlich Preußisch-Schlesischen Lande*, das bis zum Jahr 1900 zahllose Auflagen erlebte. Sein Vorsatzbild zeigt das preußische Königspaar über dem Panorama der Stadt Breslau. Da König Friedrich bekanntermaßen wie ein Junggeselle lebte, wurde seine Gemahlin oft für Maria Theresia gehalten.

sche Justizminister Carmer sowie der preußische Unterrichtsminister Zedlitz propagierten und praktizierten, zeigten sich allmählich. Sie gelangten wohl erst gegen Ende der friderizianischen Ära voll zur Geltung.[262] Jene fand auf katholischer Seite in Grenzen Resonanz bei den Breslauer Fürstbischöfen selbst, bei dem »Hofbischof« Sinzendorf wie dem Freimaurer Schaffgotsch oder dem loyalen Bistumsadministrator Graf Strachwitz, sicherlich bei dem Reformabt Felbiger oder dem Jesuiten Zeplichal, kaum jedoch beim durchschnittlichen Welt- und Ordensklerus, der erst unter dem Eindruck der schon in spättheresianischer Zeit antizipierten radikalen Staatskirchenpolitik Josephs II. seit 1780 im benachbarten Österreich[263] mit den Klosteraufhebungen, Feiertagsreduzierungen, Diözesanregulierungen, Toleranzpatenten und direkten Eingriffen in die kirchliche Seelsorge die Vorzüge des weniger rigorosen friderizianischen Paritätssystems in Schlesien erkannte und sich entsprechend arrangierte. Währenddessen steuerte die evangelisch-lutherische Kirche des Landes, die jetzt erstmals überhaupt als eine einheitliche Kirchenorganisation ganz Preußisch-Schlesiens in Erscheinung trat,[264] unter ihren führenden Geistlichen und Oberkonsistorialen vom Schlage Burgs oder Rambachs zunächst einen eher traditionellen Kurs; erst während der achtziger Jahre wurde sie von der Aufklärungswelle in der protestantischen Theologie voll erfaßt, so daß die dominierende lutherische Orthodoxie und der verbreitete Pietismus vielfach einem gemäßigten Rationalismus weichen mußten, dem dann wiederum die Erweckungsbewegung entgegentrat.

Aus der Sicht des führenden Rezensionsorgans der norddeutsch-protestantischen Aufklärung, der bei dem Berliner Buchhändler Friedrich Nicolai verlegten *Allgemeinen Deutschen Bibliothek*, desgleichen im Rückblick der seit 1785 für die Durchsetzung der Aufklärung in Schlesien selbst wirkenden *Schlesischen Provinzialblätter* hatte das Oderland bis dahin keinen nennenswerten Anteil an der religiösen Aufklärung, sondern stand eher auf seiten der Verteidiger der kirchlich-theologischen Tradition. Diese auch von dem rationalistischen Breslauer Oberkonsistorialrat David Gottfried Gerhard († 1808) in seiner Selbstbiographie[265] bestätigte Situation schloß selbstverständlich nicht aus, daß allenthalben aufgeklärte Positionen in der theologisch-kirchlichen wie in der weltlichen Literatur hervortraten und das geistige Klima zunehmend bestimmten.

Am wenigsten war dies wohl noch in der protestantischen Kirchengeschichtsschreibung Schlesiens[266] zu spüren, die unter friderizianischer Herrschaft überhaupt erst wieder möglich wurde und in der vor allem die 1767 postum erschienene *Schlesische Reformationsgeschichte* des Landpastors Abraham Rosenberg herausragte, während Pastor Johann Adam Hensel 1768 eine umfangreiche *Protestantische Kirchengeschichte Schlesiens* publizierte und Pastor Sigismund Justus Erhard eine mehrbändige, aber unvollendete *Presbyterologie des evangelischen Schlesien* 1780 bis 1789 vorlegte. Viel entschiedener von der Aufklärung geprägt als die Kirchenhistoriker waren die Profan- und Literaturhistoriker, unter denen neben dem bis 1788 an der Liegnitzer Ritterakademie wirkenden Professor Karl Friedrich Flögel namentlich der Breslauer Regierungsrat Karl Ludwig Klöber, ein geborener Pfälzer, als Verfasser einer zeitgeschichtlichen Darstellung des Oderlandes Beachtung verdient, die 1785 anonym unter dem Titel *Schlesien vor und nach dem Jahr 1740* erschien; dort beklagte er in der Vorrede geradezu den »Mangel der Aufklärung« im Lande. Auch der Rektor der Breslauer Heiliggeistschule und Lessingverehrer Samuel Benjamin Klose bewies in seinen literarkritischen und historischen Arbeiten die Nähe zur Aufklärung, während der große Aufklärer und Kritiker Lessing selbst während seiner Breslauer Jahre als Sekretär des Stadtkommandanten Tauentzien zwischen 1760 und 1765 »gleichsam incognito« als Bibliothekenbenutzer und Theaterbesucher in Kreisen der Offiziersgarnison verkehrte und dort sein hochaktuelles Schauspiel *Minna von Barnhelm* schrieb, aber auf das geistige Leben der Stadt wohl keinen nachhaltigen Einfluß ausübte.[267]

Schriftsteller und Literaten vom Range Lessings fehlten unter den zeitgenössischen Autoren nahezu vollständig. Kaum ein Name des von Karl Konrad Streit publizierten *Alphabetischen Verzeichnisses aller im Jahre 1774 in Schlesien lebenden Schriftsteller* (1776)[268] erlangte Bedeutung über die Region hinaus. Auch Anna Louisa Karsch (1722–1791) aus dem Fürstentum Glogau, die in ihrem abenteuerlichen Leben den Aufstieg aus dem »vierten Stand« über zwei gescheiterte Ehen mit sieben Kindern zur emanzipierten Schriftstellerin in der Aufklärungsmetropole Berlin vollzog, gehörte nur mit dem ersten Teil ihrer Vita und ihres Schaffens der schlesischen Literaturgeschichte an.[269] Dort trat die Karschin als Gelegenheitslyrikerin wie vor allem als Kriegslyrikerin während der drei schlesischen Kriege hervor. Sie bewunderte den Preußenkönig Friedrich, der ihr allerdings patriotische Euphorie und Apotheosen nur begrenzt belohnte, nachdem er sie im August 1763 im Marmorsaal von Sanssouci empfangen hatte.

Nicht in der Nachfolge des französischen Geschmacks, wie der König ihn schätzte, sondern im Stil des englischen sentimentalen Romans eines Richardson oder Fielding schrieb der Plesser Hofprediger und spätere Breslauer Kircheninspektor Johann Timotheus Hermes seine erfolgreichen Romane *Sophiens Reise von Memel nach Sachsen* (1771) und die *Geschichte der Miß Fanny Wilkes.* Sicherlich ein bedeutender Repräsentant der philosophischen Aufklärung, wenngleich kein systematischer Philosoph war Christian Garve (1742–1798),[270] der nach dem Studium in Frankfurt und Halle nur eine kurze Gastrolle als Professor der Moralphilosophie in Leipzig gab, ehe er von 1772 an für dauernd in seiner Geburtsstadt Breslau lebte. Dort wirkte der kränklich-pedantische, aber geistreiche Privatgelehrte als Übersetzer, der im Auftrage Friedrichs II. Ciceros *De officiis* und außerdem zahlreiche englische Autoren bis zu Burke und Adam Smith ins Deutsche übertrug, als großer Anreger und Popularisator, der seine Leser zum Nachdenken bringen und ihnen das Selbstdenken erleichtern wollte. Aus seinen wiederholten Begegnungen mit dem Preußenkönig 1779 erwuchsen seine zweibändigen *Fragmente zur Schilderung des Geistes, Charakters und der Regierung Friedrichs II.* (1798), die dem Roi-philosophe gerecht zu werden suchten.

Christian Garve gehörte außerdem zu den Anregern und Mitarbeitern derjenigen Breslauer Zeitschrift, die seit 1785 Schlesien aus seiner geistig-kulturellen Randlage befreien sollte, in die es seit den Höhen der Barockzeit geraten war: Die *Schlesischen Provinzialblätter*[271] boten in 130 stattlichen Bänden über einen Zeitraum von 65 Jahren ein publizistisches Forum für nahezu alle Lebensbereiche; ihre Beiträge reichten von der Lan-

Mehr als in habsburgischer Zeit beschränkte sich das geistige Leben Schlesiens auf die eigene Provinz und den Staat, dem sie zugehörte. Um so kräftiger entwickelten sich hier eigene Verlage und Zeitschriften, deren Publikum vom städtischen Bürgertum bis zu den ländlichen Lesegesellschaften reichte.

deskunde und Bevölkerungsentwicklung über die Geschichte, das Gesundheitswesen und die soziale Problematik, die verschiedenen Wirtschaftszweige, das kirchliche Leben, Bildung und Wissenschaft wie Literatur und Sprache bis hin zum Feuilleton, zur zeitgenössischen Kunst und Theaterkritik und zu Nachrufen sowie einem Chronikteil; lediglich die Politik blieb ausgespart. Die langjährigen ersten Herausgeber, Friedrich Albert Zimmermann (1745–1815) und Karl Konrad Streit (1751–1826), letzterer mit ausgeprägten literarischen und künstlerischen Interessen, waren nicht von ungefähr zugleich preußische Beamte in der Breslauer Kammerverwaltung mit guten Verbindungen zum Provinzialminister Hoym, was ihre journalistische Tätigkeit unter den Bedingungen der freilich milde gehandhabten Zensur erheblich erleichterte. Aber auch geschäftlich wurden die Provinzialblätter, die über ein dichtes Korrespondentennetz überall im Oderland verfügten, ein Erfolg mit einer für die Zeit um 1800 hohen Auflage von rund 2 000 Exemplaren, so daß sie bald zahlreiche Nachahmer fanden. In ihrer Vielseitigkeit konnten sie zu einem getreuen Spiegel der »schlesischen Zustände« werden, während sie in ihrer Programmatik durchaus der Devise huldigten, »Aufklärung unter alle Stände der Provinz zu verbreiten«.[272]

In politischer Hinsicht blieb der Informationsgehalt der schlesischen Presse unter dem preußischen Absolutismus ziemlich begrenzt. Der Breslauer Verleger und Buchhändler Johann Jacob Korn (1702–1756),[273] der die Zeichen der Zeit erkannte, erhielt vom Preußenkönig ein Privileg, das ihm praktisch ein Monopol nicht nur auf die amtlichen Drucksachen, sondern vor allem auf die *Schlesische Privilegierte Staats-, Kriegs- und Friedenszeitung* sicherte, deren erste Nummer am 3. Januar 1742 erscheinen konnte. Die dreimal wöchentlich gedruckte *Schlesische Zeitung*[274] beschränkte sich auf politische Nachrichten, die sie großenteils den Berliner Presseorganen entnahm, so daß Zensurprobleme kaum auftreten konnten, zumal der preußische Kurs des Blattes offenkundig war und in Kriegszeiten auch bewußt propagandistisch genutzt wurde. Beilagen wie die *Gelehrten Nachrichten* seit 1747 sollten neue Leserkreise, insbesondere die Gebildeten, ansprechen, die von 1769 an ein selbständiges Rezensionsorgan als Beiblatt angeboten erhielten. Damals begann der zwar nicht krisenfreie, aber doch insgesamt sehr erfolgreiche Aufstieg der Breslauer protestantischen Verlegerdynastie Korn, die das Zeitungsprivileg immer wieder verlängert erhielt, daneben aber auch den wissenschaftlichen und belletristischen Verlag und das Zeitschriftenwesen mit wechselnden Titeln und Schwerpunkten sowie das einträgliche Gesangbuchgeschäft pflegte. Dabei trat sie in Konkurrenz zu zahlreichen Parallelunternehmungen,[275] die sich verschiedenen Spezialgebieten wie der Landwirtschaft, dem Kriegswesen oder ganz generell der »Ökonomie« widmeten, aber meist nur eine kurze Erscheinungsdauer hatten, ausgenommen vielleicht die *Ökonomischen Nachrichten* (1771–1784), hinter denen der Justizminister Carmer und die amtlich protegierte »Patriotische Gesellschaft« standen.

Während religiös-theologisch orientierte Zeitschriften in dem toleranten Oderland bezeichnenderweise wenig Resonanz fanden, Kunst und Philosophie kaum viel mehr, konnte der Herausgeber der Provinzialblätter, Zimmermann, mit seinen historischen *Beyträgen zur Beschreibung Schlesiens* in den Jahren 1783 bis 1795 immerhin zwölf Bände herausbringen. Zu einem Erfolgsgenre entwickelte sich damals sehr rasch die neue Unterhaltungsliteratur für die Frau, der sich auch mehrere Zeitschriften annahmen. Außerhalb Breslaus, wo die Zahl der Buchhandlungen im Laufe des Jahrhunderts von drei auf sechs, im ganzen Lande auf dreizehn stieg,[276] behauptete sich längere Zeit nur die vom dortigen Waisenhaus seit 1774 verlegte *Bunzlauische Monatsschrift zum Nutzen und Vergnügen* als populäres und zugleich belehrendes Organ. Mit der Zunahme der Leihbibliotheken, dem Vordringen der moralischen Wochenschriften, der Gründung immer neuer gelehrter Gesellschaften und der Freimaurerlogen seit 1741, zuerst in Breslau, wuchs das Leserpotential auch außerhalb der Landeshauptstadt, und zugleich verbreiteten sich die Aufklärungsideen.

Alle Presseerzeugnisse sowie die gesamte Buchproduktion unterlagen in Schlesien wie überall sonst im Reich der landesherrlichen Zensur, die sich auf die drei Bereiche Religion, Moral und Politik erstreckte; indem der letztere sowohl die Rücksichtnahme auf fremde Mächte wie den Respekt vor der regierenden Dynastie und deren ausführenden Organen beinhaltete, waren Konflikte zwischen den Autoren oder Buchdruckern und den Zensoren geradezu vorprogrammiert. Erst relativ spät, nämlich 1747/48, wurden die Zensurzuständigkeiten in der Provinz einigermaßen geklärt,[277] wonach dort generell die Kammern, nur für das theologische Schrifttum die Konsistorien bei den Oberamtsregierungen verantwortlich zeichneten. Diese vom Provinzialminister Münchow erlassene, nicht unumstrittene Regelung blieb im Grunde bis 1792 gültig. Einer gesonderten Aufsicht unterstand die einzige jüdische Druckerei in Dyhernfurth, während der Fürstbischof über Bücher katholischer Autoren eine Art Privatzensur beanspruchte, die später in eine Auftragszensur umgewandelt wurde, von der jedoch die Breslauer Jesuitenuniversität für die Werke ihrer Angehörigen ausgenommen blieb. Alle spezifisch politischen Schriften bedurften ohnehin der Billigung durch das Auswärtige Amt in Berlin.

Die Zensurpraxis, wie sie in der Folge mit unterschiedlicher Intensität von den wechselnden Zensoren durchaus nicht widerspruchsfrei gehandhabt wurde, erlaubt nur sehr begrenzt ein Urteil über ihren Wirkungsgrad; sie blieb, abgesehen von spektakulären Einzelfällen, nach kompetentem Urteil[278] »immer noch erträglich«, zeitweilig sogar erstaunlich nachlässig. Von der österreichischen unterschied sich die preußische Zensur vor allem im religiösen Bereich, wo der von der Aufklärung erfaßte protestantische Staat nicht länger zu Zwangsmaßnahmen griff, sondern lediglich den »konfessionellen Burgfrieden« gewahrt wissen wollte, was ihm in hohem Maße gelang.

Auch das Theater[279] in der Provinz, das neben dem älteren Schul- und Jesuitentheater in friderizianischer Zeit noch hauptsächlich von Schauspielertruppen bestritten wurde, die in verschiedenen schlesischen Städten meist mit anspruchslosen Komödienprogrammen auftraten, bedurfte der staatlichen Lizenzierung. Der Prinzipal der Truppe erhielt eine derartige Konzession entweder nur für einzelne Orte oder für die ganze Provinz. Der wie andere Theaterunternehmer aus Österreich nach Schlesien gekommene Franz Schuch erwarb für ein derartiges Generalprivileg von 1742 in Breslau ein Grundstück an der Ohlauer Straße, wo anstelle des alsbald baufälligen Komödienhauses 1782 nach den Plänen von Carl Gotthard Langhans der erste ansehnliche Theaterbau der Landeshauptstadt entstand; diese entwickelte sich alsbald zum Mittelpunkt des professionellen schlesischen Theaterlebens, während einzelne Hoftheater, namentlich in Oels, Carlsruhe und Grafenort, eher Liebhabercharakter besaßen.

Auch der 1766 endgültig nach Österreichisch-Schlesien in den dortigen Landesteil des Fürstentums Neisse exilierte Fürstbischof Schaffgotsch hat sich in Schloß Johannesberg ein ständiges Hoftheater einrichten lassen. Er berief 1769 den Wiener Geigenvirtuosen und Komponisten Karl Ditters von Dittersdorf (1739–1799)[280] zum Leiter seiner kleinen Hofkapelle und machte ihn zugleich zum fürstbischöflichen Forstmeister. Der von Maria Theresia in den Adelsstand erhobene Ditters blieb bis zum Tode seines Gönners in Johannesberg, wo nicht wenige seiner damals geschätzten zahlreichen Symphonien, Serenaden, Divertimenti und Streichquartette entstanden, während seine komischen Singspiele in deutscher Sprache, namentlich das 1786 in Wien uraufgeführte Stück *Der Apotheker und der Doktor*, in Konkurrenz zur zeitgenössischen Oper traten. Die Dominanz der Wiener Klassik mit Haydn, Mozart und Beethoven ließ Dittersdorfs Ruhm nach 1800 dann rasch verblassen. Einen Komponisten von vergleichbarem Rang hatte Breslau, wo bereits in habsburgischer Zeit die Oper im italienischen Stil eingeführt worden war und wo seit 1804 Carl Maria von Weber als Musikdirektor am Theater wirkte, unter dem musizierenden und komponierenden Friedrich II. nicht aufzuweisen. Dort dominierte vielmehr die Kirchenmusik beider großen Konfessionen, zumal am Breslauer Dom und an St. Elisabeth.

Der Zäsurcharakter der Jahre um 1740 für Schlesien manifestierte sich nicht zuletzt im Bereich der Kunst. Der Gestaltwandel der Architektur, Plastik und Malerei, der sich nunmehr im Oderland vollzog, fügte sich zwar nahtlos ein in einen generellen Richtungswechsel des europäischen Kunststils und Kunstgeschmacks, der Hoch- und Spätbarock durch Rokoko und Frühklassizismus ablöste, zugleich aber konnte er zum Gradmesser für einschneidende politisch-gesellschaftliche Veränderungen im Lande selbst werden.[281] Der Wandel im großen schloß dabei die Kontinuität im Detail und mannigfache Übergangsformen keineswegs aus. War die schlesische Barockarchitektur der späten Habsburgerzeit entscheidend von italienischen, böhmischen und zuletzt vor allem von den großen Wiener und Prager Meistern samt ihren Schülern geprägt worden, so endete ihre Bautätigkeit oder Einflußnahme um 1740 ziemlich abrupt; dies gilt ebenso von den Bildhauern, die meist aus Böhmen zuwanderten, sowie von den Freskomalern, die aus Bayern oder Schwaben kamen. Die Erklärung für dieses erstaunliche Phänomen liegt zum einen in der Tatsache, daß der größte Teil dieser Künstlergeneration den Wechsel nicht oder nur kurz überlebte, zum andern aber darin, daß sich der Kreis der Auftraggeber in Schlesien selbst erheblich veränderte: Die bisher dominierende katholische Kirche, besonders auch die Klöster, und die habsburgisch orientierte Hocharistokratie traten, schon wegen der ihnen auferlegten Abgabenlast, als Bauherren oder Mäzene deutlich zurück; der zwar rasch einsetzende, aber eher bescheidene protestantische Kirchenbau konnte die entstehende Lücke nicht schließen; der sparsame preußische Monarch beschränkte sich auf die Residenz- und Festungsarchitektur; der einge-

wird

heute, Donnerstags, den 16. Juny 1791.

von den

Deutschen Schauspielern,

auf dem neuerbaueten Theater

aufgeführet:

Der Apotheker und der Doktor.

Ein komisches Singspiel in zwey Aufzügen, nach dem Französischen des Grafen N. l'Apoticaire de Muraic, übersetzt von Stephanie dem Jüngern.

Die Musik ist von Ditters Edlen von Dittersdorf.

Personen:

Stößel, ein Apotheker,	Herr Müller.
Claudia, dessen Frau,	Mad. Buchard.
Leonore, beyder Tochter,	Mad. Lichtenfeld.
Rosalia, Stößels Nichte,	Mad. Langethal.
Krautmann, ein Doktor,	Herr Wachsmuth.
Gotthold, dessen Sohn,	Herr Pfeifer.
Sturmwald, ein Invalidenhauptmann,	Herr Opitz.
Sichel, ein Feldscheerer,	Herr Langethal.
Gallus, Bedienter eines Patienten,	Herr Cordemann.
Ein Polizeykommissar,	Herr Seconda jun.

Die Texte der Arien sind am Eingange für 2 gr. zu bekommen.

Nach dem Stück wird Demoiselle Lehmann die Ehre haben, mit einer Abschiedsrede, unsre diesmalige Vorstellungen zu schließen.

Abonnement suspendu.

Auch wird ein geneigtes Publikum, um seines eignen Vergnügens willen, ersucht, sich ohne Unterschied die unentbehrliche Einrichtung, wegen Verschonung des Theaters gütigst gefallen zu lassen.

Die Preise sind folgende:

Ein Billet in den Logen des ersten Ranges kostet 8. gr.

Ein Billet in den Logen des zweyten Ranges kostet 6. gr.

Ein Billet in der großen Mittel-Loge kostet 8. gr.

Im Cercle 6. gr. Im Parterre 4. gr. Gallerie 2. gr.

Die Billets sind bey Herrn Metzing, auf der Erbischen Gasse, eine Treppe hoch, zu bekommen; sind aber nicht weiter als nur demselben Tag gültig.

Der Anfang ist mit dem Schlag 6. Uhr.

Heute zum Beschluß.

Seit der Breslauer Bischof Schaffgotsch die Gunst König Friedrichs verloren und sich nach Österreichisch-Schlesien zurückgezogen hatte, wurde sein Besitztum Johannesberg ein kultureller Anziehungspunkt. Der Wiener Komponist Karl Ditters von Dittersdorf ließ sich 1769 als Kapellmeister des Bischofs engagieren, was ihm die berufliche Absicherung seiner Arbeiten garantierte. Eine Zeitlang galt Dittersdorf als Mozarts Rivale in der Oper. Zu seinen Publikumserfolgen gehörte das Singspiel »Der Apotheker und der Doktor«.

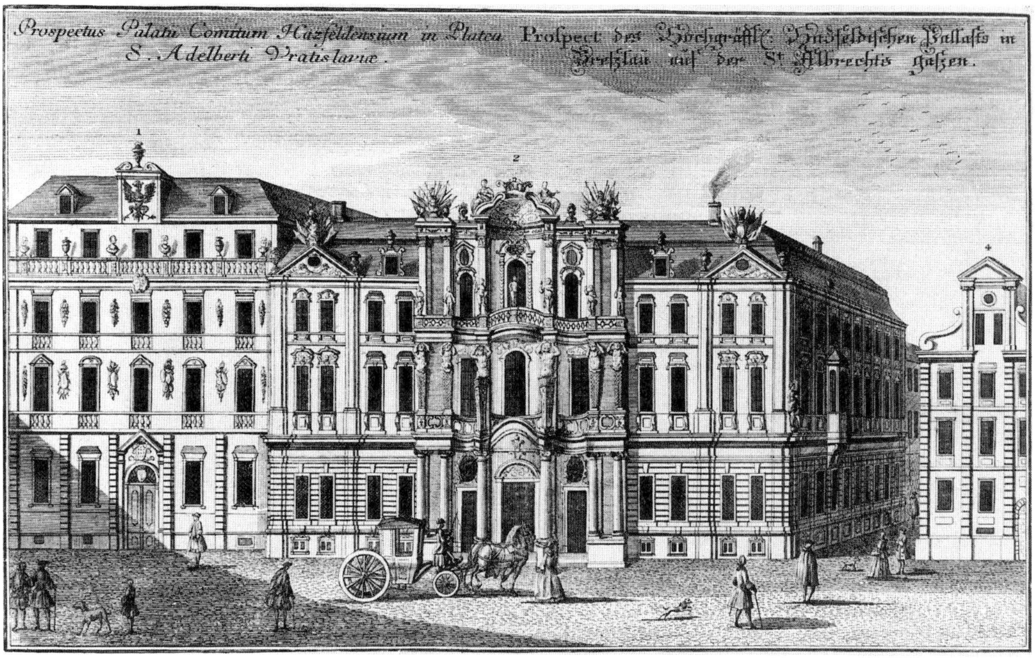

Einer der schönsten Barockpaläste Breslaus war das 1722 bis 1725 von Christoph Hackner erbaute Palais Hatzfeld. Es wurde bei der Belagerung Breslaus im Jahre 1760 zerstört. An seiner Stelle errichtete Carl Gotthard Langhans unter Einbeziehung des linken Nachbargrundstücks in den Jahren 1765 bis 1776 einen klassizistischen Neubau, der seit 1802 vom Staat als Sitz des Oberpräsidiums genutzt wurde. Der letzte Krieg zerstörte auch dieses Gebäude, doch gibt es Pläne für einen Wiederaufbau.

sessene Adel und die zugezogene hohe Beamtenschaft hielten sich während der langen Kriegsjahre zurück. Sie orientierten sich überdies an der friderizianischen Hofarchitektur, die ihre Vorbilder selbstverständlich nicht in Österreich, sondern im Norden, zumal in Berlin und Potsdam, suchte und den preußischen Baubeamten als neuen Architektentypus im Lande einführte.

Als erster dieser königlichen Baudirektoren errichtete der Niederländer Johann Boumann der Ältere (1706–1770) für den Monarchen in Breslau eine zweite königliche Residenz, die neben ihrer Funktion als Wohnung und Repräsentationsbau den Schlesiern die ständige Präsenz des preußischen Königs im Unterschied zu den fernen Habsburgern in Wien demonstrieren und zugleich Breslau eine Rangerhöhung verleihen sollte.[282] Zu diesem Zweck wurde zwischen 1750 und 1753 das um 1719 durchaus im barocken Wiener Stil geschaffene Spätgen-Palais umgestaltet, und zwar durch Anbau eines verlängerten Flügels von der Gartenseite her, der äußerlich wenig gegliedert und fast schmucklos blieb, während das Innere im Stile des französischen Rokoko mit Stuck und Malereien sowie den charakteristischen Rocaillemotiven an den Decken durch Johann Christoph Merck und weitere Künstler dekoriert wurde. Andere um dieselbe Zeit erbaute Adelsresidenzen, wie das nach einem Brand von 1750 an erneuerte Schloß Goschütz des Grafen Reichenbach, hielten sich an Berliner Vorbilder und suchten sich bei der Gestaltung der Innenräume dem veränderten Geschmack des friderizianischen Rokoko anzupassen; auch das von dem späteren preußischen Oberbaurat Georg Wilhelm Schirmeister konzipierte Schloßgebäude in der sonst eher südwestdeutsch nachempfundenen oberschlesischen Jagd- und Residenzschloßanlage Carlsruhe für den Herzog von Württemberg-Oels demonstrierte derartige Nähe, während das von Langhans von 1765 an umgestaltete Palais Hatzfeld in Breslau in seiner klassizistischen Formenstrenge äußerlich eher an römische Palastarchitekturen anknüpfte, im Innern jedoch eine glanzvolle Flucht von rokokohaften, teils schon zum Zopfstil neigenden Repräsentationsräumen enthielt.

Der protestantische Kirchenbau,[283] soweit er nicht in der Anfangsphase der preußischen Herrschaft lediglich schlichte Interimsbauten aus Fachwerk errichtete, von denen bis 1752 immerhin 164 als »Bethäuser« entstanden, lehnte sich zunächst an die einheimische Tradition der Friedenskirchen des 17. Jahrhunderts an; dies gilt namentlich für die bereits seit 1743 gebaute Bethauskirche in Schmiedeberg mit ihrem abgeschwächten Kreuzgrundriß nach Schweidnitzer Vorbild. Sonst gewann jedoch die zwischen 1747 und 1750 geschaffene reformierte Breslauer Hofkirche Vorbildfunktion für die evangelischen Kirchenbauten im Lande mit ihrer spezifischen Raumlösung des Ovals der umlaufenden Emporen im rechteckigen Grundriß, der Verbindung von Altar und Kanzel und der charakteristischen Gestaltung des Turms nach holländisch bestimmten Berliner Mustern, der in diesem Fall allerdings unfertig blieb. An das Modell der Breslauer Hofkirche lehnte sich in seiner schlichten äußeren Gestalt wie in der Anordnung des Innenraums die einzige bedeutendere protestantische Kirche im dominant katholischen oberschlesischen Raum an, die von Schirmeister für den Herzog von Oels in dem Jahrzehnt nach 1765 geschaffene Sophienkirche in Carlsruhe. Einen eige-

Das Tauentzien-Denkmal am Eingang zur Breslauer Innenstadt sah nicht nur aus wie ein Grabmal, sondern war tatsächlich der Ruheplatz des Verteidigers von Breslau im Jahre 1760. An der Ausführung des Entwurfs von Carl Gotthard Langhans war 1795 der Berliner Bildhauer Gottfried Schadow beteiligt, der die Reliefs modelliert hat. Das Grabdenkmal wurde nach 1945 beseitigt.

nen, schulbildenden Typus des evangelischen Kirchenbaus in Schlesien begründete wiederum Langhans, der mit den von anderen ausgeführten Plänen für eine neue Friedenskirche in Glogau begann (1764), dann in der Kirche zu Groß-Wartenberg für den Herzog von Kurland (seit 1785) seine erste Verwirklichung und seitdem zahlreiche Varianten fand, so zuerst in Waldenburg, dann in Münsterberg und Reichenbach. Bezeichnend blieb für diese Bauten des autochthonen Meisters und seiner Schule die Hinwendung zu antiken Vorbildern sowie die monumentale Vorhalle mit dem Turm darüber, hinter der ein Saalbau mit umlaufenden ovalen Emporen ganz auf den Kanzelaltar konzentriert war.

Demgegenüber beharrte der in seiner Intensität beträchtlich nachlassende katholische Sakralbau[284] bezeichnenderweise auf den barocken Traditionen und auf den österreichisch-süddeutschen Vorbildern. Neben dem Bau einer Reihe von Landkirchen in Oberschlesien suchten die Stifte in Trebnitz, Rauden und Grüssau die Ordensbautätigkeit wiederzubeleben. Dies gilt zumal für den gewaltigen Klosterneubau, den die Zisterzienserabtei in Grüssau noch für die Zeit von 1774 an nach den Entwürfen Johann Gottlieb Fellers ins Auge faßte:[285] Von der geplanten Vierflügelanlage, die an Klosterneuburg und St. Blasien anschließen sollte, konnte jedoch nur ein Torso realisiert werden; das friderizianische Schlesien war kein geeigneter Platz mehr für derartige Unternehmungen. Indessen blieb die reiche Abtei, die ihre prächtige neue Klosterkirche und ein Piastenmausoleum bereits unter Abt Innozenz Fritsch (1727–1734) erhalten hatte, doch auch weiterhin ein künstlerisches Zentrum mit einer bedeutenden Bildhauerwerkstatt unter Leitung des Böhmen Joseph Lachel, in die der Rokokogeschmack einzog. Jedoch versiegte die Vergabe von Aufträgen an die verbleibenden Bildhauerwerkstätten immer mehr, zumal das friderizianische Rokoko, das in den Profanbauten vorherrschte, sich auf Stuckdekorationen beschränkte.

Anders als die häufig phantasie- und abwechslungsreich gestalteten privaten Bauten im Lande zeichneten sich die öffentlichen Bauten der preußischen Ära durch betonte Nüchternheit und Zweckmäßigkeit aus. Stilbildend für den neuen Typ der Rathäuser nach der Wende wirkte das von dem Baudirektor Christian Gottlieb Hedemann, der von 1742 bis 1775 in Glogau tätig war, errichtete Rathaus in Hirschberg,[286] dem jeder Anflug von Barock, aber ebenso alle rokokohaften Elemente fehlten. Veränderungen in der Stadtarchitektur Schlesiens[287] ergaben sich außerdem durch den Aus- oder Neubau von Festungsanlagen, zumal in Glogau, Neisse, Schweidnitz, Glatz und Cosel, durch die Errichtung von Militärmagazinen und Kasernen, die zunächst noch in Fachwerk, erst seit den achziger Jahren massiv ausgeführt wurden, wovon die große Anlage nach Plänen von Langhans in Brieg seit 1780 zeugte.

Der Meister aus Landeshut (1733–1808)[288] avancierte nach ausgedehnten Studienreisen in Süddeutschland und Italien, in Holland, England und Frankreich und nach ersten erfolgreichen Aufträgen, vor allem für seinen großen Gönner, den Fürsten Adrian von Hatzfeld, 1778 zum Oberbaurat bei der Breslauer Kammer, ehe er 1788 als Direktor des Oberhofbauamtes von Friedrich Wilhelm II. nach Berlin berufen wurde. Langhans wirkte in nahezu allen Provinzen der Architektur, im Kultbau, für Kirche und

Theater, im Schloß- und Festungsbau, bei zweckgebundenen militärischen, industriellen und karitativen Bauten; zu seinen Schöpfungen gehörten so unterschiedliche Baudenkmäler wie das noch mit barocken Elementen versetzte Kreuzburger Armenhaus, das nach römischen Vorbildern konzipierte Breslauer Stadtpalais Hatzfeld, die Schloß- und Parkanlage im englischen Landschaftsstil für seinen zweiten Gönner, den Minister Hoym, in Dyhernfurth direkt an der Oder oder das klassisch strenge Tauentzien-Grabdenkmal in Breslau. So erwies sich der schlesische Baumeister als die überragende, aus dem einheimischen Barock hervorgegangene, aber weit über ihn hinausgewachsene schul- und typenbildende Gestalt, als ein großer Architekt, der einer neuen, klassizistischen Bauvorstellung im nachfriderizianischen Preußen zum Durchbruch verhalf. Davon zeugt vielleicht am nachhaltigsten sein 1789 bis 1793 geschaffenes Brandenburger Tor in Berlin.

DER ALTE KÖNIG, SEIN PROVINZIALMINISTER UND DIE SCHLESISCHEN UNTERTANEN: BILANZ EINER EPOCHE

Friedrich II. blieben mehr als vier Jahrzehnte, um das in einer außergewöhnlichen europäischen Konstellation annektierte und dann administrativ dem preußischen Staatsverband zügig angegliederte Schlesien auch tatsächlich zu integrieren. Wenn es ihm im Zusammenwirken mit seinen Provinzialministern und der Beamtenschaft in hohem Maße gelungen ist, jedenfalls die überwiegende Mehrheit der Bevölkerung des Oderlandes und maßgebliche Repräsentanten des schlesischen Geisteslebens für sich und seinen Staat zu gewinnen, wie sich am Ende seiner Herrschaft eindrucksvoll zeigte, so ist dies zwar sicherlich seinen meßbaren politisch-militärischen Leistungen und Erfolgen, nicht zum wenigsten aber ihm selbst, der von seiner trotz aller Ecken und Kanten charismatischen Persönlichkeit ausgehenden Wirkung auf die Bewohner des Landes zuzuschreiben.

Es bedurfte allerdings eines »langen Lernprozesses auf beiden Seiten«,[289] dessen einzelne Phasen und Verwerfungen noch deutlich erkennbar sind, ehe der Hauptteil Schlesiens wirklich zu einer preußischen Provinz werden konnte, die zwar ihre Eigenständigkeit und Eigenart bewahrte, aber doch ein integrierter Bestandteil des Gesamtstaates wurde. Bis zu der großen Krise des Siebenjährigen Krieges, in der mit dem wechselnden Kriegsglück noch einmal die Zugehörigkeit des Oderlandes zur Entscheidung stand, ließen sich die von Anfang an bestehenden Loyalitätskonflikte zumal der katholischen Schlesier zwischen Preußen und Habsburg kaum überwinden; dennoch gab es in dieser Periode zu keinem Zeitpunkt auch nur den Ansatz zu einer organisierten Auflehnung gegen die friderizianische Herrschaft, vielmehr fügten sich die Schlesier in das ihnen mentalitätsmäßig eher fremde, von militärisch-strategischen Erwägungen bestimmte Herrschaftssystem, dessen Zweckrationalität, Transparenz und Effizienz sich nicht leugnen ließ und dessen daraus resultierende Vorteile sie alsbald erkennen mußten.

Von einer »Bevorzugung« Schlesiens und der Schlesier im preußischen Geamtstaat konnte zwar wohl kaum die Rede sein.[290] Jedoch erhielt das Oderland von Anfang an nicht nur aus strategischen Überlegungen eine erhöhte »Aufmerksamkeit« des neuen Landesherrn; diese kam schon in der Beibehaltung des schlesischen Sonderministeriums als einer aus der preußischen Behördenhierarchie weitgehend herausgelösten Verwaltung mit ihrer geschickten Rücksichtnahme auf gewachsene ältere Landesstrukturen zum Ausdruck; sie erwies sich so als ein kluger politischer Schachzug, zugleich jedoch als ein Mittel zur wirksamen Kontrolle. Vor allem aber dokumentierte sich die besondere Zuwendung des Preußenkönigs zu Schlesien bei seinen Inspektionsreisen,[291] die er dem Oderland mit großer Regelmäßigkeit außerhalb der Kriegsjahre abstattete.

Hatten es die letzten Habsburger gänzlich verabsäumt, die periphere, obschon wichtige Provinz ihres Reiches auch nur zu Huldigungszwecken aufzusuchen, so zeigte sich der preußische Nachfolger, der in Breslau alsbald eine weitere Residenz einrichtete, beinahe ständig präsent. Er durchfuhr alljährlich im Durchschnitt drei Wochen lang von Mitte August an das ausgedehnte Land auf einem eher schlechten Straßennetz keineswegs nur, um dort Revuen seiner in außergewöhnlich hoher Zahl stationierten Truppen abzunehmen und den Ausbau der Landesfestungen zu überwachen; vielmehr bewies er ein lebhaftes Interesse an nahezu allen Aspekten des zivilen Lebens in Stadt und Land, in Wirtschaft und Gesellschaft; mit staunenswerten Detailkenntnissen und einem vorzüglichen Erinnerungsvermögen wußte er seine schlesischen Gesprächspartner immer wieder zu verblüffen, während ihn die Behörden »vor Ort«, die zum Rapport bestellten Landräte, Bürgermeister und Notabeln, Steuerräte und Schulzen entlang der Fahrtroute und nicht zuletzt die Provinzialminister selbst fürchteten. Der pflichtbewußte Monarch war zwar in Schlesien wie anderswo nicht »allgegenwärtig«,[292] aber dennoch ungeachtet der Beschränkung auf bestimmte festgelegte Reisewege, die Oberschlesien und das Land rechts der Oder zumeist aussparten, sorgfältig informiert und zugleich stets bemüht, das »allgemeine Beste« des Landes wie seiner Bewohner zu befördern; ohne die ständigen Inspektionen des Königs wäre der rasche Wiederaufbau im Rahmen des gesamtstaatlichen Retablissements seit 1763 schwerlich denkbar gewesen. Seinen verdienten, aber eigenwilligen Provinzialminister Schlabrendorff konnte Friedrich anherrschen:[293] »Dies ist meine letzte Warnung. Ich habe Augen und Ohren, die alles wissen, was in Schlesien passiert.« Dem Nachfolger Hoym gegenüber, der nicht wenig tat, um den König zu täuschen, ihm Potemkinsche Dörfer vorzuführen oder die fälligen Monats- und Hauptberichte zu frisieren, blieb er hingegen eher nachsichtig, obschon er auch diesen anpassungsfähigen Minister durchschaut haben dürfte.

Friedrichs intensive Zuwendung zu Schlesien und den Schlesiern, die verständlicherweise die Absicht verfolgte, diese für sich und seinen Staat zu gewinnen, konnte nicht ohne nachhaltigen Eindruck bei den Bewohnern des Landes bleiben, zumal der aufgeklärte Monarch ihnen entgegen den überlieferten Formen des monarchischen Barockabsolutismus, den schon sein Vater Friedrich Wilhelm I. in Preußen 1713 abgeschafft hatte, in gänzlich unzeremonieller Weise auf seinen Reisen durch die Provinz begegnete. Adel und Geistlichkeit zog Friedrich zu seiner Tafel, bei Kaufleuten nächtigte er und entlohnte sie fürstlich dafür, während er mit dem die Bauern belastenden Vorspann geizte. Neben den Behörden und Notabeln kam er in Berührung mit der Kaufmannschaft der Städte, mit dem »gemeinen Mann« und einfachen Soldaten, mit den Bittstellern, die ihm entlang seiner Route zahlreich ihre Suppliken übergaben; sie konnten bei einem gegenüber seinen Beamten und Richtern grundsätzlich mißtrauischen Monarchen auf eine Überprüfung ihrer Anliegen selbst in schier aussichtslosen oder von den Gerichten abgewiesenen Fällen rechnen.

Mit der Zahl der Regierungsjahre und der deutlichen Konsolidierung der Herrschaft wuchs der nach dem Siebenjährigen Krieg äußerlich rasch gealterte König in die Rolle des »Alten Fritz« und des allseits sorgenden Landesvaters hinein, dem seine schlesischen Untertanen das ihm bereits 1745 zuerkannte Prädikat des »Großen« je länger, je mehr nicht vorenthalten mochten. Dies war um so verständlicher, als auch die objektiven Wirtschafts- und Bevölkerungsdaten, von länderübergreifenden Hungerkrisen wie 1771/72 abgesehen, eine positive Tendenz aufwiesen und die Reformmaßnahmen einer aufgeklärten Verwaltung zwar nicht gleichmäßig in allen Landesteilen oder allen Bereichen, aber doch insgesamt spürbar einen »Modernisierungsschub« im Oderland bewirkten.[294] Die Zugehörigkeit zum preußischen Gesamtstaat konnte jetzt nicht länger in Frage gestellt werden, sie wurde vielmehr in wachsendem Maße bewußt bejaht. Die Schlesier begannen sich mit dem Staat zu identifizieren, dessen System ihnen vierzig Jahre zuvor mehr oder weniger aufgezwungen worden war. Wenn sie nicht unbedingt sogleich einen preußischen Patriotismus entwickelten, so bekannten sie sich doch zu dem Monarchen; sie wurden, nach dem Wort des reichsstädtischen Frankfurter Patriziersohnes Goethe, »fritzisch« gesinnt.

Es vollzog sich damals in Schlesien und bei seinen Bewohnern ein tiefgreifender »Mentalitätswandel«[295] von »langer Dauer« und nachhaltiger Wirkung, der sich vielfältig in der öffentlichen oder veröffentlichten Meinung artikulierte, ohne deshalb von der gelenkten politischen Presse gesteuert zu werden. Dieses gewandelte politische Bewußtsein in der schlesischen Bevölkerung nach über vierzigjähriger Regierung Friedrichs des Großen schloß zwar die Fortexistenz latenter reichisch-österreichischer Tendenzen im Oderland nicht aus, erwies sich aber in der schweren Krise des heraufziehenden Zeitalters der Revolution und Napoleons als stabil und widerstandsfähig. Nirgendwann zeigte sich die veränderte Einstellung der Schlesier deutlicher als beim Tode des Monarchen. Die schlesische Landestrauer[296] war ungeachtet der von der Regierung Friedrich Wilhelms II. angeordneten Zurückhaltung und restriktiven Presseberichterstattung spontan, aufrichtig und allgemein. Sie artikulierte sich in zahllosen Trauergottesdiensten beider großen Konfessionen, in einer Fülle von nicht befohlenen kommunalen Trauerfeiern und -reden, ferner in einer überreichen panegyrisch anspruchslosen, aber echte Teilnahme ausdrückenden Gelegenheitsliteratur. Damit kontrastierte sie in auffälliger Weise zu den Vorgängen, die beim Ausgang Friedrichs II. aus der Residenzstadt Berlin berichtet wurden, wo sich die aufgeklärten Zeitgenossen und auswärtige Beobachter deutlich von dem strengen, in ihren Augen starr gewordenen Regiment des alten Königs distanzierten.

Das an der Landstraße von Cosel nach Gleiwitz liegende Jakobswalde war eine friderizianische Industriesiedlung. Die 1776 errichtete Schule ist ein Beispiel für die vielen damals entstandenen Zweckbauten.

In Schlesien hingegen, wo selbst aufgeklärte protestantische Theologen Mühe hatten, in dem ungläubigen Deisten Friedrich ihr kirchliches Oberhaupt zu preisen, war es gerade der katholische Klerus, der in dem verstorbenen König den Garanten der »schlesischen Toleranz« sah, die er am Ende der friderizianischen Ära nunmehr im Oderland fest etabliert fand. In einem Schreiben Hoyms an Christian Garve vom 20. August 1786 sprach der Minister[297] bestätigend von der »bisherigen auf gegenseitiges Zutrauen und Toleranz sich gründenden Verträglichkeit und Eintracht der verschiedenen Religions-Genossen« untereinander, die es gegen die Anwürfe von Berliner Aufklärern zu bewahren gelte. Als Repräsentant der aufgeklärten schlesischen Intelligenz hat wiederum Christian Garve dem Monarchen in seinen *Fragmenten*[298] ein keineswegs unkritisches, aber würdiges Denkmal gesetzt, das in hohem Maße als repräsentativ gelten darf für die gewandelte Einstellung, mit der das literarische Schlesien dem Preußenkönig begegnete, der zunächst als Eroberer gekommen war.

Reformansätze, Stagnation und Zusammenbruch (1786–1806)

Eine einschneidende Wende oder tiefgreifende Reformen ließen sich für das Land an der Oder von dem Regierungswechsel des Jahres 1786 nicht erwarten. Zwar hegte der Thronfolger Friedrich Wilhelm II. (1744–1797)[299] durchaus die Absicht, den innenpolitischen Kurs seines ihm wenig gewogenen strengen Oheims zu revidieren, aber der persönlich liebenswürdige, freigebig-verschwenderische Monarch, der unter dem Einfluß des Geheimbundes der Rosenkreuzer und wechselnder Günstlinge stand, erwies sich bald als zu schwach, um eine klare politische Linie durchzuhalten, zumal seit 1789 der revolutionäre Umbruch in Frankreich und in dessen Gefolge politische Veränderungen großen Stils in Europa ihm das Gesetz des Handelns von außen aufzwangen. Unter derartigen Umständen war es für Schlesien entscheidend, daß dort der Provinzialminister Hoym die Kontinuität des bisherigen aufgeklärt-absolutistischen Regiments auch während der Folgezeit verkörperte und dabei für sich eine beherrschende Position erlangte, die das Wort seiner Gegner vom »Vizekönig in Schlesien« mit hohem Realitätsgehalt erfüllte.[300]

DAS UNAUFFÄLLIGE REGIMENT DES »VIZEKÖNIGS«

Wie er sich dem kaum Widerspruch duldenden persönlichen Regierungsstil Friedrichs des Großen geschmeidig angepaßt und ihn so überdauert hatte, gelang es ihm nun, das Vertrauen, ja sogar die Zuneigung Friedrich Wilhelms II. zu erwerben. Während dessen nur elfjähriger Regierung hielt dieses enge Vertrauensverhältnis ungeachtet der Tatsache an, daß Hoyms ziemlich selbstherrliche Politik in Schlesien keineswegs überall mit den Vorstellungen des Monarchen und seiner Hauptberater übereinstimmte. Rechtzeitig vor dem Wechsel hatte er damit begonnen, den Thronfolger über die schlesischen Probleme gesondert zu informieren und ihn wohl auch schon damals in seinen Geldnöten zu unterstützen, wie er dies dann in der Folge unter Heranziehung des bei Friedrichs II. Tode auf 9,33 Millionen Taler angewachsenen, aber nunmehr rasch abschmelzenden »Schlesischen Schatzes« zur Kreditsicherung wiederholt tat.[301]

Die hohe Gunst, in der Hoym bei dem König stand, zeigte sich gleich zu Beginn bei dessen Huldigungsreise nach Schlesien.[302] Im Anschluß an die Breslauer Landeshuldigung der ständischen Deputierten am 15. Oktober 1786 wurde der Minister mit dem Schwarzen Adlerorden ausgezeichnet und zusammen mit dreizehn weiteren Adligen von dem nobilitierungsfreudigen Monarchen in den Grafenstand erhoben. Der große Aufwand, der aus Anlaß dieser von Hoym organisierten Reise allenthalben in den Städten des Oderlandes durchaus bereitwillig und spontan entfaltet wurde, dokumentierte sicherlich eine anfänglich breite Zustimmung der Bevölkerung auch für den neuen, jüngeren Repräsentanten der Hohenzollerndynastie; damit verband sich die berechtigte Hoffnung auf eine Milderung der Härten des bisherigen Regimes; gleichzeitig aber wurde in den Huldigungspredigten unüberhörbar des großen Vorgängers gedacht,[303] dessen nüchterne Inspektionsreisen zu der jetzigen Pracht nicht wenig kontrastierten.

Mit seinem ersten Hauptbericht[304] vom August 1787 legte der Minister Rechenschaft über seine Amtsführung ab. Er analysierte die Lage der Provinz unter dem Aspekt der Bevölkerungsentwicklung, der Zustände auf dem Lande und in den Städten, der Situation von Handel, Gewerbe und Industrie, lieferte dazu bestätigende statistische Angaben und gelangte insgesamt zu einem überaus positiven Urteil. Hoym pries damals sicherlich allzu überschwenglich Schlesien vermöge »seiner Volksmenge, seiner Industrie und seines Nahrungsbetriebes als eines der glücklichsten Länder des Erdbodens«; allerdings war er dann bei der Einzelanalyse doch bereit, stärker zu differenzieren, etwa auf die schlechte Ernte des laufenden Jahres hinzuweisen, die Probleme bei der Ansetzung auswärtiger Kolonisten anzusprechen, den Kreditmangel des von der »Schlesischen Landschaft« ausgeschlossenen städtischen Bürgertums zu kritisieren oder die Unterbrechung des Transithandels zu beklagen. Durchaus im Sinne der physiokratischen Vorstellungen vom Wirtschaftsablauf befürwortete er eine Revision der starren merkantilistisch-kameralistischen Grundsätze der vorherigen Regierung, die jedoch Friedrich Wilhelm II. ohnehin bereits hatte einleiten lassen. Der Minister schrieb sich selbst und seiner Amtszeit seit 1770 ein wesentliches Verdienst an der günstigen Situation zu.

Derartiger Optimismus beherrschte auch den Bericht, den Hoym Anfang 1797, also fast zehn Jahre später, unter Hinzufügung eines »Tableau über den Zustand des Herzogtums Schlesien« dem Monarchen übersandte.[305] Die dortigen Fakten und Zahlen ergaben, ungeachtet kritischer Vorbehalte, die gerade gegenüber den Angaben dieses Ministers am Platze sind, genaueren Aufschluß über den starken Bevölkerungsanstieg bei rückläufiger Sterblichkeit, über die beachtliche Zunahme und Ausweitung der agrarischen wie gewerblichen Produktion im Oderland, die zahlreichen Neuerungen in Landwirtschaft und Industrie, die Fortschritte bei der Verwendung der Steinkohle unter Schonung der Forsten, die Verbesserungen der Infrastruktur, des Medizinal-, Armen- und Invalidenwesens sowie über die erheblichen Überschüsse bei der Außenhandelsbilanz Schlesiens während der letzten Jahrzehnte des Jahrhunderts. Zugleich aber zeigen diese Statistiken, daß Graf Hoym für die großen wirtschaftlichen wie sozialen Probleme, die sich in »seiner« Provinz infolge der übergreifenden Agrarkrise sowie der schrittweisen Umstrukturierung der traditionellen Textilindustrien im Lande ergaben, nur wenig Gespür besaß; selbst unter dem Eindruck der revolutionären Ereignisse, die von Frankreich auf das Reich und auf Preußen überzugreifen drohten, vermochte er keine wirksamen Reformkonzepte zu ihrer Überwindung oder Linderung zu entwickeln. Insofern konnte sein mildes und adelsfreundliches, aber »schlaffes« Regierungssystem den Herausforderungen der Zeit nicht gerecht werden.

Dies zeigte sich in auffälliger Weise angesichts der wiederholten Agrarunruhen,[306] die das Land erschütterten und gegen die der Provinzialminister wider bessere Einsicht kein probateres Mittel fand als den Einsatz von Militär sowie die Verhängung von massiven Strafen einschließlich des sonst auf die Mannschaftsgrade der Armee beschränkten

Nach dem Tode Friedrichs II. von Preußen kam sein Nachfolger Friedrich Wilhelm II. im Jahre 1786 zur Landeshuldigung nach Breslau. Der öffentliche Teil des Staatsaktes war auf den Salzring verlegt, wo vor dem Oberamtshaus eine hohe Estrade für den königlichen Thron errichtet war. Für die neuen Verhältnisse war bezeichnend, daß sich erstmals die jüdische Gemeinde Breslaus an einer Huldigung beteiligte. Sie hatte den König bereits vor der Stadt mit einer eigenen Ehrenpforte begrüßt.

Spießrutenlaufens für die Rädelsführer. Die Arbeitsniederlegungen und Unruhen, die aus den stetig zunehmenden Spannungen zwischen den dienstpflichtigen Untertanen und ihren meist adligen Grund- oder Gerichtsherren wegen der steigenden Dienste und schlechten Behandlung erwuchsen, spiegelten zugleich die ungenügende Bauernschutzpolitik des Staates wider: das Stocken der Dismembrationen ebenso wie den schleppenden Gang der Urbarialregulierungen; diese fielen zwar häufig zuungunsten der Untertanen aus, aber boten einen rechtlichen Rahmen, an den sie sich mit ihren Beschwerden oder Klagen halten konnten; die praktische Sistierung der Urbarialkommissionen, an die sie mit ihren Eingaben verwiesen wurden, raubte ihnen jedoch de facto das rechtliche Gehör. Eine derartige, von den ganz überwiegend uneinsichtigen adligen Guts- und Grundherren geforderte und vom schlesischen Provinzial- wie vom Justizminister zumindest geduldete oder verantwortete Politik führte zu Aufsässigkeit und Empörung der verbitterten Landbevölkerung und mußte längerfristig den Zusammenbruch der bestehenden Arbeitsverfassung bewirken.

Angesichts dieser inneren Probleme muß der Einfluß der revolutionären Vorgänge in Frankreich auf den Ausbruch von wiederholten Unruhen eher als gering eingeschätzt werden, obwohl sich die revolutionäre Propaganda trotz entschiedener Abwehrmaßnahmen der Provinzialbehörden im Lande rasch ausbreitete. Die Berichte, die der schlesische Tuchmachersohn und »Jakobiner« Konrad Engelbert Oelsner[307] aus Goldberg über die Pariser Ereignisse in revolutionsfreundlichen Zeitschriften publizierte, wurden im Kreise Reichenbach eifrig studiert;[308] Oelsner selbst wurde nach seiner Rückkehr verhaftet und abgeschoben. Noch ein anderer prominenter Schlesier, Gustav Graf Schlabrendorff, der Sohn des Ministers, gehörte zu den bekannten deutschen Wallfahrern nach Paris, wo er seit 1790 als eher zurückgezogener, aber scharfer Beobachter den Fortgang der Revolution und den Aufstieg Napoleons kritisch kommentierte.[309] Bis zu seinem Tode kehrte er nicht auf seine schlesischen Güter zurück, obschon ihm Friedrich Wilhelm III. seine notorische Abwesenheit nachsehen wollte.

Lassen sich unmittelbare Auswirkungen der Revolution auf die Ereignisse in Schlesien nicht nachweisen, so entlud sich die »dumpfe Gärung« doch wiederholt in Einzelaktionen. Die Empörung erreichte im Jahre 1793 beträchtliche Ausmaße: Weberunruhen in den industriellen Randzonen der Sudeten, die der Minister mit Hilfe von Militär rücksichtslos zu unterdrücken befahl und dabei wegen der empfohlenen Außerkraftsetzung der geltenden Prozeßordnung sogar in Konflikt mit dem Großkanzler geriet, drohten sich mit einem Gesellenaufstand[310] zu verbinden, der im April des Jahres aus geringfügigem Anlaß in Breslau ausbrach. Auch diese Gesellenerhebung, hinter der Hoym wie der Monarch selbst französische Emissäre vermuteten, war eine reine Protestbewegung, bei der es um die Autonomie der Gesellenverbände und der Zünfte, nicht jedoch um »revolutionäre Umtriebe« ging, die einen Sturz der bestehenden Obrigkeiten erstrebten. Der Aufstand, der immerhin 53 Opfer forderte und auf den die Breslauer Behörden wie Hoym zunächst ziemlich hilflos reagierten, wurde schließlich ohne Bestrafung der beteiligten Gesellen beigelegt, um Weiterungen zu vermeiden.

Die mangelnde Aufgeschlossenheit des mächtigen Ministers und des eingesessenen Adels gegenüber Reformen wirkten sich auch bei der Einführung des »Allgemeinen Landrechts« aus. Zwar ging die große preußische Rechtskodifikation zunächst von Schlesien aus,[311] indem Friedrich der Große den schlesischen Justizminister Carmer anstelle des brüsk entlassenen Schlesiers Fürst zu Kupferberg 1780 zum Großkanzler ernannte und ihn beauftragte, die schon begonnene Justizreform mit einem Gesetzbuch zu vollenden. Aber diesem aufwendigen Unternehmen, mit dem Carmer wiederum den Schweidnitzer Svarez sowie zeitweilig den Breslauer Ernst Ferdinand Klein betraute und zu dem er zusätzlich den Breslauer Generalfiskal Friedrich Wilhelm Pachaly heranzog, standen die einheimischen Regierungs- und Adelskreise reserviert bis ablehnend gegenüber.

Dies wurde vollends deutlich, als nach dem Regierungswechsel der fertige Entwurf des *Allgemeinen Gesetzbuches* vor den Augen des neuen Monarchen trotz anfänglicher Zustimmung keine Gnade fand. Das der »wahren Aufklärung« und den Prinzipien des späten Naturrechts verpflichtete Gesetzeswerk wurde schließlich im April 1792 sogar suspendiert, hauptsächlich deshalb, weil es dem Großkanzler und der »schlesischen Colonie in der Hauptstadt«[312] nicht gelang, die zahlreichen Bedenken dagegen zu entkräften; sowohl die inzwischen befragten adligen Stände in Schlesien und anderswo als auch die Aufklärungsgegner in der Umgebung des jetzt von Revolutionsfurcht erfaßten Monarchen erhoben Einwände. Es war speziell der schlesische Justizminister Danckelman, ein alter Gegner seines Amtsvorgängers Carmer, der die Suspension anregte.[313] Als diese dann 1794 doch wieder aufgehoben und die Kodifikation mit wenigen, aber bezeichnenden Änderungen unter dem Titel *Allgemeines Landrecht für die preußischen Staaten*[314] von 1. Juni an als subsidiäres Gesetzbuch in Kraft gesetzt wurde, beschränkten die schlesischen Behörden die Publikation auf die Gutsobrigkeiten. Dadurch entstanden in zahlreichen Dörfern wegen der den Gemeinden vermeintlich vorenthaltenen Freiheitsrechte neue Unruhen.[315] Um diese rasch zu unterdrücken, setzte der Provinzialminister gegen den Widerstand der Justizverwaltung beim Monarchen ein Ausnahmepatent durch, das die Beteiligten mit schweren Strafen bedrohte.

Dokumentierte auch diese Maßnahme erneut die Parteilichkeit Hoyms zugunsten des Adels auf dem Felde der Rechts- und Sozialpolitik, so war der von der friderizianischen Toleranz und Aufklärung geprägte Minister doch keineswegs gewillt, für »seine« Provinz die antiaufklärerischen Kursänderungen einfach zu übernehmen, die das am 9. Juli 1788 erlassene »Religionsedikt« und das daran anknüpfende »Zensuredikt« im Bereich des Religions-, Schul- und Pressewesens bewirken mußten. Das von dem Rosenkreuzer Woellner konzipierte Religionsedikt[316] wandte sich gegen die unter dem »äußerst gemißbrauchten Namen der Aufklärung eingeschlichenen Irrtümer der Socianer, Deisten, Naturalisten«, fixierte im übrigen aber das Prinzip der Religions- und Gewissensfreiheit erstmals gesetzlich für ganz Preußen. Den Anhängern einer Gegenaufklärung, den nach wie vor in Schlesien einflußreichen lutherisch-orthodoxen und pietistischen Kreisen, mußte es neuen Auftrieb geben, aber insgesamt blieb es für das Oderland doch auffällig folgen- und wirkungslos, nicht zuletzt dank der Wirksamkeit Hoyms.

Deutlichster Ausdruck einer künftigen Tendenzwende war dort wohl die Unterstellung des schlesischen Schulwesens unter die spezielle Aufsicht des frommen Breslauer Oberamtsregierungspräsidenten F. Siegmund von Seydlitz, eines erklärten Gegners der rationalistischen Theologie. Dadurch verlor das gerade erst 1787 als gesamtstaatliches Aufsichtsorgan über das Schulwesen eingerichtete »Oberschulkollegium« in Berlin die Kontrolle der Bildungseinrichtungen in Schlesien, während sein Begründer, der aufgeklärte Unterrichtsminister Zedlitz, 1788 dem Antiaufklärer Woellner weichen mußte.[317] Dessen Anhänger, zu denen in Breslau die alsbald nach Berlin berufenen Theologen Hermann Daniel Hermes und der aus der Brüdergemeine hervorgegangene Gottlob Friedrich Hilmer zählten, blieben in der Provinz, wo inzwischen eine maßvolle, milde Aufklärungstheologie herrschte, ohne nennenswerte Resonanz.[318] Der Provinzialminister veröffentlichte zwar das Religionsedikt, aber tat wenig oder nichts zu seiner Verwirklichung. Vollends ließ er das von Svarez entworfene und daher eher nachsichtige Zensuredikt in Schlesien unbeachtet, bis er sich schließlich Ende 1792 genötigt sah, für seine Provinz eine eigene Zensurinstruktion zu erlassen, die das Prüfungswesen der Breslauer Kammer und dort wiederum dem aufgeklärten Kammerdirektor und Historiker Klöber übertrug. Erst auf königliche Weisung hin wurde diese dann im Februar darauf zu einem förmlichen Zensuredikt für Schlesien umgestaltet,[319] das dem Ruf des Ministers, ein »Begünstiger der Preßfreiheit« zu sein, durchaus entsprach, zumal dieser sich nicht scheute, auch den verpönten Begriff der »wahren Aufklärung« wieder aufzugreifen, die in seinen Landen zu unterdrücken keineswegs die Absicht des Königs sein könne. »Wahre Aufklärung« war auch das Motto der von ihm sichtlich begünstigten *Schlesischen Provinzialblätter*.[320]

Es paßt zu diesem Bild vom aufgeklärten Absolutisten Hoym, daß er auch die jüdische Minorität in Schlesien in einem höheren Maße begünstigte, als es der Berliner Zentrale lieb sein mochte. In seinem Zuständigkeitsbereich betrieb er teils in direktem Widerspruch zu Friedrich II., der ihm 1780 eine »geheime Inclination vor die Juden« vorhielt,[321] eine liberale und tolerante Judenpolitik. Diese orientierte sich zum einen an der Priorität der Osthandelsinteressen des Oderlandes wie an den merkantilistisch-kameralistischen Grundsätzen der friderizianischen Wirtschaftspolitik, zum anderen an der Vorbildfunktion der seit 1781 auch das benachbarte Österreichisch-Schlesien erfassenden Toleranzpatente Josephs II.[322] Der Staatsutilitarismus und Eudämonismus der hohen Bürokratie prägte auch den schlesischen Provinzialminister in seinem Denken und Handeln. Der Verehrer Moses Mendelssohns, der den Vorsteher der jüdischen Gemeinde Breslaus, Simon Hirsch, an seine Tafel zog,[323] trat gemäß dem Konzept des preußischen Beamten Christian Wilhelm Dohm von der »bürgerlichen Verbesserung der Juden« (1781) für eine stufenweise rechtliche Gleichstellung der Juden ein und wandte sich damit gegen den nach wie vor verbreiteten Antijudaismus zumal bei den Kaufleuten und Zünften.

Dies korrespondierte durchaus mit den zögernden Reformmaßnahmen, die der den Juden gegenüber eher wohlwollend eingestellte Friedrich Wilhelm II. seit 1787 einleiten ließ. Eine damals eingesetzte Kommission gelangte allerdings über Einzelmaßnahmen wie die Aufhebung des beschwerlichen Leibzolls für inländische und im Jahr darauf für ausländische Juden nicht hinaus.[324] 1790 erließ der Minister aus eigener Verantwortung für die Breslauer Juden ein Reglement,[325] das ihnen weitgehende Handels- und Berufsfreiheit einräumte und die Eröffnung jüdischer Schulen mit deutschsprachigem Unterricht für die Kinder unbemittelter Eltern vorsah, während die Einbeziehung von Talmudstudien unter den Juden selbst umstritten blieb. Auf dieser Grundlage wurden 1797 die königliche Wilhelmsschule für Jungen und 1801 eine Mädchenschule für arme Töchter eingerichtet. Tatsächlich verzeichneten die jüdischen Stadt- wie Landgemeinden in ganz Schlesien während der Ära Hoym einen signifikanten Zuwachs. Gegenüber der Zählung von 1751 stieg die Zahl ihrer Mitglieder bei der nächsten Erhebung 1791 um das Doppelte auf 9 006 Personen an, von denen 2 484 in Breslau, 1 791 in Groß-Glogau, 1 913 in ganz Oberschlesien, dazu noch 1 012 allein in Zülz lebten.[326] Mochte die Gesamtsituation der Juden, zumal ihrer großen armen Mehrheit, in Schlesien nach wie vor unbefriedigend sein, so zeichneten sich doch deutliche Verbesserungs- und Auflockerungstendenzen unter der Regie einer aufgeklärten Bürokratie ab, die einer späteren Gesamtlösung unter völlig gewandelten politischen Verhältnissen den Weg bereiten konnten.

Von größerem Gewicht als das Schicksal der kleinen jüdischen Minorität blieb dem Verfechter eines aufgeklärten Absolutismus die Wahrung und Sicherung des konfessionellen Friedens und der Religionstoleranz im bikonfessionell geprägten Schlesien. Schon deshalb mußte er den Intentionen des Woellnerschen Religionsedikts entgegentreten. Es blieb sein festes Programm über die Jahrzehnte, »beide Religionsparteien den Unterschied ihrer Glaubensmeinungen im bürgerlichen Leben vergessen zu machen«.[327] Wenn er sich selbst rühmte, mit dieser Maxime erfolgreich gewesen zu sein, so bestätigen dies die überlieferten Tatsachen weitgehend. Hoym pflegte anders als sein Vorgänger ein gutes Verhältnis zum katholischen Klerus in der Provinz, insbesondere zu den Weihbischöfen Strachwitz und seit 1781 Rothkirch, die für den seit 1766 im Exil im österreichischen Teil seiner Diözese lebenden Fürstbischof Schaffgotsch die Bistumsverwaltung führten. Auch die Beziehungen zur Kurie in Rom, die seit der Lösung des Jesuitenproblems als entspannt gelten konnten, gestalteten sich günstig, zumal da der römische Stuhl nach dem Regierungswechsel bereit war, den preußischen Königstitel hinfort anzuerkennen und im päpstlichen Staatskalender zu vermerken sowie die einschränkenden Feiertagsregelungen hinzunehmen.

Die staatliche Aufsicht über die mit hohen Abgaben belegten und darüber hinaus durch die Errichtung von »nützlichen«, aber wenig effektiven Manufakturen zusätzlich belasteten schlesischen Stifte und Klöster handhabten die schlesischen Minister großzügig. Die Stiftsherren wußten es zu schätzen, daß Friedrich Wilhelm II. wie schon sein Oheim nicht daran dachte, dem josephinischen Beispiel zu folgen und den Klosterbesitz zu säkularisieren. Hoym gelang es daher 1794 leicht, für den während des inzwischen ausgebrochenen Revolutionskrieges in finanzielle Bedrängnis geratenen Monarchen eine jährliche Beisteuer der Stifte von 10 000 Talern aufzubringen, von der das wohlhabende Stift Leubus allein die Hälfte übernahm. Die erheblich eingeschränkten

Die preußische Provinz Schlesien wurde bis 1806 durch besondere Provinzialminister verwaltet, ein Amt, das in den Augen des Königs das schönste des ganzen Staates war. Im Alter von dreißig Jahren erhielt der aus Pommern stammende Graf Karl Georg Heinrich von Hoym diese begehrte Position und verwaltete sie von 1770 bis 1806 mit großem Geschick. Keiner seiner Vorgänger in diesem Amt verfügte über mehr Einfluß und Selbständigkeit.

materiellen Bedingungen für den Klostereintritt wurden 1795 zwar gelockert. Aber gleichwohl blieb, wiederum nach josephinischem Vorbild, die restriktive Haltung zumal gegenüber den Bettelorden bestehen, so daß die Zahl der Ordensangehörigen, die 1797 noch 963 Männer und 336 Frauen umfaßte,[328] kontinuierlich zurückging.

Durch den Wegfall des Parochialzwangs wurden auch die Einkünfte des vorrangig betroffenen katholischen Pfarrklerus deutlich geschmälert. Dennoch herrschte zwischen den Konfessionen, worauf zahlreiche Zeugnisse hindeuten,[329] im spät- und nachfriderizianischen Schlesien ein weithin entspanntes Klima: Konfessionelle Kanzelpolemik unterblieb ebenso, wie wechselseitige Konversionsversuche offenbar drastisch zurückgingen. Der tolerante Umgang der Konfessionen miteinander führte sogar zur gemeinsamen Kirchenbenutzung. Für die subtile Problematik der gemischten Ehen fanden die Beteiligten beiderseits akzeptable Lösungen. Unter den Bedingungen des aufgeklärten Zeitgeistes, dem die Kirchenpolitik Hoyms sich nahtlos anpaßte, konnte die friderizianische Maxime der konfessionellen Parität nicht nur rechtlich durchgesetzt,[330] sondern ungeachtet mancher Trübungen im einzelnen auch praktisch vielfach verwirklicht werden.

VOR DEM ZUSAMMENBRUCH: DER AUSGANG DER ÄRA HOYM

Beim Übergang der Regierung in Preußen auf Friedrich Wilhelm III. (1770–1840)[331] Ende 1797 schien für einen kurzen Moment die beherrschende Stellung des schlesischen Provinzialministers noch einmal zu wanken. Er drohte in den Sturz des bisherigen Günstlingsregimes hineingezogen zu werden, der die Herrschaft des jungen und reformwilligen, aber entscheidungsschwachen und gehemmten Königs einleitete. Die schweren Vorwürfe, die gegen Hoym damals erhoben wurden, betrafen seine kurze Amtszeit als Minister für die im Zuge der zweiten und dritten Teilung Polens 1793 und 1795 an Preußen gefallenen Gebiete. Während der Siewierzer und Pilica-Kreis als »Neuschlesien« seinem bisherigen Ressort zugeschlagen wurden, verwaltete er zusätzlich bis 1798 »Südpreußen« »nach schlesischem Vorbild« als eigenständige Provinz.[332] Indessen gelang es dem geschickten Minister alsbald, Friedrich Wilhelm III. davon zu überzeugen, daß er seine Aufsichtspflicht bei den dortigen Güterverleihungen weder versäumt noch sich an den damit verbundenen Güterspekulationen großen Umfangs persönlich bereichert habe; allerdings beteiligten er selbst und seine Familie sich am Güterhandel in Schlesien lebhaft, zumal sein ministerielles Jahreseinkommen 1798 immerhin 11 000 Reichstaler erreichte.[333] Friedrich Wilhelm III. versicherte den altgedienten Staatsdiener seiner großen Achtung und Wertschätzung und berief ihn in eine der beiden Reformkommissionen, die er zur Neuordnung der Staatsverwaltung einrichtete.

Das Schicksal dieser im Februar 1798 ganz überwiegend aus erfahrenen Routiniers der spätfriderizianischen Verwaltung zusammengesetzten Finanzkommission ist in vieler Hinsicht symptomatisch für den Gang der Reformversuche vor 1806.[334] Nach langen Anlaufschwierigkeiten legte sie auf der Grundlage eines von Hoym ausgearbeiteten

Arbeitsplans sehr weitreichende Reformvorschläge zur Neugestaltung der Steuerverfassung und des Zollwesens vor, die der Monarch begrüßte, aber dann nur teilweise oder gar nicht verwirklichte, weil davon die Sonderstellung des Adels und überhaupt die Sozialverfassung des Staates nachhaltig berührt wurden. Diese ohne einen nachhaltigen Anstoß von außen umzugestalten war der preußische Spätabsolutismus unter diesem Monarchen und seiner problematischen Kabinettsregierung nicht in der Lage.

Entsprechend bescheiden fiel der Anteil Hoyms daran aus. Bezeichnenderweise wurde der einzige tatsächlich bedeutsame Reformschritt in der Agrar- und Sozialverfassung vor 1806, nämlich die Befreiung der Domänenbauern aus der Erbuntertänigkeit, die von 1799 bis 1805 immerhin über 50 000 spannfähige Bauern zu freien Eigentümern machte, in Schlesien nicht durchgeführt.[335] Dabei hätte eine derartige Regulierungsgesetzgebung gerade im Oderland eine Pilotfunktion ausüben und dazu beitragen können, die anhaltende Gärung, nach Ansicht Hoyms »den Drang nach übel verstandener Freiheit«, zu dämpfen. Jedoch war die große Mehrheit der schlesischen Gutsbesitzer nach wie vor selbst zu geringen Konzessionen an ihre Untertanen nicht bereit, so daß die vorsichtigen Versuche Hoyms, in Übereinstimmung mit Friedrich Wilhelm III. wenigstens die Zwangsgesindedienste zu beschränken, die Frondienste zu reduzieren und die Dismembration der Rittergüter fortzuführen, steckenblieben, zumal auch das als Ergänzung zum Allgemeinen Landrecht vorgesehene Provinzialgesetzbuch für Schlesien nicht mehr zustande kam.

Wie der Minister vor den inneren Widerständen kapitulierte, die sich den Reformbemühungen in der Schlußphase der Existenz des altpreußischen Staates entgegenstellten, so traf er auch keinerlei Anstalten zu einer wirksamen Abwehr der Okkupation des Landes gegen die Armeen Napoleons und seiner süddeutsch-rheinbündischen Verbündeten nach der preußischen Niederlage bei Jena und Auerstedt am 14. Oktober 1806. Daraufhin von seinem Amt am 22. Dezember 1806 suspendiert, wurde er am 30. August 1807 von Friedrich Wilhelm III. definitiv entlassen. Nach einer kurzen Übergangsperiode endete auch die administrative Sonderstellung Schlesiens im preußischen Staatsverband und mit ihr zugleich ein bedeutsames Kapitel seiner Geschichte.

Die unruhige Provinz
Schlesien zwischen 1806 und 1871

ARNO HERZIG

Die Übergangszeit 1806 bis 1813

Als die Franzosen 1806 Schlesien eroberten, reagierte die Bevölkerung teilnahmslos. Anders der Provinzialminister Graf von Hoym. Er floh kopflos und überließ die Provinz den Truppen Napoleons. Am 22. Dezember 1806 wurde er suspendiert, am 30. August 1807 definitiv entlassen. Nur wenige Wochen später starb er an einem Nervenfieber. Damit ging eine Ära zu Ende, denn Hoym hatte in seiner Amtszeit drei Königen gedient. Sein Nachfolger wurde Ewald Georg von Massow, der sich für dieses Amt offensichtlich dadurch qualifiziert hatte, daß er kurz vor der Übergabe der Festung Glogau an die Franzosen einen Teil der staatlichen Kassenbestände verstecken ließ und auf diese Weise für Preußen rettete. Das Amt des schlesischen Provinzialministers wurde abgeschafft und damit die Sonderstellung Schlesiens in der preußischen Monarchie. Die Verwaltung der Provinz wurde in zwei Regierungsbezirke, Breslau und Liegnitz, aufgeteilt. Liegnitz trat damit an die Stelle von Glogau.[1]

Was Schlesien zu diesem Zeitpunkt dringend nötig hatte, waren Reformen; doch von Massow, der »Anhänger des alten Schlendrians«, wie ihn der Freiherr vom Stein ironisch bezeichnete, war dazu weder willens noch in der Lage. So profilierte sich im zweiten Glied als Vizepräsident der Breslauer Regierung der Mann, der bis 1844, zumindest von seinem Amt her, das Sagen haben sollte: der Breslauer Bürgersohn Friedrich Theodor Merckel (1775–1846). Ihm gelang es, in Zusammenarbeit mit den Berliner Reformpolitikern in dieser Übergangszeit wenigstens einige Reformen auf den Weg zu bringen. Die Hypothek war gewaltig. Der Niedergang der, wie die meisten Reformbeamten noch meinten, »wohlhabendsten« aller preußischen Provinzen, Schlesien, zeichnete sich ab: Berlin befürchtete eine Agrarrevolte, da die Dominanz des Adels und der Großgrundbesitzer die freie Bauernwirtschaft erheblich einschränkte. Durch den Sieg der Franzosen glaubten viele Landbewohner aller Verpflichtungen ledig zu sein und stellten ihre Leistungen ein. Die Breslauer Kriegs- und Domänenkammer aber rief den Feind zu Hilfe, und französisches Militär ging im Kreis Schweidnitz gegen revoltierende Bauern vor.

Der Adel zeigte sich völlig uneinsichtig. Die oberschlesischen Adligen forderten 1807 vom König in Memel sogar die Arrondierung ihres Besitzes durch Einziehung von Bauernland und die Erweiterung der Befugnisse der Patrimonialgerichte. Das Edikt vom 9. Oktober 1807 »über den erleichterten Besitz und den freien Gebrauch des Grundeigentums sowie die persönlichen Verhältnisse der Landbewohner betreffend« stieß deshalb beim schlesischen Adel auf erheblich größere Widerstände als in den übrigen Provinzen, die Preußen nach dem Frieden von Tilsit noch geblieben waren. Auf der anderen Seite wuchs die »Widersetzlichkeit des gemeinen Mannes«. Einsichtige Beamte wie der Innenminister Graf von Dohna erkannten zu Recht: »Nur die Willkürlichkeit eines großen Theils der Gutsbesitzer und ihre Neigung, die gutsherrlichen Rechte auf Kosten des gemeinen Mannes auszudehnen, kann daher als Quelle dieses Übels angesehen werden.«[2]

Im Krieg gegen Napoleon erlebte Preußen 1806/07 seinen militärischen Zusammenbruch. Auch Schlesien wurde erobert. Von den Kämpfen um Cosel, Brieg, Breslau und Glatz schuf der Maler Wilhelm von Kobell vier großformatige Gemälde, die den militärischen Anteil der Bayern an der Seite der Franzosen ins rechte Licht rückten. Das Coseler Bild schildert stimmungsvoll eine Belagerungsszene vom 10. April 1807. Die Gemälde befinden sich im Besitz der Münchner Staatsgemäldesammlungen, doch ist das Glatzer Bild verschollen.

Das Oktoberedikt hob zwar die persönliche Erbuntertänigkeit auf, ließ aber Zinsen, Abgaben und andere Verpflichtungen bestehen. Die Bauern, denen die Gutsbesitzer und Lokalbeamten nicht einmal die durch dieses Edikt verbriefte persönliche Freiheit zugestehen wollten, forderten die Aufhebung aller Fronen und Abgaben. Ein weiteres Edikt vom 9. April 1809 führte deshalb genau alle Verpflichtungen auf, die bestehen blieben. Sollte durch das Oktoberedikt die freie Verfügbarkeit über Grund und Boden in der Hand freier Besitzer erreicht werden, so wurde in Schlesien diese Zielsetzung zugunsten des Adels stark eingeschränkt. Ein Zahlungsmoratorium und ein Versteigerungsverbot für Rittergüter, solange der Krieg dauerte, verhinderten ein Sinken der Kaufpreise und entzogen so die Güter eventuellen Kaufwünschen. Bestehen blieben trotz der Gewerbefreiheit von 1810 alte Feudalabgaben wie der Weber- und Handwerkerzins, die Laudemien und der Marktgroschen, Abgaben, die vor allem die unterbäuerlichen Schichten trafen, die zu ihrer Subsistenzsicherung Heimgewerbe betrieben.

Eine weitere Verordnung vom 27. März 1809 erlaubte die Umwandlung von Bauern- in Gutsland, wovon die Gutsherren reichlich Gebrauch machten. Was der Freiherr vom Stein mit dem Oktoberedikt intendiert hatte, den freien Bauern auf eigener Scholle, verkehrte sich in Schlesien nun nahezu in das Gegenteil. Der Anteil des gutsherrlichen Landes an der landwirtschaftlichen Nutzfläche stieg von 35 Prozent auf über 50 Prozent. Das war ein Rekord, nicht nur in Preußen, sondern in ganz Deutschland. Abhängig blieben die Bauern von der Gutsherrschaft auch durch die Gutsverwaltung, die die Dorfverwaltung ersetzte. Sie verfügte weitgehend über die Besetzung der dörflichen Pfarrstellen und bestimmte das Schul- und Bildungswesen auf dem Lande. Zudem unterstanden die Bauern überwiegend der Patrimonialgerichtsbarkeit ihres Gutsherrn. Auch in diesem Punkt hielt der schlesische Adel mit der Justizgewalt über 61 Prozent der Landbewohner den Rekord in Deutschland, weitab gefolgt von Pommern mit 44 Prozent und Brandenburg mit 31 Prozent.[3]

Bauern aus der Grafschaft Glatz entsandten eine Deputation zu Friedrich Wilhelm III. nach Königsberg, die vergebens um Freistellung von allen Roboten und Diensten auf den Adelsgütern bat. Doch sie blieben erfolglos. Allein standen sie gegen den Adel und die Reformbürokratie. Selbst ihr Pfarrer vermerkte 1810 mißbilligend in der Pfarrchronik: »Allein es hatte sich mit dem Gedanken an die persönliche Freyheit der Gedanke an völlige Freyheit in den Gemüthern der Landleute schon fest verbunden.« Als der Staat dann Truppen gegen die aufständischen Bauern der Grafschaft Glatz einsetzte, schrieb er entschuldigend, »daß, wenn beym gemeynen Mann eine Warnung nützen soll, sie so feindlich und handgreiflich als möglich, gemacht werden müsse«.[4]

Nach dem Martinitag 1810 mußten die oberschlesischen Bauern sogar ihre »ungemessenen Dienste« weiterleisten, was 1811 erneut zu einem Bauernaufstand in Oberschlesien führte, bei dem nicht nur die Gutsherren und Gutsbeamten, sondern bezeichnenderweise auch die Pfarrer angegriffen wurden. Das Militär schlug auch diesen Aufstand nieder, mußte aber mit erheblichem Widerstand fertig werden. Ein erneutes Regulierungsgesetz, das noch im selben Jahr erging, fiel wiederum ganz im Sinne des Adels und der Gutsherrschaften aus. Zwar konnte der »unerblich-lassitische Besitz in volles Eigentum ohne Lasten und Fronden« umgewandelt werden, doch blieben davon die unerblichen Häusler, Freigärtner und Robotgärtner ausgeschlossen, die das Gros der ländlichen Bevölkerung bildeten. Die Stellenbesitzer, die bis zu dreißig Morgen Land besaßen, sollten den größten Teil ihres Ackers dem Gutsherrn abtreten und nur vier bis fünf Morgen als freies Eigentum ohne Dienstverpflichtungen behalten. Die im Krieg bis 1809 wüst gewordenen Bauerngüter durfte die Gutsherrschaft einziehen. In Mittel- und Niederschlesien sollten nach dem Regierungsedikt von 1811 die Verhältnisse durch »gütliche Übereinkunft« zwischen den zahlreichen Dreschgärtnern und ihren Gutsherren geregelt werden. Freigärtner und Häusler konnten ihre Dienste durch Verzicht auf ihre Brennholz-, Weide- und Gräsereiberechtigung erhalten. Die fortgesetzten Arbeitseinstellungen, die bald nach dem Krieg gegen Napoleon in zahlreichen schlesischen Landkreisen einsetzten, zeigen, wie unbefriedigend auch hier die Regelung war.[5]

Ein wesentlicher Teil der Reformen, die durch »moralische Eroberungen« das wieder ausgleichen sollten, was durch die Niederlage verlorengegangen war, hatte in Schlesien nicht zu dem gewünschten Ziel geführt. Reformbeamte wie der Innenminister von Dohna wurden nicht gehört. Dieser hatte 1810 seinem König anläßlich einer Reise nach Schlesien geschrieben: »Nur dieses gleichzeitige und gleich nachdrückliche Zusichern der Rechte und Erfordern der Pflichten dürfte das Mißtrauen des gemeinen Mannes gegen die Regulierung zerstreuen, und ihm den Glauben an die unverbrüchliche Gerechtigkeit und Festigkeit derselben wiedergeben können.«[6] Scheiterte mit der Bauernregulierung das Kernstück der unter dem Eindruck der Niederlage von 1806 eingeleiteten preußischen Reformen in Schlesien, so führten auch die übrigen Reformen zu keinem entscheidenden Durchbruch.

Im Gegensatz zu den Landbewohnern drängten die Stadtbewohner nicht so sehr auf eine Veränderung ihrer Situation, obgleich auch ihr Zustand alles andere als akzeptabel war. Von den 1817 rund 3,1 Millionen Einwohnern Schlesiens lebten etwa zwanzig Prozent in den 130 Städten. Bis auf Breslau, das rund 61 000 Einwohner zählte, gab es in Schlesien keine Großstädte, das waren damals Städte mit mehr als 10 000 Einwohnern. Mittelstädte, das waren Städte mit 3 500 bis 10 000 Einwohnern, existierten nur sechzehn. 113 Städte hatten weniger als 3 500 Einwohner und unterschieden sich kaum von den größeren Landgemeinden. Wichtiger als die Größe war die Unterscheidung der Städte in Mediat- und Immediatstädte. Die meisten wenn auch unbedeutenderen Städte (sechzig Prozent der Städte, aber mit nur einem Drittel der städtischen Einwohner) waren Mediatstädte, die einem Grundherrn unterstanden, der von ihnen Gesindedienste, Fronen und Abgaben fordern konnte, dem ferner die Patrimonialgerichtsbarkeit unterstand und der auch das Patronatsrecht und die Schulaufsicht ausübte. Die Magistrate wurden von ihm ernannt und waren deshalb kaum als Vertretung der Bürgerschaft anzusehen. In ihrer Selbständgkeit nicht bessergestellt waren trotz der friderizianischen Stadtreformen die Immediatstädte, deren Geschicke weitgehend die königliche Regierung bestimmte. Ihre Magistratsposten waren vielfach mit ehemaligen Offizieren und Unteroffizieren besetzt, für die der Staat auf diese Weise die Pensionen einsparte.[7]

Zwei Reformgesetze sollten den Stadtbewohnern die politische Partizipation und eine wirtschaftliche freie Entfaltung bringen: die neue Städteordnung, die Innenminister von Dohna am 30. Dezember 1808 per Edikt für alle Städte durchzuführen befahl, und die freie Gewerbeordnung von 1810. Kam das erste Reformgesetz den Erwartungen der Stadtbürger zunächst durchaus entgegen, so stieß in vielen Städten die Gewerbefreiheit auf erheblichen Widerstand. Nur die Gewerbestädte im Gebirge, für deren Entfaltung die alten Zunftbestimmungen eher hinderlich waren, begrüßten auch dieses zweite Reformgesetz. Die neue Städteordnung sollte die freie und gleiche Bürgergesellschaft schaffen. Sie hob alle Unterschiede zwischen den Bürgergruppen auf und wollte nicht nur die Bewohner der Vorstädte, sondern auch die Minderheiten, so vor allem die Juden, in die städtische Gesellschaft integrieren. Zudem hob sie den Unterschied zwischen Immediat- und Mediatstädten auf und beließ den Grundherren der ehemaligen Mediatstädte nur die Patronatsrechte und die Schulaufsicht. Die ersten Wahlen nach den Bestimmungen der neuen Städteordnung verdrängten weitgehend die ehemaligen preußischen Offiziere aus den Magistraten, die vielfach nicht gerade durch kompetentere Beamte ersetzt wurden. In den neugewählten Stadtverordnetenversammlungen dominierten nun die noch zünftisch orientierten Handwerker.

Widerstand gegen die neue Städteordnung gab es vor allem hinsichtlich der Integration der bisher minderprivilegierten Gruppen in die Stadtbürgergesellschaft. So opponierten die Breslauer vor allem gegen die Einbeziehung der etwa 14 000 Vorstädter; sie befürchteten, den Wiederaufbau der bei der Belagerung von 1806 zerstörten Häuser der Vorstädte aus der altstädtischen Brandkasse finanzieren zu müssen.[8] In Zülz, der Stadt mit dem höchsten jüdischen Einwohneranteil von rund fünfzig Prozent, versuchten die christlichen Einwohner den jüdischen das zugestandene Bürgerrecht zu verweigern. Andere Städte, die seit dem späten Mittelalter über das *Privilegium de non tolerandis Judaeis*, das Recht, keine Juden aufnehmen zu müssen, verfügten, hielten dieses Gesetz auch jetzt noch für gültig. So verweigerte der Magistrat der Stadt Ratibor 1811 unter Berufung auf dieses Privileg dem jüdischen Redakteur des dort erscheinenden *Oberschlesischen Anzeigers* das Niederlassungsrecht in der Stadt. Auf die Beschwerde des Herausgebers hin wagte Berlin es jedoch nicht, sich gegen diese Magistratsentscheidung zu stellen, auch wenn das Ministerium zugeben mußte, daß »in den übrigen Provinzen außer Schlesien ... die sogenannte ganz verfassungswidrigen Privilegia de non tolerandis Judaeis schon lange nicht mehr anerkannt werden«.[9]

Widerstand gegen die neue Städteordnung leistete vor allem die alte Bürokratie, die zu Recht um ihre Stellung fürchten mußte und deren bedeutendster Vertreter – der Oberpräsident von Massow – keineswegs hinter der neuen Ordnung stand. Immerhin konnte er erreichen, daß die alten Steuerräte bis 1816 im Amt blieben und für zahlreiche nun ausscheidende Beamte sechzehn von den Magistraten unabhängige Polizeibehörden geschaffen wurden. Gegen eine völlige Abkoppelung der Polizei von den Magistraten in Schlesien stellte sich jedoch Innenminister von Dohna. Kritisiert wurde von der überkommenen Bürokratie natürlich der angeblich niedrige Bildungsstand der neuen Magistrate, was wohl auch vielfach zutraf und sich vor allem auf das Schulwesen auswirkte, das nun den Magistraten unterstand. Nur Breslau erlebte durch die 1812 eingerichtete Schuldeputation einen bemerkenswerten Aufschwung seiner Volksschulen.[10]

Auf ganz erheblichen Widerstand stieß in den schlesischen Städten die Einführung der Gewerbefreiheit, da sie das alte System der sogenannten Gewerbegerechtigkeiten aufhob. Die meisten Zünfte hatten die Meisterstellen für hohe Summen als sogenannte Gerechtigkeiten oder Bänke an ihre Mitglieder verkauft und aus den Einnahmen ihre Sozialausgaben bestritten. So kostete in Breslau eine »Schuhbank« 1 500 Taler, eine »Bäckerbank« sogar 4 230 Taler. Die »Gerechtigkeiten« waren gewissermaßen Versicherungen, denn sie konnten weiterverkauft oder verpachtet werden, und es galt der Satz: Das Haus kann abbrennen, die Gerechtigkeit nie. Allein in Breslau betrug ihr Wert 1 165 320 Taler, der Wert der Zinsen 52 500 Taler. Da viele Bürger um diesen Besitz fürchteten, kam es zu Unruhen. Die Ablösungen, die schließlich der Staat leisten muße, zogen sich jahrzehntelang hin; vielfach war bis 1816 noch nicht einmal der Taxwert festgestellt worden; ein Entschädigungsgesetz kam erst 1845 zustande.[11]

Die Gewerbereform vergällte dem städtischen Bürgertum generell die Lust an Reformen, und das traditionelle Zunftbürgertum, das nun eine Mitsprachemöglichkeit in den neugeschaffenen städtischen Institutionen besaß, nutzte diese, um den Reformpolitikern durch Eingaben das Leben schwerzumachen. Übrigens stimmte es hier mit dem Adel überein, der wegen seiner Brauerei- und Brennereirechte ebenfalls die Gewerbefreiheit bekämpfte.

Von einer Aufbruchstimmung war 1808 und in den darauffolgenden Jahren in Schlesien nicht viel zu merken. Zu sehr drückten die französischen Kontributionen, die auch nach dem Frieden von Tilsit im Jahre 1807 weitergezahlt werden mußten. Allein die tägliche Verpflegung der Besatzung kostete die Provinz 70 000 bis 80 000 Taler. Seuchen befielen die durch die Hungerjahre 1804 und 1805 ausgemergelte Bevölkerung. Dazu kam die Auspowerung durch die Napoleonischen Truppen, so daß die Regierung 1808 Kochrezepte ausgab, wie aus Hirschhorn und Fischgräten durch stundenlanges Kochen eine Art Sülze hergestellt und mit Brennesseln angereichert werden konnte.[12] Selbst Städte, die unter dem Krieg stark gelitten hatten, mußten hohe Abgaben leisten, so daß viele Bürger ihre Häuser verkauften oder verpfändeten.

Als der König 1810 die schon erwähnte Reise durch Schlesien unternahm, hatte von Dohna in seinem Bericht über die einzelnen Städte, die der Monarch besuchte, auch genau vermerkt, wie hoch sich die betreffenden Städte durch Krieg und Besatzung verschulden mußten. Für Striegau mit 2 700 Einwohnern waren es 16 600 Reichstaler, für Schweidnitz mit 7 600 Einwohnern 300 550 Reichstaler, für Reichenbach mit 3 400 Einwohnern 52 000 Reichstaler. Die Regierung in Berlin drängte 1809/10 sehr auf Zahlung der noch ausstehenden Kontributionsgelder, weil sie die Besatzung endgültig loswerden wollte. Dazu sollte einen wesentlichen Teil die Breslauer Kaufmannschaft beitragen, den Hauptposten aber die Säkularisation der geistlichen Güter in Schlesien erbringen, für die Hardenberg über 16 Millionen Reichstaler veranschlagte.[13]

Durch das am 30. Oktober 1810 verfügte Säkularisatonsedikt wurden alle im Bistum Breslau gelegenen 67 Klöster und Stifte eingezogen; hinzu kamen die Klöster in der

Grafschaft Glatz, die von alters her zur Erzdiözese Prag gehörte, und die Klöster im Gebiet um Leobschütz, das in der Diözese Olmütz lag. Zu Ende ging damit auch der »Staat« des Breslauer Fürstbischofs, zu dem das 28 Quadratmeilen umfassende Fürstentum Neisse mit dem Herzogtum Grottkau und außerdem acht über die ganze Provinz verstreute Güterkomplexe zählten. Widerstand gegen diese Aktion kam eigentlich nur vom adligen Domkapitel, das zu Recht um seinen Besitz fürchtete. Bischof, Kapitel, Stifte, Klöster und Kommenden verfügten nämlich über 916 der 5 174 schlesischen Hauptdörfer.[14] Während die katholische Bevölkerung diese Maßnahme gelassen zur Kenntnis nahm, waren damit die weitgehend bürgerlichen Pächter dieser Güter, die eine durchaus moderne Agrarwirtschaft betrieben, keineswegs einverstanden. Sie mochte wohl kaum der Satz beruhigen, den Merckel in die *Schlesische Zeitung* lancierte: »Sie möge die ruhige Betrachtung des ganzen jetzigen Zeitraumes trösten, wenn wir ihnen vorführen, daß der Einzelne leiden und gerne dulden muß, wenn dem Ganzen dadurch Heil und Segen erwächst.«[15]

Die erzielte Einnahme blieb mit 13 022 942 Reichstalern weit hinter den Erwartungen zurück, da die Güter nicht zu dem damals gerade in Schlesien hohen Handelswert für Güter veräußert wurden, der nach dem Maßstab der landschaftlichen Taxprinzipien 30 Millionen Taler hätte betragen können. Aus dem Erlös mußten zudem in der Folgezeit die Ausgaben für Pfarreien, Schulen und geistliche Behörden bezahlt werden, die im Jahr rund 400 000 Taler betrugen. Das ehemals kirchliche Eigentum ging durch Verkauf und Schenkung an Generäle, Minister und auch an die königliche Familie. So kamen die Zisterzienserstifte Kamenz und Heinrichau an die preußische Prinzessin Friederike Louise, Güter des Klosters Trebnitz und des Breslauer Vinzenzstiftes an den Feldherrn Blücher, dem bald auch der Titel eines Fürsten von Wahlstatt verliehen wurde. 1820 erhielt Wilhelm von Humboldt die Herrschaft Ottmachau als Dotation zugesprochen. Als großer Fundus an den Staat aber gingen kostbare Bibliotheken und Kultgerät, Urkundenschätze, Gemälde und andere Kunstwerke. Wie allgemein im Reich nach 1803 so war auch in Schlesien mit der Säkularisation eine große Verschleuderung oder gar Vernichtung von Kulturwerten verbunden. Immerhin wurde ein Teil der Güter als Ausstattung für die 1811 gegründete Breslauer Universität verwendet. Der Breslauer Bischof erhielt 1821 gleichsam als Ersatz für das säkularisierte Fürstentum Neisse den Fürstentitel zugesprochen, den der letzte deutsche Inhaber dieses Bischofsstuhls, Kardinal Bertram, auch in der Weimarer Republik und nach 1930 als »Fürst-Erzbischof und Metropolitan der Breslauer Kirchenprovinz« beibehielt.[16]

Die schlesische Bevölkerung ertrug die Franzosenzeit mit ihren ständigen »Aufopferungen«, wie ein Bauer in seiner Familienchronik schrieb, in apathischer Verdrossenheit. Die Währung verfiel weiter, auch als die Franzosen im Dezember 1808 das Land bis auf Glogau geräumt hatten. Die neue Vermögenssteuer von 1812 trat zu den bereits bestehenden Abgaben. Ständig drohte den Gewerbetreibenden eine Hungersnot, und es half wenig, wenn der König, »mit theilnehmender Besorgnis ersehen [hat], wie schrecklich der Getreidemangel der Provinz fühlbar«.[17] Staatskanzler Hardenberg gab deshalb seine liberalen Grundsätze nicht auf und fand sich nicht dazu bereit, ein Ge-

Wenige Jahre nach der allgemeinen Säkularisation in Deutschland wurden auch in Preußen alle Stifte und Klöster der katholischen Kirche eingezogen und zur Deckung der Staatsschulden veräußert. Damit fiel der große Besitz der Kirche an Urkunden, Bibliotheken und Kunstwerken dem Staat zu. Von der Aufhebung waren nur solche Orden ausgenommen, die sich wie die Elisabethinerinnen oder Ursulinen der Krankenpflege beziehungsweise der Erziehung widmeten.

treideausfuhrverbot aus Schlesien zu bestimmen, zumal man 1812 auf eine bessere Ernte als in den Vorjahren hoffte. Zur Verdrossenheit trug bei, daß man auch nach Tilsit nicht wußte, ob Schlesien bei Preußen bleiben oder von Napoleon anderen Staaten zugesprochen würde. Als Preußen 1810 die Kontributionszahlungen einstellte, hatte Napoleon schließlich offen damit gedroht.[18] Gerade in diesem Jahr war die Stimmung in der Provinz schon aufgrund der Lasten aus den Reformen auf einem Tiefpunkt angelangt. Scharnhorst, der unter dem Vorwand einer Festungsinspektion die Provinz bereiste, sollte in Wahrheit Hardenberg ein genaues Bild von der herrschenden Stimmung vermitteln, damit man eventuell gegensteuern konnte. Die Kontinentalsperre, die für Schlesiens Wirtschaft durchaus auch ihre guten Seiten hatte, machte sich zunächst allerdings nur als Exportsperre ins Ausland und durch die Verteuerung der geschmuggelten Kolonialwaren bemerkbar.

An einen Krieg gegen Napoleon dachte zu diesem Zeitpunkt, von einigen Militärs abgesehen, wohl niemand. Es gab sogar einige Intellektuelle, wie den nicht unbekannten Schriftsteller und Vizedirektor des Breslauer Elisabeth-Gymnasiums, Johann Gottlieb Schummel (1748–1813), die öffentlich für Napoleon, den Erben der Französischen Revolution, eintraten. Im Bericht für den König wurde er 1810 deshalb als »Mann ... von großer moralischer und politischer Zweideutigkeit« denunziert. Auch viele Bauern meinten, sie hätten die Befreiung von der bäuerlichen Erbuntertänigkeit den Franzosen zu verdanken. So wurde der König im August 1812, als er Breslau besuchte, nicht sehr begeistert aufgenommen, nur wenige Bürgerhäuser waren illuminiert.[19]

Die durch die neue Städteordnung gleichfalls geforderte Aufstellung von Bürgergarden, die den Schlesiern am 12. April 1812 noch einmal ausdrücklich befohlen wurde, kam nur schwer in Gang. Nicht nur die allgemeine Armut verzögerte die Durchführung des Befehls, sondern auch die Befürchtung der Bürger, daß mit der Uniformierung die Eingliederung in das Heer erfolge. Man wollte keinen Krieg, egal, ob gegen Russen oder Franzosen. Eine allgemeine Begeisterung für die Befreiung des Vaterlandes lag den Schlesiern 1812 recht fern. Vor allem in Breslau kam die Organisation einer Bürgergarde nur mühsam zustande, worüber sich der König beim Breslauer Kommandanten schon 1809 beschwert hatte.[20]

Zum erstenmal bot sich nun auch den jüdischen Bürgern die Möglichkeit, der Armee beizutreten und sich als Bürger zu beweisen. Selbst die oberschlesischen Steuerräte, sonst allgemein der jüdischen Minderheit nicht gerade wohlwollend gegenüberstehend, bezeugten, daß gerade die Juden sich der neuen Aufgabe mit Feuereifer widmeten, und oft verdanke man ihnen die geringen Erfolge, die in Oberschlesien erzielt wurden.[21] Die polnischsprachigen Einwohner verhielten sich hier weitaus distanzierter und waren auch bei der Mobilmachung im Frühjahr 1813 nicht in Begeisterung für die Armee zu versetzen. Ein gewisser Umschwung kam nach der Niederlage von Moskau. Die Posthalterin von Gramtsch bei Glogau verweigerte dem fliehenden Napoleon am 12. Dezember 1812 sogar den geforderten Tee. Erst auf die ängstlichen Bitten der umstehenden Dorfbewohner hin bekam er schließlich einen Lindenblütentee.[22]

Wilhelm von Humboldt betrieb maßgeblich die preußische Universitätsreform, als deren indirekte Folge auch die Erneuerung und Modernisierung der Breslauer Universität zu sehen ist. Damals wurde die Universität Frankfurt an der Oder mit der Breslauer Leopoldina vereinigt. Der König belohnte seinen Minister 1820 mit einer Dotation aus schlesischem Säkularisationsgut und schenkte ihm Schloß und Herrschaft Ottmachau.

Von Breslau ging 1813 die preußische Erhebung gegen Napoleon aus, die zum erfolgreichen Befreiungskrieg wurde. Der Maler Adolph von Menzel wurde erst 1815 in Breslau geboren, aber seine 1836 entstandene Lithographie »Auszug der Freiwilligen aus Breslau« gehört zu den schönsten Bildern der Stimmung von 1813. Im Hintergrund ist der Turm der Elisabethkirche zu sehen.

Das Gerücht von der Konvention von Tauroggen, das Mitte Januar 1813 in Schlesien auftauchte, wurde noch recht reserviert aufgenommen, doch an der neugegründeten Universität kam Stimmung gegen Napoleon auf. Fichte propagierte in Berlin die nationale Erhebung. In Breslau motivierte der Mineralogieprofessor und Dichter Henrik Steffens, ein Norweger, am 3. Februar 1813 die Studenten zum Eintritt in die Armee. Scharnhorst umarmte ihn dafür. Die allgemeine Mobilmachung begann.[23]

Am 22. Januar 1813 verlegte der preußische König seine Residenz nach Breslau und stellte sich zögerlich auf die Seite der Kriegspartei. Am 17. März 1813 erließ er hier den bekannten Aufruf »An mein Volk« und stiftete das Eiserne Kreuz. Von Breslau aus lief nun auch die Werbung für das Lützowsche Freikorps und die Aktion »Eisen für Gold«. Die Zeitungen lobten alle »Opfer«, sowohl Merckels zwanzig Kavalleriepferde wie das neue Hemd eines Tagelöhners in Ratibor oder gar das schöne Haar der achtzehnjährigen Ferdinande von Schmettau aus Breslau, für das ihr ein Friseur zehn Reichstaler bot. Bis Ende April kamen dadurch zwar nur tausend Taler, aber immerhin Sachleistungen im Werte von Millionen Talern in Schlesien zusammen.[24]

Die allgemeine Mobilisierung kam 1813 freilich nur schwer in Gang. Die Breslauer Kaufleute beschwerten sich Ende April wegen des dadurch bedingten Geschäftsausfalls, während im Kreis Striegau die zur Landwehr Aufgebotenen die Vereidigung verweigerten. Zahlreiche Rekruten der polnischsprachigen Bevölkerung flohen in das Herzogtum Warschau, wo sie der dortige Adel aufnahm. Makaber mutet es an, daß für jeden Franzosen, der im besetzten Glogau erschossen wurde, drei Reichstaler gezahlt wurden.

Mit dem Sieg Blüchers an der Katzbach am 26. August 1813 waren alle Franzosen aus Schlesien vertrieben. Lediglich auf der Festung Glogau hielt sich der französische Kommandant noch bis zum 10. April 1814.[25]

Das politische System nach 1815

Nach Ende des Krieges kam es 1816 zu einer territorialen Neuordnung der Provinz Schlesien und der Reform der Behördenorganisation. Neu angegliedert wurden die nun preußisch gewordenen Teile der Oberlausitz, während der Kreis Schwiebus an Brandenburg ging. Im Jahre 1817 umfaßte die Provinz damit 40 300 Quadratkilometer und zählte 1 992 598 Einwohner. Das Gebiet wurde in die vier Regierungsbezirke Breslau (24 Prozent der Fläche, 25,6 Prozent der Bevölkerung), Liegnitz (26 Prozent der Fläche, 25,1 Prozent der Bevölkerung), Reichenbach (17 Prozent der Fläche, 23,4 Prozent der Bevölkerung) und Oppeln (33 Prozent der Fläche, 25,1 Prozent der Bevölkerung) eingeteilt. Mit Oppeln erhielt Oberschlesien aus wirtschaftlichen, konfessionellen und sprachlichen Gründen nun ein eigenes Verwaltungszentrum.[26]

Zum neuen Oberpräsidenten wurde Friedrich Theodor Merckel ernannt, der dieses Amt bis 1845 innehatte. Die fast ideale Viertelung orientierte sich weitgehend an der gewerblichen Struktur, wobei mit der Neueinrichtung des Regierungsbezirks Oppeln das oberschlesische Schwerindustriegebiet und mit dem Regierungsbezirk Reichenbach das traditionelle Textilindustriegebiet am Gebirgsrand berücksichtigt werden sollten. Die 1820, also nur vier Jahre später erfolgende Aufhebung des Regierungsbezirks Reichenbach aus Sparsamkeitsgründen zugunsten des Breslauer und des Liegnitzer Regierungsbezirks hat sich sicher nachteilig auf die spätere soziale und ökonomische Entwicklung dieses Gebietes ausgewirkt. Bis 1871 vermehrte sich die Bevölkerung auf 3 707 167 Einwohner. Während zwischen 1820 und 1871 der Anteil des Regierungsbezirks Breslau von 39,2 Prozent auf 38,2 Prozent nur unwesentlich zurückging, fiel der von Liegnitz erheblich von 33,8 auf 26,5 Prozent zurück, während der fast ausschließlich katholische Regierungsbezirk Oppeln von 27 Prozent auf 35,3 Prozent der schlesischen Bevölkerung anstieg. Die Zuwachsraten lagen also eindeutig in den sozialen Krisengebieten.

Eine Sonderstellung Schlesiens in Preußen, wie sie bis 1806 existierte, gab es nun nicht mehr. Berlin versuchte in allen Provinzen gleiche Bedingungen zu schaffen. Doch hatte die staatliche Verwaltung in Schlesien mit bestimmten Hypotheken fertig zu werden, die es in dieser Form in den anderen Provinzen nicht gab. Da war vor allem die mächtige Stellung des Adels. Fast die Hälfte der Einwohner wurde nicht durch Stadt- und Landgemeinden, sondern durch die Gutsbezirke verwaltet. Hatte sich Hardenberg noch 1811 über die schlesischen »Kränzchen« der Gutsbesitzer »in einem Verein des gesamten Adels zu selbstsüchtigen Zwecken« mokiert und ihre Überwachung angeordnet, so fand die Adelslobby seit 1824 mit Einrichtung der Provinziallandtage eine von ihr dominierte offizielle Bühne.[27] Im Vorfeld hatte sich gerade der schlesische Adel für eine politische Standesvertretung eingesetzt. »Allein-Herrschen taugt nichts«, schrieb 1820 der Landrat Freiherr von Richthofen in den *Schlesischen Provinzialblättern* und wandte sich damit gegen »Herrscherwillkür von oben« und »Volksschreckenwillkür von unten«.[28]

Es war deutlich, daß der Adel eine eventuelle Provinzialständevertretung dominieren wollte. Schon 1817 hatte der oberschlesische Adel versucht, das Gremium der Kreditinstitute als Standesvertretung politisch zu nutzen. Ihre Tendenz richtete sich eindeutig gegen die Regulierung der Ablösungsgesetze. Lediglich an der Aufteilung der noch bestehenden Gemeinheitsflur waren sie interessiert, wie Merckel in Erfahrung brachte.[29] Von der Reform oder einer modernen Verfassungsvorstellung war also in dieser auf Provinzialebene reduzierten »Nationalrepräsentation« nicht mehr viel zu spüren. In den vier Kurien waren zu gleichen Teilen die Fürsten und Standesherren, die Ritter, die Städte und die Bauern vertreten. Städte und Bauern, der überwiegende Teil der Bevölkerung also, verfügten über ebenso viele Stimmen wie der Adel. Nur wer Grundbesitzer war, besaß das Wahlrecht; wer seit mindestens zehn Jahren Grundbesitzer war, konnte in dieses Gremium gewählt werden. Da die Bauern, wenn auch Eigentümer, weitgehend von den Gutsbesitzern abhängig waren, bildeten nur die bürgerlichen Vertreter der Städte eine kleine Opposition. Durch besondere Wahlvorschriften für die Städte, in denen nur Gewerbetreibende oder Magistratspersonen gewählt werden durften, hatte es die Regierung verstanden, kritische Intellektuelle auszuschalten. Ausgeschlossen blieben auch die zahlreichen Industriellen auf dem Lande, da sie weder zu den Bauern noch zu den Gutsbesitzern zählten.[30]

Der Provinziallandtag konnte jedoch nur Wünsche für die Provinz artikulieren; das Recht, Gesetze zu erlassen, oder gar das Budgetrecht besaß er nicht. Dennoch war eben das, was hier als »politische Vorstellung« der Provinz vorgetragen wurde, nichts anderes als die Meinung der Gutsbesitzer und des Adels einschließlich des Hochadels. Gegen die Versuche der adligen Stände, auf den Provinziallandtagen im Verbund mit dem König die Steinsche Städteordnung zu revidieren und die Mediatstädte wieder unter die Gewalt des Adels zu bringen, leisteten die Vertreter der Städte heftigen Widerstand. Auch die Vertreter der Bauern konnten nicht verhindern, daß per Landtagsbeschluß die Adligen ihre ohnehin schon übermächtige Stellung auszubauen bestrebt waren.

Profilieren konnten sich gegen die restaurativen Vorstellungen des Adels und mit ihm des Königs nur einige schlesische Bürgermeister, wie der Reichenbacher Weidinger, der die Vorstellungen Steins gegen die reaktionären Tendenzen verteidigte. Eine ähnliche Linie vertrat der wohl bedeutendste bürgerliche Abgeordnete der schlesischen Provinziallandtage, der Breslauer Industrielle und Stadtverordnete Karl August Milde (1805–1861). Auch für ihn war der durch die Reformpolitik Steins und Hardenbergs intendierte freie Staatsbürger noch 1841 das Ideal. Das Scheitern dieser Politik habe »jene Hefe des Volkes, die Proletarier, erzeugt«. Das Ideal einer klassenlosen Bürgergesellschaft klingt hier an.[31] Auch Ansätze einer liberalen Parteienbildung werden deutlich, wenn Milde in seinem Privathaus Vertreter der Stadt- und Landgemeinden zum gegenseitigen Meinungsaustausch einlud. Doch von einer liberalen Bewegung, verglichen etwa mit der im Rheinland, in Württemberg oder auch in Ostpreußen, kann man in Schlesien nicht sprechen.[32] Über die Rolle der bürgerlichen und bäuerlichen Abgeordneten auf den Provinziallandtagen dichtete der damalige Breslauer Professor

August Heinrich Hoffman von Fallersleben (1798–1874) in seinen *Unpolitischen Liedern:* »Das Beten und das Bitten ist erlaubt/ja, und erlaubt ist alles überhaupt/Was niemals nützt den armen Untertanen. –/Wenn wir an ein Versprechen etwa mahnen,/gesetzlich bitten, was wir fordern können,/da will man uns das Bitten auch nicht gönnen,/man weist uns ab mit kaltem Hohn zuletzt:/Ihr habt die Form verletzt.«[33]

Das schlesische Bürgertum blieb in seiner Gesamtheit bis in die vierziger Jahre zu schwach, als daß es sich hätte politisch formieren können. Die alten Kaufmannsfamilien des 18. Jahrhunderts hatten ihre Bedeutung verloren; bei den neuen handelte es sich weitgehend um Aufsteiger, denen eine bürgerliche Kultur noch fehlte und die sich als eigene Trägerschicht weder politisch noch kulturell gegen den Adel behaupten konnte.[34] Hinzu kam, daß der Adel in der Industrie Positionen besetzte, die im Westen weitgehend das Bürgertum ausfüllte. Eine Tradition, die wie in Ostpreußen aus der Aufklärung in den Liberalismus überleitete, gab es in Schlesien nicht. So kam es, daß die wenigen Vertreter, die in der Restaurationsphase einen radikalen Liberalismus vertraten, zum Teil aus dem Adel kamen, wie der Graf Eduard von Reichenbach (1812 bis 1869), der in den dreißiger Jahren als Burschenschafter ein Opfer der Demagogenverfolgung wurde und 1835 eine Festungshaft auferlegt bekam.[35] Die Aktion erfolgte im Rahmen der nach dem Hambacher Fest im Jahre 1832 und dem Sturm auf die Frankfurter Wache einsetzenden Demagogenverfolgung.

1835 war der Breslauer Polizeipräsident Ferdinand Heinke (1782–1857) zum außerordentlichen Regierungsbevollmächtigten an der Universität zu Breslau ernannt worden. 1836 meldete der Universitätsrektor, der Theologe Johann Ignatz Ritter (1787 bis 1857), der Regierung, »daß wider jeden Angeschuldigten der 42 Teilnehmer an der hiesigen Burschenschaft auf einen sechsjährigen Festungsarrest erkannt« worden sei.[36] Die betreffenden Individuen würden für die Zukunft von allen öffentlichen Ämtern ausgeschlossen. Jeder Student mußte schriftlich geloben, das Verbindungsverbot einzuhalten. 1838 warnte der Rektor angesichts der 39 Todesurteile gegen Berliner Studenten aus »innigster Teilnahme an dem Heil unserer Studierenden« vor »hochverräterischen Verbindungen«, deren Wurzeln vielfach in »anfangend unbedeutenden Vereinen« lägen. Die Verfolgungen an der Universität ließen auch nach 1840 nicht nach, als sich im Schatten der Universität Ansätze eines politischen Liberalismus in Schlesien entwickelten. Es war aber eher eine Literaten- als eine politische Bewegung. Ihr deutlichstes Manifest waren die *Unpolitischen Lieder* von Hoffmann von Fallersleben, derentwegen er 1842 aus dem Staatsdienst entlassen wurde. Damals setzte sich sein Schüler, der Breslauer Privatdozent Gustav Freytag (1816–1859), für Hoffmann ein.[37] Eine weitere Basis hatte der schlesische Liberalismus, vor allem seine radikalere Variante, in religiösen Oppositionsbewegungen wie dem Deutschkatholizismus unter Johannes Ronge (1813–1887).[38]

Artikulierte in Ostpreußen Johann Jacoby die Vorstellungen der Liberalen, so war es in Schlesien Heinrich Simon (1805–1860), der – nicht ohne Konkurrenz zu Jacoby – die liberalen Positionen verteidigte. Nicht nur mit seiner Forderung nach einer Schulreform, sondern vor allem im Streit gegen die sogenannten Disziplinargesetze, durch die er die Freiheit der Rechtsprechung in Gefahr sah, machte er die Öffentlichkeit auf sich aufmerksam. Trotz der Zensur bot ihm die *Schlesische Zeitung* ein Forum für seine Meinung. Aus dem Justizdienst schied er 1845 freiwillig aus. Er entging damit einer Zurechtweisung, wie sie zum Beispiel der westfälische Liberale Forckenbeck erlebt hatte, der 1833 wegen Anregung einer Verfassungspetition von Münster nach Breslau strafversetzt worden war. Da weder die Presse noch die konstitutionellen Institutionen in Preußen rechte Gegengewichte gegen die Regierung bildeten, sah Simon diese lediglich in der Selbständigkeit der Justizbeamten gewährleistet. Diese aber drohte nun durch die sogenannten Disziplinargesetze verlorenzugehen. Seine »politische Gesinnung« wollte er dieser Knebelung nicht opfern. Mit dem Satz: »Ich trete ab als Beamter, um Bürger bleiben zu können«, erinnerte er in seinem Entlassungsgesuch deutlich an Jacobys *Vier Fragen*. In der folgenden Zeit widmete er sich der liberalen Bewegung und wurde 1848 für Magdeburg in die Paulskirche gewählt, wo er im »Württemberger Hof« linksliberale Positionen vertrat. Für den Wahlkreis Cosel in Oberschlesien kam er ferner in die Berliner Nationalversammlung.[39]

Neben Simons Protest und Argumentation waren es die sozialkritischen Schriften, die im Umfeld des Weberaufstandes dem schlesischen Liberalismus eine spezifische Note gaben. Wilhelm Wolff (1809–1864), Alexander Schneer (1806–1885), der Freirichter und Gutsbesitzer Eduard Pelz (1800–1876) und der Fabrikant Friedrich Wilhelm Schlöffel (1800–1870) forderten außer der bürgerlichen Freiheit auch die soziale Verantwortung und gaben dem radikalen Liberalismus damit eine neue Dimension. Schlöffel wurde 1845 kommunistischer Umtriebe verdächtigt und verhaftet, wogegen die Breslauer Stadtverordnetenversammlung unter dem als liberal geltenden Bürgermeister Julius Hermann Pinder (1805–1867) protestierte. Sogar der Oberpräsident Merckel setzte sich für Schlöffel ein. Der Freispruch wurde als Sieg der Liberalen in Schlesien gefeiert. Die Bürger von Hirschberg bereiteten ihm am 27. Juli 1845 – wie die *Aachener Zeitung* berichtet – trotz abscheulichen Wetters einen demonstrativen Empfang mit Ehrenpforten, Fackelzug und Ansprachen: »Nur dann, wenn die Männer einer Gesinnung jeder nach seinen Kräften wirksam seien, werde die Hoffnung auf freie volkstümliche Institutionen verwirklicht werden.«[40]

Doch das Ideal der »klassenlosen Bürgergesellschaft«, das den schlesischen Liberalen und Demokraten Schlöffel, Pelz und Simon vorschwebte, war schon im Vormärz in Schlesien nicht mehr das allgemeine Credo. Der wohl engagierteste zeitgenössische Sozialkritiker der schlesischen Szene, Wilhelm Wolff, warnte bereits 1845, »vor dem liberalen Köder auf der Hut zu sein, sich durch ihn nicht angeln zu lassen«. In einer polemischen Auseinandersetzung mit Eduard Pelz kritisierte er den »beschränkten Horizont bürgerlicher Freisinnigkeit«, der sich als »Fürsprecher und Beschützer des armen Mannes« aufspiele und sich in »verfassungslüsterner Selbstsucht« gefalle. Schlöffel und Pelz mißbrauchten durch ihre Appelle nur die Not der armen Leute zugunsten »des Monopols, des bürgerlichen Vorrechts und Liberalismus«.[41] Wolff, der hier als einer der wenigen für den Einsatz der Maschinen zur Verbesserung der Situation der Proletarier eintrat, artikulierte mit seinem Plädoyer für »den unverkürzten Lohn« der Arbeiter die

Grundkonzeption der sozialistischen Gesellschaft. Die Trennung der bürgerlichen von der sozialen Demokratie, die zwanzig Jahre später durch den Schlesier Ferdinand Lassalle (1825–1864) radikal vorangetrieben wurde, zeichnete sich in Schlesien bereits im Vormärz ab.

Die Prozesse gegen Schlöffel und Simon gaben den schlesischen Liberalen einen größeren, zumindest publizistischen Zusammenhang und stärkten ihre Position gegenüber dem konservativen Adel. Ein erstes Aktionsfeld bot vor der Revolution von 1848 der Vereinigte Preußische Landtag von 1847. Simon polemisierte gegen diesen königlichen »Gnadenakt« in seiner Schrift *Annehmen oder Ablehnen?* Statt die Repräsentation des Volkes voranzutreiben, verankere dieser Landtag nur die Macht der Grundbesitzer und des Adels. Seine Schrift, die sofort verboten wurde, brachte ihm einen Prozeß wegen Majestätsbeleidigung ein.[42]

Auf dem Vereinigten Landtag von 1847 profilierte sich kaum einer der schlesischen Vertreter, auch nicht Karl August Milde, der spätere preußische Handelsminister, der als Breslauer Stadtverordneter in dieses Gremium gewählt worden war und hier für die Judenemanzipation stimmte. Im Gegensatz zu seinen Standesgenossen im Rheinland, Mevissen, Beckerath, Camphausen, stand er als Vertreter liberaler Positionen in Schlesien auf ziemlich einsamem Posten.

In der deutschen Öffentlichkeit fiel allgemein unangenehm auf, daß im sogenannten Herrenstand, der Herrenkammer des Vereinigten Landtags, allein 25 schlesische Herrschaftsvertreter saßen. Unter ihnen auch Fürst Felix Lichnowsky, der sich als schlesischer Feudalherr sogar für die Weber einsetzte. Da sein Votum sich eindeutig gegen Kaufleute und Fabrikanten richtete, nicht aber gegen die ökonomischen Interessen seiner eigenen Klasse, wurde das kaum als besondere soziale Tat bewertet.[43]

Die politische Brisanz, die sich in Schlesien anhäufte und schließlich in der Revolution von 1848 entlud, war nicht zuletzt auch eine Folge der Verwaltung unter Merckel. Er hatte sich in der napoleonischen Phase große Meriten erworben, erkannte aber nicht die wirtschaftliche und soziale »Schieflage«, in die Schlesien nach 1815 immer mehr geriet. Seine Reformideale waren auf die »größtmögliche Freiheit aller Staatsbewohner« als »Zweck der bürgerlichen Gesellschaft« gerichtet, wofür er noch nach 1819 ein Opfer der Demagogenverfolgung wurde; bis 1825 entband man ihn von seinem Posten als Oberpräsident. Ob das das Werk des schlesischen Adels war, wie August Varnhagen von Ense vermutete, muß dahingestellt bleiben. Der erdrückenden Macht dieser Gruppe bei der Restaurierung der Verhältnisse hat Merckel kaum etwas entgegengesetzt. Nicht zuletzt war es diese Gruppe, die ihm 1828 zum Adelsprädikat verhalf. Offensichtlich hat Merckel die wirtschaftliche Situation Schlesiens falsch eingeschätzt; wie hätte er sonst 1840 Friedrich Wilhelm IV. schreiben können: »Schlesien erfreut sich in der überwiegenden Allgemeinheit eines Wohlstandes, wie ihn frühere Zeiten nur in einzelnen Handels- und Gewerbekategorien sahen.«

Nur vier Jahre später wurde mit dem Weberaufstand die Malaise offenkundig, die Merckel dann endgültig den Posten kostete. Durch Kabinettsorder wurde er am 16. Mai 1845 entlassen. Wie sein Vorgänger Hoym hat auch er die nicht gerade ehrenvolle Entlassung nur knapp zwei Jahre überlebt. Er starb am 10. April 1846. Für die Breslauer Bürger aber blieb er doch so etwas wie das Symbol einer bürgerlichen Gesellschaft. Im Dezember 1844 hatten ihn die Stadtverordneten zu ihrem Ehrenbürger ernannt. Nach seiner Entlassung wollten sie ihn sogar zum Breslauer Stadtverordneten wählen. Merckel lehnte diese Ehrung ab.[44] Unter seinem Nachfolger im Amt des Oberpräsidenten von Schlesien, Wilhelm von Wedell (reg. 1845–1848), hatte sich die Restauration nun völlig durchgesetzt.

Die unzulänglichen Reformen

Durch die Unterdrückung der Reformen nach 1815 ließen sich die Probleme nicht lösen. Schlesien verkam allmählich zu einem Notstandsgebiet der preußischen Monarchie. Die durch die Politik in mehreren Regulierungsgesetzen umrissenen Rahmenbedingungen hatten den Großgrundbesitz nicht nur stabilisiert, sondern durch Land- und Kapitalgewinn erheblich vergrößert. Verlierer waren die Bauern, vor allem aber die unterbäuerlichen Schichten, auch wenn sich die ehemaligen Dreschgärtner in Niederschlesien einigermaßen konsolidieren konnten. In Oberschlesien waren die Bauern gezwungen, einen Teil ihres Besitzes durch Parzellenverkauf zu retten. Diese Parzellen dienten weitgehend dem Landproletariat zur Sicherung einer einfachen Subsistenzwirtschaft. Die monokulturelle Nutzung durch Kartoffelanbau förderte keineswegs eine Entwicklung der Landwirtschaft. Die ständig wachsende Landbevölkerung mußte vor allem in Oberschlesien entweder als Tagelöhner unterkommen oder sich den in seinem Umfang durch die Regulierung reduzierten bäuerlichen beziehungsweise kleinbäuerlichen Besitz noch weiter aufteilen. Die Industrie bot in dieser frühindustriellen Phase noch keinen Ausweg.

In Mittel- und Niederschlesien konnte sich eine unabhängige bäuerliche Schicht behaupten, auch wenn hier die Regierung alles tat, den reaktionären Forderungen des Großgrundbesitzes nachzukommen. Ein gerichtlicher Ausgleich in Konfliktfällen scheiterte meistens, da der beklagte Gutsherr gleichzeitig sein eigener Richter war. Auf den Gutshöfen, die durch die für sie günstige Hypothekenschuldregelung von der Dismembration ausgenommen waren, konnte sich die kapitalistische Agrarwirtschaft voll durchsetzen. Die Beseitigung der Gemengelage schuf größere Struktureinheiten und erleichterte den Übergang zur Fruchtwechselwirtschaft, zur Stallfütterung und Einführung neuer Kulturen. Die von den Agrargesellschaften der Aufklärungszeit propagierten Agrarverbesserungen konnten in erster Linie nur vom Großgrundbesitz genutzt werden, da dieser kein Land abtreten mußte, die Regulierungsgelder kassierte und ihm zudem immer noch durch die Schlesische Landschaft überaus günstige Kredite zur Verfügung standen.[45]

Durch die verbesserte Dreifelderwirtschaft der Gutshöfe konnte nun auch das Brachland einbezogen werden; neue Blattfrüchte wurden angebaut, denn jetzt erst setzte sich der Kartoffelanbau richtig durch. Überkommene Anbaumethoden der traditionellen Industriepflanzen, vor allem von Flachs, wurden verbessert. Der Anbau neuer Ölpflanzen wie Raps wirkte sich günstig auf die Ökologie aus.[46] Profitabel war der Anbau der sogenannten Farbpflanzen Krapp und Rauchkarden, die für die Textilverarbeitung verwendet wurden. Diese Pflanzen konnten wie Hopfen und Tabak vor allem von den bäuerlichen Betrieben angebaut werden. Innovativ wirkte die Entwicklung des Rübenzuckers, die der Schlesier Franz Karl Achard (1753–1821) seit 1801 auf seinem Gut bei Wohlau betrieb. Die Gewinnung von Rübenzucker konnte sich dann im Schutze der Kontinentalsperre entfalten. Der Rübenanbau war ebenfalls durch die Bauernhöfe zu

Seit der Angliederung der Oberlausitz an Schlesien gehörten auch die Grafen von Pückler-Muskau zu den schlesischen Magnaten, deren Reichtum in provozierendem Widerspruch zur verbreiteten Armut des Volkes stand. Der 1822 in den preußischen Fürstenstand erhobene Hermann Graf Pückler machte nach den Befreiungskriegen zunächst durch seine Extravaganzen von sich reden. Mit einem Hirschgespann fuhr er 1815 über die Berliner Linden. Erst danach wurde er zum Schöpfer der berühmten Parkanlagen von Muskau und Branitz und zum vielgelesenen Reiseschriftsteller.

betreiben, die damit in etwa der Konkurrenz der Gutsbetriebe standhalten konnten. Die Forstwirtschaft wurde rationalisiert, und durch Kalkdüngung und Torfstich wurden neue Agrarflächen erschlossen. Ein weiterer innovativer Schub kam durch die Veredelung und Intensivierung der Schafzucht, die der Graf Magnis auf seinen Gütern in Eckersdorf betrieb und die nicht nur den westfälischen Oberpräsidenten von Vincke als interessierten Besucher anlockte.[47] Da in der zweiten Jahrhunderthälfte die Wollpreise fielen, trat an die Stelle der Schafzucht die Rinder- und Schweinezucht.

Von der technischen Verbesserung durch moderne Landmaschinen profitierten bis zum Ausgang dieses Jahrhunderts vor allem die Gutsbetriebe. Die großen Güter entwickelten mit ihren Färbereien, Brennereien, Spinnereien, Papier- und Ölmühlen einen eigenen Industriezweig, in dem das besitzlose Landproletariat beschäftigt werden konnte. Die Preise der Güter stiegen dadurch und machten sie zu gesuchten Handelsobjekten, so daß manche innerhalb von fünfzig Jahren zwanzigmal den Besitzer wechselten. Der Satz ging um, daß in Schlesien mit Gütern wie anderswo mit Pferden oder in Holland mit Tulpenzwiebeln gehandelt werde. Vereinzelt übertrieben Adlige ihre Spekulationen, so daß sie ihre Güter versteigern mußten.

Das bekannteste Beispiel sind die Eichendorffs mit ihren Gütern Lubowitz und Slavikau, die sie durch Spekulationen nach dem Moratorium verloren. Kredite, die sich Adolf von Eichendorff von jüdischen Ärzten in Breslau geliehen hatte, konnten nicht zurückgezahlt werden. In Eichendorffs Dichtung schlug sich das nicht nur in seinen Sehnsuchtsliedern nach Lubowitz nieder, sondern auch in einem unerfreulichen Antisemitismus in einigen seiner Theaterstücke.[48] Dort, wo adlige Rittergutsbesitzer Konkurs anmeldeten, waren allerdings nicht die Bauern die Nutznießer, sondern bürgerliche Kaufleute, Fabrikanten und Industrielle, die sich dem adligen Landleben anzupassen versuchten.

Die wirtschaftliche Entwicklung auf dem Agrarsektor war insgesamt eher negativ. Das durch die großen Güter gewonnene Kapital wurde selten in Schlesien, sondern eher in Berlin investiert. Die bäuerlichen und kleinbäuerlichen Betriebe blieben verschuldet, da gleichzeitig mit den Regulierungsabgaben nach 1816 ein Verfall der Preise für landwirtschaftliche Güter einherging. Getroffen wurden die bäuerlichen Betriebe durch die nun vermehrt auftretenden Pflanzenkrankheiten. 1847 kam es aufgrund der Kartoffelkrankheit zur großen Hungerkatastrophe. Die größte Hypothek aber lag in der bis nach 1848 verschleppten Regulierung, da die Bedingungen ständig zugunsten des Adels verändert wurden. Erst am 2. März 1850 wurde das endgültige Gesetz für die Ablösungen und Regulierungen in Kraft gesetzt.

Nach Angaben staatlicher Stellen verminderten sich in Ostoberschlesien zwischen 1817 und 1858 die Bauernstellen um 7,6 Prozent, während die Gärtner- und Häuslerstellen um 33 Prozent anwuchsen. Dabei waren sogar neue Bauernhöfe durch Verkauf von Domänen- und säkularisiertem Klosterland dazugekommen. In Mittelschlesien stieg bis 1858 die Zahl der Bauernhöfe dagegen leicht an, zumal hier offensichtlich die Agrarkrise den Großgrundbesitz davon abhielt, seine Areale noch weiter zu arrondieren.[49] Dennoch blieb auch in der zweiten Hälfte des 19. Jahrhunderts Schlesien mit

50 Prozent nach Pommern mit 62 Prozent und Posen mit 55 Prozent *die* preußische Provinz mit dem größten Großgrundbesitzanteil.

Seit der Eroberung Schlesiens durch Preußen hatte sich der Großgrundbesitz kontinuierlich auf Kosten des Bauernlandes vergrößert, die Regulierung nach 1810 dann einen ansehnlichen Kapitalgewinn und billige Arbeitskräfte geschaffen. Neben einer Verschärfung der sozialen Frage auf dem Land führte dies auch zu einer Überteuerung der Kleinbauernstellen; dennoch stieg deren Zahl überdurchschnittlich an. Diese extremen Verhältnisse eines überproportionalen Anteils von Kleinbauernstellen unter zwei Hektar und Großgrundbesitz über hundert Hektar konnten im 19. Jahrhundert zu keiner günstigen Entwicklung führen. Einen gewissen sozialen Aufstieg hatte in der zweiten Hälfte des 19. Jahrhunderts die bäuerliche Schicht zu verzeichnen, die sich mit dem Absatz ihrer Produkte, vor allem der Zuckerrübe, an der industriellen Revolution beteiligen konnte. Reiche Bauern ließen ihre Kinder die höheren Schulen in den Städten besuchen. Die kleinen Stellenbesitzer und Tagelöhner aber kamen über eine Subsistenzexistenz im 19. Jahrhundert nicht hinaus. Erst seit den achtziger Jahren stiegen allmählich die Löhne.

Die Struktur der schlesischen Landwirtschaft blieb problematisch. Die Reformen waren steckengeblieben oder sogar in das Gegenteil ihrer Intention verkehrt worden. Der Großgrundbesitz hatte unter Führung des einflußreichen Adels, vor allem des Hochadels, seine wirtschaftliche Position erheblich verbessern können. Die Erfolge in der Landwirtschaft, die auf den Gutshöfen erzielt wurden, standen allerdings im starken Kontrast zu den sozialen Kosten, die sie verursachten.

Der Reichtum Schlesiens basierte im 18. Jahrhundert primär auf dem protoindustriellen Heimgewerbe der Textilproduktion. Die Bearbeitung eines kleinen landwirtschaftlichen Areals im Verbund mit der kleingewerblichen Produktion garantierte den Menschen im Gebirge ein bescheidenes Auskommen. Die Produkte wurden durch die Verleger auf den Weltmärkten verkauft. Bereits im ausgehenden 18. Jahrhundert gingen vor allem in Übersee wichtige Märkte verloren, und die Leinenpreise verfielen. Durch die Kontinentalsperre konnten jedoch die Verluste zunächst kompensiert werden.

Mit der Öffnung des Marktes nach 1815 setzte die Strukturkrise der schlesischen Textilindustrie ein, die Jahrzehnte dauern sollte. Die schlesische Leinenproduktion war mit dem maschinell hergestellten englischen Leinen nicht konkurrenzfähig. Die preußische Regierung unternahm nur wenig, um diese Strukturkrise durch die Industrialisierung der Textilproduktion zu beheben und damit die schlesische Textilindustrie auf den technischen Stand der rheinischen zu bringen, den diese in der napoleonischen Phase erreicht hatte. Zudem hatten sich die Standortbedingungen erheblich verschlechtert: der Markt konzentrierte sich im Westen, während die Ostmärkte verlorengingen, nachdem Rußland 1823 eine Einfuhrsperre für Textilprodukte verfügte. Darunter litt auch die bis dahin prosperierende städtische Tuchproduktion.

In der Montanindustrie dominierte nach 1806 die oberschlesische Eisenproduktion, aber auch die Blei- und Galmeiproduktion. Um 1800 wurde die Hälfte des in Preußen erzeugten Roheisens in Oberschlesien gewonnen, wobei die Verhüttung mit Holzkohle eine katastrophale Waldverwüstung verursachte. Das bedingte zwar insofern eine Innovation, als in der Hütte von Malapane seit 1789 Roheisen mit Koks erschmolzen wurde. Die Steinkohleproduktion stieg jedoch bis 1815 in Oberschlesien nur langsam an. In zwanzig Gruben wurden 90 000 Tonnen Kohle gefördert, während in dem schnell wachsenden Waldenburger-Schlegeler Revier zu dieser Zeit aus 39 Gruben bereits 240 000 Tonnen Steinkohle zutage gefördert wurden. Der Aufwärtstrend in diesem Sektor schwächte sich zunächst ab, um nach 1831 bis 1855 in einen neuen Aufschwung überzugehen, der vor allem durch den Eisenbahnbau hervorgerufen wurde. In den Nachkriegsjahren ging die Nachfrage nach Eisen sehr zurück, und unter dem Gesetz des Freihandels bekam die oberschlesische Industrie die ausländische Konkurrenz zu spüren. Zudem machten sich jetzt die ungünstigen Standortfaktoren der schlesischen Schwerindustrie bemerkbar, so daß sie um die Jahrhundertmitte ihre Führungsposition an das rasch aufblühende Ruhrgebiet abgeben mußte.[50] Der Start in das Industriezeitalter war also in Schlesien mit erheblichen Schwierigkeiten verbunden.

Die Krise wird besonders deutlich, wenn man die ehemalige Leitindustrie, die Textilindustrie, und ihren verfehlten Start ins Maschinenzeitalter ins Auge faßt. Gegen die im Ausland maschinell produzierenden Spinnereien und Webereien versuchten die schlesischen Produzenten mit einer kaum zu überbietenden Selbstausbeutung im Handbetrieb gegenzuhalten. Die großen Verlagskaufleute und auch der Staat zögerten deshalb recht lange, eine Strukturverbesserung herbeizuführen und sich auf die maschinell betriebene Produktion umzustellen. Die im Heimgewerbe mit primitiven Webstühlen arbeitenden Weber lieferten trotz ständig fallender Preise genügend Ware. Wie hätte man auch die in abgelegenen Gebirgstälern produzierenden Weber zu einer zentralen Produktion in Fabriken zwingen können? Solange das handgewebte Leinen das maschinell produzierte qualitativ übertraf, mochte das noch angehen. Doch unter dem unheimlichen Produktionsdruck zu Niedrigpreisen litt die Qualität, so daß auch dieser Vorteil entfiel. Die Textilindustrie im Rheinland und in Sachsen, die vor allem die Kinderarbeiter ausbeutete, war trotz der immensen sozialen Kosten im Vorteil. Bis 1850 gab es in Schlesien Maschinenspinnereien, die den einheimischen Rohstoff Flachs verarbeiteten, lediglich in Waldenburg, wo J.W. Alberti 1818 eine Fabrik gründete, in Ullersdorf und Eisersdorf, wo H. D. Lindheim seit 1838 Baumwollspinnereien betrieb, und, durch die Seehandlung finanziert, in Erdmannsdorf, Landeshut und Patschkey.[51]

Die einst führende schlesische Textilindustrie fand im 19. Jahrhundert aus ihrer Krise nicht heraus. An ihre Stelle trat nun die Schwerindustrie in Oberschlesien, die vor allem durch die Zinkindustrie weltweite Bedeutung gewann.

Für die Gründung der ersten Baumwollspinnerei östlich der Elbe hatte in Breslau 1825 Karl August Milde gesorgt, der damals noch Student in Paris und England war, wo er das Industriewesen kennenlernte. Nach seiner Rückkehr nach Schlesien drängte er den gewerblichen Mittelstand zum Übergang zur Maschine, denn nur so konnte man konkurrenzfähig werden, aber das bedeutete zugleich, daß zahlreiche Heimgewerbetreibende brotlos zu werden drohten. Den sozialen Konflikt, den Milde auslöste und in den sich mancher Verlagskaufmann, so auch sein Vater, hineingestellt sah, erhellt eine Feststellung des Breslauer Kaufmanns Molinari, der 1826 über den jungen Milde schrieb: »Er hat ein großes fünf Stock hohes Fabrikgebäude bauen lassen, in dem er eine Menge Maschinen, die ihm viele Arbeiter ersparen sollen, angebracht, jedoch will der Papa seine so lange gehabten und meistens verheirateten Leute nicht gehen lassen, da diese dann unglücklich wären. K. will wissen, daß die Leute im Fall sie den Abschied bekämen, dem jungen Herrn den Garaus machen wollen.« Eine maschinelle Baumwollstoffproduktion gab es lediglich in Wüstegiersdorf, nämlich die 1838 gegründete Firma A. Graßmann, seit 1848 Reichenheim, während die Firma Dierig in Langenbielau 1840 eine Dampffärberei und mechanische Mangel eingerichtet hatte.

Um Schlesiens Industrie maschinell auszurüsten, fehlte vor allem eine Maschinenbauanstalt. Wie später beim Ausbau der schlesischen Eisenbahnlinien, so war es auch hier der Liegnitzer beziehungsweise Breslauer Kaufmann Gustav Heinrich Ruffer (1798 bis 1884), der zusammen mit dem »Bau-Conducteur und Mechaniker« Hoffmann 1833 mit Hilfe der Seehandlung in Breslau eine Maschinenbauanstalt errichtete. 1836 beschäftigte diese schon zweihundert Arbeiter. Gegen die englische Konkurrenz für Textilmaschinen kam diese neue Gründung jedoch nicht an, so daß sie sich seit 1844 vor allem auf die Produktion von Dampfmaschinen und Eisenbahnen einstellte.

Trotz des Namens handelte es sich bei der von dem Schlesier Christian Rother (1778–1849) geleiteten Seehandlung um eine staatliche Kreditanstalt, die vor allem zur Verbesserung der industriellen Infrastruktur Mittel zur Verfügung stellte.[52] Für die schlesische Textilindustrie geschah das allerdings erst verstärkt nach der Katastrophe von 1844. Bis dahin hatte sie lediglich die Flachsgarn-Maschinenspinnerei in Erdmannsdorf und die Maschinenwollweberei in Wüstegiersdorf gefördert.

Das Innen- und das Finanzministerium in Berlin verkannten in den zwanziger und dreißiger Jahren die Situation der schlesischen »Linnenfabrikation«. In einer Denkschrift zur Stellungnahme des schlesischen Provinziallandtags von 1828 verwiesen sie 1829 darauf, daß bereits Schriften aus dem ausgehenden 18. Jahrhundert auf den »Zustand der armen Gebirgsweber, wie sie im steten und ungleichen Kampfe mit dem (!) wenigen auf monopolistische Weise marktenden Handelsherren kaum den nothdürftigsten Lohn für unabläßige mühvolle Arbeit erstreben können«. Auch die größte Konkurrenz der Schlesier, die irische Leinenproduktion, komme ohne die Maschinen aus und habe lediglich »durch größere Sorgfalt im Spinnen, Sortiren und Weben und in der Appretur den Vorzug vor dem schlesischen Fabrikat gewonnen. Nur durch löbliche Sorgfalt könne die schlesische Industrie diesen Konkurrenten erreichen oder überbieten, »eine glückliche Concurrenz unseres Fabrikats wieder herzustellen«. Ausgeglichen werden könne »die verminderte Linnenfabrikation ... durch erhöhete Baumwollfabrikation, deren Entstehen fast ganz der neuen Zeit angehöret, und welche um so mehr als ein wirklicher Gewinnst für die Natural-Industrie anzusehen ist«, womit die beiden Ministerien durchaus recht hatten. Doch dachten sie wohl hierbei weniger an eine fabrikmäßige Produktion, denn den Fortschritt dokumentieren sie mit der Zahl der Webstühle, an denen heimgewerblich gearbeitet wurde, die 1819 noch 3 951 betragen hatte und bis 1825 auf 6 773 stieg.[53]

Bemängelt wurde schon damals, was dann auch in der Kritk nach 1844 eine wichtige Rolle spielt: die zu geringe Anpassung(sfähigkeit) schlesischer Baumwollprodukte an die schnell wechselnden Moden.[54] Doch auch nach 1844 setzte die Regierung weiterhin auf eine Ausbildung durch Spinner in Spinnschulen und Flachsbereitungsschulen und dekorierte alle Persönlichkeiten, die sich durch Privatinitiativen darin hervortaten.[55] Die Seehandlung hatte zudem Flachsbereitungsanstalten in Suckau und Patschkey eingerichtet, um mit der Qualität des belgischen Materials erfolgreich konkurrieren zu können.[56] Das mochte zweckmäßig sein, doch war auf diese Weise gegen die Maschinenproduktion nicht mehr zu konkurrieren.

Als einer der ersten erkannte dies der jüdische Unternehmer Salomon Kauffmann (1824–1900) aus Schweidnitz beziehungsweise Breslau auf der Weltausstellung in London im Jahre 1851, die für ihn zu »einem Wendepunkt in der Führung« seines Textilbetriebes wurde: »Ich war mit meinem Freunde und späteren Schwager Eduard Goldschmidt zur ersten Weltausstellung nach London gereist; wir selbst hatten Erzeugnisse unserer in Wüstewaltersdorf errichteten, mit Handwebestühlen betriebenen Jacquardweberei ausgestellt. Ich erkannte gegenüber den von England ausgestellten Erzeugnissen der Baumwollindustrie bald die Inferiorität unserer Erzeugnisse und sah ein, daß sich für Kattun und ähnliche Stoffe die Handweberei gegenüber der Maschinenweberei nicht halten könne, daß man höchstens noch Barchent und bunte, besonders bunt karierte Ware weiter auf Handstühlen werde machen können. Ich sammelte auch in Manchester, wo ich länger blieb als in London, so viel Muster baumwollner Ware als möglich, kaufte auch Probestücke der Aufmachung wegen und drang darauf, als ich zurückkehrte, daß an die Errichtung einer mechanischen Weberei gedacht werde. Insbesondere kamen uns die von London mitgebrachten Muster zugute, als im Jahre 1852 Hannover in den Zollverein einbezogen wurde, und wir durch einen für Hannover engagierten Reisenden den Käufern dort Artikel vorlegen konnten, die bisher von England bezogenen ähnlich waren. Der Kredit unserer Firma hatte sich derart gehoben, daß wir jedes Quantum Garne, die zumeist von England bezogen wurden, auf Zeit erhalten konnten, und daß es auch an Bankkredit nicht fehlte.« Leuten wie Salomon Kauffmann verdankt die schlesische Textilindustrie ihren Anschluß an die Textilindustrie in Deutschland.[57]

Freilich war es nicht so, daß der Staat die Entwicklung verschlafen hätte. Seine Bemühungen richteten sich vor allem auf eine Verbesserung der Infrastruktur im Verkehrsbereich, um die nach 1815 für die schlesische Industrie nachteiligen Standortfaktoren auszugleichen. Auch hier tat sich der Chef der Seehandlung, Rother, hervor. Schon 1816 war in einer Denkschrift des Oberbergrats Karsten der Plan einer Eisenbahn von Breslau in das Industriegebiet von Zabrze aufgetaucht, da er die Transportmöglichkeiten auf dem Klodnitz-Kanal, der die Oder mit dem oberschlesischen Industriegebiet verband, nicht für ausreichend hielt. Die Oberbaudirektion hatte den Plan jedoch abgelehnt, da sie die Wasserstraße für kostengünstiger hielt. Doch Rother griff

Das Zeitalter der Eisenbahn begann in Schlesien im Jahr 1842. Vier Jahre später hatte Breslau bereits Anschluß an die Hauptstadt Berlin. Am 1. September 1848 wurde bei Oderberg die bis dahin einzige Eisenbahnverbindung zwischen Deutschland und Österreich hergestellt. Einer der ersten prominenten Reisenden war im Oktober 1848 Robert Blum, der auf dem Weg von Frankfurt am Main nach Wien durch Breslau kam, wo ihm die Bürger einen »großen Bahnhof« bereiteten. Blum überquerte auf seiner Fahrt auch die Neiße auf der 1847 eröffneten Eisenbahnbrücke bei Görlitz, die hier in einem Stich von 1850 zu sehen ist.

Karstens Plan auf und ließ in London Erkundigungen über den englischen Eisenbahnbau einziehen. Rother dachte an eine Eisenbahnverbindung zwischen Breslau und Stettin und wollte die Seehandlung am Ausbau mit einem Aktienanteil beteiligen. 1834 ließ er durch den Regierungsbaurat Krause eine Eisenbahnverbindung zwischen dem oberschlesischen Industriegebiet und Breslau skizzieren. Auch der Breslauer Kaufmann Gustav Heinrich Ruffer setzte sich für eine solche Verbindung ein, um die oberschlesischen Erzeugnisse wie Zink, Eisen, Kohle und Holz auf billigstem Wege nach Breslau zu schaffen. Als Marginalie zu seinem Eisenbahnplan hatte Rother bissig angemerkt: »Den Breslauer Kaufleuten wird es nicht einfallen, Geld für derart nützliche Zwecke herzugeben, wie die Erfahrungen mit der Maschinenbauanstalt zeigen.« Ruffer gewann für seinen Plan jedoch nicht nur die Breslauer Kaufleute Kopisch, Loebbecke, Milde, Lewald und den Justizrat Graeff, sondern auch adlige Großindustrielle wie die Grafen Henckel von Donnersmarck, Renard, Johann Gustav und Moritz Saurma. 1843 wurde die Eisenbahnlinie von Breslau nach Brieg, 1843 nach Oppeln und 1846 bis nach Myslowitz fertiggestellt; gleichzeitig wurde eine weitere Linie in das zweite wichtige schlesische Industriegebiet über Freiburg nach Waldenburg gebaut und bis 1846 auch die Linie über Liegnitz und Sorau nach Berlin angelegt, die eine Verbindung zu den Westmärkten ermöglichte. 1847 folgten mit Anschlüssen nach Leipzig und vor allem nach Wien Linien in wichtige Absatzgebiete.[58]

Auch in Schlesien führte der Eisenbahnbau zu einem Aufschwung der industriellen Entwicklung. An den jungen Verkehrstrassen entstanden neue Industrien, die die dort gelegenen lokalen Bodenschätze nutzten. Breslau entwickelte sich nun zu einem industriellen Zentrum, nachdem es durch die russische und auch österreichische Zollpolitik seine ehemalige Bedeutung als Handelsplatz eingebüßt hatte.[59]

Rother, der von Berlin aus stärker als Merckel in Breslau diesen Prozeß steuerte, bewegte sich mit den Finanzierungen aus Mitteln der Seehandlung am Rande der Legalität, denn nach königlicher Verordnung von 1820 bedurften alle Darlehnsvergaben der »Mitgarantie der künftigen reichsständischen Versammlung«, die aus begreiflichen Gründen nicht gegeben werden konnte. Finanzminister von Bodelschwingh weigerte sich deshalb, Staatsmittel für den Eisenbahnbau zur Verfügung zu stellen, und verwies auf den privaten Kapitalmarkt. Rother aber sah, wie er 1843 in einer Denkschrift hervorhob, den Eisenbahnbau wie den Bau von Straßen als Angelegenheit des Staates an, da die lokalen Kapitalmärkte in Preußen unterschiedlich gut ausgebaut waren. Nur ein Jahr später trat der Staat dann doch in diese Funktion ein, als Rother im Kurswert von neunzig Prozent für eine Million Taler Eisenbahnaktien aufkaufte, um damit einen Kursverfall bei einer Börsenpanik zu stoppen.

In Schlesien waren die Kaufleute zunächst auch nicht bereit, Kapital zur Verfügung zu stellen. Nach dem Verlust der Ostmärkte hatten sie ihr Geld in Staatspapiere investiert, wie die Breslauer 1832 in ihrem Handelsbericht feststellten. Doch nach 1837 interessierten sie sich wieder stärker für Investitionen in der regionalen Wirtschaft. Als 1837 der westfälische Landtag die Staatsmittel für den Bau des Mittellandkanals ablehnte, bewarben sich die Breslauer Kaufleute um diese Mittel für den Ausbau des schle-

Der bedeutendste Militärtheoretiker Preußens, General Carl von Clausewitz, war zuletzt Generalinspekteur der Artillerie in Breslau und ist deshalb auf diesem Bild vor dem Hintergrund der Breslauer Dominsel zu sehen. Hier wurde er 1831 ein Opfer der Cholera. Als nach dem Zweiten Weltkrieg die deutschen Friedhöfe Breslaus aufgehoben wurden, sorgte sich die DDR einzig um das Grab dieses preußischen Generals und ließ seine Gebeine 1971 nach seinem Geburtsort Burg bei Magdeburg überführen. Dort wurden sie mit militärischen Ehren wieder bestattet.

sischen Eisenbahnnetzes. Die Zeit, da Breslau mit dem Bankhaus Eichborn einen der führenden Bankplätze Preußens bildete, war lange vorbei; doch war im 19. Jahrhundert das Bankhaus E. Heimann von überregionaler Bedeutung, und der jüdische Bankier Ernst Heimann (1798–1867) gehörte mit zu den bedeutenden Finanziers des schlesischen Eisenbahnwesens wie auch der oberschlesischen Industrie.[60]

Bis der Eisenbahnbau die industrielle Entwicklung Schlesiens in den fünfziger Jahren vorantrieb, war Schlesien das Armenhaus Preußens, was freilich der breiten Öffentlichkeit in Deutschland erst nach dem Weberaufstand von 1844 und der oberschlesischen Typhusepidemie im Jahre 1847 bewußt wurde. Nun aber häuften sich die Elendsbeschreibungen der armen Weber im Gebirge, der von Seuchen geplagten bäuerlichen Bevölkerung Oberschlesiens. Sie waren verbunden mit sozialkritischen Anmerkungen zur Struktur der schlesischen Gesellschaft und zum Abgabenzwang, den die schlesischen Gutsbesitzer auch nach den Regulierungen für sich in Anspruch nahmen, so den Weberzins und die Laudemien. Letztere waren die zehn Prozent, die vom Kaufpreis eines bäuerlichen Gutes an den Grundherrn zu entrichten waren.

Vor der Kulisse der schönen schlesischen Landschaft hoben sich die armen Dörfer besonders abstoßend ab. In Moses Heß' *Gesellschaftsspiegel* schildert ein Besucher sie so: »Aber die ärmlichen Lehmhütten mit dunkeln halbfaulen Strohdächern, umgeben von Schmutz und Unreinlichkeit, welche uns in unzähligen Dorfschaften vor die Augen treten, die düstern, schlechtgebauten und dumpfigen Hinterhäuser in den Städten, die verzerrten, hohlwangigen, gerunzelten Gesichter von Männern und Frauen, ermattet von Hunger oder abgestumpft von übermäßiger Arbeit, die kleinen Kinder in elenden zerlumpten Kleidern, die altersschwachen Greise und Greisinnen, welche der Kummer um die Fristung ihrer Existenz noch immer hinaus auf die Straße oder zur Arbeit treibt – Alles verkündet uns, daß es nicht so ist, wie es sein könnte oder sein sollte. Während hier noch die überkommenen Einrichtungen des feudalistischen Mittelalters einen Theil der ackerbautreibenden Bevölkerung in thierischer Bedürfnißlosigkeit, Roheit und Unwissenheit über die Bedeutung und den Inhalt des Lebens zurückhalten, treten dort bereits mit der steigenden Entwickelung der Industrie und des Handels in schneidender Schärfe alle gesellschaftlichen Mißverhältnisse hervor ...«[61]

Schon 1843 hatte der schlesische Frühsozialist Wilhelm Wolff in seinem berühmten Artikel über die Breslauer Kasematten auf die Not der dort wohnenden Proletarier hingewiesen.[62] Die bereits zitierte Denkschrift von 1829, in der festgestellt worden war, daß der Anstieg der Breslauer Bevölkerung zwischen 1816 und 1825 um neunzehn Prozent zu dem nur um sieben Prozent gestiegenen Wohnungsbau in einem krassen Mißverhältnis stehe, war ohne Folgen geblieben. Die arme Bevölkerung blieb in den feuchten Verliesen der Breslauer Kasematten. Die medizinische Versorgung war in dieser Universitätsstadt das ganze 19. Jahrhundert hindurch schlecht, und Breslau stand mit seiner Säuglingsterblichkeit an der Spitze aller deutschen Städte. Von den europäischen Großstädten übertrafen es darin nur Prag, Bukarest, Warschau und Moskau. Es fehlte in Breslau um 1830 ein steuerkräftiger Mittelstand. Von 84 000 Einwohnern waren nur 13 000, das sind fünfzehn Prozent, »contributabel«.[63]

Auf die Not der schlesischen Weber hatte vor Ausbruch der Revolte unter dem Pseudonym Treumund Welp 1843 Eduard Pelz in seiner Schrift *Über den Einfluß der Fabriken und Manufakturen in Schlesien* aufmerksam gemacht. Sie enthielt eine genaue Aufstellung über die steuerlichen Lasten und Abgaben an den Grundherrn, die die Weber trotz ihrer Not zahlen mußten. Die Schrift wurde im Herbst 1843 vom Oberpräsidenten Merckel verboten, und zugleich ließ er nach dem Autor fahnden. Einen Monat nach der Revolte, am 24. Juli 1844, wurde Pelz verhaftet. Ihm wurde die Aufwiegelung der Weber zum Aufstand vorgeworfen.[64] Doch die Analysen zur Situation der Weber, die im halbamtlichen Auftrag 1844 angefertigt wurden, brachten kaum andere Ergebnisse als die, die Pelz ein Jahr zuvor dargestellt hatte. Auch wenn der Assessor Schneer in seiner Abhandlung *Über die Not der Leinen-Arbeiter* die »patrimonielle Weise Mancher angestammten Grundherrschaften« hervorhebt, bestätigt auch er, daß »überall ... Dominial-Abgaben oder Leistungen noch vorhanden« sind. Auch für ihn präsentiert sich die Not in der Ärmlichkeit der Häuser und Dörfer und in der Kinderarbeit. Obgleich er bemüht ist, die Angaben über die Löhne nicht allzu schwarz zu malen, kommt auch er zu dem Schluß: »Welches schreckenerregende Elend namentlich bei dieser letzten Klasse [den Spinnern], davon kann sich selbst die regste Phantasie keinen Begriff machen; alle Schilderungen, welche Tagesblätter und Zeitungen hierin enthielten, bleiben, wenn man sie für noch so übertrieben halten wollte, weit hinter der Wirklichkeit zurück. Zahlen frappieren! Nun wohl, man wird sich am leichtesten den Zustand denken können, wenn man erwägt, daß für Hunderte, ja Tausende dieser unglücklichen Familien der tägliche Erwerb von 9 Pf. bis 1 Sgr. 3 Pf., den Mann, Frau und 1 Kind erarbeiten, für 6 Köpfe ausreichen soll.«[65] Der Sack Kartoffeln kostete in diesem Jahr zwanzig Silbergroschen, der Sack Roggen zwei Reichstaler 25 Silbergroschen (1 Rt. = 30 Sgr., 1 Sgr. = 10 Pf.). »Von dem einen Silbergroschen Tagesverdienst mußten pro Jahr Grundzins an das Dominium (4 Rt. 8 Sgr.), Haussteuer (1 Rt.), Schulgeld (pro Kind 1 Rt., 5 Sgr.), Klassensteuer (1 Rt), Gemeindeabgaben (2 Rt.) und eventuelle Zinsen für Hypothekenschulden abgetragen werden.«

Die Lösung der sozialen Frage durch eine Industrialisierung der schlesischen Textilproduktion brachte dort, wo sie in Ansätzen vorgenommen wurde, erhebliche Probleme und linderte in der Übergangsphase wohl kaum die Not. In den beiden Baumwollspinnereien, die der Commercien-Rat H. D. Lindheim in Ullersdorf und Eisersdorf in der Grafschaft Glatz angelegt hatte, mußten zum Beispiel Kinder auch des Nachts arbeiten. Nach Inkrafttreten des preußischen Regulativs gegen die Kinderarbeit von 1839 wurde gegen Lindheim durch den Landrat von Zedlitz und die »Dominialpolizeibehörde«, die dem Grafen von Magnis unterstand, eine polizeiliche Untersuchung eingeleitet. Lindheim wurde zu einer Strafe von insgesamt 700 Reichstalern verurteilt, gegen die er 1847 beim Innenministerium in Berlin Protest einlegte, da er sich zu Unrecht verurteilt sah: »Seit fast einem Menschenalter«, so argumentierte er, »besteht diese Einrichtung in einer der Fabriken: es sind jetzt die Kinder derjenigen schon in derselben beschäftigt, die selbst als Kinder zu mir in Arbeit kamen, und Niemand hat wohl Gelegenheit gehabt, eine Klage über die Wirkung dieser Einrichtung zu vernehmen ...«[66]

Das Schuldempfinden des Fabrikanten mochte vermutlich auch dadurch beeinträchtigt sein, daß Kinderarbeit vom vierten Lebensjahr an bei den Heimgewerbetreibenden der Normalfall war. Schneer berichtet darüber kommentarlos in seinem Sozialreport über die schlesischen Weber von 1845: »Auch dies ist in den Industrie-Distrikten für ein solches Zeichen anzusehen, wenn an schönen Tagen sich in der Dorfstraße wenige Kinder umhertreiben. Der sehr geringe Lohn nötigt die Eltern dazu, die schwachen Kräfte der Kinder schon mit 4 Jahren für die leichteren Arbeits-Verrichtungen in Anspruch zu nehmen.«[67] Immerhin überrascht im Fall Lindheim das Vorgehen des adligen Landrats und der gräflichen Dominialpolizei; hatte doch die Regierung in Breslau auf eine Berliner Zirkularverordnung von 1845 skeptisch geäußert, daß »schon aus geselligen Rücksichten die Mitglieder der Bezirkskommission vermeiden würden, gegen einen angesehenen Fabrikherrn mit der nötigen Entschiedenheit vorzugehen«.[68]

Auf ein weiteres schlesisches Notstandsgebiet, Oberschlesien, wurde die deutsche Öffentlichkeit 1848 aufmerksam, als aufgrund einer Kartoffelpest das Hauptnahrungsmittel fehlte und Tausende an Hungertyphus starben. Der junge Berliner Assistenzarzt Rudolf Virchow wurde vom preußischen Kultusminister beauftragt, »die Natur der mit so großer Gewalt aufgetretenen Epidemie auch in wissenschaftlicher Weise in einer möglichst gründlichen und erfolgversprechenden Weise« zu untersuchen.

Der Bericht, 1848 im *Archiv für pathologische Anatomie und Physiologie* publiziert, enthielt nicht nur eine medizinische Analyse, sondern bot eine schonungslose Darstellung der katastrophalen Zustände in dieser Region. Die Hauptnahrung der Oberschlesier bilde ein Gericht aus »Sauerkraut, Buttermilch, Kartoffeln und Mehl genannt Zur (gesprochen Jour). Fleischgenuß gehörte zu den großen Ausnahmen. In dem Maße, als sich die Not ausbreitete und drückend wurde, mußte sich die Ernährung kümmerlicher gestalten. Die Kartoffeln fehlten den meisten bald, das Mehl gleichfalls; nicht lange, so sahen sich die Armen genötigt, ihre Kuh zu verkaufen –, es blieb nur das Kraut übrig ... Viele verhungerten dabei direkt; viele gerieten in einen Zustand der Atrophie, der erbarmungswürdig war.«

Nicht günstiger fiel die Schilderung der Wohnungen aus: »Was die Wohnungen betrifft, so sind diese auf dem Lande und den Vorstädten überall dem niedrigen Kulturstande des Volkes entsprechend. Es sind ohne Ausnahme Blockhäuser; die Wände aus übereinander gelegten Balken, die innen und zuweilen auch außen mit Lehm bestrichen sind, die Dächer aus Stroh gemacht. Schornsteine finden sich fast überall vor; die Fenster sind meist klein und nur zum geringsten Theil zum Öffnen eingerichtet. Ställe und Scheunen haben nur die Wohlhabenden; meist umfaßt das Haus gleichzeitig Wohnung, Stall und Vorratsräume. Das Wohnzimmer ist gewöhnlich klein, 6, 8 bis 12 Fuß im Geviert, meist 5–6 Fuß hoch; der Fußboden aus Lehm gemacht; die Decke aus Brettern mit nach unten vorspringenden Balken. Einen großen Theil des Raumes nimmt der Ofen mit seinen vielen Anhängen ein; unter den letzteren ist namentlich ein sogenannter Zigeunerofen, auf dem gekocht wird, und eine platte, aus Backsteinen aufgemauerte Erhöhung, auf dem ein Theil der Bewohner die Feierabende zubringt und schläft, zu erwähnen. Den besten Platz des übrig bleibenden Raums pflegt, wo der Wohlstand noch so groß ist, eine Kuh oder eine Kuh mit einem Kalbe einzunehmen. Das Übrige ist mit dem dürftigsten Mobiliar, unter dem eine Handmühle besonders zu erwähnen ist, und den meist mit Federkissen versehenen Betten besetzt. Die letzteren genügen indess fast nie für das Bedürfnis der Einwohner, deren Zahl für solche Wohnungen 6, 8, 10–14 zu betragen pflegt, die übrigen schlafen auf dem Ofen, auf den Ofenbänken oder auf Stroh an der Erde ... Man wird aus dieser kurzen Schilderung das Elend und die Nachtheile solcher Wohnungen leicht abnehmen ...«

Als Ursache für diese Not nennt Virchow die oberschlesische Aristokratie mit ihrem immensen Grundbesitz, die »ungeheure Geldsummen ... in den Hauptstädten Breslau, Wien, Berlin oder auch außerhalb Deutschlands verschwendet« und sie so dem Land entzieht. Schuld treffe desgleichen die katholischen Geistlichen, die das Volk »bigot, dumm und unfrei« hielten. Aber auch die preußische Bürokratie kommt nicht ungeschoren davon. Sie reagiere angesichts des über jedes Maß gestiegenen Elends in ihren Maßnahmen völlig hilflos; sie trete die Hauptlast ihrer Arbeit bereitwillig an spontan gebildete Hilfskomitees ab.

In Virchows Bericht rückt eine Unterschichtengruppe in den Mittelpunkt, die in den zeitgenössischen Berichten recht unterschiedlich beurteilt wurde: die polnischsprachige Minderheit. Für den radikalen Liberalen Virchow zählten die Polen offensichtlich zu den »geschichtslosen« Völkern, eine Situation, die sich nach seiner Einschätzung jedoch in neuerer Zeit durch den Panslawismus geändert habe; denn »die neuen Gedanken nationaler Politik zünden in den Geistern« dieser »fast namenlose(n) Geschlechter«. Als einer der wenigen spricht er sich gegen eine »Germanisierung« dieser Minderheit aus, was vor »einigen Jahrzehnten« noch möglich gewesen wäre, was aber jetzt durch ein »eifersüchtiges Volksbewußtsein« verhindert werde. Er trat deshalb für eine Hebung des geistigen Niveaus dieser Minderheit durch ein Schulsystem mit Polnisch als Unterrichtssprache ein, nachdem die Germanisierung durch deutsche Schulen völlig versagt habe.

Merckel hatte 1811, also einige Jahrzehnte zuvor, durchaus die Möglichkeit einer Germanisierung gesehen. Als es im Zuge der Säkularisation darum ging, den polnischen Gottesdienst in Namslau aufrechtzuerhalten, hatte er als Vorsitzender der Hauptkommission dazu angeführt: »Von jeher ist es Norm gewesen, die (überdem verdorbene) polnische Sprache aus Schlesien vollends zu verdrängen; sie ist mit ein Haupthinderniß gegen die Fortschritte der Cultur in den sogenannten polnischen Gegenden der Provinz. Unseres Ermessens muß alles Bemühen der Regierung auch fernerhin gerichtet seyn, allmählig jene Gegenden zu nationalisiren; dazu ist es ein gutes Mittel, den Gottesdienst gemeinschaftlich zu machen.« Mit Virchow stimmte er allerdings darin überein, den Einfluß des polnischen Klerus zurückzudrängen.[69]

Die Regierung in Berlin verfolgte hier allerdings eine andere Politik. Mit der Errichtung der katholischen Abteilung im Kultusministerium im Jahre 1841 hatte sie die Geistlichen als Schulinspektoren eingesetzt. Sie bildeten die intellektuelle Elite der polnischsprachigen Minderheit in Oberschlesien. Das Berliner Kultusministerium, das auch für Schulfragen zuständig war, versuchte in den gemischtsprachigen östlichen

Provinzen in den fünfziger Jahren eine »Methode für Betreibung der polnischen und deutschen Sprache als sich gegenseitig voraussetzend und bedingend« zu entwickeln. Dem stimmte 1852 auch der damalige Oppelner Schulrat und spätere Breslauer Weihbischof Bernard Bogedain (1810–1860) zu, der dafür plädierte, »durch die Erlernung der deutschen Sprache [auf einen] fruchtbaren Lebensverkehr vorzubereiten«, die polnische Sprache aber für »die gesamte Gottesverehrung, [den] Verkehr mit den Angehörigen und die weitere geistige Entwicklung der polnischen Bevölkerung« unbedingt zu pflegen. Ein Aufschwung für die Kultur in Oberschlesien war nach seiner Meinung dann gegeben, wenn die polnischen Landesteile »mit dem Deutschtum verschmelzen«, jedoch zweisprachig blieben. Aus diesem Grund sammelte er polnische Kirchen- und Volkslieder und gab ein polnisches Choralbuch heraus. Für Bogedain war der Begriff »Germanisierung« noch nicht nationalistisch besetzt, weshalb sein Konzept in den neunziger Jahren, also in einer Phase nationalistischer Germanisierungspolitik im preußischen Abgeordnetenhaus scharf angegriffen wurde. Die Wurzeln dieser Politik lagen freilich tiefer.

Schon der in den Freiheitskriegen aufkommende deutsche Nationalismus, der sich in der Restaurations- und Vormärzphase fortsetzte, hatte eine »Polenfrage« aufkommen lassen. Daß 1813 zahlreiche polnischsprachige Schlesier vor ihrer Militärpflicht nach Polen geflüchtet waren, wurde ihnen als nationale Unzuverlässigkeit ausgelegt. Scharnhorst plädierte dafür, die polnischsprachigen Schlesier zunächst nicht zu bewaffnen und ihnen nach ihrer Ausbildung in dem entfernteren Neisse und Glatz erst beim Abmarsch zur Front die Gewehre auszugeben. Für sie galt auch die neue Heeresreform nicht, denn der König hatte per Kabinettsorder am 31. August 1813 den 18. Kriegsartikel die Desertation betreffend aufgehoben und die Prügelstrafe wieder eingeführt. Doch waren es wohl nicht nur die polnischsprachigen Schlesier, die sich während der Schlacht an der Katzbach am 26. August 1813 nach Hause abgesetzt hatten, um ein »Töppel mit Klösen» zu essen und sich Strümpfe und Hosen flicken zu lassen.[70]

Die Loyalitätsfrage der polnischsprachigen Bevölkerung Schlesiens, die sich mit ihrem »Wasserpolnisch«-Idiom nur schlecht mit der hochpolnischsprechenden Bevölkerung Polens verständigen konnte, war wohl eher eine soziale als eine nationale. In ihrer sozialen Notlage aber unterschieden sie sich kaum von den deutschsprachigen Unterschichten. Die polnische Erhebung von 1830/31 wurde zwar von den deutschen Liberalen gefeiert, fand aber keinen Nachhall bei der polnischsprachigen Bevölkerung Schlesiens. Inwieweit der Panslawismus, den Virchow 1847 generell konstatiert, auch unter der polnischsprachigen Minderheit in Schlesien Anklang gefunden hatte, muß offenbleiben. Der Schulrat Bogedain, der väterlicherseits aus einer polnischsprachigen Familie stammte und in Polen erzogen worden war, weist in den fünfziger Jahren darauf hin, daß im Gegensatz zu Posen und zum Teil auch zu Westpreußen »in dem polnischen Teile Schlesiens das spezifische [polnische] Nationalgefühl nicht mehr wesentlich hervortrete«, ja, so die weitere Feststellung: »Der Oberschlesier legt sogar ein großes Gewicht auf die Kenntnis der deutschen Sprache und unter äußeren Verhältnissen, welche ihn zur Ebenbürtigkeit mit dem höher stehenden Deutschen berechtigt, vergißt, ja verleugnet er sogar gern seinen polnischen Ursprung.« Einen Einfluß im Sinne eines polnischen »Nationalgefühls« konstatierte auch er durch die »gesamte polnische Schriftstellerei / Zeitungswesen«, die einem »separatistischen Nationalinteresse dient«. Sie mache sich auch die katholische Religion zunutze. Er erkannte allerdings die grundlegende Bedeutung der Religion für den polnischen Patriotismus.[71] Mochten hier neue Tendenzen deutlich werden, so mag Bismarck *cum grano salis* recht gehabt haben, als er in seiner Reichstagsrede am 28. Januar 1886 ausführte, daß polnische Bestrebungen in Schlesien in seiner Jugend unbekannt waren.

Aufgrund der ungelösten Probleme im Agrarsektor und des Niedergangs des Textilheimgewerbes fiel der Pauperismus der vierziger Jahre in Schlesien besonders kraß aus. Die Menschen, die vom Land in die Städte zogen, vor allem nach Breslau, dessen Einwohnerzahl zwischen 1808 und 1829 um fünfzig Prozent stieg, fanden hier keine Arbeit, da der Handel daniederlag, die Gewerbe sich in einer Krise befanden und ein industrieller Aufschwung noch keineswegs in Sicht war.

Die Lösung der sozialen Probleme war nach der schlesischen Policey-Ordnung von 1804 den Gemeinden überlassen. Sie hatten Armenkassen einzurichten, in die die örtlichen Strafgelder flossen. Die Kasse wurde vom Scholzen und den Gerichtsschöffen verwaltet. Soweit die Ortsverwaltung der Gutsverwaltung unterstand, was in der ersten Hälfte des 19. Jahrhunderts weitgehend die Regel war, hatte nach dem Armen-Reglement von 1802 der Grundherr auf dem Lande und die Obrigkeit in den Städten – soweit es keine Mediatstädte waren – für die Unterhaltung der Armen zu sorgen. Auch das preußische Gesetz über die Verpflichtung zur Armenpflege vom 31. Dezember 1842 beließ es bei der Sozialfürsorge durch die Gemeinde und entlastete den Staat von dieser Aufgabe, zu der er nach dem Allgemeinen Preußischen Landrecht eigentlich verpflichtet gewesen wäre. Alle Vierteljahre hatte jede Gemeinde dem Landrat des Kreises über die Zu- und Abnahme seiner Armen und ihre Unterhaltung genau Bericht zu erstatten.

Das brachte freilich die Bettler nicht von der Straße, und so waren schon 1800 zwei staatliche »Arbeits«- beziehungsweise »Corrections«- beziehungsweise »Vagabunden«-Häuser in Schweidnitz und Liegnitz eingerichtet wurden, bezeichnenderweise in den ehemaligen Kollegienhäusern des aufgelösten Jesuitenordens. Doch das Problem blieb. Noch vor Einrichtung der Provinz Schlesien hatte sich deshalb 1809 der Landrat von Jauer, Joseph Bernhard August Gebel (1772–1860), übrigens der erste bürgerliche Landrat Preußens, gegen »diese bloßen Palliative, die ohne Regulierung der gemeinen Volksvermehrung zu nichts als augenblicklicher Linderung des Elends dienen werden«, ausgesprochen. Für seinen Landkreis hatte er eine »Armenverfassung« geschaffen, die er 1810 dem König auf dessen Durchreise überreichte; sie sah die die Versorgung der Armen durch freiwillige Armendeputationen vor.[72] Langfristig aber sollten die Armen sich durch Kultivierung wüster Flächen, Straßenbau und ähnliche öffentliche Arbeiten selbst ernähren oder aber in neu zu schaffenden Landkolonien angesiedelt werden.[73]

Diese Vorschläge diskutierten, da die Zahl der Landlosen immer größer wurde, in den zwanziger Jahren auch die *Schlesischen Provinzialblätter*. Der Glogauer Arzt und Medizinalrat Gottlieb Siegfried Dietrich (1768–1840) trat dabei für staatliche Zwangsmaßnahmen gegen die »Proletarier« ein, ein Vorschlag, den 1834 auch der schlesische Provinziallandtag in seinem Abschied gemacht hatte. Mit Disziplinarverfahren sollte gegen Arbeitsscheue, Bettler und Vagabunden vorgegangen werden. Doch die schlesischen Strafanstalten und Korrektionshäuser in Schweidnitz und Glogau waren seit den zwanziger Jahren permanent überfüllt. Nach dem »Etat« durften sie nur 2 313 Insassen haben, der »effektive Bestand« der dort Inhaftierten betrug aber, wie Merckel 1843 nach Berlin meldete, 2 578.[74]

Die Diskussion um verschärfte Strafmaßnahmen führte kaum weiter. Angesichts der Not der Weber und schlechter Ernten schlug schließlich der Waldenburger Landrat 1845 der Kreisdeputation vor, Kreismagazine zur Versorgung der Armen einzurichten, da die einzelnen Gemeinden nicht in der Lage seien, für die Armen aufzukommen. Dieser Vorschlag wurde zwar von der Presse aufgegriffen, blieb aber ohne Erfolg. Der Landrat rechnete damit, daß ein Fünftel der 17 000 Einwohner des eigentlichen Weberdistrikts, darunter 1 198 Weber und Spinner, daraus unterhalten werden müßten, wofür 600 bis 800 Reichstaler zur Anschaffung von Mehl, Salz, Hülsenfrüchten und Öl erforderlich sein würden.[75] Dabei war der tägliche Brotkorb für die Armen auch in den fünfziger Jahren mit anderthalb Pfund Brot und vier Pfennigen für die »sonstigen laufenden Bedürfnisse« äußerst knapp bemessen. Die Quantität basierte in der Tat auf den Bestimmungen des »Armen-Verpflegungs-Reglements« von 1749. Eine Erhöhung auf zweieinhalb Silbergroschen lehnte das Berliner Innenministerium 1858 ab. An den sozialen Leistungen der Gemeinden mußten sich auch »nach dem Maßstab der Grund- und Gewerbesteuer die Domänien« beteiligen, wogegen die Rittergutsbesitzer auf den Provinziallandtagen fortgesetzt protestierten.[76]

Sozialer und politischer Protest

Die unter dem Druck des Adels in Schlesien verschleppten beziehungsweise unzureichenden Reformen führten zu wiederholten Gewaltprotesten, so daß Schlesien in dieser Periode die wohl unruhigste Provinz Preußens war. Den Auftakt nach den Reformen von 1815 bildet der Breslauer Bürgerprotest von 1817. Die Einführung der Gewerbefreiheit und der Wehrpflicht hatte das alte Zunftbürgertum, das sich nur mühsam auf die neue Staatsdoktrin einstellen konnte, schwer getroffen.

Die Abwicklung der sogenannten Bankgerechtigkeiten zog sich hin. Am 21. August 1817 verweigerte in Breslau bei einer Übung der Landwehr »ein Theil der Mannschaft, insoweit er aus würklichen Bürgern bestand, die Ableistung des Eides wegen des schon abgelegten Bürgereides«. Von 120 Landwehrmännern legte nur einer – ein Schuhmacher – den geforderten Diensteid ab. Das Kleinbürgertum war es leid, nach den Kriegsjahren nun im Frieden von seinem »kümmerlichen Erwerb« abgehalten zu werden.

Das Volk, das sich versammelt hatte, nahm gegenüber den Offizieren eine feindliche Haltung ein und mißachtete den Schuhmacher, der den Eid geleistet hatte. Zur Einschüchterung erfolgte in der Nacht die Verhaftung von »sechs Tumultuanten«, was deren Ehefrauen auf die Beine brachte, die die Freilassung ihrer Männer forderten. Als dies abgeschlagen wurde, begann der Sturm auf das Rathaus, indem mit Kartoffeln und Kohlköpfen von den Ständen der Markthändler die Scheiben eingeworfen wurden. Schließlich drang die Menge ins Rathaus ein und zerstörte in den unteren Räumen die Einrichtung. Eine Gruppe, die sich nach Angaben des Chronisten aus »Weibern, Handwerksburschen und Tagearbeitern« zusammensetzte, gelangte schließlich in das »Prunkzimmer«, zerschnitt dort die seidenen Tapeten, zertrümmerte die Möbel und warf die vorgefundenen Akten auf den Rathausplatz. Eine andere Gruppe ging auf der Schuhbrücke vor dem Polizei-Amtshause ähnlich vor. Beide Gruppen von 300 bis 400 Menschen zogen danach zum Regierungsgebäude, drangen dort ebenfalls ein und zertrümmerten das Mobiliar. Als sie auf die Treppe zu Merckels »Dienstgelaß« vordrangen, kam die Kavallerie zu Hilfe und besetzte das Präsidium. Auf Straßen und Plätzen wurden, wie bei dem letzten großen Tumult im Jahre 1793, »Kanonen aufgefahren und an zweckmäßigen Orten aufgestellt«. Doch ließ – wie Merckel am 25. August 1817 nach Berlin mitteilte – »die Stimmung des Pöbels weitere Unordnungen befürchten«, so daß Verstärkung aus Schweidnitz angefordert wurde.

Trotz öffentlicher Bekanntmachungen widersetzte sich die Volksmenge weiterhin dem Militär, so daß »Gewalt gebraucht« wurde. Ein Schneidergeselle wurde dabei getötet, weitere sieben Opfer, weitgehend Gesellen, mußten ins Hospital gebracht werden. Es folgten Verhaftungen und Verhöre. Die Bürgermiliz, die die Regierungsgebäude bewachte, wurde von den Protestierenden mit der Begründung zum Verlassen ihres Postens aufgefordert, »daß es unbillig wäre, von dem mit Steuern zur Erhaltung des Militärs belasteten Bürger auch noch Wachdienste zu verlangen«.[77]

Obgleich Merckel und die Regierung die vorgefallenen »Excesse« dem »Pöbel« zuschrieben, war auch ihnen deutlich, daß es sich hier um einen ernsthaften Loyalitätskonflikt zwischen dem Breslauer Kleinbürgertum und dem Staat handelte. Wiederholt stellte die Regierung »die Notwendigkeit der Ausführung der Landwehr-Ordnung« dar, um die »Mittel«, das meinte die Zünfte, zur Ableistung des Eides zu bewegen. Aber selbst der Einsatz des Militärs und die vorgefallenen »Excesse« vermochten das Zunftbürgertum nicht zur Eidableistung zu bewegen.

Auch Stadtverordnete und Magistrat versuchten in diesem Sinne über die Bürgerschützen-Kompagnie einzuwirken, da die Schützen »einen großen Einfluß auf die übrige Bürgerschaft hatten«. Man war bemüht, sie mit Verweisen auf die hohen Kosten einer Militärbesetzung Breslaus zu schrecken beziehungsweise ihnen »das Wohltätige des Instituts der Landwehr für ihre Kinder und Nachkommen zu Gemüthe [zu führen]«. Daß die Landwehr ein bürgerliches Element im preußischen Staate darstellte, war den Eidverweigerern gleichgültig. Sie standen diesem Staat ablehnend gegenüber und sahen keineswegs wie die angebliche »Mehrheit« Breslaus die »Wohltätigkeit« der Landwehrordnung, die »Ew. Majestät Weisheit Allerhöchst Ihrem Volke geschenkt hat«, wie Merckel schrieb.[78]

Die Breslauer blieben weiterhin unruhig und in ihren zünftlerischen Denkhorizonten befangen, wie 1830 im Zuge der französischen Julirevolution der Breslauer Septemberexzeß zeigt. Unter Lärmen und Singen zogen am 27. September 1830 Handwerksgesellen durch die Straßen, in denen besonders Juden wohnten, und schlugen mit Stangen und Stücken die Fenster ein, um die ihnen mißliebige Konkurrenz der Kleider- und Möbelmagazine jüdischer Besitzer zu beseitigen. Dann versuchten sie das Haus eines jüdischen Kleiderhändlers zu stürmen, wurden aber durch das Militär daran gehindert und schließlich mit vorgehaltenem Gewehr auseinandergetrieben. Wie bei den sogenannten Hepp-Hepp-Krawallen von 1819, aber auch beim Hamburger Exzeß von 1830 war es das traditionelle Zunftbürgertum, das gegen die Gewerbefreiheit protestierte und dabei zugleich die Konkurrenz jüdischer Kaufleute auszuschalten suchte. Gegen die jüdische Minderheit, der in dieser Zeit der Aufstieg von einer sozialen Randgruppe zum gehobenen Bürgertum gelang, richtete sich mit diesen Aktionen nicht mehr nur der traditionelle christliche Judenhaß, sondern auch ökonomischer Neid.[79]

Der Oberpräsident Merckel rechnete in Breslau nun ständig mit Revolten. Obgleich die Breslauer Bürger von der polnischen Erhebung kaum Notiz nahmen, erreichte an der Universität die Demagogenverfolgung einen neuen Höhepunkt. Als die Cholera im Oktober 1831 auch Breslau heimsuchte, glaubte Merckel per Anschlag vor »Zusammenläufen« warnen zu müssen, da das »rein erlogene Gerücht« verbreitet würde, »als würden die armen Kranken in den Lazarethen mit Giften und namentlich mit Vitriol getödtet«. Tatsächlich wurde die ungenügende medizinische Versorgung der Unterschichten Breslaus mit »tumultuarischen Zusammenläufen«, die Merckel »wiederholt ernstlich untersagte«, quittiert.[80] Diese erste Choleraepidemie von 1831 verursachte allein in Breslau 617 Todesopfer, die zweite von Juli 1832 noch einmal 242 und die dritte vom Oktober 1837 weitere 627 Todesopfer.[81]

Merckels Angst vor Unruhen nahm bisweilen bizarre Formen an, so warnte er am 22. April 1833 nach dem Frankfurter Wachensturm vor Reisenden aus der Schweiz, hinter denen er »Emissäre der Pariser Propaganda oder der mit dieser in Verbindung stehenden Vereine in der Schweiz« vermutete. Seine Erfahrung aus der ersten Demagogenverfolgung, die ihn ja zeitweilig sein Amt als Oberpräsident gekostet hatte, machte sich nun in ängstlichen Reaktionen bemerkbar; gegen die soziale Misere, die häufig das auslösende Moment der Proteste bildete, tat er nichts. Merckel war lediglich bemüht, zwischen »dem Pöbel« auf der einen Seite und den »achtbaren Bürgern« und »patriotischen Männern« auf der anderen zu unterscheiden, um den Protesten die politische Note zu nehmen und sie als reinen Pöbelkrawall darzustellen. Als es 1844 im Zusammenhang mit den Weberunruhen im Gebirge zu erneuten Protesten in Breslau kam, bemühte sich seine Regierung in dem Bericht an den Innenminister Graf von Arnim, diesen »Excessen« der »Lehrjungen, Schüler und Gesellen« den »politischen Charakter« abzusprechen und den »Unwillen« von »vielen Bürgern ... gegen die Excedenten« zu dokumentieren.

Auch dieser Protest zeigte, wie der von 1830 eine eindeutige antijüdische Tendenz.[82] Es war allerdings der letzte Breslauer »Exceß«, den Merckel zu verantworten hatte. Er scheiterte an dem fatalen Jahr 1844.

Merckels Nachfolger von Wedell war noch weniger bereit, an den sozialen Ursachen der Breslauer Proteste etwas zu ändern, die ein Jahr vor der Revolution, im März 1847, noch einmal einen Höhepunkt erreichten. Der Breslauer Magistrat hatte, um der Hungersnot dieses Jahres entgegenzusteuern, öffentliche Arbeiten wie das »nothwendige Schlemmen des Schloßgrabens« vergeben und dafür einen Tageslohn von acht Silbergroschen bewilligt. Das hatte zur Folge, daß auch von auswärts Arbeitslose nach Breslau drängten, um an der Arbeitsvergabe zu partizipieren, so daß deren Zahl auf 500 stieg. Dem Magistrat gingen bei diesem Andrang die Mittel bald aus, und er entließ die Arbeiter, worauf diese protestierend durch die Stadt zogen. Sie marschierten vor das Haus des Oberbürgermeisters Pinder und »forderten lärmend Arbeit«; ein anderer Trupp zog vor das Regierungsgebäude und verlangte den Oberpräsidenten von Wedell zu sprechen. Von Wedell forderte sie auf, sich selbst nach Arbeit umzusehen, woran es im »Frühjahr nicht fehlen werde«. Als die Arbeiter damit nicht zufrieden waren und ihren Protest nicht einstellten, setzte sich von Wedell mit dem kommandierenden General in Verbindung.

Nur die erneute Zusage des Magistrats, »daß Seitens des Magistrats für Beschäftigung dieser Leute bei der projectirten Planirung des Turnplatzes und eines Theils des Viehmarktes an der Rosenthaler Straße, ferner bei dem Bau des Schulhauses an der Goldbrücke und endlich beim Einschlagen der Pappeln an der Scheitniger Allee« gesorgt werde, nahm dem Konflikt vorübergehend die Brisanz. Die Regierung dagegen sorgte lediglich für den Einsatz des Militärs und die Schließung der Schankstätten. Demonstranten, die sich trotz Aufforderung des Militärs nicht entfernten, wurden festgenommen. Dennoch wurden weiterhin Scheiben eingeworfen, ließen die Steinwürfe auf Militär und Polizei auf der Schweidnitzer Straße nicht nach. In Plakatanschlägen wurde

»auf die in Betreff von Tumult erlassenen Vorschriften vom 30. Dezember 1798 und vom 17. August 1835« aufmerksam gemacht. Schließlich wurde die Ordnung wiederhergestellt; jedoch die soziale Frage war auch diesmal nicht gelöst.[83]

Brisant blieb auch die Situation im Agrarbereich. Nach 1811 kam es wiederum zu Arbeitsverweigerungen der Dorfbewohner in den unterschiedlichsten Landkreisen. Die »verschwommenen Formulierungen der Reformgesetze« (Ziekursch) ließen die betroffenen Bauern und Dreschgärtner jedoch eher den Prozeß als den Protestweg wählen. Die Gutsbesitzer befanden sich nicht nur dank ihrer Lobby in einer günstigeren Situation, sondern auch aufgrund der Tatsache, daß durch das enorme Anwachsen der bäuerlichen Unterschichten Arbeitskräfte sehr billig wurden. Die Gruppe der Dreschgärtner, die zwar im Schnitt nur drei bis vier Morgen Land besaß, aber durch die Verpflichtung zu Erntearbeiten über ein bestimmtes Einkommen an Getreide verfügte, zögerte mit der Ablösung, um diese Sicherung nicht zu verlieren.[84] Auch wenn die Konflikte nicht schon im Vormärz aufbrachen, so wurde doch die Unzufriedenheit darüber, daß trotz aller Ablösungen der adlige Gutsbesitzer die strukturelle Gewalt über das Dorf durch die Patrimonialgerichtsbarkeit, die Polizeigewalt, das Kirchenpatronat und andere Rechte behalten hatte. Sie entlud sich erst in der Revolution von 1848.

Größer dagegen war die Protestbereitschaft bei der Gruppe der heimgewerbetreibenden Weber, die zwar faktisch aus dem Agrarnexus ausgeschieden, aber noch immer zu Zinsabgaben an den Gutsherrn verpflichtet war. Doch richtete sich ihr Protest nicht gegen den Gutsherrn, auch nicht gegen den Staat, von dem sie Hilfe erwartete, sondern gegen die Verlagskaufleute, die alle Markteinbußen auf den Produzenten abzuwälzen suchten.

Der schlesische Weberaufstand von 1844 war seiner Wirkung nach wohl das bedeutendste Ereignis der Geschichte Schlesiens im 19. Jahrhundert. Zumindest hatte er für die Zeitgenossen eine Fanalwirkung. Dieser Protest war kein Maschinensturm, wie immer wieder behauptet wird, sondern er spielte sich nach der Logik des tradierten Sozialprotestes ab, wie er in Deutschland verstärkt seit der Französischen Revolution von 1789 als wichtigste politische Aktionsform der Unterschichten anzutreffen ist.[85] Die Motive der Weber werden deutlich in ihrem Protestlied, dem »Blutgericht«, einer vermutlich kollektiven Schöpfung. Das Lied schildert die Not der Weber und die Brutalität der Fabrikanten: Reichtum und Not werden kraß gegenübergestellt. Der reiche Fabrikant nimmt dem armen Weber das letzte Hab und Gut. Er fährt in Staatskarossen, baut »hoch Paläste mit Türen, Fenstern, prächtig weit«.

Der Zorn der Weber richtete sich gegen den demonstrativen Reichtum der Fabrikanten Zwanziger, Fellmann, Hofrichter und Langer, nicht aber gegen ihre Maschinen. Im »Blutgericht« ist nicht die Rede von Maschinen, die angeblich die Not der Heimgewerbetreibenden bedingten. Folgerichtig zielten die Aktionen der Peterswaldauer Weber am 4. Mai 1844 zunächst gegen das Comptoir und das Haus des Fabrikanten Zwanziger mitsamt seiner Einrichtung. Auch das Vorratslager wurde ausgeräumt, Garn und Gewebe wurden zerrissen und zertreten. Im Verlauf des Abends zerstörten die Demon-

Die Not der schlesischen Weber erreichte 1844 einen Höhepunkt. In Peterswaldau und Langenbielau entlud sich die Verzweiflung im Sturm auf die Textilfabriken einiger Unternehmer. Das herbeigerufene Militär feuerte in die Menge und tötete elf Menschen, ohne der Lage Herr zu werden. Als ein ganzes Bataillon Infanterie und vier Geschütze anrückten, hatten sich die Weber bereits zerstreut. Das Weberelend erschütterte das soziale Gewissen ganz Deutschlands. Gerhart Hauptmann schrieb ein halbes Jahrhundert später sein Drama *Die Weber*, und Käthe Kollwitz schuf ihren sechs Blätter umfassenden Zyklus »Der Weberaufstand«.

stranten die weiteren Häuser, die Zwanziger in Peterswaldau besaß, zuletzt das neugebaute prächtige Wohnhaus. Es war ein »Rachewerk«, wie die *Vossische Zeitung* schrieb, eine »Rache«, »die Gott wohlgefällig sei«, wie die Weber meinten.

Aufreizend auf die Unterdrückten wirkte nicht nur Zwanzigers Reichtum, der sich, wie Wilhelm Wolff schreibt, in »herrlichen Spiegelscheiben, Fensterrahmen in Kirschbaumholz, Treppengeländern von Mahagoni, Kleider- und Wagenpracht« dokumentierte, sondern auch Zwanzigers Hartherzigkeit, über die schon das »Blutgericht« klagt und wofür es ihm die Strafe des Jüngsten Gerichts ankündigt. Gerhart Hauptmann trifft dieses Motiv in seinen *Webern* sehr genau, wenn er den alten Ansorge sagen läßt: »Nimmst Du m'r mei Häusl, nehm ich dir dei Häusl. Immer druf.« Die Weber besaßen in ihrer Not die Sympathie der übrigen Bevölkerung Schlesiens. Wilhelm Wolff berichtet von einer Episode, die er am 9. Mai, also ein paar Tage später, in Jauernik, Kreis Schweidnitz, erlebt hatte. Dort waren die Bauern vom Landrat aufgefordert worden, »zu Pferde und mit Stricken auf die geflüchteten Weber Jagd zu machen«. Ein Bauer sagte ihm dazu: »Und wenn ich über an Waber foalle, ich war gewieß kenn sahn.«

Der Maschinensturm spielte bei dem schlesischen Weberaufstand eine fast nebensächliche Rolle. Im Gegensatz zu den kurze Zeit später ausbrechenden Drucker- und Spinnerrevolten in Prag und Nordböhmen waren in Schlesien die Maschinen nicht das Ziel des Protests. Erst als am zweiten Tag nach dem Eingreifen des Militärs die Erregung der Protestierenden auf ein Höchstmaß gestiegen war, zerstörten sie in der Firma Dierig die Jacquard-Webstühle. Den Maschinenstürmern stellten sich dabei die Fabrikarbeiter entgegen, »welche an ihnen [den Maschinen, A. H.] ihren reichlichen Unterhalt gefunden haben«. Dem Berichterstatter der *Vossischen Zeitung* zeigten diese Arbeiter mit »Tränen in den Augen, wie die Rebellen gewirtschaftet hätten«. Was die Demonstranten von der Zerstörung der Dampfmaschine abgehalten hatte, war allerdings nicht nur die Angst vor einer Explosion gewesen. Die Maschine übte auch eine gewisse Faszination auf sie aus: »Die Eingedrungenen musterten sie, erstaunt und verwundert, tippten sanft an diese und jene Schraube und riefen einander zu: Das sei doch sehr schön.«[86]

Die Aktionsformen und Äußerungen der schlesischen Weberaufstände brachten weder in der Theorie noch in der Praxis etwas Neues, auch wenn es die sozialistisch orientierten Zeitgenossen so interpretierten. Daß das Proletariat sich in den Weberaufständen deutlich sichtbar als eine selbstbewußte Klasse formiert habe, die der Bourgeoisie gegenübertrat, noch ehe diese sich als »Klasse … politisch konstituiert« hatte, ist also ein ungerechtfertigtes Urteil. Die Einschätzung Engels', in Deutschland habe die »Arbeiterklasse ihren Anfang mit den Erhebungen der schlesischen und böhmischen Fabrikarbeiter im Jahre 1844 genommen«, betont zu sehr das Singuläre dieses Ereignisses und geht von der Bedeutung aus, die es für die erschrockene bürgerliche Gesellschaft des Vormärz erhielt. Marx verkennt die Tradition, in der die Aufstände von 1844 stehen. Die Theorie der *Moral economy*, die diese Tradition vermittelte, konnte sich mit ihren reaktiven Forderungen allerdings nicht gegen die immer weiter um sich greifenden kapitalistischen Marktregeln behaupten. Die Einschätzung der sozialen Protestaktionen durch die sozialistischen / kommunistischen Theoretiker war eher negativ. Die Aufstände 1844 in Schlesien und Böhmen blieben für Marx, Engels und auch Lassalle allerdings die bewunderte Ausnahme.[87]

Der Weberaufstand war *das* soziale Ereignis in Deutschland und löste in der Presse harsche Kritik an den Fabrikanten aus, denen nachgewiesen wurde, daß sich ihr rigides Verhalten gegenüber den Webern keineswegs durch eine ungünstige Marktsituation für Leinwand und Baumwollstoffe begründen ließ. Zu den Folgen zählte auch die Gründung eines »Vereins für das Wohl der Hand- und Fabrikarbeiter« durch Peter Christian Beuth, der davon ausging, daß das Maschinenzeitalter Männer mit besseren Kenntnissen brauchte, als sie die Handarbeiter und Tagelöhner alter Art besaßen. Die Kinderarbeit in den Fabriken hielt auch er für unumgänglich, plädierte allerdings dafür, daß für die Kinder besondere Schulen eingerichtet würden. Auf den Weberaufstand geht auch die Gründung des »Vereins für das Wohl der arbeitenden Klassen« zurück, der wohl bedeutendsten Institution bürgerlichen Sozialengagements.[88] Doch kritisierte schon damals Wilhelm Wolff aus sozialistischer Sicht: »Nur eine Reorganisation, eine Umgestaltung der Gesellschaft auf dem Prinzipe der Solidarität, der Gegenseitigkeit und Gemeinschaftlichkeit, mit einem Wort: der Gerechtigkeit, kann uns zum Frieden und zum Glücke führen.«[89]

Eine weitere Folge der Ereignisse von 1844 sollte sich erst zwanzig Jahre später zeigen, nämlich die Organisation der Arbeiterbewegung durch Ferdinand Lassalle 1863. Der neunzehnjährige Lassalle hatte 1844 in einem Brief an seine Eltern die beiden Aufstände, den der Weber und den in Breslau, kritisch kommentiert: Den Weberaufstand sah er als das Neue, das Zukunftweisende, den gleichzeitig in Breslau sich abspielenden Sozialprotest der Handwerksgesellen als »Mutwillen fenstereinwerfender Gassenbuben«.

Daß in Breslau die Behörden die Soldaten nicht aufmarschieren ließen, um »mit Ruten bewaffnet« die »Gamins nach Haus zu jagen«, empörte den jungen Lassalle. Seine Empörung ist insofern verständlich, als es bei den Breslauer Protesten zu antijüdischen Ausschreitungen der Handwerker gekommen war, von denen vermutlich auch Lassalles Familie betroffen war. Entscheidend für die Verurteilung des sozialen Protests durch Lassalle war allerdings weniger das Auftreten der »Gamins« als die Ziel- und Planlosigkeit der Aktionen, die zu keinen festen Ergebnissen führen konnten. Angesichts der Vorstellung von einer fest organisierten Arbeiterbewegung, mit der sich Lassalle beschäftigte, bedeuteten für ihn diese »Putsche, Überraschungen ohne Dauer und ohne Halt« keine Alternative zu einer »feste[n] soziale[n] Partei«, sondern »hinter diesem Banner«, dem Sozialprotest, bildete sich nach Ansicht des jungen Lassalle nur eine Masse mit »wilde[m] Appetite«, »ebenso schnell zerronnen wie gewonnen«. Die »Gährung des Hasses und der wilden sansculottischen Wuth« aber konnte zu keiner Lösung der »sozialen Frage« führen. Die Aktionen des sozialen Protests waren nach seiner Ansicht deshalb eher hinderlich als förderlich für die Arbeiterbewegung.[90] Der schlesische Weberaufstand aber wurde zum Symbol für die spätere Arbeiterbewegung. Zum Repertoire der »lebenden Bilder«, in denen die Sozialdemokraten ihre Geschichte darstellten, gehörte auch der alte Weber, der erschossen wurde, dessen Sohn aber in der Arbeiterbewegung den Kampf weiterführte.[91]

Der Weberaufstand von 1844 hatte die soziale und ökonomische »Schieflage« dieser einst reichsten Provinz Preußens überall in Deutschland offenkundig werden lassen. Die Frage blieb: Wie konnte es dazu kommen? Zweifellos hatte die ökonomische Entwicklung mit der demographischen nicht Schritt gehalten. Die Industrie war nicht soweit, die überschüssigen Arbeitskräfte aufzunehmen, die durch die Rationalisierung der Landwirtschaft freigesetzt wurden. Die Aufhebung alter Zwänge hatte, trotz hoher Kindersterblichkeit, zu einem Geburtenüberschuß geführt, der von den Heimgewerbetreibenden durchaus als »Segen« empfunden wurde, da selbst die Kleinkinder schon als Arbeitskräfte eingesetzt werden konnten.

Die Fortschritte, die die Rationalisierung der Landwirtschaft brachte, kamen allerdings den bäuerlichen und unterbäuerlichen Schichten kaum zugute. Sie mußten ihre Ansprüche sehr stark einschränken, um durch die mit der Regulierung verbundenen finanziellen Kompensationen nicht ihren gesamten Besitz zu verlieren. Bei den unterbäuerlichen Schichten aber reichte es lediglich zur reinen Subsistenzwirtschaft, die kaum auf eine Verbesserung abzielen konnte. Nutznießer aller Verbesserungen war der Adel, der in diesem bürgerlichen Zeitalter in Schlesien nach wie vor politisch, sozial und ökonomisch das Feld behauptete. Politisch und sozial restaurativ, war er im ökonomischen Bereich jedoch äußerst progressiv, nutzte die Vorteile der Gewerbereform und engagierte sich in Schlesien wie sonst kaum in Deutschland in der industriellen Entwicklung. Auch schafften die adligen Großgrundbesitzer als erste die Dreifelderwirtschaft ab und meliorierten die Ackerflächen durch Drainage, Fruchtwechsel und den Anbau ertragreicher Pflanzen.[92] Auf der anderen Seite aber blockierten die Grundherren – von wenigen Adligen wie dem Grafen von Reichenbach abgesehen – jede politische und vor allem soziale Entwicklung, die eine eigenverantwortliche bäuerliche Gemeinde ermöglicht und dem Leitbild des konservativen Freiherrn vom Stein entsprochen hätte.

Die Dominanz des Adels auf ökonomischem und sozialem Gebiet beeinträchtigte auch die Entwicklung eines selbstbewußten Bürgertums. Das schlesische Wirtschaftsbürgertum des 18. Jahrhunderts, das durchaus führend war, stagnierte in der ersten Hälfte des 19. Jahrhunderts. Die Einschränkungen des Handels verhinderten eine Weiterentwicklung, der Mut zu neuen Unternehmungen in der Industrie fehlte. So gab es im Bürgertum nur wenige Pioniere, die neue Wege suchten, wie die Familie Ruffer in Liegnitz und Breslau oder der Leinenindustrielle und Kommerzienrat Georg Gottlieb Kramsta aus Freiburg, der sich sozial sehr für seine Heimweber engagierte.[93]

Soweit sie auf Kosten der Weber und durch Spekulationen im florierenden Eisenbahngeschäft zu Reichtum gekommen waren, nutzten ihn Aufsteiger wie die Gebrüder Zwanziger weniger für technische Innovationen als vielmehr zur Demonstration und Selbstdarstellung. Die Industriellenfamilie Dierig, die im Weberaufstand trotz Zensur in der Presse schlecht wegkam, hatte zwar nach englischem Vorbild seit 1840 mit dem Bau einer Dampffärberei und mechanischen Mangel industrielle Innovationen vorgenommen, ihren Reichtum vermehrten jedoch weiterhin Tausende von Heimwebern, die in einem Umkreis von über fünfzig Kilometern, von Lewin in der Grafschaft Glatz bis nach Strehlen, für den alten Christian Gottlieb Dierig arbeiteten. Dierig, der Sohn eines Freihäuslers und Handwebers, hatte sich seit 1808 auf das Verlagsgeschäft eingestellt. Seine Tochter konnte in ihre Ehe mit dem Pastor Seiffert – als Pastor Kittelhaus aus Hauptmanns *Webern* bekannt – bereits 20 000 Taler einbringen. Als Oberpräsident von Merckel trotz oder vielleicht gerade wegen der Ereignisse vom Juni 1844 versuchte, Wilhelm Dierig, den Sohn und Mitarbeiter von Christian Gottlieb Dierig, für den Titel eines Kommerzienrats vorzuschlagen und ihn als Mann von »strenger Rechtlichkeit und der Humanität gegen seine Arbeiter« darstellte, blieb er damit erfolglos. Die Verleihung wäre wohl selbst in liberalen bürgerlichen Kreisen auf Ablehnung gestoßen.[94]

So stellt sich das schlesische Bürgertum des Vormärz als eine recht uneinheitliche Klasse dar, die – wie in Breslau – die Chancen zum gesellschaftlichen und politischen Aufstieg, die ihr die Industrialisierung bot, noch nicht nutzte, oder – wie in den Weberdistrikten – ihren auf Kosten der Weber erzielten Reichtum parvenuhaft verpraßte. Das Bildungsbürgertum, in Staats- oder kommunalen Diensten als Professoren, Richter, Lehrer oder aber freiberuflich als Ärzte, Anwälte oder Schriftsteller tätig, bildete eine zu kleine und unzusammenhängende Gruppe, als daß es sich mit seinen liberalen Anschauungen gegen die Macht des schlesischen Adels oder der Aufsteiger im Wirtschaftsbürgertum hätte kulturell und politisch behaupten können.

Der Aufstieg der jüdischen Minderheit

Immer stärker wurde das schlesische Wirtschaftsbürgertum durch eine neue Gruppe mitgeprägt, die erheblich zur Industrialisierung, aber auch zur kulturellen und politischen Emanzipation beitrug: durch die jüdische Minderheit.

Nach dem preußischen Emanzipationsgesetz von 1812, das den Juden in Preußen keineswegs die volle rechtliche Gleichstellung brachte – dafür mußten noch einmal über fünfzig Jahre vergehen –, war eine wirtschaftliche Entfaltung möglich. Trotz der Aufforderung auch jüdischer Aufklärer, in Schlesien war das vor allem Abraham Muhr in Pleß, die Juden sollten sich in ihrer Berufsstruktur der allgemeinen Berufsstruktur anpassen, waren diese bei ihren traditionellen Handelsberufen geblieben, die ihnen nun in der neuen kapitalistisch orientierten und organisierten Gesellschaft nicht nur die Subsistenz sicherten, sondern auch den ökonomischen und sozialen Aufstieg ermöglichten. Dieser Aufstieg hatte sich in der ersten Hälfte des 19. Jahrhunderts vollzogen, so daß der Anteil der jüdischen Armen, die von Almosen und vom Bettel lebten, 1860 in Schlesien nur noch etwa elf Prozent betrug. Noch 1848 hatte der Anteil der jüdischen Armen in Preußen bei 40 bis 43 Prozent gelegen.

Auffallend ist das starke Engagement schlesischer Juden in der Entwicklung der Industrie und des Verkehrswesens, was allgemein in Deutschland nicht der Fall war.[95] In Oberschlesien erklärt sich dieser Sachverhalt aus der Tatsache, daß der dortige Adel seit Jahrhunderten auch gegen den erklärten Willen Friedrichs II. Juden als Agenten, aber auch als Brenner oder Pächter der zu den Gütern gehörigen Schankstätten zugelassen hatte. Die Vorfahren der berühmten Industriellen und Bankiersfamilien Pringsheim und Weigert, aber auch die Vorfahren von Arnold Zweig waren Branntweinschänker und Pächter gewesen. Als sich der oberschlesische Adel im ausgehenden 18. Jahrhundert in der Schwerindustrie etablierte, bot sich auch wohlhabenden Juden die Chance, sich hier zu engagieren. Die Familien Friedländer und Caro betätigten sich in der chemischen, der Hütten- und Kohleindustrie und im Kohlenhandel. Jüdische Bankiers wie Heimann in Breslau ermöglichten durch die Finanzierung des Eisenbahnbaus nicht nur die Verbesserung der Infrastruktur, sondern vor allem den allmählichen Aufstieg der schlesischen Industrie.[96] Auch der Glogauer Bankier und Eisenbahndirektor Wilhelm Lehfeldt (1806–1879) hatte sich hier Verdienste erworben, so daß ihn schon 1841 der Magistrat von Glogau zur Verleihung des Titels »Kommerzienrat« vorschlug. In der Eingabe an den König rühmte Merckel vor allem Lehfeldts industrielle Innovationen, so die in Rauschwitz durch Wasser und Wind betriebene Ölmühle, vor allem aber die in Glogau gegründete »Niederschlesische Zuckerraffinerie«, die »mehrere[n] Hundert Menschen … Lebensunterhalt [gewährt]«.[97]

Neben dem Engagement in der Finanz- und Verkehrswirtschaft, der Montan- und Nahrungsmittelindustrie sind vor allem die Innovationen in der daniederliegenden schlesischen Textilindustrie hervorzuheben. Hier waren insbesondere seit den vierziger Jahren die Familie Kauffmann und der aus Bernburg in Anhalt stammende Leonor Reichenheim (1814–1868) tätig. Salomon Kauffmann (1824–1900) führte die Weltausstellung in London im Jahre 1851 zum »Wendepunkt in der Führung unseres Geschäfts«, wie er in seinen Memoiren schreibt. Ein Jahr später errichtete er mit seinem Bruder eine mechanische Weberei in Tannhausen. Der Betrieb wuchs bald auf fünf Fabriken, zwei Spinnereien und eine Färberei an.[98]

Leonor Reichenheim kaufte 1848 mit seinen drei Brüdern von der preußischen Seehandlung die Maschinenwollweberei in Wüstegiersdorf. Dieses Unternehmen, in das bis dato kaum investiert worden war, baute er zu einem Industriebetrieb mit 2 400 Arbeitern aus, der durchaus mit englischen Betrieben konkurrieren konnte. Trotz des patriarchalischen Fürsorgesystems in seiner Fabrik – so schufen die Reichenheims Unterstützungskassen, ein Sparprämiensystem, errichteten eine Schule, ein Waisenhaus und Arbeiterwohnungen – geriet Leonor Reichenheim 1864 als strenger Vertreter des Manchesterliberalismus ins politische Kreuzfeuer zwischen Bismarck und den Liberalen. Auch Ferdinand Lassalle karikierte ihn in seiner Agitation als bourgeoises Antisymbol.[99]

Es darf nicht vergessen werden, daß nicht alle jüdischen Einwohner Schlesiens in wirtschaftliche Spitzenpositionen aufstiegen, aber für eine Minderheit, die bis 1800 noch weitgehend zu den marginalisierten Unterschichten zählte und deren Anteil an der Gesamtbevölkerung 1849 nur ein Prozent betrug, ist diese Leistung schon erstaunlich. Die meisten arbeiteten sich als Kaufleute, aber auch im Kulturleben und in den akademischen Berufen in angesehene Mittelstandspositionen empor und trugen, vor allem in den beiden Zentren Breslau und Glogau, wesentlich zum kulturellen Leben des Bürgertums bei.

Das kulturelle und kirchliche Leben

Schlesiens Kulturleben – wie ja auch sein Wirtschaftsleben – litt unter der Randlage. Breslau, die Metropole, lag im Spannungsfeld von Wien und Berlin. Gerade auf künstlerischem Gebiet war die Anziehung der größeren Metropolen sehr stark. Zogen die Musiker – wenn man es vereinfacht sieht – nach Wien, so gingen die Schauspieler und Architekten nach Berlin. Carl Gotthard Langhans (1732–1808) ist unter den letzteren der bekannteste. Allerdings war in diesem Prozeß Schlesien nicht nur die Gebende, sondern auch die Empfangende. Das wirkte sich auf die Architektur wie auf die Musik- und Theaterszene aus.[100]

Die kulturelle Zweiteilung Schlesiens in ein katholisches und protestantisches Barock hatte im Klassizismus ein Ende gefunden. Die Zeit der großen Kirchenbauten war mit Carl Gotthard Langhans' Bauten in Glogau (1764), Groß Wartenberg (1785), Reichenbach (1795) und Rawitsch (seit 1802) nach 1800 vorbei. Sein Sohn Carl Ferdinand (1782–1869) schuf nur noch einen Kirchenbau, die Elftausend Jungfrauenkirche (1822/24) in Breslau, deren Vorgängerbau 1806 bei der Belagerung Breslaus niedergebrannt worden war. Es waren vor allem Repräsentationsbauten, die der jüngere Langhans in Breslau und Schlesien errichtete: Theater, Palais, aber auch die sogenannte Storch-Synagoge (1827/29), die als bedeutendster klassizistischer Synagogenbau Deutschlands gilt.

Die entscheidenden Vorgaben für klassizistische Bauten kamen jetzt weitgehend aus Berlin, wo die Ära Schinkels begonnen hatte. Das Schloß Kamenz (1837–1873) geht auf ihn zurück. Ausgeführt wurde dieser Schloßbau durch Ferdinand Martius. Schinkels Nachfolger Stüler ergänzte im Stil italienischer Renaissance die Breslauer Schloßflügel. Die einheimischen Bauleute und Architekten wie der Baumeister Rimann orientierten sich bei ihren Rathausbauten ebenfalls an Schinkel, der das Rathaus in Oppeln entworfen hatte. Weitgehend im Palazzostil der Klassizistik oder im gotischen Tudorstil, aber dennoch schon als moderne Zweckbauten waren in den vierziger und fünfziger Jahren die neuen Bahnhöfe gehalten, allen voran der Breslauer, den 1856 der Eisenbahnbaumeister Grapow errichtete. Die große Empfangshalle dieses Bahnhofs ist eine der ersten Eisenkonstruktionen auf dem Gebiet des Hallenbaus. Zu den ersten modernen technischen Bauten nicht nur in Schlesien, sondern überhaupt in Deutschland, zählt das Wasserhebewerk an der Oder in Breslau.[101]

Auch in der Malerei gewannen schlesische Künstler erst dann einen Namen, wenn sie Schlesien verlassen hatten. Das gilt für Julius Hübner (1806–1882) und Carl F. Lessing (1808–1880), die der Düsseldorfer Schule zu Ansehen verhalfen. Es trifft aber auch für Adolph Menzel (1815–1905) zu, der schon mit dreizehn Jahren anerkannte Porträts schuf, bevor er ein Jahr später Schlesien verließ.[102] Nach einer – sicher nicht sehr genauen – prosopographischen Untersuchung bekannter schlesischer Künstler verblieben zwischen 1742 und 1945 nur 36,7 Prozent der schlesischen Intellektuellen und Künstler im Land, während über sechzig Prozent auswanderten.[103]

Für viele ist der Oberschlesier Joseph Freiherr von Eichendorff der Dichter der deutschen Romantik schlechthin und die Novellengestalt des »Taugenichts« seine bezauberndste Schöpfung. Von seinen Gedichten, die zeitlose Schönheit mit verschlüsselter Mehrschichtigkeit verbinden, sind viele so sehr zum Volkslied geworden, daß man ihren Dichter gar nicht mehr kennt. Für die Deutschen im heutigen Oberschlesien ist Eichendorff von neuem eine Symbolgestalt ihrer kulturellen Identität geworden. Die Federlithographie Adolf Schrödters von 1842 ist der ersten illustrierten Ausgabe der Novelle *Aus dem Leben eines Taugenichts* entnommen.

Kulturell am fruchtbarsten war Schlesien im 19. Jahrhundert zweifelsohne im Bereich der Musik, auch wenn es keine großen Komponisten hervorgebracht hat, sieht man davon ab, daß Franz Schuberts Eltern aus Schlesien nach Wien gezogen waren, bevor er dort zur Welt kam. Vor allem in den katholischen Landesteilen lebte die Tradition des Barockkatholizismus fort, so daß im 18. und 19. Jahrhundert jedes Dorf seine Musikkapelle und seinen Chor und im Kantor seinen eigenen Komponisten hatte. Besonders in der Grafschaft Glatz war diese Tradition noch lange lebendig. In der Topographie, die Merckel 1810 für den König verfaßt hatte, lobte er »den schönen Sinn für Musik«, den die Menschen in der Grafschaft Glatz haben. Der Glatzer Organist und Komponist Franz Otto (1730–1805), der in Glatz Friedrich II. vorspielen mußte, sofern er sich dort aufhielt, und der zahlreiche Sonaten und Konzerte, vor allem aber geistliche Musikstücke komponiert hatte, fand in den Dörfern zahlreiche Nachfolger. So wirkte im benachbarten Grafenort der Kantor Joseph Simon (1770–1840), der nicht nur zahlreiche Messen komponierte, sondern mit seinem Dorforchester Haydns »Schöpfung« und die »Jahreszeiten« aufführte. Der Breslauer Musikhistoriker und -kritiker Adolph Hoffmann, der sich nicht des »Unwillens über dergleichen Wagnisse eines Dorfschullehrers« enthalten konnte, reiste extra an und war begeistert von dem, was er hörte. Er fand das musikalische Treiben und Leben der Bewohner des Dorfes nicht nur »höchst lobenswert, sondern sogar ehrwürdig ... Alle Spielenden und Singenden«, so schreibt er, »sind Dilettanten, Bauern, die dann in ihrer Kirche sonntags aber auch einen Gesang anstimmen, wie man ihn selten in einer Gemeinde hört. Gewöhnlich begleiten einige denselben auch mit Instrumentalmusik.«[104]

Simon schrieb und leitete auch die Bühnenmusik am Grafenorter Schloßtheater, das damals unter der Leitung Karl von Holteis (1798–1880) stand. Als der Lutheraner Holtei das erste Mal in Vertretung seines Freundes, des Schauspielers Karl Seydelmann (1793–1843), 1816 nach Grafenort kam und dort am Sonntag Simon und seinen Dorfchor erlebte, machte der Gottesdienst »einen gewaltigen und ergreifenden Eindruck auf mich; besonders deshalb, weil sich mit der sinnlichen Erschütterung, die das Hochamt in mir hervorbrachte, auch die theatralische Bewegung und Erregung und zunächst der Gedanke verband, daß dieselben Personen, welche jetzt da oben auf dem Musikchor spielten und sangen, des Abends in unserm kleinen Orchester und auf unserer kleinen Bühne spielen und singen würden. Ein eigenes Gefühl – ich möchte es unheilige Frömmigkeit nennen – waltete in mir vor und ich mußte fast weinen.« Die Trennung zwischen Elitekultur und Volkskultur scheint hier aufgehoben. Diese Bauern lebten in ihrer Musik und spielten sie in der Dorfkirche wie auch zusammen mit Holtei und Seydelmann auf der Schloßbühne des Grafen von Herberstein.[105]

Schlesien war im 19. Jahrhundert ein Reservoir für musische Talente, doch mußten sie auswandern, wenn sie etwas werden wollten, so Emanuel Aloys Förster (1748–1823), der aus der Grafschaft Glatz stammte und als Musiklehrer nach Wien ging, wo er einen bedeutenden Einfluß auf Beethoven gewann. Aus der Grafschaft kam auch Franz Xaver Gebauer (1784–1822), Organist am Stephansdom und Initiator der dortigen Domkonzerte, ferner der Komponist Eduard Tauwitz (1812–1894), Musikdirektor am Stadtthea-

Schlesische

Gedichte

von

Karl von Holtei.

Berlin, 1830.

In der Haude und Spenerschen Buchhandlung.

(S. J. Joseephy.)

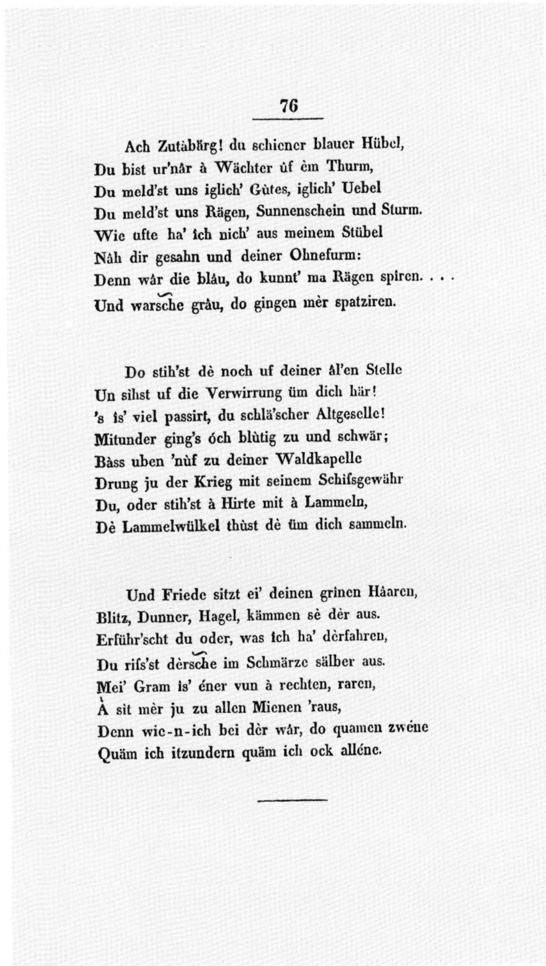

76

Ach Zutàbärg! du schiener blauer Hübel,
Du bist ur'nâr à Wächter úf èm Thurm,
Du meld'st uns iglich' Gùtes, iglich' Uebel
Du meld'st uns Rägen, Sunnenschein und Sturm.
Wie ufte ha' ich nich' aus meinem Stübel
Nâh dir gesahn und deiner Ohnefurm:
Denn wâr die blâu, do kunnt' ma Rägen spiren. . . .
Und warsche grâu, do gingen mèr spatziren.

Do stih'st dè noch uf deiner âl'en Stelle
Un sihst uf die Verwirrung üm dich här!
's is' viel passirt, du schlä'scher Altgeselle!
Mitunder ging's óch blùtig zu und schwär;
Bàss uben 'nùf zu deiner Waldkapelle
Drung ju der Krieg mit seinem Schifsgewähr
Du, oder stih'st à Hirte mit à Lammeln,
Dè Lammelwülkel thùst dè üm dich sammeln.

Und Friede sitzt ei' deinen grinen Hâaren,
Blitz, Dunner, Hagel, kämmen sè dèr aus.
Erführ'scht du oder, was ich ha' dèrfahren,
Du rifs'st dèrsche im Schmärze sälber aus.
Mei' Gram is' éner vun à rechten, raren,
À sit mèr ju zu allen Mienen 'raus,
Denn wie-n-ich bei dèr wâr, do quamen zwéne
Quäm ich itzundern quäm ich ock alléne.

Vom umfangreichen Werk des Bühnendichters und Schriftstellers Karl von Holtei blieben zuletzt vor allem seine *Schlesischen Gedichte* populär. Aber sie konnten nur so lange lebendig bleiben wie der schlesische Dialekt selbst. Holtei sah sich in der Nachfolge des badischen Dichters Johann Peter Hebel, dessen *Alemannische Gedichte* den Dialekt literaturfähig gemacht hatten. Das sechsstrophige Gedicht auf den Zobtenberg findet sich in der Erstausgabe der *Schlesischen Gedichte* von 1830.

ter Prag und Leiter der Sophien-Akademie, der als der bedeutendste jüdische Komponist Schlesiens gilt. Zahlreiche schlesische Komponisten zog es in die Donaumonarchie, aber auch nach Skandinavien und Polen, wie Joseph Xaver Elsner (1769–1854), der Lehrer Chopins, und nach Rußland, wie Franz Xaver Gebel.

Das Musikleben Wiens wirkte aber auch auf Schlesien zurück: Breslau war um 1800 eine besondere Pflegestätte der Wiener Klassik, wohingegen Berlin auf das preußische Schlesien im Musikleben noch kaum Einfluß ausübte. Breslau blieb auch um 1830 ein Mekka der Tradition. Bach, Händel, vor allem aber Mozart und Beethoven beherrschten die Konzerte. Beethoven selbst hielt sich 1806 in Oberglogau auf; seine 4. (B-Dur-) Sinfonie widmete er dem dortigen Grafen Frank Joachim Wenzel zu Oppersdorff. Erst in den sechziger Jahren siegte die Brahms-Partei, während die Früh- und Hochromantik sich nur schwer durchsetzte, obgleich 1803 Carl Maria von Weber (1786–1826) aus Wien nach Breslau kam und hier bis 1807 als Musikdirektor an der Oper wirkte. Auch Weber unterwarf sich der Breslauer Tradition und führte vor allem Mozarts Opern auf. Eine eigene Oper – mit dem typischen schlesischen Titel »Rübezahl« – die er hier schreiben wollte, blieb Fragment. Nur die Ouvertüre wurde 1811 unter dem Titel »Beherrscher der Geister« aufgeführt.

Seit dem Barock, also seit dem 17. Jahrhundert, hatten die Schlesier gelernt, europäische Stilelemente in der Baukunst, Bildhauerei, Malerei, aber auch in der Musik aufzunehmen, umzuformen und zu improvisieren. Der Kunst auf dem Dorf war das sehr zugute gekommen. Kirche und Adel, aber auch die einfachen Dorfbewohner waren die Träger dieser Kultur. Erst allmählich entwickelte sich in Breslau nach 1815 ein Musikleben, das von bürgerlichen Kräften getragen wurde, aber aufgrund der bestimmenden Persönlichkeit, dem Komponisten und Domkapellmeister Josef Ignaz Schnabel (1767–1831), noch im Schatten der Kirche stand. Schnabels bedeutendste Schöpfungen sind seine Kirchenmusiken in der Tradition der Wiener Klassik. Haydns »Missa in tempore belli« (1796) erhielt ihr Breslauer Gegenstück in Schnabels »Belagerungsmesse« (1806). Doch fand Schnabel in Breslau auch ein bürgerliches Publikum, als er 1827 sämtliche Sinfonien Beethovens aufführte.[106]

Als bürgerliche Musikform entwickelte sich in Schlesien vor allem das Chorwesen. In allen Städten, aber auch in zahlreichen Dörfern entstanden Musik- und Gesangvereine, die bald zu großen Musikfesten zusammenfanden. Mit dem Chorwesen gewann nun auch das Berliner Musikleben unter Zelter stärkeren Einfluß auf Schlesien. Für die Ausbildung von Musikern in Schlesien war hinderlich, daß erst 1880 ein Konservatorium in Breslau gegründet wurde. Die angehenden Musiker mußten deshalb in Wien, Prag, Leipzig, vor allem aber in Berlin studieren, wo der Breslauer Julius Stern (1820 bis 1863) 1850 das Sternsche Konservatorium gegründet hatte.

Zeigt die schlesische Musiklandschaft auch keine erstklassigen Größen, so war Musik doch ein schlesisches Lebenselexier. Das gilt nicht so für die Dichtung dieser Phase. Die große Zeit, da sogar die schlesischen Dichterschulen numeriert wurden, war längst vorbei. Große dichterische Begabungen hat Schlesien in der Kunstperiode, wie Heine diese Phase von 1790 bis 1830 bezeichnet, nur wenige hervorgebracht. Nur ein Werk eines Schlesiers aus dieser Periode hat Weltrang erreicht: Joseph von Eichendorffs (1788–1857) 1822 publizierte Novelle *Aus dem Leben eines Taugenichts*. Auch wenn die Anfänge des Taugenichts, mit dem Eichendorff 1817 begann, in seine Breslauer Zeit fallen, lebte der Dichter beim Erscheinen des Werkes bereits seit zwei Jahren nicht mehr in Schlesien und kehrte dorthin erst 1855 zurück.

Eichendorff entstammte dem Adel, der in der ersten Hälfte des 19. Jahrhunderts auch kulturell in Schlesien noch weitgehend bestimmend war. Doch der ökonomische Abstieg seines Vaters hatte ihn in Distanz zu seiner Klasse gebracht. Seinen Lebensunterhalt mußte er sich als preußischer Beamter in Breslau, Danzig und Berlin verdienen. Im Gegensatz zu zahlreichen schlesischen Adelsgenossen stand er der preußischen Reform positiv gegenüber. Ihr letztliches Scheitern veranlaßte ihn 1844, den Staatsdienst zu verlassen. Die Rolle des Adels, der alles verantwortungslos an sich reißt, ohne dafür etwas zu leisten, kritisierte er schon in seiner Novelle *Das Schloß Dürande*, vor allem aber in einer seiner letzten Schriften *Der Adel und die Revolution*. 1857 starb Eichendorff in Neisse in einem einfachen Bürgerhaus. Die Situation des Vormärz sah er alles andere als »poetisch«; doch dem »Pöbelregiment« stand er genau so skeptisch gegenüber wie dem »Säbelregiment«. Seine Kritik an den konfessionellen Auseinandersetzungen seiner Zeit wurde getragen von seiner »schlesischen Toleranz« (Frühwald).[107]

Eichendorffs kritische und parodistische Ader entdeckte schon früh sein Landsmann Willibald Alexis (1798–1871), der ihm 1824 anbot, eine Kritik des Berliner Theaterlebens zu schreiben. Auch Alexis, der wohl »bedeutendste Kritiker seiner Zeit« (Heiduk), hatte früh seine Vaterstadt Breslau verlassen und lebte in Berlin. In seinen Gesellschaftsromanen kritisiert er deshalb nicht den schlesischen, sondern den brandenburgischen Adel. Auch andere schlesische Autoren des jungen Deutschland, des Vormärz, desgleichen ihre Gegner mußten Schlesien verlassen, um das publizistische Forum oder Theater in anderen Städten zu nutzen. So Heinrich Laube (1806–1884), Wolfgang Menzel (1798–1873) und auch der wohl bedeutendste sozialkritische Autor dieser Phase, Wilhelm Wolff, bei dem es freilich politische Gründe waren, die ihn 1846 nach London beziehungsweise Brüssel trieben.[108] Letztlich gilt das auch für den typischsten schlesischen Dichter dieser Zeit, Karl von Holtei (1798–1880), der sich nach seinem Debüt auf der Grafenorter Schloßbühne des Grafen von Herberstein an diversen deutschen Bühnen, schließlich als Theaterdirektor in Riga zu behaupten suchte. Mochte Holtei in seiner dichterischen Existenz kaum dem Ideal des schlesischen Adels entsprechen, so ist er seiner Herkunft nach doch dieser Klasse zuzuordnen.[109]

Aus dem Adel kamen auch Hermann Fürst von Pückler-Muskau (1785–1871), Schöpfer des Parks von Muskau und berühmter »Gentleman-Schriftsteller«, Friedrich von Sallet (1812–1843), Moritz Graf von Strachwitz (1822–1847), Christian von Zedlitz (1790–1862), Eduard Czeike von Badenfeld (1800–1860) und auch der Vertreter des »geistlichen Biedermeier«, der Breslauer Fürstbischof Melchior Freiherr von Diepenbrock (1798–1853).[110]

Zum ersten Mal gewinnen in dieser Periode nun auch Frauen Einfluß auf die literarische Produktion. Die Adlige Ida von Düringsfeld (1815–1875) kombinierte in ihren

Anthologien fremdländische Literatur und Volksdichtung. Sozial engagiert sind die Dichtungen von Agnes Franz (1794–1843) und Henriette Hanke (1785–1862). Besondere Beachtung aber verdienen die Gedichte der Bolkenhainer Webersfrau Johanna Juliane Schubert (1776–1864), die 1810 erschienen und die Mentalität dieser zu den Unterschichten zählenden sozialen Gruppe eindrucksvoll reflektieren. Ebenfalls einer Randgruppe, der sich akkulturierenden jüdischen Minderheit, entstammte Esther Gad (1770–1836) aus Breslau, »eine zweite Wollstonecraft«, wie sie Zeitgenossen bewundernd nannten. Sie verkehrte in Breslau in den aufgeklärten Zirkeln von Schummel, Garve und Fülleborn, bevor sie später nach Berlin beziehungsweise England ging. Berühmt wurde sie aufgrund ihrer Reiseschilderungen *Durch England und Portugal* aus dem Jahre 1803.[111]

Der bürgerliche Anteil an der schlesischen Dichtung in der ersten Jahrhunderthälfte bleibt relativ gering. Der Norweger Henrik Steffens (1773–1845) wirkte zwei Jahrzehnte in Breslau, bevor er 1832 nach Berlin ging. Hoffmann von Fallersleben (1798–1874), wie Steffens Professor an der Breslauer Universität, mußte 1844 nach dem Eklat mit seinen *Unpolitischen Liedern* Schlesien verlassen.

Aus dem Bereich der Breslauer Universität kam dann auch der Autor, der 1855, wenn man so will, den bürgerlichen Emanzipationsroman schrieb: Gustav Freytag, der Bürgermeistersohn aus Kreuzburg. Doch auch für ihn ist typisch, daß er nicht in Schlesien Karriere machte, sondern in Sachsen. 1847 ließ er sich in Dresden nieder, um dem Theaterleben näher zu sein. Von 1848 an war er dann Redakteur in Leipzig. Dennoch spiegelt sein bekanntester Roman, *Soll und Haben* (1853–1855), das Breslauer Bürgerleben wider, zu dessen Patriziat er durch seinen Freund Theodor Molinari Beziehungen hatte. Seine kritische Auseinandersetzung mit dem Geburtsadel, in Schlesien sicher ein brennendes Thema, bestimmte bereits seine Stücke, die im Vormärz entstanden waren. In *Soll und Haben* wird nun das Bürgertum zum Garanten der Kultur: »Besitz und Wohlstand haben keinen Wert, nicht für den einzelnen und nicht für den Staat, ohne die gesunde Kraft, welche das tote Metall in lebenschaffender Bewegung erhält.«

Der Roman ist nicht frei von einer »massiv antisemitischen Grundhaltung«, die schon Theodor Fontane in einer Rezension kritisiert. Gustav Freytag distanzierte sich in seinen Lebenserinnerungen beziehungsweise 1893 in einem Essay scharf vom Antisemitismus, dem er allerdings in seinen jungen Jahren in Breslau 1849 mit dem Aufsatz »Die Juden in Breslau«, erschienen im *Grenzboten*, kräftig Vorschub geleistet hatte. Die Breslauer Exzesse von 1830, 1840 und auch die Revolution von 1848 zeigen eine soziale Verankerung des Judenhasses im kleinbürgerlich-zünftlerisch orientierten Milieu, allerdings scheint auch das Breslauer Großbürgertum nicht frei von einem latenten Judenhaß gewesen zu sein. Auf der einen Seite war Karl August Milde im Allgemeinen Preußischen Landtag von 1847 für eine Emanzipation der Juden eingetreten, auf der anderen äußerte sich der Breslauer Kaufmann Karl Friedrich Hempel (1789–1851), Chronist der Revolution in Breslau 1848, in seinem Bericht recht antisemitisch.

In *Soll und Haben* hat Freytag seine krasse antisemitische Position von 1849 zwar überwunden, doch schließt er mit Veitel Itzig und Hirsch Ehrenthal das jüdische Wirtschaftsbürgertum, das in Breslau erheblich zur Arrivierung des Bürgertums insgesamt beigetragen hat, von der bürgerlichen Kultur aus. Dies ist eine deutliche Absage an die jüdische Akkulturation in Schlesien, obgleich eine bürgerliche Kultur dieser Provinz ohne den jüdischen Anteil kaum denkbar ist. Wenn sich Gustav Freytags Namen primär mit seinem Roman *Soll und Haben* verbindet, so zeigen die hier dargestellten jüdischen Personen allerdings nicht Freytags endgültige Haltung gegenüber den kulturellen Leistungen der jüdischen Minderheit in Deutschland. Während in den siebziger und achtziger Jahren der Antisemitismus im Bildungsbürgertum salonfähig wurde – und *Soll und Haben* hat sicher dazu beigetragen – war es nun gerade Gustav Freytag, der als einer der ganz wenigen den umgekehrten Weg ging. Zwanzig Jahre nach seinem bösen Essay über die Breslauer Juden traf er 1869 im selben *Grenzboten* die Feststellung: »Wir dürfen mit einiger Befriedigung sagen, daß nur noch die letzten Überreste alter Überlieferung und Unduldsamkeit zu überwinden sind, um die Herzen und Geister der deutschen Juden völlig in unser Volkstum einzuschließen.« Dieser Satz Freytags richtete sich freilich nur noch indirekt an die schlesische Kulturszene, primär galt er der von Richard Wagner 1850 gestarteten antisemitischen Kampagne gegen die Juden im Musikleben. Dennoch blieb Freytag auch in Schlesien der Herold der »bürgerlichen« Literaten.[112]

Eine »bürgerliche« Bühne konnte sich in Schlesien erst 1841 etablieren nach Fertigstellung des Breslauer Theaters durch Carl Ferdinand Langhans, der 1842 auch das Liegnitzer Theater und zehn Jahre später das Theater in Neisse schuf. Bereits nach 24 Jahren ging der Breslauer Bau allerdings in Flammen auf. Der Nachfolgebau überdauerte nur vier Jahre und fiel 1871 ebenfalls einem Feuer zum Opfer. Doch waren Ende der sechziger Jahre in Breslau weitere Bühnen gegründet worden. Ältere Theater, wie das in Brieg aus dem Jahre 1822 oder das Görlitzer von 1838, waren als bürgerliche Stiftungen an die Stadt entstanden. Sie alle lösten ältere Theatersäle ab, in denen diverse Schauspieltruppen gastierten. Feste städtische Ensembles gab es erst nach 1870.

Es waren weniger die städtischen Bühnen, die das Theaterleben Schlesiens in der ersten Hälfte des 19. Jahrhunderts prägten, sondern die adligen Bühnen wie das Grafenorter Schloßtheater unter Holtei, das primär für den Adel gedacht war, zu dem aber auch die Dorfbewohner als Zuschauer, noch mehr allerdings als Mitwirkende auf der Bühne und im Orchester Zugang hatten (als Zuschauer mußten sie in »Volkstracht« erscheinen). Holtei konnte in der Grafschaft Glatz auf eine alte Tradition des Handwerker- und Bauerntheaters zurückgreifen. Er verstand es noch am ehesten, das von der Romantik entdeckte »Volk« in das Kulturleben einzubeziehen. Umgekehrt wurden seine Mundartgedichte zur »Volkskunst«, und er freute sich darüber, wenn seine Lieder als »Volkslieder« gesungen wurden. Eine Tradition des Volkstheaters, wie es Nestroy für Wien schuf, konnte er in Schlesien trotz seiner Stücke, in denen er auch auf die schlesische Mundart zurückgriff, nicht begründen.[113]

Der Breslauer Historiker Richard Koebner (1885–1958) charakterisiert die Situation des weitgehend protestantischen schlesischen Bildungsbürgertums im ausgehenden 18. und beginnenden 19. Jahrhundert wie folgt: »Sie mußten außerhalb der Provinz studieren, kehrten in die Heimat zurück und zehrten in ihrer kleinstädtischen Vereinsamung ihr Leben lang von den Eindrücken einer kurzen Universitätszeit.«[114]

Die preußische Reformpolitik wollte mit der Gründung der Breslauer Universität 1811 auch Schlesien das dringend benötigte intellektuelle Zentrum geben. Die ehemalige Breslauer Jesuiten-Universität war bis dahin nicht mehr als eine theologisch-philosophische Hochschule gewesen, zudem wurde sie fast ausschließlich von Katholiken besucht.

Die Neugründung der Universität Breslau bildet den für Schlesien erfolgreichsten Teil der preußischen Reformpolitik. Nach Heidelberg gab es nun auch in Preußen eine katholisch-theologische und eine protestantisch-theologische Fakultät an einer Universität. Die neuen Fakultäten, die theologischen ausgenommen, standen nun allen Studierenden offen. In den ersten fünfzig Jahren waren insgesamt 14 062 Studenten immatrikuliert, davon waren 47,7 Prozent protestantischer, 45,7 Prozent katholischer und 6,8 Prozent jüdischer Konfession.[115] Auf Schlesien bezogen, aus dem drei Viertel der Studierenden kamen, entsprachen nach dem Konfessionsanteil in der Bevölkerung von 1849 die Katholiken mit 47,7 Prozent exakt diesem Anteil, während die Protestanten mit 41,2 Prozent unterrepräsentiert waren, der Anteil der jüdischen Studenten aber erheblich über dem Durchschnitt von einem Prozent lag. Hier mochte mitspielen, daß die protestantischen Studenten noch am ehesten andere deutsche Universitäten aufsuchten.

Der hohe Anteil jüdischer Studenten erklärte sich aus dem hohen Anteil Studierender, die aus Posen nach Breslau kamen, aber auch aus der Orientierung auf akademische Berufe, die für das jüdische Bürgertum nach seiner Akkulturation typisch ist, obgleich für Juden akademische Karrieren im Staatsdienst nach wie vor nicht möglich waren. Der erste Student, der sich in Breslau immatrikulierte, war der jüdische Student Braniss (1792–1873), der freilich erst nach seiner Taufe 1833 als Professor für Philosophie Karriere machen konnte und mehrfach Rektor wurde. Der erste jüdische Privatdozent Preußens, der Mediziner Samuel Guttentag (1786–1850), lehrte seit 1815 ebenfalls in Breslau, mußte aber 1823 aufgrund eines Erlasses seine Lehrtätigkeit aufgeben, da trotz der bürgerlichen Gleichstellung Juden in akademischen Lehrämtern nicht zugelassen wurden. Wer von den jüdischen Akademikern in Breslau bis in die siebziger Jahre an der Universität Karriere machen wollte, mußte sich taufen lassen.[116]

Der hohe Anteil schlesischer Studenten läßt darauf schließen, daß sich die Universität Breslau doch in einer Randlage befand und kaum attraktiv für Studierende aus dem Westen Deutschlands war. Das zeigen auch die Karrieren berühmter »Breslauer« Professoren, die meistens in Breslau begannen, aber dann auf anderen Universitäten zum Höhepunkt führten. Dies gilt in den ersten sechzig Jahren seit Bestehen der Universität für die Historiker Friedrich von Raumer und Theodor Mommsen, der in Breslau zur juristischen Fakultät gehörte, die Philologen Jakob Bernays (1824–1881), Friedrich Ritschl, die protestantischen Theologen David Schulz und Albrecht Wachler. In der medizinischen Fakultät war es der bekannte Physiologe Johannes Evangelista Purkinje (1787–1869), der die Breslauer Medizin zur führenden Stellung auf diesem Gebiet führte. Er ging 1850 wieder nach Prag zurück. Nur Gustav Adolf Stenzel (1792 bis 1854), einer der bedeutendsten Historiker Deutschlands in der ersten Hälfte des 19. Jahrhunderts, blieb trotz eines Rufes 1840 nach Heidelberg in Breslau, wohin er 1820 nur ungern gegangen war. Er war inzwischen zu stark mit der schlesischen Geschichtsforschung verbunden und hatte einen großen Schülerkreis.

Die Universität litt bis 1871 unter einer fatalen Mittellosigkeit. Selbst Purkinje konnte nicht von vornherein über ein eigenes Mikroskop verfügen.[117] Politisch blieb der Lehrkörper in der restaurativen Phase sehr stark angepaßt. In den Demagogenverfolgungen wandte er sich gegen das »durch nichts in sich begründete Treiben unter den Jünglingen«, wie Rektor und Senat in einer »Untergebenheitsadresse« 1820 an den König erklärten. Altenstein leitete dieses Schreiben an Hardenberg zur Vorlage beim König weiter, da es – wie er vermerkte – »in einem solchen Charakter der Unterwürfigkeit und Ergebung abgefaßt[ist], daß es auf Seine Majestät wohl keinen der Universität Breslau ungünstigen Eindruck machen kann«.[118] Die Ausnahme bildet hier August Heinrich Hoffmann von Fallersleben, Professor für deutsche Sprache und Literatur, der 1842, wie bereits erwähnt, wegen seiner *Unpolitischen Lieder* entlassen wurde.

In der Revolution von 1848 agierten die Professoren Röpell und Haase auf seiten der Konstitutionellen gegen die »wilde Demagogie«. In die Paulskirche gewählt wurde der Historiker Gustav Adolf Stenzel, in die er gleich von zwei schlesischen Wahlkreisen geschickt worden war. Hier zählte er mit den Historikerkollegen Dahlmann und von Raumer zum linken Zentrum. Als Abgeordneter der preußischen Konstitutionellen Versammlung wurde der Breslauer Botaniker Christian Gottfried Nees von Esenbeck (1776–1858) gewählt. Dort war er einer der sozial engagiertesten Vertreter der äußersten demokratischen Linken.

Weniger politischer Art, eher im Sinne eines modernen Richtungsstreits waren die Auseinandersetzungen in der katholisch-theologischen Fakultät. Die ersten Professoren, die hier wirkten, waren in ihrer Pastoraltheologie und Kirchengeschichte Anhänger der Aufklärung, so daß sie in die neue Richtung des Ultramontanismus nicht so recht hineinpaßten, die von zahlreichen Geistlichen der Diözese Breslau vertreten wurde. Verschärft wurde diese Divergenz durch den Streit um die hermesianische Lehre. Der Bonner Theologe Georg Hermes hatte versucht, den Kantschen Kritizismus und den Fichteschen Idealismus für die katholische Theologie fruchtbar zu machen. Daraufhin wurde seine Lehre durch den Papst 1835 verboten, ein Verbot, das der Kölner Erzbischof Droste zu Vischering rigoros durchsetzte, während sich der Breslauer Bischof Leopold Graf von Sedlnitzky (1787–1871) sehr zurückhielt. Kritik an dem Breslauer Hermesianer Johann Baptist Baltzer (1803–1871) wurde jedoch von ultramontaner Seite laut, da er sich gegen die zeitgenössischen Dogmen von der Unbefleckten Empfängnis und der 1871 verkündeten Unfehlbarkeit des Papstes wandte. Die wissenschaftliche Auseinandersetzung gegen ihn führte in maßloser Form sein Breslauer Kollege, der Moraltheologe Franz Anton Bittner (1812–1888).

Baltzers Kollege, der Kirchenhistoriker Joseph Hubert Reinkens (1821–1896), der sich ebenfalls gegen das päpstliche Unfehlbarkeitsdogma stellte, wurde 1870 suspendiert. Neben den internen Auseinandersetzungen litt die katholische Theologiefakultät unter der Vorenthaltung des theologischen Promotionsrechtes durch Rom. Die Kurie verweigerte den beiden Universitäten Breslau und Bonn, die sowohl eine katholische wie eine protestantische theologische Fakultät hatten, 1858 dieses Recht mit der Begründung, daß an den theologischen Fakultäten auch »acatholici« lehrten. Erst 1888 wurde Breslau dieses Recht von Rom wieder zugestanden.[119]

Der Rationalismus war wie in der katholischen so auch in der protestantischen theologischen Fakultät vorherrschend, wirkte hier aber viel stärker in den kirchlichen Bereich hinein, als dies bei den Katholiken der Fall war. Besonders der Kirchenhistoriker und Exeget David Schulz (1779–1854) übte einen großen Einfluß auf die jungen Theologen aus, so daß sich sein Bild in vielen Pfarrhäusern Schlesiens fand. Er bestimmte damit bis weit über die Jahrhundertmitte hinaus eine starke rationalistische Ausrichtung der schlesischen Theologen. Seinem Einfluß war es wohl auch zu verdanken, daß die evangelische Fakultät 281 Studenten zählte, eine Rekordziffer, die sie nie wieder erreicht hat. Die evangelische Theologie blieb zwar von internen Richtungskämpfen verschont, doch befand sie sich in den vierziger Jahren nicht mehr in Übereinstimmung mit dem Konsistorium. 1845 wurde Schulz als Konsistorialrat entlassen und galt nun als Märtyrer. Die Breslauer Stadtverordnetenversammlung ernannte ihn daraufhin zum Ehrenbürger. Nach Schulz' Ausscheiden setzte sich in der Fakultät die Richtung einer »milden Orthodoxie« durch.[120]

Mochten sich durch die Gründung der Breslauer Universität 1811 zumindest Ansätze einer Bildungsreform durchgesetzt haben, so blieb es um das Schulwesen nach wie vor sehr schlecht bestellt.[121] Die Dorfschulen und ihre Lehrer unterstanden vielfach noch der Gutsherrschaft, die nicht gerade an der Bildung der Jugend interessiert war. Von den bedeutenderen Pädagogen des 19. Jahrhunderts lehrte in Schlesien der Diesterwegianer Karl Friedrich Wilhelm Wander (1803–1879). In seiner Schrift *Schlesische Schulpräparandenbildung* von 1840 trat er für eine bessere Ausbildung der Volksschullehrer ein. Er forderte für sie Unterricht in »Physiologie und Psychologie, Literatur mit besonderer Hervorhebung der für die Volksbildung bedeutsamen Momente, Methodik aller Unterrichtsfächer und Geschichte der Erziehung und des Schulwesens«. Angesichts der schlesischen Schulmisere verlangte er die »Volksschule als Staatsanstalt«. Der Staat solle die Schulen von der Gängelung durch die Geistlichkeit und den Adel befreien, sie selbst und auch die Lehrer finanzieren. Damit hoffte er auch das zersplitterte konfessionelle Schulwesen zu überwinden.

Wander plädierte vor allem für einen Zusammenschluß der Lehrer. Es gelang ihm, auf den »schlesischen Lehrerfesten« von 1840, 1841 und 1842 eine große Zahl von Lehrern zusammenzuführen. Ein viertes Fest verbot die Liegnitzer Regierung. Anstatt Wanders pädagogische Vorschläge aufzugreifen, verfolgte ihn die Regierung seit 1835 mit zahlreichen Disziplinar- und Kriminaluntersuchungen; sogar ins Gefängnis mußte er. In der Revolution von 1848 trat er in seinem *Taschenkatechismus für das Volk* für »Recht und Freiheit« ein. Nach dem Sieg der Reaktion wurde er 1850 aus dem Schuldienst entlassen. Mit ihm wollte die Regierung das »Triebrad der Oppositionsbestrebungen des

Lehrerstandes« entfernen. Wander ging ein Jahr nach Amerika. Als er zurückkam, verweigerte die Regierung ihm das Niederlassungsrecht an verschiedenen Orten. So nahm er schließlich als freier Schriftsteller zu Fragen der Volksbildung Stellung, hatte aber kaum noch Einfluß auf die Lehrerschaft. Mit seiner demokratischen Gesinnung konnte er gegen den immer stärker werdenden Nationalismus kaum etwas bewirken. Auch strukturell haben seine Vorschläge nichts verändert.[122]

Auf welch einsamem Posten Wander mit seiner Forderung nach einer stärkeren Akademisierung der Volksschullehrer stand, beweisen die Reflexionen des damals wohl bedeutendsten katholischen Pädagogen Schlesiens, Bernard Bogedain, der 1858 seinen Posten als Schulrat in Oppeln mit dem des Breslauer Weihbischofs vertauschte. In einer höheren Bildung für Volksschullehrer sah er eine Kette »edler Verirrungen [und] Irrtümer«. Das »literarische Proletariat«, das auf den Staatsschulen herangezogen werde, dominiere die Presse und richte nur ungeheure Verwirrung an. Sein Leitbild blieb die Stiehlsche Regulative, »das Beste, was die Neuzeiten geliefert«; sein Kampf galt infolgedessen »dem gegenwärtigen Andrang des Liberalismus«. Es verwundert deshalb nicht, daß er »den besten Schlag von Lehrern, den es in Preußen gibt«, charakterisiert als »fromm, kirchlich und an Ordnung gewöhnt«.[123]

Das Raumersche Regulativ von 1854 schrieb auch in Schlesien das alte System fest. Die Seminarbildung sollte keine »vielseitige allgemeine Bildung anbahnen«, sondern primär auf die Religion ausgerichtet sein. Bis in die Kulturkampfzeit hinein blieb das auch für Schlesien Maxime. Noch 1886 kamen auf einen Lehrer 81 Schüler, die oft in einem Klassenraum untergebracht wurden.

Auch mit dem höheren Schulwesen stand es nicht zum besten. 1886 gab es erst 26 Mittelschulen mit 201 Klassen, 37 Gymnasien, acht Realgymnasien, zwei Oberrealschulen und fünf Realschulen. Schlecht war es vor allem um die Mädchenbildung bestellt. 1886 hatten nur die großen Städte Mädchenmittelschulen – Breslau davon drei –, aber keine Lyzeen oder höhere Töchterschulen. Mit etwa vier Promille Anteil der Besucher einer Oberprima an der Gesamtbevölkerung lag Schlesien weit unter dem Durchschnitt Preußens mit rund fünf Promille. Auch beim Gymnasialbesuch war der konfessionelle Anteil 1886 sehr unterschiedlich. Kam auf 224 Evangelische ein »höherer Schüler«, so war das Verhältnis bei den Katholiken mit 469 zu eins eklatant, während es bei den Juden mit 22 zu eins in einem sehr guten Verhältnis stand. Das Bildungsbürgertum war in Schlesien also weitgehend protestantisch, in Breslau nach 1850 auch mit einem hohen jüdischen Anteil.[124]

Durch die Gründung der Universät besaß Breslau ein intellektuelles Zentrum, das dem Bildungsbürgertum in seinen diversen wissenschaftlichen Bestrebungen einen gewissen Rückhalt bot. Auf eine Akademie der Wissenschaften mußte Schlesien verzichten, dafür gab es eine Reihe wissenschaftlicher Gesellschaften, die diesen Mangel auszugleichen suchten. Am bedeutendsten darunter war die »Schlesische Gesellschaft für vaterländische Cultur«, eine typische Gründung der Spätaufklärung. Den Mangel einer Akademie versuchte sie durch ihre Aufgliederung in zahlreiche Wissenschaftszweige auszugleichen, was in Deutschland ziemlich einmalig war. Ihr vorausgegangen war die

1803 gegründete »Gesellschaft zur Beförderung der Naturkunde und Industrie«, die durch jährliche Ausstellungen die Entwicklung schlesischer Gewerbeerzeugnisse dokumentieren sollte. Diese Gesellschaft, die die Tradition aber auch die Aufgaben der »Patriotischen Gesellschaften« in anderen Städten aufnahm, fand weit über Breslau hinaus Anerkennung. Goethe, der 1822 zum Ehrenmitglied ernannt wurde, attestierte ihr: »Mir ist kein gemeinnütziger Verein bekannt, wo mit solcher Ausdauer und mit solchem Erfolge so mannigfaltige Zwecke verfolgt werden, wie es wirklich in der Schlesischen Gesellschaft für vaterländische Kultur stattfindet.«[125]

Besondere Verbreitung fand in Schlesien der 1846 gegründete »Verein für Geschichte Schlesiens«, in dessen Publikationen umfangreiches Quellenmaterial gesichert wurde, das sonst heute verloren wäre. Sein Hauptinitiator war der Breslauer Historiker Stenzel, der als schlesischer Provinzialarchivar 1832 mit der Sammlung und Publikation schlesischer Geschichtsquellen begann. Damit stand er zunächst allerdings recht allein da, bis es ihm, dem Mitteldeutschen, gelang, die Schlesier für ihre eigene Geschichte zu gewinnen. Sein nicht weniger bedeutender Kollege Wilhelm Wattenbach (1819–1857) folgte ihm hierin.[126]

Doch gab es vor allem unter den schlesischen Geistlichen eine geschichtsorientierte Tradition, die auf die Aufklärung zurückging. In der protestantischen Kirche zählen dazu Johann Gottfried Scheibel (1783–1843), das Haupt der Altlutheraner, der in Göttingen bei Schlözer Geschichte studiert hatte und am liebsten Historiker geworden wäre. Für seine Publikationen zur Kirchengeschichte wurde er 1811 zum Ordentlichen Professor an der Universität Breslau ernannt, ferner der Pfarrer Johann Gottlob Worbs (1760–1833) und der Rektor Michael Morgenbesser (1782–1841) mit ihren Forschungen zur Geschichte der Lausitz und Schlesiens. Auf katholischer Seite war es der Ullersdorfer Pfarrer Josef Kögler(1765–1817). Er sichtete und sammelte das umfangreiche Quellenmaterial der Archive in der Grafschaft Glatz und verarbeitete es seit 1792 zu zahlreichen Ortschroniken und anderen geschichtlichen Arbeiten. Es gelang ihm auch, seine Amtskollegen dafür zu gewinnen. Mit seiner Arbeit stand er in der Geschichtstradition der Aufklärung und war der späteren Geschichtsbegeisterung in Schlesien weit voraus.[127] Erst um die Jahrhundertmitte, als Stenzels Schüler sich etabliert hatten, folgten weitere Zusammenschlüsse Geschichtsbegeisterter, wie der »Verein für Geschichte der evangelischen Kirche Schlesiens«. Das Zentrum bildete auch weiterhin der schlesische Geschichtsverein, dem erst in der zweiten Jahrhunderthälfte lokale Geschichtsvereine mit eigenen Publikationen folgten. Sein Periodikum, die *Zeitschrift des Vereins für die Geschichte Schlesiens*, die von 1855 bis 1943 erschien, wurde zum wichtigsten Organ für die Landesgeschichte.

Auf eine eigene Tradition konnte die 1779 gegründete »Oberlausitzische Gesellschaft der Wisssenschaften« zurückblicken. Sie hatte ihren Sitz im seit 1815 zu Schlesien gehörenden Görlitz. Ihr Organ, das *Neue Lausitzische Magazin*, gehört zu den ältesten deutschen geschichtlichen Zeitschriften, wie übrigens auch die von Pfarrer Kögler publizierten *Glätzischen Miscellen*, die allerdings nur in zwei Jahrgängen, nämlich 1801 und 1802, erschienen.

Der Thüringer Gustav Adolf Harald Stenzel wurde nach seiner 1820 erfolgten Berufung an die Universität Breslau zum Begründer der wissenschaftlichen Landesgeschichte Schlesiens. In vorbildlicher Weise nutzte er die Möglichkeiten der Quellenedition und Darstellung, wie sie Universitätsbibliothek und Provinzialarchiv nach der Säkularisation boten. Der noch heute bestehende »Verein für Geschichte Schlesiens« geht auf ihn zurück, das Erscheinen der bedeutenden Zeitschrift dieses Vereins hat er nicht mehr erleben können. Als politisch interessierter Zeitgenosse gehörte Stenzel der Frankfurter Nationalversammlung und der zweiten Kammer des Preußischen Abgeordnetenhauses in Berlin an.

Die schlesische Aufklärungsgesellschaft und in ihrer Nachfolge die adlig-bürgerliche Gesellschaft Schlesiens in der ersten Hälfte des 19. Jahrhunderts hielt den Kontakt untereinander weniger in Gesellschaften als mit Hilfe von Publikationsorganen aufrecht. Die wichtigste Bedeutung kommt hierbei den seit 1785 herausgegebenen *Schlesischen Provinzialblättern* zu, die auch als Forum für dichterische Talente herhalten mußten. Sie zeigen, daß nach der großen Barockperiode Schlesien nun in der literarischen Produktion Deutschlands ziemlich an den Rand gerückt war. Es gab hier allenfalls »An- und Nachklänge«, nicht aber eine führende Position. Doch diese Form der Kommunikation, zu der auch die 1838 eingegangenen *Schlesischen Intelligenzblätter* beigetragen hatten, war spätestens in der Revolution von 1848 überholt. Ihre ursprüngliche Intention, als indirekte Regierungsorgane die Bevölkerung zu beeinflussen, mußte der liberalen Auseinandersetzung mit ihren kontroversen Standpunkten weichen. Die aufgeklärte Gesellschaft mit ihren gemeinsamen Zielen endete auch in Schlesien spätestens im Vormärz, als die kontroversen Einstellungen nicht nur das soziale und politische, sondern auch das kirchliche Leben bestimmten.[128]

Die religiösen Auseinandersetzungen

Die politischen Verhältnisse nicht nur zur Zeit der Habsburger, sondern auch in der preußischen Ära hatten die Schlesier zu religiöser Toleranz gezwungen. Bei religiös wie auch kulturell unterschiedlichem Hintergrund hatten Lutheraner und Katholiken in den gemischtkonfessionellen Gebieten friedlich nebeneinandergelebt. Trotz der Unterdrückung und Benachteiligung der Lutheraner hatte Friedrich II. nach 1740 die katholische Kirche nicht um ihre ökonomischen Vorteile gebracht. Die protestantische Kirche blieb auch jetzt auf eine nur schmale ökonomische Basis angewiesen, was ihrer kulturellen Entfaltung vor allem auf dem Gebiet des Kirchenliedes keinen Abbruch tat. Die Sonderstellung der schlesischen Protestanten endete ebenfalls nach 1815 mit der Eingliederung in die preußische Landeskirche. Im selben Jahr wurde in Breslau das Provinzialkonsistorium mit zwölf Mitgliedern und dem Oberpräsidenten an der Spitze eingerichtet. Seit 1829 gab es eine Generalsuperintendentur; doch erst 1873 erhielt die protestantische Kirche Schlesiens eine Synodal- und Gemeindeverfassung.

Wie die theologische Fakultät, so stand auch die Provinzialkirche in der ersten Hälfte des 19. Jahrhunderts unter dem Einfluß des Rationalismus. Ein säkularer Einschlag ist unverkennbar. Die Geistlichen beschränkten sich nicht nur auf die Verkündigung des Wortes Gottes, sondern suchten sich im Landbau der Mitwelt unentbehrlich zu machen. Vielfach waren sie auf Nebenverdienste angewiesen, denn die finanzielle Ausstattung der Gemeinden blieb auch im 19. Jahrhundert schlecht. Zwischen 1810 und 1840 wurde eine Reihe kleiner Pfarrstellen aufgehoben oder mit anderen zusammengelegt, damit zumindest das Existenzminimum gesichert war. 1840 wurde ein Mindestjahresgehalt von 400 Talern festgesetzt, ein Gymnasiallehrer in Breslau verdiente damals 600 bis 1 000 Taler. Das Gehalt entsprach damit dem der Subalternbeamten. Erst 1866 wurde durch einen Pensionsfond die Altersversorgung gesichert. Bis dahin mußten die alten Geistlichen entweder bis zu ihrem Tod im Amt bleiben oder von ihren knappen Einkünften noch einen Adjunkten halten. Da junge Geistliche unter diesen Umständen keine Anstellung fanden, mußten sie entweder darauf eingehen oder aber als Hauslehrer ihr Leben fristen, bevor sie im fortgeschrittenen Alter ein Pastorat erhielten.[129]

Zu ersten Kontroversen und Konflikten in der protestantischen Kirche Schlesiens kam es zwischen 1817 und 1822, als der preußische König Lutheraner und Reformierte in einer Kirche unierte. Die Auseinandersetzung führte vor allem Johann Gottfried Scheibel, der zwar als Professor an der theologischen Fakultät weder unter den Kollegen noch unter den Studenten angesehen war, jedoch als Kanzelredner einen großen Einfluß in Breslau hatte. Er glaubte die lutherische Kirche bis zum »Todeskampf« verteidigen zu müssen. Im Kampf gegen die Union sah er nach 1839 einen Kampf des Christentums gegen »Heidentum und Vernunftvergötterung«, womit er wohl auch seine lutherischen rationalistisch eingestellten Amtsbrüder und Kollegen meinte. Selbst Vertreter der Pfarrergeneration, die nach ihm kamen und nicht mehr auf den Rationalismus eingeschworen waren, hatten Schwierigkeiten, dieses Gemisch von tiefsinniger Frömmigkeit und abstruser Gelehrsamkeit in streng lutherischer Orthodoxie und mystisch-schwärmerischer Theosophie, von widerchristlicher Härte und ungerechtem Mißtrauen, aber auch wieder von persönlicher Bescheidenheit zu verstehen.

Für den Rationalisten und Kollegen David Schulz war Scheibel der »Finsterling«. Nur Henrik Steffens, der Universitätskollege und Romantiker, hielt zu ihm. Der Union schloß sich Scheibel selbstverständlich nicht an und begründete die Altlutheranische Freikirche, deren erste Synode 1834 in Breslau tagte. Doch ging diese Separierung nicht ohne gewaltsame Eingriffe des Staates vonstatten. Scheibel wurde abgesetzt, ein Pfarrer gewaltsam aus der Kirche herausgeholt und die Dorfbewohner wurden gezwungen – fast wie zu Zeiten der schlesischen Gegenreformation –, durch Einquartierung von fünfhundert Soldaten den unierten Gottesdienst zu besuchen. Erst nach Friedrich Wilhelms III. Tod im Jahre 1840 ließen die Verfolgungen nach, und die Altlutheraner erhielten 1845 das Recht zur Bildung einer eigenen Religionsgemeinschaft, nicht aber einer Kirche. Schlesien blieb auch weiterhin mit dem Oberkirchenkollegium von 1841 und dem Seminar das Zentrum der altlutherischen Kirche.[130]

Die rationalistisch eingestellte Geistlichkeit hatte dagegen keine Schwierigkeiten mit der Union, auch nicht mit der Vereinfachung von Liturgie und Amtstracht oder aber den freikirchlichen Gemeinden, den Lichtfreunden, die sich auch in Schlesien bildeten. Seit den vierziger Jahren kam jedoch mit der Erweckungsbewegung eine Gegenrichtung auf, so daß sich nun Spannungen zwischen orthodoxem Luthertum und freiem Protestantismus ergaben. Traten die ersteren für eine freie demokratische Struktur in der Kirche mit Gemeinde- und Synodalverfassung, für das Aufgehen von Lutheranern und Reformierten in einer Kirche sowie die Förderung moderner Kultur und Wissenschaft und auch einer demokratischen Politik ein, so plädierte die Gegenseite für die Konsistorialverfassung, das Weiterbestehen von lutherischer und reformierter Kirche nach dem Edikt von 1834 und die absolute Autorität des Königs, doch blieben sie erfolglos sowohl mit ihrem Versuch, eine lutherische Kirche innerhalb der Union zu etablieren, wie mit der Rückgewinnung der Altlutheraner.

Die Mehrheit der Pfarrer, die sich seit 1861 jährlich in der schlesischen Pastoralkonferenz zusammenfanden, vertrat jedoch nach 1850 eine Mittelposition. Sie plädierte für die Mündigkeit der Kirche und die Notwendigkeit einer Gemeinde- und Synodalordnung, lehnte aber auf der anderen Seite einen theologischen Liberalismus ab. Aufsehen erregte diese Gruppe, als hundert schlesische Geistliche 1864 einen Protestbrief gegen Schenkel, den Verfasser einer kritischen Jesusstudie, richteten. 1873 wandte sich die gleiche Gruppe in einer ähnlichen Erklärung gegen den Liegnitzer Theologen Ziegler und seinen theologischen Liberalismus. Sie betonten zwar die Freiheit von Forschung und Lehre, rechneten aber die Liberalen zu den »vom Bekenntnis Abgefallenen« und sprachen ihnen die Berechtigung zu einem kirchlichen Lehramt ab. Die Spannungen blieben bis in die neunziger Jahre bestehen.[131]

Die soziale Not, die in Schlesien überall herrschte, machte die Protestanten schon früh für Wicherns Idee von der Inneren Mission empfänglich. Die ersten Rettungshäuser wurden 1830 in Goldberg und 1843 in Schreiberhau eingerichtet, weitere Sozialeinrichtungen wie Bewahranstalten und Waisenhäuser folgten. Doch blieben dies eher Randerscheinungen, da die internen Auseinandersetzungen viele Kräfte in Anspruch nahmen. Allerdings kam es zu keinen interkonfessionellen Auseinandersetzungen wie im Rheinland und in Westfalen, wo der Mischehenstreit den Ultramontanismus begünstigte und auch Aggressionen gegen die Protestanten schürte. Da der Breslauer Bischof Sedlnitzky hier eine gemäßigte Position vertrat, blieb Schlesien davon verschont.

Das friedliche konfessionelle Klima, wie es in Breslau vor der Kulturkampfzeit herrschte, war in Deutschland einmalig. Einem Rheinländer wie Joseph Hubert Reinkens, der 1850 als Professor an die Breslauer Universität kam, mußte dies besonders auffallen. Ihn überraschte, daß zur Karfreitagsliturgie »der Dom ... angefüllt mit Protestanten« war, die dort die Karfreitagsklagen in der Vertonung von Josef Schnabel hören wollten, oder daß Protestanten Melchior von Diepenbrocks Hirtenbriefe kauften, »mit dem Bedauern«, wie Reinkens in einem Brief hinzufügte, »daß sie doch solche Männer nicht hätten«. Reinkens, der später am Ultramontanismus scheitern sollte, sah die Beziehungen viel konfessionalistischer und konstatierte mit Genugtuung die Konversionen vom Protestantismus zum Katholizismus. Auch die jüdische Gemeinde partizipierte an dem konfessionellen Frieden, wie Reinkens bezeugt. Zur Bischofswahl und -weihe Heinrich Försters im Jahre 1853 überreichte die jüdische Gemeinde durch den bekannten Rabbiner Abraham Geiger (1810–1874) ein »schmeichelhaftes Gratulationsschreiben«. Und auch Diepenbrock seien von dieser Seite, wie Reinkens schreibt, »mehrfach Huldigungen zuteil geworden«.[132]

Wie in der protestantischen Kirche, so wirkte auch in der katholischen Kirche Schlesiens das Erbe der Aufklärung fort. Nach wie vor war hier der Einfluß des Staates sehr groß. Trotz Säkularisation vertrat Preußen in religionspolitischer Hinsicht noch lange ein spätabsolutistisches Konzept. Oberpräsident Merckel nahm auf die Wahl der Bischöfe starken Einfluß und verstand es, die Kandidaten durchzusetzen, die in der Tradition der Aufklärung mit der staatlichen Kirchenpolitik übereinstimmten. Das gilt vor allem 1836 für die Wahl des Grafen Sedlnitzky (1787–1871) zum Fürstbischof. Schon 1811 hatte Merckel bei der Neueinrichtung des Domkapitels für dessen Aufnahme gesorgt; 1830 war Sedlnitzky Dompropst geworden.

Die Breslauer Diözese war 1821 durch die päpstliche Bulle »De salute animarum« aus der Gnesener Kirchenprovinz herausgelöst und direkt dem Heiligen Stuhl unterstellt worden. Während die neue Diözese sich auch auf die österreichischen Gebiete Schlesiens erstreckte, gehörte die zu Schlesien zählende Grafschaft Glatz nach wie vor zur Erzdiözese Prag, so wie Teile der oberschlesischen Kreise Leobschütz und Ratibor weiterhin zum Erzbistum Olmütz gehörten. Neu zur Diözese Breslau kamen das oberschlesische Industriegebiet, wegen dessen polnischsprachiger Bevölkerung der Breslauer Weihbischof des Polnischen mächtig sein mußte. Zur Diözese Breslau gehörten ferner die Lausitz und Brandenburg mit Berlin. Kirchenpolitisch rückte Schlesien damit stärker nach Westen, wenn auch Berlin als Diaspora für Breslau eher eine Belastung darstellte.[133]

Die katholische Reformbewegung der Aufklärung, die im benachbarten Österreich und Böhmen ihren Höhepunkt im Josephinismus der achtziger Jahre des 18. Jahrhunderts erlebte, fand in Schlesien eine späte Blüte in der neologischen Bewegung um den Breslauer Theologieprofessor Johann Anton Theiner (1799–1866), die 1826 die Umgestaltung der kirchlichen Liturgie, die vollständige Umwandlung des Meßbuchs und Rituals, vor allem aber die Einführung der Muttersprache beim Gottesdienst verlangte. Theiner hatte 1826 anonym eine Schrift *Die katholische Kirche Schlesiens* publiziert, die wohl zu den radikalsten katholischen Reformschriften dieser Zeit zählt, aber kaum noch einen großen Nachhall in der Kirche fand, wo man sich allmählich auf den Ultramontanismus einstellte. Theiners bissige Polemik über die Zustände der Kirche in Schlesien schadeten den Bestrebungen der Reformgeistlichen eher, die auf einen Ausgleich mit den protestantischen Christen bedacht waren. Der neue Bischof Leopold Graf Sedlnitzky stimmte mit den Zielen der Reformgeistlichen durchaus überein, wagte sich aber nicht dem neuen ultramontanen Denken zu widersetzen, das unter dem Pontifikat Gregors XVI. (reg. 1831–1846) auch in Schlesien unverkennbar war.

Zur Nagelprobe wurde der sogenannte Mischehenstreit, der im Rheinland und in Westfalen zu erheblichen Auseinandersetzungen zwischen Staat und Kirche führte. Während nach preußischem Recht die Jungen aus gemischten Ehen nach der Konfession des Vaters und die Mädchen nach der der Mutter erzogen wurden, versuchte in Köln Erzbischof Clemens August von Droste zu Vischering die römische Linie durchzusetzen, die eine Erziehung der Kinder nur nach dem katholischen Glauben verlangte. Die Versicherung dafür sollte von beiden Partnern vor der Eheschließung abgegeben werden. Zum ersten Mal wurde der Ultramontanismus hier zu einem Politikum. Er kompensierte den politischen und ökonomischen Machtverlust, den die katholische Kirche durch die Säkularisation erlitten hatte, indem er durch eine strikte Ausrichtung auf Rom alle staatskirchlichen Einflüsse zurückzuweisen versuchte. Sedlnitzky war diese Ausrichtung fremd. Er beließ es bei der alten Praxis, überließ aber die Entscheidung den einzelnen Priestern.[134] Dagegen formierte sich allerdings Widerstand unter dem Klerus. Zum Sprecher dieser ultramontanen Gruppe wurde der damalige Domprediger und spätere Bischof während der Kulturkampfzeit Heinrich Förster (1799 reg. 1853 bis 1881). Diese Gruppe erreichte schließlich, daß Rom Sedlnitzky 1840 zum Rücktritt zwang. Sedlnitzky trat 1862, Theiner 1855 zum Protestantismus über. Seit dem 16. Jahrhundert war der Übertritt eines katholischen Bischofs zum Protestantismus nicht mehr vorgekommen. Die Auseinandersetzungen in der katholischen Kirche waren damit jedoch keineswegs ausgestanden.[135]

Als 1844 der Grottkauer Kaplan Johannes Ronge (1813–1887) in einer Schrift gegen die Ausstellung des sogenannten Heiligen Rocks durch den Trierer Bischof und die daraufhin einsetzende Wallfahrt polemisierte, basierte seine Kritik ebenfalls auf den Anschauungen der Aufklärung. Nun, im Vormärz, wurde diese Schrift zu einem Politikum, da sich in der Bewegung, die Ronge damit auslöste, nicht nur Kritik an der romantischen Frömmigkeit der katholischen Kirche, sondern auch Kritik an allen antilibera-

Im Protest des schlesischen Kaplans Johannes Ronge gegen die Wallfahrt zum Heiligen Rock in Trier 1844 verbanden sich aufklärerische Traditionen mit sozialen und nationalen Motiven. Ronge wurde der Exponent einer bald über Schlesien hinausreichenden deutsch-katholischen Bewegung. Nach seinem Ausschluß aus der katholischen Kirche gründete er 1845 in Breslau die Allgemeine Christliche Kirche. Ronge ist auf diesem Bild nicht als Geistlicher, sondern als Reformator dargestellt, der gegen Pfaffentum und Teufel ankämpft. Über seinen Gegnern weht wie eine Prozessionsfahne der Heilige Rock. Das fromme Volk strömt in Ronges neue Kirche. Zahlreiche Anhänger und auch Ronge selbst standen auf dem linken Flügel der Revolution von 1848. Ronge mußte 1849 für zwölf Jahre nach England emigrieren.

len Anschauungen artikulierte. Besonders in der Revolution von 1848 wurde die deutsch-katholische Bewegung, wie sie sich nannte, zu einer politischen Bewegung. Ronge wirkte somit weit über Schlesien hinaus, auch wenn er wohl nicht als Reformator zu sehen ist. Der Deutsch-Katholizismus war damit eine der wenigen Bewegungen, die zu dieser Zeit von Schlesien ausgehend in Deutschland Anhänger fand. Ronge wurde 1844 durch den Kapitelsvikar während der Sedisvakanz des Breslauer Bischofsstuhls exkommuniziert. In Breslau bildete sich Ende 1844 die erste deutsch-katholische Gemeinde, die Ronge zu ihrem Hirten und Seelsorger machte. Ihr schloß sich auch Karl August Milde an. Das erste deutsch-katholische Konzil, das 1845 in Leipzig zusammentrat, zeigt, daß der Deutsch-Katholizismus seinen Schwerpunkt nicht mehr in Schlesien hatte, daß Ronge nicht mehr der eigentliche Träger der Bewegung war.[136]

Ein weiteres Konfliktfeld in der katholischen Kirche Schlesiens entstand durch die Auseinandersetzung mit dem Hermesianismus. Ebenfalls unter Papst Gregor XVI. war 1835 diese theologische Richtung, die der Aufklärung verpflichtet war, verboten worden. In Bonn war der Kölner Erzbischof Droste zu Vischering scharf gegen die Hermesianer vorgegangen und hatte die Alumnen zur Unterschrift unter achtzehn Sätze gezwungen, die eine Absage an den Hermesianismus enthielten. Auch Breslau galt 1835 als »Hochburg des Hermesianismus«. Hier lehrten die Hermes-Schüler Ritter, Baltzer und Berg. Baltzer und Ritter lehnten in scharfer Form 1837 das Vorgehen und die Sätze des Kölner Erzbischofs ab. Sie plädierten für einen gesunden wissenschaftlichen Subjektivismus in der Kirche. In Breslau kam der Konflikt nicht schon in den dreißiger Jahren zum Ausbruch, sondern zog sich noch zwanzig Jahre hin. In der Zwischenzeit aber zählten beide Professoren zu den agilsten Katholiken der Diözese. Balzer initiierte das breitgefächerte katholische Vereinswesen der Diözese, womit er auch die soziale Frage der vierziger Jahre zu beseitigen hoffte. Ritter leitete als Kapitelvikar in den vierziger Jahren mehrfach die Diözese; 1843 legte er seine Professur nieder.

Zum Konflikt zwischen Baltzer und dem Bischof Förster kam es wegen des Dogmas von der Unbefleckten Empfängnis. Sogar Diepenbrock hatte an diesem Dogma Kritik geübt, selbst er befürchtete, daß damit der Graben zu den protestantischen Christen sich nur vertiefen würde. Der Ultramontanismus wirkte sich in Schlesien auch insofern negativ aus, als er die Toleranz, die hier seit Jahrhunderten zwischen den beiden christlichen Konfessionen geherrscht hatte, in Frage stellte. Diepenbrocks Nachfolger Heinrich Förster verfolgte jedoch strikt den ultramontanen Kurs. Während die katholisch-theologische Fakultät Baltzer verteidigte, entzog ihm Förster 1860 die katholische Lehrerlaubnis. Der Aufforderung, seine Professur niederzulegen, kam Baltzer nicht nach. Der Ultramontanismus erlebte seinen Höhepunkt in der Verkündigung des päpstlichen Unfehlbarkeitsdogmas, das in Schlesien zum Bruch der beiden führenden Theologen Baltzer und Reinkens mit der römischen Kirche führte. Beide zählten zu den Mitbegründern der altkatholischen Kirche. Reinkens wurde ihr erster Bischof und nahm seinen Amtssitz in Bonn.[137]

Spätestens seit 1848, als die Katholiken im Vereinswesen ihre politische Macht im preußischen Staat entdeckten, gewann auch in Schlesien die Vereinsbewegung eine breite Basis. Allein in Breslau, einer gemischtkonfessionellen Stadt, zählte der katholische Centralverein 1850 rund 2 500 Mitglieder, die jede Woche zu Vorträgen und Versammlungen zusammenkamen. Frauen waren ebenfalls zugelassen, wenn sie auch im Versammlungslokal, dem »Russischen Kaiser«, nur auf den Galerien als »Hörende« Zutritt hatten. Im Gegensatz zur katholischen Vereinsbewegung im Westen sprach sich die schlesische unter Leitung des aktiven Geistlichen Joseph Wick (1820–1903) gegen eine Politisierung des katholischen Vereinswesens aus. Es war freilich schwer, die Politik auszuschließen, zumal der Ultramontanismus, dem sich dieses Vereinswesen verpflichtet fühlte, auch eine eindeutig politische Zielrichtung, so in der Schulfrage, vertrat. Die Generalversammlung des gesamten deutschen und österreichischen Centralvereins, die 1849 in Breslau tagte, protestierte gegen das staatliche Schulwesen, das das elterliche Recht auf Erziehung verletze. Vom Staat forderte sie deshalb die Förderung und Unterhaltung der katholischen Schulen. Als Laienbewegung in der Kirche ist diese Vereinsbewegung freilich nicht zu sehen, schon in der Gründungsphase dominierten die Geistlichen. In Schlesien erfuhr das Vereinswesen eine starke Diversifikation in Spezialvereinen wie dem Vinzenzverein oder dem Gesellenverein, die sich vor allem sozialen Aufgaben widmeten.[138]

Auf Wick und den Centralverein geht auch das katholische Pressewesen in Schlesien zurück. Mit der stärkeren Abgrenzung der Katholiken durch den Ultramontanismus wurde eine eigene politische Tageszeitung als dringendes Erfordernis empfunden. Seit 1863 erschienen unter Wicks Leitung die *Berliner Hausblätter für das Volk,* die für eine Gleichberechtigung der Katholiken auch in Breslau eintraten. Von 1869 an erschienen dann die Hausblätter unter dem Titel *Schlesische Volkszeitung* als erste katholische Tageszeitung. Im bald einsetzenden Kulturkampf wurde sie zur Basis des politischen Katholizismus, der sich nun allmählich entwickelte.

Hatte in den christlichen Konfessionen Schlesiens eine späte Berührung mit der Aufklärung zu ständigen Auseinandersetzungen geführt, so war es in Schlesiens Judentum nicht anders, wo das ebenfalls als Folge der Aufklärung entstandene Reformjudentum in Konflikt mit dem traditionellen orthodoxen Judentum geriet. In Breslau personifizierte sich diese Auseinandersetzung in dem Streit zwischen dem liberalen Rabbiner Abraham Geiger (1810–1874) und dem orthodoxen Rabbiner Salomon Tiktin (Breslauer Amtszeit: 1816–1843). Breslau gehörte zu den Gemeinden, in denen die jüdische Aufklärung schon früh Anhänger gefunden hatte. Unter Moses Mendelssohns Einfluß war 1780 die »Gesellschaft der Brüder« entstanden, deren soziale Ziele von dem Provinzialminister Hoym gefördert worden waren, dem Friedrich II. wohl zu Recht »eine geheime inclination vor die Juden« nachgesagt hatte. So eröffnete die jüdische Gemeinde 1791 die Königliche Wilhelmsschule für Knaben, die insofern einen neuen Schultyp darstellte, als hier nicht nur die traditionellen Talmud-Thora-Studien betrieben wurden, sondern auch profane Wissenschaften hinzukamen. Die jüdische Gemeinde Breslau war damit den anderen Gemeinden in Deutschland um Jahre voraus. Neu war auch 1801 die Gründung einer »Industrieschule für israelitische Mädchen«, die auf der von der Aufklärung entwickelten Industriepädagogik basierte, einer pädagogischen Richtung, die sonst in Schlesien kaum Anhänger gefunden hatte. Innovativ für Breslau war auch, daß ausdrücklich Mädchen gefördert wurden.[139]

Zu dieser Zeit währte in der Gemeinde bereits der Streit zwischen Aufklärern und Orthodoxen, der dadurch belastet war, daß der letzte schlesische Oberlandrabbiner Levin Saul Fränkel nach der Teilnahme am Sanhedrin in Paris nach Mitteilung der *Schlesischen Provinzialblätter* im Jahre 1809 zur katholischen Religion übergetreten sein sollte.[140] Wohl unter dem Eindruck dieses Ereignisses beriefen Älteste und Vorsteher der Gemeinde im Januar 1816 den berühmten Glogauer Rabbiner Abraham ben Gedalja Tiktin (1764–1816), den »Fürsten der Thora«, als Rabbiner nach Breslau. Abraham Tiktin starb jedoch noch im selben Jahr, und die Auseinandersetzung führte sein Sohn, »ein mit reichen talmudischen und profanen Kenntnissen ausgestatteter Mann«, wie der jüdische Historiograph Aron Heppner schreibt.[141]

Die Gegner um Abraham Geiger sahen das allerdings anders. Für sie galt Salomon Tiktin als »allgemein wissenschaftlich nicht gebildet«, zudem des Deutschen nicht mächtig, da er angeblich nur jiddisch sprach. Abraham Geiger dagegen gehörte zu dem neuen Typ Rabbiner, der neben den talmudischen Studien auch ein Hochschulstudium absolviert und mit dem Doktorat abgeschlossen hatte. Geiger lebte und lehrte von 1839 bis 1863 in Breslau und machte die Stadt während dieser Zeit zu einem der führenden jüdischen Zentren in Deutschland. Dem Reformjudentum hat er die wissenschaftliche theologische Grundlage gegeben. Er forderte, daß dem zeitgenössischen Judentum derjenige »Ausdruck der religiösen Wahrheit, der der Zeit angemessen ist, [gegeben werde], ohne daß jedoch die geschichtliche Kontinuität aufgehoben wird«.[142]

Geigers konservativer Gegner Salomon Tiktin aber wollte alles beim alten lassen. Damit fand er vor allem die Unterstützung der preußischen Regierung und des preußischen Königs, die zur Förderung der staatlich propagierten Taufbewegung alle Reformen im Judentum zu verhindern suchten. So untersagte die preußische Regierung 1823 jede Neuerung im jüdischen Gottesdienst, was sich vor allem gegen die Reformbewegung richtete, die sich daraufhin in Preußen nur schlecht entfalten konnte. Auch Geiger, der 1838 auf Betreiben einer Anzahl gebildeter und religiös freisinniger Gemeindemitglieder gegen den Widerspruch des starr konservativen Rabbiners Tiktin gewählt worden war, bekam dies zu spüren. Erst 1839 konnte er sein Amt in Breslau antreten. Um die Gegenposition zu stärken, verlieh der König dem orthodoxen Gegenspieler Geigers den Titel eines Landesrabbiners. Die heftige Auseinandersetzung zwischen beiden Richtungen in der Gemeinde wurde zwar nicht beendet, aber weitgehend neutralisiert durch das Gesetz vom 23. Juli 1847, das in seiner Ausführung für den neugeschaffenen Synagogenbezirk Breslau zwei Rabbiner, Tiktin für die Orthodoxen und Geiger für den Reformflügel, vorsah. Bei der Auseinandersetzung ging es um die Einführung der deutschen Predigt, zum Teil deutscher Gebete und Gesänge, später dann auch um die Einführung der Orgel, vor allem aber um die Freiheit der theologischen Forschung.

Auf Geigers Vorschlag geht auch die Errichtung des jüdisch-theologischen Seminars in Breslau (1853/54) zurück, das durch eine testamentarische Stiftung des Kauf-

Das Emanzipationsedikt für die preußischen Juden von 1812 verlieh den Juden staatsbürgerliche Rechte. Erst jetzt konnten sie eine repräsentative Synagoge in Breslau errichten, die nach einem Entwurf von Carl Ferdinand Langhans in den Jahren 1827 bis 1829 erbaut wurde. Als Synagoge »Zum weißen Storch« wurde sie später das Gotteshaus der orthodoxen Juden.

manns Jonas Fraenckel ermöglicht wurde, der sich in den vierziger Jahren auch sozial durch die Gründung eines »Vereins zur Erziehung der Kinder hilfloser Proletarier« engagiert hatte. Von den Vorbereitungen wie dann später auch vom Lehramt wurde Geiger allerdings ausgeschlossen, da die Gründungsväter diese für alle Juden in Deutschland gedachte Einrichtung nicht durch die Geiger-Tiktin-Kontroverse belasten wollten. Erster Leiter wurde deshalb der Oberrabbiner Dr. Zacharias Frankel (1801–1875), der dieses Institut zur »bedeutendste[n] Institution für die Ausbildung von Rabbinern in Europa« machte, wie es in der *Encyclopaedia Britannica* heißt: es zog Studierende aus allen Teilen Deutschlands und Mitteleuropas an. Tatsächlich war das Breslauer Jüdisch-Theologische Seminar das erste seiner Art in Europa und hatte deshalb Vorbildcharakter für die Nachfolgegründungen in Berlin, Wien und Budapest. Durch seine hervorragenden Lehrer wie die Talmudisten Israel Levy (1840–1917), Saul Horowitz (1858 bis 1921), die Historiker Heinrich Graetz (1817–1891), seit 1869 auch Honorarprofessor an der Breslauer Universität, und Markus Brann (1849–1920) wurde Breslau zu einem führenden geistigen Zentrum des Judentums in Deutschland.[143]

Fand die Breslauer Gemeinde in den fünfziger Jahren aus ihren Auseinandersetzungen heraus, so muß offenbleiben, inwieweit solche auch in den anderen jüdischen Stadtgemeinden, die nach dem Emanzipationsgesetz von 1812 überall in Schlesien entstanden, ausgetragen wurden. In Glogau, nach Breslau die bedeutendste und traditionsreichste Gemeinde Schlesiens, gab es zwar auch konservativen Widerstand gegen die Einführung der deutschen Predigt und eines Chores sowie der Gottesdienstreform in den vierziger Jahren, aber sie erreichten bei weitem nicht die Brisanz wie in der Breslauer Gemeinde.[144]

Durch das Gesetz von 1847 waren in Schlesien 55 Synagogenbezirke gegründet worden, zehn davon im Regierungsbezirk Breslau, sieben im Regierungsbezirk Liegnitz, aber 38 im Regierungsbezirk Oppeln, wo 1849 mit 16 662 jüdischen Einwohnern etwa 52 Prozent der schlesischen Juden lebten. Allerdings bestand zwischen den einzelnen Synagogenbezirken noch keine gemeinsame Verbindung. Selbst in den Dörfern entstanden in Oberschlesien neue Gemeinden. Nachdem die oberschlesischen Juden in friderizianischer Zeit gezwungen worden waren, aus den Dörfern in die Städte zu ziehen, hatte nach dem Emanzipationsgesetz von 1812 ein Zug in entgegengesetzter Richtung stattgefunden. Wohnten 1817 von den damals 16 476 in Schlesien lebenden Juden 4 150, das sind 25 Prozent, auf dem Lande – dies vor allem in Oberschlesien –, so waren es 1858 schon 9 404, was 24,2 Prozent der schlesischen Judenheit entsprach.

Es hatte sich also in Schlesien bis 1860 ein Landjudentum herausgebildet, das sich seiner Existenz als Dorfbewohner stolz bewußt war. 1858 teilt ein dortiger Korrespondent in der *Allgemeinen Zeitung des Judentums* mit, daß in Oberschlesien »immer mehr Juden aufs Land« ziehen und daß es »fast kein Dorf und keinen Weiler mehr [gäbe], wo nicht schon einige Familien unseres Stammes anzutreffen waren. In vielen Dörfern wird schon Minjan [das ist die für den jüdischen Gottesdienst vorgeschriebene Mindestzahl von zehn Männern, A. H.] gebetet.«

Zwei jüdische Persönlichkeiten standen im Mittelpunkt von Reformbewegungen. Der Breslauer Rabbiner Abraham Geiger (links) bemühte sich in erbitterten Auseinandersetzungen mit dem orthodoxen Rabbiner Salomon Tiktin um eine Liberalisierung und Modernisierung der jüdischen Kultformen. Ferdinand Lassalle (rechts) war der Organisator der deutschen Arbeiterschaft. Aus dem von ihm gegründeten Allgemeinen Deutschen Arbeiterverein ging die Sozialdemokratische Partei Deutschlands hervor.

Nicht wenig später verloren jedoch auch die schlesischen jüdischen Landgemeinden ihre Bedeutung. »Dorfgemeinden« wie Städtel bei Namslau, Kraskau bei Rosenberg oder Langendorf bei Tost/Oberschlesien hörten in der Hochindustrialisierungsphase nach 1870 allmählich auf zu existieren. Zwischen 1871 und 1880 stieg die Zahl der jüdischen Einwohner Breslaus von 13 916, das entsprach rund 34 Prozent der schlesischen Juden, auf 17 543, was immer noch rund 34 Prozent der schlesischen Juden ausmachte.[145]

Die Revolution von 1848/49 und ihre Folgen

Das Konfliktpotential, das sich in Schlesien durch die unterbliebenen Reformen und die sozialen Gegensätze gebildet hatte, bestimmte auch die Ereignisse der Revolution von 1848. Brisant war nach wie vor die Landfrage. In den vierziger Jahren hatten einsichtige Adlige wie der in Schlesien lebende Carl von Vincke für ein Zusammengehen von adligen Landbesitzern und Bauern plädiert, um so eine Massenbasis gegen die »allen drohende Gefahr der zunehmenden Demoralisation [und] des durch kommunistische Ideen gärenden Pauperismus zu schaffen«. Vincke war wie nur wenigen Adligen in Schlesien klar, daß es in Zukunft nicht mehr um adlige Standesinteressen, sondern in einer sich immer stärker differenzierenden Industriegesellschaft um gemeinsame agrarische Interessen ging. Ähnlich wie er sah das auch der Rittergutsbesitzer August von Mitschke-Kollande, der dafür eintrat, die Bauern in die bis dahin dem Adel vorbehaltene Schlesische Landschaft aufzunehmen, um ihnen auf diese Weise günstige Kredite zu verschaffen. Dergleichen Stimmen waren jedoch selten, die meisten Adligen und Gutsbesitzer waren davon überzeugt, die mächtige politische und soziale Stellung, die sie in Schlesien hatten, auch in Zukunft unangefochten zu behaupten.

Was das schlesische Bürgertum betraf, so war für dieses die Agrarfrage nicht gerade das Thema, mit dem man eventuelle Emanzipationsansprüche gegen den Adel durchsetzte. Karl August Milde, der versuchte, die liberalen Kräfte auf den Provinziallandtagen um sich zu sammeln, diskutierte in seinem Haus zwar auch mit den Vertretern des vierten Standes, der Landgemeinden also, doch eine liberale Position wurde zugunsten der Landfrage auf den schlesischen Landtagen nicht formuliert. Am ehesten fanden die Bauern in Schlesien noch ihre Vertretung in der radikalen Demokratie, deren bedeutendster Vertreter, Dr. Moritz Elsner (1809–1894), bereits in den vierziger Jahren in seiner *Schlesischen Chronik* auf die Landmisere wiederholt hinwies und besondere Verstöße adliger Willkür an die Öffentlichkeit brachte.[146]

Die spezielle schlesische Agrarsituation führte in der Revolution von 1848 unter den schlesischen Bauern zu zwei Strategien. Die eine war die herkömmliche Form des radikalen sozialen Protests, die andere aber die in die Zukunft weisende Form des parteiähnlichen Zusammenschlusses zur Verteidigung der bäuerlichen Interessen. Was die erste Strategie betraf, so kam es zu Plünderungen und Zerstörungen zahlreicher Gutshöfe, zu Wald- und Wildfrevel. Auch stellten in vielen Orten die Bauern ihre Abgaben und Dienste ein. Die zweite und konstruktive Form war die Nutzung der Versammlungs- und Vereinsfreiheit, die ihren bedeutendsten Ausdruck in der Gründung des schlesischen Rustikalvereins fand. Diese Bewegung bewies eine hohe Politisierung der Landbevölkerung, die schon bald nach dem März 1848 die neuen Rechte der Presse- und Versammlungsfreiheit für sich nutzte. Hauptanführer waren die wohlhabenden Bauern und Schulzen, die sich in Vereinen zusammenschlossen und die Aufhebung der Jagddienste und des Jagdrechts, die Vorlage einer Dorfgemeindeordnung sowie Vorlagen über eine allgemeine gleichmäßige Vertretung auf Provinzial- und Vereinstagen, eine demokratische Wahl der Landräte, Landrenten und Kreditbanken, Grundsteuerregulierung und endlich die Aufhebung der Mehl-, Schlacht- und Klassensteuer forderten.

Die fast zweihundert Rustikalvereine schlossen sich im August 1848 zu einem schlesischen Haupt- oder Zentralverein zusammen, der über 200 000 Mitglieder zählte und damit eine der größten Massenorganisationen nicht nur der Bauern, sondern überhaupt im Reich darstellte. Politischen Rückhalt boten ihnen die Demokraten, deren bedeutendste schlesische Vertreter, der Lehrer und Journalist Dr. Julius Stein (1813 bis 1889), Eduard Graf von Reichenbach (1812–1869), der Oberlehrer Adolf Rösler aus Oels (1815–1855) und der Gymnasiallehrer Dr. Moritz Elsner, die Forderungen der schlesischen Bauern in den Parlamenten in Berlin und Frankfurt vertraten. Den Demokraten ging es nicht nur darum, die längst überfälligen Leistungen an den Adel ohne Entschädigung zu Fall zu bringen, sondern auch um die Herstellung freier Dorfgemeindeordnungen, die den Dorfparlamenten eine Selbstbestimmung ohne Eingriffe der Landräte ermöglichten.

Die Maiwahlen bewiesen ein hohes Maß politischer Entschiedenheit der schlesischen Landbevölkerung.[147] Als Wahlmänner wurden auf dem Land fast ausschließlich Bauern, Freigärtner und Häusler gewählt, dagegen kaum ein Rittergutsbesitzer; ebenfalls waren die aus der Wahl der Wahlmänner hervorgegangenen Abgeordneten für Berlin und Frankfurt, vor allem in den Regierungsbezirken Liegnitz und Breslau, Scholzen, Bauern, Freigärtner, Lehrer, Juristen und Handwerker. Aus Oberschlesien kamen zum Teil polnischsprachige Abgeordnete in das Berliner Parlament, für die, wie im Falle des Abgeordneten Kiolbossa, konservative Abgeordnete arrogant die Ausschließung forderten, da der Gewählte des Deutschen nicht mächtig sei.

Die Forderungen der demokratischen Abgeordneten in der Berliner Nationalversammlung wurden durch einen Petitionssturm von über fünfhundert Eingaben aus Schlesien unterstützt. Sie betrafen weitgehend die kostenlose Abschaffung der Dominiallasten, vor allem der Laudemien, der Jagd- und Fischereirechte, des Weberzinses und der Robotdienste. Während die adlige Interessenvertretung, die sich nach dem ersten Schreck über das selbstbewußte Auftreten der Bauern gebildet hatte, noch um die Höhe der Ablösungsrenten stritt, forderten die Demokraten die Beseitigung aller Lasten ohne Entschädigung. Wenn auch die parlamentarische Auseinandersetzung in Berlin zu keinem greifbaren Ergebnis geführt hatte, so sah sich sogar das reaktionäre Ministerium Brandenburg wegen der wieder aufflammenden Gewaltaktionen in Schlesien am 20. Dezember 1848 zu einem Interimistikum gezwungen, das die Auflösung der gutsherrlich-bäuerlichen Verhältnisse auf der Basis der dem Landtag vorliegenden Gesetzentwürfe gestattete und die Regulierung neu zu bildenden Schiedsgerichten übertrug.[148]

Nachdem die Revolution 1849 endgültig niedergeschlagen war, blieben die Forderungen der Bauern weitgehend unberücksichtigt. Wilhelm Wolffs Artikelfolge in Marx' *Neuer Rheinischer Zeitung* (März/April 1849) »Die Schlesische Milliarde«, eine der wohl bedeutendsten Kampfschriften der Revolution, fand zwar starken Absatz, blieb aber letztlich ohne Erfolg. Wolff hat hier nachgewiesen, wieviel die Gutsbesitzer im Lauf der Zeit den Bauern und bäuerlichen Unterschichten abgepreßt hatten. Doch nun konnten die Gutsbesitzer ihre Macht wieder voll und ganz ausspielen. Das Gesetz über Polizeiverwaltung und die Gemeindeordnung vom 11. März 1850 trat gar nicht erst in Kraft. Das Gesetz vom 14. April 1856 ließ alles bei den vorrevolutionären Verhältnissen. Erst die Kreisordnung von 1872 beseitigte die gutsherrliche Polizeiverwaltung, und erst das Jahr 1891 brachte eine neue Landgemeindeordnung. Die gutsherrlichen Kirchenpatronate blieben bis zur Revolution von 1918 bestehen.

Die einzige Errungenschaft der Revolution war die Aufhebung der 2 000 Patrimonialgerichte, die es in Schlesien gab und die 1849 durch Kreisgerichte ersetzt wurden. Auch der Weberzins entfiel ohne Entschädigung sowie die Leistung der Jagddienste.[149] Im preußischen Abgeordneten- und Herrenhaus konnten die Gutsbesitzer in den fünfziger Jahren ihre Vorherrschaft wieder festigen, da das Dreiklassenrecht den Zugang der Bauern zum Parlament erheblich eingeschränkt hatte. So entzogen sie 1856 den Gemeinden den nach den Teilungen der Gemeinhutungen zugesprochenen Kommunalbesitz und nahmen den Landgemeinden damit jeglichen Grundbesitz.

Die Rustikalvereine haben sich gegen die erneute Übermacht des Großgrundbesitzes nicht behauptet. Ein Bauernverein, wie ihn der westfälische Adlige Burghard Freiherr von Schorlemer-Alst 1862 ins Leben rief und in dem sich Großgrundbesitzer sowie größere und mittlere Bauern mit Unterstützung der katholischen Kirche zusammenschlossen, war in Schlesien nicht möglich. Hier divergierten die Strukturgrößen der Höfe und damit die Interessen der Besitzer zu stark. Auch spielte in Schlesien im Gegensatz zu Westfalen der politische Katholizismus zu dieser Zeit noch keine Rolle.[150]

Stimmte die bäuerliche Bevölkerung auf dem Land während der Revolution in ihrer Kampfrichtung gegen die überholten Vorrechte des Großgrundbesitzes weitgehend überein, so war zumindest in Breslau die Interessenlage der bürgerlichen Schichten gespalten. Doch ermöglichte auch hier die Versammlungsfreiheit bei den Unterschichten neue Aktionsformen.[151] So gab es 1848 immer noch Nahrungsmittelproteste wie den Sturm auf Bäckerläden in der Schweidnitzer Straße. Einen Protest dieser Art hat der damals in Breslau lebende Maler Philipp Hoyoll in seinem Bild: »Der Sturm auf das Backhaus am Breslauer Neumarkt« von 1846 festgehalten.

Wie bereits 1844 waren auch nun wieder jüdische Geschäfte betroffen, doch diesmal nicht nur sie allein. In Breslau gab es in der Revolution eindeutig antijüdische Aktionen, die sich unter anderem gegen den interimistischen Polizeichef Kuh richteten, der aus einer bekannten alten jüdischen Familie Breslaus stammte, jedoch konvertiert war.[152] Die Sozialproteste führten im April 1848 zu Auseinandersetzungen zwischen dem »Pöbel« und der Bürgerwehr.

Als Aktionsformen der Unterschichten sind in Breslau vor allem die sogenannten Katzenmusiken zu sehen, die die Volksmenge unbeliebten Politikern brachte. Über diese Aktionsform hinaus führten die Versammlungen, auf denen die Arbeiter ihre Forderungen formulierten, die dann Deputierte dem Magistrat vortrugen. Sie zeugen von proletarischem Weitblick, so die Forderung nach einem Arbeiterministerium oder die

Zusicherung der Pressefreiheit. Aber es gab auch noch alte zünftische Vorstellungen, die sich in der Forderung nach Entfernung der »Fremden«, das meint die auswärtigen Gesellen, zeigen. Die Redebegabung, die auf Veranstaltungen »Mitglieder der Arbeiterklasse« bewiesen, nötigte sogar Vertretern des konservativen Breslauer Bürgertums Bewunderung ab.

Die Versammlungen der Unterschichten, auf denen häufig Redner der demokratischen Partei auftraten, konnten auch als Erfolg die Entlassung verhaßter oder mißliebiger Beamter verbuchen. So traten infolge dieser »Revolutionsereignisse« der Oberpräsident von Wedell und der Polizeipräsident Heinke zurück. Letzterer fungierte allerdings seitdem als Universitätskurator.[153]

Das wichtigste Aktionsfeld des »revolutionären« Bürgertums aber waren die Stadtverordnetenversammlung und der Magistrat unter Führung von Oberbürgermeister Julius Hermann Pinder, der zugunsten der »Revolutionsforderungen« Standfestigkeit gegenüber der sich wieder durchsetzenden Restauration zeigte und seine konsequente Haltung mit dem Verlust aller seiner Ämter bezahlte. Schon am 8. März 1848 hatten Stadtverordnetenversammlung und Magistrat von Breslau beschlossen, eine Deputation zum König zu schicken, die Pressefreiheit, Einberufung des Landtags und Volksbewaffnung verlangen sollte. Die Deputation unter Leitung des Oberbürgermeisters Pinder fand »gnädige Aufnahme« und die Zusicherung, daß die Wünsche berücksichtigt würden.

Breslau als zweitgrößte Stadt Preußens stand jedoch auch unter dem Einfluß der Berliner Ereignisse. So bildete sich nach der dortigen Märzerhebung am Zwanzigsten des Monats auch in Breslau ein Sicherheitsausschuß, dessen Mitglieder durch Akklamation aus dem Volk gewählt wurden und mit bestimmten Forderungen, darunter auch der nach Einrichtung eines Arbeiterministeriums, an den König geschickt wurden. In diesem Ausschuß saßen nun auch Vertreter der demokratischen Partei, so Dr. Stein, Heinrich Simon und der Graf Reichenbach. Die Spannungen klangen in Breslau ab, als der König per Kabinettsorder den Breslauer März-Forderungen nachgab.

Die Revolution kam nun zu ihrem feierlichen Teil, der sich offensichtlich am Vorbild der Revolutionsfeiern während der Französischen Revolution orientierte. Auf der Bühne des Stadttheaters wurden das schwarzrotgoldene Banner entrollt und »revolutionäre« Lieder des Breslauer Theaterdichters Lasker vorgetragen. Während an dieser Veranstaltung nur das gehobene Bürgertum teilnahm, fand am 6. August 1848 ein vom neuen Reichsministerium angeordnetes Fest der deutschen Einheit statt, zu dem sich etwa 16 000 Menschen versammelten. Auch hier wurden patriotische Lieder gesungen. Der Maler Hoyoll hatte für dieses Fest eine »Polonaise« arrangiert, die »in Schlangenwindungen durch Wald und Flur« zog.

Die revolutionären Auseinandersetzungen fanden 1848 ihren Höhepunkt, als die reaktionären Maßnahmen des Ministeriums Brandenburg im November mit einer Steuerverweigerungskampagne beantwortet wurden, die auch der vom Breslauer Oberbürgermeister zum Oberpräsidenten avancierte Pinder unterstützte. Doch der konservative Teil des Bürgertums distanzierte sich von dieser Aktion und schwenkte mit der Grün-

Gustav Adolf Rösler aus Görlitz wurde vom Wahlbezirk Oels in die Frankfurter Nationalversammlung gewählt, wo er sich dem »Deutschen Hof« Robert Blums anschloß. In den Barrikadenkämpfen des 18. September 1848 in Frankfurt am Main vermittelte er unter Einsatz seines Lebens den Waffenstillstand (Bildmitte mit Fahne). Seine junge Frau stand ihm an Mut nicht nach. Sie befreite ihren Mann 1850 aus der Festung Hohenasperg bei Stuttgart. Beide flohen von dort nach Amerika.

dung eines »Vereins zur Erhaltung der gesetzlichen Ordnung« auf die Linie der Regierung ein. Brandenburg, der lange Zeit in Breslau kommandierender General gewesen war, besaß durchaus die Sympathie dieser Gruppe.[154] In Breslau hatte er es verstanden, das Militär aus den Ereignissen weitgehend herauszuhalten und es nicht zu einem Zusammenstoß von Militär und Bürgern kommen zu lassen, wie er sich am 31. Juli 1848 in Schweidnitz ereignete. Hier hatte der Kommandant ohne vorherige Warnung auf die Bürger schießen lassen, wobei vierzehn von ihnen getötet wurden. Der Vorfall führte zu einer erregten Debatte in der preußischen Nationalversammlung, in der Dr. Stein eine Armee forderte, die von dem Geist des neuen Staates durchdrungen sein sollte. Die jetzige Armee aber sei freiheitsfeindlich.[155]

Die in Schlesien sowohl für Berlin wie für Frankfurt gewählten Abgeordneten deckten das Spektrum von der äußersten Linken bis zur äußersten Rechten ab, wobei der Schwerpunkt aber eher links lag. Zur äußersten Linken, dem »Donnersberg«, zählte aus Schlesien Arnold Ruge, der in Breslau auf Vorschlag Bakunins gewählt worden war. Im »Deutschen Hof«, der Fraktion Robert Blums, agierte Rösler aus Oels, der wegen seines gelben Nankinganzugs und seines roten Vollbarts, wohl auch wegen seiner bisweilen unfreiwillig komischen Reden als »Reichskanarienvogel« karikiert wurde. Der Verfassungsrechtler Heinrich Simon, der seine wichtigste Arbeit im Verfassungsausschuß leistete, gehörte zur linken Fraktion der »Westendhalle«. Zur Rechten zählten Fürstbischof Diepenbrock, der in der Paulskirche allerdings kaum ein politisches Profil zeigte, vor allem aber Fürst Lichnowsky, der schließlich in der Septemberkrise von einem Volkshaufen ermordet wurde.[156] Kurz vor Auflösung der Paulskirche tat sich als Abgeordneter und Redner auch Wilhelm Wolff hervor, der für den Historiker Stenzel nachgerückt war. Seine Rede vom 26. Mai 1849, in der er den Reichsverweser und die Minister als »Volksverräter« bezeichnete, stieß jedoch auf allgemeine Ablehnung.

Im Gegensatz zu Wolff hatten auch die schlesischen Linken in der Paulskirche, Rösler, Simon und Oskar Graf Reichenbach, für die Wahl des preußischen Königs zum deutschen Kaiser gestimmt, eine gescheiterte Hoffnung freilich, die im Mai 1849 auch in Breslau noch einmal zu einer Erhebung führte. Bei dieser Erhebung ging es den Arbeitern nicht nur um »die Verwirklichung der Einheit Deutschlands, ... sondern zugleich wesentlich [um] das Wohl der arbeitenden Klassen«, wie es in einem Breslauer Straßenplakat hieß. Die demokratischen Abgeordneten Stein und Elsner forderten die Versammlung auf, »für die Freiheit Gut und Blut einzusetzen«. Nicht mehr die schwarzrotgoldene Flagge, sondern die rote Fahne wehte auf den Barrikaden, die am 6. Mai 1849 in Breslau errichtet wurden. Bei den Kämpfen am 7. Mai wurden zwei Offiziere und vier Soldaten auf der einen und zwölf Zivilisten auf der anderen Seite getötet. 120 Personen wurden wegen Teilnahme an dem Aufruhr verhaftet.[157] Mit dem Sieg der Reaktion gingen die politischen Errungenschaften der Revolutionszeit wie Presse-, Vereins- und Versammlungsfreiheit wieder verloren. Unter dem zweieinhalbmonatigen Belagerungszustand wurde die demokratische Infrastruktur der Revolutionszeit durch den neuen Oberpräsidenten Eduard Freiherr von Schleinitz (reg. 1848–1869) streng unterdrückt.[158]

Die schlesische Parteienszene, die sich 1848/49 herausgebildet hatte, verschwand ganz. Das gilt für den Breslauer Arbeiterverein, in dem auch die Intellektuellen des Kommunistenbundes agierten, vor allem aber für die demokratischen Clubs und die zahlreichen Rustikalvereine auf dem Lande. Selbst die konstitutionellen Vereine scheinen diese Unterdrückungsphase nicht überstanden zu haben. Unangetastet blieb lediglich der Katholische Verein, der während des Belagerungszustandes im Mai 1849 in Breslau sogar eine Generalversammlung abhalten durfte, da er wohl auch von den preußischen Behörden als nichtpolitischer Verein akzeptiert wurde.[159]

Die einstmals führenden Männer der demokratischen Bewegung saßen im Exil oder hatten Schlesien verlassen. Heinrich Simon, der vom Stuttgarter Rumpfparlament zu einem der fünf Reichsverweser gewählt worden war, lebte in der Schweiz, Johannes Ronge und Wilhelm Wolff hielten sich in England auf, Pelz und Rösler waren in die USA geflohen, und Max Forckenbeck, der führende Kopf der konstitutionellen Vereine, hatte sich im ostpreußischen Mohrungen als Anwalt niedergelassen. Erst 1872 kam er als Oberbürgermeister nach Breslau zurück. Insgesamt waren siebzehn schlesische Mandatsträger entweder verurteilt oder durch die Justiz der Reaktionszeit ihrer sonstigen Ämter ohne Pensionsanspruch für verlustig erklärt worden. Über Schlöffel und Schmidt-Löwenberg war die Todesstrafe, über Rösler in Abwesenheit eine achtjährige Zuchthausstrafe, über Schramm Festungshaft und über Simon eine Zuchthausstrafe verhängt worden.[160] In der preußischen Abgeordnetenkammer der fünfziger und sechziger Jahre profilierte sich kaum ein Schlesier als liberaler oder konservativer Politiker. Ausnahmen sind hier Wilhelm von Kardorff (1828–1907), der Mitbegründer der Freikonservativen Partei, und der Altliberale Leonor Reichenheim, der Gegner Bismarcks.[161]

Die erste Partei, die sich in Schlesien nach der langen Reaktionsphase dann nach 1860 mit einem festen Mitgliederstamm herausbildete, war die Sozialdemokratie. Schon zu Lebzeiten Ferdinand Lassalles waren in den Weberdörfern Wüstewaltersdorf und Wüstegiersdorf die ersten schlesischen Gemeinden des Allgemeinen Deutschen Arbeiter-Vereins (ADAV) entstanden. Die ersten Agitatoren Florian Paul (1833–1914) und Heinrich Schnabel waren Weber. Anfang April 1864 hatten Weber aus Wüstegiersdorf eine Deputation unter Florian Paul nach Berlin geschickt, die nicht nur von Bismarck, sondern auch vom König empfangen worden war. Der Ministerpräsident versprach den Webern Staatsmittel zur Selbsthilfe. Bei dieser Gelegenheit waren Paul und seine Delegation auch mit Lassalle zusammengetroffen.[162]

Der politische Grund für die Zusage Bismarcks ist in dem damaligen Verfassungskonflikt zu suchen. 1858 war Leonor Reichenheim als Vertreter des Kreises Waldenburg-Reichenbach in das preußische Abgeordnetenhaus gesandt und danach dreimal wiedergewählt worden. Im Abgeordnetenhaus gehörte er in der Konfliktphase der Fortschrittspartei an. In seinem Betrieb sozial-patriarchalisch eingestellt, wollte er auf Staatsebene allerdings von sozialer Gesetzgebung als Verfechter der völligen Gewerbefreiheit nichts wissen. Von der konservativen Presse, die den latenten Antisemitismus zu nutzen suchte, wurde er deshalb als jüdischer Ausbeuter angeprangert.

Als der amerikanische Bürgerkrieg zu einer Krise der Baumwollindustrie in Deutschland führte, entließ Reichenheim zahlreiche Arbeiter, was zu starken Unruhen führte. Der Landrat von Reichenbach bezog in seinem Bericht zugunsten der notleidenden Arbeiter gegen Reichenheim Stellung, was dieser parlamentarisch ungeschickt zu einer Interpellation an das Abgeordnetenhaus veranlaßte, wodurch er sich eine ungeheure Blöße gab; denn er nutzte damit die Parlamentsbühne für seine privaten Zwecke. Lassalle, der 1863 mit Gründung des ADAV die soziale Demokratie von der bürgerlichen getrennt hatte und nun in erster Linie gegen die Fortschrittspartei zu Felde zog, nutzte diese Chance und attackierte Reichenheim in seinen Schriften und Reden, so in seiner letzten großen Rede, der sogenannten Ronsdorfer Rede von 22. Mai 1864. Bei diesem seinem letzten politischen Auftritt schilderte er, wie die Wüstegiersdorfer Weber zu ihm gekommen seien und ihm gegenüber erklärte hätten: »Herr, wir kennen von Ihren Schriften nichts, wir wissen von Ihnen nur, wie furchtbar in allen liberalen Blättern unserer Provinz auf Sie geschimpft worden ist, – aber gerade daraus haben wir die Überzeugung gewonnen, daß Sie unser Mann sein müßten!«

Genau zwanzig Jahre nach dem großen Webertumult waren die schlesischen Weber erneut zum Objekt des öffentlichen Interesses geworden. Die unterschiedlichsten politischen Richtungen versuchten, diesen Konflikt für ihre Zwecke zu nutzen. Für die Konservativen lag die Brisanz in der Auseinandersetzung der armen Weber mit zwei jüdischen Unternehmern, nämlich Reichenheim und auch den Brüdern Kaufmann. Lassalle paßte dieser Konflikt zur Stützung seiner These vom sozialen Königtum und dem sozialen Staat, der die Arbeiter durch die Kredite für ihre Selbsthilfe unterstützen müsse. Bismarck aber konnte durch seine lapidaren Zusagen, vor allem aber durch die demonstrative Geste der Audienz beim König, den Liberalen im Verfassungskonflikt eins auswischen. Die Weberdeputation erhielt somit eine Bedeutung, die ihr – auch vom letztlichen Erfolg her – gar nicht zukam. Doch seit dem Fanal von 1844 war der preußische Staat um ein soziales Image bemüht und versuchte, die Schuld am sozialen Elend auf die Liberalen abzuwälzen.[163]

In Schlesien hatte sich die Arbeiterbewegung nach diesem Ereignis als Partei formiert, wobei Lassalle über den dortigen Agitator Florian Paul nicht sehr glücklich war, da dieser als einer der ersten von einer Partei bezahlten Funktionäre in Deutschland Parteipolitik auf eigene Faust zu machen versuchte. Das paßte allerdings nicht zu Lassalles diktatorischem Parteikonzept, das sich nicht an demokratischen, sondern eher an jakobinischen Vorbildern orientierte. Florian Paul wurde später unter dem Sozialistengesetz (1878–1890) aus Deutschland ausgewiesen und ging nach Amerika, wo er 1914 in New York starb.[164] Die Arbeiterbewegung in den Weberdörfern hat zwar nie eine große Rolle in der Sozialdemokratie gespielt, immerhin hielten sich dort bis zum Verbot unter dem Sozialistengesetz kontinuierlich Gemeinden. Die Parteipresse, *Der Social-Demokrat*, berichtete regelmäßig über diese Gemeinden und veröffentlichte zur Werbung auch Gedichte in schlesischer Mundart.

In Breslau kam es erst im Nachgang zu den Wahlen zum ersten Norddeutschen Reichstag von 1867 am 30. März 1868 zur Konstituierung einer ADAV-Gemeinde; dies

Auch Fahnen haben ihre Geschichte. Die älteste Fahne der SPD wurde 1873 zum zehnjährigen Stiftungsfest des Allgemeinen Deutschen Arbeitervereins in Breslau eingeweiht. Als rote Fahne der Breslauer Sozialdemokraten mußte sie in der Zeit des Sozialistengesetzes vor der Polizei verborgen werden; sie wurde vorübergehend nach England gebracht. Um die erfolgreiche Rettung der Fahne vor den Nazis ranken sich manche Legenden. Erst im August 1945 wurde sie wieder öffentlich gezeigt. Damals wehte sie über einem von Pferden gezogenen Flüchtlingswagen, der in einem Treck von Breslau nach Dresden zog. Sieben Jahre später deckte sie den Sarg des verstorbenen SPD-Vorsitzenden Kurt Schumacher bei dessen feierlicher Aufbahrung. Heute gehört die »Traditionsfahne« zu den großen Zeugnissen der deutschen Parteiengeschichte und befindet sich im Besitz der Friedrich-Ebert-Stiftung in Bonn.

war mit großen Schwierigkeiten verbunden, da auch in Breslau wie in Berlin zahlreiche Arbeiter der Fortschrittspartei anhingen. Auch die folgenden Jahre blieben durch interne Richtungskämpfe bestimmt. Als es 1869 in Eisenach zur Gründung einer zweiten sozialdemokratischen Arbeiterpartei, der SDAP, durch Bebel und Liebknecht kam, schlossen sich die Breslauer dieser Richtung an, während die Gemeinden der Weberdörfer weitgehend beim ADAV blieben. Erst der Einigungsparteitag von Gotha beendete 1875 die internen Rivalitäten, bevor drei Jahre später die Sozialdemokratie durch das Sozialistengesetz gänzlich verboten wurde. 1877 konnte immerhin mit dem Zimmermann August Kapell (* 1854), der sich auch als Autor nicht unbedeutender Agitationsstücke einen Namen gemacht hatte, zum erstenmal ein sozialdemokratischer Abgeordneter für einen schlesischen Wahlkreis Reichenbach in den Reichstag einziehen.[165]

Die Arbeiterbewegung vermittelte neue Strategien für den Arbeitskampf, so das Kampfmittel Streik, auch wenn Lassalle davon nicht viel hielt, sein Nachfolger von Schweitzer aber in Konkurrenz zu den Liberalen den Ausbau von Gewerkschaften forcierte. Eine Schlüsselrolle spielte dabei der Waldenburger Bergarbeiterstreik von 1869, der von dem linksliberalen Hirsch-Dunckerschen Gewerkverein organisiert worden war. 6 400 Kumpel legten am 1. Dezember die Arbeit nieder. Sie wurden dabei finanziell sogar von den ADAV-Mitgliedern unterstützt; nach einigen Wochen mußten sie den Arbeitskampf freilich aufgeben, da ihnen die Mittel fehlten. Die Sozialdemokratie aber versuchte die Arbeiter in der liberalen Partei davon zu überzeugen, daß ein Arbeitskampf nicht mit, sondern nur gegen die Bourgeoisie und ihre liberalen Vertreter geführt werden konnte.[166]

Die Fortschrittspartei versuchte ebenfalls auf Vereinsebene einen Mitgliederstamm zu schaffen, doch deren Aktivitäten beschränkten sich weitgehend nur auf Wahlveranstaltungen. Die Absprachen für die Kandidatur wurden jedoch, wie bei den sonst adligen Konservativen auch, in den Honoratiorenzirkeln getroffen. Erst nach der Formulierung eines liberalen Parteiprogramms 1865 durch Rudolf Haym (1821–1901) für Breslau etablierten sich auch die Liberalen als Mitgliederpartei.[167]

Aufgrund der »unpolitischen« Haltung des Katholischen Central-Vereins gelang dem politischen Katholizismus in Schlesien im Gegensatz zu Westdeutschland die Etablierung einer Parteiorganisation erst relativ spät. Im Preußischen Abgeordnetenhaus der fünfziger Jahre fehlte ein Vertreter der Zentrumspartei aus Schlesien. Erst 1863 konnten durch Kompromisse mit den Konservativen fünf Abgeordnete in die Kammer geschickt werden, die hier aber kaum die Belange des einfachen Volkes vertraten, sondern wie Graf Ballestrem eher Verfechter der großagrarischen Interessen waren.[168]

Durch den forcierten Eisenbahnbau in den vierziger und fünfziger Jahren konnte Schlesien allmählich seine industriellen Standortnachteile überwinden. Doch auch jetzt noch wirkte sich im Vergleich zu den westdeutschen Industriegebieten seine Randlage ungünstig aus. Führend blieb die schlesische Industrie lediglich in der Zinkproduktion, die 1860 etwa vierzig Prozent des Weltbedarfs deckte.

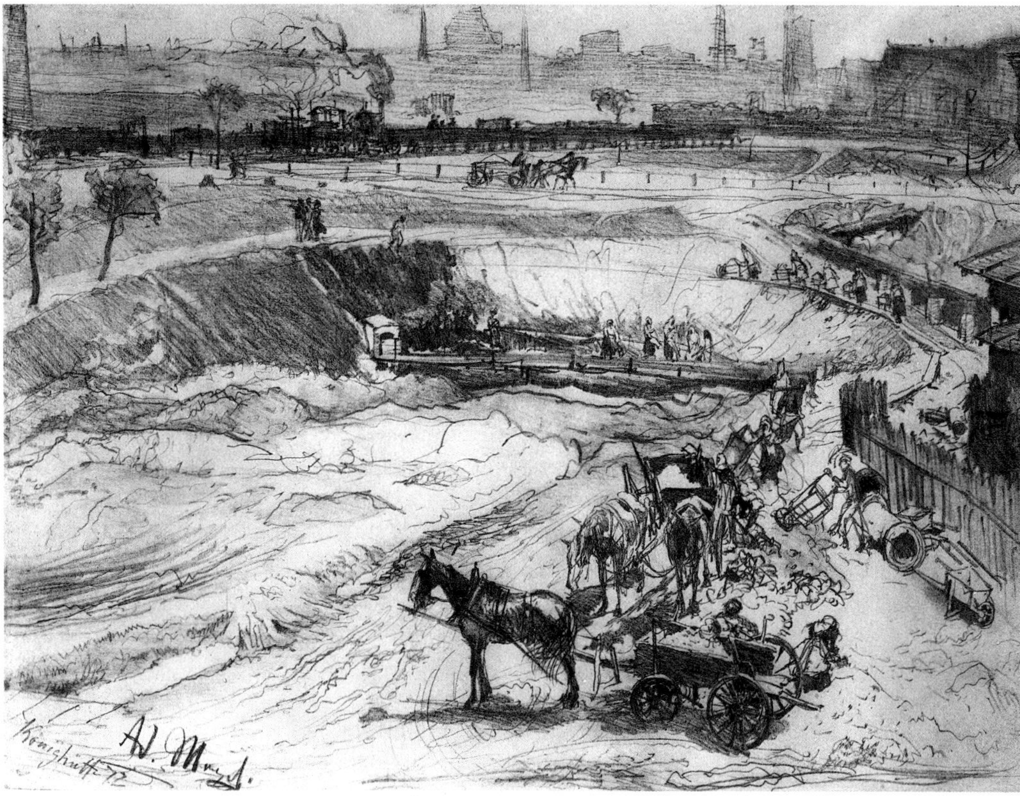

Adolph von Menzel war nicht nur der »Historienmaler« des friderizianischen Preußens. Aus seinen vielen spontanen Skizzen spricht das Interesse an den Themen und Problemen seiner Zeit. Im Jahre 1872 reiste er nach Königshütte in Oberschlesien, um Motive für sein geplantes Industriebild »Das Eisenwalzwerk« zu sammeln. Dabei entstand diese Zeichnung eines Tagebaus, die ein anderes Königshütte zeigt, als es sonst von den idealisierten Hochöfenbildern vermittelt wird.

In der deutschen Aufschwungphasehase der fünfziger Jahre entwickelte sich das Schwerindustriegebiet Oberschlesiens dennoch zu einem der wichtigsten Industriezentren Deutschlands. Durch den Übergang zu den Steinkohletechnologien und die damit gewonnenen Innovationen im Energiebereich konnte in Oberschlesien die Hochofenproduktion zwischen 1848 und 1856 von 747 877 Zentner auf 1 244 194 Zentner, der Wert der geförderten Kohle von 1,2 Millionen Reichstaler auf knapp 3 Millionen Reichstaler gesteigert werden, obgleich die Zahl der Hochöfen nur unwesentlich von 70 auf 71 erhöht wurde. Die Innovationen verdankten ihren Impuls dem sich entwickelnden Eisenbahnbau, der die Entfaltung der schlesischen Industrie entscheidend förderte. An den Bahnstrecken entstanden überall neue Industriezweige. Auf den schlesischen Industrieausstellungen, die seit den sechziger Jahren in Breslau stattfanden, versuchte die Provinz, ihre Produkte zu veräußern.

Mit der Industrie wuchs vor allem in Oberschlesien die Bevölkerung, und neue Städte wie 1865 Kattowitz und 1868 Königshütte entstanden, während einige sehr große Industrieorte, wie Langenbielau mit 12 939 Einwohnern im Jahre 1861 noch lange Zeit kein Stadtrecht erhielten. Es entstand nun ein Proletariat, das Industriearbeit nicht nur saisonal betrieb. Die Schwer- und Verarbeitungsindustrie bot nun Arbeitsplätze, so daß die Übervölkerung auf dem Land zurückging. Doch auch diese Entwicklung forderte einen hohen sozialen Preis.[169] Noch immer ließen die hygienischen Verhältnisse zu wünschen übrig, so daß es in den fünfziger und sechziger Jahren wiederholt zu Cholerafällen kam. Allein in Breslau starben 1866/67 fast 5 000 Menschen an dieser Seuche.[170]

Die Randlage Schlesiens verschärfte sich in den frühen sechziger Jahren durch die erneute wirtschaftliche Abriegelung zu Österreich. Obgleich durch die Verbindung zwischen dem schlesischen Bahnnetz und der österreichischen Kaiser-Ferdinand-Nordbahn ein Konnex bestand und die Güter bequem hätten ausgetauscht werden können, existierte seit 1862 durch die Ablehnung der Aufnahme Österreichs in den Deutschen Zollverein eine strenge Trennlinie zu Böhmen und Österreich.[171] Wohl auch aus militärischen Gründen sträubte sich Österreich dagegen, weitere Grenzübergänge zu öffnen und damit die kürzeste Verbindung zwischen Breslau und Wien über Glatz-Mittelwalde-Wildenschwert mit einer Abzweigung nach Prag zu ermöglichen. Erst nach dem Krieg kam es 1867 zu einem Vertrag, durch welchen die Verbindung sowohl über Mittelwalde als auch über Liebau und mehrere andere Grenzübergänge vereinbart wurde.

Von der Auseinandersetzung, die Bismarck in diesen Jahren mit der Donaumonarchie suchte, um Österreich endgültig aus Deutschland hinauszudrängen, konnte Schlesien nicht gänzlich unberührt bleiben. Der preußische Ministerpräsident kalkulierte den Zerfall des Vielvölkerstaates und ließ in Schlesien ungarische und italienische Legionen für den Krieg gegen Österreich aufstellen und exerzieren.[172] Die Annäherung Österreichs an Frankreich ließ für Preußen ein altes Schreckgespenst wieder aufleben, das bereits in der napoleonischen Phase als politisches Druckmittel eingesetzt worden war, nämlich die Abtretung Schlesiens an Österreich. Mochte es sich bei den Absichten,

Der Krieg gegen Österreich im Jahre 1866 hatte in Berlin noch einmal Besorgnisse ausgelöst, wie sich Schlesien in diesem Konflikt verhalten werde. Die Besorgnisse waren unbegründet. In dankbarer Anerkennung der loyalen Haltung der Provinz veranstaltete der König in Breslau eine Siegesfeier, zu der er am 18. September 1866 an der Spitze der Armee über die Schweidnitzer Straße Einzug hielt. Auf dem Ring nahm er unter dem Denkmal Friedrichs des Großen die Parade ab.

die nahegelegene Grafschaft Glatz gegen das weitentfernte und nach dem Deutsch-Dänischen Krieg an Österreich gegangene Schleswig einzutauschen, nur um Planspiele von Diplomaten gehandelt haben, so war Frankreichs Vorhaben, bei einer Niederlage Schlesien wieder von Preußen zu trennen, doch ernster zu nehmen. Der Geheimvertrag zwischen Frankreich und Österreich vom 12. Juni 1866 sah dies zumindest vor. Die nicht geheimen Absichten dieser beiden Staaten führten zu einer Treueadresse Breslaus an den König, in der an die Treue Schlesiens im Befreiungskrieg von 1813 erinnert wurde. In einer Erwiderung am 19. Mai 1866 beschwor auch der Monarch den Geist von 1813.[173]

Im Gegensatz zu den schlesischen Kriegen des 18. Jahrhunderts blieb die Provinz bei dieser Auseinandersetzung mit Österreich von Kampfhandlungen verschont, die sich jedoch nicht weit jenseits der Grenze in Sadowa bei Königgrätz am 3. Juli 1866 abspielten. Von den drei Armeen, die Moltke getrennt marschieren und vereint schlagen ließ, kam eine unter Führung des Kronprinzen aus Schlesien. Die ersten Kampfhandlungen fanden gleich hinter der Grenze im böhmischen Nachod statt. Nach dem Frieden von Prag, der am 23. August 1866 geschlossen wurde, zog der König in Begleitung des Kronprinzen am 13. September 1866 in Breslau ein. Der Preis, den Österreich für die Niederlage zahlen mußte, war die Anerkennung des Norddeutschen Bundes, auf den hin nun auch Schlesien orientiert war, und eine weitere Öffnung der Grenzen. Dadurch besserte sich allmählich auch die Situation des schlesischen Handels und der schlesischen Industrie, zumal durch die Gründung des deutschen Zollparlaments 1869 die innerdeutschen Zollgrenzen fielen und sich das für damalige Zeiten dicht ausgebaute schlesische Eisenbahnnetz bezahlt machte. Auch der Bäderbetrieb, der am Gebirgsrand entstand, wie überhaupt die schlesische Gebirgslandschaft, lockten zahlreiche Berliner Touristen. Wo der Bahnbau technisch noch nicht möglich war, wurden Straßen gebaut wie zwischen 1867 und 1870 die Heuscheuerstraße in der Grafschaft Glatz.[174]

In der industriellen Entwicklung belegte Schlesien 1860 mit zehn Prozent Anteil an der Gesamtproduktion in Preußen einen guten Durchschnittsplatz. Nur die Provinzen Rheinland mit dreizehn Prozent, Brandenburg-Sachsen mit zwölf Prozent und Westfalen mit elf Prozent lagen darüber. Das industrielle West-Ost-Gefälle der vierziger Jahre wurde nach 1860 allmählich ausgeglichen.[175] Schlesien war nicht mehr das Armenhaus Preußens.

Auch die Art der sozialen und der politischen Auseinandersetzungen hatte sich geändert. Die Arbeiterbewegung überwand die Formen des sozialen und politischen Protests und machte die Ansprüche der Arbeiter in den Gewerkschaften und in den Parlamenten geltend. Die Bauern Schlesiens, die 1848/49 im Rustikalverein als erste die neue Form politischer Auseinandersetzung nutzten, gaben ihre Erfahrungen allerdings nicht weiter. Aus dem schlesischen Rustikalverein bildete sich nicht, wie das in Westdeutschland der Fall war, eine eigene Bauernbewegung. Die politischen Auseinandersetzungen verlagerten sich in den siebziger Jahren vom sozialen auf das religiös-kulturelle Gebiet. Der Kulturkampf begann.

Vom deutschen Krieg zur deutschen Katastrophe (1866–1945)

KONRAD FUCHS

Die Provinz im Kaiserreich

Der Deutsch-Französische Krieg von 1870/71 hatte die Gründung des Deutschen Reiches zur Folge, in dem der König von Preußen erblicher deutscher Kaiser wurde. Damit war der deutsche Nationalstaat in seiner kleindeutschen Version, das heißt unter Ausschluß Österreichs, entstanden. Im föderalistisch gestalteten Deutschen Reich bildete Preußen den größten und bedeutendsten Bestandteil, da es der Fläche und der Bevölkerung nach mehr als dessen Hälfte einnahm.

Schlesien hatte innerhalb des preußischen Staatsgefüges und seit 1871 innerhalb des Deutschen Reiches eine exzeptionelle Stellung, obwohl zwischen 1850 und 1860 die Rheinlande den Platz Schlesiens als bedeutendsten Wirtschaftsraum Preußens eingenommen hatten. Seit 1871 galt dies auch für das Deutsche Reich. Nicht mehr Breslau, Kattowitz oder Gleiwitz, sondern Köln, Essen und Dortmund entfalteten nunmehr in Preußen und im Reich die größte Dynamik.[1] Im neuen deutschen Kaiserreich mit seiner »monarchischen Staatsform«, speziell in seiner Metropole Berlin, die mit ihren hervorragenden Bankiers und ebenso bedeutenden wie selbstbewußten Industriellen der gesellschaftliche und kulturelle Mittelpunkt Deutschlands war, galt aber weiterhin Oberschlesien, weniger das Ruhrgebiet, als »der schwarze Diamant in der Krone Preußens«. Die oberschlesischen Magnaten, so die Fürsten von Fürstenberg, Henckel von Donnersmarck, Pleß oder von Hohenlohe, die im Erbzuge Herzöge von Ujest und Ratibor geworden waren, rangierten hier nicht nur unter den Paladinen des Königs von Preußen und deutschen Kaisers,[2] sondern versuchten sich auch erfolgreich in Aktientransaktionen sowie im Schmieden von Konzernen.[3]

Die politische und wirtschaftliche Situation Schlesiens hat man vor dem Hintergrund der nach 1815 beziehungsweise nach dem Wiener Kongreß vorgenommenen Neugestaltung Preußens zu sehen. Danach bestand das Königreich aus zwei ungleichen Landesteilen: einem östlichen Teil, der überwiegend protestantisch war, und einem westlichen, mehrheitlich katholischen Teil. Zur Verwaltung des Staates schuf Preußen sich eine neue innere Organisation; sie fand ihren Ausdruck in acht beziehungsweise zehn und dreizehn Provinzen mit eigener korporativer Autonomie und einem Oberpräsidenten an der Spitze. Die Provinz Schlesien umfaßte im Jahre 1884 eine Fläche von 40 291 Quadratkilometern mit 149 Städten, 5 600 Landgemeinden, 3 437 Gutsbezirken und 6 400 nicht zu einem Gemeindeverband gehörenden Wohnplätzen mit insgesamt 4 007 925 Menschen.

Wie tiefgreifend der Umbruch in Schlesien seit der Gründung des Kaiserreichs war und wie sehr sich die Strukturen verändert hatten, verdeutlichen die Bevölkerungsentwicklung und die Bevölkerungsverteilung. Nach der Volkszählung vom 1. Dezember 1871 lebten in Schlesien 3 707 162 Menschen, davon entfielen auf den Regierungsbezirk Liegnitz 983 020 und auf den Regierungsbezirk Oppeln 1 329 563. Das Vehältnis der städtischen zur ländlichen Bevölkerung betrug 953 595 zu 2 753 572 beziehungsweise 25,73 zu 74,28 Prozent. Es lag demnach bei etwa eins zu drei.[4]

Die Volkszählung vom 1. Dezember 1905 ergab demgegenüber für die Provinz Schlesien folgende Zahlen: Die Gesamtbevölkerung belief sich auf 4 942 675 Personen. Sie verteilte sich auf den Regierungsbezirk Breslau mit 1 773 879, den Regierungsbezirk Liegnitz mit 1 133 145 und den Regierungsbezirk Oppeln mit 1 868 146 Personen. Aufgrund des erheblichen Aufschwungs, den Oberschlesien in den rund 35 Jahren genommen hatte, lag seine Bevölkerungszahl nun über der des Regierungsbezirks Breslau, obwohl die Stadt Breslau in jener Zeit eine außergewöhnliche Entwicklung genommen hatte, in deren Verlauf die Einwohnerzahl von 207 997 im Jahre 1871 auf 470 904 im Jahre 1905 angestiegen war.[5]

Die Stadtbevölkerung Schlesiens hatte 1905 einen Stand von 1 697 350 Personen erreicht; demgegenüber lebten 3 245 325 Personen auf dem Land, was einem prozentualen Verhältnis von 34,34 zu 65,66 entsprach. Das wiederum bedeutet, daß die Relation von Stadt zu Land eins zu zwei betrug.[6] Dementsprechend war die Zahl der Städte mit mehr als 5 000 Einwohnern gestiegen, und zwar von 22 im Jahre 1840 auf mehr als sechzig im Jahre 1905. Mit dieser Entwicklung war das Hineinwachsen Schlesiens in die Kernlandschaft des ostmitteleuropäischen Raumes verbunden, die in wirtschaftlicher und kultureller Hinsicht bis nach Ost- und Südosteuropa reichte. Die Ausstrahlung Schlesiens speziell in diesen Raum zeigte sich zum Beispiel anläßlich der Feierlichkeiten zur Hundertjahrfeier der Breslauer Alma mater im Jahre 1911, bei denen deutlich wurde, wie befruchtend diese Universität auf den ost- und südosteuropäischen Raum bisher gewirkt hatte.

Die Provinz Schlesien, bestehend aus dem 1742 preußisch gewordenen Herzogtum Schlesien und der Grafschaft Glatz, grenzte bis nach dem Ersten Weltkrieg im Norden an die Provinzen Brandenburg und Posen, im Osten an Posen, Russisch-Polen und Galizien, im Süden an Österreichisch-Schlesien, Mähren und Böhmen, im Westen schließlich an das Königreich Sachsen und die Provinz Sachsen. Unterteilt war die schlesische Provinz in die Regierungsbezirke Liegnitz mit 21, Breslau mit 24 und Oppeln mit 19 Kreisen. Bezeichnet wurden die drei Regierungsbezirke auch als Niederschlesien, Mittelschlesien und Oberschlesien.[7]

Im Deutschen Reichstag war Schlesien mit 35 Abgeordneten vertreten, im Preußischen Abgeordnetenhaus mit 65 und im Herrenhaus[8] mit 52 Abgeordneten. Für die Leitung der geistlichen Angelegenheiten der 1 867 459 schlesischen Protestanten war das Königliche Konsistorium in Breslau zuständig,[9] während die 2 082 084 Katholiken dem Fürstbischof von Breslau unterstanden, abgesehen jedoch von der Grafschaft Glatz, die dem Erzstift Prag untergeordnet, sowie dem Distrikt Katscher im Kreis Leobschütz, der dem Erzstift Olmütz unterstellt war.[10] Unter der restlichen Bevölkerung waren 52 682 schlesische Juden,[11] die zumal im Wirtschaftsleben der Provinz eine wichtige Rolle spielten.

Der »demographische Wandel«, ein Charakteristikum der europäischen Staaten des 19. Jahrhunderts, blieb auch auf Preußen nicht ohne Einfluß und damit ebenfalls nicht auf Schlesien, wo er insbesondere die Bereiche Wirtschaft, Handel und Verkehr seit 1850 erfaßte. In den zwanziger Jahren des 19. Jahrhunderts entfielen im Königreich

Preußen auf jeweils tausend Einwohner 443 Geburten, wohingegen die Sterblichkeitsrate bei 29,4 je tausend Einwohner lag. In der zweiten Jahrhunderthälfte ging die Mortalität vor allem infolge der medizinischen Entwicklung kontinuierlich zurück, während die Geburtenrate auf einem relativ hohen Stand verharrte. In der Zeit von 1872 bis 1875 lag die Sterblichkeitsziffer bei 29,1 Promille, von 1896 bis 1901 bei 22,2 und im Jahre 1913, dem letzten Jahr vor Ausbruch des Ersten Weltkriegs, bei nur noch 15,8 Promille. Von 1876 bis 1910 wurden pro tausend Einwohner 36, im Jahre 1913 dagegen 29 Kinder pro Jahr geboren.[12]

Trotz einer hohen Emigrationsrate, die vor 1890 bei mehr als 25 Prozent des gesamten Bevölkerungszuwachses in Deutschland lag, nahm die Bevölkerung Deutschlands bis 1914 erheblich zu. Vor allem die Einwohnerzahlen der deutschen Ostprovinzen beziehungsweise Ostpreußens, Westpreußens, Posens und nicht zuletzt Schlesiens verzeichneten in der zweiten Hälfte des 19. Jahrhunderts ein erhebliches Wachstum.[13] Begleitet war die Bevölkerungsentwicklung in Ostdeutschland von einer umfangreichen Westwanderung. Nachdem Schlesien in der Zeit von 1810 bis 1870 eine beachtliche Bevölkerungszunahme zu verzeichnen hatte, die so gut wie ausschließlich aus einem Geburtenüberschuß resultierte, kam es insbesondere nach 1870 zu einer Abwanderung in die mittleren und westlichen Teile der preußischen Monarchie, zunächst und am stärksten nach Berlin, dann in das rheinisch-westfälische Industriegebiet. Von den drei schlesischen Regierungsbezirken verzeichnete nach 1870 der das oberschlesische Revier umfassende Regierungsbezirk Oppeln die stärkste Bevölkerungsbewegung beziehungsweise das eindrucksvollste Wachstum der Einwohnerschaft; sie stieg von 368 000 im Jahre 1815 auf 900 000 im Jahre 1871 und erreichte im Jahre 1914 einen Stand von 1 300 000.

Zurückzuführen war das Wachstum einmal auf eine hohe Geburtenrate, dann auf eine nicht unerhebliche Binnenwanderung, die ihre Ursache in der Attraktivität des oberschlesischen Industriereviers beziehungsweise seinem Arbeitsplatzangebot und der allmählichen urbanen Gestaltung der Region hatte. Die landwirtschaftlichen Regionen Schlesiens waren nämlich lange nicht in der Lage, der dortigen Bevölkerung ein Auskommen entsprechend dem in den industrialisierten Regionen zu sichern. Wie in den übrigen Industrierevieren Deutschlands auch, behielten zahlreiche Arbeiter ihren dauernden Wohnsitz außerhalb der Industriebezirke bei und pendelten entweder täglich zu ihren Arbeitsplätzen im Revier oder blieben von montags bis samstags an ihrem Arbeitsplatz, wo sie sich in der Regel als »Wasserkostgänger«[14] aufhielten. Die Wochenenden, das heißt die Zeit vom Schichtende am Samstag bis zum Schichtbeginn am Montag, verbrachten sie bei ihren außerhalb des Reviers lebenden Familien. Diese Situation offenbarte die Volkszählung von 1900, nach der 104 266 in Oberschlesien Beschäftigte in Niederschlesien lebten, während nur 58 000 Niederschlesier ihren dauernden Wohnsitz in Oberschlesien hatten.[15] Der Umfang der Abwanderung von Schlesiern aus ihrer Heimat nach Mittel- und Westdeutschland war dennoch gewaltig und rekrutierte sich insbesondere aus den landwirtschaftlichen Regionen Niederschlesiens. Von der um die Wende vom 19. zum 20. Jahrhundert in Berlin lebenden Bevölkerung, die sich auf 1 750 000 Menschen belief, stammten nicht weniger als 138 000 aus Schlesien. Im Ruhrgebiet lebten zur gleichen Zeit 75 000 gebürtige Schlesier.[16]

Die Einwanderung aus dem übrigen Reichsgebiet nach Schlesien hielt sich demgegenüber in recht engen Grenzen. Im Jahre 1907 lebten etwa 200 000 Nichtschlesier in der schlesischen Provinz. Davon waren rund 75 000 im Bergbau sowie in den sonstigen Industriebereichen des gesamtschlesischen Raumes beschäftigt.

Die fortschreitende Industrialisierung in Oberschlesien vor allem seit den sechziger Jahren des 19. Jahrhunderts brachte es mit sich, daß der Bedarf an Arbeitskräften durch die Bewohner des Reviers selbst nicht mehr hinreichend gedeckt werden konnte. Daher sahen sich die Unternehmer veranlaßt, in zunehmendem Maße auf ausländische Arbeitskräfte zurückzugreifen. Die nichtpreußische beziehungsweise nichtdeutsche Arbeiterschaft Oberschlesiens rekrutierte sich insbesondere aus der Bevölkerung Kongreßpolens beziehungsweise der des mit Rußland verbundenen Königreichs Polen sowie der des zu Österreich-Ungarn gehörenden Galiziens. Die Einwanderung erfolgte im wesentlichen in drei Schüben. Der erste Schub umfaßte die Zeit von 1865 bis 1885, der zweite das Jahrfünft von 1885 bis 1890 und der dritte die knapp 25 Jahre von 1890 bis zum Ausbruch des Ersten Weltkriegs.[17] Im Jahre 1885 lebten im oberschlesischen Industrierevier rund 500 000 Einheimische und schätzungsweise 16 000 Ausländer, die aus Rußland beziehungsweise aus Polen stammten.[18]

Infolge der im Jahre 1885 durch die preußische Regierung vorgenommenen Ausweisung der in Preußen lebenden Kongreßpolen mußten Fremdarbeiter zu einem nicht exakt feststellbaren Teil Oberschlesien verlassen.[19] Nachteilig wirkten sich die Ausweisungen auf die Industrieproduktion des Reviers nicht aus, denn zum einen konnte der Arbeitskräftebedarf aus dem Potential der oberschlesischen Bevölkerung gedeckt werden, das bisher offenbar nicht völlig ausgeschöpft worden war, zum anderen durch täglich über die deutsch-russische Grenze kommende Pendler. In diesem Grenzverkehr passierten vor dem Jahre 1885 täglich und, insofern es sich um Wasserkostgänger handelte, wöchentlich etwa 8 000 Arbeiter die Grenze. »Bis 1914 zählte man täglich mehrere tausend Pendler.«[20]

Anders als im Bereich der oberschlesischen Industrie wirkten sich die Ausweisungen im landwirtschaftlichen Bereich aus, denn auch die starke Landflucht trug zum Arbeitskräftemangel bei, was nun nicht mehr allein durch den Geburtenüberschuß zu regulieren war. Daher sah sich die preußische Regierung 1890 veranlaßt, den Zuzug von Fremdarbeitern wieder zuzulassen, wenngleich nur in begrenzter Zahl.[21] Als Konsequenz des sich zu Beginn des 20. Jahrhunderts beschleunigenden Wachstums der oberschlesischen Industrie wurden seit 1905 auch Ruthenen angeworben. Schon 1910 waren unter den 14 472 ausländischen Arbeitskräften, die im oberschlesischen Bergbau beschäftigt wurden, 5 786 Polen und 7 623 Ruthenen.[22]

Die Beschäftigung von Fremdarbeitern hat man nicht ausschließlich unter dem Aspekt des Mangels an einheimischen Arbeitskräften zu sehen, sondern ebenfalls unter dem der Einsparung von Lohnkosten. In aller Regel nämlich begnügten sich die Fremdarbeiter mit einer geringeren Entlohnung als die deutschen Beschäftigten und galten auch als fügsamer. Besonders die Frauen und Jugendlichen waren bereit, für das geringste Entgelt zu arbeiten, und wurden infolgedessen bevorzugt eingestellt. Auf diese Weise gelang es den Unternehmern zwar, sowohl ein höheres Lohnniveau zu verhindern als auch den Arbeitskräftebedarf zu decken. Letztlich hat man in dieser Einstellungspolitik aber einen wesentlichen Bestandteil der sozialen Problematik des oberschlesischen Reviers zu sehen.[23]

Welcher Stellenwert der Beschäftigung von Frauen im Wirtschaftsleben Oberschlesiens zukam, lassen die folgenden Zahlen erkennen: 1875 wurden im Berg- und Hüttenwesen des Reviers etwa 6 800 Frauen beschäftigt. Fünf Jahre später, 1880, waren es bereits 8 400 und 1899 sogar 12 000. Obwohl ihre Zahl von diesem Zeitpunkt an abnahm, blieb sie bis zum Ausbruch des Ersten Weltkriegs doch auf einem hohen Niveau. Der Anteil der weiblichen Beschäftigten an der Arbeiterschaft Ober- und Niederschlesiens belief sich auf fünf Prozent.[24] Die größte Gruppe der Frauen war im Steinkohlebergbau beschäftigt, doch arbeiteten viele auch im Zinkbergbau und auf den Hüttenanlagen. Hier stellten sie verschiedentlich sogar zwischen dreißig und vierzig Prozent der Belegschaft eines Unternehmens.[25]

Während die Zahl der im Berg- und Hüttenwesen Oberschlesiens beschäftigten weiblichen Mitarbeiter zum Ende des Jahrhunderts leicht zurückging, nahm die der Jugendlichen beziehungsweise Minderjährigen weiterhin zu. Das lag daran, daß um die Wende vom 19. zum 20. Jahrhundert das »Erwachsenen«alter von achtzehn auf sechzehn Jahre gesenkt wurde, wodurch man Jugendliche zu Erwachsenen machte. Im Jahre 1912 hatten die Sechzehnjährigen und Jüngeren einen Anteil von 4,3 Prozent an der schlesischen Arbeiterschaft.[26] Dementsprechend hatten in diesem Jahr 5 835 im oberschlesischen Steinkohlebergbau beschäftigte Jugendliche das sechzehnte Lebensjahr noch nicht erreicht. Unter den Beschäftigten im Steinkohlebergbau waren damals 5 711 Frauen, deren Alter aber mehr als sechzehn Jahre betrug. 1912 wurden im Erzbergbau Oberschlesiens 2 800 weibliche Arbeitskräfte beschäftigt. Demgegenüber befanden sich unter den 363 879 beim Steinkohlenbergbau des Oberbergamtsbezirks Dortmund Beschäftigten lediglich 1 501 Minderjährige, während Frauen hier überhaupt nicht mehr in Arbeit standen.[27]

Die Beschäftigungssituation in Schlesien hat man ebenso wie die Wanderungsbewegung in einem engen Zusammenhang mit den Einkommensverhältnissen zu sehen. Die Vergleichszahlen, die sich auf das ausgehende 19. Jahrhundert beziehungsweise auf die Jahre 1897, 1898 und 1899 beziehen,[28] lassen einen deutlichen wirtschaftlichen Aufschwung erkennen.

Angesichts eines derartigen Lohngefälles, das maßgeblich in der Marktferne Schlesiens, zumals seines oberschlesischen Teils begründet lag,[29] kann es nicht verwundern, daß viele Schlesier sich genötigt sahen, ihre Heimat zu verlassen. Während im Jahre 1871 Schlesien mit 3,7 Millionen Einwohnern noch die volkreichste Provinz Preußens vor der Rheinprovinz mit 3,6 Millionen Einwohnern war, erfuhren diese Zahlen bis zum Jahre 1910 eine wesentliche Veränderung: In jenem Jahr lebten in der Rheinprovinz 7,1 Millionen, in der Provinz Schlesien hingegen lediglich 5,2 Millionen Menschen.[30]

Die Laurahütte bei Siemianowitz – benannt nach der Ehefrau ihres Gründers, Graf Karl Hugo Henckel von Donnersmarck – nahm 1839 den ersten Hochofen in Betrieb, bis 1876 folgten weitere 74 Öfen. Ausgelöst wurde dieser stürmische Aufschwung durch die Nachfrage nach Eisen infolge des Eisenbahnbaus. Der Stahlstich aus dem Jahre 1842 hat in einem Teil seiner Auflage die falsche Beschriftung »Königshütte«.

Die Arbeit der Kumpel unter Tage war hart und gefährlich. Der Abbau der Steinkohle erfolgte noch ohne maschinelle Hilfe nach dem für Oberschlesien typischen System der »hohen Pfeiler«.

Durchschnittliche Realeinkommen in den einzelnen Montangebieten Preußens nach Abzug sämtlicher Nebenkosten

	1897	1898	1899
im Steinkohlenbergbau Oberschlesiens	721 Mark	771 Mark	801 Mark
im Steinkohlenbergbau Niederschlesiens	787 Mark	816 Mark	846 Mark
im Steinkohlenbergbau des Oberbergamtsbezirks Dortmund	1128 Mark	1175 Mark	1255 Mark

Das Zurückfallen Schlesiens hinter die Rheinprovinz erfolgte trotz des eindrucksvollen Aufschwungs der Provinzialhauptstadt Breslau und Oberschlesiens. Breslaus Einwohnerzahl nämlich stieg von lediglich 100 000 Einwohnern im Jahre 1840 auf 470 904 im Jahre 1905. Der Anstieg basierte auf der Entwicklung der recht engen Beziehungen der Handels- und Produktionsmetropole zum einen mit den übrigen Wirtschaftsräumen Deutschlands, sodann mit denen des Auslands, vor allem des ost- und südosteuropäischen. Dies wurde durch den Ausbau des deutschen und des europäischen Eisenbahnnetzes noch unterstützt.[31] Und in Oberschlesien, im Regierungsbezirk Oppeln, stieg die Bevölkerungszahl um rund eine Million zwischen 1819 und 1871 und verdreifachte sich damit innerhalb von fünfzig Jahren. Im sogenannten oberschlesischen Zentralrevier war sie von rund 100 000 im Jahre 1850 auf über 800 000 im Jahre 1910 gestiegen.[32]

Trotz beeindruckender Entwicklungen auf dem Bevölkerungssektor, die im engen Zusammenhang mit der wirtschaftlichen Entfaltung der Provinz vor allem seit den vierziger Jahren des 19. Jahrhunderts zu sehen sind, erreichte das Wachstum im Westen der preußischen Monarchie und selbst im Königreich Sachsen einen höheren Grad. Die Ursache hierfür hat man maßgeblich der günstigeren Lage zu den Märkten zuzuschreiben, woraus bessere Absatzmöglichkeiten resultierten, was den Produktionsfaktor günstig beeinflußte und damit auch das Lohn- beziehungsweise Sozialgefüge. Die demgegenüber nachteilige Situation Schlesiens dagegen beeinträchtigte sowohl die Wirtschafts- als auch die Sozialstruktur sowie die damit in engem Zusammenhang stehende Bevölkerungsentwicklung.

Schlesien als Industrielandschaft

»Handel und Industrie sind in modernen Zeiten durch unzählige Fäden mit den anderen Teilen des Wirtschaftslebens und darüber hinaus mit unserer allgemeinen Kultur und der Politik verbunden; sie bedingen zum großen Teil die gesamte Kultur und stellen der Politik die Aufgaben ebenso, wie sie von deren Fortgang auf das nachdrücklichste beeinflußt werden.«[33] Die Aufgabe der Wahrnehmung der allgemeinen Interessen von Handel und Industrie sowie die Förderung der in ihnen ruhenden produktiven Kräfte war daher spätestens seit der ersten industriellen Revolution eine der wesentlichen Aufgaben der sich industrialisierenden Staaten, so auch Preußens und darüber hinaus Deutschlands. Dabei erwies es sich als notwendig, die einzelnen Industrieregionen, so auch Schlesien, unter den ihnen adäquaten Aspekten zu behandeln, die sich aus ihrer Lage, ihrer historischen Entwicklung, der wirtschaftlichen und handelspolitischen Bedeutung, der Bevölkerungsstruktur und den vorkommenden Bodenschätzen ergaben.

Voraussetzung für den wirtschaftlichen Aufschwung Schlesiens im 19. Jahrhundert insgesamt war der preußische Zolltarif vom 26. Mai 1818, durch den sämtliche Zollschranken zwischen den einzelnen Landesteilen der preußischen Monarchie beseitigt wurden. Er ermöglichte nicht nur einen Warenaustausch mit dem Ausland auf einer sehr gemäßigten schutzzöllnerischen Grundlage, sondern schloß auch im Innern die einzelnen voneinander getrennten Landesteile Preußens zu einer Wirtschaftseinheit zusammen, wodurch es zur Entstehung eines großen und freien Inlandsmarkts kam.[34] Die preußische Regierung war bemüht, diesen Markt durch die Einbeziehung der übrigen Staaten des Deutschen Bundes zu erweitern. Der am 1. Januar 1834 ins Leben tretende Deutsche Zollverein war das Ergebnis ihrer Bemühungen. Das Ziel, die Schaffung eines einheitlichen deutschen Wirtschaftsgebiets, wurde durch ihn erreicht. Bereits 1842 gehörten ihm 28 Staaten mit 25 Millionen Einwohnern an. Er endete mit der Gründung des Deutschen Reiches im Jahre 1871.[35]

Die positiven wirtschaftlichen und politischen Entwicklungen innerhalb Deutschlands müssen allerdings unter dem Aspekt der gleichzeitigen Vorgänge jenseits seiner Landesgrenzen gesehen werden. So hatte Rußland bereits 1823 seine Wareneinfuhrerschwernisse auf Polen, einen für das benachbarte Schlesien günstig gelegenen und daher wichtigen Markt, ausgedehnt. In den folgenden Jahrzehnten erfuhren die Behinderungen eine fortwährende Intensivierung; insbesondere betraf das den Warendurchgangsverkehr, der für den ostasiatischen Raum von eminenter Bedeutung war. Für einige Produktionszweige der schlesischen Wirtschaft waren die daraus resultierenden Konsequenzen katastrophal. So kam die »auf den Absatz in Polen und Ostasien eingestellte Tuchfabrikation zum großen Teil zum Erliegen, siedelte zum Teil nach Polen über, womit die Grundlage für die ... polnische Tuch- und überhaupt die Textilindustrie geschaffen wurde, und konnte sich nur zum geringeren Teil unter großen Mühen halten. Wie die Lage beurteilt wurde, geht daraus hervor, daß die Ältesten der Breslauer

Kaufmannschaft gegenüber den Auflagen der preußischen Regierung wegen einer etwaigen Revision der russischen und polnischen Tarifbestimmungen auf dem Wege von Verhandlungen erklärten, daß sie sich davon nicht den mindesten Erfolg versprechen könnten und daher die Arbeiten für zwecklos hielten. Als einzige Möglichkeit zur Aufrechterhaltung des Handelsverkehrs mit dem Osten blieb, wenn auch nur für gewisse Güter, die Förderung des illegalen Verkehrs.«[36] Das bedeutete nichts anderes, als daß man im Einschmuggeln von Waren die einzige Möglichkeit sah, Produkte jenseits der schlesisch-russischen Grenze unterzubringen.

Ähnlich wie Rußland verhielt sich Österreich, der andere Nachbar Schlesiens, gegenüber dem Import schlesischer Produkte. Die alleinige Chance, Waren ungehindert in die Donaumonarchie zu exportieren, bot der durch den Wiener Kongreß geschaffene Freistaat Krakau, allerdings nur bis zum 6. November 1846, als er Österreich beziehungsweise Galizien eingegliedert wurde. In Schlesien sah man sich spätestens seit diesem Zeitpunkt veranlaßt, die Ausfuhrströme schlesischer Waren in andere Richtungen zu lenken, so in die übrigen Teile Preußens und Deutschlands sowie in das westliche Ausland und darüber hinaus in überseeische Staaten. Zwar waren in diesen Regionen und Zonen stets schlesische Produkte zum Absatz gelangt, doch nun mußten sie dorthin so gut wie ausschließlich exportiert werden.

Die erzwungene Orientierung Schlesiens an den deutschen und westeuropäischen Märkten gestaltete sich positiv vor allem deshalb, weil es von 1860 an zu Handelsverträgen des Deutschen Zollvereins mit Frankreich, Belgien und Großbritannien kam. Da sie auf freihändlerischer Basis abgeschlossen wurden, war damit jedoch auch der Abbau der Eingangszölle verbunden. Die Reaktion der Handelskammer zu Breslau auf diese Entwicklung gibt Aufschluß über den Zustand der schlesischen Industrie beziehungsweise ihrer einzelnen Industriezweige. So sah sie sich nicht in der Lage, für eine generelle Aufhebung der Eingangszölle zu plädieren. Insbesondere sprach sie sich für die Beibehaltung von Zöllen auf Textilwaren aus, denn dieser bedeutende schlesische Wirtschaftszweig war sowohl gegenüber der deutschen als auch gegenüber der ausländischen Konkurrenz aufgrund des niedrigen technischen Produktionstandes sowie der Marktferne benachteiligt. Ähnliches galt für das eisenproduzierende Gewerbe. Und die russischen und österreichischen Märkte spielten wegen der hohen Eingangszölle keineswegs die Rolle, die sie hätten spielen können. Rußland war damals lediglich bereit, solche Waren relativ ungehindert einzuführen, auf die man nicht verzichten konnte. Demgegenüber wird die Stärke der schlesischen Landwirtschaft daraus ersichtlich, daß Zollerhöhungen zugunsten land- und forstwirtschaftlicher Erzeugnisse, insbesondere für Getreide, in den Jahren 1885 und 1887 durch die Breslauer Handelskammer abgelehnt wurden.[37]

Schwierig wurde die Lage für den Export schlesischer Produkte seit dem Ende der achtziger Jahre. Die Schutzzollbewegung in Deutschland nämlich, die ihren Niederschlag in den Tarifreformen von 1878, 1885 und 1887 fand, griff auch auf andere Staaten über. So verschärfte Rußland sein Schutzzollsystem im Verlauf der achtziger Jahre wiederholt, ebenfalls Österreich-Ungarn und Italien.[38] Versuche von deutscher Seite, durch Handelsverträge mit den einzelnen Staaten eine Auflockerung der Schutzzollpolitik zu erreichen, zeitigten zwar Erfolge, jedoch nicht im erforderlichen Umfang. Für Schlesien wirkten sich vor allem die 1894 mit Rußland erzielten Vereinbarungen günstig aus. Ihre Vorteile lagen vor allem darin, daß »Rußland, das bis dahin stets an seiner vollen Zollautonomie festgehalten hatte, unter Wahrung seines Schutzzollsystems sich zur Annahme des mitteleuropäischen Handelssystems verstand«.[39] Für das russische Entgegenkommen hatte Deutschland dem Zarenreich allerdings eine Ermäßigung seiner Zölle auf landwirtschaftliche Produkte einräumen müssen.

Das Hauptinteresse der schlesischen Wirtschaft blieb stets darauf gerichtet, sich auf den Märkten Rußlands und Österreich-Ungarns möglichst vorteilhafte Absatzchancen zu sichern. Angesichts der Schutzzollpolitik im allgemeinen und der Rußlands sowie der Donaumonarchie im besonderen war dies nicht leicht, zumal bis zum Ausbruch des Ersten Weltkriegs die Zölle eher erhöht als gesenkt wurden. Im Rahmen dieser Entwicklung waren die 1879/80 auf deutscher Seite neu eingeführten Agrarzölle, Eisenzölle sowie verschiedene Industriezölle, zudem die Erhöhung der Textil- und anderer Zölle für industrielle Produkte noch relativ maßvoll. Als sich nach einigen Jahren allerdings herausstellte, daß der niedrige Zolltarif die Rückbildung der deutschen Getreidepreise nicht aufhalten konnte, wurden die Zollschutzbestimmungen verschärft. Bis zum Jahre 1887 erfolgte eine allmähliche Erhöhung der Weizen- und Roggenzölle. Allerdings nahmen sich die deutschen Zölle im Vergleich zu denen der Vereinigten Staaten, Frankreichs, Österreich-Ungarns und Rußlands noch relativ gering aus.[40] Gleichwohl führten sie zu einer »Verteuerung der Lebenshaltung im Innern und eine[r] Erhöhung der Produktionskosten der Industrie«, woraus eine Erschwerung der Absatzchancen im Ausland resultierte.

Wenn die Wirtschaft der schlesischen Provinz dennoch in beeindruckender Weise zu expandieren vermochte, dann deshalb, weil es gelang, den Warenabsatz sowohl innerhalb Schlesiens als auch im gesamten Reichsgebiet zu intensivieren. Und auch im Exportgeschäft war man trotz aller Beeinträchtigungen recht erfolgreich.

Aber für die handels- und damit auch wirtschaftspolitische Lage der Provinz waren nicht nur die Marktferne zu West- und Nordeuropa sowie die hohen Zollschranken Rußlands und Österreich-Ungarns maßgebend, sondern auch seine Brückenfunktion zwischen West-, Mittel- und Osteuropa.[41] Sosehr die Schutzzollpolitik diese auch immer behinderte, wenn nicht gar verhinderte, blieb man gleichwohl bestrebt, ihr weiterhin gerecht zu werden. Zur Wahrnehmung der Handelsinteressen der Provinz kam es seit 1849 zur Errichtung von Handelskammern in Breslau, Görlitz, Grünberg, Hirschberg, Landeshut, Lauban, Liegnitz und Schweidnitz. Die Handelsschwerpunkte lagen jedoch nicht mehr in Ost- als vielmehr in Westeuropa.[42]

Insgesamt hat die Schutzzollpolitik den industriellen Aufschwung Schlesiens zwar schwierig gestaltet, ihn aber nicht nachhaltig zu beeinträchtigen vermocht. Dies beweisen eindrucksvoll die 1852, 1857, 1870 und 1881 in Breslau veranstalteten Provinzial-Industrie- und Gewerbeausstellungen. Was Otto von Seydewitz, der Schlesien als Oberpräsident von 1879 bis 1894 vorstand, gelegentlich der Eröffnung der Ausstellung von

1881 äußerte, war für die schlesische Wirtschaft nach wie vor maßgebend: »Es ist eine Lebensfrage für eine in gedeihlicher Entwicklung stehende Industrie, daß sie auf dem großen Markte zur Geltung und Anerkennung gelangt; und sie kann das nur, wenn sie durch die Herstellung solider und möglichst vollkommener Erzeugnisse beweist, daß sie in berechtigte Konkurrenz mit der Industrie anderer Länder und Provinzen zu treten vermag. Es gereicht mir zur besonderen Genugthuung, in betreff der Industrie unserer Provinz es aussprechen zu können, daß sie in ihren Leistungen in der Mehrzahl ihrer Zweige den besten Vorbildern nacheifert, ja daß sie dieselben in den meisten Fächern erreicht und überholt hat.«[43]

Die Vielfalt und Vielgestaltigkeit der schlesischen Industrie wird überzeugend daran erkennbar, daß sie nicht weniger als neunzehn Bereiche umfaßte. Versucht man, sie nach ihrer Bedeutung zu gliedern, dann ergibt sich die folgende Rangordnung: Bergbau und Hüttenwesen, dessen Schwerpunkte im oberschlesischen und niederschlesischen beziehungsweise Waldenburger Revier lagen; Maschinenwesen, das sich aus den Reparaturwerkstätten der Berg- und Hüttenwerke entwickelte und sein bedeutendstes Zentrum in Breslau hatte. Von ungewöhnlich starker Ausprägung war der Bereich Metallindustrie, in dem die Glimmerwarenfabrikation sich hervortat. Ihre Erzeugnisse fanden einen großen Markt in England, Frankreich und auf dem amerikanischen Kontinent. Die Produktionspalette reichte dabei von Uhrketten über Bestecke, Geldschränke, Kronleuchter, Kandelaber, Messer, Gewehre, Beschläge, Hacken, Spaten und Sensen bis hin zu Schaufeln. Ausgeprägt war auch das sogenannte Kurzwarengewerbe. »Dieser Industriezweig kann in allen seinen Schöpfungen seinen Ursprung aus der Gebirgsindustrie nicht leugnen und hat sich dadurch eine urwüchsige Frische erhalten, die auch in der heute verfeinerten Form noch vorteilhaft zu bemerken ist. Deshalb stehen auch Holzarten hier im Vordergrund, wie Handschuhkasten, Uhrständer, Manschettenknöpfe, Spielwaren, Schachspiele in prächtiger Schnitzarbeit. Am meisten wird das auf den Bergen wachsende Knieholz in diesen Fabriken verarbeitet.«[44]

Ein weiterer bedeutender Industriezweig Schlesiens war die chemische Industrie, wenngleich sie in den achtziger Jahren des 19. Jahrhunderts noch anders definiert wurde als im 20. Jahrhundert.

Den von Umfang und Qualität her herausragenden Produktionszweigen der schlesischen Provinz hat man den der Nahrungs- und Genußmittel hinzuzurechnen. Er basierte vorwiegend auf der heimischen Land- und Viehwirtschaft und erstreckte sich auf sämtliche Regionen und Zonen des Landes. Unter den Fleisch- und Wurstprodukten der Provinz ragten übrigens die Oppelner und Jauerschen Würste hervor, die weithin bekannt waren und von den Zeitgenossen sogar als »berühmt« qualifiziert wurden. In welche Dimension die schlesische Landwirtschaft im Verlauf des 19. Jahrhunderts hineinwuchs, läßt die Tatsache erkennen, daß in den achtziger Jahren allein 800 000 Zentner Rübenzucker pro Jahr zum Export gelangten.[45]

Über die gesamte schlesische Provinz war die Herstellung von Branntwein und Likören verbreitet, wenngleich hier der unbestrittene Schwerpunkt in Breslau lag. Der Getreide- und Kartoffelanbau sowie die Kräuter und Beeren des Landes schufen die

Voraussetzung für die Alkoholindustrie. Sie produzierte Erzeugnisse von Rang und Namen, unter anderem den Stonsdorfer Bitter der Firma Stonsdorf im Kreis Hirschberg. Selbst die Tabak-, Zigarren- und Zigarettenherstellung war in Schlesien verbreitet. Sie basierte in erheblichem Umfang auf dem Anbau einheimischer Tabake. Ihre Zentren lagen im Raum Ratibor, Oppeln, Breslau und Ohlau.[46] Die durchschnittliche Jahresproduktion an Tabakblättern belief sich auf 1 000 000 Kilogramm.[47]

Ein weiterer bedeutender Industriezweig der schlesischen Provinz war die Porzellan-, Steingut- und Glaswarenherstellung. Unter den Produzenten waren die Gräflich Schaffgotsch'sche Josephinenhütte und die Schlesische Spiegelglasmanufaktur zu Altwasser, als Zentren der Steingutherstellung galten Bunzlau, Naumburg am Queis sowie Freiwaldau.[48]

Häufig übersehen wird die Holzindustrie Schlesiens. Zumal in Oberschlesien hatte sich ein bedeutendes Holzgewerbe und holzverarbeitendes Gewerbe entwickelt, »aufbauend auf den ausgedehnten Waldungen in der oberschlesischen Region«. In Beuthen befand sich die Oberschlesische Holzindustrie Aktiengesellschaft. »Sie umfaßte Dampfsägewerke, Hobelwerke, Faß- und Kistenfabriken sowie eine Imprägnieranstalt.« Spezialisiert hatte sie sich auf die Produktion von Grubenholz, das in den zahlreichen oberschlesischen Untertagebetrieben für den Abbau von Steinkohle und Eisenerz einen guten und sicheren Absatz fand. Die Herstellung von Zellulose, Papier, Pappe und Kartonagen erfolgte in Krappitz, wo die Gräflich Haugwitzsche Pappenfabrik, die Oberschlesischen Natron-Zellstoffwerke sowie weitere Papier- und Kartonagenproduktionsbetriebe ansässig waren. Schnittmaterial, Masten und Telegraphenstangen wurden in Beuthen, Möbel, speziell Stühle, Sessel und Tische in Kreuzburg hergestellt.[49] Doch auch in den übrigen Teilen Schlesiens gehörte die Holzverarbeitung zu den keineswegs seltenen Erwerbszweigen. Sie umfaßte die Herstellung von Möbeln, Parkett, religiösen und profanen Schnitzarbeiten bis hin zu Billardkugeln.[50]

Verstreut über die gesamte Provinz war nicht nur die Textil- und Leinwandfabrikation, wobei Orte wie Langenbielau oder Peterswaldau ausgesprochene Produktionsschwerpunkte darstellten, sondern auch die Herstellung von Schuhwerk.[51]

Dazu kam eine Reihe von Spezialprodukten, die nicht nur Ausdruck des Gewerbefleißes, sondern auch der handwerklichen, wenn nicht gar der künstlerischen Begabung zahlreicher Schlesier ist. So war die Stickerei, die ihren Ursprung in den Klöstern des Landes hatte, ebenso verbreitet wie das polygraphische Gewerbe beziehungsweise das Druckerei- und Verlagswesen, wenngleich sein Schwerpunkt in Breslau unübersehbar ist, was sich in einem so alten und renommierten Unternehmen wie dem Verlag Korn ausdrückt. Durch besondere Reichhaltigkeit zeichnete sich der Produktionszweig wissenschaftlicher Instrumente aus, ebenfalls der für Uhren. Zu Lähn im Kreis Löwenberg hatte die einzige Taschenuhrenfabrik des Landes ihren Sitz. 1852 gegründet, entwickelte sie sich in wenigen Jahrzehnten zu einem bedeutenden Unternehmen. Den Spezialprodukten Schlesiens sind ebenfalls die Musikinstrumente zuzurechnen, vor allem metallene Blasinstrumente, Instrumente aus Holz, Saiteninstrumente, Pianos, Flügel und Orgeln.[52]

Ende des 19. Jahrhunderts war Breslau ein bedeutender Umschlagplatz für landwirtschaftliche Produkte. Bauern aus der ganzen Umgebung boten auf dem Breslauer Ring ihre Erzeugnisse an. Inmitten des Getümmels scheint Friedrich der Große auf seinem Denkmal mit gebieterisch ausgestreckter Hand für die notwendige Ordnung zu sorgen.

Etwa zur gleichen Zeit, da auf der gegenüberliegenden Seite des Breslauer Rings noch die Leiterwagen der Bauern aufgereiht waren, entstanden auf der »Grüne-Röhr-Seite« vor dem Rathaus moderne Jugendstilbauten. Bis auf eines waren alle dieser Häuser in jüdischem Besitz. Links im Bild das um die Jahrhundertwende errichtete Kaufhaus der Brüder Barasch mit dem von innen erleuchteten Globus auf dem turmartigen Eckaufbau.

Die Vielfalt und Güte dieser Produkte zeigen sich auch in der Bedeutung Breslaus als Handels- und Umschlagplatz in den achtziger Jahren, in denen Schlesien und darüber hinaus Deutschland zu Schwerpunkten der modernen Industrieproduktion und ihrer Distribution wurden. In Breslau fanden ein Woll-, Flachs-, Leder-, Honig- und Maschinenmarkt statt, zudem vier Jahrmärkte, fünf Roß- und Schlachtviehmärkte sowie täglich Getreidemärkte. Sie spielten sowohl für den Zwischen- als auch für den Ausfuhrhandel der schlesischen Metropole und darüber hinaus der gesamten Provinz eine erhebliche Rolle.[53]

Als Produktionsstandort war Breslau keineswegs weniger bedeutend. Die Produktionsbetriebe umfaßten dreizehn Maschinenbauanstalten, zwei Eisenbahnwaggonbauanstalten, dreizehn Bau- und Möbeltischlereien, sieben Parkettfabriken, 32 Bierbrauereien, 62 Spiritusbrennereien und Likörfabriken, 100 Rum- und Spritfabriken, je zwölf Leder- und Lederwarenfabriken, 31 Strohhutfabriken, 21 Zigarren- und zwei Zigarettenfabriken und zehn Ölfabriken.[54] Am Finanzplatz Breslau wurde der Fonds- und Effektenverkehr durch eine Reichsbankhauptstelle sowie 81 sonstige Geldinstitute abgewickelt.[55] Die führenden Positionen unter den Breslauer Bankhäusern nahmen Eichborn und Heimann ein.

Zumal seit 1871 hat man die Rolle Breslaus als Handels-, Produktions- und Finanzplatz in Konkurrenz zu Berlin zu sehen, allerdings gelang es der Landes- und Reichshauptstadt alsbald, Breslau in den Hintergrund zu drängen. Auch schaffte es Eichborn, das älteste und bedeutendste Breslauer und darüber hinaus schlesische Bankhaus, nicht, sich gegen die Berliner Konkurrenz zu behaupten. Vielmehr entwickelte sich Berlin zum Hauptfinanz- und Hauptbörsenplatz Deutschlands und damit auch Schlesiens. Es kam sogar so weit, daß Eichborn »Mühe hatte, sich in Breslau zu behaupten«.[56] Wenngleich Eichborn wie auch Heimann, von anderen privaten Breslauer Bankinstituten abgesehen, sich weiterhin nicht nur zu behaupten, sondern sogar eine nicht unerhebliche Rolle zu spielen vermochten, ändert dies doch nichts an der Tatsache, daß Breslau als Bankenplatz spätestens seit den achtziger Jahren immer mehr in den Schatten Berlins geriet.[57]

Um so interessanter erscheint daher die Position, die Breslau sich als Handels- und Wirtschaftsplatz zu sichern wußte, darüber hinaus als eine Stätte des Kultur- und Wissenschaftslebens. Der 1811, ein Jahr nach der Berliner ins Leben gerufenen Breslauer Universität war aufgegeben, »durch geistige Mittel« das zu ersetzen, »was an physischen verlorengegangen« war. Wie Berlin und Bonn, die beiden anderen Friedrich-Wilhelms-Universitäten, war sie eine Schöpfung aus der Zeit des politischen Umbruchs und Neubeginns Preußens im Anschluß an seinen militärischen Zusammenbruch 1806/07. Die Liberalität der Breslauer Alma mater sollte auch auf den »übernationalen«, den »übervölkischen« Raum Einfluß gewinnen, so daß zahlreiche Polen aus der Provinz Posen ebenso wie Studenten aus den slawischen Nachbarstaaten zum Studium nach Breslau kamen.[58]

Hundert Jahre nach der Gründung der Universität, im Jahre 1910, kam es aus dem Anspruch von Bildungsbürgertum und Industriekapitalismus zur Gründung einer

Technischen Hochschule in Breslau. Damit gehörte die schlesische Hauptstadt neben Berlin und München zu den drei Städten, die sowohl eine Universität als auch eine Technische Hochschule beherbergten. Daraus ergab sich eine interessante Rivalität. Die Technischen Hochschulen nämlich als Repräsentanten der fortschrittlichen Naturwissenschaften und der technischen Anwendungsdisziplinen zwangen die Universitäten, die das konservative und elitäre Bildungsideal verkörperten, sich stärker als bisher, sofern sie es überhaupt getan hatten, den »ökonomischen Anforderungen« zu öffnen. Wiewohl die Technischen Hochschulen sich den technisch-naturwissenschaftlichen Propädeutika nachdrücklich widmeten und primär an der Möglichkeit experimenteller Forschung interessiert waren, wurden ihre Lehrveranstaltungen denen der Universitäten doch zunehmend ähnlicher; Technische Hochschule und Universität verknüpften sich immer enger mit den »wirtschaftlichen Verwertungsinteressen«,[59] ein Vorgang, der im industrieintensiven schlesischen Raum nachgerade zwangsläufig war. Auf das Wissenschafts- und Wirtschaftsleben Breslaus wirkte sich diese Tatsache außerordentlich fördernd aus. Bedeutung und Effizienz der beiden Bildungs- und Forschungsstätten sind nicht zuletzt auf diese Entwicklung zurückzuführen.

Neben der Universität und der Technischen Hochschule ist eine dritte Institution zu nennen, die die schleschische Metropole zu einem Schwerpunkt wissenschaftlichen Lebens und Wirkens machte: das Jüdisch-Theologische Seminar.

Mit dem Auszug aus dem Ghetto hatte sich der Charakter des jüdischen Gemeindelebens grundsätzlich gewandelt. Es waren ebenso zahlreiche wie beeindruckende Gotteshäuser entstanden, eine eindrucksvolle, wenn nicht gar glänzende äußere Gemeindekultur mit ihren mannigfachen Einrichtungen und Veranstaltungen, die ebenso den Unterrichts- wie den Bildungsaufgaben, darüber hinaus den sozialen und karitativen Aufgaben dienten, hatte sich zu entwickeln vermocht. All das war durch eigene Anstrengungen, ohne Inanspruchnahme staatlicher Unterstützung erreicht worden. Das schlesische und darüber hinaus das deutsche Judentum beeindruckte zu Beginn des 20. Jahrhunderts durch seine zahlreichen wissenschaftlichen und sozialen Stiftungen, die, in der Regel auf erfolgreiche Kaufleute und Unternehmer zurückgehend, nicht nur ihm selbst, sondern darüber hinaus Deutschland in seiner Gesamtheit zugute kamen. An der Spitze dieser Einrichtungen lag das Jüdisch-Theologische Seminar zu Breslau.[60]

Das einflußreiche Breslauer Seminar beziehungsweise das durch dieses repräsentierte »Breslauer Programm« orientierte sich an der »Freiheit der Forschung« bei gleichzeitiger Gebundenheit an das »positiv-historische Judentum«. Akzeptiert wurde das »Angebot bürgerlicher und wissenschaftlicher Emanzipation, ohne dabei die Verbindung zu den Wurzeln jüdischer Existenz aufzugeben«.[61] Das Jüdisch-Theologische Seminar zu Breslau, hervorgegangen aus »den Wirren und Gefährdungen der Emanzipationsepoche« mit ihren weltanschaulichen Bedrohungen auf der einen und ihren wirtschaftlichen Erfolgen auf der anderen Seite sollte sich, wie Isaak Heinemann es anläßlich des fünfundsiebzigjährigen Bestehens im Jahre 1929 formulierte, »als Bildungsstätte jüdischen Menschentums« bewähren.[62]

Zusammen mit der schlesischen Friedrich-Wilhelms-Universität und der Technischen Hochschule bildete das Jüdisch-Theologische Seminar ein Dreigestirn, das dem wissenschaftlichen Leben Breslaus einen weltweit strahlenden Glanz verlieh. Es war Ausdruck des Ranges, zugleich aber auch des Gebens und Nehmens von Wissenschaft und Wirtschaft, denn ohne die Wissenschaft war insbesondere seit den achtziger Jahren des 19. Jahrhunderts die weitere wirtschaftliche Entwicklung nicht mehr gewährleistet. Während die Technische Hochschule und die naturwissenschaftliche Fakultät der Universität vor allem auf dem Gebiet der angewandten Wissenschaften auf die Wirtschaft Schlesiens anregend und befruchtend wirkten, mehrten die Geisteswissenschaften das Ansehen der Breslauer hohen Schulen als Stätten der theoretischen Wissenschaften. Die Namen Theodor Mommsen, Gustav Freytag und Heinrich Graetz mögen für viele andere stehen.

DAS LANDWIRTSCHAFTLICHE POTENTIAL UND LEISTUNGSVERMÖGEN

Die Landwirtschaft Schlesiens war geprägt durch die Landesnatur. Der schlesische Raum umfaßt die Ostabdachung der vielfältig gegliederten Sudeten mit ihren weit ausgreifenden Gebirgsketten und Vorstufen sowie ihrer höchsten Erhebung, der Schneekoppe mit ihren 1 603 Metern. Vorgelagert sind ihnen die »inselartigen« Sudetenvorberge beziehungsweise der Zobten sowie die Striegauer und Strehlener Berge, zudem die fruchtbaren Flußebenen entlang der Oder und ihrer Nebenflüsse, nämlich die Schlesische Bucht mit den flachen Mulden des Breslau-Magdeburger und des Glogau-Baruther Urstromtals sowie die flachwelligen Hügelketten der binnenländischen Landschwelle, der Schlesisch-Polnische Landrücken mit dem Katzengebirge und den Dalkauer Hügeln. Im Südosten geht der Landrücken südlich der Malapane in das Hügelland der Oberschlesisch-Polnischen Platte über, die Tarnowitzer Höhen.[63] Südlich der Klodnitz schließt dieses Hügelland das oberschlesische Steinkohlenbecken ein.

Das Quellgebiet von Oder und Weichsel bis zur Nordabdachung der West-Beskiden einschließlich des Durchgangsgebiets der Mährischen Pforte bildete das ehemalige Kernland Österreichisch-Schlesiens. Die Flußebenen und Hügellandschaften im Gebirgsvorland, die sogenannte Schlesische Ackerebene, eine nahezu waldfreie Region, hatten bis in die Berghänge hinauf starke Rodungen der von Natur aus dicht bewaldeten Vorstufen und Höhenzüge zugelassen. Für die Niederschlesische Heide beziehungsweise die Muskauer, Görlitzer und Saganer Heide sowie die Lausitzer Höhen im Norden blieben dagegen ausgedehnte Kiefernwälder typisch.

Klimatisch gesehen war Schlesien die ausgeprägteste kontinentale Landschaft Deutschlands. Ihre markanten Merkmale waren extreme Temperaturen im Sommer und im Winter. Derartige Gegebenheiten schufen die Voraussetzungen für die Struktur der schlesischen Landwirtschaft. Mit der Industrialisierung und dem Einsatz von Antriebs- und Arbeitsmaschinen sowie der Entwicklung neuer Produktionsmethoden kam es jedoch zu einer Umgestaltung des regionalen und nationalen Wirtschaftsgefüges, das zur Entstehung und Gestaltung einer neuen Weltwirtschaftsstruktur führte. Geprägt war diese neue Struktur durch die Hinwendung zum Freihandel, der in England durch die beiden großen Zollreformen von 1842 und 1845/46 eingeleitet wurde. Als Preußen sich dem Freihandel öffnete, war die Grundlage geschaffen für den Anschluß an das in Westeuropa herrschende Wirtschaftssystem.[64]

Für die Landwirtschaft hatte das Vorteile, denn jetzt vermochten auch die landwirtschaftlichen Produktionsbetriebe sich den neuen wirtschaftlichen Kräfteverhältnissen anzupassen, was auch in Schlesien gelang.[65] Während der Jahre von 1804/16 bis 1883 erlebte die Provinz nicht nur eine eindrucksvolle Extensivierung durch die Urbarmachung von Ödland oder durch Rodungen, wodurch die Anbauflächen zwischen 1815 und 1864 annähernd verdoppelt werden konnten, sondern ebenfalls durch eine Intensivierung der Anbaumethoden, die vor allem durch den Einsatz verbesserter Arbeitsgeräte sowie höherwertiger Düngemittel erreicht wurde. Trotz der schnellen Bevölkerungszunahme konnte man die Menschen weiterhin problemlos aus der eigenen Produktion ernähren.

Als eine Ausweitung der landwirtschaftlich nutzbaren Flächen seit 1882 nicht mehr möglich war, weil es keine entsprechend verwertbaren Böden mehr gab, wurde die Nutzung des Landes noch weiter intensiviert, da auch das Bevölkerungswachstum nach wie vor außerordentlich groß war.

Bevölkerungsentwicklung in Nieder- und Oberschlesien seit 1816

	1816	1834	1852	1871	1880	1890	1900	1910
Oberschlesien	0,368	0,539	0,705	0,900	0,968	1,032	1,147	1,267
Niederschlesien östlich der Görlitzer Neiße	1,301	1,649	1,999	2,210	2,368	2,444	2,589	2,784
Niederschlesien westlich der Görlitzer Neiße	100	120	143	159	170	175	185	208

Besonders stark war der Bevölkerungszuwachs[66] in der zweiten Hälfte des 19. Jahrhunderts. Zu berücksichtigen ist dabei, daß die ländlichen Räume einen bedeutenden Teil ihres Geburtenüberschusses zum einen durch Abwanderung in die schlesischen Städte, insbesondere in jene im oberschlesischen Revier sich entwickelnden, aber auch in die Hauptstadt Breslau und nach Berlin, weiterhin nach Westdeutschland und nach Sachsen abgaben.

Auf die Bevölkerungsentwicklung und die mit ihr einhergehende Industrialisierung hatte die Landwirtschaft Deutschlands im allgemeinen und Schlesiens im besonderen mit einer Steigerung der Produktion zunächst durch Extensivierung, dann durch Intensivierung reagiert. Im Verlauf dieses Vorgangs kam es zu einer ständig enger werdenden Verflechtung der Landwirtschaft mit den urbanen und sich urbanisierenden Absatzmärkten. Dieser wiederum stand in engem Zusammenhang mit der Entwicklung des Verkehrswesens zu Wasser und zu Lande, zumal der Schienenwege, die eine schnelle, sichere und pünktliche Güterverteilung ermöglichten. Auch die Freihandelstendenzen spielten eine Rolle beziehungsweise das freie Spiel der Kräfte, nach dem Angebot und Nachfrage dem individuellen Ermessen der Wirtschaftssubjekte überlassen blieben. Demgegenüber wurden staatliche Eingriffe in das Wirtschaftsleben abgelehnt und der Eigennutz zum obersten Prinzip erhoben, da dieser, so die Überzeugung, auf die Harmonie der Interessen bei maximaler Güterversorgung automatisch hinwirke.

Die Selbststeuerung der Wirtschaft durch das freie Spiel der Kräfte erwies sich jedoch als nicht vereinbar mit den sozialwissenschaftlichen Wandlungen sowie den Krisengefahren, die die industrielle Entwicklung des 19. Jahrhunderts hervorrief. Sie zwangen den Staat, zumal in den Bereichen der Sozial-, Gewerbe- und Handelspolitik, regulierend und ausgleichend einzugreifen, ohne dadurch allerdings das System der Marktwirtschaft in Frage zu stellen.[67] Das führte dazu, daß sich für die deutsche und damit auch für die schlesische Landwirtschaft zwar im Zusammenhang mit der Bevölkerungszunahme sowie der Bildung von Industrierevieren, deren Einwohnerschaft infolge geregelter und regelmäßiger Einkommen über Kaufkraft verfügte, gute Absatzchancen für ihre Produkte ergaben; auf der anderen Seite mußte sie aber mit den ausländischen Anbietern in Wettbewerb treten, denen sich durch den bis in die achtziger Jahre hinein vorherrschenden Freihandel die Chance der ungehinderten Wareneinfuhr bot.

Aus dieser Sachlage heraus ergab sich der Zwang zu weiteren Fortschritten auf dem landwirtschaftlichen Sektor. Durch eine den Erkenntnissen der Agrikulturchemie entsprechende Bodenbearbeitung wurden die Voraussetzungen geschaffen, beim Pflanzenanbau außergewöhnliche Steigerungen zu erreichen und gleichzeitig den Umfang der erzeugten Produkte erheblich auszuweiten. Ferdinand von Lochow gelang es in den achtziger Jahren, unter anderem den Petkuser Winter-, Kurzstroh- und Sommerroggen zu züchten. Sehr bald fanden diese Züchtungen auch in Schlesien Eingang. In der Provinz selbst wirkten ebenfalls bedeutende Pflanzenzüchter, die durch ihre Züchtungen in erheblichem Umfang zur Steigerung der landwirtschaftlichen Produktion beitrugen.[68]

Hieraus ergaben sich neue Perspektiven für das Vordringen der Technik in der Landwirtschaft. Erst jetzt brach auf dem Lande das Maschinenzeitalter an. »Die Dampfmaschine als Dampfpflug und als Lokomobile, letztere zum Antrieb größerer stationärer Arbeitsmaschinen, wie zum Beispiel von Dampfmaschinen«, fand insbesondere in größeren Betrieben, für die es sich lohnte, die erheblichen Mittel zur Anschaffung der Maschinen aufzuwenden, zügig Eingang. Daß auf den schlesischen landwirtschaftlichen Gütern Dampfpflug und Lokomobile in relativ großer Zahl zum Einsatz gelangten, darf als Beweis für die Leistungsbereitschaft gepaart mit fortschrittlichem Denken gewertet werden.[69]

Aufgrund derartiger Entwicklungen konnten die Erträge, zumal seit der Mitte des 19. Jahrhunderts, in erheblichem Umfang gesteigert werden. Während um 1800 bei Roggen und Weizen durchschnittlich acht bis neun Doppelzentner pro Hektar geerntet wurden – bei Gerste und Hafer lagen die Erträge noch niedriger, wenn auch nur geringfügig –, beliefen sie sich um 1870 bei diesen vier Getreidearten auf nahezu vierzehn

Doppelzentner pro Hektar. Bis zum Jahre 1914 gelang es, die Erträge auf etwa neunzehn Doppelzentner pro Hektar zu steigern.[70]

Die im Verlauf des 19. Jahrhunderts sowie im 20. Jahrhundert bis zum Ausbruch des Ersten Weltkriegs erreichten Produktionssteigerungen hat man, insgesamt gesehen, maßgeblich auf den intensiveren Einsatz von Kunstdünger, fortschrittlicheren Pflanzenschutz sowie die verbesserten Möglichkeiten bei der Bearbeitung von Grund und Boden durch den Einsatz neuentwickelten landwirtschaftlichen Geräts zurückzuführen. Die gleichzeitigen Saatgutverbesserungen dürfen dabei nicht übersehen werden.

Im Verlauf des Ersten Weltkriegs sowie der beiden Nachkriegsjahre bildeten sich die Hektarerträge auf etwa 14,5 Doppelzentner zurück. Vom Jahre 1920 an kam es erneut zu einem Anstieg der Erträge. Doch dauerte es bis zum Jahre 1930, ehe die Vorkriegserträge wieder erreicht wurden, die dann in den folgenden Jahren übertroffen wurden. Die gesamte Getreideerzeugung Schlesiens stieg in der Zeit von 1800 bis 1930 von 1 077 800 Tonnen auf 2 517 000 Tonnen.[71]

Wie beim Getreide, so kam es auch bei der Kartoffelerzeugung zwischen 1800 und 1930 zu erheblichen Steigerungen, nach 1870 waren die Zuwachsraten außergewöhnlich groß, denn bis zum Ausbruch des Ersten Weltkriegs stiegen die Ernteerträge auf 135 bis 140 Doppelzentner pro Hektar.[72] Die Entwicklung verlief dann ähnlich wie beim Getreide. Im Jahre 1930 lagen die Hektarerträge bei 165 Doppelzentnern, womit die Steigerung in diesem Jahrzehnt noch stärker als in der Zeit von 1870 bis 1914 war.

Im Gegensatz zu den eindrucksvollen Produktionszuwächsen bei Getreide und Kartoffeln verlief die Entwicklung beim Flachsanbau genau umgekehrt. Denn während bis etwa um die Mitte des 19. Jahrhunderts der Flachsanbau in Schlesien von großer Bedeutung war, da er in der Leinenindustrie der Provinz einen wichtigen und sicheren Abnehmer besaß, bildete er sich seit 1850 ständig zurück. Die Ursache hierfür lag einmal in der zunehmenden Konkurrenz der Baumwolle, die das Leinen immer mehr zurückdrängte, sodann in den preisgünstigen Flachsimporten.[73]

Ähnlich wie beim Flachs gestalteten sich die Verhältnisse bei Raps und Rüben. Bei diesen beiden Produkten lag der Grund für die rückläufige Entwicklung darin, daß mit dem Vordringen zunächst von Petroleum, sodann von Leuchtgas und Elektrizität der Raps- und Rübenanbau für eine industrielle Verwertung ständig zurückging und schließlich überflüssig wurde. Einen ausreichenden Ersatz bei der Margarineherstellung fanden die beiden Pflanzen deshalb nicht, weil das Ausland mit billiger Importware auf den deutschen Markt drängte, mit der die schlesischen Erzeuger wegen ihrer höheren Gestehungskosten nicht erfolgreich konkurrieren konnten.

Der Rückgang beim Flachs- und Rübenanbau eröffnete die Möglichkeit, die freiwerdenden Anbauflächen für Pflanzen, die der menschlichen und tierischen Ernährung dienten, zu nutzen. Die Steigerung der Stückzahlen bei der Rindviehhaltung steht hiermit in einem engen Zusammenhang,[74] ebenfalls die der sonstigen Nutztiere. Demgegenüber bildete sich die Schafhaltung zurück, da die Preise für Schafswolle infolge des Vordringens der Baumwolle nicht mehr rentabel gestaltet werden konnten. Von erheblicher Bedeutung war diese Entwicklung für den Breslauer Wollmarkt, der seine frühere herausragende Bedeutung nunmehr einbüßte.

Die Nachfrage nach landwirtschaftlichen Erzeugnissen aus schlesischer Produktion wurde in Schlesien selbst seit 1850 in zunehmendem Maße durch die Industrialisierung einmal im schlesischen Raum selbst, darüber hinaus in Berlin und im Königreich Sachsen, den beiden wichtigsten Absatzgebieten außerhalb der Provinz, beeinflußt. Da der Markt nach tierischen Veredelungsprodukten wie Fleisch, Butter, Eier, Käse und anderem mehr verlangte, erlebte die Tierhaltung eine erhebliche Ausdehnung bei gleichzeitiger Intensivierung. Die Folge war, daß die einheimische Futtermittelproduktion für die Ernährung der Viehbestände nicht mehr ausreichte. Daher mußten zunehmend Futtermittel importiert werden. Dies bedeutete, daß die Produktionsgrundlage für die Erzeugung von Veredlungsprodukten sich in steigendem Umfang ins Ausland verlagerte, ein Vorgang übrigens, der sich nicht auf die Landwirtschaft Schlesiens beschränkte, sondern die gesamte deutsche Landwirtschaft betraf. Schwerwiegende Folgen hatte das im Verlaufe des Ersten Weltkriegs, als die Futtermittelimporte, zumal die aus überseeischen Staaten, durch die britische Blockade unterbrochen wurden.[75]

Wie in der Industrie, so gehörten auch in der Landwirtschaft die Jahre von 1890 bis zum Kriegsausbruch 1914 zu den erfolgreichsten Schlesiens. Nach den beiden Friedensdekaden von 1871 bis 1890, die bereits durch einen beeindruckenden Aufschwung der Landwirtschaft gekennzeichnet waren, setzte sich dieser, von gelegentlichen konjunkturellen Einbrüchen unterbrochen, fort. In den knapp zweieinhalb Jahrzehnten von 1890 bis 1914 gelang es der Landwirtschaft Schlesiens, beim Pflanzenanbau wie auch bei der Tierhaltung noch einmal eine bemerkenswerte Leistungssteigerung zu erreichen.

Derartige Erfolge hatten ihre Ursache nicht ausschließlich im Einsatz von Düngemitteln, ertragreicherem Saatgut sowie verbessertem Arbeitsgerät, sondern ebenfalls im erheblichen Fachwissen der Landwirte. Seine Vermittlung erfolgte vor allem durch den Auf- und Ausbau von Fachschulen. Nach ersten Schritten vor der Wende zum 19. Jahrhundert kam es seit den fünfziger Jahren zur Ausbildung eines Fachschulwesens, das sich nicht zuletzt deshalb durchsetzen konnte, weil es auf ein strafforganisiertes und erfolgreich arbeitendes Volksschulsystem zu erheblichen Teilen aufbauen konnte. Stadt und Land gleichermaßen umfassend, vermittelten die Volksschulen die erforderlichen Grundkenntnisse in den Realien. Nach zunächst noch tastenden Versuchen im ausgehenden 18. Jahrhundert entwickelten sich im Endergebnis die folgenden wesentlichen landwirtschaftlichen Schultypen mit berufsbildendem Charakter: erstens die landwirtschaftliche Berufsschule, die aus der landwirtschaftlichen Fortbildungsschule hervorgegangen war und die praktische landwirtschaftliche Berufsausbildung begleitete; zweitens die Landwirtschaftsschule, die frühere sogenannte Winterschule; sie stellte zweifelsfrei den Hauptschultyp für die Heranbildung der großen Masse des bäuerlichen Nachwuchses, insbesondere der bäuerlichen Betriebsleiter, dar; drittens die höhere Landwirtschaftsschule, die unter anderem nicht zuletzt auch für die Ausbildung von großbäuerlichen Betriebsleitern sowie für ähnliche Berufsstellungen, so für landwirtschaftliche Angestellte auf größeren Betrieben, gedacht war. Als vierte und höchste Stufe traten hinzu die landwirtschaftlichen Hochschulen beziehungsweise die Universitätsinstitute für die Heranbildung einer akademischen landwirtschaftlichen Führungsschicht.[76]

In diesen Zusammenhang gehören auch die agrarpolitisch orientierten Zusammenschlüsse der deutschen und damit auch der schlesischen Landwirtschaft, deren bedeutendster der am 18. Februar 1893 im Gegensatz zu Reichskanzler Leo Caprivis Zoll- und Handelspolitik[77] aus älteren Anfängen heraus in Berlin organisierte »Bund der Landwirte« war. Dieser Bund war, da er keine politische Partei darstellte, bemüht, in sämtlichen bürgerlichen Parteien Kandidaten durchzusetzen, die seine Interessen unterstützten. Im Reichstag bildeten seine Parteigänger vom Jahre 1893 an die »Wirtschaftliche Vereinigung«, einen Zusammenschluß, der stets mehr als hundert Abgeordnete umfaßte. Der »Bund der Landwirte« war insbesondere mit der von ihm stark beeinflußten Deutschkonservativen Partei verbunden. Maßgeblich ging es ihm darum, die landwirtschaftlichen Interessen mit allen ihm zur Verfügung stehenden Möglichkeiten und Mitteln durchzusetzen. Wie ausgeprägt rechtslastig er war, wird daran erkennbar, daß er seit 1913 mit dem nationalistisch-imperialistisch orientierten Alldeutschen Verband, der ebenfalls als Hauptrepräsentant des Antisemitismus in Deutschland hervortrat, eng verbunden war.[78]

Wenngleich die Leistungssteigerung in der Landwirtschaft beeindruckend war, was die Zuwachsraten bei sämtlichen angebauten Früchten beweisen, gab es doch nicht selten erhebliche Beeinträchtigungen. Insbesondere Witterungseinflüsse führten dazu, daß die Ernteerträge erheblichen Schwankungen unterworfen waren. Für das Jahr 1900 verzeichneten die amtlichen Saatenstandsberichte, daß Spätfröste in der zweiten Aprilhälfte, Regen und kühle Witterung Ende Juni sowie nachfolgende Hitze den Kulturpflanzen geschadet hätten. Stark betroffen worden seien dadurch der Winterroggen sowie der Klee- und Graswuchs, während die Kartoffeln eine außerordentlich gute Entwicklung genommen hätten. Demgegenüber waren 1899 die Ernteergebnisse bei allgemein günstigen Witterungsverhältnissen durchweg hoch ausgefallen, was eine seltene Ausnahmeerscheinung war. Als ein normales Erntejahr hat man das von 1900 mit seinen Beeinträchtigungen zu bezeichnen, was die landwirtschaftlichen Erträge über den Zeitraum von 1890 bis 1900 hinweg beweisen.[79]

Von der 2 651 518,4 Hektar umfassenden Bodennutzungsfläche der Provinz Schlesien im Jahre 1900 entfielen rund sechs Zehntel auf die Hauptgetreidearten, etwa zwei Zehntel auf Hackfrüchte sowie rund ein Zehntel auf Futterpflanzen, vor allem auf Klee. Das restliche Zehntel der Anbaufläche wurde überwiegend für den Anbau von Hülsenfrüchten genutzt. Trotz des Rückgangs des Flachsanbaus betrug die Anbaufläche für Flachs noch 4 356,5 Hektar; davon lagen 3 441 Hektar in Mittel- und Niederschlesien.[80]

Die Ausführungen zur landwirtschaftlichen Produktion wären unvollständig ohne einige Hinweise zum Viehbestand. Nach der Viehzählung vom 1. Dezember 1900[81] gab es in Schlesien 320 982 Pferde, 1 530 503 Stück Rindvieh, 399 507 Schafe und 952 551 Schweine.

Was die soziale Lage der Landwirtschaft Schlesiens betrifft, so hatte zunächst die Bauernbefreiung in der ersten Hälfte des 19. Jahrhunderts zu einem erheblichen Verlust an Bauernland geführt. Dies bedeutete zugleich, daß zahlreiche Bauernstellen verschwanden. Die Konsequenz einer derartigen Entwicklung war eine beträchtliche Ausweitung des Großgrundbesitzes, eine Umstellung der Arbeitsverfassung bei gleichzeitiger Entstehung einer zu erheblichen Teilen aus Kleinbauern und Häuslern bestehenden Landarbeiterschicht, schließlich einer landwirtschaftlichen Intensivierung und Kräftigung der Guts- und Bauernbetriebe, und dies zumal im Zusammenhang mit den vor allem in der preußischen Monarchie vorbildlich durchgeführten Separationen.

Das Ergebnis dieser Entwicklung war, daß in Schlesien im Jahre 1849 die durchschnittliche Bodenfläche, die auf eine ländliche Grundbesitzung entfiel, 64 Morgen umfaßte. Demgegenüber verfügte lediglich ein halbes Prozent aller Besitzer über eine Grundfläche, die zwischen 300 und 600 Morgen lag, während 0,93 Prozent der Grundbesitzer über mehr als 600 Morgen Land verfügte. Dies bedeutete, daß 1,43 Prozent der Grundbesitzer in der schlesischen Provinz der als Latifundien- und Rittergutsbesitzer qualifizierten Kategorie zuzurechnen sind. Ihnen standen gegenüber 17,4 Prozent Grundbesitzer mit dreißig bis hundert Morgen Land, 37,15 Prozent mit fünf bis dreißig Morgen Land und schließlich 44,02 Prozent mit weniger als fünf Morgen Land.[82] Infolge dieser Besitzverhältnisse gehörte fast die Hälfte aller Besitzer von Grund und Boden der Kategorie der Kleinbauern an, die kein ausreichendes Einkommen auf ihrem bebaubaren Land fanden und daher entweder zeitweise oder regelmäßig Lohnarbeit bei den Grundbesitzern, bei den Großbauern, in der Hausindustrie oder im Bergbau suchen mußten, seit den vierziger Jahren auch beim Eisenbahnbau. Entsprechend dem unterschiedlichen Grund- und Bodenbesitz unterschieden die Zeitgenossen zwischen drei-, zwei- und einhalb-, ja sogar viertelhufigen Bauernstellen.[83]

Die in der schlesischen Landwirtschaft im 19. und zu Beginn des 20. Jahrhunderts zu verzeichnenden Produktionssteigerungen dürfen nicht den Blick für die insgesamt wenig günstige soziale Lage, die hier herrschte, verstellen. Während die Jahre 1850 bis etwa 1880 durch eine günstige Entwicklung gekennzeichnet waren, trat seit den achtziger Jahren eine zunehmende Verschlechterung ein, deren Ursache in der Verschuldung der Betriebe lag, wesentlich bedingt durch die Zunahme der Bodenwerte, die 738 Prozent allein für die Jahre von 1880 bis 1888 betrug.[84] Hinzu kam der Rentabilitätsverlust der Landwirtschaft vor allem gegenüber der ausländischen Konkurrenz seit den neunziger Jahren. Die Unterbindung weiterer Parzellierungen, der Ausbau des landwirtschaftlichen Unterrichtswesens[85] und auch das ländliche Genossenschaftswesen wirkten dieser Entwicklung in der schlesischen Landwirtschaft entgegen, indem sie gerade die wirtschaftlich schwachen Landwirte stützten. Ende 1900 betrug die Zahl der in den ländlichen Genossenschaften Schlesiens zusammengeschlossenen Landwirte nicht weniger als 80 000.[86]

Doch trotz aller Bemühungen, die Rentabilität zu steigern, blieben nachhaltige Erfolge aus. Das beweisen die Betriebsergebnisse eines 600 Morgen Ackerfläche umfassenden Gutes, die sich auf die dreißiger Jahre beziehen. Danach beliefen sich die Einnahmen auf 72 000 Mark. Ihnen standen allein für Löhne der auf dem Gut Beschäftigten Ausgaben in Höhe von 42 850 Mark entgegen. Sie schlossen auch die 7 250 Mark ein, die auf den Gutsbesitzer entfielen. Davon waren allein 3 200 Mark für Verwandtschaftshypotheken zu entrichten. Zwar brachte der Wald »ein paar Tausend Mark« ein, doch verursachte er auch Kosten, die sich aus den Waldarbeiterlöhnen, den Aufwendungen für Kulturen und ähnlichem ergaben. »Mehr als 2000 Mark konnte man ihm nicht entnehmen, wenn man den Bestand erhalten wollte.«[87]

Auf die vierzig Ganztagsbeschäftigten des Gutes entfielen pro Kopf durchschnittlich 700 Mark. Doch war dies lediglich eine fiktive Zahl, da sie Leistungen in Naturalien ebensowenig umfaßte wie solche für freies Wohnen, freies Heizen sowie den unentgeltlich zur Verfügung gestellten elektrischen Strom.[88] Dabei handelte es sich bei dem geschilderten Gut seiner wirtschaftlichen Lage nach um ein durchschnittliches, was bedeutet, daß es besser-, aber auch schlechtergestellte gab. In mancherlei Hinsicht lebte ein schlesischer Gutsbesitzer, der einen Besitz in der Größenordnung von 600 Morgen Ackerland bewirtschaftete, bescheidener als ein heutiger bundesdeutscher Arbeiter. Was, insgesamt gesehen, die Sozialstruktur in Schlesien zwischen 1850 und 1945 betrifft, so hatte in den Städten der Frühkapitalismus noch nicht überwunden werden können, während auf dem Land die Feudalordnung weiterhin im erheblichen Umfang bestand.[89]

DIE SOZIALPOLITISCHE LAGE

Die Hinweise auf die Einkommensverhältnisse in der schlesischen Landwirtschaft lassen deutlich werden, wie sich die soziale Lage in Schlesien darstellte, denn grundsätzlich anders als im landwirtschaftlichen Bereich nahm sie sich in den übrigen Erwerbszweigen nicht aus. Die Fülle der sozialpolitischen Probleme, die aus der ersten industriellen Revolution resultierte, ist seither durch den Begriff »soziale Frage« prägnant umschrieben worden. Wenngleich sie von den eindrucksvollen Erfolgen auf wirtschaftlichem Gebiet überlagert ist, zumal während der wilhelminischen Epoche, ändert dies doch nichts an ihrer Relevanz.

Von 1888, dem Jahr der Thronbesteigung durch Wilhelm II., bis zum Ausbruch des Ersten Weltkriegs entwickelte Deutschland sich zur zweitgrößten Industriemacht der Welt. Die Basis für diese Entwicklung lieferten die Grundstoffindustrie, der Maschinenbau, die elektrotechnische und die chemische Industrie, wobei die Grundstoffe Eisen und Steinkohle die Grundlage für den wirtschaftlichen Aufschwung sämtlicher Wirtschaftszweige bildeten. Und die Ergänzung der Steinkohle durch Eisenerzvorkommen in Oberschlesien schuf die Voraussetzung für ein effizientes Wirtschaftsleben und ermöglichte den industriellen Fortschritt. Insbesondere deshalb konnte zwischen 1871 und 1914 die Eisenerzförderung im Deutschen Reich nahezu vervierfacht werden. Die Roheisen- und Stahlerzeugung erlebte zur gleichen Zeit einen Anstieg von 1,5 auf 15 Millionen Tonnen.[90]

Ähnlicher Art war die Situation auf zahlreichen anderen Produktionsgebieten und auf dem Handels-, Verkehrs- und Dienstleistungssektor. Aufgrund der außergewöhnlichen Erfolge im Außenhandel hat man daher mit gutem Grund von einem Imperialismus deutscher Produkte auf den Weltmärkten gesprochen und hinzugefügt, daß er wirksamer als der auf Waffen basierende Imperialismus gewesen sei.[91] So ist bereits von Zeitgenossen der Schluß gezogen worden, daß die Regierungszeit Wilhelms II. infolge der weitgehend guten Wirtschaftslage beziehungsweise der daraus sich ergebenden allmählichen Verbesserungen im sozialen Bereich eine Periode des Wohlstands bis in die Masse des Volkes hinein gewesen sei, wie sie Deutschland seit den ältesten Zeiten noch nie erlebt habe.[92]

Wie aber sah demgegenüber die soziale Lage im wilhelminischen Deutschland und damit auch in Schlesien in der Zeit von 1888 bis 1918 tatsächlich aus? Nach 1871, während der Jahrzehnte des Kaiserreichs, dauerte die tägliche Arbeitszeit im Durchschnitt etwa zwölf Stunden und noch 9,5 Stunden vor Ausbruch des Ersten Weltkriegs. In aller Regel wurde auch an Sonn- und Feiertagen gearbeitet, wenn auch kürzer. Zwar gab es seit 1891 das Verbot der Sonntagsarbeit, doch zahlreiche Ausnahmen führten dazu, daß zu Beginn des 20. Jahrhunderts allein in Preußen 42 Prozent aller Arbeitnehmer in Handel, Gewerbe und Verkehr auch an Sonntagen arbeiteten. Obgleich die Arbeitszeit sank und die Löhne stiegen, hatte das noch nicht zwangsläufig eine Erhöhung des allgemeinen Wohlstands zur Folge. Man hat diesen Prozeß vielmehr vor dem Hintergrund einer Intensivierung der Arbeitsabläufe zu sehen. Von einem in sozialer Hinsicht positiven Trend sowohl beim produzierenden als auch beim distribuierenden Gewerbe kann mithin nicht die Rede sein, ebenfalls nicht hinsichtlich des Entgelts, da die Schere zwischen Leistung und Lohn sich eher weiter öffnete als schloß. Der sogenannte Wohlstand war mithin um den Preis einer höheren Arbeitsleistung erkauft. Über diese Entwicklung hinwegtäuschen kann auch nicht, daß 1883 das erste Sozialversicherungsgesetz wirksam geworden ist, 1894 die Arbeiter-Unfallversicherung und 1889 die Alters- und Invalidenversicherung eingeführt wurde, wodurch das Sozialversicherungswerk einen vorläufigen Abschluß erfuhr.[93]

Vor dem Hintergrund einer solchen sozialpolitischen Entwicklung in der zweiten Hälfte des 19. Jahrhunderts erscheinen die Vorgänge in Oberschlesien als dem bedeutendsten, gleichzeitig aber infolge der Marktferne am stärksten benachteiligten Produktionsgebiet von besonderer Bedeutung. Eine kostengünstige beziehungsweise den Absatz sichernde Produktion hatte sich hier weniger an den Produktionskosten der Konkurrenz zu orientieren als vielmehr an einer Reduzierung der Transportkosten, denn andere Möglichkeiten der Kostensenkung gab es zumal bei dem Massenartikel Steinkohle nicht. Die Kohleveredlung, die durch den Aufbau der Kohlechemie möglich wurde, auch der Einsatz der Steinkohle bei der Elektrizitätserzeugung setzte erst nach der Jahrhundertwende in bemerkenswertem Umfang ein. Und der Aufbau einer eisenverarbeitenden Industrie stand noch in den Anfängen.[94]

Der Netto-Schichtlohn eines »Kohlen- und Gesteinshauers« lag im oberschlesischen Revier 1899 im Durchschnitt bei 4,04 Mark; ein »Kohlen- und Gesteinshauer« im niederschlesischen Revier verdiente 1899 im Durchschnitt 3,42 Mark pro Schicht.[95] Vergleicht man die Einkommen der Beschäftigten im Untertagekohlenbergbau Ober- und Niederschlesiens mit denen in den übrigen Kohlenbergbaudistrikten der preußischen Monarchie, dann ergeben sich erhebliche Unterschiede. Der Netto-Schichtlohn erreichte dort nämlich Höhen zwischen 4,55 und 4,84 Mark.[96] Was die Einkommen der weiblichen Beschäftigten betrifft, so lagen sie beträchtlich unter denjenigen ihrer männlichen Kollegen. Ihr Netto-Schichtlohn lag nämlich bei lediglich 1,02 Mark.[97] An einem solchen Lohnniveau hatte auch die Tatsache nichts zu ändern vermocht, daß 1891 mit der Donaumonarchie und 1892 mit Rußland Handelsverträge hatten abgeschlossen werden können, die die Ausfuhr in die beiden Länder verbesserten, wodurch das Exportgeschäft der schlesischen Industrie eine erhebliche Belebung erfahren hatte.[98]

Mit den unzureichenden Einkommensverhältnissen korrespondierten die Wohnverhältnisse und damit das soziale Milieu in Oberschlesien zu Beginn der sechziger Jahre des 19. Jahrhunderts: »Der Abstand zwischen den belebtesten Kreisen des Regierungsbezirks Düsseldorf und den einfachsten Distrikten Hinterpommerns oder Ostpreußens ist nicht bedeutender als derjenige, den wir in Oberschlesien zwischen Gegenden haben, welche nur wenige Meilen voneinander entfernt sind ... Oberschlesien enthält neben den Quadratmeilen umfassenden Besitzungen der höchsten Aristokraten Gegenden, in welchen das Grundeigentum ausschließlich in den Händen wohlhabender Bauern, Gärtner und kleiner Leute ist, neben Distrikten, die so bevölkert sind, daß kaum noch Platz für einen Zuwachs auffindbar scheint, Kreise, deren Oberfläche zur Hälfte mit unübersehbaren Waldungen bedeckt ist, neben Strecken, welche ohne Unterlaß unter einer dicken, qualmenden Schornsteinen entspringenden Wolke liegen und nachts von unzähligen rothen, gelben, blauen und grünen Feuern erhellt sind, Distrikte, in welchen der ganze Gewerbebetrieb durch einen Schmied oder Schneider repräsentiert ist, neben üppigen Fluren, auf denen Weizen, Gerste und Raps trefflich gedeihen, Sandflächen, denen der Fleiß des Bebauers kaum ein paar dürftige Roggenhalme abzugewinnen vermag, neben einer echt deutschen hochgebildeten Bevölkerung, polnisch und mährisch sprechend, der Cultur erst wenig gewonnene Landsleute, kurz kein Theil Preußens möchte in diesem wunderbaren Lande nicht im Kleinen wiederzufinden sein.«[99]

Wie dicht sich im eigentlichen Zentralrevier Industrie-, Wohn- und Verkehrsanlagen drängten, wird am Beispiel von Siemianowitz/Laurahütte deutlich. Eine Chaussee im Besitz der Henckel von Donnersmarck verband die Siedlung mit Beuthen. Sie verlief über die Felder der Gemeinden und Dominien Michalkowitz und Groß-Dombrowka, und zwar zwischen den beiden Gemeinden, gelangte unweit der Ortschaft Baingow nach Siemianowitz, das teilweise gestreift wurde, durchzog ganz Laurahütte, passierte dann die gleichnamige Hüttenanlage und mündete beim Zollhaus Bittkow in die von Beuthen nach Kattowitz führende Chaussee ein.[100] Ursache für die dichte Besiedlung dieses Raumes war vor allem die 1839 entstandene und seitdem ständig erweiterte Laurahütte, die 1876 schon 75 Öfen, acht Dampfhämmer sowie 21 Dampfmaschinen umfaßte. Beschäftigt wurden auf ihr 1 210 Arbeiter.[101]

Über Kattowitz wird in den siebziger Jahren berichtet: »Das war eine Periode der unvermittelten Gegensätze, ein noch unvermischtes Nebeneinander heterogener Elemente, ein kulturhistorisches Werden, welches einer besonderen Studie wert ist ...; soziale Kontraste, wie wir sie auch noch heute an verschiedenen Punkten des oberschlesischen Industriebezirks ungegoren und unverschmolzen finden, verleihen dem Ort eine eigentümliche Physiognomie. Hier und da – zwischen Bauernhütten ... und dem rasenbedeckten Keller im Hofe ein städtisches neues Haus mit Blumengarten, neben dem Hotel ... die Schenke ...«[102]

Wie Kattowitz, so nahm sich das oberschlesische Revier in seiner Gesamtheit, zumindest jedoch sein zentraler Teil, auch noch an der Wende vom 19. zum 20. Jahrhundert aus. In dem zu schnell gewachsenen Industriegebiet »verwuchsen« die alten Ortschaften, die Gruben- und Hüttenanlagen sowie die sonstigen zahlreichen weiterverarbeitenden Produktionsbetriebe und die dazwischen eingesprengten Arbeitersiedlungen zu einer einzigen Großsiedlung. Zahlreiche Kommunen, die beim Einsetzen der Industrialisierung über nur wenige Bauernstellen verfügten, hatten zu Beginn des 20. Jahrhunderts 10 000, ja 20 000 und mehr Einwohner. Aus einem derartigen Wachstum resultierte, daß die Landschaft mit Industrie- und Siedlungsbauten, häufig auch mit Halden, dem Abraummaterial der Gruben und dem Schlackenanfall der Hütten, bedeckt war.[103] Hier drängten sich »zwischen die Blockhäuser der Dorfbewohner ... mehrstöckige Rohziegelbauten, von den Bauern selbst oder von Spekulanten als Mietwohnungen für die Bergleute errichtet. Das ungeordnete und häßliche Durcheinander der alten und neuen Bauten kennzeichnet[e] den Übergangszustand des Raumes, der die bäuerliche Lebensordnung verlassen und in der industriellen noch keine Harmonie gefunden [hatte].«[104]

Angesichts der sozialen Lage im 19. und im beginnenden 20. Jahrhundert, die die Situationsberichte aus Oberschlesien sowie aus dem schlesischen Textilrevier beleuchten, scheinen nur die notwendigsten Maßnahmen zur Linderung der allgemeinen Not getroffen worden zu sein. Daß hier nur allmählich Reformen in Gang kamen, hat man maßgeblich der Befangenheit in manchesterliberalem Denken zuzuschreiben. Hinzu kommt, daß das in Wirtschaft und Gesellschaft weithin maßgebende Bürgertum in seiner Mehrheit nicht bereit war, Menschenwürde und Menschenrechte der Arbeiterschaft zu respektieren. Begründet lag diese Haltung im reformierten Protestantismus, der, aus der Reformation Calvins und Zwinglis hervorgegangen, Arbeitsamkeit, Sparsamkeit, Strenge, Einfachheit und Erfolg zu seinen wesentlichen Bestandteilen zählte. Dies alles vermochte das Bürgertum bei der Arbeiterschaft offenbar nicht zu entdecken.[105] Davon einmal abgesehen, zeigten sich die Mittelschichten an den sozialpolitischen Mißständen kaum interessiert. Eine »gewisse Vernachlässigung« der sozialen Lage ist unübersehbar, konsequent war der Wille auf das Materielle, auf Industrie, Gewerbe und Handel gerichtet.

Betrachtet man die Lage Schlesiens 1913/14 beziehungsweise am Ende einer mehr als vierzigjährigen Friedens- und Aufschwungphase, kommt man nicht an der Feststellung vorbei, daß der wirtschaftliche Aufschwung dem im sozialpolitischen Bereich zum

Gleiwitz in Oberschlesien, wie es der hier geborene Schriftsteller Horst Bienek in Erinnerung hatte: unbeschwerte Feierabendstimmung am träge dahinströmenden Klodnitzfluß und dahinter die heimatliche Industriestadt mit ihren 100 000 Einwohnern. Die Aufnahme entstand in den dreißiger Jahren.

Teil erheblich vorausgeeilt war, wenngleich die Einkommensentwicklung aufwärts tendierte. Am deutlichsten zeigen dies die Lohnsteigerungen im schlesischen Bergbau. Der Lebensstandard der schlesischen und auch der übrigen Arbeiter in Deutschland hatte vor 1914 den der französischen, englischen und amerikanischen erreicht, zum Teil sogar bereits übertroffen, was August Bebel auf eine entsprechende Frage hin zu der Äußerung veranlaßte: »Es geht unseren Leuten nicht schlecht genug. Revolution macht man nicht ohne Massenelend, und das haben wir nicht in Deutschland.« Und der französische Staatsman Georges Clemenceau war angesichts des sozialen Standards der deutschen Arbeiterschaft zu der Feststellung gelangt: »Ce sont des bourgeois.«[106]

Derartige Feststellungen dürfen jedoch nicht darüber hinwegtäuschen, daß dem materiellen und ideellen Emanzipationsstreben der Unterschichten nach wie vor enge Grenzen gesetzt waren, trotz ihrer zahlenmäßigen Stärke, die durch die Statistik eindrucksvoll verdeutlicht wird. Danach umfaßte die Arbeiterschaft einschließlich der Landarbeiter sowie der Mehrzahl der Verkäufer 1882 mit 10,7 Millionen rund 56 Prozent und 1907 mit 17,8 Millionen sogar rund 63 Prozent der erwerbstätigen Bevölkerung. Rechnet man dieser Zahl noch die etwa 1,7 Millionen Personen zu, die in häuslichen Diensten beschäftigt waren, dann hat man vor 1914 nicht weniger als zwei Drittel aller Erwerbstätigen sowie deren Angehörige den sozialen Unterschichten zuzurechnen.[107] Zwar hatte der Lebensstandard dieser Schichten infolge des wirtschaftlichen Aufschwungs während der Zeit des Kaiserreichs verbessert werden können, der Pauperismus als ein vor allem die erste Hälfte des 19. Jahrhunderts kennzeichnendes Massenphänomen war überwunden worden, Hungersnöte gehörten der Vergangenheit an. Durch die Sozialgesetzgebung seit den achtziger Jahren war die Verelendung der Arbeiterschaft infolge Invalidität, Krankheit und Alter gemildert worden, doch blieb, zumal unter den sozial Schwächsten, den Ungelernten, Gelegenheitsarbeitern, Arbeitslosen, Behinderten und Kinderreichen, einer zahlenmäßig bedeutenden Gruppe, die Not extrem hoch.[108]

Zwar nahm die soziale Mobilität vor allem der gelernten Arbeiter zu, die zu Vorarbeitern, Meistern und selbständigen Handwerkern, in Ausnahmefällen sogar zu mittleren Unternehmern aufsteigen konnten; der Aufstieg in höhere Berufe allerdings war für die Lohnabhängigen und deren Kinder durch die Unzulänglichkeit der Schulbildung, die zudem in hohem Maße klassenspezifisch ausgerichtet war, erheblich eingeschränkt. Nur in seltenen Fällen gelang es besonders begabten und strebsamen Kindern aus den Unterschichten, eine Mittelschule, ein Gymnasium oder gar eine Universität zu besuchen.[109]

Auch bei den Beschäftigten des Textilgewerbes hatte sich der Lebensstandard trotz der insgesamt günstigeren sozialen Verhältnisse vor allem seit den achtziger Jahren nicht nennenswert verbessert. Die Einkommen waren hier maßgeblich abhängig von den jeweiligen Konjunkturlagen, die starken Schwankungen unterlagen. Besonders schlecht stellte sich die Situation der in ländlichen Regionen lebenden Kleinmeister dar. Da sie in der Regel nicht über die Mittel verfügten, arbeitsparende Maschinen aufzustellen beziehungsweise zu rationalisieren, mußten sie Familienmitglieder beschäf-

Bis ins 20. Jahrhundert erhielt sich in Schlesien die Handweberei in Heimarbeit. Der hölzerne Trittwebstuhl war im Prinzip schon im Mittelalter bekannt, doch wurden die Geräte immer größer und schließlich raumfüllend. In den kleinen schlesischen Weberstuben nahmen sie den meisten Platz ein. Seit im Jahre 1785 in England der mechanische Webstuhl erfunden worden war, der im Laufe der Jahrzehnte immer weiter verbessert wurde, war die traditionelle Heimweberei nicht mehr konkurrenzfähig, da sie den Maschinen hoffnungslos unterlegen war.

tigen. Die Arbeitsdauer war unbegrenzt, die Arbeitsbedingungen waren schlecht, was zu erheblichen Gesundheitsschäden führte, zumal die unzureichend ernährten Menschen die Arbeit in den beengten Verhältnissen ihrer Behausungen zu leisten hatten. Häufige Krankheiten waren die Folge, vor allem die Tuberkulose hatte geradezu seuchenartigen Charakter. Unter den Unterschichten galt sie als die am stärksten verbreitete Krankheit.[110]

Die Notlage der schlesischen Unterschichten wirkt besonders kraß, wenn man sie in Vergleich zum Wohlstand der Spitzen der Gesellschaft stellt und sieht, wie ungleich die Güter in der Klassengesellschaft Deutschlands vor dem Ersten Weltkrieg verteilt waren. So war Fürst Guido Henckel von Donnersmarck aufgrund der Vermögenssteuerstatistik, die zum erstenmal 1905 erschien, im Jahre 1912 der zweitreichste Mann Preußens. Guido Graf Henckel von Donnersmarck, geboren am 10. August 1830 zu Breslau, war der dreizehnte freie Standesherr auf Beuthen, Fideikommißherr auf Tarnowitz Neudeck, Stifter und Herr der Fideikommisse Zyglin und Repten, Herr der Herrschaft Zabrze und auf Makuschau, Kreis Zabrze, außerdem auf Chropaczow und Schwientochlowitz, Kreis Beuthen. Sein gesamter preußischer Grundbesitz umfaßte 23 295 Hektar, was einen Wert von 15 Millionen Mark darstellte. Daneben besaß der Fürst noch die Güter Tabkowice und Dobierzowice mit einer Größe von 1 125 Hektar in Russisch-Polen sowie die Herrschaft Lipowice in Galizien, die 3 076 Hektar umfaßte.[111]

Der riesige Grundbesitz Guido von Donnersmarcks machte jedoch nur ein Zehntel seines zu versteuernden Vermögens aus; die übrigen neun Zehntel basierten zu wesentlichen Teilen auf dem Besitz von Steinkohlenbergwerken, Industrieaktien, insbesondere der Eisen- und Zinkindustrie, auf Anteilen an Terrainunternehmen, »die der Fürst regelmäßig in der Form der Gesellschaft mit beschränkter Haftung durchzuführen pflegt«, auf Bankaktien sowie auf Beteiligungen an Warenhäusern und sonstigen Unternehmen, schließlich auf Barmitteln, die eine Höhe von 12 bis 15 Millionen Mark erreichten.[112]

Die Geschäftspolitik Guido von Donnersmarcks war stets durch den Grundsatz geprägt, optimale Ergebnisse zu erreichen. Mit Erfolg vermochte er ihm zu huldigen, ob bei in- oder ausländischen Unternehmungen. Zu seinen bemerkenswertesten und gleichzeitig einträglichsten Unternehmungen gehörte zweifelsfrei der Bau der Hochofenwerke zu Kratzwieck bei Stettin. Am 1. April 1896 wurde mit dem Bau der Anlage begonnen; bereits im August 1897 konnte der erste, im März 1898 der zweite und noch im selben Jahr der dritte Hochofen in Betrieb genommen werden. Erweitert wurden die Hochofenwerke noch durch eine Kokerei und eine Zementfabrik, die aus den Hochofenschlacken Eisenportlandzement herstellte.[113]

Zu diesem Engagement im oberschlesischen Revier, an der Ostsee und in Russisch-Polen kam im Jahre 1911 ein weiteres im Rheinisch-Westfälischen Revier mit dem Erwerb der Niederrheinischen Hütte in Duisburg. Wie auf den Kratzwiecker Hüttenwerken, so wurden auch hier vor allem schwedische Erze verarbeitet. Die Leistungsfähigkeit der Hüttenanlagen an der Ostsee und am Niederrhein betrug bei Roheisen 500 000 Tonnen, bei Rohstahl 300 000 Tonnen und bei Eisenportlandzement 600 000 Faß pro

Jahr.[114] Weit höher als im eisenverarbeitenden Sektor waren die in den Steinkohlengruben Guido von Donnersmarcks erreichten Produktionsziffern. Begonnen hatte er mit der Steinkohlenförderung auf der Deutschlandgrube. 1883 wurden die Schlesiengrube, 1903 die Donnersmarckgrube und 1912 die Feldmarschall-Blücher-Schächte abgeteuft. Beteiligt war er außerdem an der Erschließung von Gruben in Russisch-Polen. Die Jahresproduktion seiner Steinkohlengruben belief sich auf insgesamt 2,5 Millionen Jahrestonnen.[115]

Engagiert war der 1901 wegen seiner Verdienste für das schlesische und darüber hinaus das deutsche Wirtschaftsleben gefürstete Guido ebenfalls in der Zinkindustrie. Zunächst produzierte er Zink auf den Zinkhütten Thurzo und Clara bei Schwientochlowitz, seit 1888 auf der Zinkhütte Guidotto.[116] Bereits 1868 war durch ihn ein Zinkwalzwerk in Mährisch-Ostrau errichtet worden, und schon vor 1870 hatte er sich an Zinkerzgruben in Südfrankreich und auf Sizilien beteiligt. Darüber hinaus war er der Initiator der Schlesischen Aktiengesellschaft für Bergbau und Zinkhüttenbetrieb. Das Unternehmen umfaßte die Galmeigrube Theresia, die Hälfte der Galmeigrube Apfel, die Pauls-Zinkhütte, die Thurzo-Zinkhütte, das Zinkwalzwerk zu Kattowitz und das Zinkwalzwerk Silesia zu Lipine. Außerdem betrieb sie vier Zinkhütten, die gepachtet worden waren.[117]

Von den Unternehmungen Fürst Guidos auf dem Gebiet der Chemie seien außer der Gewinnung von Teersäure, Pech, schwefelsaurem Ammoniak, Schwefelsäure, Salzsäure, Zinkstaub, Cadmium und anderem die Abfallprodukte seiner schwerindustriellen Anlagen erwähnt: der Bau einer Zellulosefabrik zu Stahlhammer 1883, die 1890 um eine Papierfabrik erweitert wurde, sowie einer Produktionsanlage für künstliche Seide und Gespinste zu Sydowsaue bei Stettin, zudem einer Zellulose- und Papierfabrik zu Altdamm, ebenfalls bei Stettin. Beteiligt war er ebenfalls an der Kunstdüngerindustrie. Seiner Absicht entsprechend, sämtliche Möglichkeiten zu nutzen, die sein Industrieimperium und sein ausgedehnter Grundbesitz boten, errichtete der Fürst auf seinem Grund und Boden zudem eine Anzahl von Ziegeleien und nahm außerdem Steinbrüche in Betrieb.[118]

Vergleicht man den immensen Grund- und Industriebesitz Guido von Donnersmarcks und seinesgleichen mit der nach wie vor ausgeprägten Armut der Lohnabhängigen, wobei eine ganz allmähliche Besserung ihrer Lage keineswegs übersehen werden soll, dann wird verständlich, daß er und zahlreiche andere Unternehmer der grundstofferzeugenden und verarbeitenden Industrie nicht unumstritten waren. Immerhin wurde das gesamte Vermögen Henckel von Donnersmarcks, dessen Erwerb durch die industrielle Entwicklung und damit letztlich durch die Arbeitskraft seiner Arbeiter und Angestellten ermöglicht worden war, vor 1914 auf 250 Millionen Mark geschätzt. Neben ihm bildeten andere schlesische Magnaten, so die Fürsten und Grafen Pleß, Schaffgotsch, Tiele-Winckler, Ballestrem und Lichnowsky, die Herzöge von Ratibor und Trachenberg eine Gruppe, bei der Spitzenreichtum zusammenkam – von den Unternehmern bürgerlicher Herkunft wie Borsig, Friedländer, Hegenscheidt, Huldschinsky, Caro oder Wollheim einmal abgesehen.[119]

Das alles läßt erkennen, daß es in Schlesien wie im übrigen Deutschland nach wie vor ein ausgeprägtes soziales Ungleichgewicht gab. Zudem herrschte nur ein Minimum an Demokratie. Das Parlament Preußens bestand aus zwei Kammern, deren erste, das Herrenhaus, keine gewählten, sondern lediglich erbliche oder auf Lebenszeit berufene Mitglieder umfaßte. Die Abgeordneten der zweiten Kammer wurden aufgrund des Dreiklassenwahlrechts gewählt, das die Wohlhabenden sehr begünstigte, die Masse des Volkes hingegen stark benachteiligte, darüber hinaus weder eine geheime noch eine direkte und allgemeine Wahl zuließ.[120]

Zweikammersystem und Dreiklassenwahlrecht wurden von der Geld- und Machtelite Preußens für ihren Fortbestand als unentbehrliche Garantien angesehen. Als schließlich im Sommer 1917 unter dem Eindruck des verlust- und entbehrungsreichen Krieges sowie der wachsenden Schwierigkeiten auf den Kriegsschauplätzen und an der sogenannten Heimatfront eine Demokratisierung des preußischen Wahlrechts von liberalen Kräften angestrebt wurde, veröffentlichte die konservative Landtagsfraktion am 12. Juli 1917 die folgende Erklärung: »Das gleiche Wahlrecht entspricht nicht den Eigenarten und der historischen Vergangenheit des preußischen Staates. Es ist vielmehr geeignet, das feste Gefüge Preußens zu erschüttern und auch diesen Staat der völligen Demokratisierung auszuliefern.« Schon im März 1917 hatte im Herrenhaus eines seiner Mitglieder zynisch erklärt: »Das Bürgertum hat durch das allgemeine und gleiche Wahlrecht für den Reichstag (bereits) den Höhepunkt politischer Glückseligkeit erreicht. Es würde ein Übermaß von Glückseligkeit bedeuten, das den Neid der Götter herausfordern müßte, wenn man dem Volke in die linke Hand auch noch das allgemeine und gleiche Wahlrecht drücken wolle ... Auf diesem Wege würden wir bald zur Republik kommen ...«[121]

Demgegenüber galten strenge militärische Disziplin und harter Drill als geeignete Mittel, Landarbeitersöhne mit relativ geringer Schulbildung zu Soldaten zu erziehen, die bedingungslos gehorchten und das System, das sie schützen sollten, nie in Zweifel zogen. Gleichzeitig scheuten die Regierenden dieses Systems nicht davor zurück, jene, die als Soldaten ihr Leben aufs Spiel setzen sollten, im Zivilleben nach wie vor miserabel zu bezahlen. Trotz eines imposanten wirtschaftlichen Aufschwungs und der damit einhergehenden Bildung enormer Vermögen lagen die Stundenlöhne der Lohnabhängigen im Jahre 1913 bei nicht mehr als 26,5 Pfennigen, und wenn man die in Schlesien weit verbreitete Heimarbeit mit einbezieht, bei weniger als 12 Pfennig. Die Weber in Langenbielau hatten einen Stundenlohn von lediglich 3,5 Pfennig.[122]

Derart geringen Einkommen gegenüber nahmen sich die der Gutsarbeiter günstig aus. Zwar belief sich der Monatslohn bei einer Sechzigstundenwoche auf lediglich 27,25 Mark, was einem Stundenlohn von 0,105 Mark entsprach, doch erhielt jeder Gutsarbeiter außerdem pro Jahr vierzehn Doppelzentner Getreide, dreißig Doppelzentner Kartoffeln und 365 Liter Milch. Außerdem wurden ihm Wohnung, Heizung und elektrischer Strom unentgeltlich zur Verfügung gestellt. In der Regel ging auch seine Ehefrau auf dem Gut einer Beschäftigung nach, wodurch sich das Einkommen erhöhte.[123]

Die Arbeiter litten aber nicht nur unter den niedrigen Einkommen, sie lebten auch in starker Abhängigkeit von ihren Arbeitgebern, wovon vor allem die Heimarbeiter sowie die Dienstboten betroffen waren. Und die überlangen Arbeitszeiten, die Schwere der Arbeit gepaart mit schlechten Arbeitsbedingungen, die unzulänglichen Wohnverhältnisse sowie die unzureichende Ernährung bewirkten außerdem eine ausgeprägte Anfälligkeit für Krankheiten, zumal für die Tuberkulose, die sich seuchenartig ausbreitete, weil das enge Zusammenleben in den Wohnungen der Verbreitung der Ansteckungskrankheit Vorschub leistete.

Noch um die Wende vom 19. zum 20. Jahrhundert war ein eigenes Bett für jedes Haushaltsmitglied einer größeren Arbeiterfamilie eher die Ausnahme denn die Regel. Überhaupt stellten die beengten und schlechten Wohnverhältnisse in den Industriegebieten, aber nicht nur da, ein spezielles Problem dar: »Zu dritt, viert und mehr quetschten sich groß und klein, zehn, fünfzehn in einer Kammer. Wie ein Alp lastete die Enge auf allen ... Warmer, stickiger Dunst von dem trockenen Grubenzeug vermischte sich mit dem Atem der vielen. Aus einer Flut von Köpfen und Gliedern hob sich manchmal ein bleicher Kopf wie der eines Ertrinkenden, ein Arm schlug um sich, eine Brust bäumte sich in Atemnot ...«[124]

Die Ausführungen zu den Arbeits-, Wohn- und Einkommensverhältnissen informieren lediglich über die materiellen Verhältnisse, kaum hingegen über die daraus resultierende Bewußtseinslage, das Lebens- und Weltbild sowie die Wünsche, Hoffnungen und Sehnsüchte der Arbeiter Schlesiens. Man darf jedoch unterstellen, daß neben dem Wunsch nach Verbesserung der materiellen Lage auch das Streben nach Weiterbildung, nach einem intensiveren Erlebnis der Natur sowie nach geistigen Lebenschancen das Sinnen und Trachten der Arbeiterschaft und ihrer Angehörigen bestimmte.[125] Dagegen zielte der obrigkeitliche Erziehungswille einzig darauf, sie zu frommen, gehorsamen, fleißigen sowie in jeder Hinsicht materiell, jedoch auch intellektuell genügsamen und bescheidenen Untertanen zu machen.

Geistesleben

Berlin, die Hauptstadt Preußens und seit 1871 auch des Deutschen Reiches, wurde zur neuen Mitte für Schlesien; von ihr ging eine außergewöhnlich große Anziehungskraft auf das geistige Schlesien aus.

So lebte Gerhart Hauptmann von 1885 bis 1889 in Berlin, wo er sich bei den Dichtern und Schriftstellern im Kreis der »Freien Bühne« seiner dichterischen Berufung bewußt wurde und mit der Uraufführung von *Vor Sonnenaufgang* 1889 berühmt wurde.[126] Die Anziehungskraft Berlins beweisen auch die beiden gebürtigen Breslauer Willibald Alexis und Adolph Menzel. In der Romantik wurzelnd, charakterisierte Alexis mit Phantasie und Wirklichkeitssinn vor allem abgründige Gestalten und krankhafte Erscheinungen. Er verfaßte acht große Romane über Themen der brandenburgisch-preußischen Geschichte. Seinen Ruf begründeten die unter dem Namen Walter Scotts erschienenen Romane *Walladmor* und *Schloß Avalon*.[127] Menzel empfing zwar seine »ersten künstlerischen Eindrücke« in Breslau, doch schon 1830, er war damals vierzehn Jahre alt, zog seine Familie nach Berlin, wo er seine ganze gestalterische Kraft zu entfalten vermochte. Die Gemälde Menzels sind von einer freien malerischen Haltung, mit denen er den Impressionismus vorwegnahm. Sein Gestaltungsbedürfnis verlangte nach konkreten Stoffen. Da er sie in der religiösen Welt nicht fand, suchte er sie in der historischen, insbesondere in der friderizianischen. Den repräsentativen Bildern stehen die künstlerisch sehr viel stärker beeindruckenden gegenüber, die die Festlichkeiten des Berliner Hofes darstellen.[128]

Trotz dieser Anziehungskraft der Reichshauptstadt konnte Breslau seine Stellung als Wirtschafts-, Handels-, Kultur- und Wissenschaftszentrum Schlesiens nicht nur erhalten, sondern vermochte seine Bedeutung sogar noch zu steigern. Den wohl wesentlichsten Beitrag dazu leistete die Universität.

In den 134 Jahren zwischen ihrer Neubegründung 1811 und ihrem Ende galt die Breslauer Friedrich-Wilhelms-Universität als eine hochangesehene Bildungsstätte im Kreis der deutschen und ausländischen hohen Schulen sowohl im naturwissenschaftlichen als auch im geisteswissenschaftlichen Bereich, doch ebenfalls in dem der beiden Theologien. Man kann daher nicht umhin, mit Bewunderung von den Leistungen und dem Geist dieser Universität zu sprechen. Sie hat zweifellos einen großen Beitrag zum wissenschaftlichen Leben des In- und Auslands geleistet.[129] Nicht zuletzt trug dazu die Hochschul- und Wissenschaftspolitik Friedrich Althoffs bei, der von 1882 bis 1907 das Universitätsreferat im preußischen Kultusministerium leitete.[130] Profitiert hat Breslau zweifelsfrei auch von der Idee Franz von Roggenbachs, unter Anknüpfung an lokale Traditionen und vorhandene Personen wissenschaftliche Schwerpunkte zu schaffen. Dementsprechend kam es hier zum Aufbau eines Zentrums für slawische Forschung.[131]

Gut vier Jahrzehnte nach der Gründung der Universität erhielt Breslau das Jüdisch-Theologische Seminar, das am 10. August 1854 eröffnet werden konnte. Seine Bedeutung für die Wissenschaft und Weltanschauung des Judentums ist unumstritten.[132] In den Novembertagen des Jahres 1938, im 84. Jahr seines Bestehens, in denen auf jüdische öffentliche und private Einrichtungen barbarische Anschläge verübt wurden, ging auch das Breslauer Seminar unter. Nur wenige Stunden genügten, um zu zerstören, was in Jahrzehnten aufgebaut worden war: Die Bibliothek wurde größtenteils vernichtet. Dem Lehrbetrieb, der Forschung und dem Studium wurde das Ende bereitet, wiewohl noch über einige Monate hinweg »in ganz bescheidenem Rahmen« Vorlesungen gehalten werden konnten, ehe Lehrer und Schüler sich über die ganze Welt verstreuten.[133]

Mit der Universität und dem Jüdisch-Theologischen Seminar verfügte Breslau über Bildungseinrichtungen, die dem geistigen Anspruch der schlesischen Provinz und seiner Metropole gerecht wurden, nicht hingegen den industriell-kommerziellen Forderungen der Fabrikanten und Kaufleute. Um so überraschender erscheint es daher, daß der preußische Staat, der seit 1815 die Gewerbetätigkeit so nachhaltig förderte, vor 1870 keine polytechnische Anstalt ins Leben rief, die mit denen Wiens, Karlsruhes oder Zürichs hätte verglichen werden können. Während des Deutsch-Französischen Krieges erst kam es in Aachen zur Gründung der ersten preußischen Technischen Hochschule; sie besaß von Anfang an Hochschulcharakter.[134]

Zu dieser verspäteten Entwicklung mag die im 19. Jahrhundert verbreitete Auffassung beigetragen haben, wonach »die Gebildeten den ... Zustand der Industriellen roh« nannten und glaubten, »es vertrage sich eine rechte Bildung gar nicht mit einer industriellen Tätigkeit«.[135] Die Universitäten selbst gingen sogar so weit, den Technischen Hochschulen den akademischen Charakter abzusprechen und sie lediglich als berufsbildende Schulen zu akzeptieren. Infolge der rasanten naturwissenschaftlichen und technischen Fortschritte vermochten die Technischen Hochschulen jedoch nicht nur ihr Ansehen zu steigern, sondern es gelang sogar, die Universitäten zu veranlassen, sich den ökonomischen Erfordernissen mehr als bisher zu öffnen. Gegen Ende des 19. Jahrhunderts galten die Technischen Hochschulen schließlich als die Repräsentanten der fortschrittlichen Naturwissenschaften sowie der technischen Anwendungsdisziplinen. Demgegenüber verkörperten die Universitäten maßgeblich konservative und elitäre Bildungsideale. Angewandte Forschung und Entwicklung, schwerpunktmäßig an den Technischen Hochschulen betrieben, und mithin eine wirtschaftsorientierte Konzeption überwogen in Preußen und darüber hinaus auch in Deutschland etwa seit Beginn des 20. Jahrhunderts; demgegenüber war die Forschung der »zweckfreien« Wissenschaft zurückgegangen.[136]

Vor diesem bildungspolitischen Hintergrund hat man die Gründung der Technischen Hochschule zu Breslau im Jahre 1910 zu sehen. Letztlich drückt sich in ihr der vorläufige Abschluß der Entwicklung Schlesiens von einer vorwiegend agrarisch strukturierten Region der »vorindustriell-ständischen Welt« zu einer industrialisierten aus, wie sie sich im ausgehenden 19. und zu Beginn des 20. Jahrhunderts darstellte. Bildung und Ausbildung, Erfindung, Entwicklung, Zielsetzung und Fleiß schufen die Voraussetzungen für den Aufschwung Schlesiens, zumal seiner Metropole Breslau, die das unbestrittene Wirtschafts-, Handels-, Finanz- und Kulturzentrum der Provinz und der kirchliche Mittelpunkt des Oderlandes war.

Wenn Kaiser Wilhelm II. nach Breslau kam, trug er in der Regel die Uniform seines Leibkürassier-Regiments Großer Kurfürst, das in Breslau stationiert war. Das Bild zeigt die feierliche Begrüßung des Kaisers durch den Breslauer Oberbürgermeister Paul Matting (reg. 1912–1919) am Anfang der Schweidnitzer Straße. Im Hintergrund das 1888 durch Wilhelm II. persönlich eingeweihte Denkmal für seinen Großvater Wilhelm I.

Die Jahrhundertfeiern zur Erinnerung an den Befreiungskrieg von 1813 wurden in Deutschland recht unterschiedlich begangen. In Leipzig entstand das pompöse Völkerschlachtdenkmal, Breslau entschied sich für den avantgardistischen Bau einer großen Fest- und Messehalle. Nie zuvor war versucht worden, eine solche Weite im Eisenbetonbau zu überwölben. Über einem Hallendurchmesser von 95 Metern tragen 32 Rippen eine Kuppel, die in ihrem Scheitel die Höhe von 42 Metern erreicht. Das Bauwerk des Breslauer Stadtbaurats Max Berg hat die einstigen Zweifel an seiner Stabilität und sogar den Krieg überdauert.

Reich war die Stadt Breslau auch an wissenschaftlichen Bibliotheken und Archiven unterschiedlichster Art und Bedeutung. Genannt seien als die hervorragendsten die Breslauer Stadtbibliothek, die Universitätsbibliothek, die Bibliothek der Technischen Hochschule und die Dombibliothek. Die Stadtbibliothek entstand 1865 durch die Zusammenlegung von verschiedenen historischen Büchersammlungen, darunter als bedeutendste die des Thomas Rehdiger. Durch Geschenke von gebildeten Bürgern und Rektoren sowie den Erwerb der Bernhardin-Bibliothek und der Bibliothek der Maria-Magdalenen-Kirche stieg der Bücherbestand in der zweiten Hälfte des 19. Jahrhunderts auf rund 100 000 Bände.[137] Im Jahre 1940 beherbergte die Stadtbibliothek insgesamt 343 000 Bände neben 5 100 Handschriften und 600 Inkunabeln.[138]

Die Universitätsbibliothek erfuhr ihre Gründung zusammen mit der Universitätsgründung im Jahre 1811. Ihren Grundstock bildete eine Reihe von Hochschul- und früheren Klosterbibliotheken, vor allem aber die Bibliothek der Viadrina, deren 28 000 Bände 1811 von Frankfurt an der Oder nach Breslau kamen. Dazu traten noch die Buchbestände der 1702 gegründeten Jesuitenuniversität Leopoldina, etwa 9 000 Bände und verschiedene Handschriften umfassend. Die Säkularisation von 1810/11 bewirkte, daß der Universitätsbibliothek aus den Beständen schlesischer Klöster weitere 70 000 Bände einschließlich 3 000 Handschriften zuflossen. Im Jahre 1823 umfaßte die Universitätsbibliothek bereits 120 000 Bände. Eine erhebliche Erweiterung erfuhr sie im Jahre 1885, als sie die 80 000 Bände der Schlesischen Gesellschaft für Vaterländische Kultur erhielt.[139] Bis zum Jahre 1937 waren die Bestände der »Staats- und Universitätsbibliothek« auf 692 966 Bände, unter denen sich 2 849 Inkunabeln, 287 Aldinen und 4 236 Handschriften befanden, angewachsen.[140]

Die Bibliothek der 1910 gegründeten Technischen Hochschule Breslau umfaßte 1939 rund 45 000 Werke. Der Bestand der Dombibliothek war bis zum Jahre 1939 auf rund 85 000 Bände angewachsen, darunter 250 Inkunabeln und 504 Handschriften.[141] Zusammen mit dem Diözesanarchiv stellte die Dombibliothek eine sowohl für die Landes- als auch die Kirchengeschichte Schlesiens sehr wertvolle Sammlung dar.

Diese vier großen wissenschaftlichen Bibliotheken machten Breslau zu einem der bedeutendsten Bibliothekszentren Deutschlands vor dem Zweiten Weltkrieg. Speziell mit den Schätzen und Beständen der Stadtbibliothek hielten nur ganz wenige deutsche, ja sogar europäische Stadtbibliotheken einen Vergleich aus. Wegen ihrer umfassenden Bestände zur schlesischen Geschichte galt sie als schlesische Landesbibliothek, war infolge ihres sonstigen Bestands auch eine Fundgrube für die historische Forschung insgesamt. Sie trug erheblich dazu bei, daß Breslau als das wissenschaftliche Zentrum Schlesiens und eines der bedeutendsten Deutschlands betrachtet wurde.

Die schlesische Hauptstadt war jedoch nicht nur als Bibliotheks-, sondern ebenfalls als Pressezentrum der Provinz unumstritten. Zwar führte die Verkündung der Pressefreiheit im Frühjahr 1848 zur Gründung einer Anzahl von Zeitungen, doch trotz der in Görlitz, Liegnitz oder Glogau erscheinenden bedeutenden Provinzorgane blieben die Breslauer Blätter – die *Schlesische Zeitung* und die *Breslauer Zeitung* –, die seit den fünfziger Jahren in einer Morgen- und einer Abendausgabe erschienen, mit Abstand führend.[142] Dies verdeutlicht die Höhe ihrer Auflagen: um 1845 erreichte die *Schlesische Zeitung* eine Auflage von 2 400, die *Breslauer Zeitung* von 3 000 Exemplaren täglich. Demgegenüber blieben die übrigen Provinzblätter alle unter tausend Exemplaren pro Tag. Fünfzehn Jahre später erreichte die *Breslauer Zeitung* mit ihrer Morgenausgabe eine Auflagenhöhe von 16 000, die *Schlesische Zeitung* von 12 000 Exemplaren.[143]

Wie sämtliche Bereiche der Wirtschaft, des Handels, des Finanzwesens und der Kultur erfuhr auch das Zeitungswesen durch die Reichsgründung nachhaltige Impulse, insbesondere jedoch seit den ausgehenden achtziger Jahren, dem Beginn der Wilhelminischen Epoche. Der Name Wilhelms II., des letzten deutschen Kaisers und preußischen Königs, der von 1888 bis 1918 regierte, sollte zum Synonym für den Zustand, die Entwicklung und die Ambitionen der Deutschen von der Entlassung Bismarcks 1890 bis zum Ausbruch des Ersten Weltkriegs 1914 werden. Gekennzeichnet war die Epoche nicht nur durch den Industrialisierungsprozeß Deutschlands, sondern ebenfalls durch seine Wissenschafts- und Kulturpolitik.[144] Demzufolge nahm die *Schlesische Zeitung* an Bedeutung ebenso wie an Umfang zu. Der geographischen Lage Breslaus und darüber hinaus Schlesiens entsprechend, galt ihr Interesse vor allem den ost- und südosteuropäischen Staaten, weshalb man durch eigene Korrespondenten in Sankt Petersburg, Belgrad, Konstantinopel und Wien vertreten war. Die Ereignisse im Deutschen Reich, speziell in Schlesien, standen dabei selbstverständlich an erster Stelle. Die Auflage konnte von 12 742 Exemplaren im Jahre 1872 auf 18 089 im Jahre 1906 gesteigert werden.[145]

Die Auswirkungen der Epoche von 1871 bis 1914 waren ebenso an der Buchproduktion abzulesen, für die in Breslau vor allem der Verlag Wilhelm Gottlieb Korn stand. Verlegt wurden neben verwaltungsrechtlichen Werken historische, kunstgeschichtliche und botanische, zudem die Provinz Schlesien betreffende Editionen. Der Rolle Schlesiens und der benachbarten Provinz Posen im agrarischen Bereich entsprechend, war der einschlägigen Literatur von jeher besondere Aufmerksamkeit gewidmet worden. Dadurch gelang es dem Verlag, auf diesem Gebiet internationale Bedeutung zu erringen.[146]

Politische Kräfte und Parteien

Das politische Leben Preußens und damit auch Schlesiens von der Reformzeit bis zur Reichsgründung war bestimmt vom Wechsel zwischen »fortschrittlichen Anstößen« und »reaktionären Rückschlägen«.[147] Obwohl die Zeit auf eine Reform des preußischen Staatswesens hindrängte, fehlte es nicht an starken Gegenkräften. Vorwiegend entstammten sie dem alten Preußentum beziehungsweise dem Adel und der Bürokratie. Ihnen standen die Kräfte des Fortschritts gegenüber, die sich trotz hoffnungsvoller Ansätze nicht durchsetzen sollten. Bei diesen handelte es sich um so hervorragende, das liberale Gedankengut eindrucksvoll verkörpernde Persönlichkeiten wie Schön, den Oberpräsidenten West- beziehungsweise West- und Ostpreußens,[148] Vincke, den Oberpräsidenten von Westfalen,[149] oder Merckel, den Oberpräsidenten von Schlesien.[150] In ihnen wirkte die Reform am unmittelbarsten fort; sie strebten nach großer Selbständigkeit und verfochten den Gedanken der Wirtschaftsfreiheit. In Fragen der Bildung, der Kirche oder der älteren Privilegien ließen sie sich nicht selten von liberalen Impulsen leiten, in manchen von ihnen entwickelte sich sogar eine gewisse Verfassungsfreundlichkeit.[151]

Doch trotz Selbstverwaltung und Heeresreform blieb Preußen, was die Reformen insgesamt betrifft, auf halbem Wege stecken. Der Versuch des Staates, Altes und Neues miteinander zu verbinden, dabei allerdings das Alte nicht ganz aufgebend und das Neue nicht ganz gewinnend, sollte sich schließlich zum Nachteil auswirken.[152] Zumal in denjenigen Teilen des Königreichs, die am sozialen und wirtschaftlichen Aufschwung nicht teilnahmen, kam es zu ebenso plötzlichen wie schweren ökonomischen Einbrüchen.

Einer dieser Teile war Schlesien, das größte Textilproduktionsgebiet Preußens. Die Einbrüche resultierten aus einer Krise des Baumwollmarktes, die die englische und amerikanische Baumwollindustrie ebenso traf wie die deutsche. Da aber die schlesischen Weber bereits vor der Krise in äußerster Not lebten, wurden sie nun zur Verzweiflung getrieben. Die einzige Chance, ihr Los zu bessern, sahen sie im Widerstand gegen die Unternehmer und im Kampf um höhere Löhne. Zwar schlug ihr Aufstand 1844 fehl, doch vergebens war er gleichwohl nicht, denn er leitete den Beginn von selbständigen Aktivitäten des deutschen Proletariats ein.[153] Das konservative Element sollte sich aber weiterhin als maßgebend erweisen. Das fand seinen sinnfälligen Ausdruck darin, daß die Mitglieder des Preußischen Abgeordnetenhauses auch nach der Reichsgründung 1871 nach dem Dreiklassenwahlrecht gewählt wurden, dessen Reform die konservativen Parteien bis 1918 zu verhindern wußten. Aus ihnen rekrutierte sich im monarchischen Obrigkeitsstaat Preußen auch die Führungsschicht, die nicht nur das politische, sondern auch das gesellschaftliche Leben prägte.

Durch diese Entwicklung wurde auch das schlesische Parteiengefüge beeinflußt. In Breslau hatte sich bereits im März 1860 ein liberaler Wahlverein konstituiert;[154] demgegenüber beschränkte sich zu dieser Zeit das konservative Lager noch darauf, sich in lockeren Honoratiorenvereinigungen zusammenzuschließen. Zu einer maßgebenden Parteienkonstellation kam es erst seit der Reichsgründung 1871. Konservative, Liberale, das Zentrum und die Sozialdemokratie profilierten sich bald in diesem Parteienspektrum. Zwar betraf in Preußen und damit auch in Schlesien das Dreiklassenwahlrecht auch die konservativen und liberalen Parteien, allerdings in der Form, daß es ihnen eine überproportionale Vertretung im preußischen Landtag sicherte, ganz abgesehen davon, daß die soziale und kulturelle Struktur des Landes dem adligen Konservatismus eine dominierende Position garantierte.[155] Da aber nach der monarchischen Verfassung die Regierungsgewalt der parlamentarischen Kontrolle weitgehend entzogen war, blieb der Einfluß der Parteien ohnehin gering.

Gegen diese festgefügten Strukturen vermochte die 1862 ins Leben gerufene Arbeiterbewegung nur wenig auszurichten, auch wenn Ferdinand Lassalle, der 1825 in Breslau geborene Sohn eines jüdischen Seidenhändlers, eine neue Macht mit ihr ins Leben treten sah. Der Arbeiterstand verkörpere die Menschheit, konstatierte er, und diese Arbeiter »sind in der glücklichen Lage, daß dasjenige, was ihr wahres persönliches Interesse bildet, zusammenfällt mit dem zuckenden Pulsschlag der Geschichte, mit dem treibenden Lebensprinzip der sittlichen Entwicklung«. Aufgabe der Herrschaft des vierten Standes sei es, »eine Brücke der Sittlichkeit, der Kultur und Wissenschaft herbeizuführen.«[156]

Die Wirklichkeit sah jedoch anders aus. In Breslau konnten sich nach dem Sieg Preußens über Österreich 1866 die Nationalliberalen durchsetzen, und seit 1867 war die Reichs- und Freikonservative Partei mit ihren Repräsentanten, darunter die Herzöge von Ratibor und Ujest, die Fürsten von Pleß und von Lichnowsky, die Grafen Renard, Frankenberg, Bethusy-Huc und Oppersdorff, bemüht, »dem liberalen Gedanken und den liberalen Ideen Luft und Liebe zu geben, aber auch an den Grundlagen des preußischen Militär- und Beamtenstaates festzuhalten«.[157] Die Reichs- und Freikonservativen waren in ihrer politischen Praxis grundsätzlich an einem taktischen Interessenausgleich interessiert. Sie traten ein für ein starkes Reich unter der Führung Preußens. Die konstitutionelle Monarchie wollten sie durch ein Bündnis der staatserhaltenden Kräfte sichern, das die Nationalliberalen bis hin zu den Konservativen umfassen sollte. Bei der Bekämpfung der Sozialdemokratie stellten sie sich an die Seite Bismarcks. In der Außen- und Kolonialpolitik verfolgten sie einen expansiven Kurs. In den Vorkriegsjahren war ihre Politik, insgesamt gesehen, nationalistisch und expansionistisch ausgerichtet, wobei ihr Schwergewicht in den Bereichen Kolonialismus, Flottenrüstung und Ostbesiedlung lag.[158]

Die Ziele der Sozialdemokratie, als deren Gründungstag die Partei heute den 23. Mai 1863 feiert, waren die Erkämpfung des allgemeinen, gleichen und direkten Wahlrechts sowie die Beteiligung der Arbeiter an »Produktiv-Assoziationen«, die mit staatlicher Hilfe eingerichtet werden sollten. Demgegenüber proklamierte das unter dem Einfluß der Internationalen Arbeiterassoziation von August Bebel und Wilhelm Liebknecht verfaßte »Eisenacher Programm« von 1869 als politische Zielsetzungen die »Überwindung der privatkapitalistischen Produktionsweise«, die Abschaffung aller Klassenherrschaft, die Durchsetzung des »vollen Arbeiterertrages für jeden Arbeiter«, die Verwirklichung des »freien Volksstaates«, schließlich die Bildung einer Volkswehr anstelle des stehenden Heeres.[159]

Aus dem Zusammenschluß der Gründungen von 1863 und 1869 entstand 1875 der Sozialistische Arbeiterverein (SAP). Bei den Reichstagswahlen von 1875 konnte die SAP bereits 9,1 Prozent der Stimmen und damit zwölf Reichstagsmandate gewinnen. Stark repräsentiert war die Partei von Anfang an in Breslau und darüber hinaus in Niederschlesien.[160] Zwar stand die SAP in grundsätzlicher Opposition zum politischen System des Kaiserreichs, doch lehnte sie weder den Staat noch die nationalen Verpflichtungen grundsätzlich ab. Das hinderte Bismarck allerdings nicht, die Sozialdemokratie wie übrigens auch das Zentrum und die nationalen Minderheiten als »Reichsfeinde« zu diffamieren und die Anhänger der SAP wegen ihres zeitweiligen Bekenntnisses zur Internationale als »vaterlandslose Gesellen« zu verleumden.[161]

Neben den konservativen, den liberalen und den linken politischen Gruppierungen spielte die Deutsche Zentrumspartei, die bedeutendste konfessionelle Parteibildung in der Geschichte Deutschlands, in Schlesien, zumal in Oberschlesien, eine erhebliche Rolle. Am 13. Dezember 1870 von etwa fünfzig katholischen Abgeordneten des preußischen Parlaments gegründet, gehörte zu ihren wesentlichen Zielsetzungen die Verteidigung der Autonomie der katholischen Kirche und ihrer Rechte. Weiterhin trat sie für einen föderativen Aufbau des Reiches sowie gegen die preußisch-protestantische Vorherrschaft in Deutschland ein. In ihren Anfängen stützte sie sich insbesondere auf örtliche Komitees, die Honoratiorencharakter hatten. Ihre Breitenwirkung verdankte die Zentrumspartei den Organisationen der katholischen Kirche, weshalb sie im überwiegend katholischen Oberschlesien eine überragende Rolle zu spielen vermochte. Nicht nur bis 1914/18, sondern auch während der Jahre der Weimarer Republik war sie hier die stärkste politische Kraft.[162] Mit der Erweiterung der Parteibasis erwiesen sich die altständischen Komitees jedoch als ungeeignete Organisationsinstrumente. Insbesondere die unterrepräsentierten Arbeiter sahen sich zur Gründung eigener Zentrumsvereine veranlaßt, die auch auf die seit 1894 sich entwickelnden christlichen Gewerkschaften einen erheblichen Einfluß nahmen.

Eine wichtige Nebenorganisation des Zentrums wurde der 1890 gegründete Volksverein für das katholische Deutschland, eine Vereinigung für soziale Arbeit,[163] da er sowohl kulturell als auch organisatorisch in der Bevölkerung für die Partei wirkte. Gleichwohl blieb die Kandidatenaufstellung nach wie vor das Privileg der Komitees. Erst ganz allmählich, vor allem während der Zeit der Weimarer Republik, wurde das Zentrum zu einer Mitgliederpartei bei gleichzeitig sich entwickelnden Organisationsstrukturen. In Schlesien wurde die Politik des Zentrums wesentlich vertreten und publiziert durch die *Schlesische Volkszeitung*, ein seit 1869 bestehendes katholisches Organ.[164]

In ihren Anfängen sah sich die Deutsche Zentrumspartei als Abwehrfront katholischer Politiker gegenüber der kleindeutschen Reichsgründung sowie dem im kleindeutschen Reich dominierenden Protestantismus. Die Konzentration auf die Rechte der katholischen Kirche, die großdeutsch-föderalistische und am Vatikan orientierte

Haltung, die Qualifizierung als »ultramontan«, und das heißt als kurialistisch, hierokratisch aufklärungsfeindlich, bigott, antipatriotisch und reichsfeindlich,[165] brachte die Partei bald in Gegensatz zu Bismarck ebenso wie zum antiklerikalen Liberalismus. Von 1871 an wurden diese Gegensätze im Kulturkampf ausgetragen, der im Grunde genommen Bismarcks persönliches Werk war, denn er glaubte, hierdurch außen- wie innenpolitischen, vor allem aber kirchenpolitischen Problemen erfolgreich entgegenwirken zu können.[166]

Höhepunkt und Kernstück des Kulturkampfes, der eine Krise des Bismarck-Reiches heraufbeschwor, bildeten die Maigesetze von 1873, in denen Bestimmungen über die wissenschaftliche Vorbildung und die Anstellung der Geistlichen, die kirchliche Disziplinargewalt, die Anwendung kirchlicher Straf- und Zuchtmittel sowie über den Kirchenaustritt enthalten waren. Als die Maigesetze in ihrer Ergänzung die Einführung der obligatorischen Zivilehe und die Beurkundung des Personalstandes in Preußen regelten, setzten Klerus und Volk ihnen passiven Widerstand entgegen.[167] Im Rahmen der staatlichen Gegenmaßnahmen kam es zur Absetzung der Oberhirten von Köln, Posen/Gnesen, Paderborn, Münster, Limburg und des Oberhirten von Breslau, des Fürstbischofs Heinrich Förster.[168] Nachdem sämtliche preußischen Bischöfe verhaftet oder ins Ausland geflüchtet und zahlreiche Geistliche zu harten Geld- oder Gefängnisstrafen verurteilt worden waren, verkündete Franz Graf von Ballestrem, seit 1872 Organisator der Zentrumspartei in Schlesien,[169] auf der vierten Generalversammlung schlesischer Katholiken am 9. Juli 1877 in Oppeln: »... der große Kampf, der gegenwärtig in der ganzen Welt ausgekämpft wird, scheint auf seinem Höhepunkt angekommen zu sein, der moderne Liberalismus zieht die letzten Konsequenzen seiner verderblichen Lehre, und er geht offen vor gegen die Grundwahrheiten des Christentums und scheut nicht davor zurück, die Gottheit unseres Herrn Jesu Christi zu leugnen. Solch ein Beginnen hat aber auch eine Gegenströmung hervorgerufen, gegenüber den Christusleugnern sind mächtige Christusverteidiger auferstanden. An ihrer Spitze marschiert der Vater der Christenheit ... Hinter diesem ersten aller Christusbekenner steht eine stattliche Schar anderer, über tausend Bischöfe, verstreut über das ganze Weltall. Dort, wo ewiges Eis die Erdkrume deckt, bis zum Äquator, wo die glühenden Sonnenstrahlen senkrecht herabfallen, auf der östlichen und westlichen Hemisphäre, überall wo eine Anzahl von Katholiken sich zusammengefunden hat, ist auch ein von der Kirche gesalbter Bischof, das ist wieder in seinem Kreise der erste Christusbekenner.«[170]

Die Äußerungen offenbaren das Ausmaß und die Intensität der Auseinandersetzung zwischen der katholischen Kirche und dem Staat in Preußen sowie im Reich. In Schlesien war Fürstbischof Heinrich Förster, eine politisch engagierte und charakterstarke Persönlichkeit,[171] bereits mehrfach wegen seines Widerstands gegen die Maigesetze zu Geldstrafen verurteilt worden, ehe er am 6. Oktober 1875 von der preußischen Regierung für abgesetzt erklärt wurde. Seitdem regierte er sein Bistum von dem auf österreichischem Territorium gelegenen Schloß Johannesberg aus, das zu seinem Bistumsgebiet gehörte. Der Haltung ihres Oberhirten entsprechend, hatte sich eine große Zahl der Diözesangeistlichen den staatlichen Anordnungen widersetzt, so daß

117 Pfarreien mit etwa 240 000 Katholiken am Ende des Jahres 1881 verwaist waren; weitere 300 00 Gläubige wurden lediglich durch Kapläne betreut. Bis 1884 stieg die Zahl der unbesetzten Pfarreien auf 229 an, die der unbesetzten Kaplanstellen auf 142. Demgegenüber hatten sich lediglich zwölf Geistliche bereit erklärt, den staatlichen Anordnungen Folge zu leisten.[172]

Zu dieser Zeit hatte der Kulturkampf seinen Höhepunkt jedoch bereits überschritten. Dazu hatte es einer Persönlichkeit vom intellektuellen Zuschnitt und der moralischen Größe Leos XIII. bedurft, aber auch Bismarck war inzwischen fest entschlossen, zu einem Ausgleich mit der katholischen Kirche zu gelangen. Maßgeblich beteiligt an diesem Ausgleich war Georg Kopp, seit 1887 Fürstbischof von Breslau, der schon zuvor eine vermittelnde Haltung eingenommen hatte. Kopp wirkte an der Abfassung der Gesetze von 1886/87 mit, die zu einer Übereinkunft zwischen der katholischen Kirche und dem Staat führten. Seine Vermittlerrolle im Kulturkampf ist – ob zu Recht oder zu Unrecht, sei dahingestellt – eine »weltgeschichtliche Tat« genannt worden, die ihn »zum großen Mann« gemacht habe.[173] Die Verleihung des Schwarzen Adlerordens durch den Kaiser im Jahre 1906, womit der erbliche Adel verbunden war, darf als Ausdruck der Anerkennung der Verdienste Kopps bei der Überwindung der Spannungen betrachtet werden.

Aber das Zentrum, das während der Kulturkampfphase dank der Geschlossenheit der katholischen Wählerschaft zur stärksten Fraktion im Reichstag geworden war und dort seitdem ständig mit neunzig bis hundert Abgeordneten eine Schlüsselstellung besaß, tat sich schwer, den Ausgleich, den der Vatikan und die Berliner Regierung herbeigeführt hatten, zu akzeptieren. Da die Partei auf die zwischen Rom und Berlin ausgehandelten Ergebnisse keinen Einfluß hatte nehmen können, empfand sie diese als Niederlage und mißbilligte sie. Es ist davon auszugehen, daß diese kompromißlose Haltung zum Erfolg des Zentrums bei den Reichstagswahlen von 1887 maßgeblich beitrug.[174]

Versucht man, das Ergebnis des Kulturkampfes zu analysieren, dann gelangt man zu dem Schluß, daß in Schlesien wie auch im übrigen Deutschland die Gegensätze zwischen katholischer Kirche und Staat zwar eine Entschärfung erfuhren, die Diskriminierung der Katholiken in den verschiedensten Formen gleichwohl fortbestand. Wenn Franz Graf Ballestrem anläßlich des 25. Bischofsjubiläums von Kardinal Kopp am 8. Januar 1907 feststellte, daß der Breslauer Oberhirte »durch das Vertrauen der allerhöchsten und höchsten Personen an der Spitze des Staates« in die Lage versetzt worden sei, »sehr erfolgreich für Staat und Kirche zu wirken«, dann entsprach dies trotz des Wohlwollens, das Georg Kopp in Regierungskreisen genoß, nicht den Tatsachen. Zwar hatten die unmittelbaren Folgen des Kulturkampfes in Schlesien – Priestermangel, verödete Klöster und verwahrloste Pfarreien – überwunden werden können,[175] doch bestanden die Gegensätze weiter, wenngleich die zunächst unüberbrückbar erscheinende Feindschaft an Schärfe verlor.

Dazu trug sicher nicht zuletzt bei, daß das Zentrum wie die katholische Kirche in ihrer Gesamtheit glaubten, einem deutsch-nationalen Patriotismus huldigen zu müssen und dadurch ihre nach wie vor angezweifelte Loyalität gegenüber dem Reich unter Beweis stellen zu können. Bei diesem Bemühen näherte man sich aber allzusehr den konservativen Kräften. Bestimmend hierfür, und das gilt in besonderem Maße für das katholische Oberschlesien, war weniger der Wählerwille als der Einfluß kirchlicher Vereine und der »Kaplanokratie«, die von einer innerparteilichen Demokratie nicht viel hielten. Daß sich das Zentrum gleichwohl für die Minderheiten einsetzte, die einen erheblichen Problembereich zumal in Oberschlesien darstellten, macht die soziale Verantwortung, der sich die Partei verpflichtet fühlte, deutlich.[176]

Insgesamt gesehen war Schlesien seit der Reichsgründung ein getreues Spiegelbild der Vorgänge und Entwicklungen im übrigen Reich. Als maßgebende Kräfte galten weniger das Zentrum, die Liberalen und die Sozialdemokraten als vielmehr die aristokratischen und großagrarischen Führungsschichten. Unter ihnen gestaltete sich das Reich zur führenden Industriemacht Europas. Schlesien, insbesondere Oberschlesien, spielte dabei eine wichtige Rolle, denn der Aufstieg der deutschen Industrie erfolgte unter der Prämisse von Kohle und Eisen. Diese Kombination wurde zum Index des allgemeinen industriellen Fortschritts. Als Besitzer großer Latifundien und Industrieimperien avancierten zumal schlesische Fürsten und Grafen zu Repräsentanten bedeutender Vermögensakkumulationen in einer Periode beispiellosen wirtschaftlichen Wachstums und wirtschaftlicher Innovation. Überlagert wurde die industrielle Welt von den Gewohnheiten des Beamten- und Militärstaates. Zahlreiche zeitgenössische Berichte nämlich machen deutlich, daß die Oberen sich des Kommandos bedienten, in welchen Bereichen und auf welchen Ebenen auch immer. Und als die Unterschicht sah, zu welcher Schlagkraft disziplinierte und organisierte Menschen fähig sind, wünschte auch sie ähnlich straffe Organisationen – sie träumte vom Marschtritt der Arbeiterbataillone.

Schlesien am Vorabend des Ersten Weltkrieges

Im Jahre 1911 konstatierte Otto Hintze: »Das monarchisch-konstitutionelle Regierungssystem – im Gegensatz zum parlamentarischen – kann als das eigenartige preußisch-deutsche System bezeichnet werden. Es besteht gegenwärtig in einer ganz reinen und entschiedenen Form nur bei uns.«[177] Außerdem stellte er fest: »Der gewaltige Eindruck, den die Festigkeit der Regierung und die unerhörten Erfolge der Bismarckschen Politik machten, erklärt die Befestigung des monarchisch-konstitutionellen Systems in Preußen und seine Übertragung auf das Deutsche Reich. Dieses System wurzelt aber doch nicht bloß in der Persönlichkeit Bismarcks und in den Erfolgen seiner Politik, sondern in der gesamten Tradition des preußischen Staates und überhaupt in den historisch-politischen Bedingungen unserer staatlichen und nationalen Existenz; und diese Bedingungen dauern auch in der Gegenwart noch fort, wenn auch die lange Friedenszeit begreiflicherweise die Kraft ihres Einflusses auf das Volksbewußtsein erheblich abgeschwächt hat.«[178]

Nachdem er darauf hingewiesen hatte, daß die »Volksgesamtheit« in Preußen-Deutschland keine »einheitlich-politische Form« besitze, machte er darauf aufmerksam, daß eine erhebliche wirtschaftliche und soziale Kluft von jeher zwischen dem Osten und dem Westen der preußischen Monarchie bestehe, deren Ursache er in der unterschiedlichen »ländlichen Verfassung« sowie »in der verschiedenen Verteilung der agrarischen und der industriellen Interessen« sah, aber auch im »Gegensatz der Konfessionen«, der nach seiner Auffassung nirgends so stark ausgeprägt sei wie in Preußen und darüber hinaus im Reich. Hinzu trete noch »die radikale Staatsfeindschaft der Sozialdemokratie«.[179]

Wahrhaft zusammengewachsen war das Reich seit seiner Gründung 1871 also keineswegs. Das neue Deutschland war, was nicht zuletzt auch für Schlesien galt, in ein Prokrustesbett gepreßt. Einerseits quoll es über vor Tatkraft und vollbrachte auf den unterschiedlichsten Gebieten eindrucksvolle Leistungen, andererseits war es durch Schranken und Kasten zerrissen. Das Leistungsvermögen dokumentierte sich vor allem im wirtschaftlichen und wissenschaftlichen Bereich. Schlesien kann für diese Tatsache als exemplarisch betrachtet werden: In Oberschlesien hatte sich auf der Basis Kohle, Eisen und Zink ein Produktionsraum von europäischem Rang entwickelt, und Breslau war das unbestrittene Handels-, Produktions- und Wissenschaftszentrum Schlesiens und darüber hinaus eines der bedeutendsten Deutschlands.

Trotz der epochalen Veränderungen im Produktions- und Distributionsbereich darf allerdings nicht übersehen werden, daß die ländlichen Regionen von den ökonomischen Entwicklungen häufig unbeeinflußt blieben. Von einer Modernisierungseuphorie konnte hier keine Rede sein. Zumal in den Dörfern Oberschlesiens verfügte die Landgeistlichkeit nach wie vor über eine unangefochtene Autorität, unbeeinflußt vom liberalen Zeitgeist. Und was die Volksfrömmigkeit betrifft, so kannte die Landbevölkerung eine Vielzahl von Schutzpatronen gegen Krankheiten von Mensch und Vieh, gegen Ernteschäden und klimatische Unbilden. Zahlreiche Wallfahrten, Prozessionen und Bittgänge waren Ausdruck einer lebendigen Kultpraxis.[180]

Von den religiösen Traditionen abgesehen, lebten spezifische Volksüberlieferungen fort. Sie fanden ihren Ausdruck in Gestalten, die sich im Wald, auf der Feldflur oder im Hause aufhielten.[181] Die Sagen, die sich um diese Figuren rankten, versinnbildlichten soziale Regeln, und in manchen Erzählungen spiegelte sich ein altes Rechtsverständnis wider. Die Ordnungen des ländlichen Wissens waren keinesfalls naiv als vielmehr hochkomplex, und die Figuren des traditionellen Erzählgutes stellten ein Element gesamtkultureller Lebenspraxis dar.[182] Derartigen Gegebenheiten teils entsprechend, teils sie ergänzend, waren die Ziele der preußischen Bildungspolitik nach 1815 folgendermaßen formuliert worden: »Was Grundzug des deutschen Wesens ist, muß vor allem gepflegt werden: Gottesfurcht, Tiefe des Sinnes und des Gemüthes, strenge Redlichkeit, feste Anhänglichkeit an dem anerkannt Guten, überhaupt an alter Sitte und Weise, Ernst, beharrlicher Forschungstrieb, Gründlichkeit, Scharfsinn etc.«[183]

Bei der Durchsetzung der bildungspolitischen Grundsätze fanden die kulturellen Errungenschaften vor allem der Landbevölkerung als eines eigenständigen und bewahrenswerten Gutes aber fast ebensowenig Berücksichtigung wie die vielfältigen Formen der Volksfrömmigkeit. Vielmehr wurde vor allem gefragt, wie die Menschen aus dem Dunkel der Vergangenheit in das helle Licht der Gegenwart geführt werden könnten, wobei das Zweckmäßigkeitsdenken überwog. Wenn nur, so meinte man, die richtigen Schulbücher vorhanden wären, würde den Kindern der erforderliche »Eifer« zu vermitteln sein, wäre man in der Lage, »nützliche Bürger zu erziehen«.[184] Die liberale Kulturpolitik war unverkennbar zum bestimmenden Prinzip der gesellschaftlichen Entwicklung geworden. Wenn die schulischen Erfolge jedoch als gering einzustufen sind, zumal im oberschlesischen Teil der Provinz Schlesien, so vor allem deshalb, weil weitgehend ohne Rücksicht auf das ländliche Traditionsgefüge mit Vorbildern und Orientierungen einer wesensfremden Gesellschaftsorganisation operiert wurde. Das mochte in den Städten funktionieren, kaum hingegen in den ländlichen Regionen.

Dementsprechend wurde zumal Oberschlesien zu einem Problemfall. Schenkt man den Visitatoren Glauben, dann scheint allein die Geistlichkeit einen gewissen Einfluß ausgeübt zu haben, während die Schule kaum ein integrierendes Moment darstellte. Sie bereitete lediglich auf die Bedürfnisse der sich entwickelnden Industrie in den oberschlesischen Produktionsräumen vor, indem sie unselbständige Verhaltensweisen einübte.[185] Dem diente auch das im Jahre 1872 beschlossene Schulaufsichtsgesetz, das die bis dahin durch den Klerus ausgeübte Schulinspektion in die Hand von Kreisschulinspektoren legte, die selbst aus dem Lehrerstand kamen. Wenngleich die Schulaufsicht auf lokaler Ebene weiterhin durch die jeweiligen Pfarrer ausgeübt wurde, so sollte man dem nicht allzu große Bedeutung beimessen. Die Einhaltung der Lehrpläne nämlich kontrollierten Schulaufsichtsbehörden, nachdem das Schulgeld 1888 abgeschafft und die Lehrerbesoldung gleichzeitig erheblich angehoben worden war. Die finanziell und ideell an den Staat gebundene Lehrerschaft vermittelte den Lehrkanon wunschgemäß, und das hieß unter anderem, daß die Geschichte Preußens den Kindern als vaterländische Geschichte mit der Absicht vermittelt wurde, in ihnen eine vaterländische Gesinnung zu erzeugen. Insbesondere stand die Vermittlung der Leistungen des Hauses Hohenzollern im Mittelpunkt des Geschichtsunterrichts.[186]

Obwohl die Geistlichkeit durch die Schulaufsicht einen direkten Zugriff auf die Bildungsgestaltung vor Ort hatte, änderte dies doch nichts daran, daß die Jugend zunächst und vor allem zu einer vaterlandstreuen Grundeinstellung, sodann zum Einsatz beim Industrialisierungsprozeß erzogen wurde. Daß die protestantische Geistlichkeit Niederschlesiens sich der Verwirklichung dieser Erziehungsziele vorbehaltlos verschrieb, versteht sich bei der Einheit von Thron und Altar in Preußen von selbst; daß es die katholische Geistlichkeit Oberschlesiens ebenfalls weitgehend tat, erklärt sich wesentlich aus ihrer Diffamierung als ultramontan, der man durch loyales Verhalten glaubte entgegenwirken zu können. Die Konsequenz dieser Verhaltensweise war ein erheblicher Verlust an eigener – schlesischer – kultureller Identität. Zu übersehen ist dennoch nicht, daß unterschiedliche Wertmuster und eine gewisse Fremdheit bestehenblieben, denn das preußische Hierarchiedenken, die steifen Gebärden und der Formalismus standen doch in einem zu schroffen Gegensatz zu den reichen und tiefen schlesischen Gemütswerten, zumal denen des katholischen Bevölkerungsteils. Ihnen Ausdruck gebend, hatte Wilhelm Emanuel von Ketteler, Vorkämpfer katholischer Interessen und kirchlicher Freiheiten, bereits 1849 in Breslau erklärt, Bürokratie und staatliche Organisation seien gescheitert und würden auch in Zukunft nicht erfolgreich sein, da auf ihnen ein Fluch ruhe, »weil man da einerseits mit Verdruß und Härte gebe und andererseits mit Kälte und Undank empfange«.[187]

Die Formulierung Kälte und Undank bringt die Furcht und das Mißtrauen zum Ausdruck gegen die Administration und bezeichnet zugleich den mangelhaften preußisch-schlesischen Kulturkontakt. So kümmerten sich die Beamten, die in Schlesien arbeiteten, oder die Experten, die im Regierungsauftrag das Land bereisten, kaum um das eigenkulturelle Erscheinungsbild der Provinz und ihrer Einwohner. Die Verweigerung, auf die die Verwaltungsbeamten daher häufig stießen, interpretierten sie als persönlichen Affront eines Menschenschlags, der Neuerungen jedweder Art und damit den Fortschritt ablehnte und aus einer solchen selbstverschuldeten Aversion heraus den Anschluß an die Moderne verfehlte. Allein der Geistlichkeit blieb es vorbehalten, die Bevölkerung, zumal die ländliche, an die Neuerungen heranzuführen, allerdings unter Berücksichtigung eigener beziehungsweise schlesischer Kultur- und Gemütswerte. Neben der Geistlichkeit leistete diese Aufgabe bis zu einem gewissen Grade auch ein Teil der Lehrerschaft. Die Friktionen und Verwerfungen, die das Industriezeitalter und in enger Verbindung damit der Liberalismus hervorriefen, führten zu verwirrenden Erscheinungsmustern einer nur ganz allmählich sich formierenden neuen, modernen Gesellschaft, die zu fassen und zuzuordnen sehr schwierig ist.[188]

Schlesien während des Ersten Weltkrieges

Der Ausbruch des Ersten Weltkriegs am 1. August 1914 beendete eine Friedensepoche, die mehr als vier Jahrzehnte gewährt hatte. In dieser Zeit war Deutschland nicht nur von einem Agrar- zu einem Industriestaat geworden, sondern hatte auch auf dem sozialen Sektor Umwälzungen grundsätzlicher Art erfahren. Während 1871 lediglich 36 Prozent der Bevölkerung in Städten mit 2 000 und mehr Einwohnern lebten, waren es 1910 bereits sechzig Prozent. Seit dem Ende der siebziger Jahre sah sich die landwirtschaftliche Eigenproduktion nicht mehr in der Lage, die Ernährung der gesamten Bevölkerung des Reiches zu gewährleisten.[189]

In den folgenden Jahren und Jahrzehnten entstanden die großen industriellen Ballungen, allen voran die Gebiete der Montanindustrie, in Schlesien das oberschlesische Revier und mit einigem Abstand das niederschlesische beziehungsweise das Waldenburg-Neuroder Revier.[190] Die technische Entwicklung unterstützte und förderte deren Aufschwung. Zu Ende des 19. Jahrhunderts waren sämtliche Industriezweige mechanisiert. Allmählich begann die Ablösung der Dampfmaschine durch die Elektrizität, während das Transportwesen maßgeblich durch die Eisenbahn und die Schiffahrt gestaltet wurde. Deutschland war zur führenden Wirtschaftsmacht Europas geworden und rückte an der Wende vom 19. zum 20. Jahrhundert im Welthandel hinter den Vereinigten Staaten von Nordamerika an die zweite Stelle. In Schlesien entstanden Großbetriebe und Konzerne wie die der Henckel von Donnersmarck: die Oberschlesische Eisenbahnbedarfs-AG, die Oberschlesische Eisenindustrie AG, die Vereinigte Königs- und Laurahütte AG und die Kattowitzer AG.[191]

Mit den neuen Formen der Großunternehmen war ein Wandel der Industriegesellschaft verbunden. Unternehmer und Eigentum erfuhren, insoweit es sich um Aktiengesellschaften handelte, eine Trennung. In den Betrieben gewann die neue Schicht der Angestellten an Bedeutung. Es entstand ein neuer Mittelstand, gleichzeitig nahmen Teile der Arbeiterschaft kleinbürgerliche Lebensformen an. Bismarcks Sozialgesetzgebungswerk der achtziger Jahre hatte die sozialen Spannungen zu entschärfen, keineswegs jedoch zu beseitigen vermocht. So führte auch dieser Prozeß nicht zur Überwindung der Klassengegensätze, vielmehr wurden sie durch die politische Konfrontation der Arbeiterparteien und der bürgerlichen Parteien verschärft.

Trotz der innenpolitisch problematischen Situation blickten die Menschen eher hoffnungsvoll in die Zukunft, woran die außenpolitischen Komplikationen sowie die durch die industrielle Revolution hervorgerufenen Verwerfungen auf sämtlichen Gebieten und Ebenen im sozialen Bereich nichts änderten.

Es waren die vielen internationalen Bindungen und Verbindungen, die die Menschen zu der Überzeugung brachten, daß trotz aller Gewitterwolken der Friede ernsthaft nicht gefährdet sei. Dafür sprach nicht nur die Tatsache, daß es in der Vergangenheit häufig internationale Spannungen gegeben hatte, die stets überwunden worden waren, sondern auch das Vertrauen, welches das Volk in den »Friedenskaiser« Wil-

Seit das Riesengebirge und sein Vorland zu einer Landschaft der deutschen Romantik wurden, gehörte Schloß Fürstenstein zu deren beliebtesten Bildmotiven. Ihr märchenhafter Reichtum erlaubte den Besitzern, den in Oberschlesien begüterten Fürsten von Pleß, den Ausbau Fürstensteins zur größten Schloßanlage Schlesiens. Dieser erfolgte über zwei Jahrzehnte bis 1930. Im Zweiten Weltkrieg wurde der mit einer Engländerin verheiratete Fürst von den Nazis enteignet. Unter Einsatz von KZ-Arbeitern aus Groß-Rosen begannen daraufhin unter dem Decknamen »Gästehaus Waldwiese« wahnwitzige Umbaumaßnahmen, vermutlich zu einem weiteren Führerhauptquartier. Das komplette Mobiliar aus dem Berliner Schloß Bellevue war schon herangeschafft worden. Das war der Beginn der Zerstörung des Schloßinnern, die auch nach Kriegsende fortdauerte. Seit 1962 erfolgen Instandsetzungsmaßnahmen des polnischen Denkmalschutzes. Auch wenn vieles unwiederbringlich verloren ist, gehört Schloß Fürstenstein zu den Hauptsehenswürdigkeiten Niederschlesiens.

Die Industrieanlagen von Deschowitz, seit 1936 Odertal, qualmen seit Jahrzehnten. Der Reichtum der oberschlesischen Industrie hat aber – das sieht man heute schärfer als früher – einen hohen Preis: die Zerstörung der Umwelt.
Im westlichen Oberschlesien wurde nach der Teilung des Landes im Jahre 1921 die deutsche Industrieproduktion intensiviert. Während des Krieges lag dieses Gebiet lange außerhalb der Reichweite der alliierten Bomberverbände. Mit den Kokereien der Schaffgotschwerke von Deschowitz entstanden kriegswichtige Produktionsstätten der Kohlechemie und der synthetischen Treibstoffgewinnung.

helm II. setzte. Bis tief in die Arbeiterschaft hinein war man davon überzeugt, daß der Kaiser trotz seines manchmal martialischen Gebarens das Land nicht in einen Krieg führen werde. So hatte er anläßlich der Enthüllung eines Denkmals zu Ehren Kaiser Friedrichs III. in Bremen am 22. März 1905 verkündet, daß er »niemals« eine »öde Weltherrschaft« anstreben werde: »Denn was ist aus den großen sogenannten Weltreichen geworden? Alexander der Große, Napoleon, alle die großen Kriegshelden, im Blute haben sie geschwommen und unterjochte Völker zurückgelassen, die beim ersten Augenblick wieder aufgestanden sind und die Reiche wieder zum Zerfall gebracht haben.«[192]

Diese Haltung des Kaisers fand trotz aller ihm nachgesagten Sprunghaftigkeit ihren Ausdruck in seiner Englandpolitik. So hatte er sich 1912 nachdrücklich in die Berufung des Fürsten Karl Max von Lichnowsky auf den wichtigen Londoner Botschafterposten eingeschaltet. Offenbar glaubte er, die deutsch-britischen Beziehungen freundschaftlicher und enger gestalten zu können, wenn der deutsche Botschafter in Westminster ein herzliches Einvernehmen mit den maßgebenden Repräsentanten Englands im politischen und wirtschaftlichen Leben erzielte. Das zu erreichen, traute er unter den für den Botschafterposten in Frage kommenden Persönlichkeiten vor allem dem auf gesellschaftlichem Parkett versierten Lichnowsky zu.[193]

Die zwar friedliche, aber unsichere und schwankende deutsche Politik, die sich mit der Unterstützung Österreich-Ungarns die Gegnerschaft Rußlands und mit dem von den Engländern als Bedrohung empfundenen deutschen Flottenbau die Abneigung Großbritanniens zuzog, war nicht dazu angetan, die sich aus der außenpolitischen Isolierung des Reiches ergebenden Gefahren zu bannen. Die Ermordung des österreichisch-ungarischen Thronfolgers Franz Ferdinand führte schließlich zur Katastrophe: Österreich-Ungarn erklärte am 28. Juli Serbien, das Deutsche Reich wegen der russischen Gesamtmobilmachung am 1. August 1914 dem Zarenreich und am 3. August 1914 Frankreich den Krieg. Großbritannien nahm den deutschen Einmarsch in Belgien am 4. August 1914 zum Anlaß für seine Kriegserklärung an das Deutsche Reich.[194]

Von August bis November 1914 stand der oberschlesische Teil der Provinz Schlesien unter unmittelbarem Kriegseinfluß. Nachdem nämlich nach Kriegsausbruch die österreichischen Verbände auf Lublin und über Lemberg hinaus vorgestoßen waren, hatten sie die russischen Truppen zwar bei Krasnick schlagen können, waren aber gleichwohl gezwungen worden, sich im September vor der russischen Übermacht in die Karpaten und hinter die Wiloka zurückzuziehen. Zur Unterstützung des österreichisch-ungarischen Heeres wurde die deutsche 9. Armee unter Hindenburg nördlich von Krakau eingesetzt. Im Oktober 1914 konnte sie bis südlich von Warschau vordringen, mußte sich jedoch dann, da ihr die Umzingelung drohte, nach Oberschlesien absetzen. Am 1. November 1914 erfolgte die Ernennung Hindenburgs zum Oberbefehlshaber Ost. Den Schutz Oberschlesiens und darüber hinaus der schlesischen Provinz überließ er nun dem österreichischen Heer sowie schwachen deutschen Kräften, während er die 9. Armee bei Thorn zum Angriff bereitstellte.

Die am 11. November 1914 beginnende deutsche Offensive führte dazu, daß die Russen Anfang Dezember hinter die Bzura und die obere Pilica zurückgedrängt und bis hinter Krakau geworfen wurden. Durch die schließlich am 2. Mai 1915 beginnende deutsche Offensive bei Gorlice-Tarnow konnte die Gefahr für Schlesien endgültig beseitigt werden.[195] Zum Schutz Schlesiens war während dieser Zeit in aller Eile ein schlesisches Landwehrkorps aufgestellt worden, an dessen Spitze der bereits 1911 als kommandierender General des VI. Armeekorps aus dem aktiven Dienst ausgeschiedene und bei Kriegsausbruch reaktivierte Remus von Woyrsch stand, ein gebürtiger Schlesier.[196] Mit seinen schlechtausgerüsteten Landwehrmännern deckte er vom 7. bis 9. September 1914 den Rückzug der Österreicher, indem er sich den Umfassungsversuchen der überlegenen russischen Streitkräfte geschickt entzog. Zu Beginn des Winters 1914/15 stand das Landwehrkorps, unterstützt von österreichischen Verbänden, an der schlesisch-russischen Grenze einer achtfachen russischen Übermacht gegenüber.[197] Hauptziel der russischen Streitkräfte in einer Stärke von insgesamt 3 Millionen Mann war die Eroberung des oberschlesischen Industriegebiets und der Landeshauptstadt Breslau. Wie bedroht die Lage der Provinz war, offenbarten die getroffenen Anordnungen und Abwehrmaßnahmen: Für Oberschlesien hatte man die weitgehende Zerstörung der Industrieanlagen vorgesehen, um sie im Falle der Eroberung der Nutzung durch den Feind zu entziehen; die Hauptstadt Breslau suchte man nach Osten durch die Errichtung von Stacheldrahthindernissen zu sichern, und den noch nicht im wehrfähigen Alter stehenden männlichen Teil der schlesischen Bevölkerung verbrachte man ins Reichsinnere.[198]

Die unmittelbare Bedrohung Schlesiens konnte erst durch den Sieg Hindenburgs bei Tannenberg am 30. August 1914 gebannt werden, da die für den Angriff auf Schlesien bereitgestellten russischen Truppen sich nun in ihren Flanken bedroht fühlten, wodurch ihre Angriffspläne beeinträchtigt wurden. An der deutschen Offensive seit Mai 1915, die die Gefährdung Schlesiens endgültig beendete, war das schlesische Landwehrkorps unter Woyrsch maßgeblich beteiligt, vor allem am Durchbruch bei Sienno am 17. Juli 1915 sowie an der Weichselüberquerung unterhalb Iwangorods am 29. und 30. Juli 1915.[199] Während Schlesien zu seinem Schutz die unzureichenden Kräfte des Landwehrkorps unter Woyrsch hatte aufbieten müssen, standen die beiden aktiven schlesischen Armeekorps als Teile der 5. Armee unter dem Kommando des deutschen Kronprinzen an der Westfront im Einsatz.[200]

Die Bedrohung der schlesischen Provinz während der ersten Kriegsmonate führte zu empfindlichen Beeinträchtigungen seiner Produktion. In Oberschlesien mußte auf einigen Gruben die Förderung sogar vorübergehend eingestellt werden,[201] was vor allem auf die abrupte Verminderung der Belegschaften in sämtlichen Industriezweigen durch Einberufungen zurückzuführen war.[202] Als gravierend wurde die sich verschlechternde wirtschaftliche Situation vorerst allerdings nicht empfunden, denn man ging davon aus, daß es nur zu einem kurzen Waffengang kommen werde. Daher wurden auch keine Maßnahmen getroffen, die auf eine längere Kriegsdauer ausgerichtet waren, obwohl für Einsichtige von vornherein klar war, daß Deutschland bei einer Blockade, die vorhersehbar war, den Krieg aus wirtschaftlichen Gründen verlieren könnte. 1913 nämlich waren nicht weniger als fünfzig Prozent der in Deutschland verhütteten Eisenerze importiert worden. Und bei den sonstigen nicht eisenhaltigen Metallen war das Reich

Bei Beginn des Ersten Weltkrieges war Schlesien ein Nachbar des Zarenreiches. Die russischen Truppen konnten aber bald nach Osten abgedrängt werden. Für die Zeit vom Frühjahr 1915 bis Frühjahr 1917 befand sich das kaiserliche große Hauptquartier auf Schloß Pleß in Oberschlesien. Im Jagdzimmer des Schlosses fanden die Lagebesprechungen des Kaisers mit seinen leitenden Generälen Paul von Hindenburg und Erich Ludendorff statt.

fast hundertprozentig von Einfuhren abhängig, von Blei und Zink abgesehen, deren Gewinnung zu einem erheblichen Teil in Oberschlesien erfolgte. Ähnlich wie bei den Metallen sah es bei Wolle und Baumwolle aus, während sich bei Leder die Einfuhr auf 66 Prozent belief. Bei Kautschuk und der für die Munitionsproduktion wichtigen Salpetersäure, ebenfalls bei Schwefel und Mineralöl, hing Deutschland gänzlich von Importen ab. Für die Industrieproduktion Schlesiens wirkte es sich positiv aus, daß hier, wie übrigens auch im restlichen Reichsgebiet, die Steinkohleversorgung in ausreichendem Umfang gewährleistet war, auch daß Deutschland im Verlauf des ganzen Krieges die erforderlichen Eisenerze aus Schweden beziehen konnte, da es gelang, die Seeherrschaft in der Ostsee zu behaupten. Somit war die Versorgung mit den beiden wichtigsten Grundstoffen gesichert.[203]

Da keine Kriegsvorbereitungen getroffen worden waren, kam es in allen Bereichen zu Produktionsrückgängen, abgesehen davon, daß die aus der unmittelbaren Kriegslage nach Kriegsausbruch resultierenden Verhältnisse zu Beeinträchtigungen führten. So war die oberschlesische Steinkohlenproduktion bereits während des ersten Kriegsjahres um zwanzig Prozent gegenüber 1913, dem letzten Friedensjahr, zurückgefallen. Die Auswirkungen dieser Entwicklung waren vor allem deshalb ungünstig, weil speziell die oberschlesische Steinkohle mit ihrem hohen Gehalt an flüchtigen Bestandteilen für die Produktion wichtiger Teeröle besonders geeignet war. Hinzu kam, daß in Oberschlesien eine kriegsbedingte Umstellung auf Teeröle sich nicht als notwendig erwies, da es hier, anders als im rheinisch-westfälischen Revier, keine einzige Kokerei ohne Nebenproduktgewinnung gab. Lediglich ein Ausbau oder eine Verbesserung der bestehenden Anlagen war erforderlich, um der gestiegenen Nachfrage nach Benzol, Anthrazit, Toluol und Ammoniak gerecht zu werden.[204]

Nachdem die für Schlesien, zumal für Oberschlesien, prekäre Situation während der ersten Kriegsmonate überwunden worden war, gleichzeitig die Front nach Osten hatte verschoben werden können, eröffnete sich die Möglichkeit, die nahe der Grenze des Reviers auf polnischem Gebiet gelegenen Dombrowaer Erze bei der Eisengewinnung einzusetzen. Dadurch konnte noch im Jahre 1914 der Anteil der oberschlesischen Roheisenerzeugung an der deutschen Gesamtherstellung vergrößert werden. Dennoch kam es insgesamt zu einer Rückbildung der Eisenproduktion in Deutschland seit Kriegsbeginn, woraus sich ergibt, daß der Rückgang andernorts noch stärker als in Oberschlesien war. Wenn auch der 1914 erreichte Ausstoß an Roheisen in Höhe von 750 000 Tonnen bis zum Kriegsausgang gehalten werden konnte, was angesichts der Gegebenheiten eine beachtliche Leistung darstellte, so entsprach er doch nur einem Anteil von 75 Prozent der Produktion des Jahres 1913. Die Flußstahlproduktion beziehungsweise die von legiertem Stahl konnte demgegenüber nicht unerheblich angehoben werden, und zwar von 1 170 000 Tonnen im Jahre 1914 auf 1 400 000 Tonnen im Jahre 1918. Der Grund hierfür liegt vor allem darin, daß Alteisen reichlich zur Verfügung stand, was eine Erhöhung des Ausstoßes der Siemens-Martin-Öfen ermöglichte.[205]

Konnten die Kohle- und Eisenerzeugung während der Kriegsjahre noch relativ stabil gehalten werden, so ging die Produktion in den übrigen Produktionszweigen erheblich zurück. Die Bleierzeugung erreichte nur noch 65 Prozent der Produktion des letzten Friedensjahres, wogegen die Rohzinkgewinnung 1918 immerhin noch bei achtzig Prozent der Leistung von 1913 lag.[206]

Kriegsbedingt kam es innerhalb der einzelnen Produktionszweige zu teilweise erheblichen Verschiebungen. So sank die Zinkblecherzeugung von 50 000 Tonnen im Jahre 1913 auf 14 000 Tonnen im Jahre 1917/18. Dadurch wurden Kapazitäten für die Gewinnung von kriegswichtigem Material, insbesondere von Kadmium, das in den oberschlesischen Zinkerzen reichlich vorkam, freigesetzt. Die Kadmiumproduktion konnte infolgedessen von 38 000 Tonnen 1913 auf 110 000 Tonnen 1917/18 gesteigert werden.[207]

Neben der Rohstoffknappheit gehörte der Personalmangel zu den großen Problemen der schlesischen Wirtschaft. Als Ersatz für die Facharbeiter, die nicht vom Militärdienst freigestellt waren, wurden im Verlauf des Krieges zunehmend Kriegsgefangene herangezogen. Entsprechend den völkerrechtlichen Bestimmungen durften Kriegsgefangene in den eigentlichen Rüstungsbetrieben aber nicht beschäftigt werden. Hier wurden Arbeitskräfte aufgrund eines Gesetzes rekrutiert, das jeden männlichen deutschen Staatsangehörigen vom vollendeten siebzehnten bis zum siebzigsten Lebensjahr zum »vaterländischen Hilfsdienst« verpflichtete, insofern er nicht als Soldat Dienst tat. In der Praxis bedeutete das, sieht man vom Einsatz von Frauen und Mädchen einmal ab, daß zumal Jugendliche vor Erreichen des 18. Lebensjahres sowie Männer, die das 45. Lebensjahr überschritten hatten und daher nicht mehr militärpflichtig waren, in den Rüstungsbetrieben arbeiteten. Insgesamt gesehen unterschied sich die Lage der schlesischen Wirtschaft nicht grundsätzlich von der im übrigen Reichsgebiet, was bedeutete, daß man hier wie dort den kriegsbedingten Anforderungen während der Jahre 1914 bis 1918 zu keiner Zeit gerecht wurde.

Nachdem bis 1916 ein beträchtlicher Mangel an Kriegsgütern aller Art geherrscht hatte,[208] konnte dem Materialbedarf im ersten Halbjahr 1916 zumindest im wesentlichen entsprochen werden.[209] Die »dritte OHL« unter Hindenburg und Ludendorff, seit dem 29. August 1916 im Amt, vermochte aber ebensowenig wie ihre Vorgänger den Mangel auf nahezu allen Gebieten zu beheben. Es fehlte zum Beispiel seit Januar 1915 ein so banaler Artikel wie Papier, und seit Februar 1915 wurde Kernseife knapp.[210] Da von 1916 an die Produktion von Rüstungsgütern Vorrang hatte, standen für zivile Zwecke noch weniger Mittel als bisher zur Verfügung. Inzwischen war es auch schon zu einer empfindlichen Geldentwertung gekommen, die nun noch massiver werden sollte. Waren nämlich bis 1916 die Kriegsausgaben in Höhe von 105 Milliarden Mark fast ausschließlich aus dem Ertrag der Kriegsanleihen finanziert worden, so mußten die Mittel jetzt durch Erhöhung der Schuldenlast aufgebracht werden. Die aus einer derartigen Geldpolitik resultierenden inflationären Erscheinungen führten dazu, daß seit 1916 weniger das Geld als vielmehr die Ware, soweit sie noch verfügbar war, zum Wertmesser wurde, wobei die Qualität des Warenangebots ständig sank.

Die nachteiligsten und nachhaltigsten Konsequenzen gingen von dem Mangel auf dem Ernährungssektor aus. Überall im Reich waren die Erträge beim Pflanzenanbau ebenso wie in der Tierhaltung durch einen starken Rückgang gekennzeichnet. Sie beliefen sich nur auf etwa zwanzig bis dreißig Prozent der Vorkriegserzeugung. Und durch die von England verhängte sehr wirksame Blockade wurde Deutschland außerdem vom Import lebenswichtiger Güter aus Übersee abgeschnitten, zu denen auch Dünger zählte. Wie in der Industrie, so machte sich auch in der Landwirtschaft der Mangel an Arbeitskräften infolge der Einberufungen bemerkbar, und es fehlte an Zugpferden, die für den Kriegseinsatz hatten bereitgestellt werden müssen, denn das Automobil spielte im Ersten Weltkrieg bei den Streitkräften noch eine untergeordnete Rolle, es dominierten die bespannten Fahrzeuge.[211]

Dem bald nach Kriegsausbruch auftretenden Mangel an Lebensmitteln versuchte die Regierung zunächst durch ein Gesetz entgegenzuwirken, das die Preise für Getreide und Kartoffeln festlegte. Dadurch glaubte man die Verknappungen und Spekulationstendenzen beziehungsweise den sich etablierenden Schwarzmarkt verhindern zu können. 1915 kam es zur Einführung der Brotkarte, 1916 der Fleisch- und Fettkarte. Gleichzeitig versuchte man, die Ernährungswirtschaft straffer zu organisieren. Eine Behebung des Mangels konnte jedoch nicht erreicht werden, auch nicht durch Importe aus dem neutralen Holland und Dänemark; vielmehr verschärfte sich die Lage auf dem Ernährungssektor, je länger der Krieg dauerte.

Die schlechte Ernte des Jahres 1916 führte schließlich dazu, daß der Winter 1916/17 zu einem regelrechten Hungerwinter wurde. Die Kalorienmenge sank für den Normalverbraucher pro Tag auf etwa 1000 Kalorien. Da bei mäßiger körperlicher Arbeit der Energieumsatz etwa 2300, bei mittelschwerer körperlicher Arbeit 3000 Kalorien und bei körperlicher Schwerarbeit 4000 Kalorien beträgt, starben Tausende von Menschen an Unterernährung. Die Versorgung bestand im wesentlichen nur noch aus Kartoffeln und Brot, Veredelungsprodukte wie Fleisch, Milch, Butter oder Eier waren längst zu Seltenheiten geworden, denn der Rinderbestand war um ein Fünftel zurückgegangen und noch viel stärker der Schweinebestand. Da nämlich in den Schweinen wegen ihres Getreide- und Kartoffelverzehrs Nahrungskonkurrenten der Menschen gesehen wurden, waren 9 Millionen Schweine allein 1915 geschlachtet worden. Daraus resultierte eine noch größere Fleisch- und Fettlücke als sie ohne den sogenannten »Schweinemord« entstanden wäre.[212]

Zu der angespannten Versorgungslage kam die psychische Belastung der Menschen, hervorgerufen durch die Trennung von ihren Angehörigen, die an den zunehmend bedrohten Fronten standen. Das immer härtere Ringen ließ Verwundung und Gefangenschaft bereits als einen Glücksfall erscheinen. Vor allem an der Westfront, an der die beiden aktiven schlesischen Armeekorps unter dem Kommando des deutschen Kronprinzen kämpften, waren die Verluste extrem hoch. Seit dem Herbst 1914, als der Bewegungskrieg in einen Stellungskrieg übergegangen war, hatte sich hier eine »Hölle aus Lehm und Schlamm« entwickelt. Zumal für die Schlacht von Verdun, die von der Armee des Kronprinzen und damit auch ihren schlesischen Truppenteilen geschlagen wurde, trifft diese Feststellung zu. Die deutschen Verluste in dieser einen Schlacht, die am 21. Februar 1916 begann und bis in den Dezember 1916 hinein dauerte, beliefen sich auf nicht weniger als rund 338 000 Mann. »Die Überlebenden waren gezeichnet von dem furchtbaren Kampf in den Granattrichtern, von dem Eisen- und Feuerregen, von dem Schlamm, dem Verwesungsgeruch, der Berührung mit den zerstückelten Toten, von Schlaflosigkeit, Hunger und Durst.«[213] Die Denkmäler, die nach 1918 in zahlreichen Städten und Gemeinden Schlesiens zur Erinnerung an die Gefallenen des Ersten Weltkriegs errichtet wurden, zeugten von dem hohen Blutzoll, der zwischen 1914 und 1918 erbracht wurde.

Die extreme Leidensfähigkeit der Menschen in der Heimat und an den Fronten war sicher nicht zuletzt das Ergebnis der Erziehung zum Dienst für Volk und Vaterland, wobei nicht selten einem Pseudopatriotismus, das heißt mehr der Form als dem Inhalt gehuldigt wurde. So galt zum Beispiel in der Vorkriegsgesellschaft als Humanist derjenige, der Homer im Urtext lesen konnte. Den Humanismus von einer derartigen philosophischen Fehlinterpretation frei zu machen, ihm seine ursprüngliche Bedeutung zurückzugeben und eine Geisteshaltung zu vermitteln, deren oberstes Motiv die Wohlfahrt aller Menschen war, wurde kaum versucht. Dabei hätte es das Ziel sein müssen, den Armen, Schwachen, Kranken und Alten wirkungsvoll zu helfen, Gesetzesbrecher nicht unnachsichtig zu verfolgen und zu bestrafen, sondern zu resozialisieren, den Heranwachsenden die bestmögliche Ausbildung zuteil werden zu lassen und für alle Menschen ein menschenwürdiges Leben sowie eine hoffnungsvolle Zukunft zu schaffen. Statt dessen wurde unausgesetzt von der menschlichen Existenz und ihrer Einmaligkeit geredet; ihre Bedürfnisse gegenüber den angeblichen Sachzwängen durchzusetzen, gelang jedoch nicht. Vieles blieb Pathetik, kaum etwas wurde wirklich getan.

Entsprechend war die Situation. Auf einer am 24. August 1913 zu Myslowitz tagenden Ortsverbandsversammlung der Hirsch-Dunckerschen Gewerkvereine wurde »mit großem Bedauern« registriert, daß »seit langen Jahren ... für die Schneider, Tischler, Töpfer, Lederarbeiter usw. nichts getan« werde.[214] Und schon 1906 hatte man festgestellt: »In Oberschlesien herrschen unendlich traurige Verhältnisse. Der polnische Radikalismus der letzten Jahre ist auf die bedauerlichen Mißstände zurückzuführen, die dort bestehen. Im Baugewerbe steht der Lohn auf 34 Pf., 8 Monate wird gearbeitet. Die Leute werden in Buden, die kein menschenwürdiges Dasein bieten, einquartiert und müssen auf Pritschen schlafen. Auf den Fabriken sind furchtbare miserable Zustände. Abzüge willkürlicher Art sind an der Tagesordnung. Diese Zustände werden noch einen entschiedenen Kampf notwendig machen, um die christliche Gewerkschaftsbewegung zum Durchdringen zu bringen. Wir werden hier bekämpft von den Unternehmern, die uns die Lokale abtreiben. Der Graf, dem die Gruben gehören, der ist vielfach die Polizei und nutzt das aus.«[215]

So verwundert es nicht, daß es erst im Jahre 1917 zu einem sprunghaften Anstieg der Streiks kam, als die Ernährungsschwierigkeiten sowie die Stagnation an den Fronten die Unmöglichkeit erkennen ließen, eine Wende herbeizuführen. In Oberschlesien waren die Streiks besonders heftig, da die Unternehmerschaft nicht bereit war, ihre traditionelle gewerkschaftsfeindliche Haltung zu ändern, was die gesellschaftliche und politische Polarisierung vorantrieb. Weil die Oberste Heeresleitung und die Rechtsparteien einen kompromißlosen Repressionskurs forderten, konnten linke Kräfte, vor allem im Metallarbeiterverband, vordringen. Zunehmend kam es daher zu »wilden Streiks«,[216] die im Jahre 1918 vom Sommer bis in den November andauerten. An diesen Vorgängen und Entwicklungen konnten auch die Arbeiter- und Schlichtungsausschüsse nichts ändern, die ihre Existenz einem Kompromiß der Regierung mit der Sozialdemokratischen Partei und den Gewerkschaften verdankten und die »volle Militarisierung der Industriearbeiter« erreichen sollten.[217]

Für die Entwicklung des Gewerkschaftswesens in Oberschlesien war gleichwohl die Einrichtung der Arbeiter- und Schlichtungsausschüsse von Bedeutung. Während nämlich bei Kriegsausbruch von einer gewerkschaftlichen Organisation kaum gesprochen werden konnte, waren bei Kriegsende rund siebzig Prozent der Beschäftigten organisiert.[218] Durch das Anwachsen der Gewerkschaftsbewegung erlebte aber auch die Nationalitätenfrage eine Intensivierung, denn unter der polnischen Arbeiterschaft wurden im Zusammenhang mit den sozialen Errungenschaften auch nationale Fragen virulent. Zwar erhielten diese erst nach 1918 entscheidende Bedeutung, doch waren bereits während der Kriegszeit auf einigen Gebieten Erfolge verzeichnet worden, beispielsweise die Aufhebung des Verbots von Polnisch als Amts- und Schulsprache.[219]

Noch war der Krieg nicht vorüber, und zumal während der beiden letzten Kriegsjahre verschlechterte sich die Versorgung dramatisch. So gelangten seit 1917 Schuhe aus Papierstoffen, Sohlen aus Holz, Filz, Linoleum und Bindfäden zum Verkauf, und dies obendrein zu Preisen, die in keinem Verhältnis zum Wert der Ware standen. Seit 1916 nämlich hatte bei den meisten Artikeln eine Preisanhebung um mindestens achtzig Prozent stattgefunden, wohingegen die Qualität der Ware rapide abgenommen hatte.[220]

Mit der dramatischen Verschlechterung der Lage in der Heimat ging die an allen Fronten einher. Zwar waren durch den Zusammenbruch Rußlands sowie den Erfolg deutscher und österreichischer Truppen in Oberitalien zwischen dem 24. Oktober und dem 3. November 1917 Deutschland und Österreich-Ungarn entlastet worden, doch änderte dies den Kriegsverlauf ebensowenig wie die gegen den Willen des Reichskanzlers Bethmann Hollweg durch die Oberste Heeresleitung im Kronrat von Pleß am 9. Januar 1917 beschlossene Wiederaufnahme des uneingeschränkten U-Boot-Kriegs zum 1. Februar 1917. Gerade das Ausspielen der »letzten Karte« erwies sich als eine der größten Fehlentscheidungen des Krieges, denn Großbritannien wurde dadurch nicht, wie von der Marineleitung erwartet, innerhalb von fünf Monaten in die Knie gezwungen; vielmehr lieferte der Entschluß Amerika den willkommenen Anlaß für seinen Kriegseintritt auf seiten der Alliierten, der am 6. April 1917 erfolgte.[221]

Der Zusammenbruch Deutschlands war unausweichlich geworden. Die Zersetzungserscheinungen in Österreich-Ungarn, die Friedensresolution des Reichstags vom 19. Juli 1917, die sich verschärfenden innenpolitischen Spannungen sowie das bevorstehende Eingreifen amerikanischer Truppen in die Auseinandersetzung an der Westfront hatten ihn herbeigeführt. Die letzte große Offensive im Westen, durch die die Oberste Heeresleitung im Frühjahr und Sommer 1918 die Entscheidung zugunsten Deutschlands zu erzwingen suchte, schlug nach Anfangserfolgen fehl. Daraufhin starteten die Alliierten am 18. Juli 1918 eine Gegenoffensive. Zusätzliche Angriffe seit dem 8. August 1918 und der Ende September eingeleitete Generalangriff der Alliierten in Flandern, im Artois und in der Champagne führten zu einem zwar langsamen, aber ständigen Zurückweichen der Deutschen im Oktober und Anfang November. Wenngleich es den Alliierten nicht gelang, die deutsche Westfront zu durchbrechen, so war die militärische Lage des Reiches doch ebenso unhaltbar geworden wie seine Versorgungslage. Nachdem nämlich die erfolgreiche Blockade der Alliierten Deutschland über fast vier Jahre hinweg von den Weltmärkten abgeschnitten und die deutschen Handelsbeziehungen zerstört hatte, war das Volk physisch derart geschwächt, daß alle Durchhalteparolen nicht mehr fruchteten.[222]

Am 14. August 1918 hatte die Oberste Heeresleitung zum erstenmal eingestanden, daß sich die Lage des Reiches trotz des Separatfriedens mit Rußland »aussichtslos« gestaltete. Da das »deutsche Heer ... am Ende« und »die endgültige Niederlage wohl unvermeidlich« sei, hatte sie am 28. September die Waffenstillstandsforderungen formuliert.[223] Am 6. Novbember 1918 schließlich war es soweit, nichts galt mehr. An jenem Tag teilte General Groener, seit dem 26. Oktober als Nachfolger Erich Ludendorffs Erster Generalquartiermeister in der Obersten Heeresleitung, dem Reichskanzler Prinz Max von Baden, seit dem 3. November als Nachfolger von Georg Michaelis im Amt, mit, daß das Reich sofort zu kapitulieren habe. Am 11. November schließlich mußte Deutschland bedingungslos kapitulieren, da es nicht mehr fähig war, den Alliierten zu widerstehen. »Die Nation wollte mit allen Mitteln aus dem Kampf heraus. Dieser Krieg war zu einer Hölle aus Hunger, Tod und Verzweiflung geworden. Für die Kämpfer an der Front bedeutete er fast den sicheren Tod. Das deutsche Volk wollte nicht mehr. Es wollte sich kaum noch schlagen für die nationale Existenz. Auch nur der Schimmer eines Verdachtes, daß sich Deutschland nun zu einem Verzweiflungskampf um die Erhaltung der Monarchie zu Tode bluten sollte, hätte die Nation in panischem Schrecken sich aufbäumen lassen.«[224]

Schlesien in der Weimarer Republik

Der militärische Zusammenbruch Deutschlands war begleitet von seinem politischen, denn der Beschluß des Reichstags vom 28. Oktober 1918, durch den die Änderung der Bismarckschen Reichsverfassung in Kraft trat, welche den Übergang zum parlamentarischen Regierungssystem beinhaltete, blieb praktisch ohne Auswirkungen, da er zu spät kam und von der Novemberrevolution überholt wurde. Als nämlich die Seekriegsleitung der deutschen Hochseeflotte den Befehl zum Einsatz gegen England gab, brach am 29. Oktober eine Meuterei der Matrosen aus. Sie begann in Wilhelmshaven, griff in wenigen Tagen auf sämtliche norddeutschen Küstenstädte über und erfaßte von dort aus die Garnisonen sowie die Arbeiterschaft der Binnenstädte.[225]

In Schlesien vollzogen sich die Umwälzungen ähnlich wie in den übrigen Teilen des Reiches. In den Städten und Garnisonen kam es zur Bildung von Arbeiter- und Soldatenräten. Breslau bildete eine Ausnahme insofern, als sich hier ein »Volksrat« konstituierte, dem Vertreter der sozialistischen und der bürgerlichen Linksparteien im Verhältnis 66 zu 34 angehörten. Die Regierung in Berlin unterstellte diesem Organ die Behörden Schlesiens, ebenfalls die dort wirkenden Arbeiter- und Soldatenräte. Die führenden Verwaltungsposten wurden von Mehrheitssozialisten, Demokraten und Angehörigen der Zentrumspartei besetzt. Das Amt des Oberpräsidenten übernahm der Breslauer Stadtverordnete und Volksratsvorsitzende Felix Philipp.[226]

Zu den aufflammenden Unruhen im Innern der Provinz gesellten sich die an den Grenzen, vor allem an denen zu Oberschlesien. Um diese gegen polnische Übergriffe zu sichern, stellte man aus heimkehrenden Fronttruppen Verbände zur Grenzsicherung auf. Im oberschlesischen Grenzraum standen diese Verbände unter dem Kommando von General Karl Hoefer. Unterstützt wurde er durch Otto Hörsing, einen Gewerkschaftsfunktionär, der seit Januar 1919 Vorsitzender des zentralen oberschlesischen Arbeiter- und Soldatenrates und seit dem 7. März 1919 Reichs- und Staatskommissar für Oberschlesien war.[227]

Neben den äußeren Gefahren galt es, sich der inneren zu erwehren. Die Brüche und Verwerfungen, die der Untergang des preußisch-deutschen Kaiserreichs, aber auch der Zerfall der an Schlesien angrenzenden Donaumonarchie verursacht hatte, machten einen nahtlosen Übergang zu normalen Verhältnissen unmöglich. Die Jahre seit dem Ende des Ersten Weltkriegs waren durch ebenso einschneidende wie weitreichende gesellschaftliche Umschichtungen geprägt. Mit der weitgehenden Zerstörung des alten Bürgertums und damit auch der wirtschaftlichen Führungsschichten waren wichtige Elemente der bisher tragenden und bewahrenden Gesellschaft weggebrochen. Als neue Kräfte vermochten sich im wirtschaftlichen Leben die maßgeblich von den Arbeitgebern geprägten Interessenverbände durchzusetzen, wobei ihr Einfluß auf das politische Geschehen nicht übersehen werden darf. Derart substantielle Umschichtungen bewirkten ein verändertes Konsumverhalten, was selbst in den schlesischen Heilbädern zu spüren war, denen seit dem Ersten Weltkrieg nicht nur die Gäste aus dem gehobenen

Bürgertum und aus dem Adel des Inlands fehlten, sondern auch die Besucher aus dem untergegangenen Zarenreich.

Es waren aber nicht allein die oftmals grundlegenden Veränderungen innerhalb der Gesellschaft. Unruhen und Streiks beherrschten die Szene, die Eingliederung der aus dem Heer entlassenen Soldaten ins Zivilleben mußte ebenso vollzogen werden wie die Umstellung der Industrie von der Rüstungs- auf eine zivile Produktion.

Diese Schwierigkeiten wurden noch erhöht durch die aus dem Versailler Friedensvertrag von 28. Juni 1919 resultierenden Bedingungen.[228] Zu ihren schwerwiegendsten gehörten die Gebietsabtretungen im Osten des Reiches, die erkennen ließen, daß die Ententemächte, insbesondere die Vereinigten Staaten, der neuen Situation, wie sie sich aus dem Zusammenbruch Deutschlands, Rußlands und Österreich-Ungarns in Ostmitteleuropa und Südosteuropa ergeben hatte, nicht gewachsen waren. Da weder von Berlin noch von Wien und Moskau aus auf die Neugestaltung erheblicher Teile ihrer bisherigen Territorien Einfluß genommen werden konnte, war diese mangelhafter, als sie hätte sein müssen. Die neuen Staaten, die in Paris geschaffen wurden, sollten der Intention ihrer Schöpfer entsprechend nicht nur Deutschland schwächen, sondern auch einen Cordon sanitaire gegenüber dem bolschewistischen Rußland bilden. Dadurch, so glaubte man in London und Paris, aber auch in Washington, könne Europa vor dem Bolschewismus geschützt und Deutschland gezähmt werden.

Daß sich das von Präsident Wilson in seinen Vierzehn Punkten geforderte Selbstbestimmungsrecht nur schwer verwirklichen ließ, zeigte sich am deutlichsten bei der deutsch-polnischen Grenzfrage. Zumal in bezug auf Oberschlesien überschnitten sich nämlich das Selbstbestimmungsrecht der Deutschen und das der Polen. In die verschiedenen Versicherungen der Ententemächte während des Krieges, Polen wiederherzustellen, wobei es aufgrund der Geschichte Polens eine Reihe von unterschiedlichen Optionen gab, waren aber von vornherein die Gebiete Westpreußen, Posen und Schlesien als Teile des neuen polnischen Staates einbezogen worden.[229]

Die polnischen territorialen Forderungen wurden am 25. Februar 1919 der Kommission für polnische Angelegenheiten bei der Pariser Friedenskonferenz überreicht. Formuliert hatte diese Denkschrift vom 8. November 1919 Roman Dmowski, Hauptinitiator und langjähriger Führer der polnischen Nationaldemokratie, nationaler Ideologie, Politiker und Schriftsteller.[230] Die Forderungen umfaßten nach ihrer Spezifizierung ganz Oberschlesien und Teile Mittelschlesiens, außerdem die Provinzen Posen und Westpreußen ausschließlich einiger rein deutsch besiedelter Grenzstreifen, ferner die Ostspitze Pommerns, Danzig, Masuren und das Ermland sowie die Memelniederung – insgesamt ein Gebiet von 84 198 Quadratkilometern. Zur Rechtfertigung der Gebietsansprüche wurden ethnische, sprachliche, historische, ökonomische sowie verkehrstechnische Gründe genannt. Insbesondere galt der Anspruch auf Masuren und Oberschlesien, der mit der polnischen Umgangssprache bei den Masuren und den Oberschlesiern untermauert wurde, bei der polnischen Delegation als unabweisbar. Kaum berücksichtigt wurde bei dieser Argumentation, daß Muttersprache und Nationalbekenntnis speziell in diesen während eines jahrhundertelangen Prozesses eingedeutschten Räumen nicht identisch waren, daß vielmehr die überwiegende Mehrheit der Masuren sowie eine beträchtliche Zahl der Oberschlesier zu polnischsprechenden Preußen geworden waren.[231]

Die »Kommission für polnische Angelegenheiten« identifizierte sich am 17. März 1919 grundsätzlich mit den polnischen Ansprüchen. Der Oberste Rat der Entente hingegen änderte nach Einspruch des britischen Premierministers Lloyd George die weitreichenden polnischen Vorschläge zur Grenzregulierung zugunsten Deutschlands ab. Die entsprechenden völkerrechtlichen Voraussetzungen für die Festsetzung der polnischen Grenzen in Oberschlesien sowie im Teschener Schlesien, ebenfalls die für die Regelung der Beziehungen Polens zu Danzig, wurden durch das Protokoll von Spa vom 10. Juli 1920 geschaffen.[232] Für Oberschlesien bedeutete dies, daß in denjenigen Teilen, die durch den Versailler Vertrag zum Abstimmungsgebiet deklariert worden waren, von komplizierten ethnischen und sprachlichen Verhältnissen auszugehen war.

Im Schmelztiegel des Industriereviers war auch die von Haus aus polnischsprachige Arbeiterschaft durch die verschiedensten kulturellen und produktionsbedingten Einflüsse mit dem Deutschen vertraut geworden. Die Städte, die Intelligenz, die Landbesitzer, aber auch die Bewohner in den westlichen und nördlichen ländlichen Regionen Oberschlesiens bekannten sich überwiegend zum Deutschtum, darunter häufig auch solche, die zweisprachig oder nur des Polnischen mächtig waren. Allein in Teilen Ost- und Südost-Oberschlesiens hatte sich ein ganz polnischer Charakter unter der dortigen Bevölkerung erhalten.

Die komplizierte Situation in Oberschlesien hat einer der besten Kenner der Region, Otto Ulitz, zu analysieren versucht: »Begünstigt (wurde die Hinwendung zahlreicher Oberschlesier, darunter Korfanty und Koczur, vor 1918 zu Polen) durch Fehler der preußischen Regierung. Der Kardinalfehler war der Kulturkampf, aber die Regierung beging noch andere ... In der inneren staatlichen Verwaltung seiner Heimat wurden dem katholischen Oberschlesier leitende Stellen so gut wie versperrt. Die Regierung entsandte für die innere Verwaltung fast immer evangelische Beamte aus dem Innern des Staates ... sie blieben dem Volke fremd, wie das Volk ihnen fremd blieb. Sie konnten weder die zweite Landessprache, noch hatten sie die Gemeinsamkeit des Glaubensbekenntnisses. Der gleiche Vorgang war in der Privatwirtschaft zu beobachten. Die Entwicklung der Industrie brachte einen Zuzug von gelernten Arbeitern, Werkmeistern, Technikern, Ingenieuren und Kaufleuten aus dem Innern des Reiches. Alle diese Menschen traten zu der einheimischen Bevölkerung in ein übergeordnetes Verhältnis. Dem Binnendeutschen fehlte vielfach das Verständnis für fremdes Volkstum. Heute wird als ›Minderwertigkeitskomplex‹ gedeutet, was einfach verletztes Ehr- und Selbstbewußtsein ist. Das ›Polack‹ aus dem Munde des Deutschen, dem es nur allzu oft und leicht entfloh, empfand der Oberschlesier als schweren Schimpf. Er war stolz darauf, ein ›Prussak‹ – ein Preuße – zu sein ... Der Deutsche hat ohne böse Absicht manches an der Seele der Oberschlesier gesündigt und sich ihnen entfremdet.«[233]

Mit Beginn des 20. Jahrhunderts kam es in Reaktion auf diesen Germanisierungsprozeß zu einer Förderung der nationalpolnischen Gesinnung, vor allem durch die Ak-

Am Ende des Ersten Weltkrieges war das blühende Kaiserreich ruiniert, die Menschen litten Hunger, und dem Land drohten Bürgerkrieg und Chaos. Kinder wurden zu großen Protestdemonstrationen gegen den Vertrag von Versailles mobilisiert. Hier sammeln sich Schulmädchen im Hof des Breslauer Matthiasgymnasiums zu einer Demonstration.

Die oberschlesische Volksabstimmung schuf in dem umstrittenen Gebiet einen Nationalitätenkonflikt, wie er in dieser Schärfe vorher nicht bestanden hatte. Propaganda und Terror nahmen bis zur Abstimmung am 20. März 1921 zu. Entgegen den Erwartungen des Auslandes stimmten 59,6 Prozent der Bevölkerung für den Verbleib Oberschlesiens bei Deutschland. Dennoch verfügten die Sieger 1921 die Abtretung Ostoberschlesiens an Polen.

tivitäten Adalbert (Wojciech) Korfantys.[234] Bis dahin kann kaum die Rede davon sein, daß Oberschlesien Schauplatz eines Nationalitätenkampfes gewesen sei, geprägt von Unterdrückung deutscher- und Auflehnung polnischerseits, wie seit dem Ende des Ersten Weltkriegs behauptet wurde.

Korfanty war am 20. April 1873 im oberschlesischen Laurahütte-Sadzawka, Kreis Kattowitz, als Sohn eines Bergarbeiters geboren worden. Als Gymnasiast soll er sich anfangs noch vehement dagegen gewehrt haben, als Pole zu gelten. Der erste Anstoß für sein Umdenken scheint im Ungeschick seiner Lehrer gelegen zu haben, die, nahezu sämtlich aus den preußischen Westprovinzen stammend, kaum Empfinden für die Mentalität der Menschen Oberschlesiens mitbrachten, vor allem nicht für deren Spracheigentümlichkeiten. Nach Absolvierung eines Studiums an der Technischen Hochschule zu Berlin kehrte er als Anhänger der Nationaldemokratischen Partei (Stronnictwo Demokratyczno Narodowe),[235] für die er 1903 als schlesischer Abgeordneter in den Reichstag einzog, nach Oberschlesien zurück. Hier wie auch im Reichstag ging es ihm vor allem um die Probleme, die aus den nationalen Gegensätzen in Oberschlesien rührten.

Diese »Waffe« setzte er auch nach Kriegsende 1918 bei den Auseinandersetzungen um Oberschlesien ein, als er demagogisch geschickt propagierte, dort seien 2 Millionen Polen gezwungen, in einer »Irredenta« zu leben. Es gelang Korfanty am 16./17. August 1919, einen Aufstand zu entfesseln, der hinsichtlich einer territorialen Entscheidung vollendete Tatsachen schaffen sollte. Der »erste schlesische Aufstand« konnte jedoch schnell niedergeworfen werden. Wenige Monate später, am 20. Januar 1920, rückten alliierte Truppen in Oberschlesien ein. Am 11. Februar 1920 ging die Regierungsgewalt auf eine Interalliierte Kommission unter dem französischen General Le Rond über.

Nachdem am 11. Juli 1920 im Abstimmungsgebiet Südliches Ostpreußen, das Masuren und Ermland umfaßte, 97,8 Prozent der Stimmen für einen Verbleib bei Deutschland entfallen waren, entschloß Korfanty sich im August 1920 zu einem zweiten Aufstand, in dessen Verlauf mehrere Kreise von der polnisch-schlesischen Grenze östlich Kattowitz aus in die Gewalt der Aufständischen gebracht wurden. Am 2. September 1920 wurde auch dieser Aufstand durch das zwischen Korfanty und dem deutschen Abstimmungskommissar Kurt Urbanek abgeschlossene Beuthener Abkommen beigelegt.

Am 22. März 1921 schließlich wurde die lange vorbereitete Abstimmung durchgeführt. Sie ergab 707 554 Stimmen oder 59,6 Prozent für Deutschland und 487 820 Stimmen oder 40,3 Prozent für Polen. In 597 Gemeinden war es zu einer polnischen, in 664 zu einer deutschen Mehrheit gekommen.[236] Auf deutscher Seite wurde aufgrund des Abstimmungsergebnisses gefolgert, daß Oberschlesien nicht geteilt werden dürfe, der Oberste Rat hingegen plädierte für eine Teilung des Abstimmungsgebiets.

Korfanty, der nach wie vor ganz Oberschlesien dem polnischen Staat eingliedern wollte, bereitete daraufhin den dritten Aufstand vor, der am 3. Mai 1921, dem polnischen Nationalfeiertag, ausbrach. Bis zum 6. Mai, innerhalb von drei Tagen also, konnten die Aufständischen, unter ihnen auch polnische Freiwillige, das von Polen beanspruchte Gebiet in ihren Besitz bringen. Durch das Eingreifen des rasch gebildeten

»Selbstschutzes Oberschlesien« sowie von Freikorpstruppen unter General Hoefer wurden die Insurgenten jedoch gestoppt. Zum entscheidenden Gefecht kam es am 21. Mai 1921 am Annaberg bei Cosel. Erst nach dem zögernden Eingreifen des Obersten Rates, dem Aufmarsch von britischen Truppen im Juni sowie Verhandlungen zogen sich die deutschen Verbände und die polnischen Einheiten zurück.[237]

Am 20. Oktober 1921 wurde durch die Botschafterkonferenz die Teilung Oberschlesiens vorgenommen. An Polen fielen 3 213 Quadratkilometer mit etwa einer Million Einwohner. In diesem Teil Oberschlesiens, der seitdem als Ost- oder Polnisch-Oberschlesien bezeichnet wird gegenüber dem bei Deutschland verbliebenen Teil, der nun West- oder Deutsch-Oberschlesien genannt wurde, hatten 284 052 beziehungsweise 55,8 Prozent der Abstimmungsberechtigten für Polen und 225 431 oder 44,2 Prozent für einen Verbleib bei Deutschland votiert.[238] Ostoberschlesien, dem das polnische Teilstück des Teschener Schlesiens eingegliedert wurde, bildete nunmehr die Woiwodschaft Schlesien. Aufgrund des Organischen Statuts, das von der Warschauer Nationalversammlung bereits am 15. Juli 1920 beschlossen worden war, wurde der Woiwodschaft Schlesien Autonomie unter einem eigenen Landessejm in Kattowitz garantiert.[239]

Der Polen zugesprochene Bereich Oberschlesiens umschloß vier Fünftel der Industrieanlagen sowie den Hauptteil der Kohlevorkommen und damit den wirtschaftlich wertvolleren Teil des Reviers. Vom südlich von Ratibor gelegenen Hultschiner Ländchen[240] einmal abgesehen, das ohne Abstimmung an die Tschechoslowakei gefallen war, verlief die neue Landesgrenze »von dem Punkte, wo die Oder in Schlesien eintritt, zunächst diesem Flusse entlang bis etwa acht Kilometer südlich von Ratibor«. Von dort aus zog sie sich in nordöstlicher Richtung an Gleiwitz, Hindenburg und Beuthen südlich vorbei, quer durch das gesamte Industrierevier. Um Beuthen herumführend, wandte sie sich »in einem nach Westen zu geöffneten Bogen zurück nach Nordwesten«. Tarnowitz sowie den Hauptteil des Beuthen-Tarnowitzer Erzreviers schnitt sie von Deutschland ab, um dann wieder »in einem großen nach Osten hin geöffneten Bogen um Lublinitz herum zur ehemaligen deutsch-russischen Grenze hin zu verlaufen«. Das von Deutschland abgetrennte Gebiet Oberschlesiens umfaßte so bedeutende Städte und Industrieorte wie Königshütte, Kattowitz, Myslowitz, Laurahütte, Bismarckhütte, Schwientochlowitz, Lipine, Godullahütte, Morgenroth und Ruda.[241]

Der einheitlich gewachsene oberschlesische Produktions- und Konsumtionsraum wurde durch die Grenzziehung rücksichtslos durchschnitten. So trennte die neue Grenze Hochofenanlagen von ihren weiterverarbeitenden Betrieben und umgekehrt. Von 67 Steinkohlengruben gelangten nicht weniger als 53 an Polen. Die Mehrheit der Zinkerzgruben sowie die gesamte kohlenchemische Industrie gingen für Deutschland verloren. Von den 22 großen Unternehmen der Montanindustrie wurde die Hälfte von einer Zerreißung ihres Besitzstandes betroffen. Die bei Deutschland verbliebenen Gesellschaften sahen sich dadurch finanziell derart geschwächt, daß sie den Ruin fürchten mußten. Entweder fehlte ihnen die bisherige Rohstoffbasis, oder sie sahen sich ihrer weiterverarbeitenden Betriebe beraubt. Angesichts einer derartigen Situation war von ausschlaggebender Bedeutung Artikel 224 des Genfer Abkommens, durch den für eine

Der Annaberg ist mit seinem Wallfahrtskirchlein von alters her ein religiöser Mittelpunkt Oberschlesiens, der schon in der Krise des Kulturkampfes symbolische Bedeutung gewann. Im dritten oberschlesischen Aufstand von 1921 war er der Schauplatz heftiger Kämpfe zwischen deutschen Selbstschutzkämpfern und polnischen Insurgenten. Das »Dritte Reich« machte aus diesem Ort eine nationale Weihestätte und ließ hier in den Jahren 1936 bis 1938 ein »Reichsehrenmal« errichten, in dem fünfzig gefallene deutsche Selbstschutzkämpfer beigesetzt wurden. Gegen diese politische Vereinnahmung des Wallfahrtsortes richteten sich die großen katholischen Männerwallfahrten Schlesiens. Nach dem Zweiten Weltkrieg ersetzte die polnische Regierung das deutsche durch ein polnisches Siegesdenkmal. Sein Triumphbogen liegt zwischen der Kirche auf dem Berg und der nationalsozialistischen Thingstätte im Tal.

Das Riesengebirge mit seinen sanft geschwungenen Bergkämmen und romantischen Abgründen ist eine Landschaft von melancholischer Schönheit. Seit Caspar David Friedrich dieses Gebirge Anfang des 19. Jahrhunderts erwanderte und zum Motiv seiner beseelten Bilder machte, zog es immer wieder Künstler, Dichter und Naturbegeisterte an.

Übergangszeit von drei Jahren die zollfreie Einfuhr ostoberschlesischer Eisenprodukte nach Westoberschlesien vereinbart wurde. Die Unterbindung der bisherigen Austauschmöglichkeiten, die die Grenzziehung bedeutete, konnte dadurch zumindest während der schwierigen Übergangsphase vermieden werden.[242]

Betroffen waren von der Teilung des Reviers vor allem die Oberschlesische Eisenbahnbedarfs-AG und die Oberschlesische Eisenindustrie AG, da ihre Produktionsanlagen nunmehr teilweise in West- und Ostoberschlesien lagen. Ganz auf ostoberschlesischem Gebiet lagen seit der Teilung die Anlagen der Bismarckhütte AG sowie der Vereinigten Königs- und Laurahütte, während die Produktionsstätten der Borsigwerk AG und der Donnersmarckhütte AG gänzlich in Westoberschlesien lagen und daher unbeeinträchtigt weitergeführt werden konnten. Von den oberschlesischen Steinkohlevorkommen, die eine Fläche von etwa 3 000 Quadratkilometern umfaßten, waren 2 200 in polnischen Besitz gelangt. Dies bedeutete, daß das gesamte Rybniker und das Pleßer Revier verlorengegangen waren, außerdem bedeutende Teile des alten Zentralreviers.

Von den Kohlevorräten, die auf etwa 80 bis 90 Milliarden Tonnen beziffert wurden, entfielen nach der Teilung nicht weniger als neun Zehntel auf Polen. Dementsprechend gestalteten sich nunmehr die Förderungsverhältnisse: in Oberschlesien wurden achtzig Prozent und in Westoberschlesien zwanzig Prozent der Steinkohle gefördert.

Im Erzbergbau war die Teilung für Deutschland ganz ungünstig ausgefallen, denn sämtliche Blei- und Zinkhütten gelangten an Polen, wodurch das Reich die Möglichkeit der Verhüttung seiner Blei- und Zinkerzförderung verlor. Dies erforderte auf deutscher Seite den Aufbau neuer Hüttenwerke, damit die Verarbeitung der Förderung der bei Deutschland verbliebenen Blei- und Zinkerzgruben weiterhin erfolgen konnte. Bei dieser Ausgangslage ist es erstaunlich, daß im ersten Halbjahr 1926 bereits 30 959 Tonnen Blei und Zink auf den neuerrichteten Hüttenbetrieben produziert werden konnten. Demgegenüber belief sich die Produktion auf den polnischen Anlagen Ostoberschlesiens zur gleichen Zeit auf 50 604 Tonnen.[243]

Da die Eisenerzproduktion Oberschlesiens wegen Erschöpfung der Vorräte schon vor 1914 eine sinkende Tendenz zeigte, hat man den Verlust sämtlicher Eisenerzgruben für Deutschland nicht hoch zu veranschlagen, abgesehen davon, daß die geringer werdenden Fördermengen im umgekehrten Verhältnis zu den aufzuwendenden Kosten standen. Anders sah das bei den Eisenhüttenwerken aus, die vornehmlich importierte Erze verarbeiteten. Von den insgesamt acht oberschlesischen Anlagen, auf denen 37 Hochöfen in Betrieb standen, verblieben lediglich drei mit achtzehn Hochöfen bei Deutschland. Die Bedeutung der Polen zugefallenen Hochofenwerke geht daraus hervor, daß auf ihnen 75 Prozent der oberschlesischen Roheisenproduktion erzeugt wurden.[244]

Sieht man von den Schwierigkeiten einmal ab, die sich aus der Zerreißung des organisch gewachsenen oberschlesischen Industriekörpers sowie der hiermit verbundenen Verluste ergaben, dann war es vor allem die Abtrennung der Provinzen Posen und Westpreußen sowie von Teilen Ostpreußens vom Reich, die sich auf die wirtschaftliche Lage des gesamten schlesischen Raumes nachteilig auswirkte, denn diese Provinzen stellten bis 1918 wichtige Absatz- und Bezugsmärkte für die schlesische Wirtschaft dar. Zwar gehörte Ostpreußen mit seinen wesentlichen Teilen noch zu Deutschland, doch war es durch die Gebietsabtretungen im Osten für den Warenbezug und -absatz von Schlesien aus nur noch schwer beziehungsweise nur auf Umwegen erreichbar. Daraus resultierten Beeinträchtigungen für die schlesischen Aktivitäten auf dem ostpreußischen Markt.[245]

Die Gebietsverluste hatten zur Folge, daß die schlesische Wirtschaft im Zusammenwirken mit den staatlichen sowie den Selbstverwaltungsbehörden des Landes Ersatzmärkte zu suchen gezwungen war, wenn sie ihre Kapazitäten auslasten und ihre Mitarbeiter weiterhin beschäftigen wollte. Nach der geographischen Lage des seit dem 14. Oktober 1919 in die beiden Provinzen Nieder- und Oberschlesien gegliederten Landes[246] boten sich vor allem der nord- und mitteldeutsche Raum als Absatzgebiete an. Bei der Orientierung dorthin stießen die schlesischen Erzeugnisse aber auf die Konkurrenz der Produzenten des Freistaates Sachsen, der preußischen Provinz Sachsen und Berlins. Diese stellten nicht nur hochwertige Produkte her, sondern verfügten auch über ein gutes Verteilernetz, abgesehen davon, daß sie den beiden Märkten näher lagen als Schlesien, wenn man sie nicht gar als deren Bestandteile betrachtet. Zweifellos war die verkehrsgeographische Lage Schlesiens infolge der durch den Ersten Weltkrieg herbeigeführten Verhältnisse besonders ungünstig und damit auch seine Konkurrenzsituation. Selbst Ostpreußen, obwohl vom Reich getrennt, hatte es besser, denn es verfügte über den freien Zugang zum Meer.[247]

Es stellt eine außergewöhnliche Leistung der schlesischen Wirtschaft dar, daß es ihr im Zusammenwirken mit der Administration dennoch gelang, ihre dominierende Position zurückzugewinnen, die sie in Ostdeutschland und darüber hinaus in Teilen Osteuropas besessen hatte. Danach entfielen vom gesamten industriellen Produktionswert Ostdeutschlands 64 Prozent auf Schlesien, sechzehn Prozent auf Ostpreußen, vierzehn Prozent auf Ostpommern und die restlichen sechs Prozent auf Ostbrandenburg.[248] Erreicht wurde dies durch ein Bündel von Initiativen. Zu den bemerkenswertesten gehört die Konzentration innerhalb der schlesischen Industrie. Am Beispiel der durch die Teilung Oberschlesiens besonders schwer betroffenen Oberschlesischen Eisenbahnbedarfs-AG mit Sitz in Gleiwitz und der Oberschlesischen Eisenindustrie AG, ebenfalls in Gleiwitz ansässig, läßt sich dies überzeugend verdeutlichen.

Zunächst war eine Reihe organisatorischer Maßnahmen notwendig, die das Überleben sichern sollte. Daher erwarb die Oberschlesische Eisenbahnbedarfs-AG die Aktienmehrheit der Donnersmarckhütte, denn dadurch konnte der Verlust der in Ostoberschlesien gelegenen Friedensgrube, die die Kohlenbasis der »Oberbedarf« darstellte, ausgeglichen werden. Aufgrund eines Beschlusses der Oberschlesischen Eisenindustrie AG vom 3. November 1923 schloß die Gesellschaft mit der Linke-Hofmann-Lauchhammer AG einen Gemeinschaftsvertrag. Die Werke der »Obereisen« sowie ihrer Tochtergesellschaften traten dadurch in ein enges Verhältnis zur Linke-Hofmann-Lauchhammer AG,[249] einem Unternehmen der 1839 in Breslau gegründeten Linke-Hofmann-Werke, die unter den deutschen Fahrzeug- und Maschinenproduzenten eine führende Position einnahmen. Die Bedeutung dieses Gemeinschaftsvertrages wurde noch da-

Die Grenze zwischen Ost- und Westoberschlesien, die mit diesen neuen Grenzsteinen markiert wurde, zerschnitt gewachsene Bindungen. Städte wie Tarnowitz, Königshütte, Kattowitz, Pleß und Rybnik waren polnisch geworden. Obwohl Zehntausende Ostoberschlesien verließen, blieb auch in diesem Gebiet eine erhebliche deutsche Minderheit zurück.

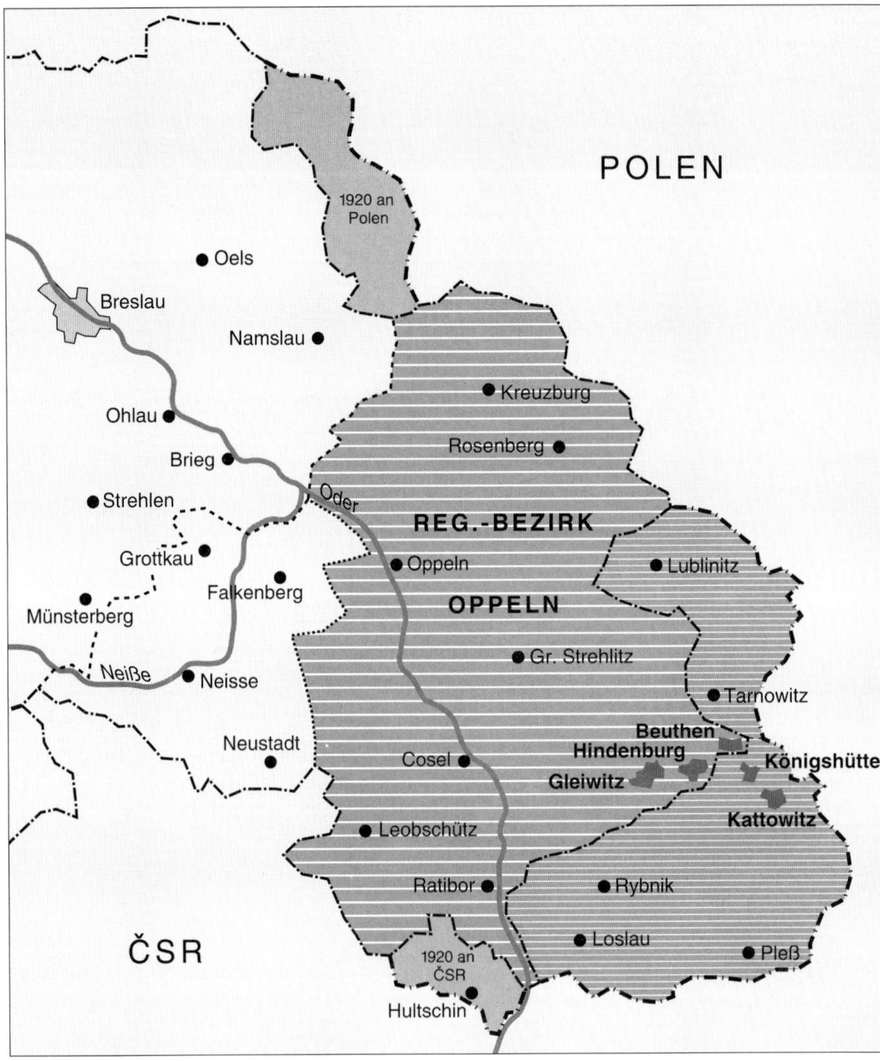

Das Gebiet der oberschlesischen Volksabstimmung 1921
Die Wahl vom 20. März 1921 stand unter der Aufsicht einer interalliierten Regierungs- und Plebiszitkommission, die für diese Zeit Oberschlesien in treuhändlerische Verwaltung nahm. Das amtliche Endergebnis der Volksabstimmung erbrachte bei einer Wahlbeteiligung von 97 Prozent eine Mehrheit von 59,6 Prozent gegen 40,4 Prozent der Stimmen für den Verbleib bei Deutschland. Daraufhin beschloß die Pariser Botschafterkonferenz am 20. Oktober 1921 die Teilung Oberschlesiens und sprach das industriereiche Ostoberschlesien, in dem 55,8 Prozent für eine Abtretung an Polen votiert hatten, Polen zu.

durch erhöht, daß Linke-Hofmann im Jahre 1920 in enge Beziehungen zu der wegen ihres Gewichts im Wirtschaftsleben Deutschlands weit über die Landesgrenzen hinaus bekannten Aktiengesellschaft Lauchhammer getreten war. Die 1725 gegründete Gesellschaft besaß Produktionsstätten in Riesa, Görlitz, Torgau, Burghammer und Lauchhammer. Konzentriert hatte sie sich auf den Braunkohlenbergbau, den Eisenhüttenbetrieb sowie den Hallen-, Brücken- und Maschinenbau.[250] Am 12./13. Juli 1923 waren die völlige Verschmelzung der AG Lauchhammer mit der Linke-Hofmann AG zu Breslau, die Einführung des Firmennamens Linke-Hofmann-Lauchhammer AG sowie die Verlegung des Firmensitzes von Lauchhammer nach Breslau erfolgt. Die Linke-Hofmann-Werke beschäftigten damals in Breslau und in ihrem Kölner Werk Herbrand 4 900 Arbeiter und Angestellte.[251]

Der Zusammenschluß der Unternehmen zu Gleiwitz, Lauchhammer und Breslau war eine Konsequenz der Teilung Oberschlesiens. Damit war nicht nur eine Erweiterung der Rohstoffbasis erreicht, sondern auch die wirtschaftliche Unabhängigkeit gestärkt. Sie wurde dadurch sichergestellt, daß von der Förderung des Rohstoffs Kohle bis hin zum Vor- und Endprodukt alles über die Produktionsanlagen eines großen Wirtschaftskörpers lief. Das erhöhte zugleich die Wettbewerbsfähigkeit im In- und Ausland, wobei die Orientierung in westlicher Richtung ebenso unübersehbar ist wie die Diversifizierung des Produktionsprogramms, damit bei Konjunkturschwankungen flexiblere Reaktionen möglich waren.[252] Die gleichen Absichten wurden mit dem Zusammenschluß von »Oberbedarf« und »Obereisen« am 19. Juli 1926 verfolgt. Das aus der Fusion hervorgegangene neue Unternehmen firmierte als Vereinigte Oberschlesische Hüttenwerke AG (»Oberhütten«). Ihren Sitz nahm die neue Gesellschaft in Gleiwitz O. S.[253]

Doch nicht allein die Teilung Oberschlesiens zwang die schlesische Wirtschaft zu Zusammenschlüssen und Neuorientierungen, sondern auch die Auswirkungen der vor allem im Jahre 1923 sich rasant verschärfenden Inflation. Daß man sich dabei auf Produktionsanlagen im mittel- und westdeutschen Raum konzentrierte, war eine Folge des Ersten Weltkriegs, durch den in Ost- und Südosteuropa ein politisch und wirtschaftlich recht instabiler Raum entstanden war.

Wie hart die Inflation, »das Vernichtungswerk an der deutschen Währung«,[254] die Bevölkerung traf, läßt sich nur schwer in Worte fassen. Versucht man, die Entwicklung des Dollarpreises im Nachkriegsdeutschland von August 1919 bis Mitte 1922 zu unterteilen, dann ergeben sich vier Phasen: Vom August 1919 bis August 1920 bewegte er sich zwischen zwanzig und fünfzig Mark, abgesehen von einigen Tagen im Februar und März 1920, als er höher lag. Vom Sommer 1920 bis August 1921 schwankte er zwischen sechzig und 75 Mark. Vom September 1921 bis Ende Juni 1922 stieg er von 60 bis 75 auf 300 Mark. Von Juli 1922 an begann eine beschleunigte Entwertung der Mark. Sie führte dazu, daß der Dollar bis zum 10. Oktober 1922 einen Wert von 3 030 Mark gegenüber der Mark erreichte.

In einem nicht für möglich gehaltenen Tempo verfiel die deutsche Währung seit Beginn des Jahres 1923. Das hing nicht zuletzt mit der Besetzung des Ruhrgebiets zusammen. Nachdem die Reparationskommission um die Jahreswende 1922/23 festgestellt hatte, daß das Reich mit den durch den Versailler Friedensvertrag auferlegten Holz- und Kohlelieferungen im Rückstand sei, nahm Frankreich dies zum Anlaß, das Ruhrgebiet zu besetzen. Das erwies sich als politischer und wirtschaftlicher Fehlschlag, denn Deutschland geriet nun in eine unhaltbare Lage, da die Reichsregierung für den durch sie proklamierten »passiven Widerstand« an der Ruhr, der von der gesamten dortigen Bevölkerung befolgt wurde, die finanzielle Unterstützung zu leisten hatte. Dies konnte nur mittels einer rasanten Geldvermehrung durch die Reichsbank gelingen. Der Wert der Mark stürzte dadurch ins Bodenlose. Am 25. Juli 1923 lag er bei 550 000 Mark pro Dollar. In der Folge kam es nicht selten zu einem Verfall, der bei dreißig Prozent pro Tag lag.[255]

Aus einer derartigen Entwicklung mußten beträchtliche Schwierigkeiten für das Wirtschaftsleben erwachsen und soziale Unruhen entstehen, weil die Anpassung der Löhne und Gehälter an den jeweiligen Inflationsstand nur mit Verzögerung vorgenommen werden konnte. Wie nachteilig sich die Inflation auf sozialpolitischem Gebiet auswirkte, lassen die Lohnkämpfe erkennen, die mit zunehmender Geldentwertung heftiger wurden. Nachdem die Mark auf den millionsten Teil des Wertes einer Goldmark abgestürzt war, wurden zum Beispiel bei Linke-Hofmann in Breslau Markscheine an die Belegschaft ausgezahlt; sie hatten den milliardsten Teil des Wertes einer Goldmark.[256] Gegen Ende der Inflation gab es als Entgelt für eine Goldmark Billionenscheine. Um der Geldentwertung, die zuletzt nicht mehr nach Tagen, sondern nach Stunden gemessen wurde, soweit wie möglich entgegenzuwirken, holte Linke-Hofmann das frisch gedruckte Papiergeld mit werkseigenen Transportmitteln, teilweise offenen Kraftfahrzeugen, aus Berlin[257] nach Breslau, wo es sofort an die Belegschaft ausgezahlt wurde. Dennoch war es nicht möglich, die Löhne der sich in kürzesten Zeitabständen vollziehenden Geldentwertung anzupassen.

Zweifellos war das chaotische Geldwesen in der Endphase der Inflation zu einer nicht unerheblichen Belastung für das Wirtschafts- und Sozialgefüge geworden. Wegen des täglich und stündlich schwindenden Geldwertes sahen sich die Betriebe gezwungen, nach Auszahlung der Löhne, die in immer kürzeren Abständen in bar erfolgte, die Produktion einzustellen, damit die Beschäftigten das eben erhaltene Geld sofort in Ware umsetzen konnten.[258] Spätestens seit der zweiten Hälfte des Jahres 1923 hatte die Mark ihre Aufgabe als Wertaufbewahrungsmittel völlig, als Zahlungsmittel in erheblichem Umfang eingebüßt. Daher versuchte jeder, sein Bargeld umgehend gegen Sachwerte einzutauschen.[259]

Der Wert der geleisteten Arbeit konnte schon lange nicht mehr hinreichend entlohnt werden. Nach den am 13. September 1923 durch das Statistische Reichsamt veröffentlichten Meßziffern lagen die Lebenshaltungskosten an diesem Tag bei 5 051 046 (1913/14 = 1). Gegenüber dem 6. September 1923, also innerhalb einer Woche, waren sie um 173,7 Prozent gestiegen.[260] Die Einkommen hingegen waren längst nicht im entsprechenden Umfang angehoben worden, weshalb die Verarmung großer Bevölkerungsteile voranschritt. Da während der folgenden Wochen die Inflation nicht nur nicht gebremst werden konnte, vielmehr weiter eskalierte, verschärfte sich die in-

Salonwagen waren das Symbol der deutschen Niederlage, sowohl in Spa, wo Kaiser Wilhelm II. nach unrühmlichem Zaudern am 10. November 1918 seinen Salonwagen bestieg, der ihn in ein ungewisses Exil brachte, als auch einen Tag später im Wald von Compiègne, wo der Waffenstillstand in einem solchen Wagen unterzeichnet wurde. Der abgebildete Salonwagen Wilhelms II. war bei Linke-Hofmann, dem größten Industriebetrieb Breslaus, gebaut worden. Er ist heute im Besitz des Berliner Museums für Verkehr und Technik.

nenpolitische Lage. Allerdings war dies nicht ausschließlich Ausdruck der inflationären Entwicklung.

1918/19 hatte der Rat der Volksbeauftragten nach jahrzehntelangen Kämpfen der Arbeiterschaft um eine Verkürzung der Arbeitszeit[261] auf dem Verordnungswege die Arbeitsdauer pro Tag auf grundsätzlich acht Stunden festgesetzt. Die beabsichtigte Weiterentwicklung der einzelnen Verordnungen und Gesetze und ihr Einbau in ein umfassendes Arbeitsrecht waren hingegen bisher unterblieben. Von den Arbeitgebern war das auf sozialpolitischem Gebiet Erreichte als äußerstes Zugeständnis angesehen worden. Zur Verabschiedung eines Gesetzes zum Schutz der Arbeitszeit durch den Reichstag war es daher bislang nicht gekommen. Aufgrund der durch den Ruhrkampf eingetretenen Situation, die die Schwierigkeiten in Schlesien und speziell in Oberschlesien noch vergrößerte, forderte die Unternehmerschaft, die Arbeitszeit zu erhöhen, was praktisch auf die Abschaffung des Achtstundentags hinauslief.[262]

Um dem monetären Fiasko mit all den daraus sich ergebenden negativen Folgen auf dem wirtschafts- und sozialpolitischen Sektor entgegenzuwirken, entschloß die Reichsregierung sich im August 1923 dazu, eine wertbeständige Anleihe in Höhe von 500 Millionen Goldmark in Stückelungen bis hin zu einem Zehntel Dollar in Umlauf zu bringen.[263] Zudem kam es zur Ausgabe von wertbeständigen Schatzanweisungen, die auf Dollar lauteten. Auf dieser Basis oder gegen die Hinterlegung von Goldanleihen gestattete die Reichsregierung den Provinzen und Städten sowie den Handelskammern und größeren Industriebetrieben, Notgeld auszugeben, das auf Goldmark lautete. Hiervon gelangte ein Betrag von 200 Millionen Mark in Umlauf. Notgeld in einer Höhe von 150 Millionen Mark war von der Reichsbahn ausgegeben worden, zudem durch einige Länder nochmals insgesamt 50 Millionen Goldmark in Form von kleingestückelten Anleihen. Schließlich hatte die Schleswig-Holsteinische Geldgirobank AG wertberechtigte Verrechnungsscheine im Wert von rund 35 Millionen Goldmark in Umlauf gebracht.

Damit befand sich ein Betrag in Höhe von etwa 1,1 Milliarden Goldmark auf dem Markt, dem weitere 2 bis 3 Milliarden Goldmark aus Ländern mit stabiler Währung hinzuzurechnen sind. Diese Milliarden stammten aus Exporterlösen, die die Empfänger ihren deutschen Lieferanten in ihren Landeswährungen bezahlt hatten. Weiterhin waren die als Zahlungsmittel akzeptierten wertbeständigen Anleihen privater Emittenden, die auf Roggen-, Kohle- oder Kalimengen bestanden, im Umlauf. Mithin befanden sich auf dem Höhepunkt der Inflation mehr als 4 Milliarden Goldmark auf dem Markt.[264] Diese Summe, die vor allem Gelder aus Exportgeschäften bildeten, beweist, daß die Lage der schlesischen Wirtschaft ebenso wie der deutschen in ihrer Gesamtheit sich nicht derart negativ darstellte, wie angesichts der Auswirkungen der Inflation behauptet wurde. Vielmehr verdiente sie bei einem gegen Null tendierenden Entgelt der Beschäftigten für ihre Warenproduktion im Export gutes Geld. Die unbestreitbar nachteiligen Auswirkungen der Abtretung Ostoberschlesiens sowie der Reparationen wurden so zumindest für die auf den Auslandsmärkten aktiven Unternehmen gemildert, und dies um so mehr, je extremer die Inflation sich entwickelte.

Da es angesichts der galoppierenden Inflation trotz aller Bemühungen nicht möglich war, Geld in ausreichender Menge zur Verfügung zu stellen, gingen bald auch schlesische Kommunen und ganze Regionen dazu über, Notgeld zu drucken. Waldenburg begann, nachdem zunächst bei einer Tageszeitung Wechselgeld gedruckt worden war, mit der Ausgabe von Notgeldscheinen, auf denen die jeweils erforderlichen Wertbezeichnungen aufgedruckt wurden. Gegen Ende der Inflation, im Oktober 1923, kam es in Waldenburg zur Ausgabe von Notgeldscheinen mit dem Aufdruck 50 Milliarden Mark und eine Billion Mark. Eine Besonderheit des Notgeldes stellte das Porzellangeld dar, das zu Beginn der Inflation unter anderem in der Waldenburger Porzellanfabrik Krister aus unzerbrechlichem Material hergestellt wurde.[265]

Solche Zustände machten eine Währungsreform unumgänglich, wollte man nicht den politischen und wirtschaftlichen Zerfall Deutschlands riskieren. Am 28. November 1923 wurde den unerträglichen Verhältnissen dadurch ein Ende bereitet, daß man eine Million alter Mark mit einer »Rentenmark« gleichsetzte. Die Deklarierung der Rentenmark, die 1924 durch die neue Reichsmark abgelöst wurde, war deshalb gewählt worden, weil wegen des fehlenden Goldes zu ihrer Deckung der landwirtschaftliche und industrielle Grundbesitz herangezogen wurde. Das war insofern eine Täuschung, als dieser nie in Gold zu verwandeln war und daher zur Deckung der Währung nicht herangezogen werden konnte. Mit der Gleichsetzung von einer Billion Reichsmark mit einer Rentenmark waren zwar das Reich, die Länder und die Gemeinden, zudem die Großunternehmen und die Landwirtschaft zu einem erheblichen Teil schuldenfrei geworden, die privaten Sparer dagegen standen vor dem Nichts. Die Aufwertung, die in den folgenden Jahren begann, brachte die Erstattung von nur wenigen Prozenten ihrer verlorengegangenen Ersparnisse.

Seit dem Ersten Weltkrieg hat man insgesamt von geringeren Einkommen auszugehen, wenngleich die Stundenlöhne bis 1930 stärker als die Lebenshaltungskosten stiegen, was eine Verbesserung der Realeinkommen zur Folge hatte. Dennoch ist nicht zu übersehen, daß bis 1928/29 lediglich der Rückgang der Realeinkommen aus der Zeit von 1914 bis 1923, der bei etwa zwanzig bis dreißig Prozent lag, ausgeglichen werden konnte. Doch lassen diese Tatsachen unberücksichtigt, daß man vor 1914 von einer Epoche der Vollbeschäftigung sprechen kann, in der Hunderttausende vor allem aus der Donaumonarchie und aus Russisch-Polen in die schlesischen, die west- und die mitteldeutschen Produktionsräume strömten.

Demgegenüber waren die zwanziger und insbesondere das erste Jahrfünft der dreißiger Jahre durch eine hohe Arbeitslosigkeit geprägt. Übersehen werden dürfen auch nicht die Vermögensverluste als Folge der Inflation sowie der beträchtliche Vermögensverlust, der im Ausland dadurch entstanden war, daß die ehemaligen Feindstaaten die deutschen Anlagen in ihren Ländern konfisziert hatten.[266] Es ist unbestreitbar, daß sowohl jeder einzelne in Deutschland als auch der Staat selbst nach dem Ersten Weltkrieg ärmer war. Ebenso unbestreitbar ist, daß Schlesien durch die Abtrennung Ostoberschlesiens sowie die neue Lage an seinen Grenzen in doppelter Hinsicht betroffen war.

Die daraus rührenden Konsequenzen verdeutlicht das Schicksal der bedeutenden Genußmittelindustrie Ratibors. Bei Kriegsausbruch beschäftigte die Ratiborer Tabakwarenfabrik Joseph Doms mehr als 7 000 Arbeiter und Angestellte. Infolge der Grenzziehung von 1921 und dem damit verbundenen eingeschränkten Zugang zum ostoberschlesischen Markt sowie dem Rückgang der Kaufkraft der Bevölkerung bildete sich die Beschäftigtenzahl bei Doms auf weniger als ein Zehntel gegenüber der Vorkriegszeit zurück; sie schwankte nunmehr zwischen 300 und 600. Bis zum Jahre 1936 pendelte sie sich bei weniger als 400 ein.[267]

Ein ähnliches Schicksal wie Doms widerfuhr dem Unternehmen Reiners, dem die Ratiborer Tabakwarenindustrie ihren Ursprung verdankte, denn 1854 hatte sein Gründer Hermann Reiners die durch ihn 1849 in Bremen aufgenommene Zigarettenfabrikation nach Ratibor verlegt. Der Umsatz des Unternehmens war bereits im Verlauf des Ersten Weltkriegs rückläufig. Diese Entwicklung beschleunigte sich jedoch durch den Verlust Ostoberschlesiens, mit dem ein wichtiger Absatzmarkt und Produktionsbetriebe verlorengingen.[268]

Der Produktionsrückgang und damit auch der Rückgang der Beschäftigtenzahl resultierte nicht ausschließlich aus der Abtrennung Ostoberschlesiens, sondern ebenfalls aus der infolge des Ersten Weltkriegs geschwächten deutschen Wirtschaftskraft beziehungsweise der damit einhergehenden ungünstigen Entwicklung im Sozialbereich. Das macht auch das Schicksal des anderen bedeutenden Genußmittelzweiges in Ratibor, die Produktion von Schokoladen und Zuckerwaren, deutlich. Der Begründer dieses Produktionszweigs war Franz Sobtzick, der das väterliche Geschäft, eine Honigkuchenbäckerei, zu einem industriellen Unternehmen ausbaute und 1869 die erste Fabrikanlage für die Herstellung von Honigkuchen und Zuckerwaren errichtete, der bald eine Schokoladenfabrik folgte. Beide Produktionsstätten erlebten in den folgenden Jahren und Jahrzehnten einen bemerkenswerten Aufschwung. Die stetige Besserung der wirtschaftlichen Verhältnisse führte dazu, daß Sobtzick seit der Jahrhundertwende enorm expandierte. Zweigbetriebe wurden in Breslau und München unterhalten. Als nach der Währungsstabilisierung ein Ausleseprozeß einsetzte, der nur die wirklich lebensfähigen Unternehmen bestehenließ, gehörten die Ratiborer Süßigkeitenproduzenten zu denen, die trotz aller Konzentrations- und Innovationsbemühungen 1930, das heißt im Verlauf der Weltwirtschaftskrise, aufgeben mußten.

Ein ähnliches Schicksal war der Tabakwarenindustrie beschieden. Nach der Reorganisation der Firma Reiners in der ersten Hälfte der zwanziger Jahre erhöhte sich die Zahl der Beschäftigten zwischen 1926 und 1933 von 250 auf 1 200. Aber schon im nächsten Jahr, am 15. Juni 1934, mußte das Unternehmen seine Pforten schließen. Als Gründe hierfür werden Zollerhöhungen für Tabake sowie die Kündigung von staatlichen Zuschüssen für den Ankauf von einheimischen Tabaken genannt.[269] Da der Genußmittelsektor als ein recht präziser Gradmesser für die Kaufkraft und damit die Sozial- und Wirtschaftslage betrachtet werden kann, spiegelt er die Situation vor und nach dem Ersten Weltkrieg in Schlesien exakt: Vor 1914 ist die Kaufkraft robust und in ständiger Aufwärtsentwicklung begriffen, nach 1918 hingegen stark beeinträchtigt.

Diese Feststellung gilt jedoch auch für das polnisch gewordene Ostoberschlesien, denn auch hier führte die Teilung zu nicht unerheblichen Beeinträchtigungen, obwohl aufgrund des Wirtschaftspotentials die Position günstiger war als in Westoberschlesien. Die Gründe dafür waren mannigfacher Art. So stand Polen selbst als ein weitgehend agrarisch strukturierter Staat für die Aufnahme der ostoberschlesischen Industrieerzeugnisse nur beschränkt zur Verfügung. Im Export erfolgreich zu operieren war aber höchst schwierig, da die Tschechoslowakei und vor allem Deutschland mit seinem schlesischen Teil mit Polen konkurrierten. Daher stellte das große Industriepotential Ostoberschlesiens für die polnische Republik geradezu eine Bürde dar, denn immerhin galt es, 79 Prozent der Steinkohlengruben, 62 Prozent der Koksöfen, 60 Prozent der Hochöfen, 75 Prozent der Stahlwerke, 75 Prozent der Walzwerke, 66 $^{2}/_{3}$ Prozent der Zink- und Bleierzgruben, 100 Prozent der Zink- und Bleihütten, 100 Prozent der Silber- und Bleihütten und 71 Prozent der Zinkblechwalzwerke auszulasten, die seit der Teilung des oberschlesischen Reviers zu Polen gehörten.[270]

Angesichts dieser schwierigen Marktlage wurde das bereits erwähnte deutsch-polnische Abkommen vom 15. Mai 1922 unterzeichnet, das den wirtschaftlichen Zusammenhang der beiden Revierteile für eine dreijährige Übergangszeit gewährleisten sollte. Unter anderem enthielt das Abkommen für Deutschland die Verpflichtung, pro Monat 500 000 Tonnen Steinkohle aus Ostoberschlesien abzunehmen. Die gemeinsame Verwaltung des ostoberschlesischen Eisenbahnnetzes über fünfzehn Jahre hinweg, außerdem Bestimmungen über die Wasser- und Elektrizitätsversorgung sowie einen Veredelungsverkehr verdeutlichen das Bestreben Polens, die Schwierigkeiten, die ihm aus der Übernahme Ostoberschlesiens erwuchsen, zu meistern.[271]

Versuchen, mit der ostoberschlesischen Kohle in den skandinavischen und baltischen Staaten Fuß zu fassen, waren durchschlagende Erfolge nicht beschieden, da die englische Kohle dort preisgünstiger angeboten wurde. Selbst mit Dumpingpreisen gelang es nicht, die englische Kohle zu verdrängen, und auch mit den Niederlanden und Frankreich war nicht ins Geschäft zu kommen.[272] Daß es der ostoberschlesischen Industrie in den Jahren 1927 und 1928 dennoch gelang, ihre Produktion erheblich zu steigern, hat man wohl in erster Linie der damals recht günstigen weltwirtschaftlichen Lage zuzuschreiben.

Wie in Westoberschlesien, so wurde auch in Ostoberschlesien versucht, durch Zusammenschlüsse der aus der Revierteilung resultierenden Schwierigkeiten Herr zu werden. Nachdem die vormals zu »Oberbedarf« gehörende Friedenshütte im Anschluß an die Grenzziehung eine selbständige Aktiengesellschaft nach polnischem Recht geworden war, ebenfalls die ehedem zu »Obereisen« gehörende Baildonhütte, erschien der Zusammenschluß der beiden Gesellschaften geboten. Aufnehmende Gesellschaft wurde die Friedenshütte. Den erhofften Erfolg brachte der Zusammenschluß allerdings nicht. Ende 1931, mithin auf dem Höhepunkt der Weltwirtschaftskrise, sah sich die Friedenshütte gezwungen, einen gesetzlichen Zahlungsaufschub zu beantragen. 52 Prozent des Aktienkapitals übernahm nun der polnische Staat.[273] Und auch die ostoberschlesischen Unternehmen Königs- und Laurahütte AG, Kattowitzer AG und Bismarckhütte AG wurden in einer vom polnischen Staat abhängigen Interessengemeinschaft für Berg- und Hüttenwesen SA, dem IG-Kattowitz-Laurahütte-Konzern, zusammengefaßt, nachdem sie, wie die Friedenshütte, als private Unternehmen nicht hatten reüssieren können.[274]

Die staatliche Mehrheit bei den genannten Werken verdeutlicht deren schwierige Lage hinreichend. Weitere Konsolidierungsmaßnahmen waren erforderlich; sie gingen dahin, die Vereinigte Königs- und Laurahütte AG, die Kattowitzer AG sowie die Bismarckhütte AG zu einem einzigen Unternehmen zusammenzufassen. Zu diesem Zweck gründeten amerikanische Interessenten im Jahre 1929 die Silesia Consolidated Steel Corporation. Das Kapital der Gesellschaft stammte nur zu einem Viertel von amerikanischen, zu drei Vierteln hingegen von deutschen Geldgebern.[275] Natürlich wußte man in Polen von der Herkunft des Kapitals. Um den deutschen Einfluß nicht zu groß werden zu lassen, hatte sich die polnische Regierung daher ausbedungen, daß bei Neueinstellungen von Personal ausschließlich polnische und amerikanische Staatsbürger zu berücksichtigen seien. Dafür wiederum waren der deutschen Seite Steuervergünstigungen zugestanden worden. Der polnische Staat sah sich einerseits außerstande, die notwendigen Investitionen in Ostoberschlesien zu tätigen, andererseits war ihm an einem deutschen Einfluß wenig gelegen. Die Kapitalaufteilung in der Silesia Consolidated Steel Corporation konnte daher nicht seinen Vorstellungen entsprechen. Bestimmt war diese Haltung nicht zuletzt von der Wirtschafts- und Außenpolitik des Landes, mithin von der Stellung Polens im französischen Bündnissystem, in dem ihm ein Gegengewicht zu einer eventuellen deutschen Revisionspolitik zugedacht war.

Deutschland erschienen die Gebietsabtretungen im Osten auf Dauer nicht akzeptabel, wofür selbst die Westmächte Verständnis zeigten. Als letztere nämlich in Locarno hinnahmen, daß sich die deutsche Regierung hinsichtlich der Grenzziehung zwischen Polen und Deutschland lediglich mit einer Garantie des Status quo begnügte, war damit von ihnen stillschweigend anerkannt, wie zweifelhaft das moralische und politische Fundament der Neuordnung in Osteuropa war und daß die freiwillige Akzeptanz der neugeschaffenen Verhältnisse von Deutschland nicht erwartet werden könne.[276]

Warschau hegte nun Zweifel an der Garantie Großbritanniens und Frankreichs: Als Polen sich 1926 anläßlich des britischen Kohlenbergarbeiterstreiks, der sich zeitweise zum Generalstreik ausweitete, zum Ausbau der sogenannten Kohlenmagistrale entschloß, um die ostoberschlesische Kohle auf dem Schienenweg zur Ostsee beziehungsweise nach Skandinavien transportieren zu können, wurde die Trasse der 533 Kilometer langen Bahn von Kattowitz nach Gdingen, die 91 Kilometer bereits vor 1918 und fünfzig Kilometer zwischen 1918 und 1927 gebauter Gleisanlagen einbezog, aus militärischen Erwägungen heraus von Herby Nowe bis Hohensalza in einem stark nach Osten ausgreifenden Bogen gebaut; außerdem umging sie Danzig.[277]

Insbesondere seit 1933 ging Polen daran – trotz der Folgen der Weltwirtschaftskrise, die die wirtschaftliche und innenpolitische Entwicklung des Landes belasteten –, die ostoberschlesische Montanindustrie zu entdeutschen, auch wenn sich daraus zusätzliche negative Konsequenzen für das polnische Wirtschaftsleben ergaben. So verlangte es von der Interessengemeinschaft für Berg- und Hüttenwesen SA »aufgrund einer willkürlichen Veranlagung die Begleichung einer Steuerschuld von 120 Millionen Złoty und belastete als Sicherheit für diese Schuld die Werksanlagen mit einer entsprechenden Hypothek, die gegenüber allen anderen eingetragenen Lasten den Vorrang hatte. Nach entsprechendem Druck überließen die Großaktionäre der Interessengemeinschaft in einem im Juli 1936 abgeschlossenen Vertrag ihre Aktien gegen Schuldverschreibungen in Höhe von 34 Millionen Złoty der Regierung. Die Gläubiger der Interessengemeinschaft wurden mit 57 Prozent ihrer Forderung ebenfalls in Schuldverschreibungen abgefunden. Zur Übernahme der Aktien wurde in Warschau die ›Bergbau- und Hüttenvereinigung GmbH‹ gegründet, an der die Staatsbank und die Schlesische Woiwodschaft mit 92 Prozent beteiligt waren. Ohne viel Erfolg versuchte die polnische Regierung hernach, einen Teil ihrer Aktien Privaten zu überlassen. Die Interessengemeinschaft wurde 1938 nach Herabsetzung des Aktienkapitals auf 149 350 000 Złoty saniert. Zuletzt betrug [ihre] Leistungsfähigkeit 5 Millionen Tonnen Steinkohle, 620 000 Tonnen Koks, 340 000 Tonnen Roheisen und 500 000 Tonnen Rohstahl jährlich.«[278]

Die wirtschaftspolitischen Initiativen von seiten Polens standen aber auch unter dem Aspekt der antipolnischen Tendenzen der Weimarer Kabinette, die nach vorübergehender Unterbrechung im Anschluß an die Machtübernahme durch die Nationalsozialisten verschärft fortgesetzt wurden.[279] Während man auf deutscher Seite vor allem auf die Minderheitenschutzbestimmungen zur Durchsetzung einer Grenzrevision pochte, versuchte die polnische Seite den polnischen Charakter der westlichen Provinzen durch eine verstärkte Polonisierungspolitik zu fördern.[280]

Derartigen Intentionen unterlag auch die Entwicklung in Ostoberschlesien beziehungsweise der Woiwodschaft Schlesien, wiewohl der als erster Woiwode amtierende Jozef Rymer in einem Aufruf feststellte: »In voller Würdigung unserer Wünsche und Bedürfnisse hat die Republik Polen, eingedenk ihrer Verpflichtungen, der Woiwodschaft eine weitgehende Autonomie verliehen. Die polnische Verfassung sichert allen Bürgern ohne Unterschied der Religion und Nationalität Freiheit und Gleichheit vor dem Gesetz. Das organische Statut der Woiwodschaft Schlesien garantiert uns alle autonomen Freiheiten und Rechte, so daß sich für uns weite Aussichten auf eine durch nichts gebundene kulturelle und wirtschaftliche Entwicklung öffnen. Die feierliche Stimmung dieser Tage wird vielleicht nicht gleichen freudigen Widerhall bei der deutschen Bevölkerung dieses Landes finden. Wir verstehen das Gefühl unserer deutschen Mitbürger und wissen sie zu achten. Wir glauben, daß sie der Republik Polen loyal dienen und ehrlich und aufrichtig am Wohle der Woiwodschaft Schlesien mitarbeiten werden. Sobald also die polnischen Behörden die Regierungsgewalt in Schlesien übernommen haben, müssen wieder Friede, Ordnung und Achtung des Gesetzes zur Herrschaft gelangen. Alle Losungen des Hasses, woher sie auch kommen mögen, müssen dem Geiste der Duldsamkeit weichen, denn durch Haß wird nichts erreicht und geschaffen.«[281]

Demgegenüber verfolgte der Woiwode Michał Grażiński, seit 1926 im Amt, eine antideutsche Politik, die auf eine Polonisierung der Industrie und des Handels Ostoberschlesiens hinauslief.[282] Dabei hätte gerade in Zusammenarbeit mit der deutschen Bevölkerung des Landes die schwierige wirtschaftliche und soziale Lage der Zwischenkriegszeit noch am ehesten gemeistert werden können; immerhin handelte es sich in Ostoberschlesien um das reichste Gebiet Polens. Aber die national und international bedingten Beeinträchtigungen der Schwerindustrie, die trotz staatlicher Eingriffe bestehenblieben, griffen bald auch auf den Handel, die gewerbliche Wirtschaft und das Handwerk über, die ja weitgehend von der Industrie abhingen. Infolgedessen war die Arbeitslosigkeit in Ostoberschlesien bereits 1926 hoch, als die Weltkonjunktur sich noch in einer hervorragenden Verfassung befand. Zahlreiche Ostoberschlesier verließen daher ihre Heimat, um in Deutschland, Belgien und Frankreich ihr Auskommen zu suchen.[283]

Angesichts der wirtschaftlichen Schwierigkeiten, die durch ein einvernehmliches Zusammenwirken der polnischen Administration mit der deutschen Bevölkerung Ostoberschlesiens zumindest hätten gemindert werden können, stellt sich die Frage nach den Ursachen für die zum Teil tiefe Abneigung, die leitende polnische Persönlichkeiten gegen die deutsche Bevölkerung hegten, so der 1926 von Piłsudski eingesetzte Woiwode Grażiński, der in den dreizehn Jahren seiner Amtszeit eine konsequente Polonisierung Ostoberschlesiens verfolgte, wobei es auch zur Anwendung wirtschaftlicher Druckmittel kam sowie zu Verletzungen der Genfer Konvention. In der Vergangenheit Deutschlands und Polens, auch in der deutschen Revisionspolitik seit 1918, kann sie allein nicht gesehen werden, ebenfalls nicht in der repressiven polnischen Minderheitenpolitik seit der Wiedererstehung des polnischen Staates.[284]

In Ostoberschlesien wurde die politische Lage durch ein spezielles Moment erheblich beeinflußt, und zwar durch das »schwebende Volkstum«.[285] Umfaßt wurde mit dieser Formulierung ein nicht geringer Teil der damaligen Bevölkerung Oberschlesiens; sein Charakteristikum war die »polnisch-oberschlesische Umgangssprache«. Die Angehörigen des »schwebenden Volkstums« waren politisch keineswegs bedingungslos auf Polen fixiert und wandten sich angesichts der fortwährend schlechter werdenden wirtschaftlichen Lage, für die sie die Regierung verantwortlich machten, von den polnischen Parteien ab. Das machten unter anderem die Wahlen für ein neues Kattowitzer Stadtparlament im November 1926 deutlich. Obwohl inzwischen stark polnisch geprägte Industriedörfer der Stadt Kattowitz eingemeindet worden waren, wodurch eine polnische Mehrheit gesichert schien, ergaben die Wahlen für die polnische Regierungspartei Sanacja[286] eine herbe Enttäuschung: Die deutschen Abgeordneten konnten 34 der sechzig Stadtparlamentssitze und damit die absolute Mehrheit gewinnen; die Sanacja erhielt lediglich vier Sitze und damit noch bedeutend weniger als die insbesondere von Wojciech Korfanty und den polnischen Sozialisten vertretene polnische Opposition, die vierzehn Sitze erringen konnte.[287]

Daß es zu einer Mehrheit für die Abgeordneten der deutschen Volksgruppe kam, ist wohl in erster Linie der prekären wirtschaftlichen Lage zuzuschreiben, zumal die ostoberschlesische Bevölkerung aufgrund der Versprechungen Korfantys[288] eine wesentliche Verbesserung ihrer Lebensbedingungen erwartet hatte. Doch wurden diese

Versprechungen nicht nur nicht verwirklicht, vielmehr gestaltete sich die Situation Ostoberschlesiens zunehmend schwieriger. Und an der Sozialstruktur änderte sich insofern grundsätzlich nichts, als die bedeutenden Bergbau-, Hütten- und Handelsunternehmen nach wie vor von deutschem Kapital beherrscht wurden und damit auch deutsche Techniker und Ingenieure weiterhin die maßgebenden Positionen in ihnen besetzten. Zahlreich vertreten waren die Deutschen ebenfalls unter den mittleren und kleineren Unternehmen, was – wie in den Großunternehmen – bedeutete, daß die leitenden Funktionen auf allen Ebenen Deutsche innehatten.[289]

Ein vorübergehender Aufschwung, der von etwa 1926 bis 1928/29 anhielt, hatte nur geringe Auswirkungen auf die soziale Lage der oberschlesischen Bevölkerung, da er von zu kurzer Dauer war. Im Winter 1928/29 kam es zu einem beträchtlichen Produktionsrückgang, der im Frühjahr 1929 lediglich in geringem Umfang gebremst werden konnte. Die große Krise zeichnete sich schon deutlich ab. Polen und damit auch Ostoberschlesien wurde durch sie noch stärker als die übrigen Industriestaaten getroffen, sieht man von der Sowjetunion einmal ab. Während nämlich die Industrieproduktion weltweit um 33 Prozent zurückging, verringerte sie sich in Polen um 41 Prozent. Erfaßt wurden von der Krise sämtliche Produktions- und Dienstleistungsbereiche des Landes.[290] Da in Ostoberschlesien ein beträchtlicher Teil des polnischen Industriepotentials konzentriert war, wirkte sie sich hier besonders drastisch aus.

Bis 1930 hatte die bedrückende soziale Lage dadurch einigermaßen entspannt werden können, daß Menschen in beträchtlicher Zahl auswanderten. Ihre Zahl belief sich pro Jahr auf 200 000 bis 250 000, wovon etwa die Hälfte aber nicht wirklich auswanderte, sondern als Saisonarbeiter nach Deutschland ging.[291] Nach Einsetzen der Weltwirtschaftskrise aber wurden von den Einwanderungsländern Zuwanderungsbeschränkungen verhängt, was einen drastischen Rückgang der Auswanderer zur Folge hatte. So verließen 1932 nur noch 21 400 Einwohner ihr Land, während 36 600 zurückkehrten.[292] Wenngleich die Auswanderung in den folgenden Jahren wieder zunahm, erreichte sie doch zu keinem Zeitpunkt mehr das Ausmaß der Zeit vor der Weltwirtschaftskrise.

Die beiden preußischen Provinzen Nieder- und Oberschlesien befanden sich trotz der Schwierigkeiten, die aus den Gebietsabtretungen, den Reparationen und der Inflation resultierten,[293] in einer günstigeren Lage als Ostoberschlesien. Zumal die Jahre von 1924 bis 1929/30 waren durch einen eindrucksvollen wirtschaftlichen Aufschwung gekennzeichnet. Dementsprechend lag die deutsche Steinkohleförderung, die bis 1913 auf 190 Millionen Tonnen gestiegen war, 1925, also nur zwei Jahre nach Überwindung der Inflation, wieder bei 133 Millionen Tonnen,[294] wobei Ostoberschlesien und das Saargebiet als ehemals wichtige Förderräume Deutschlands nun nicht mehr in die Rechnung eingingen. Gerade aus dieser Tatsache hatte Schlesien beziehungsweise das Waldenburg-Neuroder Revier Vorteile ziehen und die Produktion, die 1914 bei 4,7 Millionen Tonnen gelegen hatte, 1930 auf 5,7 Millionen Tonnen steigern können.[295] Das wiederum wirkte sich günstig auf die Beschäftigungslage des niederschlesischen Reviers aus: während 1913 auf den Gruben von Waldenburg-Neurode 27 529 Beschäftigte ge-

Die liturgische Erneuerung der zwanziger Jahre erforderte ein Umdenken hinsichtlich des traditionellen katholischen Kirchenbaus. Zu den führenden Architekten, die sich dieser Aufgabe annahmen, gehörte Dominikus Böhm an den Kölner Werkschulen. 1929 erbaute er die Josephskirche in Hindenburg, die für den modernen Kirchenbau in Schlesien bahnbrechend wurde.

zählt wurden, waren es 1924 schon 36 985. In den folgenden Jahren sank die Zahl zwar unter 30 000, konnte sich jedoch auf dem Vorkriegsniveau halten. Erst im Verlauf der Weltwirtschaftskrise fiel sie unter 20 000. In den übrigen Produktionszweigen des Reviers entwickelten sich die Verhältnisse ähnlich, so daß es hier vor Ausbruch der Weltwirtschaftskrise lediglich 3 555 Arbeitslose gab. Zwar ließ sich der weitaus größere Teil der 117 000 aus Ostoberschlesien Abgewanderten bis 1925 in Westoberschlesien nieder, aber angesichts der relativ günstigen wirtschaftlichen Lage des Waldenburg-Neuroder Reviers konnte auch ein Teil hier Aufnahme finden.

Der wirtschaftliche Aufschwung während der Jahre von 1924 bis 1929/30 wirkte sich günstig auf sämtliche Lebensbereiche aus. Durch staatliche Subventionen angeregt, entstanden ansprechende städtische Wohnsiedlungen. Unmittelbar neben den alten und häßlichen Mietskasernen, die den Behausungen in den Slums der englischen Industriestädte in nichts nachstanden, wurden helle, geschmackvolle Häuser von guter Gestaltung errichtet. Sie entsprachen weit mehr den sozialen Belangen der Menschen als die Bauten des vorangegangenen Jahrhunderts.

Als beispielhaft für die Entwicklung auf dem städtebaulichen Sektor während der Mitte der zwanziger Jahre kann Hindenburg, das ehemalige Zabrze, bezeichnet werden. Dem kurz vor der Teilung Oberschlesiens 1922 zur Stadt erhobenen Hindenburg wurden 1927 Biskupitz, Methesdorf, Zaborze und ein Teil von Sosnitza eingemeindet, wodurch es zur Großstadt aufstieg. Durch die Neuanlage von Wohnsiedlungen, Grünanlagen, Sportstätten, eines Hallenschwimmbads und anderer Einrichtungen konnte eine erhebliche Verbesserung der durch die Industriebetriebe geprägten Gruppenstadt erreicht werden. Von wesentlicher Bedeutung war, daß man den kommunalen Wohnungsbau vorantrieb, denn dadurch ergab sich die Möglichkeit, die aus Ostoberschlesien einströmenden Flüchtlinge verhältnismäßig problemlos einzugliedern.[296]

Ähnlich wie Hindenburg entwickelte sich Beuthen, das durch die Teilungsgrenze von 1922 ein Viertel seines Stadtkreises verlor, insbesondere den industriereichen Stadtteil Friedenshütte (Beuthener Stadtwald), und nunmehr an drei Seiten von polnischem Staatsgebiet umschlossen wurde. Die Stadt verstand es jedoch, ihre neue Situation vorteilhaft zu nutzen. Als nunmehrige Grenzstadt zu Polen gelang es ihr nämlich, zu einem wichtigen Bahnknotenpunkt und damit einem der Hauptumschlagplätze für den deutsch-polnischen Handel zu werden.[297]

Die eindrucksvollste städtebauliche Entwicklung nahm in dieser Zeit Breslau, obwohl es seit 1918 schwerer als andere deutsche Städte unter den Konsequenzen der in Versailles vorgenommenen Grenzziehungen litt, abgesehen von der geistigen Abgrenzung, die aus der Errichtung der Nationalstaaten in Ost- und Südosteuropa resultierte, und dem weiterhin anhaltenden Sog Berlins. Es entstanden in der schlesischen Metropole ebenso große wie architektonisch eindrucksvolle Wohnviertel vor allem im Osten der Stadt.[298] Die 1929 vom Deutschen Werkbund veranstaltete Ausstellung bereicherte Breslau um internationales Aufsehen erregende Musterbauten moderner Architektur, ähnlich wie es die zwei Jahre zuvor am Weißenhof durchgeführte Werkbundausstellung in Stuttgart getan hatte.

Schlesiens Kommunen wetteiferten seit der Mitte der zwanziger Jahre in der Anlage von Sport- und Spielplätzen, Badeanstalten, Schulen und Krankenhäusern. Die Landstraßen wurden den neuen Bedürfnissen, die immer mehr der Automobilverkehr bestimmte, angepaßt.[299]

Die wenigen Jahre zwischen der Währungsreform im November 1923 und dem Beginn der Weltwirtschaftskrise 1929/30 waren überall in Deutschland eine Zeit der Erholung, eines echten Wiederaufbaus und einer wirklichen Erneuerung, begleitet von eindrucksvollen sozialpolitischen Maßnahmen. Viele meinten daher, daß allein die durch den demokratischen Weimarer Staat vollbrachten Leistungen die Demokratie derart gefestigt hätten, daß sie sich auf Dauer würde behaupten können.[300] Die Stabilität, die die Weimarer Republik und die sie tragenden Parteien in jenen Jahren auszeichnete, zeigen die Wahlergebnisse zum Deutschen Reichstag vom 7. Dezember 1924 und vom 20. Mai 1928. Weder die links- noch die rechtsextremen Parteien konnten bei diesen beiden Wahlen nennenswerte Ergebnisse in Schlesien ebensowenig wie im Reich erzielen, von einigen örtlichen und regionalen Bereichen einmal abgesehen.

1924 gewann das Zentrum im Wahlkreis Breslau 19 Prozent der Stimmen, im Wahlkreis Oppeln 41 Prozent und im Wahlkreis Liegnitz 8,9 Prozent. Für die SPD votierten im Wahlkreis Breslau 31,9 Prozent der Wähler, im Wahlkreis Oppeln 6,8 Prozent und im Wahlkreis Liegnitz 32,8 Prozent. Demgegenüber votierten für die KPD im Breslauer Wahlkreis fünf und im Liegnitzer 3,3 Prozent der Wähler, im Oppelner allerdings immerhin 12,2 Prozent. Die Nationalsozialistische Freiheitsbewegung, eine rechtsextremistische Splitterpartei,[301] konnte im Breslauer Wahlkreis 1,4, im Oppelner 1,5 und im Liegnitzer 1,5 Prozent der abgegebenen Stimmen auf sich vereinigen. Als bemerkenswert stark erwies sich allerdings die rechte Deutschnationale Volkspartei (DNVP), denn sie erreichte in den drei schlesischen Wahlkreisen die folgenden Resultate: Breslau 28,8, Oppeln 21,8 und Liegnitz 28,9 Prozent der Wählerstimmen.[302]

Die Aufschwungphase bis 1929/30 schien die Demokratie in Deutschland endgültig gefestigt zu haben. Zumindest die Resultate anläßlich der Reichstagswahl vom 20. Mai 1928 ließen diesen Schluß zu, denn es war eine Stabilisierung der staatstragenden Parteien zu erkennen, wogegen die extreme Rechte und Linke chancenlos schienen. Auf Schlesien bezogen bedeutete dies, daß das Zentrum, das sich seit eh und je insbesondere auf die katholische Wählerschaft stützte, trotz einiger Einbußen auf einem relativ hohen Niveau verharrte: im Wahlkreis Breslau konnte es 15,8, im Wahlkreis Oppeln 40,0 und im Wahlkreis Liegnitz 7,9 Prozent der Stimmen auf sich vereinigen. Die SPD konnte sogar einen nicht unerheblichen Stimmenzuwachs verbuchen: im Breslauer Wahlkreis votierten für sie 37,8 Prozent der Wähler, in Oppeln 12,6 und in Liegnitz 37,8.

Vom rechten und linken Parteienspektrum her war keine Gefährdung der demokratischen Ordnung zu erkennen, denn in den Wahlkreisen Breslau und Oppeln hatten sich für die NSDAP lediglich ein Prozent und im Wahlkreis Liegnitz 1,2 Prozent der Wähler entschieden, während die Stimmenanteile der KPD im Breslauer Wahlkreis bei 4,5 Prozent, im Oppelner bei 12,7 im Liegnitzer bei 4,2 Prozent lagen. Einigermaßen

Der Deutsche Werkbund förderte durch Ausstellungen und beispielhafte Architektur den Sinn für qualitätvolles Design und modernes Bauen. Zwei Jahre nach der aufsehenerregenden Werkbundausstellung in Stuttgart, zu der die Weißenhofsiedlung entstand, veranstaltete er 1929 in Breslau die Bauausstellung »Wohnen und Werkraum«. In einer Mustersiedlung nahe dem Messegelände entstanden programmatische Bauten wie die Apartmenthäuser von Hans Scharoun (oben) und Adolf Rading (unten).

Noch zu Zeiten des Kaiserreiches hatte Gerhart Hauptmann den Nobelpreis für Literatur erhalten (1912), aber erst mit der Weimarer Republik fühlte er sich in politischer Übereinstimmung. Mit Walther Rathenau war er befreundet, zu Reichspräsident Friedrich Ebert bestand ein von gegenseitiger Hochachtung getragenes Verhältnis. Bei der Festveranstaltung im Remter des Breslauer Rathauses aus Anlaß der Gerhart-Hauptmann-Festspiele von 1922 dankte der Reichspräsident in seiner Rede dem Dichter: »Dankbar erkennen wir es an, daß Gerhart Hauptmann auch der Republik freudig die Hilfe seines gewichtigen Wortes lieh, wenn es galt, ... der Stimme des geistigen Deutschlands Ausdruck zu geben.«
Die Aufnahme des Präsidenten mit dem Dichter entstand aus Anlaß des 60. Geburtstages Gerhart Hauptmanns am 15. November 1922.

überraschen muß allerdings der nach wie vor relativ hohe Stimmenanteil der DNVP, der sich in den drei schlesischen Wahlkreisen auf 23 Prozent (Breslau), 17,1 Prozent (Oppeln) und 24,5 Prozent (Liegnitz) belief.

Dieser Erfolg der DNVP ist wohl auf ihre opportunistische Haltung zurückzuführen. So betonte sie in ihrer Agitation, der Dawes-Plan stelle einen das Deutsche Reich »versklavenden Erfüllungsplan« dar. Gleichwohl beteiligte sie sich, nachdem sie bei der Reichstagswahl vom 7. Dezember 1924 im Reich 22,2 Prozent der Stimmen erhalten hatte, zusammen mit dem Zentrum und der Deutschen Volkspartei (DVP) sowie der Deutschen Demokratischen Partei (DDP) an einer Bürgerblock-Regierung. Auch der Erfolg der DNVP vom 20. Mai 1928 kann ihrem Opportunismus zugeschrieben werden. Nachdem nämlich im Oktober 1925 Meinungsverschiedenheiten in der Regierung über die Locarno-Verträge zu einem Rückzug der DNVP-Minister geführt hatten, beteiligte sie sich nach der Aufnahme Deutschlands in den Völkerbund am 10. September 1926 erneut an einer bürgerlichen Koalitionsregierung, die am 29. Januar 1927 die Arbeit aufnahm.[303]

Die wirtschaftlichen Erfolge Deutschlands seit jener Zeit wurden folglich auch der DNVP angerechnet. Ihr Opportunismus war an der Interessenlage ihrer Anhänger und Sympathisanten orientiert. Sie rekrutierten sich überwiegend aus den ehemals führenden Schichten des kaiserlichen Deutschlands, aus dem Adel, dem Beamtentum, aus den Reihen der ehemaligen Offiziere, dem gehobenen Bürgertum, den Kreisen der Agrarier und dem gewerblichen Mittelstand. Hinzu kamen Teile aus der Industrie und dem Handel, insoweit sie nicht der DVP anhingen. Die DNVP setzte sich für die Beibehaltung der privaten Wirtschaft sowie den Schutz des Privateigentums, für die Wiederherstellung der Monarchie, die »Volksgemeinschaft«, die »nationale Ehre« und nicht zuletzt für einen autoritären Staat ein. Diese Ziele durchzusetzen wurde sowohl innerhalb als auch außerhalb der Regierungsverantwortung versucht, wobei es gleichzeitig darum ging, dem antidemokratischen Nationalismus zum Durchbruch zu verhelfen sowie Nivellierungs- und Egalisierungstendenzen entgegenzuwirken beziehungsweise dem sozialen Wandel und den Modernisierungsbestrebungen. All das erforderlichenfalls auch auf der Basis des politischen und gesellschaftlichen Status zu erreichen, wurde für opportun erachtet. Es war klar, daß in dem Augenblick, da die wirtschaftlichen und damit auch die sozialen Bedingungen sich verschlechterten oder gar brüchig wurden, die DNVP mit ihrem weitreichenden Einfluß in Staat und Gesellschaft eine existentielle Gefahr für die Weimarer Demokratie darstellte.

Die Weltwirtschaftskrise und ihre Folgen

Im Laufe von lediglich fünfzehn Jahren durchlebte und durchlitt die Weimarer Republik drei schwere Krisen. Die erste dokumentierte sich in den unmittelbaren Folgen des militärischen Zusammenbruchs Deutschlands. Ihre Erscheinungsformen waren politische und soziale Unruhen, die in Schlesien ihre Ergänzung in Grenzkämpfen fanden. Die zweite war die Inflation, die 1923 in eine Hyperinflation einmündete. Von diesen beiden Krisen erholte sich die junge Republik überraschend schnell, so daß von 1924 an angesichts des eindrucksvollen wirtschaftlichen Aufschwungs davon ausgegangen werden konnte, daß Deutschland auf Dauer in ein politisch-ökonomisch und sozial ruhiges Fahrwasser einmünden werde.

Die Rahmenbedingungen waren günstig, zumal am 1. September 1929 der Young-Plan in Kraft trat, der den Dawes-Plan ablöste. Ziel des Young-Plans nämlich war es, eine endgültige Regelung für die Deutschland auferlegten Reparationszahlungen herbeizuführen. Pro Jahr sollte das Deutsche Reich 2,0 Milliarden Reichsmark in 37 Raten zahlen, davon während der ersten zehn Jahre einen Teil in Sachleistungen. Danach 900 Millionen Reichsmark in 22 Raten. In jedem Fall aber waren jährlich 660 Millionen Reichsmark an die Empfängerstaaten zu entrichten. Für den verbleibenden Jahresbetrag stand der Reichsregierung ein Anspruch auf ein Transfermoratorium zu.

Dies war gegenüber dem am 16. April 1924 verabschiedeten Dawes-Plan, der jährliche Leistungen in Höhe von 2,4 Milliarden Goldmark vorsah, eine bedeutende Verbesserung.[304] Für die junge Republik ließ dies hoffen. Aber als dann zu Beginn der dreißiger Jahre die dritte Krise folgte, der weltweite Zusammenbruch der Wirtschaft, sollte sie sich dieser nicht gewachsen zeigen.

Die Ursachen für die dritte große Krise und ihre politischen Begleiterscheinungen sind zu einem nicht unerheblichen Teil in der Lage der deutschen Landwirtschaft zu suchen.[305] Im Anschluß an den Krieg und die Inflation, die der schlesischen und der deutschen Landwirtschaft tiefe Wunden geschlagen hatten, beispielsweise durch die Dezimierung der Viehbestände, konnte der Wiederaufbau der landwirtschaftlichen Betriebe nur über Kredite bewerkstelligt werden, die aber mit erheblichen Zinsleistungen verbunden waren. Als im Jahre 1929 die Preise für sämtliche Güter abstürzten, blieben die für landwirtschaftliche Produkte nicht davon verschont. Zudem war der Getreideexport aus Deutschland fast gänzlich zum Erliegen gekommen, da vor allem in den USA, Kanada und Südamerika der Getreideanbau erheblich ausgedehnt worden war.[306] Die Folge war eine rasche Verschuldung, ja sogar Überschuldung der Landwirtschaft. Seit 1928 nahm die Zahl der Zwangsversteigerungen landwirtschaftlicher Güter beständig zu. Die 1925 eingeführten Schutzzölle für Getreide vermochten an der katastrophalen Situation, in der sich die Landwirtschaft befand, kaum etwas zu ändern. Verbitterung machte sich auf dem Lande breit; es kam zu Unruhen und Revolten und sogar zu Sprengstoffanschlägen.

Obwohl die Ursachen rein wirtschaftlicher Art waren, wurde die Landwirtschaftskrise, deren Ausmaß mit dem der heraufziehenden Industrie- und Bankenkrise einen Vergleich nicht aushielt, zu einem erheblichen politischen Problem. Die landwirtschaftlichen Produktionsgebiete, zumal die in Ostdeutschland, befanden sich zu wesentlichen Teilen in der Hand von adligen Agrariern. Zwar hatte die Weimarer Republik beziehungsweise die sie tragenden Parteien die politische Führung in Deutschland nach 1918 übernehmen können, aber bedeutende Gruppen des Volkes, vor allem des Bürgertums und des Adels, hatte sie nicht an sich zu binden vermocht. Dies wirkte sich für Weimar um so nachteiliger aus, als die bürgerlichen Kreise und der Adel erheblichen Einfluß auf die Stellenbesetzungen im öffentlichen Leben sowie in der Reichswehr hatten und auch zur protestantischen Kirche mit ihren vielfältigen Bindungen und Verbindungen zu Staat und Gesellschaft enge Beziehungen pflegten. 1925 war schließlich einer der hervorragendsten Repräsentanten der adligen Agrarier, Paul von Hindenburg, zum Reichspräsidenten gewählt worden.

Die adligen Agrarier standen der Weimarer Republik ablehnend gegenüber. »Gab es etwas wie einen natürlichen Feind der Republik, so war es gewiß der preußische Landadel.«[307] Elard von Oldenburg-Januschau, einer der maßgebenden Repräsentanten dieser Gruppe, die eifrig die Dolchstoßlegende schürte, schrieb im November 1918: »Ohne Macht und in dem rasenden Taumel dieser Tage auch ohne Einfluß gab es für meine Freunde keinen Weg mehr, der Revolution im Innern entgegenzutreten und damit den Zusammenbruch der fünfhundertjährigen Monarchie der Hohenzollern zu verhindern. Ich fand keine Worte, um meinen Schmerz über das Geschehen des Novembers 1918 wiederzugeben, um zu schildern, was in mir zerbrach. Ich fühlte eine Welt einstürzen und unter ihren Trümmern all das begraben, was der Inhalt meines Lebens gewesen war, was meine Eltern mich von Kindesbeinen an zu verehren gelehrt hatten. Das Werk, an dem Jahrhunderte gebaut, wofür auch meine Vorfahren gestritten hatten, war nicht mehr. Das stolze Königsgeschlecht der Hohenzollern, für das mein Herzblut zu vergießen ich erzogen und bereit war, dem meine ganze Liebe gehörte, war in den Staub gesunken. Der Ehrenschild Preußens, der junge Ruhm des Deutschen Reiches war durch den Verrat des eigenen Volkes im Angesicht des Landesfeindes besudelt worden.«[308]

Da der Staat von Weimar den Großgrundbesitz in seiner bisherigen Form bestehenließ, erhielt er sich auch einen seiner unnachsichtigsten Widersacher. Nach Herkunft und Erziehung empfanden die Ostelbier die »Erfüllungspolitik« Weimars als Schmach. Mit dem in Oswald Spenglers 1920 erschienenem Werk *Preußentum und Sozialismus* formulierten Postulat, jedes Volk habe für eine große, von ihm geschaffene Idee zu kämpfen, identifizierten sie sich, weniger hingegen, falls überhaupt, mit der gleichzeitig durch Spengler erhobenen Forderung, daß es eine spezielle deutsche Aufgabe sei, im Zeichen des preußischen Sozialismus zu leben.[309] Die Republik lehnten die Ostelbier ab. Da sie gewöhnt waren, in hierarchischen Strukturen zu denken und zu handeln, verwirrte sie der Parlamentarismus ebenso wie die Vielfalt der politischen Kräfte. Als »Schwarz-Rot-Mostrich« wurden die Farben der Republik verächtlich gemacht; das Herz hing an der schwarzweißroten Flagge des Kaiserreichs. Im Gutsbereich des schlesischen Baunau gab es beispielweise nicht eine einzige schwarzrotgoldene Fahre. »Wer die Farben des Reiches gezeigt hätte, wäre ein Landesverräter gewesen.«[310]

Seit Jahrhunderten hatte der Adel dem Hause Hohenzollern in unerschütterlicher Treue gedient. Die Gnade des Herrschers hatte die Welt des Adels bestimmend geprägt. Damit verbunden gewesen war ein erheblicher politischer Einfluß. So verfügte die 1876 als gemeinsame Partei verschiedener konservativer Gruppen entstandene Deutschkonservative Partei, deren Gründung eine Zerfallsperiode des konservativen Einflusses in Preußen beendete, über die meisten Mandate im Preußischen Abgeordnetenhaus.[311] Sie verfolgte eine konservative Interessenpolitik, was neben der Sicherung der wirtschaftlichen und politischen Machtstellung der »Ostelbier«[312] die Garantie und Erhaltung der monarchischen Grundlagen des Reiches und der Bundesstaaten bedeutete sowie die Stärkung der Religion, die Sicherung des Mittelstandes, vor allem aber die entschiedene Bekämpfung der Sozialdemokratie. 1887 waren von 74 Reichstagsabgeordneten der Deutschkonservativen Partei 69 Preußen, von denen wiederum 53 dem Adel angehörten und 49 »Ostelbier« waren. Das Dreiklassenwahlrecht sicherte dieser Partei den maßgebenden Einfluß im Preußischen Abgeordnetenhaus und vor allem im Preußischen Herrenhaus.

Aufgrund dieser Stellung hatten die Deutschkonservativen nicht nur einen beherrschenden Einfluß auf die preußische Politik, sondern über den Bundesrat ebenfalls auf das Reich. Seit 1896 entwickelte sich die Deutschkonservative Partei aus einer Weltanschauungspartei zu einer Interessenorganisation der Agrarier. Während des Ersten Weltkriegs unterstützte sie die illusionären Pläne des Alldeutschen Verbandes, wonach Deutschland zur Hegemonialmacht Europas, Afrikas und des Nahen Ostens werden sollte, außerdem setzte sie sich für den uneingeschränkten U-Boot-Krieg ein und lehnte die Friedensresolution des Reichstags ebenso ab wie jedwede Art einer Reichsreform. Die von der Reichstagsmehrheit geforderte Abschaffung des Dreiklassenwahlrechts in Preußen wußten die Deutschkonservativen zu verhindern.[313]

Mit gutem Grund ist das Dreiklassenwahlrecht eine plutokratische Verfälschung der ständisch-aristokratischen Ordnung genannt worden, nach der das politische Recht an das Eigentum gebunden war, jedoch an ein konkretes Eigentum sowie an eine konkrete Aufgabe in der Gesellschaft. Demzufolge entschieden bis 1918 die Finanzbehörden aufgrund der Einkommensteuererklärung über die Stimmenzahl der Bürger in der preußischen Monarchie. Die erste Klasse bildeten die am höchsten Besteuerten eines Bezirks, die das erste Drittel der Gesamtsteuersumme aufbrachten, die zweite Klasse die zweithöchst besteuerten Bürger, die das zweite Drittel entrichteten, die dritte Klasse schließlich alle diejenigen, die Steuern zahlten oder nicht zahlten. Jede dieser Klassen wählte die gleiche Zahl von Abgeordneten unabhängig von der Zahl der in ihr zusammengefaßten Wähler. Das Dreiklassenwahlrecht war die wohl erbärmlichste Form, soziale Unterschiede zu manifestieren. Selbst Bismarck bezeichnete es als das elendeste Wahlrecht weltweit und fügte hinzu, daß er sich unter den Resultaten des allgemeinen Wahlrechts stets wohler gefühlt habe als unter den aus dem Dreiklassenwahlrecht hervorgegangenen Führungseliten.[314]

Da die Gelegenheit einer revolutionären Änderung der deutschen Landwirtschaftsverfassung 1918 nicht ergriffen worden war, sahen sich die Weimarer Regierungen alsbald veranlaßt, die Großgrundbesitzer und damit die entschiedenen Gegner der Republik mit erheblichen finanziellen Mitteln zu unterstützen. Dank ernteten sie dafür keineswegs; vielmehr waren die Großagrarier verbittert darüber, daß die öffentliche Hand im Osten Land erwarb, um es an Siedler zu geben. Als schließlich Reichskanzler Heinrich Brüning eine schnellere Liquidierung derjenigen landwirtschaftlichen Güter durchzusetzen versuchte, die allen staatlichen Zuschüssen zum Trotz nicht zu sanieren waren, wandten sich die gefährdeten Landadligen an den Reichspräsidenten von Hindenburg, der ihre Sorgen verstehen mußte, da sein Gut Neudeck zu denen gehörte, die derart verschuldet waren, daß sie nicht mehr gehalten werden konnten. Aber erst die Hofkamarilla unter dem extrem konservativen Elard von Oldenburg-Januschau konnte den Reichspräsidenten dazu bewegen, Brüning am 30. Mai 1932 aufgrund seiner Agrarpolitik fallenzulassen. »Von Ostelbien war der Hauch des Todes für das Reich ausgegangen, seit die ostelbische Grundherrschaft sich im ökonomischen Todeskampf befand. Deutschland war zu industrialisiert, um teuer für die Lebensmittel bezahlen zu können, und der Großgrundbesitz nicht industrialisiert und modernisiert genug, um kraft billiger Produktion genug zu verdienen. Eine ökonomisch mit dem Untergang ringende Klasse war wie alle Sterbenden zum politischen Abenteuer bereit. Der stolze Adel Ostelbiens warf sich dem österreichischen Proleten in die Arme.«[315]

So schwer die landwirtschaftliche Krise den Weimarer Staat auch erschütterte, schlimmer noch wirkte sich die Industrie- und Bankenkrise aus. Die internationalen Kapital- und Handelsverflechtungen sowie eine wirtschaftliche Stagnation in Deutschland, die Ende 1928 einsetzten, führten dazu, daß der seit 1928 sich rasant verschlechternde Konjunkturverlauf sich außerordentlich negativ auf das deutsche Wirtschaftsleben auswirkte. Hinzu kamen im Verlauf der Wirtschaftskrise weitere Faktoren wie die durch die Inflation hervorgerufenen Vermögensverluste, die Reparationsleistungen, die Auslandsverschuldung sowie der erhebliche Kapitalmangel. Ende 1930 belief sich die Auslandsverschuldung des Reiches auf rund 25 Milliarden Reichsmark, wovon es sich bei etwa 15 Milliarden um kurzfristige beziehungsweise weniger als ein Jahr laufende Kredite handelte. Sie waren gewährt worden, weil die Kreditgeber, vor allem Amerikaner, von einer Steigerung der deutschen Exporte ausgegangen waren.

Aber auch die Reparationsforderungen mußten aus den Exporterlösen bedient werden. Die versiegenden Exportströme infolge der weltweiten Rezession, verbunden mit dem Rückgang des kurzfristigen Auslandskapitals, das von den deutschen Banken aber langfristig angelegt worden war, dem teilweisen Rückzug ausländischer Gelder sowie der Kapitalflucht machten das Wirtschafts- und Finanzfiasko komplett. Die Auslastung der industriellen Kapazitäten ging bis 1931 um nicht weniger als die Hälfte zurück, während die Zahl der Erwerbslosen entsprechend anstieg: von 1,862 Millionen im Januar 1928 (Juli = 1,012 Millionen) auf 2,850 Millionen im Januar 1929 (Juli = 1,251 Millionen), 3,218 Millionen im Januar 1930 (Juli = 2,765 Millionen), 4,887 Millionen im Januar 1931 (Juli = 3,990 Millionen) auf 6,042 Millionen im Januar 1932 (Juli

Die 1791 gegründete ehrwürdige Breslauer Kunstakademie wurde im 20. Jahrhundert zu einer vielbeachteten Bildungsstätte zeitgenössischer Kunst, in manchem vergleichbar mit dem Dessauer Bauhaus. Dort hatte Oskar Schlemmer lange Jahre gewirkt, bis er im Oktober 1929 den Ruf an die Breslauer Kunstakademie annahm. Die zu internationalem Ansehen gelangte Breslauer Akademie wurde von der zweiten preußischen Notverordnung 1932 betroffen und mußte schließen. Der Kreis der Dozenten und Künstler verstreute sich. Das Foto zeigt Oskar Schlemmer kurz nach Aufnahme seiner Lehrtätigkeit in Breslau 1929.

= 5,392 Millionen). Ihren Höchststand erreichte die Zahl der Erwerbslosen in Deutschland im Februar 1932 mit 6,128 Millionen. In Schlesien wurden im Jahre 1932 im Jahresdurchschnitt 420 206 Erwerbslose gezählt, was einem Anteil von 7,5 Prozent der schlesischen Bevölkerung entsprach.[316]

Obwohl die Landwirtschafts-, Industrie- und Bankenkrisen eine weltweite Erscheinung waren, wurde die Schuld hierfür in weiten Teilen der Bevölkerung des Reiches dem »Diktat von Versailles«, den »Novemberverbrechern«, den »Erfüllungspolitikern« und nicht zuletzt den Juden zugeschoben. Auch ohne Weltwirtschaftskrise hätte Deutschland eine revisionistische Welle erlebt, denn immer lauter wurde die »Regelung und Wiedergutmachung der Weltkriegsschäden aufgrund der solidarischen Haftung aller für den Weltkrieg verantwortlichen Völker« gefordert, verlangte man Reparationszahlungen nicht nur von Deutschland, sondern forderte Wiedergutmachungen auch für Deutschland ebenso wie »›einen wirksamen Widerruf‹ des erpreßten Kriegsschuldbekenntnisses«, ferner dürfe die Forderung nach der Rheinlandräumung sowie die Revision der Ostgrenzen nicht in Abrede gestellt werden.[317]

Der wirtschaftlichen und politischen Entwicklung im Reich war die in Schlesien auf allen Gebieten und Ebenen adäquat. Die Lage der oberschlesischen Borsigwerke zum Beispiel gestaltete sich seit 1929 prekär. Um zu überleben, erstrebte man in schwierigen Verhandlungen eine Anlehnung an die Vereinigte Oberschlesische Hüttenwerke AG (»Oberhütten«). Aber erst als auch die Lage des Borsigschen Stammwerks in Berlin derart kritisch wurde, daß es sich gezwungen sah, seine Zahlungsverpflichtungen Mitte November 1931 einzustellen, waren die Leitungsgremien von Borsig bereit, mit »Oberhütten« zusammenzugehen. Immerhin wurden auf den oberschlesischen Anlagen von Borsig 11 000 Mitarbeiter beschäftigt, deren Arbeitsplätze es zu sichern galt. Doch nun waren die Banken nicht zu einer kurzfristigen Kreditierung der von »Oberhütten« zu erbringenden Kaufsumme für Borsig bereit, da deren Finanzlage eine baldige Rückzahlung des erforderlichen Bankdarlehens nicht zugelassen hätte. Als auch die Reichsregierung sich außerstande erklärte, finanzielle Hilfe zu leisten, gab es für Borsig keine Rettung mehr. Ende 1931 brach das Unternehmen zusammen.[318]

Ähnlich dramatisch war die Lage auch bei dem Breslauer Unternehmen Linke-Hofmann-Busch. Im Jahre 1931 konnte die Deutsche Reichsbahn-Gesellschaft nur noch rund fünfzig Prozent der Lieferungen des Vorjahrs in Auftrag geben, was naturgemäß eine starke Verminderung der Belegschaft zur Folge hatte. Wie stark der Rückgang in den Werken der deutschen Waggonbauvereinigung war, verdeutlichen die folgenden Zahlen: Während sie vor dem Einsetzen der Wirtschaftskrise 70 000 Menschen beschäftigt hatten, waren es zu Beginn des Jahres 1931 nur noch 26 000. Im Verlauf des Jahres 1931 sank die Zahl auf 5 000. Hatten vor der Krise die deutschen Waggonbaufirmen Produkte im Wert von 270 Millionen Reichsmark hergestellt, so wurde 1932 nur noch ein Umsatz von 33,5 Millionen Reichsmark erreicht.[319]

Wie im übrigen Reichsgebiet, so hatte auch in Schlesien die Weltwirtschaftskrise einen verheerenden Einfluß auf das Wählerverhalten. Vor allem der NSDAP liefen die Wähler massenhaft zu. Nachdem die Partei am 20. Mai 1928 lediglich bei einem Prozent der Wählerstimmen in Schlesien gelegen hatte, erreichte sie bei den Reichstagswahlen vom 14. September 1930 im Wahlkreis Breslau bereits 24,2, im Wahlkreis Oppeln 9,5 und im Wahlkreis Liegnitz 20,9 Prozent der abgegebenen Stimmen.[320] Daß die Gewinne der NSDAP zu einem erheblichen Teil auf Kosten der DNVP erfolgt waren,[321] ändert nichts an den fatalen Folgen: Die Wahlen vom 14. September 1930 wurden zu einem Wendepunkt in der Geschichte der Weimarer Republik; sie leiteten das Ende des demokratischen Parteienstaates ein.

Die Verschärfung der Auswirkungen der Weltwirtschaftskrise, verbunden mit den Zerfallserscheinungen der Republik, brachten der NSDAP bei den Reichstagswahlen vom 31. Juli 1932 einen erneuten triumphalen Erfolg im Reich, der in Schlesien, vom Wahlkreis Oppeln abgesehen, noch eindrucksvoller war als im Reich. Während nämlich die Nationalsozialisten insgesamt 37,2 Prozent der Stimmen auf sich vereinigen konnten, waren es in Wahlkreis Breslau 43,5 und im Wahlkreis Liegnitz 48 Prozent. Im Wahlkreis Oppeln hingegen wurden mit 29,2 Prozent erheblich weniger Stimmen für die NSDAP abgegeben.[322]

Wenn auch die Wahlen vom 6. November 1932 der NSDAP einen geringen Stimmeneinbruch brachten,[323] so änderte dies doch nichts an ihrem weiteren Vordringen, obwohl die Wirtschaftskrise ihren Höhepunkt inzwischen überschritten hatte und, wie die Novemberwahlen zeigten, eine gewisse Ernüchterung gegenüber der nationalsozialistischen Bewegung eingetreten war. Es waren vor allem die innenpolitischen Schwächen der Weimarer Republik, die den Nationalsozialisten die entscheidende Chance gaben, die Führung in Deutschland zu erringen. Der 30. Januar 1933, der Tag der »Machtergreifung«, wie es die Nationalsozialisten formulierten, war für sie der entscheidende Meilenstein, für alle Illusionslosen ein Menetekel.

Die überdurchschnittlichen Wahlerfolge der NSDAP in Schlesien beziehungsweise in den beiden Provinzen Nieder- und Oberschlesien sind nicht zuletzt mit der besonders schwierigen wirtschaftlichen Lage des von Zollgrenzen umgebenen Oderlandes begründet worden. Wie prekär sich das Wirtschaftsleben Schlesiens seit dem Ausbruch der Weltwirtschaftskrise darstellte, verdeutlicht die 1930 verfaßte Denkschrift der Landeshauptleute der sechs preußischen Ostprovinzen. Danach waren zumal die nördlichen Grenzkreise Niederschlesiens sowie das Waldenburg-Neuroder Revier betroffen.[324] Dennoch erreichten das Zentrum und die SPD sowohl bei den Reichstagswahlen vom 30. Juli 1930 wie vom 6. November 1932 beeindruckende Erfolge. Auf das Zentrum entfielen bei den Juliwahlen im Wahlkreis Breslau 14,7, im Wahlkreis Oppeln 34,7 und im Wahlkreis Liegnitz 7,2 Prozent der Stimmen. Für die SPD entschieden sich in den drei Wahlkreisen 2,4 sowie 8,7 und 26,3 Prozent der Wähler.[325] Gelegentlich der Novemberwahlen beliefen sich die Wähleranteile des Zentrums auf 15, auf 35,9 und 7,1 Prozent, die der SPD auf 23,1 sowie 9,1 und 26,4 Prozent. Daneben beeindrucken aber auch die Wähleranteile der KPD bei beiden Wahlen. Am 30. Juli 1930 betrugen sie 8,8 sowie 17 und 7,6 Prozent; 1932 waren es 10,5 sowie 16,9 und 9,9 Prozent.

Selbst bei den Wahlen vom 5. März 1933, die bereits durch erhebliche Pressionen seitens der Nationalsozialisten geprägt waren, konnten das Zentrum und die SPD noch respektable Wahlergebnisse erzielen, denn für sie entschieden sich 13,3 sowie 32,3 und 6,4 beziehungsweise 19,3 sowie 6,9 und 21,4 Prozent der Wähler. Sogar für die KPD, deren Aktivitäten bereits stark eingeschränkt waren, vor allem durch die Verordnung »zur Abwehr kommunistischer Gewaltakte« vom 28. Februar 1933, votierten am 5. März 1933 in Breslau noch 8,2, in Oppeln 9,2 und in Liegnitz 9,9 Prozent der Wähler.

Weit in den Schatten gestellt wurden die Wahlergebnisse des Zentrums, der SPD und der KPD durch die der NSDAP, denn für sie entschieden sich im Wahlkreis Breslau 50,2, im Wahlkreis Oppeln 43,2 und im Wahlkreis Liegnitz 54 Prozent der Wähler. Demgegenüber waren es im übrigen Reich »lediglich« 43,9 Prozent. Mancher der Wähler mag bei seinem Votum für die NSDAP der Auffassung von Vizekanzler Papen im Kabinett Hitler gewesen sein. Als nämlich Warner ihm erklärten, daß er sich nun im Schlepptau Hitlers befinde, entgegnete er: »Sie irren sich, wir haben ihn uns engagiert.«[326]

Jüdisches Leben und Wirken in Schlesien

Die Herrschaft des Nationalsozialismus sollte zum Ende der achthundertjährigen Geschichte des schlesischen Judentums werden. Seit der ersten Ansiedlung von Juden in Schlesien im 12. Jahrhundert hatten sich Perioden der Toleranz mit solchen der Verfolgung abgewechselt. Das Edikt vom 11. März 1812 schließlich, mit dem die preußischen Juden die bürgerlichen Rechte erhielten, hatte zu einem fruchtbaren Zusammenwirken von Juden und Nichtjuden im Verlauf des 19. und dem ersten Drittel des 20. Jahrhunderts geführt. Daß dies in Schlesien intensiver als in den übrigen Teilen des Reiches war, liegt vor allem in den Handelsbeziehungen begründet, die zwischen Schlesien und Osteuropa bestanden und durch jüdische Händler wesentlich mitgestaltet wurden. So erfuhr die jüdische Ansiedlung in Breslau durch die dortigen Messen und Märkte, die Händler nicht nur aus sämtlichen Teilen Schlesiens, sondern auch aus Polen, Galizien, Mähren, Litauen, der Walachei und der Ukraine anlockten, bereits seit dem 15. Jahrhundert erhebliche Impulse.[327]

Aber auch die räumliche Nähe zur Provinz Posen beziehungsweise die dort lebenden Juden übten Einflüsse auf Schlesien aus. Die Juden Posens nämlich »bildeten ihrer alten geistigen Traditionen wegen ein besonderes Element innerhalb der deutschen Judenheit«,[328] das sich auf den ebenso starken wie kontinuierlichen Einfluß der talmudischen Tradition in der Provinz Posen stützte, der zumindest bis 1850 währte. Eine große Rolle spielten Posens Juden in Breslau, der Stadt mit der größten jüdischen Gemeinde aller schlesischen Kommunen – 1871 lebten hier 13 916 und 1880, ein knappes Jahrzehnt später, 17 543 Juden –,[329] wofür Namen wie Abraham Berliner, Heinrich Graetz, Israel Lewy, Markus Brann, Leo Baeck, Israel Elbogen, Moritz Lazarus, Rudolf Mosse und Lesser Ury stehen.[330]

Ein weiterer Sektor, auf dem sich zahlreiche Juden erfolgreich engagierten, war die Wissenschaft, da ihnen ein ausgeprägtes Interesse an der Bildung und am Fortschritt der Kultur im weitesten Sinne dieses Wortes sowie an allem Wissenschaftlichen eigen war. Überwiegend hatten sie ein optimistisches Gesellschaftsbild, das Bildung mit Aufklärung gleichsetzte. In seiner »undogmatischen, praktischen und realitätsbezogenen Zielsetzung« unterstützte dies die Entwicklung in der zweiten Hälfte des 19. Jahrhunderts nachdrücklich, denn die der Aufklärung und dem Fortschritt inhärente Dialektik war noch nicht zu einem Problembereich geworden. Vielmehr konnte davon ausgegangen werden, daß die zunehmende Naturbeherrschung und der wachsende gesellschaftliche Wohlstand einander ergänzten, um segensreich für alle gesellschaftlichen Schichten und Gruppen zu wirken und gleichzeitig der weiteren Emanzipation der Menschheit Impulse zu geben.[331]

Zumal die Juden, die sich noch der diskriminierenden Isolation des Ghettos erinnerten, waren von der Aufklärung und der Emanzipation begeistert. Bildung bedeutete für sie Voraussetzung und innovative Kraft für die physische und psychische Befreiung der Menschen. Die dieser Haltung entspringenden wissenschaftlichen Leistungen und ihren Wert hat Friedrich Nietzsche folgendermaßen artikuliert: »Der Himmel erbarme sich des europäischen Verstandes, wenn man den jüdischen Verstand davon abziehen wollte.« Dessen grundsätzliche Leistung dokumentierte sich für Nietzsche in der Durchsetzung des methodischen Denkens: »Europa ist gerade in Hinsicht auf Logisierung, auf reichlichere Kopfgewohnheiten den Juden nicht wenig Dank schuldig; voran die Deutschen als eine beklagenswert déraisonable Rasse. Überall, wo Juden zu Einfluß gekommen sind, haben sie feiner zu scheiden, schärfer zu folgern, heller und sauberer zu schreiben gelehrt. Ihre Aufgabe war es immer, ein Volk zur Raison zu bringen.«[332]

Die jüdischen Gemeinden Schlesiens haben einige Nobelpreisträger hervorgebracht aus einer Minderheit von lediglich 52 682 Personen im Jahre 1880, die sich bis 1910 auf 44 985 und bis 1925 auf 40 022 Personen verringerte.[333] Geehrt wurden mit der weltweit angesehensten wissenschaftlichen Auszeichnung Paul Ehrlich, der am 14. März 1854 in Strehlen geboren wurde, Fritz Haber (* 9. 12. 1868 in Breslau), Max Born (* 12. 12. 1882 in Breslau), Otto Stern (* 17. 2. 1888 in Sohrau), Maria Goeppert-Mayer (* 28. 6. 1906 in Kattowitz) und Konrad Bloch (* 21. 1. 1912 in Neisse).[334]

Beeindruckend ist ebenfalls die Zahl der aus Schlesien stammenden jüdischen Künstler und Schriftsteller, von denen genannt seien der Maler und Graphiker Johnny Friedländer aus Pleß, der Schriftsteller und Publizist Max Tau aus Beuthen, der Komponist Arnold Ludwig Mendelssohn aus Ratibor, der Kunsthistoriker Franz Landsberger aus Kattowitz, die Schriftsteller Arnold Zweig aus Glogau, Emil Ludwig und Bernhard Guttmann aus Breslau sowie der Politiker Otto Landsberg aus Rybnik.[335]

Das schlesische Judentum offenbart die ungeheure Aufbruchstimmung, die durch die Emanzipation ausgelöst wurde, sodann das Ausmaß der freigesetzten Energien und Begabungen, durch die der deutsche Wirtschafts-, Wissenschafts- und Kulturbereich ebenso wie das politische Leben eine Bereicherung von bemerkenswertem Umfang und außerordentlicher Intensität erfuhren. Dies veranlaßte den 1897 in Beuthen geborenen Adolf Kober, Absolvent des Jüdisch-Theologischen Seminars zu Breslau, der bis zu seiner Emigration in die Vereinigten Staaten 1939 als Rabbiner in Köln und Wiesbaden wirkte, im Jahre 1931 zu der Feststellung: »Aber das Eine ist klar: die Emanzipation der Juden hat ihre Kräfte entfesselt zum Segen des Vaterlandes und der Menschheit.«[336]

Neben Breslau war Oberschlesien ein Schwerpunkt jüdischen Lebens und Strebens insbesondere im wirtschaftlichen Bereich. Zu den bedeutendsten Industriemagnaten des oberschlesischen Reviers, darüber hinaus Deutschlands und Europas, gehört Fritz Friedländer, der gleichrangig neben Guido Henckel von Donnersmarck, Hans Heinrich XV. von Pleß oder Hugo von Hohenlohe-Oehringen stand. Das Kernstück seines Konzerns, die Oberschlesischen Kokswerke und Chemischen Fabriken, wurde durch ihn nach allen Seiten ausgedehnt, so nach Hamburg, wo er die Norddeutschen Kohle- und Kraftwerke aufbaute. Im Jahre 1888 begann er damit, sich in Rußland unternehmerisch zu betätigen. 1900 gründete er die Braunkohlen- und Brikett-Industrie AG, die sich zu einem der bedeutendsten Braunkohlenunternehmen Deutschlands entwickelte. Auch in Österreich-Ungarn erwarb Friedländer Kohlengruben und Eisenwerke.[337]

Paul Ehrlich (links) aus Strehlen erhielt 1908 den Nobelpreis für Medizin. Er wurde zum Begründer der modernen Chemotherapie. Fritz Haber (rechts) aus Breslau erhielt 1918 den Nobelpreis für Chemie, womit seine Entdeckung der Ammoniaksynthese geehrt wurde. Beide Gelehrte kamen aus dem schlesischen Judentum.

Die Leistung Fritz Friedländers als Konzerngründer und Konzernlenker fand im kaiserlichen Deutschland die entsprechende Anerkennung. Wilhelm II. verlieh ihm den Titel eines Geheimen Kommerzienrats und das erbliche Adelsprädikat, außerdem erfolgte seine Berufung in das Preußische Herrenhaus. »Er war der typische Vertreter jener glänzenden Wirtschaftsperiode, die nach dem Niedergang der achtziger Jahre einsetzte und mit dem Abschluß des Weltkrieges endete, einer von den Führern, die bei straffer Verfolgung ihres eigenen Vorteils, gewollt oder ungewollt, das Allgemeininteresse förderten und der deutschen Großindustrie eine Weltmachtstellung gaben ...«[338] Doch damit nicht genug: Friedländer stand auch gesellschaftsmäßig in einer Reihe mit den schlesischen Magnaten, die sämtlich Sitz und Stimme im Herrenhaus besaßen und zusammen mit einigen nord-, west- und süddeutschen hocharistokratischen Großgrundbesitzern jene verhältnismäßig kleine Gruppe bildeten, die sich durch ihren Wohlstand und ihr Mäzenatentum auszeichnete.[339]

Neben den Friedländers ist die Breslauer Unternehmerfamilie Caro den entscheidenden Förderern der oberschlesischen Wirtschaft zuzurechnen. Während Friedländer vor allem die Kohlechemie des Reviers entwickelte, wurde durch die Caros insbesondere die dortige Eisenindustrie gefördert. In Breslau gründete der Sozius des Hauses Caro, Leo Lustig, 1887 den »Schlesischen Handelsverein«. In ihm waren fast alle bedeutenden Großhandelsunternehmen Ost- und Mitteldeutschlands vereinigt, die vorwiegend oberschlesische Walzwerkerzeugnisse vertrieben.[340] Wie sehr dem gebürtigen Breslauer Leo Lustig der Handel mit Osteuropa, der jahrhundertelang durch die schlesische Metropole vermittelt wurde, am Herzen lag, geht nicht zuletzt daraus hervor, daß das an der Universität Breslau errichtete Osteuropa-Institut zur Förderung der Handelsbeziehungen mit den östlichen Ländern entscheidend den Bemühungen Lustigs zu verdanken war.[341]

Den außerordentlich erfolgreichen jüdischen Unternehmern Oberschlesiens sind auch die Huldschinskys zuzurechnen. 1866 gründete Salomon Huldschinsky zusammen mit Albert Hahn das Röhrenwerk S. Huldschinsky & Co. in Gleiwitz.[342] Die Umwandlung des Unternehmens in eine Aktiengesellschaft 1894 war verbunden mit einem weiteren Ausbau. Um 1904 umfaßte die Huldschinskysche Hüttenwerke AG das wohl vielfältigste Produktionsprogramm sämtlicher Unternehmen Oberschlesiens. Am 25. Januar 1905 wurde aufgrund eines Beschlusses der Generalversammlungen der Huldschinsky AG und der Oberschlesischen Eisenbahnbedarfs-AG (»Oberbedarf«) die Vereinigung der beiden Gesellschaften vollzogen. Der Zusammenschluß der beiden Unternehmen erschien sinnvoll, weil von dem neuen Konzern eine erhebliche Steigerung der Wirtschaftskraft erwartet wurde. Zu diesem Konzern gehörte übrigens auch die 1870 durch Rudolf Pringsheim gegründete Ferrum Aktiengesellschaft.[343]

Bis zum Ausbruch des Ersten Weltkriegs erlebten die Huldschinsky-Werke als Bestandteil von »Oberbedarf« eine Erweiterung von erheblichem Umfang. Im Frühjahr 1918 belief sich die Belegschaft der im Verband von »Oberbedarf« auf den Huldschinskyschen Produktionsbetrieben Beschäftigten auf mehr als 9 000.[344] Da infolge der Teilung Oberschlesiens 1921 Teile von »Oberbedarf« und »Obereisen« an Polen fielen, erschien im Interesse der weiteren Entwicklung der beiden Gesellschaften der Zusammenschluß notwendig. Nach mehrmonatigen Verhandlungen trat die neue Gesellschaft am 26. Juni 1926 unter der Firmenbezeichnung »Vereinigte Oberschlesische Hüttenwerke AG (»Oberhütten«) mit Sitz in Breslau ins Leben.[345]

An der Vereinigung der beiden Gesellschaften zu »Oberhütten« war maßgebend Generalkonsul Eugen Landau, eine der vielseitigsten Unternehmerpersönlichkeiten Schlesiens, beteiligt. 1852 zu Breslau in die dortige Bankiersfamilie Landau geboren, absolvierte er Lehrjahre zunächst im väterlichen Bankhaus, dann im Bankinstitut C. Müller & Co., einer Berliner Filiale der Mitteldeutschen Creditbank, sowie beim Bankhaus L. Behrens & Söhne in Hamburg. Nach Studienjahren an den Universitäten Berlin und Bern trat er als Prokurist in die väterliche Firma ein, deren Teilhaber er später wurde. Die ersten Kontakte zur Wirtschaft hatte Landau bereits 1873 geknüpft, denn in jenem Jahr war der damals Einundzwanzigjährige zum Direktor der Rechte-Oder-Ufer-Bahn bestellt worden, mithin desjenigen Unternehmens, das am 1. Dezember 1856 die Konzession zum Bau eines Schienenweges von Oppeln über Vossowska nach Tarnowitz erhalten hatte.[346] Diese Aufgabe und Verantwortung waren für Eugen Landau sicher reizvoll, denn er hatte dafür Sorge zu tragen, daß das wachsende Verkehrsaufkommen bewältigt wurde, was vor allem organisatorische Fähigkeiten erforderte. Eugen Landau ist zutreffend »einer der hervorragendsten Führer der deutschen Industrie«[347] genannt worden. Bei Ausbruch des Ersten Weltkriegs bot der damals zweiundsechzigjährige Landau, der bei den 6. Kürassieren in Deutz gedient und das Rittmeisterpatent erhalten hatte, obwohl er einen Glaubenswechsel nicht vollzog, seine Dienste dem Heer an. Er wurde dem Berliner Oberkommando im Rang eines Majors zugeteilt.[348]

Weiterhin ist als bedeutender jüdischer Unternehmer Caesar Wollheim zu nennen, der mit oberschlesischer Kohle handelte. Die Entwicklung seines Kohlenhandels steht im engen Zusammenhang mit der des Kohlengroßhändlers Emanuel Friedländer, der die erste schlesische Kohlengroßhandlung, die Firma Emanuel Friedländer & Co., in Beuthen gründete, denn Wollheim begann seine Tätigkeit als Repräsentant Friedländers in Berlin. Nachdem er die dortigen Marktverhältnisse kennengelernt hatte, gründete er eine eigene Firma. Unter der Betreuung durch Eduard Arnhold entwickelte sie sich zu einer Maßstäbe setzenden Großhandlung. Als Wollheim 1885 starb, wurde Arnhold Inhaber und Leiter des Handelsunternehmens Wollheim.[349] Die Firmen Emanuel Friedländer und Caesar Wollheim waren unbestritten die Beherrscher des schlesischen Steinkohlenhandels. In Gleiwitz verfügten sie über eigene Umschlagstellen für Oberschlesien und die sich daran anschließenden Räume. Ihr Fuhrpark umfaßte 1929 neun Schleppdampfer, 98 Kähne, drei Motorkähne und einen Bergungsdampfer. Die Dampfschiffs-Reederei Emanuel Friedländer & Co. betrieb »Güterverkehr in Massen- und Stückgut-Transporten durch einen großen eigenen Schiffspark von Dampfern und Kähnen von und nach allen Stationen der Oder, märkischen Wasserstraßen und Elbe«. Ferner unterhielt sie einen »regelmäßigen Eil-Motorschiffs-Dienst Breslau-Berlin-Hamburg und in umgekehrter Richtung«. Zu Zarkau bei Glogau besaß sie eine eigene

Schiffswerft. Geschäftsstellen hatte das Handelsunternehmen in Hamburg, Stettin, Berlin, Cosel-Oderhafen sowie in Fürstenberg an der Elbe.[350]

Auch Caesar Wollheim war weitgehend in die preußische Oberschicht integriert. Ihre Vertreter waren Rittergutsbesitzer, Reserveoffizier in einem der feudalen Regimenter, Mitglied eines exklusiven Korps oder Klubs sowie Träger von mancherlei Titeln und Orden, von den höchsten »Weihen«, dem Adelsprädikat und der Mitgliedschaft im Herrenhaus, einmal abgesehen. Vor dem Ersten Weltkrieg entfalteten die jüdischen Unternehmer ein beeindruckendes gesellschaftliches Leben in einem anspruchsvollen Umfeld. So stiftete Fritz Friedländer das Fideikommiß Groß-Gorschütz im Kreis Ratibor. In der Reichshauptstadt besaß er ein Palais am Pariser Platz, das der Baumeister Ernst von Ihne erbaut hatte.[351] Es hatte einen eindrucksvollen Patio in Marmor, außerdem Säulengänge und Rundbögen, an deren Gestaltung Alfred Breslauer, ein Schüler Messels, mitgewirkt hatte. Vom Grafen Wilhelm von Reden pachtete Friedländer das im Norden Berlins gelegene Rittergut Lanke. Nach seiner Nobilitierung im Jahre 1906 nannte er sich Friedländer-Fuld, womit er seinem eigenen Namen den seiner Frau Milly, die aus dem Amsterdamer Bankhaus Becker & Fuld stammte, hinzufügte.[352]

Neben dem produzierenden Gewerbe und dem Handel gehörte das Bankwesen zu den Betätigungsfeldern, auf denen schlesische Juden besonders intensiv und erfolgreich wirkten. Dazu boten sich seit dem Beginn des Industrialisierungsprozesses in der Provinz Schlesien besonders gute Chancen, denn der Kapitalbedarf der Unternehmen war außerordentlich groß, ebenfalls die Investitionen für die Um- und Neugestaltung der Infrastruktur beziehungsweise für den Ausbau der Wasserstraßen sowie für das Landstraßen- und Schienennetz.[353]

Kennzeichnend für die schlesischen Privatbanken war zunächst, daß sie ihre Aktivitäten insbesondere auf das Warenkommissions- und Speditionsgeschäft, weniger hingegen auf das Bankgeschäft konzentrierten. Angesichts der Bedeutung, die dem Leinwand- und Wollmarkt zukam, spielte der Handel mit diesen Produkten eine erhebliche Rolle. Dabei stand Breslau als der wichtigste Umschlagplatz für Leinen und Wolle eindeutig im Vordergrund. Folglich begann das 1819 in der schlesischen Metropole durch Ernst Heimann gegründete jüdische Bankhaus Heimann seine Aktivitäten mit Geld-, Wechsel-, Textil- und Zinkgeschäften.[354] Ein erheblicher Teil seiner Tätigkeiten ergab sich aus dem Effektenkommissionsgeschäft. Seit den vierziger Jahren kamen die Geschäfte im Eisenbahnbau hinzu, an dem Heimann durch die Finanzierung von Eisenbahngesellschaften maßgeblich beteiligt war.

Die Leitung des Ressorts Eisenbahnbau hatte Ernst Heimanns Sohn Heinrich übernommen, was in erster Linie Finanzierung der Oberschlesischen Eisenbahn und Engagement bei der Niederschlesisch-Märkischen Eisenbahn und ähnlichen Unternehmen bedeutete. Heinrich Heimann führte österreichische Bankaktien an der Breslauer Börse ein, rief den Breslauer Börsen- und Aktienverein ins Leben und war an der Gründung bedeutender Industrieunternehmen beteiligt, darunter der Vereinigten Königs- und Laurahütte AG sowie der Hohenlohe AG im oberschlesischen Industrierevier. Im Jahre 1910 gliederte das Bankhaus Heimann sich das ebenfalls in Breslau ansässige

Der Maler Otto Dix war 1933 ein Opfer des nationalsozialistischen Bildersturms geworden, da seine Kunst als »entartet« eingestuft wurde. In der Zeit seiner inneren Emigration besuchte er auch Schlesien und schuf hier eine Folge von altmeisterlichen religiösen Werken. Sein Bild »Jakob ringt mit dem Engel« von 1942 verlegt die biblische Begebenheit auf den Kamm des Riesengebirges. Das Gemälde hängt heute im Hessischen Landesmuseum in Darmstadt.

Geldinstitut Dobersch & Bielschowsky an, 1920 erfolgte die Gründung einer Niederlassung in Danzig.[355] Mit dem Bankhaus Heimann trat zum erstenmal ein annähernd gleichrangiges Unternehmen neben Eichborn & Co., das bis dahin unangefochten führende Geldhaus Schlesiens.[356]

Neben dem herausragenden Bankhaus Heimann arbeitete in Schlesien eine beträchtliche Zahl jüdischer Geldinstitute, die von zum Teil bemerkenswerter lokaler und regionaler Bedeutung waren. Zu ihnen zählten neben Dobersch & Bielschowsky die Geldhäuser Hepner & Co. in Beuthen,[357] Louis Pollack (später S. Steinfeld) in Liegnitz,[358] in Breslau Moritz Sachs beziehungsweise die Breslauer Wechselbank, der Schlesische Bankverein[359] sowie Max Perls & Co.[360]

Die Zeit des Nationalsozialismus

DIE JAHRE BIS ZUM AUSBRUCH DES ZWEITEN WELTKRIEGES

Als das »Kabinett des nationalen Zusammenschlusses« am 30. Januar 1933 vereidigt wurde, hatte Hitler sein mit Zähigkeit und Beharrlichkeit verfolgtes Ziel erreicht. Nach vierzehn Jahren des Kampfes um die Macht in Deutschland war er zum Reichskanzler ernannt worden. Daß er entschlossen war, die endlich eroberte Reichskanzlei nicht mehr zu verlassen, machte er noch am Tage seiner Ernennung deutlich. »Lebend bringt mich hier niemand mehr heraus«, soll er am 30. Januar geäußert haben.[361]

Zu einem der maßgeblichen Vollstrecker der »nationalsozialistischen Revolution« wurde Hitlers Innenminister Wilhelm Frick, einer der ältesten Gefolgsleute des »Führers«. Im Verlauf der ersten Monate der NS-Herrschaft erlangte er eine »Schlüsselposition« in dem Sinn, daß er die »grundlegenden gesetzgeberischen Voraussetzungen« für die Machtsicherung der Nationalsozialisten schuf.[362] Dementsprechend wurden in Schlesien wie im übrigen Reichsgebiet zunächst die demokratisch gewählten Verwaltungsbeamten durch Parteigänger der NSDAP ersetzt, womit ein Schlußstrich unter den Parteienstaat gezogen und gleichzeitig die nationalsozialistische Massenbewegung zur einzigen politischen Kraft in Deutschland gemacht werden sollte. In Schlesien traf es als ersten den Oberpräsidenten von Niederschlesien, Graf Degenfeld-Schonburg, der Ende März 1933 aus dem Amt entfernt und in den Ruhestand versetzt wurde. Am 19. Mai 1933 widerfuhr das gleiche Schicksal dem Oberpräsidenten der Provinz Oberschlesien, Hans Lukaschek.[363] Beider Nachfolger wurde am 14. Juni 1933 der aus Peilau (Kreis Reichenbach) stammende Helmuth Brückner, der im Frühjahr 1925 in Schlesien die NSDAP gegründet und seitdem als ehrenamtlicher Leiter des Gaus Schlesien gewirkt hatte. Brückner, am 2. August 1933 definitiv zum Oberpräsidenten ernannt, wurde bereits am 26. Dezember 1934 nicht nur seiner sämtlichen Ämter enthoben, sondern auch aus der NSDAP ausgeschlossen, da er im Zusammenhang mit dem Röhmputsch vom 30. Juni 1934 bei Hitler in Ungnade gefallen war. Sein Nachfolger wurde Josef Wagner, der aus Algringen in Lothringen stammte und zuvor Gauleiter des Gaus Westfalen Süd gewesen war.[364]

Die Revirements, die sich keineswegs auf die Spitzenämter in der Verwaltung beschränkten, sondern den gesamten Verwaltungsapparat umfaßten, waren durch den Staatsstreich vom 20. Juli 1932, den sogenannten »Preußenschlag«, eingeleitet worden. Durch Reichskanzler Papen war damals die von Ministerpräsident Otto Braun geführte preußische Regierung abgesetzt worden; und aufgrund einer vom Reichspräsidenten unterzeichneten Notverordnung war Papen zum Reichskommissar für Preußen und der Essener Oberbürgermeister Franz Bracht zum preußischen Innenminister bestellt worden. Mit dem »Preußenschlag« wurde die Absicht verfolgt, die letzte demokratische Regierung zu beseitigen. Verbunden waren damit Umbesetzungen in den Ämtern der Ober-, Regierungs- und Polizeipräsidenten der einzelnen Provinzen bis hinunter zu den

Landräten.[365] Die wenigen demokratisch gesinnten politischen Beamten, vorwiegend Sozialdemokraten und Zentrumsmitglieder, die diesen Coup und auch den 30. Januar 1933 überstanden, wurden nach den Wahlen vom 5. März 1933 aus ihren Ämtern entfernt und durch Nationalsozialisten ersetzt. Von oben gesteuert und von unten mit Druck und Terror vollzogen, kam es dabei nicht selten zu persönlichen Abrechnungen. Rücksichtnahmen gab es seit dem 7. März 1933 nicht mehr; vielmehr ging man herrisch und diktatorisch zugleich vor.[366]

Die letztliche Blankovollmacht erlangte die Exekutive und damit Hitler durch das Ermächtigungsgesetz beziehungsweise das »Gesetz zur Behebung der Not von Volk und Reich«, das mit den Stimmen der NSDAP, der DNVP, des Zentrums, der Deutschen Staatspartei und der Bayerischen Volkspartei am 23. März 1933 durch den Reichstag verabschiedet wurde. Nunmehr nämlich konnte die Reichsregierung ohne Zustimmung des Reichstags und des Reichsrates sowie ohne Gegenzeichnung durch den Reichspräsidenten Gesetze einschließlich des Haushaltsgesetzes erlassen. Das Ermächtigungsgesetz verstieß gegen die Prinzipien des demokratischen Weimarer Staates, da es die Verfassungsmäßigkeit der Gesetze, die Verantwortlichkeit der Regierung vor der Volksvertretung sowie die Gewaltenteilung außer Kraft setzte. Durch die Annahme des Ermächtigungsgesetzes begab sich der Reichstag seiner Souveränität.[367] Die logische Konsequenz der Selbstausschaltung des Parlaments war die Auflösung der Parteien, die NSDAP ausgenommen. Kurz nach der Reichstagswahl vom 5. März 1933 wurde die KPD und am 22. Juni 1933 die SPD verboten, während sich die bürgerlichen Parteien im Juni/Juli 1933 selbst auflösten, teils weil die bei den Rechtsparteien verbreiteten antirepublikanischen Ressentiments durch die Nationalsozialisten absorbiert wurden, teils weil für die verbleibenden bürgerlichen Demokraten die Möglichkeit einer weiteren Parteiarbeit nicht mehr bestand.[368]

Nicht anders als den Parteien erging es den Gewerkschaften. Ende 1932 zählte der Allgemeine Deutsche Gewerkschaftsbund noch 4,1 Millionen Mitglieder, nachdem es 1922 noch 7,8 Millionen gewesen waren, während die Christlichen Gewerkschaften 1,3 Millionen und die Hirsch-Dunckerschen Gewerkvereine 100 000 Mitglieder umfaßten. Obwohl die traditionellen Gewerkschaften damit immer noch über eine beträchtliche Mitgliederzahl verfügten und sich auch nach der Machtübernahme durch die Nationalsozialisten auf eine intakte Organisation stützen konnten, gelang es Hitler, sie auszuschalten: Am 1. Mai 1933 traten die sozialistischen Gewerkschaften anläßlich des »Tags der nationalen Arbeit« zusammen mit den Nationalsozialisten auf, von Hakenkreuzfahnen umgeben. Nur einen Tag später, am 2. Mai, wurden die Gewerkschaftshäuser besetzt, die Gewerkschaftsfunktionäre in Schutzhaft genommen und alle weiteren Aktivitäten der Gewerkschaften untersagt.[369] Die Freien Gewerkschaften lösten die Nationalsozialisten auf, die übrigen wurden in die Deutsche Arbeitsfront eingegliedert, die am 10. Mai 1933 in Berlin anläßlich des Kongresses der Arbeit unter der Schirmherrschaft Hitlers als »Organisation aller schaffenden Deutschen der Stirn und der Faust« ins Leben gerufen worden war.[370] Hitler selbst hielt auf dem Kongreß in Anwesenheit der Reichsregierung, der Ministerpräsidenten der Länder, der Reichsstatthalter, der

Gauleiter sowie von Vertretern der Reichswehr, des diplomatischen Korps, der SA und der SS eine Rede, die er mit folgender Feststellung schloß: »Ich werde keinen größeren Stolz in meinem Leben besitzen als den, am Ende meiner Tage sagen zu können: Ich habe dem deutschen Reich den deutschen Arbeiter erkämpft.«[371] Noch während der Kundgebung wurde auf Befehl Görings das Vermögen der SPD im gesamten Reich durch Angehörige der SA und der SS beschlagnahmt.

Sosehr viele Vorgänge und Entwicklungen auf ein diktatorisches System hinausliefen, so kam es gleichzeitig zu einer die Deutschen ebenso wie das Ausland beeindruckenden wirtschaftlichen Erholung. Als die Nationalsozialisten die Macht übernahmen, waren in Deutschland rund 6 Millionen Erwerbslose amtlich registriert. Noch im Jahre 1933 gelang es, die Arbeitslosenzahlen erheblich zu senken, denn im Oktober 1933 waren nur noch 3,7 Millionen Menschen ohne Beschäftigung, und im Oktober 1934 wurden lediglich noch 2,3 Millionen Erwerbslose gezählt. In den folgenden vier Jahren gelang es den Nationalsozialisten, die Arbeitslosigkeit fast gänzlich zu beseitigen; 1938 waren nur noch 200 000 Menschen beschäftigungslos,[372] so daß man von Vollbeschäftigung sprechen konnte. Dies war vor allem durch die umfangreiche Vergabe öffentlicher Arbeiten erreicht worden.

Die von 1933 bis 1938/39 in Schlesien auf dem Wirtschaftssektor zu registrierenden Initiativen sind zu einem erheblichen Teil als Fortsetzung der schon von der Weimarer Republik eingeleiteten Maßnahmen zu sehen, wenngleich die Art ihrer Gestaltung unübersehbar nationalsozialistische Züge trägt.[373]

Der wirtschaftliche Aufschwung war allerdings nicht ausschließlich auf die beschäftigungspolitischen Maßnahmen zurückzuführen, sondern ebenfalls der weltweiten wirtschaftlichen Erholung zu verdanken, die auf die Weltwirtschaftskrise folgte. Schließlich waren während der Jahre der Weimarer Republik, vor allem in Westoberschlesien, erhebliche Anstrengungen unternommen worden, die aus der Abtrennung Ostoberschlesiens resultierenden wirtschaftlichen Nachteile zu überwinden; sie sollten sich nach 1933 in beträchtlichem Umfang auswirken. Aber die im Verlauf der Aufschwungphase der Weimarer Republik von 1924 bis 1929 erzielten Ergebnisse wurden zwischen 1933 und 1938 häufig nicht erreicht. So erhöhte sich die Steinkohlenförderung Westoberschlesiens von 1924 bis 1928 um mehr als hundert Prozent beziehungsweise von 10 900 000 auf 22 000 000 Tonnen. Nachdem sie während der Weltwirtschaftskrise auf 15 300 000 Tonnen abgesunken war, wurde zwischen 1933 und 1938 eine Steigerung auf 25 983 000 Tonnen erreicht, ausgehend von 15 000 000 Tonnen im Jahre 1933.[374] Im niederschlesischen Steinkohlenbergbau betrug die Steinkohlenförderung 1924 immerhin 4 246 000 Tonnen; 1930 waren es 5 744 000 Tonnen und 1938 nur noch 5 307 000 Tonnen.[375] Das bedeutet, daß unter der nationalsozialistischen Herrschaft eine Rückbildung der Steinkohlenproduktion erfolgte.

Ähnlich wie im westoberschlesischen und niederschlesischen Steinkohlenbergbau verlief die Entwicklung im Zink- und Bleierzbergbau Westoberschlesiens. Obwohl er im Rahmen der gesamtdeutschen Wirtschaft erhebliche Bedeutung besaß, da außer einigen Bergwerken im Harz Oberschlesien der bedeutendste Produzent für Zink und Blei in Deutschland war, gestaltete sich seine Entwicklung nach 1933 trotz Autarkiebestrebungen und Devisenmangel eher bescheiden.

Zwar sahen demgegenüber die Steigerungsraten bei Roheisen, Rohstahl und Fertigprodukten der Metallindustrie Westoberschlesiens besser aus, doch sind auch sie keineswegs als außergewöhnlich zu bezeichnen. Während die Roheisenerzeugung von 1923 bis 1928 eine Steigerung von 168 182 Tonnen auf 247 755 Tonnen erfuhr, sank sie bis 1930 auf 86 524 Tonnen ab, um mit nur noch 53 244 Tonnen 1933 den absoluten Tiefpunkt zu erreichen. Bis 1938 wurde ein Ansteigen auf 496 000 Tonnen erreicht. Ähnlich verlief die Entwicklung bei der Rohstahlproduktion.

Wenn die Nationalsozialisten seit 1933 ständig auf die außergewöhnlichen Produktionssteigerungen hinwiesen, dann ging ihre Propaganda von dem teilweise außergewöhnlich niedrigen Produktionsniveau der Jahre 1930 bis 1932 aus und verschwieg, daß während der Weimarer Aufschwungphase von 1924 bis 1929 auf zahlreichen Produktionsgebieten weit höhere Ergebnisse erzielt worden waren. Demgegenüber wurden, von den Steigerungsraten seit 1933 abgesehen, die für Arbeitsbeschaffungsmaßnahmen und Investitionen durch die Reichsregierung zur Verfügung gestellten Mittel um so stärker hervorgehoben. Für die Jahre 1933 und 1934 waren dies 3 Milliarden Mark. Bis zum Frühjahr 1937 wurden insgesamt 5,3 Milliarden Mark bereitgestellt, von denen 3,8 Milliarden Mark von Frühjahr 1933 bis Anfang 1935 ausgegeben wurden.[376]

Schlesien zog nicht zuletzt aus den für die Verbesserung des Verkehrswesens zur Verfügung gestellten Mitteln Nutzen. Für seinen Güterfernverkehr erwies sich der Autobahnbau von Berlin nach Breslau als nützlich, der einmal bis Gleiwitz geplant war. Gleichwohl blieb die Oder die Verkehrsader Schlesiens, sieht man von der Eisenbahn einmal ab, denn der Abtransport der Steinkohle Westoberschlesiens und Niederschlesiens sowie der erheblichen landwirtschaftlichen Produktion, ebenfalls der Antransport von Erzen zu den westoberschlesischen Verarbeitungsbetrieben erfolgte auf diesem Wege.[377]

»Durch Regulierungs- und Begradigungsarbeiten des Oder-Oberlaufs bis Breslau, Verbreiterung der Fahrrinne, Bau moderner Hafen- und Ladeanlagen sowie den Anschluß an das oberschlesische Industrierevier wurden die Voraussetzungen dafür geschaffen, die Oder zu einem für das schlesische Wirtschaftsleben geeigneten Wasserweg zu gestalten.« Im Rahmen dieser Maßnahmen ist auch der Ausbau des alten Klodnitz-Kanals für Tausend-Tonnen-Frachtkähne zwischen 1933 und 1939 zu sehen. Er diente der Verbindung des Reviers bei Gleiwitz mit der Oder, in die er nördlich von Cosel mündete.[378]

Mit Hitlers Machtübernahme am 30. Januar 1933 begann in Deutschland auch die systematische Verfolgung von politisch, weltanschaulich und rassisch dem Regime nicht genehmen Personen. Der sofort einsetzende Terror von SA und SS gegen Juden und andere »Mißliebige« führte dazu, daß zwischen 1933 und 1938 allein rund 300 000 nichtjüdische Menschen aus Deutschland emigrierten.[379] Es waren vor allem Kommunisten und Sozialdemokraten, aber auch parteipolitisch nicht gebundene Künstler, Gelehrte und Journalisten, die schon vor 1933 Gegner der Nationalsozialisten gewesen waren.

Hitler besuchte Breslau nur wenige Male, doch waren alle seine Auftritte sorgfältig inszeniert. Aus Anlaß der Einweihung des tausendsten Kilometers der Reichsautobahn hielt er am 27. September 1936 triumphalen Einzug in die Stadt. Er benutzte die Albrechtsstraße, über die einst auch die böhmischen Könige die Stadt betraten, wenn sie zur Huldigung nach Breslau kamen.

Der gelernte Schriftsetzer Paul Löbe aus Liegnitz war von Jugend auf überzeugter Sozialdemokrat und teilte mit seiner Partei den langen Weg von der Sozialistenverfolgung bis zur Gründung der Bundesrepublik. Dem Reichstag der Weimarer Republik stand er von 1920 bis 1932 als Reichstagspräsident vor, bis ihn Hermann Göring aus diesem Amt verdrängte. Im Jahre 1933 gehörte er zu den ersten Verhafteten. Bei seiner Einlieferung in das Konzentrationslager Breslau-Dürrgoy mußten die Häftlinge ihn mit einem »festlichen Empfang« verspotten, den das Foto wiedergibt. Nach dem Kriege leitete Löbe am 7. September 1949 die Eröffnung des ersten deutschen Bundestages als dessen Alterspräsident.

Die Machtergreifung der Nationalsozialisten führte zur raschen Gleichschaltung aller Universitäten. Auch aus Breslau wurden zahlreiche jüdische beziehungsweise »nichtarische« und oppositionelle Dozenten vertrieben, oder es wurde ihnen die Lehrbefugnis entzogen. Zu ersteren gehörten die Historiker Richard Koebner und Hubert Jedin sowie der Jurist Ernst Cohn, zu letzteren die Theologen Berthold Altaner und Joachim Konrad sowie der Soziologe Eugen Rosenstock-Huessy. Auf der Festveranstaltung aus Anlaß des 125. Universitätsjubiläums von 1936 in der Aula Leopoldina dominierten Uniformen das Bild der ersten Reihen.

Zu den aus rassischen Gründen durch den Nationalsozialismus Verfolgten gehörten vor allem die Juden. Es begann mit dem Boykott jüdischer Unternehmen, Ärzte, Rechtsanwälte, Kaufleute, dem staatlich geregelte Ausgrenzungen und Sanktionen folgten.[380] Die Diskriminierungen und die von offizieller Seite vorgenommenen Maßnahmen erfolgten im Bereich der Medizin etwa folgendermaßen: »Nach Schlägereien zwischen Angehörigen verschiedener politischer Gruppen wurden im Gefolge des Reichstagsbrandes erstmals jüdische Ärzte verhaftet. Etwas später erfolgten die Verhaftungen leitender Krankenkassenfunktionäre. Die Position der Krankenkassen sollte so generell geschwächt werden ... Auch an den Hochschulen kam es zu Boykott und Terror gegenüber Medizin-Professoren und Dozenten. Die Mehrheit der Studenten, von Versprechungen und Erfolgen des Regimes berauscht, forderte im Frühjahr 1933 von sich aus entscheidende ›Säuberungsmaßnahmen‹. Jüdische Professoren sollten nur noch in hebräischer Sprache veröffentlichen dürfen ... In Breslau waren es von insgesamt 51 entlassenen Wissenschaftlern [der medizinischen Fakultät] allein 17 Professoren.«[381]

Die Nationalsozialisten glaubten, sich das rücksichtslose Schalten und Walten nicht zuletzt aufgrund der ihnen zugefallenen innen- und außenpolitischen Erfolge leisten zu können. Die Arbeitslosigkeit zum Beispiel war in Schlesien zwischen 1933 und 1935 von 484 000 auf 154 000 gesenkt worden.[382] Hier wie überall im Reich wurden nun Arbeiter von Gegnern und Skeptikern zu Mitläufern, wenn nicht gar Anhängern des Nationalsozialismus. Nur ein relativ geringer Teil entschloß sich zum Widerstand. Es gab Flugblattaktionen der im Untergrund wirkenden Arbeiter, auf die im Falle der Entdeckung Gefängnis und Konzentrationslager warteten.

Insgesamt gesehen war der Widerstand, der dem Nationalsozialismus entgegengebracht wurde, aber gering, was zu einem nicht unerheblichen Teil auf dessen frühe außenpolitische Erfolge zurückzuführen ist. Zu diesen gehört das Reichskonkordat, das am 20. Juli 1933 zwischen dem Heiligen Stuhl und der Reichsregierung zur Regelung ihrer gegenseitigen Beziehungen abgeschlossen wurde,[383] der deutsch-polnische Nichtangriffspakt, der zur Überraschung des In- und Auslandes am 26. Januar 1934 zustande kam, schließlich das deutsch-britische Flottenabkommen vom 18. Juni 1935. Hitler erreichte damit, daß England entgegen den Bestimmungen des Vertrags von Versailles die deutsche Aufrüstung zu Wasser und zu Lande sanktionierte, was allgemein Aufsehen erregte.[384]

Ablehnend gegenüber dem Nationalsozialismus war auch die Haltung der katholischen und protestantischen Kirche nicht, zumindest unmittelbar nach der Machtübernahme. So war die »kirchenpolitische Gesetzgebung ... durchaus freundlicher Natur und ließ mit Recht eine lange Friedensära für das Verhältnis von Kirche und Staat« auf der Grundlage des Reichskonkordats erwarten«,[385] worauf Hitler selbst in seinen Reden immer wieder hinwies. Durch das Reichskonkordat nämlich war der Kirche das Recht zugestanden worden, innerhalb der Gesetzesgrenzen ihre Angelegenheiten selbständig zu regeln sowie im Rahmen ihrer Zuständigkeit bindende Gesetze und Anordnungen für das Kirchenvolk zu erlassen. So wurde durch die Konkordatsartikel 5 und 6 die Ausübung der geistlichen Funktionen der Theologen geschützt, und es wurden ihnen wertvolle Immunitätsrechte zugesichert. Die katholische Kirche sah keinen Anlaß, den NS-Staat abzulehnen oder gar zu bekämpfen. Und als in der zweiten Hälfte des Jahres 1933 auf Anregung Hitlers eine »Arbeitsgemeinschaft katholischer Deutscher« unter Führung des Vizekanzlers von Papen zu dem Zweck ins Leben gerufen wurde, katholische Volksteile an das nationalsozialistische Deutschland zu binden und das gute Verhältnis zwischen Kirche und Staat zu intensivieren, sah sich der Abt des Benediktinerklosters Grüssau im Kreis Landeshut, Albert Schmitt, veranlaßt, daran mitzuarbeiten.[386]

Das Reichskonkordat trug wesentlich dazu bei, die katholische Bevölkerung zu beruhigen. Unterdessen zerschlug die Regierung das katholische Verbands- und Pressewesen, wogegen von seiten der Amtskirche offen kaum opponiert wurde.[387] Auch als die Übergriffe der Nationalsozialisten sich mehrten und die Konkordatsverletzungen zunahmen, kam es zu keiner entscheidenden gemeinsamen Abwehr. Außer Einzelaktionen, Predigten und Hirtenbriefen gab es kaum Widerstandsformen, so daß die Nationalsozialisten die Katholiken in zunehmendem Maße provozierten und ihre religiösen Empfindungen bewußt verletzten. Die NS-Presse, zumal Julius Streichers *Stürmer* und Heinrich Himmlers *Das Schwarze Korps* spotteten fortwährend in zynischer, ja nicht selten obszöner Form über den Glauben, die Kirche und ihre Repräsentanten.[388]

Gleichwohl blieb die Haltung der katholischen Kirche gegenüber dem Nationalsozialismus auf Einvernehmen ausgerichtet, womit sie die Devise des Fürstbischofs von Breslau und Vorsitzenden der deutschen Bischofskonferenz, Kardinal Adolf Bertram, befolgte. Zwar hatte Bertram vor 1933 den Rassismus in der nationalsozialistischen Ideologie kritisiert, den antisemitischen Aktionen in Deutschland nach 1933 trat er jedoch kaum entgegen. Im Interesse der Sicherung der kultur- und verbandspolitischen Anliegen der katholischen Kirche sah er auch von einer staatspolitisch begründeten öffentlichen Verurteilung des Nationalsozialismus ab; vielmehr beschränkte er sich auf die Abwehr unmittelbarer terroristischer Übergriffe im katholischen Bereich.[389]

Was die protestantische Kirche betrifft, so wurde Hitlers Machtübernahme am 30. Januar 1933 von den Protestanten ebenso wie von ihren Geistlichen überwiegend begrüßt, da jetzt eingetreten war, was nicht wenige von ihnen erhofft und wofür manche gewirkt hatten. Dementsprechend war eine erhebliche Zahl der evangelischen Pfarrer Schlesiens zu jener Zeit vom Nationalsozialismus beeindruckt und einige »zu einem begeisterten Mitgehen« bereit.[390] »Nach der Meinung der meisten protestantischen Pfarrer waren am 30. Januar 1933 die richtigen Parteien an die Macht gekommen, und sie arbeiteten dafür, daß sie an der Macht blieben.«[391] »Die Brücke, die vom Protestantismus zum Nationalsozialismus führte, war in erster Linie die Deutschtümelei, die völkische Idee.«[392]

Die Vereinnahmung der protestantischen Kirche durch den Nationalsozialismus weckte aber eine theologische Neubesinnung und führte zum Aufbau der Bekennenden Kirche, die sich bald als eine protestantische Widerstandsbewegung verstand. Sie wurde rasch in die Illegalität getriebenen, so daß ihre Mitglieder und Repräsentanten zu nicht viel mehr als Einzelaktionen in der Lage waren.[393] Sie hatten ihre Grenzen dort,

Der expressionistische Maler Ludwig Meidner aus Bernstadt hat seinen Freund, den Dichter Max Herrmann aus Neisse, wiederholt gemalt. Beide mußten während der Nazizeit emigrieren. Herrmann-Neiße starb 1941 in London an Heimweh.

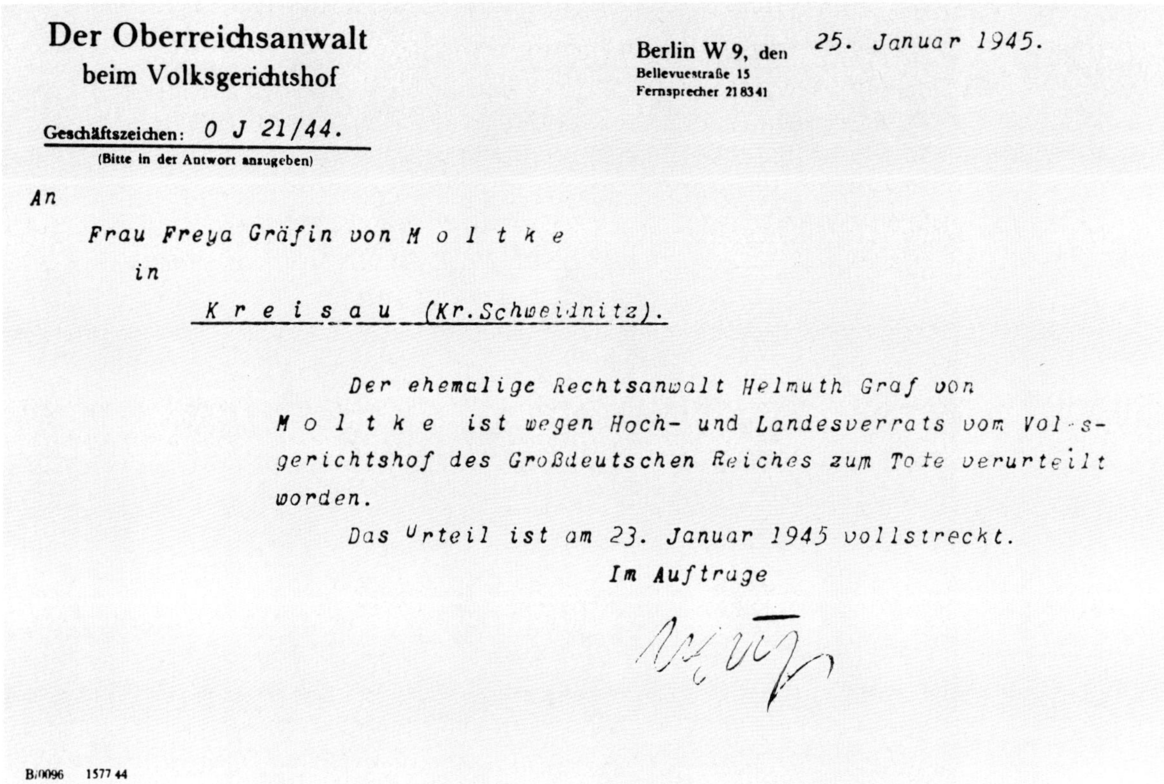

Der Oberreichsanwalt
beim Volksgerichtshof

Berlin W 9, den 25. Januar 1945.
Bellevuestraße 15
Fernsprecher 21 83 41

Geschäftszeichen: 0 J 21/44.
(Bitte in der Antwort angeben)

An

Frau Freya Gräfin von M o l t k e
in
K r e i s a u (Kr.Schweidnitz).

Der ehemalige Rechtsanwalt Helmuth Graf von M o l t k e ist wegen Hoch- und Landesverrats vom Volsgerichtshof des Großdeutschen Reiches zum Tote verurteilt worden.

Das Urteil ist am 23. Januar 1945 vollstreckt.

Im Auftrage

B/0096 1577 44

wo sie wie alle Deutschen »durch die Reformation Luthers« zum Gehorsam gegenüber dem Staat »geistig geradezu erzogen worden« waren.[394]

Widerstand formierte sich auch außerhalb der Kirchen, aber in teilweiser Berührung mit diesen. Auf dem Gut Kreisau des Grafen Helmuth James von Moltke im niederschlesischen Kreis Schweidnitz trafen sich seit 1940 auf Initiative des Grafen Peter Yorck von Wartenburg Persönlichkeiten aus unterschiedlichen sozialen Schichten mit teilweise gegensätzlichen weltanschaulichen und politischen Zielsetzungen, darunter auch der frühere Oberpräsident von Oberschlesien, Hans Lukaschek. Bei der Mehrheit der Mitglieder des Kreisauer Kreises handelte es sich um von christlichen wie von sozialistischen Erneuerungsvorstellungen geprägte Charaktere. Sie waren gegen alle Erwägungen, die auf die gewaltsame Beseitigung Hitlers hinausliefen. So kämpften sie zwar aufopferungsvoll gegen seine Herrschaft und taten alles, um das System geistig und moralisch zu untergraben, doch wollten sie sich nicht mit den Mitteln des Tyrannen beschmutzen. Viele der Kreisauer mußten am Ende für diese christlich-moralische Haltung ihr Leben lassen.[395]

Schlesien wurde im Jahre 1938 verwaltungsmäßig neu organisiert. Nach dem Auslaufen der Genfer Konvention vom 15. Mai 1922,[396] die auf fünfzehn Jahre begrenzt war, wurden die Provinzen Ober- und Niederschlesien zum 1. April 1938 wieder vereinigt. Am 1. Oktober 1938 erhielt Schlesien einen Teil der 1922 geschaffenen und 1938 wieder aufgelösten Provinz Grenzmark Posen-Westpreußen zugesprochen. Am 15. April 1939 schließlich fiel ihm aufgrund des Münchner Abkommens vom 29. September 1938 das aus der tschechoslowakischen Republik wieder herausgelöste Hultschiner Ländchen zu.[397]

SCHLESIEN IM ZWEITEN WELTKRIEG

Der nach Osten und Westen durch die Nichtangriffspakte mit der Sowjetunion vom 25. Juni 1932 und mit dem Deutschen Reich vom 26. Januar 1934 scheinbar gesicherte polnische Staat geriet angesichts des Erstarkens der Sowjetunion und Deutschlands gleichwohl in die Isolierung. Obwohl der polnische Außenminister Józef Beck die Gefahr erkannte, die von einer Expansion Deutschlands infolge des »Anschlusses« Österreichs 1938 und der Zerschlagung der Tschechoslowakei 1939 ausging, trug Polen durch die Annexion des Olsa-Gebiets, eines Landstreifens von 902 Quadratkilometern tschechischen Territoriums am linken Ufer der Olsa mit 250 000 Einwohnern, im Oktober 1938 zum Zusammenbruch des Versailler Sicherheitssystems bei. Die Regelung der »Korridorfrage«, auf die von deutscher Seite seit den Tagen der Weimarer Republik gedrängt wurde, da der Korridor zwischen dem Reich und Ostpreußen trotz zoll- und visumfreien Verkehrs für das Reich eine schwerwiegende Belastung darstellte, sowie die von britischer Seite am 6. April 1939 gegebene Garantie der Unversehrtheit Polens nahm Hitler zum Anlaß, am 28. April 1939 den deutsch-polnischen Nichtangriffspakt aufzukündigen.

Während England und Frankreich noch Verhandlungen mit der Sowjetunion führten, die durch die Weigerung Polens, den Streitkräften der UdSSR ein Durchmarschrecht einzuräumen, verzögert wurden, einigten sich Stalin und Hitler überraschend am 23. August 1939 auf einen Nichtangriffspakt. Weit gravierender war das dazugehörige Geheimabkommen über eine Abgrenzung der Interessensphären im ostmitteleuropäischen Raum, das die Verabredung zur Teilung Polens und zum Krieg war.

Am 1. September 1939 befahl Hitler den Angriff auf Polen, das innerhalb von drei Wochen von einer deutschen Übermacht überrollt wurde.[398] Es kam zu einem weiteren deutsch-sowjetischen Abkommen vom 28. September 1939, das die vierte Teilung Polens festlegte, also eine Grenze zwischen dem Deutschen Reich und der UdSSR vereinbarte. Bei dieser Teilung annektierte das Deutsche Reich 118 000 Quadratkilometer Polens mit 21 200 000 Einwohnern. Die benachbarten Ostgebiete mit etwa 10 568 000 Einwohnern wurden direkt eingegliedert. Es blieb ein polnisches »Generalgouvernement« mit 10 600 000 Einwohnern. Aus den »eingegliederten Ostgebieten« wurden die Reichsgaue »Wartheland« und »Danzig-Westpreußen« gebildet, während die Provinzen Ostpreußen und Schlesien eine erhebliche Erweiterung erfuhren.[399] Schlesien wurden die infolge der Volksabstimmung von 1921 aus Oberschlesien herausgelösten Gebiete eingegliedert, darüber hinaus die Kreise Teschen, Saybusch, Bielitz, Krenau, Ilkenau, Bendsberg, Warthenau und Blachstätt, ferner der Stadtkreis Sosnowitz. Mit Ausnahme der Kreise Warthenau und Blachstätt, die dem Regierungsbezirk Oppeln zugeschlagen wurden, faßte man sie zum Regierungsbezirk Kattowitz zusammen.[400] Die Erweiterung Schlesiens veranlaßte am 1. Februar 1941 eine verwaltungsmäßige Neugliederung in zwei Provinzen wie schon vor 1938; Verwaltungssitz der Provinz Oberschlesien wurde Kattowitz, der Provinz Niederschlesien Breslau. Oberschlesien stand als Oberpräsident Fritz Bracht vor, der zugleich auch als Gauleiter des Gaues Oberschlesien fungierte, Niederschlesiens Oberpräsident und Gauleiter war Karl Hanke.[401]

Im Verlauf des Zweiten Weltkriegs sollten die beiden schlesischen Provinzen für die Güterversorgung des Reiches sowohl auf dem industriellen wie auf dem landwirtschaftlichen Sektor große Bedeutung erlangen. Die Voraussetzungen, die industrielle und landwirtschaftliche Leistungsfähigkeit zur Geltung zu bringen, waren außerordentlich günstig. So umfaßte das schlesische Schienennetz eine Länge von 6 912 Kilometern, das Straßennetz eine von 15 000 Kilometern, insofern es sich um Straßen erster und zweiter Ordnung handelte. Die Leistungsfähigkeit der schlesischen Wasserstraßen unterstreicht die Tatsache, daß auf ihnen 1939/40 rund 5,4 Millionen Tonnen Güter transportiert wurden. Entlang dem 41 Kilometer langen Klodnitz-Kanal, der wichtigen Wasserverbindung zwischen dem oberschlesischen Revier und der Oder, waren seit 1938, und damit noch vor Abschluß der Ausbauarbeiten, große Produktionsanlagen der Kohleveredelungsindustrie entstanden, die im Verlauf des Zweiten Weltkriegs für die Treibstoffversorgung des Reiches erhebliche Bedeutung erlangen sollten.

Der umfangreichen Industrieproduktion sowohl im grundstofferzeugenden wie auch im verarbeitenden Bereich mit den Schwerpunkten Oberschlesien, Waldenburg-Neurode und Breslau stand die landwirtschaftliche Produktion kaum nach, zumal wenn

Hitler ließ am 31. August 1939, dem Vorabend des Zweiten Weltkrieges, durch Angehörige der SS einen Überfall polnischer Soldaten auf dieses Gebäude des Gleiwitzer Rundfunksenders vortäuschen, um den lange vorbereiteten Angriffskrieg gegen Polen als Vergeltungsmaßnahme ausgeben zu können.

man sie unter dem Aspekt ihrer Veredelung betrachtet, die wiederum zur Entwicklung einer eigenen über das Land verstreuten Industrie geführt hatte.

Unbestrittenes Zentrum der schlesischen Wirtschaft war trotz der Bedeutung der sonstigen Industriestandorte Oberschlesien mit seiner Produktionsquantität und -vielfalt. Dementsprechend war Cosel-Hafen, wo der Klodnitz-Kanal in die Oder mündet, nach Duisburg-Ruhrort der größte Umschlagplatz der deutschen Binnenschiffahrt im Jahre 1939. Nach Kriegsausbruch nahm er an Bedeutung rapide zu, denn nunmehr galt es, nicht nur die westoberschlesischen, sondern auch die ostoberschlesischen Güter zu verfrachten, die zudem eine beträchtliche Produktionssteigerung erfuhren.

Das an sich schon komplizierte Volkstumsproblem Oberschlesiens wurde durch die politischen Ereignisse und die Ideologisierung noch problematischer. Wohl hatten sich anläßlich der »um die Jahreswende 1939/40« vorgenommenen polizeilichen Erfassung der Bevölkerung 97 Prozent im erweiterten Oberschlesien für deutsch erklärt, ein Votum, das offensichtlich unter dem Eindruck des Krieges zustande gekommen war.[402] Dennoch nahm man dieses Ergebnis zum Anlaß, die Bevölkerung im großen Umfang einzudeutschen.[403] Die Zwiespältigkeit des Votums und damit das Ausmaß des Druckes wurden erstmals offenkundig, als diejenigen, die deutsch als Volkszugehörigkeit angegeben hatten, als Wehrpflichtige erfaßt wurden. Jetzt zeigte sich, daß eine beträchtliche Zahl ihre deutsche Option nicht mehr wahrhaben wollte. Die zunehmenden Anforderungen der Wehrmacht sowie die wachsenden Ansprüche der oberschlesischen Wirtschaft, hervorgerufen von der sich verschärfenden Kriegslage, ließen es bald der Regierung nicht mehr opportun erscheinen, die eingeführten Unterscheidungskriterien zwischen Deutschen und Polen hervorzuheben. Da aus der Einteilung der Bevölkerung in zwei Klassen Nachteile hinsichtlich der Einsatz- und Leistungsbereitschaft der Diskreditierten resultieren konnten, wurden solche Diskreditierungen um so stärker ignoriert, je prekärer sich die Kriegslage gestaltete.[404]

Im Jahre 1942 erreichte das nationalsozialistische Deutschland den äußeren Höhepunkt seiner Macht. Im Spätsommer jenes Jahres standen deutsche Truppen am Nordkap und entlang der Atlantikküste bis hin zur Grenze Spaniens, zudem in Finnland, auf dem gesamten Balkan und in Nordafrika. Doch das Blatt hatte sich bereits im Dezember 1941, seit dem Rückschlag im Mittelabschnitt der Ostfront, gewendet. Ob Hitler sich dessen bewußt war, muß dahingestellt bleiben. Jedenfalls entschied er »irgendwann zwischen dem 3. Dezember 1941 und dem 30. Januar 1942«, daß das Ausmaß der Kriegsanstrengungen Deutschlands »ungenügend« sei.[405] Demzufolge wurden aufgrund des Führerbefehls vom 10. Januar 1942 bedeutende Erhöhungen bei der Produktion von Panzerabwehrwaffen und Munition fast jeden Kalibers angeordnet. Außerdem wurde der Herstellung von Flugzeugen und Flakgeschützen sowie des dazu erforderlichen Vormaterials und der notwendigen Werkzeugmaschinen Priorität eingeräumt.[406]

Dies betraf Schlesien in besonderer Weise. Der Luftkrieg gegen Deutschland war seit 1942 verstärkt worden. Schlesien war davon noch nicht betroffen, da es außerhalb der Reichweite der alliierten Luftwaffe lag. Während nämlich die Zielgebiete im Reich sämtlich weniger als 1 000 Kilometer von London entfernt waren, betrug die Entfer-

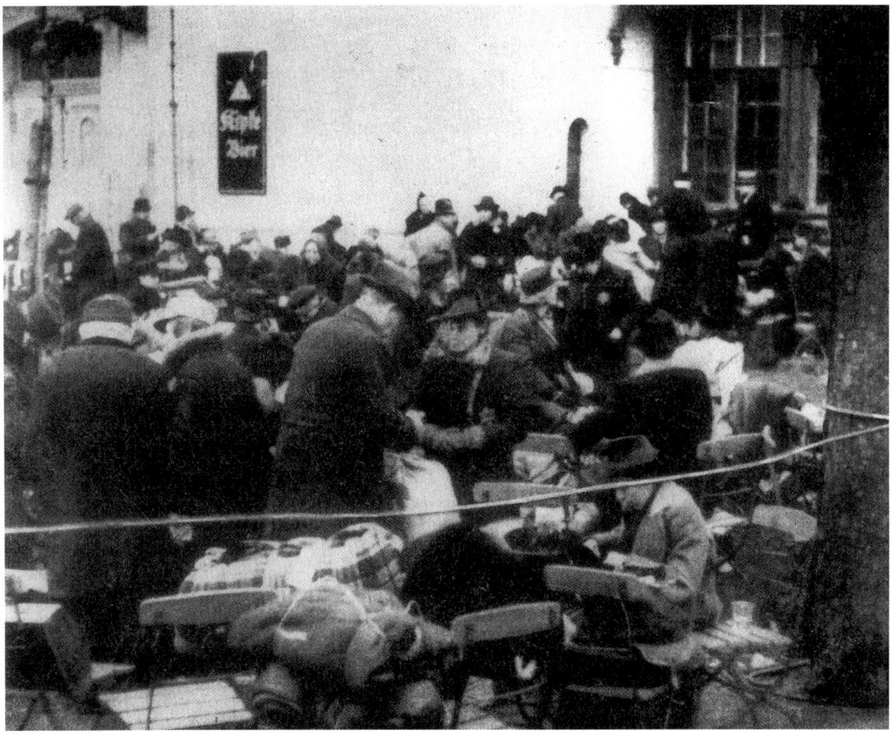

Die Breslauer jüdische Gemeinde war vor 1933 die drittgrößte Deutschlands gewesen. Im Jahre 1933 war die Zahl ihrer Mitglieder schon auf kaum mehr als 20 000 gesunken, eine Zahl, die sich durch Emigration bis Kriegsbeginn noch einmal um die Hälfte auf 10 309 verringerte. Die meisten dieser verbleibenden Gemeindemitglieder dürften ein Opfer des Holocaust geworden sein. 1941 begannen die Deportationen von Juden zunächst in Zwischenlager wie Tormersdorf und Grüssau, bald auch direkt an die Orte der Vernichtung. Der erste tausend Personen fassende Zug fuhr am 25. November 1941 nach Kaunas in Litauen, wo alle Männer, Frauen und Kinder sofort erschossen wurden. Auf diesem Foto, das vermutlich 1941 im Gartenlokal der Kipkebrauerei am Schießwerder aufgenommen wurde, sieht man Breslauer Juden, die auf ihren Abtransport warten.

nung zwischen London und Oberschlesien 1 200 bis 1 300 Kilometer.[407] In Schlesien konnte also unbeeinflußt vom Luftkrieg produziert werden, was um so bedeutungsvoller war, als es im Verlauf des Luftkriegs niemals gelang, erfolgreich gegen die alliierte Luftwaffe zu operieren. In der für Angriffe auf deutsche Städte erstellten Liste des britischen Bomber Command waren nur zwei schlesische Städte aufgeführt, und zwar Görlitz und Breslau, die beide nicht im oberschlesischen Raum lagen. Auch 1943, nach der Landung der Alliierten in Italien, lag Schlesien vorerst noch außerhalb der Reichweite der anglo-amerikanischen Bomber, denn die Entfernung vom süditalienischen Foggia bis Oberschlesien betrug zwischen 1 000 und 1 100 Kilometer.[408]

Angesichts der günstigen Versorgungsmöglichkeiten aus den Überschüssen der schlesischen Landwirtschaft sowie der relativen Sicherheit vor dem Luftkrieg wurde Schlesien seit 1942 nicht nur zum Zufluchtsort für im Westen des Reiches Ausgebombte und von Luftangriffen Bedrohte, sondern auch zu einem für die deutsche Wirtschaft zunehmend wichtigeren Produktionsraum. Seit den Bombardements der Reichshauptstadt – seinen ersten Großangriff erlebte Berlin in der Nacht vom 16. auf den 17. Januar 1943[409] – wurden auch immer mehr Berliner Behörden nach Schlesien verlegt. Infolgedessen hatte Breslau einen erheblichen Zuwachs seiner Bevölkerung zu verzeichnen: »... durch Zuzüge aus Berlin und dem Westen, zu denen zahlreiche Industrieverlagerungen kamen, war seine Bevölkerung von 626 000 auf etwa eine Million gestiegen. Auch in der Provinz Schlesien waren Hunderttausende von Evakuierten zu der schlesischen Bevölkerung hinzugekommen.«[410]

Problematisch wurde die Lage Schlesiens seit 1943, denn seit der Landung britischer Truppen am 3. September 1943 auf der italienischen Südspitze und am 9. September 1943 bei Tarent sowie amerikanischer Einheiten am selben Tag bei Salerno eröffnete sich für die alliierte Luftwaffe die Möglichkeit, Ziele von zwei Ausgangspunkten her anzugreifen; zudem war mit der Einführung der Langstrecken-Begleitjäger für die einfliegenden Bomberverbände ein besserer Schutz gegen die deutsche Luftabwehr erreicht worden. Seit Januar 1944 kam der Begleitschutz sogar auf eine Reichweite von 1 050 bis 1 300 Kilometern.[411] Dennoch blieben die Luftangriffe ein risikoreiches Unterfangen, was unter anderem der Angriff auf Nürnberg in der Nacht vom 30. auf den 31. März 1944 offenbarte, als von 782 angreifenden Bombern 95 abgeschossen wurden. Daher verzichteten die Alliierten auf die Bombardierung von Zielen im schlesischen Raum, denn je länger die An- und Rückflüge dauerten, um so größer das Risiko für die Angreifer. Das erklärt nicht nur die Intensivierung der Industrieproduktion in Schlesien, sondern ebenfalls die Industrieverlagerungen hierher in erheblichem Umfang.[412]

Die Lage änderte sich seit dem 12. Mai 1944. An diesem Tag nämlich eröffnete die amerikanische Luftwaffe mit ihrer in England stationierten 8. und der in Italien stationierten 15. Luftflotte die Offensive gegen die deutsche Treibstoffindustrie. Sie begann, als die beiden Luftflotten ihre volle Stärke erreicht hatten und man die deutsche Jagdabwehr beziehungsweise die Reichsluftverteidigung weitgehend ausgeschaltet wähnte.[413] Zu den Zielen der Amerikaner zählten auch die in Oberschlesien gelegenen Hydrier- und Synthesewerke um Blechhammer, Odertal und Heydebreck, die zu den

Hauptproduzenten synthetischer Treibstoffe in Deutschland gehörten. Ihre Monatsproduktion belief sich auf rund 50 000 Tonnen, wovon die Anlagen zu Blechhammer allein 13 700 Tonnen produzierten.[414] Mit der Besetzung der Flugbasen nördlich von Rom im Juni 1944 und der damit verbundenen Verkürzung der Flugroute war auch Schlesien einschließlich Oberschlesiens für die alliierten Bomber nicht mehr unerreichbar.

Am 7. Juli 1944 griffen zum erstenmal zwei Kampfverbände der 15. Luftflotte mit 489 Maschinen die Hydrierwerke von Blechhammer und Odertal in Oberschlesien an. Obwohl zwei Jagdgruppen der 8. Jagddivision zur Abwehr der über Ungarn einfliegenden Amerikaner eingesetzt wurden, konnten diese doch weitgehend unbehindert nach Norden weiterfliegen. Der zahlenmäßigen Übermacht und der außerordentlichen Kampfkraft der Angreifer hatte die Luftwaffe auch über Schlesien nichts annähernd Gleichwertiges entgegenzusetzen.

Der Großangriff auf die Hydrier- und Synthesewerke um Blechhammer-Odertal-Heydebreck durch die beiden amerikanischen Kampfverbände konnte daher in geschlossener Formation erfolgen. Die Bodenabwehr schoß zwar sieben der viermotorigen Maschinen ab, deutsche Jäger im Raum östlich von Wien weitere sieben und Jäger der ungarischen Jagdgruppe »Puma« noch acht Bomber und drei Jäger, aber die Air Force hatte ihren Auftrag ausgeführt: Das große Benzinsynthesewerk einschließlich der ausgedehnten Betriebsstofflager brannte den Berichten zufolge trotz massiven Eingreifens der Feuerwehren zwei Tage lang.

Der Ruf Schlesiens, »Luftschutzkeller« des Reiches zu sein, war seit diesem Tag dahin. Verbände der 15. amerikanischen Luftflotte flogen in den folgenden Wochen und Monaten weitere schwere Angriffe gegen die oberschlesischen Hydrierwerke. Exakt einen Monat später, am 7. August 1944, griffen 447 Maschinen Blechhammer an, wobei sie zwölf Verluste verzeichneten; am 27. August waren 553 Maschinen an einem Angriff auf Blechhammer beteiligt, von denen zehn verlorengingen; am 13. September waren 486 Maschinen über Blechhammer und Odertal im Einsatz, von denen zwanzig abstürzten; wiederum genau einen Monat später, am 13. Oktober, griffen die amerikanischen Flugzeuge Blechhammer mit 822 Maschinen an. Es folgten zwei weitere Großangriffe auf Blechhammer und Odertal, der erste nur einen Tag später mit 438 Maschinen, von denen drei verlorengingen, nachdem am Tag zuvor 33 abgeschossen worden waren, der zweite am 17. Oktober mit 353 Maschinen auf Blechhammer bei siebzehn Verlusten. Damit wurden allein im Oktober 1944 drei Großangriffe gegen die oberschlesischen Hydrierwerke geflogen.

Nach weiteren Angriffen auf Blechhammer am 13., 17. und 20. November erreichte das Luftbombardement der oberschlesischen Treibstoffindustrie im Dezember 1944 seinen Höhepunkt. Sechsmal richtete die 15. amerikanische Luftflotte Angriffe gegen sie: am 2. Dezember griff sie Blechhammer und Odertal mit 451 Bombern an, am 12. Dezember Blechhammer mit 96, am 17. Dezember Blechhammer und Odertal mit 556, am 18. Dezember Blechhammer und Odertal mit 614, am 19. Dezember Blechhammer mit 429 und am 26. Dezember 1944 Blechhammer und Odertal mit 478 Maschinen. Die amerikanischen Verluste im Verlauf dieser sechs Angriffe beliefen sich auf

Als der Krieg längst verloren war, wurde die niederschlesische Stadt Lauban noch einmal kurzfristig zurückerobert. Propagandaminister Joseph Goebbels eilte am 9. März 1945 nach Lauban, um die abgekämpften Soldaten zur Siegerehrung antreten zu lassen und ihren Erfolg als Wende des Krieges zu feiern. Ein Bild machte Geschichte: die Verleihung des Eisernen Kreuzes an ein Kind in Uniform. Es wurde ungewollt zur Anklage gegen diesen und jeden Krieg.

86 Maschinen.[415] Die ständig schwächer werdende deutsche Abwehr machte die gegnerischen Angriffe immer risikoloser und erfolgreicher. Die Produktion in Blechhammer mußte nach »den letzten schweren Angriffen« im Januar 1945 auf längere Zeit eingestellt werden.[416]

Sieht man von den Bombardements der oberschlesischen Treibstoffwerke ab, dann gehörte Oberschlesien nach wie vor zu den intakten und daher leistungsfähigen Produktionszentren des Reiches. Nicht zuletzt für die Kohleversorgung Deutschlands besaß das Revier außergewöhnliche Bedeutung, zumal nachdem die Förderung in den übrigen deutschen Revieren erheblich zurückgegangen und im November 1944 einen Tiefstand erreicht hatte. Die Produktion des Aachener Reviers sowie des größten Teils des lothringischen Steinkohlebeckens war ausgefallen, die Förderanlagen an Rhein, Ruhr und Saar wurden massiv bombadiert und die Eisenbahnanlagen seit April 1944 fast pausenlos angegriffen.[417] Demgegenüber wurde in Oberschlesien unbeeinträchtigt gefördert, obwohl die Bedrohung, wenn nicht gar der Ausfall des oberschlesischen Reviers seit November 1944 nur noch eine Frage der Zeit war. Die Ostfront verlief damals, am Kurischen Haff beginnend, im großen und ganzen an der Grenze Ostpreußens, dann am Narew und von da an weiter an der Weichsel entlang. Doch war es der Roten Armee an der Weichsel bereits gelungen, mehrere Brückenköpfe auf dem westlichen Flußufer zu bilden, und zwar bei Magnuszew und bei Pulawy, insbesondere aber bei Baranów. Südlich von Baranów überschritt der Frontverlauf die Weichsel und erstreckte sich von dort in gerader Richtung bis Ungarn.[418]

Oberschlesien war für die Kohleversorgung des Reiches also unentbehrlich. Die Magistrale, die Bahnlinie von Kattowitz nach Gdingen, auf der der Abtransport der oberschlesischen Kohle in erheblichem Umfang erfolgte, war dementsprechend ein neuralgischer Punkt. Von 160 000 Tonnen Kohle, die täglich aus Oberschlesien zum Versand gelangten, flossen allein 60 000 Tonnen über die Magistrale ab. Die Strecke diente dazu, die Häfen der Ostsee und – teilweise über den Nord-Ostsee-Kanal – auch Hamburg mit Industriekohle, Hausbrandkohle sowie Bunkerkohle für die Seeschiffahrt zu versorgen. Darüber hinaus wurden von der Magistrale sämtliche Kohlenzüge zur Versorgung des gesamten nordostdeutschen Gebietes abgezweigt. Eine längere Unterbrechung bedeutete daher sowohl eine Gefährdung der Ostseeschiffahrt als auch der Produktion in Nordostdeutschland, denn nach dem weitgehenden Ausfall des Ruhrreviers stand allein die oberschlesische Kohle noch in nennenswertem Umfang zur Verfügung. Konnten die Magistrale und Oberschlesien einschließlich des übrigen schlesischen Raumes mit seiner hohen industriellen und landwirtschaftlichen Leistungsfähigkeit nicht gesichert werden, dann war ein rascher wirtschaftlicher Zusammenbruch Deutschlands unvermeidbar.[419]

Zum Jahreswechsel 1944/45 standen zur Verteidigung der 900 Kilometer langen Front zwischen Karpaten und Ostsee und damit auch des schlesischen Raumes 75 Divisionen zur Verfügung. Nach Berechnungen des Oberkommandos des Heeres betrug die Überlegenheit der Roten Armee gegenüber den deutschen Verteidigern bei der Infanterie elf zu eins, bei den Panzern sieben zu eins und bei der Artillerie zwanzig zu

Zwei Tage vor der Kapitulation der deutschen Wehrmacht in Berlin wurde am 6. Mai 1945 die zur Festung erklärte Stadt Breslau an die russischen Belagerer übergeben. Das Foto eines russischen Kriegsberichterstatters zeigt den deutschen Parlamentär Hauptmann Herbert van Bürck, eskortiert von russischen Offizieren, auf dem Weg zu den Übergabeverhandlungen. Ungeachtet der technischen Mängel und der unbeholfen retuschierten Nachbesserung von Fahne und Augenbinde wird die Dramatik der Situation deutlich. Auf dem Rückweg von den Verhandlungen trat van Bürck auf eine Mine und wurde schwer verwundet. Auf dem Schild stehen die russischen Worte: »Halt! Durchfahrt gesperrt. Front.«

eins.[420] Angesichts der sich in diesen Kräfteverhältnissen ausdrückenden Unterlegenheit der deutschen Streitkräfte prophezeite Heinz Guderian, der Generalstabschef des Heeres, Hitler am 9. Januar 1945, daß die Ostfront »wie ein Kartenhaus« zusammenstürzen werde, wenn es den Sowjets gelänge, sie nur an einer einzigen Stelle aufzureißen, zumal auch kaum nennenswerte Eingreifreserven zur Verfügung standen. Nur drei Tage später sollte sich Guderians Einschätzung bewahrheiten.[421]

Am 12. Januar 1945 traten die 1. Belorussische und die 1. Ukrainische Front zu einer Großoffensive in Richtung Oder von ihren Weichselbrückenköpfen aus an. Die Schlagkraft der sowjetischen Verbände war so gewaltig, daß die Wehrmacht keinen erfolgreichen Widerstand zu leisten vermochte. Innerhalb weniger Tage wurden die deutschen Stellungen mehrfach durchbrochen. Bereits am Abend des 16. Januar näherten sich sowjetische Stoßtrupps der Stadt Krakau. Die deutsche Heeresgruppe A, der die Verteidigung der beiden schlesischen Provinzen übertragen worden war, sah sich außerstande, den Vorstoß zu stoppen. Daher gelang es den beiden sowjetischen Armeen bereits am 19. Januar 1945, die alte Reichsgrenze bei Guttentag und Kreuzburg zu erreichen. Auch hier konnte ihnen nicht Einhalt geboten werden, so daß die Panzerspitzen nur wenige Tage später bei Brieg östlich von Breslau sowie bei Steinau an der Oder, unterhalb von Breslau, erschienen. Es gelang ihnen, die Oder zu überqueren und an beiden Plätzen ausgedehnte Brückenköpfe zu bilden. Nach Süden hin versuchte die Rote Armee, in das oberschlesische Revier einzudringen. Damit stand sie nur vierzehn Tage nach Eröffnung ihrer Offensive im Herzen Schlesiens.

Auf der Suche nach einem Sündenbock entließ Hitler den Oberbefehlshaber der Heeresgruppe A, Generaloberst Josef Harpe, und ersetzte ihn durch den aus Kurland herbeigeholten Generaloberst Ferdinand Schörner, der sich vor allem durch seine Härte und Brutalität einen Namen machen sollte. Außerdem wurden von der Westfront zwei Infanteriedivisionen abgezogen und an die im großen Umfang durchstoßene Mittelfront im Osten verlegt. In den zahlreichen kriegswichtigen Produktions- und Schachtanlagen Oberschlesiens sollte einem Erlaß der Parteileitung zufolge die Produktion »bis zur letztmöglichen Stunde« aufrechterhalten werden. Um das zu diesem Zeitpunkt noch völlig intakte Revier kam es zu schweren Kämpfen. Dem Erlaß der Parteileitung entsprechend, lief die Produktion trotz der heftigen Kämpfe in den Anlagen über Tage sowie in den Bergwerken unter Tage weiter. Obwohl die deutschen Truppen sich nur schrittweise zurückzogen, gelang es den Sowjets bis zum 28. Januar, das oberschlesische Zentralrevier mit den Städten Gleiwitz, Hindenburg, Tarnowitz, Beuthen, Königshütte und Kattowitz in ihre Hand zu bringen und damit eines der leistungsfähigsten Produktionsgebiete Deutschlands, das zudem weitgehend unzerstört geblieben war. Für die deutsche Seite war auch die Kattowitzer Eintrachthütte verloren, wo die meisten der kriegswichtigen 8,8-Zentimeter-Flakgeschütze hergestellt worden waren.[422]

Nach der Eroberung des Zentralreviers durch die sowjetischen Streitkräfte war es der 17. Armee sowie der Armeegruppe Heinrici Anfang Februar 1945 gelungen, eine zusammenhängende Abwehrfront zu bilden, die sich von Ratibor über Rybnik und Pleß bis Bielitz hinzog. Dadurch hatte ein Eindringen in den angrenzenden Raum Mährisch-

Ostrau, in dem sich das letzte noch intakte Rüstungsgebiet des Reiches von Bedeutung befand, und in das Rybniker Kohlenrevier verhindert werden können. Welche Bedeutung der Rybniker Steinkohle damals zukam, geht aus einer Denkschrift des Ministers Albert Speer an Hitler vom 15. März 1945 hervor. Sie befaßt sich mit der »Wirtschaftslage März-April 1945 und Folgerungen«. Der Rüstungsminister stellte unter anderem fest, daß unter normalen Bedingungen aus den Zentren des deutschen Steinkohlebergbaus täglich rund 48 000 Waggons Qualitätskohle verfrachtet worden seien, wogegen es im Frühjahr 1945 lediglich noch 7 700 waren. Davon entfielen 3 000 auf das Ruhrgebiet, 1 000 auf das Saargebiet und 3 700 auf die noch verbliebenen Teile des oberschlesischen Reviers beziehungsweise das Rybniker Revier, das damit in der Endphase des Krieges das wichtigste Kohlenrevier des Reiches war, allerdings ein stark bedrohtes, da es nur mit unzulänglichen Kräften verteidigt werden konnte.[423]

Am 15. März 1945 eröffnete die sowjetische Armee die Entscheidungsschlacht in Westoberschlesien und damit um das wichtige Rybniker Revier. An der Oder-Front südlich von Cosel trat sie am 16. März zum Angriff an. Wie in Westoberschlesien, so sahen sich auch hier die Deutschen nicht in der Lage, erfolgreich Widerstand zu leisten. Am 1. April wurde Glogau nach mehr als sechs Wochen Belagerung von sowjetischen Truppen besetzt. Am 25. April »begann auch das schwache Frontgefüge ostwärts der Oder bei Rogau im Kreis Rybnik unter den schweren Schlägen der russischen Waffen auseinanderzubrechen; der Ort wurde von Rotarmisten besetzt.«[424]

Breslau war bereits am 15. Februar 1945 völlig eingeschlossen und, obwohl gänzlich unbefestigt, zur »Festung« erklärt worden. Fast drei Monate lang währte die Verteidigung der Stadt. Im Verlauf der Kämpfe wurden ganze Stadtteile dem Erdboden gleichgemacht. Am Abend des 6. Mai 1945 fanden die erbittert geführten Kampfhandlungen ihr Ende. Mehr als 20 000 Häuser waren zu Schutt geworden, 400 bekannte Baudenkmäler der Zerstörung anheimgefallen, weitere 200 hatten Beschädigungen davongetragen. Museen, Bibliotheken und Archive hatten unwiederbringliche Verluste zu beklagen; von den 104 Gebäuden der schlesischen Friedrich-Wilhelms-Universität waren siebzig total zerstört worden.[425]

Als die deutschen Streitkräfte am 7./8. Mai 1945 gegenüber den westlichen Alliierten in Reims und gegenüber den Sowjets in Berlin-Karlshorst kapitulierten, verlief eine relativ feste Front durch Schlesien, vom Raum Guben entlang dem westlichen Neiße-Ufer, dann östlich von Görlitz über Lauban-Löwenberg-Striegau-Strehlen-Neisse-Jägerndorf-Troppau-Hultschin-Oderberg-Freystadt-Teschen.[426] Mit der deutschen Gesamtkapitulation, die am 9. Mai 1945 um 0.01 Uhr in Kraft trat, waren zwar die Kampfhandlungen in Schlesien wie an allen übrigen Fronten beendet, jedoch längst noch nicht das Leiden und Sterben der Menschen in Schlesien.

Flucht und Vertreibung

Im Jahre 1970 schrieb Czesław Madajczyk: »Eine wie in Polen [von 1939 bis 1945; Anm. d. Verf.] praktizierte Okkupation belastet das Konto der Naziaggressoren nicht nur mit dem Unrecht und den Verbrechen, die während der Besatzungszeit von ihnen begangen wurden. Als Spezifikum ist meines Erachtens die Tatsache zu werten, daß die Okkupation noch eine Zeitlang über ihre Beendigung hinaus wirkte, ist der Umstand zu berücksichtigen, daß auf denen, die diese Besatzungspolitik praktiziert haben, die schwere Verantwortung für das Unglück unzähliger Menschen lastet: sowohl Polen als auch Deutschen – unter letzteren nicht nur der Ausgesiedelten, sondern auch derer, die aus den unterschiedlichsten Gründen vorläufig noch im Lande zurückblieben und es nach den Ereignissen der vorangegangenen Jahre zwangsläufig inmitten der polnischen Bevölkerung nicht leicht hatten.«[427]

Mit diesen Feststellungen wird lediglich angedeutet, was sich seit dem Januar 1945 in Schlesien zutrug und worauf man auf deutscher Seite auch nicht annähernd vorbereitet war. Am 16. Juli 1944 war den sowjetischen Truppen der Durchbruch durch die deutsche Front in Südpolen und Galizien gelungen. Noch vor Monatsende waren Lemberg und Brest Litowsk verlorengegangen; mit dem Vorstoß der Roten Armee bis zur Weichsel und zum San befand sich die gesamte Ukraine wieder in sowjetischer Hand.[428] Erst jetzt wurde durch maßgebende deutsche Verwaltungsbeamte die Möglichkeit eines Übergreifens der Kampfhandlungen auf reichsdeutsches Gebiet nicht mehr ausgeschlossen. Die Frage einer Evakuierung beim Herannahen oder eventuellen Eindringen des Feindes in reichsdeutsches Gebiet wurde erstmals am 20. Juli 1944 durch den Staatssekretär im Reichs- und Preußischen Ministeriums des Innern, Wilhelm Stuckart, und die Regierungspräsidenten von Oppeln und Kattowitz, Mehlhorn und Springorum, diskutiert.[429]

Das Hauptproblem einer Evakuierung bestand darin, daß die damit befaßten Beamten bei ihren Planungen vom allmächtigen Parteiapparat abhingen. Daher ist es auch nicht erstaunlich, daß die Verwaltung wohl gerne Vorbereitungen für eine Evakuierung der schlesischen Bevölkerung getroffen hätte, die Partei hingegen darauf bedacht war, den Menschen so lange wie möglich die falsche Gewißheit zu vermitteln, daß die Frontlage keinen Anlaß zur Beunruhigung gebe. So ist es nicht verwunderlich, daß die Parteispitzen kaum Verständnis für die Notwendigkeit aufbrachten, den Provinzialverwaltungen Ober- und Niederschlesiens rechtzeitig Befehle für die erforderlichen Maßnahmen im Falle einer anstehenden Räumung zuzuleiten.[430]

Erst am 20. Januar 1945, als die sowjetischen Streitkräfte nach nur zweiwöchigem Vormarsch »im Herzen Schlesiens« standen, sah sich Gauleiter Karl Hanke veranlaßt, die Evakuierung der schlesischen Bevölkerung anzuordnen. Bis zu diesem Zeitpunkt hatte er sie hinausgezögert, indem er immer wieder betonte: »Über Schlesiens Grenzen kommen sie nicht hinaus.« Nun war es für viele zu spät, denn bis zum 20. Januar waren bereits zwei Drittel des Kreises Kreuzburg und die Hälfte des Kreises Rosenberg durch die Sowjettruppen besetzt worden. Fast ganz hatten sie die Kreise Guttentag und Lublinitz in ihren Besitz gebracht.[431]

Mit der Roten Armee war auch die Kälte gekommen. Bei Temperaturen von zwanzig und mehr Grad unter dem Gefrierpunkt war die Flucht über vereiste und verschneite Straßen eine erbärmliche Strapaze. Unnötig verschlimmert wurde die Lage dadurch, daß angesichts des bis zum letzten Augenblick verbreiteten Optimismus der Partei die Räumungsbefehle zumal in den ländlichen Gemeinden in der Regel erst kurzfristig kamen. So verließ zum Beispiel ein Reichsbahnzug Pitschen im Kreis Kreuzburg etwa zwei Stunden vor der Besetzung des Ortes durch sowjetische Truppen. Mehrere hundert Menschen mußten auf dem Bahnhofsgelände zurückbleiben, darunter auch zahlreiche Frauen und Mädchen, die sich der Willkür der Russen ausgesetzt sahen.[432] Auch in den Landgemeinden des Kreises Rosenberg wurde die Evakuierung in den meisten Fällen zu spät angeordnet. Eine Ausnahme von der Regel bildete Hegersfeld im Kreis Guttentag, denn dort war die Evakuierung zwei Tage vor dem Eintreffen der sowjetischen Panzer erfolgt.[433]

Der rechtzeitige Räumungsbefehl war aber nicht in jedem Fall für eine ordnungsgemäße Räumung ausschlaggebend. In keineswegs wenigen Fällen war die Bevölkerung in ihrer Gesamtheit nicht zum Verlassen von Heim und Hof zu bewegen. Die Gründe hierfür waren die verschneiten und vereisten Straßen sowie die grimmige Kälte. Doch nicht nur das: Viele entschlossen sich deshalb nicht zur Flucht, weil sie die Not und das Elend derjenigen Flüchtlinge gesehen hatten, die aus weiter östlich gelegenen Ortschaften aufgebrochen waren. In den Straßengräben entlang der Flüchtlingswege lagen erfrorene Kleinkinder. Auch hielt man vielfach die Berichte über die Grausamkeiten der Russen für Propaganda der Partei.

Wie eine gutgeplante Evakuierung der Bevölkerung hätte aussehen können und wieviel Leid dadurch verhindert worden wäre, zeigte der Inhaber des Ratiborer Unternehmens Wilhelm Hegenscheidt:[434] »Ich hatte einen großen Treck zusammengestellt mit 28 Familien, einigen Lastwagen, einigen Personenwagen, die entsprechend winterlich ausgerüstet waren. Da wir ungefähr einen Meter Schnee und 30 Grad unter Null hatten, waren die Lastwagen entsprechend mit Schutzhäusern versehen worden. Die gesamte Kolonne war aus Tarnungsgründen mit Kalk angestrichen worden, was sich dann auch als richtig erwies, denn als wir Ratibor verlassen sollten, wurde durchgegeben, daß die Russen die Oder bereits überschritten haben. Ich habe dann trotzdem noch 6 Stunden gewartet, weil ich befürchtet habe, daß ein Aufbrechen der Trecks während der Nacht zur Panik führen konnte, weshalb ich bis zum nächsten Morgen wartete. Tatsächlich konnten wir uns dann in vollkommener Ruhe auf den Weg machen ... Nachdem wir wenige Tage getreckt sind, bekamen wir zum Teil sehr unangenehmen Beschuß. Die Straßen waren damals vollkommen überfüllt, man konnte weder vorwärts noch rückwärts. Man fuhr in zwei Reihen auf den damals sehr schmalen Straßen, weshalb ich den Entschluß faßte, stehenzubleiben und die gesamte flüchtende Masse nach Westen vorbeiziehen zu lassen ... Wir sind soweit zurückgeblieben, daß wir selbst hinter der deutschen Armee, nämlich in dem leeren Raum zwischen der deutschen und der Roten

Trostlos und ungewiß war das Schicksal der Flüchtlinge, die sich wie dieser Treck vom Februar 1945 auf die vereisten und verschneiten Wege begaben. Viele wurden von den russischen Truppen eingeholt und kamen elend ums Leben.

Armee getreckt sind. Dadurch hatten wir den unerhörten Vorteil (da wir mittels des Eisenbahntelefonnetzes über den Frontverlauf bestens informiert waren), daß wir keinerlei Belästigungen hatten, weil es praktisch ein sich nach Westen bewegendes Niemandsland war. Wir hatten auf diese Weise auch keinerlei Verluste zu verzeichnen.«[435]

Die geordnete Flucht der Angehörigen des Unternehmens Hegenscheidt gehört zu den seltenen Ausnahmen; in der Regel erfolgte sie panisch und planlos, sofern sie überhaupt noch möglich war. Dies galt vor allem für das oberschlesische Industrierevier, das bis Ende Januar 1945 von der Roten Armee eingekesselt war. »Lediglich bei Ratibor-Hohenkirchen war ein Schlupfloch offengeblieben, durch das die Bevölkerung der Region entwich.«[436] Doch auch noch aus anderen Gründen wurde eine Flucht aus Oberschlesien erschwert, wenn nicht gar ganz unmöglich gemacht. Der Gauleiter und Oberpräsident von Oberschlesien, Fritz Bracht, hatte Evakuierungsmaßnahmen untersagt, um die Produktion im einzigen noch intakten deutschen Industrierevier nicht zu gefährden. Zwar gelang es Generalfeldmarschall Ferdinand Schörner, den Abzug der im Revier eingeschlossenen 17. Armee zu bewerkstelligen, doch die Zivilbevölkerung konnte nur zu einem geringen Teil entkommen. Die Folge war, daß eine erhebliche Anzahl der Zurückgebliebenen nach Rußland zwangsdeportiert wurde und die übrigen Deutschen häufig in Lagern interniert wurden, die von polnischer Seite geschaffen wurden.[437]

Ähnlich wie in Oberschlesien gestalteten sich die Verhältnisse in Niederschlesien. Die Bevölkerung versuchte daher mit allen Mitteln, nach Sachsen zu gelangen, oft unter Zurücklassung ihrer gesamten Habe.[438]

Soweit die deutschen Truppen dazu in der Lage waren, taten sie ihr möglichstes, um die Zivilbevölkerung zu schützen und ihr in ihrer verzweifelten Lage zu helfen. Um das Vordringen der Roten Armee zu erschweren, leisteten sie erbitterten Widerstand. Häufig »rafften sie ihre letzten Kräfte bis zur Selbstaufopferung zusammen, ... um der in panischer Angst nach Süden und Südwesten fliehenden Zivilbevölkerung einen Vorsprung vor der anbrandenden Vernichtungswelle zu verschaffen«. Gleichwohl kam es zu entsetzlichen Tragödien entlang der Fluchtwege. So hatte ein Treck von rund 250 Personen aus Zülz in einem Gasthaus von Hohenschanz Unterschlupf gefunden, als die Sowjets erschienen. Die Frauen und Mädchen wurden sofort vergewaltigt, Schmuck, Uhren und Trauringe wurden ihnen weggenommen. Frauen, die fliehen wollten oder sich dem Terror widersetzten, erschossen die Russen. Überall tote Frauen, Kinder, Greise und Soldaten – ein Bild unvorstellbaren Grauens.[439]

Was auch immer die schlesische Bevölkerung tat, ob sie nun floh oder nicht, ihre Lage gestaltete sich katastrophal. Das bestätigt in erschütternder Weise der Fall der Stadt Neisse, in die sowjetische Truppen am 24. März 1945 einrückten. Von den 37 859 Einwohnern der Stadt im Jahre 1939 waren 1945 nur noch etwa 2 000 anwesend, darunter rund zwanzig Laienbrüder sowie zweihundert Nonnen. Sie waren zurückgeblieben, um Alte und Kranke zu pflegen. Über ihr Schicksal seit dem 24. März wird folgendes berichtet: »Bereits in der ersten Nacht wurden viele Schwestern und Frauen gegen fünfzigmal vergewaltigt. Die Schwestern, die sich mit aller Gewalt wehrten, wurden teils erschossen, teils unter furchtbaren Mißhandlungen in einen Zustand physischer Erschöpfung gebracht, der ein weiteres Sichwehren unmöglich machte.«[440]

Doch auch das Schicksal derjenigen, die flohen, war häufig nicht besser. So wurde zum Beispiel ein Treck aus Mannsdorf im Kreis Neisse sechs Kilometer vor der bayrischen Grenze angehalten und zu den Russen zurückgeleitet. Die sowjetischen Soldaten plünderten daraufhin die Wagen, schirrten die Pferde aus und nahmen sich die Frauen und Mädchen.[441] Ein ähnliches Schicksal widerfuhr den Flüchtlingen aus Rothaus im Kreis Neisse. Die Amerikaner lieferten den Treck einem russischen Lager zwischen Strakonitz und Pisek aus. Die Männer des Trecks wurden zusammen mit gefangenen Soldaten nach Rußland gebracht, die Frauen waren eine Beute der russischen Soldaten.[442]

Von den Flüchtlingen aus Kornfelde im Kreis Kreuzburg fanden zahlreiche auf den Gebirgsstraßen den Tod, denn sämtliche Ackerwagen waren ohne Bremsen, so daß viele Fuhrwerke auf den abschüssigen Wegen nicht gehalten werden konnten und die hohen und steilen Böschungen hinunterstürzten. Glücklicher, wenn man es so bezeichnen darf, waren demgegenüber die Flüchtlinge aus Erzweiler im Kreis Lublinitz-Guttentag. Rund 950 Kilometer treckten sie mit ihren bespannten Treckwagen in eisiger Kälte und hohem Schnee, zudem von Tieffliegern bedroht. Häufig mußten sie auf ihren Fuhrwerken übernachten, da sie keine Quartiere fanden. Schließlich erreichten sie das niederbayrische Landshut, wo ihnen Notaufnahme gewährt wurde.[443]

Als die Waffen am 8. Mai 1945 schwiegen, sollte die Not der Schlesier noch längst kein Ende finden; häufig fing sie nun erst richtig an. Am 17. Juli 1945 trafen sich die Repräsentanten der Siegermächte in Potsdam. Beherrscht wurde die Potsdamer Konferenz von der Debatte über die Oder-Neiße-Linie. Sie wurde eingeleitet durch den Präsidenten der Vereinigten Staaten, Harry S. Truman, der feststellte: »Man habe bei allen Wertungen über Deutschland zugrunde gelegt, daß die Alliierten die Verantwortung zu übernehmen haben.« Von diesem Deutschland, gemeint war das Deutschland in den Grenzen von 1937, sei man bei sämtlichen Überlegungen über die Reparationen ausgegangen. Doch das Deutschland des Jahres 1937 gebe es nicht mehr. »Bisher«, so Truman dann weiter, »hat es drei Besatzungsmächte gegeben, die Sowjetunion, die Vereinigten Staaten und Großbritannien. Aber nun ist eine neue Besatzungsmacht aufgetreten, Polen, eine Besatzungsmacht aber, die all der Verantwortung ledig ist, wie sie die drei übrigen Besatzungszonen auf sich genommen haben. Wie soll man irgendeine deutsche Frage, die Frage der Reparation oder andere Fragen entscheiden, wenn man Deutschland zerstückelt?«

Marschall Stalin entgegnete, daß die Gebiete jenseits von Oder und Neiße nicht mehr zu Deutschland gehörten, da die Deutschen aus diesen Gebieten geflohen seien. Wörtlich fuhr er dann fort: »Zwischen Oder und Weichsel haben die Deutschen ihre Felder verlassen, die jetzt von Polen bestellt werden. Es ist unwahrscheinlich, daß die Polen einer Rückkehr dieser Deutschen zustimmen werden.«[444]

Polen war entschlossen, einen rein polnischen Staat ohne deutsche Bevölkerungsteile zu schaffen. Ihn definitiv durchzusetzen gelang in Potsdam, denn hier wurde konstatiert: »Die Konferenz hat bezüglich der Ausweisung von Deutschen aus Polen, der

Tschechoslowakei und Ungarn das nachstehende Abkommen getroffen. Die drei Regierungen haben die Frage von allen Seiten erwogen und sind zu der Ansicht gelangt, daß eine Überführung der deutschen Bevölkerung oder deutscher Bevölkerungselemente, die in Polen, der Tschechoslowakei und Ungarn geblieben sind, nach Deutschland vorgenommen werden muß. Sie sind sich darüber einig, daß diese Überführung auf eine geregelte menschliche Weise erfolgen soll ...«[445] Die »Überführung« wurde aber weder geregelt noch menschlich vorgenommen, sie ist als »Vertreibung« in die Geschichte eingegangen; die Betroffenen erlebten sie als ein Grauen.

Am 20. August 1945, keine drei Wochen nach Abschluß der Potsdamer Konferenz, hieß es im *Dziennik zachodni:* »In diesem Land wird es keine Deutschen mehr geben.« Und das war nicht nur das erklärte Ziel der amtlichen polnischen Politik, damit den Vorstellungen der polnischen Bevölkerung entsprechend, sondern auch der katholischen Kirche Polens.[446]

Die Politik der katholischen Kirche Polens beziehungsweise ihrer Repräsentanten förderte die Polonisierung der ostdeutschen Gebiete beziehungsweise Schlesiens. Die Situation in den ostdeutschen Gebieten unmittelbar nach Kriegsende, die in engem Zusammenhang mit der weltweiten »Ablehnung und Ächtung alles Deutschen« gesehen werden muß, brachten die Breslauer Domvikare Thienel und Moschner in einem Brief an den Mainzer Bischof Albert Stohr vom 23. November 1945 treffend zum Ausdruck: »Keine Hilfe von irgendwoher. Und auch Rom hat uns aufgegeben ... Diese Tatsache ist für unser Volk die schwerste Belastungsprobe.«[447]

Angesichts derartiger Entwicklungen mußten die Belastungen für die Zahl der in Schlesien noch verbliebenen Deutschen, die sich im Oktober 1945 in Westoberschlesien und Niederschlesien auf 1,4 Millionen Menschen belief, ungeheuer groß sein. Ihre Lebensgrundlage war gefährdet, wenn man ihnen Lebensmittelkarten verweigerte, ihre Wohnungen plünderte, überhöhte Preise verlangte, die zudem in Złoty zu bezahlen waren. Brot und Lebensmittel waren allgemein knapp und für Deutsche besonders schwer zu erhalten, die Sterblichkeitsquote war entsprechend hoch. Hinter vielen dieser Maßnahmen stand die Absicht, die Deutschen zu zwingen, ihre Heimat so schnell wie möglich zu verlassen. Wenn sie sich gleichwohl häufig weigerten, wegzugehen, so deshalb, weil sie hofften, daß die Oder-Neiße-Linie nicht definitive Grenze sein werde.[448]

Zunehmend kamen jetzt polnische Siedler nach Schlesien. Da diese jedoch nicht in ausreichender Zahl kamen, erschien es nicht ratsam, alle Deutschen sofort auszuweisen, da dies größere Nachteile mit sich gebracht hätte als eine dem Zuzug von Polen entsprechende Ausweisung der Deutschen. Ein nahtloser Übergang des Landes aus deutscher in polnische Hand erschien Polen als bessere Lösung.[449] So waren die zögerlichen Ausweisungen nicht Ausdruck des Entgegenkommens gegenüber den Deutschen, sondern Konsequenz der langsamen Zuwanderung von Polen nach Schlesien.[450]

Die Form der Ausweisung seit dem 8. Mai 1945 erfolgte offenbar weitgehend unterschiedslos. So durfte nur das mitgenommen werden, was man tragen konnte, wovon manches noch während der Reise weggenommen wurde. Auch die Betreuung der Ausgewiesenen während der Zeit der Ausreise war völlig unzureichend, so daß die Ausgewiesenen in den alliierten Besatzungszonen Deutschlands in einem Zustand der Erschöpfung ankamen; häufig litten sie auch an ansteckenden Krankheiten.[451]

Diese Menschen erlitten nicht nur Schikanen, die in der Verweigerung von Arbeitsmöglichkeiten und Lebensmitteln bestanden, häufig wies man polnische Familien in noch von Deutschen bewohnte Häuser ein. Dies hatte zur Folge, daß sich auch ohne Ausweisung auf jeder Hauptstraße Schlesiens, die nach Westen führte, ein ununterbrochener Strom von Flüchtlingen ergoß. Sie zogen zu Fuß, litten unter Hunger und viele starben unterwegs an Erschöpfung.[452] Wie schlimm die Lage der Deutschen in Schlesien nach dem 8. Mai 1945 oft war, läßt sich daran erkennen, daß sie nicht selten bei der Roten Armee Hilfe suchten, »wenn sie von den Polen, das heißt zumal von polnischer Miliz oder Geheimpolizei, belästigt wurden«.[453]

Daß der Ausweisungsprozeß nicht nur auf die unmittelbare Nachkriegszeit begrenzt war, sondern einen Zeitraum von mehreren Jahren umfaßte, zeigt ein Bericht aus Brockau: »In den ersten Januartagen 1947, bei strengstem Frost, mußten wir eines Tages früh am Rathaus antreten und Stunde um Stunde warten, bis schließlich am Spätnachmittag der Befehl zum Abmarsch gegeben wurde ... Bei Dunkelheit kamen wir ganz erschöpft in Breslau an und mußten ins Lager, eine ganz verwahrloste Schule nahe dem Postscheckamt. Nachts mußten wir unser auf dem Hof abgestelltes Gepäck bewachen und gegen plündernde Banden verteidigen. Nach einigen Tagen mußten wir durch die ›Kontrolle‹, wo uns durch polnische Zöllner viel Habe und Geld abgenommen wurden, bis wir dann schließlich nach endlosem Warten zum Freiburger Bahnhof ziehen mußten, unterwegs dauernd belästigt und beraubt durch Gesindel. Dann wurden wir gegen Mitternacht auf dem Bahnhof in Viehwagen verladen, die dunkel und kalt waren und traten die Fahrt nach Westen an ...«[454] Die Einwohner von Brockau lebten später in den alliierten Besatzungszonen beziehungsweise über die ganze nachmalige Bundesrepublik und die DDR zerstreut, unter anderem in Westfalen, Oldenburg, Sachsen und Thüringen.

Von einer Ausweisung, die »human und geregelt« war, konnte keine Rede sein. Fast 1,5 Millionen Menschen sind bei der Vertreibung aus den Gebieten jenseits von Oder und Neiße seit 1945 umgekommen.

Der aus Breslau stammende Journalist und Schriftsteller Bernhard Guttmann, der dort 1869 in eine jüdische Kaufmannsfamilie geboren worden war, hat den Verlust seiner schlesischen Heimat und darüber hinaus der deutschen Ostgebiete insgesamt im ersten Heft der durch ihn mitbegründeten Zeitschrift *Die Gegenwart* im Dezember 1945 folgendermaßen kommentiert: »[In Potsdam] ist beschlossen worden, das ganze Land östlich von der Oder angefangen von ihrer Mündung in die Ostsee bis zur Einmündung der westlichen Neiße in die Oder, von da auch das westlich der Oder bis an die Neiße reichende Land bis zur Grenze der Tschechoslowakei sofort unter die Verwaltung des wiedererrichteten polnischen Staates zu stellen. Hieraus geht hervor, daß an endgültige Angliederung an Polen gedacht ist; denn warum sollte man statt der russischen Okkupation dort erst einen polnischen Zwischenzustand eintreten lassen, wenn alles nur Provisorium wäre? Es fallen also an Polen: Der größere südliche nicht zu Rußland kommende Teil von Pommern. Etwa zwei Drittel der deutschen Ostseeküste sind verloren. Zu Polen kommt ferner ein erheblicher Teil der Provinz Brandenburg, endlich fast ganz Schlesien, von dem nur der kleine Zipfel westlich der Neiße übrigbleibt. Das ist die fürchterliche Amputation, die am Körper Deutschlands vorgenommen wird.«[455]

Und weiter schreibt er: »Sieht man von den zahllosen Einzeltragödien ab und auf das Ganze, so hat die deutsche Nation einen Umwandlungsprozeß vor sich, wie er in der Erinnerung der Völker noch nicht dagewesen ist.«[456] Guttmann schrieb aus dem unmittelbaren Erleben des furchtbaren Geschehens jenseits von Oder und Neiße im Bewußtsein der historischen Tragödie, die Flucht und Vertreibung aus den deutschen Ostgebieten nicht nur für Schlesien bedeuteten.

Schlußbetrachtung

NORBERT CONRADS

Der Zweite Weltkrieg hatte ein ungleich anderes Ende genommen als der Erste. 1918 war von Deutschland noch ein Staat mit einer legitimierten Regierung übriggeblieben. Er stand zwar am Rande der Revolution, konnte aber den Siegern, die ihm den Friedensvertrag aufzwangen, noch Milderungen abringen, zum Beispiel Volksabstimmungen wie in Oberschlesien.

Die Niederlage von 1945 hingegen war total und bedingungslos. Die Kapitulation des Deutschen Reiches hinterließ weder einen deutschen Staat noch eine andere Instanz, die für Deutschland sprechen konnte. Für einen Friedensvertrag, wie immer er aussehen mochte, gab es auf deutscher Seite keinen Verhandlungspartner mehr. Angesichts dessen, was in Auschwitz, in Bergen-Belsen, in Warschau und an unzähligen anderen Orten aufgedeckt wurde, war auch nicht Frieden, sondern eher Vergeltung, Rache und Abrechnung zu erwarten.

Die Alliierten hatten schon früh begonnen, ihre Vorstellungen einer Nachkriegsordnung für Europa und die Welt zu entwerfen. Jeder der »Großen Drei« dachte in Kategorien von Sicherheit, Einflußzonen und globalen Zusammenhängen. Die Verschiebung ganzer Länder oder die Verpflanzung von Bevölkerungen nahm sich dabei aus wie ein Spiel mit Streichhölzern. Selten in der Geschichte haben so wenige Politiker über soviel Zukunft entschieden wie die Großen Drei 1943 in Teheran beziehungsweise 1945 in Jalta.

Unabhängig davon, wie verschieden die Vorstellungen von der zukünftigen Rolle Deutschlands in Europa waren, bestand darüber Einvernehmen, daß es nie wieder die Macht haben durfte, die Welt mit einem Krieg zu überziehen. Vor allem galt es jenes östliche Deutschland zu schwächen, das seinen »harten Kern« im militaristischen Preußen besaß und von dem man behauptete, es bedrohe von seinen vorgeschobenen Positionen in Ostpreußen und Schlesien aus die angrenzenden Völker. In England war das antipreußische Ressentiment am ausgeprägtesten. Wer Preußen zerstören wollte, mußte ihm jene Gebiete nehmen, die es zur Großmacht erhoben hatten. War das noch Nachwirkung jener schneidigen Kaisermanöver, die Churchill dreißig Jahre zuvor als Gast des Kaisers in Schlesien beobachtet hatte? Jedenfalls entwickelte der englische Staatsmann die Idee der Westverschiebung Polens, wofür die Zustimmung Stalins leicht zu erhalten war. Die Ahnungen Bismarcks, daß eine Beseitigung Preußens auch über das Schicksal seiner ehemaligen Provinzen entscheiden werde, fanden hier ihre Bestätigung.

Das jüdische Leben Schlesiens, dem Wissenschaft, Wirtschaft und Kultur so viel verdanken, war schon bald nach 1933 erloschen, zwischen 1941 und 1944 wurden die meisten verbliebenen Juden ermordet. In der 1991 eingeweihten Gedenkstätte von Yad Vashem in Israel erinnert ein Teil der Anlage auch an die versunkenen Gemeinden Schlesiens.

Die wirtschaftspolitischen Fehler des Versailler Vertrages sollten jedoch nicht wiederholt werden. Auf die Rolle Deutschlands als Konsumenten und Produzenten wollte England nicht verzichten, und das hieß nach den Worten Churchills von 1941 »to make Germany fat but impotent«. Seitdem hatten die Überlegungen einer Amputation Deutschlands im Osten und der Umsetzung der dortigen deutschen Bevölkerung einen festen Platz in der britischen Kriegszielpolitik. Man ging davon aus, daß auch ein kleineres Deutschland es verkraften werde, schätzungsweise 3 bis 6,5 Millionen Vertriebene aus Ostpreußen, Oberschlesien und dem Sudetenland aufzunehmen.

Solche Überlegungen entsprachen teilweise den Konzepten polnischer Politiker. Seit der Erringung der Unabhängigkeit ihres Staates 1918/19 träumten manche unter ihnen bereits in der Zwischenkriegszeit von einer Erweiterung der polnischen Grenzen nach Osten wie nach Westen. Der führende polnische General Stefan Rowecki hatte im April 1939, vier Monate vor Kriegsausbruch, in seinem Tagebuch niedergelegt, wie seiner Ansicht nach ein möglicher Krieg mit Deutschland ausgehen werde. Dann stehe Polen eine große Zukunft bevor. Es werde ganz Schlesien, ganz Danzig, ganz Ostpreußen, vielleicht ohne Königsberg, und einen Grenzausgleich in Pommern erhalten. Nach dem deutschen Überfall auf Polen im September 1939 konnten aus solchen Planspielen konkrete Kriegsziele werden. Für ihre Durchsetzung warben die polnische Exilpresse und die im Exil wirkenden polnischen Politiker. Die Modelle eines »piastischen« beziehungsweise »jagellonischen« Polen mit einer Ausdehnung bis an die Oder beziehungsweise mit der Ostgrenze von 1772 bestanden also schon, ehe Deutschland mit seinen Verbrechen im Osten jeglichen moralischen Kredit verspielte. Solche Eventualitäten wurden auch in Deutschland gesehen, von hellsichtigen Politikern sogar befürchtet. Ein halbes Jahr vor der sogenannten Reichskristallnacht und über ein Jahr vor Kriegsbeginn war Carl Goerdeler 1938 zu der Analyse gelangt: »Führt Deutschland einen unglücklichen Krieg, so sind Ostpreußen und das deutsche Gebiet östlich der Oder verloren ... England und Frankreich (werden) aus allgemeinen Menschlichkeitsgründen ... kein Opfer bringen, um Deutschland vor diesem Schicksal zu bewahren ... Sie werden auf das Vorgehen gegen die Juden hinweisen und den Deutschen dieser Gebiete anheimstellen, auszuwandern.«

Nicht jede von Hitler veranlaßte Unrechtsgrenze sollte nach Kriegsende revidiert werden. Die im Hitler-Stalin-Pakt von 1939 vereinbarte Westgrenze der Sowjetunion war eine Teilungslinie mitten durch das bestehende Polen. Wider Recht und Moral hielt Stalin 1945 an ihr fest. Da er zum unbeschränkten Herrscher östlich der Elbe geworden war, lag es in seiner Macht, die polnischen Entschädigungsforderungen auf die deutschen Ostgebiete zu lenken, wie Churchill es befürwortet hatte. Wenn man auf polnischer Seite schließlich zustimmte, dann nicht in freier Entscheidung. So bedeutend auch die versprochene Kompensation im Westen war, für Polen enthielt sie den Stachel des Verlustes seiner Ostgebiete.

Zwischen Stalin und dem von ihm abhängigen Lubliner Komitee wurde am 27. Juli 1944 ein Geheimabkommen geschlossen, das die polnische Westgrenze an Oder und Lausitzer Neiße verlegte und die Vertreibung aller Deutschen aus den Gebieten östlich dieser Grenze vorsah. Zu Stalins Kalkül gehörte dabei auch, daß eine solche Erweiterung Polens auf Kosten Deutschlands den Keim zu ewiger Feindschaft zwischen diesen Nachbarvölkern legen und daraus eine dauernde Schutzbedürftigkeit und Abhängigkeit Polens von der Sowjetunion folgen werde. Auf der Konferenz von Jalta und später in Potsdam erreichte Stalin die Zustimmung seiner Alliierten zu diesem Teilungskonzept, zumal er behauptete, es gebe kaum noch Deutsche in den von der Roten Armee eroberten Ostprovinzen.

Mochte auch der offizielle Text des Potsdamer Schlußkommuniqués vom 2. August 1945 die Regelungen der Konferenz noch als vorläufig erscheinen lassen, insbesondere deshalb, weil die Festlegung der Westgrenze Polens bis zu Friedensverhandlungen zurückgestellt wurde, so haben die inzwischen zugänglichen britischen Akten klargestellt, daß in Potsdam eine definitive Abtretung des deutschen Ostens gewollt war. Polen hat sich in Potsdam dazu lediglich äußern dürfen, angesichts seiner Gebietsabtretungen im Osten auch ohne Zögern nach den deutschen Ostprovinzen gegriffen, aber im Grunde war es damals mehr Objekt als Subjekt des Handelns.

Wenn die Frage der deutschen Ostgebiete im Nachkriegsdeutschland als ungeklärt angesehen werden konnte, so lag das an den vieldeutigen Formulierungen der Sieger, die schon in der Stunde ihres Triumphes uneins wurden. Ein Eiserner Vorhang teilte fortan Europa, der Kalte Krieg begann. Deutschland mit seinen entwurzelten Menschen hätte ein politischer Dampfkessel werden können. Aber die deutschen Vertriebenen bewiesen eine politische Mäßigung und Reife, die in der Welt ihresgleichen sucht. Bereits in der Stuttgarter »Charta der deutschen Heimatvertriebenen« von 1950 gelobten sie vor der Weltöffentlichkeit den Verzicht auf Rache und Vergeltung. Das wurde ein wichtiger Stein für das Fundament der heutigen Aussöhnung. Die Erklärung war kein Verzicht auf die verlassene Heimat. Wie hätte man solches erwarten können, wo selbst einem neutralen Beobachter wie dem Schweizer Schriftsteller Max Frisch, der Breslau im August 1948 aufsuchte, Schlesien als »das ungeheure Geschenk« der Sieger an Polen erschien. Den Vertriebenen mußte das Gleiche ein »ungeheurer Verlust« (Louis Ferdinand Helbig) sein.

Nach dem Krieg schien es, als würde die Frage der alten deutschen Gebiete jenseits von Oder und Neiße das deutsch-polnische Verhältnis auf unabsehbare Zeit belasten. Polen fühlte sich von der offiziellen deutschen Position zur Oder-Neiße-Frage verunsichert. Das galt vor 1950 auch hinsichtlich der SED-Parteilinie, für die Max Fechner 1946 erklärt hatte, »daß die Sozialistische Einheitspartei sich jeder Verkleinerung deutschen Gebiets entgegenstellen wird. Die Ostgrenze ist nur provisorisch und kann erst bei der Friedenskonferenz unter Mitwirkung aller großen Siegerstaaten festgelegt werden«. Diese Position mußte aufgegeben werden, als 1949 die DDR gegründet wurde. Ohne Anerkennung der Oder-Neiße-Linie als Grenze hätte der zweite deutsche Staat nicht die staatliche Anerkennung Polens erlangen können. In der Bundesrepublik war das Einvernehmen über die Nichtanerkennung dieser Grenze lange einhellig. Aus vielerlei Gründen, nicht zuletzt solchen des rechtlichen Schutzes der dort verbliebenen Deutschen, wurde die Rechtsauffassung vom Fortbestand des Deutschen Reiches in den

Vier Persönlichkeiten, die sich um das geistige Erbe Schlesiens verdient machten: Günther Grundmann (oben rechts) war der letzte Provinzialdenkmalpfleger Schlesiens. Ludwig Petry (oben links) sorgte als langjähriger Vorsitzender der Historischen Kommission für die Kontinuität der Erforschung Schlesiens. Das schriftstellerische Werk Horst Bieneks (unten links) wurde der wichtigste Beitrag Schlesiens zur deutschen Nachkriegsliteratur. Der Germanist Marian Szyrocki (unten rechts) machte sich an der Universität des heutigen Wrocław um die schlesische Barockforschung verdient.

Grenzen von 1937 aufrechterhalten, der auch die Verbündeten nicht widersprachen. Das letzte Mal wurde sie am 31. Juli 1973 vom Bundesverfassungsgericht als geltendes Recht bestätigt.

Dennoch: die Frage der deutschen Ostprovinzen war nicht so offen, wie mancher Politiker in Deutschland lange meinte oder es darstellte. Wer sich erinnert, welche Panik bereits die Aussicht einer »kleinen« deutschen Wiedervereinigung im Jahre 1989 bei den befreundeten Regierungen Englands und Frankreichs auslöste, kann daraus schließen, daß der politische Handlungsspielraum Deutschlands von 1989 an der polnischen Westgrenze endete. Bei der Vereinigung hat Deutschland nichts verschenkt, was nicht schon längst verloren war. Wer anderes glaubte, hatte entweder aus der Geschichte nichts gelernt oder dachte politisch verantwortungslos. Im Gegensatz dazu hat die verständigungsbereite Haltung der Deutschen aus dem Osten stets zu den Wundern Nachkriegsdeutschlands gezählt. Wenn diese Menschen den Verlust ihrer Heimat nicht vergessen können, so ist das etwas anderes, etwas Ehrenwertes und Menschliches. Es war für sie eine letzte bittere Erfahrung, daß im selben Augenblick, da zusammenwuchs, was zusammengehörte, auch die Narben wieder spürbar wurden und zu schmerzen begannen, weil etwas fehlte, das nicht minder zusammengehört hätte, aber nicht mehr zusammenwachsen konnte.

Schlesien hatte im Laufe der Jahrhunderte verschiedene Herren gesehen. Das Land stellte für seine Nachbarn stets eine begehrte Abrundung des eigenen Herrschaftsbereiches dar. Je nach Gelegenheit hatten sie alle Schlesien besessen: die Böhmen, die Ungarn, die Österreicher, die Preußen. Aloys Schulte hatte es daher 1933 ein »Schicksalsland« genannt und vom »Laufgewicht« Schlesiens gesprochen. Das war die technisch korrektere Bezeichnung für ein bereits 1923 geprägtes Bild, als Johannes Haller die Rolle Schlesiens mit einem »Schiebegewicht« verglichen hatte: Stets senkte sich die Waagschale des politischen Übergewichtes im östlichen Mitteleuropa zu dessen Gunsten, der das Gewicht Schlesien auf seine Seite zu schieben vermochte.

Alle diese Gewichtsverlagerungen waren aber ohne Änderungen der Gewichtssubstanz erfolgt. So gravierend und belastend jeder Besitzwechsel auch verlaufen war, niemals hatte er zur Ausweisung der Bevölkerung oder auch nur einiger Teile davon geführt, im Gegenteil. Der Erwerbsfleiß der Schlesier wurde von allen Landesherren als das größte Kapital des Landes geschätzt. Welche Sprache die Bewohner der Länder im östlichen Mitteleuropa sprachen, war nebensächlich gewesen. Größere Bedeutung hatte man eine Zeitlang der Konfession beigemessen, und am wichtigsten war die politische Loyalität. Aber Vaterlandsliebe hatte im vielsprachigen östlichen Mitteleuropa nie den Zwang zur Alleinherrschaft einer einzigen Staatssprache vorausgesetzt.

Im gesamten östlichen Mitteleuropa überwogen die multiethnischen Strukturen, die scharf umrandete Sprachgebiete gar nicht kannten. Polen war lange ein Vielvölkerreich gewesen, in dem der polnische Adel traditionell multiethnisch zusammengesetzt war. Wie modern muß uns heute das vor-nationalistische 18. Jahrhundert erscheinen, das noch kaum Nationalitätenkonflikte kannte. Niemand hätte damals einen Vorteil darin gesehen, im Falle eines Territorialgewinns sogleich die Menschen des Landes zu

Ein Bild der Hoffnung und Nachbarschaft. In Kreisau, dem Ort des deutschen Widerstands gegen Hitler, setzten am 12. November 1989 die Regierungschefs Deutschlands und Polens ein Zeichen der Versöhnung zwischen ihren Ländern.

verweisen. Es war erst unserem Jahrhundert der nationalen Exzesse vorbehalten, die Mischung von Sprachen und Ethnien als unverträglich anzusehen und entsprechende Emotionen zu schüren.

Die Probe darauf war nach dem Griechisch-Türkischen Krieg der Jahre 1920 bis 1923 erfolgt. Bei der Friedensregelung war in Lausanne die ethnische Reinigung der verfeindeten Staaten beschlossen worden und mit ihr die Umsiedlung der jeweils eigenen Volksangehören in das Mutterland. Das hatte zur Verdrängung von 1,4 Millionen Griechen aus der Türkei und von 380 000 Türken aus Griechenland geführt. Es gab Orte im ägäischen Kleinasien, wo dreitausend Jahre Heimatrecht der Griechen plötzlich nichts mehr galten, sondern auch diese Griechen wie alle anderen den neuen türkischen Staat verlassen mußten. Der Vergleich ist keineswegs weit hergeholt. Es war Churchill, der sich in seiner Unterhausrede vom 5. Dezember 1944 auf dieses Beispiel berief, das er als das »befriedigendste und dauerhafteste Mittel« erkannte, um im Osten Deutschlands »reinen Tisch« zu machen.

Ein noch schlimmeres Beispiel gab damals die deutsche Politik gegenüber Polen. Im eroberten Polen hatte der zum »Reichskommissar für die Festigung des deutschen Volkstums« ernannte Heinrich Himmler nach 1939 bereits mit einer völkisch-nationalen »Flurbereinigung« begonnen, die eine »restlose Entfernung des größten Teils der Polen aus dem Reich«, also den direkt annektierten polnischen Gebieten, zum Ziel hatte. Vom Ende des Jahres 1939 bis zum Frühjahr 1941 wurden 1,5 Millionen Polen, unter ihnen 300 000 Juden, zwangsweise in den Osten deportiert, damit für die sogenannten Volksdeutschen aus dem europäischen Ostraum Platz geschaffen werde. Nacheinander hatte das Reich Verträge mit Lettland, Estland, der Sowjetunion und anderen Staaten geschlossen, die zum Ziel hatten, alle dort wohnenden Deutschen »heim ins Reich« zu holen. Auf deutschen Wunsch wurden nach dem Hitler-Stalin-Pakt Deutsche zum Verlassen ihrer baltischen, galizischen, bessarabischen und bukowinischen Heimat gezwungen und in langen Trecks in die ihnen zugewiesenen unbekannten Dörfer des Warthelandes geschickt. Etwa 400 000 Menschen sind offiziell aus den russisch beherrschten Territorien in polnische Gebiete umgesiedelt worden.

Das vollzog sich teilweise vor den Augen der Schlesier. In der Jahrhunderthalle zu Breslau fanden Großkundgebungen für ankommende Volksdeutsche statt. Das weite Osteuropa mit seiner deutschen Streubevölkerung wurde durch diese rassistische Kolonialpolitik »entgermanisiert«, damit polnische Dörfer germanisiert werden konnten. Die ahnungslosen Volksdeutschen waren entsetzt, wenn manchmal noch vor ihren Augen die polnischen Besitzer vom Hof verjagt wurden. Das Unrecht – und es blieb nicht bei solchen Verstößen gegen das Völkerrecht – das damals in Polen geschah, sollte wenig später auf die hilflosen Volksdeutschen und alle Ostdeutschen zurückschlagen. Daß Krieg herrschte, rechtfertigte das zusätzliche Unrecht nicht.

Die Katastrophe, die 1945 über Schlesien kam, war jedenfalls kein Naturereignis. In den Jahren der Demütigung und Versklavung hatte sich in Polen begreiflicher Haß angesammelt, den Schlesien als erstes zu spüren bekam. Man kann nicht das in Schlesien nach 1945 verübte Unrecht beklagen, ohne von dem Unrecht zu sprechen, das zuvor in unmittelbarer Nachbarschaft im deutschen Namen geschehen ist. Das gehört zur Vollständigkeit des Bildes und hat nichts mit Aufrechnung oder Relativierung zu tun.

Nach damaliger Geographie geschah sogar das Schlimmste auf neuschlesischem Boden, denn die Provinz war um rein polnische Gebiete erweitert worden. Seit 1939 lag Auschwitz im neuen Kreis Bielitz des schlesischen Regierungsbezirks Kattowitz, ebenso auch Wadowice, die Geburtsstadt des heutigen Papstes. Nur dreißig Kilometer hinter der vorgerückten deutschen Grenze lag Krakau, wo 1939 der gesamte Lehrkörper der jagellonischen Universität verhaftet und nach Sachsenhausen verschleppt wurde. Nicht wenige fanden dort den Tod. In Polen begann die Dezimierung und teilweise Liquidierung der Intelligenz, mit dem Ziel, ein Volk von polnischen Hilfsarbeitern zu schaffen. Widerstand, wie er sich im Warschauer Aufstand 1944 regte, wurde erbarmungslos vergolten. Und schließlich wurden mindestens 2,5 Millionen Polen jüdischen Glaubens das Opfer des planmäßigen Mordes in den Vernichtungslagern von Auschwitz, Maidanek, Treblinka und anderswo. Im Bewußtsein solcher Schuld hat der deutsche Bundespräsident 1994 in Warschau die Bitte um Vergebung ausgesprochen.

Wann immer die Frage nach dem historischen Ort von Auschwitz gestellt wurde, war sie in übertragener Bedeutung gemeint. Nicht ohne Beklommenheit muß in einem Buch zur schlesischen Geschichte konkreter nachgefragt werden: War das im erweiterten Oberschlesien gelegene Auschwitz zur Zeit des Mordens gar ein Teil der schlesischen Geschichte, seiner letzten und unheilvollsten? Man darf die Frage sicheren Gewissens verneinen, es sei denn, man wollte sich auf den Standpunkt der Okkupanten begeben. Nur in einer Hinsicht gehört dieser Ort des Schreckens dazu. Auch ein Großteil der 1941 noch in Schlesien lebenden Juden wurde vermutlich dort ermordet.

Mit dem Schweigen der Waffen war der Krieg nicht beendet. Europa feierte seine Befreiung vom deutschen Joch. Konnte man erwarten, daß alle Deutschen einstimmten? Die Dankbarkeit über die Befreiung von Krieg und Naziterror war allgemein, im russischen Teil Deutschlands wurde sie bald staatlich verordnet und alljährlich der ruhmreichen Sowjetmacht gehuldigt. Aber nachdem die Freiheit vom bisherigen Schrecken gewonnen war, bewegte die Menschen ebenso die Frage, wofür sie befreit worden waren. In den zerbombten Städten hofften Mütter und Kinder auf die Rückkehr der Männer und Väter und wußten nicht, wie sie die Zukunft meistern würden. Für viele Soldaten begann jetzt erst der Weg in die Kriegsgefangenschaft, aus der Tausende nicht zurückkehrten. Im deutschen Osten wurden Menschen deportiert, weil sie jung oder arbeitsfähig wirkten. In den Gebieten, die nun polnisch oder wieder tschechisch wurden, verloren die Deutschen nicht nur ihre staatsbürgerlichen, sondern fast alle Rechte. In Schlesien begann die »wilde« Vertreibung, die erst allmählich geordneter wurde, ohne je »human« zu werden. Jüngere polnische Veröffentlichungen haben die Berichte des Arztes Heinz Esser über das Lager Lamsdorf südwestlich von Oppeln bestätigt. Über 8 000 Menschen wurden dort im Sommer 1945 interniert und so behandelt, daß drei Viertel von ihnen den Lageraufenthalt nicht überlebten.

Ein anderer Zeuge war Robert Jungk, der 1933 als Zwanzigjähriger aus Deutschland geflohen war und nach dem Krieg als erster seiner Empörung über die Zustände in

Schlesien, diesem »polnisch besetzten Teil Deutschlands«, Ausdruck gab. Der jüngsthin verstorbene Friedensforscher hatte in der Schweizer *Weltwoche* vom 16. November 1945 unter Anführung zahlreicher Einzelbeispiele über »leergeplünderte Städte, Pestdörfer, Öde, unbestellte Felder, leichenbesäte Straßen, an denen Wegelagerer lauern und Flüchtlingen die letzte Habe rauben«, berichtet. Zuletzt hatte man von Dergleichen aus den schlimmsten Tagen des Dreißigjährigen Krieges erzählen hören. Jungk empfand das Bedürfnis, diese »Schandtaten, die heute im Namen der Demokratie und der Freiheit begangen werden«, zu enthüllen, um sich nicht mitschuldig zu machen.

Man begreift die Ratlosigkeit und Verlassenheit, welche die hilflosen Schlesier in ihrer bisherigen Heimat befiel. Nur noch die deutschen Gemeinden beider Konfessionen boten Rückhalt. Aber wie lange? Die alte Kirchengemeinde St. Bernhardin in Breslau erhielt noch Mitte des Jahres 1946 einen neuen Geistlichen, der seine Gemeinde in der Kirchenruine zum Gottesdienst versammelte, wo er von den Trümmern der Kanzel herab am Sinn einer solchen Feierstunde zweifelte, »da nach menschlichem Ermessen doch wohl das Ende der deutschen evangelischen Kirche hier in Breslau nahe bevorsteht«. Mehr noch beschäftigte ihn, welcher Plan Gottes über allem walte. Er sah die »Stunde des Gerichts« gekommen, wie es die Apokalypse angekündigt hatte. Nicht nur, daß Gott der Herr die Deutschen, die ihre Herrschaft im Osten mit blutiger Gewalt aufgerichtet hatten, wieder dahin zurückjagte, woher einst ihre Väter gekommen waren. »Ja, wenn nicht alle Zeichen trügen, stehen wir ... am Ende der Geschichte der Menschheit überhaupt.«

Die Schlesier haben es immer als einen Vorgang von tieferer Bedeutung empfunden, daß die beiden wichtigsten Persönlichkeiten des alten Schlesien gerade in dem Augenblick abtraten, als das deutsche Schlesien unterging. Am 6. Juli 1945 starb an seinem Zufluchtsort Johannesberg der letzte deutsche Erzbischof Breslaus, Kardinal Adolf Bertram. Ihm wurde eine armselige Beisetzung in fremder Gruft zuteil.

Noch denkwürdiger endete das Leben des größten schlesischen Dichters Gerhart Hauptmann. Das Haus des Nobelpreisträgers stand seit 1945 unter russischem Schutz, was aber nicht verhinderte, daß auch den sterbensmüden Dichter der Ausweisungsbefehl traf. Ihm gewährte man, was keinem anderen Deutschen zuteil wurde, einen Sonderzug für seine Familie und die wichtigste Habe. Aber Hauptmann spürte seinen letzten Lebenswunsch bedroht, dort sterben zu dürfen, wo er begraben sein wollte, im Park seines Hauses. Vielleicht war es diese Sorge, die ihn bei seiner letzten Frage beschäftigte: »Bin ich noch in meinem Haus?« Sein Tod in Agnetendorf am 6. Juni 1946 kam der Ausweisung zuvor. Dann begann das bekannte unwürdige Gerangel um seine Habseligkeiten und die letzte Fahrt des Dichters, bis er schließlich auf einem kleinen Fischerfriedhof der Ostseeinsel Hiddensee seine Ruhe fand. Seine Frau hatte etwas schlesische Erde mitgenommen, um sie ins Grab zu geben.

Das Ende des deutschen Schlesien war nicht das Ende der Geschichte schlechthin, wie man 1946 inmitten der Trümmer befürchtet hatte. Sowohl die deutsche als auch die schlesische Geschichte gingen weiter. Was folgte, währt inzwischen schon ein halbes Jahrhundert. Die Schauplätze dieser Fortsetzung liegen so verstreut wie die Orte, an denen Deutsche, Polen und andere sich bemühen, schlesische Kultur zu erforschen und weiterzugeben, Traditionen zu bewahren und weiterzuentwickeln. In aller Welt kann man heute schlesischen Spuren begegnen, nur ist ganz ungewiß, wie lange sie sichtbar bleiben werden. Davon läßt sich nicht auf wenigen Seiten berichten. Mehr zu schildern, war auch nicht beabsichtigt.

Andernfalls müßte man von den Deutschen in Schlesien, zumal in Oberschlesien, handeln, die sich nach Jahrzehnten wieder zusammenfinden dürfen und es im Namen des Dichters Eichendorff tun, der für sie in ganz neuer Weise ein Dichter ihrer Heimat und ihrer Identität geworden ist. Er ist wohl der einzige Deutsche, zu dessen Ehren wieder ein Denkmal in Schlesien steht. Daneben wäre zu würdigen, wieviel man auf polnischer Seite unternimmt, um das historische Gesicht des Landes zu erhalten oder zurückzugewinnen. Diese so lange von politischen Sprachregelungen behinderten Bemühungen entwickeln sich heute auf vielen Gebieten in nachbarschaftlichem Verständnis, am auffallendsten in der Rückgewinnung vertrauter Stadtbilder und Bauwerke, in der Besinnung auf historische Symbole wie das ehrwürdige Breslauer Stadtwappen, in tröstlichen Gesten der Versöhnung wie der würdigen Beisetzung des letzten deutschen Erzbischofs von Breslau in seinem alten Dom 46 Jahre nach seinem Tod. Auch schwindet die unverständliche Amnesie deutscher Ortsnamen aus dem gedruckten Schrifttum und scheint einem unverkrampften Sowohl-als-Auch Platz zu geben.

Schlesier gelangten nach 1945 in beide Hälften Deutschlands, entweder als »Umsiedler« in das Gebiet der späteren DDR, oder als Flüchtlinge und Vertriebene in den Westen Deutschlands. Schon die Terminologie verriet, daß in der DDR ein Bekenntnis zu Herkunft und Verlust nicht geduldet wurde. In beiden Landeshälften standen die Neuankömmlinge unter dem Zwang, besondere Fähigkeiten zu entwickeln, um sich in fremder Umgebung zu behaupten. Die Not machte nicht nur erfinderisch, sie setzte besondere Energien frei und führte zur Tüchtigkeit der Flüchtlinge, die sie nicht unbedingt beliebt machte. Aber sie förderte ihre Integration in die Nachkriegsgesellschaft, so sehr, daß in ihr der »schlesische Stamm« im doppelten Sinn des Wortes aufgehoben wurde. Erst die deutsche Vereinigung ließ wieder entdecken, welch kulturreiches Stück Schlesien noch immer rund um Görlitz liegt. Es knüpfen sich heute manche Erwartungen daran, daß schlesische Kultur und Geschichte sich dort bewahren lassen werden.

Was mag sonst im heutigen Deutschland von Schlesien bleiben? Blickt man in die Presse, die Medien oder allgemein auf die öffentliche Meinung, so verwundert das Kurzzeitgedächtnis unserer Nation hinsichtlich dessen, was sie im alten deutschen Osten besessen hatte. Es steht manchmal in sonderbarem Kontrast zu den Manifestationen, daß man aus der Geschichte lernen müsse und nichts vergessen dürfe. Gehören Geschichte und Kultur Schlesiens nicht auch dazu? Oder hat bereits eine Entwicklung begonnen, an deren Ende man über Schlesien sprechen wird, als handle es sich um das Großmährische Reich oder das Land der Etrusker?

Der große niederländische Historiker Huizinga hat Geschichte als jene geistige Form bezeichnet, in der sich eine Kultur über ihre Vergangenheit Rechenschaft gibt. Und ein geschichtsbewußter Zeitgenosse wie Karol Wojtyła, der heute die Geschicke der katholischen Kirche lenkt, schrieb einmal: »Geschichte bedeutet wiederum nicht nur Vergangenheit, sondern auch Erbe. Vor allem in dieser Bedeutung zeugt sie von der Kultur einer Nation und formt diese mit.« Wie es dazu kam, daß das geschichtliche Erbe Schlesiens eine Aufgabe sowohl für Deutsche als auch für Polen wurde, ist in diesem Buch beschrieben worden. Es liegt jetzt an den Erben, ob oder wie sie diese Erbschaft annehmen und dadurch ein Zeugnis ihres historischen Kulturbewußtseins geben.

Im folgenden werden die Quellen nachgewiesen, die in der Darstellung zitiert wurden. Wissenschaftliche Literatur wird in der Bibliographie genannt. Die Auflösung der hier verwendeten Abkürzungen befindet sich am Anfang der Bibliographie.

Silesiographia oder Landesbeschreibung

1 Karl Müllenhoff: Deutsche Altertumskunde, Bd. 2, Berlin 1887, S. 92.
2 Gustav Adolf H. Stenzel: Vom Berge Zlenz, jetzt Zobten; in: Schlesische Provinzialblätter, Jg. 95, 1832, S. 3–13.
3 Valentin Trozendorf: Catechesis Scholae Goltpergensis scripta a Valentino Trocedorfio ... cum praefatione Philip. Melanth., Vitebergae 1558.
4 Robert Jungk: Aus einem Totenland; in: Die Weltwoche, Jg. 13, 16. November 1945, Nr. 627, S. 9.
5 Günther Anders: Besuch im Hades. Auschwitz und Breslau 1966. München 1979.
6 Colmar Grünhagen: Geschichte Schlesiens, Bd. 1, Gotha 1884, S. 71.
7 Wahlstatt 1241. Beiträge zur Mongolenschlacht bei Liegnitz und zu ihren Nachwirkungen, hrsg. v. U. Schmilewski. Würzburg 1991. Dort die Beiträge von Matthias Weber und Werner Bein.
8 Christian Stieff: Von der Tartarischen Schlacht bey Lignitz An. 1241; in: Schlesisches Historisches Labyrinth, Breslau 1737, S. 686–705, hier S. 705.
9 Karl Ludwig v. Klöber und Hellscheborn: Von Schlesien vor und seit dem Jar 1740, 2 Bde., Freiburg 1785, hier Bd. 2, S. 136ff. Vgl. die Epigramme in: Der Hausfreund, Jg. 1, Breslau 1821, S. 28.
10 Hermann Aubin: Die Schlacht auf der Wahlstatt bei Liegnitz am 9. April 1241. Breslau 1941. Vgl. auch Jg. 5, 1941, der Zeitschrift Jomsburg.
11 Rezension zur Wahlstatt-Ausstellung 1941; in: Jomsburg, Jg. 5, 1941, S. 276f.
12 Joachim Konrad: Die schlesische Toleranz. Geschichtliches Erbe und politische Idee. Düsseldorf 1953.
13 Ebd. S. 23.
14 Kurt Schwerin: Die Juden im wirtschaftlichen und kulturellen Leben Schlesiens; in: JSFB, Jg. 25, 1984, S. 93–177, hier S. 176.
15 Matthaeus Hansi: De Rectoribus magnificentissimis ex Silesiis illustribus Schediasma, Schlichtingkovii 1708, S. 14.
16 Manfred P. Fleischer: Die schlesische Irenik. Unter besonderer Berücksichtigung der Habsburger Zeit; in: JSKG, Bd. 55, 1976, S. 87–107.
17 Janusz Tazbir: Geschichte der polnischen Toleranz. Warszawa 1977.
18 Karl Adolf Menzel: Geschichte Schlesiens, Breslau 1808–1810, S. 494f.
19 Johann Adam Hensel: Protestantische Kirchen-Geschichte der Gemeinen in Schlesien, Leipzig 1768, Vorbericht.
20 August Wilhelm Leopold v. Rahmel: Vom Nationalcharakter der Schlesier; in: Ders.: Prosaische Schriften, Bd. 1, Breslau 1789, hier S. 210.
21 Joseph Ignaz Ritter: Handbuch der Kirchengeschichte, Bd. 2, Bonn[3] 1847, S. 733.
22 Johann Joseph Kausch: Ausführliche Nachrichten über Schlesien, Salzburg 1794, S. 205.
23 (Friedrich Andreae, Hrsg.:) Aus dem Leben der Universität Breslau, Breslau 1936, S. 2.
24 Hermann Aubin: Schlesien als Ausfalltor deutscher Kultur nach dem Osten im Mittelalter. Breslau 1937.
25 Hermann Stehr: Der Schlesier; in: Das Schlesienbuch. Ein Zeugnis ostdeutschen Schicksals. Berlin 1938, S. 115–118, hier S. 116. Ähnliche Formulierungen wohl schon früher bei Stehr.
26 Johannes Ziekursch: Die Universität und die Technische Hochschule in Breslau; in: Schlesien. Kultur und Arbeit einer deutschen Grenzmark, Berlin 1926, S. 52.
27 Arnold Oskar Meyer: Schlesien in der deutschen Geschichte; in: Historische Zeitschrift, Bd. 155, 1937, S. 278–295, hier S. 278.

28 Vgl. das Themenheft »Der Eckpfeiler Schlesien«. Schlesisches Jahrbuch für deutsche Kulturarbeit im gesamtschlesischen Raume, Jg. 5, 1933.
29 Geschichte Schlesiens, hrsg. v. d. Historischen Kommission für Schlesien, Bd. 1, Breslau[2] 1938, S. X.
30 Ludwig Petry: Mittelrhein und Schlesien als Brückenlandschaften der deutschen Geschichte; in: Ders.: Dem Osten zugewandt. Gesammelte Aufsätze zur schlesischen und ostdeutschen Geschichte, Sigmaringen 1983, S. 149–160.
31 Bonn – Warschau, 1945–1991. Die deutsch-polnischen Beziehungen. Analyse und Dokumentation, hrsg. v. H.-A. Jacobsen u. a., Köln 1992, S. 138, 145.
32 Ebd. S. 501.
33 Stanisław Bieniasz: Schlesien – die dritte Option; in: Deutsche und Polen. 100 Schlüsselbegriffe, hrsg. v. E. Kobylinska u. a., München 1992, S. 541.
34 Zuletzt Franz Kampers (Hrsg.): Schlesische Landeskunde. Geschichtliche Abteilung. Leipzig 1913. Die 1985 erschienene Geschichte Schlesiens von Heinrich Bartsch darf hier übergangen werden, sie weist im Detail zahllose Fehler auf. Die Veröffentlichung des 3. Bandes der 1938 von der Historischen Kommission für Schlesien begonnenen Geschichte Schlesiens bis 1945 ist seit längerem angekündigt.

Das Mittelalter (bis 1469)

1 Handbuch der europäischen Geschichte. Hrsg. v. Theodor Schieder. Bd. 2, Stuttgart 1987; Peter Moraw: Entwicklungsunterschiede und Entwicklungsausgleich im deutschen und europäischen Mittelalter; in: Hochfinanz. Wirtschaftsräume. Innovationen. Festschrift für Wolfgang von Stromer. Bd. 2, Trier 1987, S. 583–622.
2 Vgl. Peter Moraw: Von offener Verfassung zu gestalteter Verdichtung. Das Reich im späten Mittelalter 1250 bis 1490. (Propyläen Geschichte Deutschlands 3) Berlin 1985; Hagen Keller: Zwischen regionaler Begrenzung und universalem Horizont. Deutschland im Imperium der Salier und Staufer 1024 bis 1250. (Propyläen Geschichte Deutschlands 2) Berlin 1986; Johannes Fried: Der Weg in die Geschichte. Die Ursprünge Deutschlands. Bis 1024. (Propyläen Geschichte Deutschlands 1) Berlin 1994; auch: Ansätze und Diskontinuität deutscher Nationsbildung im Mittelalter. Hrsg. v. Joachim Ehlers. (Nationes 8) Sigmaringen 1989.
3 Vgl. das Vorhaben der European Science Foundation »Die Entstehung des modernen Staates in Europa (13.–18. Jahrhundert)«. Geplant ist von 1994 an die Publikation von sieben Bänden.
4 Vgl. unten zu Anm. 11f.
5 Außer Anm. 1 Klaus Zernack: Osteuropa. Eine Einführung in seine Geschichte. München 1977.
6 Vgl. unten zu Anm. 15.
7 Vgl. unten zu Anm. 54.
8 Vgl. unten Anm. 112 und 148f.
9 Böhmen und Mähren. Hrsg. v. Friedrich Prinz. (Deutsche Geschichte im Osten Europas 2) Berlin 1993.
10 Moraw, Von offener Verfassung, S. 389ff.
11 Henryk Łowmiański: Początki Polski. Bde. 1–5, Warszawa 1963–1973. Bd. 6,1, 1985; Oskar Kossmann: Polen im Mittelalter. 2 Bde., Marburg 1971–88. (Vgl. ZfO 38 (1989), S. 1ff.); Hans-Jürgen Karp: Grenzen in Ostmitteleuropa während des Mittelalters. Köln, Wien 1972; Klaus Zernack: Schwerpunkte und Entwicklungslinien der polnischen Geschichtswissenschaft nach 1945. HZ Sonderheft 5 (1973), S. 202–323; Karol Modzelewski: Organizacja gospodarcza państwa piastowskiego. Wrocław usw. 1975; Alexander Gieysztor: Polen zur Zeit der Piasten; in: Handbuch der europäischen Wirtschafts- und Sozialgeschichte. Bd. 2. Hrsg. v. Hermann Kellenbenz. Stuttgart 1980, S. 703 bis 727; Gli Slavi occidentali e meridionali nell'alto medioevo; in: Settimane di studio del Centro italiano di studi sull'alto medioevo 30, 1–2. Spoleto 1983; Kultura polski średniowiecznej X–XIII w. Red. Jerzy Dowiat. Warszawa 1985; Niemcy-Polska w średniowieczu. Red. Jerzy Strzelczyk. Poznań 1986; Ferdinand Seibt: Polen von der Jahrtausendwende bis 1444; in: Handbuch der europäischen Geschichte. Hrsg. v. Theodor Schieder. Bd. 2, Stuttgart 1987, S. 1042–1079; Gerard Labuda: Polskie wczesne średniowiecze w historiografii lat 1937–1987; in: Kwartalnik historyczny 44 (1987), S. 23–65; Gerard Labuda: Studia nad początkami państwa polskiego. 2 Bde., Poznań[2] 1987, 1988; Antoni Gąsiorowski: Polskie badania nad późnym średniowieczem w latach

1937–1986; in: Kwartalnik historyczny 44 (1987), S. 67–87; Halina Szulc: Genetische Siedlungsforschung in Polen mit besonderer Berücksichtigung der Siedlungsgeographie; in: Genetische Siedlungsforschung in Mitteleuropa und seinen Nachbarräumen. Hrsg. v. Klaus Fehn u. a. Bonn 1988, 2. Teilbd. S. 731 bis 749. Vgl. ebd. Winfried Schich, S. 751–761; Jerzy Strzelczyk: Die Elemente des Lehnswesens im mittelalterlichen Polen; in: Patronage und Klientel. Hrsg. v. Hans-Heinrich Nolte. Köln, Wien 1989, S. 35–50; Atlas historyczny Polski. Hrsg. v. Wladislaw Czaplinski und Tadeusz Ladogórski. Warszawa, Wrocław[10] 1990; Gerard Labuda: Das Mittelalter in den Forschungen der polnischen Historiographie in den Jahren 1945–1987; in: La science historique polonaise dans l'historiographie mondiale. Hrsg. v. M. Leczyk. Wrocław usw. 1990, S. 135–166.

12 Antoni Maczak: National traditions in the historiography of the state: The case of Poland. Künftig in: Visions sur le développement des Etats européens. Rome 1993.

13 Lech Leciejewicz: Early medieval sociotopographical transformations in West Slavonic urban settlements in the light of archeology. Acta Poloniae historica 34 (1976), S. 29–56. Hier S. 30ff.

14 Reinhard Wenskus: Stammesbildung und Verfassung. Köln usw. 1961; Entstehung von Sprachen und Völkern. Hrsg. v. P. Sture Ureland. Tübingen 1985.

15 Tadeusz Wasilewski: La couronne royale – symbole de dépendance à l'époque du haut Moyen Age; in: La Pologne au XVe Congrès international des sciences historiques à Bukarest. Wrocław 1980, S. 25–50; Erich Maschke: Der Peterspfennig in Polen und dem deutschen Osten. Sigmaringen[2] 1979; Alexander Gieysztor: La chrétienté et le pouvoir princier en Europe du Centre-Est des origines jusqu'à la fin du XIIe siècle; in: La cristianità dei secoli XI e XII in Occidente. Milano 1983, S. 123 bis 145; Johannes Fried: Otto III. und Boleslaw Chrobry. (Frankfurter historische Abhandlungen 30) Stuttgart 1989; Kazimierz Jasiński: Rodowód pierwszych Piastów. Warszawa, Wrocław 1992; Jerzy Strzelczyk: Mieszko Pierwszy. Poznań 1992; Gerard Labuda: Mieszko II król Polski (1025–1034). Kraków 1992.

16 Ivan Hlaváček: Die Formung der westslawischen Schrift-, Buch- und Bibliothekskultur unter dem Einfluß der lateinischen Kirche; in: Gli slavi occidentali e meridionali nell'alto medioevo. Settimane di studio del Centro italiano di studi sull'alto medioevo 30,2. Spoleto 1983, S. 701–737. Hier S. 734.

17 František Graus: Die Nationenbildung der Westslawen im Mittelalter. (Nationes 3) Sigmaringen 1980, S. 69; vgl. Karol Modzelewski: L'organizzazione dello stato polacco nei secoli X–XIII; in: Gli slavi occidentali e meridionali nell'alto medioevo. Settimane di studio del Centro italiano di studi sull'alto medioevo 30,2. Spoleto 1983, S. 557–596; Tadeusz Grudziński: Les aspects juridico-politiques des origines du morcellement féodal de la Pologne au XIIe siècle. Quaestiones medii aevi 52 (1984), S. 67–91; Roman Michałowski: Restauratio Poloniae w ideologii dynastycznej Galla Anonima; in: Przegląd historyczny 76 (1985), S. 457–480.

18 Die Bibliographien sind genannt in: Bibliographie zur deutschen historischen Städteforschung. Bearb. v. Brigitte Schröder und Heinz Stoob. Bd. 1, Köln, Wien 1986, S. 198f., Zeitschriften und Quellensammlungen, S. 200ff. Ferner Bibliografia historii Śląska za lata 1981–1985. Red. Grażyna Panko. Wrocław 1991; Colmar Grünhagen: Geschichte Schlesiens. Bd. 1., Gotha 1884; Beiträge zur Geschichte Schlesiens. Red. Ewa Maleczyńska. Berlin 1958; Alexander Gieysztor: Kultura Śląska między IX a XIII wiekiem. Katowice 1960; Historia Śląska. Bd. 1. Red. Karol Maleczyńsky. Wrocław 1960–64; Kazimierz Popiolek: Śląskie dczieje. Warszawa, Wrocław 1976; Handbuch der historischen Stätten. Schlesien. Hrsg. v. Hugo Weczerka. Stuttgart 1977; Die Rolle Schlesiens und Pommerns in der Geschichte der deutsch-polnischen Beziehungen im Mittelalter. Braunschweig 1980; Walter Kuhn: Geschichte Oberschlesiens im Mittelalter; in: JSFUB 24 (1983), S. 1–50; Ludwig Petry: Dem Osten zugewandt. Sigmaringen 1983; Schlesien als Aufgabe interdisziplinärer Forschung. Hrsg. v. Lothar Bossle u. a. Sigmaringen 1986; Ryszard Gladkiewicz: Dorobek powojennej historiografii polskiej w zakresie problematyki poźnośredniowiecznych dziejów Śląska; in: Sobótka 41 (1986), S. 347 bis 366; Bogusław Gediga: Prahistoria Śląska w badaniach polskich archeologów w latach 1945–1985; in: Sobótka 41 (1986), S. 303 bis 328; Lech Leciejewicz: Wczesne średniowiecze

Śląska w badaniach polskich po II wojnie światowej; in: Sobótka 41 (1986), S. 329–346; Geschichte Schlesiens. Hrsg. von der Historischen Kommission für Schlesien. Bd. 1, Sigmaringen[5] 1988; Heinrich Appelt: Kaisertum, Königtum, Landesherrschaft. Wien, Köln, Graz 1988, S. 293ff.; Henryk Samsonowicz: Polnisches Modell der regionalen Forschungen: Postulate und Durchführung; in: La science historique polonaise dans l'historiographie mondiale. Hrsg. v. M. Leczyk. Wrocław usw. 1990, S. 45–61; Oberschlesien im späten Mittelalter. Hrsg. v. Thomas Wünsch. Berlin 1993.

19 Elmar Seidl: Das Troppauer Land zwischen den fünf Südgrenzen Schlesiens. Berlin 1992; Karte im Handbuch der historischen Stätten, S. XXIX.

20 Max Vasmer: Der Name Schlesiens; in: Altschlesien 6 (1935/36), S. 1–15; Ernst Schwarz: Nimptsch, Zobten, Lohe; in: Schlesien 6 (1961), S. 139–149; Waclaw Korta: Spór o nazwę Śląska; in: Sobótka 41 (1986), S. 165–186.

21 Seidl, Troppauer Land.

22 Michal Parczewski: Osadnictwo wczesnośredniowieczne na pograniczu śląsko-morawskim; in: Przegląd archeologiczny 28 (1980), S. 123 bis 174.

23 Wlodzimierz Holubowicz: Das frühmittelalterliche Oppeln im Lichte der archäologischen Forschungsarbeiten der Jahre 1952–1953; in: Beiträge zur Geschichte Schlesiens. Red. Ewa Maleczińska. Berlin 1958, S. 35–101; Witold Hensel: Untersuchungen über die Anfänge der Städte in Polen; in: Vor- und Frühformen der europäischen Stadt im Mittelalter. Bd. 2. Hrsg. v. Herbert Jahnkuhn u. a. Göttingen 1975, S. 176–189 (Abhandlungen der Akademie der Wissenschaften in Göttingen. Phil.-hist. Kl. 3. F. 84); Herbert Ludat: Zum Stadtbegriff im osteuropäischen Bereich; in: Vor- und Frühformen der europäischen Stadt im Mittelalter. Bd. 1. Hrsg. v. Herbert Jahnkuhn u. a. Göttingen 1975, S. 77–91 (Abhandlungen der Akademie der Wissenschaften in Göttingen. Phil.-hist. Kl. 3. F. 83); Wlodimierz Blasczyk: Die Anfänge der polnischen Städte im Lichte der archäologischen Bodenforschung. Köln 1977; Leciejewicz, Wczesne średniowiecze Śląska; Tadeusz Roslanowski u. a.: Pologne; in: Guide international d'histoire urbaine. Vol. I. Europe. Sous la direction de Philippe Wolff. Paris 1977, S. 344–363; Witold Hensel: The origins of Western and Eastern European Slav towns; in: European towns. Hrsg. v. M. W. Barlay. London usw. 1977, S. 373–390; Tadeusz Roslanowski: Die ostmittel- und westmitteleuropäische Stadt des Mittelalters im Vergleich. VSWG 66 (1979), S. 1–25; Tadeusz Kozaczewski: Przejście od miasta wczesnośredniowiecznego do miasta średniowiecznego; in: Sobótka 44 (1989), S. 511–525. Zur ländlichen Siedlung Stanislaw Trawkowski: Dörfer und Dorfverbände im mittelalterlichen Polen; in: Communautés rurales VI. Paris 1986, S. 467–472 und unten Anm. 81.

24 Wie Anm. 23. Ferner Wacław Długoborski u. a.: Dzieje Wrocławia do roku 1807. Warszawa 1958; Leonhard Radler: Hatte Schweidnitz ein slawisches Suburbium?; in: JSFUB 23 (1982), S. 279–282.

25 Franz Xaver Seppelt: Geschichte des Bistums Breslau. Breslau 1929; Neunhundertfünfzig Jahre Bistum Breslau. Hrsg. v. Emil Brzoska. Königstein 1951; Kurt Engelbert: Die Anfänge des Bistums Breslau; in: Beiträge zur schlesischen Kirchengeschichte. Köln 1953 S. 6–34; Historia kościoła w Polsce. Bd. 1, 1. Poznań Warszawa 1974; Werner Marschall: Geschichte des Bistums Breslau. Stuttgart 1980.

26 Bernhard Panzram: Geschichtliche Grundlagen der ältesten schlesischen Pfarrorganisation. Breslau 1940; Eugeniusz Wisniowski: Die Entwicklung des Pfarrnetzes in Polen bis zum Ende des XVIII. Jahrhunderts; in: La cartographie et l'histoire socio-religieuse de l'Europe jusqu'à la fin du XVIIe siècle. Louvain 1974, S. 103–113.

27 Vgl. Anm. 25.

28 Helena Cehak-Holubowiczowa: Der schlesische Olymp; in: Beiträge zur Geschichte Schlesiens. Hrsg. v. Ewa Maleczińska. Berlin 1958, S. 15–34; Historia i kultura cystersów w dawnej Polsce i ich europejskie związki. Hrsg. v. Jerzy Strzelczyk. Poznań 1987. Teile des angekündigten schlesischen Klosterbuchs sind veröffentlicht in: JSFUB seit 21 (1980).

29 Marcin Bukowski: Katedra Wrocławska. Wrocław 1974; Ewald Walter: Zum romanischen Dom des Breslauer Bischofs Walter († 1169); in: ASKG 34 (1976), S. 1–19; Dagobert Frey: Die Kunst im Mittelalter; in: Geschichte Schlesiens Bd. 1, S. 544–592.

30 Schlesisches Urkundenbuch. Bearb. v. Heinrich Appelt und Winfried Irgang. Bd. 1, Wien, Köln, Graz 1971; Hlaváček, Formung der westslawischen Schrift-, Buch- und Bibliotheks-

kultur; Appelt: Kaisertum, Königtum, Landesherrschaft, S. 293ff.

31 Lothar Dralle: Die Deutschen in Ostmittel- und Osteuropa. Darmstadt 1991; Jerzy Strzelczyk: Die Wahrnehmung des Fremden im mittelalterlichen Polen; in: Die Begegnung des Westens mit dem Osten. Hrsg. v. Odilo Engels und Peter Schreiner. Sigmaringen 1993, S. 203 bis 220.

32 Engelbert, Anfänge des Bistums Breslau, S. 28f.

33 Theodor Goerlitz: Das Breslauer Wallonenviertel; in: Beiträge zur Geschichte der Stadt Breslau 3 (1937), S. 77–106; Benedykt Zientara: Walloons in Silesia in the 12th and 13th centuries; in: Quaestiones Medii Aevi 2 (1977), S. 127–150.

34 Vgl. Graus, Nationenbildung, S. 69ff.

35 Vgl. Roman Heck: The main lines of development of Silesian mediaeval historiography; in: Quaestiones Medii Aevi 2 (1977), S. 63–87.

36 Außer wie in Anm. 18 Kazimierz Jasiński: Rodowód piastów śląskich. 3 Bde., Wrocław 1973 bis 77; Norbert Conrads: Abstammungssage und dynastische Tradition der schlesischen Piasten; in: Schlesien 20 (1975), S. 213–218; Kazimierz Jasiński: Polsko-niemieckie powiązania dynastyczne w średniowieku; in: Niemcy-Polska w średniowieczu. Poznań 1986, S. 283–301.

37 Moraw, Von offener Verfassung, S. 263ff.

38 Außer wie in Anm. 18 Benedykt Zientara: Henryk Brodaty i jego czasy. Warszawa 1975; Ders.: Preußische Fragen in der Politik Heinrichs des Bärtigen von Schlesien; in: Der Deutschordensstaat Preußen in der polnischen Geschichtsschreibung der Gegenwart. Hrsg. v. Udo Arnold und Marian Biskup. Marburg 1982, S. 86–102.

39 Ortrud Reber: Die Gestaltung des Kults weiblicher Heiliger im Spätmittelalter. Diss. Würzburg 1963; Joseph Gottschalk: St. Hedwig Herzogin von Schlesien. Köln, Graz 1964; Der Hedwigs-Codex von 1353. Sammlung Ludwig. 2 Bde. Hrsg. v. Wolfgang Braunfels. Berlin 1972; André Vauchez: La sainteté en Occident aux derniers siècles du Moyen Age (1198–1431). Rome 1981; Herzöge und Heilige. Das Geschlecht der Andechs-Meranier im europäischen Hochmittelalter. Hrsg. v. Josef Kirmeier u. Evamaria Brockhoff. Regensburg 1993; Aleksander Gieysztor: Politische Heilige im hochmittelalterlichen Polen und Böhmen; in: Politik und Heiligenverehrung im Hochmittelalter. Hrsg. v. Jürgen Petersohn. (Vorträge und Forschungen 42) Sigmaringen 1994, S. 325 bis 341.

40 Wahlstatt 1241. Hrsg. v. Ulrich Schmilewski. Würzburg 1991.

41 Winfried Irgang: Der Beginn der staatlichen Zersplitterung Schlesiens (1248–1252); in: Schlesien 20 (1975), S. 139–146; Handbuch der historischen Stätten, S. XLII; Jerzy Mularczyk: Podziały Śląska między synów Henryka II Pobożnego w połowie XIII wieku; in: Przegląd historyczny 76 (1985), S. 481–504.

42 Kuhn, Geschichte Oberschlesiens; Wünsch (Hrsg.), Oberschlesien im späten Mittelalter.

43 Hugo Weczerka: Die Residenzen der schlesischen Piasten; in: Fürstliche Residenzen im spätmittelalterlichen Europa. Hrsg. v. Werner Paravicini und Hans Patze. (Vorträge u. Forschungen 36) Sigmaringen 1991, S. 311–347; Alicja Karlowska-Kanizowa: Zu den Residenzen Ludwigs I., Ruprechts und Ludwigs II. von Liegnitz und Brieg; in: Fürstliche Residenzen im spätmittelalterlichen Europa. Hrsg. v. Werner Paravicini und Hans Patze. (Vorträge u. Forschungen 36) Sigmaringen 1991, S. 349 bis 360.

44 Heinrich von Loesch: Die Verfassung im Mittelalter; in: Geschichte Schlesiens Bd. 1, S. 304 bis 400; Błażej Śliwiński: Kasztelan Wrocławski Jaksa; in: Sobótka 44 (1989), S. 543–556.

45 Winfried Irgang: Das Urkundenwesen Herzog Heinrichs III. von Schlesien (1248–1266); in: ZfO 31 (1982), S. 1–47; Winfried Irgang: Das Urkunden- und Kanzleiwesen Herzog Heinrichs IV. von Schlesien (1270–1290); in: ZfO 36 (1987), S. 1–51; Rościsław Żerelik: Dokumenty i kancelarie książąt głogowskich w latach 1250–1331. Wrocław 1988; Andrzej Walkówski: Dokumenty i kancelaria księcia legnickiego Henryka V Grubego. Wrocław 1991; Andrzej Walkówski: Dokumenty i kancelaria księcia Boleslawa II Rogatki. Zielona Góra 1991. Vgl. Anm. 46.

46 Schlesisches Urkundenbuch 1–4.

47 Winfried Irgang: Die Jugendjahre Herzog Heinrichs IV. von Schlesien († 1290); in: ZfO 35 (1986), S. 321–345; Irgang, Urkunden- und Kanzleiwesen; Tomasz Jurek: Henryk Probus i Henryk głogowski stosunki wzajemne w latach 1273–1290; in: Sobótka 42 (1987), S. 555–570. Vgl. Tomasz Jurek: Księstwo głogowskie pod rządami synów Konrada I.; in: Sobótka 42 (1987), S. 395–410.

48 Franz Josef Worstbrock: Heinrich von Breslau; in: Die deutsche Literatur des Mittelalters. Verfasserlexikon. Bd. 3, Berlin, New York[2] 1981, Sp. 704–706; Werner Bein: Die Literatur des Hochmittelalters in Schlesien; in: JSFUB 24 (1983), S. 253–278. Hier S. 270ff.

49 Winfried Irgang: Zur Kirchenpolitik der schlesischen Piasten im 13. Jahrhundert; in: ZfO 27 (1978), S. 221–240; Benedykt Zientara: Schlesien im Piastenstaat bis zur Wende des 13. Jahrhunderts; in: Die Rolle Schlesiens und Pommerns in der Geschichte der deutsch-polnischen Beziehungen im Mittelalter. Braunschweig 1980, S. 44–56; Winfried Irgang: Libertas ecclesiae und landesherrliche Gewalt; in: Säkularisationen in Ostmitteleuropa. Hrsg. v. Joachim Köhler. Köln, Wien 1984, S. 33–58.

50 Gernot von Grawert-May: Das staatsrechtliche Verhältnis Schlesiens zu Polen, Böhmen und dem Reich während des Mittelalters. Aachen 1971; Otfrid Pustejowski: Schlesiens Übergang an die böhmische Krone. Köln, Wien 1975; Rolle Schlesiens und Pommerns; Wünsch (Hrsg.), Oberschlesien im späten Mittelalter.

51 Jörg K. Hoensch: Přemysl Otakar II. von Böhmen. Graz, Wien, Köln 1989.

52 Ulrich Schmilewski: Rudolf von Habsburg und Schlesien; in: JSFUB 26, 1985, S. 287–292.

53 Moraw, Von offener Verfassung, S. 253ff.

54 Josef Pfitzner: Besiedlungs-, Verfassungs- und Verwaltungsgeschichte des Breslauer Bistumslandes. Teil 1. Reichenberg 1926; Walter Kuhn: Ostsiedlung und Bevölkerungsdichte; in: Ders.: Vergleichende Untersuchungen zur mittelalterlichen Ostsiedlung. Köln, Wien 1973, S. 173–210; Walter Kuhn: Die Siedlerzahlen der deutschen Ostsiedlung; in: ebd., S. 211–234; Die deutsche Ostsiedlung des Mittelalters als Problem der europäischen Geschichte. Hrsg. v. Walter Schlesinger. (Vorträge und Forschungen 18) Sigmaringen 1975 bes. Josef Joachim Menzel: Der Beitrag der Urkundenwissenschaft zur Erforschung der deutschen Ostsiedlung am Beispiel Schlesiens, ebd., S. 131–159; Klaus Zernack: Der hochmittelalterliche Landesausbau als Problem der Entwicklung Ostmitteleuropas; in: XVe Congrès International des Sciences Historiques. Rapports II. Bucuresti 1980, S. 144–158; Dralle, Deutsche in Ostmittel- und Osteuropa; Jan M. Piskorski: Die deutsche Ostsiedlung des Mittelalters in der Entwicklung des östlichen Mitteleuropa; in: JGMGD 40, 1991, S. 27–84; Peter Erlen: Europäischer Landesausbau und mittelalterliche deutsche Ostsiedlung. Marburg 1992; Werner Conze: Ostmitteleuropa von der Spätantike bis zum 18. Jahrhundert. München 1992.

55 Herbert Helbig: Landesausbau und Siedlungsbewegungen; in: Handbuch der europäischen Geschichte. Hrsg. v. Theodor Schieder. Bd. 2, Stuttgart 1987, S. 199–268.

56 Prinz (Hrsg.), Böhmen und Mähren.

57 Hartmut Boockmann: Ostpreußen und Westpreußen. (Deutsche Geschichte im Osten Europas 1) Berlin 1993.

58 Helbig, Landesausbau und Siedlungsbewegungen, S. 217.

59 Paul Richard Koetzschke: Das Unternehmertum in der ostdeutschen Kolonisation im Mittelalter. Diss. Leipzig 1894; Richard Koebner: Locatio; in: ZVGS 63 (1929), S. 1–32; Benedykt Zientara: Działalność lokacyjna jako droga awansu społecznego w Europie Środkowej 12–14 w.; in: Sobótka 36 (1981), S. 43–57.

60 Karlheinz Blaschke: Bevölkerungsgeschichte Sachsens bis zur industriellen Revolution. Weimar 1967.

61 Kuhn, Ostsiedlung und Bevölkerungsdichte; Ders.: Siedlerzahlen.

62 Urkunden und erzählende Quellen zur deutschen Ostsiedlung im Mittelalter. Hrsg. v. Herbert Helbig u. Lorenz Weinrich. 2. Tl., (Ausgewählte Quellen zur deutschen Geschichte des Mittelalters. Freiherr vom Stein-Gedächtnisausgabe XXVI b) Darmstadt 1970, S. 68ff.

63 Vgl. Anm. 98.

64 Vgl. Jürgen Petersohn: Kolonisation und Neustammbildung – Das Beispiel Pommern; in: Ostdeutsche Geschichts- und Kulturlandschaften. Bd. 3: Pommern. Köln, Wien 1987, S. 59 bis 83.

65 Wolfgang H. Fritze: Die Begegnung von deutschem und slawischem Ethnikum im Bereich der hochmittelalterlichen deutschen Ostsiedlung; in: Siedlungsforschung 2 (1984), S. 187 bis 219.

66 Europa 1500. Hrsg. v. Winfried Eberhard und Ferdinand Seibt. Stuttgart 1987.

67 Deutsches Städtebuch. Hrsg. v. Erich Keyser. Bd. 1: Nordostdeutschland. Stuttgart Berlin 1939, S. 689–911 (Neubearbeitung wird vorbereitet); Walter Kuhn: Siedlungsgeschichte Oberschlesiens. Würzburg 1954; Walter Kuhn: Die deutschrechtlichen Städte in Schlesien und Polen in der ersten Hälfte des 13. Jahrhun-

derts. Marburg 1968; Heinz Stoob: Die Ausbreitung der abendländischen Stadt im östlichen Mitteleuropa; in: Ders., Forschungen zum Städtewesen in Europa. Bd. 1, Köln, Wien 1970, S. 73–128; Walter Kuhn: Beiträge zur schlesischen Siedlungsgeschichte. München 1971; Walter Kuhn: Die Städtegründungspolitik der schlesischen Piasten im 13. Jahrhundert, vor allem gegenüber Kirche und Adel. Hildesheim 1974; Walter Kuhn: Westslawische Landesherren als Organisatoren der mittelalterlichen Ostsiedlung; in: Die deutsche Ostsiedlung des Mittelalters als Problem der europäischen Geschichte. Hrsg. v. Walter Schlesinger. (Vorträge und Forschungen 18) Sigmaringen 1975, S. 225–261; Josef Joachim Menzel: Die schlesische Lokationsurkunde des 13. Jahrhunderts. Würzburg 1977; Roslanowski, Ostmittel- und westmitteleuropäische Stadt; Josef Joachim Menzel: Die Entstehung der mittelalterlichen Städtelandschaft Schlesiens; in: Stadt und Landschaft im deutschen Osten und in Ostmitteleuropa. Hrsg. v. Friedhelm Berthold Kaiser und Bernhard Stasiewski. (Studien zum Deutschtum im Osten 17) Köln, Wien 1982, S. 145–165; Walter Kuhn: Neue Beiträge zur schlesischen Siedlungsgeschichte. Sigmaringen 1984; Heinz Stoob: Schlesien im Rahmen der Verbreitungskarten zum Deutschen Städteatlas; in: JSFUB 25 (1984), S. 3 bis 24; Benedykt Zientara: Die sozialen, wirtschaftlichen und räumlichen Veränderungen der Städte in der Zeit der Lokation; in: Altständisches Bürgertum. Hrsg. v. Heinz Stoob. Bd. 3, (Wege der Forschung 646) Darmstadt 1989, S. 265–298. Zu einzelnen Städten außer wie in Anm. 78 z. B. Kuhn, Beiträge zur schlesischen Siedlungsgeschichte, S. 106–130; Walter Kuhn: Oppeln; in: Deutscher Städteatlas. Hrsg. v. Heinz Stoob, Lief. II Nr. 11. Dortmund 1979; Walter Kuhn: Frankenstein; in: Deutscher Städteatlas. Hrsg. v. Heinz Stoob. Lief. III Nr. 3. Altenbeken 1984; Hugo Weczerka: Goldberg; in: Deutscher Städteatlas. Hrsg. v. Heinz Stoob. Lief. III Nr. 4. Altenbeken 1984; Schweidnitz im Wandel der Zeiten. Würzburg 1990; Waldemar Grosch: Strelech-Strelicz-Groß Strehlitz; in: Oberschles. Jb. 7, 1991 S. 33 bis 44.

68 Jan M. Piskorski: Die deutsche und deutschrechtliche Kolonisation des 12. bis 14. Jahrhunderts in Ostmitteleuropa; in: GWU 42, 1991, S. 203–219, S. 212.

69 Zernack, Osteuropa, S. 33, 35.

70 Vgl. oben zu Anm. 23.

71 Prinz (Hrsg.), Böhmen und Mähren, S. 59ff.

72 Stoob, Schlesien im Rahmen der Verbreitungskarten, S. 11.

73 Heinrich von Loesch: Die schlesische Weichbildverfassung der Kolonisationszeit; in: Ders., Beiträge zur schlesischen Rechts- und Verfassungsgeschichte. Konstanz, Stuttgart 1964, S. 83–98; Josef Joachim Menzel: Stadt und Land in der schlesischen Weichbildverfassung; in: Die mittelalterliche Städtebildung im südöstlichen Europa. Hrsg. v. Heinz Stoob. (Städteforschung A 4) Köln, Wien 1977, S. 19 bis 30.

74 Winfried Küchler: Das Bannmeilenrecht. Würzburg 1964.

75 Magdeburger Recht. Bd. 2: Die Rechtsmitteilungen und Rechtssprüche für Breslau. Hrsg. v. Friedrich Ebel. Teil 1, (Mitteldt. Forschungen 89 II,1) Köln, Wien 1989.

76 Theodor Goerlitz: Die Rechtsentwicklung in der Stadt Oppeln. Oppeln 1939; Rechtsdenkmäler der Stadt Schweidnitz. Bearb. v. Theodor Goerlitz und Paul Gantzer. München, Berlin 1939; Die Magdeburger Schöffensprüche und Rechtsmitteilungen für Schweidnitz. Hrsg. v. Theodor Goerlitz und Paul Gantzer. Stuttgart, Berlin 1940; Dietmar Willoweit: Das deutsche Recht im Osten; in: Die historische Wirkung der östlichen Regionen des Reiches. Hrsg. v. Hans Rothe. Köln, Weimar, Wien 1992 S. 61 bis 85.

77 Kuhn, Deutschrechtliche Städte, S. 137ff.

78 Gerhard Pfeiffer: Das Breslauer Patriziat im Mittelalter. Breslau 1929; Kurt Engelbert u. Karl Eistert: Überblick über die räumliche Entwicklung der Stadt Breslau im Mittelalter. ASKG 16 (1958), S. 1–38; Długoborski, Dzieje Wrocławia; dazu Petry, Dem Osten zugewandt, S. 247–262; Theodor Goerlitz: Verfassung, Verwaltung und Recht der Stadt Breslau. Teil 1: Mittelalter. Würzburg 1962; Gerhard Pfeiffer: Die Entwicklung des Breslauer Patriziats; in: Deutsches Patriziat 1430–1740. Hrsg. v. Hellmuth Rössler. Würzburg 1968, S. 99–123; Oskar Pusch: Die Breslauer Rats- und Stadtgeschlechter in der Zeit von 1241 bis 1741. Bd. 1 bis 2, Dortmund 1986–87; Hugo Weczerka:

Breslau; in: Deutscher Städteatlas. Hrsg. v. Heinz Stoob. Lief. IV Nr. 5, Altenbeken 1989.

79 Germania Judaica. Bd. 1. Hrsg. v. I. Elbogen, A. Greimann und H. Tykocinski. Tübingen 1963, S. 63–65; Bd. II, 1, hrsg. v. Zvi Avneri. Tübingen 1986, S. 127–133; Bd. III, 1 Hrsg. v. dems. Tübingen 1987, S. 156–168; Adam Vetulani: The Jews in Medieval Poland; in: The Jewish Journal of Sociology 6, 1982, S. 274 bis 294; Maurycy Horn: Wirtschaftliche Tätigkeit der polnischen Juden im Mittelalter unter besonderer Berücksichtigung ihres Siedlungswesens; in: Deutsche-Polen-Juden. Hrsg. v. Stefi Jersch-Wenzel. Berlin 1987, S. 49–63.

80 Kuhn, Deutschrechtliche Städte; Hermann Aubin: Die Wirtschaft im Mittelalter; in: Geschichte Schlesiens, Bd. 1, S. 401–483.

81 Pfitzner, Besiedlungs-, Verfassungs- und Verwaltungsgeschichte; Kuhn, Siedlungsgeschichte Oberschlesiens; Walter Latzke: Die schlesische Erbscholtisei; in: Schlesien 3, 1958, S. 196–205; Herbert Helbig: Die Anfänge der Landgemeinde in Schlesien; in: Die Anfänge der Landgemeinde und ihr Wesen. Bd. 2, (Vorträge und Forschungen 8) Konstanz, Stuttgart 1964, S. 89–114; Heinrich von Loesch: Die fränkische Hufe I. Die fränkische Hufe II; in: Ders., Beiträge zur schlesischen Rechts- und Verfassungsgeschichte. Konstanz, Stuttgart 1964, S. 9–63; Rainer Krüger: Typologie des Waldhufendorfes nach Einzelformen und deren Verbreitungsmuster. Göttingen 1967; Karlheinz Blaschke: Bevölkerungsgeschichte Sachsens bis zur industriellen Revolution. Weimar 1967, S. 142ff.; Kuhn, Beiträge zur schlesischen Siedlungsgeschichte; Kuhn, Vergleichende Untersuchungen zur deutschen Ostsiedlung; Kuhn, Westslawische Landesherren; Menzel, Schlesische Lokationsurkunde; Menzel, Stadt und Land in der schlesischen Weichbildverfassung; Winfried Irgang: Neuere Urkundenforschungen zur Siedlungsgeschichte Schlesiens und Kleinpolens: in: ZfO 31 (1982), S. 361–384; Kuhn, Geschichte Oberschlesiens; Kuhn, Neue Beiträge zur schlesischen Siedlungsgeschichte; Klemens Weiser: Walter Kuhn (1903–1983); in: Siedlungsforschung 4 (1986), S. 185–196; Hans-Jürgen Nitz: Neue Tendenzen der Siedlungsformenforschung seit dem Zweiten Weltkrieg; in: Siedlungsnamen und Siedlungsformen als Quellen zur Besiedlungsgeschichte Niederösterreichs. Wien 1986, S. 91–121; Trawkowski, Dörfer und Dorfverbände; Winfried Irgang: Vom sorgsamen Umgang mit den Quellen; in: ZfO 37 (1988), S. 359–375; Szulc, Genetische Siedlungsforschung; Seidl, Troppauer Land; Elmar Seidl: Die Entwicklung der mittelalterlichen Kulturlandschaft im Troppauer Schlesien und im angrenzenden Nordmähren. Diss. Frankfurt a. M. 1993.

82 Erlen, Landesausbau.

83 Schlesisches Urkundenbuch Bd. 1, Nr. 45; Urkunden und erzählende Quellen Bd. 2 (1970) Nr. I, 1. Die älteste Nachricht über deutsche Siedlung in Oberschlesien (1217) im Schlesischen Urkundenbuch Bd. 1, Nr. 165.

84 Menzel, Lokationsurkunde, S. 112f., 118f.

85 Kuhn, Siedlungsgeschichte Oberschlesiens, S. 34ff.; Menzel, Lokationsurkunde, S. 117; Piskorski, Deutsche und deutschrechtliche Siedlung, S. 215.

86 Schlesisches Urkundenbuch Bd. 1, Nr. 210; Menzel, Lokationsurkunde; Appelt, Kaisertum, Königtum, Landesherrschaft, S. 301–315, bes. 310f.

87 Trawkowski, Dörfer und Dorfverbände; Erlen, Landesausbau.

88 Schlesisches Urkundenbuch Bd. 1, Nr. 211; Menzel, Lokationsurkunde, S. 223ff.; Appelt, Kaisertum, Königtum, Landesherrschaft, S. 301–315, bes. 310; Dietmar Willoweit: Das deutsche Recht im Osten; in: Die historische Wirkung der östlichen Regionen des Reiches. Hrsg. v. Hans Rothe. Köln, Weimar, Wien 1992 S. 61–85.

89 Schlesisches Urkundenbuch Bd. 2, Nr. 352.

90 Seidl, Troppauer Schlesien. Freundlicher Hinweis von Herrn Prof. Dr. J. J. Menzel, Mainz.

91 Pfitzner, Besiedlungs-, Verfassungs- und Verwaltungsgeschichte; Kuhn, Neue Beiträge zur schlesischen Siedlungsgeschichte, S. 89 bis 96.

92 Helbig, Anfänge der Landgemeinde, S. 112.

93 Menzel, Lokationsurkunde, S. 220f.

94 Vgl. Anm. 81 bes. Krüger, Typologie des Waldhufendorfes. Vgl. Helmut Hildebrandt: Historische Feldsysteme in Mitteleuropa; in: Das Dorf am Mittelrhein. (Geschichtl. Landeskunde 30) Stuttgart 1989, S. 103–148.

95 Vgl. Anm. 81. D. Hägermann: Pflug; in: Lexikon des Mittelalters. Bd. 6, München, Zürich 1993, Sp. 2048f.

96 Vladimír Nekuda: Středověká vesnice na Moravě ve světle archeologických výzkumů zanik-

lých osad; in: Archaeologia historica 7 (1982), S. 33–66; Vladimír Nekuda: Vesnický středověký dům na Moravě. Archaeologia historica 9 (1984), S. 21–37.

97 Hans Jürgen v. Witzendorff-Rehdiger: Die Schaffgotsch; in: JSFUB 4 (1959), S. 104–123; Hans Jürgen v. Witzendorff-Rehdiger: Die Tschammer und die Stosch; in: JSFUB 8 (1963), S. 7–30; Schlesisches Urkundenbuch Bd. 1, Nr. 122 (zu 1210); Menzel, Lokationsurkunde, S. 106ff., 113, 122; Marek Cetwiński: Rycerstwo śląskie do końca XIII wieku. Wrocław 1980; dazu W. Kuhn; in: ZfO 30 (1981), S. 408–412; Marek Cetwiński: Rycerstwo śląskie do końca XIII wieku. Biogramy i rodowody. Wrocław 1982; Menzel, Entstehung der mittelalterlichen Städtelandschaft, S. 48; Kuhn, Neue Beiträge zur schlesischen Siedlungsgeschichte, S. 89–96; Tomasz Jurek: Księstwo głogowskie pod rządami synów Konrada I; in: Sobótka 42 (1987), S. 395–410; Rościsław Żerelik: Biogramy rycerstwa śląskiego. Uzupełnienia; in: Sobótka 44 (1989), S. 459–473; Stefan Krzysztof Kuczinski: Turnieje rycerskie w średniowiecznej Polsce; in: Biedni i bogaci. Warszawa 1992, S. 295–306; Stanislaw Russoski: The origins of Estate consciousness of the nobility of Central Europe; in: Acta Poloniae historica 46 (1982), S. 31–45.

98 Wolfgang Jungandreas: Zur Geschichte der schlesischen Mundart im Mittelalter. Breslau 1937; Walter Mitzka: Das Schlesische in der Dialektgeographie; in: Schlesien 2 (1957), S. 95–101; Ernst Schwarz: Franken und Schlesien im Lichte der Mundarten; in: Schlesien 3 (1958), S. 102–116; Ernst Schwarz: Sudetendeutsche Sprachräume. München[2] 1962, S. 328ff.; Hermann Aubin: Schlesische Siedlungsgeschichte beiderseits der Sudeten; in: Ders., Grundlagen und Perspektiven geschichtlicher Kulturraumforschung und Kulturmorphologie. Bonn 1965, S. 668–685; Günter Bellmann: Schlesischer Sprachatlas. 2 Bde., Marburg 1965/67; Günter Bellmann: Slavoteutonica. Berlin, New York 1971; Klaus J. Heinisch: Beiträge zur Geschichte der ehemaligen deutsch-polnischen Sprachgrenze im südwestlichen Oberschlesien; in: JSFUB 22 (1981), S. 191–239; Jósef Wiktorowicz: Graphematische Analyse der deutschen Sprache in den Krakauer Stadtbüchern des XIV. Jahrhunderts; in: Zs. f. dt. Philologie 103 (1984), S. 407-420; Gaston Van der Elst: Siedlungsbewegung und Sprachentwicklung im ostmitteldeutschen Raum; in: Sprachgeschichte. Hrsg. v. Werner Besch, Oskar Reichmann und Stefan Sonderegger. 2. Hbbd., Berlin, New York 1985, S. 1389–1398; Entstehung von Sprachen und Völkern. Hrsg. v. P. Sture Ureland. Tübingen 1985; Norbert Morciniec: Zum Wortgut deutscher Herkunft in den polnischen Dialekten Schlesiens; in: ZfO 38 (1989), S. 321 bis 336.

99 Geschichte Schlesiens Bd. 1, S. 386ff. Vgl. Anm. 100–114.

100 Werner Marschall: Alte Kirchenpatrozinien des Archidiakonates Breslau. Köln, Graz 1966; Matthias Zender: Räume und Schichten mittelalterlicher Heiligenverehrung in ihrer Bedeutung für die Volkskunde. Bonn[2] 1973, S. 232f.; Heinrich Tukay: Oberschlesien im Spannungsfeld zwischen Deutschland, Polen, Böhmen und Mähren. Köln 1976; Ders.: Die mittelalterlichen Kirchenpatrozinien Oberschlesiens und ihre siedlungsgeschichtliche Bedeutung; in: Oberschles. Jb. 7 (1991), S. 11–32.

101 Emil Brzoska: Die Breslauer Diözesansynoden bis zur Reformation, ihre Geschichte und ihr Recht. Breslau 1939; Robert Samulski: Untersuchungen über die persönliche Zusammensetzung des Breslauer Domkapitels im Mittelalter bis zum Tode des Bischofs Nanker (1341). Weimar 1940; Brzoska (Hrsg.), Neunhundertfünfzig Jahre Bistum Breslau; Engelbert, Anfänge des Bistums Breslau; Kurt C. Sygusch: Die Bistümer Meißen und Breslau; in: Jb. f. schles. Kirchengesch. NF 54 (1975), S. 7–37; Winfried Irgang: Die Statuten der Breslauer Synode vom 10. Oktober 1248; in: ASKG 34 (1976), S. 21–29.

102 P. Pfotenhauer: Schlesier auf der Universität Bologna; in: ZVGS 28 (1894), S. 433–448, hier: S. 434.

103 Maschke, Der Peterspfennig.

104 Bernhard Panzram: Die schlesischen Archidiakonate und Archipresbyterate bis zur Mitte des 14. Jahrhunderts. Breslau 1937; Brzoska (Hrsg.), Neunhundertfünfzig Jahre Bistum Breslau; Irgang, Statuten der Breslauer Synode.

105 Wie Anm. 100.

106 Samulski, Persönliche Zusammensetzung.

107 Panzram, Geschichtliche Grundlagen; Ders.: Der Einfluß der deutschen Besiedlung auf die Entwicklung des schlesischen Pfarrsystems; in: Beiträge zur schlesischen Kirchengeschichte.

Gedenkschrift für Kurt Engelbert. Köln, Wien 1969, S. 1–35, hier: S. 12; Marschall, Bistum Breslau.

108 Adolf Gessner: Abtei Rauden in Oberschlesien. Kitzingen 1952; Joseph Gottschalk: Die Bedeutung der Zisterzienser für die Ostsiedlung besonders in Schlesien; in: ZfO 15 (1966), S. 67 bis 106; Heinrich Grüger: Heinrichau. Köln, Wien 1978; Ders.: Leubus; in: JSFUB 22 (1981), S. 1–27; Ders.: Schlesisches Klosterbuch; in: JSFUB 23 (1982), S. 27–83; Ders.: Der Orden der Zisterzienser in Schlesien (1175–1810); in: JSFUB 23 (1982), S. 84–145; Michal Kaczmarek: »... in libro vite memoriter exarata«; in: ASKG 45 (1987), S. 1–35; Strzelczyk (Hrsg.), Historia i kultura cystersów; Appelt, Kaisertum, Königtum, Landesherrschaft, S. 331–350; Heinrich Grüger: Die schlesischen Mönchsklöster, ihre Siedlungs- und Seelsorgstätigkeit; in: ASKG 47/48 (1990), S. 273–290; Kaspar Elm: Les ordres monastiques, canoniaux et militaires en Europe du Centre-Est au bas Moyen Age; in: L'église et le peuple chrétien dans les pays de l'Europe du Centre-Est et du Nord (XIVe–XVe siècles). (Collection de l'Ecole de Rome 128) Rome 1990, S. 165—186; Henryk Gapski: Les ordres monastiques et canoniaux en Pologne des origines à la fin du XVIIe siècle; in: Naissance et fonctionnement des réseaux monastiques et canoniaux. Saint-Etienne 1991, S. 259–270; Heinrich Grüger: Der Orden der Benediktiner in Schlesien (vor 1139–1810); in: JSFUB 32 (1991), S. 1–19; Bernhard Demel: Der Deutsche Orden in Mähren und Schlesien; in: JSFUB 32 (1991), S. 29–68.

109 Heinrich Grüger: Breslau St. Vinzenz; in: JSFUB 24 (1983), S. 67–96. Vgl. Johannes Frank: Das Kreuzstift zu Breslau; in: ASKG 45 (1987), S. 59–85.

110 Jerzy Kloczowski: Dominikanie polscy na Śląsku w XIII–XIX wieku. Lublin 1956; Studia nad historia dominikanow w Polsce 1222–1972. Red. Jerzy Kloczowski. 2 Bde. Warszawa 1975; Ders.: Die Minderbrüder im Polen des Mittelalters; in: 800 Jahre Franz von Assisi. Wien 1982, S. 318–331; Franciszkanie w Polsce średniowiecznej. Bd. 1. Lublin 1983; Atlas zur Kirchengeschichte. 2. Aufl. d. aktualisierten Neuausgabe. Bearb. u. hg. v. Jochen Martin. Freiburg Br. 1987; Jerzy Kloczowski: Les ordres mendiants en Europe du Centre-Est et du Nord; in: L'église et le peuple chrétien dans les pays de l'Europe du Centre-Est et du Nord (XIVe–XVe siècles). Rome 1990, S. 187–200; Winfried Irgang: Beiträge zur Silesia Franciscana im 13. Jahrhundert; in: ASKG 47/48 (1990), S. 219–247.

111 Athanasius (Theodor) Burda: Untersuchungen zur mittelalterlichen Schulgeschichte im Bistum Breslau. Breslau 1916; Emil Brzoska: Wissenschaft und Bildung in Schlesien bis zur Reformation; in: Beiträge zur schlesischen Kirchengeschichte. Gedenkschrift für Kurt Engelbert. Köln, Wien 1969, S. 36–75; Edward Potkowski: Ecriture et société en Pologne du Bas Moyen Age (XIVe–XVe siècles); in: Acta Poloniae historica 39, 1979 S. 47–100.

112 P. Pfotenhauer: Schlesier auf der Universität Bologna; in: ZVGS 28 (1894), S. 433–448, ZVGS 29 (1895), S. 268–278; Hans Dobbertin: Zur Herkunft des Breslauer Kanzlers und Domscholasters Walter (1288–1338); in: Beiträge zur schlesischen Kirchengeschichte. Gedenkschrift für Kurt Engelbert. Köln, Wien 1969, S. 197–213; Franz Machilek: Die Schlesier an der Universität Prag vor 1409; in: ASKG 32 (1974), S. 81–102; Studia nad historia dominikanow, bes. die Beiträge von P. Kielar und K. Zawadzka; Jerzy Kloczowski: Panorama degli studia degli ordini mendicanti: Europa centro-orientale; in: Le scuole degli ordini mendicanti (secoli XIII–XIV). Todi 1978, S. 127 bis 149; Rościsław Żerelik: Urzędnicy scryptoriów klasztornych na Śląsku do końca i połowy XIV w. ze studiów nad działalnóscią dyplomatyczną klasztorów śląskich; in: Sobótka 44 (1989), S. 557–570; Jacques Verger: Les étudiants slaves et hongrois dans les universités occidentales (XIIIe–XVe siècle); in: L'église et le peuple chrétien dans les pays de l'Europe du Centre-Est et du Nord (XIVe–XVe siècles). Rome 1990, S. 83–106; Geschichte der Universität in Europa. Hg. v. Walter Rüegg. Bd. 1: Mittelalter. München 1993; Peter Moraw: Schlesien und die mittelalterlichen Universitäten in Prag; in: JSFUB 34 (1993), S. 1–18.

113 Ingrid Männl: Die gelehrten Juristen in den deutschen Territorien im späten Mittelalter. Ms. Diss. Gießen 1987, S. 63ff.; vgl. Fritz Luschek: Notariatsurkunde und Notariat in Schlesien von den Anfängen (1282) bis zum Ende des 16. Jahrhunderts. Weimar 1940.

114 Clemens Baeumker: Witelo. Münster 1908 (2. Aufl. = Neudruck 1991); Aleksander Birkenmayer: Etudes d'histoire des sciences en

Pologne. Wrocław 1972; Agostino Paravicini Bagliani: Der Naturforscher und Philosoph Witelo, Domherr von Breslau 1275/77; in: ASKG 34 (1976), S. 31–39; J. Burchardt: Witelo, filozofo della natura del XIII sec. Wrocław 1984; Anna-Dorothee von den Brincken: Geographisches Weltbild und Berichtshorizont in der Papst-Kaiser-Chronik des Martin von Troppau OP; in: Ex ipsis rerum documentis. Festschrift f. Harald Zimmermann zu seinem 65. Geburtstag. Sigmaringen 1991, S. 91–101; Thomas Wünsch: Peregrinus von Oppeln (gest. um 1333); in: Oberschles. Jb. 9 (1993), S. 25–39.

115 Josef Joachim Menzel: Tendenzen und Funktion der schlesischen Geschichtsschreibung im Spätmittelalter; in: Protokoll Nr. 240 des Konstanzer Arbeitskreises für mittelalterliche Geschichte v. 30. 1. 1981, S. 64ff.

116 Bein, Literatur des Hochmittelalters. Vgl. Rainer Sachs: Die Zisterzienser und die Anfänge der mittelalterlichen Liebeslyrik in Schlesien; in: Historia i kultura cystersów w dawnej Polsce i ich europejskie związki. Red. Jerzy Strzelczyk. Poznań 1987, S. 437–443.

117 Hans Tintelnot: Die mittelalterliche Baukunst Schlesiens. Kitzingen 1951; Mieczyslaw Zlot: Schlesische Kunst des Mittelalters in den polnischen Forschungen seit 1945; in: Kunst des Mittelalters in Sachsen. Festschrift Wolf Schubert. Weimar 1967, S. 158–178; Grüger, Der Orden der Zisterzienser, S. 115ff.; Dieter Großmann: Schlesische Kunst des Hochmittelalters; in: Schlesien im Hochmittelalter. Hrsg. v. Werner Bein. Würzburg 1982, S. 35–44; Wolfgang Braunfels: Die Kunst im Heiligen Römischen Reich Deutscher Nation. Bd. 5, München 1985, S. 155ff.; Marian Kutzner: Sztuka a kolonizacja niemecka na wschód od Odry; in: Niemcy-Polska w średniowieczu. Poznań 1986, S. 337–353; Dieter Großmann: Zur Kunstgeschichte Schlesiens; in: Ostdeutsche Geschichts- und Kulturlandschaften. Bd. I. Schlesien. Hrsg. v. Hans Rothe. Köln, Wien 1987, S. 87-143; Jerzy Rozpedowski: Die Architektur der Zisterzienserinnenkirche in Trebnitz; in: ZfO 36 (1987), S. 161–173; Andrzej Grzybkowski: Die Kreuzkirche in Breslau – Stiftung und Funktion; in: Zeitschrift f. Kunstgesch. 51 (1988), S. 461–478.

118 Die Kenntnisnahme ist noch nicht untersucht, im hansischen Raum war man sich des Faktums natürlich bewußt. Vgl. Helga Möhring-Müller: Die „Chronica Novella" des Lübecker Dominikanermönchs Hermann Korner. In: Zweisprachige Geschichtsschreibung im spätmittelalterlichen Deutschland. Hrsg. v. Rolf Sprandel. Wiesbaden 1993, S. 27–122, bes. 85.

119 Moraw, Von offener Verfassung, S. 240ff., 355ff.; Matthias Weber: Das Verhältnis Schlesiens zum Alten Reich in der Frühen Neuzeit. Köln, Weimar, Wien 1992.

120 Otfried Pustejowski: Schlesien zwischen Polen und Böhmen vom 14. bis zum 16. Jahrhundert; in: Die Rolle Schlesiens und Pommerns in der Geschichte der deutsch-polnischen Beziehungen im Mittelalter. Braunschweig 1980, S. 57 bis 70; Peter Moraw: Die Entfaltung der deutschen Territorien im 14. und 15. Jahrhundert; in: Landesherrliche Kanzleien im Spätmittelalter. Bd. 1. München 1984, S. 100ff.; Weber, Verhältnis Schlesiens zum Alten Reich, S. 19ff.; Joachim Bahlcke: Regionalismus und Staatsintegration im Widerstreit. München 1994.

121 Geschichte Schlesiens. Bd 1, S. 202ff.: Prinz (Hrsg.), Böhmen und Mähren, S. 113ff.; Weber, Verhältnis Schlesiens zum Alten Reich, S. 19ff.

122 Ivan Hlaváček: Das Urkunden- und Kanzleiwesen des böhmischen und römischen Königs Wenzel (IV.) 1376–1419. Stuttgart 1970, S. 392ff.; Peter Moraw: Zur Mittelpunktsfunktion Prags im Zeitalter Karls IV; in: Europa slavica – Europa orientalis. Festschrift f. Herbert Ludat z. 70. Geburtstag. Berlin 1980, S. 445 bis 489; Ivan Hlaváček: Vratislav jako místo pobytu Karla IV. a Václava IV.; in: Acta Universitatis Wratislaviensis. Historia LXXVI. Wrocław 1989, S. 165–174.

123 Erich Gospos: Die Politik Bolkos II. von Schweidnitz-Jauer (1326–1368). Diss. Halle-Wittenberg 1910; Peter Moraw: König, Reich und Territorium im späten Mittelalter. Bd. 1. Ms. Habilitationsschrift Heidelberg 1971, S. 335f.; Joseph Gottschalk: Anna von Schweidnitz, die einzige Schlesierin mit der Kaiserinnenkrone (1353–1362); in: JSFUB 17 (1972), S. 25–42.

124 Moraw, König, Reich und Territorium, S. 428ff., 628ff.; Werner Marschall: Schlesier auf dem Konzil von Konstanz (1414–1418); in: Beiträge zur ostdeutschen und osteuropäischen Kirchengeschichte. Festschrift f. Bernhard Stasiewski. Köln, Wien 1975, S. 34 bis 64; Franciszek Szafrański: Ludwik II brzesko-legnicki feudał śląski z doby późnego średniowiecze. Wrocław usw. 1972; Joseph Gottschalk: Schlesische

Piastinnen in Süddeutschland während des Mittelalters; in: ZfO 27 (1978), S. 290ff.

125 Moraw, König, Reich und Territorium, S. 437ff., 635ff.; Peter Moraw: Räte und Kanzlei; in: Kaiser Karl IV. Staatsmann und Mäzen. Hrsg. v. Ferdinand Seibt. München 1978, S. 285–292, 460.

126 Karl Eistert: Beiträge zur Genealogie des Breslauer Bischofs Preczlaus von Pogarell (1299–1376); in: ASKG 20 (1962), S. 226 bis 290; Moraw, König, Reich und Territorium, S. 86ff., 135ff., 276ff.; Werner Höver: Johann von Neumarkt; in: Die deutsche Literatur des Mittelalters. Verfasserlexikon Bd. 4 [2]1983, Sp. 686–695; Peter Moraw: Grundzüge der Kanzleigeschichte Kaiser Karls IV. (1346–1378); in: ZHF 12 (1985), S. 11–42.

127 Hlaváček, Urkunden- und Kanzleiwesen; Moraw, König, Reich und Territorium, S. 564ff.

128 Geschichte Schlesiens. Bd. 1, S. 224ff.; Otfried Schwarzer: Stadt und Fürstentum Breslau in ihrer politischen Umwelt im Mittelalter; in: ZVGS 65 (1931), S. 54–90; Pustejowski, Schlesien zwischen Polen und Böhmen; Jan Drabina: Idee koncyliaryzmu na Śląsku. Kraków 1984; Weber, Verhältnis Schlesiens zum Alten Reich, S. 19ff.

129 Colmar Grünhagen: Die Hussitenkämpfe der Schlesier 1420–1435. Breslau 1872; Deutsche Reichstagsakten (Ältere Reihe). Bd. 7. Hrsg. v. Dietrich Kerler. München 1878, S. 385ff.; Franz Machilek: Ludolf von Sagan und seine Stellung in der Auseinandersetzung um Konziliarismus und Hussitismus. Diss. München 1967; Ders.: Böhmen, Polen und die hussitische Revolution; in: ZfO 23 (1974), S. 401 bis 429; Pavel Spunar: Antihussitische Verse aus Schlesien; in: Basler Zeitschrift für Geschichte u. Altertumskunde 74 (1974), S. 189–200; Ivan Hlaváček: Poznámky k problému ›Husitsví a Slezsko‹; in: Husitký Tábor 4 (1981), S. 119 bis 126; Franz Machilek: Hus/Hussiten; in: Theologische Realenzyklopädie Bd. 15. Berlin, New York 1986, S. 710–735.

130 Kazimierz Orzechowski: Ogólnokrajowe zjazdy na Śląsku przed panowaniem Macieja Korwina; in: Czasopismo prawno-historyczne 24, 2 (1972), S. 63–91; Klaus J. Heinisch: Schlesische Landfrieden; in: JSFUB 22 (1981), S. 68 bis 91; Krzysztof Baczkowski: Die Städte in den Ständevertretungen Ostmitteleuropas gegen Ende des Mittelalters; in: Bohemia 30 (1989), S. 1–17, hier: S. 7; Weber, Verhältnis Schlesiens zum Alten Reich, S. 19ff.; Peter Moraw: Zu Stand und Perspektiven der Ständeforschung im spätmittelalterlichen Reich; in: Die Anfänge der ständischen Vertretungen in Preußen und seinen Nachbarländern. Hrsg. v. Hartmut Boockmann. München 1992, S. 1 bis 38. Vgl. Anm. 129 und 131.

131 B. Kronthal: Leonhard Asenheimer, ein schlesischer Feldhauptmann. 1442–1446; in: ZVGS 27 (1893), S. 226–258; Richard Koebner: Der Widerstand Breslaus gegen Georg von Podiebrad. Breslau 1916; Alfred A. Strnad: Die Breslauer Bürgerschaft und das Königtum Georg Poděbrads; in: ZfO 14 (1965), S. 401–435, 601–640; Jan Drabina: Działalność dyplomatyczna legata apostolskiego Rudolfa z Rüdesheim na Śląsku; in: Acta Universitatis Wratislaviensis. Historia XXIII. Wrocław 1974, S. 205 bis 229; Pustejowski, Schlesien zwischen Polen und Böhmen; Rudolf Grieger: Die Pläne des Ungarnkönigs Matthias Corvinus mit Schlesien; in: JSFUB 24 (1983), S. 163–180; Petry, Dem Osten zugewandt, S. 131–135, 161–169, 263 bis 284; Andrzej Nowakowski: Oświęcim i Zator lennem czeskim (1327–1462); in: Przegląd historyczny 76 (1985), S. 533–545; Weber, Verhältnis Schlesiens zum Alten Reich, S. 19ff.

132 Blaschke, Bevölkerungsgeschichte, S. 84f.; Josef Joachim Menzel: Die schlesischen Städte am Ausgang des Mittelalters; in: Die Stadt am Ausgang des Mittelalters. Hrsg. v. Wilhelm Rausch. Linz 1974, S. 251–274, hier 259; Stoob, Schlesien im Rahmen der Verbreitungskarten, S. 9.

133 Geschichte Schlesiens Bd. 1, S. 224ff.

134 Kuhn, Siedlungsgeschichte Oberschlesiens, S. 116ff.; Ders.: Geschichte der deutschen Ostsiedlung in der Neuzeit. 2 Bde., Köln, Graz 1955/1957, Bd. 1, S. 78, 83f., Bd. 2, S. 200ff.; Ders.: Geschichte der deutschen Sprachinsel Bielitz (Schlesien). Würzburg 1981; Ders.: Neue Beiträge zur schlesischen Siedlungsgeschichte, S. 1–14, 134–152.

135 Ferdinand Friedensburg: Die schlesischen Getreidepreise vor 1740; in: ZVGS 40 (1906), S. 5 bis 45; Latzke, Schlesische Erbscholtisei, S. 200ff.; Josef Joachim Menzel: Iura ducalia. Würzburg 1964; Waltraut Meyer: Gemeinde, Erbherrschaft und Staat im Rechtsleben des schlesischen Dorfes vom 16. bis 19. Jahrhundert. Würzburg 1967; Kuhn, Geschichte Oberschlesiens, S. 45; Klaus J. Heinisch: Landes-,

Grund- und Gutsherrschaft in Schlesien am Beispiel von Dittersdorf bei Neustadt O.S.; in: JSFUB 24 (1983), S. 127–162.

136 Kuhn, Deutsche Ostsiedlung Bd. 1, S. 55ff., 63f., 72f.; Ders.: Geschichte Oberschlesiens, S. 43ff.; Ders.: Neue Beiträge zur schlesischen Siedlungsgeschichte, S. 150.

137 Menzel, Die schlesischen Städte; Hugo Weczerka: Stadt- und Marktgründungen und Stadtabgänge in Schlesien 1450–1800; in: ZfO 23 (1974), S. 193–261; Geschichte Schlesiens Bd. 1, S. 228ff., 245f., 463ff.

138 Breslauer Stadtbuch. Hrsg. v. H. Markgraf und O. Frenzel. Breslau 1882; Johannes Kopietz: Die böhmische Landeshauptmannschaft in Breslau unter dem Könige Johann und dem Kaiser Karl IV. Diss. Breslau 1907; Bedřich Mendl: Breslau zu Beginn des 15. Jahrhunderts; in: ZVGS 63 (1929), S. 154–185; Roman Heck: Struktura społeczna średniowiecznego Wrocławia na przełomie XIV/XV wieku; in: Sobótka 7 (1952), S. 57–94; Richard C. Hoffmann: Wrocław Citizens as Rural Landholders; in: The Medieval City. Hrsg. v. Harry A. Miskimin u. a. New Haven London 1977, S. 293 bis 311; Petry, Dem Osten zugewandt, S. 136 bis 148. Vgl. Hans-Jörg Leuchte: Das Liegnitzer Stadtrechtsbuch des Nikolaus Wurm. Sigmaringen 1990.

139 Schlesische Urkunden zur Geschichte des Gewerberechts insbesondere des Innungswesens aus der Zeit vor 1400. Hrsg. v. Georg Korn. (Codex diplomaticus Silesiae 8) Breslau 1867; Franz Eulenburg: Drei Jahrhunderte städtischen Gewerbewesens; in: VSWG 2 (1904), S. 254–285; Roman Heck: Die gewerbliche Produktion der mittelalterlichen Stadt Wrocław (Breslau); in: Gewerbliche Produktion und Stadt-Land-Beziehungen. (Hansische Studien IV) Weimar 1979, S. 43–53; Bullarium Poloniae, T. II. 1342–1378. Hrsg. v. Irena Sulkowska-Kuraś u. Stanislaw Kuraś. Rom 1985. Vgl. Anm. 140.

140 Max Rauprich: Breslaus Handelslage im Ausgange des Mittelalters; in: ZVGS 26 (1892), S. 1–26; Heinrich Wendt: Breslau und Görlitz am Ende des Mittelalters; in: ZVGS 63 (1929), S. 73–123; M. Scholz-Babisch: Oberdeutscher Handel mit dem deutschen und polnischen Osten nach Geschäftsbriefen von 1444; in: ZVGS 64 (1930), S. 56–74; Hermann Aubin: Die Anfänge der großen schlesischen Leineweberei und -handlung; in: VSWG 35 (1942), S. 105–178; Franz Klein-Bruckschwaiger: Kaspar Popplau; in: Schlesische Lebensbilder. Bd. 5. Hrsg. v. Helmut Neubach und Ludwig Petry. Würzburg 1968, S. 1–12; Wolfgang Kehn: Der Handel im Oderraum im 13. und 14. Jahrhundert. Köln, Graz 1968; Wolfgang von Stromer: Nürnberg-Breslauer Wirtschaftsbeziehungen im Spätmittelalter; in: Jb. f. fränk. Landesforschung 34/35 (1974/75), S. 1079 bis 1100; Winfried Reichert: Oberitalienische Kaufleute und Montanunternehmer in Ostmitteleuropa während des 14. Jahrhunderts; in: Hochfinanz. Wirtschaftsräume. Innovationen. Festschr. f. Wolfgang v. Stromer. Bd. 1. Trier 1987, S. 269–356; Reinhard Seyboth: Fränkisch-schlesische Beziehungen im 15. und 16. Jahrhundert; in: JSFUB 28 (1987), S. 83–97; Mathias Beer: Forschungsprojekt »Albrecht Scheurl«; in: Forschungen zur schlesischen Geschichte am Historischen Institut der Universität Stuttgart. Hrsg. v. Norbert Conrads. Stuttgart 1990, S. 26–32; Marian Dygo: Was there an economic crisis in late medieval Poland? in: VSWG 77 (1990), S. 305–322.

141 Jan M. Piskorski: Breslau – eine Hansestadt in Schlesien; in: Die Hanse – Lebenswirklichkeit und Mythos. Bd. 1. Hamburg 1985, S. 297 bis 299; Vgl. Anm. 140.

142 Susanne Gernhäuser: Obrigkeitliche Armenfürsorge in Breslau vom Spätmittelalter bis zum Ende des 16. Jahrhunderts. Ms. Magisterarbeit Stuttgart o. J. (1993).

143 Vgl. oben Anm. 138. Friedrich Webner: Zunftkämpfe in Schweidnitz bis zum Ausgang des Mittelalters. Diss. Breslau 1907.

144 Bernhard Brilling: Die jüdischen Gemeinden Mittelschlesiens. Stuttgart usw. 1972; Kurt Schwerin: Die Juden im wirtschaftlichen und kulturellen Leben Schlesiens; in: JSFUB 25 (1984), S. 93–177; Germania Judaica Bd. III, 1, S. 156–168; Kazimierz Bobowski: Ze studiów nad prześladowaniami i pogromami żydów na Śląsku w dobie średniowiecza; in: Sobótka 44 (1989), S. 5–11; Jan Drabina: Kościół wobec żydów na średniowiecznym Śląsku; in: Sobótka 44 (1989), S. 13–33.

145 Gerhard Schindler: Das Breslauer Domkapitel von 1341–1417. Breslau 1938; Leo Santifaller: Quellen zur Geschichte des spätmittelalterlichen Ablaß- und Reliquienwesens aus schlesischen Archiven; in: Mitteilungen d. österr. Staatsarchivs 1,1 (1948), S. 20–136; Panzram, Einfluß der deutschen Besiedlung; Marschall, Bistum Breslau, S. 35ff.; Jan Drabina: Ducho-

wieństwo diecezji wrocławskiej wobec schizmy zachodniej i koncyliaryzmu; in: Sobótka 41 (1986), S. 507–516; Kazimierz Dola: Problemy kościelno-duszpasterskie w diecezji wrocławskiej w XV w.; in: Sobótka 41 (1986), S. 517 bis 538; Eugeniusz Wisniowski: Structures diocésaines et paroissiales de l'église catholique romaine dans les territoires polonais aux XIVe et XVe siècles; in: L'église et le peuple chrétien dans les pays de l'Europe du Centre-Est et du Nord (XIVe–XVe siècles). Rome 1990, S. 13 bis 28; Thomas Wünsch: Vorläufer und Vertreter des Konziliarismus aus Oberschlesien; in: Oberschlesien im späten Mittelalter. Hrsg. von dems. Berlin 1993, S. 99–116. Vgl. Anm. 101.

146 Kopietz: Das Collegiatstift von St. Nikolaus in Ottmachau (1386–1477); in: ZVGS 26 (1892), S. 131–163; Heinrich Grüger: Die monastische Disziplin der schlesischen Zisterzienser vor Anbruch der Reformation; in: Citeaux 24 (1983), S. 209–249; Michal Kaczmarek: Związki modlitewne śląskich domów cysterskich z klasztorami niemeckimi w późnym średniowieczu; in: Niemcy-Polska w średniowieczu. Hrsg. v. Jerzy Strzelczyk. Poznań 1986, S. 321–328; Heinrich Grüger: Die Disziplin der schlesischen Zisterzienser im Spätmittelalter; in: JSFUB 28 (1987), S. 69–81. Vgl. Anm. 108–110.

147 Alexander Patschowsky: Waldenserverfolgung in Schweidnitz 1315; in: Deutsches Archiv für Erforschung des Mittelalters 36 (1980), S. 137 bis 176; Ders.: Spuren böhmischer Ketzerverfolgung in Schlesien am Ende des 14. Jahrhunderts; in: Historia docet (Festschr. Ivan Hlaváček). Praha 1992, S. 357–387; Franz Machilek: Ludolf von Sagan; in: Die deutsche Literatur des Mittelalters. Verfasserlexikon Bd. 5, 2. Aufl. Berlin New York 1985, Sp. 977–984, hier 978.

148 Wolfgang Keck: Die Herkunft der Leipziger Studenten von 1409 bis 1430. Diss. Leipzig 1933; Rafael Taubenschlag: Einflüsse des römischen Rechts auf Polen; in: Ius Romanum Medii Aevi. Pars V, 8. Mediolani 1962; Ursula Hielscher: Schlesier an der Universität Wien in der Zeit von 1365 bis 1658/59; in: ZfO 11 (1962), S. 648–673; Gerhard Webersinn: Johannes Otto von Münsterberg; in: JSFUB 7 (1962), S. 75–95; Franz Machilek: Johannes Hoffmann aus Schweidnitz und die Hussiten; in: ASKG 26 (1968), S. 96–123; Brzoska, Wissenschaft und Bildung; Franz Machilek: Die Schlesier und die Universität Prag vor 1409; in: ASKG 32 (1974) S. 81–102; Werner Laug: Schlesier an der Universität Krakau im Mittelalter; in: Jb. f. schles. Kirchengesch. NF 53 (1974), S. 26–40; Aleksander Gieysztor: Origines sociales et nationales du corps universitaire de Cracovie aux XIVe et XVe siècles; in: Les universités à la fin du moyen âge. Hrsg. v. Jacques Paquet und Jozef Ijsewijn. Louvain 1978, S. 475–483; Irena Kaniewska: Les étudiants de l'Université de Cracovie aux XVe et XVIe siècle (1433–1560); in: Les universités européennes du XIVe au XVIIIe siècle. Vol. 1. Paris 1986, S. 113–133; Norbert Conrads: Bildungswege zwischen Schlesien und Wien; in: ASKG 50 (1992), S. 169–204; Peter Moraw: Schlesien und die mittelalterlichen Universitäten in Prag; in: JSFUB 34 (1993), S. 1–18; Ders.: Die Hohe Schule in Krakau und das europäische Universitätssystem um 1400. Künftig in: Studien zum fünfzehnten Jahrhundert. Festschrift für Erich Meuthen. 1994.

149 Joseph Gottschalk: Oberschlesier auf den Universitäten des Mittelalters; in: Beiträge zur Heimatkunde Oberschlesiens 2 (1934), S. 29 bis 78; Katherine Walsh: Ein Schlesier an der Universität Krakau im 15. Jahrhundert; in: ASKG 40 (1982), S. 191–206; Mieczyslaw Markowski: Die wissenschaftlichen Beziehungen zwischen Oberschlesien und der Krakauer Universität im Mittelalter; in: Oberschlesien im späten Mittelalter. Hrsg. v. Thomas Wünsch. Berlin 1993, S. 81–98; Lucyna Nowak: Der Krakauer Professor Johannes Isner aus Oppeln; in: Oberschlesien im späten Mittelalter. Hrsg. v. Thomas Wünsch. Berlin 1993, S. 117–122. Vgl. Anm. 148.

150 Gustav Bauch: Geschichte des Breslauer Schulwesens vor der Reformation. Breslau 1909 (Codex diplomaticus Silesiae 25); Potkowski, Ecriture et société.

151 M. Fliegel: Die Dombibliothek zu Breslau im ausgehenden Mittelalter; in: ZVGS 53 (1919), S. 84–133; S. Stolicki: Z problematiky średniowiecznych bibliotek śląskich; in: Średniowieczna kultura na Śląsku. Wrocław 1977, S. 21 bis 43; Alfred G. Swierk: Die mittelalterlichen Handschriften der Pfarrbibliothek zu Lüben in Schlesien; in: JSFUB 23 (1982), S. 283–285; Maria Starnawska: Die mittelalterliche Bibliothek der Johanniter in Breslau; in: Die Spiritualität der Ritterorden im Mittelalter. (Ordines militares VII) Toruń 1993, S. 241–252.

152 Die Handschriften der Staats- und Universitätsbibliothek Breslau. Leipzig 1938; Marian Rechowicz-Wojciech Danielski: Manuscrits liturgiques en Pologne avant le Concile de Trente; in: La cartographie et l'histoire socio-religieuse de l'Europe jusqu'à la fin du XVIIe siècle. Louvain 1974 S. 297–304; Konstanty Kl. Jazdzewski: Catalogus manu scriptorum codicum medii aevi Latinorum signa 180–260 comprehendens. Wratislaviae 1982.

153 Schlesisch-böhmische Briefmuster aus der Wende des 14. Jahrhunderts. Hrsg. v. Konrad Burdach. Berlin 1926; Hans Heckel: Geschichte der deutschen Literatur in Schlesien. Breslau 1929; Arno Lubos: Geschichte der Literatur Schlesiens. Bd. 1. München 1960; Franz Heiduk: Die Literatur des Mittelalters in Schlesien; in: Schlesien im Hochmittelalter. Hrsg. v. Werner Bein. Würzburg 1982, S. 22 bis 29; Bein, Literatur des Hochmittelalters; Gundolf Keil: Schlesien als Gegenstand medizinischer Fachprosaforschung; in: Schlesien als Aufgabe interdisziplinärer Forschung. Hg. v. Lothar Bossle u. a. Sigmaringen 1986, S. 53 bis 73.

154 Potkowski, Ecriture et société; Roman Heck: Die Verbindungen Schlesiens mit Polen im 14. und 15. Jahrhundert; in: Die Rolle Schlesiens und Pommerns in der Geschichte der deutsch-polnischen Beziehungen im Mittelalter. Braunschweig 1980, S. 71–88, hier 83ff.; Zenon Hubert Nowak: Die Kultur Polens im späten Mittelalter; in: Geschichte in Wissenschaft und Unterricht 39 (1988), S. 5–14.

155 Gundolf Keil, Norbert Heinze, Peter Johanek, Hans Eggers, Ursula Hennig: ›Breslauer Arzneibuch‹ usw.; in: Die deutsche Literatur des Mittelalters. Bd. 1, 2. Aufl. Berlin, New York 1978, Sp. 1023–1028; Dagmar Ladisch-Grube: Bernhard Fabri; in: Die deutsche Literatur des Mittelalters. Bd. 2, 2. Aufl. Berlin, New York 1980, Sp. 682; Ludwig Denecke: Nikolaus von Kosel; in: Die deutsche Literatur des Mittelalters. Bd. 6, 2. Aufl. Berlin, New York 1987, Sp. 1089–1093.

156 Vgl. Anm. 126.

157 Franz Machilek: Ludolf von Sagan und seine Stellung in der Auseinandersetzung um Konziliarismus und Hussitismus. Diss. München 1967; Ders.: Ludolf von Sagan; in: Die deutsche Literatur des Mittelalters. Bd. 5, 2. Aufl. Berlin, New York 1985, Sp. 977–984.

158 Roman Heck: The main lines of development; Ders.: Verbindungen Schlesiens mit Polen; Menzel, Tendenzen und Funktion; Franz Josef Worstbrock: Nikolaus Henrici; in: Die deutsche Literatur des Mittelalters. Bd. 3, 2. Aufl. Berlin, New York 1981, Sp. 1009 bis 1012.

159 Josef Joachim Menzel: Peter Eschenloer; in: Die deutsche Literatur des Mittelalters. Bd. 2, 2. Aufl. Berlin, New York 1980, Sp. 630–632; Peter Johanek: Coronatio Adalberti regis Romanorum; in: Die deutsche Literatur des Mittelalters. Bd. 2, 2. Aufl. Berlin, New York 1980, Sp. 13f.; Ders.: Martin von Bolkenhain; in: Die deutsche Literatur des Mittelalters. Bd. 6, 2. Aufl. Berlin, New York 1987, Sp. 151–153; Seyboth, Fränkisch-schlesische Beziehungen, S. 91.

160 Tintelnot, Mittelalterliche Baukunst; Engelbert und Eistert, Überblick über die räumliche Entwicklung; Marcin Bukowski: Der Dom zu Wrocław. Wrocław usw. 1974; Die Parler und der Schöne Stil 1350–1400. Hrsg. v. Anton Legner. Bd. 2 und Bd. 4. Köln 1978/1980, Bd. 2, S. 491–510 und Bd. 4, S. 160–164; Seyboth, Fränkisch-schlesische Beziehungen, S. 88f.; Alicja Karlowska-Kamzowa: Sztuka Piastów śląskich w średniowieczu. Warszawa, Wrocław 1991; Prinz (Hrsg.), Böhmen und Mähren, S. 144ff.

161 Die Parler Bd. 2, S. 491 (P. Skubiszewski).

Schlesiens frühe Neuzeit (1469–1740)

1 Johan Huizinga: Herbst des Mittelalters. Stuttgart[8] 1961.

2 Peter Moraw: Von offener Verfassung zu gestalteter Verdichtung. Das Reich im späten Mittelalter 1250 bis 1490. Berlin 1985.

3 Vgl. den Ausstellungskatalog des Niederösterreichischen Landesmuseums: Matthias Corvinus und die Renaissance in Ungarn 1458–1541. Wien 1982.

4 Barthel Stein: Descripcio tocius Silesie et civitatis regie Vratislaviensis. Barthel Steins Beschreibung von Schlesien und seiner Hauptstadt Breslau. Breslau 1902, S. 8.

5 Pierre Des Noyers: Lettres de Pierre Des Noyers … de 1655 à 1659. Berlin 1859, S. 178f.

6 Hellmut Eberlein: Schlesische Kirchengeschichte. Ulm[4] 1962, S.84.

7 Christoph Machat: Veit Stoß. Ein deutscher Künstler zwischen Nürnberg und Krakau, Bonn 1984, S.25. 1524 hatte der deutsche Prediger in Krakau, Martin Dobergast, an der Breslauer Disputation teilgenommen.

8 Walter Kuhn: Die Besiedlung des Reichthaler Haltes; in: Ders.: Beiträge zur schlesischen Siedlungsgeschichte. München 1971, S. 79 bis 105.

9 Lambert Schulte: Polnische Erntearbeiter in Schlesien im 16. Jahrhundert; in: Ders.: Kleine Schriften. Breslau 1918, S. 190–192.

10 Józef Gierowski: Das polnische Bürgertum in Schlesien und sein Kampf um die polnische Sprache und Kultur im 17. Jahrhundert; in: Beiträge zur Geschichte Schlesiens, S. 300 bis 335, hier S. 311ff. Gustav Bauch: Geschichte des Breslauer Schulwesens in der Zeit der Reformation. Breslau 1911, S. 155f.

11 Hermann Markgraf: Die Gewaltthat auf dem Neisser Landtage von 1497; in: ZVGS 22 (1888), S. 296–309, hier S. 305.

12 Heinrich Schönborn: Geschichte der Stadt und des Fürstentums Brieg. Brieg 1908, S. 176.

13 Ludwig Petry: Schlesische Visitationsberichte des 16. und 17. Jahrhunderts als volkstumsgeschichtliche Quelle; in: Ders.: Dem Osten zugewandt. Gesammelte Aufsätze zur schlesischen und ostdeutschen Geschichte. Sigmaringen 1983, S. 321–325.

14 Vgl. die Karte »Zasięg mowy polskiej na Śląsku około połowy XVII w.«, der zufolge selbst Breslau halb polnisch war; in: Historia Śląska, hrsg. v. Karol Michalkiewicz, Bd. 1,3, Wrocław 1963, Kartenanhang. Recht abweichend davon die Sprachenkarte der Provinz Schlesien von Theodor Siebs; in: Schlesische Landeskunde, geschichtliche Abteilung, hrsg. v. Franz Kampers, Leipzig 1913, S.370, Tafel LX.

15 Ezechiel Zivier: Die Amtssprache in Schlesien; in: Oberschlesien Jg. 1 (1902/03), S. 803 bis 825.

16 Geschichte Schlesiens, Bd. 2. Hrsg. v. Ludwig Petry und J. Joachim Menzel. Darmstadt 1973, S. 38.

17 Norbert Reiter: Die polnisch-deutschen Sprachbeziehungen in Oberschlesien. Berlin 1960.

18 Norbert Reiter: Die soziale Funktion des Wasserpolnischen in Oberschlesien; in: Deutsche, Slawen und Balten. Hrsg. von H. Hecker und S. Spieler. Bonn 1989, S.115–127.

19 Adam Gdacjusz: Wybór Pism, opracowali Henryk Borek i Jan Zaremba. Warszawa 1969, S. 146, 401.

20 Friedrich Lucae: Schlesiens curieuse Denckwürdigkeiten. Frankfurt a. M. 1689, S. 840.

21 Hermann Palm: Satire auf die Städte Schlesiens aus dem 17. Jahrhundert; in: Schlesische Provinzialblätter, NF Bd. 1 (1862), S. 305.

22 Christian Meisner: Silesia loquens. Wittenberg 1705, Kap. 2, Abs. 2.

23 Johann Gottlieb Schummel: Schummels Reise durch Schlesien. Breslau 1792, S. 323.

24 Alfred A. Strnad: Die Breslauer Bürgerschaft und das Königtum Georg Podiebrads; in: ZfO 14 (1965), S. 401–435, 601–640. Richard Koebner: Der Widerstand Breslaus gegen Georg von Podiebrad. Breslau 1916.

25 Wie Anm. 3.

26 Erich Fink: Geschichte der landesherrlichen Besuche in Breslau. Breslau 1897, S. 44.

27 Karl Nehring: Matthias Corvinus, Kaiser Friedrich III. und das Reich. Zum hunyadisch-habsburgischen Gegensatz im Donauraum. München 1975, S. 96ff.

28 Ebd.

29 Hermann Wiesflecker: Das erste Ungarnunternehmen Maximilians I. und der Preßburger Vertrag 1490/1491; in: Südostforschungen 18 (1959), S. 26–75.

30 Xaver Liske: Der Congreß zu Wien im Jahre 1515. Eine kritisch-historische Studie; in: Forschungen zur Deutschen Geschichte, Bd. 7 (1867), S. 463–558.

31 Friederike Zaisberger: Bernhard von Rohr und Johann Beckenschlager, Erzbischof von Gran, zwei Salzburger Kirchenfürsten aus der 2. Hälfte des 15. Jahrhunderts. Diss. Ms. Wien 1964.

32 Hans Becker: Ein Breslauer Hochverratsprozeß im Jahr 1490; in: Schlesische Geschichtsblätter, Jg. 1921, S. 37–42.

33 Der Text des Landfriedens von 1474 abgedruckt in: Politische Correspondenz Breslaus im Zeitalter des Königs Matthias Corvinus I. Breslau 1893, S. 175–178.

34 Nikolaus Pol: Jahrbücher der Stadt Breslau. Hrsg. v. Johann Gustav Büsching. Bd. 2, Breslau 1815, S. 139ff.

35 Rudolf Grieger: Die Pläne des Ungarnkönigs Matthias Corvinus mit Schlesien; in: JSFUB 24 (1983), 163–180.
36 Marian Ptak: Zgromadzenia i urzędy stanowe księstwa głogowskiego od początku XIV w. do 1742 r., Wrocław 1991.
37 Kazimierz Orzechowski: Ogólnośląskie zgromadzenia stanowe. Warszawa 1979, S. 475ff.
38 Felix Rachfahl: Die Organisation der Gesamtstaatsverwaltung Schlesiens vor dem dreißigjährigen Kriege. Leipzig 1894, S. 94ff.
39 Rudolf Kneschke: Georg von Stein. Versuch einer Biographie. Diss. Leipzig. Weida i. Th. 1913.
40 Text bei Colmar Grünhagen / Hermann Markgraf: Lehns- und Besitzurkunden Schlesiens I, S. 49–53. Auffallend, daß die lateinische Version bei Karl Gustav Kries als Ausstellungsort Preßburg (Posonium) hat (Historische Entwickelung der Steuerverfassung in Schlesien, Breslau 1842, S. 106).
41 András Kubinyi: Die Wahlkapitulationen Wladislaws II. in Ungarn (1490); in: Herrschaftsverträge, Wahlkapitulationen, Fundamentalgesetze. Hrsg. v. Rudolf Vierhaus. Göttingen 1977, S. 140–162.
42 Fink, Landesherrliche Besuche, S. 49ff.
43 Winfried Dotzauer: Die deutschen Reichskreise in der Verfassung des Alten Reiches und ihr Eigenleben (1500–1806). Darmstadt 1989.
44 Jürgen Rainer Wolf: Steuerpolitik im schlesischen Ständestaat. Marburg 1978, S. 115.
45 Alfred Sabisch: Die Bischöfe von Breslau und die Reformation in Schlesien. Münster 1975, S. 22 und 48.
46 Hugo Weczerka: Stadt- und Marktgründungen und Stadtabgänge in Schlesien 1450–1800; in: ZfO Jg. 23 (1974), S. 193–261.
47 Deutscher Städteatlas. Hrsg. von Heinz Stoob, bearb. von Hugo Weczerka, Lieferung IV, Nr. 5. Altenbeken 1989.
48 Hermann Markgraf: Geschichte Breslaus in kurzer Übersicht. Bearb. v. O. Schwarzer. Breslau[2] 1913, S. 25.
49 Erwin Fuhrmann: Die Bedeutung des oberdeutschen Elements in der Breslauer Bevölkerung des 15. und 16. Jahrhunderts. Diss. Breslau 1913 (Teildruck).
50 Walter Kuhn: Die schlesische Bergbausiedlung am Beginn der Neuzeit; in: Schlesisches Jahrbuch 12 (1940), S. 36.
51 Dürers Breslauer Marienbild (erworben 1508) und sein »Adam und Eva« gingen schon früh verloren. Die Spur des zweiten verliert sich im Schloß Frankenstein, von wo es nach Ungarn gelangt sein könnte. Cranachs »Madonna unter den Tannen« (um 1510) verschwand erst 1946 aus Breslau und wird heute wegen ungeklärter Eigentumsverhältnisse in der Schweiz verborgen gehalten. Vgl. den illustrierten Artikel in »Bunte« Nr. 1 (1986) vom 23.12.1985.
52 Sabisch, Bischöfe von Breslau, S. 58.
53 Gerhard Zimmermann: Das Breslauer Domkapitel im Zeitalter der Reformation und Gegenreformation (1500–1600). Weimar 1938.
54 Acta Capituli Wratislaviensis 1500–1562. Bearb. v. Alfred Sabisch. 2 Bde. in 4 Teilen (bisher bis 1540), Köln 1972–1976. Die Protokolle sind leider nur eine unzureichende Quelle zur Beurteilung der geistigen und theologischen Aktivitäten des Kapitels, denn sie wurden hauptsächlich zu wirtschaftlichen Zwecken notiert.
55 Philipp Melanchthon in der Vorrede zu Valentin Trozendorfs Catechesis Scholae Goltpergensis, 1558.
56 Laurentius Corvinus: Carmen elegiacum … de Apolline et novem Musis. Breslau (Konrad Baumgarten) 1503.
57 Gustav Bauch: Geschichte des Breslauer Schulwesens vor der Reformation. Breslau 1909, S. 272.
58 Joachim Cureus: Schlesische General Chronica … verdeutscht durch … Heinrich Rätteln. Teil 1, (Wittenberg) 1585, S. 420.
59 Werner Laug: Der Kolowratische Vertrag von 1504, sein Wortlaut und seine Auswirkung; in: JSKG NF 56 (1977), S. 37–56.
60 Hermann Hoffmann: Aufzeichnungen des Breslauer Domherren Stanislaus Sauer (†1535) über den Bischof Johannes Turzo (1506–1520); in: ASKG 14 (1956), S. 112.
61 Zugespitzt bei Bernd Moeller: »Ohne Humanismus keine Reformation«. Zitiert nach Heinrich Lutz: Reformation und Gegenreformation. München 1979, S. 128.
62 Bernd Moeller: Reichsstadt und Reformation. Gütersloh 1962.
63 Acta Capituli, Bd. 2 / 1, S. 245f.
64 Wenn nicht er, so waren jedenfalls andere Familienmitglieder in Konstanz. Darüber Werner Marschall: Schlesier auf dem Konzil zu Konstanz (1414–1418); in: Festschrift für Bernhard Stasiewski, hrsg. v. Gabriel Adriányi und Joseph Gottschalk, Köln 1975, S. 34–64.

65 Johannes Sinapius: Schlesische Curiositäten. Bd. 1, Leipzig 1720, S. 1050. Kritisch zur ganzen Tradition Johannes Grünewald: Beiträge zur Kirchen- und Pfarrergeschichte von Neukirch an der Katzbach; in: JSKG NF 41 (1962), S. 7–39.
66 Manfred P. Fleischer: Das Lutherbild aus Neukirch um 1575; in: Ders.: Späthumanismus in Schlesien. München 1984, S. 257.
67 Johannes Halbsguth: Bericht des Stadtschreibers Christoff Hertwigk über den Aufstand des »gemeinen Mannes« in Jauer im Jahre 1516; in: ZVGS 70 (1936), S. 207–223.
68 Bauch, Breslauer Schulwesen (1911), S. 52.
69 Diese Streitfrage wurde in den fünfziger Jahren von den Kirchenhistorikern Hellmut Eberlein und Kurt Engelbert konfessionell kontrovers ausgetragen.
70 Die Reformation in Breslau. Ausgewählte Texte v. Georg Kretschmar. Ulm 1960, S. 43ff.
71 Martin Seils: Johannes Heß; in: Theologische Realenzyklopädie, Bd. 15, Berlin 1986, S. 260ff.
72 Bauch, Breslauer Schulwesen (1909), S. 217.
73 Über den Erstdruck der Thesen in der Gymnasialbibliothek in Brieg vgl. F. Nieländer: Die beiden Plakatdrucke der Ablaßthesen D. Martin Luthers; in: Zeitschrift für Kirchengeschichte 35 (1914), S. 151–165.
74 Luther an Spalatin, 13.11.1520; in: Luthers sämtliche Werke, Briefwechsel Bd. 2, bearb. v. E. L. Enders. Calw 1887, S. 524.
75 Bauch, Breslauer Schulwesen (1911), S. 18.
76 Otto Scheib: Die Breslauer Disputation von 1524 als Beispiel eines frühreformatorischen Religionsgespräches eines Doktors der Theologie; in: Festschrift Stasiewski, S. 98–106.
77 Erwin Iserloh hat mit seiner Schrift »Luthers Thesenanschlag, Tatsache oder Legende?«, Wiesbaden 1962, eine bis heute nicht abgeschlossene Diskussion ausgelöst.
78 Colmar Grünhagen, Geschichte Schlesiens. Bd. 2, Gotha 1886, S. 17.
79 Joachim Köhler: Protestanten in Oberschlesien; in: ASKG 38 (1980), S. 247 bis 260, hier S. 256.
80 Paula Sutter Fichtner: Ferdinand I., Wider Türken und Glaubensspaltung, Graz 1986, S. 66.
81 Matthias Weber: Das Verhältnis Schlesiens zum Alten Reich in der Frühen Neuzeit. (Neue Forschungen zur schlesischen Geschichte 1) Köln 1992, S. 35f.
82 Samuel Benjamin Klose's Darstellung der inneren Verhältnisse der Stadt Breslau. Hrsg. v. G. A. Stenzel. Breslau 1847, S. 406ff.
83 Fink, Landesherrliche Besuche, S. 56ff.
84 Bauch, Breslauer Schulwesen, (1911), S. 229f.
85 Winfried Schulze: Reich und Türkengefahr im späten 16. Jahrhundert. Studien zu den politischen und gesellschaftlichen Auswirkungen einer äußeren Bedrohung. München 1978.
86 Einzelne Listen und Aktenstücke der schlesischen Indiktionen finden sich bei Karl Gustav Kries: Historische Entwickelung der Steuerverfassung in Schlesien. Breslau 1842, dort im Anhang.
87 Felix Rachfahl: Die Organisation der Gesamtstaatsverwaltung Schlesiens, S. 305.
88 Kazimierz Orzechowski: Katastry śląskiego podatku szacunkowego (1527-1740). Wrocław 1992. Jürgen Rainer Wolf: Steuerpolitik im schlesischen Ständestaat. Untersuchungen zur Sozial- und Wirtschaftsstruktur Schlesiens im 17. und 18. Jahrhundert. Marburg 1978.
89 Właściciele budynków we Wrocławiu w latach 1671 i 1726. Rejestry indykcji podatku szacunkowego budynków we Wrocławiu z lat 1628, 1726 wydał Kazimierz Orzechowski. Wrocław 1993.
90 Hermann Palm: Schlesiens Landesdefension im 15., 16. und 17. Jahrhundert; in: Abhandlungen der Schlesischen Gesellschaft für vaterländische Cultur, Philosophische Abteilung. Breslau 1869, S. 71–101, hier S. 81.
91 Gerhard Oestreich: Zur Heeresverfassung der deutschen Territorien von 1500 bis 1800; in: Ders.: Geist und Gestalt des frühmodernen Staates. Ausgewählte Aufsätze. Berlin 1969, S. 290–310, hier S. 295.
92 Alfred Sabisch: Breslauer Dominsel und Stadtbefestigung im 16. Jahrhundert; in: ASKG 6 (1941), S. 187–206.
93 Tobias Kober: Idea Militis Vere Christiani. Tragoedia von des Rittermeßigen Heldens Christoph von Zedlitz. Eine Neuedition durch Wolfgang Harms befindet sich in Vorbereitung.
94 Über die letztgenannte Ehe vgl. Christel Krämer: Beziehungen zwischen Albrecht von Brandenburg-Ansbach und Friedrich II. von Liegnitz. Köln 1977, S. 163ff.
95 Colmar Grünhagen: Heinrich XI. von Liegnitz; in: Allgemeine Deutsche Biographie 11, (1880), S. 616ff.

96 Dazu verschiedene Beiträge von Carl Adolf Schimmelpfennig; in: ZVGS 11 und 12 (1871 bis 75).
97 Gustav Freytag: Bilder aus der deutschen Vergangenheit. Bd. 2, Leipzig 1894, S. 283.
98 Zitiert nach Heinrich Schoenborn: Geschichte der Stadt und des Fürstentums Brieg. Brieg 1908, S. 129f.
99 Petry wehrt sich gegen die These »einer Erbfeindschaft von Anfang an«. Ludwig Petry: Das Verhältnis der schlesischen Piasten zur Reformation und zu den Hohenzollern; in: Ders.: Dem Osten zugewandt, S. 293.
100 Reinhard Seyboth: Markgraf Georg von Ansbach-Kulmbach und die Reichspolitik; in: Jahrbuch für fränkische Landesforschung 47 (1987), S. 35–81. Behandelt auch seine schlesische Politik.
101 Markgraf Georg an Luther, Prag 5. Januar 1523. D. Martin Luthers Werke. Kritische Gesamtausgabe (Weimarer Ausgabe), Briefwechsel Bd. 3, Weimar 1969, Nr. 568, S. 8–10.
102 Weber, Das Verhältnis, S. 223ff.
103 Konrad Müller: Markgraf Georg von Brandenburg-Ansbach-Jägerndorf; in: JSKG 34 (1955), S. 7–31. Die Szene auch im Brief der Nürnberger Delegierten an ihren Rat, 16. Juni 1530. Corpus reformatorum. Hrsg. v. Karl Gottlieb Bretschneider. Bd. 2, Halle 1835, Sp. 106ff., Nr. 724.
104 Othmar Karzel: Die Reformation in Oberschlesien. Ausbreitung und Verlauf. Würzburg 1979.
105 Franz Machilek: Schlesien; in: Die Territorien des Reichs im Zeitalter der Reformation und Konfessionalisierung, Bd. 2, hrsg. v. Anton Schindling und Walter Ziegler, Münster 1990, S. 102–138, hier S. 124.
106 Conrad Buchwald: Ein Abendmahlsbild aus dem Breslauer Rathause; in: Schlesiens Vorzeit in Bild und Schrift, NF Bd. 5, Breslau 1909, S. 144–150.
107 Gustav Koffmane: Eine schlesische Universität in der Reformationszeit; in: Correspondenzblatt des Vereins für Geschichte der evangelischen Kirche Schlesiens 2 (1883), S. 34–39.
108 Martin Luthers Werke, Briefwechsel Bd. 2, Weimar 1931, S. 569ff, Nr. 513.
109 John Quincy Adams: Briefe über Schlesien, S. 190. Übersetzt von Friedrich Gotthelf Friese. Breslau 1805.
110 Markus Brann: Geschichte der Juden in Schlesien. Breslau 1896–1917, S. 150.
111 Ebd. Teil 5, Breslau 1910, S. 155ff.
112 Selma Stern: Josel von Rosheim, Befehlshaber der deutschen Judenschaft im Heiligen Römischen Reich Deutscher Nation. Stuttgart 1959, S. 119ff.
113 Brann, Geschichte der Juden, S. 167.
114 Alfred Grotte: »Synagogen«-Kirchen in Schlesien. Breslau 1930, S. 3–12.
115 Brann, Geschichte der Juden, S. 168.
116 Bernhard Brilling: Die jüdischen Gemeinden Mittelschlesiens. Entstehung und Geschichte. Stuttgart 1972, S. 138. Gotthard Münch: Die jüdische Druckerei in Oels; in: JSKG 53 (1974), S. 52–56.
117 Gotthard Münch: Das Oelser Unwetter von 1535 und Moibans Auslegung des 29. Psalmes; in: JSKG NF 52 (1973), S. 38–64.
118 Brann, Geschichte der Juden, S. 178.
119 Marian Ptak: Żydzi w śląskich ordynacjach ziemskich; in: Sobótka 44 (1989), S. 55–64. Ders.: Źródła prawa określające status ludności żydowkiej na Śląsku do 1742 r.; in: Sobótka 46 (1991), S. 139–149.
120 Janusz Spyra: Die Juden im Teschener Schlesien (bis Anfang des 18. Jahrhunderts); in: Oberschlesisches Jahrbuch 9, 1993, S. 41–66, hier S. 44. Brilling, Die jüdischen Gemeinden, S. 47.
121 Brann, Geschichte der Juden, S. 153f.
122 Vladimir Sadek und Jirina Sedinova: Das Prager Ghetto, Prag 1992. Gertrude von Schwarzenfeld: Rudolf II., München[2] 1979, S. 184.
123 Israel Rabin: Vom Rechtskampf der Juden in Schlesien (1582–1713), Breslau 1927.
124 Ebd. S. 79, Anm. 4.
125 Sinapius, Schlesische Curiositäten, Bd. 2, S. 182.
126 Vgl. das Judenverzeichnis von ca. 1720 bei Rabin, Vom Rechtskampf, im Anhang nach S. 84.
127 Markus Brann: Der Silberschatz der Zülzer Judengemeinde; in: Ost und West. Illustrierte Monatsschrift für das gesamte Judentum, Jg. 18 (1918), S. 335–356.
128 Franz D. Lucas und Margret Heitmann: Stadt des Glaubens. Geschichte und Kultur der Juden in Glogau. Hildesheim 1991.
129 Brann, Geschichte der Juden, S. 190f.
130 Ebd. S. 210, Anm. 2.
131 Ebd. S. 227.

132 Bernhard Brilling: Zur Geschichte der Juden in Breslau. Die ersten in Breslau wohnhaften Juden 1697–1707; in: JSFUB 12 (1967), S. 126 bis 143.
133 Brann, Geschichte der Juden, S. 236.
134 Bernhard Brilling: Die jüdischen Gemeinden, S. 59.
135 Israel Rabin: Beiträge zur Rechts- und Wirtschaftsgeschichte der Juden in Schlesien im 18. Jahrhundert. Breslau 1932.
136 Heinrich Lutz: Das Ringen um deutsche Einheit und kirchliche Erneuerung. Berlin 1983, S. 261ff.
137 Ernst Walter Zeeden: Konfessionsbildung. Studien zur Reformation, Gegenreformation und katholischen Reform. Stuttgart 1985, S. 133.
138 Colmar Grünhagen: Die Erbverbrüderung zwischen Hohenzollern und Piasten vom Jahre 1537; in: Zeitschrift für preußische Geschichte und Landeskunde 5 (1868), S. 337–366.
139 Bauch, Breslauer Schulwesen (1911), S. 231.
140 Joachim Bahlcke: Regionalismus und Staatsintegration im Widerstreit. München 1994, S. 158ff. Das Buch überwindet die isolierte Betrachtung der einzelnen böhmischen Kronländer und bietet eine fundierte Neuinterpretation der böhmischen Ländergruppe als Ganzes.
141 Bocks bemerkenswerte Verteidigungsrede bei Schickfus, Schlesische Chronica, Buch 3, S. 275.
142 Erwin Iserloh; in: Reformation, Katholische Reform und Gegenreformation. Handbuch der Kirchengeschichte, Bd. 4. Freiburg[3] 1985, S. 6.
143 Kurt Dülfer: Die Packschen Händel im Lichte der hessischen Politik. Marburg 1956.
144 Liegnitz entsandte 1537 den Rat Philipp von Popschütz, 1541 kam aus Liegnitz der Kanzler Wolf von Bock, aus Breslau der Syndikus Vipert Schwab.
145 Bugenhagens Vermahnung an die Böhmen, hrsg. von Constantin von Kügelgen. Leipzig 1903.
146 Die Entwicklung zu diesem Aufstand hin behandelt das wichtige Buch von Winfried Eberhard: Monarchie und Widerstand. München 1985.
147 Sammter, Chronik von Liegnitz, S. 205.
148 Eberhard, Monarchie und Widerstand, S. 466f.
149 Christian d'Elvert: Die Bestrafung der böhmischen Rebellion …; in: Schriften der historisch-statistischenen Section der k. k. mähr.-schles. Gesellschaft, Bd. 17/1, Brünn 1868, S. 211–217.
150 Erich Lindgen: Die Breslauer Strafrechtspflege. Breslau 1939, S. 19.
151 Franz Kürschner, Einrichtung der Königlichen Kammer in Schlesien; in: ZVGS 11,1 (1871), S. 1–17.
152 Joachim Köhler: Das Ringen um die tridentinische Erneuerung im Bistum Breslau. Köln 1973.
153 Weber, Das Verhältnis, S. 346ff.
154 Norbert Conrads: Bildungswege zwischen Schlesien und Wien; in: ASKG 50 (1992), S. 178f.
155 Bauch, Breslauer Schulwesen (1911), S. 238.
156 Heinrich Ludwig Gude: Staat von Schlesien. Frankfurt 1708.
157 Zimmermann: Domkapitel, S. 89 ff.
158 Roderich Schmidt: Esores asini. Der Spottname der Schlesier, seine Bedeutung bei Conrad Celtis und die Erzählung vom Eselessen der Böhmen bei Cosmas von Prag; in: ZfO 27 (1978), S. 319–336.
159 Opus epistolarum Des. Erasmi Roterodami per P. S. Allen, tom. 9, Oxford 1938, S. 359; Zimmermann, Domkapitel, S. 242.
160 Remigius Bäumer: Johannes Cochläus (1479–1552). Leben und Werk im Dienst der katholischen Reform. Münster 1980.
161 Gude, Staat von Schlesien, Einleitung.
162 Janusz Tazbir: Polish National Consciousness in the Sixteenth to the Eighteenth Century; in: Harvard Ukrainian Studies, 1986, S. 316–334.
163 Heinrich Grüger: Trebnitz, Zisterzienserinnenabtei; in: JSFUB 23 (1982), S. 55–83.
164 Gustav Bauch, Valentin Trozendorf und die Goldberger Schule, Berlin 1921, S. 334; Golo Mann, Wallenstein. Sein Leben erzählt. Frankfurt am Main[5] 1972, S. 25.
165 Schickfus, Schlesische Chronica, Bd. 3, S. 276f.
166 Eberhard, Monarchie und Widerstand, S. 452f.
167 Anton Gindely: Die Entwicklung des böhmischen Adels und der Inkolatsverhältnisse seit dem 16. Jahrhundert; in: Abhandlungen der kgl. böhm. Gesellschaft der Wissenschaften, 7. Folge, Bd. 1, Phil.-hist. Klasse 3, Prag 1886.
168 Lindner, Zwischen Oder und Riesengebirge, S. 159f.
169 Abraham Scultetus: Selbstbiographie (1966), S. 16, 70.

170 Joachim Köhler: Der Beitrag der Prager Nuntiatur zur Festigung des Katholizismus in Ostmitteleuropa; in: Historisches Jahrbuch 93 (1973), S. 336, 346.
171 Wolfgang Reinhard: Zwang zur Konfessionalisierung? Prolegomena zu einer Theorie des konfessionellen Zeitalters; in: Zeitschrift für historische Forschung 10 (1983), S. 257–277, hier S. 257.
172 Walter Dürig: Der Laienkelch im Bistum Breslau; in: Sapienter ordinare. Festgabe für Erich Kleineidam. Leipzig 1969, S. 260–271. Acta Publica. Verhandlungen und Korrespondenzen der schlesischen Fürsten und Stände, Bd. 7, Breslau 1905, S. 261.
173 Joachim Köhler: Politische, wirtschaftliche und kirchliche Voraussetzungen barocker Kultur und Frömmigkeit; in ASKG 44 (1986), S. 47 bis 65, hier S. 59).
174 Köhler, Das Ringen, S. 71.
175 Zwei Briefe des Lipsius an Jerin abgedruckt bei Johannes Heyne: Dokumentierte Geschichte des Bistums Breslau, Bd. 3, Breslau 1868, S. 799 und Lucae, Denckwürdigkeiten, S. 350f.
176 Joseph Jungnitz: Die Breslauer Germaniker. Breslau 1906.
177 Ulrich Hutter-Wolandt: Die Reformierten in Schlesien; in: Kirchen und Bekenntnisgruppen im Osten des Deutschen Reiches, hrsg. v. B. Jähnig und S. Spieler, Bonn 1991, S. 131 bis 147. Ernst Siegmund-Schultze: Kryptocalvinismus in den schlesischen Kirchenordnungen; in: JSFUB 5 (1960), S. 52–68.
178 Werner Bellardi: Schlesien und die Kurpfalz. Der Beitrag vertriebener schlesischer Theologen zur »reformierten« Theologie und Bekenntnisbildung (1561–1576); in: JSKG 51 (1972), S. 48–66.
179 J. F. A. Gillet: Crato von Crafftheim und seine Freunde. 2 Bde., Frankfurt a. M. 1860–61, besonders Bd. 2, S. 351.
180 Vgl. dazu bei Lucae, Denckwürdigkeiten, den Abschnitt »Von dem Auffwachs und Abnehmen der Reformirten Religion«, S. 486–545.
181 Bahlcke: Regionalismus und Staatsintegration, S. 221ff.
182 Materialreich, aber einseitig, Georg Jaeckel: Johann Georg II. Markgraf von Brandenburg, Herzog von Jägerndorf 1577–1624; in: JSKG 52 (1973), S. 65–82; 53 (1974), S. 57–95, vgl. Bertold Bretholz in: Schlesische Lebensbilder 3 (1928), S. 19–27.
183 Hubert Jedin: Die Krone Böhmen und die Breslauer Bischofswahlen 1468–1732; in: Ders.: Kirche des Glaubens – Kirche der Geschichte, Bd. 1, Freiburg 1966, S. 413–453.
184 Joachim Köhler: Revision eines Bischofsbildes? Erzherzog Karl von Österreich, Bischof von Breslau (1608–1624) und Brixen (1613–1624), als Exponent der habsburgischen Hausmachtspolitik; in: ASKG 32 (1974), S. 103–126.
185 Johannes Ziekursch; in: Schlesische Landeskunde, hrsg. v. Franz Kampers, Leipzig 1913, S. 70.
186 Die ungemein komplizierte Vor- und Wirkungsgeschichte des Königtums Friedrichs V. für Schlesien behandelt jetzt Christine van Eickels in ihrem Buch: Schlesien im böhmischen Ständestaat. Voraussetzungen und Verlauf der böhmischen Revolution von 1618 in Schlesien. Köln 1994.
187 van Eickels, Schlesien im böhmischen Ständestaat, S. 167ff.
188 Hubert Jedin: Eine Denkschrift über die Gegenreformation in Schlesien aus dem Jahre 1625; in: Ders.: Kirche des Glaubens, Bd. 1, S. 395–412.
189 Anton Chroust: Briefe und Gedichte aus dem Kreise der fruchtbringenden Gesellschaft; in: Euphorion. Zeitschrift für Literaturgeschichte, Ergänzungsheft 3, Leipzig 1897, S. 8.
190 Willy Klawitter: Geschichte der Zensur in Schlesien. Breslau 1934, S. 30.
191 Winfried Irgang: Freudenthal als Herrschaft des Deutschen Ordens 1621–1675. Bonn 1971.
192 Die Ansicht, das Urteil sei ein Justizmord gewesen und habe die Katholisierung eines weiteren schlesischen Territoriums zum Ziel gehabt, wurde schon von Julius Krebs: Hans Ulrich Freiherr von Schaffgotsch, Breslau 1890, S. 168, zurückgewiesen. Neben den bei Krebs abgedruckten Dokumenten vgl. auch das Verhörprotokoll, abgedruckt in: Die Verhandlungen Schwedens und seiner Verbündeten mit Wallenstein und dem Kaiser von 1631 bis 1634, hrsg. von Georg Irmler, Bd. 3, Leipzig 1891, S. 425ff.
193 Dazu Wallensteins kühle Kommentierung: »Der Künig muss gedenken, dass er soll monarcha der Welt werden und nicht vor sein patrimonium allein Schweinitz und Jauer haben, darvon er ohne das keine Einkommens hat ...« Briefe Albrechts von Waldstein an Karl von Harrach, hrsg. v. Ferdinand Tadra. Fontes Rerum Austriacarum, 2. Abt., Bd. 41, 2. Wien 1879, S. 175.

194 Acta Publica. Bd. 7, S. 33f.
195 Hensel: Protestantische Kirchengeschichte, S. 299f.
196 Wilhelm Kühlmann: Martin Opitz. Deutsche Literatur und deutsche Nation. Herne 1991, S. 40.
197 Hans Klapper: Das Zunftwesen der Stadt Guhrau. Breslau 1936, S. 78.
198 Johann Ludwig Gottfried: Inventarium Sveciae, Das ist: Gründliche und wahrhafte Beschreibung des Königreichs Schweden. Frankfurt a. M. 1632, Appendix.
199 Loci communes schlesischer Gravaminum. Archiwum Archidiecezjalne Wrocław, Sign. VI d 10, fol 363f.
200 Volker Press: Kriege und Krisen. Deutschland 1600–1715. München 1991, S. 225.
201 Józef Leszczynski: La Silésie dans la politique européenne aux XVIe–XVIIe siècles; in: Acta Poloniae Historica 22, 1970, S. 90–107.
202 Fritz Dickmann: Der Westfälische Frieden. Münster ^{2}1959, S. 251.
203 Wilhelm Schwarz an Johann Permeier, Breslau 4. März 1643; in ZVGS 64, 1930, S. 124.
204 Gedruckte Kirchenordnung, Liegnitz 1594. Handschriftlicher Anhang. Exemplar der Martin-Opitz-Bibliothek Herne, Sign. Fd 512.
205 Nikolaus Pol: Zeitbücher der Schlesier, Bd. 5, Breslau 1824, S. 22.
206 Vgl. das Gedicht Daniel von Czepkos »Keine Straffe ohne Ansage«; in: Ders.: Sämtliche Werke, hrsg. v. Hans-Gert Roloff und Marian Szyrocki, Bd. 1, Teil 1, Berlin 1989, S. 354.
207 Verfasser Valentin Hanncke, nachgewiesen in Univ.-Bibl. Wrocław Nr. 537526.
208 Hartmut Lehmann: Die Kometenflugschriften des 17. Jahrhunderts als historische Quelle; in: Wolfgang Brückner u. a.: Literatur und Volk im 17. Jahrhundert, Wiesbaden 1985, S. 683 bis 700.
209 Trevor Aston (Hrsg.): Crisis in Europe 1560–1660. New York 1965. Ferner Hartmut Lehmann: Das Zeitalter des Barock. Stuttgart 1980, hier das große Kapitel »Not, Angst, Hoffnung« S. 105–169.
210 Bertold Bretholz: Das Pfarrei-Archiv in Glatz, Glatz 1928, S. 83f.
211 Beispiele bei Will-Erich Peuckert: Das Leben Jakob Böhmes. Jena 1924, S. 2ff.
212 Schickfus, Schlesische Chronica, Bd. 1, S. 237. Peuckert, Böhme, S. 4f.
213 van Eickels, Schlesien im böhmischen Ständestaat, S. 299 und 389f. Peuckert, Böhme S. 4ff.
214 Peuckert, Böhme, S. 6.
215 Johannes Grünewald: Johannes Heermann. Zur 400. Wiederkehr seines Geburtstages; in: JSKG 64, 1985, S. 184–191.
216 Paul Münch: Lebensformen in der frühen Neuzeit, Frankfurt a. M. 1992, hier der Abschnitt »Mensch und Klima« S. 127–154.
217 Gerhard Eberlein: Religiös-soziale Schwärmer des sechzehnten Jahrhunderts in Schlesien; in: Bunte Bilder aus dem Schlesierlande, Bd. 2, Breslau 1903, S. 106.
218 Pol, Zeitbücher Bd. 5, S. 45.
219 Ebd., S. 49–60.
220 Schickfus, Schlesische Chronica, Buch 3, S. 219.
221 Daniel Gomolcke: Historische Beschreibung Derer Grossen Theurungen, Hunger- und Kummerjahre, welche nicht allein die ... Stadt Breßlau, sondern auch das gantze Land Schlesien ... betroffen. Breslau 1737.
222 Walter Otte: Die Lebensmittelversorgung Breslaus im 16. Jahrhundert; in: Beiträge zur Geschichte der Stadt Breslau 5, Breslau 1938, S. 75–130.
223 Martin Grosser: Anleitung zu der Landwirtschaft ..., hrsg. v. Gertrud Schröder-Lembke, Quellen und Forschungen zur Agrargeschichte 12, Stuttgart 1965.
224 Manfred P. Fleischer: Die ersten landwirtschaftlichen Handbücher in deutscher Sprache; in: Ders.: Späthumanismus, S. 213 bis 235.
225 Münch, Lebensformen, S. 191ff.
226 Otto Brunner: Das ›Ganze Haus‹ und die alteuropäische ›Ökonomik‹; in: Ders.: Neue Wege der Verfassungs- und Sozialgeschichte, Göttingen^{3} 1980, S. 33–61.
227 Claudia Opitz: Neue Wege der Sozialgeschichte? Ein kritischer Blick auf Otto Brunners Konzept des ›ganzen Hauses‹; in: Geschichte und Gesellschaft 20, 1994, S. 88–98.
228 Günther Franz: Der Dreißigjährige Krieg und das deutsche Volk. Stuttgart^{4} 1979, S. 8. Angaben zu Schlesien S. 27f u. ö.
229 Der polnische Historiker W. Dziewulski geht für 1619 von einer Einwohnerzahl Schlesiens von 1 570 000 und für 1 648 von 1 040 000 aus, so daß er einen Kriegsverlust von 530 000 oder einem Drittel der Bevölkerung annimmt. Historia Śląska, hrsg. v. Karol Maleczyński, Bd. 1, 3, Wrocław 1963, S. 13).

230 Dazu jetzt: Christian Pfister: Bevölkerungsgeschichte und historische Demographie 1500–1800 (Enzyklopädie deutscher Geschichte, Bd. 28), München 1994, S. 70f.

231 Der Zahlenvergleich basiert für die genannten Jahre auf unterschiedlichen Voraussetzungen und Quellen, nämlich 1618: Friedrich Wilhelm v. Pachaly: Sammlung verschiedener Schriften über Schlesiens Geschichte und Verfassung, Bd. 1, Breslau 1790, S. 339. 1633: Pestjahr! 1670: Geschichte Schlesiens, Bd. 2, S. 164. 1710: Friedrich Albert Zimmermann: Beschreibung der Stadt Breslau. Brieg 1792, S. 308ff. 1736: Colmar Grünhagen; in: ZVGS 33 (1899), 356, den Angaben zufolge bereits umgerechnet auf Schlesien in den Grenzen von 1742. 1748: Otto Behre: Geschichte der Statistik in Brandenburg-Preußen bis zur Gründung des Königlichen Statistischen Bureaus, Berlin 1905, S. 458, auch hier Schlesien innerhalb der preußischen Grenzen. 1749: Markgraf, Geschichte Breslaus, S. 118.

232 Karl A. Siegel: Crato von Kraftheim; in Schlesische Lebensbilder 4, S. 124–133.

233 Reinhard Gundlach: Die Pest in Schlesien. med. Diss. Frankfurt a. M. 1947, maschschr. Beispiele aus der Lausitz bei Hans Saalfeld: Der »schwarze Tod« in Schlesien; in: JSKG 53, 1974, S. 96f.

234 Genaue Zahlen bei Pol, Jahrbücher Bd. 3, S. 125f. Über die Not in Breslau 1585: J. F. A. Gillet: Crato von Crafftheim, Bd. 2, S. 370f.

235 Heinrich Grüger: Heinrichau. Geschichte eines schlesischen Zisterzienserklosters 1227–1977. Köln 1978, S. 56f. Hans Hübner: Die Grundsteuerreform in Schlesien 1637–39; in: ZVGS 56, 1922, S. 62–72.

236 S. Graetzer: Die Pestepidemien Breslaus. Breslau 1882, S. 14.

237 Gomolcke: Historische Beschreibung, S. 31.

238 Lydia Baruchsen: Die schlesische Mariensäule, Breslau 1931.

239 Richard van Dülmen: Theater des Schreckens. Gerichtspraxis und Strafrituale in der frühen Neuzeit. München[2] 1988.

240 Georg Schoppe: Mißhandlung eines Scharfrichters; in: Schlesische Monatshefte, Jg. 2, 1925, S. 352.

241 Karen Lambrecht: Obrigkeiten und Hexenverfolgungen. Zaubereiprozesse in den schlesischen Territorien. Köln 1994, im Druck.

242 Allgemein zum Forschungsstand: Wolfgang Behringer: Erträge und Perspektiven der Hexenforschung; in: HZ 249, 1989, S. 619 bis 640.

243 Lambrecht, Obrigkeiten und Hexenprozesse, Anhang.

244 Weber, Das Verhältnis, S. 245ff.

245 Den Anfang machte das große Buch von Fritz Dickmann: Der Westfälische Frieden. Münster 1959. Ihm folgte das umfangreiche Editionsvorhaben der Acta Pacis Westphalicae.

246 Eberlein, Kirchengeschichte, S. 81.

247 Günter Grundmann: Der evangelische Kirchenbau in Schlesien. Frankfurt a. M. 1970, S. 18ff.

248 Franz Xaver Seppelt: Geschichte des Bistums Breslau. Breslau 1929, S. 72.

249 Gerhard Eberlein: Die schlesischen Grenzkirchen im 17. Jahrhundert. Vorträge ... des Vereins für Reformationsgeschichte, Halle 1901, S. 40–68, mit einer Karte, hier S. 60.

250 Ausführlich Eberlein, Grenzkirchen, S. 33ff.

251 Heinrich Grüger: Heinrichau, S. 58.

252 Heinrich Grüger: Glaubenstreue oder Anpassung? Das Schicksal des Wiesenmüllers auf dem Ohlgut bei Münsterberg im Zeitalter der Gegenreformation; in JSKG 64, 1985, S. 48–53.

253 Ambrosius Rose: Abt Bernardus Rosa von Grüssau. Stuttgart 1960, 62ff.

254 Petry, Geschichte Schlesiens, Bd. 2, S. 116, nennt ohne Quellenangabe die Zahl von 1 200 Personen.

255 Gottfried Ferdinand Buckisch: Schlesische Religions-Akten 1517 bis 1575, hrsg. v. Joseph Gottschalk, Bd. 1,1, Köln 1982.

256 Friedrich Wilhelm Barthold: Die Erweckten im protestantischen Deutschland ... besonders die frommen Grafenhöfe. Darmstadt[2] 1968 (1. Aufl. 1852/53), S. 220f.

257 Fritz Wolff: Corpus Evangelicorum und Corpus Catholicorum auf dem Westfälischen Friedenskongreß. Die Einfügung der konfessionellen Ständeverbindungen in die Reichsverfassung. Münster 1966.

258 Vgl. die brandenburgische Relation vom Reichstag, Regensburg 12./22. März 1653 über das konspirative Treffen des Abgesandten der Fürstentümer Schweidnitz-Jauer, Konrad von Sack, mit dem brandenburgischen Legationssekretär Kittelmann. Urkunden und Actenstücke zur Geschichte des Kurfürsten Friedrich Wilhelm von Brandenburg. Politische Verhandlungen, Bd. 3, hrsg. v. Bernhard Erdmannsdörffer, Berlin 1872, S. 187f.

259 Die Mehrzahl findet sich gedruckt bei Eberhard Christian Wilhelm von Schauroth: Vollständige Sammlung aller Conclusorum ... des Corporis Evangelicorum. 3 Bde., Regensburg 1751–1752.

260 Weber, Das Verhältnis, S. 277.

261 Norbert Conrads: Religionspolitische Überlegungen in Wien nach dem Anheimfall der Fürstentümer Liegnitz, Brieg und Wohlau 1675; in: Schlesische Studien, hrsg. v. Alfons Hayduk, München 1970, S. 49–56.

262 Heinrich Benedikt: Der Josephinismus vor Joseph II.; in: Österreich und Europa, Festgabe für Hugo Hantsch, Graz 1965, S. 183–201. Kritischer über Joseph I. ist Karl Otmar von Aretin: Kaiser Joseph I. zwischen Kaisertradition und österreichischer Großmachtpolitik; in: Ders.: Das Reich. Friedensordnung und europäisches Gleichgewicht 1648–1806, Stuttgart 1986, S. 255–322.

263 Norbert Conrads: Die Durchführung der Altranstädter Konvention in Schlesien 1707–1709. Köln 1971, S. 14f.

264 Dazu am Beispiel der Hirschberger Gnadenkirche demnächst die Mainzer kunsthistorische Dissertation von Andrea Langer: »Die Gnadenkirche ›Zum Kreuze Christi‹ in Hirschberg. Eine Synthese zwischen römisch geprägtem katholischen Barock und protestantischem Barockklassizismus«.

265 Norbert Conrads: Marginalien zur Geschichte der schlesischen Gnadenkirchen; in: Schlesien, Jg. 17, 1972, S. 36–40.

266 Oskar Wagner: Mutterkirche vieler Länder. Geschichte der evangelischen Kirche im Herzogtum Teschen 1545–1918/20. Wien 1978.

267 Herbert Patzelt: Der Pietismus im Teschener Schlesien 1709–1730. Göttingen 1969.

268 Herbert Patzelt: Geschichte der evangelischen Kirche in Österreichisch-Schlesien. Dülmen 1989.

269 Text bei Johann Gottlob Worbs: Die Rechte der evangelischen Gemeinden in Schlesien an den ihnen im 17. Jahrhundert gewaltthätig genommenen Kirchen und Kirchengütern. Sorau 1825, S. 221f. Die Instruktion erfolgte aus Anlaß eines Religionskonfliktes im Herzogtum Teschen. Was G. A. H. Stenzel dazu anmerkt (Geschichte des preussischen Staats, Teil 4, Hamburg 1851, S. 80–85), ist einseitig, was schon sein Urteil über Karl VI. (»schwach und beschränkt«) zum Ausdruck bringt.

270 Günther Grass: Das Treffen in Teltge. Eine Erzählung. Darmstadt 1979, S. 85. Grass dachte bei seiner Fiktion von 1647 bekanntlich an die Dichtergruppe von 1947.

271 So Goethes Großonkel im Jahr 1716. Friedrich Andreae: Urteile des Reichsfreiherrn Johann Michael von Loen über Breslau aus den Jahren 1716 und 1722; in: Schlesische Geschichtsblätter (1916), S. 64–71, hier S. 66.

272 Bauch, Trozendorf.

273 Robert Stupperich: Melanchthon und der deutsche Osten; in: Festschrift Stasiewski, S. 85–97.

274 Das bekannte Zitat schon bei Cureus, Schlesische General Chronica, Teil 2, S. 14, danach bei Schickfus, Schlesische Chronica, Buch 4, S. 36.

275 ... unterwegs durch die Jahrhunderte, 1293 bis 1993. Gedenkschrift zum 700jährigen Gründungsjubiläum des Elisabetgymnasiums Breslau, hrsg. v. d. Vereinigung ehemaliger Elisabetaner Breslau. o. O. 1993.

276 Karl Friedrich Schönwälder und Johann Julius Guttmann: Geschichte des Gymnasiums zu Brieg. Breslau 1869.

277 Jörg-Ulrich Fechner: Der Lehr- und Lektüreplan des Schönaichianums in Beuthen als bildungsgeschichtliche Voraussetzung der Literatur; in: Stadt-Schule-Universität-Buchwesen und die deutsche Literatur im 17. Jahrhundert, hrsg. v. Albrecht Schöne, München 1976, S. 324–334.

278 Köhler, Das Ringen, S. 236ff.

279 Texte bei Heinrich Seidel: Aus den Anfängen des jetzigen Staatlichen Kath. Gymnasiums zu Neisse, Teil 1, Festschrift des staatlichen katholischen Gymnasiums zu Neisse, Neisse 1924, S. 9–29.

280 Hermann Hoffmann: Die Jesuiten in Schweidnitz. Schweidnitz 1930, S. 52ff, 353ff.

281 Etienne François: Die unsichtbare Grenze: Protestanten und Katholiken in Augsburg 1648–1806. Sigmaringen 1991, dort Hinweise auf Breslau S. 233ff.

282 Carl Dziatzko: Der Übertritt des Dichters Andreas Scultetus von Bunzlau zum Katholizismus im Jahre 1644; in: ZVGS 12 (1875), S. 439 bis 453.

283 Adam Bernd: Eigene Lebens-Beschreibung. Hrsg. v. Volker Hoffmann. München 1973, S. 81.

284 Gottfried Kliesch: Der Einfluß der Universität Frankfurt (Oder) auf die schlesische Bildungs-

geschichte. Würzburg 1961. Otto Bardong: Die Breslauer an der Universität Frankfurt (Oder). Würzburg 1970.

285 Heinz Schneppen: Niederländische Universitäten und deutsches Geistesleben. Münster 1960.

286 Herbert Schöffler: Deutsches Geistesleben zwischen Reformation und Aufklärung. Von Martin Opitz zu Christian Wolff. Frankfurt a. M.[2] 1956, S. 69.

287 Norbert Conrads: Bildungswege zwischen Schlesien und Wien. Ein historischer Überblick vom Mittelalter bis zur Aufklärung; in: ASKG 50, 1992, S. 169–204.

288 Friedrich Lucae (Lichtstern): Schlesische Fürsten-Krone / Oder Eigentliche / warhaffte Beschreibung Ober- und Nieder-Schlesiens. Franckfurt a. M. 1685, S. 641.

289 Ortrud Kape: Die Geschichte der wissenschaftlichen Bibliotheken in Breslau in der Zeit von 1945 bis 1955, unter besonderer Berücksichtigung der Universitätsbibliothek. St. Katharinen 1993.

290 Marian Szyrocki: Deutsche Barockliteratur in der Universitätsbibliothek Wrocław. Die Sammlungen der Altdrucke und Handschriften; in: Daphnis, Zeitschrift für Mittlere Deutsche Literatur 7 (1978), S. 361–364.

291 Vgl. Moraw oben S. 165ff.

292 Vgl. O. Walde: Storhetstidens litterära krigsbyten. En kulturhistorisk-bibliografisk studie. 2 Bde., Upsala 1916–20, vor allem Bd. 1, S. 197–208.

293 Kape, Bibliotheken in Breslau, S. 87f.

294 Karl Johann Endemann: Die Reichsgräflich von Hochbergsche Majoratsbibliothek in den ersten drei Jahrhunderten ihres Bestehens 1609 bis 1909. Breslau 1910.

295 Theodor Lindner: Johann Matthäus Wacker von Wackenfels; in ZVGS 8 (1868), S. 322.

296 Günter Elze: Der »Breslauer Froissart«. Ein großes Werk mittelalterlicher Buchkultur; in: Schlesien 35 (1990), S. 159–165.

297 Szyrocki, Opitz, S. 127f.

298 Arno Lubos: Geschichte der Literatur Schlesiens, 3 Bde., München 1960–1974. Eine Neubearbeitung des ersten Bandes ist in Vorbereitung. Erdmann Neumeister: De Poetis Germanicis. Hrsg. v. Franz Heiduk und Günter Merwald. Bern 1978.

299 zu Opitz: Szyrocki, Opitz. Janis Little Gellinek: Die weltliche Lyrik des Martin Opitz. Bern 1973.

300 Neu hrsg. v. Richard Alewyn. Neudrucke deutscher Literaturwerke NF 8, Tübingen 1963.

301 Peuckert, Böhme. Jakob Böhme: Von der Gnadenwahl, hrsg. v. Roland Pietsch, Stuttgart 1988.

302 Czepkos Werke erscheinen seit 1989 in einer auf sieben Bände angelegten Gesamtausgabe, hrsg. von Hans-Gert Roloff und Marian Szyrocki.

303 Friedrich von Logau: Sinngedichte. Hrsg. v. Ernst-Peter Wieckenberg. Stuttgart 1984.

304 Georg Ellinger: Angelus Silesius. Ein Lebensbild. Breslau 1927.

305 Will Erich Peuckert: Die Entwicklung Abrahams von Franckenberg bis zum Jahre 1641. Breslau 1927.

306 Klawitter, Geschichte der Zensur, S. 31f.

307 Kurt Salecker: Christian Knorr von Rosenroth. Leipzig 1931.

308 Walter Dietze: Quirinus Kuhlmann: Ketzer und Poet. Berlin 1963.

309 Marian Szyrocki: Andreas Gryphius. Sein Leben und Werk. Tübingen 1964.

310 Walter Benjamin: Ursprung des deutschen Trauerspiels, Frankfurt a. M. 1969.

311 Franz Heiduk: Christian Hoffmann von Hoffmannswaldau; in: Deutsche Dichter des 17. Jahrhunderts. Ihr Leben und Werk, hrsg. v. H. Steinhagen und B. v. Wiese, Berlin 1984, S. 473–496.

312 Franz Heiduk: Hoffmannswaldau und die Überlieferung seiner Werke. Eine kritische Untersuchung; in: Jahrbuch des Freien Deutschen Hochstifts 1975, S. 1–72.

313 Franz Heiduk: Die Dichter der galanten Lyrik. Studien zur Neukirchschen Sammlung. Bern 1971.

314 Als Musterrede gedruckt bei Johann Christian Lünig: Grosser Herren, vornehmer Ministren, und anderer berühmter Männer gehaltene Reden, Bd. 4, Leipzig 1731, S. 820–839.

315 Bernhard Asmuth: Daniel Casper von Lohenstein. Stuttgart 1971.

316 Elida Maria Szarota: Lohnsteins Arminius als Zeitroman. Sichtweisen des Barock. Bern 1970.

317 Alberto Martino: Daniel Casper von Lohenstein. Geschichte seiner Rezeption. Bd. 1 (1661–1800). Tübingen 1978.

318 Hallmanns Werke erscheinen seit 1975 in einer auf sechs Bände angelegten Gesamtausgabe, hrsg. v. Gerhard Spellerberg.

319 Manfred P. Fleischer: Der Wirbel um Valens Acidalius; in: Ders.: Späthumanismus, S. 190 bis 212.
320 Franz Heiduk: Oberschlesisches Literatur-Lexikon, Bd. 1, 93.
321 Bauch, Das Breslauer Schulwesen, (1911), S. 147.
322 Johann Caspar Eberti: Schlesiens Hoch- und Wohlgelehrtes Frauenzimmer, nebst unterschiedenen Poetinnen ... Breslau 1727.
323 Ingrid Guentherodt: Maria Cunitia: Urania propitia; in: Daphnis, Zeitschrift für Mittlere Deutsche Literatur 20 (1991), S. 311–353. Dies.: Frühe Spuren von Maria Cunitia und Daniel Czepko in Schweidnitz 1623; in: Ebd., S. 547–584.
324 Johann Christian Kundmann: Silesii in Nummis. Breslau 1738, S. 198ff.
325 Johann Christian Günthers sämtliche Werke, hrsg. v. Wilhelm Krämer, vor allem Bd. 3–4, Darmstadt 1964.
326 Franz Heiduk: Die Dichter der galanten Lyrik, Bern 1971, S. 129f.
327 Acta Publica. Verhandlungen Bd. 5, Breslau 1880, S.16.
328 Patent Lunéville, 20. Oktober 1724. Archives de Meurthe-et-Moselle, Nancy, B 164, fol. 19f.
329 Jürgen Rainer Wolf: Steuerpolitik im schlesischen Ständestaat. Untersuchungen zur Sozial- und Wirtschaftsstruktur Schlesiens im 17. und 18. Jahrhundert. Marburg 1978.
330 Philipp Wilhelm von Hörnigk: Österreich über alles, wann es nur will. 1684. Hrsg. v. August Skalweit, Frankfurt a. M. 1948, S.44.
331 Dorothee von Velsen: Die Gegenreformation in den Fürstentümern Liegnitz-Brieg-Wohlau. Ihre Vorgeschichte und ihre staatsrechtlichen Grundlagen. Leipzig 1931.
332 Conrads, Schlesien und die Türkengefahr, S. 102ff.
333 Alfred Dove: Die pragmatische Sanktion in Schlesien; in: ZVGS 14/2 (1879), S. 299–336.
334 Franz Matsche: Ostmitteleuropa als barocke Kulturlandschaft; in: ASKG 44 (1986), S. 107 bis 113. Konstanty Kalinowski: Barock in Schlesien. Geschichte, Eigenart und heutige Erscheinung. München 1990.
335 Konstanty Kalinowski. Rzeźba barokowa na Śląsku. Warszawa 1986.
336 Leo Stern: Zur Geschichte und wissenschaftlichen Leistung der deutschen Akademie der Naturforscher »Leopoldina«. Berlin 1952.
337 Rolf Wienau: Christian Mentzel und die Academia Naturae Curiosorum. Mainz 1970, S. 34.
338 Jonas Graetzer: Lebensbilder hervorragender schlesischer Ärzte. Breslau 1889, S. 207ff.
339 Eduard Winter: Ehrenfried Walther von Tschirnhaus (1651–1708). Ein Leben im Dienst des Akademiegedankens. Berlin 1959. Ders. (Hrsg.): Tschirnhaus und die Frühaufklärung in Mittel- und Osteuropa. Berlin 1960.
340 Erik Amburger: Die Mitglieder der Deutschen Akademie der Wissenschaften. Berlin 1950.
341 Hans Striedl; in: NDB 1, 1953, S. 38f.
342 Hildegard Zimmermann: Caspar Neumann und die Frühaufklärung. Witten 1969.
343 Jonas Graetzer: Edmund Halley und Caspar Neumann. Ein Beitrag zur Geschichte der Bevölkerungs-Statistik. Breslau 1883.
344 Edmond Halley: An Estimate of the Degrees of the Mortality of Mankind, drawn from curious Tables of the Births and Funerals at the City of Breslaw; with an Attempt to ascertain the Price of Annuities upon Lives; in: Philosophical Transactions (der Royal Society) for the Year 1693, Bd. 18, Nr. 196, London 1694, S. 596 bis 610. Halley erklärt seinen Lesern Schlesien als das Land, »whence comes that sort of Linnen we usually call your Sclesie Linnen«.
345 Da Neumann auf Basis der evangelischen Kirchenbücher arbeitete, bezogen sich seine Angaben nur auf die protestantischen Einwohnerzahlen, folglich kamen noch die katholischen Einwohner hinzu, die nach Kundmann etwa ein Viertel der Stadtbevölkerung ausmachten. Damit käme man für 1690 auf etwa 45 000 Einwohner Breslaus, also etwas mehr als oben genannt. Graetzer, Halley und Neumann, S. 33.
346 Heinrich Braun: Geschichte der Lebensversicherung und Lebensversicherungstechnik. Berlin[2] 1963. Albert Rosin: Lebensversicherung und ihre geistesgeschichtlichen Grundlagen. Leipzig 1932, S. 17ff.
347 Konrad Müller: Caspar Neumann; in: Schlesische Lebensbilder 3, Breslau 1928, S. 137.
348 Eberhard Günther Schulz: Christian Wolff - Gründlichkeit und Aufklärung in seiner Philosophie; in: Der Beitrag ostdeutscher Philosophen zur abendländischen Philosophie, hrsg. v. F. B. Kaiser und B. Stasiewski, Köln 1983, S. 1–23.
349 Lucae, Schlesische Fürsten-Krone, S. 223f.
350 Joseph Reinkens: Die Universität Breslau vor der Vereinigung der Frankfurter Viadrina mit der Leopoldina. Breslau 1861.

351 Manfred P. Fleischer: Lebensbeschreibung, Quellenbestand und Nachruf des Paters Wolff; in: JSFUB 19 (1978), S. 279–311.
352 Norbert Conrads: Neue Quellen zur Vorgeschichte der Jesuitenuniversität Breslau; in: ZfO 37 (1988), S. 376–416.
353 Ricarda Huch: Eindruck von Breslau; in: Schlesische Monatshefte 4, 1927, S. 64–70.
354 Henry Dziurla: Christophorus Tausch uczeń Andrei Pozza. Wrocław 1991.
355 Henryk Dziurla: University of Wrocław, Wrocław 1976.
356 Eligius Aloys Jung: Einige Nachrichten von dem Personale der Leopolds Universität zu Breslau in ihrem ersten Jahrhundert bei Gelegenheit der Säkularfeyer zusammengetragen. Breslau 1803, S. 15f. Die Gesamtzahl der Immatrikulierten bis 1803 betrug 16.384.
357 Leibniz an F. L. v. Breßler u. Aschenburg, Antwort auf einen Brief Breßlers vom 23. Februar 1713, Leibniz-Archiv Hannover, Briefwechsel Nr. 114.
358 Conrads, Ritterakademien der frühen Neuzeit.
359 Státni ustredni archiv Praha, Česká dvorská kancelář, Statutendruck o. O. 1708, S. D[1].
360 Neumeister, De Poetis Germanicis, S. 17, 147 und 300f.
361 Eduard Winter: Frühaufklärung. Der Kampf gegen den Konfessionalismus in Mittel- und Osteuropa und die deutsch-slawische Begegnung. Berlin 1966, hier S. 178f.
362 Helmuth Plessner: Die verspätete Nation. Über die politische Verfügbarkeit bürgerlichen Geistes. Stuttgart[3] 1962.

Schlesien als eigenständige Provinz im altpreußischen Staat

1 Für das Folgende mit älterer Literatur: Baumgart, Peter: Die Annexion und Eingliederung Schlesiens in den friderizianischen Staat, in: Ders. (Hrsg.), Expansion und Integration, Köln/Wien 1984, S. 81ff.; Ders.: Schlesien im Kalkül König Friedrichs II. von Preußen und die europäischen Implikationen der Eroberung des Landes, in: Ders. (Hrsg.), Kontinuität und Wandel, S. 3ff.
2 Friedrich an Voltaire, 26.10.1740, in: Œuvres de Frédéric le Grand, hrsg. von J. D. E. Preuß (zitiert: Œuvres), Bd. 22, Berlin 1855, S. 49.
3 Histoire de mon temps, in: Œuvres, Bd. 2, S. 53.
4 Jetzt Kunisch, Johannes: La Guerre – C'est moi! Zum Problem der Staatenkonflikte im Zeitalter des Absolutismus, in: Zeitschrift für Historische Forschung 14, 1987, bes. S. 437f.
5 Neuerdings betont von Schieder, Theodor: Friedrich der Große. Ein Königtum der Widersprüche. Berlin/Wien 1983, S. 134f.
6 Abdruck in: Politische Correspondenz Friedrichs des Großen (zitiert: P. C.), Bd. 1, Berlin 1879, Nr. 119.
7 Zusammenfassend Petry, Ludwig: Politische Geschichte unter den Habsburgern, in: Geschichte Schlesiens, Bd. 2, S. 15ff., S. 57ff. u. ö.; ergänzend jetzt Weber, Verhältnis Schlesiens, S. 122ff., S. 188ff.
8 Dickmann, Fritz: Der Westfälische Frieden. Münster[5] 1985, S. 309; auch Weber, S. 254ff.
9 So noch Schieder, Friedrich, S. 138f. Druck des zuerst von Ranke publizierten Plans jetzt bei Dietrich, Richard (Hrsg.): Die politischen Testamente der Hohenzollern, Veröffentlichungen aus den Archiven Preußischer Kulturbesitz 20, Köln/Wien 1986, S. 203ff.
10 Dazu Volz, Gustav Berthold: Friedrich Wilhelm I. und die preußischen Erbansprüche auf Schlesien, in: Forschungen zur brandenburgischen und preußischen Geschichte 30, 1918, S. 5ff.
11 Vgl. Anm. 7; ferner P. C., Bd. 1, Nr. 89–91, 132–135.
12 Vgl. Baumgart, Peter: Fridericiana, in: HZ 245, 1987, S. 363ff.
13 Idées sur les projets politiques à former au sujet de la mort de l'empereur, in: P. C., Bd. 1, Nr. 140.
14 Für das Folgende neben Anm. 1 aus landesgeschichtlicher Sicht das gründliche, obschon panegyrische Werk von Grünhagen, Colmar: Schlesien unter Friedrich dem Großen, Bd. 1, passim; aus gesamtpreußisch-kleindeutscher Perspektive nach wie vor Koser, Reinhold: Geschichte Friedrichs des Großen. 4 Bde., Berlin[5] 1912–1914 (Nachdruck der 6. u. 7. Aufl. Darmstadt 1963), S. 265ff.; ferner Duffy, Christopher: Frederick the Great. A Military Life. London 1985, S. 21ff.
15 Friedrich an Podewils, Crossen, 16.12.1740, in: P. C., Bd. 1, Nr. 20.
16 Aufschlußreich aus Breslauer Sicht: Nachrichten vom Einrücken der königlich preussischen Truppen in das Herzogthum Schlesien und den mit der Stadt Breslau geschlossenen Neu-

tralitäts-Contract Anno 1741; ergänzend Landes-Diarium de anno 1741 et usque ad ult. Junii 1742, in: Stenzel (Hrsg.), Scriptores Rerum Silesiacarum, Bd. 5, S. 1ff. u. S. 47ff.

17 Schilderung bei Koser, Geschichte Friedrichs, Bd. 1, S. 304ff.

18 Ebenda, S. 356ff; Unzer, Adolf: Die Convention von Klein-Schnellendorf. Frankfurt 1889.

19 Moderne Ausgabe: The Consolidated Treaty Series edited ... by Clive Parry, Bd. 36, New York 1969, S. 277ff., S. 411ff.

20 Zur genauen Grenzziehung durch eine Kommission: Grünhagen, Schlesien unter Friedrich, Bd. 1, S. 207ff.

21 So Weber, Verhältnis Schlesiens, S. 41ff.

22 Friedrich an Podewils, 23.6.1742, in: P.C., Bd. 2, Nr. 905, auch Nr. 902.

23 Für das Folgende neben Anm. 1 mit älterer Literatur: Baumgart, Peter: Schlesien als preußische Provinz zwischen Annexion, Reform und Revolution (1741–1848), in: Verwaltungsgeschichte Ostdeutschlands 1815–1945, hrsg. v. Gerd Heinrich u.a., Stuttgart 1992, S. 832ff.; dort auch die Nachweise aus dem wichtigsten Quellenwerk: Acta Borussica. Denkmäler der preußischen Staatsverwaltung im 18. Jahrhundert. Abt. Behördenorganisation und allgemeine Staatsverwaltung (zitiert: AB, BO), Bd. 6 bis 15, Nachdruck Frankfurt 1986/87, Bd. 16_1 bis 16_2, Hamburg und Berlin 1970, 1982; ferner Klueting, Harm: Die politisch-administrative Integration Preußisch-Schlesiens unter Friedrich II., in: Kontinuität und Wandel, S. 41ff.

24 Dazu Klueting, Politisch-administrative Integration, S. 43f.

25 Treffend ebenda, S. 41f.

26 Spezialstudie von Schädrich, Fred: Das Generalfeldkriegskommissariat in Schlesien 1741. Breslau 1913.

27 Huldigungsakten in: AB, BO, Bd. 6,2, Nr. 123, 218, 315.

28 Vgl. den Beitrag Conrads, oben S. 188ff. und 239ff.; daneben ders.: Die schlesische Ständeverfassung im Umbruch – Vom altständischen Herzogtum zur preußischen Provinz, in: Ständetum und Staatsbildung in Brandenburg-Preußen. Hrsg. von Peter Baumgart, Veröffentlichungen der Historischen Kommission zu Berlin 55, Berlin/New York 1983, S. 335ff.

29 Landes-Diarium vom 31. Oktober 1741 (wie Anm. 16), S. 172f.

30 Auch Nave, Hedwig: Die preußische Behördenorganisation in Schlesien bis zum Jahre 1756. Diss. phil. Breslau 1923.

31 Vgl. Loewe, Oberschlesien, S. 43f.

32 Liste der Kammerbeamten bei Schädrich, Generalfeldkriegskommissariat, S. 101ff.

33 Instruktion vom 1.9.1742, in: AB, BO, Bd. 6, 2, Nr. 120; kritisch Ziekursch, Zur Charakteristik der schlesischen Steuerräte, passim, Liste S. 176ff.

34 Instruktion vom 12.12.1741, in: AB, BO, Bd. 6,2, Nr. 147; prosopographisch Schulz, Ursula: Die schlesischen Landräte unter Friedrich d. Gr., in: JSFUB 18, 1973, S. 56ff.; auch Kutzner, Oskar: Das Landratsamt in Schlesien 1740–1806. II. Teil, Diss. phil. Breslau 1911.

35 Detailliert Kamionka, Reorganisation der Kreiseinteilung, S. 4ff.

36 Instruktion vom 5.10.1755 für den Provinzialminister v. Massow, in: AB, BO, Bd. 9, Nr. 377.

37 Keine Monographie, nur Grünhagen, Die beiden ersten schlesischen Sonderminister, bes. S. 441ff.; ders., Die Entstehung eines schlesischen Sonderministeriums.

38 Kabinettsordre an das Generaldirektorium, in: AB, BO, Bd. 6,2, Nr. 199; Instruktion vom 24.9.1742, ebenda, Nr. 259. – Kritik an Reinhard: Ebenda, Nr. 185, 186, 195.

39 Ansprache vom 2.1.1742, ebenda, Nr. 152.

40 Instruktion v. 5.10.1753, ebd., Bd. 9, Nr. 370.

41 Kabinettsordre vom 22.11.1741, ebenda, Bd. 6,2, Nr. 141.

42 Dazu im Beitrag Conrads, oben S. 217f.

43 Instruktion für die Steuerräte bereits vom 1.9.1741, in: AB, BO, Bd. 6,2, Nr. 120; Grünhagen, Schlesien unter Friedrich, Bd. 1, S. 370ff.

44 Zahlreiche Aktenstücke in: AB, BO, Bd. 6,2, Nr. 232.

45 Betont bereits von Grünhagen, Schlesien unter Friedrich, Bd. 1, S. 374; eher überschätzt bei Wolf, Jürgen Rainer: Die Stände in Österreichisch-Restschlesien seit den vierziger Jahren, in: Ständetum und Staatsbildung, S. 365ff.; vgl. auch Anm. 51.

46 AB, BO, Bd. 6,2, Nr. 232.

47 Instruktion für Münchow, ebenda, Nr. 259; ferner Grünhagen, Schlesien unter Friedrich, Bd. 1, S. 376f.

48 Vgl. Koser, Geschichte Friedrichs, Bd. 2, S. 123.

49 Ders.: Der preußische Staatsschatz von 1740 bis 1756, in: Forschungen zur brandenburgischen und preußischen Geschichte 4, 1891, S. 529ff.; Grünhagen, Colmar: Der schlesische Schatz 1770–1809, in: ZVGS 27, 1893, S. 204ff.

50 Zahlen für die Jahre 1700–1739 im Landes-Diarium (wie Anm. 16), S. 216; ergänzend Otruba, Gustav: Schlesien im System des österreichischen Merkantilismus, in: Kontinuität und Wandel, bes. S. 101ff.

51 Zur Charakteristik: Nachrichten vom Ursprung und Aufbringung der Steuer (1743), ebenda, S. 341ff.; dazu Landes-Diarium, S. 217ff.

52 Näheres unten, S. 379ff.

53 Friedrich an Podewils, 23.6.1742, in: P.C., Bd. 2, Nr. 905, ähnlich Nr. 902.

54 Zuletzt ausgewogen, aber ungenau: Franke, Immo: Die militärische Eingliederung Schlesiens in den preußischen Staat seit dem Jahre 1741, in: JSFUB 9, 1964, S. 106ff.; für das Militärtechnische Jany, Curt: Geschichte der preußischen Armee, Bd. 2 (1928[2]), Neudruck Osnabrück 1967, S. 14ff.

55 Patente vom 20.11. und vom 25.12.1741, vom 15.8.1742, in: AB, BO, Bd. 6,2, Nr. 138, ergänzend Nr. 156.

56 So Grünhagen, Schlesien unter Friedrich, Bd. 1, S. 405.

57 Zitiert bei Koser, Geschichte Friedrichs, Bd. 2, S. 126, dort auch Desertionszahlen.

58 Ältere Spezialstudie von Henning, Hans: Der Zustand der schlesischen Festungen im Jahre 1756. Diss. phil. Jena 1899.

59 Aufruf vom 1.12.1744, in: Preußische Staatsschriften aus der Regierungszeit König Friedrichs II., Bd. 1, bearbeitet von Reinhold Koser, Berlin 1877, S. 528f.; dort auch die preußische Replik.

60 Abdruck bei Lehmann, Max (Hrsg.): Preußen und die Katholische Kirche seit 1640. Nach den Acten des Geheimen Staatsarchivs (zitiert: Lehmann, Urkunden), Bd. 2, Publikationen aus den preußischen Staatsarchiven 10, (1881), Nachdruck Osnabrück 1965, Nr. 600; ferner Loewe, Oberschlesien, S. 5ff., S. 27ff.

61 Für das Folgende neben Anm. 23 bes. Nave, Preußische Behördenorganisation, S. 101ff.

62 Notifikationspatent vom 15.1.1742, in: AB, BO, Bd. 6,2, Nr. 170, auch Nr. 143, 149, 150 mit Stellenplan. Details der Gerichtsorganisation können nicht erörtert werden.

63 So Eggel, Eberhard: 200 Jahre Oberlandesgericht Breslau (1742–1942), in: JSFUB 1, 1955, S. 186.

64 AB, BO, Bd. 6,2, Nr. 182.

65 Ebenda, Nr. 420.

66 Ebenda, Nr. 150, 161, 170, 182.

67 Vgl. Kap. IV, 2, S. 414ff.

68 AB, BO, Bd. 6,2, Nr. 435, auch Nr. 367, 370; dazu Loewe, Oberschlesien, S. 58ff.

69 Edikt vom 25.3.1747, in: Sammlung Korn, Bd. 2, Nr. 65.

70 Umfangreiche, sehr ungleichmäßige ältere Literatur zitiert in: Baumgart, Annexion (wie Anm. 1); jetzt: Kovács, Elisabeth: Österreichische Kirchenpolitik in Schlesien 1707 bis 1790, in: Kontinuität und Wandel, S. 239ff.; Schindling, Anton: Friedrichs des Großen Toleranz und seine katholischen Untertanen, ebenda, S. 257ff.; Mempel, Dieter: Der schlesische Protestantismus vor und nach 1740, ebenda, S. 287ff.; zuletzt Braun, Bettina: Friedrich der Große und seine Politik gegenüber der katholischen Kirche in Schlesien, in: Zeitschrift für Rechtsgeschichte, kan. Abt. 78, 1992, S. 210ff.

71 Zur Problematik: Burkhardt, Johannes: Abschied vom Religionskrieg. Der Siebenjährige Krieg und die päpstliche Diplomatie. Bibliothek des Deutschen Historischen Instituts Rom 61, Tübingen 1985.

72 Vgl. jetzt Schindling, Friedrichs Toleranz (wie Anm. 70).

73 Dazu Heinrich, Gerd: Religionstoleranz in Brandenburg-Preußen. Idee und Wirklichkeit, in: Preußen. Politik, Kultur, Gesellschaft. Hrsg. von Manfred Schlenke. Bd. 1, Reinbek 1986, S. 83ff.

74 Statistik in: Lehmann, Urkunden, Bd. 2, S. 9ff.

75 Grünhagen, Colmar: Schlesien im Jahre 1797. Bericht des Ministers Grafen Hoym, in: ZVGS 33, 1899, S. 355ff., mit Angaben über Zählungen für 1736 und 1770.

76 Zuletzt Braun, Friedrich und die katholische Kirche, S. 215; höhere Schätzungen des Protestantenanteils in der protestantischen Kirchengeschichtsschreibung: Hultsch, Gerhard: Friedrich der Große und die schlesischen Protestanten, in: JSKG 58, 1979, S. 84ff., ohne Belege.

77 Beispiele bei Braun, Friedrich und die katholische Kirche.

78 So Jedin, Hubert: Die Krone Böhmen und die Breslauer Bischofswahlen 1468–1732, in: ASKG 4, 1939, bes. S. 201ff.

79 Französisches Handschreiben vom 20.10.1741, in: Lehmann, Urkunden, Bd. 2, Nr. 51; dazu Nr. 50, auch Nr. 109.

80 AB, BO, Bd. 6,2, Nr. 170.

81 Sinzendorf an Friedrich, Breslau, 25.1.1742, in: Lehmann, Urkunden, Bd. 2, Nr. 86; Ant-

wort Friedrichs, Nr. 87; dazu Denkschrift Coccejis Nr. 89.

82 Neben den Standardwerken von Winter, Valjavec und Maaß jetzt: Reinalter, Helmut (Hrsg.): Der Josephinismus. Bedeutung, Einflüsse und Wirkungen. Frankfurt/M. 1993.

83 Aktenstücke dazu bei Lehmann, Urkunden, Bd. 1 u. 2.

84 Vorläufig Müting, Josef: Philipp Gotthard Fürst Schaffgotsch, Bischof von Breslau, als Kirchenpolitiker. Diss. phil. Breslau 1916; Hoffmann, Hermann: Die Breslauer Bischofswahlen in preußischer Zeit, in: ZVGS 75, 1941, bes. S. 158ff.

85 Friedrich an Kardinal Tencin, Potsdam, 29.6. 1744, in: Lehmann, Urkunden, Bd. 2, Nr. 583.

86 Zuletzt neben Mempel, Schlesischer Protestantismus (wie Anm. 70) Hutter-Wolandt, Ulrich: Die schlesische Kirche im Zeitalter Friedrichs des Großen, in: Ders.: Die evangelische Kirche Schlesiens im Wandel der Zeiten. Dortmund 1991, S. 73ff.

87 Vgl. Weigelt, Carl: Die evangelische Kirche in Schlesien zur Zeit der preußischen Besitzergreifung und ihre Entwicklung von 1740 bis 1756, in: ZVGS 23, 1889, bes. S. 99ff., dazu Beilage 2. Vgl. auch Bittgesuche evangelischer Schlesier an Friedrich den Großen. Hrsg. von Reinhold Schaefer, Quellen zur Schlesischen Kirchengeschichte 2, Görlitz 1941.

88 Eidesformel für den Präsidenten, 9.1.1742, in: AB, BO, Bd. 6,2, Nr. 164.

89 Erlaß vom 28.6.1741 und KO vom 11.10.1741, in: Lehmann, Urkunden, Bd. 2, Nr. 41, 48.

90 Jetzt Hutter-Wolandt, Geschichte der reformierten Gemeinde zu Glogau (1742–1945), (wie Anm. 86), S. 86ff.

91 Kalinowski, Konstanty: Barock in Schlesien. München 1990, S. 96.

92 Jetzt abgedruckt in: Quellenbuch zur Geschichte der evangelischen Kirche in Schlesien, S. 208.

93 Ebenda, S. 196; vgl. Schwencker, Friedrich: Friedrich der Große und die schlesische Brüdergemeine, Hefte zur Brüdergeschichte Nr. 1, Herrnhut 1937, S. 7ff., bes. S. 35ff.

94 Jetzt Stribrny, Wolfgang: Friedrich der Große und seine evangelischen Untertanen, in: Forschungen zur brandenburgischen und preußischen Geschichte. Neue Folge Bd. 2, 1992, S. 156f. mit älterer Literatur; vgl. auch Kap. IV.

95 Zitiert bei Schwencker, Friedrich und die Brüdergemeine, S. 35.

96 Wichtiges Quellenwerk und Interpretation: Stern, Selma: Der preußische Staat und die Juden. Dritter Teil: Die Zeit Friedrichs des Großen, 1. Abt.: Darstellung, 2. Abt.: Akten, 2. Hlbd., Schriftenreihe Wiss. Abh. Leo Baeck Institut 24/1,2, Tübingen 1971; ferner Agethen, Manfred: Die Situation der jüdischen Minderheit in Schlesien unter österreichischer und unter preußischer Herrschaft, in: Kontinuität und Wandel, S. 307ff., dort ältere Arbeiten von Markus Brann, Bernhard Brilling.

97 Agethen, Minderheit, S. 317.

98 Jetzt Maser, Peter und Weiser, Adelheid: Juden in Oberschlesien. Teil I: Historischer Überblick. Jüdische Gemeinden. Schriften der Stiftung Haus Oberschlesien, landeskundliche R., Bd. 3,1, Berlin 1992, S. 27.

99 Vgl. Baumgart, Peter: Die jüdische Minorität im friderizianischen Preußen, in: Vorträge und Studien zur preußisch-deutschen Geschichte. Hrsg. von Oswald Hauser, Köln/Wien 1983, S. 1ff., bes. S. 14.

100 Sammlung Korn, Bd. 1, Nr. 12; dazu Agethen, Minderheit, S. 318f.

101 Dazu Stern, Darstellung (wie Anm. 96), S. 32ff., S. 312ff., Akten, Nr. 1019.

102 Baumgart, Jüdische Minorität, S. 15ff.; Stern, Darstellung, S. 34, Akten, Nr. 1042.

103 Stern, Akten, Nr. 1012; abweichende Zahlen bei Brilling, Bernhard: Die schlesische Judenschaft im Jahre 1737, in: JSFUB 17, 1972, S. 46f.

104 Stern, Akten, Nr. 1010.

105 Nur ältere, meist kriegsgeschichtliche Spezialliteratur, neben Jany, Preußische Armee, Bd. 2, S. 100ff., Der Zweite Schlesische Krieg 1744 bis 1745. Hrsg. vom Großen Generalstab, Abt. Kriegsgeschichte. 2 Bde., Berlin 1895; knappe Zusammenfassung der allgemeinen politisch-militärischen Konstellation etwa bei Duchhardt, Heinz: Das Zeitalter des Absolutismus, Oldenbourg Grundriß Geschichte Bd. 11, München 1989, S. 106ff.

106 Vgl. Press, Volker: Friedrich der Große als Reichspolitiker, in: Duchhardt, Heinz (Hrsg.): Friedrich der Große, Franken und das Reich, Bayreuther Historische Kolloquien 1, Köln/Wien 1986, S. 25ff.

107 Dazu Grünhagen, Schlesien unter Friedrich, Bd. 1, S. 232ff.

108 Wie Anm. 59.

109 Friedrich an Podewils, Kamenz, 8. Mai 1745, in: P.C., Bd. 4, Nr. 1828.

110 Zuletzt Duffy, Frederick the Great (wie Anm. 14), S. 59ff.
111 Detailliert Jany, Preußische Armee, Bd. 2, S. 146ff.
112 Moderne Ausgabe: Consolidated Treaty Series (wie Anm. 19), Bd. 37, S. 431ff.
113 So Kretschmayr, Heinrich: Maria Theresia. Leipzig 1938, S. 91.
114 Die kaum zureichende ältere Spezialliteratur bei Bein, Werner: Die politische und administrative Neuordnung Österreichisch-Schlesiens in theresianischer Zeit, in: Kontinuität und Wandel, S. 63ff.
115 Ausgabe von Kallbrunner, Josef (Hrsg.): Kaiserin Maria Theresias Politisches Testament. Wien 1952, bes. S. 26ff., S. 37ff.
116 Walter, Friedrich: Die Theresianische Staatsreform von 1749. München 1958.
117 Zuletzt knapp Neuhaus, Helmut: Persönlichkeiten der Verwaltung. Biographien zur deutschen Verwaltungsgeschichte 1648–1945. Hrsg. von Kurt G.A. Jeserich u. Helmut Neuhaus, Stuttgart 1991, S. 27ff.; Haugwitz, Eberhard Graf: Die Geschichte der Familie von Haugwitz. Leipzig 1910, S. 117ff.
118 Politisches Testament (wie Anm. 115), S. 54.
119 Vgl. Bein, Österreichisch-Schlesien, S. 64f.; dazu Anm. 50.
120 Abdruck in: Die Österreichische Zentralverwaltung, II. Abt., 2. Bd., Wien 1925 (zitiert: Österr. Zentralverwaltung, Neudruck Nendeln 1970), Nr. 66; dazu Walter, Friedrich: Preußen und die österreichische Erneuerung von 1749, in: Mitt. d. Österr. Inst. für Geschichtswissenschaft 51, 1937, S. 415ff.; Meisner, Heinrich Otto: Das Regierungs- und Behördensystem Maria Theresias und der preußische Staat, in: Forschungen zur brandenburgischen und preußischen Geschichte 53, 1941, S. 324ff.
121 Ebenda.
122 Bein, Österreichisch-Schlesien, S. 73f.
123 Österr. Zentralverwaltung, II. Abt., Bd. 2, Nr. 66 (S. 151).
124 d'Elvert, Christian Ritter (von): Zur österreichischen Verwaltungs-Geschichte, mit besonderer Rücksicht auf die böhmischen Länder (1880), Neudruck Wien 1970, S. 448ff.
125 Ausführlich Patzelt, Herbert: Geschichte der evangelischen Kirche in Österreichisch-Schlesien. Dülmen 1989, S. 56ff.
126 Behre, Otto: Geschichte der Statistik in Brandenburg-Preußen bis zur Gründung des Königlichen Statistischen Bureaus. Berlin 1905, S. 458, S. 462.
127 Jetzt präzise und komprimiert: Kaufhold, Karl Heinrich: Friderizianische Agrar-, Siedlungs- und Bauernpolitik, in: Kontinuität und Wandel, S. 167ff.
128 Grundlegend bleibt neben Dessmann, Geschichte der schlesischen Agrarverfassung, Ziekursch, Hundert Jahre Schlesischer Agrargeschichte.
129 Neuerdings betont von Feigl, Helmuth: Die Entwicklung der schlesischen Grundherrschaft unter den Habsburgern (1526 bis 1742), in: Kontinuität und Wandel, S. 159.
130 Ziekursch, Hundert Jahre, S. 65f.; auch Kaufhold (wie Anm. 127), S. 177f.
131 Ziekursch, S. 45ff., dazu Anm. 75.
132 Detailliert Ziekursch, S. 69ff., Zahlenangaben S. 408ff.
133 Nach Ziekursch, S. 130ff.
134 Nach Henning, Friedrich-Wilhelm: Dienste und Abgaben der Bauern im 18. Jahrhundert, Quellen und Forschungen zur Agrargeschichte 21, Stuttgart 1969, S. 54ff.
135 Hoyms Hauptbericht vom August 1787 abgedruckt durch Graf Dyhrn in: ZVGS 1, 1855, S. 130ff., dort S. 132.
136 Dazu Weczerka, Hugo, Stadt- und Marktgründungen, S. 250, auch S. 206ff.
137 Ebenda, S. 230ff.; S. 209ff.: Statistik der schlesischen Städte um 1800.
138 Neben dem noch nicht überholten Werk von Beheim-Schwarzbach, Max: Hohenzollernsche Kolonisationen. Leipzig 1874, speziell Schlenger, Herbert: Die friderizianische Siedlung in Schlesien, in: Der Oberschlesier 18, 1930, S. 336ff.; Kuhn, Walter, Siedlungsgeschichte Oberschlesiens, S. 197ff.; zuletzt Kaufhold, Friderizianische Agrar-, Siedlungs- und Bauernpolitik, bes. S. 191ff., mit weiterer Spezialliteratur.
139 »Deklaration, nach welcher in Schlesien an schicklichen Orten neue Dörfer erbaut werden sollen«, vom 28. August 1773, Druck: Sammlung Korn, Bd. 14, Nr. 41.
140 Von der älteren deutschen wie polnischen Forschung betont.
141 Bei Froese, Udo: Das Kolonisationswerk Friedrichs des Großen. Beiträge zur Raumforschung und Raumordnung 5, Heidelberg/Berlin 1938, S. 117ff.

142 Zuletzt ausgewogen Kaufhold (wie Anm. 127), S. 179ff.; die kontroverse ältere Literatur bei Baumgart, Annexion (wie Anm. 1), S. 114ff.
143 Zahlreiche Einzelbeispiele bei Grünhagen, Schlesien unter Friedrich, Bd. 1, S. 501ff.
144 Betont von Fechner, Hermann: Wirtschaftsgeschichte der preußischen Provinz Schlesien in der Zeit ihrer provinziellen Selbständigkeit 1741–1806. Breslau 1907, S. 730; zusammenfassend ders.: Die Wirkungen des preußischen Merkantilismus in Schlesien, in: Vierteljahrsschrift für Sozial- und Wirtschaftsgeschichte 7, 1909, S. 315ff.; zur Kritik des materialreichen, aber interpretationsarmen Buches vor allem Gustav Croon (s. Anm. 142).
145 Fechner, Wirtschaftsgeschichte, S. 728ff.
146 Vgl. S. 402ff..
147 Detailliert Fechner, Wirtschaftsgeschichte, S. 83ff.
148 Spezialstudie von Wutke, Konrad: Die Breslauer Messe. Hamburg 1895.
149 Die eher problematischen Zahlen übernommen von Wilhelm Treue: Schlesiens Eingliederung in das preußische Wirtschaftssytem, in: Kontinuität und Wandel, S. 119ff., dort S. 121.
150 Neben Jany, Preußische Armee, Bd. 2, S. 342ff., Duffy, Frederick the Great (wie Anm. 14), S. 101ff., vor allem auch: Die Kriege Friedrichs des Großen. Hrsg. vom Großen Generalstab, Abt. Kriegsgeschichte, Teil 3: Der Siebenjährige Krieg 1756–1763, 13 Bde., Berlin 1901 bis 1914.
151 Zitat bei Kunisch, Johannes: Das Mirakel des Hauses Brandenburg. Studien zum Verhältnis von Kabinettspolitik und Kriegführung im Zeitalter des Siebenjährigen Krieges. München/Wien 1978, S. 17ff.
152 Ebenda, S. 22f.; auch Schieder, Friedrich, S. 173ff.
153 Im einzelnen Koser, Geschichte Friedrichs, Bd. 2, S. 347ff.
154 Zu der berühmten Kontroverse zuletzt Schieder, Friedrich, S. 170ff. Ausgewogen Baumgart, Winfried: Der Ausbruch des Siebenjährigen Krieges. Zum gegenwärtigen Forschungsstand, in: Militärgesch. Mitt. 11, 1972, S. 157ff.
155 So Jany, Preußische Armee, Bd. 2, S. 352, gegenüber anderen höheren Zahlen.
156 Schieder, Friedrich, S. 185.
157 Ausführlich Grünhagen, Schlesien unter Friedrich, Bd. 2, S. 3ff.
158 Vgl. AB, BO, Bd. 10, Nr. 5.
159 Mit Schreiben vom 21.9.1756.
160 Bei Schieder, Friedrich, S. 190f.
161 Keine moderne Biographie, knapp Petersdorff, Herman v., in: Schlesische Lebensbilder, Bd. 2, S. 1ff.
162 Vgl. Hubatsch, Walther: Friedrich der Große und die preußische Verwaltung, Studien zur Geschichte Preußens 18, Köln/Berlin 1973, S. 110ff., S. 117ff.; zahlreiche Beispiele in AB, BO, Bd. 11.
163 Vgl. Arneth, Alfred Ritter von: Geschichte Maria Theresias. Bd. 5, Wien 1875, S. 257f.
164 Akten in AB, BO, Bd. 11, Nr. 276: Bericht des Großkanzlers vom 1.2.1758.
165 Ebenda.
166 Aktenstücke und Berichte Schlabrendorffs bei Lehmann, Urkunden, Bd. 3, Nr. 823, Bd. 4, Nr. 1; bereits dort die Vorstellung vom »Märtyrer«.
167 Ebenda, Bd. 3, Nr. 781: Übersendung.
168 Ebenda, Bd. 3, Nr. 785, 786, 815ff., dazu Grünhagen, Schlesien unter Friedrich, Bd. 2, S. 82ff.
169 Lehmann, Urkunden, Bd. 3, Nr. 824.
170 Ebenda, Bd. 4, Nr. 154; dazu Braun, Friedrich und die katholische Kirche, S. 297.
171 Ansprache vom 3.12.1757, in: Œuvres, Bd. 27, 3, S. 261.
172 Detailliert Jany, Preußische Armee, Bd. 2, S. 453ff.
173 Abdruck in: Œuvres, Bd. 28, S. 164; dazu Schieder, Friedrich, S. 195f.
174 Zitat bei Kunisch, Mirakel (wie Anm. 151), S. 12: »La divine ânerie de mes ennemis«.
175 Spezialstudie von Eberhard Kessel: Friedrich der Große im Lager von Bunzelwitz (1937), jetzt in: Ders.: Militärgeschichte und Kriegstheorie in neuerer Zeit. Ausgewählte Aufsätze, hrsg. von Johannes Kunisch, Historische Forschungen 33, Berlin 1987, S. 285ff.
176 Näheres bei Grünhagen, Schlesien unter Friedrich, Bd. 2, S. 207ff.
177 Nur ältere Monographie von Beaulieu-Marconnay, Carl von: Der Hubertusburger Frieden. Leipzig 1871; dazu wie zur Vorgeschichte Koser, Geschichte Friedrichs, Bd. 3, S. 125ff.
178 Moderne Ausgabe: Consolidated Treaty Series (wie Anm. 19), Bd. 42, S. 347ff.; zu den Friedensschlüssen von Berlin und Dresden vgl. oben, S. 352f. und 379.
179 Zitiert nach Koser, Geschichte Friedrichs, Bd. 3, S. 161.
180 Details bei Grünhagen, Schlesien unter Friedrich, Bd. 2, S. 259ff.
181 Œuvres, Bd. 6, S. 75.

182 Behre, Statistik, S. 458; Kaufhold (wie Anm. 127), S. 172; dagegen Grünhagen, Schlesien unter Friedrich, Bd. 2, S. 267.
183 Vgl. Anm. 126.
184 So Meinardus, Otto: Das Gnadengeschenk Friedrichs des Großen für den schlesischen Landadel und die Ernennung Carmers zum Justizminister (1768), in: ZVGS 44, 1910, S. 76; höhere Zahl bei Grünhagen, Colmar: Schlesien unmittelbar nach dem Hubertusburger Frieden, in: ZVGS 25, 1891, S. 111; dort die weiteren Zahlenangaben.
185 Meinardus, Gnadengeschenk, S. 77, dazu Koser, Geschichte Friedrichs, Bd. 3, S. 197f., mit geschätzten Gesamtzahlen.
186 Friedrich an Voltaire, 24.10.1765, in: Œuvres, Bd. 23, S. 112; dazu aber der Immediatbericht Schlabrendorffs vom 7.7.1764, in: AB, BO, Bd. 13, Nr. 228; ferner Grünhagen, Schlesien unmittelbar, S. 112ff.
187 Grünhagen, Schlesien unmittelbar, S. 114.
188 Vgl. Pfeiffer, Ernst: Die Revuereisen Friedrichs des Großen. Historische Studien 44, Berlin 1904 (Nachdruck Vaduz 1965).
189 AB, BO, Bd. 13, Nr. 20; dazu Grünhagen, Schlesien unmittelbar, S. 116ff.
190 Münzedikt vom 29.3.1764, in: Sammlung Korn, Bd. 8, Nr. 30.
191 Akten dazu in: AB, BO, Bd. 12, Nr. 395: dazu Grünhagen, Schlesien unter Friedrich, Bd. 2, S. 277f.
192 Ausgabe Dietrich (wie Anm. 9), S. 590.
193 Jetzt Baumgart, Peter: Der Adel Brandenburg-Preußens im Urteil der Hohenzollern des 18. Jahrhunderts, in: Endres, Rudolf (Hrsg.): Adel in der Frühneuzeit. Ein regionaler Vergleich. Bayreuther Historische Kolloquien 5, Köln/Wien 1991, bes. S. 153ff.
194 KO an Schlabrendorff, 20.3.1763, in: AB, BO, Bd. 13, Nr. 17.
195 Edikt vom 27.12.1765, in: Sammlung Korn, Bd. 19, Nr. 4.
196 Zahl bei Grünhagen, Schlesien unter Friedrich, Bd. 2, S. 330; für 1783ff. gibt Ziekursch, Hundert Jahre, S. 47, 172 Herrenhöfe und 132 Quasi-Adelsgüter an.
197 Zum folgenden Meinardus, Gnadengeschenk, S. 78ff.; Ziekursch, Hundert Jahre, S. 4ff.
198 Charakteristik von Eberhard Schmidt, in: Schlesische Lebensbilder, Bd. 2, S. 22ff.
199 Vgl. Meinardus, Gnadengeschenk, S. 91ff., dazu Tabelle der Adelsfamilien im Anhang.
200 KO vom 15.3. und 17.4.1767 an Schlabrendorff, in: AB, BO, Bd. 14, Nr. 110, auch Nr. 183; jedoch Bd. 13, Nr. 15, Nr. 202.
201 Landschaftsreglement vom 15.10.1770; dazu Mauer, Hermann: Das landwirtschaftliche Kreditwesen Preußens agrargeschichtlich und volkswirtschaftlich betrachtet. Straßburg 1907; Klein, Ernst: Deutsche Bankengeschichte, Bd. 1, Frankfurt/M. 1982, S. 293ff.
202 Anders Grünhagen, Schlesien unter Friedrich, Bd. 2, S. 342ff.
203 Ziekursch, Hundert Jahre, S. 9; ähnlich Grünhagen, Bd. 2, S. 341.
204 Ziekursch, Hundert Jahre, passim.
205 Siehe S. 384ff.
206 Ausführlich Ziekursch, Hundert Jahre, S. 258ff.
207 So treffend Kaufhold (wie Anm. 127), S. 184f., auch für das Folgende.
208 Ziekursch, Hundert Jahre, S. 192f.
209 Ebenda, S. 196.
210 Kurze Charakteristik von Viktor Loewe, in: Schlesische Lebensbilder, Bd. 2, S. 14ff.; ferner der Torso aus dem Nachlaß von Colmar Grünhagen: Biographie Hoyms, in: ZVGSch 46, 1912, S. 66ff.; als Agrarpolitiker: Ziekursch, Hundert Jahre, S. 198ff.
211 Instruktion vom 18.1.1770, in: AB, BO, Bd. 15, Nr. 78.
212 Publikandum dazu vom 12.12.1784, in: Sammlung Korn, Bd. 8, Nr. 112; dazu Ziekursch, Hundert Jahre, S. 205ff. Zu Josephs Maßnahmen vgl. Bradler-Rottmann, Elisabeth: Die Reformen Kaiser Josephs II., Göppinger Akademische Beiträge 67, Göppingen 1973, S. 115f.
213 Ziekursch, Hundert Jahre, S. 220ff.
214 Siehe S. 388ff.
215 Abdruck in: Sammlung Korn, Bd. 13, Nr. 164.
216 Zusammenfassung bei Grünhagen, Schlesien unter Friedrich, Bd. 2, S. 552ff.; jetzt Kaufhold (wie Anm. 127), S. 187f.
217 Dazu Grünhagen, Colmar (Hrsg.): Statistische und topographische Nachrichten von den schlesischen Städten aus den Jahren 1787–89, in: ZVGS 15, 1880, S. 514ff.; dazu Pfeiffer, Revuereisen, S. 138ff.; Loewe, Oberschlesien, S. 75ff.; auch Weczerka, Stadt- und Marktgründungen, S. 249ff.
218 Vgl. S. 388–393.
219 Provinzialminister Hoym in seinem Hauptbericht von 1787 (wie Anm. 135).
220 Nach Pfeiffer, Revuereisen, S. 162ff., dort auch Kritik an den Arbeiten Fechners; ferner

Grünhagen, Schlesien unter Friedrich, Bd. 2, S. 535ff.

221 Fechner, Wirtschaftsgeschichte, S. 522.

222 Gründlich Schroetter, Friedrich Frhr. v.: Die schlesische Wollindustrie im 18. Jahrhundert, in: Forschungen zur brandenburgischen und preußischen Geschichte Bd. 10, 1898, S. 129ff., Bd. 11, 1898, S. 75ff., Bd. 14, 1901, S. 157.

223 So Fechner, Wirtschaftsgeschichte, S. 529ff.

224 Dazu Pfeiffer, Revuereisen, S. 155ff.; ferner Loewe, Oberschlesien, S. 86ff.

225 Ebenda.

226 Die Zugehörigkeit der einwohnermäßig größeren bischöflichen Mediatstadt Neisse mit 4500 Einwohnern zu »Oberschlesien« blieb bis 1815 umstritten.

227 Für das Folgende vor allem Wutke, Konrad: Aus der Vergangenheit des schlesischen Berg- und Hüttenlebens. Festschrift zum 12. allgemeinen Bergmannstage. Breslau 1913, bes. Kap. 1 u. 2; jetzt auch Fuchs, Vom Dirigismus zum Liberalismus.

228 Jetzt vor allem Weber, Wolfhard: Innovationen im frühindustriellen deutschen Bergbau und Hüttenwesen. Friedrich Anton von Heynitz. Göttingen 1976; Wutke, Festschrift, S. 27ff.

229 Zur Wirkung des Krieges auf Schlesien Grünhagen, Schlesien unter Friedrich, Bd. 2, S. 293ff.

230 Zitiert nach Wutke, Festschrift, S. 43.

231 Jetzt Fuchs, Konrad: Friedrich Wilhelm Graf von Reden, in: Beiträge zur Wirtschafts- und Sozialgeschichte Schlesiens, S. 25ff.; ferner Henderson, W. O.: The State and the Industrial Revolution in Prussia 1770–1870. Liverpool 1967, bes. S. 1ff.

232 Vergleichszahlen für Ober- und Niederschlesien 1780 und 1806 bei Fuchs, ebenda, S. 33.

233 Fuchs, Konrad: Zur Bedeutung des schlesischen Magnatentums für die wirtschaftliche Entwicklung Oberschlesiens, in: Beiträge (wie Anm. 231), S. 123ff.; auch Długoborski, Wacław: Die schlesischen Magnaten in der frühen Phase der Industrialisierung Oberschlesiens, in: Pierenkemper, Toni (Hrsg.): Industriegeschichte Oberschlesiens im 19. Jahrhundert. Wiesbaden 1992, S. 107ff.

234 Jetzt eindringlich Neugebauer, Wolfgang: Absolutistischer Staat und Schulwirklichkeit in Brandenburg-Preußen, Veröffentlichungen der Historischen Kommission zu Berlin 62, Berlin/New York 1985; ferner: Stanzel, Josef: Die Schulaufsicht im Reformwerk des J. I. von Felbiger (1724–1788), Rechts- und Staatswissenschaftliche Veröffentlichungen der Görres-Gesellschaft, Neue Folge 18, Paderborn 1976.

235 Vgl. Stanzel, Schulaufsicht, S. 152; ferner: Neugebauer, Schulwirklichkeit, S. 29f.

236 KO vom 5.9.1779 im Anhang zu Rethwisch, Conrad: Der Staatsminister Freiherr von Zedlitz und Preußens höheres Schulwesen im Zeitalter Friedrichs des Großen. Straßburg[2] 1886, S. 102ff.; dazu jetzt: Baumgart, Peter: Karl Abraham Freiherr von Zedlitz, in: Treue, Wolfgang u. Karlfried Gründer (Hrsg.): Berlinische Lebensbilder. Wissenschaftspolitik in Berlin, Einzelveröffentlichungen der Historischen Kommission zu Berlin 60, Berlin 1987, S. 33ff.; zuletzt Mainka, Peter: Karl Abraham von Zedlitz und Leipe (1731–1793). Diss. phil. Würzburg 1993 (Ms.).

237 Dazu Neugebauer, Schulwirklichkeit, S. 178ff.; Abdruck in: Novum Corpus Constitutionum Marchicarum Bd. 3, Nr. 53; ferner Vollmer, Ferdinand: Die preußische Volksschulpolitik unter Friedrich dem Großen, Monumenta Germaniae Paedagogica 56, Berlin 1918, bes. S. 46ff., S. 83ff.

238 Neben Stanzel, Schulaufsicht, jetzt Baumgart, Peter: Johann Ignaz von Felbiger (1724 bis 1788). Ein schlesischer Schulreformer der Aufklärung zwischen Preußen und Österreich, in: JSFUB 31, 1990, S. 121ff., mit weiterer Literatur.

239 Schlabrendorff an die Breslauer Kammer, 15.5.1764, in: Lehmann, Urkunden, Bd. 4, Nr. 177, auch Nr. 119.

240 Abdruck bei Lehmann, Urkunden Bd. 4, Nr. 255; dazu der Immediatbericht des Ministers vom 30.10., ebenda, Nr. 254; vgl. Stanzel, Schulaufsicht, S. 174ff.; auch Vollmer, Volksschulpolitik, S. 91ff.

241 »Ausführliche Nachricht«, zitiert bei Baumgart, Felbiger, S. 133f.; dazu Lehmann, Urkunden, Bd. 4, Nr. 323, Nr. 325.

242 An den Provinzialminister, ebenda, Nr. 247; Nr. 254: Immediatbericht des Ministers vom 30.10.1765; dazu Stanzel, Schulaufsicht, S. 199ff.; auch Vollmer, Volksschulpolitik, S. 121.

243 Vgl. Kosler, Alois M.: Die preußische Volksschulpolitik in Oberschlesien 1742–1848. Diss. phil. Breslau 1929, bes. S. 15ff.

244 Ebenda, S. 44f., S. 49ff.

245 Vgl. Vollmer, Volksschulpolitik, S. 83ff., S. 119ff., S. 248ff.

246 Überblick bei Grünhagen, Schlesien unter Friedrich, Bd. 2, S. 472ff. Spezialliteratur kann hier nicht angeführt werden.
247 Zitiert nach Mainka, Zedlitz (wie Anm. 236), S. 425.
248 Jetzt mit älterer Literatur Mainka, Peter: Die Reform der Ritterakademie zu Liegnitz im Jahre 1774 durch Karl Abraham von Zedlitz und Leipe, in: Schlesien 1/1992, S. 6ff.; ders., Zedlitz, S. 461ff.
249 KO an den Provinzialminister Hoym, 24.12. 1782, in: Lehmann, Urkunden, Bd. 5, Nr. 684.
250 Vgl. vor allem Hoffmann, Hermann: Friedrich II. von Preußen und die Aufhebung der Gesellschaft Jesu, Bibliotheca Instituti Historici S.J. 30, Rom 1969; dort weitere Studien des Verfassers; daneben Reimann, Eduard: Über die Verbesserung des katholischen höheren Schulwesens in Schlesien durch Friedrich den Großen, in: ZVGS 19, 1885, S. 316ff.
251 Bericht vom 9.1.1769, in: Lehmann, Urkunden, Bd. 4, Nr. 331; dazu Nr. 327, Nr. 334, auch Nr. 566.
252 Ebenda, Nr. 599, Nr. 629, Nr. 630 (Auszug); dazu Hoffmann, Aufhebung, S. 85ff.
253 Vgl. Hoffmann, Aufhebung, S. 9.
254 Lehmann, Urkunden, Bd. 5, Nr. 207, Nr. 208; ergänzend »Schul-Gesetze« vom 2.5.1777, ebenda, Nr. 274.
255 So das Fazit bei Hoffmann, Aufhebung, S. 139.
256 Lehmann, Urkunden, Bd. 4, Nr. 630, dazu Bd. 5, Nr. 208.
257 Vgl. Grünhagen, Schlesien unter Friedrich, Bd. 2, S. 494ff.; zu Zeplichal vgl. ADB 45, S. 73f.
258 Vgl. Conrads, oben, S. 336f.; keine zureichende neuere Darstellung; Hinweise bei Duhr, Bernhard S.J.: Geschichte der Jesuiten in den Ländern deutscher Zunge, Bd. 4, Teil 1, München/Regensburg 1928, S. 423ff.; ferner Andreae, Friedrich: Geschichte der Jesuitenuniversität, in: Die Universität zu Breslau, S. 5ff., auch Haaß, Robert: Die Universität Breslau im 18. Jahrhundert, in: ASKG 9, 1951, S. 189ff.
259 Vgl. Grundmann, Günther: Die Leopoldina, später Friedrich-Wilhelms-Universität mit der Matthiaskirche in Breslau, in: Ders., Kunstwanderungen, S. 93ff.; auch Kalinowski, Barock in Schlesien, S. 86ff.
260 Keine zureichende Darstellung, einstweilen nur Ritscher, Rudolf Martin: Versuch einer Geschichte der Aufklärung in Schlesien während des 18. Jahrhunderts. Diss. phil. Göttingen 1912; ergänzend Gottschalk, Joseph: Die katholische Kirche in Schlesien während der Aufklärung; Forschungsaufgaben, in: ASKG 30, 1972, S. 93ff.; generell jetzt: Möller, Horst: Vernunft und Kritik. Deutsche Aufklärung im 17. und 18. Jahrhundert. Neue Historische Bibliothek, Frankfurt 1986.
261 Überblick aus theologischer Sicht bei Eberlein, Schlesische Kirchengeschichte, S. 100ff. Zum Universitätsbesuch: Bardong, Otto: Die Breslauer an der Universität Frankfurt (Oder), S. 28ff., S. 81ff.
262 Vgl. Eberlein, S. 116ff.; Ritscher, Aufklärung, S. 13ff.
263 Vgl. Bradler-Rottmann, Reformen Josephs II., S. 144ff.; das Problem der gescheiterten Diözesanregulierung in Schlesien behandelt Demel, Bernhard: Der Plan einer Bistumsgründung in Troppau in den Jahren 1773 bis 1777, in: Archiv für Kirchengeschichte von Böhmen-Mähren-Schlesien 5, 1978, S. 101ff.
264 Betont von Eberlein, Schlesische Kirchengeschichte, S. 106.
265 Dazu Ritscher, Aufklärung, S. 21ff., S. 53; vgl. generell Möller, Horst: Aufklärung in Preußen. Der Verleger, Publizist und Geschichtsschreiber Friedrich Nicolai. Einzelveröffentlichungen der Historischen Kommission zu Berlin 15, Berlin 1974, bes. S. 197ff.; vgl. auch unten, S.440ff.
266 Vgl. Eberlein, Schlesische Kirchengeschichte, S. 116.
267 So auch Ritscher, Aufklärung, S. 43.
268 Ebenda, S. 25.
269 Jetzt Krzywon, Ernst Josef: »Ich bin Empfindung und Gesang«. Schlesiens deutsche Sappho Anna Louisa Karsch (1722–1791), in: Kontinuität und Wandel, S. 335ff.
270 Knappe Würdigung von Werner Milch, in: Schlesische Lebensbilder, Bd. 2, S. 60ff., auch Ritscher, Aufklärung, S. 36ff.
271 Jetzt mit umfassenden Bibliographien Gerber, Michael: Die Schlesischen Provinzialblätter 1785–1849. Diss. phil. Mainz 1992 (Ms); begrenzte Auswertung auch bei Ritscher, Aufklärung.
272 Vgl. in Briefform »Schlesische Zustände im ersten Jahrhunderte der preußischen Herrschaft« (anonym). Breslau 1840, mit mancherlei Informationen; Zitat bei Ritscher, Aufklärung, S. 4.
273 Jetzt Schmilewski, Ulrich: Verlegt bei Korn in Breslau. Kleine Geschichte eines bedeutenden

Verlages von 1732 bis heute. Würzburg 1991, S. 13ff.
274 Vgl. Conrads, Schlesische Zeitung; Klawitter, Geschichte der Zensur in Schlesien.
275 Dazu Jessen, Hans: Die Anfänge des Zeitschriftenwesens in Schlesien, in: JSFUB 18, 1973, S. 33ff.
276 Zustände (wie Anm. 272), S. 101.
277 Klawitter, Zensur in Schlesien, S. 64ff.
278 Ebenda, S. 78.
279 Vgl. Weber, Karl: Geschichte des Theaterwesens in Schlesien. Veröffentlichungen der Forschungsstelle für Ostmitteleuropa 29, Dortmund 1980.
280 Vgl. Hoffmann-Erbrecht, Lothar: Schlesische Musik in friderizianischer Zeit, in: Kontinuität und Wandel, bes. S. 352f.; ferner Unverricht, Hubert (Hrsg.): Carl Ditters von Dittersdorf 1739–1799. Mozarts Rivale in der Oper. Würzburg 1989.
281 Unterschiedliche Akzentuierung bei Grundmann, Günther: Die Richtungsänderung der schlesischen Kunst des 18. Jahrhunderts, in: Ders., Kunstwanderungen in Schlesien, S. 187ff. [zuerst 1943], und Kalinowski, Konstanty: Zwischen habsburgischem und preußischem Absolutismus. Der Stilwandel in der schlesischen Kunst um die Mitte des 18. Jahrhunderts, in: Möbius, Friedrich (Hrsg.): Stil und Gesellschaft. Dresden 1984, S. 226ff.; ders., Schlesische Kunst 1740 bis 1780 zwischen Österreich und Preußen, in: Kontinuität und Wandel, S. 385ff.; aus der reichen polnischen Forschung zuletzt ders.: Barock in Schlesien.
282 Vgl. Kalinowski, Schlesische Kunst, S. 363ff.; Grundmann, Richtungsänderung, S. 196ff.
283 Grundmann, Günther: Der evangelische Kirchenbau in Schlesien. Bau- und Kunstdenkmäler des deutschen Ostens Reihe C 4, Frankfurt/Main 1970, mit Einzelbeschreibungen.
284 Vgl. Kalinowski, Schlesische Kunst, S. 368f., S. 382f.
285 Ders., Barock in Schlesien, S. 48f.
286 Grundmann, Richtungsänderung, S. 217ff.
287 Kalinowski, Schlesische Kunst, S. 381.
288 Würdigung von Grundmann, Günther: Carl Gotthard Langhans, in: Kunstwanderungen, S. 222ff.; auch Brieger, Peter, in: Schlesische Lebensbilder, Bd. 2, S. 94ff.
289 So Conrads, Politischer Mentalitätswandel von oben. Friedrichs II. Weg vom Gewinn Schlesiens zur Gewinnung der Schlesier, in: Kontinuität und Wandel, S. 219ff., bes. S. 222, auch für das Folgende.
290 Ebenda, S. 224, contra Grünhagen u.a.
291 Pfeiffer, Revuereisen (wie Anm. 188), S. 44ff.
292 So Hinrichs, Carl (Hrsg.): Der allgegenwärtige König Friedrich der Große im Kabinett und auf Inspektionsreisen. Berlin 1940, dort aber aufschlußreiche Beispiele.
293 Zitiert nach Pfeiffer, Revuereisen, S. 93; zum folgenden, ebenda, S. 94ff.
294 Vgl. oben, S. 353ff.
295 Vgl. Baumgart, Annexion, S. 117; jetzt Conrads, Mentalitätswandel, bes. S. 233ff.
296 Aufschlußreich Jessen, Hans: Schlesiens Trauer beim Tode Friedrichs des Großen, in: ZVGS 70, 1936, S. 1ff.
297 Bei Lehmann, Urkunden, Bd. 6, Nr. 1.
298 Vgl. oben, S. 440.
299 Veraltete, aber materialreiche Darstellung von Philippson, Martin: Geschichte des preußischen Staatswesens vom Tode Friedrichs des Großen bis zu den Freiheitskriegen. 2 Bde., Leipzig 1880 u. 1882.
300 Grünhagen, Biographie Hoyms, S. 72; weitere Literatur in Anm. 210.
301 Eher apologetisch Grünhagen, Der schlesische Schatz, bes. S. 210ff.
302 Ders.: Friedrich Wilhelms II. Huldigungsreise in Schlesien 1786, in: ZVGS 31, 1897, S. 1ff.
303 Jessen, Schlesiens Trauer, S. 18f.
304 Wie Anm. 135.
305 Grünhagen, Colmar (Hrsg.): Schlesien im Jahre 1797. Bericht des Ministers Grafen Hoym, in: ZVGS 33, 1899, S. 355ff.; zu den Vorbehalten vgl. S. 451.
306 Ausführlich Ziekursch, Hundert Jahre, S. 226ff.
307 Zuletzt Deinet, Klaus: Konrad Engelbert Oelsner und die Französische Revolution. Ancien Régime, Aufklärung und Revolution 3, München/Wien 1981.
308 Ziekursch, Hundert Jahre, S. 229.
309 Vgl. Hammer, Karl: Graf Schlabrendorff, ein deutscher Kritiker Napoleons und seiner Herrschaft, in: Francia 1, 1973, S. 402ff.
310 Herzig, Arno u. Sachs, Rainer: Der Breslauer Gesellenaufstand von 1793. Darstellung und Dokumentation. Göttinger Beiträge zu Wirtschafts- und Sozialgeschichte 12, Göttingen 1987.
311 Jetzt Thieme, Hans: Die friderizianische Justizreform und Schlesien, in: Kontinuität und Wandel, S. 203ff.; daneben bes. Stölzel, Adolf: Brandenburg-Preußens Rechtsverwaltung und

Rechtsverfassung. Bd. 2, Berlin 1888; ders.: Carl Gottlieb Suarez, Berlin 1885; auch Grünhagen, Colmar: Schlesische Beziehungen zur Carmerschen Justizreform und der Entstehung des Landrechts, in: ZVGS 33, 1899, S. 239ff.

312 Stölzel, Suarez, S. 172.

313 Vgl. Grünhagen, Schlesische Beziehungen zur Justizreform, S. 265; dort, S. 260f., auch über die Einwände der Justizminister Goldbeck und Woellner.

314 Moderne Textausgabe von Hans Hattenhauer, Berlin 1970.

315 Ziekursch, Hundert Jahre, S. 236ff.

316 Abdruck in: Novum Corpus Constitutionum Marchicarum Bd. 8, Nr. 49, Zensuredikt ebenda, Nr. 95; dazu Grünhagen, Colmar: Der Kampf gegen »die Aufklärung« unter Friedrich Wilhelm II. mit besonderer Rücksicht auf Schlesien, in: ZVGS 27, 1893, S. 1ff.

317 Jetzt Mainka, Zedlitz (wie Anm. 236), mit Speziallliteratur, S. 608ff., 673ff.; auch Grünhagen, Kampf gegen die Aufklärung, S. 8ff.

318 Grünhagen, ebenda, S. 18ff., dazu Eberlein, Schlesische Kirchengeschichte, S. 133.

319 Kammerverordnung vom 19.2.1793, in: Neue Sammlung Korn, Bd. 4, Nr. 121; dazu Grünhagen, Colmar: Hoym und das schlesische Zensuredikt von 1793, in: ZVGS 31, 1897, S. 311ff.; auch Klawitter, Zensur in Schlesien, S. 83ff.

320 Vgl. S. 437ff.

321 KO an Hoym, 7.5.1780, in: Stern, Akten, Nr. 1137.

322 Vgl. Baumgart, Peter: Die Stellung der jüdischen Minorität im Staat des aufgeklärten Absolutismus. Das friderizianische Preußen und das josephinische Österreich im Vergleich, in: Kairos N.F. 22, 1980, S. 226ff.; Hoyms Gutachten vom 29.1.1777, in: Stern, Akten, Nr. 1096, auch Nr. 1102.

323 Vgl. Schwerin, Kurt: Die Juden im wirtschaftlichen und kulturellen Leben Schlesiens, in: JSFUB 25, 1984, S. 101.

324 Zirkularreskripte vom 31.12.1787 u. 4.7.1788, in: Novum Corpus Constitutionum Marchicarum Bd. 8, Nr. 112 u. Nr. 41.

325 Vorschrift vom 21.5.1790, in: Neue Sammlung Korn, Bd. 3, Nr. 32. Vgl. Brann, Markus: Geschichte des Landrabbinats in Schlesien, in: Jubelschrift zum 70. Geburtstag des Prof. Dr. H. Graetz. Breslau 1887, S. 258f.

326 Statistik jetzt bei Maser u. Weiser, Juden in Oberschlesien, S. 31; ergänzend Brilling, Die jüdischen Gemeinden Mittelschlesiens, Tabelle S. 8.

327 Hoym an Friedrich Nicolai, 1787, in: Lehmann, Urkunden, Bd. 6, Nr. 138; dazu Grünhagen, Colmar: Die katholische Kirche in Schlesien am Ausgange des vorigen Jahrhunderts, in: ZVGS 28 u. 29, 1894 u. 1895, S. 179ff. u. S. 35ff.; auch Jaeckel, Georg: Die Kirchenpolitik Friedrich Wilhelms II. in Schlesien, in: JSKG N.F. 56, 1977, S. 130ff.

328 Schlesien im Jahre 1797 (wie Anm. 305), S. 357.

329 Bei Grünhagen, Die katholische Kirche (wie Anm. 327).

330 Braun, Friedrich und die katholische Kirche, S. 311.

331 Jetzt Stamm-Kuhlmann, Thomas: König in Preußens großer Zeit. Friedrich Wilhelm III. der Melancholiker auf dem Thron. Berlin 1992.

332 Dazu Bussenius, Charlotte: Die preußische Verwaltung in Süd- und Neuostpreußen 1793 bis 1806. Studien zur Geschichte Preußens 6, Heidelberg 1960, bes. S. 74ff.; ferner Grünhagen, Biographie, S. 82ff.

333 Loewe, Hoym, in: Schlesische Lebensbilder, Bd. 2, S. 17f.

334 Jetzt im einzelnen Stamm-Kuhlmann, Friedrich Wilhelm III., S. 141ff.; generell nach wie vor Hintze, Otto: Preußische Reformbestrebungen vor 1806, jetzt in: Regierung und Verwaltung. Gesammelte Abhandlungen, hrsg. von Gerhard Oestreich, Bd. 3, Göttingen 1967, S. 504ff.

335 Hintze, S. 508; Ziekursch, Hundert Jahre, S. 273, für das Folgende S. 273ff.

Die unruhige Provinz Schlesien zwischen 1806 und 1871

1 Loewe, Victor: Karl Georg Heinrich Graf von Hoym, in: Schlesische Lebensbilder, 2. Bd.: Schlesier des 18. und 19. Jahrhunderts, Sigmaringen[2] 1988, S. 14–22; Ziekursch, Johannes: Hundert Jahre schlesischer Agrargeschichte, Breslau[2] 1927, S. 280ff.; Historia Śląska, red. Stanisław Michałkiewicz, Bd. II/2 (1807 bis 1850), Wrocław/Warszawa/Kraków 1970, S. 42ff.

2 Vogel, Barbara: Allgemeine Gewerbefreiheit. Die Reformpolitik des preußischen Staatskanzlers Hardenberg (1810–1820), Göttingen 1983, S. 143ff.; Ziekursch, Agrargeschichte,

S. 278ff.; Linke, Otto: Topographisch-statistische Bemerkungen aus Schlesien im Jahre 1810. Für eine Reise des Königs Friedrich Wilhelm III. zusammengestellt, in: ZVGS 40 (1906), S. 247–278; Linke, Otto: Zur Reise des Königs Friedrich Wilhelm III. nach Schlesien 1810, in: ZVGS 39 (1905), S. 108–132; das Zitat S. 127.

3 Magura, Wilhelm: Geschichte der Landwirtschaft Schlesiens. 2000 Jahre Bauernkultur, Hamburg/Berlin 1986, S. 73ff.; Stutzer, Dietmar: Die schlesische Landwirtschaft 1807–1848, in: Restauration, Vormärz und Revolution. Schlesien in der ersten Hälfte des 19. Jahrhunderts, hrsg. von Werner Bein, Würzburg 1985, S. 23–28; Wehler, Hans-Ulrich: Deutsche Gesellschaftsgeschichte, 2. Bd.: Von der Reformära bis zur industriellen und politischen ›Deutschen Doppelrevolution‹: 1815–1845/49, München 1987 S. 140ff.

4 [Anton Heinrich:] Tagebuch der Pfarrer zu Grafenort, 1806ff., in: Pfarrarchiv Grafenort [Gorzanów], Sign. AR No. 2, S. 18.

5 Magura, Agrargeschichte, S. 75ff.; Historia Śląska II, S. 44ff.

6 Zitat nach Linke, Reise, S. 128.

7 Rohde, Cäcilia Maria: Die preußische Statistik als Quelle zur schlesischen Landesgeschichte insbesondere zu einem Geschichtlichen Atlas von Schlesien auf der Grundlage der Bevölkerungszählungen von 1816–1910, Frankfurt a. M. 1990, S. 61ff.; Weczerka, Hugo: Veränderungen im Städtenetz Schlesiens 1809–1973, in: ZfO 27 (1978), S. 398–433, S. 399ff.; Ziekursch, Johannes: Das Ergebnis der friderizianischen Städteverwaltung und die Städteordnung Steins. Am Beispiel der schlesischen Städte dargestellt, Jena 1908, S. 148ff.

8 Ziekursch, Städteordnung, S. 150ff.

9 Linke, Bemerkungen, S. 255; Zentrales Staatsarchiv Merseburg [künftig: ZSM], Rep. 77, Tit. 1009, Nr. 7: wg. d. Aufenthalts der Juden in den Städten und auf dem Lande im Breslauischen Reg. Departement (1811ff.), o. Pag.; Max Freudenthal: Die ersten Emancipationsbestrebungen der Juden in Breslau, in: Monatsschrift für Geschichte und Wissenschaft des Judentums 37 (1893), S. 41–579, S. 422.

10 Ziekursch, Städteordnung, S. 167.

11 Ziekursch, Johannes: Schlesische Wirtschaftsgeschichte von der Germanisierung des Landes bis zum 19. Jahrhundert, in: Schlesische Landeskunde, hrsg. von Franz Kampers, 1. Bd., Leipzig 1913, S. 169–193, S. 189; Bürckner, Robert u. Julius Stein: Geschichte der Stadt Breslau von ihrer Gründung bis auf die neueste Zeit, 2. Bd., Breslau 1852, S. 136f.; Vogel, Gewerbefreiheit, S. 211.

12 Ziekursch, Johannes: Die neuere Geschichte Schlesiens, in: Schlesische Landeskunde, S. 59–85, S. 82.

13 Ziekursch, Städteordnung, S. 138; Linke, Bemerkungen, S. 249ff.; Linke, Otto: Friedrich Theodor von Merckel im Dienste fürs Vaterland. Teil II: Bis Januar 1813, Breslau 1910, S. 75 (1 Reichstaler = 4,28 Mark).

14 Kaps, Johannes: Die katholische Kirchenverwaltung in Ostdeutschland vor und nach 1945, in: JSFUB 2 (1957), S. 7–39, S. 10ff.; Jungnitz, Joseph: Die Breslauer Weihbischöfe, Breslau 1914, S. 331ff.

15 Linke, Merckel II, S. 77.

16 Jungnitz, Weihbischöfe, S. 332; Handbuch der historischen Stätten. Schlesien, hrsg. von Hugo Weczerka, Stuttgart 1977, S. LXXXVII, 390; Kaps, Kirchenverwaltung, S. 12.

17 Franke, Immo: Schlesien und der Befreiungskrieg 1813, in: JSFUB 19 (1978), S. 79–106, S. 80f.; Zitat nach: Linke, Merckel II, S. 248f.

18 Franke, Befreiungskrieg, S. 81.

19 Hippe, Max: Johann Gottlieb Schummel, in: Schlesische Lebensbilder 2, S. 103–110; Linke, Bemerkungen, S. 262 (Zitat); Franke, Befreiungskrieg, S. 85; Linke, Merckel II, S. 286.

20 Ziekursch, Städteordnung, S. 186f.; ZSM, Rep. 77, Tit. 440B, Bl. 113f.

21 Ziekursch, Städteordnung, S. 188.

22 Franke, Befreiungskrieg, S. 79.

23 Ebd., S. 83.

24 Ebd., S. 83f.; Abmeier, Hans-Ludwig: Schlesien und Schlesier von 1740 bis 1844 im Spiegel deutscher und österreichischer Oberschulgeschichtsbücher, Würzburg 1975, S. 177ff.

25 Franke, Befreiungskrieg, S. 84f.; ZSM, Rep. 77, Tit. 507, Nr. 2, Vol. 1, Bl. 13; Abmeier, Schlesien, S. 194ff.

26 Rohde, Statistik, S. 76ff.

27 Ebd., S. 61; Linke, Merckel II, S. 189ff.; Koselleck, Reinhart: Preußen zwischen Reform und Revolution. Allgemeines Landrecht, Verwaltung und soziale Bewegung von 1791 bis 1848, Stuttgart [2]1975, S. 199ff.

28 Ebd., S. 306.

29 Ebd., S. 307ff.

30 Klawitter, Willy: Die politische Entwicklung der schlesischen Provinziallandtage, in: ZVGS 59 (1925), S. 1–28.

31 Schulze-Gaevernitz, Gerhart von: Karl August Milde, in: Schlesische Lebensbilder 2, S. 216 bis 231, Zitat S. 226; Langewiesche, Dieter: Liberalismus in Deutschland, Frankfurt a. M. 1988, S. 27ff.; Gall, Lothar: Von der ständischen zur bürgerlichen Gesellschaft, München 1993, S. 23ff.

32 Langewiesche, Liberalismus, S. 34ff.; Heiber, Helmut: Zwischen Reform und Revolution. Lage und Kämpfe der schlesischen Bauern und Landarbeiter im Vormärz 1840–1847, Berlin (DDR) 1966, S. 180.

33 Zitiert nach Koselleck, Preußen, S. 359f.

34 Ziekursch, Städteordnung, S. 199.

35 Bein, Werner: Restauration und Revolution. Grundzüge der politischen Geschichte Schlesiens 1815–1848, in: Restauration, Vormärz und Revolution, S. 3–15, S. 10; Nathan, Helene: Aus dem Leben eines Achtundvierzigers. Ein Beitrag zur Geschichte der preußischen Demokratie [über Eduard Graf Reichenbach], in: ZVGS 48 (1914), S. 174–240.

36 ZSM, Rep. 77, Tit. 13, Nr. 5, Bl. 193ff.

37 Weczerka, Schlesien, S. LXXXII.

38 Brederlow, Jörn: »Lichtfreunde« und »Freie Gemeinden«. Religiöser Protest und Freiheitsbewegung im Vormärz und in der Revolution von 1848/49, München 1976, S. 100; Paletschek, Sylvia: Frauen und Dissens. Frauen im Deutschkatholizismus in den freien Gemeinden 1841–1852, Göttingen 1990, S. 227ff.; Leesch, Wolfgang: Die Geschichte des Deutschkatholizismus in Schlesien (1844–1852) unter besonderer Berücksichtigung seiner politischen Haltung, Breslau 1938; Knötel, Paul: Johannes Ronge, in: Schlesische Lebensbilder 2, S. 198–203.

39 Maetschke, Ernst: Heinrich Simon, in: Schlesische Lebensbilder 2, S. 208–211; Koselleck, Preußen, S. 411ff., Zitat S. 413; Simon, Heinrich: Die ständische Verfassung von Schlesien, Breslau 1846; Hamburger, Ernst: Juden im öffentlichen Leben Deutschlands. Regierungsmitglieder, Beamte und Parlamentarier in der monarchischen Zeit 1848–1918, Tübingen 1968, S. 176ff.; Nipperdey, Thomas: Deutsche Geschichte 1800–1866. Bürgerwelt und starker Staat, München 1983, S. 611.

40 Männer der Revolution von 1848, hrsg. vom Arbeitskreis Vorgeschichte und Geschichte der Revolution von 1848/49, Berlin (DDR) 1970, Zitat S. 192; Schlöffel, Friedrich Wilhelm: Mein Prozeß wegen Anklage auf Hochverrat, Heidelberg 1846.

41 Wolff, Wilhelm: Aus Schlesien, Preußen und dem Reich. Ausgewählte Schriften, hrsg. u. eingeleitet von Walter Schmidt, Berlin (DDR) 1985, S. 100–113, Zitate S. 100, 103, 111.

42 Valentin, Veit: Geschichte der deutschen Revolution 1848–1849, 2 Bde., Köln 1970, 1. Bd., S. 62ff.

43 Schulze-Gaevernitz, Milde, S. 220; Der Erste Vereinigte Landtag in Berlin 1847, 4 Teile, Berlin 1847, Reprint Vaduz 1977, 2. Teil, S. 704ff.

44 Loewe, Victor: Friedrich Theodor Merckel, in: Schlesische Lebensbilder 2, S. 165–173.

45 Magura, Landwirtschaft Schlesiens, S. 82ff.; Stutzer, Landwirtschaft, S. 26.

46 Gerber, Michael R.: Die schlesischen Provinzialblätter 1785–1849. Entstehung und Entwicklung der Zeitschrift und ihre Bedeutung als Quelle für die landesgeschichtliche Forschung. Phil. Diss. Mainz (Masch.) 1992, S. 174.

47 Ziekursch, Wirtschaftsgeschichte, S. 183ff.

48 Frühwald, Wolfgang: Antijudaismus in der Zeit der deutschen Romantik, in: Conditio Judaica. Judentum, Antisemitismus und deutschsprachige Literatur vom 18. Jahrhundert bis zum Ersten Weltkrieg, hrsg. von Hans Otto Horch u. Horst Denkler, Tübingen 1989, 2. Bd., S. 72–91, S. 86.

49 Magura, Landwirtschaft Schlesiens, S. 85f.

50 Fuchs, Konrad: Die Wirtschaft Schlesiens in der ersten Hälfte des 19. Jahrhunderts, in: Restauration, Vormärz und Revolution, S. 16–22; Ders.: Vom Dirigismus zum Liberalismus. Die Entwicklung Oberschlesiens als preußisches Berg- und Hüttenrevier. Ein Beitrag zur Wirtschaftgeschichte Deutschlands im 18. und 19. Jahrhundert, Wiesbaden 1970, S. 117ff.; Pierenkemper, Toni: Das Wachstum der oberschlesischen Eisenindustrie bis zur Mitte des 19. Jahrhunderts, in: Pierenkemper, Toni (Hg.): Industriegeschichte Oberschlesiens im 19. Jahrhundert, Wiesbaden 1992, S. 77–106; Ders.: Grundzüge der Wirtschaftsgeschichte Oberschlesiens in der Neuzeit, in: Ebd., S. 1–27; Długoborski, Wacław: Wirtschaftliche Regionen und politische Grenzen. Die Industrialisierung des oberschlesischen Kohlebeckens, in: Pollard, Sidney (Hg.): Region und Industrialisierung. Studien zur Rolle der

Region in der Wirtschaftsgeschichte der letzten zwei Jahrhunderte, Göttingen 1980, S. 142–147.

51 Fuchs, Konrad: Neue Beiträge zur Bedeutung der königlichen Seehandlung für die schlesische Spinnstoff- und Metallindustrie, in: Tradition 11 (1966), S. 57–69; Wehler, Gesellschaftsgeschichte 1815–1845/49, S. 101f.; zur Rolle der Seehandlung in Schlesien grundlegend: Radtke, Wolfgang: Die preußische Seehandlung zwischen Staat und Wirtschaft in der Frühphase der Industrialisierung, Berlin 1981, S. 135ff.; ferner: Frahne, K.: Die Textilindustrie im Wirtschaftsleben Schlesiens. Ihre wirtschaftlichen und technischen Grundlagen, historisch-ökonomische Gestaltung und gegenwärtige Bedeutung, Diss. Tübingen 1905, S. 153f.; Pierenkemper, Grundzüge, S. 18f.; Kaufhold, Karl Heinrich: Die gewerbliche Entwicklung Oberschlesiens zwischen 1770 und 1850 im Spiegel der Gewerbestatistik, in: Pierenkemper, Industriegeschichte, S. 51–76, S. 70.

52 Loewe, Victor: Christian von Rother, in: Schlesische Lebensbilder 1, S. 314–318; Radtke, Seehandlung, S. 137ff.

53 ZSM, Rep. 77, Tit. D XXIII[d]. Ständische Verfassung seit 1823. Stände Schlesien, Bl. 139–155.

54 Meinhardt, Günther: Der schlesische Weberaufstand von 1844, in: JSFUB 17 (1972), S. 91 bis 112, S. 109.

55 ZSM, Rep. 120, A IV 9, Bl. 92ff. So für Joseph Graf von Althann, der eine Spinnschule in Mittelwalde, Kr. Habelschwerdt, förderte; desgl. für den Kaufmann Hoecker für die Förderung der Flachsbereitungsanlage in Ober-Langenau, Kr. Habelschwerdt, und für die Landgräfin zu Fürstenberg, die in Kunzendorf, Kr. Habelschwerdt, eine Spinnschule gegründet hatte.

56 Fuchs, Seehandlung, S. 60.

57 Jüdisches Leben in Deutschland. Selbstzeugnisse zur Sozialgeschichte 1780–1871, hrsg. u. eingel. von Monika Richarz, Stuttgart 1976, S. 306–316, Zitat S. 311.

58 Freymark, Hermann: Aus den Anfängen des schlesischen Eisenbahnwesens und der Odergroßschiffahrt, in: ZVGS 73 (1939), S. 300 bis 313, S. 305; Ders.: Die Entstehung des schlesischen Eisenbahnnetzes, in: Die Grundlagen der Verkehrsentwicklung Schlesiens und die Entstehung des schlesischen Eisenbahnnetzes, hrsg. im Auftragder Reichsbahndirektion Breslau, Breslau 1942, S. 35–168; Fuchs, Konrad: Wirtschaftliche Führungskräfte in Schlesien 1850–1914, in: ZfO 21 (1972), S. 264–288, S. 285ff.; Ders.: Dirigismus, S. 156ff.

59 Weczerka, Schlesien, S. LXXX.

60 Freymark, Eisenbahnwesen, S. 307ff.; Meinhardt, Weberaufstand, S. 93; Schwerin, Kurt: Die Juden im wirtschaftlichen und kulturellen Leben Schlesiens, in: JSFUB 25 (1984), S. 93 bis 177, S. 137ff.; Radtke, Seehandlung, S. 278ff.

61 Gesellschaftsspiegel. Organ zur Vertretung der besitzlosen Volksklassen und zur Beleuchtung der gesellschaftlichen Zustände der Gegenwart, 1. Bd., Redaktion M. Heß, Elberfeld 1845, S. 211–223, Zitat S. 212f.

62 Wolff, Aus Schlesien, S. 33–38.

63 Fischer, O. Chr.: Wirtschaftliche Kultur der Gegenwart, in: Schlesische Landeskunde, S. 193–233, S. 196; ZSM, Rep. 77, Tit. D XXIIId, Bl. 139ff.

64 Meinhardt, Weberaufstand, S. 92.

65 Schneer, Alexander: Über die Not der Leinen-Arbeiter in Schlesien und die Mittel ihr abzuhelfen (Auszug), in: Kroneberg, Lutz u. Rolf Schloesser: Weber-Revolte 1844. Der schlesische Weberaufstand im Spiegel der zeitgenössischen Publizistik und Literatur, Köln 1979, S. 114–143, Zitate S. 119, 126.

66 Hoppe, Ruth: Geschichte der Kinderarbeit in Deutschland 1750–1939, Bd. 2: Dokumente, Berlin (DDR) 1958, Zitat S. 96–101.

67 Schneer, Not, S. 123.

68 Anton, Günther K.: Geschichte der preußischen Fabrikgesetzgebung bis zu ihrer Aufnahme durch die Reichsgewerbeordnung, Berlin 1953, Zitat S. 92; Herzig, Arno: Kinderarbeit in Deutschland in Manufaktur und Protofabrik (1750–1850), in: Archiv für Sozialgeschichte 23 (1983), S. 311–375.

69 Schulz, Kurd: Rudolf Virchow und die oberschlesische Typhusepidemie von 1848, in: JSFUB 19 (1978), S. 107–120, hier auch die Zitate; das Merckel-Zitat in: Linke, Merckel II, S. 109f.

70 Laubert, M.: Die Polenfrage, in: Schlesische Landeskunde, S. 160–168; Jungnitz, Weihbischöfe, S. 391ff., hier die Zitate; Kosler, Alois M.: Die preußische Volksschulpolitik in Oberschlesien 1742–1848, Sigmaringen[2] 1984, S. 273ff.; Rospond, S.: Polszczyzna Śląska [Die polnische Sprache in Schlesien], Wrocław [Breslau] 1970; Urban, Wincenty: Jezyk polski w duszpasterstwie wrocłanskiej

diecezji w pierwszej połowie XIX wieku [Die polnische Sprache in der Seelsorge im Bistum Breslau in der ersten Hälfte des 19. Jahrhunderts], Przegląd Powszechny 68 (1951), Nr. 9, S. 177–195; Dziewulski, W.: Dzieje ludności polskiej na Śląsku Opolskim od czasów najdawniejszych do wiosny ludów [Geschichte der polnischen Bevölkerung im Oppelner Schlesien von den ältesten Zeiten bis 1848], Opole 1972.

71 Jungnitz, Weihbischöfe, S. 397ff., hier auch die Zitate.

72 Dorf-Policey-Ordnung und Instruction für die Dorf-Scholzen für das Herzogthum Schlesien und die Grafschaft Glatz vom 1. May 1804, hrsg. u. erl. von Gerhard Wacke, Würzburg 1971, S. 96ff.; ZSM, Rep. 77, Tit. 223 C, Nr. 1, 1. Bd. (Armenwesen Schlesien), Bl. 4ff.

73 Gerber, Provinzialblätter, S. 176.

74 ZSM, Rep. 77, Tit. 272, Nr. 8 (Überfüllung der Strafanstalten 1824ff.), Bl. 66ff.

75 Gesellschaftsspiegel 1846, S. 109ff.

76 ZSM, Rep. 77, Tit. 223 C, Nr. 1, 2. Bd., Bl. 191ff.

77 Bürckner/Stein, Breslau 2, S. 171ff.; Vogel, Gewerbefreiheit, S. 209; Historia Śląska II, S. 259ff.; ZSM, Rep. 77, Tit. 507, Nr. 2, Vol. 1 (Aufstände in Breslau 1813ff.), Bl. 62–88, hier auch die Zitate; Merckels Kommentar zu diesem Opfer: »Es ist an ihm zum Glück wenig verloren, indem er eines der schlechtesten Subjecte war, welcher auch, als Folge seiner Ausschweifungen an der Epilepsie litte.«, Bl. 77.

78 Ebd., Bl. 81, 84, 87.

79 Bürckner/Stein, Breslau 2, S. 220ff.; Rohrbacher, Stefan: Gewalt im Biedermeier. Antijüdische Ausschreitungen in Vormärz und Revolution (1815–1848/49), Frankfurt a. M./New York 1993, S. 165.

80 ZSM, Rep. 77, Tit. 507, Nr. 5, Bl. 24; hier das Zitat.

81 Bürckner/Stein, Breslau 2, S. 247.

82 Ebd., S. 223; Merckels Bericht vom 7.6.1844, in: ZSM, Rep. 77, Tit. 507, Nr. 5, Bl. 37–40; hier die Zitate.

83 Der Bericht des Breslauer Polizei-Präsidenten an den Innenminister v. Bodelschwingh samt den Marginalien von Oberpräsident v. Wedell, in: ZSM, Rep. 77, Tit. 507, Nr. 5, Bl. 59–64; hier die Zitate.

84 Ziekursch, Agrargeschichte, S. 354ff.; Knapp, Georg F. u. Arthur Kern: Die ländliche Verfassung Niederschlesiens, in: Jahrbuch für Gesetzgebung, Verwaltung und Volkswirtschaft im Deutschen Reich (1895), S. 69–93.

85 Herzig, Arno: Unterschichtenprotest in Deutschland 1790–1870, Göttingen 1988, S. 63ff.; Ders.: Die Reaktion der Unterschichten auf den technologischen Wandel der Proto- und Frühindustrialisierungsphase in Deutschland, in: Archiv für Sozialgeschichte 28 (1988), S. 1–26, S. 16ff.

86 Älteste Überlieferung des sog. Weberlieds durch W. Wolff, in: Deutsches Bürgerbuch für 1845, hrsg. von H[ermann] Püttmann, Darmstadt 1845, Reprint Köln 1975, S. 199–202; Herzig, Reaktion, S. 16f.; Wolff, Aus Schlesien, S. 75; hier die Zitate und in Kroneberg/Schloesser, Weberrevolte, S. 469ff.

87 Herzig, Arno: Die politische Kultur der Unterschichten und ihre Bedeutung für die frühe Arbeiterbewegung, in: Herzig, Arno u. Günter Trautmann (Hg.): »Der kühnen Bahn nur folgen wir ...« Ursprünge, Erfolge und Grenzen der Arbeiterbewegung in Deutschland, 1. Bd.: Entstehung und Wandel der deutschen Arbeiterbewegung, Hamburg 1989, S. 83–102.

88 Meinhardt, Weberaufstand, S. 107; Reulecke, Jürgen: Sozialer Frieden durch soziale Reform. Der Centralverein für das Wohl der arbeitenden Klassen in der Frühindustrialisierung, Wuppertal 1983, S. 71ff.

89 Wolff, Aus Schlesien, S. 79.

90 Herzig, Politische Kultur, S. 92f.

91 Kroneberg/Schloesser, Weber-Revolte, S. 552.

92 Stutzer, Landwirtschaft, S. 27.

93 Hoffmann, Adalbert: Marie von Kramsta, in: Schlesische Lebensbilder 2, S. 301–305, S. 301; Peuckert, Will-Erich u. Erich Fuchs: Die schlesischen Weber, Darmstadt 1971, S. 134; Długoborski, Wacław: Die schlesischen Magnaten in der frühen Phase der Industrialisierung in Oberschlesien, in: Pierenkemper, Industriegeschichte, S. 107–128.

94 Siehe den Bericht in der Deutschen Allgemeine[n] Zeitung vom 26.6.1844, in: Kroneberg/Schloesser, Weber-Revolte 1844, S. 206ff.; Dierig, Gottfried: Christian Gottlob Dierig, in: Schlesische Lebensbilder 1, S. 174–176; ZSM, Rep. 120, A IV 9, Bl. 54; hier das Zitat.

95 Zur Geschichte der Juden in Schlesien noch immer unverzichtbar: Brann, Markus: Die schlesische Judenheit vor und nach dem Edikt vom 11. März 1812, in: Jahres-Bericht des Jüdisch-Theologischen Seminars Fraenckel'scher Stiftung für das Jahr 1812, Breslau 1913, S. 3

bis 34; Ders.: Die Juden in Schlesien, in: Schlesische Landeskunde, S. 133–139; Schwerin, Juden, S. 100ff.; Maser, Peter u. Adelheid Weiser: Juden in Oberschlesien, Teil 1: Historischer Überblick. Jüdische Gemeinden (I), Berlin 1992; Jersch-Wenzel, Stefi: Die Juden als Bestandteil der oberschlesischen Bevölkerung in der ersten Hälfte des 19. Jahrhunderts, in: Deutsche – Polen – Juden. Ihre Beziehungen von den Anfängen bis ins 20. Jahrhundert, hrsg. von Stefi Jersch-Wenzel, Berlin 1987, S. 191–209; Herzig, Arno: Landjuden – Stadtjuden. Die Entwicklung in den preußischen Provinzen Westfalen und Schlesien im 18. und 19. Jahrhundert, in: Richarz, Monika u. Reinhard Rürup (Hg.): Jüdisches Leben auf dem Lande, Tübingen 1994 (im Druck); Zur Rolle jüdischer Unternehmer bei der Entwicklung der oberschlesischen Schwerindustrie siehe Tabelle I: Hochofenwerke im oberschlesischen Industriebezirk (1833–1856), in: Pierenkemper, Toni: Die privaten Hochofenwerke des oberschlesischen Industriereviers in der frühen Industrialisierung, in: Geschichte und Gesellschaft 19 (1993), S. 427–452, S. 428f.; Toury, Jacob: Soziale und politische Geschichte der Juden in Deutschland 1847–1871, Düsseldorf 1977, S. 100ff.

96 Schwerin, Juden, S. 124ff.; Herzig, Westfalen-Schlesien, S. 1ff.; Rabin, Israel: Die Juden in Zülz, in: Geschichte der Stadt Zülz in Oberschlesien, verfaßt von Johannes Chrzaszcz, Zülz 1926, S. 117–161; Pierenkemper, Wachstum, S. 116.

97 Lucas, Franz D. u. Margret Heitmann: Stadt des Glaubens. Geschichte und Kultur der Juden in Glogau, Hildesheim 1991, S. 325; ZSM, Rep. 120, A IV 9, Bl. 14ff.

98 Richarz, Selbstzeugnisse, S. 306ff.

99 Hamburger, Juden im öffentlichen Leben, S. 220f.

100 Großmann, Dieter: Kunst in Schlesien 1815 bis 1848, in: Restauration, Vormärz und Revolution, S. 59–68.

101 Bartsch, Heinrich: Geschichte Schlesiens. Land unterm schwarzen Adler mit dem Silbermond. Seine Geschichte, sein Werden, Erblühen und Vergehen, Würzburg 1985, S. 242; Grundmann, Günther: Architektur, Kunst und Kunstgewerbe in Schlesien, in: Unser Schlesien, hrsg. von Karl Hausdorff, Stuttgart 1954, S. 231–252, S. 247.

102 Lossow, Hubertus: Schlesische Maler in der Biedermeierzeit, in: Schlesien in der Biedermeierzeit. Kultur und Geschichte Schlesiens in der ersten Hälfte des 19. Jahrhunderts, bearb. von Elisabeth Trux, Würzburg 1987, S. 96–157; Scheyer, Ernst: Schlesische Malerei der Biedermeierzeit, Frankfurt/M. 1965, S. 35ff.

103 Hausdorff, Karl: Schlesische Bilanz, in: Unser Schlesien, S. 263–268, S. 264.

104 Linke, Bemerkungen, S. 252f.; Unverricht, Hubert: Beziehungen schlesischer Komponisten und Musiker zur Wiener Klassik, in: Die musikalischen Wechselbeziehungen schlesischer Komponisten und Musiker zur Wiener Klassik, hrsg. von G. Pankalla u. G. Speer, Dülmen 1977, S. 47–76; Linke, Norbert: Schlesische Komponisten, in: Musik in Schlesien im Zeichen der Romantik, hrsg. von G. Pankalla u. G. Speer, Dülmen 1981, S. 9–35, S. 30ff.; Preis, Paul: Musik- und Theaterleben von Stadt und Kreis Glatz, 2 Bde., Lüdenscheid 1967; Carl Julius Adolph Hoffmann: Die Tonkünstler Schlesiens. Ein Beitrag zur Kunstgeschichte Schlesiens vom Jahre 960–1830, Breslau 1830, Zitat S. 423f.; Hoffmann-Erbrecht, Lothar: Musik in Schlesien 1815–1848. Ein Überblick, in: Schlesien in der Biedermeierzeit, S. 229–232.

105 Holtei, Karl von: Vierzig Jahre. Lorbeerkranz und Wanderstab, Berlin o.J., Zitat S. 106; Weber, Karl: Geschichte des Theaterwesens in Schlesien, Dortmund 1980, S. 57ff.

106 Unverricht, Beziehungen, S. 50; Preis, Musik- und Theaterleben 1, S. 35f.; Unverricht, Hubert: Breslau und Wien. Musikalische Bindungen und Einflüsse zur Zeit der Klassik, in: Schlesien zwischen Barock und Biedermeier, 1740–1820, hrsg. von Werner Bein, Würzburg 1983, S. 60–65; Ders.: Joseph Ignaz Schnabel, in: Schlesische Lebensbilder 5, S. 77–81.

107 Stephan, Inge: Kunstperiode, in: Deutsche Literaturgeschichte. Von den Anfängen bis zur Gegenwart, hrsg. von Wolfgang Beutin u.a., [2]Stuttgart 1984, S. 147–194, S. 190f.; Adorno, Theodor W.: Zum Gedächtnis Eichendorffs, in: Adorno, Theodor W.: Noten zur Literatur I, Frankfurt/M. 1968, S. 105–145; Frühwald, Wolfgang u. Franz Heiduk: Joseph von Eichendorff, Frankfurt/M. 1988, S. 207ff., 282, 308ff.

108 Heiduk, Franz: Die deutsche Literatur der Biedermeierzeit in Schlesien, in: Restauration, Vormärz und Revolution, S. 44–52; Stein, Peter: Vormärz, in: Deutsche Literaturgeschichte, S. 202–250, S. 223ff.

109 Holtei, Karl von: Briefe aus und nach Grafenort, Altona 1841; Ders., Vierzig Jahre, passim; Ders.: Ausgewählte Werke 1: Gedichte, Lieder, Stücke, Schriften zu Literatur und Theater, hrsg. von Jürgen Hain u. Henk J. Koning, Würzburg 1992; Baumgart, W.: Carl von Holtei 1798–1880, Würzburg 1958.

110 Groba, Kurt: Hermann Fürst von Pückler-Muskau, in: Schlesische Lebensbilder 1, S. 322 bis 335; Heiduk, Die deutsche Literatur, S. 44ff.

111 Lubos, Arno: Schlesisches Schrifttum der Romantik und Popularromantik, München 1978; Kock, Max: Literaturgeschichte Schlesiens, in: Schlesische Landeskunde, S. 265–289, S. 283ff.; Rudert, Karin: Die Wiederentdeckung einer ›deutschen Wollstonecraft‹: Esther Gad Bernard Domeier für Gleichberechtigung der Frauen und Juden, in: Quaderni 10 (1988), S. 213–264.

112 Kolar, Jaroslaw: Soll und Haben, in: Kindlers Literatur Lexikon, 20. Bd., München 1974, S. 8871f.; Köster, Udo: Literatur und Gesellschaft 1830–1848. Die Dichtung am Ende der Kunstperiode, Stuttgart 1984, S. 85f.; Koebner, Richard: Gustav Freytag, in: Schlesische Lebensbilder 1, S. 154–164; Gustav Freytag: Soll und Haben. Gesammelte Werke, Leipzig 1886–1888, 4. u. 5. Bd.; Mosse, George L.: The Image of the Jew in German Popular Culture: Felix Dahn and Gustav Freytag, in: Leo Baeck Institute Year Book 2 (1957), S. 218–227, Zitat S. 224; Freytag, Gustav: Über den Antisemitismus, Berlin 1893; Horch, Hans Otto: Auf der Suche nach der jüdischen Erzählliteratur. Die Literaturkritik der ›Allgemeinen Zeitung des Judentums‹ (1837–1922), Frankfurt/M. 1985, S. 55ff.; Köhnke, Klaus Christian: Ein antisemitischer Autor wider Willen. Zu Gustav Freytags Roman Soll und Haben, in: Horch/Denkler, Conditio Judaica, S. 130–147, S. 140ff.

113 Weber, Theaterwesen, S. 20ff.

114 Koebner, Freytag, S. 155.

115 Kaufmann, Georg: Die Universität, in: Schlesische Landeskunde, S. 254–262, S. 257.

116 Schwerin, Juden, S. 166ff. Nicht zutreffend die Feststellung in: Breslauer Juden 1850–1945, hrsg. von Josef Joachim Menzel, St. Augustin 1990, S. 104: »Universitätskarrieren waren in den Jahren 1812 bis 1833 also auch für Breslauer Juden möglich.«

117 Rachfahl, Felix: Gustav Adolf Harald Stenzel, in: Schlesische Lebensbilder 1, S. 298–305; Winterstein, H.: Johannes Evangelista Purkinje, in: Schlesische Lebensbilder 4, S. 240 bis 251; Gottwald, Werner: Beiträge zur Geschichte der Medizin in Schlesien 1850–1914, in: JSFUB 21 (1980), S. 188–222, S. 198; Kaufmann, Universität, S. 257.

118 ZSM, Rep.77, Tit. 13, Nr. 5, Bl. 3f., 6ff.

119 Köhler, Joachim: Aufklärung und Restauration im schlesischen Katholizismus des Vormärz, in: Restauration, Vormärz und Revolution, S. 36 bis 39; Graf, Heinrich: Das Promotionsrecht der Katholisch-Theologischen Fakultät der Universität Breslau. Ein Gutachten der Münchener Juristischen Fakultät aus dem Jahre 1859, in: ASKG 44 (1986), S. 165–190. Ein wichtiges Quellenwerk, nicht nur für die Geschichte der Katholisch-Theologischen Fakultät, sondern generell für die Geschichte Breslaus zwischen 1850 und 1870 ist der dreibändige Briefwechsel Reinkens: Joseph Hubert Reinkens: Briefe an seinen Bruder Wilhelm (1840–1873). Eine Quellenpublikation zum rheinischen und schlesischen Katholizismus des 19. Jahrhunderts und zu den Anfängen der Altkatholischen Bewegung, hrsg. von Hermann Josef Sieben, 3 Bde., Köln/Wien 1979; Kleineidam, Erich: Die Katholisch-Theologische Fakultät der Universität Breslau 1811 bis 1945, Köln 1961, S. 37ff.

120 Eberlein, Hellmut: Der evangelische Pfarrerstand Schlesiens im 19. Jahrhundert, in: ZVGS 77 (1943), S. 111–131, S. 115; Müller, Konrad: David Schulz, in: Schlesische Lebensbilder 1, S. 143–146; Meyer, Dietrich: Zur Geschichte der evangelisch-theologischen Fakultät der Universität Breslau, in: Jahrbuch für schlesische Kirchengeschichte 68 (1989), S. 149–174.

121 Kosler, Volksschulpolitik, S. 156ff.

122 Geschichte der Erziehung, red. von Karl-Heinz Günther u.a., 10 Berlin (DDR) 1971, S. 298 bis 303; hier auch die Zitate.

123 Jungnitz, Weihbischöfe, S. 393ff.; hier auch die Zitate.

124 Rudkowski, Wilhelm: Das Schulwesen Schlesiens in der Gegenwart, in: Schlesische Landeskunde, S. 246–253, S. 252.

125 Loewe, Victor: Schlesische Gelehrte, Gesellschaften und Vereine, in: Schlesische Landeskunde, S. 259–262, Zitat S. 260.

126 Rachfahl, Stenzel, S. 298ff.; Rodenbach, C.: Wilhelm Wattenbach, in: Allgemeine Deutsche Biographie, 44. Bd., Nachdruck Berlin 1971, S. 439–443.

127 Eberlein, Pfarrerstand, S. 126ff.; Kögler, Joseph: Die Chroniken der Grafschaft Glatz, Bd. 1: Die Stadt- und Pfarreichroniken von Lewin – Mittelwalde – Wünschelburg – Neurode – Wilhelmstal, neu bearb. u. hrsg. von Dieter Pohl, Modautal 1992; Bd. 2: Die Pfarrei- und Stadtchroniken von Glatz – Habelschwerdt – Reinerz, neu bearb. u. hrsg. von Dieter Pohl, Modautal 1993; Geschichtsquellen der Grafschaft Glatz, NF Reihe A, Bd. 1 u. 2.

128 Heckel, Hans: Die schlesischen Provinzialblätter von 1785 bis 1849 in ihrer literaturgeschichtlichen Bedeutung, Breslau 1921; Herzog, Rudolf: Schlesische Musenalmanache 1773–1823, Breslau 1912; Klawitter, Willy: Geschichte der Schlesischen Intelligenzblätter, in: ZVGS 54 (1920), S. 45–64; Gerber, Provinzialblätter, passim.

129 Arnold, Franklin: Die evangelische Kirche Schlesiens, in: Schlesische Landeskunde, S. 120–133, S. 129ff.; Eberlein, Pfarrerstand, S. 113f.

130 Müller, Konrad: Johann Gottfried Scheibel, in: Schlesische Lebensbilder 2, S. 194–197. Zum neuesten Forschungsstand: Gerettete Kirche. Studien zum Anliegen des Breslauer Lutheraners Johann Gottfried Scheibel 1783–1843, hrsg. von P. Hauptmann, Göttingen 1987; ferner: Klän, Werner: Um Kirche und Bekenntnis. Die preußischen Altlutheraner zwischen Selbstbehauptung und Staatstreue, in: Kirche und Bekenntnisgruppen im Osten des Deutschen Reichs. Ihre Beziehungen zu Staat und Gesellschaft, hrsg. von Bernhart Jähnig u. Silke Spieler, Bonn 1991, S. 177–199.

131 Eberlein, Pfarrerstand, S. 119.

132 Hutter, Ulrich: Die evangelische Kirche in Schlesien, in: Restauration, Vormärz und Revolution, S. 40–43; Reinkens, Briefe 1, S. 230, 547.

133 Jungnitz, Weihbischöfe, S. 370; Kaps, Kirchenverwaltung, S. 8ff.

134 Jungnitz, Weihbischöfe, S. 343ff., 375; [Theiner, Anton:] Die katholische Kirche Schlesiens dargestellt von einem katholischen Geistlichen. Nebst einem Anhange, enthaltend einige Wünsche eines vieljährigen Seelsorgers, Altenburg 1826; Köhler, Aufklärung und Restauration, S. 36–39.

135 Jungnitz, Weihbischöfe, S. 372f.; Leopold von Sedlnitzky war nach seiner Resignation Staatsrat in Berlin und engagierte sich mit seinem Freund Wichern in der Inneren Mission. Haertler, Christian: Der Breslauer Fürstbischof Leopold von Sedlnitzky (1835–1840) im Spiegel katholischer Kirchenblätter, in: ASKG 45 (1987), S. 145–185, hier die wichtigste Literatur; Urban, Wincenty: Sedlnicki książe biskup wrocłanski 1836–1840 na tle dziejów Kościoła na Śląsku w pierwszej połowie XIX wieku [Leopold Graf Sedlnitzky, Fürstbischof von Breslau auf dem Hintergrund der Geschichte der Kirche in Schlesien während der 1. Hälfte des 19. Jahrhunderts], Warszawa 1955; Anton Theiner war nach der Aufgabe der Professur Sekretär der Universitätsbibliothek Breslau. Anläßlich seines Todes (1860) schreibt J. H. Reinkens recht offenherzig an seinen Bruder Wilhelm: »Seine [Theiners] Kenntnis und Gefälligkeit hat mir schon viele Dienste geleistet. Der Unglückliche ist nicht auf den Gedanken gekommen, sich mit der Kirche zu versöhnen. Er war eine ehrliche Haut; er wußte es nicht besser. Mehrere, die mit ihm fühlten und dachten, aber schwiegen, sitzen jetzt im Domkapitel und sind sehr kirchlich ...«, Reinkens, Briefe 2, S. 969.

136 Köhler, Aufklärung und Restauration, S. 39; Knötel, Paul: Johannes Ronge, in: Schlesische Lebensbilder 2, S. 198–203.

137 Köhler, Aufklärung und Restauration, S. 38f.; Kleineidam, Fakultät, S. 55ff.; Reinkens, Briefe 2, S. 1005.

138 Mohr, Wolfgang: Schlesien. Vorort des Katholizismus. Katholikentage in Schlesien – Schlesien auf den Katholikentagen 1848–1932, Sigmaringen 1989, S. 45ff.; Seppelt, Franz Xaver: Josef Wick, in: Schlesische Lebensbilder 2, S. 290–296. Interessante Einblicke vermittelt auch hier J.H. Reinkens: Reinkens, Briefe 1, S. 240ff.

139 Brann, Die Juden in Schlesien, S. 137ff.; Reinke, Andreas: Zwischen Tradition, Aufklärung und Assimilation. Die königliche Wilhelmsschule in Breslau 1791–1848, in: Zeitschrift für Religions- und Geistesgeschichte 43 (1991), S. 193–214; Herzig, Arno: Die Anfänge der deutsch-jüdischen Geschichtsschreibung in der Spätaufklärung, in: Tel-Aviver Jahrbuch für deutsche Geschichte 20 (1991), S. 59–75.

140 Brann, Markus: Geschichte des Landrabbinats in Schlesien, in: Jubelschrift zum siebzigsten Geburtstage des Prof. Dr. H. Graetz, Breslau 1887, S. 218–278, S. 275.

141 Zitiert nach Lucas/Heitmann, Stadt des Glaubens, S. 241, 248.

142 Geiger, Ludwig: Abraham Geiger. Leben und Lebenswerk, Berlin 1910, S. 50–66; Vogelstein, Hermann: Abraham Geiger, in: Schlesische Lebensbilder 1, S. 263–266, Zitat S. 264; Meyer, Michael A.: Response to Modernity. A History of the Reform Movement in Judaism, New York, Oxford 1988, S. 97ff.
143 Brann, Markus: Geschichte des Jüdisch-Theologischen Seminars (Fraenckelsche Stiftung) in Breslau, Breslau 1904; Weczerka, Hugo: Die Herkunft der Studierenden des Jüdisch-Theologischen Seminars zu Breslau 1854–1938, in: ZfO 35 (1986), S. 88–139; Priebatsch; Felix: Heinrich Graetz, in: Schlesische Lebensbilder 2, S. 286–290; Cohn, Willy: Markus Brann, in: Schlesische Lebensbilder 4, S. 410–416.
144 Lucas/Heitmann, Stadt des Glaubens, S. 255.
145 Brilling, Bernhard: Die jüdischen Gemeinden Mittelschlesiens. Entstehung und Geschichte, Stuttgart 1972, S. 13ff.; Jersch-Wenzel, Juden, S. 194; Toury, Politische Geschichte, S. 39, hier das Zitat; Herzig, Westfalen – Schlesien, S. 1ff.
146 Bleiber, Reform und Revolution, S. 176ff.; hier auch das Zitat.
147 Reis, Karl: Agrarfrage und Agrarbewegung in Schlesien im Jahre 1848, Breslau 1910, S. 36ff.; Ziekursch, Agrargeschichte, S. 373ff.; Dipper, Christof: Die Bauernbefreiung in Deutschland 1790–1850, Stuttgart 1980, S. 159ff.
148 Reis, Agrarfrage, S. 39ff.; Ziekursch, Agrargeschichte, S. 374.
149 Wolff, Aus Schlesien, S. 230–288; Ziekursch, Agrargeschichte, S. 375.
150 Ullmann, Hans-Peter: Interessenverbände in Deutschland, Frankfurt/M. 1988, S. 38.
151 Denkwürdige Jahre 1848–1851. Karl Friedrich Hempel. Die Breslauer Revolution, bearb. von Norbert Conrads; Adolph Kohn. Politische Tagebücher 1848–1851, bearb. von Günter Richter, Köln/Wien 1978, S. 43.
152 Toury, Politische Geschichte, S. 290ff.; Denkwürdige Jahre, S. 49ff.; Rohrbacher, Gewalt im Biedermeier, S. 216f.
153 Denkwürdige Jahre, S. 24ff.
154 Ebd., S. 20, 57, 71.
155 Radler, Leonhard: Die Stadt Schweidnitz und die Revolution von 1848, Diss. Hamburg 1933; Valentin, Revolution, 2. Bd., S. 239.
156 Kusche, Lucia: Schlesiens Anteil an der nationaldeutschen Entwicklung 1840–1848 und die schlesischen Abgeordneten im Frankfurter Parlament, in: ZVGS 53 (1919), S. 29–54; ebd. 54 (1920), S. 63–90; Valentin, Revolution 2, S. 132, 165; Tyrowicz, Marian: Udział Śląska w ruchu rewolucyjnym 1846–1849 [Der Anteil Schlesiens an der revolutionären Bewegung 1846–1849], Warszawa 1949.
157 Wolff, Aus Schlesien, S. 226ff., 291ff.; Nathan, Helene: Graf Oskar Reichenbach, ein Vorkämpfer für die deutsche Einheit und Freiheit, in: ZVGS 49 (1915), S. 73–90; Denkwürdige Jahre, S. 79ff., Zitate S. 79f.
158 Neubach, Helmut: Die Verwaltung Schlesiens zwischen 1848 und 1945, in: Verwaltungsgeschichte Ostdeutschlands 1815–1945. Organisation – Aufgaben – Leistungen der Verwaltung, hrsg. von Gerd Heinrich, Friedrich-Wilhelm Henning u. Kurt G. A. Jeserich, Stuttgart 1992, S. 877–941, S. 880.
159 Mohr, Schlesien, S. 45.
160 Bartsch, Geschichte Schlesiens, S. 237f.
161 Hamburger, Juden, S. 220ff.; Neubach, Helmut: Parteien und Politiker in Oberschlesien zur Bismarckzeit, in: JSFUB 12 (1968), S. 197 bis 231; Reinicke, Brigitte: Die Reichstagswahlen in Schlesien 1871–1932, in: JSFUB 4 (1959), S. 286–289.
162 Müller, Theodor: Die Geschichte der Breslauer Arbeiter-Bewegung, Teil 1: Bis zum Erlaß des Sozialistengesetzes, Berlin 1915 (Reprint Glashütten 1972), S. 82; Becker, Bernhard: Geschichte der Arbeiter-Agitation Ferdinand Lassalles. Nach authentischen Aktenstücken, Braunschweig 1874, S. 298; Na'aman, Shlomo: Lassalle, Hannover 1970, S. 7ff.; Herzig, Arno: Der Allgemeine Deutsche Arbeiter-Verein in der deutschen Sozialdemokratie. Dargestellt an der Biographie des Funktionärs Carl Wilhelm Tölcke (1817–1893), Berlin 1979, S. 57ff.
163 Hamburger, Juden, S. 220ff.; Ferdinand Lassalle: Reden und Schriften. Aus der Arbeiteragitation 1862–1864. Mit einer Lassalle-Chronik, hrsg. von Friedrich Jenaczek, München 1970, S. 392–421.
164 Herzig, Arbeiter-Verein, S. 102ff.
165 Müller, Breslauer Arbeiter-Bewegung, S. 85ff.; Fricke, Dieter: Die deutsche Arbeiterbewegung 1869 bis 1914. Ein Handbuch über ihre Organisation und Tätigkeit im Klassenkampf, Berlin (DDR) 1976, S. 556.
166 Herzig, Arbeiter-Verein, S. 266ff.
167 Bieber, Hugo: Rudolf Haym, in: Schlesische Lebensbilder 2, S. 263–271; Bartsch, Geschichte Schlesiens, S. 246.
168 Mohr, Schlesien, S. 109f.; Bachem, Karl: Vorgeschichte, Geschichte und Politik der deutschen

Zentrumspartei, 2. Bd., Köln 1929, S. 107, 184f., 216f.; Neubach, Helmut: Schlesische Geistliche als Reichstagsabgeordnete 1867–1918. Ein Beitrag zur Geschichte der Zentrumspartei und zur Nationalitätenfrage in Oberschlesien, in: ASKG 26 (1968), S. 251–278; Ders.: Graf von Ballestrem. Ein Reichstagspräsident aus Oberschlesien, Dülmen 1984; Pater, M.: Katolicki ruch polityczny na Śląsku w latach 1848–1871 [Der politische Katholizismus in Schlesien in den Jahren 1848–1871], Wrocław 1967.

169 Bartsch, Schlesien, S. 248f.; Weczerka, Veränderungen im Städtenetz, S. 404ff.; Schofer, Lawrence: The Formation of a Modern Labor Force. Upper Silesia 1865–1914, Berkeley/Los Angeles 1975, S. 39ff.; Pierenkemper, Hochofenwerke, S. 434ff.

170 Bartsch, Schlesien, S. 248.

171 Ebd., S. 245; Freymark, Entstehung, S. 132f.

172 Nipperdey, Geschichte, S. 774f.

173 Bartsch, Schlesien, S. 247.

174 Ebd., S. 247f.

175 Deutsche Sozialgeschichte. Dokumente und Skizzen, 1. Bd.: 1815–1870, hrsg. von Werner Pöls, München 1973, S. 308.

Vom deutschen Krieg zur deutschen Katastrophe

1 Wilhelm Treue: Wirtschafts- und Technikgeschichte Preußens (Veröffentlichungen der Historischen Kommission zu Berlin, Bd. 56), Berlin u. New York 1984, S. 572.

2 Konrad Fuchs: Karl Max Fürst von Lichnowsky, in: Oberschlesisches Jahrbuch, Bd. 7, 1991, S. 163–179; hier S. 170.

3 Erich Achterberg: Berliner Hochfinanz. Kaiser, Fürsten, Millionäre um 1900, Frankfurt a. M. 1965, S. 9.

4 Wilhelm Treue: Wirtschaft und Außenpolitik. Zu dem Problem der deutschen Weltmachtstellung 1900–1914, in: Tradition. Zs.f. Firmengesch. u. Unternehmerbiographie, 9. Jg. 5. H., (München) 1964, S. 193–218; hier: S. 195.

5 Heinrich Bartsch, Geschichte Schlesiens, Würzburg 1985, S. 26. Gegenüber dem Jahr 1787 hatte die Stadtbevölkerung von 1888 auf 25,72 Prozent der Gesamtbevölkerung zugenommen (ebd.).

6 Vgl. hierzu Otfried Schwarzer (u.a.): Breslau, in: Erich Kayser (Hrsg.): Deutsches Städtebuch. Handbuch städtischer Geschichte, Bd. 1: Nordostdeutschland, Stuttgart u. Berlin 1939, S. 712.

7 Karl Burmann (Hrsg.): Unser Deutsches Land und Volk. Bilder aus dem Gebirge und Berglande von Schlesien und den Ebenen in Posen von der Oder bis zur Weichsel, Leipzig u. Berlin 1883, S. 32.

8 Die Zweite Kammer bestand in Preußen von 1855–1918. Die Erste Kammer im Preußischen Landtag, das Herrenhaus, bestand von 1854–1918. Die Mitgliedschaft war lebenslänglich und beruhte entweder auf einem Standesprivileg oder einer Berufung durch den Herrscher.

9 Zuzurechnen sind den Protestanten auch die Herrnhuter in Niesky sowie Neusalz, Gnadenberg, Gnadenfrei und Gnadenfeld, ebenfalls die Hussiten in Hussinetz und Podiebrad, Friedrichsgrätz und Friedrichstabor. Vgl. hierzu die einschlägigen Hinweise in Hugo Weczerka (Hrsg.): Schlesien. Handbuch der historischen Stätten, Stuttgart 1977.

10 Werner Marschall: Geschichte des Bistums Breslau, Stuttgart 1980.

11 Diese Zahl aus den achtziger Jahren des 19. Jahrhunderts stellt den Höchststand der jüdischen Bevölkerung Schlesiens dar. Bis 1910 ging sie auf 44 000 zurück. Kurt Schwerin: Die Juden im wirtschaftlichen und kulturellen Leben Schlesiens, in: JSFUB 14, 1984, S. 118.

12 Lawrence Schofer: Die Formierung einer modernen Arbeiterschaft 1865–1914 (Veröffentlichungen der Forschungsstelle Ostmitteleuropa an der Universität Dortmund, Reihe A – Nr. 37), dt. Dortmund 1983, S. 35.

13 Zu den Zahlen im einzelnen vgl. Max Broesicke: Rückblick auf die Entstehung der preußischen Bevölkerung von 1875–1900, in: Preußische Statistik, Bd. 188 (1904), S. 18–19.

14 Als »Wasserkostgänger« bezeichnete man Arbeiter, die gegen geringes Entgelt für Logis und heißes Wasser zum Kochen von Kaffee, daher »Wasserkostgänger«, von montags bis samstags an ihrem Arbeitsplatz wohnten.

15 Paweł Rybicki: Rozwój ludności Górnego Śląska od początku XIX wieku do Pierwszej wojny Światowej (Die Bevölkerungsentwicklung Oberschlesiens vom Beginn des 19. Jahrhunderts bis zum Ersten Weltkrieg), in: Górny Śląsk: Prace i Materiały geograficzne (Oberschlesien: Geographische Studien und Mate-

rialien), hrsg. v. Antoni Wrsosek, Kraków 1955, S. 277.

16 Broesicke, Rückblick, S. 5f. – Nicht eingegangen wird im Rahmen der Bevölkerungsentwicklung auf die ins europäische und überseeische Ausland abgewanderten Schlesier, da deren Zahl exakt nicht zu ermitteln ist. Konrad Fuchs, Zur Auswanderungsproblematik in Deutschland im 19. Jahrhundert, in: Heinz Duchhardt/Manfred Schlenke (Hrsg.): Festschrift für Eberhard Kessel zum 75. Geburtstag, München 1982, S. 166–181.

17 Rybicki, Rozwój, S. 277.

18 Schofer, Die Formierung, S. 42.

19 Gotthold Rhode (Hrsg.): Juden in Ostmitteleuropa von der Emanzipation bis zum Ersten Weltkrieg (Historische und landeskundliche Ostmitteleuropa-Studien, 3), Marburg/Lahn 1989.

20 Schofer, Die Formierung, S. 42. – Der aus Scharley/Oberschlesien stammende Hans Marchwitza bemerkt hierzu in seiner autobiographischen Darstellung »Meine Jugend« (Ost-Berlin 1959), S. 8: »... aus allen (Häusern) kamen Männer mit Grubenlampen und Frauen in braunverschlammten Kalmuckröcken und Stiefeln; aus allen Türen hasteten verschlafene Knaben und Mädel in Erz- und Kohlenschlepperkleidung und schlossen sich den langen Reihen Grubenvolkes an, das jeden Morgen und Mittag von Piekar und aus dem Polnischen heranzog. Eine Stunde lang strömte es in die Tore der laut lospolternden Gruben und Erzwäschen.«

21 Schofer, Die Formierung, S. 43.

22 Ebd., S. 47, Tab. 5.

23 Ebd., S. 48.

24 Ebd.

25 Karol Jońca: Ochrona pracy kobiet i robotników młodocianych w przemyśle górniczo-hutniczym na Górnym Śląsku w latech 1879–1914 (Die Schutzbestimmungen für Frauen und Minderjährige im Berg- und Hüttenwesen in Oberschlesien 1878–1914), in: Studia Śląskie, Bd. 2 (1959), S. 85.

26 Vgl. hierzu Schofer, Die Formierung, S. 49.

27 Ebd.

28 Karl Erich Born: Wirtschafts- und Sozialgeschichte des Deutschen Kaiserreichs (1867/71–1914), Stuttgart 1985, S. 108. Hierzu Konrad Fuchs: Zur Sozialpolitik der oberschlesischen Montanunternehmen im 19. und zu Beginn des 20. Jahrhunderts, in: Schlesien. Eine Vierteljahresschrift, 1983, H. 2, S. 66f.

29 Sieht man von der Marktferne zu den aufnahmefähigen mittel- und westdeutschen sowie den westeuropäischen Räumen einmal ab, dann hatten die niedrigen schlesischen Löhne ihre Ursache ebenfalls in den unzureichenden Transportwegen zu Wasser, zu denen die relativ hohen Bahnfrachtgebühren kein Äquivalent darstellten. In Schlesien mußte daher die Wettbewerbsfähigkeit, insbesondere von Massengütern, unter denen die Steinkohle herausragte, in erster Linie über die Einkommen erfolgen.

30 Born, Wirtschafts- und Sozialgeschichte, S. 15.

31 Hermann Freymark: Schlesiens Bedeutung für die deutsche Wirtschaft und Kultur (Schriften der Industrie- und Handelskammer Breslau, H. 1), September 1926, S. 13; Wolf-Herbert Deus: Breslau, in: Weczerka, Schlesien. Handbuch, S. 50f.

32 Genaue Zahlen bei Hugo Weczerka, in: Ders., Schlesien. Handbuch, S. LXXX.

33 »Die Handelskammer zu Breslau 1849–1924«. Festschrift der Industrie- und Handelskammer Breslau, 1924, S. 91.

34 Vgl. hierzu »Die Reform der preußischen Handels- und Zollpolitik von 1818–1821 und ihre Bedeutung«, Jena 1897, S. 102.

35 Vgl. hierzu u. a. William O. Henderson: The Zollverein, Chicago [2]1959; Ders., The Rise of German Industrial Power 1834–1914, London 1973, S. 31ff.

36 Die Handelskammer zu Breslau, S. 98.

37 Ebd., S. 105.

38 Vgl. hierzu u. a. Wilhelm Garlof: Die deutsche Zoll- und Handelspolitik von der Gründung des Zollvereins bis zum Frieden von Versailles, Leipzig 1920; Karl Willy Hardach: Die Bedeutung wirtschaftlicher Faktoren bei der Wiedereinführung der Eisen- und Getreidezölle in Deutschland 1879, Berlin u. München 1967.

39 Die Handelskammer zu Breslau, S. 109.

40 Vgl. hierzu Gustav Stolper, fortgeführt von Karl Häuser u. Knut Borchardt, Deutsche Wirtschaft seit 1870, Tübingen [2]1966, S. 42f.

41 Vgl. hierzu Ludwig Petry, Brückenlandschaften – Begegnungslandschaften, in: Ders., Dem Osten zugewandt. Gesammelte Aufsätze zur schlesischen und ostdeutschen Geschichte. Festgabe zum fünfundsiebzigsten Geburtstag, Sigmaringen 1983, S. 203–208.

42 Burmann, Unser Deutsches Land, S. 49.

43 Ebd., S. 60.

44 Ebd., S. 63.
45 Ebd., S. 65.
46 Zur Herstellung von Tabak und Süßwaren in einem der Zentren Schlesiens für diese Produkte, Ratibor, sei verwiesen auf Konrad Fuchs, Die Industrie Ratibors. Entwicklung und Bedeutung, in: JSFUB 16, 1985, S. 187–210.
47 Burmann, Unser Deutsches Land, S. 65.
48 K. Seliger: Bunzlau, die Stadt des guten Tons, in: Schlesien, hrsg. vom Gymnasium Kamen (1964), S. 58–68.
49 Fuchs, Produktionsunternehmen und Produktionsvielfalt, S. 129.
50 Burmann, Unser Deutsches Land, S. 66.
51 Ebd.
52 Ebd., S. 67.
53 Ebd. S. 202.
54 Ebd., S. 303f.
55 Ebd., S. 304.
56 Treue, Wirtschafts- und Technikgeschichte Preußens, S. 582.
57 Vgl. hierzu Schwerin, Die Juden, S. 137f.; Konrad Fuchs, Die wirtschaftlich-sozialen Verflechtungen zwischen Berlin und Schlesien. Versuch einer Beschreibung, in: JSFUB 29, 1988, S. 239–257.
58 Vgl. hierzu Klaus-Joachim Zülch: Die Bedeutung der Universität Breslau für den europäischen Kulturraum (dargestellt am Wirken ihrer Medizinischen Fakultät), in: JSFUB 30, 1989, S. 347.
59 Hans-Werner Prahl: Sozialgeschichte des Hochschulwesens, München 1978, S. 221
60 Konrad Fuchs: Zur Entstehung, Entwicklung und Schließung des Jüdisch-Theologischen Seminars zu Breslau (Fraenckelsche Stiftung), in: JSFUB 31, 1990, S. 302.
61 Peter Maser: Breslauer Judentum im Zeitalter der Emanzipation, in: JSFUB 29, 1988, S. 173.
62 Ebd., S. 175.
63 Sie erreichen im Annaberg eine Höhe von 385 Metern.
64 Karl Brinkmann: Weltpolitik und Weltwirtschaft im 19. Jahrhundert, Bielefeld 1921, S. 43f.; desgl. Walter Lotz: Die Ideen der deutschen Handelspolitik, Leipzig 1892, S. 8f.
65 Vgl. hierzu Bruno Gleitze: Ostdeutsche Wirtschaft (Industrielle Standorte und volkswirtschaftliche Kapazitäten des ungeteilten Deutschland), Berlin 1956, S. 349ff.
66 Ebd.
67 Erich Preiser: Die soziale Problematik der Marktwirtschaft, München 1951; Alfred Müller-Armack: Wirtschaftslenkung und Marktwirtschaft, Hamburg [2]1948.
68 Genannt seien Karl Achard, Moritz von Koppy, Georg Friedrich-Wilhelm von Koppy und Otto Cimbal.
69 Alfons Haas: Schlesiens Landwirtschaft. Ein Gang durch die Geschichte der schlesischen Landwirtschaft von den ersten Anfängen bis zum Leistungsstand bei Beginn des Zweiten Weltkrieges, Wolfenbüttel 1981, S. 232ff.
70 Ebd., S. 236.
71 Ebd., S. 237.
72 Ebd.
73 Ebd.
74 Hans Wolfram Finck von Finckenstein: Die Entwicklung der Landwirtschaft in Preußen und Deutschland 1800–1930, Würzburg 1960, S. 357.
75 Haas, Schlesiens Landwirtschaft, S. 259f.
76 Ebd., S. 261f.
77 Die Handelsverträge von 1891 mit Österreich-Ungarn und Belgien sowie von 1894 mit Rußland brachten Caprivi als »Mann ohne Ar und Halm« in Gegensatz zu den Agrariern, allerdings förderten sie durch die Herabsetzung der Getreidezölle den Übergang Deutschlands zum Industriestaat (Vgl. hierzu u. a. Peter Leibenguth: Modernisierungskrisis des Kaiserreichs an der Schwelle zum wilhelminischen Imperialismus. Politische Probleme der Ära Caprivi (1890–1894), phil. Diss. Köln 1975; Hans-Jörg von Berlepsch: »Neuer Kurs« im Kaiserreich? Die Arbeiterpolitik des Freiherrn von Berlepsch 1890 bis 1896 (Forschungen der Friedrich-Ebert-Stiftung. Reihe: Politik und Gesellschaftsgeschichte, Bd. 16), Bonn 1987).
78 Hans Jürgen Puhle: Agrarische Interessenpolitik und preußischer Konservatismus 1893–1914, Hamburg 1966; Dieter Fricke: Bund der Landwirte (Die bürgerlichen Parteien in Deutschland. Handbuch der Geschichte der bürgerlichen Parteien und anderer bürgerlicher Interessenorganisationen vom Vormärz bis zum Jahre 1945, Bd. 1). Leipzig 1968.
79 C. Adam: Die wirtschaftlichen Verhältnisse und soziale Lage der Landwirtschaft in der Provinz Schlesien, Berlin 1904, S. 43.
80 Ebd., S. 41.
81 Vgl. hierzu »Vierteljahrshefte zur Statistik des Deutschen Reiches«, Ergänzungsheft zu 1903, I.

82 Helmut Bleiber: Zwischen Reform und Revolution. Lage und Kämpfe der schlesischen Bauern und Landarbeiter im Vormärz 1840–1847, Berlin (-Ost) 1966, S. 12.

83 Die Größe einer Hufe schwankte zwischen 30 bis 60, die Königshufe als ritterliche Stelle zwischen 120 bis 160 Morgen. Es handelte sich bei ihr also nicht um ein einheitliches Flächenmaß (Vgl. hierzu Alexander von Lengerke, Beiträge zur landwirtschaftlichen Statistik des preußischen Staates, Bd. 2), Berlin 1847, S. 121; E. Heinrich: Schlesiens landwirtschaftliche Zustände im Jahre 1845, Breslau u. Oppeln 1845, S. 50; Historia Śląska, Bd. II, S. 147ff., insbesond. S. 173ff.).

84 Adam: Die wirtschaftlichen Verhältnisse, S. 66.

85 Ebd., S. 78.

86 Ebd., S. 79.

87 Gerhard von Jordan: Unser Dorf in Schlesien, Berlin 1987, S. 96f.

88 Ebd., S. 96.

89 Ebd., S. 97; desgl. Marchwitza, Meine Jugend, S. 7ff.

90 Konrad Fuchs: Die soziale Problematik Oberschlesiens im Werk »Meine Jugend« des Arbeiterdichters Hans Marchwitza, in: Oberschlesisches Jahrbuch, Bd. 5 1989, S. 65.

91 Konrad Fuchs: Hermann Röchling, in: Saarländische Lebensbilder, Bd. 2 1984, S. 222.

92 Otto Hammann: Der mißverstandene Bismarck. Zwanzig Jahre deutscher Weltpolitik, Berlin 1921, S. 187.

93 Hierzu Stolper / Häuser / Borchardt, Deutsche Wirtschaft seit 1871, S. 52.

94 Fuchs, Zur Sozialpolitik der oberschlesischen Montanunternehmen, S. 66

95 Ebd., S. 67.

96 Ebd. Vgl. auch die einschlägigen Hinweise weiter oben.

97 Fuchs: Zur Sozialpolitik der oberschlesischen Montanunternehmen, S. 68.

98 Konrad Fuchs: Die Wirtschaft der preußischen Ostprovinzen (im Druck).

99 Felix Triest: Topographisches Handbuch von Oberschlesien, 2. Teilband (Beiträge zur Geschichte und Landeskunde Oberschlesiens, Bd. 1), Sigmaringen[2] 1984, S. 1269f.

100 Ebd., 1. Teilband, S. 360.

101 Gerhard Reichling, Siemianowitz / Laurahütte, in: Weczerka, Schlesien. Handbuch, S. 504.

102 Rudolf Holtze: Die Stadt Kattowitz, Kattowitz 1871, S. 32.

103 Walter Kuhn: Siedlungsgeschichte Oberschlesiens (4. Veröffentlichung der Oberschlesischen Studienhilfe e.V.), Würzburg 1954, S. 254; Horst Bienek: Birken und Hochöfen. Eine Kindheit in Oberschlesien, Berlin 1990; Walter Grünfeld: Rückblicke, o. O., o. J. (1991), S. 17ff.

104 Kuhn, Siedlungsgeschichte, S. 254.

105 Fuchs, Zur Sozialpolitik der oberschlesischen Montanunternehmen, S. 73; Ernst Grünfeld: Lorenz von Stein und die Gesellschaftslehre (Sozialwissenschaftliche Studien, Bd. 1), Jena 1910; Paul Vogel: Hegels Gesellschaftsbegriff und seine geschichtliche Fortbildung durch Lorenz von Stein, Marx, Engels und Lassalle, Leipzig 1925.

106 Hammann: Der mißverstandene Bismarck, S. 187.

107 Gerhard A. Ritter / Jürgen Kocka (Hrsg.): Deutsche Sozialgeschichte. Dokumente und Skizzen. Band 2: 1870–1914, München 1974, S. 243f.

108 Ebd., S. 244.

109 Ebd., S. 246.

110 Vgl. hierzu Konrad Fuchs, Zur Entwicklung der Sozialstruktur im Westerwald während des 19. Jahrhunderts, in: Nassauische Annalen, Bd. 93 (Wiesbaden) 1982, S. 61–74; Ritter / Kocka, Deutsche Sozialgeschichte, S. 372.

111 Rudolf Martin: Jahrbuch des Vermögens und Einkommens der Millionäre in Preußen nebst Nachtrag, Berlin 1912, S. 10ff.

112 Ebd.

113 Konrad Fuchs: Guido Georg Friedrich Graf Henckel von Donnersmarck 1830 – 1916, in: Osteuropa. Berichte und Forschungen. Hrsg. v. Ulrich Haustein, Georg W. Strobel u. Gerhard Wagner, Stuttgart 1981, S. 247f.

114 Ebd., S. 248.

115 Ebd., S. 249.

116 Benannt nach dem ältesten der beiden Söhne Graf Guidos aus 2. Ehe, dem am 23.5.1888 geborenen Guido Otto.

117 Konrad Fuchs: Vom Dirigismus zum Liberalismus. Die Entwicklung Oberschlesiens als preußisches Berg- und Hüttenrevier, Wiesbaden 1970, S. 183f.

118 Guido v. Donnersmarck war Fideikommissherr auf Tarnowitz-Neudeck und der freien Standesherrschaft Beuthen, Stifter und Herr des Fideikommiß Zyalin und Repten, Herr der Herrschaft Zabrze, der Rittergüter Kamin, Chropaczow und Schwientochlowitz im Kreis

Beuthen und Makoschau im Kreis Zabrze – 23295 Hektar umfassend –, der Güter Ząbkowice und Dobierzowice in Russisch-Polen – 1125 Hektar umfassend –, schließlich der Herrschaft Lipowice in Galizien – 3067 Hektar umfassend. (Hierzu Fuchs, Guido Georg Friedrich Graf Henckel von Donnersmarck, Anm. 44).

119 Martin, Jahrbuch des Vermögens.

120 Ignaz Jastrow: Das Dreiklassenwahlrecht. Die preußische Wahlreform vom Standpunkte sozialer Politik, Berlin 1894.

121 Zit. bei Bernt Engelmann: Das Reich zerfiel, die Reichen blieben. Deutschlands Geld- und Machtelite, Hamburg 1972, S. 89.

122 Ebd., S. 282f.

123 Vgl. hierzu Jordan, Unser Dorf, S. 96.

124 Marchwitza, Meine Jugend, S. 7f.

125 Hierzu Ritter/Kocka, Deutsche Sozialgeschichte, S. 248; Fuchs, Zur Entwicklung der Sozialstruktur im Westerwald, S. 61–74.

126 Vgl. hierzu u.a. C.F.W. Behl: Gerhart Hauptmann, in: Schlesier des 15. bis 20. Jahrhunderts (Schlesische Lebensbilder, Bd. 5, hrsg. v. der Historischen Kommission für Schlesien), Würzburg 1968, S. 167–177.

127 Hierzu u.a. Hermann-August Korff: Scott und Alexis. Eine Studie zur Technik des historischen Romans, Heidelberg 1907.

128 August Grisebach: Adolph Menzel, in: Schlesier des 19. Jahrhunderts (Schlesische Lebensbilder, Bd. 1), a.a.O. S. 1–8.

129 Zülch, Die Bedeutung der Universität, S. 354.

130 G. Schreiber: Friedrich Althoff und die deutsche Wissenschaftspolitik; in: Aus der deutschen Forschung der letzten Dezennien. Dr. Ernst Telschow zum 65. Geburtstag gewidmet, hrsg. von B. Rajewski u. G. Schreiber (1956); Arnold Sachse: Friedrich Althoff und sein Werk, Berlin 1928.

131 Bernhard vom Brocke: Hochschul- und Wissenschaftspolitik in Preußen und im Deutschen Kaiserreich 1882–1907: das »System Althoff«, in: Peter Baumgart (Hrsg.): Bildungspolitik in Preußen zur Zeit des Kaiserreichs (Preußen in der Geschichte, Bd. 1), Stuttgart 1980, S. 53. – Göttingen wurde zu einem Zentrum der Mathematik und Physik, Halle-Wittenberg der evangelischen Theologie, Berlin der Altertumswissenschaften, Geschichte und Kunst, Bonn der niederländischen Sprache und Literatur und Kiel der nordischen Sprachen entwickelt.

132 Lothar Rothschild: Die Geschichte des Seminars von 1904 bis 1938, in: Guido Kisch (Hrsg.): Das Breslauer Seminar. Jüdisch-Theologisches Seminar (Fraenckelsche Stiftung) in Breslau 1854–1938. Gedächtnisschrift, Tübingen 1963, S. 135–158; Fuchs, Zur Entstehung, Entwicklung und Schließung des Jüdisch-Theologischen Seminars, S. 303f.

133 Ebd., S. 165.

134 Prahl, Sozialgeschichte des Hochschulwesens, S. 218f.

135 Wilhelm Treue: Die Geschichte des technischen Unterrichts, in: 125 Jahre Technische Hochschule Hannover 1831–1956, Hannover 1956, S. 59.

136 Frank R. Pfetsch: Zur Entwicklung der Wissenschaftspolitik in Deutschland 1750–1914, Berlin 1974, S. 68.

137 Georg Leyh: Die deutschen Bibliotheken von der Aufklärung bis zur Gegenwart, in: Handbuch der Bibliothekswissenschaft. Begr. von Fritz Milkau. 2. vermehrte u. verbesserte Aufl. hrsg. von Georg Leyh. Bd. 3: Geschichte der Bibliotheken, 2. Hälfte, Wiesbaden 1957, S. 223.

138 Vgl. hierzu Ortrud Kape: Die Geschichte der wissenschaftlichen Bibliotheken in Breslau in der Zeit von 1945 bis 1955 unter besonderer Berücksichtigung der Universitätsbibliothek, St. Katharinen 1993, S. 9.

139 Carl Christ: Das Mittelalter. Ergänzt von Anton Kern. In: Handbuch der Bibliothekswissenschaft, Bd. 3, 1. Hälfte, Wiesbaden 1955, S. 407f.

140 Vgl. hierzu Jahrbuch der Deutschen Bibliotheken 28 (1937), hrsg. vom Verein Deutscher Bibliothekare, Leipzig 1937, S. 26.

141 Vgl. hierzu Jahrbuch der Deutschen Bibliotheken 30 (1939), S. 28; Herbert Gruhn, Bericht über die Dombibliothek in den Kriegsjahren 1939–1945 vom 5.6.1946 (unveröffentl.).

142 Willy Klawitter: Die Zeitungen und Zeitschriften Schlesiens von den Anfängen bis zum Jahre 1870 bzw. bis zur Gegenwart (Darstellungen und Quellen zur schlesischen Geschichte, Bd. 32), Breslau 1930 (Neudruck Aalen 1978). Zur Schlesischen Zeitung vgl. Norbert Conrads: Schlesische Zeitung (1742–1945), in: Heinz-Dietrich Fischer (Hrsg.): Deutsche Zeitung des 17. bis 20. Jahrhunderts, München 1972, S. 115–130; Ulrich Schmilewski: Verlegt bei Karl Korn in Breslau. Kleine Geschichte eines bedeutenden Verlages von 1732 bis heute, Würzburg 1991, S. 88–91.

143 Eberhard Naujoks: Die Anfänge der preußischen Pressepolitik und die Entwicklung der Provinzialpresse in Schlesien (1741–1871), in: JSFUB 24, 1983, S. 191–208, hier: S. 208.
144 vom Brocke, Hochschul- und Wissenschaftspolitik, S. 9.
145 Schmilewski, Verlegt bei Korn, S. 54.
146 Ebd., S. 52.
147 Vgl. hierzu Thomas Grosser u. Willi Kreutz: Spätromantische und historische Kultur vom Vormärz zur Reichsgründung, in: Manfred Schlenke (Hrsg.), Preußen-Ploetz. Eine historische Bilanz in Daten und Deutungen, Freiburg u. Würzburg 1983, S. 222.
148 Alexander von Brünneck: Theodor von Schön (1773–1856), in: Kurt G. A. Jeserich / H. Neuhaus (Hrsg.), Persönlichkeiten der Verwaltung. Biographien zur deutschen Verwaltungsgeschichte 1648–1945, Stuttgart u. Berlin 1991, S. 98–102.
149 Vgl. hierzu Heide Barmeyer: Friedrich Ludwig Wilhelm Philipp Freiherr (von) Vincke (1774–1844), in: Jeserich / Neuhaus, Persönlichkeiten der Verwaltung, S. 116–120.
150 Vgl. hierzu Friedrich Theodor von Merckel (1775–1845), in: Jeserich / Neuhaus, Persönlichkeiten der Verwaltung, S. 127–131.
151 Konrad Fuchs: Die Auswirkungen des liberalen und konservativen Kräftespiels in der preußischen Regierung im Zeitalter des Vormärz, in: Jb. d. Vereinigung »Freunde der Universität Mainz« (Mainz) 1973, S. 4–14; hier S. 9f.
152 Ebd.
153 Hansjoachim W. Koch: Geschichte Preußens, München 1980, S. 326.
154 Ernst Birke: Schlesien; in: Geschichte der deutschen Länder. »Territorien-Ploetz«. 2. Band: Die deutschen Länder vom Wiener Kongreß bis zur Gegenwart, hrsg. von Georg Wilhelm Sante, Würzburg 1971, S. 217.
155 Werner Müller: Deutschland, in: Lexikon zur Geschichte der Parteien in Europa, hrsg. von Frank Wende, Stuttgart 1981, S. 67.
156 Michael Freund: Fortgeführt von Thilo Vogelsang, Deutsche Geschichte, Gütersloh / Berlin / München / Wien 1973, Sp. 683.
157 Birke, Schlesien, S. 217f.
158 F. Aandahl jr.: The Rise of German Conservatism, Diss. Princeton 1954 (Princeton 1955)
159 Helga Grebing: Geschichte der deutschen Arbeiterbewegung, München[7] 1976, S. 50ff.; Dieter Schuster: Chronik der deutschen Sozialdemokratie, Berlin u. Bonn[3] 1980. – Die Gothaer verlangten, wie Lassalle, das allgemeine Wahlrecht.
160 Konrad Fuchs: Die wirtschaftlichen und sozialen Rahmenbedingungen der schlesischen Verwaltung von 1815–1945, in: Verwaltungsgeschichte Ostdeutschlands 1815–1945. Organisation – Aufgaben – Leistungen der Verwaltung, hrsg. von Gerd Heinrich-Friedrich-Wilhelm Henning u. Kurt G. A. Jeserich, Stuttgart 1993, S. 981.
161 Aandahl, The Rise.
162 Erst bei den Wahlen vom 5.3.1933 konnte hier die NSDAP das Zentrum überflügeln, und zwar mit 43,2 gegen 32,3 Prozent der Stimmen. Vgl. hierzu »Statistik des Deutschen Reiches« 1920–1933).
163 Horstwalter Heitzer: Der Volksverein für das katholische Deutschland im Kaiserreich 1890–1918, Mainz 1979.
164 Rainer Prätorius: Zentrum, in: Frank Wende (Hrsg.): Lexikon zur Geschichte der Parteien in Europa, Stuttgart 1981, S. 132.
165 Heribert Raab: Zur Geschichte und Bedeutung des Schlagwortes »ultramontan« im 18. und frühen 19. Jahrhundert, in: Historisches Jahrbuch 81 (1962), S. 159–173.
166 Erika Weinzierl-Fischer: Bismarcks Haltung zum Vatikan und der Beginn des Kulturkampfes nach den österreichischen diplomatischen Berichten aus Berlin 1869–71, in: Mitt. des österreich. Staatsarchivs 10 (1957), S. 302 bis 321; Georg Franz-Willing: Der große Konflikt: Kulturkampf in Preußen, in: Moderne preußische Geschichte 1648–1947. Eine Anthropologie. Bearbeitet und hrsg. von Otto Büsch u. Wolfgang Neugebauer, Bd. 1, Berlin u. New York 1981, S. 1395–1457.
167 R. Ruhenstroth-Bauer: Bismarck und Falk im Kulturkampf, in: Heidelberger Abhandl. zur mittleren u. neueren Geschichte, H. 70 (1944).
168 Birke, Schlesien, S. 218.
169 Von 1872 bis 1893 und von 1898 bis 1906 gehörte Ballestrem dem Deutschen Reichstag und von 1891 bis 1903 dem preußischen Abgeordnetenhaus als Mitglied an. Von 1890 bis 1893 war er Fraktionsvorsitzender des Zentrums und 1. Vizepräsident, 1898 bis 1906 Reichstagspräsident, seit 1903 gehörte er dem preußischen Herrenhaus an (Hierzu Hermann Ehren: Graf Franz v. Ballestrem Ein Lebensbild, Breslau 1935).

170 Graf Franz von Ballestrem 1934–1910. Aus den Briefen, Tagebüchern und Reden zusammengestellt und mit einer Einleitung versehen von Ernst Laslowski, (Privatdruck) 1991, S. 123.

171 Der am 24.11.1800 zu Glogau geborene Förster wirkte nach dem Theologiestudium seit 1828 als Pfarrer in Landeshut, seit 1837 als Domkapitular und Domprediger in Breslau. 1848 nahm er an der Frankfurter Nationalversammlung teil, 1853 wurde er Fürstbischof von Breslau. 1870 verließ Förster aus Opposition gegen das Unfehlbarkeitsdogma das Vatikanische Konzil, unterwarf sich jedoch, nachdem seine Bitte um Amtsenthebung abschlägig beschieden worden war.

172 Birke, Schlesien, S. 218.

173 Hermann Hoffmann: Georg Kopp, in: Schlesier des 18. und 19. Jahrhunderts (Schlesische Lebensbilder, Bd. 2), Sigmaringen[2] 1985, S. 329.

174 Zur Wahl in Oberschlesien vgl. Laslowski, Graf Franz von Ballestrem, S. 170.

175 Ebd., S. 500.

176 Vgl. hierzu u. a. Martin Broszat: 200 Jahre deutsche Polenpolitik, 2. erw. Ausgabe 1972.

177 Otto Hintze: Das monarchische Prinzip und die konstitutionelle Verfassung, in: Preußische Jahrbücher, Bd. 144 (1911), S. 381–412; hier: S. 381; desgl. in: Ders., Staat und Verfassung. Gesammelte Abhandlungen zur allgemeinen Verfassungsgeschichte (= Gesammelte Abhandlungen, Bd. 1), Leipzig 1941, S. 349–379.

178 Ebd., S. 388.

179 Ebd., S. 389.

180 Vgl. hierzu u. a. Rudolf Kriss / Lenz Rettenbeck: Bilder und Zeichen religiösen Volksglaubens. Rudolf Kriss zum 60. Geburtstag, München 1963.

181 Burmann, Unser Deutsches Land, S. 149–164.

182 Ebd.

183 »Allgemeine Ansichten über die Schulpflege ...« vom 15.7.1814, verfaßt von Generalgouverneur Gruner.

184 Vgl. hierzu Peter Schug: Geschichte der zum ehemaligen kölnischen Eifeldekanat gehörenden Pfarreien der Dekanate Adenau, Daun, Gerolstein, Hillesheim und Kelberg, Trier 1956, S. 265.

185 Marchwitza, Meine Jugend, S. 43ff.

186 Ebd.

187 Zit. bei Manfred Brandl: Deutsche katholische Stimmen zu Sozialismus und Kommunismus, zur sozialen Lage und Industrialisierung bis 1850, in: Albrecht Langner (Hrsg.), Katholizismus, konservative Katholizismuskritik und Frühsozialismus bis 1850 (Beiträge zur Katholizismusforschung), München / Paderborn / Wien 1975, S. 165–193; hier: S. 177.

188 Max Weber, Wirtschaft und Gesellschaft, 1. Halbbd. Tübingen[4] 1956; Günter Wiegelmann (Hrsg.), Kultureller Wandel im 19. Jahrhundert. Verhandlungen des 18. Deutschen Volkskunde-Kongresses in Trier vom 13.–18. September 1971, Göttingen 1973. Hingewiesen sei auf Wilhelm von Polenz: Der Büttnerbauer, Berlin 1895. Hier werden Leben und Schicksal der bodenständigen Menschen in den Krisen der letzten Jahrzehnte des 19. Jahrhunderts dargestellt, insbesondere die Tragödie des traditions- und heimatverwurzelten Bauerntums im modernen Wirtschaftsleben.

189 Stolper / Häuser / Borchardt, Deutsche Wirtschaft seit 1870, S. 25–29.

190 Konrad Fuchs: Wirtschaftsgeschichte Oberschlesiens 1871–1945. Aufsätze, Dortmund[2] 1991, S. 31–54; Ders.: Aus Wirtschaft und Gesellschaft. Beiträge zur Geschichte Schlesiens vom 18. bis 20. Jahrhundert, Dortmund 1990, S. 141–158.

191 Alfons Perlick, Oberschlesische Berg- und Hüttenleute. Lebensbilder aus dem oberschlesischen Industrierevier, Kitzingen / Main 1953, S. 83; desgl. Ders.: Aus Wirtschaft und Gesellschaft, S. 141–158.

192 Zit. bei Hammann, Der mißverstandene Bismarck, S. 193.

193 Fuchs, Lichnowsky, S. 172f.

194 Vgl. hierzu u. a. H. E. Barnes: Die Entstehung des Weltkrieges, Stuttgart 1928: B. E. Schmitt: The Origins of the First World War, London 1958; Werner Näf: Kriegsursachen und Kriegsschuldfrage von 1914. Vorträge, Bern 1932; H. Pogge von Strandmann / I. Geiss: Die Erforderlichkeit des Unmöglichen. Deutschland am Vorabend des Ersten Weltkriegs, Frankfurt a. M. 1965.

195 K. Leppa: Moltke und Conrad. Die Heerführung des Generalobersten v. Moltke und des Generals der Infanterie Conrad im Sommer 1914, Stuttgart 1935; H. v. François: Gorlice, Der Karpateneinbruch und die Befreiung von Galizien, Leipzig 1922.

196 Geboren worden war er am 4.2.1847 als Sohn des Wirkl. Geh. Rats v. Woyrsch auf Schloß Pilsnitz bei Breslau

197 Manfred Laubert: Remus von Woyrsch, in: Schlesier des 19. Jahrhunderts (Schlesische Lebensbilder, Bd. 1), Sigmaringen[2] 1985, S. 185–188; hier: S. 187.
198 Bartsch, Geschichte Schlesiens, S. 274.
199 Laubert, Remus von Woyrsch, S. 187.
200 Bartsch, Geschichte Schlesiens, S. 277.
201 Konrad Fuchs, Zur wirtschaftliche Lage Oberschlesiens während des Ersten Weltkriegs, in: Wirtschaftsgeschichte Oberschlesiens, S. 133.
202 Ebd.
203 Peter Graf Kielmannsegg: Deutschland und der Erste Weltkrieg, Frankfurt a. M. 1969, S. 169.
204 Ebd.
205 Bruno Knochenhauer: Die oberschlesische Montanindustrie (Die deutsche Wirtschaft und ihre Führer, Bd. 9), Gotha 1927, S. 89.
206 Ebd., S. 90.
207 Fuchs, Zur wirtschaftlichen Lage Oberschlesiens während des Ersten Weltkriegs, S. 135.
208 Knochenhauer, Die oberschlesische Montanindustrie, S. 91.
209 Fuchs, Zur wirtschaftlichen Lage Oberschlesiens während des Ersten Weltkriegs, S. 136.
210 Konrad Fuchs: Ein Konzern aus Sachsen. Das Kaufhaus Schocken als Spiegelbild deutscher Wirtschaft und Politik 1901 bis 1953, Stuttgart 1990, S. 53ff.
211 Haas, Schlesiens Landwirtschaft, S. 268.
212 Ebd., S. 269.
213 Georg Willmann: Kriegsgräber in Europa. Ein Gedenkbuch, München 1980, S. 62; George Blond: Verdun (dt.) rororo Taschenbuch-Ausgabe 1965.
214 »Der Gewerksverein«. Zentralorgan und Korrespondenzblatt des Verbandes der Deutschen Gewerkvereine« vom 6. September 1913.
215 Schriften des Gesamtverbandes der christlichen Gewerkschaften Deutschlands. Protokoll der Verhandlungen des VI. Kongresses der christlichen Gewerkschaften Deutschlands. Abgehalten vom 22.–24. Juli 1906 in Breslau, Cöln 1906, S. 120. Vgl. hierzu ebenfalls Reinhard Krämer, Deutsch-polnisches Historiker-Symposium zur Arbeiter- und Gewerkschaftsbewegung in den preußischen Ostprovinzen (1871–1933) in Mainz, in: Internationale wissenschaftliche Korrespondenz zur Geschichte der deutschen Arbeiterbewegung, 29. Jg., Juni 1993, H. 2, S. 217–219.
216 Hans-Ulrich Wehler, Das deutsche Kaiserreich, in: Reinhard Rürup, Hans-Ulrich-Wehler u. Gerhard Schulz (Hrsg.), Deutsche Geschichte, Bd. 3: 19. und 20. Jahrhundert 1815–1945, Göttingen 1985, S. 301f.
217 Fuchs, Zur wirtschaftlichen Lage Oberschlesiens während des Ersten Weltkriegs, S. 140.
218 E. Skoczowski: Die Lage der oberschlesischen Bergarbeiter während der Jahre 1914–1919 (Diss. Breslau), Oppeln 1921, S. 8.
219 W. Schumann: Die Lage der deutschen und polnischen Arbeiter in Oberschlesien und ihr Kampf gegen den deutschen Imperialismus in den Jahren 1917 und 1918 (von der Novemberrevolution), in: Zs. f. Geschichtswissenschaft 4 (1956), S. 466–500: hier: S. 490.
220 Fuchs, Ein Konzern aus Sachsen, S. 60.
221 W. Krüger: Der Entschluß zum uneingeschränkten U-Bootkrieg im Jahre 1917 und seine völkerrechtliche Rechtfertigung, Marine-Rundschau, Beiheft 5, Berlin u. Frankfurt a. M. 1959.
222 Vgl. hierzu die einschlägigen Passagen u. a. bei Hans Herzfeld: Der Erste Weltkrieg, München 1968; Peter Koerner: Der erste Weltkrieg 1914–1918, München 1969.
223 Wehler, Das deutsche Kaiserreich, S. 383ff.
224 Freund, Deutsche Geschichte, Sp. 1013.
225 Walter Tormin: Zwischen Rätediktatur und sozialistischer Demokratie. Die Geschichte der Rätebewegung in der deutschen Revolution 1918/19, Düsseldorf 1954; Eberhard Kolb (Hrsg.): Vom Kaiserreich zur Weimarer Republik (Neue wissenschaftliche Bibliothek 40), Köln 1972.
226 Birke, Schlesien, S. 233.
227 Bartsch, Geschichte Schlesiens, S. 279.
228 Karl Hauschild: Versailles. Die wichtigsten Bestimmungen des Friedensvertrages. »Die Frage der Schuld am Kriege auf Grund der »Deutschen Dokumente zum Kriegsausbruch 1914«, Wien 1924.
229 Hans Roos: Geschichte der polnischen Nation 1918–1978. Von der Staatsgründung im Ersten Weltkrieg bis zur Gegenwart. 3. erw. Aufl. 1979, S. 57.
230 Erich Maschke: Roman Dmowski, in: Osteuropa, 16. Jg. (1935).
231 Roos, Geschichte der polnischen Nation, S. 57.
232 Vgl. hierzu M. Cosym: Spa, Brüssel 1930; Michael Salewski: Entwaffnung und Militärkontrolle in Deutschland 1919–27 (Schriften des Forschungsinstituts der Deutschen Gesellschaft für auswärtige Politik, Bd. 24), München 1966.

233 Otto Ulitz: Oberschlesien – aus seiner Geschichte, Bonn 1971, S. 27f.
234 Sigmund Karski: Adalbert (Wojciech) Korfanty. Wegbereiter der künstlich entfachten nationalen Auseinandersetzung, die 1922 zur Teilung Oberschlesiens führte, in: Kattowitz, seine Geschichte und Gegenwart. Ein Jubiläumsbuch zum 120. Gründungsjahr. Hrsg. von Helmut Kostorz unter Mitwirkung von Sigmund Karski und Beiträgen sachkundiger Mitarbeiter, Dülmen 1985, S. 237.
235 Die Nationaldemokratische Partei (ND) hatte sich aus der 1887 in der Schweiz entstandenen »Polnischen Liga« (Liga Polska) heraus entwickelt mit dem erklärten Ziel, die Einheit und Unabhängigkeit Polens wiederzuerlangen. Die Gründung der ND erfolgte 1897 in Kongreßpolen. Zu ihren Repräsentanten gehörten Z. Chrzanowski, M. Seyda, St. Globinski und W. Korfanty. Als gefährlichster Feind der polnischen Unabhängigkeit galt der ND Preußen-Deutschland (Vgl. hierzu u. a. J. Marezewski: Narodowa Demokracja w Pozańskiem 1900–1914, Warschau 1967, u. M. Orzechowski: Narodowa Demokracja na Górnym Śląsku (do 1918), Wrocław (Breslau) 1965.
236 Roos, Geschichte der polnischen Nation, S. 91.
237 Ebd.
238 Karski, Korfanty, S. 240.
239 Roos,Geschichte der polnischen Nation, S. 92.
240 Das Hultschiner Ländchen mit dem Hauptort Hultschin, einst schlesisches Teilfürstentum, gehörte lange zu den Ländern der böhmischen Krone; im 18. Jahrhundert fiel es an Preußen, 1919 an die Tschechoslowakei. Die Einwohnerschaft des 330 Quadratkilometer umfassenden Gebiets lag bei rd. 30 000 und setzte sich aus Deutschen und Tschechen zusammen.
241 Fuchs, Zur Lage der Industrie West- und Ost-Oberschlesiens 1919–1939, S. 171f.
242 Ebd., S. 173.
243 Knochenhauer, Die oberschlesische Montanindustrie, S. 100.
244 Konrad Fuchs, Zur Lage der Industrie West- und Ost-Oberschlesiens 1919–1945, in: Wirtschaftsgeschichte Oberschlesiens, S. 175.
245 Konrad Fuchs, Die wirtschaftlichen und sozialen Rahmenbedingungen der schlesischen Verwaltung von 1815–1945, in: Verwaltungsgeschichte Ostdeutschlands 1815–1945. Organisation – Aufgaben – Leistungen der Verwaltung. Hrsg. v. G. Heinrich, F.-W. Henning, K. G. A. Jeserich, Stuttgart/Berlin/Köln 1993, S. 980.
246 Hauptstadt der Provinz Niederschlesien war, wie bisher, Breslau, Hauptstadt Oberschlesiens wurde Oppeln (Vgl. hierzu Gerhard Webersinn: Die Provinz Oberschlesien. Ihre Entstehung und der Aufbau der Selbstverwaltung, in: JSFUB 14 1973, S. 275–329).
247 Fuchs, Die wirtschaftlichen und sozialen Rahmenbedingungen der schlesischen Verwaltung von 1815–1945, S. 980.
248 Peter-Heinz Seraphim: Die Wirtschaft Ostdeutschlands vor und nach dem Zweiten Weltkrieg (Die deutschen Ostgebiete, Bd. 1), Stuttgart 1952, S. 35.
249 Fuchs, Zur Lage der Industrie West- und Ost-Oberschlesiens 1919–1939, S. 180.
250 O. Patze: 120 Jahre Linke-Hofmann-Busch Salzgitter-Watenstedt 1839–1959, Bd. 1: Linke-Hofmann-Werke A. G. Breslau, Waggon- und Maschinenfabrik A. G. Busch Bautzen, Sächsische Waggonfabrik Werdau A. G. Werdau, Braunschweig 1959, S. 42.
251 Ebd., S. 45.
252 Ebd.
253 Fuchs, Zur Lage der Industrie West- und Ost-Oberschlesiens 1919–1939, S. 181.
254 Patze, 120 Jahre Linke-Hofmann-Busch, S. 46.
255 Fuchs, Ein Konzern aus Sachsen, S. 86 und 88.
256 Vgl. hierzu Patze, 120 Jahre Linke-Hofmann-Busch, S. 46.
257 Die Banknoten wurden im Auftrag der Reichsbank durch die Reichsdruckerei hergestellt. Entstanden war die Reichsdruckerei 1879 durch die Verschmelzung der Kgl. Preußischen Staatsdruckerei; sie bestand bis 1945 (Vgl. hierzu »Die Reichsdruckerei in Berlin« (1928); »50 Jahre Reichsdruckerei« (1929).
258 Richard Gaettens: Das Drama der Geldentwertungen vom Altertum bis zur Gegenwart, München 1955, S. 275f.
259 Bernd Sprenger: Das Geld der Deutschen. Geldgeschichte Deutschlands von den Anfängen bis zur Gegenwart, Paderborn 1991, S. 217.
260 Fuchs, Ein Konzern aus Sachsen, S. 90.
261 Von Berlepsch, »Neuer Kurs«, S. 190–200.
262 Fuchs, Ein Konzern aus Sachsen, S. 92.
263 Hjalmar Schacht: Die Stabilisierung der Mark, Berlin 1928, S. 52f.
264 Carl-Ludwig Holtfrerich: Die deutsche Inflation 1914–1923. Ursachen und Folgen in internationaler Perspektive, Berlin u. New York 1980, S. 310.

265 Bartsch, Geschichte Schlesiens, S. 286.
266 Konrad Fuchs, Die Industrie Ratibors. Entwicklung und Bedeutung, in: Ders., Aus Wirtschaft und Gesellschaft. Beiträge zur Geschichte Schlesiens vom 18. bis 20. Jahrhundert, Dortmund 1990, S. 71f.
267 M. Meister: Die Industrie in Ratibor. Eine Untersuchung über Grenzlandwirtschaft, in: »Oberschlesische Wirtschaft«. Zeitschr. der Industrie- u. Handelskammer für die Provinz Oberschlesien und des Oberschlesischen Berg- und Hüttenmännischen Vereins e.V., H. 4, Jg. 1936, S. 13.
268 Ebd.
269 Ebd.
270 Fuchs, Zur Lage der Industrie West- und Ost-Oberschlesiens 1919–1939, S. 176.
271 Ebd.
272 M. Meister, Der Steinkohlenbergbau Polnisch-Oberschlesiens im Dezember und im Jahre 1928, in: Oberschlesische Wirtschaft, Februar 1929.
273 Karl Tanzer, 700 Jahre deutsches Eisenhüttenwesen in Oberschlesien. Eine geschichtliche Betrachtung, Vöcklabruck (maschinenschriftl.) 1946, Blatt 125.
274 Paul-Georg Budniok: Die geschichtliche Entwicklung der ostoberschlesischen Eisenindustrie bis zur Eingliederung Ostoberschlesiens in das Deutsche Reich, Diss. Frankfurt (Hamburg) 1940, S. 11ff.; Heinrich Kufietta: Die Lage der ostoberschlesischen Eisenindustrie seit ihrer Zugehörigkeit zu Polen, Diss. Tübingen (Breslau) 1931, S. 26ff.; Gerhard Wende: Die Auswirkungen der Grenzziehung und die Oberschlesische Montanindustrie (Schriften des Deutschen Ausland-Instituts Stuttgart, Bd. 2), Stuttgart 1932, S. 67ff.)
275 Tanzer, 700 Jahre, Blatt 128.
276 Hermann Graml: Europa zwischen den Kriegen, in: Deutsche Geschichte seit dem Ersten Weltkrieg, Bd. 1 (Veröffentlichungen des Instituts für Zeitgeschichte), Stuttgart 1971, S. 366.
277 A.W. Hackenberg: Die polnische Kohlenmagistrale, in: Beitr. zur Wirtschafts- u. Verkehrsgeschichte Polens. Jb. f. d. Jahr 1938, Breslau 1939, S. 51–74.
278 Tanzer, 700 Jahre, Blatt 129. In der Verstaatlichung der Interessengemeinschaft hat man auch einen Ausdruck des staatlichen Interventionismus polnischerseits seit 1936 mit längerfristigen Wirtschaftsplänen und Industrialisierungsansätzen zu sehen.
279 Nach der Einstellung paramilitärischer Aktionen der SA in grenznahen Gebieten Schlesiens und Ostpreußens sowie antipolnischer Demonstrationen der NSDAP in Danzig verstärkte Hitler nach dem Austritt Deutschlands aus dem Völkerbund seine Bemühungen, mit dem polnischen Außenminister Beck zu einer Abmachung über die Sicherung der deutschen Ostgrenze zu gelangen. In dem zum Erstaunen des In- und Auslands durch den deutschen Außenminister v. Neurath und den polnischen Botschafter in Berlin, Lipski, am 26.1.1934 unterzeichneten und auf 10 Jahre abgeschlossenen Nichtangriffspakt sprachen beide Seiten einen Gewaltverzicht aus und betonten die Absicht, sich ohne bestehende Abmachungen zu bemühen, evtl. Streitigkeiten auf friedlichem Wege beizulegen. Gegenstand der dem Pakt vorausgehenden Verhandlungen war übrigens lange Zeit die Frage deutscher Investitionen im Zusammenhang mit dem IG-Kattowitz-Laurahütte-Konzern gewesen (Vgl. hierzu Jozef Lipski: Diplomat in Berlin: Papers and Memoirs 1933–1939, ed. Waclaw Jedrzejewicz, New York 1968).
280 Roos, Geschichte der polnischen Nation, S. 135f.
281 Zit. aus: »Kattowitzer Zeitung« vom 20.6.1922.
282 Vgl. hierzu Sigmund Karski: Das polnische Kattowitz von 1922 bis 1939, in: Kostorz, Kattowitz, S. 123.
283 Ebd.
284 Roos, Geschichte der polnischen Nation, S. 137.
285 Ulitz, Oberschlesien, S. 81.
286 Der ironisch-abschätzig gebrauchte Sammelbegriff »Sanacja« bezeichnete das Regime Piłsudskis und die es tragenden Parteien, weil Piłsudski nach dem Maiumsturz 1926 proklamiert hatte, er werde Polen einer Gesundung (Sanacja) entgegenführen. In der Sanacja handelte es sich um den »Parteilose(n) Block der Zusammenarbeit mit der Regierung«. Als Programm proklamierte er die Beschränkung der parlamentarischen Gewalt, die Stützung des sozial-konservativen Kurses der Regierung und die Absicherung der neuen politischen Ordnung durch eine auf die Person Piłsudskis ausgerichtete Verfassung (Vgl. hierzu St. Mackiewicz: Historia Polski od 11 listopada 1914 do 17 września 1939, London 1941).
287 Walter Grünfeld, Rückblicke, o.O.o.J. (1991), S. 43.

288 Bereits während seiner Wahlkämpfe für ein Reichstagsmandat vor 1914 hatte Korfanty der oberschlesischen Landbevölkerung eine Bodenreform versprochen, die jedem Besitzlosen ein Haus, ein Stück Land, ein Schwein und eine Kuh zusicherte. Die Industriearbeiterschaft des oberschlesischen Reviers umwarb er mit der Parole: »Die Hütten und Gruben werden euch gehören« (Vgl. hierzu Karski, Korfanty, S. 239).

289 Vgl. hierzu Zbigeniew Landau/Jerzy Tomaszewski: Wirtschaftsgeschichte Polens im 19. und 20. Jahrhundert, ins Deutsche übertragen von Berthold Puchert, Berlin (-Ost) 1986, S. 117; desgl. Zbigeniew Landau/Jerzy Tomaszewski: Robotnicy przemysłowi w Polsce. Materialne warunki bytu 1918–1939 (Industriearbeiter in Polen. Ihre materiellen Lebensbedingungen 1918 bis 1939), Warschau 1971, S. 95.

290 Landau/Tomaszewski, Wirtschaftsgeschichte Polens, S. 128.

291 Ebd., S. 115

292 Ebd.

293 Ebd., S. 126.

294 Bartsch, Geschichte Schlesiens, S. 288.

295 Konrad Fuchs, Zur wirtschafts- und sozialpolitischen Entwicklung im Waldenburg-Neuroder Bergbaurevier, in: Aus Wirtschaft und Gesellschaft, S. 153. Auch für das Folgende.

296 Konrad Fuchs: Hans Lukaschek (1885–1960), in: Jeserich/Neuhaus, Persönlichkeiten der Verwaltung, S. 414.

297 Weczerka, Beuthen, in: Ders., Schlesien. Handbuch, S. 24.

298 Deus, Breslau, in: Werczerka, Schlesien. Handbuch, S. 51.

299 Vgl. hierzu die einschlägigen Ortsbeschreibungen bei Weczerka, Schlesien. Handbuch, S. 20ff.

300 Rolf Lüke: Von der Stabilisierung zur Krise, Zürich 1958.

301 Ohne über ein verbindliches Programm zu verfügen, agitierte sie insbesondere gegen die parlamentarische Demokratie und den Klerikalismus. Kennzeichnend waren für sie ebenfalls ihre extrem antisemitischen und chauvinistischen Aussagen. Die Nationalsozialistische Freiheitsbewegung stand in enger Verbindung zur NSDAP (Rainer Prätorius: Deutschvölkische Freiheitspartei (DVFP), in: Wende, Lexikon, S. 101).

302 Statistik des Deutschen Reiches, Berlin 1920–1933, auch für das Folgende.

303 Prätorius, Deutsch-Völkische Freiheitspartei, S. 101.

304 Zum Young-Plan vgl. »Die Entwicklung des Youngplan«. Dargestellt vom Reichsarchiv 1931–1933. Durchges. u. eingel. von Martin Vogt, Boppard 1970. Zum Dawes-Plan sei verwiesen auf Max Sering, Deutschland unter dem Dawesplan. Entstehung, Rechtsgrundlagen, wirtschaftliche Wirkungen der Reparationslasten, Berlin 1928.

305 Haas, Schlesiens Landwirtschaft, S. 270.

306 Ebd.

307 Stolper/Häuser/Borchardt, Deutsche Wirtschaft seit 1870, S. 130.

308 Elard von Oldenburg-Januschau, Erinnerungen, Leipzig 1926, S. 208

309 Vgl. hierzu u.a. Kurt Hesse, Der Geist von Potsdam, Mainz 1967, S. 96f.; desgl. Bodo Scheurig, Henning von Tresckow. Eine Biographie, Oldenburg u. Hamburg [3]1973, S. 18.

310 von Jordan, Unser Dorf, S. 185.

311 Gerhard A. Ritter unter Mitarbeit von Merith Niehues: Wahlgeschichtliches Arbeitsbuch. Materialien zur Statistik des Kaiserreichs 1871–1918 (Statistische Arbeitsbücher zur neueren deutschen Geschichte), München 1980, S. 140.

312 Polemisch benutzte Bezeichnung für die als reaktionär geltenden konservativen Grundbesitzer der östlich der Elbe gelegenen Reichsgebiete. Die Bezeichnung kam im 19. Jahrhundert auf und war bis zum Ausgang des Zweiten Weltkriegs gebräuchlich.

313 Hans Booms: Die deutschkonservative Partei. Preußischer Charakter, Reichsauffassung, Nationalbegriff, Düsseldorf 1954.

314 Freund, Deutsche Geschichte, S. 638.

315 Ebd., Sp. 1158.

316 Karlheinz Dederke: Reich und Republik. Deutschland 1917–1933, Stuttgart[5] 1984, S. 193 u. S. 319; Kurt Gossweiler: Großbanken, Industriemonopole, Staat: Ökonomie und Politik des staatsmonopolistischen Kapitalismus in Deutschland 1914–1932, Berlin 1971; Wilhelm Röpke: Krise und Konjunktur, Leipzig 1932.

317 Freund, Deutsche Geschichte, Sp. 1138.

318 Vgl. hierzu Werner Bührer: Borsig, Ernst von, Industrieller, in: Biographisches Lexikon zur Weimarer Republik. Hrsg. von W. Benz u. H. Graml, München 1986, S. 36. Zur Unternehmerfamilie Borsig vgl. Konrad Fuchs: Die Borsigs – eine schlesische Unternehmer-

familie, in: Ders.: Gestalten und Ereignisse aus Schlesiens Wirtschaft, Kultur und Politik, Dortmund 1992, S. 28–46.

319 Patze, 120 Jahre Linke-Hofmann-Busch, S. 204. Die Waggon- und Maschinenfabrik A. G. Busch Bautzen war 1928 mit Linke-Hofmann verschmolzen worden (Ebd., S. 175).

320 Statistik des Deutschen Reiches, Berlin 1920–1933.

321 Die DNVP fiel in den schlesischen Wahlkreisen Breslau, Oppeln und Liegnitz gegenüber den Reichstagswahlen vom 20.5.1928 von 23 auf 8,9 Prozent (Breslau), von 17,1 auf 15,3 Prozent (Oppeln) und von 24,5 auf 8,6 Prozent (Liegnitz) zurück (Vgl. hierzu: Statistik des Deutschen Reiches,).

322 Statistik des Deutschen Reiches.

323 In Schlesien entschieden sich für die NSDAP im Wahlkreis Breslau 40,4, im Wahlkreis Oppeln 26,8 und im Wahlkreis Liegnitz 42,1 Prozent der Wähler; im Reich waren es 33 Prozent (Vgl. hierzu: Statistik des Deutschen Reiches).

324 Birke, Schlesien, S. 242.

325 Vgl. hierzu: Statistik des Deutschen Reiches.

326 Vgl. hierzu Dederke, Reich und Republik, S. 269.

327 Vgl. hierzu Bernhard Brilling: Geschichte der Juden in Breslau, in: JSFUB 16 (1971), S. 88–126; hier: S. 88–89; desgl. Markus Brann: Die schlesische Judenheit vor und nach dem Edikt vom 11. März 1812, in: Beiträge zum Jahresbericht des Jüdisch-Theologischen Seminars zu Breslau für 1912, Breslau 1913, S. 4.

328 Stefi Jersch-Wenzel: Zur Geschichte der jüdischen Bevölkerung in der Provinz Posen im 19. Jahrhundert, in: Rhode, Juden in Ostmitteleuropa, S. 73–84.

329 Bernhard Brilling: Die jüdischen Gemeinden Mittelschlesiens, Entwicklung und Geschichte, Stuttgart 1972, S. 18.

330 Kurt Wilhelm: The Jewish Community in the Post-Emancipation Period, in: LBI Year Book 2 (1955), S. 82.

331 Hilmar Hoffmann: Vorwort, in: »Die Rothschild'sche Bibliothek in Frankfurt am Main«, hrsg. von der Gesellschaft der Freunde der Stadt- und Universitätsbibliothek Frankfurt am Main e.V., Rd. Jochen Stollberg (Frankfurter Bibliotheksschriften, Bd. 2), Frankfurt/M. 1988, S. 5.

332 Nietzsche in einem Brief an seine Mutter, zit. bei Bernhard Guttmann: Das Ende der Zeit, Freiburg/Br. 1948, S. 234.

333 Brilling, Die jüdischen Gemeinden Mittelschlesiens, S. 17.

334 Paul Ehrlich erhielt den Nobelpreis für Medizin 1908, Fritz Haber für Chemie 1918, Max Born für Physik 1954, Maria Goeppert-Mayer für Physik 1963, Otto Stern für Physik 1943 und Konrad Bloch für Medizin 1964. Hans Hartmann: Lexikon der Nobelpreisträger (Ullstein-Buch Nr. 2610), Frankfurt am Main u. Berlin 1968.

335 Fuchs, Zur Bedeutung des oberschlesischen Judentums. Ursachen und Wirkungen, in: Ders., Gestalten und Ereignisse S. 86–88; Fuchs, Bernhard Guttmann (1869–1959). Zum Leben und Wirken eines schlesischen Schriftstellers und Journalisten, in: Ebd. S. 1–12.

336 Adolf Kober: Aus der Geschichte der Juden im Rheinland, in: Zur Geschichte und Kultur der Juden im Rheinland, hrsg. u. eingeleitet von Falk Wiesemann, Düsseldorf 1985 (Nachdruck), S. 89.

337 Perlick, Oberschlesische Berg- und Hüttenleute, S. 82f.

338 Rudolf Wachsmann: Fritz von Friedlaender-Fuld, in: Schlesier des 19. Jahrhunderts (Schlesische Lebensbilder, Bd. 1), Sigmaringen[2] 1985, S. 296–98; hier S. 298.

339 Engelmann, Das Reich zerfiel, S. 96.

340 Vgl. hierzu Daniel Bernstein: Wirtschaft: II. Handel und Industrie, in: Siegmund Kaznelson (Hrsg.): Juden im deutschen Kulturbereich, Berlin[3] 1962, S. 764.

341 Konrad Fuchs: Leo Lustig, in: Neue Deutsche Biographie, 15 (1987), S. 536f.

342 Tanzer, 700 Jahre, Blatt 89.

343 Schwerin, Die Juden, S. 128.

344 Tanzer, 700 Jahre, Blatt 91.

345 Ebd., Blatt 119.

346 Vgl. hierzu Preuß. Gesetzsammlung, Jg. 1856, S. 1013.

347 Schwerin, Die Juden, S. 128.

348 Vgl. hierzu Bernstein, Finanzwesen, in: Kaznelson, Juden im deutschen Kulturbereich, S. 728.

349 Vgl. hierzu Wilhelm Treue: Caesar Wollheim und Eduard Arnhold. Die Geschichte einer Kohlen-Großhandels-Firma von der Mitte des 19. Jahrhunderts bis zum Jahre 1925, in: Tradition. Zs. f. Firmengeschichte u. Unternehmerbiographie, 2 (München) 1961, S. 14.

350 Vgl. hierzu Firmeninserate der Unternehmen Wollheim und Friedländer von 1929; desgl. Treue, Wirtschafts- und Technikgeschichte, 529 f.

351 Die von Ihne in Berlin errichteten Hauptbauwerke waren der Marstall (1900), das Kaiser-Friedrich-Museum (1904) und die Staatsbibliothek (1914).
352 Achterberg, Berliner Hochfinanz, S. 50.
353 Ebd., S. 156ff.
354 Treue, Wirtschafts- und Technikgeschichte, S. 378.
355 Dietrich Schur: Bank-, Kredit- und Versicherungswesen, in: A. Katz-Foerstner (Hrsg.): Handbuch der deutschen Wirtschaft. Schlesien, Berlin-Halensee 1929, S. 69.
356 Kurt von Eichborn: »Das Soll und Haben« von Eichborn & Co. in 200 Jahren. Schicksal und Gestaltung eines Bankhauses im Wandel der Zeiten, München u. Leipzig 1928.
357 Gegründet 1888, wurde es 1910 eine Filiale der Dresdner Bank, nachdem es zuvor in die Oberschlesische Bank AG umgewandelt worden war.
358 Die 1844 gegründete Bank wurde von der Dresdner Bank übernommen.
359 Zu den beiden Instituten vgl. Schwerin, Die Juden, S. 137–39.
360 Im Jahre 1905 wurde Perls & Co. in die Schlesische Handelsbank umgewandelt; sie wiederum übernahm die Disconto-Gesellschaft.
361 Hellmut Diwald: Geschichte der Deutschen, Frankfurt/Main, Berlin, Wien 1978, S. 169.
362 Günter Neliba: Wilhelm Frick. Der Legalist des Unrechtsstaates. Eine Biographie, Paderborn, 1992, S. 73.
363 Vgl. Konrad Fuchs: Schlesien 1918–1945, in: Geschichte Schlesiens, Bd. 3 (im Druck).
364 Vgl. hierzu Erich Stockhorst: Wer war was im 3. Reich, Wiesbaden o.J. S. 81f., S. 435.
365 Jürgen Bay: Der Preußenkonflikt 1932/33. Ein Kapitel aus der Verfassungsgeschichte der Weimarer Republik, Erlangen-Nürnberg, Jur. Diss. 1965; Henning Grund: »Preußenschlag« und Staatsgerichtshof im Jahre 1932, Baden-Baden 1976.
366 Martin Broszat: Der Staat Hitlers. Grundlegung und Entwicklung seiner inneren Verfassung, in: Deutsche Geschichte seit dem Ersten Weltkrieg, Bd. 1, S. 560, 573.
367 Hans Schneider: Das Ermächtigungsgesetz vom 24. März 1933. Bericht über das Zustandekommen und die Anwendung des Gesetzes. Hrsg. E. Jaspers, Bonn[2] 1972; desgl. Rudolf Morsey (Hrsg.): Das »Ermächtigungsgesetz« vom 24. März 1933. Bearb. u. hrsg. von R. Morsey (Historische Texte der Neuzeit 4), Göttingen 1976.
368 Vgl. hierzu Müller, Deutschland, S. 69.
369 Franz Lepinski: Die Gewerkschaftsbewegung in Deutschland, Düsseldorf 1962.
370 Ronald Smelser: Robert Ley. Hitlers Mann an der »Arbeitsfront«. Eine Biographie, (dt.) Paderborn 1989, S. 135.
371 Hans-Gerd Schumann: Nationalsozialismus und Gewerkschaftsbewegung. Die Vernichtung der deutschen Gewerkschaften und der Aufbau der »Deutschen Arbeitsfront«, Hannover u. Frankfurt a. M. 1958, S. 76.
372 Stolper/Häuser/Borchardt, Deutsche Wirtschaft seit 1870, S. 154ff.
373 Ebd.
374 Fuchs, Die wirtschaftlichen und sozialen Rahmenbedingungen, S. 987.
375 Vgl. hierzu Gerhard Folwaczny, Geschichte des oberschlesischen Bergbaues und der Industrie, Breslau 1936, S. 90; Seraphim, Die Wirtschaft Ostdeutschlands, S. 38
376 Dietmar Petzina: Grundriß der deutschen Verwaltungsgeschichte 1918 bis 1945, in: Deutsche Geschichte seit dem Ersten Weltkrieg, Bd. II, hrsg. vom Institut für Zeitgeschichte, Stuttgart 1973, S. 744.
377 Ebd. S. 52; Fuchs, Die wirtschaftlichen und sozialen Rahmenbedingungen, S. 988.
378 Ebd., W. Bubeck: Der Adolf-Hitler-Kanal und seine Bedeutung für die schlesische Wirtschaft, Diss. Breslau 1935.
379 Vgl. hierzu Konrad Fuchs: Fritz Erich Fellgiebel (1886–1944), in: Schlesier des 15. bis 20. Jahrhunderts (Schlesische Lebensbilder, Bd. 6), hrsg. von J. J. Menzel u. Ludwig Petry, Sigmaringen 1990, S. 248.
380 Uwe Friedrich Adam: Judenpolitik im Dritten Reich (Tübinger Schriften zur Sozial- und Zeitgeschichte), Düsseldorf 1972, S. 46 passim.
381 Christian Andree: Die Ausschaltung jüdischer Mediziner der Universität Breslau und die Gleichschaltung der Ärzteschaft durch den Reichsärzteführer Gerhard Wagner, in: Nationalsozialismus und Widerstand in Schlesien. Hrsg. von Lothar Bossle, Gundolf Keil, Josef Joachim Menzel u. Eberhard Günter Schulz (Schlesische Forschungen, Bd. 3), Sigmaringen 1989, S. 106f.
382 Johann Binkowski: Die Rolle der Arbeiterbewegung in Schlesien in den zwanziger Jahren und nach der Errichtung der nationalsozialistischen Herrschaft, in: Nationalsozialismus und Widerstand, S. 14.

383 Ludwig Volk: Das Reichskonkordat vom 20. Juli 1933. Von den Ansätzen in der Weimarer Republik bis zur Ratifizierung am 10. September 1933 (Veröffentlichungen der Kommission für Zeitgeschichte, Reihe B: Forschungen, Bd. 5), Mainz 1972.
384 Norbert Theodor Wiggershaus: Der deutsch-englische Flottenvertrag vom 18. Juni 1935. England und die geheime deutsche Aufrüstung 1933–1935, Bonn 1972. Wolfgang Michalka: Ribbentrop und die deutsche Weltpolitik. Außenpolitische Konzeptionen und Entscheidungen im Dritten Reich, München 1980, S. 94.
385 Wolfgang Böckenförde: Der deutsche Katholizismus im Jahre 1933, in: Hochland 53, Heft 3 (1961), S. 220.
386 Siegmund Bulla: Das Schicksal der schlesischen Männerklöster während des Dritten Reiches und in den Jahren 1945/46 (Arbeiten zur schlesischen Kirchengeschichte, Bd. 5), Sigmaringen 1991, S. 164.
387 Ebd., S. 185.
388 N. Feldmann: Motive des »Stürmers«. Anatomie einer Zeitung, Phil. Diss. Wien 1967.
389 Vgl. hierzu Hans Mühler (Hrsg.): Katholische Kirche und Nationalsozialismus, München 1965; Ludwig Volk: Adolf Kardinal Bertram (1849–1945), in: Rudolf Morsey (Hrsg.), Zeitgeschichte in Lebensbildern II (1973), S. 274 bis 286; Werner Marschall: Adolf Kardinal Bertram (1859–1945), in: Schlesier des 15. bis 20. Jahrhunderts (Schlesische Lebensbilder, Bd. 6), a.a.O. S. 165–173; Adolf Kardinal Bertram. Sein Leben und Wirken auf dem Hintergrund der Geschichte seiner Zeit. Teil I. Beiträge. Hrsg. von Bernhard Stasiewski (Forschungen und Quellen zur Kirchen- und Kulturgeschichte Ostdeutschlands, Bd. 24/I), Köln/Weimar/Wien 1992.
390 Gerhard Ehrenforth: Die schlesische Kirche im Kirchenkampf (Arbeiten zur Geschichte des Kirchenkampfes. Ergänzungsreihe Bd. 4), Göttingen 1968, S. 25.
391 Georg May: Kirchenkampf oder Kirchenverfolgung? Ein Beitrag zu dem gegenseitigen Verhältnis von Nationalsozialismus und christlichen Bekenntnissen, Stein a. Rhein 1991, S. 311.
392 Ebd., S. 313.
393 Friedrich Zipfel: Kirchenkampf in Deutschland 1933–1945. Religionsverfolgung und Selbstbehauptung der Kirchen in der nationalsozialistischen Zeit. Mit einer Einleitung von Hans Herzfeld (Veröffentlichungen der Historischen Kommission zu Berlin beim Friedrich-Meinecke-Institut der Freien Universität Berlin, Bd. II: Publikationen der Forschungsgruppe Berliner Widerstand beim Senator für Inneres von Berlin, Bd. 1, Berlin 1965.
394 Karl Barth: Zur Genesung des deutschen Wesens. Ein Freundeswort von draußen, Stuttgart 1945, S. 18.
395 Ger van Roon: Neuordnung und Widerstand. Der Kreisauer Kreis innerhalb der deutschen Widerstandsbewegung. München 1967.
396 Um die nachteiligen Konsequenzen der Teilung Oberschlesiens von 1922 zu mildern, zudem den Schutz der deutschen und polnischen Minderheit Ost- und Westoberschlesiens zu gewährleisten, kam es zu einer unter der Leitung des Völkerbundes erarbeiteten Vereinbarung zwischen Deutschland und Polen, der »Genfer Konvention«. Die 606 Artikel umfassende Übereinkunft hatte eine fünfzehnjährige Laufzeit. Durchführung und Einhaltung der Konvention wurden einer deutsch-polnischen »Gemischte(n) Kommission« unter dem Vorsitz des Schweizers Felix Colander übertragen.
397 Helmut Neubach: Die Verwaltung Schlesiens zwischen 1848 und 1945, in: Henning/Jeserich, Verwaltungsgeschichte Ostdeutschlands 1815–1945, S. 934.
398 Vgl. hierzu u.a. Hans Roos, Der Feldzug in Polen vom September 1939, in: Wehrwissenschayftliche Rundschau 9 (1959).
399 Roos: Geschichte der polnischen Nation, S. 173 u. 178.
400 Bartsch, Geschichte Schlesiens, S. 310.
401 Vgl. hierzu Stockhorst, Wer war was im 3. Reich, S. 74 u. 176.
402 Czeslaw Madajczyk: Die Okkupationspolitik Nazideutschlands in Polen 1939–1945, (dt.) Köln 1988, S. 503.
403 Ebd., Anm. 72.
404 Ebd., S. 503 passim.
405 Alan S. Milward: Die deutsche Kriegswirtschaft 1939–1945, Stuttgart 1966, S. 63.
406 Ebd.
407 Werner Wolf: Luftangriffe auf die deutsche Industrie 1942–1945, München 1985, S. 22f.
408 Ebd., S. 22.
409 Max Hastings: Bomber Command, London 1979, S. 371.
410 Vgl. hierzu Johannes Kaps (Hrsg.), Die Tragödie Schlesiens 1945/46 (dtv Dokumente), München 1962, S. 11.

411 Olaf Groehler, Bombenkrieg gegen Deutschland, Berlin 1990, S. 210.
412 Ebd., S. 288.
413 Werner Girbig: ... mit Kurs auf Leuna, Die Luftoffensive gegen die Treibstoffindustrie und der deutsche Abwehreinsatz 1944–1945, Stuttgart 1980, S. 13f., 97f., 169.
414 Vgl. hierzu »Nachrichten für die Truppe«, Nr. 288 vom 29.1.1945 und Groehler, Bombenkrieg, S. 223.
415 Ebd., S. 219/20.
416 Ebd.S. 169. – Demgegenüber heißt es in den »Nachrichten für die Truppe« vom 29. Januar 1945, daß die oberschlesischen Treibstoffwerke nach den letzten großen Angriffen wieder »unter großem Materialaufwand neu aufgebaut« worden seien und monatlich zusammen 50000 Tonnen Treibstoff produziert hätten.
417 Helmut Schnatz, Der Luftkrieg im Raum Koblenz 1944/45. Eine Darstellung seines Verlaufs, seiner Asuwirkungen und Hintergründe (Veröffentlichungen der Kommission des Landtages für die Geschichte des Landes Rheinland-Pfalz, Bd. 4), Boppard am Rhein 1981, S. 92.
418 Rolf Hinze: Der Zusammenbruch der Heeresgruppe Mitte im Osten 1944, Stuttgart 1980, Kartenskizze S. 16/17.
419 Konrad Fuchs: Zur Bedeutung Schlesiens als Wirtschaftsfaktor während des Zweiten Weltkriegs, in: Ders., Wirtschaftsgeschichte Oberschlesiens 1871–1945. Aufsätze (Veröffentlichungen der Forschungsstelle Ostmitteleuropa an der Universität Dortmund. Reihe A – Nr. 36), Dortmund[2] 1992, S. 203f.
420 Lothar Gruchmann: Der Zweite Weltkrieg. Kriegführung und Politik, in: Deutsche Geschichte seit dem Ersten Weltkrieg, Bd. II, S. 313.
421 Ebd., S. 314.
422 Vgl. hierzu Georg Gunter: Letzter Lorbeer. Vorgeschichte, Geschichte der Kämpfe in Oberschlesien von Januar bis Mai 1945, Dülmen[6] 1986, S. 14 sowie Kartenskizze 13 (Anhang) ebd.
423 Matthias Riedel: Eisen und Kohle für das Dritte Reich. Paul Pleigers Stellung in der NS-Wirtschaft, Göttingen u. Zürich 1973, S. 354.
424 Gunter, Letzter Lorbeer, S. 424 u. 435.
425 Weczerka, Breslau, in: Ders., Schlesien, S. 52.
426 Vgl. hierzu Kaps, Die Tragödie, S. 32.
427 Madajczyk, Die Okkupationspolitik, S. 532 f.
428 Hinze, Der Zusammenbruch der Heeresgruppe Mitte, desgl. Gerd Niepold, Mittlere Ostfront Juni '44, Beurteilung, Lehren, Herford u. Bonn 1985.
429 Gunter, Letzter Lorbeer, S. 19f.
430 Ebd., S 20.
431 Ebd., S. 110.
432 Ebd., S. 123.
433 Ebd.
434 Konrad Fuchs: Wilhelm Hegenscheidt. Zur Geschichte eines ob erschlesischen Unternehmens vor und nach 1945, in: JSFUB (1979), S. 211–240; desgl. in: Ders., Wirtschaftsgeschichte Oberschlesiens 1871–1945, S. 142 bis 167.
435 Ebd., S. 155f.
436 Ebd.
437 Kaps, Die Tragödie, S. 28–31.
438 Ebd.
439 Gunter, Letzter Lorbeer, S. 355.
440 Ebd., S. 393f.
441 Ebd., S. 447.
442 Ebd., S. 448.
443 Ebd., S. 447.
444 Zu den beiden Zitaten Freund, Deutsche Geschichte, Sp. 1535 u. 1536.
445 Ebd., Sp. 1536.
446 Vgl. hierzu Franz Scholz, Zwischen Staatsraison und Evangelium. Kardinal Hlond und die Tragödie der ostdeutschen Diözesen, Frankfurt a. M. 1988, S. 118.
447 Ebd., S. 120.
448 Konrad Fuchs: Großbritannien und die polnisch verwalteten deutschen Ostgebiete im Jahre 1945, in: JSFUB 25, 1984, S. 277; desgl. Ders., Aus Wirtschaft und Gesellschaft, S. 124.
449 Ebd., S. 127.
450 Die Feststellungen treffen auf die übrigen deutschen Ostgebiete jenseits von Oder und Neiße in gleicher Weise zu.
451 Vgl. hierzu Konrad Fuchs: Großbritannien und die polnisch verwalteten deutschen Ostgebiete im Jahre 1945, in: JSFUB 25, 1984, S. 130.
452 Ebd., S. 138f.
453 Ebd., S. 139.
454 Vgl. hierzu Kaps, Die Tragödie, S. 193f.
455 »Die Gegenwart«, Jg. 1, Nr. 1. v. 24.12.1945, S. 7–12. – Zu Guttmann vgl. Fuchs, Guttmann. – Zum Ganzen vgl. Wolfgang Benz (Hrsg.), Die Vertreibung der Deutschen aus dem Osten. Ursachen, Ereignisse, Folgen, Frankfurt a. M. 1985 (Fischer Taschenbuch).
456 »Die Gegenwart«.

BIBLIOGRAPHIE

....Die Literatur zur schlesischen Geschichte ist durch Bibliographien recht gut erschlossen, aber inzwischen unübersehbar reichhaltig. Daher wird hier eine knappe Zusammenstellung der wichtigsten wissenschaftlichen Hilfsmittel, Quellen und Darstellungen zur schlesischen Geschichte geboten. Da sie zur weiteren Beschäftigung anregen möchte, wird einerseits mehr, andererseits aber bewußt weniger an Literatur angeführt, als in den Anmerkungen dieses Buches zitiert wurde. Die Bibliographie ist in sich nach allgemeinen und chronologischen Gesichtspunkten gegliedert und enthält nur selbständige Werke, darunter auch fremdsprachige Titel. Ein Nachweis von Zeitschriftenaufsätzen mußte aus Platzgründen ebenso entfallen wie die Anführung von allgemeinen Werken zur deutschen und europäischen Geschichte. Es wurden die Abkürzungen verwendet, die auch schon in den Anmerkungen des Buches benutzt wurden.

ADB	Allgemeine Deutsche Biographie
ASKG	Archiv für schlesische Kirchengeschichte
AUW	Acta Universitatis Wratislaviensis
CDS	Codex Diplomaticus Silesiae
DQ	Darstellungen und Quellen zur schlesischen Geschichte
FQKKO	Forschungen und Quellen zur Kirchen- und Kulturgeschichte Ostdeutschlands
HZ	Historische Zeitschrift
JSFUB	Jahrbuch der Schlesischen Friedrich-Wilhelms-Universität zu Breslau
JSKG	Jahrbuch für Schlesische Kirchengeschichte
NDB	Neue Deutsche Biographie
QD	Quellen und Darstellungen zur schlesischen Geschichte
SRS	Scriptores rerum Silesiacarum
ZfO	Zeitschrift für Ostforschung
ZVGS	Zeitschrift des Vereins für Geschichte (und Alterthum) Schlesiens

BIBLIOGRAPHIEN

Schlesische Bibliographie. Hrsg. v. d. Historischen Kommission für Schlesien. 6 Bde., Breslau 1927 bis 1934, darin vor allem: Viktor Loewe: Bibliographie der Schlesischen Geschichte. Breslau 1927 (Bd. 1) und Ernst Boehlich: Bibliographie der Schlesischen Volkskunde. Breslau 1930 (Bd. 3).

Schlesische Bibliographie. Bearb. v. Herbert Rister. (Bibliographien zur Geschichte und Landeskunde Ostmitteleuropas, hg. v. Johann-Gottfried-Herder-Institut). 15 Bde., (Wissenschaftliche Beiträge zur Geschichte und Landeskunde Ost-Mitteleuropas = Einzelschriften der Historischen Kommission für Schlesien) Marburg 1961–1989 [für die Jahre ab 1928–1989].

Oberschlesische Bibliographie. Neu bearb. v. Hans Bellée und Lena Bellée-Vogt. 2 Bde., Leipzig 1938. Neudruck Wiesbaden 1978.

Birke, Ernst: Deutsches Schrifttum zur schlesischen Landesforschung aus den Jahren 1963–1968; in: Blätter für deutsche Landesgeschichte 104 (1968), S. 461–514. Fortgesetzt für die Jahre 1969–1973: Ebd. 111 (1975), S. 485–508. Fortgesetzt durch: Irgang, Winfried: Schlesien 1974–1984 [Sammelbericht über das deutsche Schrifttum zur schlesischen Landesgeschichte]; in: Ebd. 122 (1986), S. 433–495.

Rister, Herbert: Schlesische Periodica und Serien. Ein Beitrag zu einem Verzeichnis deutscher, polnischer, tschechischer und wendischer (sorbischer) Adreßbücher, Almanache, Schulschriften, Zeitschriften und Zeitungen über Schlesien und seine Grenzgebiete. 2 Teile, Wiesbaden 1975.

Kessler, Wolfgang: Ost- und südostdeutsche Heimatbücher und Ortsmonographien nach 1945. München 1979.

Irgang, Winfried / Petry, Ludwig: Abschnitt »Schlesien« in: Dahlmann-Waitz, Quellenkunde der deutschen Geschichte. Bibliographie der Quellen und Literatur zur deutschen Geschichte. Hrsg. im Max-Planck-Institut für Geschichte von Hermann Heimpel und Herbert Geuss. Bd. 3, Abschnitt 115, Stuttgart[10] 1984.

Stoob, Heinz / Schröder, Brigitte [Bearb.]: Abschnitt »Schlesien« in: Bibliographie zur deutschen historischen Städteforschung. Hrsg. v. Heinz Stoob in Verbindung mit Brigitte Schröder und Wilfried Ehbrecht. Bd. 1, Köln / Wien 1986, S. 198–258.

Bein, Werner: Literatur zur schlesischen Landeskunde, ab 1979ff. für die Jahre ab 1978ff.; in: JSFUB 20 (1979)–33 (1992), bearb. v. Werner Bein, ab 1992 v. Peter Wolfram.

Koziełek, Gerard: Bibliographie der deutsch-polnischen Wechselbeziehungen in der Literatur. Erstellt unter Mitwirkung von Grażyna Foltyn. (AUW 1519, Germanica 53) Wrocław 1994.

Bibliografie České Historie. Hrsg. v. Čeněk Zíbrt. 5 Bde., Prag 1900–1912.

Zaremba, Jan: Bibliografia piśmiennictwa polskiego na Śląsku XVII i XVIII w. [Bibliographie des polnischen Schrifttums in Schlesien im 17. und 18. Jahrhundert] (Bibliografia piśmiennictwa polskiego na Śląsku. Śląski korbut. 2) Wrocław (u. a.) 1980.

Bibliografia Śląska. Hrsg. v. Śląski Instytut Naukowy w Katowicach. Für die Jahre 1960ff. verschiedene Bearbeiter und Erscheinungsformen.

Bibliografia historii Śląska w latach … [Für die Jahre 1939–1985 in Einzeldrucken bzw. Aufsätzen in: Sobótka] Wrocław 1954–1993.

ZEITSCHRIFTEN

Altschlesien. Mitteilungen des Schlesischen Altertumsvereins, 1 (1924)–10 (1941).

Archiv für Kirchengeschichte von Böhmen-Mähren-Schlesien, 1 (1967)–11 (1990).

Archiv für schlesische Kirchengeschichte, 1 (1936) bis 50 (1992). [zitiert als: ASKG]

Aurora. Jahrbuch der Eichendorff Gesellschaft, 1 (1929)–52 (1992).

Berichte und Forschungen. Jahrbuch des Bundesinstituts für ostdeutsche Kultur und Geschichte. München 1 (1993).

Correspondenzblatt des Vereins für Geschichte der evangelischen Kirche Schlesiens, 1 (1882)–20 (1929). [fortgesetzt unter dem Titel: Jahrbuch des Vereins für Schlesische Kirchengeschichte]

Glatzer Heimatblätter. Zeitschrift des Vereins für Glatzer Heimatkunde, 1 (1916)–29 (1943).

Jahrbuch für Schlesische (Kirche und) Kirchengeschichte, NF 32 (1953)–71 (1992). [zitiert als: JSKG]

Jahrbuch der Schlesischen Friedrich-Wilhelms-Universität zu Breslau, 1 (1955)–33 (1992). [zitiert als: JSFUB]

Jahrbuch des schlesischen Museums für Kunstgewerbe und Altertümer, NF 1 (1900)–10 (1933).

Jahrbuch des Vereins für Schlesische Kirchengeschichte, 21 (1930)–31 (1941). [Forts. von: Correspondenzblatt des Vereins für Geschichte der Evangelischen Kirche Schlesiens; fortgesetzt unter dem Titel: Jahrbuch für Schlesische Kirche und Kirchengeschichte]

Mitteilungen des Beuthener Geschichts- und Museumsvereins, 1 (1911)–48 (1987).

Mitteilungen der Schlesischen Gesellschaft für Volkskunde, 1 (1894)–37 (1938).

Neues Lausitzisches Magazin, herausgegeben von der Oberlausitzischen Gesellschaft der Wissenschaften, 1 (1822)–117 (1941).

Der Oberschlesier. Monatsschrift für das heimatliche Kulturleben, 1 (1919)–21 (1939); 23 (1941) bis 24 (1942) [22 (1940): Schlesische Stimme].

Oberschlesisches Jahrbuch, hrsg. i. A. der Stiftung Haus Oberschlesien, 1 (1985)–9 (1993).

Schlesien. Kunst, Wissenschaft und Volkstum. Vierteljahresschrift, 1 (1956)–36 (1991).

Schlesische Geschichtsblätter. Mitteilungen des Vereins für Geschichte Schlesiens. 1 (1908)–34 (1943). [Dazu Gesamtinhaltsverzeichnis, bearb. von Wolfgang Kessler, Hannover 1984.]

Schlesische Monatshefte. Blätter für Kultur und Schrifttum der Heimat, 1 (1924)–16 (1939).

Schlesische Provinzialblätter, 1 (1785)–130 (1849). NF 1 (1862)–6 (1871).

Schlesischer Kulturspiegel, hrsg. v. d. Stiftung Kulturwerk Schlesien. Literatur, bildende Kunst, Musik, Geschichte, Volkskunde, Informationen über das schlesische Kulturleben, 1 (1966)–29 (1994).

Zeitschrift für Ostforschung, Länder und Völker im östlichen Mitteleuropa, 1 (1952)–42 (1993). [zitiert als: ZfO]

Zeitschrift des Vereins für Geschichte (und Alterthum) Schlesiens, Bd. 1 (1855)–77 (1943). [Dazu Gesamtinhaltsverzeichnis, bearb. von Wolfgang Kessler, Hannover 1984] [zitiert als: ZVGS]

Acta Poloniae Historica. Hrsg. v. Polska Akademia Nauk, Komitet Nauk Historycznych Instytut Historii, 1 (1958)–65 (1992).

Kwartalnik Opolski [Oppelner Vierteljahresschrift]. Hrsg. v. Opolskie Towarzystwo Przyjaciół Nauk, 1 (1955) ff.

Roczniki Towarzystwa Przyjaciół Nauk na Śląsku [Jahreshefte der Gesellschaft der Freunde der Wissenschaft in Schlesien], 1 (1929)–7 (1939).

Silesia Antiqua. Hrsg. v. Muzeum Archeologiczne [bis 5 (1963)]: Muzeum Śląskie, Dział Archeologiczny] in Wrocław, 1 (1959)–31 (1989).

Śląski Kwartalnik Historyczny Sobótka [bis 12 (1957): Sobótka] [Schlesische historische Vierteljahresschrift Sobótka], 1 (1946)–48 (1993).

Studia i materiały z dziejów Śląska [Studien und Materialien zur Geschichte Schlesiens], 1 (1957) bis 16 (1987).

Zaranie Śląskie [Schlesisches Morgenrot]. Katowice 1 (1907)ff.

Zbliżenia Polska Niemcy [Annäherung Polen-Deutschland]. Pismo Uniwersytetu Wrocławskiego, 1 (1991)–[3] (1993).

SCHRIFTENREIHEN

Arbeiten zur schlesischen Kirchengeschichte. Hrsg. vom Institut für ostdeutsche Kirchen- und Kulturgeschichte. Sigmaringen 1 (1989)–6 (1992).

Codex Diplomaticus Silesiae. Hrsg. v. Verein für Geschichte (und Alterthum) Schlesiens. 36 Bde., Breslau 1857–1933. [zitiert als: CDS]

Darstellungen und Quellen zur schlesischen Geschichte. Hrsg. vom Verein für Geschichte Schlesiens. Breslau 1 (1906)–39 (1941). Zum Teil Neudruck Aalen 1973ff. [zitiert als: DQ]

Einzelschriften zur Schlesischen Geschichte. Hrsg. v. der Historischen Kommission für Schlesien. Breslau 1 (1922)–14 (1935).

Forschungen und Quellen zur Kirchen- und Kulturgeschichte Ostdeutschlands. Köln 1 (1964) bis 24/1 (1992). [zitiert als: FQKKO]

Neue Forschungen zur schlesischen Geschichte. Eine Schriftenreihe des Historischen Instituts der Universität Stuttgart. Köln 1 (1992)–3 (1994).

Quellen und Darstellungen zur schlesischen Geschichte. Hrsg. v. der Historischen Kommission für Schlesien. Kitzingen, Würzburg, ab 1983 Sigmaringen 1 (1951)–26 (1993). [zitiert als: QD]

Schlesische Forschungen. Veröffentlichungen des Gerhard-Möbus-Instituts für Schlesienforschung an der Universität Würzburg. Sigmaringen 1 (1986) bis 5 (1993).

Zur Schlesischen Kirchengeschichte. Breslau 1 (1926)–25 (1941).

Scriptores rerum Silesiacarum, Bd. 1–2 hrsg. v. Gustav Adolf Stenzel, Bd. 3–17 hrsg. v. Verein für Geschichte (und Alterthum) Schlesiens. 17 Bde., Breslau 1835–1902. [zitiert als: SRS]

Acta Universitatis Wratislaviensis [bis 1962: Zeszyty Naukowe]. Wrocław. [zitiert als AUW]

Annales Silesiae. Hrsg. v. Wrocławskie Towarzystwo Naukowe, Wrocław 1 (1960)–19 (1989).

Documenta Silesiae. Hrsg. v. Wrocławskie Towarzystwo Miłośników Historii. Wrocław 1959ff.

Monografie Śląskie Ossolineum [Schlesische Monographien des Ossolineums]. Wrocław 1960ff.

Śląski Instytut Naukowy – Biuletyn. Katowice 1957–67.

Sobótka. Serie B [Schriftenreihe der Zs. Sobótka]. Wrocław 1951ff.

Studia Śląskie. Poznań 1952 (= Przegląd Zachodni 8, Suppl.-Bd.).

Studia Śląskie. Nowa Seria. Hrsg. v. Instytut Śląski in Opole. Opole 1958ff.

Szkice Legnickie [Liegnitzer Skizzen]. Hrsg. v. Towarzystwo Przyjaciół Nauk w Legnicy [Gesellschaft der Freunde der Wissenschaft in Liegnitz], 1 (1962) bis 12 (1984).

QUELLENKUNDLICHE WERKE

Dereń, Andrzej (Bearb.): Wojewódzkie Archiwum Państwowe we Wrocławiu. Informator dla korzystających z materiałów archiwalnych [Wojewodschaftliches Staatsarchiv Wrocław. Wegweiser für die Benutzer des archivalischen Materials]. Wrocław 1976. [darin auch: Anna Margas u. a.: Informator o zespołach przechowywanych w Archiwum Państwowym w Kłodzku, Wrocław 1981]

Drozd, Józef: Inwentarz akt Uniwersytetu Wrocławskiego 1811–1945 [Verzeichnis der Akten der Breslauischen Universität]. Wrocław 1977.

Endemann, Karl Johannes: Die Reichsgräflich von Hochbergsche Majoratsbibliothek in den ersten drei Jahrhunderten ihres Bestehens 1609–1909. (DQ 11) Breslau 1910. Neudruck Aalen 1981.

Grünhagen, Colmar (Hrsg.): Geschichtsquellen der Hussitenkriege. (SRS 6) Breslau 1871.

Grünhagen, Colmar (Hrsg.): Wegweiser durch die schlesischen Geschichtsquellen bis zum Jahre 1550. Namens des Vereins für Geschichte und Althertum Schlesiens. Breslau² 1889.

Die Inventare der nichtstaatlichen Archive Schlesiens. Hrsg. v. Konrad Wutke (1,2), Erich Graber (3–5, 7, 8.1), Udo Lincke (6). 8 Bde. (CDS 24, 28, 31–36) Breslau 1908, 1915, 1930. [Übersichten für die Kreise Grünberg, Freystadt, Glogau, Sprottau, Sagan, Neustadt, Habelschwerdt, Jauer, Neisse]

Katalog dokumentów przechowywanych w archiwach państwowych Dolnego Śląska t. III 1328–1350 [Katalog von Dokumenten, die sich in niederschlesischen Staatsarchiven befinden]. Bearb. von Roman Stelmach. Wrocław 1991.

Kocowski, Bronisław: Katalog inkunabułów Biblioteki Uniwersyteckiej we Wrocławiu [Katalog der Inkunabeln der Universitätsbibliothek Wrocław]. Część I: Alfabetyczny wykaz druków [Alphabetisches Verzeichnis der Drucke]. Hrsg. v. Wrocławskie Towarzystwo Naukowe. (Śląskie Prace Bibliograficzne i Bibliotekoznawcze 5) Wrocław 1959. Część II: Konkordancje – Indeksy – Ilustracje [Konkordanzen – Indices – Illustrationen]. Hrsg. v. Wrocławskie Towarzystwo Naukowe. (Śląskie Prace Bibliograficzne i Bibliotekoznawcze 5) Wrocław 1962.

Margas, Czesław: Archiwum Państwowe w Jeleniej Górze. Przewodnik po zasobie [Staatsarchiv in Jelenia Góra. Wegweiser durch die Bestände]. (Prace Karkonoskiego Towarzystwa Naukowego. Pracownia Badań Humanistycznych 32) Jelenia Góra 1984.

Quellenbuch zur Geschichte der evangelischen Kirche in Schlesien. Hrsg. v. Benrath, Gustav A./Hutter-Wolandt, Ulrich/Meyer, Dietrich/Petry, Ludwig/Weigelt, Horst. (Schriften des Bundesinstituts für ostdeutsche Kultur und Geschichte 1) München 1992.

Quellenverzeichnis – Die Grafschaft Glatz. Band 1: Quellen 1–400, Band 2: Quellen 401–800, Band 3: Quellen 801–1200, Band 4: Quellen 1201–1600, Band 5: Quellen 1601–2000, Band 6: Gesamtregister. 6 Bde. Hrsg.: Forschungsgruppe Grafschaft Glatz. Bearb. von Dieter Pohl. 6. bearb. u. erw. Auflage Modautal 1992.

Staatsarchiv Breslau. Wegweiser durch die Bestände. Bearb. v. d. Generaldirektion der staatlichen Archive Polens. Hrsg. v. Bundesinstitut für ostdeutsche Kultur und Geschichte. (Schriften des Bundesinstituts für ostdeutsche Kultur und Geschichte 5) München 1994.

Stelmach, Roman u. Rościsław Żerelik (t.3) [Bearb.]: Katalog dokumentów przechowywanych w archiwach państwowych Dolnego Śląska [Katalog von Urkunden, aufbewahrt in niederschlesischen Staatsarchiven]. T.1 (do 1300 r.) – T.5 (1366–1379). Wrocław 1991.

Urban, Wincenty (Hrsg.): Katalog Archiwum Archidiecezjalnego we Wrocławiu. Rękopisy [Katalog des Erzdiözesanarchivs in Wrocław. Handschriften]. Zusammendruck einer Fortsetzungsfolge aus: Archiwa, biblioteki i muzea kościelne, Lublin 10 (1965) – 16 (1968).

Urban, Wincenty (Hrsg.): Katalog dokumentów Archiwum Archidiecezjalnego we Wrocławiu [Katalog der Urkunden des Erzdiözesanarchivs in Wrocław]. Bd. 1, Rom 1970.

Zbiory rękopisów w bibliotekach i muzeach w Polsce [Verzeichnis der Handschriften in Bibliotheken und Museen in Polen]. Bearb. v. Danuta Kamolowa unter Mitarbeit v. Krystyna Muszyńska (zbiory kościelne). Warszawa 1988.

GESCHICHTSWISSENSCHAFTLICHE WERKE

Aubin, Hermann: 15 Jahre Historische Kommission für Schlesien 1921–1936. Breslau 1936.

Bossle, Lothar (Hrsg.): Schlesien als Aufgabe interdisziplinärer Forschung. (Schlesische Forschungen 1) Sigmaringen 1986.

Dersch, Wilhelm: Vierzig Jahre schlesische Geschichtsforschung; in: ZVGS 65 (1931), S. 1–53.

Dralle, Lothar (Hrg.): Preußen, Deutschland, Polen im Urteil polnischer Historiker. Eine Anthologie. Mit einem Vorwort von Klaus Zernack. (Millennium germano-polonicum 1, Einzelveröffentlichungen der Historischen Kommission zu Berlin 37, Reihe: Anthologien 2, Publikationen zur Geschichte der deutsch-polnischen Beziehungen 4) Berlin 1983.

Erdmann, Karl-Dietrich: Die Spur Österreichs in der deutschen Geschichte. Drei Staaten, zwei Nationen, ein Volk? Zürich 1989.

Forschungen zur schlesischen Geschichte am Historischen Institut der Universität Stuttgart, hrsg. v. Norbert Conrads. Ein Forschungsbericht zum fünfjährigen Bestehen des Projektbereichs Schlesische Geschichte am Historischen Institut der Universität Stuttgart. Stuttgart 1990.

Fünfunddreißig Jahre Forschung über Ostmitteleuropa. Veröffentlichungen der Mitglieder des J.G. Herder-Forschungsrates 1950-1984. Hrsg. v. J.G. Herder-Forschungsrat. Marburg 1985.

Gierowski, Józef: Nouvelle orientation de la recherche historiographique sur la Silésie. 1945-1962. (Academie Polonaise des Sciences. Centre scientiifique à Paris. Conférences. Fasc. 31) Warszawa 1962.

Konrad, Joachim: Die schlesische Toleranz. Geschichtliches Erbe und politische Idee. Vortrag, gehalten anläßlich des 4. Bundestreffens der Schlesier in Köln, Juli 1953. Düsseldorf 1953.

Markgraf, Hermann: Der Verein für Geschichte und Alterthum Schlesiens in den ersten 50 Jahren seines Bestehens. Breslau 1896.

Menzel, Josef Joachim: Die Anfänge der kritischen Geschichtsforschung in Schlesien zu Beginn des 19. Jahrhunderts; in: Geschichtliche Landeskunde Bd. 5, Festschrift Ludwig Petry, Teil 2. Wiesbaden 1969. S. 245–267.

Die Oberlausitz und ihre Gesellschaft der Wissenschaften zu Görlitz – Traditionen und Aktivitäten. Protokollband Symposium »Humanistisches Erbe - sozialistische Gegenwart« anläßlich der 200. Wiederkehr der Gründung der Oberlausitzischen Gesellschaft der Wissenschaften Görlitz 1979, hrsg. v. Rat der Stadt Görlitz. (Schriftenreihe des Ratsarchivs der Stadt Görlitz 11,2), 2 Tle., Görlitz 1982.

Petry, Ludwig: Die Historische Kommission für Schlesien im 6. Jahrzehnt ihres Bestehens; in: JSFUB 22 (1981), S. 240–254.

Petry, Ludwig / Schlenger, Herbert: Fünfzig Jahre Historische Kommission für Schlesien; in: Ders., Dem Osten zugewandt. Gesammelte Aufsätze zur schlesischen und ostdeutschen Geschichte. Sigmaringen 1983, S. 71–88.

Sabisch, Alfred: Polnische Beiträge zur schlesischen Kirchen- und Kulturgeschichte; in: ASKG 23 (1965), S. 251–269.

Die Schlesische Gesellschaft für vaterländische Cultur (Hrsg.): Denkschrift zur Feier ihres 50jährigen Bestehens. Breslau 1853.

Die Schlesische Gesellschaft für vaterländische Cultur. 1. Die Hundertjahrfeier. 2. Geschichte der Schlesischen Gesellschaft für vaterländische Cultur. Breslau 1904.

Silesiaca. Festschrift des Vereins für Geschichte und Alterthum Schlesiens zum 70. Geburtstag seines Präses Colmar Grünhagen. Breslau 1898.

Stasiewski, Bernhard: Institut für ostdeutsche Kirchen- und Kulturgeschichte e. V. 1958–1987. Köln 1988.

BIBLIOGRAPHISCHE UND GENEALOGISCHE NACHSCHLAGEWERKE

Berner, Karl Gustav Heinrich: Schlesische Landsleute. Leipzig 1901.

Biographisches Lexikon zur Geschichte der böhmischen Länder. Hrsg. v. Heribert Sturm u. a. 3 Bde., München 1979, 1984, 1992.

Blazek, Conrad: Die Wappen des schlesischen Adels. Wiederabdruck in einem Bd. der Werke: Der Adel von Österreichisch-Schlesien, Nürnberg 1885; der abgestorbene Adel der preußischen Provinz Schlesien und der Oberlausitz, 3 Teile, Nürnberg 1887 bis 1894. Neustadt a. d. Aisch 1977. (J. Siebmachers großes Wappenbuch, Bd. 17)

Boetticher, Walther von: Geschichte des Oberlausitzer Adels und seiner Güter 1635–1815. 4 Bde., Görlitz 1912–1923.

Deutsches Biographisches Archiv. Eine Kumulation aus 254 der wichtigsten biograph. Nachschlagewerke für den deutschen Bereich bis zum Ausgang des 19. Jahrhunderts, hrsg. v. Bernhard Fabian. Bearb. unter der Leitung von Willi Gorzny. Index 4 Bde., München u. a. 1982–1986. [Mikroficheedition]

Ehrenkrook, Hans Friedrich von: Stammfolgen schlesischer Adelsgeschlechter. Görlitz 1941.

Erhardt, Siegismund Justus: Presbyterologie des evangelischen Schlesiens. 4 Tle., Liegnitz und Dessau 1780–1789.

Grätzer, Jonas: Lebensbilder hervorragender schlesischer Ärzte aus den letzten vier Jahrhunderten. Breslau 1889. Neudruck Vaduz 1978.

Heiduk, Franz: Oberschlesisches Literatur-Lexikon. Biographisch-Bibliographisches Handbuch, 2 (von 3) Teilen, (Schriften der Stiftung Haus Oberschlesien. Literaturwissenschaftliche Reihe Bd. 1) Berlin 1990–1993.

Heppner, Aron: Jüdische Persönlichkeiten in und aus Breslau. Breslau 1931.

Hupka, Herbert (Hrsg.): Große Deutsche aus Schlesien. München² 1979.

Jasiński, Kazimierz: Rodowód Piastów Śląskich [Genealogie der schlesischen Piasten]. 3 Bde., (Prace Wrocławskiego Towarzystwa Naukowego, Serie A, Nr. 154, 167, 183) Wrocław 1973–977.

Jungnitz, Joseph: Die Breslauer Weihbischöfe. Breslau 1914.

Lenz, Rudolf (Hrsg.): Katalog ausgewählter Leichenpredigten der ehemaligen Stadtbibliothek Breslau. (Marburger Personalschriften-Forschungen 8) Marburg 1986.

Mende, Richard (Hrsg.): Katalog der Leichenpredigten-Sammlungen der Peter-Paul-Kirchenbibliothek und anderer Bibliotheken in Liegnitz. Marktschellenberg 1938.

Müller, Theodor (Hrsg.): 45 Führer aus den Anfängen und dem Heldenzeitalter der Breslauer Sozialdemokratie. Breslau 1925.

Nowack, Karl Gabriel: Schlesisches Schriftsteller-Lexikon. Bio-bibliographisches Verzeichnis der im zweiten Viertel des 19. Jahrhunderts lebenden schlesischen Schriftsteller. 6 Bde, Breslau 1836–1841.

Ostschlesische Porträts. Biographisch-bibliographisches Lexikon von Österreichisch-Ostschlesien, Teil 1: A–D, bearb. von Karl Walter Neumann u. a. (Schriften der Stiftung Haus Oberschlesien, Landeskundliche Reihe 2,1) Berlin 1991.

Perlick, Alfons: Oberschlesische Berg- und Hüttenleute. Lebensbilder aus dem oberschlesischen Industrierevier. (Veröffentlichung der »Oberschlesischen Studienhilfe« 3) Kitzingen/Main 1953.

Pusch, Oskar: Die Breslauer Rats- und Stadtgeschlechter in der Zeit von 1241 bis 1741, Bd. 1–5. (Veröffentlichungen der Forschungsstelle Ostmitteleuropa an der Uni Dortmund, Reihe B 33, 35, 38, 39, 41) Dortmund 1986–1991.

Randt, Erich/Swientek, Horst-Oskar (Hrsg.): Die älteren Personenstandsregister Schlesiens. (Einzelschriften/NF 1) Görlitz 1938.

Schlesische Lebensbilder. Hrsg. v. der Historischen Kommission für Schlesien. 6 Bde., Neuauflage der Bde. 1–5 Sigmaringen² 1985, Bd. 6 Sigmaringen 1990.

Schlesische Kirche in Lebensbildern. Hrsg. v. Johannes Gröger, Joachim Köhler und Werner Marschall. Sigmaringen 1992.

Schlesisches Geschlechterbuch, 4 Bde., (Deutsches Geschlechterbuch 73, 112, 153, 178), Görlitz/Limburg 1931–1978.

Sinapius, Johannes: Schlesischer Curiositäten Erste Vorstellung … /Des Schlesischen Adels Anderer Theil/Oder Fortsetzung Schlesischer Curiositäten … 2 Bde., Leipzig 1720–1728.

Śląski słownik biograficzny [Schlesisches biographisches Lexikon]. Pod. red. Jana Kantyki i Władysława Zielińskiego. 3 Tle., Katowice 1977 bis 1981.

Wilckens, Hans Jürgen v.: Schlesische Leichenpredigten, Trauerreden und Abdankungen des 17. Jahrhunderts aus der Herzog-August-Bibliothek in Wolfenbüttel. (Veröffentlichungen der Forschungsstelle Ostmitteleuropa B 26) Dortmund 1974.

Wutke, Konrad (Hrsg.): Stamm- und Übersichtstafeln der schlesischen Fürsten. Auf Grund von Hermann Grotefends Stammtafeln der schlesischen Fürsten bis zum Jahre 1740. Nebst einem Verzeichnis der Breslauer Bischöfe von Joseph Jungnitz. Breslau 1911.

WEITERE HILFSMITTEL UND NACHSCHLAGEWERKE

Amtliches Gemeinde- und Ortsnamenverzeichnis der Deutschen Ostgebiete unter fremder Verwaltung nach dem Gebietsstand am 1.9.1939. Bearb. und hrsg. v. der Bundesanstalt für Landeskunde. 3 Bde., Remagen 1953–55.

Atlas historyczny Polski. Śląsk w końcu XVIII w [Historischer Atlas von Polen. Schlesien am Ende des 18. Jahrhunderts]. T. 1. Pod red. Juliana Janczaka i Tadeusza Ładogórskiego. Oprac.: J. Janczak, B. Kaczmarski u. a. Wrocław 1976.

Atlas östliches Mitteleuropa. Hrsg. v. Theodor Kreuz, Emil Meynen, Hans Mortensen u. Herbert Schlenger. Bielefeld, Berlin, Hannover 1959.

Barran, Fritz R.: Städte-Atlas Schlesien. Rautenberg 1988.

Bartsch, Heinrich: Die Städte Schlesiens (in den Grenzen des Jahres 1937). Daten und Fakten zu ihrer landes-, kultur-, wirtschafts- und sozialgeschichtlichen Entwicklung und Bedeutung. Dortmund 1977.

Friedensburg, Friedrich: Schlesiens Münzgeschichte im Mittelalter. 3 Tle., (CDS 12–13, 23), Leipzig 1887–1888, 1904. Neudruck Leipzig 1984.

Friedensburg, Ferdinand / Seger, Hans (Hrsg.): Schlesiens Münzen und Medaillen der neueren Zeit. (Gesellschaft für internationale Geldgeschichte, Schriftenreihe 4) Breslau 1901.

Geschichtlicher Atlas von Schlesien. Hrsg. v. der Historischen Kommission für Schlesien. 1. Stück: Friderizianische Siedlungen rechts der Oder. Bearb. v. Herbert Schlenger. Blatt I: Kreuzburg; Blatt II: Oppeln; Blatt III: Pleß; Neuauflage der Ausgabe Breslau 1933 Sigmaringen[2] 1984.

Hultsch, Gerhard (Bearb.): Silesia Sacra. Kirchenstatistisches Handbuch von Schlesien nach dem Stande von 1945. (Das evangelische Schlesien 2) Düsseldorf 1953.

Katalog ruchomych zabytków sztuki sakralnej w archidiecezji Wrocławskiej [Katalog der Denkmäler sakraler Kunst in der Erzdiözese Breslau]. Hrsg. v. Józef Mandziuk (Bd. 1) und Józef Pater (Bd. 2). 2 Bde., Wrocław 1982.

Mitzka, Walther: Schlesisches Wörterbuch. 3 Bde., Berlin 1963–1965.

Stoob, Heinz (Hrsg.): Deutscher Städteatlas. Veröffentlichungen des Instituts für vergleichende Städtegeschichte, Altenbeken. Lieferung II (1979): Oppeln; Lieferung III (1984): Frankenstein, Goldberg; Lieferung IV (1989): Breslau.

Triest, Felix: Topographisches Handbuch von Oberschlesien. (Beiträge zur Geschichte und Landeskunde Oberschlesiens 1) Teilbde. 1–2, Breslau 1864. Nachdruck Sigmaringen 1984.

Ullmann, Klaus: Schlesien-Lexikon für alle, die Schlesien lieben. (Deutsche Landschaften im Lexikon 2) Mannheim[4] 1985.

Zwischen Oder und Riesengebirge. Schlesische Karten aus fünf Jahrhunderten. Bearb. v. Klaus Lindner. (Staatsbibliothek Preußischer Kulturbesitz, Ausstellungskatalog 29) Berlin 1987.

HANDBÜCHER UND ÜBERBLICKSDARSTELLUNGEN

Birke, Ernst: Schlesien; in: Geschichte der deutschen Länder. »Territorien-Ploetz«, hrsg. v. Georg Wilhelm Sante. 2 Bde., Würzburg 1964–1971; hier Bd. 1, S. 582–619; Bd. 2, S. 186–244.

Brann, Marcus: Geschichte der Juden in Schlesien. 6 Tle., (Jahrbücher des Jüdisch-Theologischen Seminars 1896. 1897. 1901. 1907. 1910. 1916.) Breslau 1896–1917.

Conze, Werner: Ostmitteleuropa. Von der Spätantike bis zum 18. Jahrhundert. Hrsg. v. Klaus Zernack. München 1992.

Cureus, Joachim u. Heinrich Rättel: Schlesische General Chronica, Darinnen Warhaffte eigentliche und kurtze Beschreibung/ Des Landes Ober und Nider Schlesien/... Sagan 1585.

Eberlein, Hellmut: Schlesische Kirchengeschichte. Breslau 1932, Ulm/Donau[4] 1962.

Eichborn, Wolfgang von (Hrsg.): Schlesiens Vermächtnis. Ein Lesebuch aus 700 Jahren. Wiesbaden[2] 1979.

Feldmann, Fritz: Die schlesische Kirchenmusik im Wandel der Zeiten. (Das Evangelische Schlesien 6.2) Lübeck 1975.

Frahne, Kurt: Die Textilindustrie im Wirtschaftsleben Schlesiens. Ihre wirtschaftlichen und technischen Grundlagen, historisch-ökonomische Gestaltung und gegenwärtige Bedeutung. Diss. Tübingen 1905.

Geschichte Schlesiens. Bd. 1: Von der Urzeit bis zum Jahre 1526. Im Auftrag der Historischen Kommission für Schlesien hrsg. v. Ludwig Petry, Josef Joachim Menzel u. Winfried Irgang, Sigmaringen[5] 1988. Bd. 2: Die Habsburgerzeit 1526–1740. Hrsg. v. Ludwig Petry u. Josef Joachim Menzel, Sigmaringen[2] 1988.

Grundmann, Günther: Der evangelische Kirchenbau in Schlesien. (Bau- und Kunstdenkmäler des deutschen Ostens C 4) Frankfurt 1970.

Grundmann, Günther: Stätten der Erinnerung. Denkmäler erzählen schlesische Geschichte. München 1975.

Grundriß zur deutschen Verwaltungsgeschichte 1815–1945. Hrsg. v. Walter Hubatsch, Reihe A, Bd. 4: Schlesien, bearb. v. Dieter Stüttgen, Helmut Neubach, Walther Hubatsch. Marburg/Lahn 1976.

Grünhagen, Colmar: Geschichte Schlesiens. 2 Bde., Gotha 1884–1886. Nachdruck Osnabrück 1979.

Handbuch des Erzbistums Breslau für das Jahr 1941. Breslau 1941.

Heyne, Johann: Geschichte des Bistums und Hochstifts Breslau. 3 Bde., Breslau 1860. Neudruck Aalen 1969.

Historia chłopów śląskich [Geschichte der schlesischen Bauern]. Opracowanie zbiorowe pod redakcją Stefana Inglota [Gemeinsame Bearbeitung unter Redaktion von Stefan Inglot]. Warszawa 1979.

Historia Śląska.
Bd. 1 (in 4 Tln.): Do roku 1763. Hrsg. v. Karol Maleczyński. Wrocław u. a. 1960–64.
Bd. 2 (in 2 Tln.): 1763–1850. Hrsg. v. Wacław Dlugoborski (T. 1), Stanisław Michalkiewicz (T. 2). Wrocław/Warszawa/Kraków 1966/70.
Bd. 3 (in 2 Tln.): 1850–1918. Hrsg. v. Stanisław Michalkiewicz. Wrocław u. a. 1976/1985.

Hoffmann-Erbrecht, Lothar: Musikgeschichte Schlesiens. Bd. 1, (Musikgeschichte der Deutschen im Osten Mitteleuropas 1) Dülmen 1986.

Hutter-Wolandt, Ulrich: Die evangelische Kirche Schlesiens im Wandel der Zeiten. Studien und Quellen zur Geschichte einer Territorialkirche. Hrsg. v. Johannes Hoffmann. (Veröffentlichungen der Forschungsstelle Ostmitteleuropa an der Universität Dortmund B 43) Dortmund 1991.

Jersch-Wenzel, Stefi (Hrsg.): Deutsche – Juden – Polen. Ihre Beziehungen von den Anfängen bis ins 20. Jahrhundert. Berlin 1987.

Kampers, Franz (Hrsg.): Schlesische Landeskunde. Geschichtliche Abteilung. Leipzig 1913.

Kapras, Jan: Z dějin Českého Slezska [Zur Geschichte des böhmischen Schlesien]. Opava 1922.

Klöber und Hellscheborn, Karl Ludwig von: Von Schlesien vor und seit dem Jar 1740. 2 Bde., Freiburg 1785.

Kopiec, Jan: Dzieje Kościoła katolickiego na Śląsku Opolskim [Geschichte der katholischen Kirche im Oppelner Schlesien]. (Encyklopedia wiedzy o Śląsku) Opole 1991.

Die Kunst in Schlesien. Dargestellt von August Grisebach, Günther Grundmann, Franz Landsberger, Manfred Laubert, Karl Masner, Hans Seger, Erich Wiese. Berlin 1927.

Lubos, Arno: Geschichte der Literatur Schlesiens. 3 Bde., München 1960–1974.

Lucae, Friedrich: Schlesiens curieuse Denckwürdigkeiten, oder vollkommene Chronica von Ober- und Nieder-Schlesien. Frankfurt 1689.

Lutsch, Hans/Golitschek, Josef v.: Schlesiens Kunstdenkmäler. 2 Bde. (Bildband und Textband), Mannheim 1979/85.

Magura, Wilhelm: Geschichte der Landwirtschaft Schlesiens. 2000 Jahre Bauernkultur. Hamburg/Berlin 1986.

Maleczyńska, Ewa (Hrsg.): Beiträge zur Geschichte Schlesiens. Berlin 1958.

Maleczyńska, Ewa/Maleczyński, Karol: Dzieje Śląska [Geschichte Schlesiens]. Warszawa 1955.

Markgraf, Hermann: Kleine Schriften zur Geschichte Schlesiens und Breslaus. Breslau 1915.

Marschall, Werner: Geschichte des Bistums Breslau, Stuttgart 1980.

Maser, Peter/Weiser, Adelheid: Juden in Oberschlesien, Teil 1: Historischer Überblick. Jüdische Gemeinden (I). Berlin 1992.

Mazura, Paul: Die Entwicklung des politischen Katholizismus in Schlesien. Breslau 1925.

Menzel, Karl Adolf: Geschichte Schlesiens. 3 Bde., Breslau 1808–1809.

Nowack, Alfons: Schlesische Wallfahrtsorte älterer und neuerer Zeit im Erzbistum Breslau. (Zur schlesischen Kirchengeschichte 25) Berlin 1937.

Partsch, Josef: Schlesien. Eine Landeskunde für das deutsche Volk. 2 Bde., Breslau 1896–1911.

Patzelt, Herbert: Geschichte der evangelischen Kirche in Österreichisch-Schlesien. (Schriften der Stiftung Haus Oberschlesien 5) Dülmen 1989.

Perlick, Alfons (Hrsg.): Landeskunde des oberschlesischen Industriegebietes. Ein heimatwissenschaftliches Handbuch. Breslau 1943.

Polacy i Niemcy. Z badań nad kształtowaniem heterostereotypów etnicznych [Polen und Deutsche. Aus den Forschungen über die Gestaltung der ethnischen Heterostereotypen]. Zbiór studiów pod redakcją Kazimierza Wajdy. Toruń 1991.

Popiołek, Kazimierz: Historia Śląska od pradziejów do 1945 roku [Geschichte Schlesiens von der Urzeit bis zum Jahr 1945]. Katowice 1972.

Popiołek, Kazimierz: Polskie dzieje Śląska. Opole 1986.

Popiołek, Kazimierz: Śląskie dzieje [Schlesische Geschichte]. Warszawa, Kraków 1976.

Prinz, Friedrich (Hrsg.): Böhmen und Mähren. (Deutsche Geschichte im Osten Europas 2) Berlin 1993.

Real-Handbuch des Bistums Breslau. Hrsg. vom Fürstbischöflichen Ordinariat. 2 Bde., Breslau 1929.

Reiter, Norbert: Die polnisch-deutschen Sprachbeziehungen in Oberschlesien. (Osteuropa-Institut an der Freien Universität Berlin, Slavistische Veröffentlichungen 23) Berlin 1960.

Rothe, Hans (Hrsg.): Ostdeutsche Geschichts- und Kulturlandschaften. Tl. 1: Schlesien. (Studien zum Deutschtum im Osten 19,1) Köln 1987.

Schickfus, Jacob: New vermehrte Schlesische Chronica unnd Landes Beschreibung ... Leipzig [1625]

Seppelt, Franz Xaver: Geschichte des Bistums Breslau. (Real-Handbuch des Bistums Breslau 1) Breslau 1929.

Sieber, Helmut: Schlösser in Schlesien. Ein Handbuch mit 197 Aufnahmen. Frankfurt 1971.

Stasiewski, Bernhard: Beiträge zur schlesischen Kirchengeschichte. Gedenkschrift für Kurt Engelbert. (FQKKO 6) Köln, Wien 1969.

Stein, Rudolf: Das Bürgerhaus in Schlesien. (Das Deutsche Bürgerhaus 7) Tübingen 1966.

Ulitz, Otto: Oberschlesien. Aus seiner Geschichte. Bonn^3 1971.

Urban, Wincenty: Zarys dziejów diecezji wrocławskiej [Abriß der Geschichte des Bistums Breslau]. Wrocław 1962.

Verwaltungsgeschichte Ostdeutschlands 1815 bis 1945. Organisation – Aufgaben – Leistungen der Verwaltung. Hrsg. v. Gerd Heinrich, Friedrich-Wilhelm Henning, Kurt G. A. Jeserich. Stuttgart 1993.

Verzeichnis der Kunstdenkmäler der Provinz Schlesien. Bearb. von Hans Lutsch. 5 Bde., Breslau 1886 bis 1903.

Weber, Karl: Geschichte des Theaterwesens in Schlesien. (Veröffentlichungen der Forschungsstelle Ostmitteleuropa an der Universität Dortmund A 29) Dortmund 1980.

Weczerka, Hugo (Hrsg.): Schlesien. (Handbuch der historischen Stätten) Stuttgart 1977.

Wiesenhütter, Alfred: Der Evangelische Kirchbau Schlesiens von der Reformation bis zur Gegenwart. (Das Evangelische Schlesien 3) Düsseldorf^2 1954.

Zieliński, Andrzej: Zamki dolnośląskie na dawnej rycinie [Die niederschlesischen Schlösser auf alten Stichen]. Wrocław 1991.

Zimmermann, Friedrich Albert: Beyträge zur Beschreibung von Schlesien. 13 Bde., Brieg 1783 bis 1796.

Werke zur Orts- und Regional-Geschichte

[In diesem Abschnitt sind die Titel alphabetisch nach Orten und dann nach Erscheinungsjahr geordnet.]

Die Städte in der Provinz Schlesien. [Einführung: Hermann Uhtenwoldt]; in: Deutsches Städtebuch. Hrsg. v. Erich Keyser. Bd. 1: Nordostdeutschland. Stuttgart/Berlin 1939, S.687–911.

Perlick, Alfons: *Beuthen* OS. Ein Heimatbuch des Beuthener Landes. Mit Beiträgen von Heinrich Brathe und Friedrich Böhmer. Hrsg. v. der Stadt und dem Landkreis Recklinghausen. Recklinghausen 1962.

Kuhn, Walter: Geschichte der deutschen Sprachinsel *Bielitz* (Schlesien). (DQ 21) Würzburg 1981.

Teichmann, A.: Chronik der Stadt *Bolkenhain* in Schlesien, von den ältesten Zeiten bis zum Jahre 1870. Bolkenhain 1879.

Stein, Julius: Geschichte der Stadt *Breslau* im 19. Jahrhundert. Breslau² 1884.

Weiß, F. G. Adolf: Chronik der Stadt Breslau von der ältesten bis zur neuesten Zeit. Breslau 1888.

Kaufmann, Georg (Hrsg.): Festschrift zur Feier des hundertjährigen Bestehens der Unversität Breslau. 1. Teil: Geschichte der Universität Breslau. 2. Teil: Geschichte der Fächer, Institute und Ämter der Universität Breslau 1811–1911. Breslau 1911.

Markgraf, Hermann: Geschichte Breslaus. 2. vermehrte Auflage bearb. v. Otfried Schwarzer. Breslau 1913.

Landsberger, Franz: Breslau. (Berühmte Kunststätten 75) Leipzig 1926.

Burgemeister, Ludwig: Die Kunstdenkmäler der Stadt Breslau. (Die Kunstdenkmäler der Provinz Niederschlesien 1,1) Breslau 1930.

Długoborski, Wacław; Józef Gierowski u. Karol Maleczyński: Dzieje Wrocławia do roku 1807 [Geschichte Breslaus bis 1807]. Warszawa 1958.

Kleineidam, Erich: Die katholisch-theologische Fakultät der Universität Breslau 1811–1945. Köln 1961.

Goerlitz, Theodor: Verfassung, Verwaltung und Recht der Stadt Breslau. Tl. 1: Mittelalter. (QD 7) Würzburg 1962. [mehr nicht erschienen]

Bunzel, Ulrich: Entstehen und Vergehen der evangelischen Kirchen Breslaus. München 1964.

Degen, Kurt: Die Bau- und Kunstdenkmäler des Landkreises Breslau. (Bau- und Kunstdenkmäler des Deutschen Ostens C 1) Frankfurt 1965.

Grundmann, Günther: Barockfresken in Breslau. Frankfurt a. M. 1967.

Hoffmann, Hermann: Sandstift und Pfarrkirche St. Maria in Breslau. Gestalt und Wandel im Laufe der Jahrhunderte. Stuttgart 1971.

Breslau. Ansichten aus sechs Jahrhunderten. Katalog, bearb. v. Rupert Schreiner. Regensburg 1983.

Czerner, Olgierd: Wrocław na dawnej rycinie [Breslau in alten Stichen]. Wrocław 1989.

Scheuermann, Gerhard: Das Breslau-Lexikon. 2 Bde., Dülmen 1994.

Schönwälder, Karl Friedrich: Die Piasten zum *Briege* oder Geschichte der Stadt und des Fürstenthums Brieg. 3 Bde., Brieg 1855–1856.

Schoenborn, Heinrich: Geschichte der Stadt und des Fürstentums Brieg. Ein Ausschnitt aus der Geschichte Schlesiens. Brieg 1907.

Hoffmann, Hermann: Die Jesuiten in Brieg. (Zur schlesischen Kirchengeschichte 4) Breslau 1934.

Irrgang, Werner: Ältere und Neuere Geschichte der Stadt Brieg 1740–1980. 2 Bde., Goslar 1980–1988.

Wernicke, Ewald: Chronik der Stadt *Bunzlau* von den ältesten Zeiten bis zur Gegenwart. Bunzlau 1884.

Dewitz, Eduard: Geschichte des Kreises Bunzlau. Bunzlau 1885.

Der Bunzlauer Kreis an Bober und Queis. Bearb. v. A. Zobel und Karl Springer. Siegburg² 1964.

Praschma, Hans von [eigentlich: Wendt, Heinrich/Klawitter, Willy] (Hrsg.): Geschichte der Herrschaft *Falkenberg* in Oberschlesien. Falkenberg 1929.

Walter, Carl: Geschichte der Stadt *Freystadt*. Hrsg. v. Gertrud Walter. Freystadt 1934.

Irgang, Winfried: *Freudenthal* als Herrschaft des Deutschen Ordens 1621–1725. (Quellen und Studien zur Geschichte des Deutschen Ordens 25) Bonn 1971.

Craemer, August: Stadtbuch der Stadt *Friedeberg* a. Queis. Friedeberg 1927.

Kerber, P.: Geschichte des Schlosses und der freien Standesherrschaft *Fürstenstein* in Schlesien. Breslau 1885.

Koch, W. John: Schloss Fürstenstein. Erinnerungen an einen schlesischen Adelssitz. Eine Bilddokumentation. Würzburg 1989.

Volkmer, Franz / Hohaus, Wilhelm: Geschichtsquellen der Grafschaft *Glatz*. 5 Bde., Habelschwerdt 1883–91.

Fogger, Josef: Beiträge zur Wirtschaftskunde der Grafschaft Glatz. Mit vielen Karten, Skizzen und Bildern. (Von Glatzer Land und Volk 1) Kierspe 1952.

Schindler, Karl: Denk- und Merkwürdigkeiten der Grafschaft Glatz. Leimen 1985.

Kögler, Joseph: Die Chroniken der Grafschaft Glatz. Hrsg. u. bearb. v. Dieter Pohl. Bd. 1: Die Stadt- und Pfarreichroniken von Lewin – Mittelwalde – Wünschelburg – Neurode –Wilhelmsthal. Bd. 2: Die Pfarrei- und Stadtchroniken von Glatz – Habelschwerdt – Reinerz. Modautal 1993. (Geschichtsquellen der Grafschaft Glatz, NF Reihe A, 1 und 2) Modautal 1992.

Nietsche, Benno: Geschichte der Stadt Gleiwitz. *Gleiwitz* 1886.

Gliwice. Zarys rozwoju miasta i okolicy [Gleiwitz. Abriss der Entwicklung von Stadt und Land]. Hrsg. v. Śląski Instytut Naukowy w Katowicach. Praca zbiorowa, pod red. Andrzeja Szefera. (Zespół autorów: Józef Antosz [u. a.]). Warszawa 1976.

Berndt, Robert: Geschichte der Stadt *Gross-Glogau*. 3 Bde., Gross-Glogau 1879–1886.

Blaschke, Julius: Geschichte der Stadt Glogau und des Glogauer Landes. Glogau 1913.

Lucas, Franz D. und Heitmann, Margret: Stadt des Glaubens. Geschichte und Kultur der Juden in Glogau. (Wissenschaftliche Abhandlungen des Salomon Ludwig Steinheim-Institutes für Deutsch-jüdische Geschichte 3; Beiträge zur Geschichte der Juden in Schlesien I) Hildesheim 1991.

Glogau im Wandel der Zeiten. Głogów poprzez wieki. Bearbeitet von Werner Bein, Johannes Schellakowsky und Ulrich Schmilewski, hrsg. v. der Stiftung Kulturwerk Schlesien. Würzburg 1992.

Jecht, Richard (Hrsg.): Quellen zur Geschichte der Stadt *Görlitz*. Bd. 1 [mehr nicht erschienen], Görlitz 1926–1934.

Stutzer, Emil (Hrsg.): Görlitzer Heimatkunde. Breslau[2] 1906.

Sturm, Ludwig: Geschichte der Stadt *Goldberg* in Schlesien. Goldberg 1888.

Greiffenberger Leinenkaufleute in vier Jahrhunderten. Bearb. v. Elisabeth Zimmermann, hrsg. v. Hermann Teichgraeber unter Mitwirkung von U. Kunze. Görlitz 1938.

Franzkowski, Joseph: Geschichte der Freien Standesherrschaft, der Stadt und des landrätlichen Kreises *Groß Wartenberg*. Groß Wartenberg 1912.

Finke, Alfred / Stein, Erwin: *Grünberg*. (Monographien deutscher Städte 10) Berlin 1922.

Schmidt, Hugo: Geschichte der Stadt Grünberg. Neubearbeitung von Försters »Aus Grünbergs Vergangenheit«. Grünberg 1922.

Rose, Ambrosius: Kloster *Grüssau*. Stuttgart 1974.

Ziolecki: Geschichte der Stadt *Guhrau* 1300–1900. Guhrau 1900.

Klapper, Hans: Das Zunftwesen der Stadt Guhrau. (Sprache und Kultur der Germanischen und Romanischen Völker, Germanistische Reihe 28) Breslau 1936.

Weltzel, Augustin: Geschichte der Stadt und Herrschaft *Guttentag*. Ratibor 1882.

Volkmer, Franz: Geschichte der Stadt *Habelschwerdt* in der Grafschaft Glatz. Habelschwerdt 1897.

Scholz, Theodor: Chronik der Stadt *Haynau* in Schlesien. Haynau 1869.

Knossalla, Josef: Geschichte der Stadt *Hindenburg* OS. Kattowitz 1929.

Pollok, Josef (Bearb.): Hindenburg OS, Stadt der Gruben und Hütten. Bearb. von Josef Pollok unter Mitwirkung von Bernhard Brilling, Rudolf Glowig, Werner Gottwald u. a. hrsg. vom Vertretungsausschuß der Hindenburger bei der Patenstadt Essen. Hürth / Rheinland 1979.

Voigt, M.: Illustrierte Chronik der Stadt *Hirschberg* in Schlesien. Hirschberg 1875.

Hoffmann, Hermann: Die Jesuiten in Hirschberg. (Zur schlesischen Kirchengeschichte 7) Breslau 1934.

Höhne, Alfred: Hirschberg im Riesengebirge. Ein Heimatbuch. Groß-Denke / Wolfenbüttel 1953.

Kürschner, Gottlieb: Regesten zur Geschichte *Jägerndorfs* unter den Herrschern aus dem Hause Brandenburg 1523–1622. Troppau 1892.

Schönaich, Gustav: Die alte Fürstentumshauptstadt *Jauer*. Jauer 1903.

Hoffmann, Georg: Geschichte der Stadt *Kattowitz*. Kattowitz 1895.

Mohr, Hugo: Geschichte der Stadt *Königshütte* in Oberschlesien. Königshütte 1890.

Weltzel, Augustin: Geschichte der Stadt, Herrschaft und ehemaligen Festung *Kosel*. O.O. ²1888.

Fuhrmann, Horst: »Fern von gebildeten Menschen«. Eine oberschlesische Kleinstadt um 1870 [*Kreuzburg*]. München 1989.

Perschke, Wilhelm: Beschreibung und Geschichte der Stadt *Landeshut* in Schlesien. Landeshut 1829.

Hoenow, Fritz: Chronik von *Langenbielau*. Unter teilweiser Mitarbeit von Hans Walther, verfaßt von Fritz Hoenow. Langenbielau 1931.

Berkel, Paul: Geschichte der Stadt *Lauban*. Lauban 1896.

Skobel, Paul: Das jungfräuliche Klosterstift zur Heiligen Maria Magdalena von der Buße zu Lauban in Schlesien von 1320–1821. Stuttgart 1970.

Troska, Ferdinand: Geschichte der Stadt *Leobschütz*. Leobschütz 1892.

Sammter, Asher / Kraffert, Adalbert Hermann: Chronik von *Liegnitz*. 4 Tle., Liegnitz 1861–1873.

Schönborn, Theodor: Chronik der Stadt Liegnitz. Hrsg. v. Oberbürgermeister Dr. Elsner unter Mitarbeit von Bürgermeister Horstmann. (Chroniken deutscher Städte 32) Berlin 1940.

Beiträge zur Liegnitzer Geschichte. Hrsg. v. der Historischen Gesellschaft Liegnitz e. V. Lorch / Württemberg 1ff. (1971ff.).

Köhler, Kurt: Geschichte der Stadt *Löwen*. Löwen 1933.

Klose, Konrad: Beiträge zur Geschichte der Stadt *Lüben*. Lüben 1924.

Kluge, Kurt: Chronik der Stadt *Militsch*. Militsch 1909. Neudruck St. Augustin 1987.

Kopietz, Johannes Athanasius: Kirchengeschichte des Fürstentums *Münsterberg* und des Weichbildes Frankenstein. Frankenstein 1885.

Hartmann, Franz: Geschichte der Stadt Münsterberg in Schlesien von ihrer Gründung bis zur Gegenwart. Münsterberg 1907.

Bretschneider, Paul: Urkundenbuch der Stadt Münsterberg. 3 Bde., Münsterberg 1927–32.

Liebich, W.: Chronik der Stadt *Namslau* von Begründung derselben bis auf die neueste Zeit. Nach einer im Namslauer Stadt-Archiv befindlichen Chronik bearbeitet. Namslau 1862.

Schönaich, Gustav: Die alte Bischofsstadt *Neisse*. Oppeln 1935.

Neisse. Das Schlesische Rom im Wandel der Jahrhunderte. Katalog, bearb. von Werner Bein u. a. Würzburg 1988.

Kindler, Paul: Geschichte der Stadt Neumarkt. 2 Bde., Breslau 1903/07.

Chrząszcz, Johannes: Geschichte der Stadt *Neustadt* in Oberschlesien. Neustadt 1912.

Schölzel, Jürgen: *Nimptsch* in Schlesien. Vorzeit, Frühzeit, Mittelalter. (Wissenschaftliche Beiträge zur Geschichte und Landeskunde Ost-Mitteleuropas 94) Marburg/Lahn 1974.

Schnurpfeil, Heinrich: Geschichte und Beschreibung der Stadt *Ober-Glogau* in Oberschlesien. Mit der Genealogie der Grafen von Oppersdorf. Ober-Glogau 1860.

*Oberlausitz*er Forschungen. Beiträge zur Landesgeschichte. Hrsg. v. M. Reuther. Leipzig 1961.

Sinapius, Johannes: Olsnographia oder Eigentliche Beschreibung des *Oelß*nischen Fürstenthums ... 2 Teile, Leipzig, Frankfurt 1706–1707.

Haeusler, Wilhelm: Geschichte des Fürstenthums Oels bis zum Aussterben der Piasten-Herzogslinie. Breslau 1883.

Idzikowski, Franz: Geschichte der Stadt *Oppeln*. Oppeln 1863.

Hoffmann, Hermann: Die Jesuiten in Oppeln. Die Tätigkeit der Jesuiten in den Fürstentümern Oppeln und Ratibor, den Standesherrschaften Beuthen und Pleß, in Oppeln, Tarnowitz und Piekar, in den Volksmissionen und den neuen Niederlassungen in Oberglogau und Ziemientzitz. (Zur schlesischen Kirchengeschichte 8) Breslau 1934.

Goerlitz, Theodor: Die Rechtsentwicklung in der Stadt Oppeln. Oppeln 1939.

Schneider, J.: Geschichte der Stadt *Patschkau*. Neiße 1843.

Chrząszcz, Johannes: Geschichte der Städte *Peiskretscham* und Tost sowie des Kreises Tost-Gleiwitz. Peiskretscham² 1927.

Zivier, Ezechiel: Geschichte des Fürstenthums *Pleß*. Entstehung der Standesherrschaft Pleß. Kattowitz 1906.

Weltzel, Augustin: Geschichte der Stadt *Ratibor*. Ratibor² 1881.

Hyckel, Georg: Geschichte und Besiedlung des Ratiborer Landes. Würzburg 1961.

Kracherowa, Nina: Ziemia raciborska [Das Ratiborer Land]. Katowice 1972.

Hasse, Erich: Chronik der Stadt *Reichenbach* im Eulengebirge. Reichenbach 1929.

Idzikowski, Franz: Geschichte der Stadt und ehemaligen Herrschaft *Rybnik* in Oberschlesien. Breslau 1861.

Leipelt, Anton: Geschichte der Stadt und des Herzogthums *Sagan*. Sorau 1853.

Heinrich, Arthur: Geschichte des Fürstentums Sagan. Bd. 1 [bis 1549], Sagan 1911.

Les vues de Sagan. Sagan und Sprottau in der schlesischen Geschichte. Hrsg. im Auftrag der Stiftung Kulturwerk Schlesien v. Werner Bein. Würzburg 1992.

Schmidt, Friedrich Julius: Geschichte der Stadt *Schweidnitz*. 2 Bde., Schweidnitz 1846–48.

Hoffmann, Hermann: Die Jesuiten in Schweidnitz. (Zur schlesischen Kirchengeschichte 3) Schweidnitz 1930.

Radler, Leonhard: Die Stadt Schweidnitz und die Revolution von 1848. Diss. Hamburg 1933.

Schoenaich, Gustav: Die alte Fürstentumshauptstadt Schweidnitz. Schweidnitz 1935.

Schweidnitz im Wandel der Zeiten. Katalog zur Ausstellung, veranstaltet von der Stiftung Kulturwerk Schlesien, bearb. v. Werner Bein und Ulrich Schmilewski. Würzburg 1990.

Neumann, Karl Walter (Hrsg.): *Skotschau* in Oberschlesien. Geschichte – Erinnerung – Dokumentation. O. O. 1984.

Weltzel, Augustin: Geschichte der Stadt *Sohrau* in Oberschlesien. Sohrau 1888. Überarbeitete Fassung von Elisabeth Nerlich. Dortmund 1972.

Matuskiewicz, Felix: Geschichte der Stadt *Sprottau*. Sprottau 1908.

Schubert, Heinrich: Urkundliche Geschichte der Stadt *Steinau* an der Oder. Nachdruck der Ausgabe Breslau 1885. Wiesbaden 1987.

Görlich, Franz Xaver: Geschichte der Stadt *Strehlen* in Preußisch-Schlesien. Breslau 1853.

Chronik der mittelschlesischen Kreisstadt Strehlen. Bearb., erw. und hrsg. v. Josef Alfred Hoffmann. 4 Tle., Velen/Westfalen 1963–67.

Filla, Julius: Chronik der Stadt *Striegau*. Striegau 1889.

Biermann, Gottlieb: Geschichte des Herzogthums *Teschen*. Teschen 1863, ²1894.

Chlebowczyk, Józef: Nad Olzą. Śląsk Cieszyński w wiekach XVIII, XIX i XX [An der Olsa. Das Teschener Schlesien im 18., 19. und 20. Jahrhundert]. Hrsg. v. Śląski Instytut Naukowy w Katowicach. Katowice 1971.

Landwehr von Pragenau, Moritz: Geschichte der Stadt Teschen. Bearb. v. Walter Kuhn. (QD 18) Würzburg 1976.

Wagner, Oskar: Mutterkirche vieler Länder: Geschichte der Evangelischen Kirche im Herzogtum Teschen 1545–1918/20. (Studien und Texte zur Kirchengeschichte und Geschichte, Bd. IV/1–3) Wien 1978.

[Stammberger, Paul]: Chronik der Stadt *Trachenberg*. Trachenberg 1903.

Joachim, Hermann: Chronik der Stadt *Trebnitz*. Trebnitz 1914.

Kopetzky, Franz: Regesten zur Geschichte des Herzogthums *Troppau* (1061–1464). Wien 1871.

Biermann, Gottlieb: Geschichte der Herzogthümer Troppau und Jägerndorf. Teschen 1874.

Seidl, Elmar: Das Troppauer Land zwischen den fünf Südgrenzen Schlesiens. Grundzüge der politischen und territorialen Geschichte bis zur Mitte des 19. Jahrhunderts. (Schriften der Stiftung Haus Oberschlesien, Landeskundliche Reihe 1) Berlin 1992.

Loewe, Viktor: Geschichte der Stadt *Ujest*. Oppeln 1923.

Waldenburg in Schlesien. Hrsg. v. Bürgermeister Dr. Wießner. (Monographien deutscher Städte 16) Berlin 1925.

Engelbert, Kurt: Geschichte der Stadt *Wansen* und des Wansener Haltes. 2 Bde., Ohlau 1927–1935.

Juhnke, Richard: *Wohlau*. Geschichte des Fürstentums und des Kreises. (Ostdeutsche Beiträge 35) Würzburg 1965.

Pfitzner, Josef: Geschichte der Bergstadt *Zuckmantel*. Zuckmantel 1924.

Chrząszcz, Johannes: Geschichte der Stadt *Zülz* in Oberschlesien. Anläßlich des 700jährigen Jubiläums von Zülz. Zülz 1926.

VERÖFFENTLICHUNGEN ZU EINZELNEN ZEITABSCHNITTEN

Mittelalter / Quellen

Altmann, Wilhelm (Hrsg.): Acta Nicolai Gramis. Urkunden und Aktenstücke betreffend die Beziehung Schlesiens zum Baseler Konzile. (CDS 15) Breslau 1890.

Braunfels, Wolfgang (Hrsg.): Der Hedwigs-Codex von 1353. Sammlung Ludwig. 2 Bde., Berlin 1972.

Ebel, Friedrich: Magdeburger Recht. Bd. II: Die Rechtsmitteilungen und Rechtssprüche für Breslau. Teil 1: Die Quellen von 1261–1452. (Mitteldeutsche Forschungen 89) Köln 1989.

Engelbert, Kurt: Quellen zur Geschichte des Neisser Bistumslandes auf Grund der drei ältesten Neisser Lagerbücher. (QD 10) Würzburg 1964.

Eschenloer, Peter: Historia Wratislaviensis et que post mortem regis Ladislai sub electo Georgio de Podiebrat bohemorum rege illi acciderant prospera et adversa. (SRS 7) Breslau 1872.

Goerlitz, Theodor u. Paul Gantzer (Bearb.): Rechtsdenkmäler der Stadt Schweidnitz einschließlich der Magdeburger Rechtsmitteilungen und der Magdeburger und Leipziger Schöffensprüche für Schweidnitz. (Deutsche Rechtsdenkmäler aus Schlesien 1) Stuttgart 1939.

Gottschalk, Joseph: Die große Legende der heiligen Frau Sankt Hedwig. Bd. 1 (Faksimile nach der Originalausgabe v. Konrad Baumgarten, Breslau 1504), Bd. 2 (Textband), Wiesbaden 1963.

Grünhagen, Colmar u. Hermann Markgraf (Hrsg.): Lehns- und Besitzurkunden Schlesiens und seiner einzelnen Fürstenthümer im Mittelalter. 2 Bde., (Publikationen aus den Kgl. Preußischen Staatsarchiven 7, 16) Osnabrück 1881, 1883. Neudruck Osnabrück 1965.

Haeusler, Wilhelm (Hrsg.): Urkundensammlungen zur Geschichte des Fürstenthums Oels bis zum Aussterben der piastischen Herzogslinie. Breslau 1883.

Henricus Pauper. Rechnungen der Stadt Breslau von 1299–1358, nebst zwei Rationarien von 1386 und 1387, dem Liber Imperatoris vom Jahre 1377 und den ältesten Breslauer Statuten. Hrsg. v. Colmar Grünhagen. (CDS 3) Breslau 1860.

Korn, Georg (Hrsg.): Schlesische Urkunden zur Geschichte des Gewerberechts insbesondere des Innungswesens aus der Zeit vor 1400. Breslau 1867.

Leuchte, Hans-Jörg: Das Liegnitzer Stadtrechtsbuch des Nikolaus Wurm. Hintergrund, Überlieferung und Edition eines schlesischen Rechtsdenkmals. (QD 25) Sigmaringen 1990.

Markgraf, Hermann (Hrsg.): Annales Glogovienses bis z. J. 1493. Nebst urkundlichen Beilagen. (SRS 10) Breslau 1877.

Markgraf, Hermann / Schulte, Joseph Wilhelm [später: Lambert] (Hrsg.): Liber fundationis episcopatus Vratislaviensis. (CDS 14) Breslau 1889.

Markgraf, Hermann (Hrsg.): Politische Correspondenz Breslaus im Zeitalter Georgs von Podiebrad. Zugleich als urkundliche Belege zu Eschenloers Historia Wratislaviensis, zweite Abtheilung 1463–1469. (SRS 9) Breslau 1874.

Meinardus, Otto: Das Halle-Neumarkter Recht von 1181. (DQ 8) Breslau 1909.

Meinardus, Otto: Das Neumarkter Rechtsbuch und andere Neumarkter Rechtsquellen. (DQ 2) Breslau 1906.

Meitzen, August (Hrsg.): Urkunden schlesischer Dörfer zur Geschichte der ländlichen Verhältnisse und der Flureintheilung insbesondere. (CDS 4) Breslau 1863.

Oelsner, Ludwig: Schlesische Urkunden zur Geschichte der Juden im Mittelalter. Wien 1864.

Pfotenhauer, Paul (Hrsg.): Urkunden des Klosters Kamenz. (CDS 10) Breslau 1881.

Regesten zur schlesischen Geschichte.
Bis zum Jahre
1300, bearb. v. C. Grünhagen. 3 Tle., (CDS 7) Breslau 1872–1886.
1301–1315, bearb. v. C. Grünhagen u. K. Wutke. (CDS 16) Breslau 1892.
1316–1326, bearb. v. C. Grünhagen u. K. Wutke. (CDS 18) Breslau 1898.
1327–1333, bearb. v. C. Grünhagen u. K. Wutke. (CDS 22) Breslau 1903.
1334–1337, bearb. v. K. Wutke. (CDS 29) Breslau 1823.
1338–1342, bearb. v. K. Wutke u. E. Randt. (CDS 30) Breslau 1827.

Regesty Śląskie. Bd. 1: 1343–1348, Bd. 2: 1349–1354. Hrsg. v. Wacław Korta. Wrocław 1975/1983.

Schirrmacher, Friedrich Wilhelm: Urkundenbuch der Stadt Liegnitz und ihres Weichbildes bis zum Jahr 1455. Liegnitz 1866.

Schlesisches Urkundenbuch. Bearb. v. Heinrich Appelt (Bd. 1) und Winfried Irgang (ab Bd. 2). 5 Bde., Köln/Wien 1971–1993.

Tzschoppe, Gustav Adolf/Stenzel, Gustav Adolf: Urkundensammlung zur Geschichte des Ursprungs der Städte und der Einführung und Verbreitung deutscher Kolonisten und Rechte in Schlesien und der Ober-Lausitz. Hamburg 1832.

Wachter, Franz (Hrsg.): Geschichtsschreiber Schlesiens des XV. Jahrhunderts. (SRS 12) Breslau 1883.

Wattenbach, Wilhelm/Grünhagen, Colmar (Hrsg.): Registrum St. Wenceslai. Urkunden vorzüglich zur Geschichte Oberschlesiens. Nach einem Copialbuche Herzog Johanns von Oppeln und Ratibor. Breslau 1865.

Wattenbach, Wilhelm (Hrsg.): Urkunden des Klosters Czarnowanz. (CDS 1) Breslau 1857.

Wattenbach, Wilhelm (Hrsg.): Urkunden der Klöster Rauden und Himmelwitz, der Dominicaner und Dominicanerinnen in der Stadt Ratibor. (CDS 2) Breslau 1859.

Wutke, Konrad (Hrsg.): Schlesiens Bergbau und Hüttenwesen. Urkunden (1136–1528). Breslau 1900.

Mittelalter/Darstellungen

Appelt, Heinrich: Die mittelalterliche deutsche Siedlung in Schlesien; in: Deutsche Ostsiedlung in Mittelalter und Neuzeit. (Studien zum Deutschtum im Osten 8) Köln, Wien 1971, S. 1–19.

Appelt, Heinrich: Die Urkundenfälschungen des Klosters Trebnitz. Studien zur Verfassungsentwicklung der deutschrechtlichen Klosterdörfer und zur Entstehung des Dominiums. Breslau 1940.

Bretschneider, Paul (Hrsg.): Das Gründungsbuch des Klosters Heinrichau. (DQ 29) Breslau 1927. Neudruck Aalen 1981.

Bruder, Artur: Najstarszy kopiarz klasztoru cystersów w Henrykowie [Das älteste Kopiar des Zisterzienserklosters Heinrichau]. (AUW 1267, Historia 88) Wrocław 1992.

Brzoska, Emil: Die Breslauer Diözesansynoden bis zur Reformation, ihre Geschichte und ihr Recht. (DQ 38) Breslau 1939.

Die Rolle Schlesiens und Pommerns in der Geschichte der deutsch-polnischen Beziehungen im Mittelalter. XII. deutsch-polnische Schulbuchkonferenz der Historiker vom 5. bis 10. Juni 1979 in Allenstein/Olsztyn (Polen), Red. Rainer Riemenschneider. (Schriftenreihe des Georg-Eckert-Instituts für internationale Schulbuchforschung 22/III) Braunschweig^2 1983.

Dola, Kazimierz: Wrocławska kapituła katedralna w XV wieku. Ustrój – skład osobowy – działalność [Das Breslauer Domkapitel im 15. Jahrhundert. Verfassung – Persönliche Zusammensetzung – Tätigkeit]. Lublin 1983.

Dürig, Walter: Das Sequentiar des Breslauer Inkunabelmissales. (Arbeiten zur schlesischen Kirchengeschichte 4) Sigmaringen 1989.

Feldmann, Fritz: Musik und Musikpflege im mittelalterlichen Schlesien. (DQ 37) Neudruck der Ausgabe 1938 Aalen 1973.

Fried, Johannes: Otto III. und Boleslaw Chrobry. Das Widmungsbild des Aachener Evangeliars, der »Akt von Gnesen« und das frühe polnische und ungarische Königtum. Eine Bildanalyse und ihre Folgen. (Frankfurter Historische Abhandlung 30) Stuttgart 1989.

Gieysztor, Alexander: Kultura Śląska miedzy IX a XIII wiekiem. Katowice 1960.

Goerlitz, Theodor/Gantzer, Paul: Die Magdeburger Schöffensprüche und Rechtsmitteilungen für Schweidnitz. (Die Magdeburger Schöffensprüche und Rechtsmitteilungen, Reihe 7: Schlesien, Bd. 1) Stuttgart/Berlin 1940.

Görlich, Paul: Zur Frage des Nationalbewußtseins in ostdeutschen Quellen des 12. bis 14. Jahrhunderts. (Wissenschaftliche Beiträge zur Geschichte und Landeskunde Ost-Mitteleuropas 66) Marburg 1964.

Gottschalk, Joseph: St. Hedwig Herzogin von Schlesien. (FQKKO 2) Köln 1964.

Grawert-May, Gernot von: Das staatsrechtliche Verhältnis Schlesiens zu Polen, Böhmen und dem Reich während des Mittelalters. (Untersuchungen zur deutschen Staats- und Rechtsgeschichte 15) Aalen 1971.

Grüger, Heinrich: Heinrichau. Geschichte eines schlesischen Zisterzienserklosters 1227–1977. (FQKKO 16) Köln/Wien 1978.

Higounet, Charles: Die Deutsche Ostsiedlung im Mittelalter. Berlin 1986.

Jażdżewski, Konstanty Klemens: Lubiąż. Losy i kultura umysłowa śląskiego opactwa cystersów (1163 bis 1642) [Leubus. Schicksale und Geisteskultur eines schlesischen Zisterzienserklosters]. (AUW 1081) Wrocław 1992.

Jungandreas, Wolfgang: Zur Geschichte der schlesischen Mundart im Mittelalter: Untersuchungen zur Sprache und Siedlung in Ostmitteldeutschland. (Deutschkundliche Arbeiten: B, Schlesische Reihe 3) Breslau 1937. Neudruck Stuttgart 1987.

Karłowska-Kamzowa, Alicja: Sztuka Piastów śląskich w średniowieczu [Die Piastenkunst im mittelalterlichen Schlesien]. Znaczenie fundacji książęcych w dziejach sztuki gotyckiej na Śląsku [Die Bedeutung der fürstlichen Stiftungen in der Geschichte der gotischen Kunst in Schlesien]. Warszawa 1991.

Kębłowski, Janusz: Nagrobki gotyckie na Śląsku [Gotische Grabmäler in Schlesien]. Uniwersytet imienia Adama Mickiewicza w Poznaniu. (Prace wydział Filozoficzno-Historyczny, Seria: Historia Sztuki 2) Poznań 1969.

Klapper, Joseph: Deutsche Schlesier des Mittelalters. Nach schlesischen Klosterhandschriften. Breslau 1937.

Koebner, Richard: Der Widerstand Breslaus gegen Georg von Podiebrad. (DQ 22) Breslau 1916.

Koebner, Richard/Diels Paul: Das Zaudengericht in Böhmen, Mähren und Schlesien. Breslau 1935.

Korta, Wacław: Średniowieczna annalistyka Śląska [Schlesische Annalistik im Mittelalter]. (Prace Wrocławskiego Towarzystwa Naukowego. A 113) Wrocław 1966.

Kuhn, Walter: Die Städtegründungspolitik der schlesischen Piasten im 13. Jahrhundert, vor allem gegenüber Kirche und Adel. Hildesheim 1974.

Kuhn, Walter: Neue Beiträge zur schlesischen Siedlungsgeschichte. (QD 23) Sigmaringen 1984.

Kuhn, Walter: Siedlungsgeschichte Oberschlesiens. (Veröffentlichungen der Oberschlesischen Studienhilfe e. V. 4) Würzburg 1954.

Kuhn, Walter: Die deutschrechtlichen Städte in Schlesien und Polen in der ersten Hälfte des 13. Jahrhunderts. Marburg/Lahn 1968.

Kuhn, Walter: Vergleichende Untersuchungen zur mittelalterlichen Ostsiedlung. (Ostmitteleuropa in Vergangenheit und Gegenwart) Köln 1973.

Laband, Paul (Hrsg.): Das Magdeburg-Breslauer systematische Schöffenrecht aus der Mitte des XIV. Jahrhunderts. Berlin 1863. Neudruck Aalen 1967.

Loesch, Heinrich von: Beiträge zur schlesischen Rechts- und Verfassungsgeschichte. Hrsg. v. Hans Thieme. (Schriften des Kopernikuskreises 6) Konstanz/Stuttgart 1964.

Ludat, Herbert: Bistum Lebus. Studien zur Gründungsfrage und zur Entstehung und Wirtschaftsgeschichte seiner schlesisch-polnischen Besitzungen. Weimar 1942. Nachdruck Hildesheim 1993.

Ludat, Herbert: Das Lebuser Stiftsregister von 1405. Studien zu den Sozial- und Wirtschaftsverhältnissen im mittleren Oderraum zu Beginn des 15. Jahrhunderts. (Osteuropastudien der Hochschulen des Landes Hessen 1,9) Wiesbaden 1965.

Ludwig, Michael: Tendenzen und Erträge der modernen polnischen Spätmittelalterforschung unter besonderer Berücksichtigung der Stadtgeschichte. (Osteuropastudien der Hochschulen des Landes Hessen, Reihe 1; Giessener Abhandlungen zur Agrar- und Wirtschaftsforschung des europäischen Ostens 128) Berlin 1983.

Machilek, Franz: Ludolf von Sagan und seine Stellung in der Auseinandersetzung um Konziliarismus und Hussitismus. (Wissenschaftliche Materialien und Beiträge zur Geschichte und Landeskunde der böhmischen Länder 8) München 1967.

Maczewska-Pilch, Krystyna: Tympanon fundacyjny z Olbina na tle przedstawień o charakterze donacyjnym [Das Stiftertympanon vom Elbing vor dem Hintergrund von Stifterdarstellungen]. Wrocław 1973.

Marschall, Werner: Alte Kirchenpatrozinien des Archidiakonates Breslau. (FQKKO 3) Köln 1966.

Matuszkiewicz, Felix: Die mittelalterliche Gerichtsverfassung des Fürstentums Glogau. (DQ 13) Breslau 1911.

Menzel, Josef Joachim: Die schlesischen Lokationsurkunden des 13. Jahrhunderts. Studien zum Urkundenwesen, zur Siedlungs-, Rechts- und Wirtschaftsgeschichte einer ostdeutschen Landschaft im Mittelalter. (QD 19) Würzburg 1977.

Menzel, Josef Joachim: Jura ducalia. Die mittelalterlichen Grundlagen der Dominialverfassung in Schlesien. (QD 11) Würzburg 1964.

Mularczyk, Jerzy: Władza książęca na Śląsku w XIII wieku [Die fürstliche Macht in Schlesien im 13. Jahrhundert]. (AUW 603, Historia 40) Wrocław 1984.

Neuling, Hermann: Schlesiens ältere Kirchen und kirchliche Stiftungen nach ihren frühesten urkundlichen Erwähnungen. Breslau 1902.

Nowakowski, Andrzej: Dzieje ustroju i prawa księstwa oświęcimskiego i zatorskiego [Verfassungs- und Rechtsgeschichte des Fürstentums Auschwitz-Zator]. Białystok 1988.

Panzram, Bernhard: Geschichtliche Grundlagen der ältesten Pfarrorganisation. Breslau 1939.

Panzram, Bernhard: Die schlesischen Archidiakonate und Archipresbyterate bis zur Mitte des 14. Jahrhunderts. Breslau 1937.

Pfeiffer, Gerhard: Das Breslauer Patriziat im Mittelalter. (DQ 30) Breslau 1929. Neudruck Aalen 1973.

Pfitzner, Josef: Besiedlungs-, Verfassungs- und Verwaltungsgeschichte des Breslauer Bistumslandes, Teil 1 [mehr nicht erschienen]: Bis zum Beginn der böhmischen Herrschaft. Reichenberg 1926.

Piotrowicz, Karol: Plany rewindykacji Śląska przez Polskę pod koniec średniowiecza [Pläne zur Rückgewinnung Schlesiens durch Polen gegen Ende des Mittelalters]. Kattowitz 1936.

Pustejovsky, Otfried: Schlesiens Übergang an die böhmische Krone. Machtpolitik Böhmens im Zeichen von Herrschaft und Frieden. (FQKKO 13) Köln/Wien 1975.

Rückert, Heinrich: Entwurf einer systematischen Darstellung der schlesischen Mundart im Mittelalter. Neudruck der Ausgabe 1878 Niederwalluf bei Wiesbaden 1971.

Samulski, Robert: Untersuchungen über die persönliche Zusammensetzung des Breslauer Domkapitels im Mittelalter bis zum Tode des Bischofs Nanker (1341). Teil 1. (Historisch-Diplomatische Forschungen 6) Weimar 1940.

Schmilewski, Ulrich (Hrsg.): Wahlstatt 1241. Beiträge zur Mongolenschlacht bei Liegnitz und zu ihren Nachwirkungen. Würzburg 1991.

Schulte, Lambert [Wilhelm]: Kleine Schriften. Teil 1, (DQ 23) Breslau 1918.

Schulte, Wilhelm [später: Lambert]: Die politische Tendenz der Cronica principum Polonie. (DQ 1) Breslau 1906.

Seidel, Viktor: Der Beginn der deutschen Besiedlung Schlesiens. (DQ 17) Breslau 1913.

Silnicki, Tadeusz: Dzieje i ustrój kościoła katolickiego na Śląsku do końca w. XIV [Geschichte und Verfassung der katholischen Kirche in Schlesien bis zum Ende des 14. Jahrhunderts]. Warszawa 1953.

Strzelczyk, Jerzy (Hrsg.): Niemcy-Polska w średniowieczu. Poznań 1986.

Swiechowski, Zygmunt: Die Architektur in Schlesien bis zur Mitte des XIII. Jahrhunderts. (Wissenschaftliche Übersetzungen 33) Marburg/Lahn 1957.

Trelińska, Barbara: Kancelaria i dokumenty książąt cieszyńskich 1290–1573 [Kanzlei und Urkunden der Teschener Fürsten 1290–1573]. Warszawa/Łódź o. J.

Tukay, Heinrich: Oberschlesien im Spannungsfeld zwischen Deutschland, Polen und Böhmen-Mähren. Eine Untersuchung der Kirchenpatrozinien im mittelalterlichen Archidiakonat Oppeln. Köln 1976.

Uhtenwoldt, Hermann: Die Burgverfassung in der Vorgeschichte und Geschichte Schlesiens. Diss. Breslau 1938. Neudruck Aalen 1982.

Walkowski, Andrzej: Dokumenty i kancelaria księcia Bolesława II. Rogatki [Urkunden und Kanzlei des Herzogs Boleslaw II.]. Zielona Góra 1991.

Wattenbach, Wilhelm (Hrsg.): Das Formelbuch des Domherrn Arnold von Protzan. (CDS 5) Breslau 1862.

Wendt, Heinrich: Der deutsche Reichstag unter König Sigmund bis zum Ende der Reichskriege gegen die Hussiten 1410–1431. (Untersuchungen zur deutschen Staats- und Rechtsgeschichte 30) Breslau 1889.

Wiese, Erich: Schlesische Plastik. Vom Beginn des XIV. bis zur Mitte des XV. Jahrhunderts. Leipzig 1923.

Woronczak, Jerzy: Teksty polskie w rękopisie nr 43. Biblioteki Kapitulnej we Wrocławiu z połowy XV wieku [Polnische Texte in Handschrift Nr. 43 der Kapitelsbibliothek in Wrocław aus der ersten Hälfte des 15. Jahrhunderts]. (Prace Wrocławskiego Towarzystwa Naukowego Seria A 55) Wrocław 1956.

Wutke, Konrad: Über schlesische Formelbücher des Mittelalters. (DQ 26) Breslau 1919.

Żerelik, Rościsław: Kancelaria biskupów wrocławskich do 1301 roku [Die Kanzlei der Breslauer Bischöfe bis 1301]. (AUW 1258, Historia 92) Wrocław 1991.

Zięntara, Benedykt: Heinrich der Bärtige (1201 bis 1238) und seine Zeit. (Schriften des Bundesinstituts für ostdeutsche Kultur und Geschichte) [in Vorbereitung: München 1995. Deutsche Übersetzung von: Henryk Brodaty i jego czasy. Warszawa 1975.]

Frühe Neuzeit / Quellen (1469–1740)

Acta Publica. Verhandlungen und Korrespondenzen der schlesischen Fürsten und Stände [1618 bis 1629], namens des Vereins für Geschichte und Altherthum Schlesiens, Bd. 1–4 hrsg. v. Hermann Palm, Bd. 5–8 hrsg. v. Julius Krebs. 8 Bde., Breslau 1865–1906.

Acta Tomiciana Tomus Quintus Decimus epistolarum, legationum, responsorum, actionum et rerum gestarum serenissimi principis Sigismundi Primi regis poloniae magni duci Lithuaniae a. D. 1533. Ed. Vladislaus Pociecha. Wratislaviae 1957.

Arnold, Johann Theodor von (Hrsg.): Sammlung der wichtigsten und nöthigsten, bisher aber noch nicht herausgegebenen Kayser- und Königl. auch Hertzogl. Privilegien, Statuten, Rescripten ... des Landes Schlesien. 2 Tle., Breslau-Crossen 1736 bis 1739.

Bernd, Adam [1676–1748]: Eigene Lebens-Beschreibung. Hrsg. v. Volker Hoffmann. München 1973.

Bölhoff, Reiner: Johann Christian Günther 1695 bis 1975. Kommentierte Bibliographie, Schriftenverzeichnis, Rezeptions- und Forschungsgeschichte. 3 Tle., (Literatur und Leben, NF 19/I) Köln 1980/1982/1983.

Buckisch, Gottfried Ferdinand: Schlesische Religions-Akten 1517–1675. Bearb. von Joseph Gottschalk. (FQKKO 17/1) Köln 1982.

Corpus Schwenckfeldianorum, Bd. 1–15, Leipzig 1907–1939, Bd. 16, Pennsburg 1959.

Czepko, Daniel: Sämtliche Werke. Hrsg. v. Hans-Gert Roloff u. Marian Szyrocki. 4 Tle., (Ausgaben deutscher Literatur des 15. bis 18. Jahrhunderts 94, 128, 130, 131) Berlin, New York 1980–1989.

Das Trebnitzer Rechnungsbuch von 1523–1524 und andere Quellen zur mittelalterlichen und frühneuzeitlichen Besitzgeschichte eines schlesischen Zisterzienserinnenklosters. Geleitwort v. Hans Lemberg. Bearb. v. Heinrich Grüger. (Historische und landeskundliche Ostmitteleuropa-Studien 1) Marburg 1986.

Decreta Regni Hungariae. Gesetze und Verordnungen Ungarns 1458–1490. Francisci Döry collectionem manuscriptam additamentis auxerunt, commentariis notisque illustraverunt Georgius Bónis, Geisa Érszegi, Susanna Teke. (Publicationes Archivii Nationalis Hungariae II, Fontes 19) Budapest 1989.

Des Noyers, Pierre: Lettres de Pierre Des Noyers, secrétaire de la reine de Pologne pour servir à l'histoire de Pologne et de Suède de 1655 à 1659. Berlin 1859.

Die Selbstbiographie des Heidelberger Theologen und Hofpredigers Abraham Scultetus (1566–1624). Neu hrsg. und erläutert von Gustav Adolf Benrath. (Veröffentlichungen des Vereins für Kirchengeschichte in der evangelischen Landeskirche in Baden 24) Karlsruhe 1966.

Eberlein, Gerhard (Hrsg.): Urkundensammlung zur Geschichte der evangelischen Kirche Schlesiens. 2 Bde., Liegnitz 1905/17.

Gdacjusz, Adam: Wybór Pism. Opracowali Henryk Borek i Jan Zaremba. (Biblioteka Pisarzy Śląskich A 2) Warszawa 1969.

Grüger, Heinrich (Bearb.): Das Trebnitzer Rechnungsbuch von 1523–1524. (Historische und landeskundliche Ostmitteleuropa-Studien 1) Marburg/Lahn 1986.

Gryphius, Andreas: Glogawischen Fürstenthumbs Landstände unnd Ritterschafft Privilegia, Statuten, Kayserl. Königl. und Fürstliche Indulten und Bekräftigungen. Lissa in Posen 1653.

Hardin, James: Johann Christoph Ettner. Eine beschreibende Bibliographie. (Bibliographien zur deutschen Barockliteratur 3) Bern 1988.

Jessen, Hans/Schwarz, Walter (Hrsg.): Schlesische Kirchen- und Schulordnungen von der Reformation bis ins 18. Jahrhundert. (Quellen zur schlesischen Kirchengeschichte 1) Görlitz 1938.

Krämer, Christel: Beziehungen zwischen Albrecht von Brandenburg-Ansbach und Friedrich II. von Liegnitz. Ein Fürstenbriefwechsel 1514–1547. Darstellungen und Quellen. (Veröffentlichungen aus den Archiven Preußischer Kulturbesitz 8) Köln 1977.

Lucae, Friedrich [1644–1708]: Der Chronist Friedrich Lucä. Ein Zeit- und Sittenbild aus der zweiten Hälfte des siebenzehnten Jahrhunderts. Frankfurt a. M. 1854.

Milch, Werner (Hrsg.): Daniel von Czepko - Weltliche Dichtungen. (Einzelschriften zur schlesischen Geschichte 8) Breslau 1932.

Orzechowski, Kazimierz (Hrsg.): Relacje deputatów miasta Jawora z lat 1669–1685 [Relationen der Deputierten der Stadt Jauer aus den Jahren 1669 bis 1685]. Wrocław 1991.

Platter, Thomas: Hirtenknabe, Handwerker und Humanist. Die Selbstbiographie 1499 bis 1582. Bearb. von Heinrich Boos. Nördlingen 1989.

Pol, Nikolaus: Jahrbücher der Stadt Breslau. Zum erstenmale aus dessen eigener Handschrift herausgegeben von Johann Gustav Büsching, Königlichem Archivare zu Breslau [Bd. 4 v. J. G. Büsching u. J. G. Kunisch, Bd. 5 v. J. G. Kunisch]. 5 Bde., (Zeitbücher der Schlesier 1–5) Breslau 1813–1823.

Quellen zur schlesischen Handelsgeschichte bis 1526. Bd. 1, bearb. v. Marie Scholz-Babisch u. Heinrich Wendt. (CDS, II. Reihe, 1. Abt.) Breslau 1940.

Richter, Helmut (Hrsg.): Protokolle der General-Visitation 1609/10 der schlesischen Malteser-Ordens-Kommenden mit Einarbeitung der Visitationen von 1536 und 1588. 2 Bde., Ganderkesee [Eigenverlag] 1978.

Sabisch, Alfred (Bearb.): Acta Capituli Wratislaviensis 1500–1562. Die Sitzungsprotokolle des Breslauer Domkapitels in der ersten Hälfte des 16. Jahrhunderts, Bd. 1: 1500–1516, 1. Halbbd.: 1500–1513, 2. Halbbd.: 1514–1516, 1972; Bd. 2: 1517–1540, 1. Halbbd.: 1517–1535, 2. Halbbd.: 1536–1540, 1976 (FQ, Bd. 10/I–10/II und 14/I–14/II), 2 Bde., Köln-Wien 1972–1976.

Schweinichen, Hans von: Denkwürdigkeiten von Hans von Schweinichen [1552–1616]. Hrsg. v. Hermann Oesterley. Breslau 1878.

Scriptores rerum Lusaticarum. Sammlung Ober- und Niederlausitzischer Geschichtsschreiber, 4 Bde., Görlitz 1839–70.

Sehling, Emil (Hrsg.): Die evangelischen Kirchenordnungen des XVI. Jahrhunderts. III. Die Mark Brandenburg, die Markgrafentümer Oberlausitz und Niederlausitz, Schlesien. Aalen 1909. Neudruck ebd. 1970.

Stein, Barthel: Descripcio tocius Silesie et civitatis regie Vratislaviensis per M.Bartholomeum Stenum. Barthel Steins Beschreibung von Schlesien und seiner Hauptstadt Breslau [um 1512]. Hrsg. v. Hermann Markgraf. (SRS 17) Breslau 1902.

Ungarischer oder Dacianischer Simplicissimus (1683). Hrsg. v. Marian Szyrocki u. Konrad Gajek. (Wiener Neudrucke 3) Wien 1973.

Visitationsberichte der Diözese Breslau [1579 bis 1670]. Archidiakonate Breslau, Oppeln, Glogau, Liegnitz. Hrsg. v. Joseph Jungnitz. (Veröffentlichungen aus dem Fürstbischöfl. Diözesan-Archive zu Breslau 1–4) Breslau 1902–1908.

Wutke, Konrad: Merkbuch des Hans von Schweinichen. Berlin 1895.

Wutke, Konrad (Hrsg.): Die schlesische Oderschiffahrt in vorpreussischer Zeit. Urkunden und Aktenstücke. (CDS 17) Breslau 1896.

Frühe Neuzeit/Darstellungen (1469–1740)

Aubin, Gustav/Kunze, Arno: Leinenerzeugung und Leinenabsatz im östlichen Mitteldeutschland zur Zeit der Zunftkäufe. Ein Beitrag zur industriellen Kolonisation des deutschen Ostens. Stuttgart 1940.

Bäumer, Remigius: Johannes Cochläus (1479 bis 1552). Leben und Werk im Dienst der katholischen Reform. Münster 1980.

Bahlcke, Joachim: Regionalismus und Staatsintegration im Widerstreit. Die Länder der Böhmischen Krone im ersten Jahrhundert der Habsburgerherrschaft (1525–1619). (Schriften des Bundesinstituts für ostdeutsche Kultur und Geschichte 3) München 1994.

Bardong, Otto: Die Breslauer an der Universität Frankfurt (Oder). Ein Beitrag zur schlesischen Bildungsgeschichte 1648–1811. (QD 14) Würzburg 1970.

Bauch, Gustav: Geschichte des Breslauer Schulwesens vor der Reformation. (CDS 25) Breslau 1909.

Bauch, Gustav: Geschichte des Breslauer Schulwesens in der Zeit der Reformation. (CDS 26) Breslau 1911.

Bauch, Gustav: Valentin Trozendorf und die Goldberger Schule. (Monumenta Germaniae Paedagogica 57) Berlin 1921.

Benz, Ernst: Der Prophet Jakob Boehme. Eine Studie über den Typus nachreformatorischen Prophetentums. (Akademie der Wissenschaften und der Literatur. Abhandlungen der Geistes-und Sozialwissenschaftlichen Klasse. Jg. 1959, 3) Wiesbaden 1959.

Benz, Ernst: Der Prophet Jakob Böhme. Eine Studie über den Typus nachreformatorischen Prophetentums. Mainz 1959.

Biskup, Marian/Zernack, Klaus (Hrsg.): Schichtung und Entwicklung der Gesellschaft in Polen und Deutschland im 16. und 17. Jahrhundert. (Vierteljahresschrift für Sozial- und Wirtschaftsgeschichte, Beiheft Nr. 74) Wiesbaden 1983.

Boelcke, Willi A.: Verfassungswandel und Wirtschaftsstruktur. Die mittelalterliche und neuzeitliche Territorialgeschichte ostmitteleuropäischer Adelsherrschaften als Beispiel. (Beihefte zum JSFUB 8) Würzburg 1969.

Brilling, Bernhard: Die jüdischen Gemeinden Mittelschlesiens. Entstehung und Geschichte. (Studia Delitzschiana 14) Stuttgart/Berlin/Köln/Mainz 1972.

Bruchmann, Karl: Die Huldigungsfahrt König Friedrichs I. von Böhmen (des »Winterkönigs«) nach Mähren und Schlesien. (DQ 9) Breslau 1909.

Chlebowczyk, Józef: Gospodarka komory cieszyńskiej na przełomie XVII–XVIII oraz w pierwszej połowie XVIII w. [Die Wirtschaft der Kammer von Teschen um die Wende des 17. und 18. Jahrhunderts und in der ersten Hälfte des 18. Jahrhunderts]. (Instytut Historii Polskiej Akademii Nauk) Warszawa 1966.

Conrads, Norbert: Die Durchführung der Altranstädter Konvention in Schlesien. 1707–1709. (FQKKO 8) Köln, Wien 1971.

Croon, Gustav: Die landständische Verfassung von Schweidnitz-Jauer. Zur Geschichte des Ständewesens in Schlesien. (CDS 27) Breslau 1912.

Deßmann, Günter: Geschichte der schlesischen Agrarverfassung. (Abhandlungen aus dem staatswissenschaftlichen Seminar zu Straßburg 19) Straßburg 1904.

Deutsche Malerei des XVI. Jahrhunderts in Schlesien. (Ausstellungskatalog) Breslau 1935.

Dobrzycka, Anna: Jerzy Wilhelm Neunhertz. Malarz Śląski [Georg Wilhelm Neunhertz. Schlesischer Maler]. (Poznańskie Towarzystwo Przyjaciół Nauk. IV, 1) Poznań 1958.

Dziurla, Henryk: Christophorus Tausch uczeń Andrei Pozza [Christophorus Tausch, Schüler von Andrea Pozzo]. (AUW 1322, Historia Sztuki 5) Wrocław 1991.

Eberlein, Gerhard: Die schlesischen Grenzkirchen im 17. Jahrhundert. Vorträge gehalten auf der VI. Generalversammlung des Vereins für Reformationsgeschichte am 11. April 1901 in Breslau. (Schriften des Vereins für Reformationsgeschichte 70) Halle 1901.

Eickels, Christine van: Schlesien im böhmischen Ständestaat. Vorgeschichte, Verlauf und Folgen der böhmischen Revolution von 1618 in Schlesien. (Neue Forschungen zur schlesischen Geschichte 2) Köln 1994.

Engelbert, Kurt: Kaspar von Logau. Bischof von Breslau (1562–1574). I. Teil. Ein Beitrag zur Reformationsgeschichte. (DQ 28) Breslau 1926.

Engelbert, Kurt: Die Anfänge der lutherischen Bewegung in Breslau und Schlesien. Hildesheim 1965. Zusammendruck der Aufsatzfolge aus: ASKG 18 (1960), S. 121–207, ASKG 19 (1961), S. 165–232, ASKG 20 (1962), S. 291–372, ASKG 21 (1963), S. 133–214, ASKG 22 (1964), S. 177–250.

Ettlinger, Josef: Christian Hofman von Hofmanswaldau. Ein Beitrag zur Literaturgeschichte des siebzehnten Jahrhunderts. Halle 1891.

Fleischer, Manfred P.: Späthumanismus in Schlesien. Ausgewählte Aufsätze. (Silesia 32) München 1984.

Fleischer, Victor: Fürst Karl Eusebius von Liechtenstein als Bauherr und Kunstsammler (1611–1684). (Veröffentlichungen der Gesellschaft für Neuere Geschichte Österreichs 1) Wien/Leipzig 1910.

Fuhrmann, Erwin: Die Bedeutung des oberdeutschen Elements in der Breslauer Bevölkerung des 15. und 16. Jahrhunderts. Diss. Breslau 1913 (Teildruck).

Gajek, Konrad (Hrsg.): Das Breslauer Schultheater. Tübingen 1993.

Gillet, Johann Franz Albert: Crato von Crafftheim und seine Freunde. Ein Beitrag zur Kirchengeschichte. 2 Bde., Frankfurt a. M. 1860/1861.

Gottschalk, Joseph: Beiträge zur Rechts-, Siedlungs- und Wirtschaftsgeschichte des Kreises Militsch bis zum Jahre 1648. (DQ 31) Breslau 1930.

Grundmann, Günther: Gruftkapellen des 18. Jahrhunderts in Niederschlesien und der Oberlausitz. (Studien zur Deutschen Kunstgeschichte 193) Straßburg 1916.

Gumtau, Helmut: Das Entwicklungsbild eines schlesischen Dorfes. (QD 4) Kitzingen/Main 1953.

Gündel, Christian: Die Goldschmiedekunst in Breslau. Berlin 1940.

Günzel, Gerhard: Oesterreichische und preußische Städteverwaltung in Schlesien während der Zeit von 1648–1890, dargestellt am Beispiel der Stadt Striegau. (DQ 14) Breslau 1911.

Hahn, Reinhard: »Die löbliche Kunst«. Studien zu Dichtung und Poetik des späten Meistergesangs am Beispiel Adam Puschmans (1532–1600). (AUW 737, Germanica 60) Wrocław 1984.

Harasimowicz, Jan: Treści i funkcje ideowe sztuki śląskiej Reformacji, 1520–1650 [Ideeller Gehalt und ideologische Funktionen der Kunst der schlesischen Reformation]. (AUW 819, Historia sztuki 2) Wrocław 1986.

Harasimowicz, Jan: Mors Janua vitae. Śląskie epitafia i nagrobki wieku reformacji [Schlesische Epitaphe und Grabmäler des Reformationszeitalters]. (AUW 1098, Historia 3) Wrocław 1992.

Hatalska, Marta: Sejmik księstwa opolsko-raciborskiego w latach 1564–1742 [Der Landtag des Fürstentums Oppeln-Ratibor in den Jahren 1564 bis 1742]. Wrocław 1979.

Heck, Roman: Studia nad położeniem ekonomicznym ludności wiejskiej na Śląsku w XVI w [Studien zur ökonomischen Lage der dörflichen Bevölkerung in Schlesien im 16. Jahrhundert]. Wrocław 1959.

Heckel, Hans: Geschichte der deutschen Literatur in Schlesien. Bd. 1: Von den Anfängen bis zum Barock. (Einzelschriften zur schlesischen Geschichte 2) Breslau 1929.

Heiduk, Franz: Die Dichter der galanten Lyrik. Studien zur Neukirchschen Sammlung. Bern 1971.

Heyer, Karl Johannes: Das barocke Chorgestühl in Schlesien. Eine Darstellung der Chorgestühle und ein Beitrag zur Geschichte von Kunst und Kunsthandwerk im Barock. Mit einem musikgeschichtlichen Beitrag von Johannes Aengenvoort. (Bau- und Kunstdenkmäler des Deutschen Ostens C 6) Frankfurt a. M. 1977.

Hildebrandt, Heinrich: Die Staatsauffassung der schlesischen Barockdramatiker im Rahmen ihrer Zeit. Diss. Rostock 1939.

Hoffmann, Hermann: Die Geschichte des Breslauer Alumnats. Ein Beitrag zur Geschichte der Priesterbildung in Schlesien. (Zur schlesischen Kirchengeschichte 12) Breslau 1935.

Hutter, Ulrich/Parplies, Hans-Günther (Hrsg.): Martin Luther, die Reformation in Ostdeutschland und Südosteuropa. Wirkungen und Wechselwirkungen. (Beihefte zum Jahrbuch für Schlesische Kirchengeschichte 8) Sigmaringen 1991.

Irgang, Winfried: Freudenthal als Herrschaft des Deutschen Ordens 1621–1725. (Quellen und Studien zur Geschichte des Deutschen Ordens 25) Bonn 1971.

Jecht, Richard (Hrsg.): Jakob Böhme und Görlitz. Ein Bildwerk. Görlitz 1924.

Jurek, Piotr: Funkcjonowanie śląskich zgromadzeń stanowych na przykładzie 1715 roku [Die Tätigkeiten der schlesischen Stände. Am Beispiel des Jahres 1715]. Wrocław 1992.

Just, Hildegard: Der Hirschberger Dichterkreis: Ein Beitrag zur schlesischen Literaturgeschichte in der ersten Hälfte des 18. Jahrhunderts. Diss. Breslau 1934.

Kalinowski, Konstanty: Architektura barokowa na Śląsku w drugiej połowie XVII wieku [Die Barockarchitektur in Schlesien in der zweiten Hälfte des 17. Jahrhunderts]. (Studia z Historii Sztuki 21) Wrocław 1974.

Kalinowski, Konstanty: Rzeźba barokowa na Śląsku [Barockplastik in Schlesien]. Warszawa 1986.

Kalinowski, Konstanty: Barock in Schlesien. Geschichte, Eigenart und heutige Erscheinung. München 1990.

Karzel, Othmar: Die Reformation in Oberschlesien. Ausbreitung und Verlauf. (QD 20) Würzburg 1979.

Kliesch, Gottfried: Der Einfluß der Universität Frankfurt (Oder) auf die schlesische Bildungsgeschichte. (QD 5) Würzburg 1961.

Kneschke, Rudolf: Georg von Stein. Versuch einer Biographie. Weida i. Th. 1913.

Köhler, Joachim: Das Ringen um die Tridentinische Erneuerung im Bistum Breslau. Vom Abschluß des Konzils bis zur Schlacht am Weißen Berg 1564 bis 1620. (FQKKO 12) Köln 1973.

Konrad, Paul: Die Einführung der Reformation in Breslau und Schlesien. Ein Rückblick nach 400 Jahren. (DQ 24) Breslau 1917.

Konrad, Paul: Dr. Ambrosius Moibanus. Ein Beitrag zur Geschichte der Kirche und Schule Schlesiens im Reformationszeitalter. (Schriften des Vereins für Reformationsgeschichte 34) Halle 1891.

Krämer, Wilhelm: Das Leben des schlesischen Dichters Johann Christian Günther 1695-1723. Mit Quellen und Anmerkungen zum Leben und Schaffen des Dichters und seiner Zeitgenossen. Stuttgart 1980.

Krebs, Julius: Aus dem Leben des kaiserlichen Feldmarschalls Grafen Melchior von Hatzfeld 1632 bis 1636 (Ein Beitrag zur Geschichte des Dreißigjährigen Krieges), im Namen des Vereins für Geschichte Schlesiens hrsg. von Ernst Matschke. Breslau 1926.

Kries, Karl Gustav: Historische Entwicklung der Steuerverfassung in Schlesien unter Theilnahme der allgemeinen Landtags-Versammlungen. Ein Beitrag zur Geschichte der schlesischen Stände. Breslau 1842.

Kronthal, Berthold/Wendt, Heinrich (Hrsg.): Politische Correspondenz Breslaus im Zeitalter des Königs Matthias Corvinus. Erste Abtheilung 1469-1479 (SRS 13) Breslau 1893.

Kuhn, Walter: Geschichte der deutschen Ostsiedlung in der Neuzeit. 2 Bde., (Ostmitteleuropa in Vergangenheit und Gegenwart 1) Köln 1955/57.

Kwak, Jan: Miasta księstwa opolsko-raciborskiego w XVI–XVIII w [Die Städte des Herzogtums Oppeln-Ratibor im 16. bis 18. Jahrhundert.]. Opole 1973.

Labuda, Adam Stanisław: Wrocławski ołtarz św. Barbary i jego twórcy. Studium o malarstwie śląskim połowy XV wieku [Der Breslauer Altar der Heiligen Barbara und ihre Schöpfer. Studium über schlesische Malerei in der Mitte des 15. Jahrhunderts]. Hrsg. v. Uniwersytet imienia Adama Mickiewicza w Poznaniu. (Prace wydział Filozoficzno-Historyczny, Seria Historia Sztuki 16) Poznań 1984.

Lambrecht, Karen: Obrigkeiten und Hexenverfolgungen. Zaubereiprozesse in den schlesischen Territorien. (Neue Forschungen zur schlesischen Geschichte 4) Köln 1994. [im Druck]

Leszczyński, Józef: Ruchy chłopskie na Pogórzu Sudeckim w drugiej połowie XVII wieku [Die Bauernbewegungen im Sudetenvorgebirge in der zweiten Hälfte des 17. Jahrhunderts]. (Monografie Śląskie Ossolineum 2) Wrocław 1961.

Lindgen, Erich: Die Breslauer Strafrechtspflege unter der Carolina und der Gemeinen Strafrechtswissenschaft bis zum Inkrafttreten der Josephina von 1708. (Beiträge zur Geschichte der Stadt Breslau 8) Breslau 1939.

Loesche, Georg: Zur Gegenreformation in Schlesien. Troppau, Jägerndorf, Leobschütz. Bd. I: Troppau - Jägerndorf; Leipzig 1915; Bd. 2: Leobschütz; Leipzig 1916. (Schriften des Vereins für Reformationsgeschichte, Nr. 177/18; Nr. 123).

Lubos, Arno: Trozendorf. Ein Bild aus der schlesischen Kulturgeschichte. Ulm 1962.

Macek, Josef: Jagellonsky vek v ceskych zemich 1471–1526, I (Die Jagellonische Epoche in den böhmischen Ländern zwischen 1471 und 1526, Bd. 1). Praha 1992.

Martino, Alberto: Daniel Casper von Lohenstein: Geschichte seiner Rezeption, Bd. 1: 1661–1800. Tübingen 1978.

McLaughlin, R. Emmet: Caspar Schwenckfeld. Reluctant Radical. His life to 1540. (Yale Historical Publications Miscellany 134) New Haven, London 1986.

Meyer, Arnold Oskar: Studien zur Vorgeschichte der Reformation. Aus schlesischen Quellen. (Historische Bibliothek 14) München/Berlin 1903.

Meyer, Waltraut: Gemeinde, Erbherrschaft und Staat im Rechtsleben des schlesischen Dorfes vom 16. bis 19. Jahrhundert. Dargestellt auf Grund von Schöppenbüchern an Beispielen aus Ober- und Niederschlesien. (QD 12) Würzburg 1967.

Neumann, Otto: Studien zum Leben und Werk des Lausitzer Poeten August Adolph von Haugwitz 1647 bis 1706. Diss. Bad Oeynhausen 1937.

Neustadt, Louis: Markgraf Georg v. Brandenburg als Erzieher am ungarischen Hofe. Breslau 1883.

Nowogrodzki, Stanisław: Rządy Zygmunta Jagiellończyka na Śląsku i w Łużycach (1499–1506) [Die Regierung des Sigismund Jagiellończyk in Schlesien und der Lausitz (1499-1506)]. Kraków 1937.

Orzechowski, Kazimierz: Katastry śląskiego podatku szacunkowego (1527–1740) [Die Kataster der schlesischen Schatzungssteuer]. (AUW 1506, Prawo Nr. 224) Wrocław 1992.

Orzechowski, Kazimierz: Ogólnośląskie zgromadzenia stanowe [Gesamtschlesische Ständeversammlungen]. Warszawa/Wrocław 1979.

Patzelt, Herbert: Der Pietismus im Teschener Schlesien 1709–1730. (Kirche im Osten 8) Göttingen 1969.

Pechstein, Klaus/Effmert, Viola: Schlesische Goldschmiedearbeiten im Germanischen Nationalmuseum. Nürnberg 1990.

Ptak, Marian: Sądy prawa polskiego na tle organizacji wymiaru sprawiedliwości księstwa oleśnickiego XIV–XVIII w. [Die Gerichte des polnischen Rechts auf dem Hintergrund der Justizverfassung des Fürstentums Oels vom 14. bis 18. Jahrhundert] (AUW 946, Prawo 157) Wrocław 1988.

Ptak, Marian: Zgromadzenia i urzędy stanowe księstwa głogowskiego od początku XIV w. do 1742 r. [Ständeversammlungen und Ständebehörden im Fürstentum Groß-Glogau vom Anfang des 14. Jahrhunderts bis 1742]. (Acta Universitas Wratislaviensis 1344, Prawo 210) Wrocław 1991.

Rabin, Israel: Beiträge zur Rechts- und Wirtschaftsgeschichte der Juden in Schlesien im 18. Jahrhundert. Heft 1: Der rechtliche Zustand (1713–1740). Breslau 1931.

Rabin, Israel: Vom Rechtskampf der Juden in Schlesien (1582–1713). Breslau 1927.

Rachfahl, Felix: Die Organisation der Gesamtstaatsverwaltung Schlesiens vor dem Dreißigjährigen Kriege. (Staats- und socialwissenschaftliche Forschungen 13, 1) Leipzig 1894.

Sabisch, Alfred: Die Bischöfe von Breslau und die Reformation in Schlesien. Münster 1975.

Sawatzki, Elmar: Das Vorkommen der polnischen Sprache in Mittel- und Niederschlesien im 17. und 18. Jahrhundert unter besonderer Berücksichtigung der Visitationsberichte der Diözese Breslau. [Phil. Diss. Mainz 1970] Aachen 1973.

Schierse, Bruno: Das Breslauer Zeitungswesen vor 1742. Breslau 1902.

Schlesien und Pommern in den deutsch-polnischen Beziehungen vom 16. bis 18. Jahrhundert. XIV. deutsch-polnische Schulbuchkonferenz der Historiker vom 9. bis 14. Juni 1981 in Zamosc. (Schriftenreihe des Georg-Eckert-Instituts für Internationale Schulbuchforschung 22,5) Braunschweig 1982.

Schöffler, Herbert: Deutscher Osten im deutschen Geist. Von Martin Opitz zu Christian Wolff. (Das Abendland. Forschungen zur Geschichte des europäischen Geisteslebens 3) Bochum 1940.

Simon, Heinrich: Die ständische Verfassung von Schlesien. Breslau 1846.

Szarota, Elida Maria: Lohensteins Arminius als Zeitroman. Sichtweisen des Spätbarock. Bern 1970.

Szyrocki, Marian: Andreas Gryphius. Sein Leben und Werk. Tübingen 1964.

Szyrocki, Marian: Martin Opitz. München^2 1974.

Urbarze śląskie [Schlesische Urbare]. 3 Bde., Wrocław 1956–1963.
1. Urbarze dóbr zamkowych opolsko-raciborskich z lat 1566 i 1567 [Die Urbare der Schloßgüter von Oppeln-Ratibor aus den Jahren 1566 und 1567]. Bearb. von Roman Heck, Józef Leszczyński, 1956.
2. Urbarze śląskie z końca XVIII wieku [Schlesische Urbare vom Ende des 18. Jahrhunderts]. Ausgew. von Kazimierz Orzechowski, Zygmunt Skurlatowski, Red. Stefan Inglot, 1961.
3. Urbarze dóbr zamkowych Górnego Śląska z lat 1571–1640 [Die Urbare der Schloßgüter von Oberschlesien aus den Jahren 1571–1640]. Bearb. und z. Druck vorber. von Roman Heck, Józef Leszczyński, Józef Petráň, 1963.

Velsen, Dorothee von: Die Gegenreformation in den Fürstentümern Liegnitz-Brieg-Wohlau. Ihre Vorgeschichte und ihre staatsrechtlichen Grundlagen. (Quellen und Forschungen zur Reformationsgeschichte 15) Leipzig 1931.

Weber, Matthias: Das Verhältnis Schlesiens zum Alten Reich in der Frühen Neuzeit. (Neue Forschungen zur Schlesischen Geschichte 1). Köln 1992.

Weigelt, Horst: Spiritualistische Tradition im Protestantismus. Die Geschichte des Schwenckfeldertums in Schlesien. (Arbeiten zur Kirchengeschichte 43) Berlin, New York 1973.

Wendt, Heinrich: Schlesien und der Orient. Ein geschichtlicher Rückblick. Breslau 1916.

Werner, Helmut: Das deutsch-polnische Grenzlandproblem in der schlesischen Literatur im Zeitalter des Humanismus und des Barock. Diss. Breslau 1938.

Wojciechowski, Zygmunt: Ustrój polityczny Śląska do końca XIV w [Die politische Verfassung Schlesiens bis Ende des 14. Jahrhunderts]. Kraków 1932.

Wolf, Jürgen Rainer: Steuerpolitik im schlesischen Ständestaat. Untersuchungen zur Sozial- und Wirtschaftsstruktur Schlesiens im 17. und 18. Jahrhundert. (Wissenschaftliche Beiträge zur Geschichte und Landeskunde Ostmitteleuropas 108) Marburg/Lahn 1978.

Wrabec, Jan: Dientzenhoferowie czescy a Śląsk [Die böhmischen Dientzenhofer und Schlesien]. (Wrocławskie Towarzystwo Naukowe. Rozprawy Komisji Historii Sztuki 12) Wrocław 1991.

Wutke, Konrad: Studien über die Entwicklung des Bergregals in Schlesien. Berlin 1897.

Wuttke, Heinrich: Die schlesischen Stände, ihr Wesen, ihr Wirken und ihr Werth in alter und neuer Zeit. Leipzig 1847.

Żerelik, Rościsław (Hrsg.): Nieznany rocznik świdnicki z pierwszej połowy XVI wieku [Ein unbekanntes Schweidnitzer Jahrbuch aus der ersten Hälfte des 16. Jahrhunderts]. Wrocław 1990.

Zimmermann, Elisabeth: Schwenckfelder und Pietisten in Greiffenberg und Umgebung. (Sonderheft des Vereins für schlesische Kirchengeschichte 7) Görlitz 1939.

Zimmermann, Gerhard: Das Breslauer Domkapitel im Zeitalter der Reformation und Gegenreformation (1500–1600). Verfassungsgeschichtliche Entwicklung und persönliche Zusammensetzung. (Historisch-Diplomatische Forschungen 2) Weimar 1938.

Zimmermann, Hildegard: Caspar Neumann und die Entstehung der Frühaufklärung. Ein Beitrag zur schlesischen Theologie- und Geistesgeschichte im Zeitalter des Pietismus. (Arbeiten zur Geschichte des Pietismus 4) Witten-Ruhr 1969.

Neuere Geschichte/Quellen (1740–1870)

Acta Borussica. Denkmäler der preussischen Staatsverwaltung im 18. Jahrhundert. 32 Bde., Berlin 1892–1982.

Adams, John Quincy: Briefe über Schlesien. Geschrieben auf einer in dem Jahre 1800 durch dieses Land unternommenen Reise. Aus dem Englischen übersetzt von Friedrich Gotthelf Friese und mit einigen berichtigenden und ergänzenden Anmerkungen versehen von Friedrich Albert Zimmermann. Breslau 1805.

Eichendorff, Joseph von: Schlesische Tagebücher. Hrsg. v. Alfred Riemen. (Deutsche Bibliothek des Ostens) Berlin 1988.

Felbiger, Johann Ignaz von: General-Landschul-Reglement. Eigenschaften, Wissenschaften und Bezeigen rechtschaffener Schulleute. Methodenbuch; besorgt von Julius Scheveling. Paderborn 1958.

Friedrich der Große und Maria Theresia. Diplomatische Berichte von Otto Christoph Graf von Podewils. Hrsg. v. Karl Hinrichs. Berlin 1937.

Garve, Christian: Ueber den Charakter der Bauern und ihr Verhältnis gegen die Gutsherrn und gegen die Regierung. Drey Vorlesungen in der Schlesischen Oekonomischen Gesellschaft gehalten von Christian Garve. Breslau 1786.

Granier, Hermann (Hrsg.): Schlesische Kriegstagebücher aus der Franzosenzeit 1806–1815. Breslau 1904.

Grünhagen, Colmar und Franz Wachter: Akten des Kriegsgerichts von 1758 wegen der Kapitulation von Breslau am 24. November 1757. (SRS 15) Breslau 1895.

Hempel, Karl Friedrich: Die Breslauer Revolution. Bearb. von Norbert Conrads; in: Denkwürdige Jahre 1848–1851 (= Veröffentlichungen aus den Archiven Preuß. Kulturbesitz 13). Köln, Wien 1978, S. 1–94.

Hoffmann, Hermann: Die Breslauer Bischofswahlen in preußischer Zeit. Breslau 1941.

Jessen, Hans: 200 Jahre Wilhelm Gottlieb Korn, Breslau. 1732 bis 1932. Breslau 1932.

Kroneberg, Lutz u. Rolf Schloesser: Weber-Revolte 1844. Der schlesische Weberaufstand im Spiegel der zeitgenössischen Publizistik und Literatur. Eine Anthologie. (Materialien zum Vormärz 7) Köln 1979.

Preußische und österreichische Akten zur Vorgeschichte des Siebenjährigen Krieges. Hrsg. v. Gustav Berthold Volz und Georg Küntzel. (Publikationen aus den Königlichen Preußischen Staatsarchiven 74) Leipzig 1899.

Reinkens, Joseph Hubert: Briefe an seinen Bruder Wilhelm (1840–1873). Eine Quellenpublikation zum rheinischen und schlesischen Katholizismus des 19. Jahrhunderts und zu den Anfängen der Altkatholischen Bewegung. Hrsg. v. Hermann Josef Sieben. 3 Teile, Köln 1979.

Schmitz, Eugen (Hrsg.): Karl Ditters von Dittersdorf. Lebensbeschreibung seinem Sohne in die Feder diktiert. Neue vollständige Ausgabe. (Deutsche Musikbücherei 22) Regensburg 1940.

Schummel, Johann Gottlieb: Schummels Reise durch Schlesien im Julius und August 1791. Breslau 1792.

Stenzel, Gustav Adolf (Hrsg.): Actenstücke, Berichte und Beiträge zur Geschichte Schlesiens seit dem Jahre 1740. (SRS 5) Breslau 1851.

Werner, Friedrich Bernhard: Schlesische Bethäuser. Reprint von 1748–1752, hrsg. von der Gemeinschaft evangelischer Schlesier e. V. Hildesheim 1989.

Neuere Geschichte/Darstellungen (1740–1870)

Abmeier, Hans-Ludwig: Schlesien und Schlesier von 1740–1844 im Spiegel deutscher und österreichischer Oberschulgeschichtsbücher. (QD 17) Würzburg 1975. [zugleich Diss. Mainz 1974]

Anna Louisa Karsch. Von Schlesischer Kunst und Berliner »Natur«. Ergebnisse des Symposions zum 200. Todestag der Dichterin. Beiträge v. Kerstin Barndt/Barbara Becker-Cantarino/Cäcilia Friedrich u. a. Hrsg. v. Anke Bennholdt-Thomsen und Anita Runge. Göttingen 1992.

Barton, Peter F.: Erzieher, Erzähler, Exegeten. Ein Beitrag zur politischen Geschichte, Geistes- und Kirchengeschichte Schlesiens und Preussens 1786/88 bis 1796. Fessler in Schlesien. (Studien und Texte zur Kirchengeschichte und Geschichte 5/1) Nachdruck der Ausgabe 1880 Köln/Wien 1980.

Baumgart, Peter (Hrsg.): Kontinuität und Wandel. Schlesien zwischen Österreich und Preußen. Ergebnisse eines Symposions in Würzburg vom 29. bis 31. Oktober 1987. (Schlesische Forschungen 4) Sigmaringen 1990.

Baumgart, Peter: Die Annexion und Eingliederung Schlesiens in den friederizianischen Staat; in: Expansion und Integration. Hrsg. v. Peter Baumgart. (Neue Forschungen zur Brandenburg-Preußischen Geschichte 5) Köln 1984, S. 81–118.

Baumgart, Peter (Hrsg.): Ständetum und Staatsbildung in Brandenburg-Preußen. Ergebnisse einer internationalen Fachtagung. (Veröffentlichungen der Historischen Kommission zu Berlin 55) Berlin 1983.

Bein, Werner: Schlesien in der habsburgischen Politik. Ein Beitrag zur Entstehung des Dualismus im Alten Reich. (QD 26) Sigmaringen 1994.

Brann, Marcus: Geschichte des jüdisch-theologischen Seminars (Fraenckel'sche Stiftung) in Breslau. Festschrift zum fünfzigjährigen Jubiläum der Anstalt. Breslau o. J.

Brederlow, Jörn: »Lichtfreunde« und »Freie Gemeinden«. Religiöser Protest und Freiheitsbewegung im Vormärz und in der Revolution von 1848/49. München 1976.

Carl Ditters von Dittersdorf 1739–1799. Ausstellungskataloge, hrsg. v. Hubert Unverricht (Bd. 1–3) in Zusammenarbeit mit Werner Bein (Bd. 1) und Ortrun Landmann (Bde. 2–3). 3 Bde., Sigmaringen 1989/1991/1993.

Das jüdisch-theologische Seminar Fränckelsche Stiftung zu Breslau. Am Tage seines fünfundzwanzigjährigen Bestehens den 10. August 1879, herausgegeben im Auftrage des Curatoriums der Commerzienrath Fränckelschen Stiftungen. Breslau 1879.

d'Elvert, Christian: Die Verfassung und Verwaltung von Oesterreichisch = Schlesien in ihrer historischen Ausbildung, dann die Rechtsverhältnisse zwischen Mähren, Troppau und Jägerndorf so wie der mährischen Enklaven zu Schlesien. Brünn 1854. Neudruck Wien 1970.

d'Elvert, Christian: Zur österreichischen Verwaltungs-Geschichte, mit besonderer Rücksicht auf die böhmischen Länder (1880), Neudruck Wien 1970.

Erler, Uta-Karin: Rechts- und verfassungsgeschichtliche Probleme der Säkularisation durch den preussischen Staat in Schlesien im Jahre 1810. Diss. Frankfurt/Main 1978.

Fechner, Hermann: Wirtschaftsgeschichte der preußischen Provinz Schlesien in der Zeit ihrer provinziellen Selbständigkeit 1741–1806. Breslau 1907.

Franzke, Karl: Der oberschlesische Industriearbeiter von 1740–1886. (Schriften des Osteuropainstituts N. R. 4) Breslau 1936.

Freytag, Gustav: Erinnerungen aus meinem Leben. Leipzig 1887.

Frühwald, Wolfgang und Franz Heiduk (Hrsg.): Joseph von Eichendorff. Leben und Werk in Texten und Bildern. Frankfurt 1988.

Fuchs, Konrad: Vom Dirigismus zum Liberalismus. Die Entwicklung Oberschlesiens als preußisches Berg- und Hüttenrevier. Wiesbaden 1970.

Fuchs, Konrad: Gestalten und Ereignisse aus Schlesiens Wirtschaft, Kultur und Politik. Hrsg. v. Johannes Hoffmann. (Veröffentlichungen der Forschungsstelle Ostmitteleuropa an der Universität Dortmund A 51) Dortmund 1992.

Geiger, Ludwig u. a.: Abraham Geiger. Leben und Lebenswerk. Berlin 1910.

Gerber, Michael Rüdiger: Die schlesische Gesellschaft für Vaterländische Cultur (1803–1945). (Beihefte zum Jahrbuch der Schlesischen Friedrich-Wilhelms-Universität zu Breslau 9) Sigmaringen 1988.

Gerber, Michael Rüdiger: Die schlesischen Provinzialblätter 1785–1849. Entstehung und Entwicklung der Zeitschrift und ihre Bedeutung als Quelle für die landesgeschichtliche Forschung. Diss. Mainz (masch.) 1992.

Gerettete Kirche. Studien zum Anliegen des Breslauer Lutheraners Johann Gottfried Scheibel (1783–1843). Hrsg. v. Peter Hauptmann in Verbindung mit Werner Klän und Peter Maser. (Kirche im Osten 20) Göttingen 1987.

Gierke, Wilhelm: Johann Gottlieb Schummel und seine Romane. Ein Beitrag zur Geschichte der Literatur und Pädagogik im 18. Jahrhundert. Diss. Leipzig 1915.

Grünberg, Karl: Die Bauernbefreiung und die Auflösung des gutsherrlich-bäuerlichen Verhältnisses in Böhmen, Mähren und Schlesien. 2 Bde., Leipzig 1893–1894.

Grundmann, Günther: Das Riesengebirge in der Malerei der Romantik. München[2] 1958.

Grünhagen, Colmar: Geschichte des Ersten Schlesischen Krieges. 2 Bde., Gotha 1881.

Grünhagen, Colmar: Schlesien unter Friedrich dem Großen. 2 Bde., Breslau 1890/1892.

Grünhagen, Colmar: Zerboni und Held in ihren Konflikten mit der Staatsgewalt 1796–1892. Nach archivalischen Quellen. Berlin 1897.

Grünhagen, Colmar: Dr. Samuel Scholtz's Schweidnitzer Tagebuch aus dem ersten schlesischen Kriege. Breslau 1873.

Heckel, Hans: Die Schlesischen Provinzialblätter von 1785–1849 in ihrer literargeschichtlichen Bedeutung. Ein Beitrag zur Geschichte der deutschen Literatur in Schlesien. (Wort und Brauch 15) Breslau 1921.

Heiber, Helmut: Zwischen Reform und Revolution. Lage und Kämpfe der schlesischen Bauern und Landarbeiter im Vormärz 1840–1847. Berlin (Ost) 1966.

Helmigk, Hans Joachim: Oberschlesische Landbaukunst um 1800. Berlin 1937.

Herzig, Arno/Sachs, Rainer: Der Breslauer Gesellenaufstand von 1793. Die Aufzeichnungen des Schneidermeisters Johann Gottlieb Klose. Darstellung und Dokumentation. (Göttinger Beiträge zur Wirtschafts- und Sozialgeschichte 12) Göttingen 1987.

Hintze, Erwin: Katalog der vom Verein »Jüdisches Museum Breslau« in den Räumen des Schlesischen Museums für Kunstgewerbe und Altertümer veranstalteten Ausstellung: Das Judentum in der Geschichte Schlesiens, 3. Februar bis 17. März 1929. Breslau 1929.

Hoffmann, Hermann: Friedrich II. von Preussen und die Aufhebung der Gesellschaft Jesu. (Bibliotheca Instituti Historici S. I. 30) Rom 1969.

Holtei, Karl von: Jugend in Breslau. Hrsg. v. Helmut Koopmann. Berlin 1988.

Jessen, Hans (Hrsg.): Friedrich der Große und Maria Theresia in Augenzeugenberichten. Hrsg. und eingeleitet von Hans Jessen. Düsseldorf 1965.

Kamionka, Roman: Die Reorganisation der Kreiseinteilung Schlesiens in der Stein-Hardenbergschen Periode. (Einzelschriften zur schlesischen Geschichte 11) Breslau 1934.

Kisch, Guido (Hrsg.): Das Breslauer Seminar. Jüdisch-Theologisches Seminar (Fraenckelsche Stiftung) in Breslau 1854–1938. Gedächtnisschrift. Tübingen 1963.

Kiunke, Martin: Johann Gottfried Scheibel und sein Ringen um die Kirche der lutherischen Reformation. (Kirche im Osten, Monographienreihe 19) Göttingen 1985.

Klotz, Ernst Emil: Die schlesische Gutsherrschaft des ausgehenden 18. Jahrhunderts. Auf Grund der friderizianischen Urbare und mit besonderer Berücksichtigung der alten Kreise Breslau und Bolkenhain-Landeshut. (DQ 33) Breslau 1932. Neudruck Aalen 1978.

Köhler, Joachim (Hrsg.): Säkularisation in Ostmitteleuropa. (FQKKO 19) Köln 1984.

Koselleck, Reinhart: Preußen zwischen Reform und Revolution. Allgemeines Landrecht, Verwaltung und soziale Bewegung von 1791 bis 1848. Stuttgart[2] 1975

Kosler, Alois Maria: Die preußische Volksschulpolitik in Oberschlesien 1742–1848. Sigmaringen[2] 1984.

Kosler, Alois Maria: Die Preußische Volksschulpolitik in Oberschlesien 1742–1848. (Beiträge zur Geschichte und Landeskunde Oberschlesiens 2) Sigmaringen 1984.

Künstler in und aus Schlesien. Ausstellung des Künstlerbunds Schlesien im alten Generalkommando Breslau. 25. Sept.–6. Nov. 1932. Breslau 1932.

Ładogórski, Tadeusz: Generalne tabele statystyczne Śląska 1787 roku [Die statistischen Generaltabellen Schlesiens aus dem Jahr 1787]. Wrocław 1954.

Leesch, Wolfgang: Die Geschichte des Deutschkatholizismus in Schlesien (1844–1852) unter besonderer Berücksichtigung seiner politischen Haltung. (Breslauer historische Forschungen 8) Neudruck der Ausgabe 1938 Aalen 1982.

Loewe, Viktor: Oberschlesien und der preußische Staat 1740–1815. Breslau 1930.

Marek, Franciszek Antoni: Najdawniejsze czasopisma na Śląsku 1789–1854 [Die ältesten Zeitschriften in Schlesien 1789–1854]. Wrocław 1972.

Maser, Peter: »Berathung der Armuth«: das soziale Wirken des Barons Hans Ernst von Kottwitz zwischen Aufklärung und Erweckungsbewegung in Berlin und Schlesien. (Forschungen zur praktischen Theologie 10) Frankfurt am Main 1991.

Maser, Peter: Hans Ernst von Kottwitz. Studien zur Erweckungsbewegung des frühen 19. Jahrhunderts in Schlesien und Berlin. Göttingen 1990.

Miksa, Andreas: Diöcesanblatt für den Clerus der Fürstbischöflich Breslauer Diöces 1803–1820. (Arbeiten zur schlesischen Kirchengeschichte 1) Sigmaringen 1988.

Myska, Milan: Die mährisch-schlesische Eisenbahnindustrie in der industriellen Revolution. (Sammelschriften der Pädagogischen Fakultät in Ostrava 19) Ostrava 1970.

Nave, Hedwig: Die preußische Behördenorganisation in Schlesien bis zum Jahre 1756. Diss. Breslau 1923.

Nolte, Cornelia: Symbol und historische Wahrheit: Eichendorffs satirische und dramatische Schriften im Zusammenhang mit dem sozialen und kulturellen Leben seiner Zeit. (Schriften des Eichendorff-Instituts an der Universität Düsseldorf) Paderborn 1986.

Nösselt, Friedrich August: Geschichte des Feldzuges in Schlesien 1813. Breslau 1817.

Pierenkemper, Toni (Hrsg.): Industriegeschichte Oberschlesiens im 19. Jahrhundert. Rahmenbedingungen – Gestaltende Kräfte – Infrastrukturelle Voraussetzungen – regionale Diffusion. Wiesbaden 1992.

Reis, Karl: Agrarfrage und Agrarbewegung in Schlesien im Jahre 1848. (DQ 12) Breslau 1910. Neudruck Aalen 1981.

Rethwisch, Conrad: Der Staatsminister Freiherr von Zedlitz und Preußens höheres Schulwesen im Zeitalter Friedrichs des Großen. Berlin 1881.

Ritscher, Rudolf Martin: Versuch einer Geschichte der Aufklärung in Schlesien während des 18. Jahrhunderts unter besonderer Berücksichtigung der religiösen Aufklärung. Diss. Göttingen 1912. Liegnitz 1912.

Roemer, Hans: Die Baumwollspinnerei in Schlesien bis zum preußischen Zollgesetz von 1818. (DQ 19) Breslau 1914.

Rohde, Cäcilia Maria: Die preußische Statistik als Quelle zur schlesischen Landesgeschichte insbesondere zu einem Geschichtlichen Atlas von Schlesien auf der Grundlage der Bevölkerungszählungen von 1816–1910. Frankfurt/Main 1990.

Schädrich, Fred: Das Generalfeldkriegskommissariat in Schlesien 1741. Breslau 1913.

Scheyer, Ernst: Schlesische Malerei der Biedermeierzeit. (Bau- und Kunstdenkmäler des deutschen Ostens C 2) Frankfurt 1965.

Schieder, Theodor: Friedrich der Große. Ein Königtum der Widersprüche. Frankfurt a. M. 1983.

Schlesien in der Biedermeierzeit. Kultur und Geschichte Schlesiens in der ersten Hälfte des 19. Jahrhunderts. Hrsg. von der Stiftung Kulturwerk Schlesien. Bearb. v. Elisabeth Trux. Würzburg 1987.

Schmidt, Walter: Wilhelm Wolff: Kampfgefährte und Freund von Marx und Engels 1846–1864. Berlin 1979.

Schroller, Franz: Schlesien. Eine Schilderung des Schlesierlandes. 3 Bde., Neudruck der Ausgabe 1885, 1887, 1888. Frankfurt/Main 1980.

Schumann, Otto: Die Landeshuter Leinenindustrie in Vergangenheit und Gegenwart. (Abhandlungen des wirtschaftswissenschaftlichen Seminars zu Jena, Bd. 19,1) Jena 1928.

Seng, Ulrich: Die Schulpolitik des Bistums Breslau im 19. Jahrhundert. (Studien der Forschungsstelle Ostmitteleuropa an der Universität Dortmund 4) Wiesbaden 1989.

Stanzel, Josef G.: Die Schulaufsicht im Reformwerk des J. I. Felbiger (1724–1788). (Rechts-und Staatswissenschaftliche Veröffentlichungen der Görres-Gesellschaft, NF, Heft 18) Paderborn 1978.

Stein, Julius und Bürckner, Robert: Geschichte der Stadt Breslau von ihrer Gründung bis auf die neueste Zeit. 2 Bde., Breslau 1852.

Stein, Julius: Geschichte der Stadt Breslau im neunzehnten Jahrhundert. Breslau 1884.

Trux, Elisabeth (Bearb.): Schlesische Glaskunst des 18. bis 20. Jahrhunderts. Würzburg 1988.

Vochala, Josef: Rok 1849 ve Slezsku a na severovychodni Morave [Das Jahr 1849 in Schlesien und im südwestlichen Mähren]. Oppava 1948.

Weber, Wolfhard: Innovationen im frühindustriellen deutschen Bergbau und Hüttenwesen. Friedrich Anton von Heynitz. (Studien zu Naturwissenschaft, Technik und Wirtschaft im Neunzehnten Jahrhundert 6) Göttingen 1976.

Weltzel, Augustin (Bearb.): Geschichte des edlen und freiherrlichen Geschlechts von Eichendorff. Hrsg. v. Franz Heiduk. (Aurora-Buchreihe 7) Sigmaringen 1992.

Wendt, Heinrich: Geschichte der Bergwerksgesellschaft Georg von Giesche's Erben. Verfassungs- und Verwaltungsgeschichte der Gesellschaft. Festschrift zum zweihundertjährigen Jubiläum der Gesellschaft am 22. November 1904. Breslau 1904.

Wiese, Erich: Biedermeierreise durch Schlesien. Darmstadt 1966.

Woidschützke, Wolfgang: Beiträge zur Haltung Schlesiens in den Revolutionsjahren 1830/31 und 1848. Diss. Breslau 1913.

Wolff, Wilhelm: Aus Schlesien, Preußen und dem Reich. Ausgewählte Schriften. Hrsg. u. eingeleitet v. Walter Schmidt. Berlin (Ost) 1985.

Wolffsohn, Seew: Wirtschaftliche und soziale Entwicklung in Brandenburg, Preußen, Schlesien und Oberschlesien in den Jahren 1640–1853, Frühindustrialisierung in Oberschlesien. (Europäische Hochschulschriften 261) Frankfurt 1985.

Wutke, Konrad: Aus der Vergangenheit des schlesischen Berg- und Hüttenlebens. Ein Beitrag zur Preußischen Verwaltungs- und Wirtschaftsgeschichte des 18./19. Jahrhunderts. (Der Bergbau im Osten des Königreichs Preußen 5) (Festschrift zum XII. Allgemeinen Bergmannstage in Breslau 1813) Breslau 1913.

Wuttke, Heinrich: König Friedrichs des Großen Besitzergreifung von Schlesien und die Entwickelung der öffentlichen Verhältnisse in diesem Lande bis zum Jahre 1740. Erster Theil: Die Entwicklung der öffentlichen Verhältnisse Schlesiens vornämlich unter den Habsburgern. 2 Bde., Leipzig 1842–43.

Ziekursch, Johannes: Das Ergebnis der friderizianischen Städteverwaltung und der Städteordnung Steins. Am Beispiel der schlesischen Städte dargestellt. Jena 1908.

Ziekursch, Johannes: Hundert Jahre schlesischer Agrargeschichte. Vom Hubertusburger Frieden bis zum Abschluß der Bauernbefreiung. (DQ 20) Neudruck der Ausgabe Breslau 1927 Aalen 1978.

Ziekursch, Johannes: Beiträge zur Charakteristik der preußischen Verwaltungsbeamten in Schlesien bis zum Untergange des Friderizianischen Staates. (DQ 4) Neudruck der Ausgabe Breslau 1907 Aalen 1981.

Neueste Geschichte/Quellen (1871–1945/46))

Brahm, Otto: Gerhart Hauptmann. Briefwechsel 1889–1912. (Deutsche Textbibliothek 6) Tübingen 1985.

Cohn, Willy Israel: Als Jude in Breslau. Aus den Tagebüchern von Studienrat a. D. Dr. Willy Israel Cohn. Hrsg. v. Joseph Walk. Gerlingen 1984.

Cohn, Willy: Verwehte Spuren. Erinnerungen an das Breslauer Judentum vor seinem Untergang. Hrsg. v. Norbert Conrads. (Neue Forschungen zur schlesischen Geschichte 3) Köln 1994.

Gerhart Hauptmann. Sämtliche Werke. Hrsg. v. Hans-Egon Hass. (Centenar-Ausgabe zum 100. Geburtstag des Dichters, 15. Nov. 1962) 11 Bde., Berlin 1962–1974. [Bd.7: Autobiographisches]

Gleiss, Horst G. W.: Breslauer Apokalypse 1945. Dokumente. 6 Bde., Wedel 1986–1988.

Hartung, Hugo: Schlesien 1944/45. Aufzeichnungen und Tagebücher. München 1976.

Hoefer, Karl: Oberschlesien in der Aufstandszeit 1918–1921. Erinnerungen und Dokumente. Berlin 1938.

Hoffmann, Hermann: Im Dienste des Friedens. Lebenserinnerungen eines katholischen Europäers. Stuttgart 1970.

Hornig, Ernst: Breslau 1945. Erlebnisse in einer eingeschlossenen Stadt. München 1975.

Hupka, Herbert (Hrsg.): Leben in Schlesien. Erinnerungen aus fünf Jahrzehnten. München o. J.

Hupka, Herbert (Hrsg.): Meine schlesischen Jahre. Erinnerungen aus sechs Jahrzehnten. München 1964.

Kaps, Johannes (Hrsg.): Die Tragödie Schlesiens 1945/46 in Dokumenten. Unter besonderer Berücksichtigung des Erzbistums Breslau. München 1952–1953.

Langner, Ilse: Jugend in Schlesien. Texte der Erinnerung. Ges. u. hrsg. v. Margarete Dierks. Würzburg 1989.

Löbe, Paul: Der Weg war lang. Lebenserinnerungen. Berlin² 1954.

Mende, Erich: Zeuge der Zeit 1921–1945. München² 1983.

Niemcy wobec konfliktu narodowościowego na Górnym Śląsku po I wojnie światowej [Die Deutschen angesichts des Nationalitätenkonflikts in Oberschlesien während des 1. Weltkrieges]. Hrsg. v. Andrzej Szefer. Poznań 1989.

Peikert, Paul: »Festung Breslau« in den Berichten eines Pfarrers 22. Januar bis 6. Mai 1945. Hrsg. v. Karol Jonca und Alfred Konieczny. Wrocław 1966.

Rhode, Gotthold/Wagner, Wolfgang (Hrsg.): Quellen zur Entstehung der Oder-Neiße-Linie in den diplomatischen Verhandlungen während des Zweiten Weltkrieges. (Die deutschen Ostgebiete 3) Stuttgart² 1959.

Scholz, Franz: Wächter, wie tief die Nacht? Görlitzer Tagebuch 1945/46. Eltville² 1984.

Stein, Edith: Aus dem Leben einer jüdischen Familie. Das Leben Edith Steins: Kindheit und Jugend. (Edith Steins Werke 7) Freiburg 1965.

Tausk, Walter: Breslauer Tagebuch 1933–1940. Hrsg. v. Ryszard Kincel. Berlin² 1988.

Wollenberg, Hans Werner: ... und der Alptraum wurde zum Alltag. Bericht eines jüdischen Arztes über schlesische NS-Zwangsarbeitslager (1942 bis 1945). Mit Beiträgen v. Godfrey Golzen. Hrsg. v. Manfred Brusten. (Bibliothek der Historischen Forschung 1) Pfaffenweiler 1992.

Neueste Geschichte/Darstellungen (1871–1945/46))

Ahlfen, Hans von und Hermann Niehoff: So kämpfte Breslau. Verteidigung und Untergang von Schlesiens Hauptstadt. Stuttgart 1987.

Ahlfen, Hans von: Der Kampf um Schlesien. Ein authentischer Dokumentarbericht. München 1961.

Aschoff, Hans-Georg: Kirchenfürst im Kaiserreich – Georg Kardinal Kopp. Duderstadt 1987.

Baron-Seyfried, Ingeborg: Als flöge sie nach Haus. Erinnerungen an eine Kindheit in Schlesien. Wiesbaden 1985.

Beiträge zur Geschichte Schlesiens im 19. und 20. Jahrhundert. Hans-Ludwig Abmeier zum 60. Geburtstag. Hrsg. v. Peter Chmiel/Helmut Neubach/Nikolaus Gussone. (Schriftenreihe der Stiftung Haus Oberschlesien Ratingen-Hösel 1) Dülmen 1987.

Bertram-Libal, Gisela: Aspekte der britischen Deutschlandpolitik 1919–1922. (Göppinger akademische Beiträge 52) Göppingen 1972. [zugl. Diss. Tübingen 1972.]

Breslauer Juden 1850–1945. Katalog zur Ausstellung. Im Auftrage der Historischen Kommission für Schlesien und des Ludwig Petry-Instituts für ostdeutsche Landes- und Volksforschung Mainz. Hrsg. v. Josef Joachim Menzel. St. Augustin 1990.

Bufe, Siegfried/Klaer, Götz J.: Eisenbahnen in Schlesien. Düsseldorf 1971.

Bulla, Sigmund: Das Schicksal der schlesischen Männerklöster während des Dritten Reiches und in den Jahren 1945/46. (Arbeiten zur schlesischen Kirchengeschichte 5) Sigmaringen 1990.

Dąbrowski, Włodzimierz: Trzecie powstanie śląskie. Rok 1921 [Der dritte schlesische Aufstand. Das Jahr 1921.]. London 1973.

Dertinger, Antje: Weiße Möwe, gelber Stern. Das kurze Leben der Helga Beyer. Berlin 1987.

Die Bau- und Kunstdenkmäler Schlesiens. Hrsg. v. Provinzialkonservator der Kunstdenkmäler Schlesiens. 3 Bde., Breslau 1939–1943. [Arbeiten zu Namslau, Oppeln und Tost-Gleiwitz]

Die provinzielle Selbstverwaltung von Schlesien 1876–1925. Bearbeitet von den Oberbeamten der Provinzialverwaltung, hrsg. vom Provinzialausschuß von Niederschlesien. Breslau 1927.

Dobrowolski, Piotr: Ugrupowania i kierunki separystyczne na Górnym Śląsku i w Cieszyńskiem w l. 1918–1939 [Separatistische Gruppierungen und Bestrebungen in Oberschlesien und im Teschener Gebiet 1918–1939.]. Kraków 1972.

Dokumentation der Vertreibung der Deutschen aus Ost-Mitteleuropa. Bearb. von Theodor Schieder, hrsg. v. Bundesministerium für Vertriebene, Flüchtlinge und Kriegsgeschädigte. Bd I, 1 u. 2: o. J.; Bd. I, 3: 1960; 1. Beiheft: 1955; 2. Beiheft: 1957; 3. Beiheft: 1960; Bd. II: 1956; Bd. III: 1957; Bd. IV, 1 u. 2: 1957; 2. Beiheft: o. J.; Bd. V: 1961 und Ortsregister.

Dolata, Bolesław: Wyzwolenie Dolnego Śląska w 1945 roku [Die Befreiung Niederschlesiens 1945]. Wrocław 1985.

Ehrenforth, Gerhard: Die schlesische Kirche im Kirchenkampf 1932–1945. Göttingen 1968.

Falecki, Tomasz: Powstańcy śląscy 1921–1939 [Die schlesischen Aufständischen 1921–1939]. Hrsg. v. Uniwersytet Wrocławski. Resortowy Program Badań Podstawowych RP III 36. Warszawa 1990.

Finker, Kurt: Graf Moltke und der Kreisauer Kreis. Berlin 1978.

Fuchs, Konrad: Aus Wirtschaft und Gesellschaft. Beiträge zur Geschichte Schlesiens vom 18. bis 20. Jahrhundert. (Veröffentlichungen der Forschungsstelle Ostmitteleuropa an der Universität Dortmund A 50) Dortmund 1990.

Fuchs, Konrad: Beiträge zur Wirtschafts- und Sozialgeschichte Schlesiens. (Veröffentlichungen der Forschungsstelle Ostmitteleuropa an der Universität Dortmund A 44) Dortmund 1984.

Fuchs, Konrad: Wirtschaftsgeschichte Oberschlesiens 1871–1945. Aufsätze. (Veröffentlichungen der Forschungsstelle Ostmitteleuropa an der Universität Dortmund A 36) Dortmund^2 1991.

Goldstein, Walter: Carl Hauptmann. Ein Lebensbild. Schweidnitz 1931.

Greiff, Walter: Das Boberhaus in Löwenberg/Schlesien 1933–37. Selbstbehauptung einer nonkonformen Gruppe. Vorw. v. Hans Raupach. Mit Beiträgen v. Gotthard Gambke. (QD 24) Sigmaringen 1985.

Gerhart Hauptmann. Studien zum Werk und zur Persönlichkeit. Dem Dichter zum 80. Geburtstage dargeboten vom Deutschen Institut der Universität Breslau. Breslau 1942.

Hauser, Przemysław: Śląsk między Polską, Czechosłowacją a separatyzmem. Walka Niemiec o utrzymanie prowincji śląskiej w latach 1918–1919 [Schlesien zwischen Polen, Tschechoslowakei und dem Separatismus. Deutschlands Kampf um die Erhaltung der Provinz Schlesien in den Jahren 1918 bis 1919]. (Uniwersytet imienia Adama Mickiewicza w Poznaniu Seria Historia 168) Poznań 1991.

Heitzer, Horstwalter: Georg Kardinal Kopp und der Gewerkschaftsstreit 1900–1914. (FQKKO 18) Köln 1983.

Hillgruber, Andreas: Zweierlei Untergang. Die Zerschlagung des Deutschen Reiches und das Ende des europäischen Judentums. Berlin 1986.

Hilscher, Eberhard: Gerhart Hauptmann: Leben und Werk. Mit bisher unpublizierten Materialien aus dem Manuskriptnachlaß des Dichters. Frankfurt/Main 1988.

Hornig, Ernst: Die Bekennende Kirche in Schlesien 1933–1945. Geschichte und Dokumente. Göttingen 1977.

Hülsen, Bernhard von: Der Kampf um Oberschlesien. Oberschlesien und sein Selbstschutz. Stuttgart 1922.

Jablonowski, Horst / Stasiewski, Bernhard: Die Deutsche Ostgrenze von 1937. (Studien zum Deutschtum im Osten 4) Köln 1967.

Jonca, Karol: Opozycja antyhitlerowska i ruch oporu na Śląsku w czasie II wojny światowej [Mit dt. Zusammenfass.: Hitlergegnerschaft und Widerstandstätigkeit in Schlesien während des Zweiten Weltkrieges]; in: Śląski Kwartalnik Historyczny Sobótka 36 (1981), Nr. 3, S. 411–427.

Jonca, Karol: »Noc Kryształowa« i casus Herschela Grynszpana [Die Kristallnacht und der Fall Herschel Grünspan]. (AUW 1312, Prawo 25) Wrocław 1992.

Jonca, Karol: Polityka narodowościowa Trzeciej Rzeszy na Śląsku Opolskim (1933–1940). Studium polityczno-prawne [Die Nationalitätenpolitik des Dritten Reichs in Oberschlesien (1933–1940)]. Katowice 1970.

Kowalsky, Inge: Oberschlesische Wurzeln – schlesisches Schicksal: eine Familie zwischen Kreuz und Davidstern. Dülmen 1986.

Kruszewski, Tomasz: Partia narodowosocjalistyczna na Śląsku w latach 1933–1945 [Die NSDAP in Schlesien in den Jahren 1933–1945 (Organisation und Tätigkeit)]. (Organizacja i działalność). Wrocław 1993.

Kunst in Schlesien – Künstler aus Schlesien. Malerei, Graphik und Plastik im 20. Jahrhundert. Ausstellungskatalog. Würzburg 1985.

Łagiewski, Maciej: Wrocławscy Zydzi 1850–1944. Wrocław 1994.

Laqueur, Walter / Breitmann, Richard: Der Mann, der das Schweigen brach: Wie die Welt vom Holocaust erfuhr. Frankfurt / Main 1986.

Laubert, Manfred: Die oberschlesische Volksbewegung. Beiträge zur Tätigkeit der Vereinigung Heimattreuer Oberschlesier 1918–1921. Breslau 1938.

Leugers-Scherzberg, August Hermann: Felix Porsch 1853–1930. Politik für katholische Interessen in Kaiserreich und Republik. Mainz 1989.

Lipka, Halina / Mroczkowska, Agnieszka / Wyglenda, Ewa: Ruch polski w Niemczech w latach 1922–1939. Bibliografia [Die polnische Bewegung in Deutschland während der Jahre 1922–1939. Schrifttumsverzeichnis.]. Opole 1972.

Lubos, Arno: Die schlesische Dichtung im 20. Jahrhundert. München 1961.

Majewski, Ryszard: Wrocław – godzina zero [Breslau – Stunde Null]. Wrocław 1985.

Mengel, Thomas: Das Schicksal der schlesischen Frauenklöster während des Dritten Reiches und 1945/46. (FQKKO 22) Köln / Wien 1986.

Mohr, Wolfgang: Schlesien Vorort des Katholizismus. Katholikentage in Schlesien – Schlesier auf Katholikentagen 1848–1932. (Arbeiten zur schlesischen Kirchengeschichte 2) Sigmaringen 1989.

Müller, Theodor: Die Geschichte der Breslauer Sozialdemokratie. Erster Teil: Bis zum Erlaß des Sozialistengesetzes. Zweiter Teil: Das Sozialistengesetz. Breslau 1925. Neudruck Glashütten 1972.

Nationalsozialismus und Widerstand in Schlesien. Hrsg. v. Lothar Bossle, Gundolf Keil, Josef Joachim Menzel und Eberhard G. Schulz. (Schlesische Forschungen 3) Sigmaringen 1989.

Negwer, Josef: Geschichte des Breslauer Domkapitels im Rahmen der Diözesangeschichte vom Beginn des 19. Jahrhunderts bis zum Ende des Zweiten Weltkrieges. Hrsg. v. Kurt Engelbert. Hildesheim 1964.

Neubach, Helmut: Parteien und Politiker in Schlesien. (Veröffentlichungen der Forschungsstelle Ostmitteleuropa an der Universität Dortmund B 34) Dortmund 1988.

Otto, Roland: Die Verfolgung der Juden in Görlitz unter der faschistischen Diktatur 1933–1945. (Schriftenreihe des Ratsarchivs der Stadt Görlitz 14) Görlitz 1990.

Schofer, Lawrence: Die Formierung einer modernen Arbeiterschaft. Oberschlesien 1865–1914. Dortmund 1983.

Śląsk wobec wojny polsko-niemieckiej 1939 r [Schlesien angesichts des polnisch-deutschen Krieges 1939]. Pod redakcją Wojciecha Wrzesińskiego. (Uniwersytet Wrocławski, Resortowy Program Badań Podstawowych RP III 36 »Przeobrażenia społeczne i narodowe na Śląsku«) Wrocław / Warszawa 1990.

Thieme, Walter: Mutter Eva. Die Lobsängerin der Gnaden Gottes. Werk und Leben von Eva von Tiele-Winckler. Dresden 1932.

Voigt, Felix A.: Gerhart Hauptmann der Schlesier. Mit einer Ahnentafel Gerhart Hauptmanns. 4. überarb. Aufl. Würzburg 1987.

Wagner, Wolfgang: Die Entstehung der Oder-Neisse-Linie in den diplomatischen Verhandlungen während des Zweiten Weltkrieges. Auf Grund der bisher zugänglichen Quellen dargestellt. (Die Deutschen Ostgebiete 2) Stuttgart 1959.

Walk, Joseph: Die »Jüdische Zeitung für Ostdeutschland« 1924–1937. Zeitgeschichte im Spiegel einer regionalen Zeitung. (Haskala.Wissenschaftliche Abhandlungen 10) Hildesheim 1993.

Winterhager, Wilhelm Ernst (Bearb.): Der Kreisauer Kreis. Porträt einer Widerstandsgruppe. Begleitband zu einer Ausstellung der Stiftung Preußischer Kulturbesitz. Berlin 1985.

Wrzosek, Mieczysław: Powstania śląskie, 1919–1921. Zarys działań bojowych [Die schlesischen Aufstände, 1919–1921. Abriß der Kampfhandlungen]. Warszawa 1971.

Z badań nad dziejami opozycji antyhitlerowskiej w Niemczech [Aus den Forschungen über die Geschichte der Opposition gegen Hitler in Deutschland]. Praca zbiorowa pod redakcją Antoniego Czubińskiego. (Prace wydział Filozoficzno-Historyczny, Seria Historia 133) Poznań 1987.

Z dziejów ludności żydowskiej na Śląsku [Aus der Geschichte der Juden in Schlesien]. Red. Krystin Matwijowski. (AUW 1182, Historia 84) Wrocław 1991.

Zorn, Wilhelm: Die Geschichte der Landwirtschafts-Wissenschaft in Schlesien. (Beihefte zum JSFUB 2) Würzburg 1964.

Nachkriegsgeschichte

Anders, Günther: Besuch im Hades. Auschwitz und Breslau 1966. München 1979.

Bahr, Ernst/König, Kurt: Niederschlesien unter polnischer Verwaltung. (Ostdeutschland unter fremder Verwaltung 5) Frankfurt a. M. 1967.

Bahr, Ernst/Breyer, Richard/Buchhofer, Ekkehard: Oberschlesien nach dem Zweiten Weltkrieg. Verwaltung, Bevölkerung, Wirtschaft. I. A. d. Johann-Gottfried-Herder-Forschungsrates hrsg. v. Richard Breyer. Marburg/Lahn 1975.

Bienek, Horst: Die erste Polka. Roman. München[4] 1975.

Bienek, Horst: Beschreibung einer Provinz. Aufzeichnungen, Materialien, Dokumente. München/Wien 1983.

Bienek, Horst: Reise in die Kindheit. Wiedersehen mit Schlesien. München 1988.

Bornholdt, Andreas: Solidarität von Gemeinde zu Gemeinde und Schule zu Schule. Breslau-Dortmund 1981–1983. Ein Beitrag zur Völkerverständigung und Versöhnung zwischen Deutschen und Polen. Hrsg. v. Johannes Hoffmann. (Veröffentlichungen der Forschungsstelle Ostmitteleuropa an der Universität Dortmund B 40) Dortmund 1990.

Buchhofer, Ekkehard: Die Bevölkerungsentwicklung in den polnisch verwalteten deutschen Ostgebieten. (Schriften des geographischen Instituts der Universität Kiel. 27.1) Kiel 1967.

Bukowski, Marcin: Wrocław z lat 1945–1952. Zniszczenia i dzieło odbudowy [Breslau in den Jahren 1945–1952. Zerstörungen und Wiederaufbauwerk]. Warszawa/Wrocław 1985.

Bunzel, Ulrich: Kirche ohne Pastoren. Die Schlesische Laienkirche nach dem Zusammenbruch von 1945. Erlebnisse und Berichte. Material für die Geschichtsschreibung über eine evangelische Kirche in schwerster Zeit. Ulm 1965.

Czerwensky, Max: Schlesien in weiter Ferne. Erinnerungen eines vertriebenen Priesters an seine Heimat. Dülmen 1987.

Engel, Hans-Ulrich (Hrsg.): 40 Jahre Flucht und Vertreibung ... Als der Exodus begann. Augenzeugen berichten. Düsseldorf 1985.

Esser, Heinz: Die Hölle von Lamsdorf. Dokumentation über ein polnisches Vernichtungslager. Hrsg. v. der Landsmannschaft der Oberschlesier e. V. Münster[2] 1971.

Franz, Erich: Daheim im Schlesierland: Geschichte und Begebenheiten. Dülmen 1987.

Gast, Lise [Pseud. f. Elisabeth Richter]: Heimat hinter Grenzen. Eine Fahrt ins alte Schlesien. Mit Zeichnungen von Lilo Rasch-Nägele. Heilbronn 1975.

Gaunitz, Lothar O.: Die Flucht und Vertreibung aus Ostpreussen, Westpreussen, Pommern, Schlesien und dem Sudetenland. Ein Tatsachenbericht in Bildern, Berichten und Dokumenten. Friedberg 1987.

Gröger, Johannes: Schlesische Priester auf deutschen Universitätslehrstühlen seit 1945. (Arbeiten z. schlesischen Kirchengeschichte 3) Sigmaringen 1989.

Gruchmann, Bohdan: Die polnischen Westgebiete. Poznań 1960.

Grundmann, Günther: Erlebter Jahre Widerschein. Von schönen Häusern, guten Freunden und alten Familien in Schlesien. München 1972.

Helbig, Louis Ferdinand: Der ungeheure Verlust. Flucht und Vertreibung in der deutschsprachigen Belletristik der Nachkriegszeit. Wiesbaden 1989.

Hiller, Horst: Sehnsucht nach Parchwitz. Schlesien – ein deutsches Schicksal. Herford 1991.

Hoffmann, Egbert A.: Schlesien heute. Ein Reisebericht. München 1967.

Hupka, Herbert: Schlesisches Credo – Reden, Aufsätze und Dokumente aus zwei Jahrzehnten. München 1986.

Hupka, Herbert: Unruhiges Gewissen. Ein deutscher Lebenslauf. Erinnerungen. München 1994.

Jacobmeyer, Wolfgang (Bearb.): Die deutsch-polnischen Schulbuchempfehlungen in der öffentlichen Diskussion der Bundesrepublik Deutschland. Eine Dokumentation. (Studien zur internationalen Schulbuchforschung 26) Braunschweig 1979.

Kape, Ortrud: Die Geschichte der wissenschaftlichen Bibliotheken in Breslau in der Zeit von 1945 bis 1955. Unter besonderer Berücksichtigung der Universitätsbibliothek. St. Katharinen 1993.

Kaps, Johannes: Vom Sterben Schlesischer Priester 1945/1946. Ein Ausschnitt aus der schlesischen Passion. Dritte verbesserte Auflage München 1990.

Korzenie Współczesności: wspomnienia mieszkańców Opolszczyzny [Erinnerungen von Einwohnern des Gebietes von Oppeln an die Zeit nach 1945]. Wybór i oprac. Jacek Leoński. Opole 1987.

Laqueur, Walter: Heimkehr. Reisen in die Vergangenheit. Berlin 1964.

Lehmann, Hans Georg: Der Oder-Neiße-Konflikt. München 1979.

Loebel, Hans-Georg: Schlesien. Begegnungen mit der Geschichte in Bildern. Hameln 1987.

Menzel, Wilhelm (Hrsg.): Die Reise ins Schlesierland. Einkehr – Heimkehr ohne Pass – ohne Visum. Würzburg[3] 1987.

Merkatz, Hans Joachim von (Hrsg.): Aus Trümmern wurden Fundamente. Vertriebene/Flüchtlinge/Aussiedler. Drei Jahrzehnte Integration. Düsseldorf 1979.

Nahm, Peter Paul: Nach zwei Jahrzehnten. Erlebnisberichte über Flucht, Vertreibung und Eingliederung. Wolfenbüttel o. J.

Neumann, Rudolf J.: Polens Westarbeit. Die polnischen Kultur- und Bildungseinrichtungen in den deutschen Ostgebieten. Bremen 1966.

Niekrawietz, Heinz: Schlesien: unvergessene Heimat. Mannheim 1988.

Nowak, Edmund: Cień Łambinowic. Próba rekonstrukcji dziejów obozu pracy w łambinowicach 1945 bis 1946 [Der Schatten von Lamsdorf. Versuch der Rekonstruierung der Geschichte des Arbeitslagers in Lamsdorf]. Opole 1991.

Ociepka, Beata: Niemcy na Dolnym Śląsku w latach 1945–1970 [Die Deutschen in Niederschlesien in den Jahren 1945–1970]. (AUW 1396, Niemcoznawstwo 1) Wrocław 1992.

Olszewski, Tomasz/Rutkiewicz, Ignacy: Wrocław 1945–1965. Warszawa 1966.

Pohl, Gerhart: Bin ich noch in meinem Haus? Die letzten Tage Gerhart Hauptmanns. Berlin[3] 1962.

Polityka Republiki Federalnej Niemiec wobec polskiej ludności rodzimej na Śląsku w latach 1949 bis 1990/91 [Die Politik der Bundesrepublik gegenüber der autochthonen polnischen Bevölkerung in Schlesien in den Jahren 1949–1991]. Praca zbiorowa pod redakcją Michała Lisa. Opole 1992.

Ratibor. Stadt und Land an der oberen Oder. Ein Heimatbuch. Hrsg. unter Mitwirkung zahlreicher Landsleute von Alois Maria Kosler. T. 1, Heidenheim/Brenz 1980.

Reichling, Gerhard: Die deutschen Vertriebenen in Zahlen. 2 Bde., Bonn 1986–1989.

Ruge, Elisabeth u. Peter: Nicht nur die Steine sprechen deutsch ... Polens deutsche Ostgebiete. München[4] 1985.

Scholtis, August: August Scholtis Briefe. Ausgewählt, herausgegeben und kommentiert von Joachim J. Scholz. 2 Tle. [1945–1969], (Schriften der Stiftung Haus Oberschlesien, Literaturwissenschaftliche Reihe 2,1/2,2) Berlin 1991/92.

Scholz, Franz: Zwischen Staatsräson und Evangelium. Kardinal Hlond und die Tragödie der ostdeutschen Diözesen. Frankfurt a. M. 1988.

Stoll, Christian Theodor: Die Rechtsstellung der deutschen Staatsangehörigen in den polnisch verwalteten Gebieten. Frankfurt/Main 1968.

Studia nad przeszłością i dniem dzisiejszym Uniwersytetu Wrocławskiego [Studien über die Vergangenheit und Gegenwart der Universität Breslau]. Pod red. Wojciecha Wrzesińskiego. Warszawa/Wrocław 1989.

Uniwersytet Wrocławski w latach 1945–1970. Księga Jubileuszowa pod redakcją Władysława Floryana [Die Universität Breslau in den Jahren 1945–1970. Jubiläumsschrift unter der Redaktion von Władysław Floryan]. Wrocław 1970.

Urban, Thomas: Deutsche in Polen. Geschichte und Gegenwart einer Minderheit. München 1993.

Vertreibung und Vertreibungsverbrechen 1945 bis 1948. Bericht des Bundesarchivs vom 28. Mai 1974. Archivalien und ausgewählte Erlebnisberichte. Hrsg. v. der Kulturstiftung der Deutschen Vertriebenen. Bonn 1989.

Volkstumsfragen in Ostdeutschland unter polnischer Verwaltung. Polnische Pressestimmen 1956/57. (Wissenschaftliche Übersetzungen hrsg. vom Herder-Institut 34) Marburg 1958.

Wassermann, Charles: Unter polnischer Verwaltung. Tagebuch 1957. Hamburg 1957.

Welder, Michael: Reise nach Schlesien. Spurensuche zwischen Annaberg und Zobten. Leer 1988.

Wilpert, Friedrich von: Das Oder-Neiße-Problem. Eine europäische Aufgabe. Leer³ 1968.

Wiskemann, Elizabeth: Germany's Eastern Neighbours. Problems relating to the Oder-Neisse line and the Czech frontier regions. Oxford 1956.

Wróblewski, Tadeusz Seweryn: Ewolucja Ostforschung w Republice Federalnej Niemiec (1969–1982) [Die Entwicklung der Ostforschung in der Bundesrepublik Deutschland (1969–1982]. (Studium Niemcoznawcze Instytutu Zachodniego 45) Poznań 1986.

Zayas, Alfred-Maurice de: Die Anglo-Amerikaner und die Vertreibung der Deutschen. Vorgeschichte, Verlauf, Folgen. München⁶ 1981.

Zayas, Alfred-Maurice de: Anmerkungen zur Vertreibung der Deutschen aus dem Osten. Stuttgart² 1987.

Zylla, Waldemar (Hrsg.): Frieden durch Menschenrechte. Festschrift zum 70. Geburtstag von Dr. Herbert Czaja. Dülmen 1984.

PERSONENREGISTER

Personen aus dem Mittelalter sind nach dem Vornamen eingeordnet, Personen aus der Neuzeit nach dem Familiennamen. Erklärende Zusätze zu den Namen werden dort angebracht, wo Verwechslungen möglich sind, sowie bei jenen Personen, die im Text nicht mit ihrem Namen, sondern mit Titeln oder Amtsbezeichnungen genannt sind.

ORTSREGISTER

KONKORDANZ DER ORTSNAMEN

Adolfovice *Adelsdorf*
Andělská Hora *Engelsberg*
Bendzin *Bendsburg*
Biala *Zülz*
Bielawa *Langenbielau*
Bielsko *Bielitz*
Bierutów *Bernstadt*
Biskupice *Biskupitz*
Blachownia Ślaska *Blechhammer*
Blachównia *Blachstädt*
Bobrowice *Bobersberg*
Bojków *Schönwald*
Bolesławice *Bunzelwitz*
Bolesławiec *Bunzlau*
Bolków *Bolkenhain*
Bonów *Baunau*
Borucice *Baruthe*
Božków *Eckersdorf*
Branice *Branitz*
Bratislava *Preßburg*
Brest-Litovsk *Brest-Litowsk*
Brno *Brünn*
Brochów *Brochau*
Broumov *Braunau*
Bruntál *Freudenthal*
Brzeg *Brieg*
Brzeg Dolny *Dyhernfurth*
Brzostów *Brostau*
Burkatów *Burkersdorf*
Byczyna *Pitschen*
Bystrzyca Kłodzka *Habelschwerdt*
Bytom *Beuthen OS*
Bytom Odrzański *Beuthen a. d. Oder*
Cheb *Eger*
Chełm Dln. *Wartenberg*
Chełmno *Kulm*
Chełmsko Śl. *Schömberg*
Chłobienia *Köben*
Chorzów *Königshütte*
Chorzów-Batory *Bismarckhütte*
Chotosice *Chotositz*
Chropaczów *Chropaczow*
Chróstniki *Brauchitschdorf*
Chrzanów *Krenau*
Cieplice Śłaskie Zdrój *Warmbrunn*
Cieszyn *Teschen*
Czadrów *Ober Zieder*
Czarnowąsy *Czarnowanz*
Czernina *Lesten/Tschirnau*
Czerwony Kościół *Rothkirch*
Dąbrowa *Dombrowa*
Dąbrowka Wielka *Groß-Dombrowka*
Dobrodzień *Guttentag*
Dobromierz *Hohenfriedeberg*
Dzierz·oniów *Reichenbach*
Fosowskie *Vossowska*
Gdańsk *Danzig*
Gdynia *Gdingen*
Gęsiniec *Hussinetz*
Gierczyn *Giehren*
Gliwice *Gleiwitz*
Głogów *Glogau*
Głogówek *Oberglogau*
Głubczyce *Leobschütz*
Głuchołazy *Ziegenhals*
Głuszyca *Wüstegiersdorf*
Gniezno *Gnesen*
Godnów *Gnadenberg*
Góra Św. Anny *Annaberg*
Góra *Guhrau*
Gorzanów *Grafenort*
Gościęcin *Kostenthal*
Gościszów *Gießmannsdorf*
Goszcz *Goschütz*
Gozdnica *Freiwaldau*
Gródczany *Hratschein*
Grodków *Grottkau*
Grodziec *Friedrichsgrätz*
Grodziec *Gröditzburg*
Gryfów Śląski *Greiffenberg*
Gubin *Guben*
Henryków Lubański *Katholisch Hennersdorf*
Henryków *Heinrichau*
Herby Nowe *Herby*
Hlučín *Hultschin*
Hradec Králové *Königgrätz*
Inowrocław *Hohensalza*
Jáchimov *Joachimsthal*
Janowa Góra *Johannesberg*
Jawor *Jauer*
Jawornik *Jauernig*
Jedlinka *Tannhausen*
Jedłowik, Jedłów *Tannenberg*
Jelenia Góra *Hirschberg*
Jemielnica *Himmelwitz*
Jutrosin *Jutroschin*
Kadaň *Kaaden*
Kalety *Stahlhammer*
Kaliningrad *Königsberg*
Kalisz *Kalisch*

Kamień Pomorski *Kammin*
Kamieniec Ząbkowicki *Kamenz*
Kamienna Góra *Landeshut*
Katowice *Kattowitz*
Kąty Wrocławskie *Kanth*
Kędzierzyn *Heydebreck*
Kietrz *Katscher*
Klaipeda *Memel*
Kłodzko *Glatz*
Kluczbork *Kreuzburg OS*
Kołobrzeg *Kolberg*
Kosobudz *Kunersdorf*
Kowary *Schmiedeberg*
Kowno *Kaunas*
Kożuchów *Freystadt*
Kraków *Krakau*
Krapkowice *Krappitz*
Krasków *Kraskau*
Kraśnik *Krasnik*
Krosno *Crossen*
Krosnowice *Rengersdorf*
Krotoszyn *Krotoschin*
Krzeszów *Grüssau*
Krzyżowa *Kreisau*
Książ *Fürstenstein*
Łagiewniki *Heidersdorf*
Laskowice *Hohenschanz*
Legnica *Liegnitz*
Legnickie Pole *Wahlstatt*
Leszno *Lissa*
Lewin Brzeski *Löwen*
Lewin Kłodzki *Lewin*
Lipany *Lipan*
Lipiny *Lipine*
Lipowice (Lipowiec) *Linz (Guhrau)*
Litomyšl *Leitomischl*
Lovosice *Lobositz*
Lubań *Lauban*
Lubiąż *Leubus*
Lubin *Lüben*
Lublin *Lublin*
Lubliniec *Lublinitz*
Łubowice *Łubowitz*
Lubsko *Sommerfeld*
Lutynia *Leuthen*
Lwów *Lemberg*
Lwówek Śląski *Löwenberg*
Małujowice *Mollwitz*
Mańkowice *Mannsdorf (Neiße)*
Miedzanka *Kupferberg*
Międzylesie *Mittelwalde*
Międzyrzecz *Meserwitz*
Miejsce *Städtel*
Milicz *Militsch*
Miłoradzice *Mühlrädlitz*
Mirsk *Friedeberg a. Queis*
Moravská Ostrava (Ostrava) *Mährisch-Ostrau*
Muchobór Wielki *Groß-Mochberg*
Mysłakowice *(Zillerthal-) Erdmannsdorf*
Mysłowice *Myslowitz*
Náchod *Nachod*
Namysłów *Namslau*
Niemcza *Nimptsch*
Niemodlin *Falkenberg*
Nietkowice *Straßburg Oder/Deutsch Nettkow*
Nowa Sól *Neusalz*
Nowa Ruda *Neurode*
Nowogrodziec *Naumburg am Queis*
Nowy Kościół *Neukirch*
Nysa *Neisse*
Oława *Ohlau*
Ołdrzychowice Kłodzkie *Ullersdorf*
Oleśnica *Oels*
Olkusz *Ilkenau*
Olomouc *Olmütz*
Opava *Troppau*
Opole *Oppeln*
Ostrov *Schlackenwerth*
Oświęcim *Auschwitz*
Otmuchów *Ottmachau*
Otyń *Deutsch Wartenberg*
Ozimek *Malapane*
Paczków *Patschkey*
Panoszów *Hegersfelde*
Pardubice *Pardubitz*
Pqwłowiczki *Gnadenfeld*
Piątkowice *Rothaus*
Piekary Śląski *Deutsch-Piekar*
Pieszyce *Peterswaldau*
Piława *Peilau*
Písek *Pisek*
Plzeň *Pilsen*
Pogorzeliska *Kriegheide*
Pokój *Carlsruhe*
Polanowice *Kornfelde (Polanowitz)*
Poznań *Posen*
Praha *Prag*
Prędocice *Tormersdorf*
Proboszczów *Probsthain*
Prudnik *Neustadt OS*
Przedwojów *Reichhennersdorf*
Przydroże Małe *Klein Schnellendorf*
Pszczyna *Pleß*
Racibórz *Ratibor*
Rawicz *Rawitsch*
Repty *Repten*
Rogoźnica *Groß-Rosen*
Rostkowice, Olesno *Rosenberg*
Ruda *Ruda*
Rudna *Raudan*
Rudy *Groß-Rauden*
Ruszowice *Rauschwitz*
Rybnik *Rybnik*
Rychtal *Reichthal*
Ryczeń *Rützen*
Rydzyna *Reisen*
Sadová *Sadowa*
Sandomierz *Sandomir*
Sarbinowo *Steinfeld*
Sarbinowo *Zorndorf*
Ścinawa *Steinau a. d. Oder*
Siedlisko *Carolath*
Siemianowice Śląskie *Siemianowitz*
Siemianowice Śląskie *Laurahütte*
Sławików *Slawikau*
Sławnikowice *Kieslingswalde*
Ślęza *Lohe*
Słupiec *Schlegel*
Smogorzów *Schmograu*
Sobótka *Zobten a. Berge*
Sosnowiec *Sosnowitz*
Sowetsk *Tilsit*
Srebrna Góra *Silberberg*
Sławików *Slawikau*
Środa Śląska *Neumarkt*
Staniszów *Stonsdorf*
Stary Paczków *Alt-Patschkau*
Stary Zamek *Altenburg*
Stary Zawidów *Alt-Seidenberg*
Strakonice *Strakonitz*
Strzegom *Striegau*
Strzelce Opolskie *Groß Strehlitz*
Strzelin *Strehlen*
Strzelniki *Jägerndorf*
Sulechów *Züllichau*
Świdnica *Schweidnitz*
Świebodzice *Freiburg*
Świebodzin *Schwiebus*
Świerklaniec *Neudeck*
Świętochłowice *Schwientochlowitz*
Syców *Groß Wartenberg*
Szczecin Kraśnica *Kratzwieck*
Szczecin *Stettin*
Szewce *Schebitz*
Szklarska Poręba *Schreiberhau*
Szlichtyngowa *Schlichtingsheim*
Szprotawa *Sprottau*
Tabor Wielki *Friedrichstabor*
Tarczyn *Kuttenberg*
Tarnowo *Tarnow*
Tarnowskie Góry *Tarnowitz*
Taurogė *Tauroggen*
Toruń *Thorn*
Toszek *Tost*
Trenčin *Trentschin*
Trutnowo *Trautenau*
Trzebnica *Trebnitz*
Ujazd *Ujest*
Uničov *Mährisch-Neustadt*
Ústí nad Orlicí *Wildenschwert*
Wałbrzych *Waldenburg*
Stary Zdrój (Wałbrzych-Miasto) *Altwasser*
Walim *Wüstewaltersdorf*
Warszawa *Warschau*
Wąsosz *Herrnstadt*
Wielowieś *Langendorf*
Wierzbna, Wierzbno *Würben*
Wilamowa *Altwilmsdorf*
Wleń *Lähn*
Włocławek *Leslau*
Wojszyce *Woischwitz*
Wołzyn *Konstadt*
Wołów *Wohlau*
Wrocław *Breslau*
Wrocław-Tarnogaj *(Breslau-)Dürrgoy*
Wschowa *Fraustadt*
Wysoka Cerekiew *Hochkirch*
Ząbkowice Śląskie *Frankenstein*
Zaborze *Hindenburg-Ost*
Zabrze *Hindenburg*
Zabrze Maciejów *Mathesdorf*
Zabrze *Sosnitza*
Żagań *Sagan*
Żary *Sorau*
Zator *Zator*
Zawiercie *Warthenau*
Zawonia *Schawoine*
Zdziesławice *Sophienthal*
Zdzieszowice *Deschowitz*
Żelazno *Eisersdorf*
Zgorzelec *Görlitz*
Zgorzelec-Ujazd *Moys*
Ziębice *Münsterberg*
Zielona Góra *Grünberg*
Złotoryja *Goldberg*
Złoty Stok *Reichenstein*
Żmigród *Trachenberg*
Żory *Sohrau*
Żuków *Zuckau*
Żydowce *Sydowsaue*
Żywiec *Saybusch*

ABBILDUNGSNACHWEIS

22 Württembergische Landesbibliothek, Stuttgart
33 Markus Dworaczyk, Duisburg
34 Muzeum Narodowa, Warszawa
51 Werner Neumeister, München
52 Mirosław Łanowiecki, Wrocław
59 entnommen aus: Franz Schroller, Schlesien, Bd. 2, Glogau 1886
66 J. G. Herder-Institut, Marburg
69 Bildarchiv Foto Marburg
70 ebenda
76 Jürgens Ost- und Europa-Photo, Berlin
81 Württembergische Landesbibliothek, Stuttgart
83 Universitätsbibliothek Würzburg
86 Universitätsbibliothek Heidelberg
92 Universitätsbibliothek Wrocław
103 Universitätsbibliothek Wrocław
107 entnommen aus: Erich Lindgen, Die Breslauer Strafrechtspflege, Breslau 1939
108 entnommen aus: Ernst Kloss, Die schlesische Buchmalerei des Mittelalters, Berlin 1942
110 Projektbereich Schlesische Geschichte, Universität Stuttgart
116 entnommen aus: Otto Meinardus, Das Neumarkter Rechtsbuch, Breslau 1906
120 J. G. Herder-Institut, Marburg
123 Württembergische Landesbibliothek, Stuttgart
126 (links) J. G. Herder-Institut, Marburg
(rechts) entnommen aus: Die große Legende der heiligen Frau Sankt Hedwig, Ausgabe von Konrad Baumgarten, Breslau 1504
130 Sammlung Johannes Wiedner, Wörth
131 Germanisches Nationalmuseum Nürnberg
136 Österreichische Nationalbibliothek, Wien
138 J. G. Herder-Institut, Marburg
146 Österreichische Nationalbibliothek, Wien
149 Siedler Verlag, Berlin
152 Projektbereich Schlesische Geschichte, Universität Stuttgart
163 (links) J. G. Herder-Institut, Marburg
(rechts) Projektbereich Schlesische Geschichte, Universität Stuttgart
169 Staatliche Museen zu Berlin Preußischer Kulturbesitz, Gemäldegalerie, Berlin
171 Bildarchiv Foto Marburg
172 J. G. Herder-Institut, Marburg
175 Germanisches Nationalmuseum Nürnberg
187 Sächsische Landesbibliothek, Dresden
189 Privatbesitz Paris
195 Germanisches Nationalmuseum Nürnberg
197 Universitätsbibliothek Göttingen
199 J. G. Herder-Institut, Marburg
201 Österreichische Nationalbibliothek, Wien
205 Jagiellonische Bibliothek Kraków
211 (oben links) Projektbereich Schlesische Geschichte, Universität Stuttgart
(oben Mitte) ebenda
(oben rechts) Archiv für Kunst und Geschichte, Berlin
(unten) Mirosław Łanowiecki, Wrocław
214 Topkapi Serail Museum, Istanbul
218 Nationalbibliothek Budapest
225 Stefan Arczyński, Wrocław
227 Landesbildstelle Württemberg, Stuttgart
233 Mirosław Łanowiecki, Wrocław
234 Bodleian Library, Oxford
238 Projektbereich Schlesische Geschichte, Universität Stuttgart
245 Krzysztof Jablonscy, Warszawa
246 Nordostdeutsches Kulturwerk, Lüneburg
254 Badische Landesbibliothek Karlsruhe
260 Jan Harasimowicz, Wrocław
263 Kunsthistorisches Museum Wien
264 Mirosław Łanowiecki, Wrocław
267 Germanisches Nationalmuseum Nürnberg
273 Staatsbibliothek zu Berlin
275 Städtische Museen Regensburg
283 Bildarchiv Foto Marburg
287 Mittelalterliches Kriminalmuseum, Rothenburg o. d. T.
289 Siedler Verlag, Berlin
293 Mirosław Łanowiecki, Wrocław
297 J. G. Herder-Institut, Marburg
299 Norbert Conrads, Stuttgart
301 Szymon Polański, Wrocław
308 (links) Projektbereich Schlesische Geschichte, Universität Stuttgart
(rechts) Universitätsbibliothek Tübingen
312 (links) Archiv für Kunst und Geschichte, Berlin
(rechts) ebenda
313 (links) Archiv für Kunst und Geschichte, Berlin
(rechts) Martin Opitz Bibliothek, Herne
314 (links) Archiv für Kunst und Geschichte, Berlin
(Mitte) ebenda
(rechts) ebenda
321 entnommen aus: I. Mittenzwei/E. Herzfeld, Brandenburg-Preußen, Köln 1987
322 J. G. Herder-Institut, Marburg
325 Projektbereich Schlesische Geschichte, Universität Stuttgart
327 Haus-, Hof- und Staatsarchiv Wien
328 Bildarchiv Foto Marburg
331 J. G. Herder-Institut, Marburg
335 (links) Projektbereich Schlesische Geschichte, Universität Stuttgart
(rechts) Kunstsammlungen Veste Coburg
337 (oben) Projektbereich Schlesische Geschichte, Universität Stuttgart
(unten) Germanisches Nationalmuseum Nürnberg

342 Norbert Conrads, Stuttgart
349 (oben) Staatsbibliothek zu Berlin
(unten) Stiftung Kulturwerk Schlesien, Würzburg
351 Germanisches Nationalmuseum Nürnberg
354 Staatsbibliothek zu Berlin
359 ebenda
370 (links) Österreichische Nationalbibliothek, Wien
(rechts) Großloge von Österreich, Wien
373 Angelika Marsch, Hamburg
381 Matthias Wenzke, Stuttgart
387 Angelika Marsch, Hamburg
391 ebenda
400 (oben) Germanisches Nationalmuseum Nürnberg
(unten) ebenda
403 Bildarchiv Preußischer Kulturbesitz, Berlin
404 Siedler Verlag, Berlin
409 Werner Neumeister, München
410 Mirosław Łanowiecki, Wrocław
413 Staatsbibliothek zu Berlin
416 Staatliche Schlösser und Gärten, Schloß Charlottenburg, Berlin
420 J. G. Herder-Institut, Marburg
423 Deutsches Museum München
427 Mirosław Łanowiecki, Wrocław
428 Ostdeutsche Galerie, Regensburg
430 (links) Projektbereich Schlesische Geschichte, Universität Stuttgart
(Mitte) Bildarchiv Preußischer Kulturbesitz, Berlin
(rechts) ebenda
438 Stiftung Kulturwerk Schlesien, Würzburg
441 entnommen aus: E. Zimmermann, Greiffenberger Leinenkaufleute, 1938
445 (links) Österreichische Nationalbibliothek, Wien
(rechts) ebenda
446 Angelika Marsch, Hamburg
448 entnommen aus: Hansgeorg Loebel, Schlesien. Begegnungen mit der Geschichte in Bildern, Hameln 1987
453 Paul-Heinrich Ebell, Bad Waldsee
457 Universitätsbibliothek Wrocław
462 Edgar Mauch, Bad Mergentheim
467 Bayerische Staatsgemäldesammlungen, München
473 Norbert Conrads, Stuttgart
475 J. G. Herder-Institut, Marburg
476 ebenda
485 Pückler-Museum, Branitz
491 Stiftung Kulturwerk Schlesien, Würzburg
493 Archiv für Kunst und Geschichte, Berlin
505 Käthe Kollwitz Museum, Berlin
514 entnommen aus: Aurora, Jahrbuch der Eichendorff Gesellschaft, 1977
515 Stiftung Kulturwerk Schlesien, Würzburg
525 Norbert Conrads, Stuttgart
531 Historisches Museum der Stadt Frankfurt am Main
535 Mirosław Łanowiecki, Wrocław
537 (links) Bildarchiv Preußischer Kulturbesitz, Berlin
(rechts) ebenda
543 Bundesarchiv Koblenz, Außenstelle Frankfurt
547 Ullstein Bilderdienst, Berlin
549 Staatliche Museen zu Berlin Preußischer Kulturbesitz, Kupferstichkabinett
551 Projektbereich Schlesische Geschichte, Universität Stuttgart
559 Germanisches Nationalmuseum Nürnberg
560 Konrad Fuchs, Mainz
567 Universitätsbibliothek Wrocław
568 ebenda
582 Paul-Heinrich Ebell, Bad Waldsee
586 Deutsche Lichtbildgesellschaft, Berlin
591 Ullstein Bilderdienst, Berlin
592 Werkfoto DYWIDAG, München
605 Mirosław Łanowiecki, Wrocław
606 Markus Dworaczyk, Duisburg
609 Archiv für Kunst und Geschichte, Berlin
619 J. G. Herder-Institut, Marburg
620 Ullstein Bilderdienst, Berlin
623 Markus Dworaczyk, Duisburg
624 ebenda
627 entnommen aus: R. Breyer, Nachbarn seit tausend Jahren, Mainz o. J.
628 Siedler Verlag, Berlin
631 Museum für Verkehr und Technik, Berlin
640 Oberschlesisches Landesmuseum, Ratingen
643 Akademie der Künste, Berlin
644 Ullstein Bilderdienst, Berlin
650 Württembergische Staatsgalerie, Stuttgart
656 (links) Archiv für Kunst und Geschichte, Berlin
(rechts) ebenda
660 Hessisches Landesmuseum, Darmstadt
666 Württembergische Landesbibliothek, Stuttgart
667 Friedrich-Ebert-Stiftung, Bonn
668 Hans Thieme, Freiburg
671 Hessisches Landesmuseum, Darmstadt
672 Privatbesitz Moltke, Norwich
675 Keystone, Hamburg
677 entnommen aus: Helmut Eschwege, Kennzeichen, Berlin 1966
680 Bildarchiv Süddeutscher Verlag, München
682 Bildarchiv Krasnogorsk
687 Bundesarchiv Koblenz
694 Kulturpolitische Korrespondenz, Bonn
697 (oben links) Eva Petry, Mainz
(oben rechts) Friedhelm Grundmann, Hamburg
(unten links) Isolde Ohlbaum, München
(unten rechts) entnommen aus: Chloe, Beihefte zum Daphnis, Band 7, Daß eine Nation die ander verstehen möge, Amsterdam 1988
699 Deutsche Presse Agentur GmbH, Athenstädt